汉译世界学术名著丛书

历史著作史

上卷

从上古时代至十七世纪末叶

第一分册

〔美〕J.W.汤普森 著

谢德风 译

李活 校

商务印书馆
创于1897 The Commercial Press

James Westfall Thompson

A HISTORY OF

HISTORICAL WRITING

Vol. I, From the Earliest Times to the End

of the Seventeenth Century

The MacMillan Company • New York, 1942

根据美国纽约麦克米伦出版公司 1942 年第一版译出

汉译世界学术名著丛书
出 版 说 明

我馆历来重视移译世界各国学术名著。从五十年代起，更致力于翻译出版马克思主义诞生以前的古典学术著作，同时适当介绍当代具有定评的各派代表作品。幸赖著译界鼎力襄助，三十年来印行不下三百余种。我们确信只有用人类创造的全部知识财富来丰富自己的头脑，才能够建成现代化的社会主义社会。这些书籍所蕴藏的思想财富和学术价值，为学人所熟知，毋需赘述。这些译本过去以单行本印行，难见系统，汇编为丛书，才能相得益彰，蔚为大观，既便于研读查考，又利于文化积累。为此，我们从 1981 年至 1992 年先后分六辑印行了名著二百六十种。现继续编印第七辑，到 1997 年出版至 300 种。今后在积累单本著作的基础上仍将陆续以名著版印行。由于采用原纸型，译文未能重新校订，体例也不完全统一，凡是原来译本可用的序跋，都一仍其旧，个别序跋予以订正或删除。读书界完全懂得要用正确的分析态度去研读这些著作，汲取其对我有用的精华，剔除其不合时宜的糟粕，这一点也无需我们多说。希望海内外读书界、著译界给我们批评、建议，帮助我们把这套丛书出好。

商务印书馆编辑部

1994 年 3 月

译者前言

一

根据希腊神话，历史女神克力奥居于九个文艺女神[①]之首。所以古代历来把历史著作当作文艺的一支。希罗多德的《历史》也和戏剧家的作品一样，在奥林匹亚赛会中当众朗诵，供人欣赏；希罗多德和修昔底德的作品，被人当作希腊文的范例来读，正如李维和塔西佗的作品被当作拉丁文的范例来读一样。人们只欣赏其文字的优美，音调的铿锵，故事的动人，很少研究其内容是否正确。其他学科的历史著作出现较早，而历史本身的历史则出现很迟。克力奥女神经常忙碌着替别的学科编写历史，唯独忘记了编写她自己的历史。古代叙事诗人和历史家详细记载了远古时代和遥远地区的传说和历史，唯独忘记了报道他们自己的历史。荷马留给我们两首不朽的长诗，至今还激动人的心弦；但他是何许人也，直到现在还是个谜。他活着的时候，在希腊各地行吟乞讨；死了之后，七个城市争着做他的故

① 希腊神话：宙斯有九个女儿，为文艺女神（缪斯），即历史女神克力奥、抒情诗歌女神攸特普、喜剧女神泰力亚、悲剧女神麦尔波曼尼、歌舞女神特普西利里、恋歌女神伊拉托、赞美诗歌女神波利姆尼亚、天文女神优拉尼亚和史诗女神卡力奥普。

乡。[1] 希罗多德和修昔底德的生平,我们也知道得很少,有待后世史学家的考证。[2] 克力奥正像一个善于替别人缝裤子,而自己却没有裤子穿的裁缝师傅一样。

历史本身成为科学,时间较晚;而史学史的出现,为时更晚。在西欧,直到十九世纪中叶才开始重视史学史的研究。其先驱为德国史学家兰克和威格尔。至二十世纪初叶才陆续出版了一些史学史专著,其中重要的是佛特的《近代史学史》(1911 年)、古奇的《十九世纪历史学与历史学家》(1913 年)[3]和里特尔[4]的《历史科学的发展》(1919 年)。二十世纪中叶美国出版了三部比较有分量的史学史著作,即 H. E. 班兹的《历史著作史》(1937 年)[5]、J. T. 勺特威尔的《史学史》(1939 年)[6]和 J. W. 汤普森的《历史著作史》(1942 年),尤以后者最为详细,这就是我们现在所译的这部书。

汤普森(1869—1941 年)出生于美国中部衣阿华州,1892 年毕业于罗特学院,1895 年毕业于芝加哥大学研究院。毕业后一直到 1932 年在该校担任中世纪史教学工作。晚年又在加利福尼亚大

---

① 即士麦拿、开俄斯、科罗封、萨拉密斯、罗得斯、阿哥斯和雅典。此外还有人主张他是邱米人、伊大卡人、伊奥斯人、派罗斯人、斯巴达人、埃及人或巴比伦人的。

② 参阅拙译修昔底德《伯罗奔尼撒战争史》译者序言第 1 节。

③ 已有耿淡如的译本,将由商务印书馆出版。

④ M. 里特尔(1840—1923 年),德国历史家,著有《德意志联邦史》、《历史科学的发展》等书。

⑤ 班兹(1889—?),美国克拉克大学历史教授。除了《历史著作史》一书外,还写了一本《新史学与社会科学》(董之学译,商务印书馆,1934 年),阐述其新史学的观点。

⑥ 勺特威尔(1874—?),美国哥伦比亚大学教授,著有《史学史导论》(1922 年,何炳松等译《史学史》,商务印书馆,1929 年,该书译本中关于中古及近代的史学,只有附录一章)。1939 年著者修订原书,改称《史学史》第 1 卷。

学任教。发表了许多有关欧洲中世纪史的著作，有些在我国早有译本。[①] 其最后一部著作就是《历史著作史》，这是他几十年教学科研工作的总结。

汤普森的史学思想属于美国"新史学派"体系。"新史学派"起源于德国，而流行于美国。"新史学派"的史学家甚至宣称他们的主张是"史学的革命"。[②] 过去史学家把历史局限于政治和战争的狭窄范围之内。英国史学家佛里门甚至说："历史是过去的政治，政治是现在的历史。"[③]德国史学家兰克也专注意政治史的研究。[④]十九世纪中叶，法国社会学家孔德(1798—1857 年)的实证主义流行于欧洲。孔德认为社会是一个"集体的有机体"。人类的行动和动机是由社会环境中各种因素——不仅是政治的，也包括经济的、宗教的、种族的等等因素在内所决定的；科学的任务在于研究这些因素是怎样影响个人的行动和动机的，因而发现其间的因果关系。但他认为个人对事物的认识只限于个人主观的"体验"和"感觉"，他把通过现象去认识本质的一切企图都叫做形而上学，否认自然界和社会发展的规律性，因此他不可能发现人类与其环境间的真

---

① 其著作很多，这里只说其中主要的几种：《法国宗教战争》(1909 年)、《德意志封建制度》(1928 年)、《中世纪经济社会史，300—1300 年》(1929 年，有耿淡如的中译本，商务印书馆，1961 年)、《中世纪晚期经济社会史，1300—1500 年》(1934 年)、《西洋中世纪史》(1933 年，有陈受熙等的中译本，商务印书馆，1940 年)、《中世纪史》(两卷本，1932 年)、《欧洲中世纪史导论》(1937 年)。

② 德国史学家拉姆普希雷特自称他为"在历史方面完成一次革命的进步人士"。(原著下册第 424 页)。美国史学家沙皮罗把 1903 年鲁滨孙所著《西欧史》的出版，说成是美国历史教学的革命。

③ 本书下卷原书第 317 页。

④ 本书下卷原书第 168—186 页。

正因果关系，必然陷入不可知论的泥坑中。孔德把社会学分为两部分：(1)社会静力学，它描述人类社会的"有机体"的平衡状态。(2)社会动力学，它描述各种道德观念怎样影响世界，使之向前推进。他以观念发展为标准，主观武断地划分社会历史为三个阶段：神学阶段，形而上学阶段和实证阶段，并称最后的一个阶段是和科学、工业的阶段相一致的。他把资本主义的发展说成是社会发展的顶峰。在资本主义社会中，只能在资本主义范围内逐渐改良；社会革命既不可能，也不必要。[①] 他的这些主张，很明显是为资产阶级服务的。后来德国史学家拉姆普希雷特(1856—1915 年)以孔德的实证主义为指导思想，提出"新史学"的口号。[②] 一方面把史学的领域推广到政治以外人类其他活动的范围；另一方面，企图以社会心理学的原理来说明社会进化的规律。他甚至公开宣布，"历史主要地是一种社会心理学而已"。他把德意志民族的历史发展(他称之为"精神生活")分为六个阶段，实则是孔德"三阶段"论的变种。

当拉姆普希雷特在德国提倡他的"新史学"的时候，美国史学家 J. H. 鲁滨孙[③]正在德国留学。他回国后把拉姆普希雷特的"新史学"介绍到美国，并利用詹姆斯和杜威的实用主义哲学作为指导思想，加以发挥，成为一个完整的体系。实用主义只承认人体本身

---

① 本书下卷原书第 422—428 页。参阅罗森塔尔等主编《简明哲学词典》中"孔德"、"实证主义"诸条。

② 本书下卷原书第 422—428 页。

③ 美国哥伦比亚大学史学教授(1863—1936 年)，著有《西欧史》(1903 年)、《近代欧洲史》两卷(1907 年)及《新史学》(1911 年，解放前有何炳松的旧译本，1924 年商务印书馆；解放后有齐思和等的新译本，1964 年商务印书馆出版)等书。

的"体验"和感觉是唯一实在的，否认社会发展的客观规律；公开宣称"有用的即是真理"，否认真理是客观现实在意识中的反映。因此他不主张以某种学说来解释历史，主张"用历史解释历史"、"为历史而历史"。他有许多学生，后来成为著名的历史学家，分别在美国各大学担任历史教授，如毕尔德[①]、勺特威尔、海士[②]、蒙恩[③]、班兹、桑戴克[④]、沙比罗[⑤]、汤普森等。鲁滨孙及其学生们的许多著作，其原本或译本，解放前我国有些大学里用作课本。1930—1940年间我国出版的许多史学概论一类的著作都是沿袭他们的著作，作为史学的"新理论"传布全国。这种思想对我国史学界的影响是很大的。汤普森既属于美国"新史学派"的，因此"新史学派"的优缺点，在他所有的著作中都有很明显的表现。

二

汤普森的《历史著作史》分上下两卷。上卷叙述上古到十七世纪末叶；下卷从十八世纪写到第一次世界大战结束。它包括丰富

---

① C. A. 毕尔德(1874—?)，哥伦比亚大学历史教授，与鲁滨孙合著《欧洲史纲》两卷，何炳松在北京大学教书时，所编《近代欧洲史》、《中古欧洲史》，大部分出自这部著作。

② C. J. 海士(1882—1964年)，哥伦比亚大学历史教授，著有《近代欧洲政治社会史》两卷(1916年，上卷有余楠秋、谢德风等译本，下卷有蒋镇译本，1933年上海民智书店出版；此外商务印书馆还有一种译本)。后修订本改为《近代欧洲政治文化史》。

③ 蒙恩(1892—1936年)，与海士合著《世界通史》两卷，有刘启戈译本，香港大学出版公司出版，1948年。

④ L. 桑戴克(1882—?)，哥伦比亚大学历史教授，著《世界文化史》(1926年，有冯雄中译本，商务印书馆，1936年；还有陈廷璠的中译本，中华，1930年)。

⑤ 著有《欧洲近代现代史》，有余楠秋、谢德风等中译本，世界书局，1935年。

的历史资料，特别是西欧各国的历史资料。与重大历史事件(如民族大迁徙、十字军、三十年战争、文艺复兴、宗教改革等等)以及重要的历史学派(如德国的兰克学派、英国的牛津学派和剑桥学派)有关的历史学家和历史著作，他都作了详细的介绍，并评论其原著的优缺点，尤重视事件的目击者或闻自目击者的当代记载。他有时引用原著或评论原著者的片段，以加深读者的印象。历史著作中有关于农民起义及人民反抗贵族斗争的原始资料，例如亨利·乃吞《英国史》续编及无名氏《编年史》都记载了1381年窝尔忒·泰勒尔领导下的农民起义；《布鲁图编年史》续篇载有关于1450年杰克·卡德领导下的农民起义；1327—1355年罗马历史残篇记载了里恩泽领导罗马人民推翻罗马贵族政府的暴动；佛罗伦萨史学家史梯发尼与季诺·卡波尼记载1379—1382年梳毛工人的大暴动和英国旅行家芬尼斯·摩里孙《十年旅行日记》中描述爱尔兰人争取宗教和政治自由的替伦暴动。其所介绍史料的种类，远远超过了历史著作和个人传记的范围；史料包括私人日记(例如意大利安敦尼奥·彼得里以及史梯发诺·英斐苏拉的《罗马日记》)、公家日志(例如亚历山大及其继承人的《皇家日志》)、游记(例如阿拉伯人的航海故事《历史的连锁》、伊本·朱贝尔的《游记》)、回忆录(例如德国革次·冯·柏力兴根的《回忆录》)、通信(例如比利时人部斯贝克的《出使土耳其书简》及其所搜集的《皇帝路德福第二与高卢作家书简集》)、小品散文(例如法国蒙田的《随笔集》)、地理志(例如雅克特的《地理辞典》、斯特累波的《地理学》、拜占庭的史梯芬的《民族学》)、法律(例如法兰克人的舍拉法律、《查士丁尼法律》第八卷强迫撒克逊人采用罗马法的规定)，以及近代的考古发掘和古文字的释读。总之，它的史料范围几乎无所不包。同时其史料的内容也是多种多样的。其中有发萨里的《画家列传》和本维纽托·析利尼的《自传》是意大利文艺复兴时代艺术史的重要资料；英国理查·亚诺尔德的《伦敦风俗》叙述“英国古代平凡的事”，包括有特许状、国会议案、物价、税收及著名的民歌《栗色女郎》；有关于古代科学史的资料，例如大普林尼的《博物志》；有关于政治学说史的资料，例如亨利四世与格雷戈里七世所发表的《政论小册》等等。原著所引史料，与文字的联系特别密切。一方面它引用许多史诗、民歌、传说来说明各民族的早期生活，例如它引用《贝奥武尔夫》史诗说明盎格鲁-撒克逊人侵入不列颠以前的生活情况；利用《喜尔得布兰歌》说明早期日耳曼人的生活；利用北欧“萨伽”说明北欧（冰岛与挪威）人民的早期生活。另一方面，还指出一些后世著名的文学作品与古史有关的出处。例如蒙默思的赭弗理的《不列颠史》中载有亚塔尔王的传说；莎士比亚的历史剧《亨利第八》取材于英国《荷尔〈编年史〉》，其他许多历史剧取材于挪尔斯从法文译本重译过来的普鲁塔克《名人传》，甚至莎士比亚的有名悲剧《麦克白》最后一幕最后一景中西华德所说的台词和罕廷敦主教亨利的历史著作中的句意相同以及同一剧本中说柏南森林向前跑动的诡计见于“夫勒得加”的《法兰克史》也都一一指出。此外艾因哈德的《查理大帝传》中提到罗兰战死疆场，为以后法国《罗兰之歌》的根据；瑞士康拉德·查士丁加的《百纶大编年史》及伊吉第阿斯·楚第的《赫尔维细亚编年史》中记载威廉·退尔的故事，为以后德国席勒写《威廉·退尔》剧本的根据，革次·冯·柏力兴根的《回忆录》是歌德同名剧本的根据。这些记载都是学文学的人所喜爱的。

此外关于过去历史著作的各种版本和各国的译本及其优劣，以及过去和近代期刊上有关的各种评论，著者列有详细的书目提要，作为注脚，附于每页之下。读者如果愿意的话，可以按图索骥，作深入的研究。原著直接提到中国的地方很少，但所叙述的历史著作中提到中古时代中国的地方较多。虽多远路传闻，不甚确切，但也有一些记载可以补充我国的史料。例如伊斯兰教徒马力克所著《世界征服者的历史》及拉施特所著《史集》中所记西辽的史迹可以补充我国《辽史》、《金史》和《元史》的不足。在中西交通史资料方面，书中所引用的原著也有一定参考价值。

三

尽管这部著作有极其丰富的历史资料，但绝不是一部史学史，充其量只是一部比较完备的史料学和历史目录学史而已。史学史不仅要包括历史著作的编撰情况，而更重要的是要叙述历史学家对于研究历史的观点和方法的逐渐发展过程，而汤普森对后者很少提及，只详细列举历史著作和资料的名称，简单说明其内容而已。

汤普森是个资产阶级史学家。他的《历史著作史》最严重的缺点是对马克思主义历史唯物主义的歪曲和攻击。在他两卷书共一千三百多页的巨著中，只在最末了一章中（即下卷第六十四章）谈到“东欧及巴尔干诸国”的史学，用了不过一页半[①]的篇幅谈马克思主义的史学。

① 下卷原书第628—630页。

汤普森《历史著作史》的第二个大缺点是对东方各国史料的缺乏和史料分配的不恰当。他在序言中自夸说:“在任何一种文字中,都还没有出现过一部像本书这样全面而连贯的叙述,为每位作家在他所处时代总的背景中找到一个适当的位置,并确定他在当代史学发展中的地位。”但是这部书,就是单就资料方面而言,也不是完美无缺的。当然,要求一部书完美无缺,既不可能,也是不必要的。但是我们必须指出:他所有的缺点,有些是出于客观原因,不可避免的;有些是出于主观原因,由于阶级偏见而产生的。例如他不懂得东方各国的语言和文化,特别是不懂得中国的语言和文化,所以这部书中关于中国、日本以及东南亚诸国的史学,完全是空白。虽然谈到过伊朗、中亚和蒙古的历史,但他对我国正史中的外国传记以及许多谈到外国史的专门著述,如普法显的《佛国记》、梁慧皎的《高僧传》、唐玄奘的《大唐西域记》、道宣的《续高僧传》、义净的《南海寄归内法传》、《大唐西域求法高僧传》、宋赵汝适的《诸蕃志》、周去非的《岭外代答》、明初的《郑和航海图》(见明文仪编的《武备志》)、费信的《星槎胜览》、张燮的《东西洋考》、黄衷的《海语》等书,[1]对于中亚、印度及东南亚诸国的情况,都有它们本国所找不到的详细记载,而汤普森都不能采用。[2] 关于蒙古历史的资料,不但中国历史文献中有关蒙古史的丰富资料未见采纳,连

① 参阅张云波《印度尼西亚汉文史料初录》,见《北师大学报》(历史专号),1958年,第2期,第115—124页。

② 关于这一点,另一个美国“新史学派”的历史学家桑戴克比汤普森要好一点。桑戴克在他的《世界文化史》中叙述古代印度、中国的文化(即第4卷第19—22诸章)的时候,采用了许多古代印度和中国的原始资料。

蒙古人自己用蒙古文字写的《元朝秘史》[①]也未见著录。书中对于德意志和英国的史料，记载特别详细，法国史料次之。对于中世纪俄罗斯的史学，只在上卷第25章《拜占庭和土耳其的史学家》一章中给了几页的叙述。对于涅斯特的《编年史》只给予几行的叙述。这很明显是资产阶级史学中“西欧中心论”的反映。著者对于其所叙述历史家的篇幅比例，往往是不合理的。例如在叙述古典历史家一章中，叙述戴奥·卡西约的篇幅远远多于叙述修昔底德和波里比阿的篇幅，[②]尽管后者的重要性远远超过前者。在下卷中，启蒙历史学派的首领伏尔泰只占两页，[③]休谟只占三页，[④]而吉本竟达三十页，[⑤]而叙述马列主义史学只占一页半。[⑥] 叙述篇幅的不平衡，充分地表现著者的阶级和种族的偏见。

汤普森的《历史著作史》第三个大缺点是著者任意主观地把一些历史家列入某种派别，在结构上毫无系统性。典型的启蒙学者马不里被列入十七世纪博学派一章中。[⑦] “海德堡学派”全被列入浪漫主义一类，而称其首领施罗塞“在理智上是属于十八世纪的”；[⑧]赫尔德同所有的启蒙学者一样，对中世纪深怀敌意，对法国革命表示尊敬，对浪漫主义的狭隘民族主义和沙文主义是陌生的，

---

① 最近有道润梯步的《新译简注〈蒙古秘史〉》出版（内蒙古人民出版社，1979年）。

② 修昔底德，上卷第60—72页；波里比阿，第117—136页。

③ 下卷原书第65—68页。

④ 下卷原书第69—72页。

⑤ 下卷原书第74—90以及其他各处。

⑥ 下卷原书第628—630页。

⑦ 下卷原书第56页。

⑧ 下卷原书第142页。

却被解释为“浪漫主义知识上的始祖”。[①] 浪漫主义的理论，无论在德国、法国或在任何其他国家，一般都没有作为史学史上一个完整的阶段来叙述。

四

尽管汤普森这部著作有许多缺点，但他所搜集欧洲各国的历史资料十分丰富，无论研究世界古代史、中世纪史或近代史的，都可以从中取得许多有益的东西。建国以来，马克思主义史学在我国有很大的发展。但世界史学史一类的书籍还是一个空白。我们翻译这部书的目的，是希望我们能够运用马克思主义的立场、观点和方法，取其精华，去其糟粕，吸收其中有用的材料，将我们的世界史学史研究工作推向一个新的阶段。

这部书我们在“文革”前已经基本翻译完了。上卷是我译的，下卷是孙秉莹同志和我合译的。在“文革”时期“四人帮”横行的日子里，这项工作无法进行，因此就搁置下来了。1977 年重理旧业，修订了译文，增加了一些注释。译者注释在于补充说明有些主要历史事件的经过及其发生的年代；说明有些历史人物的生卒年代及其主要著作，古代地名的现在所在地，古代外国历史著作中说到有关中国的情况，等等。著者原注说明历史著作的版本、翻译及近代杂志上的评论文章。两种注释混合编号，均列于每页之下，作为脚注，以便读者检阅。译者注后面加“译者”字样，著者原注后面不作说明。

---

① 下卷原书第 138 页。

本书的《译者前言》是得到湖南师范学院历史教研组莫任南、熊家利、谢天冰等同志所提的意见加以修改的。关于德语部分，得到已故王舒教授及董爽秋教授的帮助；关于法语部分，得到孙文明先生的帮助；关于拉丁文部分，得到吉林师大林志纯教授的帮助；关于搜集资料，特别是翻译俄语有关资料方面，得到李长林同志的帮助。谢贯屏同志为我抄写了一部分译稿。对他们的热忱帮助，我表示衷心感激。由于我本人知识水平和理论水平的局限，错误之处，势所难免，希望读者随时指正。

谢德风

1979年11月12日

出版者附言：谢德风教授已于1980年逝世，他生前曾将多部历史译作交由本馆出版，对我们的工作给予了大力的支持。谨此表示对他的悼念和感谢之忱。

目　录

著者序言

我曾一度想把这部书定名为《克力奥[1]大桥》；这个名称比现在采用的书名更富想象力，更加富丽堂皇。历史可以被看作跨越时间洪流、把过去和现在联结起来的一座巨大的桥梁。这座桥的入口笼罩在远古迷雾之中。希罗多德就是这座以历史女神缪斯命名并奉献与她的动人的伟大结构上第一个清晰可辨的桥拱。在较近的视野，但比去年、甚至比上世纪还要古远得多的视野中，孟德斯鸠和吉本像桥上塔楼那样在朦胧中耸立。随着他们二人的出现，克力奥大桥立即加宽，后来就变成处处雕栏玉砌的一条康庄大道了。这座克力奥大桥是一座古老的大桥，雄壮的大桥，美丽的大桥。

从希腊时代迄今，欧洲文化对学术上出现的新观点总是很警觉，对新的解释或新的批评总是很敏感。西方社会一向热心于历史，拥有记载过去的大量文献，在质量和数量上都和任何其他已知文化在这方面的情况不同。[2] 朝这个方向发展的主要动力来自古希腊思潮。第二个因素是基督教的影响；跟佛教、婆罗门教或东方

---

① 历史女神，希腊神话中九个缪斯之一。——译者

② 该书作者想必不了解浩如烟海的中国历史著作，因而作出这样显然片面的结论。——校者

古今任何其他宗教不同，基督教一向都有历史意识。最后一个因素是，近二百年来近代科学发展和物质的进步对西方世界的思想也有深刻影响。西方史学已经从文学的一支发展成一个学术部门；保存旧史料、撰写新史书业已确立为一门新的学术专业。

历史研究究竟在多大的程度上真正是历史家进行的研究；历史究竟在多大程度上是历史家所说的那样的历史——这些问题的答案都还是不清楚的。但是，除了至今还遵守“作家的目的在于记述而不在于裁决”(Scribitur ad narrandum，non ad probandum)这句古代格言的狭隘学派的历史家以外，一般人都同意历史家的崇高职责就是阐明问题。我这两卷书正是从这个观点出发，为从远古至第一次世界大战爆发这个漫长的时期中历史概念的变化和历史写作的各种形式提供一个概括的叙述。

本书未论述现仍健在的历史家；美国作家也是有意地一位都不提。这是因为，这两卷书篇幅有限，无法容纳；而且论述美国史学的，已有大量文献，并且正日益增多。这也是为什么像莫特利①、普雷斯科特②、利③和哈斯金斯④这样的名家，本书也未加论述的缘故；

① J. L. 莫特利(1814—1877年)，美国史学家，毕业于耶鲁大学，美国驻奥、驻英公使。特别对于尼德兰历史有兴趣。著有《荷兰共和国的兴起》(1856年)、《联合尼德兰的历史》(最初二卷，1860—1861年；后二卷，1967—1968年)。——译者

② W. H. 普雷斯科特(1796—1859年)，美国史学家，对西班牙历史特别有兴趣。著有《墨西哥的征服》(1843年)、《斐迪南与伊萨伯拉王朝的历史》(三卷本，1838年)、《秘鲁的征服》(1847年)等。——译者

③ J. C. 利(1825—1909年)，美国出版家和历史家，著有《异教裁判所的历史》(三卷本，1888年)。——译者

④ C. H. 哈斯金斯(1870—1937年)，哈佛大学欧洲史教授，著有《诺尔曼制度》(1918年)、《十二世纪的文艺复兴》(1927年)、《中世纪文化研究》(1929年)。——译者

因为,尽管他们的著作属于欧洲历史范畴,但他们还是属于美国历史学派的。

笔者并不敢奢望这部书已经避免在大多数渊博的著作中常见的通病:严峻晦涩、索然无味,除最有耐心的学生外,一切读者都不敢问津。另一方面,笔者窃望这部书对各校设立更为正规的研究史学和史家的课程能够起些鼓舞作用。对那些希望进一步深造的人,本书也提供了大量参考书目提要。读者的主要兴趣无论在于哲学概念的改变,或者只在于史学这一行在技巧上逐步改进的过程,或者把历史看作世界文学的一支——长期以来这一点一直被忽视——而对它感兴趣,在这本书里他都可以找到很多有用的东西。本书所附书目提要将提醒读者:分散的材料大量存在;有讨论一定范围和一定时期的概要或专著,有论述个别作家的精彩文章,也有少数较长的全面概括。但是,在任何一种文字中,都还没有出现过一部像本书这样全面而连贯的叙述,为每位作家在他所处时代总的学术背景中找到一个适当的位置,并确定他在当代史学发展中的地位。本书上卷叙述的是直至十七世纪为止的那个漫长的时期,把历史主要看作文学编写的演变过程;下卷叙述近代史学研究的兴起。

在向有关的人们表示感谢的时候,我首先想到的是使我有幸讲授历史写作这门课程的那许多学生。自从已故的J.F.詹姆森[①]离开芝加哥大学,由我接任这门课程以来,至今已经三十五年多

① J.F.詹姆森(1859—1937年),美国历史学家,著有《美国史辞典》、《美国革命作一个社会运动来考虑》等书。——译者

了。这些年来,各班学生的兴趣对我说来一直是永不衰退的鼓舞的源泉。

为了向曾出力完成本书的伯纳德·J.霍尔姆博士(我手下培养的最后一位博士,近几年曾和我共同研究)表示感谢起见,我把他的名字和我的一起放在本书扉页上。他不仅负责研究和编纂本书第2卷从第46章开始的十五章以及其他章节的一些部分,而且在全部手稿的最后修订和删节中,也做了很多工作;他还曾负责彻底修订并编辑近三千条参考书目提要的注释和引证。本书之所以能够问世,大部分是由于他的操劳和忠诚。

读者会看到许多引文,有些引自作家本人,有些引自专家的批评,大部分都很简短;其中绝大多数引文,似乎只要审慎地引用以示谦恭也就够了。至于书中少数较长的引文,都已征得出版者同意。

波林·R.安德森博士曾欣然同意协助霍尔姆博士校对并编写索引,特此致谢。曾帮忙校稿的其他一些应予致谢的人还有维拉·霍尔姆夫人、韦恩·发西尼奇先生和路易丝·佩弗女士。最后,还应当向西德尼·赫尔曼·埃尔曼纪念基金创办人西德尼·M.埃尔曼先生和夫人表示谢意,他们曾拨款资助这部书的出版准备工作;并应向麦克米伦公司以如此优美的装帧出版这部书表示感激。

J. W. 汤普森

柏克莱,加利福尼亚

1941年3月15日

汤普森教授生前未能看到他珍爱的这部最后著作出版，这对他的朋友和学生们说来永远是一件使人深感遗憾的事。在这两卷书付印后不久的 1941 年 9 月 30 日他就与世长辞了。

B. J. 霍尔姆

原书出版者说明

本书出版以后，索尔·K. 帕多弗博士提醒我们注意这样的事实：他作为汤普森博士的研究助手，曾参加了本书原稿的准备工作。由于汤普森博士过早去世，出版者不了解帕多弗博士曾参与本书工作一事，我们深感遗憾，并愿借此机会改正未能将帕多弗博士的名字写进致谢名单中的疏忽。

麦克米伦出版公司

第一编

古　代

第一章　古代东方[①]

人类是唯一意识到自己的过去并对它感兴趣的动物。“历史 3
是以文字记事开始的。而以文字记事又必然是由其他记事形式经过漫长岁月的过渡而来的。这种过渡在于两个方面：一方面是由最早期各种粗糙的办法逐步发展成能够在实际上使用的文字，来把头脑中的东西用书面形式表达出来；另一方面，则是将杂乱无章的思想发展成为理性思维。当种种事情能够用文字记载下来流传后世时，上述那些发展阶段必然就弃置背后了。从野蛮人用象形文字记事，发展到以文字记述战争、记述修庙事宜（如我们发现的公元前四千年的巴比伦铭文）以及同一时期系统写出的行政记录，这是向前跨进了一大步。各民族在初期阶段费尽心血克服种种困难完成他们的记述任务所花费的岁月，比我们能够看懂其用法并摸清其发展过程的楔形文字出现后的这三四千年可能还要长些。”[②]

直至十九世纪以前，人们还认为最古的历史就是古希伯来史，这在《旧约》中有文字记载。至于古代埃及、巴比伦、亚述、腓尼基

---

① 著者在本章所论只限于古代近东诸国，我国及其他远东诸国有丰富而悠久的历史著作，著者不是不知道，而是有意抹煞了。——译者

② 雨果·温克勒：《巴比伦王国和亚述的历史》，J. A. 克累格译（纽约，1907 年），第 10 页。

和波斯等地的历史，除《旧约》中偶尔有所记述外，希腊作家也保存了这方面一些知识，但这些史料加在一起，仍然异常贫乏。[1] 这些资料中最早的见于“历史之父”希罗多德的著作（他的生卒年代约为公元前484年至425年）。在亚历山大时期，在马其顿人征服埃及和古代东方诸国这些伟大事变之后，又出现一些新的历史材料，但数量不多，也不准确。属于这个时代的有散科尼亚托所著《腓尼基史》，叙述的是特洛伊战争以前的时期。一般认为出于他的手笔的片段得以保存下来，应归功于菲罗·拜布利阿斯的希腊译文，后来第一位教会历史家攸栖比阿斯又把他的译文收入他的《福音准备》(*Praeparatio Evangelica*)[2]一书中。

4 埃及托勒密王朝历代君主都关心自己统治的这个国家的历史。在托勒密·斐列得尔福斯统治时期（公元前285—前247年），一位有学问的教士埃利奥波利斯人[3]曼涅托，根据寺院档案编写了前后连贯的一整套埃及编年史，除了前边列了一张表记载神祇和英雄外，还记载了三十个朝代的事，历代国王的姓名、即位年代以及各个朝代的重大事件等。这部作品是用希腊文写的，因为埃及文人受教育时用的是他们的师长的语言文字。有六种不同的译本流传至今。[4] 托勒密·斐列得尔福斯主朝负责图书管理的人根据底

---

① 这些证据每一点滴都由艾萨克·科里搜集并在他的《古代腓尼基、迦勒底、埃及、提尔、迦太基、印度、波斯和其他各国作家著作的片段》一书中发表附有英语译文（第二版，伦敦，1832年）。

② 同上，第3—18页。

③ 古埃及的城市，意为“太阳神的城市”，以其太阳神庙著名，其遗址在今开罗附近。——译者

④ 同上科里书，第173—181页。

比斯的档案，编写了一部《底比斯诸王表》(*Laterculus*)。[①] 随后又编写了《古埃及编年史》，这是一部木板书，包括从诸神统治开始的三十朝，一百十三代，三万六千五百二十五年。[②]

从希腊名家关于古代埃及历史的论述看来，希罗多德似乎是取材于孟菲斯的僧侣，而曼涅托记录的则是埃利奥波利斯的传说。如果我们手头现有的材料不只是曼涅托记载下来的那些干巴巴的朝代表的话，我们对他的埃及史的估价一定会高一点；不幸的是，就连这些朝代表似乎也被早期基督教年表编制者为了适应自己的需要而篡改了。但是把他的朝代表和纪念建筑物上的情况对照，结果还是对他有利。他所记较早时期的朝代可能是不正确或虚构的。但较晚期的那些记载可能是相当准确的。

曼涅托的《埃及朝代表》分为三卷。第1卷终于第十一朝；第2卷终于十九朝；第3卷终于三十朝最后一位国王尼克太尼波[③]被大流士废黜从而把他统治下的当地王国灭亡之时。这样，第2卷的内容就包括了法老帝国最繁荣和最悲惨的时期——一方面是第十二、十八和十九王朝最光辉的时代；另一方面又是第十五、十六和十七王朝被海克索斯或称牧羊王朝征服和屈辱的时代。

不幸的是，只有一两份内容贫乏的摘要流传至今。有案可查的最早提到曼涅托的作家是亚比温，他是公元一世纪时的埃及人，

---

① 艾萨克·科里：《古代腓尼基、迦勒底、埃及、提尔、迦太基、印度、波斯和其他各国作家著作的片段》，第84—88页。

② 保存在攸栖比阿斯的编年史中，参阅同上，第89—93页。

③ 尼克太尼波第二(公元前361—前340年)，第三十王朝，即波斯统治下的王朝最后一个本地人的国王。波斯王阿萨尔士第三再征服埃及时，尼克太尼波逃往努比亚。本文称为大流士所废，恐有误。——译者

在反对犹太人的一篇短文中他曾引用曼涅托一段在埃及很流行的有关犹太人离开埃及的记述，这件事后来曾由约瑟福斯[1]加以纠正。他这篇更正的价值主要在于它保存了曼涅托原书中的一段重要文字。

早期基督教文献是仅次于古希腊后期编纂家的影响最大的文献，至少在保存曼涅托和埃拉托色尼[2]著作的实质内容方面是如此。曼涅托之所以特别引起注意，就是因为犹太和埃及编年史对早期基督教年表编制起了很大作用。约于公元 200 年，恩美阿斯-尼科波利主教朱理亚·阿非利加那为曼涅托的著作做了摘要并加批注。这部著作的全文并未保存下来，但它的摘录，包括王朝相当完备的三十个世代以及埃拉托色尼的《年表》都被收集到九世纪拜占庭一位修道士乔治·辛塞拉斯所编《年代记》一书中。那些关于王朝的记载，还通过一个亚美尼亚译本，保存在攸栖比阿斯的《编年史》中。曼涅托所记录的年代和《旧约》中公认的年代表大不相同，这个恼人的事实使早期基督教历史家大大提高了对古代埃及年代表的兴趣。为了使这些不一致调和起来，学者费尽了苦心。埃及诸王的其他名单还保存在西西里的戴奥多刺斯和约瑟福斯的著作中。约瑟福斯曾摘录已失传的第乌斯和麦南得合撰的《提尔年代记》。[3]

从远古流传下来的最可靠的埃及年代表是《历代托勒密王

---

① 公元 37—100?，犹太史学家。公元 66 年以后参加反抗罗马的斗争。公元 70 年耶路撒冷失陷后，至罗马。著有《犹太战争史》(七卷)、《反对亚比温》等书。——译者

② 公元前三世纪的希腊天文学家和地理学家，确定以特洛伊之陷落为起点的纪年法。——译者

③ 艾萨克·科里：《古代腓尼基、迦勒底、埃及、提尔、迦太基、印度、波斯和其他各国作家著作的片段》，第 193—194 页。

表》。它开始于迦勒底的那波那塞[①]时代(公元前 747 年),直至安敦尼·庇护统治时代的结束(公元 161 年)。[②] 虽然它开始于迦勒底时代,但它的年代是按埃及年代表计算的。

罗马作家发禄有七十四部著作,共六百二十卷,除两部外,其余都已失传。他也写过一部名为《古代人物与神祇》(*Antiquitatesrerum humanarum et divinarum*)的书,计四十一卷,这部书保存了很久,圣杰罗姆和圣奥古斯丁都知道有这部书,而且在他们二位死后很久,这部书仍未失传。后来竟失传了,确实可惜。但发禄的有趣的历史分期法却由公元三世纪的一位罗马历史家森索林那斯保存下来了。[③] 这些著名的分期法是这样的:(1)从人类的出现到大洪水;(2)从雕开利温[④]到奥林匹亚第一纪[⑤],名为"神话时期",因为据说在这时已出现了传说中的各种业绩;(3)从第一奥林匹亚纪以后称为"历史时期","因为这个时期发生的大事就都有可靠的历史记述了"第一个时期也许有某种开端,也许就是从无尽的远古延续下来的;因此,这个时期究竟占了多少年代不可能准确计算出来。第二个时期的年数也无法准确断定,但是发禄相信大约

---

① 巴比伦王(公元前 747—前 734 年)。——译者

② 艾萨克·科里:《古代腓尼基、迦勒底、埃及、提尔、迦太基、印度、波斯和其他各国作家著作的片段》,第 83—84 页。

③ 同上,第 324—328 页;推斐尔(参阅"注释中常被引用的作家和著作简称一览"下同),第 1 卷,第 166 节;第 2 卷,379 节。

④ 希腊传说,宙斯发洪水企图淹没人类时,只有巨神普罗米修斯的儿子雕开利温和他的妻子乘舟逃脱。水退后,他们两人听了神的嘱咐,往身后抛石头,使地上人类又重生起来。后来他们生希伦,为希腊人的祖先。——译者

⑤ 全希腊人每四年在西部奥林匹亚举行大赛会一次,据说第一次赛会是公元前 776 年举行的,每四年即为一奥林匹亚纪,为希腊纪年方法。——译者

是1600年，在其中最后那四百年，神话渐渐变成真实的历史。奥林匹亚第一纪（公元前776年）和罗马城的修建（公元前753年）几乎是同时发生的，这件事给发禄留下很深的印象。假如他知道那波那塞的时代开始于公元前747年，他的印象就会更深刻了。

这样，在十九世纪以前的两千多年中，关于希腊时代以前的世
6 界史，人们并不了解任何新的情况。直到十九世纪初，罗塞塔[①]石刻才提供了一把辨认古代埃及象形文字的钥匙。这个著名的石刻是1798年跟随拿破仑到埃及去的法国学者发现的。石上刻有三种文字的铭文：第一种是希腊文，第二种是古埃及通俗文字，第三种是古埃及象形文字。即使有希腊文作对译的线索，辨认工作仍然花费了多少年的辛勤劳动。英国一位名叫托马斯·扬的人认出了托勒密·厄匹非尼的名字；一位名叫商博良的法国人认出克利奥佩特剌的名字。不久之后，发现国王的名字都刻在一个椭圆形的环中，商博良称之为椭圆环（cartouche），这个发现最为重要，因为它立即把参证工作集中在最容易核对的一部分铭文上进行。这些椭圆环常常和刻着国王的头衔和称号的第二个环连接在一起。每次尝试都获得成功。辨认时，恺撒和托勒密二人的名字的拼写法几乎总是一样，并无变形，最后，纪念建筑物上那些更古老的诸法老的名字也是这样辨认出来的。通过这些考证，一整套字母就逐渐有了眉目，埃及人应用这些符号表示声音的原则也就慢慢弄清楚了。代表一个特定字母的符号用的是一个具体事物，正如在英文的象形文字中，L这个字母就要用一头狮子（lion）代表，D这

---

① 在尼罗河三角洲上。——译者

个字母就要用一条狗(dog)代表。科普特语是从古代埃及语直接传下来的,因此它也是处于古埃及语和希腊语之间的一种语言。事实证明,象形文字构成一套表示发音的字母,但不是所有的象形文字都是表示发音的。古埃及人比亚述人和巴比伦人更缺少时间顺序观念,所以寻找正确的年表是困难的。需要有一个对照比较的手段,因而采用了曼涅托的"王朝表";很明显,埃及人是以王朝和多个王朝中各法老的统治期计算时间的。多少世纪以来,诸法老的姓名、他们即位的年月以及三十三个王朝的继承次序都刻在花岗岩、石灰石上,后来则写在草纸上。

埃及铭文的历史价值必须经常细心判断,因为诸法老往往把他们祖先的事迹,归到他们自己名下。他们用来达到自己的目的的方法很简单,磨掉石柱或墙壁上已记载的事迹中那位英雄的名字,然后刻上自己的名字就行了;或者把别人的功绩记录抄刻在另一块石板或纪念物上,把过去完成那些功业的真正君主的名字改成他们自己的就行了。

埃及人从来就不是一个很喜欢写历史的民族。[①] 巴比伦和亚 7
述诸王为自己树碑立传,其真正目的是想把他们征服异域的时间和势力所及的范围告诉后代;而诸法老则只要有些偶尔战胜敌人(他们只泛称敌人)的颂歌,或者刻在岩石上纪念法老一生重大事件的一系列普通图画就满足了。因此,埃及铭文中只有一小部分可算作历史。直到第十八王朝,才有关于部队远征和驻外使节等

① 所有他们的历史文献,都由詹姆士·亨利·布雷斯特德翻译并收集在他的《埃及古代文献:从最早时代到波斯征服的历史文献》一书中(芝加哥,1906—1907年,五卷)。

方面较大量的记载。

我们要了解最古的埃及历史，列出年表，都必须从纪念物上搜集资料。但铭文上的材料枯燥而不充分，因为其中缺少描绘事物的表现力，又缺乏说明问题的想象力。确实，在希腊时代以前，根本就没有既能表现事件又能说明问题的历史。似乎从埃及文明最遥远的时代起，就不断撰写贫乏的年代纪了，但除两个片段在还完整时，曾经包括从最早的王朝到第五王朝（即约相当公元前2750—前2625年）的年代纪和一些记载图特摩斯三世[①]征讨叙利亚战役的简短节录以外，都已失传。古埃及王国注重物质建设，把力量花费在物质资源发展方面，在这种情况下，很少有机会从事文献著述。埃及人不喜欢抽象思维。“第五王朝的僧侣文书曾编纂最古诸王的年代记，从统治两个史前王国的国王的干巴巴的姓名记到第五王朝本身；但这仅仅是一些事件、功业和神庙捐献的清单而已，没有文章的形式。这是现存最古的王家年代记的片段”。[②]

但到第十二王朝（公元前2000—前1778年）的时候，埃及文献写作就已经有了明显的发展。改朝换代时的大事已成为知识界的常识，第五王朝的历史已是尽人皆知的了。[③] 在帝国统治下的十八王朝（公元前1580—前1350年），我们第一次得到可供撰写

① 约公元前1481—前1447年，十八王朝的皇帝。当时国势甚强，向外侵略，侵入叙利亚、米丹尼等国。——译者

② 布雷斯特德：《埃及史，从最早时代到波斯征服》（第2版完全修订本，纽约，1909年），第109页。但不是这样的年代记的最早证据。布雷斯特德的著作写于苏美尔考古发掘物的被仔细研究之前。约于公元前2000年从事写作的苏美尔历史书写人员已经作了一些国王表。

③ 同上，第203页。

最简单的纲要的少量铭文。但材料太有限了！单单依靠这些铭文就要撰写出希腊史，该是多么不容易啊！

如果我们设想一位埃及历史家——假如有过这么一位的 8
话——手头除了那些豪华的铭文之外，还有中央和地方各级政府极其丰富的档案资料、法律程序和诉讼记录，土地、税收和人口登记等等材料可供他利用的话，那么上段所说史料缺乏的情况就更显得突出了。“民政工作主要是依靠登记和官吏汇报制度，所有公务部门的监督者一年到头把这些东西送交王廷。”[①]负责处理这些记录的官吏多如牛毛，这就足以证明这些记录种类之繁多、数量之巨大。除了法老的文书和一位记录监督者之外，军队、王家产业、宫廷后妃、海运事业、诸大臣等等都有文书。

纪念文献中充满了历史事实线索，例如底比斯的王家档案，缮写室和案卷室的国家档案、秘密文件，宫中日志和许多神庙的档案，特别是阿卑多斯和底比斯二地神庙中的档案。但几乎所有这些记录，都是写在草纸或皮革上的，因而都随着时间的消逝一起消失了。但许多纪念物上刻的东西，却可以清楚地证明。诸法老的档案里也有每位国王统治时期的记录以及诸战役和重大政治事件的记载。就这些文献的实际情况看，甚至在希罗多德以后，本来还是可以写出一部埃及史的。曼涅托的希腊文著作，前面已经讲过，显然也是根据埃及文献，而不是根据铭文写的。

发现和辨认古代波斯和亚述的记录的经历，是人类智慧最光

---

① 乔治·罗林森：《古代埃及史》（纽约，1880 年，两卷），第 1 卷，第 541 页；也可参阅塞缪尔·伯奇：《根据古碑铭写的古代史：埃及》（纽约，1875 年），第 xix 页。

辉的成就之一。甚至早在中世纪，少数地面上的波斯铭文的实例
就已经开始引起西方旅行家的好奇心了，这主要指的是波斯波利
斯遗址上的铭文。圣芳济会一位托钵僧鄂多尔里克早在公元
1320 年就已看到这些铭文了；威尼斯派往波斯的一位大使巴巴鲁
是在 1472 年看到它的。1585 年和 1619 年两位西班牙旅行家又
分别观看了这些铭文。英国人托马斯·赫尔伯特于 1629 年、德国
人亚尔伯特·曼得尔逊约于 1640 年、那不勒斯人科剌里于 1694
年，都曾注意到它们；但首次抄录一篇铭文的一部分的是在 1614、
1626 年间在东方旅行的一位意大利人彼得罗·得勒·发勒。
1670 年，骑上冉·沙敦抄录了一篇铭文的全文。这些抄本都是用
波斯文写的。到十八世纪，一位在荷兰东印度公司做事的名叫垦
普斐的人首次从波斯波利斯抄录了一份用亚述—巴比伦文刻的铭
9 文带回欧洲；1704 年另一位荷兰人布鲁印出版了最早的一部三种
文字的铭文样本。

但多年来并无一人懂得或设法弄懂这些铭文的意思，辨认这些文字的钥匙还没有找到。这把钥匙就是打开波斯话这把锁的东西。德国大旅行家卡斯腾·尼布尔在东方旅行很广，于 1765 年发现波斯文是一种拼音文字。四十三年之后罗斯托克人泰赤森发现了区分单字的符号。但真正揭开这个奥秘的是 1802 年格罗特芬德。他假定波斯波利斯铭文是用三种文字写成的，他猜想第一种自然是波斯文本身；另外那两种铭文的意思和波斯文相同，只是所用文字不同。灵机一动，他猜想第一篇铭文中的一部分的意思是“大流士大王、众王之王”。他分析了这个称号的套语，发现这些字在别处重复出现，因此他能够在铭文中适当的地方读出大流士的

父亲和祖父的名字来。格罗特芬德虽然找到这把钥匙，但是还需要用很多年才能完成对波斯文的辨认工作。[①]

在这个时候，法国学者杜·培隆和尤金·步尔努夫的东方研究就很有用处了；前者于1771年首先出版了《赞德·阿维斯塔》[②]，后者辨认出爱克巴塔那[③]的铭文并编写了印度古代波斯语语法。

但是在希属波斯的息丰、苏萨和波斯波利斯的历史背后，还有浩渺的巴比伦和亚述的历史无人知晓。和波斯的情况一样，近代早期的欧洲并不是完全不了解美索不达米亚。在第二次十字军之后不久的1160年，一位西班牙籍犹太教士图德拉人本雅明[④]访问了摩苏尔（尼尼微）的遗址。1583年一位英国商人约翰·厄尔德勒德、1611年又有一位英国商人约翰·卡特赖特看见下面埋藏着巴比伦遗址的大土丘，不过他们和所有的人们一样，也都相信巴格达就是古代的巴比伦。直到十七世纪末，人们还只能从希腊或拉丁著作中或《旧约》中知道一点关于巴比伦或尼尼微的历史。大约在1750年，一位法国人奥尔特证明巴格达不是巴比伦，后来一位卡考尔派托钵僧厄曼纽厄尔神父证实了他这个说法。1801年，通过英国东印度公司，第一篇亚述铭文传到欧洲。从那时以后，人们

① 关于格罗特芬德及其继承人的辨认工作，可参阅R. W. 洛泽斯：《巴比伦王国和亚述的历史》（第6版，修订本，纽约，1915年，两卷），第1卷，第61—105页，第216—273页；和莫理斯·哲斯特罗：《巴比伦王国和亚述的文明》（费城和伦敦，1915年），第63—119页。

② 《波斯古经》。——译者

③ 古代米堤帝国的首都，现在伊朗的哈马丹。——译者

④ 西班牙的犹太人。1159—1173年他旅行法国、意大利、希腊、巴勒斯坦、波斯、中国边界、埃及、西西里等地，作《游记》谈到过中国的事（参阅张星烺《中西交通史料汇编》）第1册第146页。

的兴趣就浓厚起来，1811 年人们测量了尼尼微土岗，但发掘工作
10 直到十九世纪中叶才开始。1852 年法国驻摩苏尔副领事波塔挖掘尼尼微土岗和柯萨巴[1]，发现萨艮二世[2]的王宫。从 1845 到 1852 年间，雷雅特在尼尼微发现了亚述王巴尼拨[3]和西拏基立[4]的王宫，后来又发掘了古代的伊勒克[5]。泰罗挖出迦勒底人的乌尔[6]。1852 年，曾经作过雷雅德的助手的刺萨漠发现了亚述巴尼拨的皇家图书馆和著名的"洪水泥版"[7]。

但是所有这些铭文就像撒遍各地的信件那样，这笔财富的信息是有的，但又等于没有。因为有谁能阅读它们呢？在这里，古波斯文的知识有用了。卫斯特加德[8]和罗林森[9]在古波斯文的基础上，辨认出波斯波利斯铭文中的第二种文字，因苏萨[10]而名之为"苏萨文"。但得·索栖称之为"亚述文"的第三种文字这个谜仍然没有得到解决。据信它属于闪米特语系。罗林森于 1835 年发现刻在一片悬崖上、用三种文字写成的大贝希斯敦[11]铭文，并于 1845 年部分地把它辨认出来之后，于是它就和罗塞达石刻一样，也提供了一把钥

① 摩苏尔一个村庄，在伊拉克的东北部。——译者

② 亚述国王(公元前 722—前 705 年)。——译者

③ 亚述国王(公元前 668—前 626 年)。——译者

④ 亚述国王(公元前 705—前 686 年)。——译者

⑤ 即乌鲁克，古苏美尔的城市，现在伊拉克的东南部。——译者

⑥ 古巴比伦的城市，约在古巴比伦城东南一百三十五英里。——译者

⑦ 关于近代的考古发掘，可参阅赫罗兹尼《西亚细亚、印度和克里特上古史》，谢德风、孙秉莹译，第 1—13 章(1958 年三联出版)。——译者

⑧ 丹麦东方语言学家(1815—1878 年)著有波斯楔形文字铭刻等类的书。——译者

⑨ 英国亚述学家(1810—1895 年)，1846 年释读贝希斯敦铭刻成功。——译者

⑩ 古代波斯帝国的首都。——译者

⑪ 其遗址在伊朗西部。——译者

匙。1851年他紧接着又揣摸着把十一行亚述文翻译出来。最后于1857年,由四位学者——罗林森、兴克斯、福克斯·托尔波特和奥伯特——分别进行了一次检验性的翻译,于是亚述文的秘密终于揭开了。在1867、1873年间,乔治·斯密司校订了亚述巴尼拔铭文的一些部分,翻译了"洪水泥版"以及伊撒哈顿[①]和西拏基立的其他铭文。

> 亚述人的历史写作构成他们的文献中一个最重要的部分。的确可以毫不含糊地说,在所有文献中,这些历史材料是最能表现亚述人特性的了。亚述人的历史作品和他们在文化上许多其他方面的成就那样,都是从巴比伦文化中派生出来的。从最遥远的古代开始,亚述就有两种类型的历史铭文。比较普通的形式是从历代国王为他们的建筑活动(而不是他们的武功)留下纪念这个愿望发展起来的。和这些建筑铭文并摆的是一些枯燥无味的国王名单。……最早的亚述铭文起源于前一类型。更早期的纪年铭文一个也没有发现。……除了一个可怜的例子之外,直至公元前约1100年提革拉·毗色一世[②]以前都还没有一件严格说来可以算作历史的文献。[③]

即使到那时,仍然有一个长时期的空白。直至提革拉·毗色四世(公元前742—前728年)统治时期、亚述势力复兴之后,持续的历史作品才真正被发现了。不幸的是,伊撒哈顿(公元前686—前668年)粗暴地毁灭了这些年代记。正如谚云恶有恶报那样,人们竭尽心力为他编纂的年代记也被一位继位者毁灭了。幸而有许多铭文

---

① 亚述国王(公元前686—前668年),西拏基立的儿子。——译者

② 亚述国王(公元前约1115—前1102年)。——译者

③ A. T. 奥谟斯忒德:《亚述史学——史料研究》(哥伦比亚,密苏里,1916年,《密苏里大学社会科学丛书》,III,第1号),第1—4页。

11 弥补了这些损失。亚述年代记的考订工作是困难的，因为历代国王都有弄虚作假、把前人的功勋归到自己名下的坏作风，而且还常常把自己的武功吹到天那么大。例如原来的记录中只掳获绵羊一千二百三十五头，在后继的统治者手中竟至夸大为十万零二百二十五头。因此，如果不是当时记载的当时的事情，或者如果不经过和所引用的原始记载对照校订的话，任何亚述年代记都应当小心看待。这些年代记大部分是关于亚述历代国王进行的战争的细致描述。这些东西几乎都是大吹大擂的历史。最典型的是萨艮（公元前722—前705年）的冠冕堂皇的年代记，这些东西确实需要批判地审查。[1] 对于他的继承人西拏基立（公元前705—前686年）和伊撒哈顿（公元前686—前668年），也应当这样看待。[2] 另一方面，"亚述巴尼拔统治时代（公元前668—前626年）的突出特点是材料特别丰富"。其中很少或不存在任何歪曲或弄虚作假、冒领他人之功的地方。这是最后一位亚述国王重要的统治时代。亚述历史其他部分的材料很少。帝国快要崩溃了。公元前607或前606年，米堤王赛阿克萨里[3]和新巴比伦帝国的迦勒底的统治者那波卜拉撒[4]联合攻陷尼尼微。[5]

第一个创造真正历史文献的民族这个卓著的荣誉应当给予亚

① A. T. 奥谟斯忒德：《亚述王萨艮时代的西亚，公元722—705年》（纽约，1908年：《科涅尔历史研究和政治科学丛书》，II）。

② A. T. 奥谟斯忒德的《西拏基立统治时期的西亚》，见《美国史学会年会报告》，1909年〔1911年〕，第93—101页。

③ 公元前625—前585年。——译者

④ 公元前625—前605年。——译者

⑤ 进一步阅读，可参考R. F. 哈柏的《亚述和巴比伦文献：选译，附有一篇批判性的序文》（纽约，1901年）。

述人。可以看出，亚述历史文献是在巴比伦刻板的建筑铭文的基础上发展起来的；还可以判断，亚述人在这个基础上大有改进。

> 在亚述，首先把建筑铭文变为历史记述的是把原来给帝王的献词删去一部分，这是一个极端重要的变化。这样就出现了某一位国王功绩的全面记录。第二步就是把这些事件按时间前后排列起来，或者以国王统治期间的年份为准，或者依照战役的顺序，事件的叙述单调而无虚饰。……最后出现了萨艮时代特有的发展：对每一年或每次战役都下工夫单独描写。……西拏基立和亚述巴尼拔的棱柱上那些铭刻是从巴比伦学来的一种文章形式的例子，但叙述异常详尽，一看就知道是亚述文体。建筑铭文继续存在，其年代记的成分则是全新的东西。①

巴比伦和亚述的历史记述很像帝王本纪和编年史，这是很自然的，因为希伯来人和亚述人都属闪米特族。但其内容远较《圣经》中的材料丰富，因为不幸得很，希伯来人的历史没有用希伯来 12
文铭刻保存下来。亚述历史文献的明显例证是关于沙尔马尼塞二世②和卡卡战役③（公元前 854 年）的记载，大马士革的哈扎厄尔④和亚述的交涉，提革拉·毗色的颂词原文，萨艮的铭刻，西拏基立关于公元前 701 年那次战役⑤的报告，以及伊撒哈顿和亚述巴尼拔的赋税表。

从伟大的帝国创立者亚述那塞拔的年代记中摘录的下列一段

① 锡德尼·斯密司：《剑桥古代史》，III（1925 年），第 111—112 页；比较，第 237 页。

② 沙尔马尼塞二世（或称三世），公元前 859—前 825 年。——译者

③ 在奥伦特河附近，亚述王侵入叙利亚，大战于此。——译者

④ 大马士革国王（公元前 841—前 820 年）初臣服于亚述王作战，公元前 839 年以后与亚述作战。——译者

⑤ 亚述向西发展，征服腓尼基等地。——译者

话说明，亚述的威名为什么在各民族中引起恐怖：

我杀戮他们的战士，我割下他们的头颅，我把它们堆成大堆。我在城门对面竖起一根大立柱，我剥下所有叛乱首领的皮，我把他们的皮包在柱子上，有些皮塞进柱内，有些挂在柱上或钉的桩子上，其他一些我钉在柱子周围的桩子上。我用火烧死三千名俘虏。他们的青年和少女，我也都扔进火里烧死。

当亚述的首都尼尼微被大火烧毁时，希伯来先知那鸿表达了古代世界的感触：

但愿这个血腥的城市遭受祸殃！所有听到你这个消息的人们都鼓掌高兴，因为有谁不是一年到头受你的折磨呢？①

新巴比伦帝国（从公元前 626 年起，直到公元前 538 年被居鲁士灭亡、降为波斯一个行省时止）的编年史工作产生了使用楔形文字的各民族中最好的一部史书，即《巴比伦编年史》。这部书传到我们手中的这个样式是大流士大帝统治的第二十年（约公元前 500 年）编写的，不过它是根据一个更早的样本抄写、修订的。保存下来的不是全部。这部书现存的内容记述的是从公元前 745 年到前 668 年的事情，但几乎可以肯定，这部书必然曾叙述到公元前 612 年亚述的覆亡，可能还更靠后些。巴比伦人在编写断代史方面胜过亚述人。因为亚述人把他们每位国王的统治时期都当作独立的时间单位看待。在清清楚楚陈述事实方面，《巴比伦编年史》是一个典范。

① 《旧约》，《那鸿书》，第 3 章。官话本《新旧约全书》译文如下："祸哉，这流人血的城……凡听你信息的，必都因此向你拍掌。你所行的恶，谁没有时常遭遇呢？"——译者

最后一部记述巴比伦历史的书是《巴比伦史》，这部书是一位名叫柏洛萨斯[1]的迦勒底传教士在巴比伦被波斯征服以后很久、实际上是亚历山大大帝征服东方之后才编写，[2]是献给安泰奥卡斯·塞留古一世（公元前281—前260年在位）的；很明显，这部书是为了给这位马其顿国王提供一部在他统治下的国家的历史而编写的。这部著作本来很有价值，但不幸的是，只有一些支离破碎、面目全非的片段经过曲折迂回的道路才流传到我们手中。“现在我们必须参考已失传的攸栖比阿斯[3]的希腊文《编年史》原版的亚
美尼亚文译本来校正这部书，因为攸栖比阿斯的书有一部分材料 13
摘自博学者亚历山大的著作，而后者又直接摘自柏洛萨斯的著作；另一部分材料摘自阿拜德那的著作，这位作者又摘引了朱巴的著作，而这位朱巴又曾抄袭博学者亚历山大，因而当然也就抄袭了柏洛萨斯的著作”。[4]

这位博学者亚历山大是希腊米利都地方的人，苏拉[5]先曾把他当作奴隶带到罗马，卖给林条拉斯[6]，后者教育他并恢复了他的自由。他写的东西非常多，因而得到‘博学者’的绰号，但这些书只不过是汇编的，是从许多大部已失传的著作中节录的。约瑟福斯在公元一世纪曾利用他的材料撰写了一部《犹太古代史》；攸栖比

① 公元前三世纪的巴比伦僧侣，著有《巴比伦史》，其著作已失传。——译者

② 其片段见科里的著作，见本书原书第3页注，第19—43页。

③ 260？—340？，被称为“教会史之父”，与君士坦丁大帝同时，著有《教会史》及《编年史》。——译者

④ 奥谟斯忒德：《亚述史学》（参阅本书原书第11页注），第63页。

⑤ 罗马独裁者（公元前138—前78年）。——译者

⑥ 反对恺撒的罗马政客。——译者

阿斯在四世纪也曾利用他的材料编写了前已提到的那部《编年史》。实际上，希腊人（通过希罗多德的介绍）所掌握的关于亚述和巴比伦的全部知识都是从柏洛萨斯的著作中得来的。

《旧约》中有关历史的诸书共十七部：①构成古代希伯来民族的历史；虽然这些书是从开天辟地和人类起源写起，但我们现有的这些书的形式是在埃及、巴比伦和亚述那些史籍若干世纪以后才写成的。

《摩西五书》②中有关历史部分的时期是从公元前 850 年到 650 年。但是从大卫时（约公元 1000 年）起，似乎就有一个连续不断的口头传说作为现在《旧约》中有关历史诸书的基础了。这部历史的作者不知姓氏，后来各派先知又不断修订、增补，很像后来中世纪那些寺院编年史那样，是通过增补修订发展起来的，后人的考证③才把这些补充和修订展现出来。④

---

① J. A. 俾威：《旧约文献的历史发展》（纽约，1922 年，《文明记录丛书》）；W. O. E. 伊斯特利和 T. H. 鲁滨孙：《旧约诸书导言》（伦敦和纽约，1934 年）；S. R. 德里维：《旧约文献导言》（新版修订本，纽约，1913）；E. F. 考采：《旧约文献历史纲要》，约翰·泰罗译（伦敦和爱丁堡，1898 年）；G. B. 格雷：《旧约批评导言》（纽约，1920 年）；J. F. 考克考第：《历史、预言和碑铭》（纽约和伦敦，1911 年，三卷，合为一册）；C. H. 科尼尔：《以色列人民史》，W. H. 卡鲁斯译（第四版，芝加哥，1909 年）；詹姆士·哈斯丁斯编：《圣经辞典》（纽约，1902—1905 年，五卷）；T. K. 彻因：《圣经百科全书》（纽约，1899—1903 年，四卷）。

② 即《旧约》开始五书：《创世记》、《出埃及记》、《利未记》、《民数记》和《神命记》。——译者

③ 指对《圣经》内容的批判而言。——译者

④ 参阅狄雅可夫：《古代世界史》，日知译，第 167—168 页（高教部教材编纂处印，1954 年）；和苏联科学院主编《世界通史》，第 1 卷，第 687—688 页（三联，1959 年）。——译者

《创世记》叙述开天辟地和人类最早期的情况，这在人类学上
还有点价值，在历史上并无价值。它提供了原始文化一些隐隐约
约的情况如家畜的驯养，农业的开端，青铜、铁和砖的制造；原始社
会制度的演变，家庭、氏族和部落其他等级的形成，宗教和民政设
施的开始等等。《出埃及记》和《民数记》记载的是以色列这个游牧
民族的历史，《约书亚记》和《士师记》记载的是巴勒斯坦定居地。
《撒母耳记》叙述从游牧时期过渡到农业时期，王权的建立和大卫
的统治。《列王纪》记载所罗门即位和以色列、犹太两王国的历史， 14
直到迦勒底人于公元前 588 年灭亡犹太止。按诸书本身的年代表
看来，其中记述的最早的事件似乎可以追溯到公元前 1500 年左
右，但很有理由可以把这个时期缩至公元前 1100 年左右。《历代
志》以世系表和年代表的形式记述远古史和民族起源，枯燥地追述
了耶路撒冷和犹太历史，至犹太人被俘虏时止。在某种意义上讲，
《历代志》可以看作僧侣影响下对《列王纪》的一部新的修订本，可
能是《以斯拉记》和《尼希米记》诸书的作者编订的；因为《以斯拉
记》、《尼希米记》和《历代志》都可以看作约公元前 200 年一些未署
名的作家的作品，他们在别的资料中插进了许多重要历史片段，意
思是把许多民法、宗教仪式和犹太民族传奇编在一起。《以斯拉
记》和《尼希米记》两书提供了被俘虏的犹太人回到本国（公元前
538 年）的一些情况以及涉及五世纪历史的少许情况。

多少世纪以来，古希伯来人就不断对他们的儿女讲故事、传说，唱歌谣。在家庭、宗族和部落集会上还作背诵表演，形式有所不同。后来两个王国的僧侣史家各自独立地记述了这些民族的传说。公元前 722 年亚述王萨艮以武力征服撒马利亚之后，犹太历

史家就把上述两种记述合并成一个故事。然后又有一些历史家根据最早的伟大先知作家阿摩司和何西阿的讲述、站在对上帝崇高的敬仰的立场上，修订了这些记载并写出这个民族后来的历史。流亡[1]的僧侣作家又写了新的史书并修订了旧史。从流亡中回国（公元前 538 年）后，以斯拉[2]和尼希米[3]增补了他们的著作，后来又有人把这些著作重新修订，和以色列最后的历史《历代志》（约公元前 165 年）合并在一起。大约与此同时《但以理书》也写成了。

《旧约》主要是一部历史著作，在三十九部中有十七部是很明显的历史；五位大先知和十二位小先知的著作，大部分也是历史。其中最早的是《约书亚记》、《士师记》、《撒母耳记上、下》、《列王纪上、下》。如果我们还有偶尔提到的那些业已失传的历史著作的话，这个比例还会大些。这些失传的书是《雅熬珥书》（见《约书亚记》X，13，《撒母耳记，上》I，18）；一部失传的《撒母耳书》（见《撒母耳记上》X，25；《历代志上》XXIX，29）；《大卫编年史》（见《历代志上》XXVII，24）；《那单和迦得的书》中《大卫行状》（见《历代志上》XXIX，29）；《所罗门行状》（见《历代志下》IX，29）；《波罗安行状》；《亚哈行状》；《示玛雅的书》（见《历代志下》XII，15[4]）；《约沙法行状》；《耶户的书》（见《历代志下》XX，34）；《上帝的战争》；所罗门写给提尔王希兰的《书简》（见《列王纪上》V，39，《历代志下》II，3—16）。

---

① 指从公元前 586 年新巴比伦国王尼布甲尼撒第二灭犹太，把犹太人迁往巴比伦，直到公元前 538 年波斯王居鲁士灭巴比伦，释放犹太人归国时为止。——译者

② 希伯来预言家。——译者

③ 同上。——译者

④ 原书作第 5 节，应为 15。——译者

虽然诸先知书[①]的主旨不是为了编写历史,但也包含大量历史情况。例如,第一位以赛亚(他活到国王赫济开亚的时代,公元前715—前686年),于公元前八世纪后半叶在他那部书的前部(第1—39章)宣称犹太王国将抵抗亚述,到头来却沦于迦勒底人统治之下。但第二位以赛亚(第40—66章)却坚持有从奴役中回来复国的希望,这件事在历史上于公元前588年实现了。和犹太最后一位国王约西亚同时的耶利米(公元前约627—前527年)在公元前七世纪末和六世纪初,正当耶路撒冷陷落前后的困难时期,设法说服他的人民,抵抗迦勒底人毫无用处,因为这是上帝的意旨。生活在公元前六世纪前半叶流亡时期的以西结,在公元前597年第一次放逐中被送到巴比伦,他的作品的思想形式虽然是高度象征性的,但也使我们看到一点关于犹太人在迦勒底的情况。十二位小先知各自依照自己所处时间地点,通过他们以是非观点对人物和事件的感想把公元前八世纪至五世纪的历史显示出眉目。

① 下列年代,在许多地方只是近似的。从阿摩司到哈巴谷这些先知们说明了很多有关犹太诸王国的历史,补充了《列王本纪》和《历代志》。

公元前755—前745	阿摩司	公元前745—前735	何西阿
公元前715—前686	以赛亚,1—39章	公元前715—前686	弥迦
公元前626—前586	耶利米	公元前625	西番雅
公元前608	那鸿	公元前625—前608	哈巴谷
公元前586—前536	俄巴底亚(流亡时期)	公元前592—前570	以西结(流亡时期)
公元前545—前360	比赛亚,40—66(流亡及流亡以后时期)	公元前520	哈该
公元前520—前518	撒迦利亚,1—8章	公元前460	玛拉基
公元前444—前360	约珥	公元前300—前280	撒迦利亚,9—14章
公元前168—前167	但以理		

从历史观点看，在所有这些人物当中，最有趣的是阿摩司，因为他生动地说明了以色列衰落的原因：日益加剧的贫富悬殊造成的社会紧张，宗教的堕落，道德的败坏和外国习俗的浸染。何西阿对政治最有兴趣。例如阴谋与暗杀，王国内部纠纷，亚述的同盟和埃及的诺言，社会风气颓废败坏、腐化堕落等等。

《但以理书》并不是像它冒称的那样是什么囚禁时期的作品，实际上是在四百年以后的玛喀比[1]时代（公元前二世纪）写的，因
16 为作者显然知道托勒密王室和塞留西王室之间的冲突而且还描写了安泰奥卡斯四世（死于公元前 163 年）对犹太人的宗教迫害。在这一时期，人们在《伪经》[2]中发现的犹太历史写作，已和罗马世界的历史混为一体。[3] 这个时期充满纷争动乱：犹太人内部接连不断的争吵，玛喀比战争[4]，雇佣军占领巴勒斯坦，罗马总督的暴政，繁重的赋税，安息人的侵袭，犹太狂热教徒的兴起以及它带来的悲惨后果等等。和这些灾难相反的，我们也发现了柏拉图和斯多噶学派的仁慈影响的证据，这种哲学带有这个时代智慧文章以及从亚历山大到萨珊王室的兴起这些漫长的岁月中一直流传着的琐罗亚斯特的智慧传说的色彩。这类文献在道德上的价值大于其中包含的历史知识。学

---

① Maccabee，犹太人，约于公元前 168—前 142 年发动反安泰奥卡斯（Antiochus）四世希腊化政策的叛乱，其家族后即成为巴勒斯坦的统治者。——译者

② 《旧约》中有十四篇，原文不是希伯来文写的，因此新教徒认为是《伪经》，不印入新教徒《圣经》中；但有些新教《圣经》例如詹姆士第一时代（公元 1611 年）的英译本，将《伪经》附于《旧约》之后。

③ 关于《伪经》的历史价值，可参阅以得加·J. 谷兹比德的《伪经，美国译本》（芝加哥，1938 年）；W. O. E. 伊斯特利：《伪经诸书的起源、教训和内容》（伦敦，1915 年）；W. N. 斯腾斯：《希腊-犹太作家著作片段》（芝加哥，1908 年）。

④ 载入《旧约》《伪经》《玛喀比书》中。——译者

者对《玛喀比》上、下两书的历史真实性抱轻视态度。

不幸的是，在散科尼亚托[1]以后，腓尼基就再无任何历史记载遗留下来，虽然我们知道有很多档案资料确曾存在过。不管腓尼基人的起源如何，他们的语言肯定是属于闪米特语系的。这一事实圣奥古斯丁曾加以证实。但传到我们手中的以腓尼基文字写的仅有文件都是一些人名、神名、地名；最有价值的东西只是一些几乎总是宗教性质的铭文；虽然有些重要的例外，但并未保存下来，例如刻在迦太基巴力[2]神庙石柱上关于汉诺[3]那次著名航海的记载，汉尼拔与马其顿王腓力签订的条约，由汉尼拔保存在拉西尼昂[4]的朱诺女神庙中以腓尼基和希腊两种文字记载的他本人历次战役的大铭文。不幸的是，斯特累波、波里比阿和其他曾经利用过这些文献的作家提供给我们的这些文献的译文，只有一些摘要。

腓尼基铭文的研究开始于十八世纪中叶。1759 年，《青年安那卡息斯航行记》一书的作者巴退尔米神父确定了腓尼基字母的真义，从而为辨认腓尼基的文字奠定了基础。这种开辟道路的工作后来由革西尼阿斯继续进行，他于 1837 年出版了他那部《腓尼基史料集成》。从那时以后，腓尼基铭文的数目就增加了，特别是 17

① 世传散科尼亚托为亚述皇后塞密剌密斯（传说中尼尼微的建立者）同时代的人，著有《腓尼基史》，此书一部分为菲罗·拜布利阿斯译为希腊文，编入其著作中。其实散科尼亚托是公元一世纪后期人，近代作家均承认此书实为菲罗伪造。——译者

② 巴力为腓尼基人崇拜的日神。——译者

③ 公元前六—前五世纪迦太基的航海家，航行于非洲海岸。——译者

④ 南意布鲁提安海岸上的一个海角，在克洛吞南数英里，上有著名的朱诺（朱比特之妻）女神庙。——译者

通过芮农和沃定顿的努力（是他们奠定了编纂《闪米特语铭文集成》的基础），现在至少已经有四千篇腓尼基铭文问世。

这些铭文记述的是将近十二个世纪的时间，从公元前八、九世纪开始直到公元四世纪，其中最大部分属于公元前六世纪到公元二世纪。在腓尼基本地和东地中海地区，这些铭文在公元一世纪就已停止；但在非洲和迦太基诸殖民地，罗马统治实际上却帮助了迦太基铭文的传播。这个时期的铭文与早期的不同，被称为利比亚—迦太基铭文，努米底亚铭文，或更多地被称为新迦太基铭文。基督教资料提供了一些历史知识，特别是巡礼者旅行日记、殉教史、宗教会议的一些法令以及教会中非洲神父的一些著作。

腓尼基人在神庙中保存了国王名单、城市年代记和重要事件的记载。所罗门和提尔王希兰的通信，在《圣经》中已曾提及。[①]很明显，腓尼基的档案在亚历山大大帝围攻提尔[②]之役中并未被毁，因为在公元一世纪晚期从事写作的犹太历史家约瑟福斯曾说："过去多年以来，提尔人一直在记载公众大事，包括国内历史上值得纪念和与外国关系中的重大事件，由国家编纂并细心保存。"[③]

希腊人在开始了解东方的时候，曾利用腓尼基历史家的著作，特别是摩卡斯、希普西克拉底和狄奥多德等三位的著作，这些著作译成希腊文。欧德谟斯常常引用摩卡斯的史书；他这些史书也像最古的编年史那样，从开天辟地开始叙述，收罗了许多荒唐无稽的故事。

① 《旧约》《历代志》，下 II，3—16。——译者

② 公元前 332 年。——译者

③ 《反对亚比温》，I，17（H. 圣・J. 塔刻立译，见《洛布古典丛书》）；比较 I，21。——译者

迦太基属地腓尼基的历史比迦太基城本身的历史还出名。腓尼基的历史文献在迦太基有很大发展，因为这个城市的主要官员都是传记家和历史家。例如，希尔密尔科写了一部关于他在欧洲西岸航行经过的书，汉诺写了一部关于他在非洲西岸探险的情况的书。努米底亚的王公们按照这个先例，也写了一些历史和地理著作，亚里士多德、萨拉斯特和塞维阿常常引用他们这些书，因而保存了这些著作的一些片段。西塞罗在弹劾味里斯①的演说中，曾告诉我们说，马西尼撒说迦太基话并用迦太基文写作。萨拉斯特还提到希姆普塞尔②用迦太基文写了一部《努米底亚史》。这些事实已由纪念密西普萨③的一篇新迦太基大铭文证实。但迦太基最著名的文献是关于经济方面的。被称为农业之父的著名的将军
马葛在公元前五世纪写了一部讨论农业的书，计二十八卷，罗马元 18
老院曾下令把这部书翻译成拉丁文。④ 另一部讨论农业的书是马葛的儿子哈密尔卡写的。这些著作译成拉丁文之后，就成了罗马这类文献中的主要资料，在它们的启发下发禄又写了一部《农业论》⑤，甚至味吉尔的《农业诗》也是受到它们的启发才写成的。

迦太基覆灭后，迦太基语却随着罗马文化广为传布而大大繁

---

① 罗马的西西里总督（公元前 74—前 70 年），贪污舞弊，为西塞罗所控告。——译者

② 希姆普塞尔第二，努米底亚国王，历史家朱巴之父，被逐出努米底亚，公元前 80 年庞培恢复其王位。——译者

③ 努米底亚国王，希姆普塞尔第一的父亲，推行与罗马友好的政策。死于公元前 118 年。——译者

④ 推斐尔，I，第 54 节，1。

⑤ 其片段译文，见任炳湘选译《罗马共和国时期》下，第 16—21 页（商务印书馆，1962 年）。——译者

荣兴旺起来，以致勒普替斯[①]的腓尼基人亚历山大·塞维鲁[②]的妹妹几乎不会说拉丁话了。圣奥古斯丁所谈迦太基语的流行情况十分有趣。他说，在五世纪初，迦太基语仍然是人民的通用语言，以致教会必须使用这种语言。多那特教派[③]可能有腓尼基文的全部《圣经》，但是由于正统教派对这派异教的迫害，这种《圣经》一本也未能流传到我们手中。这种语言渐渐从城市被排挤出去，到查士丁尼时代就成为一种农村的土话了。

很为不幸的是，我们对古代波斯历史的知识仅限于古典作家的作品和少数铭文；而阅读古典作家的作品时，又必须特别小心。文字记载已全部丧失。留存至今的波斯本国人写的历史只存在于铭文中，但毫无疑义，波斯人的历史编写工作必然有很大发展，他们的档案资料一度是十分丰富的。

《以斯拉记》、《尼希米记》和《以斯帖记》诸书表明，古代波斯人十分理解官方记录在法律上和历史上的价值，迟至亚历山大大帝时期（公元前 330 年）还可能根据这些记录，写一部波斯史。除了在《以斯帖记》第 1 章第 19 节和《但以理书》第 6 章第 8、12、15 等节中我们常常看到提及“米堤亚和波斯法律”之外，还发现引用《波斯诸王编年史》和《记载之书》等情况。我们在《以斯帖记》第 6 章第 1 节中，读到国王亚哈随鲁睡不着觉，“就吩咐人去取编年记事”，以及以斯帖和末底改挫败暗杀国王的阴谋这件事“被写在年

---

① 现在北非利比亚北部的霍姆斯，原为腓尼基人的殖民地，后为罗马人的殖民地。——译者

② 罗马皇帝（公元 222—235 年在位）。——译者

③ 相信公元四世纪北非多那特主教的教义的信徒。——译者

代记上”[①],波斯的档案和财宝一起被保存在卷宗室中,而且至少就被囚禁的犹太人而论,还有仔细的世系登记。有一位首相和许多文书“用各省文字写信给各省各个民族的统治者;用各民族的文字写信给各个民族”[②]。这些波斯统治者写的这些信件当然是会被保存下来的。

直至十九世纪以前,关于古代波斯史,除了从《圣经》诸书、希罗多德的著作和在波斯宫廷的一位希腊医生提细阿斯[③]遗书的片 19
段中了解到一些情况以外,从波斯人自己的原始记载中流传下来的东西我们一点也不知道。虽然希腊人懂波斯文,但不幸他们没有留下通过希腊文看懂波斯文的方法,尽管希罗多德曾说大流士为了使他渡过赫勒斯滂海峡之举永垂不朽,曾用巴比伦、波斯和希腊三种文字把铭文刻在一块石板上;修昔底德也曾提到用波斯文字写的信送往斯巴达使者那里去时,中途被雅典人截获,送到雅典翻译出来了。[④] 亚历山大帝国分裂后,前曾提及的一位名叫柏洛萨斯的迦勒底教士[⑤]曾替他的恩主叙利亚王安泰奥卡斯把他本国的一部分记录翻译成希腊文。我们还知道,亚历山大和他的继承人的《皇家日志》(*Ephimerides*)[⑥]是模仿古代波斯僧侣为各个朝代写的年代记。

① 《以斯帖记》II,21—23。——译者

② 同上,III,12;VIII,9。

③ 公元前5世纪一位在波斯王廷服务的希腊医生,根据波斯材料写了一部《波斯史》,以证明希罗多德著作之失实。——译者

④ 修昔底德《伯罗奔尼撒战争史》,中译本,第396页。——译者

⑤ 见本书原书第13页。——译者

⑥ 亚历山大的《皇家日志》是他的主要秘书记载,于他死后发表的。——译者

波斯人自称伊朗人，称自己的国家为伊朗；柏萨（Pàrsa，希腊统治时期称为柏息斯，近代则称为法尔斯）只是伊朗的一个省——但两个最伟大的王朝（公元前六世纪的阿契明尼德王朝和公元三世纪的萨珊王朝）都是从这一省产生的。

大流士打败并俘虏了"唆使柏斯（Pars，波斯）叛变"的高墨特[①]。这是波斯史上记载的最早的一个事件。大流士是历史上所知道的最早的米堤人，但米堤的势力一定可以追溯到公元前700年左右。古代波斯人的残存文献业已消灭。只有他们的铭文流传至今——这些东西只是一些贫乏的历史见证。古波斯文字至今人们知道的还不超过四百个。另一方面，有颇多的文献，主要是关于神学和祈祷的，从萨珊王朝时代起，其文字"和没有阿拉伯成分的现代波斯语的最古老的形式差不多。这种文字一般称为巴拉维语，有时也称为中古波斯语"。[②]

古代波斯连续的年代记曾两次中断。第一次是由于公元前330年马其顿的征服，当时亚历山大任性，破坏了波斯波利斯[③]；第二次是因为帕提亚的征服，他们的统治从公元前150年直到公元226年一个新波斯王朝（即萨珊王朝）恢复了对本国的统治。

帕提亚人[④]和现代土库曼人[⑤]差不多，是一个吃苦耐劳、善于

---

① 米堤僧侣，公元前522年叛变，公元前521年为大流士所杀。——译者

② E.G.布牢温《波斯文献史，从最早时代到非尔都细》（纽约，1902年），7。（译者按：非尔都细是波斯诗人，940？—1020；著有《列王本纪》叙事诗，长六万对句，叙述波斯诸王的历史从传说时代到公元641年穆斯林征服波斯时止。）

③ 波斯帝国的首都，公元前331年为亚历山大大帝所焚毁。——译者

④ 中国古书称为安息人。——译者

⑤ 居于中亚的东土耳其人。——译者

骑马的种族，住在波斯沙漠以东的里海东南一带地区。在亚历山大时期，帕提亚本部和里海沿岸的赫开尼亚构成波斯一个行省；和巴克脱里亚人①不同，帕提亚人从来没有被希腊文化同化，他们保 20
留了“善于骑射、牧羊等游牧部落”的习惯。约于公元前三世纪中叶，巴克脱里亚人和帕提亚人摆脱了马其顿的统治，于公元前 248 年获得独立。以帕提亚酋长阿萨栖兹的名字命名的帕提亚或安息王国延续到公元 226 年后即被萨珊王朝所取代。古伊朗随着帕提亚帝国的倾覆而结束。公元 227 年成立的萨珊王朝开始了中世纪波斯的历史。

为什么亚历山大和他的继承者塞留西王朝的历史在穆斯林文献中只占很少一部分，这一点还是容易理解的。在巴拉维传统中，也就是说在亚历山大以后的波斯的传统中，他被看作一个被诅咒的征服者，因为他毁灭了波斯图书，杀害了波斯祭司。在他这两种放肆行为中，亚历山大毁灭了古代波斯的史迹；假如我们手头还有这些史料的话，就可以掀开笼罩着古波斯史的黑暗，把它解救出来了。

---

① 中国古书称为大夏人。——译者

第二章　古希腊史学[①]

21 “我们所有的历史著作和所有的自然科学一样，完全建立在希腊人奠定的基础上。……在希腊时代以前的那几千年，……埃及和美索不达米亚就已经有了一种几乎达到编年史水平的文字记载。但迈向真正历史写作的决定性的一步他们似乎从未迈出。……所有古代闪米特人缺少的正是希腊人使历史著作发展成一种自觉艺术的那种优异品质”。[②] 即使在希腊人中间，这种发展也是姗姗来迟，柏拉图相信以文字记载的一切希腊历史都是晚近才有的，近代学术研究也证实了他这个看法。希腊世界有文字记载的历史追溯不到很古远的时期。

古代希腊的历史写作是在诗歌和雄辩术双重启发带动下发展

---

① 最好的单行本是柏立的著作；也可参考利奥那德·辉布利编的《希腊研究指南》(第3版，剑桥，1916年)，第165—170节；亚诺尔特·J. 汤恩比：《希腊史学思想，从荷马到希拉克略时代》(伦敦和纽约，1924年)，这是一本希腊伟大历史著作精华录，附有一篇有价值的序言；摩立兹·立特：《古代史学》，见(慕尼黑)《史学杂志》LIV(1885年)，1—41；威廉·斯密特和鄂图·斯樋林：《希腊文学史》(慕尼黑，1929—1934年，两卷)，I，683—714，II，550—706；H. W. G. 彼得《真实与艺术，古典时代的史学与剽窃》(莱比锡和柏林，1911年)，37—272。

② 乌尔立喜·丰·威拉摩维茨-米林多夫：《希腊历史著作和阿波罗》，吉尔柏特·墨累译(牛津，1908：《牛津古典学术演讲丛书》，第3号)，5—6。

起来的，最早出现在爱奥尼亚①。世界上第一部伟大历史著作产生的地方正是希腊史诗的故乡，这个事实具有重大意义。荷马最早的一批继承者都是写组诗的诗人，他们的作品标志着文学上一个新时期，在这个新时期中，前一个诗歌时代凭想象创作的方法开始让位于对真实事件的积极描述，所以他们的创作在不知不觉中渐渐形成叙事的形式。赫伯特·斯宾塞②虽然说过许多愚蠢的话；但他也说过一些聪明的话。例如他曾说“神话的原则不言而喻地假定在传说和历史之间可以清晰地划出一条界线，但它却不承认这种实际情况：即在叙述事件的诸作品中，符合实情的东西正逐步超过虚构的东西。上述原则忽视了在确切的历史出现以前，必然会有无数部分真实故事流传，因此，它不承认有许许多多只是部分地被歪曲了的史实流传下来。”

公元前六世纪是一个知识文化上的过渡时期，在这个时期中，希腊人的思想表现开始从诗歌的形式过渡到比较偏重于思维的形 22
式，尽管它仍然属于诗歌类型。在这个时期，出现了最早的散文家和最早的配称为哲学的哲学体系。地理学和按年记事已开始具有雏形。

这个变化是文明进一步深入发展的自然结果。和诗歌并存的，一些比较可靠的记述真人真事的作品日益增多，例如墓志铭，行政官员和僧侣的名单，统治者家族世系表，甚至还出现了和约和盟约之类的东西。这类作品对只凭想象的作品起到制约作用，而

---

① 小亚细亚西部沿岸希腊爱奥尼亚人移民居住的地方。——译者

② 英国社会学家(1820—1903年)。——译者

且提供了一些真实情况。

> 爱奥尼亚这种批判的、讲求理性的精神从以世系、地方、地理等材料为内容的叙事诗中演化出历史写作。“历史之父”是米利都的赫开提阿斯，“我们可以相当有信心地假定”，希罗多德的著作就是取材于赫开提阿斯的，但希罗多德并不承认他依靠人家已到那样的程度。……“我们可以猜测”，关于波斯战争的记述是对米利都人戴奥尼素所作爱奥尼亚“史传”这一挑战的回答，在他这部著作中，爱奥尼亚人被描绘得更加出色，而雅典扮演的角色却并不那么光辉灿烂。[①]

这些最早的作家被称为散文说书家(logographoi)[②]。他们以简单的形式、不讲求文辞修饰的散文把关于城市、民族、王公、神庙等事物起源的口头传说重述出来；这些是希罗多德以前的主要历史资料。除阿戈斯人阿邱西拉斯(约公元前500年)[③]之外，他们都是爱奥尼亚人。最重要的是米利都人卡德马斯(约公元前550年)、莱斯博斯人希兰尼卡斯(约公元前482—前397年)、米利都人赫开提阿斯(约公元前550—前478年)和戴奥尼素、兰普萨卡斯人开纶(约公元前470年)和勒鲁斯人斐勒赛第兹(约公元前450年)。在所有这些散文说书家当中，两位米利都人和兰普萨卡斯人开纶最为重要。三人都住在亚洲希腊属地[④]，也都是波斯入侵的目击者。战争开始前，赫开提阿斯曾企图阻止爱奥尼亚各城市的暴动。[⑤]公元前494

---

① 引自柏立的一篇评论，见《民族》杂志(The Nation)，LXXXVIII 1909年，516。

② logo为“传说”之意；graphoi为“记载者”之意。他们以散文记载城市起源的传说，为史诗向史学发展的过渡。——译者

③ 里翁内尔·皮尔逊：《早期爱奥尼亚史家》(牛津大学出版社，1939年)。

④ 即爱奥尼亚，在小亚西部沿海一带。——译者

⑤ “爱奥尼亚人”，在西亚，特别在波斯是指希腊人的通用名词。而B. L. 季尔得斯利甫在他的《奥林比亚和彼提亚颂歌》校刊本(纽约，1885)第xii页中谈论(接下页)

年，他被派到阿塔斐尼那里，并从他那里得到波斯人对爱奥尼亚城市某些自由权的承认。他写了两部著作，一部是《世界游记》(*Perigesis*)，计两卷，在这部书中他利用的是他在旅行中亲自了解到的情况，这部书特别描述了西欧、高卢和西班牙，还附有一张地图。[①]

米利都人戴奥尼素是和赫开提阿斯同时代的人，也是米利都本 23
地人。他的主要著作似乎是名为《波斯》(*Persica*)的一部波斯史，共五卷。很明显它是一部记述波斯战争的连贯的历史，它的失传极其可惜。兰普萨卡斯人开纶也写了一部《波斯史》，计两卷，一部《希腊文》，计四卷。希罗多德虽然没有提到这位作者，但他无疑从前一部书中受益不浅。从现存的片段判断，这部历史著作很粗糙，因为这些片段主要是国王、僧侣和行政长官的名单，只不过围绕着这些名字收集了一些事件。希罗多德曾利用但并未指明的还有一位作家，就是斯开拉克斯；他是开利阿本地人。公元前 508 年，大流士派他去印度河口和阿拉伯海探察，他写了一部关于这件事的情况的书，现已失传。斯开拉克斯还写了一部赫拉克里德传，这个人是非洲希腊属地一位王子，他支持希腊反抗波斯王薛西斯。柏立说："这部著作在多大程度上算得上传记虽很难说，但至少它作为我们所知道的最早的一部以个人为历史叙述中心的希腊著

(接上页)到品达时说："在〔希腊和波斯间的〕斗争中，品达诚实地站在他的国家一边，这对品达并不是丢脸的事。在没有希腊以前，对波斯表示好感也不算叛国行为；从波斯战争中产生的希腊同站在争端的这一边和那一边的诸地区是完全不同的东西；我们可以确信，那些站在争端以外的人对这个争端的看法和近代人的看法不同，因为近代人都学会了作爱希腊的志士。"

① 柏立，8—18。

作，还是值得注意的。”

在希腊这个历史著作最早的故乡中，历史是从叙事史的最早形式民歌与歌谣发展起来的。散文说书家在这个发展过程中标志着从神话向历史的过渡。他们大约在公元前 500 年之后就以散文的形式，依照世系排列讲述神话题材，去掉一部分太不可信的东西。他们的特别题目是地方志；这些地方志的资料来源是地方神话。他们的作品一部分在节日里当众朗诵，其目的是给听众以艺术享受。

因此，叙事史是最古老的一种历史。虽然历史科学已经提出更高的问题，但这种叙事史永远不会被废弃，永远不会死亡。它存在的理由是它能够满足永远存在的需要。所谓永远存在的需要指的是：以紧凑的表格形式排列的历史资料的需要和保存对事件的记忆的需要。从好奇心和想象力产生的对惊险事件的朴素的兴趣也是一切年代都有的。结果，主要或完全以这些需要和兴趣为考虑对象的历史著作在每个时代都可找到。说实在的，任何一位把自己的调查材料撰写成书的历史家都不能完全忽视想象力和好奇心的吸引力。打开希罗多德的著作，在第一页上，他就用他那朴素的散文表示了他的重要目的就是把他所知道的真实情况告诉读者。[①] 在希腊历史写作中，坚持对真实情况的忠诚这个原则是最显而易见的，从而使希腊史学具有吉本所赞扬的那种高贵品质。

希腊人编写的历史包括了各种性质、各种范围的东西。有写人物的，有写事情的，有叙述大国的，也有叙述小城邦的，有世界年

① 希罗多德《历史》，中译本，第 167 页。——译者

代纪和地方编年史，有政治的、文学的和军事的回忆录；他们并未 24
忘记或忽视任何东西。但这些希腊历史文献从始至终一直保持着希腊历史家心目中压倒一切的目标：提供实际情况。希腊人最早学会写真正历史的艺术，懂得它的目的、它的职责和它的规律。希腊人是史学创始人，正如他们也是科学和哲学的创始人那样。欧洲的史学无须向更古的时代追溯了。

我们看到希腊人总是极其关心他们的当代史，而对于较久远的历史很快就变得漠不关心了，这一点确实是十分独特的。他们对本民族的起源很不感兴趣，知道自己实际上是个什么情况就很满足了。他们的好奇心只追溯到前几个世代为止，那时他们相信自己的祖先是神。当第一位希腊历史家赫开提阿斯在埃及的时候，他曾向祭司们解释说他是一位神祇祖先的第十五代后裔，于是那些祭司就指着底比斯高级祭司的一大排世系雕像，说明他们已经传到第三百四十五代了。柏拉图在《泰米阿斯篇》一书中所说梭伦的一件轶事可以说明这点，他说，梭伦在埃及祭司们提问时，发现他自己或任何其他希腊人谁也不知道他们自己的古代史。埃及祭司说："你们希腊人仍处在幼年时期，你们没有从你们祖先那里得到任何古老的教诲，也没有得到任何一门古老的学问。"和埃及人想象所及的漫长的远古回忆比较起来，希腊人所能回顾到的景象就有如小巫见大巫。希腊人的头脑追溯到的，一点都没有超过特洛伊战争以及在那次战争中那些天生的英雄们。修昔底德在他的历史著作开头写的那些关于人种的猜测，[①]几乎是希腊文献中

① 《伯罗奔尼撒战争史》(中译本)，第2页以下(商务，1960年)。——译者

绝无仅有的东西，尽管这些东西也并未追溯到史前时期。

从希罗多德开始，散文说书家和历史家就合而为一了。值得注意的是，希罗多德是一位在受爱奥尼亚文化影响下的开利阿人；[1]修昔底德一半是色雷斯人。在希腊历史写作中，雅典从来没有占据主导地位。

25 希罗多德著作[2][3]的核心是希腊和波斯的冲突；克里萨斯[4]是

---

① 希罗多德的故乡是小亚西部开利阿一个城市哈利卡尔那索斯，它是多利亚的移民城市。——译者

② 希罗多德《历史》，王嘉隽译(根据修德校订本，1926年牛津第三版译出)。卷首有苏联史学家卢里叶教授的《希罗多德论》，它对希罗多德作了全面评述(商务印书馆，1958年)。《历史》的介绍及译文片段，见波德纳尔斯基编：《古代的地理学》，第20—54页(三联书店，1958年)和汉默顿《西方名著提要：历史学部分》，何宁译，第1—13页(商务印书馆，1959年)。——译者

③ 有乔治·罗林森译本(各种版本，如纽约，1909年，四卷；或《人人丛书》本，两卷)；G. C. 马可梨译本(伦敦和纽约，1904年，两卷)；亨利·撲立译本(各种版本，1889年纽约版，有巴锡尔·L.季尔德斯利甫的校勘和传记序文)和 A. D. 高得利译本(伦敦和纽约，1921—1924年，四卷：《洛布古典丛书》)。G. B. 格兰狄《伟大的波斯战争及其准备》(纽约和伦敦，1901年)，第14章；柏立，36—74；玛克斯·坡林兹：《希罗多德，西方第一位历史家》(莱比锡和柏林，1937年)，比较简短的，见《研究与进步丛书》，XII(1936年)，417—418；斯密特和斯榻林(参阅原书第21页注)，II，550—673(!)；J. E. 庖厄尔：《希罗多德的历史》(剑桥，1939年)；J. P. 马哈菲：《希腊史中的问题》(伦敦和纽约，1892年)，第5章，和他的《古代史导言》(伦敦，1871年)，论文1；亚勒弗烈·克拉塞："希罗多德和近代历史概念"，见〔巴黎〕《两世界评论》，XCIX(1890年)，173—202，和亚勒弗烈和摩里士·克拉塞：《希腊文学史节本》(G. F. 黑斐宝厄译，纽约和伦敦，1904年)，265—274；亚格：《希腊历史家应用的文件》，见《政治与文学评论》2，4期(1874年)，587—591；E. 累维罗："希罗多德与埃及神谶"，见〔巴黎〕《历史问题评论》，LXVI(1899年)，45—58；R. W. 马甘校订的希罗多德，第4—6卷与7—9卷(伦敦和纽约，1905年，1908年)；乔治·格罗脱：《希腊史》(伦敦，1907年，十卷)，I，350—361；伊伦斯特·库图斯：《希腊史》，A. W. 沃德译(纽约，1867—1872年，五卷)，II，549—554；K. O. 米勒：《古希腊文学史》，G. C. 留埃斯译(新版本，伦敦，1847年)，第19章；阿米第·何维特：《波斯战争历史家希罗多德》(巴黎，1894年)，特别是1—62，491—507。

④ 吕底亚最后的国王(公元前560—前546年)。征服小亚西部，以特别富有著名。公元前546年为波斯王居鲁士所灭亡。——译者

进攻希腊的第一位亚洲君主，所以希罗多德记载了他的世系，叙述了他的伟大业绩和覆亡。然后，由于吕底亚曾受居鲁士统治，他又描述了米提帝国的兴起和居鲁士的历史。居鲁士死后，波斯政权传至冈比西[①]。他征服了亚洲和埃及；这件事又诱使他描述埃及。后来由于大流士[②]，特别是泽尔士[③]征服希腊的野心，才使他回过头来叙述希腊的情况。

马甘先生业已证实，希罗多德史书的最后两卷是最先编写的，可能是在公元前 456 至 前 445 年之间，即在他前往埃及和巴比伦旅行以前。希罗多德著作最引人注目的事实就是它的统一性，其次就是他所表现的精神。尽管他有过于轻信、除本国语外不懂其他语言而且缺乏科学方法等缺点，但他这部著作还是有许多突出的优点：聪明的好奇心[④]、诚挚的态度和良好的判断力等等。

作为一位说故事的人，希罗多德从来还没有被别人超过。他和史诗时代很接近，所以他保持了诗歌的朴素、自然和魅力。他不

---

① 公元前 529—前 522 年在位。——译者

② 公元前 521—前 486 年在位。——译者

③ 公元前 486—前 465 年在位。——译者

④ 可以第 2 卷第 19—22 页(高得利译本)中论尼罗河一段为例。希罗多德说："关于这条河的性质，无论从祭司们那里，还是从别人那里，我都听不到任何东西。我特别想从他们那里知道，为什么尼罗河从夏至起便开始上涨，并一直上涨一百天，为什么在这段时期过去以后，它的水位立刻就退落，并减弱水流，这样在整个冬天一直保持着低水位直到第二年夏至再来的时候。我曾向埃及人打听，尼罗河有什么样的性能居然使自己具有和所有其他河流相反的表现，但关于这件事，我从居民那里得不到任何说明。"希罗多德驳斥希腊人关于这个问题所提出的三个假设；他特别不相信说尼罗河的上涨是由于非洲中部积雪融化那种推断。"从世界上最热的地区流到大部分是较凉地区的河流，怎么可能是融雪造成的呢?"我们现在知道这个说明是正确的；但那时候没有人知道，即使在热带，非洲中部的高山上也是终年积雪的。

但是一位历史家而且还是一位诗人。他以爱奥尼亚方言从事写作;他的词汇清晰简洁,字里行间富有宗教色彩和诗意。他的文笔流畅、亲切而优雅。正如他是历史之父一样,他也是散文之父。

全部希腊历史著述的主要目的就是提供情况。希腊人头脑中那种永不满足的好奇心和探索精神一直延续到古典时代的结束,始终如一。但是这位“历史之父”赋予史学以庄严高贵的风格,这
26 在过去还是从来没有过的。他能够从他的时期以前的那些被看作历史的大量杂乱无章的材料当中,即时构思成有条有理的故事;在这点上,他远远超过他以前的任何作家。作为一位绝好的记事能手,从来还没有人胜过他。他创建了最早、最古老的“叙事史”这一类型。下列想法都是希罗多德构思出来的:历史不只是一些突出的、并不相互连贯的事实的排列;在它们表面上的混乱下边,必然有一种统一性和连贯性存在;历史家的职责就是区别比较重大的事实和比较细小的事实并以适当的顺序把它们联系起来。希罗多德深深感到的那种“历史的庄严高贵”也使他成为一位道德家。在他的整个叙述中,他展示出历代统治者的智慧,使历史以实例进行教诲。还没有哪一部历史著作有一篇比他那篇更高超的绪论。

> 在这里发表的是哈利卡尔那索斯人希罗多德的研究成果,他希望通过这些材料的发表保存对人类功业的记忆不致因年深日久被遗忘,使希腊人和各蛮族那些值得赞叹的丰功伟绩不致失去它们固有的光辉,而且也是为了把他们之间长期不和的原委交代清楚。[1]

① 希罗多德《历史》,中译本,第167页。——译者

希罗多德的全部著作分为九卷，每卷用一位缪斯[①]的名字命名，这一事实本身就说明早期历史和史诗之间的联系多么密切，在编写过程中，他把希腊世界过去的传说、诗歌和故事也编入书中。尽管他这部历史有记叙文和轶事集的性质，但他还是具有无可争辩的统一性。使希罗多德的著作高出其他的是它表现了协调和综合的能力，这是他的前辈见所未见的，而且它还标志着批判性著述的开端，尽管它实际上还很朴素。虽然我们可能认为希罗多德有些轻信，但在批判精神方面，他还是超越了他自己的时代。他常常对他在旅行中遇到的纪念碑表示怀疑。他知道希腊主要的神殿中充满了伪造铭文。例如在德尔法[②]，拉西第梦人[③]就伪造了一篇铭文，把国王克里萨斯献给神明的祭品这项荣誉偷偷归于自己了(I. 51)。他知道铭文的历史价值。他提到普拉提亚战役[④]之后希腊人在德尔法建立的那个纪念碑IX(. 81)。这个纪念碑后来搬到拜占庭，直到十九世纪时才在那里被发现，在碑上还可以读出用古体字书写的曾参与远征亚洲那次决定性胜利的三十一个希腊城邦的名字。[⑤]马拉松战役[⑥]最早的证据是坡力诺塔斯[⑦]的绘

---

① 掌管文艺、音乐、天文等的女神，共九位。——译者

② 在中希腊佛西斯境，有阿波罗神庙。其神谶有名于全希腊及邻近各地区。——译者

③ 即斯巴达人。——译者

④ 公元前470年，波斯战争中一次重要战役，希腊人大败波斯人。普拉提亚在中希腊彼阿提亚境内。——译者

⑤ 参阅W. W. 豪乌和威尔士在《希罗多德注释》(牛津，1928，两卷)一书中，对这一段的注释。

⑥ 公元前490年，波斯战争中一次重要战役。马拉松在雅典北二十余英里。——译者

⑦ 公元前五世纪希腊著名的画家。——译者

画。这幅画希罗多德也曾见过。

在所有曾经存在过的历史作家中，希罗多德是最接近于不朽的
27 了。公元三世纪撒摩撒达人琉细安曾这样写道："我虔诚地希望能够模仿希罗多德其他一些特点就好了！我并不希望学会他所有的特点——那当然是毫无希望的。但他使模仿者失望的那些特点中哪怕只学会一种也好啊，例如他那令人愉快的风格、他那构思的技巧、他那爱奥尼亚语的天然魅力、他那万千警句构成的财富或者是他那成匹锦绣上的万千花朵中的任何一朵，如果能学到手该多好啊！"[1]

提细阿斯在公元前五世纪也曾利用波斯史料写了一部波斯战争史；提细阿斯是希腊人，他曾在阿塔泽尔士·麦谟[2]的宫廷中当过十七年医生。据色诺芬记述，他曾亲临公元前 401 年的邱那克萨战役[3]，于公元前 398 年回到自己的故乡。在长期侨居国外期间，他曾勤奋地从波斯档案中搜集史料，据以编写一部《波斯史》(*Persica*)，计二十三卷。前六卷包括亚述史和米堤史，直至波斯帝国的建立；次七卷记载波斯历史，直到泽尔士之死；其余各卷一直写到公元前 398 年。尼禄统治时代[4]一位不著名的历史家旁非拉为提细阿斯的书作了节录，计三卷，这部节录也失传了。我们现在仅有的提细阿斯的著作是公元九世纪君士坦丁堡大主教福细阿

① 引自 H. W. 和 F. G. 否勒译：《希罗多德和阿伊兴》，见《撒摩撒达人琉细安全集》(牛津，1905 年，四卷)II，90。(译者按：阿伊兴是公元前四世纪的希腊画家)

② 阿塔泽尔士第二(公元前 404—前 359 年)，其弟小居鲁士叛变，被他镇压。——译者

③ 希腊雇佣军随小居鲁士进攻波斯王，败于邱那克萨(幼发拉底河畔的一个小镇)，小居鲁士战死。见色诺芬《万人军远征记》。——译者

④ 公元 54—68 年。——译者

斯所作七至二十三卷的节录。但是我们从普鲁塔克的《阿塔泽尔士传》和西西里人戴奥多剌斯的著作中知道一些关于提细阿斯的重要性。戴奥多剌斯说，提细阿斯引用了三十四位作家的著作。他还写了一部《印度史》(*Indica*)，福细阿斯保存了这部书的一些节录。提细阿斯著作的失传可说是史学上一大灾难，尽管普鲁塔克①、斯特累波②和其他作家曾有反面的评论，说他未见可信。他们的批判之所以这样严峻，一部分原因是下边这个事实：提细阿斯写他这部书是故意反驳希罗多德的，而希罗多德却是历代希腊历史家的偶像；另一部分原因是提细阿斯利用的史料主要是波斯的，因此他代表的是完全不同的观点。确实，提细阿斯是我们所知道的利用波斯官方资料从事写作的唯一的一位历史家。柏洛萨斯和其他作家利用的是传教士的年代记。米勒已经说明，对《印度史》的批判过于粗暴了。③

和希罗多德同时代的一位重要史家是密提林人希兰尼卡斯。像希罗多德那样，他也是一位伟大的旅行家，他在半野蛮的马其顿王廷住过了一些时候，与其说他是一位真正的历史家，还不如说他是一位散文说书家。他的无数著作都在编年史和地方志范围以 28
内。他的主要功绩是除了采用比较确切的编年法以外，还创立了一种新的历史见解，即地方志。他的阿戈斯志是许多地方志的原始模型。

---

① 在他的《阿塔泽尔士传》，第1章及其他各处。

② 第XI卷，6，2—3。

③ 参阅G.丁多夫校订的希罗多德附录中他校订的提细阿斯著作片段(巴黎，1827年)，8—9。

正像叙事诗(épopée)是希腊史学的一个源泉那样,演说术也是它的源泉之一。在古希腊,法庭雄辩是高度发展起来的一种艺术。因为雄辩术是由希腊最伟大的演说家培养起来的,所以这种习惯对历史写作有很大影响。原先在古希腊人看来当众演说并不是很高尚的事情,只不过是一些单纯的阿谀奉承或无礼辱骂,带有诉诸希腊人常有的宗教迷信情感和比较粗陋的习惯等东西。但是在和波斯人的冲突中,希腊人产生了一种新的想法,即公民的觉悟和政治团结的重要性。伴随这种思想而来的是把法律看得高了。作为这个变化的后果,演说家的作用有了新的重要性。在早期希腊,诉讼者必须亲自答辩或控告,但因为多数人既没有口头表达的天才,也不知道法律规定的诉讼程序,于是就养成求助于有雄辩才能的人的习惯。因此,散文说书家除了成为最早的一批历史家之外,也成了最早的一批辩护人。散文说书家常常替他们的雇主写出一篇演说词,由雇主记诵纯熟,在法官面前尽可能完好地背诵出来。从这种业务过渡到一位辩护士和演说家的地位是很自然的。

批判地评述事实,是雅典雄辩术的一项重要原则,德谟斯提尼就是一个明显的例子。在表面上看,这种检查的性质完全是客观的[①]。演说者尽量隐瞒自己的情感,掩盖自己在争端中的利害关系。他装作为真理而追求真理的样子,就像一位哲学家那样超然物外。他的目的在于分析事实,说明真相。即使他为之辩护的案件并非有理,他这番议论在辩论术上仍可算是绝好的一课,因为它需要把所有事实作特殊排列和高超的辩才,以求胜诉。

---

① 原文 subjective,应为 objective。——校者

雅典第一位大演说家是安替芬(公元前约 480—前 411 年)。[1]我们看到,他的演说词开始对事实作了概括之后便就这些事实做了极其精致的分析;并对它们之间的相互关系做了细腻的论述,中间夹杂着简洁但完整的叙事。从法律中摘出论点是安替芬显著的特色。这些也是他的徒弟修昔底德著作的显著特点;他们二人的写作方式有无可否认的类似之处。人们很容易看出安替芬的作品 29
中有许多警句出自修昔底德的手笔。他们二人风格相同,朴素而简洁。事实证明,他们彼此间的相互影响是无可否认的。另外还有一个显著的证据就是修昔底德本人一贯反对一切离题的东西,但他却在他的著作第八卷第六十八章中[2]给我们留下安替芬一张放大了的画像。

叙事史的优点在于讲述发生的事实。但喜欢思考的人们也希望知道事情是**怎样**和**为什么**发生的。修昔底德比希罗多德只小十三岁,但他们二人在思想态度上的差距却非常大。因为修昔底德很注意找出事情发生的原因、发现人们的动机、说明过程的原委;他对这些事情的关心至少和他对叙述事实的关心同样大。他相信应当把事件当作一些合理地、有秩序地互相关联的事实进行研究。

---

① 参阅修昔底德,第 8 卷,68,1;R. C. 泽布:《亚狄迦的演说家们,从安替芬到爱西阿斯》(伦敦,1893 年,两卷),I,第 1 章;辉布利(参阅原书第 21 页注),第 172 节;亚勒弗烈和摩里士·克拉塞(参阅原书第 24 页注),286—290;库图斯(参阅本书原书第 24 页注),II,569,III,338,461,488;柏立,103,120 以下,144,179—180 和他的《希腊史,至亚历山大逝世》(伦敦,1900 年,有许多重印本),427,490,493,495—496;A. 克拉塞论文,见〔巴黎〕《王廷与会议评论》,XIII(1904—1905 年),第 1 部分,730—738,第 2 部分,153—160。

② 《伯罗奔尼撒战争史》,中译本,第 609 页(商务印书馆,1960 年)。——译者

当正面材料来源缺少时，他就利用亚那萨哥拉[1]的反溯推理法，从已知情况推断未知的东西，以求找出事件的一个或更多原因。总之，修昔底德把希腊批判哲学的原理应用到历史写作中，这就是他最杰出的地方。他把单纯建立在轻信基础上的那些论述全部删除。他以十八世纪唯理论者的怀疑态度看待神谕。他对自然现象的态度也是这样。他责备尼西亚不该受月食的影响。他无情地拒绝考虑神话和传说，即使是多年流传下来的故事他也不放在眼里。[2]修昔底德的方法中最大的缺点是他的编年法，因为他的"夏季和冬季"记年法非常混乱。他的实用主义观点是情有可原的，因为他的是非见解是高超而透辟的，既没有罗马历史编写工作中特有的那种功利主义，也没有基督教历史编纂中那种教训人的姿态。

修昔底德[3][4]的巨大创造性在于他的建设性的研究方法和把理论应用于实际。正如托马斯·霍布斯在他那部杰出的十七世纪
30 译本中所说的，修昔底德的著作达到了"历史写作才能的顶点"。在他的历史著作序文中，他简单地提到他的政治哲学。他认为应当把各种事件当作在永恒的序列中彼此互相联系的那些事实来研

---

① 希腊哲学家(公元前 500? —前 428 年)。在雅典从事教学三十年(约公元前 460—前 432 年)。倡"种子论"，主张一切物体都是种子构成的。——译者

② 参阅《伯罗奔尼撒战争史》，中译本，译者序言，第 21—30 页(商务印书馆，1960 年)。——译者

③ 《伯罗奔尼撒战争史》，谢德风译(根据雷克斯·华尔纳的英译本，并参照了其他三种英译本翻译的，附有译者序言、注释、插图、地图和年表)(商务印书馆，1960 年)。——译者

④ 修昔底德著作的杰出〔英〕译本是卞哲明·昭伊特译的(有各种版本；第二次修订本，牛津，1900 年，两卷)和 C. F. 斯宾司的译本(伦敦和纽约，1919—1923 年，四卷，修订，重印，1928—1933 年；《洛布古典丛书》)。W. H. 佛白司：《修昔底德，第1卷》(接下页)

究。很明显,他自己意识到他这个新概念和他的前辈的概念很不相同。关于他自己,他写道:“我的撰述所根据的并不是偶然的来源,也不是单凭我自己的印象;我的根据,一部分是我的亲身经历和目击的事实;一部是别人目击的事实,而这些事实是经过我尽可能严格而仔细地考证核实了的。这样的工作是艰苦的,因为即使是同一个事件,不同的目击者的叙述并非总是相同的;而且记忆有时并不可靠,或者有时又有这方面或那方面的偏见。我知道,假如我把我的《历史》写得更富于想象一些,就会更有意思一些;但是只要事实证明我写的历史对于希望准确地知道过去的事情是怎样发生的那些研究者有用处的话,我就心满意足了。”①

在选择事实的时候,修昔底德有他具体的指导准则。那些只根据人云亦云的材料,并无更深一层的见解的论述以及在解释事件中只凭想当然的东西,他都删掉了。例如,他排除了希腊的传说,这种态度几乎是残忍的。他相信历史家的首要责任就是消灭

(接上页)(牛津,1895 年),附有一篇长序,第 xi—cxxxii 页;F. M. 昆佛德:Thucydides mythistoricus(伦敦,1907 年);柏立,75—149;G. B. 格兰狄:《修昔底德和他的时代的历史》(伦敦,1911 年);B. W. 亨德孙:《雅典和斯巴达间的大战,修昔底德军事史指南》(伦敦,1927 年);小科尔:《修昔底德和他的前驱》,见〔慕尼黑〕《历史杂志》,LXXXIII(1899 年),385—422;B. 季尔得斯利甫的论文,见《美国语言学杂志》,XXXVI(1915 年),103—108;阿道夫·何尔谟《希腊史》(译自德文,伦敦和纽约,1894—1898 年,四卷),II,435—439;W. 基督《希腊文学史》(第 5 版,W. 斯密特和 O. 斯榻林修订,慕尼黑,1908—1913 年,两卷,分作三分册)第 252—258 节;辉布利(见原书第 21 页注),第 167 节;也可参考原书第 24 页注中所提到的米勒,第 XXXIV 章,何维特,65—77,A. 和 M. 克拉塞,295—305,和引自马哈斐的两章(译者按:修昔底德的英译本还有较早的 R. 克劳莱译本,1874 年由 R. 斐坦姆修订,见《近代丛书》,纽约,1934 年;和 R. 华尔纳的译本,企鹅古典丛书,伦敦,1956 年重印本)。

① 中译本,第 17—18 页。译文稍异。——译者

那些假的事实，这些东西只不过是诗人和占卜家的想象而制造出来的。传说极易被人轻信，而追求真实情况的人却太少了。“阿尔古”诸英雄[1]远征的情况就是一个例证，他认为这件事属于希腊史里边的传说时期。另一方面，修昔底德认为神话的底子是历史事实的叙述。只是在悠久的时间的云雾中改变了面目而已。他在下面一段文字中很清楚地说明了他对历史目的的看法，“我的著作中缺少一切神话性的东西，读起来可能不大合乎听我的著作的人的口味。但是，如果对那些想清楚地了解过去、从而对将重复发生的情况和事件也会按照人类事物发展过程的规律性进行明晰了解的人似乎有点益处的话，我就心满意足了。”他有意识地和希罗多德以及散文说书家那些富于诗歌魅力的历史著作唱对台戏，希望借此从过去的情况中吸取对当前形势有实际教益的东西。因此他就下工夫想在这些国家和党派的活动和它们之间的关系中，发现产生这些形势的原因和道理。

因此，实用主义的历史把注意力集中在事件中所表现的动机、宗旨和目标，把事件看作特定意图产生的结果，把这些事件大部分可以追溯到人的愿望和情欲，追溯到纯粹的心理状态。其目的不
31 是仅仅知道发生了什么事情，而且要设法了解事情是怎样发生的，是因为什么道理、出自什么目的发生的。在修昔底德的著作中从无神鬼出现的例子。他对自然现象的态度是合乎理性的。例如，他对月食现象的处理表现了理智上惊人的独立性。他批判尼西亚

[1] 希腊神话，乘“阿尔古”号船往科尔奇斯（指高加索）去取金羊毛的英雄们。——译者

的迷信。①

关于雅典的财富和资源，特别是关于雅典的岁入和赋税，他的论述十分准确。修昔底德以敏锐的观察力描绘了军人的实况，例如适时增援和发现敌人弱点的重要性。但他绝不是一位提倡写战争史的人。并不是每一位勇敢的人都想打仗；没有一位聪明人相信战争，只不过是把它作为最后的一种选择而已；他体会到战争引起的混乱，对战争带来的痛苦感到痛心。

在他对雅典海上力量的评论上，也可看出他有同样的真知灼见。确实，关于国家应有海上力量的道理可以说是修昔底德创造的。他发现全希腊第一次共同行动即特洛伊战争的重要性，主要是因为它是一次海上力量的表演。他探讨了早期希腊海军和造船技术的发展，并详细论证了海军对雅典的重要性，以雅典海军战术和早期战术的拙劣对比。他强调战役中以多胜少的重要性，荷马史诗中有无数关于战斗的生动描绘，但在修昔底德以前作为诸史家模仿的典范的这些描绘中，这位诗人对科学的说明却毫无兴趣。没有任何事情可以证明《伊利亚特》曾是修昔底德的范本。

修昔底德是把军事战略作为历史特色之一的第一位史家。而且他还是一位能够体会经济事务对历史的价值和作用的卓越的历史家，这一点是在他讨论战争的时候说出来的。在希罗多德的著作中，战争似乎是当然的事情，而且只当作一系列的战役描写。但在修昔底德心目中，财政问题是战争中一个主要因素。他认为，国库不充实就不可能支持长期战争，也不能维持一支舰队。在他的

① 《伯罗奔尼撒战争史》，中译本，第534页。——译者

著作中，伯里克利曾在拉西第梦人入侵雅典城邦时发表的演说中提到这一点。① 雅典人已经在一次群众大会上埋怨赋税过重了。在群众普遍不满的情况下，伯里克利当众露面发表演说，说明他的政策如何有道理。这篇演说修昔底德是用间接的口气写出的，但十分令人信服地说明了这位历史家的经济观点。他是一位锐敏的社会现象观察家。在这些社会现象中他看到历史因素。例如，他
32 观察到古代城市都很小，很像分散的村庄，他又观察到，在爱奥尼亚古老文明中，城市是不设防的。他考察了殖民的历史，特别是西西里的殖民史。他对商业的论述也是这样情形。古希腊商业很少；商业的发展是文明的标志。他把陆上商业和海上贸易，特别是埃及和雅典之间、非洲和希腊之间的贸易以及雅典重要的谷物贸易作了对比。修昔底德彻底铲除了历史中超自然的和幻想的影响。他不承认神力干涉人事。在第一卷中，当他把伯罗奔尼撒战争和过去的冲突作比较时，曾攻击荷马，说他不可信。他废弃了以前一切历史家的方法，分析了人性和社会，目的在于发现因果关系。但是如果相信修昔底德对历史进行合理化处理就贬低了道德力量在历史中的重要性的话，那就离事实太远了。

在伯里克利著名的葬礼演说②的一段里，他说明道德力量是使一个国家成功的必要条件；道德力量只是经过缓慢的培养、数百年的努力才能获得的，它是文明不可缺少的条件。

修昔底德作为一位道德家，可以列入世界伟大作家之中。正

---

① 《伯罗奔尼撒战争史》，中译本，第 100 页。——译者

② 同上，第 128 页以下。——译者

义优于权宜之计；随着幸运而来的是正义的惩罚；上帝保护正确的人；追逐名声往往导致毁灭；无为即无常，是为上策；政治上的不公平比暴力更坏；“法律条文置人于死地”；强权不会造成公理；人性易于犯罪，易于对弱者擅作威福，易于轻信、妒忌、反复无常，犯错误和慕虚荣，但基本上总是一样的；死刑不会挫伤意志；惩罚过重并非得计；复仇尽管使人高兴，但未见总能成功。

他在判断政党的动机和行为时也表现出同样伟大的分析能力。修昔底德相信民主政治，痛恨寡头政治和暴政，但民主政治的性质和弱点也骗不了他。他虽然相信人民是问题的最好的裁判，但他还是看得出民主政治的弱点。民主比寡头可取，因为后者会迅速成为个人野心的牺牲品，而且往往残酷而不公。他在雅典对寡头政治的痛恨中看到它的进步。他对国家的性质有清晰的概念。国家不能像家族那样消灭，也不能抛弃，个人野心和统治权是无法分开的。

修昔底德的文笔简洁有力而灵活，他能运用自如，以简短而精辟的词句系统地阐述自己的观点；他的措辞用语有如格言一般精练；像枪声那样响亮。他的笔调极其流畅而高超。在作品中把崇 33
高思想和流畅表达结合在一起，几乎没有别的作品能够超过伯里克利那篇葬礼演说。“整个地球就是名人的坟墓”①可能是在修昔底德著作中被人引用得最多的一句话，但这只不过是许多类似的例子当中的一个而已。

谈到修昔底德的方法，他那忠于事实的精神和苦心孤诣力求

---

① 《伯罗奔尼撒战争史》，中译本，第 135 页。——译者

准确的风格是非常明显的。他常常提到他曾参考过的文件和碑铭，例如记载在阿克罗波利斯（雅典卫城）石碑上的和平条约[①]、记述暴君压迫的铭文[②]、被截获的阿塔斐尼致斯巴达的信[③]，尼西阿斯著名的告急书信[④]、雅典的民兵花名册。特别在这方面，这些碑铭提供的材料证明修昔底德的著作是可信的。

修昔底德的著作不但对史学有深刻而长远的影响，而且对雄辩术也是如此。他是第一位在历史著作中引用演说词原文的历史家，但是人们对修昔底德著作中引用的演说词有所保留。他写的东西是供人阅读的，他还曾注意提醒我们，说他引用的这些演说词并不是完全或准确地和演说发表时一模一样，只是说个大意而已。[⑤]

修昔底德这个创见对他以后的历史家和雄辩家都有很大影响。这些演说几乎总是政治性的；我们从这些演说的创造能力中可以看到明确的政治科学的形成并把这门科学并入了历史的叙述之中。近代历史家对他们据以撰述的文件的考订和应用是非常严格的。因此，他们把修昔底德和李维用来装饰他们的篇幅的那些想象出来的演说词全部从历史中删除了，而许多小作家却可悲地仍然加以滥用。修昔底德采用这些演说词的做法究竟目的何在，我们还体会不到。当他正在平静地叙述事件时，突然叫伯里克利

---

① 《伯罗奔尼撒战争史》，中译本，第 369、372、391 及 391 页注①。——译者

② 同上，第 462、464 页。——译者

③ 同上，第 296 页。——译者

④ 同上，第 505—508 页。——译者

⑤ 同上，第 17 页。——译者

发表讲话，我们不明白他实际上所说的是什么，也不清楚作者有意造成这样印象的意图是什么。修昔底德只是使他的记述适合于人物和环境而已，此外并无其他。在这方面，罗马人模仿希腊人，但并不很成功。李维在自己的叙述中不敢引进伽图有力而雄浑的语言，塔西佗也并未替克劳第乌斯[1]发表那篇演说词，这篇演说词已在里昂著名的碑文上发现，我们今天可以读到它的原文了。尽管人们有引用演说词这个传统习惯，但少数勇敢的作家还是毫不迟疑地对这种做法表示遗憾，例如与修昔底德同时代的雅典人克拉替帕斯[2]就是其中之一，人们把他当作公元前 411—前 394 年的史学权威引证。

希腊最盛时期的第三位著名历史家色诺芬（约公元前 430— 34
前 350 年）[3]多才多艺，但不是像修昔底德那样的一位深刻的思想家；尽管他有才华横溢的撰述风格，但他并不像希罗多德那样引人入胜。色诺芬不能算作第一流历史家，但他的判断还是精明、诚实而清醒的。他的叙述也直爽而清晰。他涉猎很广，先是研究哲学，后来又从事运动（特别是打猎，他还写了一篇讨论打猎的文章）、战争和农业。作为苏格拉底的学生，他写了《自辩书》(*Apology*)、《师门回忆录》(*Memorabilia*)和《宴飨》(*Banquet*)；作为一位经济学家，他写了《经济论》(*Economics*)；作为一位政治家，他写了《斯

① 罗马皇帝（公元 41—54 年在位）。——译者

② 年龄较修昔底德稍小，续写《伯罗奔尼撒战争史》至 394 年。——译者

③ 色诺芬的著作已有 C. L. 布兰孙、O. J. 托德和 E. C. 马强特的译本（伦敦和纽约，1914—1925 年，五卷；《罗洛布古典丛书》）。

巴达共和国》和《亥厄洛》(*Hiero*)[①],对希腊民主政治进行了严厉的批判;作为一位名副其实的历史家,他写了《万人远征记》(*Anabasis*)、《希腊史》和《亚偈西劳传》(*Agesilaus*)。最后,色诺芬在《居鲁士的教育》(*Cyropaedia*)一书中甚至还成为一位小说家,他这部书证明他是一位完美的善于说故事的人。

《万人远征记》叙述的是公元前404—前401年万人军在争夺王位的小居鲁士领导下,在希腊雇佣军的援助下,越过上亚细亚行军的情况;详细描述了这次远征中突出的事迹;邱那克萨的战役;居鲁士公元前401年的死;雇佣军的沮丧,最后在冰天雪地里通过亚美尼亚时陷于绝境的情形。这部书是叙事史中的杰作,因其人物刻画十分卓越、景物描绘异常生动而使其内容更为丰富。[②]

色诺芬雄心最大、下工夫最多的一部书是《希腊史》[③],他打算把这部书写成修昔底德历史著作的续编,共七卷,从伯罗奔尼撒战争的第二十一年起,到门丁尼亚战役(公元前363年)止。他这部书远远不如修昔底德的著作,在准确和公平两方面都有缺陷,而且笔调沉重,这在色诺芬说来确实令人难解,这部书的主要特色是对伊巴密浓达和佩洛庇达两个人的描述。

---

① 亥厄洛,叙拉古的僭主(公元前478—前467年在位)。——译者

② 书中除了军事战略的记载外,还有关于外高加索诸部落生活情况的珍贵报道。其译文片段见波德纳尔斯基编《古代的地理学》,第62—74页(三联书店,1958年);内容提要见汉默顿编《西方名著提要,历史学部分》,何宁译,第27—37页(商务印书馆,1959年)。——译者

③ 这部书是有关公元前四世纪上半叶希腊唯一连贯而有系统的记载。但作者歌颂斯巴达的贵族政治,却仇恨雅典的民主政治,关于雅典最重要的事,例如雅典第二次海上同盟之类,则只字未提,可以见出他的倾向性。——译者

他的《骑术论》(*Treatise on Horsemanship*)是一篇技术性的作品,特别论述了骑兵司令的职责。

《经济论》①是一系列的对话,分为两部分:在第一部分中,苏格拉底和克利托布拉斯讨论私人经济,他给这种经济下的定义主要是指把家务处理好的艺术。他借苏格拉底之口说出对农业的绝美赞颂。在第二部分中,色诺芬写的是和一位朋友的谈话,着重讨论妇女教育问题;对妇女说来,家庭经济是主要的教育。还有一篇讨论雅典城邦税收的小论文②,是色诺芬晚年的作品。文中讨论
了增加城邦收入的方法,把雅典财源说得很清楚。色诺芬的其他 35
著作,除《居鲁士的教育》一书外,都是政治论文的性质。《亥厄洛》谴责虚荣而暴虐的暴君统治;《斯巴达共和国》对拉西第梦立法制度进行了直率的赞扬,对来库古③的工作进行了热情评述,也是对雅典民主制的间接谴责。《亚偈西劳传》④是一篇颂词,记载亚偈西劳在欧洲和亚洲的功绩,歌颂他的品德、爱国精神和高尚的胸怀。不过由于修辞过分,笔下有时单调。

在《居鲁士的教育》一书中,色诺芬采用了像托马斯·摩尔⑤的《乌托邦》那样写小说的形式,一心想寻找公平政府的典范以及

---

① 《经济论》、《雅典的收入》,张伯健、陆大年译(商务印书馆,1961年)。前者是根据马强特英译本《洛布古典丛书》转译的;后者是根据沃泰英译本转译的。——译者

② 即《雅典的收入》,见上注。——译者

③ 公元前九世纪斯巴达的立法者。——译者

④ 即斯巴达王亚偈西劳二世(公元前400—前360年),他侵入小亚,色诺芬参加过他的军队。回国后,打败过科林斯联军。——译者

⑤ 英国政治家(1478—1535年),因与英王亨利第八冲突,被杀。著有《乌托邦》,为最早的乌托邦思想家。——译者

受过哲学教育的君主的职责和作用。这部历史小说共八卷，分为三部分。第一部分写的是居鲁士的青年时代，作者在这里详细论述了教育的价值；第二部分叙述他的战功；第三部分把他描写成一位亚洲君主，一位身居王位的哲学家。[①]

与希罗多德和修昔底德同时代的另一位较小的历史家是开俄斯人爱温，他在公元前422年死于雅典，是一位诗人[②]兼历史家，曾撰写一部他本国的历史。在塞蒙[③]时代他还在幼年时，就对民主政治十分厌恶。不久之后，又从开俄斯来了一位斯提西姆布洛图，写了地米斯托克利、修昔底德和伯里克利的传记；这种写传记的风格是受了色诺芬的影响。但是这些作品中没有一本表现了希罗多德和修昔底德的正直而诚实的精神。相反，它们反映的是当时政治上的派性。和这些书性质完全不同的是关于古希腊殖民地马西利亚（马赛）的一位公民、航行家匹特阿斯历次航行的记述。大约在公元前330年，他为了发现新地区并进行贸易，航行到不列颠；后来又有一次，为了寻找琥珀，航行到波罗的海。他这两篇航海记的片段可以在斯特累波、普林尼和其他古代地理学家的著作中找到。他是第一位记载日耳曼人的作家。“由于命运的摆布，两位相信他的人埃拉托色尼[④]和泰米阿斯[⑤]的著作都失传了，而两位

① 把居鲁士理想化，表现作者倾向于君主政治。——译者

② 早岁居于雅典，其抒情诗及悲剧诗只有片段流传下来了。——译者

③ 雅典将军（公元前507—前449年），主张与斯巴达联盟，公元前464年助斯巴达人镇压希洛人的起义。——译者

④ 公元前3世纪的地理学家，著有《地理学》，只有片段保存至今。——译者

⑤ 泰米阿斯（公元前345？—前250?），西西里人，居雅典五十年，著有《西西里史》，只有片段传世。——译者

不相信他的人波里比阿和斯特累波的著作却还留存至今。”[①]匹特阿斯发现了一个新世界,他的功勋不亚于哥伦布。

从公元前四世纪,亦即在色诺芬以后,希腊史学开始有了改变的迹象。在这个时期,我们已察觉到发源于伊索克拉底学派、到亚历山大时代走向极端的那种历史写作中浮夸粉饰的最初迹象。伊 36
索克拉底(死于公元前 338 年)和德谟斯提尼、厄斯启尼[②]是同时代的人,几乎和他们两位一样也是伟大的演说家。他预见到马其顿将征服全希腊,就在公元前 355 年发表了著名的演说《论和平》,竭力劝说希腊人忘掉各地区之间的宿怨。他甚至劝雅典放弃它的制海权。由于雅典和斯巴达忘不了它们之间的世仇,他这个目的未能达到,于是又在公元前 346 年竭力说服腓力在彼此互相攻伐的希腊诸城邦之间进行调停,以便一起向波斯发动进军。喀罗尼亚战役之后不久,他就死了。[③] 伊索克拉底虽然不是历史家,但对历史写作却有很大影响。他那广阔的眼界激励了第一部古代世界史的产生,这就是他的学生厄福鲁斯(约公元前 400—约公元前 336 年)的著作。

厄福鲁斯是小亚的邱米人。他的世界史有八十六个片段流传至今,除了这些片段外,西西里人戴奥多剌斯、波里比阿、斯特累波和普鲁塔克等人的著作中又有许多段落加以补充,因此,他的原著

① C. F. 盎加斯:《马赛的匹特阿斯》,见《希腊与罗马》,III(1933—1934 年),172,全文,165—172。

② 公元前 389—前 314 年。被腓力收买的雅典演说家,主张与马其顿妥协。——译者

③ 他曾幻想借腓力的力量统一希腊,对抗波斯;但是他知道腓力的野心后,即参加喀罗尼亚战役,战败后自杀(公元前 338 年,时年九十八岁)。——译者

的形式和内容并非只凭猜想而来。在此以前，古希腊还没有一部全希腊或“全民族”的历史。厄福鲁斯的目的是想综合各个城邦——包括雅典、斯巴达、底比斯和其他小城邦——的历史。他的用意值得称赞，他的计划执行得也极好，因此他的著作的失传是十分可惜的。他的才能显然很高超。他能分辨史料可靠与否，他竭尽全力核实他据以写书的那些根据。[①]

和厄福鲁斯同时，与他一样也是伊索克拉底的学生的，还有一位提奥彭佩[②]；在他笔下以华丽辞藻为特色的历史写作达到全盛时期，所谓华丽辞藻在这里并非完全是贬义的。他在辨别材料、叙述事实、介绍动机和评判是非等等方面所采用的方法都有修昔底德的特色。他写了两部书：《希腊史》是修昔底德著作的续编，《腓力传》记载马其顿的兴起。后一部一定比较好些，因为公元九世纪时它还存在，大主教福细阿斯也曾提到过它。这部书的抄本可能是公元 1204 年第四次十字军劫掠君士坦丁堡的时候毁坏的。由于人们常常引用，所以这部书的许多片段得以保存至今。拉丁历史家特洛加斯·庞培在公元前一世纪曾为提奥彭佩的著作作了一个摘要。

根据波里比阿在他的著作（第 8 卷，第 13 章）中介绍，提奥彭佩原来只想写一部希腊史。但当他写到公元前 371 年留克特拉战役[③]时，就在故事中途抛开希腊，改变主意，开始写腓力的传记了。

---

① G. L. 巴柏：《历史家厄福鲁斯》（剑桥，1935 年）。

② 约公元前 378—前 305 年，开奥斯的贵族派，拥护亚历山大，著有《希腊史》十二卷（为修昔底德著作的续篇，公元前 411—前 394 年）和《腓力传》，五十八卷，遗著只有片段留传至今。——译者

③ 留克特拉是中希腊彼奥提亚的一个小镇，公元前 371 年伊巴密浓达率领底比斯人大败斯巴达人于此。——译者

波里比阿说，如果他把腓力的活动包括在希腊通史里边，而不是把 37
希腊历史包括在腓力的传记以内的话，效果会好得多；他原来写历史的目的是为了光荣，而写腓力传记的目的却是权术。

斯多噶派[1]和伊壁鸠鲁派[2]哲学似乎应当影响到希腊史学。情况本来可能如此，只是因为哲学愈来愈和公众生活脱节，因而也和史学分家了。苏格拉底是一位道德家，柏拉图是一位诗人。到一定时间，希腊本来有可能发展起一种真正的批判的史学方法；但在雅典帝国崩溃之后，在它的废墟上产生了修辞学和诡辩术，从而也就放弃了对真理和诚实的追求。

但在一段暂短的时期内，亚里士多德似乎有可能把史学从修辞学和诡辩术的奴役下挽救出来。正当厄福鲁斯从事写作的时候，亚里士多德正在搜集大量希腊各城邦的城市章程和法典。显然他很明白档案的重要和碑铭的价值。他是第一位制定批判原理和系统说明批判规则的人。在亚里士多德一向所表达出来的政治思想中，“人是政治动物”这句话可说是最精辟的观察了。如果他对史学发生兴趣的话，他也许已经想出几乎到达完善境界的历史方法了。但是，正如有人所说：

> 亚里士多德在这个生气勃勃的王国中，似乎没有为史学留下发展的余地，他确实承认人类在不同的时期、在不同的地区曾从野蛮发展到文明，在艺术、科学和哲学的培养下，人类不断地进步以至达到完美的境地。他认为，每当这种情况出现时，洪水或自然界其他大灾变一定会把人类一扫而光，只有少数几个人留在山顶上，或利用其他办法活了下

① 唯心主义的哲学派别。——译者
② 唯物主义的哲学派别。——译者

> 来进行繁殖，又使地球上满都是人了；但是，在这种情况下，这些留下来的人们一定会是这样的：他们没有任何从事各种工艺的工具，不得不再次从头开始发展文明。亚里士多德这种人类文明史的兴亡循环论的奇异概念和他的下述另一个观点结合起来：即自然作为一个整体是永恒的，其一切基本特征必然一贯地和现在的情况相同。①

亚里士多德基本上不是一位历史家。但我们有必要知道他对史学的影响，因为他是伯里克利时代和亚历山大时期的联系环节。他是第一位主张思想的形式和自然界的活动一样，也是受规律支配的人；而且他也是第一位清楚地说明思想原则的人。在这方面他是考证学②(criticism)的创始人。亚里士多德特别卓越之处就是他的分析和综合能力。

38 亚里士多德在亚历山大统治时期写的值得怀念的论文《政治学》就是为了上述目标，综合并分析了希腊各城邦各式各样的典章制度。在这部著作专门讨论革命的一卷中，他引用了他以前或他目睹的在各国发生的将近三十次革命。亚里士多德的《政治学》实际上是综合了善于观察的历史家很久以前就已开始了的工作。希罗多德早已朴素地谈到三种基本政体——君主国，贵族统治和共和国——的优缺点了。修昔底德也曾强调两个种族——爱奥尼亚人和多利亚人——之间的冲突，说其中一个代表民主政治原则，另一个代表贵族政治原则。

---

① 根据格罗脱对《亚里士多德》的一篇评论(参阅下面原书第38页注)，见《爱丁堡评论》，CXXXVI(1872年)，551—552。

② 首先发明"考证学"("Criticism")一词作为文献与原本的科学研究之定义的是谁，我们不知道。这个功绩可能要归于文法家亚坡罗多拉斯，或地理学家埃拉托色尼(公元前276—前196年)。——译者

但《政治学》并不是亚里士多德唯一的一部政治著作。古人早已知道《雅典政制》(*Constitution of Athens*)[①]这部书的作者就是亚里士多德。还知道他在准备写这部书的时候,曾搜集一百三十八个城邦的各种政体的许多有关文献。若干世纪以来一直认为这部书永远失传了,公元1890年又在埃及一大堆草纸中几乎完整地发现了。

在结构上,这部书鲜明地分为两部分:第一部分是历史。亚里士多德在其中记载了雅典所有的革命和体制变革,以及直到他本人的时代雅典所有十一部宪法的摘要;第二部分是关于雅典实际政治体制的描述,细致地研究了政府各机构和各类官员的职责。写历史的那部分是从雅典的起源、神话上雅典城的建立者爱温[②]和提秀斯[③]开始的。古代史以政治史实为主要内容。希罗多德和修昔底德两人的著作都是这样,政治和战争占首要地位。但他们二位都很少谈到国内政治制度史。这个情况使亚里士多德这本书在史学上几乎是绝无仅有的珍品。

但是像亚里士多德这样的哲学家能够成为优秀的史学家吗?他对史料的批评达到了什么程度呢?他很少引用史料,只在第十四章中提到希罗多德的名字。[④] 但这一段文字证明他确曾深入阅读其他历史家的著作。另一段文字很独特,虽未提到修昔底德的

① 《雅典政制》,日知,力野译(三联,1957年),根据拉克汉的英译本翻译的。这是研究古代雅典政治史的重要资料。——译者

② 神话中阿波罗的儿子,雅典城的建立者。——译者

③ 传说中的雅典国王。——译者

④ 《雅典政制》,中译本,第18页。——译者

名字，但几乎是逐句地仿照修昔底德的著作撰写，[①]有时甚至借用修昔底德的原话。还有一件事很明显，亚里士多德懂得官方文件的价值。他所研究的典章制度是刻在铜版或石碑上的，其原文收藏在阿克罗波利斯，他就是在那里进行研究的。从他对这些文献的分析上看来，我们认为他一定常常把某些文件全文抄下，对另一些则只进行分析。因此，事情很明显，他进行工作时有条不紊，而且表现出很大的批判能力。虽然亚里士多德的名字是古希腊与政
39 治学史有关的唯一伟大的名字，但并非唯一的一个，因为我们听说还有一位代西亚尔克[②]写了一部论雅典和科林斯典章制度的著作；还有一位名叫普洛西利阿斯的，西塞罗曾把他当作一位政治学作家提起过。

亚里士多德并非一位历史学家，而是政治学家。对他说来，历史只是为了查明事实真相。[③] 在他的《动物史》一书中，他研究了动物的习性，但承认只有人类有缅怀往事的能力，在这方面以及智力方面人是高于动物的。[④]

在古代，和在近代一样，乌托邦思想家常常梦想改变人性。这是所有编造理想共和国的人共同的梦想。这也是柏拉图的梦想。但是这些理论在希腊总是遇到常识的不可战胜的反抗。在伯里克

① 例如《雅典政制》中，叙述哈摩狄阿斯和阿利斯托斋吞的故事（中译本第 21 页以下）和四百人寡头政治（第 38 页以下）。——译者

② 公元前四世纪的历史学家和地理学家，亚里士多德的学生，其著作只有片段留传至今。——译者

③ Analyt Prior，I. 30，乔治·格罗脱在他的《亚里士多德》一书中所引用（亚历山大·培因和 G. C. 罗伯孙校订，伦敦，1872 年，两卷），I，234，注 a。

④ 格罗脱，同上，II，214；比较《爱丁堡评论》CXXXVI（1872 年），552—553。

利时代，阿里斯托芬在他的喜剧中嘲笑过这些东西。[①] 一个世纪之后亚里士多德用无争辩余地的论点驳斥了法利阿斯的共产主义(communism)。[②] 一般说来，亚里士多德最令人钦佩的地方是他那种永远不会走上虚幻道路的扎扎实实的思想。在他看来，无论独身或作为家庭成员之一的人总是具有某种不变的才能和情欲，教育对它们只能发生有限的影响；社会是受人性的自然规律支配的一个有机体，它拒绝那些企图改变人生基本条件的空想家搞的那一套。在亚里士多德看来，一件事物的本质在于仔细研究直接间接与这个题目有关的一切类似的事实。他搜集希腊全境一百三十八个城邦各种不同的典章制度就是一个例证。

罗得斯历史家芝诺和安地色尼是第三次美塞尼亚战争[③](公元前 464—前 456 年)时代的人。他们从事实际政治活动，他们撰写历史的目的不在于图利，而是为了成名，也是作为政治家分内的事情办的。关于他们，波里比阿说："我觉得可以允许历史家对自己的国家有所偏袒；但不能容许他们写出完全和事实相反的东西。"(XVI，14，15)关于芝诺，他补充说，"他在调查事实真相和充分掌握自己的主题方面所下的工夫，不如在文词的修饰方面那样煞费苦心。"(XVI，17)

在亚历山大以前的时代，希腊最后一位历史家是卡利斯提尼；

---

① 如《财神妇女》，见《阿里斯多芬喜剧集》，罗念生译(人民文学出版社，1954年)，第 479—483 页。又《公民大会妇女》参阅玛克斯·贝耳《社会斗争通史》，第 1 卷，第 115—125 页(叶启芳译本，神州国光社，1947 年)。——译者

② 见吴寿彭译亚里士多德《政治学》，第 2 卷，第 7 章(1963 年，商务)。——译者

③ 斯巴达希洛人第三次起义。——译者

他是奥林塔斯人，亚里士多德的亲戚；通过亚里士多德的关系，他
40 在亚历山大部下服务。但他对亚历山大采纳东方礼俗的政策的批评过于尖刻，使这位征服者无法忍受，因而把他处死。他的著作全部失传，至今只知道它们的名称。一部是公元前 387 至 前 357 年的《希腊史》，计十卷；另一部是《亚历山大远征波斯史》；第三部是佛西亚战争①史。古人对卡利斯提尼的著作估价很高。西塞罗和龙基纳②都曾赞扬他的风格，琴塔斯·库图斯③称他为“公众自由的战士”（vindex publicae libertatis）。中世纪有一部在卡利斯提尼名下出版的传奇式的亚历山大传，有希腊文本和拉丁文本流行于世。④

公元前 338 年，马其顿征服希腊，希腊史学的黄金时代就此结束。希罗多德和修昔底德一直还没有一位和他们类似的或能力相当的后继者。

---

① 即神圣战争。希腊各国间为争夺特尔斐神庙的土地和财富而进行的战争。第一次约在公元前 590 年，第二次在公元前 449—前 448 年，第三次在公元前 355—前 346 年，第四次在公元前 339—前 338 年。马其顿王腓力参加了第三、四次战争，其势力侵入中希腊。——译者

② 公元三世纪雅典哲学家和批评家。——译者

③ 公元一世纪中叶罗马历史家，著有《亚历山大传》十卷，最初两卷失传，其余八卷传留至今，颇多残缺。——译者

④ 奥林塔斯的卡利斯提尼。波里比阿提到卡利斯提尼抄写的一篇铭文（第 4 卷，33），并且说他是古代最有学问的人们中间的一位（第 6 卷，45）。参阅 J. G. 特雷新：《希腊文化史》（第 2 版，哥达，1877—1878 年，三卷），I，第 2 部分，87—94，379 以下，387，395。

第三章　亚历山大和他以后的时期

亚历山大时期的史学有三个流派是可以辨别出来的：(1)起源 41
于托勒密·拉哥斯[①]、经过阿里安流传下来的诚实而见闻广博的“好”传统。(2)起源于卡利斯提尼和克来塔卡斯[②]、在戴奥多剌斯全集第十七卷中表达得最好的通俗传统，目的在于歌颂亚历山大、内容是“好”传统和各式各样传闻记述、流行故事的混合物。(3)起源于马其顿贵族反对亚历山大对亚洲人的政策的反亚历山大传统，可以追溯到亚历山大死后逍遥派[③]对他的攻击。普鲁塔克的《亚历山大本纪》是这三种传统令人眼花缭乱的难解难分的混合物。

从时间上说(当然也是从兴趣上说)最早的源泉是一些军事回忆录。这些回忆录的作者主要是克里奥米尼和托勒密·拉哥斯。前者是埃及人，公元前331年被亚历山大任命为阿拉伯总督兼红海地区收税官，后来他接受委托修建亚历山大里亚，从事谷物投

① 即托勒密一世(公元前323—前285年)。父名拉哥斯，出身微贱；母为马其顿王腓力之妾。他随亚历山大身经百战。亚历山大死后，他夺取了埃及，建立埃及的托勒密王朝。他的著作有《亚历山大战争回忆录》。——译者

② 公元前四世纪的希腊历史家，著有《亚历山大传》，仅有片段传世。——译者

③ 亚里士多德讲学于雅典莱西安学园时常与其门徒徘徊于林荫道上，后世称其学派为逍遥派。——译者

机,搜刮巨额财富,后被托勒密一世(公元前 323—前 285 年)处死,因托勒密一世企图夺取他那笔估计多达约八千塔伦[1]的财产。尽管他所受指控不少,但他似乎仍然是一位有才干的人,并未辜负过这位征服者的信任。他所著《亚历山大本纪》一书业已失传,我们只是从后来的诸史家著作中那些零星引证中知道有这部书;因此它的价值是很难确切估计的。

记述亚历山大的那些回忆录当中最大的损失,无疑是他的将军托勒密·索特写的那部回忆录,他是埃及的征服者和托勒密王朝(其最后一位统治者是克利奥佩特剌)的创建人。按照琴塔斯·库图斯、普鲁塔克和阿里安从他的著作中节录的材料看来,托勒密为亚历山大办的事,正像马波[2]为拿破仑办的事一样。确实,在经过那次"世界战争"幸存下来的人物当中,没有任何一位比他更接近这位"世界战争"的主角了,没有任何人比他更了解亚历山大和他的意图的了。关于托勒密所撰回忆录的朴实和准确,阿里安下述赞美是很有名的:"因为他是一位国王,如果他说谎,就比别人说谎更不光彩",这话可以证明这些业已失传的关于一个伟大时代的
42 回忆录价值极高。亚历山大绝不像阿溪里[3]那样渴望有一位荷马歌颂自己;但是托勒密知道自从阿加绵农[4]以来确曾存在过一些伟大人物,而亚历山大就是其中之一。为了纪念这样一位伟人,我

① 古希腊、罗马金币,每塔伦约合现今人民币二万元。——校者

② 马波(1782—1854 年),法国军队里的副官,参加过拿破仑许多重要的战役,写过这些战役的回忆录。——译者

③ 荷马史诗《伊利亚特》中征讨特洛伊的希腊联军中最勇敢善战的将军。——译者

④ 阿果斯的国王,希腊联军的总司令。——译者

们还有什么东西不愿贡献出来呢？我们看到亚历山大在伊苏斯①完全是自己命运的主宰，活像勒仁②在奥斯特利茨③看到的拿破仑那样。我们知道拿破仑从埃及向叙利亚猛烈进军的时候④，心里想的是什么。亚历山大心里又想些什么呢？托勒密是否也逐日记载了他的回忆录，就像拉·旁姆在远征俄罗斯的战役⑤中那样，用切马肉的那把刀子修理他的笔，把火药融在雪里当墨水用呢？托勒密是不是把烈焰冲天的提尔当作蜡烛，正如莫斯科的大火⑥之于这位勇猛的法国人呢？可惜，我们不明真相，只能猜测而已！

卡利斯提尼《远征波斯史》(Persica)一书的片段，保存下来的颇多。他对亚历山大率部进军、深入大沙漠、朝拜朱庇特·阿蒙神殿、伊苏斯和阿卑拉⑦诸战役以及冬季在巴克脱里亚那宿营等情况的描述，和马波写的拿破仑回忆录同样诚挚而真实。卡利斯提尼是亚历山大的老师亚里士多德的外甥，他本人也是一位很有学问很有教养的人。他反对亚历山大的东方化政策⑧，他看到这种政策对希腊世界的危害，以大无畏精神仗义执言，被亚历山大处决

① 在小亚东南部，公元前333年亚历山大大败波斯军于此，波斯王的辎重及家属尽落入亚历山大手中。——译者

② 勒仁(1775—1848年)，军人兼画家，特别是战役图画，在拿破仑军队里服过务。——译者

③ 1805年拿破仑大破奥俄联军于奥斯特利茨，独霸欧洲。——译者

④ 公元1799年。——译者

⑤ 公元前332年。——译者

⑥ 公元1812年。——译者

⑦ 现在伊拉克北部，公元前331年亚历山大大败波斯军于此。真正的战场是在底格里斯河东岸的高加米拉，离尼尼微不远。——译者

⑧ 指亚历山大提倡学习波斯衣着、语言、习俗等。卡利斯提尼特别反对亚历山大要他的下属向他匍匐礼拜。——译者

而断送了自己的生命。

关于亚历山大的军事活动的其他回忆录还有卡底亚人攸麦尼[1]写的；他原来是亚历山大的秘书，后来[2]被任命为帕夫拉哥尼亚、卡帕多西亚和本都各地总督。亚历山大的宫廷侍从密提林人卡里兹曾描述他的宫廷生活，豪华浮夸的东方礼仪，在这位征服者在苏萨的宫廷中挤满波斯贵族和土司酋长之流，该书共七卷，已全部失传。

即使是在那样古老的时代，撰写远古回忆录的那些作家似乎就已经使用了他们的近代同行如此充分运用了的权利——即把实况和虚构糅合得如此巧妙，使读者常在传说和神话的明暗交界处琢磨。探讨神话并不只是为研究民间传说的人们保留的游戏。琉细安[3]讲的一段轶事很有启发，因为他指出回忆录作者下笔时就有随意性。当亚历山大正沿着海达斯配河[4]顺流而下时，他的一位随员给他朗诵一篇关于波鲁斯[5]败阵的记述，其中叙说亚历山大用他的长矛一击就刺死了他的对手骑的那匹大象。这样的阿谀太过火了，这位年轻的征服者认为历史应当确切，他听了之后，不能容忍，急忙把书夺过去丢在水中，一面还说，写出这种虚妄的东西的人也应该投入水中。还有一个同样虚构的故事是奥尼西克里
43 都讲的，说是阿马森女王当了亚历山大的情妇。关于这个传说，普

① 公元前 360？—前 316 年。——译者
② 指亚历山大死时。攸麦尼后来在内战中被杀。——译者
③ 公元二世纪的希腊讽刺家。——译者
④ 在印度的旁遮普，印度河五支流之一。——译者
⑤ 公元前 327 年亚历山大侵入印度，波鲁斯王抵抗，战败被俘。——译者

鲁塔克后来又说了一段，他说过了许多年之后奥尼西克里都把这个故事说给亚历山大的一位将领来辛马卡斯听，来辛马卡斯当即冷淡地问道："那时候我到什么地方去了呢？"

写回忆录的风气很快就传遍了整个希腊化世界。波里比阿利用过亚拉图[①]的回忆录，亚拉图是亚加亚同盟（这个同盟是希腊被罗马征服以前它的自由独立的最后表现）的创立者。

但是另外还有一种回忆录，记述的主要并非军事，而是探险和发现的历史。亚历山大大帝的征战扩大了他身后希腊思想界的眼界，激起知识界纷纷撰写有关他的事业的旅行回忆录，其中反映出他们对地理学和人种史的好奇心，也很显明地影响到亚历山大身后时期的历史作家。时间对这些作家是宽厚的，因为他们的著作有许多片段由于斯特累波和托勒密这些地理家的功绩，得以保存下来。拿破仑进军埃及部分地也是科学远征，随军前往的，有最著名的法国学者；亚历山大的征讨也是这样，有许多人跟随。正如他的将军们的足迹扩大了古代地理知识那样，这些人的研究也扩大了科学的领域。波斯统治者为了解远东曾进行极可钦佩的努力，他们的功业无疑曾激起亚历山大的野心。

大流士治下的波斯在公元前六世纪末征服印度西北部以前那段时期，印度和西方之间的关系并无确切证据。斯开拉克斯、赫开提阿斯[②]、希罗多德和提细阿斯的记述都很模糊。我们所知道最

① 公元前245年当选为亚加亚同盟的将军。初反对马其顿，后与之勾结，公元前213年为马其顿王腓力毒死。——译者

② 米利都人，公元前六世纪旅行家和历史家，世传他著《环球游记》，只有片段留传至今。——译者

早和最重要的事实是印度布拉赫米字母确实是来自某种闪米特语系字母，但不知道它模仿的究竟是北方闪米特语字母还是南方的。

在公元前六世纪晚期，大流士曾派遣他的将军斯开拉克斯穿越波斯并乘船沿印度河而下。沿波斯和阿拉伯海岸到达苏伊士附近的阿辛诺伊。这次航行历时两年半。不幸斯开拉克斯的回忆录没有保存下来，关于这次远征我们是从后来那些利用过他的记载的作家（主要是提细阿斯[①]、希罗多德和戴奥多剌斯）那里知道的。提细阿斯曾在波斯宫廷居住多年（约公元前415—前398年），是一位希腊医师。[②]

波斯人最早提到印度是在喜斯塔皮斯的儿子大流士在百塞波里的一个碑文中；另一次是在那希·伊·鲁斯坦姆发现的、可以确
44 定其时间为公元前486年的一篇碑文中。[③] 希腊史料极其丰富，特别是希罗多德；还有提细阿斯著作的片段。亚历山大时期曾产生大量关于东方各种知识的记述。

马其顿时代是第一次伟大探险和发现的时代。尼阿卡斯指挥在海达斯配河上建造的那支舰队顺印度河而下，探索了波斯湾和阿拉伯沿岸；他所著《航海记》(*Periplon*)使人想起航海家亨利王子[④]的

---

① 他是最早提到中国的欧洲人，称中国为“赛里斯”，但其记载多不可靠（见张星烺：《中西交通史料汇编》第1册，第17页，中华书局1977年版）。——译者

② 上面诸段是根据W. E. 葛拉克的一篇论文：《从印度语系语言学的观点看希腊主义的重要性》，见《古典语言学》杂志，XIV（1919年），297—313。其注释是一个博学的宝藏。

③ 参阅G. 罗林森的希罗多德译注（纽约，1880年，四卷），II，402，注6，IV，212—213。

④ 1394—1460年。葡萄牙王约翰第一的第三个儿子，终身奖励航海事业。——译者

事业。比《航海记》更详细的是美伽斯提尼的《印度记》(*In pica*)，他是塞琉古(约公元前 302 年)派往旃陀罗笈多王廷的使节，他在那里住了几年[①]。他是欧洲第一位了解到婆罗门教并提到印度种姓制度的人。这些关于阿拉伯和印度的回忆录在古希腊化世界产生的影响就像马可·波罗游记和普勒斯忒·约翰[②]关于他自己的王国的描述在欧洲中世纪产生的影响一样。[③] 最近发现的据说是旃陀罗笈多首相查那基亚[④]所作一部梵文原本，几乎在所有细节上都证实了美伽斯提尼的记述，也证明阿里安在写他的《亚历山大远征记》[⑤]时是以美伽斯提尼的记述为根据的。后来塞琉古或安泰奥卡斯·索特[⑥]派遣另一位名叫第马卡斯的使节到旃陀罗笈多的继承者频头沙罗那里去，这个人也写了一本关于印度的书，斯特累波(II,19)责难他这部书充满虚构。普林尼(在他的全集 VI,58 中)说托勒密·斐列得尔福斯(公元前 285—前 247 年)曾派遣一位名

---

① 公元前 302—前 298 年。——译者

② 中世纪传说中，远离波斯的一个相信景教国家的国王，最早见于夫累星主教鄂图的编年史中，据说，他曾写信给东罗马皇帝曼努尔一世(约公元 1165 年)，信中详述其王国中的奇事。一般认为这个国王就是成吉思汗。现在知道这封信是伪造的("普勒斯忒"是"祭司"的意思)。——译者

③ J. W. 马克克林德尔的英译本：《美伽斯提尼和阿里安描写的古代印度》(加尔各答和伦敦，1877 年)。

④ 即考底利亚的《政事论》，是研究印度史的重要资料，其部分引文见奥西波夫：《十世纪以前印度简史》，第 74—77 页(三联书店，1957 年)。一般史学家认为考底利亚活动的时期较晚，约写于公元二世纪。——译者

⑤ R. 沙马萨斯特里英译本，"查那基亚政事论，第 V—XV 卷"，见《印度古代》杂志，XXXVIII(1909 年)，257—264、277—284、303—310，XXXIX(1910 年)，100—108、131—144、161—177。卷 I—IV 的译本在迈索尔出版。也可参阅沙马萨斯特里的论文《查那基亚的土地和税收政策》，见同一杂志，XXXIV(1905 年)，5—10、47—59、110—119。

⑥ 赛琉西国王，赛琉古第一的儿子和继承人(公元前 280—前 261 年)。——译者

叫戴奥尼素的人出使印度，他写了一部地理著作。在同一朝代，另一位名叫巴锡里斯的人也写了一部关于印度的书。塞琉古手下的巴比伦总督帕特洛克利也写了一部关于印度和里海地区的书，曾受到斯特累波(II,1,9)的赞扬。总之，这样看来，在紧接着亚历山大诸战役之后的许多关于印度和远东的文献都失传了。[①]

亚历山大留在巴克脱里亚和索特狄亚那[②]的数以千计的希腊移民未能保持希腊人编纂历史的头脑。他们甚至把自己的语言都丧失了，因为希腊语言在远东留下的痕迹只是在金属货币上。在
45 这些地区，“到目前为止，还没有发现一篇希腊文碑铭，没有任何希腊文文献残片。幼发拉底河以东的希腊语言和希腊文化的历史还有待写出。巴比伦王国的阿提米塔有一位名叫亚坡罗多拉斯的人的遗作是斯特累波叙述巴克脱里亚和帕提亚的主要资料来源(II,5,12)，但我们从未听到过巴克脱里亚有任何希腊人写过历史或其他任何文章。”[③]

亚历山大大帝对印度并未产生任何影响。在古印度文献中甚至连他的名字都未曾提到。他在印度河谷进行扫荡破坏的那十九个月，对于印度只是一场噩梦。

风暴袭来，东方卑躬屈膝，
只有忍耐和深深的鄙视；

① 关于这种文献的详细记载，可参考 J. G. 特雷新：《希腊文化史》(第 2 版，哥达。1877—1878 年，三卷)，这部书也有 A. 部社-勒克雷尔的法文译本(巴黎，1883—1885 年，三卷)。一个简单记载，可参阅 J. P. 马哈斐：《托勒密帝国》(伦敦和纽约，1895 年)，第 154 页以下。

② 中国古书上称粟特。——译者

③ 葛拉克，见原书第 43 页注，302。

它让千军万马隆隆驰过，

随即又陷入了沉思。

在世界历史上曾不只一次发生过这样的情况：在人类智慧和首创精神显著发展繁荣的时期之后，接着出现的往往是另一个时期，在这个时期，人们更关心的是把新近积累起来的知识加以分类整理，而不是继续进行调查研究。欧洲在十三世纪光辉的扩展时期之后的情形就是这样。在文艺复兴和宗教改革时期之后也是这样，在随后的时期中，显著的特点是科学的积累和材料的分类，亦即所谓博学时代。

亚历山大身后的时代正是第一个这样的时代。亚里士多德曾把自己的图书遗赠给他的得意门生提奥夫拉斯塔(公元前372—前287年)[①]，据斯特累波说，这个人是第一位拥有系统的大量古典著作收藏的人。他主要是一位博物学家，但他却编纂了一套法律丛书，写了一部宗教史，还著有名为《人物志》(*Characters*)的一系列的传记研究，这部书似乎是普鲁塔克《名人传》的蓝本。和他同时代的人还有狄拉斯(公元前331—前298年)，他写了一部希腊和西西里历史，共二十七卷，主要是以其研究广博著名。

许多历史家都变成编纂者了，他们不能从大的方面观察事物，对历史演进也很少理解。亚里斯塔卡斯[②]生活在公元前二世纪；

① 亚里士多德死后逍遥派的领袖。著有《植物史》和《理论植物学》，为著名的自然科学家。又写三十个生动的短篇人物素描(人物志)，如《谄媚者》、《出怨言者》、《有小志的人》等等。——译者

② 公元前220？—前150年？。亚历山大里亚的文法家和批评家，校勘许多希腊作家的著作。——译者

可能是古希腊后期学派最伟大的学者，他是可以说明史学方法衰落的一个例证，也是像十八世纪那样把人描绘成抽象概念的倾向的一个例证。和这种倾向同时出现的是，修辞上的浮夸风气也迅速发展起来，例如提奥夫拉斯塔的学生道里斯（萨摩斯人）所著公
46 元前370至前281年[1]的《希腊史》、《亚伽多克利[2]传》和《萨摩斯编年史》等书就有这种倾向。他是亚西比德的后代，生活在托勒密·斐列得尔福斯时代。他写的历史是从哲孙[3]和金羊毛的故事开始的（戴奥多剌斯，XV，60），这说明他没有批判的头脑。波里比阿说他"软弱无力"，难得西塞罗恭维他一句，说他是一位"精于史学的人"（homo in historia diligens）。普鲁塔克和哈利卡尔那索斯人戴奥尼素对他并不信任。

克利塔卡斯[4]（约公元前325年）是第一位提到罗马人的希腊历史家。他父亲是科罗封人狄隆，狄隆曾撰写一部相当大的记述波斯历史的书，[5]从塞密剌密斯[6]开始，到国王奥卡斯征服埃及结束。[7]克利塔卡斯是亚里士多德的学生，狄塞多流于公元前307年攻陷麦加拉时，他正当壮年。克利塔卡斯可能是出于妒忌所作

---

① 即从底比斯人打败斯巴达人的留克特拉之役到来辛马卡斯之死。——译者

② 叙拉古的僭主（公元前316—前304年在位）和国王（公元前304—前289年在位）。——译者

③ 希腊传统，哲孙率领许多希腊英雄乘"亚哥"号船往科尔奇斯（现在的高加索）取金羊毛的故事。——译者

④ 公元前四世纪的希腊历史学家，著有《亚历山大传》。——译者

⑤ 实际上包括亚述、米堤和波斯三国的历史。——译者

⑥ 亚述皇后，公元前810—前805年摄政。——译者

⑦ 奥卡斯即阿塔泽尔士第三（公元前359—前338年），公元前343年残酷地镇压了埃及的暴动。——译者

某些论断使我们认为他可能出生于埃及，至少是在那里住过。他在他的著作中插入的演说词无疑是杜撰的，一点都不像修昔底德的著作中引用的演说词那样准确地反映真实情况。他写的历史是把亚历山大大帝的历史写作传奇的开端。

菲勒卡斯①，有人说他是雅典人，也有人说他是诺克剌替斯人，还有人说他是西息温人，他著了许多书，其中有一部二十八卷的历史是从皮洛士于公元前272年远征伯罗奔尼撒开始到克利奥米尼之死为止的；他热情崇拜克利奥米尼，因此他的著作可能有偏见。普鲁塔克承认他有夸大的倾向，但在写亚拉图和克利奥米尼的传记时却也用了他的材料。普鲁塔克还利用了和菲勒卡斯同时、但年龄较轻的息诺披人巴敦的材料。他写了许多书，但只有书名保存下来。

希腊博学时代的其他历史学家和编纂者当中，还有亚历山大的将军克累特罗的儿子克累特罗（曾编写一部雅典法律集）；公元前四世纪的诡辩家左易拉斯（曾激烈反对荷马式的传说，②除许多文学作品外，还曾撰写直至马其顿王腓力时代为止的一部通史）；芝诺多图（约公元前320—前240年），③他是托勒密·斐列得尔福斯（公元前285—前247年）建立的亚历山大图书馆馆员，和卡利马卡斯（约公元前310—前240年），他曾编纂各种书目提要，精确地载

① 公元前三世纪希腊史学家，埃及人，长期住于雅典。著有《希腊史》，从公元前272年伊庇鲁斯国王皮洛士侵入、阿果斯战死到公元前221年斯巴达国王克利奥米尼第三之死。其书仅片段残存。——译者

② 因此被称为“荷马的鞭笞”。他也批评伊索克拉底和柏拉图。因此产生Zoilism（苛刻批评）这个字。——译者

③ 亨利·丹采：《论芝诺多图对荷马的研究》（格丁根，1848年）。

明图书馆所有图书的著者生卒年月、家族和每个人的历史。

坡息多尼阿(约公元前150年时人)是曾在罗得岛教书的一位斯多噶派哲学家,庞培曾在那里访问过他;他除了撰写自然科学和数学书籍外,[①]也曾编著一些关于历史和地理的书。随着他的出
47 现,古希腊后期文明即融入罗马世界。奥古斯都时代的希腊历史家戴奥尼素(哈利卡尔那索斯人)可以看作古希腊文明后期最后一位代表。从斯特累波的著作中,我们知道坡息多尼阿曾记述塞西卡斯人攸多克修斯在托勒密·攸尔加特时代(公元前约118—前113年)航行到印度,和他千方百计打算发现尼罗河河源的事迹。

据米利都人赫开提阿斯和希罗多德说,希腊人长期以来就认为自己是埃及文明的子孙。他们相信埃及寺院的教士档案中有可以说明希腊早期历史的文献。这就是埃及教士曼涅托打算做的。

公元前三世纪时,有两位历史家并非希腊人。在最初两位托勒密统治时期,埃利奥波利斯的一位埃及教士曼涅托根据他对寺院档案的研究用希腊文写了一部《埃及史》,从古代一直写到亚历山大时期。不幸,只有从米尼斯[②]到尼克太尼波[③](公元前340年)的三十个埃及王朝的名称和一些内容贫乏的片段保存至今。就连这些断章残页经过历代传抄,也已面目全非,以致曼涅托的记述并不能总是和纪念物上的象形文字记载相符。另一位非希腊历史家柏洛萨斯(Berossus,按亚述文是柏鲁苏,Berusu)是巴比伦俾鲁斯

① 写了通史五十二卷(包括公元前146—前88年的历史),《自然哲学》十五卷,论神十三卷,都失传了。——译者

② 埃及第一王朝第一个国王,约公元前3500年。——译者

③ 第三十王朝最后一个国王。——译者

庙一位修道士、生活于安泰奥卡斯·索特时代(公元前 281—前 260 年),曾用希腊文撰写一部名为《迦勒底》的巴比伦史,计三卷。他曾利用巴比伦寺院档案,他的著作在古代很受重视。第 1 卷讨论宇宙结构学和天文学;第 2、3 两卷是从开天辟地到亚历山大时代的通史。不幸该书的历史部分已失传,但许许多多基督教和非基督教作家如普林尼、辛尼加、约瑟福斯、攸栖比阿斯、博学家亚历山大和亚坡罗多拉斯等人都曾在许多地方提到柏洛萨斯。

在希腊古典时代以后的时期曾取得巨大发展的另一种历史著作也应当提到。阿蒂卡地方志(Atthides)[1]是用以形容地方或古物研究的一个名词。这种形式的历史著作产生于全希腊考古和历史遗迹最多的阿蒂卡[2],这类史书似乎是曾亲身经历远征西西里之役的克利德谟斯(死于公元前 378 年)创立的。这些古史研究者当中最卓越的是梅加拉人安德洛兴和菲罗科鲁斯。安德洛兴是苏格拉底的学生,曾编写一部从最古远的时代起到他自己的时代止的雅典史。菲罗科鲁斯的旺盛时期在公元前三世纪前半叶,他是托勒密·斐列得尔福斯[3]的党羽,于公元前 260 年被安提峨尼·哥那塔斯[4]处死。他曾编写一部《阿蒂卡史》,计十七卷,其中两卷叙述神话时期,四卷叙述古典时期,十一卷叙述公元前 48
319 年到 260 年间的情况。古代作家常常提到这部书,但保存

[1] 这类地方志的编纂流行于公元前 350 年到前 200 年之间,其特点为按年代排列,强调神话和各种宗教仪式的起源,文字简单,所以有别于正式的历史著作。——译者

[2] 包括雅典在内的希腊中东部地区。——译者

[3] 埃及王托勒密二世(公元前 285—前 246 年)。——译者

[4] 马其顿王安提峨尼第二(公元前 283—前 239 年)。——译者

至今的只有些片段。在庞培保护下的坡力奥曾为这部书写下了一部节录。

这类作家当中的另一位是约于公元前150年生于奈达斯的历史兼地理学家阿加塔卡斯。九世纪拜占庭主教福细阿斯把他的著作编了目录,其中包括曾被戴奥多剌斯、夫勒冈、琉细安和阿泰尼阿斯等人引用过的《论亚细亚》,十卷;《欧罗巴志》,四十九卷,阿泰尼阿斯曾引用其中第28、34和37等卷;还有一部名为《红海》(*Demare rubro*)的记述厄特利亚海的著作,计五卷。另外,归到他名下但不太可靠的还有记述佛里基亚和波斯的一些著作。阿加塔卡斯似乎是了解尼罗河泛滥的真正原因的第一位希腊作家。

作为一类历史家,这些阿蒂卡地方志编纂家(atthidographers)的文笔并无可取之处,但他们编年纪事极其严格、好古热忱也极高,他们的著作作为事实提要,确实很有价值;他们保存的古代文献对于古典注释家和文法家都很有用。

马其顿远征异域使希腊史学进入亚历山大里亚和埃及。希腊史学在当地繁荣起来的,另外还有西西里这个国家,由于它的历史具有特别不同的性质,希腊史学在那里出现独特的风格。

古希腊的殖民地(其中西西里是最大的)和近代殖民地不同,它们在政治上是完全独立的。它们和宗主国的联系只是在宗教制度上的共同点,而不是在政权上的。在这些殖民地上的政治演变比在宗主国更为迅速。古代传统失去优势。各地以经营工商业为主,农业处于次要地位。结果,财富迅速积累,从冒险进取的刚毅勇敢的家族中出现的新人物跃居显要地位。希腊人的天才并未因与外国人接触而有任何基本改变,而且他们的机智更为锐敏了。

一般说来，移民比留在家乡的人更勇敢，他们在比较不发达或资源几乎尚未开发的新地区定居下来之后，就富裕发达起来。西西里和大希腊①的富裕舒适已是有口皆碑。但是这里的富饶并不像建立在更靠东方的殖民地那种环境那样使文学艺术衰落，而是相反，对文艺形成激励因素。希腊人固有的首创精神，如果说和原来有区别的话，那就是在海外更富创造性。

在这种情况下希腊历史家当中产生了西西里学派。他们那酷 49
爱钻研的头脑搜寻了西西里当地史料。这些历史家当中最早的一位是科罗封哲学家色诺芬尼的儿子、叙拉古人安泰奥卡斯；色诺芬尼大约是在毕达哥拉斯离开萨摩斯迁往克罗顿的同时（公元前530年）从他的故乡迁居西西里的。卡泰奥卡斯至少写过两部重要著作：《论意大利》和《西西里史》。“这两部书的失传在我们继承的古代希腊知识中造成一个最不幸的缺口。”他的著作是修昔底德著作中有关西西里诸篇章的重要史料来源。波里比阿说他是古人当中最有学问的一位。

在他之后有腓力斯都、也是叙拉古人（公元前约435—前356年）、著有《西西里史》七卷，从古代起直到公元前406年迦太基人攻陷阿格立真坦止；《当代史》，六卷——他曾目睹尼西阿斯远征②——和《戴奥尼索父子③传》。西塞罗形容他是一位简洁而精明的作家，其简明有如修昔底德，而且竭力模仿修昔底德的风格。

---

① 指南部意大利。——译者

② 即雅典人远征西西里全军覆灭的事，公元前415—前413年。

③ 西西里两个僭主。大戴奥尼索（公元前405—前367年），其子小戴奥尼索（公元前367—前356或前347—前344年）。——译者

他曾帮助僭主戴奥尼素夺取政权，并受他委派建筑叙拉古卫城。他因私娶僭主的侄女而被撤职，退隐亚得里亚并在那里开始编写历史。后被小戴奥尼素召回，在和叙拉古人[①]打海战中败北，在自己船上自尽。戴奥多剌斯和普鲁塔克都把他作为重要史料来源。他的著作只有零星片段流传至今。

一个世纪以后，又有陶罗明尼昂[②]人泰米阿斯（约公元前352—前256年），被亚迦多克利[③]放逐后，在雅典住了五十年，未能取得公民权。他在雅典撰写一部巨著《西西里史》，至少有三十八卷，从最古时代写到公元前264年。在这部长篇著作中，泰米阿斯不但评述了西西里的历史，而且还探讨了希腊和地中海世界全部相互关系。他还写了一部较小的《皮洛士战争史》。泰米阿斯是希腊世界已处在罗马统治下时从事写作的戴奥多剌斯·西卡拉斯[④]的主要史料来源之一。普林尼常常引用他的著作，但只有片段流传到我们手中。

波里比阿[⑤]猛烈攻击泰米阿斯在地理方面的无知，指责他毁谤他的仇敌。这个问题值得我们详细考查一下，因为这样可以使我们对后来希腊历史编纂法有较深的认识。波里比阿断言任何一位历史家都必须具备下列三点：(1)地理知识，(2)包括战争艺术在内的实际政治知识，(3)搜集、分类并消化书面史料的能力。在他

① 叙拉古人起义反抗暴君。——译者

② 叙拉古东海岸边一城市。——译者

③ 叙拉古僭主（公元前316—前304年）、国王（公元前304—前289年）。——译者

④ 即西西里人戴奥多剌斯。——译者

⑤ 希腊历史学家（公元前205？—前125年）。——译者

看来，泰米阿斯只是一位“书本历史家”。他未曾像希罗多德那样 50
旅行，也从未目睹任何战役。波里比阿讥讽地说“这类历史家就像照着模型和塞鼓起来的兽皮绘画动物的那些画家一样”。

实际上，波里比阿是在反对古希腊文化后期的历史编纂法，以泰米阿斯为例证来强调他的论点。古希腊文化后期是博学而不是行动的时代；是深入钻研并把知识分类的时代，是文法家、语言学家、书斋历史家的时代。波里比阿虽然出生于希腊，但因长年住在罗马，业已受到正在开始囊括广阔的地中海世界的这个七山之城[①]叱咤风云的气概的感染。他代表的是创业精神，反对单纯的学识。

> 〔他轻蔑地指出〕那些出名的以合理的精神研究历史的人们当中，有些人很像只讲理论的医学家；他们把全部时间都花费在图书馆里，一般也都曾获得从书本上能够获得的全部学问，但他们只是部分地具有编写真正历史的资格。为了弄清楚古人对某些地方、国家、政治和事件的看法这个目的而查阅古代记载是有益的，因为，假如能找到一位作家确实是按照事实真相进行记述的话，那么，过去的历史是可以把我们的注意力引向未来的。但如果相信这样的本领对于一位历史家来说就已经够了，这就好像一个人认为观察名家的作品就会使他本人变成一位画家和艺术大师那样。(XII，25 注)

波里比阿认为，研究文献只不过是一位历史家应当具备的三要素之一，而且它的重要性只占第三位(同上)。这样的研究既不会招致任何危险也不会疲劳，只需设法住在这类资料丰富的一个城市里，或者附近有一个图书馆就行了。而亲自去搞调查研究却

① 即罗马，以城内有七山而得名。——译者

需要艰苦的努力和大批费用，但这样做才是非常有益的，而且事实上这正是历史写作的基础(XII,27)。他坚决主张，除非从事实际政治军事活动的人们从事写作，或者历史家深信实际的政治军事经验对编纂历史最为重要，否则历史是绝对不会写好的(XII,28)。事实上，如果一个人从来都没有任何实际作战经验，他绝不可能把战争情况写好，正好像没有实际参加过政治活动的人不可能把政治写好一样(XII,25)。

显然，在历史编纂方法和领域等方面，像泰米阿斯和波里比阿两人意见如此极端悬殊的历史家是不可能有任何共同点的。即使我们应当承认适当地估价亲自考察地形和地理的重要性，但也应当看到，这种考察，即使是在今天也并非总是可行的，在古代就更加困难百倍。波里比阿能够依附罗马军队，跟随他们旅行各地，这
51 是他的幸运。这个机会是十分难得的；但他鄙视那些未曾享有这种好处的人，这确实很不公平。他攻击泰米阿斯，不该替他书中的人物捏造演说词，“好像目的在于炫耀自己的才能，而不是如实报道人家说过的话”(XII,25a)，这也是不公平的。他忘记了希腊的雄辩术和史学之间的密切联系，忘记了修昔底德本人就是那样撰写历史的。当然，泰米阿斯比不上修昔底德那种高超的表达技巧，但在方法上，他这一点是和修昔底德相同的。实际情况是这样，波里比阿对修昔底德这种写作形式不能忍耐，他相信历史家的职责是弄清楚究竟人家实际上用的是什么词句(XII,25b)。在这件事情上，他远远离开了传统。

但当波里比阿斥责泰米阿斯某些意见时，他的根据还是比较扎实的。泰米阿斯竭力夸夸其谈，自恃博闻广见，未免有卖弄学识

之嫌。他的著作中似乎充满了对别人敌意的批评和痛斥，在驳斥其他历史家和在别人的著作里寻找差错的吹毛求疵的做法方面，他的技巧和苦心似乎是了不起的(XII，24 和 25c)。他在知识上的狂妄自大达到顶点时，甚至还攻击了亚里士多德(XII，8)。泰米阿斯浮夸的风格和"诡辩的陈腐"(XII，26)受到批判也是公平的。普鲁塔克以极其蔑视的态度指出："他这种文艺批判精神竟然使他纠正起腓力斯都的风格、挑剔起亚里士多德和柏拉图的毛病来了"，又说：

> 我个人认为，过分把注意力仅仅集中在风格上而且千方百计企图超过别人的风格，是既轻浮又迂腐的，而妄想写出和高不可攀的古代杰作同样水平的东西的任何企图，都是由于缺乏领会这些杰作真正价值的能力而产生的。[①]

西塞罗也责怪泰米阿斯，说他把修辞上的颂扬和贬抑等方面的坏处夸张到十分过分的程度。[②]

不过尽管泰米阿斯有显明的缺点，但作为一位历史家，他还是有许多值得钦佩的地方。他孜孜不倦地追本溯源，搜集了许多抄本，查遍了最好的史料。他在批判能力上的缺陷和修辞上的夸张倾向是除修昔底德、色诺芬和波里比阿外所有希腊史家的通病。最后，在年代编排上，泰米阿斯是值得高度赞扬的。甚至修昔底德，尽管他抱怨别人在年代学上的松懈，他自己在这方面也有缺点，他的"夏季和冬季"记年法是极其古怪的。[③] 泰米阿斯是想出

① 《尼西阿斯传》，第 1 章。

② 《论雄辩家》，II，14；《布鲁图》，第 95 章。

③ 《伯罗奔尼撒战争史》，中译本，第 373 页(商务印书馆)。——译者

以奥林比亚纪为事件记时法①的第一位历史家，他这个方法最后几乎成为希腊化世界通用的纪年法了。

52 泰米阿斯逝世时正是地中海诸国历史上一个非凡的时期。如果说西西里是亚历山大里亚和罗马之间的桥梁的话，那么它也可说是罗马和迦太基的联络点。第一次布匿战争（公元前264—前241年）突然使罗马成为地中海世界的大国。在此以前，希腊历史家的著作中对罗马只有模糊的暗示。例如，提奥夫拉斯塔隐约地提到有“一个叫作罗马人的民族”；提奥彭佩②提到有“一个叫作罗马的城市被高卢人攻陷了”③。罗马势力的新扩张产生了一大批次要历史家：如阿格立真坦人菲力那斯（一个热心的迦太基党人）；④索西拉斯（教过汉尼拔希腊文，⑤曾在汉尼拔战争中充当雇佣兵，后来曾撰写一部《汉尼拔战争史》，七卷）；喀里阿斯（关于他的生平，我们毫无所知，只知波里比阿说过，他和索西拉斯的著作“像理发店中的闲谈”）；⑥爱奥克利（撰写过一部关于创建罗马城的书，这部书普鲁塔克曾经利用过），和西息温人亚拉图（公元前251年亚加亚

---

① 从公元前776年起，每四年在奥林比亚举行一次奥林比亚赛会，即为一个奥林比亚纪元的开始。每四年为一奥林比亚纪。世传此种纪年方法是泰米阿斯创始的，后通行于希腊。至公元393年（或426年）奥林比亚赛会被罗马皇帝废除时，此种纪年方法才停止使用。——译者

② 希腊历史学家，约生于公元前380年，学于雅典，著有《希腊史》十二卷，叙述公元前411—前394年的历史；《腓力传》，五十八卷。仅有片段留传至今。——译者

③ 公元前390年。——译者

④ 波比阿斯，I，14—15和III，26。

⑤ 哥尼流·尼颇士：《汉尼拔传》，第13章。这位著者说，索西拉斯是拉西第梦人，但据戴奥多剌斯说（XXVI，4），他是伊立翁人。

⑥ 波里比阿，III，20。

同盟的领袖)，波里比阿利用过他的回忆录，他并曾编写过一部“非常诚实和明畅的”历史，该书结束于第140奥林比亚纪(公元前220—前217年)。[①] 亚拉图的回忆录很受波里比阿的重视，而且显而易见，普鲁塔克也是紧紧依据他的著作的。

根据哈利卡尔那索斯人戴奥尼索的著作(XIX，11)，皮洛士回忆录是皮洛士亲自写的，但根据坡舍尼阿斯的说法，可以认为这部回忆录并非皮洛士亲手所写，尽管可能是他负责提供了书中的材料。无论情况如何，它总是颇有价值的史料。有一位撰写皮洛士生平的作家名叫普洛克西诺斯的，无疑是和皮洛士同时代的人。归到他名下的作品有一部《西西里史》和一部论拉西第梦政府的著作。

波里比阿[②]是修昔底德以后最伟大的希腊历史家。世界政治史的变化很少有比公元前219至前167年间发生的变化更为巨大的了。在那半个世纪中，几乎凡有人烟的世界都被罗马征服，[③]并置于单独这一个城邦的统治之下。记述罗马扩张成为一个世界强

① 波里比阿，II，40，56；普鲁塔克《亚拉图传》，第3章。

② 波里比阿的英译本有E.S.叔克堡译本(伦敦，1889年，两卷)和W.R.佩顿译本(伦敦和纽约，六卷：《洛布古典丛书》)。参阅叔克堡序言；柏立，191—220；W.W.开普斯：《波里比阿残卷中记述的亚加亚同盟的历史》(伦敦和纽约，1888年)，序言；利奥那德·辉布利编《希腊研究指南》(第3版，剑桥，1916年)，第209节；亚勒弗烈和摩里斯·克拉塞：《希腊文学史节本》(G.F.黑斐宝尔译，纽约和伦敦，1904年)，465—472；J.P.马哈斐：《希腊生活和思想，从亚历山大到罗马征服》(伦敦和纽约，1887年)，第519—534页；《〔伦敦〕评论季刊》，CXLVIII(1879年)，186—222；亚诺尔德·J.汤恩比：《希腊史学思想，从荷马到希拉克略》(伦敦和纽约，1924年)，参考索引。

③ 这句话过于夸张了，罗马人所征服的只地中海沿岸诸国，远非“凡有人烟的世界”，当时东方安息和汉帝国的势力都足以与罗马抗衡。——译者

国的真正历史作家就是波里比阿，而不是李维。他生活在历史正处在激剧创造过程中的时代。第二次布匿战争（公元前209—前201年）和第二次马其顿战争（公元前200—前197年）发生在他的幼年时期。他目睹罗马和叙利亚王安泰奥卡斯三世的战争（公元前192—前189年）；目睹第三次马其顿战争（公元前171—前168年），终于使迦太基覆灭的第三次布匿战争（公元前149—前146年），以公元前146年科林斯的陷落结束的整个希腊被罗马征服的战争；目睹以罗马征服西班牙为结果的（公元前143—前133年）纽曼细亚战争；以及由革拉古兄弟的改革政策引起的罗马内争（公元前133—前123年）。从来还没有哪一位历史家在自己生活的年代里遭遇到更多的重大事件的了，波里比阿乘此机运而一举成名。

波里比阿自己的作品是了解他的生平的主要来源。幸而他很
53 喜欢说些离题的话，常常谈到他自己；把这些提到他自己的片段凑在一起，就可以得到他的生平的轮廓。他约于公元前205年生于梅加洛波利斯[1]，这是伊巴密浓达在和斯巴达作战时在亚加狄亚修建的一个城市。因此，波里比阿既不是雅典人，也不是亚历山大里亚人，而是一个希腊乡下人。他父亲是亚加亚同盟一位将军、希腊反罗马党领袖、菲罗皮门[2]的朋友来科塔斯[3]。公元前181年波里比阿参加了被派往埃及托勒密·厄匹非尼[4]王廷去的使团，[5]但因正

① 在南希腊中部亚加狄亚的西南部。——译者

② 公元前253？—前183年，亚加亚同盟的将军，有“最后的希腊人”之称，屡败斯巴达人，最后被擒处死。——译者

③ 普鲁塔克《菲罗皮门传》，20，21。

④ 托勒密第五（公元前203—前181年）。——译者

⑤ 波里比阿，XXIV，6。

在那时国王驾崩，他未能去成。公元前169年，他在第三次马其顿战争中充当骑兵司令，这次战争于次年以彼得那一役结束（公元前168年），战胜者是伊密力阿斯·鲍鲁斯①。作为这次战争的后果，罗马要求希腊送一千名人质去罗马，以保证他们不再有越轨行为。公元前166年，波里比阿作为人质来到罗马。他在罗马待了十六年。他正在中年，庄严稳重，深谙兵法，仇视罗马人，但他头脑清醒、眼光锐敏，绝不致拒不接受罗马的启迪。

公元前165年的罗马是共和国的黄金时代。全意大利已被征服，迦太基两次被击败，已临近灭亡，希腊和东方诸国业已目睹罗马鹰旗②。不过，纵然罗马在政治上征服了希腊，但在文化知识方面，却被希腊精神征服。波里比阿在罗马发现自己身处这种希腊影响之中，他的品格和所受的教育不久就使他成为出类拔萃的人物。罗马元老院的贵族传统、罗马国家的统一和罗马法律的严明，给了波里比阿深刻的印象。他作为一个敌人来到罗马，很快就看出罗马征服各国并非偶然。他写道："和罗马人比较起来，希腊人只不过是一群无可救药的小孩子而已。" 54

波里比阿和罗马共和国第一流家族交往。他曾亲自谈到他和西庇阿·伊密速那③的友谊，这友谊是由于他向西庇阿借了一些书、随即和他谈了一番话开始的。④ 由于西庇阿一家对他的关照，尽管其他人质都被分散到其他各城，波里比阿却得到允许留在罗

① 生活于公元前229—前160年。——译者

② 罗马的军旗。——译者

③ 即灭迦太基的小西庇阿·阿非利加那。——译者

④ 波里比阿，XXXII，9—16，对这个著名的罗马人有充分的描绘。

马。在罗马住了十六年之后,才于公元前150年回到希腊,但偶尔仍出游。[①] 在第三次布匿战争开始时,他跟西庇阿一起到了迦太基,公元前146年迦太基陷落时,他就在那里。[②]

从那时以后,他扮演了希腊人和罗马人之间的媒介的角色。他在罗马的经历使他对希腊人的特性进行了苛刻的批评。希腊人把他看成一个叛逆,这是因为,他深知罗马实力强大,竭力向他的同胞们说明,抵抗是徒劳无益的。如果他的意见被采纳的话,公元前146年科林斯的恐怖的毁灭或许可以避免。事实上,波里比阿对元老院为解决希腊问题而成立的十人委员会曾进行实际帮助,[③]就像他曾挽救他父亲的朋友菲罗皮门的雕像免于毁灭那样。波里比阿的性格特点是为人正直(他不肯以从希腊得来的战利品自肥),极其通情达理,高尚的狩猎嗜好和酷爱读书的习惯。他对罗马人洗劫叙拉古的谴责是正直而无畏的,[④]他在八十二岁时从马上跌下致死。在所有古希腊历史家当中,波里比阿是最少文学素养,受希腊文学影响最少的人。他也许是不了解、也许是忽视了希腊黄金时代那些伟大诗人和戏剧家。

波里比阿所撰《历史》计四十卷,其中只有五卷完整地保存在

---

① 波里比阿,XXXIV,14。

② 波里比阿,XXXIX,3。

③ 波里比阿,XXXIX,16。

④ 波里比阿,IX,10:"尽管这样,把金银横扫到他们自己的国库中可能是合理的,因为他们志在建立一个世界帝国,非破坏世界其余各国的财富据为己有不可。但是他们可能把那些与物质财富无关的东西留在原有的地方,这样,既可以避免引起嫉妒,又可以提高自己国家的声誉;他们不是用图画和雕像,而是用人格的庄严和灵魂的伟大装饰自己的国家"(据叔克堡的英译本)。

梵蒂冈抄本 124A 中。[1] 第六卷的一部分保存在另一个抄本中。公元十世纪时君士坦丁·坡菲罗真尼都皇帝(公元 912—959 年)下令编辑一部波里比阿著作摘录,其中有五十三条流传至今,是按先后次序从头摘引到第十八卷的。此外,还有一些段落是从其他作家特别是斯特累波和一些文法家的作品中搜罗的。因为在古 55
代,波里比阿是一位很受欢迎的作家,人们常从他的著作中摘取修辞华丽的段落。最后,近代还有安极乐·梅依[2]从褪迹纸[3]中复原的一些片段,卡尔·米勒[4]从厄士科里尔图书馆中也发现了一些;另外还有一些片段是在亚陀斯山[5]上一个希腊寺院的图书馆中发现的。

波里比阿的《历史》实际上是他自己时代(公元前 221—前 146 年)的历史。第一、二两卷是绪论的性质,概括了公元前 264 至前 221 年。泰米阿斯的历史著作正巧以公元前 264 年结束,所以波里比阿那部历史正好和泰米阿斯的著作衔接。他撰写这两卷绪论依据的是亚拉图和他的父亲来科塔斯的回忆录。已失传的一部关于地理的著作可能是这部《历史》的一部分。九卷二十章中提到的一部论军事战术的书的作者也是波里比阿;还有一部《纽

① 译文片段见《世界史资料初集》《罗马共和国时期》(上),任炳湘选译,第 46—53、59—79 页(三联书店,1957 年)。——译者

② 意大利古典语言学家(1782—1854),梵蒂冈图书馆长,以发现和出版古典著作抄本著名。——译者

③ 可以把原有的字削去重写的羊皮纸。——译者

④ 德国古典语言学家和考古学家(1797—1840 年)。——译者

⑤ 在北希腊东部亚克特半岛上。半岛上有许多古代寺院,寺院中常发现有古代作家著作的抄本。——译者

曼细亚战争史》,一部《菲罗皮门传》和一部《文法手册》。这些书都没有流传下来。

波里比阿体会到他那部历史和他生活的时代那种振奋人心的精神之间十分合拍;世界已进入一个新时期;地中海西部的历史和亚历山大以后东方的历史一样,已经不再以一群城邦为中心而转移了。他回顾了较早时期的波斯、斯巴达、马其顿等世界军事强国,并说明这些短命的帝国和罗马的国力之间的差距,他似乎已预见到罗马的无限伟大。

〔他说〕罗马人勇敢地奋起攫取世界霸权和疆土,并以其伟大成功证实其胆略正当,这并不是单纯的偶然性,也不是他们不了解他们干的是什么事。不是的。这是以克服困难和危险进行严格纪律训练所获得的必然结果。①

波里比阿很清楚地感觉到他就是描述这种新政治体制的历史家,他的使命就是使希腊世界适应罗马的统治。

因此,我不得不在陈述事实之后,进一步探讨征服者继而采取的政策和他们在如此庞大的领土上的统治形式。我们这一代人将从中体会到我们究竟应当逃避还是应当欢迎罗马统治。……我这部历史的益处,无论就现在还是就将来讲,主要就在于这一点。因为一项政策的目的,无论在执行者的心目中还是在为他们写历史的人的心目中绝不仅仅是征服别国并把所有的国家置于自己统治之下而已。……这部著作的目的在于准确地讲清楚在罗马征服全世界之后,几个国家在罗马统治下的情况。②

① 波里比阿:同上,I,63。
② 同上,III,4。

作为一位历史家，波里比阿代表着修昔底德和亚里士多德二人的史学传统中最好的成分的结合。他的著作是对修昔底德时代 56
以后流行的历史著作风格的一种反抗。他恢复了修昔底德的传统，而且实际上修昔底德以后所有的史学发展，特别是在亚里士多德的激励下，他还把这个好传统丰富起来，表现出勇于拿出自己的见解，从而使他有资格在众多历史家中占有很高的地位。他的天资卓越，无愧于他所撰述的时代。他告诉我们，他很清楚地知道他的历史著作结构严谨，表达郑重，因而只适合某一类读者，也只会被这类读者称赞。几乎所有其他历史家，或者至少是大多数历史家，为了吸引各式各样的读者，进行写作时涉及历史的所有各个方面。好奇的读者喜欢详列世系的文体；好古的读者喜欢有关诸殖民地的开拓、城市的起源和血统联系等方面的讨论，如在厄福鲁斯的著作中看到的那样；研究政治的人喜欢有关部落、城市和王朝的历史。波里比阿却把目光单独集中在这最后一类题材上，他的全部著作都是专门讨论这一个方面的，因而他的全部计划只适合叙述这一类题材。结果，他的著作并不是大多数人喜欢读的。因为他看到许多作家已经用许多不同的风格讨论了有关世系、神话、殖民、城市的建立和各民族的血统联系等问题。作为他那个时代的一位历史作家，除了抄袭别人的词句硬说是自己的之外，就没有什么剩下的事情可做了；不然的话，如果他不愿意干这种事，那他就要白白浪费自己的辛劳，因为他不能不承认他所编写的历史，只不过是把已经由自己的前辈充分说明并传诸后世的史实和思想再说一遍再传一遍而已。由于这些理由，他决定写一部记述活动的历史，第一，因为这些活动总是继续发展更新的，因而需要新的叙述，因为前一代人当然不可能写出一部下一代人的历史；第二，因为这样的历史叙述是一切历史中最富启发性的。

和修昔底德类似，波里比阿也是一位实用主义历史家。他不厌其烦地反复重申，历史是用实例施教的哲学。他说：

> 历史的特殊领域是……弄明白某一特定政策或论点为什么失败了或成功了。因为单单陈述一个事件的发生，当然是有趣的，但没有教育意义，而当这种叙述再以事件发生的原因加以补充说明时历史研究才能有益。因为只有以类似的历史情况和我们自己的处境对比，才能从中取得推断未来的方法和基础，因为只有学习过去，才能学会在现在的情况下，什么时候行动应当更谨慎些，什么时候行动应当更勇敢些。[1]

波里比阿一定会衷心赞赏“历史是过去的政治，政治是现在的历史”[2]这句格言。至于当代史，波里比阿认为它的内在发展过程
57 很难洞察，真相往往被掩盖起来。关于人类发展的全面观点只能从通史的研究中获得，而不能从专史或断代史或他所谓“插曲式的”历史家的著作中获得。[3]

为了达到这个目的，波里比阿煞费苦心地详细论述历史中的因果关系。“因为单单陈述一个事件的发生当然是有趣的，但没有教育意义；而当这种叙述再以事件发生的原因加以补充说明时，历史研究才能有益”。[4] 修昔底德早已从事于历史中因果关系的研究了，但他在这方面的探讨和波里比阿比较起来，就显得带有太多

---

① 波里比阿，XII，25b。

② 这是十九世纪美国资产阶级史学家 E. A. 福礼曼说的话。见下卷原书第 317 页。——译者

③ 波里比阿，III，32。

④ 同上，XII，25b。

的偶然性了。波里比阿如此重视对起因的研究,说明他受了亚里士多德的影响。在第3卷第6、7两章中,波里比阿把战争发生的历史原因和偶然诱因(或借口)区分开来;他抱怨过去的历史家在分析一切战争时都没有看出这个差别。他认为,一般说来,战争的起因毫无神秘或神意可言。他对神的看法是理性的,而不是宗教的。事情的起因是自然的,应当从正面积极探讨。不过这并不是说波里比阿在研究人类事务中已经完全排除了偶然性。就像德谟斯提尼和亚里士多德那样,他也承认某些事情只能以偶然或命运解释。但在波里比阿,这种解释只是一种例外,只是在最后无法进行分析时的一个手段。

波里比阿喜欢详细分析原因。"叙述是有趣的,但只有说明原因才能使历史成为有价值的东西。"他特别重视政治和军事方面的原因。因此,他认为军事组织和政治形式特别重要。他对历史这种处理方式一部分是新的,尽管我们早在色诺芬和修昔底德的著作中就已发现类似情况。例如,色诺芬在描述拉西第梦共和国时,就曾说明斯巴达人卓越的军事组织。修昔底德在评述伯里克利时,也曾描写雅典的政体。在色诺芬的著作中,这种分析是偶然的。在他的《希腊史》中,只偶然出现这样的段落。在修昔底德的著作中,对伯里克利的评论是长篇的插入段落。与此相反,在波里比阿的著作中,原因的确定是论述的基础,这说明他受了亚里士多德的影响。

波里比阿对国家资源的关注又是从修昔底德那里继承下来的。德谟斯提尼曾经承继修昔底德对某一社会的军事、经济和社会势力等方面进行深入分析的传统;但在古希腊文明后期那些历

史家的长篇废话中这种传统就已无影无踪了。在波里比阿的著作中，那种对细节的耐心关注，那种对手段的深入探讨，那种对国家
58 资源的详尽罗列等等，又都复活了。这类例证中有：他曾把第二次布匿战争时罗马的资源详细记载下来，他曾把各大城市规模大小进行计算；最了不起的是他对希腊总人口减少的原因曾进行分析，在这项分析中他的发现与近代历史家和社会学家所得到的结论是一致的。

波里比阿极其强调地理知识的重要性。[①] 在第3卷29章中，他提到他在利比亚、伊比利亚、高卢等地以及围绕这些国家的大海中游历时遇到的危险。但那些以自己对遥远国度的知识相炫耀的地理或历史学家的著作，他并无耐心阅读，"因为关于这些国家，那些历史家的记述既冗长又自相矛盾"[②]。他怀疑马赛匹特阿斯[③]的航海记，并加以嘲讽；对那些滔滔不绝地讲述自己并不了解的事情的作家，他只有耻笑。古希腊文明后期的经院哲学家那些包罗万象但离题万里的议论他根本不予理睬。即使是一部通史，也并非谈论一切问题的讲台。

波里比阿无论到什么地方旅行，总是参考当地文献，并曾在自己著作中引用了几种文献的原文。[④] 在罗马时，他曾阅读卡彼托

---

① 关于地理价值的一般评论，同上，I，41，V，21；关于西西里的评论，I，41—42，关于意大利的评论，II，14—17；关于拉西第梦的评论，V，21—22，IX，21；关于本都和多瑙河的评论，IV，39—42；关于汉尼拔越过阿尔卑斯山行军的评论，III，36—56。

② 同上，III，57。

③ 公元前四世纪的航行家。——译者

④ 波里比阿，I，62；III，22、24、25、27。

山上朱比特神庙里面营造司宝库中刻在铜版上的文献。[1] 他了解碑铭的历史价值。关于汉尼拔部下军队的花名册，他说："我亲自在布鲁提安的拉西尼昂发现的这个花名册是刻在保存在那里的许多铜版上的，这些铜版是汉尼拔还在意大利的时候刻的。"[2]关于汉尼拔贪婪的记载，他是从迦太基人自己手中得到的。[3]

波里比阿强调历史批判的必要，他对其他作家的批判是严厉的。在谈到罗马历史家的老前辈非比阿斯·匹克托[4]的时候，他表现了学术上的独立性。

> 〔他说〕我想警告那些拿起他的书来阅读的人们，不要因为他的名声和权威而被引上迷途，而应当以事实为向导。这是因为，有这么一类读者，在他们的心目中，作家的名气比他说的话更重要。他们只看到非比阿斯是和他们同时代的人，又是一位元老院议员，于是不管其他，就断定他所说的一切都是可信的。[5]

波里比阿避免了像提奥彭佩那样专重修辞的历史家的夸张，以及早期由神话传说和民歌构成的那些半诗歌式的历史。对这些文献的研究当时在亚历山大里亚风行一时，他认为其他研究的影响妨
碍了科学地撰写历史的工作。他并不是绝对不相信个人撰述，但 59
他认为这种东西并非关键。最重要的是，历史家应当可靠。在第3卷20章中，他说他在一份当代材料中发现，当元老院讨论萨干

① 波里比阿，III，26。

② 同上，III，33。

③ 同上，IX，25。

④ 公元前三世纪的历史家，参加第二次布匿战争，用希腊文著一部《罗马史》，从伊尼阿到意大利时起，到他自己的时代为止，书已失传。——译者

⑤ 波里比阿，III，9。

坦事件[①]时，竟然有年仅十二岁的儿童出席。他不相信会有这样的事。他同样怀疑荷累细阿[②]在桥上抗敌的故事是否真实。[③]

罗马人天生就没有那种能够进行广泛概括的智力类型。他们过于务实，不能抽象思维。因此，第一位了解他们的制度的性质的自然是一位希腊人。第一位打开他们的眼界、使他们了解他们自己并觉察到自己的政体的真正历史发展的人就是波里比阿。他自己说，了解罗马政体对了解他的著作是必要的。[④] 他和亚里士多德一样，把政体分为三种形式：帝王统治、贵族政治和民主政治。这三种政体中的任何一种都可能很好或很坏。当它们很坏的时候，就成为暴君专治、寡头政治或群氓政治。[⑤] 波里比阿认为，罗马政体的优点就在于这三种统治方法在这个政体中同时存在并都有适当的表现。执政官代表行政部门，元老院代表贵族阶级，人民代表民主阶级[⑥]。[⑦] 波里比阿充分了解罗马政府如何运转，对罗马人热情赞赏。尽管他对罗马人的品质、对待被征服者的态度，对宗教的虔诚，选举的廉洁（他把这点和迦太基的贿赂公行作了对比）

---

① 萨干坦在西班牙东海岸旁，为罗马的同盟国。公元前 219 年汉尼拔攻陷之，为第二次布匿战争的直接原因。——译者

② 传说，公元前六世纪伊达拉里亚人围攻罗马，荷累细阿与同伴两人，据台伯河上的桥抵抗敌人，罗马人毁桥，桥断时，荷累细阿跃入河中。罗马因此得救。马可黎的名诗《古罗马吟》即咏此事。——译者

③ 波里比阿，VI，55。

④ 同上，I，64。

⑤ 同上，VI，3—10，特别是 4。

⑥ 这种思想影响到孟德斯鸠的三权分立思想。罗马的实权，共和时代在元老院手中，帝国时代在皇帝手中。——译者

⑦ 波里比阿，VI，12—18。

以及他们的适应性倍极钦佩，但这一切并没有蒙上他的眼睛，罗马人对财产的非法欲望和某些堕落迹象他还是能够洞察的。

波里比阿对罗马史撰写工作的影响很大。西塞罗和塔西佗特别觉察到罗马政体并非某一段特定的时期、某一种特殊环境、某一位单独的个人创造出来的，而是在君主和阶级的对立、亦即贵族政治和民主政治的对立当中，在诸部落[1]各式各样风俗习惯慢慢联合起来形成初期罗马国家的过程当中逐步发展起来的。这个重要事实是波里比阿和伽图首先察觉到的。

在战争艺术方面，波里比阿也是一位造诣很深的学者。其原因一部分是罗马四出讨伐征服广大地区造成的影响；但我们也不要忘记亚历山大广泛的征讨早已对军事文章写作起了极大激发作用。和色诺芬同时代的伊尼阿讨论战术的著作是直到维基提阿斯[2]时代以前的一部经典著作。波里比阿用了整整八章的篇幅专门论述指挥军队的艺术。在讨论罗马军队的那些章节中，他宣称罗马军团优于马其顿方阵，这些论述是有名的。和这些篇章齐名 60
的还有他对战争权利的卓越论述，这可能是古代文献中有关国际法的精华。

波里比阿在写作和风格方面也有不足之处。他远不是一位好作家。他使用各学校流行的雅典方言进行写作、矫揉造作、学究气十足。他使用的词汇表现了他那个时代的风气：使用由哲学界和

① 最早的罗马是由一个拉丁部落，一个萨宾部落，还有一个其他部落的人组织起来的。——译者

② 公元四世纪的罗马作家，著了一部军事著作献给皇帝发伦廷尼安第二。——译者

科学界引进当时通行的语文中成堆的抽象字眼和专门术语[①]。更糟糕的是,他使用无力的同义语,甚至那些可以列入庸俗一类的字眼,但由于他的文学造诣不深,未能体察到这些字眼的平庸。

他在遣词造句方面和喜欢运用掉尾句法(periodic structure)方面,表现出重视辞藻的学派对他的影响。这种倾向使他多用了许多不必要的字,有时为了圆满地完成一个掉尾句,他反复把同一件事情说好几遍。他抒发思想的文章是模仿修昔底德的,但没有后者简洁有力的表达天才。不过偶尔也有点滴真正才华闪烁,例如他说,“公罪和私罪,除性质和程度外,并无任何区别”;“凡是将来的东西,似乎总是比现有的好”;“人类大多数竟然完全不能忍受所有负担中最轻的那种负担——沉默”。

在利用公开演说词方面,波里比阿优于修昔底德。后者只说出大意就满足了。波里比阿是古人当中第一位觉察到公开演说词应当算作历史文献的人。他的目的在于准确地把谈话或演说的原文如实写出。

随着波里比阿的出现和罗马对希腊的征服,希腊的史学就并入罗马世界之中。他写道:“命运使整个世界和它的历史倾向于同一个目标,即罗马帝国。”这是一句结束语。

① 参阅开普斯(本书原书第 52 页注),序言,viii-xxvii。

第四章　罗马史学——截至共和国倾覆(公元前31年)①

在第二次布匿战争(公元前218—前201年)结束以前,罗马是 61
在创造历史、积累历史资料。② 但在这五百年间,罗马并没有一位历

① 推斐尔,I,第73—79,116—118,120,132,137,142,155—157节;朱理·马大:《罗马史》,〔巴黎〕《王廷与会议评论》,XI(1902—1903年),第1部分,120—127,251—257,491—498,737—745,第2部分,106—114,309—316,394—400,539—546,701—707;H. W. G. 彼得:《真实与艺术,古代史学与剽窃》(莱比锡和柏林,1911年),viii—ix;腾尼·佛郎克:《恺撒以前的罗马史学》,〔纽约〕美国《历史评论》,XXXII(1927年),232—240;马丁·沙伦兹:《罗马文学史》,第4版,卡尔·荷秀斯重写(慕尼黑,1927—1935年,两卷);A. H. J. 格林尼治和 A. M. 克雷:《罗马史资料,公元前133—前70年》(牛津,1926年);G. A. 西谟科克斯:《拉丁文学史,从美尼阿到柏提阿斯》(纽约,1883年,两卷),I,69—79,195—243;伊多尔·帕伊斯:《罗马史中的古代传说》,M. E. 科森萨译(纽约,1905年),第1—2章;机塔诺·得·桑克提:《最初几世纪罗马历史传说》,〔巴黎〕《学者杂志》,1909年,第126—132页,205—214和1910,第310—319页;腓力比·非比亚,《罗马历史编纂学中的编年史规范》,同上,1900年,第433—442页;威廉·索尔陶:《罗马史学的开端》(莱比锡,1909年);鄂图·塞克:《古代史学和其他白话文学的发展》(柏林,1898年);C. T. 克鲁特威尔:《罗马文学史》(第2版,纽约,1906年),勒馁·匹康:《拉丁文学史》(第5版,1478年修订版,巴黎,1912年)。

② 直到木西阿斯·塞服拉时代为止,没有人提到过《大年代记》,只提到一个《最高僧侣表》。表中所记过于简单,不算历史记载。在最早的罗马时代,祭司们口头向人民宣布一切有关宗教的消息,这个习惯的痕迹延续了很久。因为人口增加了,这种宣布的方法已经不够。于是最高僧侣开始了一个习惯,即预先把口头的训谕刻在白版(tabula dealbata)上面,"使人民能够懂得"(potestas ut esset populo cognoscendi——西塞罗:《论雄辩家》,II,12)。起初,这种通知只是一些节日、预兆、日月食或感恩祈祷,以求减少灾祸,等等。这些东西几乎完全是宗教性质的。木西阿斯·塞服拉利(接下页)

史家。然后突然之间,史学精神迸发。写作上这种现象尽管看来很奇特,但它与其说是出于爱国情绪,还不如说是由于希腊写作的影响,罗马人是在大希腊(南意大利)和西西里二地开始接触希腊写作影响的。如前所述,在历次布匿战争以前,希腊人对罗马几乎毫无所知。不过罗马和迦太基那次大冲突打开了希腊历史家的眼界,使他们认识到罗马史的重要性。不久就出现了一批历史作家,如阿格立真坦人菲力那斯(波里比阿在撰写第一次布匿战争时曾利用过他的著述),索西拉斯(曾撰述第二次布匿战争史,或许曾在汉尼拔部队里充当雇佣兵)和爱奥克利(曾撰写一部《罗马史》,普鲁塔克用过他这部书)。

62 罗马历史由一批希腊作家抢先撰写这一事实可以解释为什么最早的罗马史是用希腊文而不是用拉丁文写的这个奇特现象。拉丁文当时还没有产生文学作品,还太粗俗,不能作为表达文学思想的工具。这是希腊文化给予拉丁文学和罗马文化以深刻影响的最早的证据,同时也说明为什么罗马史学出现时已是成熟的东西了。这种希腊影响应当予以强调,因为最早撰述罗马历史的是希腊人。最早的罗马史家是以希腊史家为导师的。

非比阿斯·匹克脱是最早的罗马史家。他的名字告诉我们许多东西。他属于古罗马著名的非比阿斯氏族。在公元前 489 至 475 年间,每年都有一位执政官姓非比阿斯,他们三兄弟连续任执政官,未曾间断。李维列举了这个氏族三百零六名成员的英雄事

(接上页)用这些通告编成《大年代记》,但又插入元老院的命令、行政长官的决议,和外交使节的报告节录。公元 249 年开始有公布政治事件的习惯。W.索尔陶,《大编年史的发展》,见《语言学杂志》,LV(1896 年),257—276。

迹。在那个时代,罗马人一直和维爱[1]人打仗,维爱人属于与服尔细人结盟的伊达拉里亚种族。罗马人屡遭挫败,意气消沉。在这个危急时刻,非比阿斯全族主动提出以自己的经费装备本族武装力量开赴战场。元老院接受了这一贡献,非比阿斯家族抵抗维爱人数月之久,但终于在公元前477年被打垮,全族人员尽遭屠杀无一幸免。仅有的一个成员,因为年龄太小,还不能使用武器,留在罗马,得以幸存。他成为重新繁衍非比阿斯氏族的始祖,这个氏族一如既往,杰出人物辈出,琴塔斯·非比阿斯·马克来马斯·昆克塔脱[2],就是在坎尼战役[3](公元前216年)以后唯一能够抵抗汉尼拔的一位罗马将军。

历史家非比阿斯·匹克脱[4]就是这个家族的一支幼苗、匹克脱家族的一个成员。这个姓氏是从他的曾祖传下来的,他这位曾祖曾于公元前304年,以绘画装饰罗马舍拉斯女神[5]的庙宇。这个细节在希腊文化输入罗马的过程中可算作一件大事,因为他这位祖先曾在南意大利学习希腊艺术。这位老祖在艺术上的首创精神可以在一定程度上说明他这位曾孙在文学上的首创精神。非比阿斯·匹克脱曾在军中服役,在波河流域跟高卢人和利格里亚人打仗,也曾多次参加远征汉尼拔的战役。李维关于特剌息米那湖

---

① 维爱是伊达拉里亚最重要的城市,离罗马约十二英里,维爱人连续不断地与罗马作战三百余年,最后被围攻十年之后于公元前396年被攻下。——译者

② "昆克塔脱"意为"拖延者"。——译者

③ 汉尼拔大败罗马人于此。——译者

④ "匹克脱"意为"画家"。——译者

⑤ 健康女神,相当于希腊神话中的亥机雅女神。——译者

战役[①](公元前217年)的记述就是抄袭非比阿斯·匹克脱的,还说他是那次战役的目击者。我们不知道非比阿斯·匹克脱在坎尼战役之后是否跟他的堂兄弟昆克塔脱在一起,但很有理由使人相信,他是元老院派往德尔法祈讨神谕的使团中的一个成员。因此,
63 非比阿斯·匹克脱在他从事历史写作之前,曾经当过军人和外交家。他的著作远远追溯到古伊尼阿(这说明罗马人把他们自己的历史跟极其古老的特洛伊战争和古希腊英雄拴在一起了)一直写到他自己的时代。他这部历史著作流传到李维的时代,李维从中抄袭的东西比他自己承认的还多。为了便利不懂希腊文的人们,这部书曾译成拉丁文,在贵族阶级中颇为流行,在他们看来,长期以来历史是唯一值得研究的一种文献。

在非比阿斯·匹克脱之后,又有四位编年史作家迅速相继出现:L.辛西阿斯·阿利门图,C.亚西利阿斯,P.哥尼流·西庇阿·阿非利加那和A.坡斯图米阿斯·阿尔拜那斯。四人都属罗马社会上层,虽然辛西阿斯和亚西利阿斯两人的祖先属平民阶层,但他们这两个家族早已上升,在社会上占有显贵地位了。辛西阿斯是匹克脱较为年轻的同时代人。在坎尼战役之后,他在西西里指挥罗马军队,后被汉尼拔俘虏。迟至公元前155年,他才随一外交使团被派往希腊。他以希腊文从事写作,常被后来的作家引用;李维把他描写成一位“谨慎的伟大的历史作家”(“diligentem monumentorum auctorem”)。亚西利阿斯是公元前191年在德摩比利

① 汉尼拔用伏兵之计,大败罗马军于此,地址在中意大利。——译者

打败叙利亚安泰奥卡斯三世的那位亚西利阿斯·格拉布里阿[①]的一位亲戚，在罗马征服希腊的过程中，他是最早的军事指挥官之一。当雅典于公元前155年派遣包括许多哲学家（学院派的卡尼亚底[②]、斯多噶派的戴奥真尼斯[③]、逍遥派的克立托雷斯[④]等人）在内的代表团前往罗马时，亚西利阿斯向元老院介绍了这些可敬的使者并把他们的致词从希腊语译成拉丁语。这纯粹是一种礼节，因为到那时受过教育的罗马人都已熟悉希腊语了。P. 哥尼流·西庇阿·阿非利加那二世是迦太基的伟大征服者（公元前146年）的儿子，他从他的父亲那里和法学家西庇阿·内息卡[⑤]那里得到一些知识。他是一位热情提倡希腊文化的人。在用希腊文撰写罗马历史的人们当中，最后一位是A. 坡斯图米阿斯·阿尔拜那斯。他出身贵族家庭，他的祖先当中有一位曾参加勒吉拉斯湖战役[⑥]（公元前496年）。他是公元前151年的执政官，公元前155年的大法官并曾在那年热烈欢迎雅典使团。

随着老伽图（公元前234—前149年）的出现，罗马史学在题材、史料、精神、方法和语言等各个方面都发生了变化。伽图的《起源论》一书使拉丁史学出现革命性变化。根据李维的说法，伽图是

① 当年的罗马执政官。——译者

② 公元前214？—前129年，雅典新学院派的始创者。——译者

③ 公元前二世纪斯多噶派主要哲学家之一。——译者

④ 公元前二世纪雅典逍遥派哲学家首领，后在罗马讲学，为老伽图所斥退。——译者

⑤ 罗马政治家，反对改革，杀害革拉古（公元前133年）。——译者

⑥ 在中意拉丁姆，公元前498年其始祖阿尔拜那斯为独裁官，率领罗马人大败拉丁人于此。参阅马可黎《古罗马吟》。——译者

罗马史学的鼻祖(historiae conditor)。他是一位多产的作家,也是第一位真正的拉丁散文家。他的著作大部分都已失传,但关于他本人和他的作品我们知道很多,因为他是一位生平多崎岖的著名人物,是一位家喻户晓的伟大人物,曾任财政官、营造官、大法官、
64 执政官和监察官。在监察官任内,他以公正严明扬名天下,因而在青史中,他以监察官伽图的美名流传后世。他出身微贱,祖辈系坚强的农民。这一点对伽图不但无害,反而有益,因为罗马古谚有云,训练士兵最好的学校就是农家。当兵以前,他是个农民,住在他的萨宾农场。他的近邻名叫古里阿斯·登退塔斯[1],就是征服萨谟尼安人的那位名将,也就是打败皮洛士的那位将军,曾三次得到凯旋的荣誉,不愧为古罗马最显赫的武将之一。在他进行各战役的间隙中,一向是回家耕种祖传的田地。这位严肃的爱国主义者不但教会伽图怎样耕种,而且还深刻地影响了他的性格。罗马最早的一篇农业论文《农业志》[2](*De agricultura*)也出自伽图笔下,这并非偶然。

伽图作为一位军人所创建的功业几乎和他在政治方面的建树同样卓越。他最初曾在非比阿斯·昆克塔脱部下参加抵抗汉尼拔的战争,后来又在马塞拉斯[3]部下参加西西里战役。公元前 209 年,他又在非比阿斯率领下,参加围困他林敦之役。使罗马部队取

① 活动于公元前 290—前 272 年之间,曾打败萨谟尼安人及皮洛士的将军。胜利后回到家园,过艰苦朴素的生活。——译者

② 译文片段,见东北大学《科学集刊》,1957 年第 2 期;及《世界史资料丛刊初集》《罗马共和时期》下,任炳湘选译,第 9—16 页(商务,1962 年)。——译者

③ 公元前 268? —前 208 年,罗马将军,前 214 年参加侵略西西里的战争,前 212 年攻陷叙拉古,前 210—前 208 年与汉尼拔战争,遇伏兵而被杀。——译者

得美陶鲁斯战役[①]胜利的那次惊人的奇袭（公元前 207 年）是由七千人执行的，伽图就是其中之一。公元前 204 年，他被任命为西西里财政官；他在当地和他的司令官西庇阿·阿非利加那发生争吵，从而播下两人之间永久不和的种子。后来他被派往西班牙，在那里表现了伟大的军事天才。公元前 191 年被派往马其顿充当亚西里阿斯·格拉布里阿的副将，进攻安泰奥卡斯三世。这次战役结束了他的军事生涯。随即开始了他的政治活动，一直到他去世时止。

伽图的《起源论》一直叙述到他死的那一年，就我们所知道的它的内容论，这部书应该列入至今所有最独特、最有趣的那些历史著作之中。较早的罗马编年史作家满足于光秃秃的叙述和枯燥无味的年代编撰；伽图和他们不同，他介绍了来自亲身经历的有关人种、地形和经济等方面的大量材料。第 6、7 两卷描述的是他自己的时代。在叙述西班牙时（他曾在那里当过代理领事），他描绘了伊比利亚人的风俗习惯；埃布罗河中的鱼；银矿以及高原上的风如何奇特等等。尽管他痛恨希腊文化，但在详细描述这些事情时，他似乎还是借用了古希腊后期探险家的手法。他有一个极其突出的特点值得注意：在他全部著作中从来没有提到过一个人的名字。他总是把罗马将军称为元帅（imperator），汉尼拔总是被称为“敌方司令”。他这个怪癖如果不是由哥尼流·尼颇士[②]和大普林尼[③]进一步证实的话，简直令人难以置信，特别是因为那个时代充满许 65

① 在中意安布里亚一条流入亚得里亚海的小河旁打败汉尼拔的弟弟哈士多路巴率领的迦太基援兵于此。——译者

② 公元前一世纪的罗马历史家，西塞罗的朋友，著有《罗马名将传》。——译者

③ 罗马的将军和科学家（23—79 年），著有《自然史》三十七卷。——译者

许多多伟大人物(如西庇阿、法尔维阿斯·诺比利欧、拖延者非比阿斯和汉尼拔等等)的伟大事业的芬芳，这一点就更加令人感到奇特。但伽图是一位彻头彻尾的平民。他认为罗马在各个战役中获胜是普通士兵的功劳，把这些光荣归于诸将领是不公道的。他在《起源论》中采用的唯一的专有名词是罗马军队里的一头名叫萨鲁斯的大象，由于它在抗击迦太基人的战役中极其勇猛，伽图才俯就它，提到它的名字。

伽图的《起源论》必然是一部了不起的著作，它的失传是学术上的一大灾难，这一损失比众人惋惜的李维佚书的损失更加重大。这部书共七卷，伽图在书前那篇序言曾讨论教育的性质和价值以及历史在这种教育中的职责。每卷前面还有一篇特别序言，这种写作手法后来曾被萨拉斯特[①]借用。在篇首长序之后，伽图开始写第1卷"王政时代罗马人民史"(Res gestae regum populi romani)，这卷书可能很短，一方面因为几乎没有史料可用，另方面也是因为他对国王毫无好感。他是一位严肃的共和主义者。第2卷是对罗马古代文物的研究。第3、4两卷是关于意大利诸部落的卓越概述——unde quaeque civitas orta sit Italica。在这两卷中，他讨论了人种、地理、风俗、法律、语言、制度、宗教、文明和文化等等，"其范围之大探讨之深达到后无来者的程度"。这两卷的失传特别令人惋惜。其残篇以年代记的形式叙述了罗马的历史。但是伽图采用了希腊史学的一种写法，特别明显的是从修昔底德学来的，即

① 罗马史学家(公元前86—前34年)，在内战时期他站在恺撒一边，著有《喀提林战争史》、《朱古达战争史》等书。——译者

把公职人员（尤其是他自己）的演说词收入著作中，还有时把叙事部分也以演说词的形式写出。伽图深信历史的目的是劝善惩恶，历史应当灌输爱国主义思想，宣传道德借以塑造青年人的性格。因此，《起源论》一书充满了探讨道德的篇章、机智的格言和当时的实例。人们从他的著作中摘录出简明的格言和尖锐的引语汇集成册，名《伽图语录》，这部书在这方面如此突出，以致在他身后仍广泛流传。这些语录体现了罗马文化被希腊文化和东方文明软化以前罗马的旧哲学。

人们以伽图为榜样建立了一个学派。从此再也没有任何历史家梦想以希腊文从事写作了。此外，年代记撰写形式尽管并未完全绝迹，但已不再流行。紧接着伽图之后的两位编年史作家是加西阿斯·希米那[1]和卡尔甫尼阿斯·派索·夫律基[2]。两人都是从伊尼阿开始叙述，都只不过是编纂者，并无批判能力，而且风格夸张。他们的后继者却不是这样，他们略有写作艺术，抛弃编年史传统，撰写历史题材；而且，他们的写作还有某种文雅的艺术风 66
格——西塞罗说“以大多数人的声音来使历史更加响亮”，这句话说明在古代罗马，作品经常在一群听众面前大声朗诵。西利阿斯·安替帕忒[3]曾抓住一个理想的题目：《第二次布匿战争史》。他参考了浩繁的史料和权威著作，特别是大西比阿的回忆录，“他

① 公元前2世纪的罗马编年史家，他是第一个以拉丁文写历史的。——译者

② 公元前2世纪的罗马政治家和史学家，以贵族党人认为其人“正直”，取得“夫律基”(Frugi)的称号。公元前133年为执政官，坚决反对革拉古的改革。著有《罗马史》。——译者

③ 罗马史学家，与小革拉古同时代。著有《编年史》，记载第二次布匿战争。——译者

还参考了对立学派的权威著作,……这一点比他以前流行的片面观点前进了一步。”西利阿斯细心注意结构的形式和表达的清晰,以流畅而华丽的风格进行写作。

从那时以后,有两种写法形成罗马史学特色的显著标志:(1)限制题目的范围,放弃过于广泛和一般的论述;(2)探索有效的文学表达方式。这两个目标都在第一位伟大的罗马史家萨拉斯特的著作中达到顶峰。历史回忆录也是在这个时期出现的。值得注意的最早的回忆录是森普洛尼阿斯·阿塞利奥写的那些。他大约生于公元前 160 年,与革拉古兄弟同时(公元前 133—前 122 年)。在年轻时代,他曾参加纽曼细亚战争(公元前 143—前 133 年)。他活得很长,在公元前 90 至 80 年间的苏拉时代,他从事写作。他的全集共十四卷,叙述的是罗马历史中一个伟大时代他曾亲自参加或记忆中的事情。阿塞利奥几乎与第三次马其顿战争(公元前 71—前 68 年)同时,迦太基被占领、希腊也被征服时(公元前 146 年),正值他的童年。这部著作的独创性不仅在题材范围上的限制,而且还在于它特有的总的情调,这些特点可以在残存的片段和后来其他历史家提供的证据中找到并据以作出判断。和他的前辈不同,森普洛尼阿斯·阿塞利奥并不满足于只叙述事实。他搜集证据进行调配和解释。他努力辨别不同的原因,并系统地说明结果。他说,“单单说明已经发生的事实是不够的。人们要知道事情究竟是怎样和为什么那样发生的。”[①]不过,尽管森普洛尼阿

① “Nobis non modo satis esse video quod factum esset, id pronuntiare, sed etiam quo consilio quaque, ratione gesta essent demonstrare”.

斯·阿塞利奥有了这种新的历史概念，但他仍然坚持历史应当灌输道德并以爱国主义教育人的传统，这是不言而喻的。人们怀疑阿塞利奥是否曾会见过波里比阿（这时候他正住在罗马，在西庇阿家中作客），还怀疑他是否从波里比阿那里得到他的一些新颖的思想。

但是拉丁文的回忆录原本大约是在公元前100年才首次出现
的。写回忆录的人们的动机是在政治上替自己辩白；是一些想为 67
自己的政策辩护的军人和政治家。塔西佗在他的《阿古利可拉传》的序言中曾暗示这类作家。[①] 公元前一世纪，他们当中著名的例子有伊密利阿斯·斯卡鲁斯[②]，琉塔提阿斯·卡塔拉斯[③]（即战胜辛布赖人的将军、马略妒忌的政敌）、鲁提利阿斯·鲁福斯和伟大的苏拉。

鲁提利阿斯·鲁福斯是西庇阿·伊米连那[④]和斯多噶派哲学家潘尼提阿斯的朋友，他本人也是一位斯多噶派。西塞罗说，他的完美几近圣贤，西塞罗对他的广博学识和文学造诣也推崇备至。他大约生于公元前150年，曾参加纽曼细亚战争（曾撰写一部关于这次战争的历史）和朱古达战争，公元前105年当了执政官，任职期间，严峻方正，因此大批树敌；公元前98年卸职后和执政官塞服拉一起被派往亚细亚行省。那时亚细亚是罗马最富裕的殖民地，

① 中译本，第15页。——译者

② 公元前74—前64年第三次米特拉达梯战争时在庞培部下担任军需官，公元前55年任撒丁尼亚总督，后以贪诈被控告。——译者

③ 公元前102年与马略同为执政官；翌年，与马略一同大败辛布赖人于北意，挽救了罗马。他是贵族党，支持苏拉。公元前87年被马略宣布为公敌，自杀。——译者

④ 即少西庇阿·阿非利加（公元前185—前129年）。晚年为贵族党领袖，反对改革。突然死亡，可能是被杀。——译者

当然也是受收税官搜括最凶的一个省。一次偶然事故迫使塞服拉回国，鲁提利阿斯发动了一次反对行省虐政的运动。他的仇敌从未宽恕他。他竟然被人根据卡尔浦尼亚法（Lex Calpurnia，这条法律原来的目的是防止滥用职权的）诬告，被判流放士麦拿（公元前 62 年）。西塞罗晚年曾到那里访问他。他这样一个人的回忆录对罗马行省制度的历史会是很有价值的，但把这些回忆录保存下来，对于罗马政治领袖说来太不利了。[1]

如果说提鲁利阿斯的回忆录值得西塞罗赞赏的话，看来伊密利阿斯·斯卡鲁斯的回忆录就不然了。他的品质是个谜。他在贵族党内深得人心，而民主党却藐视他，认为他是个暴发户，曾在朱古达战争中搞鬼、发财致富。萨拉斯特把他的特点描绘成“高尚、积极、阴险、急于抓取权力、荣誉和财富，而且非常善于隐瞒自己的恶行”。他在鲁提利阿斯被放逐这件事当中插了一手，于公元前 117 年、后又于 104 年任执政官，109 年任监察官；在苏拉以前，他是贵族党的领袖。人们会认为像他这样一个人写的回忆录可能会保存下来：但即使是在西塞罗的时代，他这些回忆录就已经很少有人读到了；在耶稣纪元后第一世纪时，显然只有像塔西佗那样有教养的历史家或大普林尼那样的博古家才知道有他写的回忆录。

琉塔提阿斯·卡塔拉斯的回忆录很清楚地表明罗马那些回忆
68 录的产生是由于作者企图为他们的政治路线辩护。琉塔提阿斯·卡塔拉斯于公元前 102 年和马略同为执政官，当权的虽然是贵族

① G. L. 亨德里克孙：《鲁提利阿斯·鲁福斯回忆录》，见《古典语言学》杂志，XXVII（1933 年），153—175。

党，但马略由于战功卓著，还是当选了，因为当时意大利正受到辛布赖人和条顿人入侵的威胁。马略和条顿人会战于埃克斯[①]；琉塔提阿斯则前往抵抗辛布赖人，和敌人会战于阿迪杰河畔的味塞利[②]。由于部下士兵惊惶，他被迫退回波河。马略前来支援。后来的胜仗实际上是琉塔提阿斯打的，因为马略调动部队策略不当，几乎招致罗马全军覆没。但马略就像拿破仑在马伦哥[③]干的那样，为了挽救他的军事威望竟然把正式报告窜改了。他的党羽支持他，于是发生了尖锐的党争。政治终于胜过军事。马略受奖，为他举行了一次凯旋式。无疑，琉塔提阿斯在写回忆录时对所受委屈曾表示抗议。

在所有早期罗马回忆录中，苏拉的回忆录的失传最为可惜。苏拉这部失传的《回忆录》(mémoires pour servir)对罗马历史说来，正如关于法国革命的回忆录对我们一样。这个类比是异常突出的。苏拉于公元前 82 年把恐怖和剥夺公民权定为统治原则，酷似罗伯斯庇尔和丹敦于 1793—1794 年乞灵于恐怖进行政治实验。[④] 这个大独裁者退隐邱米之后，利用残年撰写他那部名为 Commentarii rerum gestarum 的回忆录。临死已经完成二十卷。生活于公元二世纪的普鲁塔克利用他这部回忆录编写了琉卡拉斯、马略和苏拉本人的传记。

---

① 在现在法国东南部。——译者

② 在意大利北部。——译者

③ 公元 1800 年拿破仑破奥军于马伦哥(在北意)。——译者

④ 但有一个重要的区别：苏拉是想维持罗马垂死的反动贵族政治；而罗伯斯庇尔和丹敦是推翻封建制度，建立资产阶级民主政治，在当时是革命的、进步的。——译者

如果西塞罗也曾撰写他自己的回忆录的话，必然是唯一可以和苏拉的回忆录比美的了。我们从他写给他的朋友琉西阿斯[1]的一封信中知道这位伟大演说家确曾有意撰写一部回忆录，在信中他力劝琉西阿斯写一部关于他执政时期的历史，推托自己不好意思写——从他经常在争辩中一贯表现的过火的虚荣看来，这个“不好意思”真可谓独一无二的坦白话。

在谈到罗马帝国建立以前的最后一位、也是最伟大的一位罗马史家萨拉斯特以前，不妨先介绍一下共和国最后一个世纪中较小的回忆录作家哥尼流·西新那[2]和李锡尼阿斯·马骚[3]。西新那是罗马最大的家族之一哥尼利亚家族成员，卓越的演说家霍天秀斯[4]的朋友，他和霍天秀斯一起，替恶名昭彰的味里斯[5]辩护，以反驳西塞罗对他的猛烈斥责。他就是这样成为一位辩护士和法庭演说家的。公元前78年(即苏拉死的那年)他当了大法官。当庞培于公元前67年担任特委司令员率部进攻地中海海上盗匪集团
69 的时候，他是从贵族中选拔出来担任他的助手参加这次战役的十三位贵族之一。他在那次远征中死于克里特。关于他的著作，至少它的大意我们是知道的。他这部历史叙述的是同盟战争(公元

① 西塞罗的朋友和邻居。公元前60年竞选为执政官失败。写了一部当代罗马史，叙述从同盟战争(公元前91—前88年)开始。——译者

② 罗马政治家和历史家(公元前120？—前67年)，为亚加亚总督，著有《罗马史》，仅片段留传至今。——译者

③ 罗马政治家和历史家(公元前110？—前66年)，民主党领袖，以贪污被西塞罗弹劾自杀。——译者

④ 贵族党领袖(公元前114—前50年)，公元前69年任执政官。——译者

⑤ 罗马政客，为西西里总督，贪污腐化，为西塞罗所弹劾。公元前43年为安敦尼所杀。——译者

前90—前88年）和苏拉与马略之间的内战（公元前88—前82年），这是在贵族党和平民党之间进行的一次骇人的流血斗争，在毁坏共和国方面起了很大作用，并使罗马帝国的出现成为无可避免。这部史书叙述到苏拉的晚年，直到他辞职和逝世为止。因此，这部书包括了十二个多事的年头；全书共二十三卷。不幸的是，西新那的选题虽好，但并未很好写出，他的风格看来冗长而夸张。西塞罗说他好像是在为儿童写作。但因西塞罗对他有成见，他这个意见也未见正确。

李锡尼阿斯·马骚是和西新那同时代的人，也是他的朋友。在民主党历史上，他当保民官的那段时期是很有名的。从公元前78年苏拉取胜到公元前73年的五年中，民主党沮丧败落，既无一位领袖，也无一支军队。长期以来民众自由的堡垒——保民官的职能已被搞得虚弱无力。萨拉斯特说它已成为一个"虚幻的影子"。李锡尼阿斯·马骚再度奋起力争他那被压抑了的职权。与此同时，罗马正在进行三个互不相干的战争：在亚细亚反对米特拉达梯的战争[①]；在西班牙反对塞多琉[②]的战争以及在西西里镇压奴隶暴动[③]的战争。在马骚倡议下，平民进行了"同盟罢工"，拒服兵役。这个行动迫使贵族党屈服。虽然马骚的著作未能保存下来，据了解，全书不是十六卷就是二十一卷；他曾参考档案、利用未曾

① 米特拉达梯战争：第一次，公元前88—前84年；第二次，公元前83—前82年；第三次，公元前74—前63年。——译者

② 塞多琉率领西班牙人民抗击罗马发生于公元前79—前71年。——译者

③ 第二次西西里奴隶暴动发生于公元前104—前101年，实则当时还有同盟战争（公元前90—前88年）和斯巴达克思奴隶起义（公元前73—前71年）。——译者

发表过的材料，据悉他也很注意年代学，是一位认真的作家。

克劳第乌斯·廓德立加里阿斯[1]和发利里阿斯·安替阿斯[2]是我们叙述到萨拉斯特以前要提到的共和时期最后两位史家。他们于公元前80至前70年之间从事写作。克劳第乌斯从高卢的入侵（公元前391年）开始写他的《罗马史》，而不是从传说时期开始，这表明他前进了一步。他这部著作看来内容还充实，但文笔稍嫌枯燥；他用古式文体写作，这种文体使那些喜欢以华丽笔墨撰写史书的人很不满意。发利里阿斯·安替阿斯写了一部至少有七十五卷的巨著，从罗马古远时代一直写到他自己的时代。这部书是编的，不是写的，巨大而笨拙。即使不是在质量上，至少在范围上，“它是李维的著作最重要的直接先驱”。

在腐化堕落的罗马共和国最后几十年正在迅速衰落，走向令人瞠目结舌的全面崩溃，而在它的废墟上正在建起罗马帝国的时候，共和国却出现了两位最杰出的历史家在这时生活和写作。这两位就是C.萨拉斯特·克立斯皮阿斯和朱理亚·恺撒。

萨拉斯特（公元前86—前34年）出身于一个很好的平民家
70 庭。公元前59年任财政官，52年任保民官[3]。当时罗马正陷入党争深渊。萨拉斯特是西塞罗[4]公开的仇敌，西塞罗在政治前途上的暗淡和在文学上的卓越成就之间形成无可争辩的鲜明对比。在

---

① 活动于公元前100—前78年之间，著有《罗马史》，从高卢攻入罗马到苏拉之死。——译者

② 公元前一世纪的罗马史学家。——译者

③ 他是民主党。——译者

④ 西塞罗是垂死的共和国的辩护士。——译者

恺撒打败庞培之后，萨拉斯特跟随这位胜利者到达非洲，把庞培党羽的最后残余全部粉碎，萨拉斯特被委任为努米底亚代执政官兼总督，当地君主朱巴被废黜，那个地区成为罗马的一个行省。他以总督权势在该省抢劫掠夺，敲诈勒索，无所不为，大发横财，退隐后在奎里纳尔山上富丽堂皇的宫殿中过他的私生活，他的花园(hortisallustiani)名扬罗马。

萨拉斯特[①]写了两部非同一般的著作：《喀提林阴谋》[②]和《朱古达战争史》；据说还写过一部《罗马史》，但已失传。《喀提林阴谋》是矫正西塞罗所撰四篇弹劾喀提林的文章的重要著作，这本小册子特地为罪恶昭彰的阴谋家辩解，固然是它的缺点，但为阴谋者说几句话以减轻他的罪行也未尝不可。当时罗马政治混乱不堪，人人都在浑水摸鱼。对比之下，《朱古达战争史》却几乎是一部无与伦比的好史书。在萨拉斯特以前，罗马有的是编年史作家、年代纪编纂者和史书编纂家；但萨拉斯特才算得上第一位伟大的罗马历史家。他用绝妙的戏剧性的叙事手法为他那不偏不倚的历史准确性锦上添花。他的著述是以奇妙绝伦的文艺手法描绘出来的一系列的文字图画。他以文字刻画的人物宛如版画一般，尽管他有时候似乎过于雄辩，在近代的读者看来似乎也太着重修辞，但全书始终风趣横生、从未消沉。这是当时普遍流行的文风特色。

---

① 除次要的片段外，萨拉斯特的全部著作都是由约翰·C.鲁尔夫译出的(伦敦和纽约，1921年：《洛布古典丛书》)；推斐尔，I，第205—206节；加斯顿·波伊塞：《喀提林阴谋》(第3版，巴黎，1913年)；伟尔纳·叔耳：《作为历史家的萨拉斯特》(斯图加特，1934年)。

② 内容提要，见《西方名著提要，历史学部分》，何宁译，第47—52页(商务，1959年)。——译者

朱理亚·恺撒(死于公元前44年)[①]是一位政治家、军事家、演说家、诗人、文法家、历史家,既是古罗马最伟大的、也是最多方面的天才。在这部书中我们关心的只是他作为一位历史家的一个方面。恺撒所撰《高卢战记》[②]共七卷,不是像过去人们认为的那样只是叙述军事的。他这部书是一种政治宣传。因为恺撒计划用
71 他这部书影响舆论,在指控他的人们面前替自己辩护,说明征服高卢并不意味着只不过是为自己飞黄腾达、攫取更大权力的野心而铺设的一块跳板,而是高卢那方面强加在罗马身上的一次战争,因此,它是一次必要的、爱国主义的战争。此外,恺撒写这本书是有意使他的敌人知道他有一支强大而忠于自己的军队作他的后盾。因此,全部《高卢战记》都浸透一种意向,其用心和影响我们必须充分注意。同样的动机也是他的《内战记》(三卷)的特色。两部书都是政治小册子,充满巧妙地伪装起来的貌似正确的论点和特殊的申辩。他亲自用一种表面上似乎坦率而实际上却是虚伪的态度表明,他的用意只不过是替未来的历史家提供资料而已。读他的书

① 恺撒的著作有许多英译本;其中最好的有T.来斯·何谟兹译的《高卢战记》(伦敦,1908年)和H.J.爱德华兹译的《高卢战记》(伦敦和纽约,1917年。《洛布古典丛书》)和A.G.拍斯克特译的《内战记》(1914年,《洛布古典丛书》)。推斐尔,I,第196节;T.来斯·何谟兹:《恺撒征服高卢》(第二次修订版,牛津,1911年),和《古代不列颠和朱理亚·恺撒的侵入》(牛津,1907年),以及《朱理亚·恺撒高卢战记卷七,A.赫细阿斯高卢战纪卷八》(牛津,1914年);朱理·马太:"作家恺撒",见《〔巴黎〕王廷与会议评论》,XXII(1914年),第1部分,560—571,第2部分,72—79,281—288,798—801,XXIII(1921—1922年),第1部分,50—56;E.柏诺依斯特和S.多孙:《高卢战记注释》(第10次付印,巴黎,1914年);卡密尔·朱理安:《维辛泽托立克斯》(第3版,巴黎,1903年)。

② 中译本,任炳湘译。译文片段见波德纳尔斯基编《古代的地理学》,第118—130页(三联书店,1958年)。内容提要见汉默顿:《西方名著提要历史学部分》,何宁译,第53—63页(商务印书馆,1959年)。

时我们应当听到他的弦外之音，提高警惕，以免被他那朴实而清彻的文笔和他那貌似诚挚的态度蒙蔽；我们还应当以批判的态度，用当时别人的材料校正他的撰述。不幸的是，在阅读《高卢战记》这本书时，这一点几乎是办不到的。因为只有恺撒本人是唯一的材料来源。但在读《内战记》时，却可以部分地核对恺撒对历史真实性是否忠诚。恺撒极其精细，他知道什么时候避开对他不利的事件一声不吭，什么时候、用什么方式把有利于他的事实加以解释。

> 《高卢战记》的发表不迟于公元前46年，因为西塞罗在同一年出版的《布鲁图》(*Brutus*)那部书中，以钦佩的态度提到了恺撒这部书。这两本书很可能都是在几年以前写作和发表的，这是因为，恺撒在内战的紧张工作中，似乎不可能有时间从事写作，而且，正如蒙森所说，这部书的目的无疑是有意(至少是部分地有意)在罗马公众面前证明，恺撒在高卢所作所为是有道理的。……关于恺撒为什么写这部书，主要有两种说法：有些批评家认为，他是在每个战役之后，逐年逐件进行评述；另一些人则认为整个七卷(我们不要忘记，第八卷是他的朋友奥拉斯·赫细阿斯[①]写的)都是他在公元前52年至前51年冬季或前50年写的。后一种说法得到赫细阿斯的支持，他在序文第6节中说："别人知道他这部著作完美无缺，我知道得更多一些——我知道他写这部书时多么自如、多么迅速。"…… 赫细阿斯是恺撒最亲密的朋友，还可能是他的写作秘书，他的话是我们手头唯一最原始的证据，应当予以承认，除非有事实证明它与真相不符。……公元前50年是内战开始的前一年，为什么说这部书的发表不应当在那一年呢？依我看，最可能就是在那一年发表的，因为从恺撒当第一任执政官起到他死的那年，只有那一年他没有打仗，而且，就我们所知，那一年他也是比较闲暇的。[②]

---

① 罗马政客和历史家(公元前90？—前43年)，恺撒和西塞罗的朋友，公元前43年的执政官。续完恺撒的《高卢战记》并著《亚历山大里亚战争史》。——译者

② 何谟兹《恺撒高卢战记》(见本书原书第70页注)第ix—x页。

72 西塞罗的朋友哥尼流·尼颇士（公元前99—前24年）和诗人卡塔拉斯，是从共和国到帝国的过渡。卡塔拉斯的著作《名人传》(*De viris illustribus*)至少有十六卷，标志着一种新型历史著作即传记体的出现。他还曾撰写老伽图和西塞罗的细致的传记。至于那少数几部流传下来的，据说是尼颇士写的传记，是否真的出自他的手笔，或者是否原著的缩写或改写本，确实大成问题。这些传记并无批判性内容，多系闲谈性的记述；但其文字却是简洁朴实、优美典雅的拉丁文典范。因此，长期以来，这些传记在学校中都是人人爱读的课本。

第五章　罗马帝国早期史学：李维、塔西佗、斯韦托尼阿

历史上还没有哪一个国家像罗马帝国那样在写作上一开始就有如此喜人的苗头。公元前 44 年朱理亚·恺撒遇刺后，接着就是十三年内战，直到公元前 31 年奥古斯都在亚克兴①取胜才结束。两年之后，第一位皇帝举行了三次凯旋庆祝，哲那斯②神庙在罗马历史上也第三次关闭起来。公元前 29 年，味吉尔开始写他的《伊奈德》。李维也于同一年开始写作。他的《历史》第 1 卷于公元前 27 年问世。两位作家深信罗马伟大辉煌、一个新的黄金时代业已降临，因而受到鼓舞。罗马世界破题儿第一遭在唯一的一位主宰下形成大一统局面。地中海各民族百年来梦寐以求的“罗马和平”(Pax Romana)终于实现。欢乐和爱国热情如火山爆发，力大无比。万众欢呼奥古斯都皇帝为天神。 73

李维于公元前 59 年出生于帕多瓦(正值恺撒、庞培和克拉苏

---

① 亚克兴(Actium)，在希腊西北部，屋大维大败安东尼于此，标志着罗马共和国的终结。——译者

② 哲那斯为罗马神话中的门神。神庙在广场旁，有两门，发生战争时其神庙的门是开着的，表示诸神出去助罗马人作战了；太平时门是闭着的，以防保护神逃跑掉。——译者

三头执政的第一年），死于公元 17 年。因此，他曾目睹罗马共和国的倾覆和帝国的建立并亲身经历了整个奥古斯都统治时代。他的家族情况不详，但他偏袒贵族、事实上他也颇为富裕，这些都说明他出自上层世家。帕多瓦是一个繁荣的城市，有五百名公民属于骑士等级。[①] 无疑，李维曾在地方文法学校受教育，然后接受了一位职业修辞学家在政治和雄辩术方面的精心训练。他一生住在罗马，可能会见过晚年的萨拉斯特。他在坎帕尼亚有一所夏季别墅，在那不勒斯附近有一个过冬的家园。在罗马，他成为经常出入奥古斯都宫廷的那个著名的文人小圈子中的一员，味吉尔和荷拉斯也在其中。

李维的《罗马史》[②][③]第 1 部分于公元前 29 年问世，它从伊尼
74 阿到达意大利开始叙述。因此，他追随的是罗马自古以来就受推崇的老传统，即诗人英尼阿和尼维阿以及最早的历史家非比阿斯·匹克脱的泛希腊主义传统。这一部分至公元 9 年德鲁苏逝世结束。李维很可能打算以奥古斯都逝世结束这部著作，因为

---

① 奥古斯都时代，家资满一百万息斯退塞者为骑士。——译者

② 李维著作，中译本的片段见《世界史资料丛刊初集》《罗马共和国时期》上，第 1—31 页；第 36—45 页（商务印书馆，1957 年）；《李维〈罗马史〉选》，王敦书译（商务印书馆，1962 年）。——译者

③ B. O. 福斯特，F. G. 穆尔，E. T. 萨基和 A. C. 斯雷辛加合译的李维著作英译本（伦敦和纽约，1919—1940 年，十三卷中有十卷完整，《洛布古典丛书》）；推斐尔，第 1 卷，第 256—257 节；J. R. 西利修订本：《李维，第 1—10 卷》（第 2 版，牛津，1874 年），第 1 卷，序言，1—98；H. J. 米勒：《T. 李维〈建城以来的罗马史〉，威廉·威森邦斯解释重写本》，第 1 卷，第 1 部分（第 9 版，柏林，1908 年），1—74；G. F. 翁格："李维第 4、第 5 卷组中的罗马文字"，见《语言学》补编，第 3 卷，第 3 部分，3—211；奥敦·里曼：《李维的文字和文法研究》（第 2 版，巴黎，1885 年）；S. G. 斯退赛："李维风格的发展"见《拉丁文字典与文法文库》，第 10 卷（1898 年），17—82。

那样结束很自然。他这部《历史》的分卷数目就可以证实这个假定。这部著作共计一百四十二卷。再加上八卷就可以达到奥古斯都统治的终点。全书分为若干"十卷组"(Decades),即每十卷为一组,这个分法并非新创,而是罗马时代历史编纂的特征之一。厄福鲁斯的著作分为两个"十卷组",波里比阿的著作分为四个,哈利卡尔那索斯人戴奥尼素、约瑟福斯、大普林尼、西西里人戴奥多剌斯、戴奥·伽西阿斯和大马士革人尼古拉等人的著作,都是这样分卷的。只有李维把他的著作按单卷划分。十卷组划分法直到公元 496 年教皇机雷细阿斯一世①的一封信中才没有再提起。大组划分法倒不一定都是十的倍数,这一点从下面这个纲要中可以看出:②

第 1—5 卷: 从罗马的建立到高卢人攻陷罗马(公元前 390 年)。

第 6—15 卷: 截至意大利全境被征服。

第 16—30 卷: 第一次布匿战争(至公元前 219 年)。

第 31—45 卷: 至第三次马其顿战争结束(公元前 168 年)。

第 46—70 卷: 至同盟战争的开始(公元前 90 年)。

第 71—80 卷: 至马略之死(公元前 86 年)。

第 81—90 卷: 至苏拉之死(公元前 78 年)。

第 91—103 卷: 至庞培战胜米特拉达梯和提格拉尼(公元前 62

---

① 公元 492—496 年在职。——译者

② 李维的《罗马史》第 1—10 卷是全的,包括罗马的建立到公元前 294 年;第 11—20 卷,失传,包括皮洛士侵入意大利和第一次布匿战争;第 21—30 卷是完整的,包括公元前 219—前 201 年,整个第二次布匿战争;第 31—40 卷是完整的;第 41—45 卷,一半是完全的。最后十五卷叙述罗马人征服山南高卢、马其顿、希腊和亚细亚。其余诸卷大约在公元七世纪都失传了。只有片段残存。李维的著作以文字优美著名,史实不甚可靠。——译者

年)。

第 104—108 卷：　至恺撒和庞培间第二次内战的开始(公元前 49 年)。

第 109—116 卷：　至恺撒之死(公元前 44 年)。

第 117—133 卷：　至亚克兴之役(公元前 31 年)。

第 134—142 卷：　至德鲁苏之死(公元 9 年)。

在序言中(这篇序言太长,不便引用,但应阅读),李维把罗马史划分为两大时期,即古代史和近代史,后者从庞培与恺撒之间的战争(公元前 49 年)开始。他的《历史》越写到近代就越加详尽,这也许是人们期望的事。第 1 卷概括了二百四十五年;第 2 卷四十一年;第 3 卷十九年;第 4 卷四十四年;第 5 卷十五年。在公元前 49 至前 31 年这一段重要时期,各卷都只写几个月的事。第 121 至 142 卷是奥古斯都逝世(公元 14 年)后完成的。

75 这部巨著在公元七世纪还是完整的;至今仅存者不过三十五卷,即第 1 至 10 卷[1]和 21 至 45 卷,但其中第 31 至 45 卷已支离破碎。公元 1531 年,西蒙·格立尼阿在瑞士一个寺院中发现了第 41 至 45 卷。在远古典籍的损失中,很少有比李维作品的损失更令人痛心的了。这一永世的损失之所以不同一般,是因为这部巨著篇幅极其浩繁。其规模之庞大很少有图书馆——无论是公家的还是私人的——能够容得下。由职业抄写员按照手抄本的制作方法制成这部书的费用之巨大,几乎不是人们负担得了的。据马绍尔[2]说,在

---

① 缺第 2 卷第 1 部分。

② 罗马作家(公元 40—104? 年),著有《短诗集》(*Epigrammata*),十四卷。——译者

公元一世纪末或二世纪初,这部书的摘要已在流行。这部《摘要》[①]的风行扼杀了原著,这与吉本所著《罗马帝国衰亡史》的摘要并未淹没浩繁的原著一样成为奇事。可以肯定,李维的著作,中世纪的人并不比我们多知道一些。尽管如此,失传的卷帙中有些片段还是流传到我们手里。

自从文艺复兴时代古典学术复苏以来,学者抱一线希望,李维的佚书有一天会被发现。公元十六世纪,保罗·佐维奥[②](1483—1552 年)断言李维的全部著作存放在爱奥那岛上一个爱尔兰古寺里,那是一位爱尔兰酋长在公元 410 年阿拉列洗劫罗马之后带到那里去的。法兰西斯一世力劝苏格兰王(法兰西斯一世对抗亨利八世的同盟者)去寻找这部书。后来人们普遍相信李维的佚书可能是存放在厄斯科立阿尔图书馆里或在摩洛哥的非斯。公元 1682 年有一位希腊修道士在法国告诉科尔伯特[③]说,有一部李维全集于公元 1453 年从君士坦丁堡抢救出来,保存在开俄斯岛上。至少,李维著作新的片段不是不可能重见天日的。公元 1772 年两位学者在梵蒂冈图书馆的可以重写的羊皮纸中发现与塞多留战争有关的第 91 卷的一部分。第 2 至 30 卷中有些部分在美因茨被发现。耶稣会一位学者 P. 霍伊里温在班贝格[④]发现了一些有价值的片段。

---

① 参阅 C. H. 穆尔:《在奥克西尔亨卡发现的〈李维摘要〉与奥布西昆斯和卡息奥多剌斯的关系》,见《美国语言学杂志》第 XXV 卷(1904),第 241—255 页。(译者按:奥克西尔亨卡在埃及,公元 1906 年在那里发现许多写在草纸上的希腊人和罗马人的著作。〔朱理亚〕奥布西昆斯,公元四世纪人。)

② 意大利的传记家和历史家。——译者

③ 法国财政大臣(1619—1683 年)。——译者

④ 在德意志巴伐利亚北部。——译者

李维不论要写什么，都有一个清楚的概念。他在序文中说："我想写一部罗马人民的历史，从罗马城的建立到我自己的时代。"他紧紧抓住这个目标。他不像伽图那样在种族起源或古代风俗习惯和制度等方面多费心思，他只简短地叙述了罗马在半岛以外进
76 行的战争，无论在东方、在西班牙，还是在高卢的战争，都是如此。他的全部著作的摇篮就是意大利。他的著作的核心是第一、二两次布匿战争和公元前一世纪的"同盟战争"和内战。罗马，最多是意大利，才是他注意的中心。即使在这个限定的范围以内，他也只接触到罗马历史上某一部分事情。关于罗马的政体、财政问题、经济情况等方面，李维的撰述是简短的；在李维心目中，文学并不占任何分量。在罗马史家当中最早写通史的是特洛加斯·庞培[1]，作为第一位把拉丁文学发展情况包括在自己考察范围以内的罗马史家是维利尤斯·帕忒丘拉斯[2]。

李维认为历史是一种讲究词藻的说明性文章，是雄辩术。他这个看法可以说明他的文笔为什么那样流畅，有时甚至绚丽多彩。而且，和所有罗马史家一样，他也相信历史应该是劝善惩恶的，也就是说，历史应该灌输道德观，培育公德、提倡爱国情操。[3]这些概念是从希腊人那里借来的，而且已经成为罗马史学不可或缺的

① 公元前后一世纪的罗马历史家，其通史只有部分以摘要的形式保留在公元三世纪历史学家查士丁的著作中。——译者

② 罗马作家（公元前19—公元30年），著《罗马历史》两卷，多为删节前人之书，注重修词。——译者

③ R. B. 斯提尔：《李维的历史态度》，同上，第XXV卷（1904年），15—44。李维在他的序言中写道："但愿每位读者能密切注意下列这些问题——生活和道德是怎么回事；在平时和战时，究竟是通过些什么人，利用些什么政策，帝国才建立和扩大起来的；然后还要注意，怎样因为纪律逐渐松弛，道德首先败坏，然后每况愈下，最（接下页）

特点。罗马人认为历史是一门艺术，而不是一种批判科学。从清晰而有趣的文体进行叙述是历史的目的，而不必腻烦地深入探讨情况、原因和过程。它是一幅文艺全景图，图上的伟大历史人物是用文字描写勾勒出来的。在序言中，李维以文献缺乏、不能写出罗马早期历史而深表遗憾；序言另一处，李维谈到区别传说和历史的困难时，大发牢骚，感慨万千。他常说，“我既不肯定，也不否定”；“这是不值得花费气力探讨的”；“我拿不准……”。遇到两个互相抵触的记录时，他就采纳看来“可能性更大的”那一个，但他在作出抉择（malim）后并不总是加以说明。如果他有时对过去有怀疑，他就无保留地相信古代占卜官和祭司预测未来的无比洞察力。关于预言和征兆的事，他一再引用《大年代记》[1]（*annales maximi*）。当事情真相并不像预言的那样时，他并不感到不安。总之，李维并不是一位批判历史家，但如果不需要花费太多气力进行批判或带独创性的深入研究就可以把实际情况肯定下来的话，他对于准确性也并不是漠不关心的。他的著作篇幅如此浩繁、手头资料堆积 77
如山，有时使李维招架不了。因此，他常重复已写过的东西，有时前后又不一致。这些“重复”很奇怪，而且次数很多，这说

（接上页）后开始堕落到现在这个地步，我们既不能容忍我们的恶习，也经不起对这些恶习的矫正。历史研究之所以健康而有益，主要是由于这一点。你可以从中看到各种经验教训，犹如显明地刻在纪念碑上，从这些教训中，你可以替你自己和替你的国家选择需要模仿的东西，从这些教训中还可以注意避免那些可耻的思想和后果。”（根据夫罗斯特译文）

① 罗马古无历史记载，约公元前 300 年开始有《高僧团的记事录》。在伽图影响之下，罗马历史家始重建罗马历史。世传公元前二世纪的最高僧侣木西阿斯·塞服拉始出版《大年代记》八十卷，把国家大事，如选举、命令、各省行政和宗教事务，按年代次序编写。——译者

明他并不总是能够综合或组织他的材料。自相矛盾的例子和年代错误大量存在。

至于他的史料来源,自非比阿斯·匹克脱以来所有在他以前的罗马历史家的著作,他手头都有,或可能有。波里比阿的著作,李维几乎逐字抄袭,但并不总是对波里比阿表示感谢。公元前753至前391年这段时期并无文献可查——只有传说。那个时期以后,就有修道士年代记、法律和一些私人档案可资利用了。《元老院意见录》[①](*senatus-consulta*)是按年代编排的,但元老院的议事录、元老辩论内容等,却并未记录下来,因而已无案可查。而且,罗马竟然迟至西塞罗时才有国家档案,这实在令人吃惊!法律、条约等等都在各神庙或私人手中保存。一个法案的提案人或制定者往往把正式的法案原文保存在自己手中。总之,李维可以利用的文献证据很少,而元老院的档案又几乎不许他接触。可能时李维就查阅旧法原文,有时还抱怨文字太古老,这种古老文字使他怀疑自己竭力阅读的那些东西是否总是能懂。李维不关心地理和地形,虽然他出生的地方离那个著名的战场特拉息米那湖[②]不过三十英里,但他并不去看一看。如果他曾经到过科丁山峡[③]惨败的现场,他的写法就会和他写出的东西大不相同了。

① 《元老院意见录》是元老院向行政长官们提出的意见。在共和时代,这些意见没有立法效力,但事实上是有效的。帝国时代,哈德良以后,它就有法律上的效力。——译者

② 在中意伊达拉里亚,公元前217年汉尼拔用埋伏之计大破罗马军于此。——译者

③ 在中意萨谟尼安,从加普亚到贝尼温陀的途中。科丁山峡即在此群山之中。公元前321年罗马全军即在此通过牛轭下投降萨谟尼安人。——译者

作为一位作家，李维的力量和引人入胜之处在于他生动的描绘的天才和他对美妙动人的事物的敏感。拜伦所说李维“如画的篇章”就是对他的概括。描绘的本领、以文字刻画栩栩如生的人物是他作为一位历史家最突出的特点。在刻画人物方面，他表现出遍及希腊和罗马世界对传记的爱好，在这方面，普鲁塔克的《名人传》是最伟大的榜样。

李维是奥古斯都时代唯一的一位和奥古斯都皇帝本人相识的历史家，情形类似味吉尔和荷拉斯。和他同时代的特洛加斯·庞培①是另一位不应蔑视的历史家，他的作品的失传（只有查士丁所作节略除外②）使他失掉了他本来应该得到的大部分声誉。他是 78
高卢人，不是在罗马出生的，他曾撰写一部《腓力匹克史》（*Historiae Philippicae*），计四十四卷，③从奈那斯写起，直至他自已的时代。这是已知的编写世界通史的第一次尝试，是值得记住的。他代表一种新观点，对待史学的一种新态度。他的史料来自希腊，主要来自提马真尼④的著作，如果不是特洛加斯·庞培提起，提马真

---

① 推斐尔，第1卷，第258节。

② 查士丁的节本有J.S.沃森的英译本（伦敦，1876年：《蓬氏古典丛书》）。也可参阅R.B.斯提尔：《庞培·特洛加斯与查士丁》，见《美国语言学杂志》第XXXVIII卷（1917年），19—41。查士丁写于公元226年以前，当时安帕提亚的势力已经倾覆了。他的节本往往使原著支离破碎；第XXXIII卷缩减得只有五十五行了。

③ 第1—6卷，古代东方到希腊；第7—12卷，马其顿；第13—40卷，希腊化诸国；第41—42卷，安息；第43—44卷，罗马王政时代，高卢和西班牙的历史及其被罗马征服。——译者

④ 公元前一世纪的史学家。原为亚历山大里亚人，被俘虏至罗马，于罗马设立学校教授修辞学，得到奥古斯都的照顾。著有《奥古斯都传》及《（亚历山大）继承人的历史》。——译者

尼的著作就会被埋没了。

> 这是一部记述希腊和整个东方的世界史。在希腊及东方各民族与罗马接触并发生冲突以前那一段,罗马历史是不包括在这部世界史之内的。作者略去了罗马史,据估计是因为这段历史已经被和他同时代的李维极其充分地写出来了;他这样做是值得称赞的。尽管他这样做使这部史书的广泛性受到限制,但这却和波里比阿的做法一样,表现他对整体性和连续性有认识,这一点也反映在《腓力匹克史》(*Philippica*)的书名上,因为这个名称表明,马其顿史在一定程度上对他这部书是一种指引或联系的线索。古代史以马其顿帝国为终结,然后又从这个帝国发展成亚历山大以后的那几个巨大君主国。因此,可以说这部著作是在波里比阿那些思想基础上的一个聪明的发展。①

“帝国消灭”这个概念可能是特洛加斯从提马真尼那里得来的,但以理的预言②使这个概念在犹太教和基督教世界中广泛流传。

特洛加斯这部著作从远东开始写起,以拉丁西方结束。这是以拉丁文写的罗马以外地区的历史中最早的一部。特洛加斯·庞培摆脱老传统,声称历史应当有权关心每一个民族的成就。像他这样既不是希腊人又不是罗马人还要从事历史写作的人,这么干确实大胆。他的书是斯多噶派哲学家向往的四海一家的思想的象征,它认为罗马帝国以内的居民都是一个民族,全世界是一个更加广阔的伟大的罗马。在奥古斯都时代,古罗马人的自豪和偏见日渐衰落。种族的混合是当时的历史进程。高卢人、非洲人、西班牙人,

---

① 柏立,236—237;有关特洛加斯的最近著作是,J. W. 斯汶《四君主国的学说》,见《古典语言学杂志》,卷 XXXV(1940 年),1—21 页。

② 但以理梦见四巨兽,解释为四大帝国的先后出现(见《旧约》《但以理书》,7)。——译者

甚至大不列颠人都逐渐在这个巨大的熔炉中融合在一起了。奴隶制正在衰落,被解放的人们正在大量增加,一个新社会正在形成。[1]

在查士丁搞的那部支离破碎的缩写本中,不可能知道特洛加斯·庞培的风格。在语言学上,这部原著的损失是很大的,因为在这部书里可能使我们了解一位拉丁化的高卢人是怎样以拉丁文写作的许多情况。十分可惜,这样一位有教养的高卢—罗马人笔下关于罗马征服高卢的记述我们无缘拜读。但是从他借米特拉达梯之口嘲讽罗马人的语句中,可以看出高卢爱国主义精神的轻微流露;他说,因为罗马人尊敬"他们那两位由母狼的奶哺养成人的始祖[2],因此整个罗马民族继承了豺狼的本性:嗜血成性、贪得无厌、 79
财迷心窍(第 38 卷第 6 章)。"

奥古斯都时代还有七位历史作家,只留下姓名,他们的全部著作已无影无踪。他们的名字是芬尼斯提拉、亥真那斯、卡尔浦尼阿斯、服隆尼阿、马拉塔斯、阿隆提阿斯和克罗狄阿斯·李锡尼阿斯。芬尼斯提那曾撰写一部《年代纪》,至少有二十二卷,他死于公元 19 年,拉克坦细阿斯[3]夸奖他是一位"审慎的作家"(diligentissimus scriptor)。亥真那斯是奥古斯都的一名已解放的奴隶,[4]奥维得的朋友,帕拉泰因图书馆的管理员。他仿照哥尼流·尼颇士

① 参阅腾尼·法兰克:《罗马帝国的种族混合》,见《美国史学评论》,第 XXI 卷(1916 年),689—708 页。

② 即罗慕路和勒马斯。据传这对双生兄弟均是战神的儿子,外祖父弃于旷野,由一只母狼用乳养大的。——译者

③ 公元四世纪作家,君士坦丁大帝的儿子的教师,著有《神圣制度》。——译者

④ 撰写历史著作的第一个被解放了的奴隶是 L. 奥塔西利阿斯·匹利塔斯;他过去是庞培的奴隶,由庞培解放。他写了一部《庞培传》。

的体裁写了一些传记。卡尔浦尼阿斯和服隆尼阿是马卡斯·狄西阿·布鲁图[①]和他的兄弟[②]的朋友，曾撰写关于内战的历史。马拉塔斯是奥古斯都另一名已解放的奴隶，曾撰写一部奥古斯都统治时代的历史。阿隆尼阿斯曾撰写一部《布匿战争史》，在这部书中他死板地模仿萨拉斯特的风格，他的辛劳只招来嘲笑。克罗狄阿斯·李锡尼阿斯也曾撰写一部历史，从布匿战争开始，叙述到奥古斯都统治时代。[③]

突然间罗马这种大有希望的历史撰写工作受到查禁。政府以严格的检查制度取缔了所有的写作活动。[④] 现代人称为言论自由和出版自由的东西终止了。这是写作史上的新现象。阿里斯托芬曾以怎样无拘无束的语言嘲笑古代雅典当官儿的人们啊！恺撒虽曾受到在罗马史中任何人都未曾遭受的空前的谴责和嘲笑，但他并未设法压制言论和写作自由。正如塔西佗的记述中所说，"自古以来，人们曾因为他们的行动受到指控，但言论还是自由的。"在这个新世道中第一位牺牲者是恺撒的老部将著名的雷宾那斯[⑤]。他的回忆录未能发表，只是在暗中传阅，直到这部抄本落在警察手中

① 生活于公元前 85？—前 42 年。暗杀恺撒的主要凶手之一，腓力比之役战败后自杀。——译者

② 狄西摩斯·布鲁图（公元前？—43 年），恺撒的部将，也是暗杀恺撒凶手之一。事后逃往山南高卢，为安敦尼所杀。——译者

③ 关于这些小历史家，可参阅推斐尔，第 1 卷，第 255、259、262 节等。

④ 参阅狄雅可夫等主编《古代世界史》（古代罗马部分），吉林师大世界古代中世纪史教研室译，第 221 页（高等教育出版社，1959 年）。——译者

⑤ 公元前 63 年的人民保民官，直到公元前 52 年止在高卢为恺撒部将。内战发生时站在庞培一边，法赛卢之役（48 年）以后逃往非洲，公元前 45 年在西班牙被杀。——译者

被销毁为止。另一位受害者是克里谋提阿斯·科都斯[1]。塔西佗在自己的著作中表示过对这种行径的轻蔑。“有些人以为现在的专制统治能够抹杀下一代人的记忆，他们的愚蠢不禁使人发笑。对天才的迫害，只能使肆行镇压的人们遗臭万年，而暴政下的牺牲者却流芳千古。”当然，罗马有一条惩治叛逆法，但在过去，叛逆罪只限于在战争中的叛国、煽动叛乱和行政上的犯罪行为。

理解政策上这个突变产生的原因是很重要的。奥古斯都在他 80
的统治晚期以前，还是坚持传统和法律的。但某些历史家对罗马共和国最后一百年间那些大事件的解释越来越使他恼火。从这些大事件中受益最大的是恺撒。但这些历史家有的是马略的党羽、有的是庞培的党羽（李维在内心中似乎也是庞培党的人）、克拉苏的甚至是苏拉和马克·安敦尼的党羽。共和国的倾覆和在其废墟上建立起来稍加伪装的帝国元首政治[2]，使共和党死硬派深恶痛绝。布鲁图因为曾刺杀恺撒，在暗中得到各界人士的钦佩。特别是元老院，它已形成共和党人无法平服的对立情绪的核心。这是因为诸元老的权力因在新政权下被剥夺而气愤。[3] 在上等社会中

① 公元前一世纪后期到公元一世纪初期的罗马史学家，著有罗马内战及奥古斯都朝的历史。现仅有片段存在。——译者

② 奥古斯都不称君主，而称“第一公民”，意即元首，保留共和时代外表的各种制度，如执政官、人民保民官、元老院，而实权操在元首及其顾问机关手中，所以元首政治是披着共和外衣的君主专制，这种制度一直维持到帝国初期（公元 27—284 年）。——译者

③ 关于这个题目的一篇杰出的论述，可参阅加斯顿·霸赛的《对皇帝的反抗》(*L'opposition sous les césars*)（第 5 版，巴黎，1905 年）；也可参阅朱理·马大的“奥古斯都及其继承人统治时期的历史和自由”见〔巴黎〕《王廷与会议评论》第 XII 卷（1903—1904 年），第 1 部分，635—642，776—784 页。

流行的荒淫无耻的生活(皇族成员也同流合污[1])为嘲弄皇帝提供了更多机会。共和党反对派在宫廷丑闻中找到资本。因此,政府查禁了罗马一切写作活动,严格规定什么东西可以发表。这种限制和压制政策一直延续到公元96年。

这个突如其来的由宽容到严厉的转变,使所有写作都遭了难,而史学遭灾最大,因为历史谈论的是政治和皇帝。因此,所有历史写作都要审慎从事,而且大部分有阿谀奉承的东西。维利尤斯·帕忒丘拉斯[2]的著作是这种"新"历史最早的显著例子。他出身名门,是个职业军人,曾在色雷斯或马其顿服役,后来当提比略还是一位王子、未登基当皇帝的时候,他是提比略的参谋。他的《罗马史》两卷就是那个时代的象征。首卷开始于希腊人定居意大利,结尾于布匿战争(公元前146年),因而这卷书只是一个提要。第2卷叙述到公元30年,即提比略统治的中期。结尾突兀、很不自然。为什么会这样呢?因为维利尤斯·帕忒丘拉斯突然失踪了。有人猜测他是因为塞哲那斯垮台而受到株连;塞哲那斯是提比略手下有权有势的大臣,可怕的禁卫军的创建人,毒死提比略的儿子德鲁苏的凶手,在公元31年的阴谋[3]案中,他和许多其他的人一起被处决了。

在维利尤斯·帕忒丘拉斯心目中,历史就是伟大人物的传记。

① 奥古斯都的女儿朱理娅和外孙女朱理娅都是以放荡行为恶名远扬,而被奥古斯都所逐放。——译者

② 推斐尔,第2卷,第278节。他的著作有腓得烈·W.细普力的英译本(伦敦和纽约,1924年,《洛布古典丛书》)。

③ 公元31年塞哲那斯阴谋篡位,被杀。英国文学家本·琼孙的戏剧《塞哲那斯》即以此为主题。——译者

第二次布匿战争就是汉尼拔的传记；第三次布匿战争就是西比阿·阿非利加那的传记。整部著作都是以文字描绘的肖像画展。81
这部著作中的新东西是他表现了对文学史和艺术史的重视。他是能够体会文学艺术价值的第一位史家，这是他的功绩。雅典在学术上的优越、斯巴达对学术的冷漠给了他深刻印象，西西里和下意大利的希腊人为什么从来没有像亚狄迦的希腊人那样发展，使人十分惊异。希腊文化对罗马文明的影响也引起他的好奇心。一个不太令人愉快的新鲜事物是他对当时权势人物的阿谀。当他写到提比略的时候，他那华丽而夸张的文字就变成颂歌了；公元 6 年，他曾在提比略部下在莱茵河一带服役，那时他曾发现“伦巴第人比其他日耳曼人更为凶猛”，这段话后来曾被塔西佗引用（《日耳曼尼亚志》，第 40 章[1]）。

发利里阿斯·马克西马斯[2][3]和维利尤斯·帕忒丘拉斯比较起来，是一个更为轻浮的文艺爱好者，更卑鄙的阿谀者，更肤浅的作家。他的《九卷著名言行录》(*Factorum dictorumque memorabilium libri novem*)是卑躬屈膝地献给提比略的一部轶事汇编。这些言行选录在各种标题下分类，如“勇敢”“忍耐”“出身微贱后来成名的人”“伟大人物的奇癖”“离奇的死亡”等等，发利里阿斯对每个人都用他那一成不变的陈词滥调加以评论。他喜欢把一个故

---

① 中译本，第 75 页（三联书店，1958 年）。——译者

② 提比略朝的罗马历史家。其著作的史料来源多取自西塞罗、李维、萨拉斯特等人，其目的是想写一本修辞学的课本。其书虽无创造见解，但有些材料是别的书上找不着的。——译者

③ 推斐尔，第 2 卷，第 279 节。

事装点成一条道德教训。这部著作的价值就在于它毫无价值——说明早期罗马帝国时代的史学堕落到什么程度。历史变为缄默，甚至对重大的事情也不吭声，只知以阿谀奉承保护自身。发利里阿斯·马克西马斯唯一的功劳是他笔下的拉丁文几乎和西塞罗不相上下。

但是即使在这样的监视和违反常理的状况下，在提比略[①]、加利古拉[②]、克劳第乌斯[③]和尼禄[④]等皇帝统治的时代，写历史仍然是危险的。为了逃避检查甚至死亡，最安全的办法是根本不写罗马的历史，特别是关于内战和帝国早期的历史。琴塔斯·库图斯·鲁福斯[⑤][⑥]就是这么办的；他潜心于希腊历史，写了一部《亚历山大大帝本纪》，计十卷，只有前两卷留传下来。这个损失并不很大，因为琴塔斯·库图斯只是一位编纂家，他致力于词藻的华丽，特别喜欢借他的人物之口发表长篇演说，同时沉醉于撰写冠冕堂皇的道德说教。传记式的历史愈来愈使人讨厌了。不过除此以外，人们还能写什么类型的历史呢？

琴塔斯·库尔提乌斯生活在克劳第乌斯皇帝时代（公元41—

① 第二个罗马皇帝（公元14—37年在位）。——译者

② 罗马皇帝（公元37—41年在位）。——译者

③ 罗马皇帝（公元41—54年在位）。——译者

④ 罗马皇帝（公元54—68年在位），朱里亚·克劳第王朝最后一个皇帝。——译者

⑤ 他在公元一世纪中叶写了一部《亚历山大大帝本纪》，共五卷，其中1、2两卷已失传（上文中称前两卷留传至今，恐有误）；其余八卷均有残缺。此书系一般著作，价值不大，文字风格虽然陈旧，但颇文雅。其初版版本于1471年出现于威尼斯。——译者

⑥ 推斐尔，第2卷，第292节；S. 多孙：《琴塔斯·库图斯研究，他的生平和著作》（巴黎，1887年）。

54年)，塔西佗的《阿古利可拉传》于公元98年问世。两人之间相隔五十年，在这个时期没有当代史书保存下来。尽管这是一个告 82
密盛行的时代，但历史还并非完全沉默。在尼禄以前的历史家中，有四位值得一提，他们的价值各有不同。这四个人是布鲁特第乌斯·奈遮、克劳第乌斯皇帝、奥菲第阿斯·巴苏斯和塞维拉斯·诺尼安那斯。[1] 他们几乎都是因为后来塔西佗引用过他们的著作而为人所知。布鲁特第乌斯·奈遮是一个卑鄙的阿谀者，有野心，不道德，但有写作本领。塔西佗虽然鄙视他的为人，却欣赏他的著作。他和塞哲那斯友好并和他一起被杀死。他的《历史》甚至比发利尤斯·帕特丘拉斯和发利里阿斯·马克西马斯的著作更无价值，虽然他和这两人类似。

克劳第乌斯皇帝[2]很像英国的国王詹姆士一世[3]，是一位自恃博学的人，他的学识确实丰富，但偏于好古。他是一位勤恳的编纂家，曾编写一部关于伊特拉里亚人的书，计二十卷；一部《迦太基史》，八卷；一部《内战史》，八卷，和一部《自传》。只是斯韦托尼阿列举的这些著作就足以证明他的博学了。这些书中必然有不少事实真相；因此，这些书的遗失是很可惜的。奥菲第阿斯·巴苏斯属于另一类作家。他有哲学头脑、真正的教养和真正品德。在他的晚年才认识他的辛尼加[4]，对他十分钦佩。

---

① 推斐尔，第2卷，第277、291节。

② 推斐尔，第286节。

③ 1603—1625年，被称为“世界最聪明的傻子”，因为他一方面是个博学的学者，另一方面在政治上是个愚蠢的。著述很多，尤以他召集一些学者翻译的“钦定圣经”最为有名。——译者

④ 罗马哲学家(公元前？—公元39年)，尼禄的老师。——译者

> 究竟奥菲第阿斯·巴苏斯是从哪些事件开始叙述的呢？是从内战开始，还是从恺撒之死开始的，还是从李维写的历史终止的地方开始的呢？很难肯定，也不能肯定他是以什么事件结束的，是以克劳第乌斯之死，加利古拉之死，还是以提比略之死结束的呢？我们只知道把他的著作继续写下去的普林尼[①]至少曾论述尼禄统治时代的后期。[②]

奥菲第乌斯·巴苏斯还写了一部《日耳曼战争史》(*Libri belligermanici*)。和他生活在同时代的塞维略·诺尼安那斯，曾受到昆提良[③]和塔西佗的称赞。我们不知道他写了一部什么历史。

在这个时期，人们撰写的是比内战史和帝国早期史写起来更为安全的那种历史。这类著作可以说是半历史、半游记的东西。这样的作家当中有：多密提阿斯·科布罗[④](他描写了他本人在亚细亚的危险经历和观察)、C. 斯韦托尼阿·坡来那斯[⑤](写的是他在摩里塔尼亚游历的情况)、泰塔斯·克劳第乌斯·巴尔必拉斯(写的是他在埃及的游记)和 L. 安替斯提阿斯·维塔斯(写的是他在德国的危险经历，他于公元 58 年在莱茵河沿岸当过驻军司令)。很明显，这些失传的著作在地理学和人种志领域以及在历史学上都是有价值的；特别是 L. 安替斯提阿斯·维塔斯的著作更是如此。[⑥]

---

① 大普林尼(公元 23—79 年)。——译者

② 推斐尔，第 277 节。

③ 罗马著名的修辞学家(公元 40—118 年)，著有《演说制度》十二卷，除谈论修词原理之外，还谈罗马的学校制度和教育方法。——译者

④ 公元一世纪时罗马将军。以侵略安息，征服亚美尼亚(公元 58—63 年)著名，67 年被尼禄召回，因有参加阴谋嫌疑而自杀。——译者

⑤ 公元 59—62 年为不列颠总督，当时不列颠人举行暴动。66 年为执政官。——译者

⑥ 推斐尔，第 291 节。

这些历史家结束了以尼禄（公元 68 年）为终点的朱理亚王朝[1]诸皇帝的时代。在弗拉维王朝[2]有非比阿斯·鲁斯提卡斯、克 83
鲁维阿斯·鲁福斯和大普林尼。[3] 所有这三个人，我们都知道得很清楚，因为塔西佗曾大量引用过他们的著作。这三位史家都曾叙述过尼禄时代的大事；作为史家，他们都超过了他们的直接前辈。普林尼也写了一部《日耳曼战争史》，计三十一卷。非比阿斯·鲁斯提卡斯是哲学家辛尼加的一位挚友，辛尼加是尼禄的导师。他比他所有的朋友都长寿，一直活到公元 108 年。塔西佗可能跟他谈过话。克鲁维阿斯·鲁福斯出身于贵族家庭，在政治上很活跃。公元 54 年他还很年轻时就当了执政官；晚年在尼禄统治时代任西班牙总督。尼禄死后，在盖尔巴[4]、鄂图[5]和维提略[6]三人之间发生的内战中，克劳第乌斯·鲁福斯和西利阿·意大利卡[7]——流行的史诗《第二次布匿战争》（*Punica*）的作者——曾充当特务，和叙利亚总督李锡尼阿斯·缪西安那（可以说他曾无意中偶然搜集了一些历史文献交给他的朋友普林尼使用）秘密谈判，以便使韦斯巴兴[8]取胜，从而结束了这场无法无天的混战。塔西佗

---

① 通常称为朱理亚-克劳狄王朝（公元前 27—公元 68 年）。——译者

② 公元 69—96 年。——译者

③ 推斐尔，第 312—314 节。

④ 公元 68 年为西班牙总督，起兵反对尼禄，尼禄死后称帝（68—69 年）。——译者

⑤ 西塔尼亚总督，初支持盖尔巴，反对尼禄，后称帝，杀盖尔巴（69 年）。——译者

⑥ 初为盖尔巴部将，后称帝，为韦斯巴兴的部将所杀（69 年）。——译者

⑦ 生活于公元 25—101 年。罗马政客和诗人，为亚细亚总督，著有《布匿战争史诗》，十七卷，约一千四百行。——译者

⑧ 打败鄂图和维提略，称帝（69—79 年），建立弗拉维王朝（69—96 年）。——译者

对作为一位历史家的克鲁维阿·鲁福斯评价很高。

在大普林尼所有著作中只有《博物志》[①]一部流传至今。在尼禄统治时代的大部分时间里,他是沿莱茵河一带罗马各行省的司令官,后来并曾在西班牙服役;在韦斯巴兴统治时期,他曾任驻东方部队中的财务官,在泰塔斯[②]围攻耶路撒冷时曾任参谋。他是一位心胸开阔、猎奇无餍、博览群书的人。无论在家在外、在旅途、在用餐、在洗澡时,他都读书。他总有一些奴隶文书随身;他经常口授,要他们记下来。他的外甥小普林尼[③]对他这位舅舅在写作上的辛勤劳动,曾进行生动的描述(《书信集》,III,5)。公元79年维苏威火山大爆发时,普林尼正在那不勒斯湾指挥一支舰队,他在好奇心驱使下,为了在近处研究这个凶猛的自然现象,走上前去,结果窒息而死。他的《日耳曼战争史》的失传是一个很大的损失,因为普林尼观察之锐敏,描述之充分,是极其非凡的。无疑,当塔西佗撰写他的《日耳曼尼亚志》时,普林尼的著作是他的材料的主要来源。

现在我们应该转而探讨另一种类型的有趣得多的历史文献了。在帝国早期,历史回忆录成为一种典型的写作形式,正如在若干世纪后的十七八世纪的法国那样。甚至皇帝也成了这类作家。奥古

① 书中说到赛里斯(Seres)国(按即中国)产蚕丝,又称罗马金钱每年流入印度、赛里斯及阿拉伯者不下一亿塞斯退斯。参阅张星烺《中西交通史料汇编》,第1册,第20—22页(中华书局,1977年)。《博物志》译文片段见波德纳尔斯基编《古代的地理学》,第277—367页(三联书店,1958年)。

② 韦斯巴兴的长子(40? —81年),公元69—70年随父前往镇压犹太人起义,70年韦斯巴兴回罗马参加内战后,泰塔斯围攻耶路撒冷。其父死后继承帝位(79—81年在位)。——译者

③ 小普林尼(61—113年),大普林尼的姐姐普林尼亚的儿子。——译者

斯都的《当代史》(*Historia sui temporis*)曾被大普林尼、斯韦托尼阿、普鲁塔克、阿庇安和戴奥·加西阿斯①等人引用。克劳第乌斯曾撰写《回忆录》八卷，斯韦托尼阿认为它的特点是“淡而无味”(magis 84
inept quam ineleganter)。提比略写了一部简短的《自传》(*De vita sua*)，书虽简短，但一定非常有趣。为了看到塔西佗描绘的那幅阴郁的肖像背后是什么，多高的代价我们不肯出呢？即使是韦斯巴兴，尽管他是一位粗鲁的军人、毫无文学爱好，但他还是留下一些回忆录，他的儿子多密善②一定也很喜欢这类写作。斯韦托尼阿说，“除了回忆录外，他什么东西都不读。”罗马帝国早期人们写的那些回忆录的失传是很可惜的，其中阿格立派娜③的回忆录的损失可能算最大的了。普林尼和塔西佗都称赞她那部回忆录。阿格立派娜是尼禄的母亲，是罗马世界的喀德邻·得·麦第奇④。

此外还有另一种回忆录——即反对皇帝的那些作家撰写的、秘密地流传的、有时不署名的回忆录。这类回忆录代表贬抑文学，塔西佗和斯韦托尼阿从这些回忆录中取得他们那些常常是阴暗而下流的材料，特别是塔西佗那些阴暗的章节很多都是

① 罗马政客和历史家(155？—230年以后)。当过执政官(220,229年)，用希腊文著《罗马史》八十卷。——译者

② 韦斯巴兴的次子(51—96年)。其兄泰塔斯死后，继承皇位(81—96年在位)。——译者

③ 奥古斯都的外孙女的女儿(15—59年)。曾嫁三次，尼禄是她第一个丈夫的儿子，第三次嫁给她的舅父克劳第乌斯皇帝。公元50年她说服克劳第乌斯废弃他自己的儿子不列坦尼卡斯而立尼禄为继承人。54年，他毒死克劳第乌斯，尼禄即位。59年尼禄杀死了她。——译者

④ 生活于1519—1589年。法王亨利之妻，生子四人，其中三人先后为法王。她实际操纵政权(1560—1589年)。挑起法国新旧教徒间的战争。——译者

来自这些材料。如果没有这些材料，即使是塔西佗那样的天才也不能使枯燥的年代记和乏味的官方文件具有他那些篇章中发出的闪烁的光辉，因为在他那些篇章中，可以听到圣西门[①]所撰关于路易十四统治时期的回忆录中那种声调和义愤。以《年代记》(XIII，15—16)中所载毒杀不列坦尼卡斯的一章为例：读者仿佛亲临其境，亲眼看到这出戏中那些角色的行动。我们看见肥胖、好色而残酷的尼禄；毫不容情的阿格立派娜；扮演鲁克雷西娅·波尔杳[②]这个角色的名妓罗卡斯塔[③]；年轻的小伙子不列坦尼卡斯；我们还宛如亲眼看到灯火辉煌、乐声荡漾的大餐厅。这样的图画出自名家手笔。在描写奥古斯都死后，提比略在元老院发表演说时伪装谦逊朴实的那一章也是这样。这段记事有如黎塞留[④]时代愚人节中那种表面正经、内含滑稽的气味，这篇东西肯定是从帝国时代的罗马某一位类似得·里兹[⑤]的人物的回忆录中移植过来的。这些秘密回忆录虽然肯定很有趣，但塔西佗还是体会到使用这类材料的困难和危险。他指出："这是因为，当我们本能地畏缩不前、不

① 法国空想社会主义家(1760—1825)，参加过美国独立战争。法国革命时被下狱中。——译者

② 生活于1480—1519年。出自意大利著名家族，其父兄把她的婚姻作为达到政治目的的手段，改嫁三次。和第一个丈夫离婚，杀害第二个丈夫，他的一生是淫荡、阴谋、犯罪的一生。——译者

③ 阿格立派娜使她毒杀其丈夫克劳第乌斯；尼禄使她毒杀其异母兄弟不列坦尼卡斯。后为盖尔巴皇帝所杀。——译者

④ 黎塞留(1585—1642年)，法王路易十三时代的首相(1624—1642年)。——译者

⑤ 法国的政治阴谋家(1614—1679年)。1643年为其叔父巴黎大主教的助手，反对首相马扎兰，激起法国内乱，下狱后越狱逃走英法。1662年与法王和解，回法国，负债累累，著有《回忆录》。——译者

敢引用一位作家的阿谀之词时，我们却轻易听取了贬抑和怨尤；阿谀会招来奴颜婢膝这个可耻的恶名，而恶意中伤却只是在外表上伪装正直。"这种精辟分析和对偶句法是塔西佗风格的典型。

C. 哥尼流·塔西佗①②是罗马史学中最伟大的名字，可以和 85
希腊史学界的修昔底德比美。他是一位多产作家。可以按照大致年代顺序把他的著作排列如下：(1)《关于演说家的对话》、(2)《阿古利可拉传》、(3)《日耳曼尼亚志》③、(4)《历史》、(5)《编年史》④。他大约生于公元 55 年，死于 120 年。就他的出身、品格和教育而论，他基本上是个贵族。他原定终身从事法律工作——因此他曾细心从事雄辩术训练，这对他的风格和表达方法有很大影响——但他后来在韦斯巴兴统治时代却进入政界，曾先后当过保民官、营造官，后于公元 88 年当了行政长官。在多密善的恐怖统治时期，他从官场退隐。他的著述事业是从撰写《阿古利可拉传》开始的，阿古利可拉是他的岳父，死于公元 93 年，曾任派驻日耳曼的执政

---

① 参阅科瓦略夫《古代罗马史》，王以铸译，第 648—651 页（三联书店，1957 年）和狄雅可夫《古代世界史》，第 8—9 页。——译者

② 推斐尔，第 333—339 节；加斯顿·霸赛：《塔西佗和其他人的罗马史研究》，W. G. 哈钦孙译（伦敦，1906 年）；亨利·斐诺校刊：《哥尼流·塔西佗〈奥古斯都死后年代记〉》（牛津，1884—1891 年，二卷），第 1 卷，绪论，1—32；B. W. 亨德孙：《罗马帝国的内战和叛乱，公元 69—70 年，塔西佗〈历史〉研究指南》（伦敦，1908 年）。塔西佗的著作有各种英译本；《洛布古典丛书》本是威廉·彼得孙、克利佛德·H. 穆尔和约翰·约克孙合译的（伦敦和纽约，1914—1937 年，四卷）。

③ 《阿古利可拉传》《日耳曼尼亚志》马雍、傅正元译（三联书店，1958 年）。前面附有译者《塔西佗及其作品》一文，和详细的注释。《日耳曼尼亚志》译文的片段见《古代的地理学》，第 308—324 页。——译者

④ 《历史》和《编年史》有王以铸的中译本。——译者

官，驻比尔吉卡[①]副行政长官和驻不列颠总督。塔西佗这部书有一定历史价值，但更有意思的是把它看作对于一位未曾被当时社会风气腐化的卓越的罗马公民的一个几乎完善的颂歌。此后在很长一段时期塔西佗未曾有书问世。他藏身书堆中，小心谨慎地不让人们知道他正在撰写一部帝国时代的历史。

按年代顺序说，他的《编年史》叙述的是他的《历史》以前的事实。但因为这两个时代截然不同，一个是朱理亚王朝时代，另一个是弗拉维王朝时代，于是塔西佗就把编纂的自然秩序颠倒过来，从后一个时代下笔，因为他就是这个时代的人，情况非常熟悉。《历史》从尼禄之死（公元 68 年）写起，至多密善之死（公元 96 年）结束[②]，因而是一部叙述弗拉维王朝的历史。全书共十四卷，也可能是十二卷，其中只有 1—4 卷和 5 卷前半部流传至今。关于这部《历史》的材料来源问题，学者中有激烈争论。有些人认为塔西佗曾对档案进行大量的独力研究（因为他是在图拉真时代从事历史写作，这一点他能够办到），再从他的朋友们的回忆以及他自己对当时情况的记忆中取得一些材料加以补充。另一些人则认为塔西佗完全是一位文学艺术家，不会耐烦从枯燥无味的官方文件中从事这种挖掘材料的艰苦工作，认为他的材料来源是克鲁维阿斯·鲁福斯和老普林尼的著作，因为在弗拉维时代，这两位作家正当壮年。还有第三类学者认为，塔西佗的材料许多都是来自当时希腊史家的著作，特别是普鲁塔克的著作。普鲁塔克在他的盖尔巴和

① 奥古斯都划分高卢为四个行政区之一，即高卢北部，包括现在的法国北部、比利时、荷兰的一部分，和莱茵河以西的德意志。——译者

② 他的原意是想写到图拉真朝的。——译者

鄂图两皇帝本纪中的风格和他通常的风格不同,而且关于这两位短命的皇帝,普鲁塔克的记述和塔西佗的非常类似。这种雷同曾引起种种猜测。是普鲁塔克抄袭塔西佗呢,还是塔西佗抄袭普鲁塔克?还是两人都是从另一位史家那里抄来的?后一说法很有力,即二人都是抄自克鲁维阿斯·鲁福斯的著作,而且这位史家的著作就是《历史》一书的主要材料来源。 86

塔西佗在《历史》中使用的陈述方法是演说家的方法,他很少忽略一个机会使叙事或辩论变为直接谈话,他使用这种方法把自己的语言借剧中对话者之口说出,从而把事件叙述出来并分析原因、解释行动。这样的著名对话共有七处,如盖尔巴收派索①为养子时对后者的谈话(I,15);派索对士兵的讲话(I,29);鄂图对部下士兵的演说(I,37);鄂图对叛变的士兵的长篇训斥(I,83);鄂图对部下士兵最后一次演说(II,47);缪西安那②力劝韦斯巴兴公开宣布自己为皇帝的谈话(II,76);维提略③进入罗马时的演说(II,90)等。如前述,这是古代史家的一种写作手法,由修昔底德开始采用,后来在希腊罗马历史写作中变成一种风气。近代读者认为这种手法令人厌恶。

《编年史》(这样的书名在古代并无出处)记述从提比略到尼禄

---

① 公元69年1月3日盖尔巴至罗马,宣布派索·李锡尼阿斯为其养子和继承人,1月15日鄂图至罗马,得到禁卫军的拥护,杀死盖尔巴和派索,元老院承认鄂图为帝。——译者

② 叙利亚副总督,公元69年7月他支持犹太副总督韦斯巴兴争取帝位。——译者

③ 下德意志副总督。公元69年1月1日莱茵河地区军队宣布维提略为皇帝,以对抗盖尔巴,维提略4月进入意大利,打败鄂图,鄂图自杀,维提略入罗马,元老院承认他为皇帝。——译者

的朱理亚王朝诸帝的事迹。塔西伦并未从奥古斯都开始他的著述。这部书叙述的时期是从公元14年到68年。其中有九卷完好地保存至今,第5、11、16等卷只存片段。整个加利古拉统治时期、克劳第乌斯统治最初六年以及尼禄统治最后三年[①]都已失传。因此,在全部五十四年中,只留下四十年的记述。《编年史》的史料来源是一个有争议的问题。当然,他不能和写《历史》的时候那样从当时还活着的人们那里取得材料,他似乎是利用了以前的作家如布鲁特提第乌斯·奈遮、奥菲第阿斯·巴苏斯、塞维拉斯·诺尼安那斯、老普林尼和辛尼加等人的著作。大多数学者认为他满足于从这些作家和当时问世的回忆录中取得他的材料,这些回忆录,现在都已失传了。这种情况正如一位近代法国史家打算根据枢机主教累兹、圣西门、摩特维尔夫人[②]等人的回忆录撰写路易十四本纪那样。

用近代历史研究的标准衡量,这种写法不可能保证写出内容充实的历史。但这种责难并没有使塔西佗感到不安。他是一位严肃的罗马旧学派人,一位贵族,内心倾向共和,因为他相信共和政体比君主政体更有利于自由,尽管他也坦白承认由于公众道德堕
87 落和罗马势力的巨大扩张,结果共和国业已崩溃,需要一个帝国。这样,由于他并非诚心诚意地忠于帝国,而且对皇帝怀恨或藐视,因而在塔西佗笔下的历史对罗马帝国早期的人物和事件都流露出

① 关于塔西佗提到"基督教徒"的事,参阅阿道夫·哈那克:《最初三个世纪中基督教的传布和扩展》,詹姆士·摩法特译(第二次修订版,纽约和伦敦,1908年,两卷),第1卷,第413—414页。

② 摩特维尔夫人(1621?—89年),长期服侍法王路易十三的皇后安娜(1615—1643年。1643年路易十三死后,其子路易十四年幼,为法王摄政。卒于1660年)的宫女,直到皇后之死。写了一部《摩特维尔夫人回忆录》,最初于1723年出版。——译者

深刻的反感。他的史料来源，几乎都是在每个朝代秘密流传的那些谤文，这类文献本身纵或未能流传至今，但仍然活现在塔西佗的生动篇章之中，因为塔西佗吸收了这类文献的精神。

塔西佗不大关心弄清事实并根据这些事实说明真相；他注意的是指控历代皇帝，通过对他们的揭露，至少是隐晦地揭露帝国政府本身。塔西佗具有精辟的分析能力，特别是对心理和性格的分析；他的讽刺技巧也十分高超；笔锋又尖利无比；这一切结合起来就使他成为塔西佗了：一位其作品可以作为大家之作的作家——例如马可梨[①]那样的伟大作家——其作品可以当作一位文学天才来阅读，但不能当作一位历史家来阅读。在是否忠于历史真实的问题上，阅读塔西佗的著作时，必须极端谨慎。人们在他那戏剧性的技巧里边发现他选材的动机是使他的撰述符合他自己承认的对早期帝政的成见。反恺撒的传统在塔西佗从事写作以前就已经完全确立了。塔西佗笔下的提比略是一切作品中曾经有过的最残酷、最淫虐的、罪行累累的人面兽心的一个魔王。但是近代评论说明，实际上，提比略是罗马最出色的统治者之一，塔西佗关于他的撰述是罗织成章的一派谎言，他编撰得如此巧妙以致在外表上看来似乎都是真情实事。[②]近代学者曾为遭受塔西佗和斯韦托尼阿

① 英国政治家和文学家（1800—1859 年），著有《英国史》，五卷，包括詹姆斯二世及威廉三世两朝，风行一时，但该书以其文笔流畅著名，事实往往有错误。他是辉格党人，常歪曲事实，以合辉格党人的主张，斥责托利党人。参阅本书下册第 47 章。——译者

② 参阅 T. J. 哲罗姆：《塔西佗笔下的提比略，历史编纂方法的研究》，见《古典语言学杂志》，VII（1912 年），265—292；同一作家著：《从卡普里岛见到的风景中追忆罗马》（伦敦，1914 年），第 15 章，和《罗马史研究的各种看法》（纽约和伦敦，1923 年），第 15—17 章；J. C. 塔佛：《暴君提比略》（纽约，1902 年）和斐诺（见原书第 85 页注），第 1 卷，第 112—137 页。

恶毒诽谤的受害者克劳第乌斯皇帝的品格辩白。塔西佗对克劳第乌斯的毁谤曾在一个很长的时期中被人们信以为真。这是因为，他在《日耳曼尼亚志》一书中把古代日耳曼风俗习惯，描写成一支牧歌式的幻想曲，因而十九世纪德国历史家把他当成宠儿。可是蒙森①却宣布塔西佗是在一个以武功盛行的时代里“最不懂军事的历史家”。塔西佗主要是一位道德家，在他看来，历史的目的在于说教。

在《编年史》一书中，塔西佗的强有力的文笔达到顶峰。“在吉本②以前那种精雕细刻的文体当中，他可算是最持久的一个例子。”他的文字极其简洁紧凑而有力，因而也是拉丁文学中最难读的散文。但比他更值得阅读的作家为数甚少，因为塔西佗的思想十分丰富。他的思想有时极其精练、紧凑，极有分量，以致他的文字似乎因无力负担而下沉的样子。他主要是一位哲学历史家。他的风格和西塞罗那种协调、流畅而洪亮的华丽词句恰好相反。如
88 果把所有他的著作按照年代顺序仔细观察，他这种文体的逐渐发展的迹象便可一目了然。最后达到骇人的顶点的是他的《编年史》，其文明如闪电、闷若沉雷、响似霹雳。在所有罗马作家当中，除荷拉斯③外，没有一位像塔西佗那样杰出、那样经常被引用的了。他那精辟的观察有如修昔底德，但他那愤世嫉俗、冷嘲热讽却是修昔底德所望尘莫及的。修昔底德从不幻想，只是在阴郁中有时稍带悔恨；而塔西佗却几乎是以他的幻灭之感否定一切（当然他

① 德国著名的历史学家（1817—1903年），著有《罗马史》。——译者

② 英国著名的历史学家（1737—1794年），著《罗马帝国衰亡史》，五卷。——译者

③ 奥古斯都时代的诗人（公元前65—8年）。——译者

本人除外）的态度而扬扬得意。这是因为，他是一位精力充沛的个人主义者，面对不堪入目的现实的包围，他坚信会有刚毅而正直的人，他对这种人的价值和美德从未丧失信心。在此地引用塔西佗少许警句是不会不恰当的：

打仗时，每个司令官都把胜利的功劳归于自己，但并无一人认为失败是自己的过失。

任何仇恨都不如对近亲的仇恨刻骨。

只有当我们认为我们有能力报恩的时候，接受恩惠才是一种快乐；在报恩的可能性失掉时，往往以仇恨而不是以感激回敬对方。

国家越腐化，法律就越多。

一切国家和城邦都是由人民、贵族或一个独夫统治的。从这三种成分中挑选出来的人组成的政体，称赞很容易，产生却极难；纵或产生了，也不能持久。

在每一个伟大的先例中，都有些不公平的地方。

最大的罪行在发端时是危险的；但在成功后，却获得可观的奖赏。

新官上任办好事，任期将满就差劲了，可是他又会作为下届的候选人。

人间一切事物，最危险、最靠不住的就是并无实力支撑的徒具权势之名了。

我们现在认为最古老的一切，过去都曾一度是新鲜事物。

泽曼尼卡斯[①]死后，再没有比那些因此而高兴的人们更痛哭流涕装腔作势的了。

设法施惠于人时犯的过失，往往比冒犯他人时犯的更多。

历史的任务是赞美正义、揭露邪恶，以为后世殷鉴。

暴君只不过是为自己炮制恶名，为受害者创造荣誉而已。

尖刻的嘲讽永难忘怀。

我们只知歌颂过去，对现实却无动于衷。

煽动群众闹事容易，避免刺客的匕首就难了。

---

① 提比略皇帝之侄，公元19年为提比略暗中毒死。——译者

塔西佗还有一部书也值得一提，即《日耳曼尼亚志》[1]，其全名为《论日耳曼人的起源、定居地和风俗》，写于公元98年，由此可知
89 它是在《阿古利可拉传》之后、在其他历史著作之前写的，是一部关于日耳曼自然地理的描述、人种的专论、和日耳曼蛮族的制度和道德情况的研究。他取材的主要来源可能是大普林尼的《日耳曼战争史》，再以他本人从曾在沿莱茵多瑙二河边远地带服役的那些罗马军官那里很容易得来的情况加以补充。除了恺撒在他的《高卢战记》中插入的有关古代日耳曼人的简短记述（其材料来自常常到日耳曼人那里去经商的罗马商人和高卢人）以外，塔西佗的《日耳曼尼亚志》就是我们手头关于日耳曼人最早的记载了。在恺撒和塔西佗之间经过的那一百五十年中，日耳曼人已经大大改变——至少住在莱茵河边远地带的那些西方日耳曼人是这样。他们是蛮族[2]，但并不一定野蛮。塔西佗的《日耳曼尼亚志》的巨大价值就在于他对于日耳曼家族、部落、农业、社会阶级、道德和风俗等方面的制度和情况的详细记载。在写这些东西的时候，他遇到巨大困难，因为这些日耳曼人和地中海诸民族极其不同，和任何古代民族也极不同；事实上，他们是罗马世界开始接触到的一个新种族，因而在拉丁文里常常找不到适当的字眼形容他们的制度。日耳曼的乡村（dorf）和罗马人的村庄（vicus）完全不同；罗马完全没有类似

① 朱理·马大的卓越论述：《塔西佗：〈日耳曼尼亚〉》，见〔巴黎〕《王廷与会议评论》，III（1895年），第2部分，304—310，359—366，426—433。关于史料来源，参阅A.谷得曼，见《美国语言学会学报》，XXXI（1900年），第93—111页。

② 希腊人和罗马人都称异邦人为“蛮族人”，意思是说，只有他们自己才是文明人。——译者

日耳曼 einzelhof(aedifcium，田庄)的东西，他们的农业制度和罗马农业毫无共同之点；没有一个拉丁字可以转述日耳曼 hufe[①]、virgate[②] 或 ploughland[③] 等字的意思，甚至犁也彼此不同，塔西佗使用的 arva per annos mutant〔耕地逐年更换〕[④]等字眼究竟是什么意思呢？他是不是指的耕地和休耕地的轮换呢，还是指的轮种呢？他在描写日耳曼酋长(herzog)和战斗队(comitatus)时还比较成功，但是如果不是我们后来有了纯日耳曼证据的话，要想了解塔西佗的意思是非常困难的。而且，古代日耳曼宗教也使他无法理解。他在希腊罗马宗教和神话中寻找类似的东西，但日耳曼宗教和古代宗教极其不同，以致所有的类比都是不伦不类的。[⑤]

塔西佗写这部《日耳曼尼亚志》的用意何在，这个问题也有很多议论。他是在日耳曼问题在历史水平线上日益明显的时候写这部书，以便使人理解古日耳曼，并向罗马人说清楚他们的风俗习惯而进行这样认真而热切的努力吗？还是这部书是一篇评论，是这位伟大的讽刺家在历史的伪装下利用一个还没有被文明污染的原始民族道德上的纯洁性来和罗马人的堕落对比，从而严厉批判罗 90
马世道衰微呢？也许另外还有一个可能，即塔西佗是不是在通过竭力夸奖日耳曼个人主义和热爱自由的办法，有意在暗中斥责罗马在加利古拉、尼禄这类无能而残暴的皇帝的统治下丧失了他们

① 日耳曼人量地的单位，约 60—100 英亩。——译者
② 英国古时量地的单位，为一 hide 的四分之一，约 30 英亩。——译者
③ 英国古时量地的单位，为“一犁之地”，约 120 英亩。——译者
④ 参阅《日耳曼尼亚志》，中译本，第 68 页。——译者
⑤ 同上，第 59—60 页，参阅注释。——译者

的自由呢?《日耳曼尼亚志》究竟是一部历史、一篇评论,还是一本政治小册子呢? 可能三者兼而有之。果然如此,人们就可能同意推斐尔的看法:

> 《日耳曼尼亚志》既不是一首牧歌,又不是一部小说,也不是一本政治小册子(比如说它有意劝阻图拉真,叫他不要远征日耳曼),尽管当时新皇帝正率部驻扎德国、当时罗马特别关心那个地区的事务显然是塔西佗写这部书的一部分原因,不过最好作如下解释:《编年史》第4卷第33章承认描写部落情况是一件有吸引力的事情,《阿格利可拉传》对这项任务业已有所贡献,塔西佗这本书也可说是对这项任务的进一步贡献。这种手法当然也是塔西佗的特色。正如荷拉斯(Ca. 3,24.9)把西徐亚人[①]和基提人[②]描绘成理想的民族,是为了突出表现罗马的腐化那样,塔西佗这样记述日耳曼人也是为了同样目的,他在描写日耳曼人时,经常提到他的同时代的人,不厌其烦地一再谈论日耳曼人陌生的一切,说这是他们的幸运。……不过作者并不是单单把日耳曼人当作完美的模范向他自己的时代展示,远非如此,相反地,他也指出日耳曼人的严重缺点,……甚至声明自己是和日耳曼人的特性相反的一个纯粹的罗马人。[③]

塔西佗"失传"的著作比李维"失传"的著作更为可惜。《历史》和《编年史》手稿的发现——或者说失而复得,这件事本身简直就是一篇传奇。《编年史》11至16卷和《历史》1至5卷保存在佛罗伦萨的罗棱细安图书馆中仅有的一部手稿上。这个手稿很可能是公元1053—1087年间在卡西诺山抄写的,在1427年发现的。《编年史》1至6卷的手稿,是公元1509年在威斯特伐利亚的科外古

---

① 欧洲东南部的游牧部落,后始定居。——译者

② 居于色雷斯的一个部落。——译者

③ 推斐尔,第2卷,第336节,3。

寺中发现的，是九世纪的抄本，在利奥十世[①]时弄到罗马，后来才从罗马弄到佛罗伦萨的。在中世纪，塔西佗是最不知名的一位古典作家。据信，富尔达人路德福(约公元 852 年)是唯一读过《编年史》的作家。

塔西佗死后，不仅兴旺的历史著作时期宣告结束，而且全部拉丁古典文学也告一段落。因为警句诗人马绍尔[②]和讽刺诗人朱味那尔[③]都是和塔西佗同时代的年轻人；马绍尔的《警句集》十五卷，“攻击当时罗马社会生活的一切淫荡污秽和奴颜媚骨”。拉丁文学的白银时代开始于第二世纪。[④]

就史学而论，这种衰落以斯韦托尼阿(大约生活于公元 75—160 年)[⑤][⑥]为典型。他起初是个律师，后来当了哈得良皇帝的私人秘书，他这样的身份，如果他愿意查阅官方文件和档案材料的话当然是可能的。不幸的是，可以使人相信他曾亲自研究原始材料 91

① 利奥十世(1513—1521 年)，反对宗教改革，宣布驱逐马丁·路德于教外(1520 年)。他奖励文学艺术。——译者

② 公元一世纪罗马的警句诗人，西班牙人，在罗马 35 年后始回本国，约卒于 104 年左右，著有《警句集》十四卷。——译者

③ 罗马讽刺诗人(60？—149？年)有诗集五卷，讽刺诗十六篇，都是用英雄六脚韵体写的。——译者

④ 关于一般特色，参阅推斐尔，第 345 节。

⑤ 参阅狄雅可夫《古代世界史》(古代罗马部分)，第 9—10 页(高等教育出版社，1959 年)。——译者

⑥ 推斐尔，第 347 节；加斯顿·霸赛，见〔巴黎〕《学者杂志》，1901 年，69—79 页；E. K. 兰德：《中世纪早期史学中的斯韦托尼阿的〈罗马十二位皇帝本纪〉》，见《哈佛古典语言学研究》，XXXVII(剑桥，1926 年)，1—48；B. W. 亨德孙：《罗马五帝：韦斯巴兴、泰塔斯、多密善、内尔瓦、图拉真，公元 69—117》(剑桥，1927 年)和《尼禄皇帝的生平和元首政治》(伦敦，1903 年)。斯韦托尼阿的著作，J. C. 洛尔夫译本(伦敦和纽约，1928—1930 年，二卷，《洛布古典丛书》)。

的证据实在太少了。他博学，但并无学术成就，只是一个和蔼的，卖弄学问的人，一位愉快的伴侣，正如小普林尼的《书简集》中所说的那样。除历史外，斯韦托尼阿还喜欢远古事物，特别喜欢古代科学，他曾编写一部《物性论》，至少有十二卷，虽然这部著作今已失传，但因为它是古代科学得以传至中世纪的桥梁，所以还是一部重要的书。

在斯韦托尼阿全部浩繁的著作中，只有那部撰述从恺撒到多密善的《十二皇帝本纪》流传至今。[①] 他这部书把用传记体写历史的方法完全确定下来，成了风气，以致从那时以后直到罗马帝国结束并一直延续到中世纪，在这段漫长的时期内，这种写法成了定例。他这些传记是按照一个僵硬的模式写的。每篇都是从某一帝王的家族、世系开始，接着就叙述他的出身和教育，然后按照事件发生的年代顺序说明他的一生，后来又是对他的体形外貌的描绘，对他的性格的评论——斯韦托尼阿在这一段文字中喋喋不休地说了不少令人厌恶的道德说教——最后记述这位皇帝逝世的情形。这部著作在结构上十分单调，但颇有趣味，也不是没有历史价值，尽管著者忽视政治军事等方面的事；着力之处主要是用文字刻画肖像，着眼于比例的平衡，以精选的轶事描绘光明和阴暗诸侧面。斯韦托尼阿以当时流行的实用主义手法，机智地运用他的资料，尽管他的鉴别力并非经常很好。“他竭尽全力进行历史研究，如果说这并没有使他赢得显赫的声名，那也使后来研究历史的人们永远

---

① 斯韦托尼阿的著作，流传至今者，还有一部几个作家（包括忒棱斯、荷拉斯、柏修斯、琉坎、朱味那儿、普林尼等人）的传记。——译者

受益,尽管人们对他的材料来源有一定保留。”[①]但他的《十二皇帝本纪》和塔西佗那种强劲有力的表达或李维那种生动活泼的叙事比较起来,无论在笔调上还是在神韵上,都是一清二楚的退步。不过,他的《多密善本纪》对基督教的理解却比塔西佗清楚得多。[②]

① 撒母耳·狄尔《从尼禄到马卡斯·奥理略时代的罗马社会》(第2版,伦敦,1905年),168。

② 参阅哈那克(见本书原书第86页注),第2卷,46。

第六章　罗马帝国最后一批拉丁历史学家

92 公元二世纪，罗马的历史写作在质量上和性质上都表现了显著的衰落，值得注意的作者很少。衰落的原因一部分是安敦尼王朝[①]正值和平盛世，很少活跃的历史事件可写；一部分是当时哲学和宗教精神正在解体，影响历史写作。当时写作方法上占优势的浮夸华丽风气也败坏了有力的文体。[②] 这几百年的真正历史是写在碑铭上的东西和公元五世纪狄奥多西法典[③]里面保存的大量行政文件资料。

公元二世纪唯一配称为一位拉丁历史家的人是夫龙多(约公元 100—170 年)，[④]他生于非洲，[⑤]是一位修词学家和辩护士，安敦尼·庇护皇帝的朋友，马卡斯·奥理略皇帝的导师。他的《帕提亚

---

① 公元 96—192 年。——译者

② 撒母耳·狄尔：《西罗马帝国最后一世纪的社会》(第 2 修订版，伦敦，1899 年)，440 注五；亨利·涅特尔什普：《演讲和论文集》，第 2 辑，F. 哈佛非尔德编(牛津，1895 年)，67；狄奥多·哈霍夫：《高卢的学校，西罗马帝国最后一世纪异教和基督教教育研究》(牛津大学出版社，1920 年)，209—219。

③ 公元 438 年东罗马皇帝狄奥多西第二颁布的法典，包括皇帝的重要法令。——译者

④ 推斐尔，第 2 卷，第 355 节。——译者

⑤ 生于努米底亚的塞塔城。——译者

战争史》(*De bello Parthico*)(叙述维剌斯[①]远征东方的经历)和《历史初阶》(*Principia historiae*)两部书的片段仍保存至今。他的一部最有价值的著作是他写给安敦尼·庇护和马卡斯·奥理略的《书信集》,这些书信是枢机主教梅依[②]于十九世纪初在安布洛兹图书馆里可以重写的羊皮纸上面发现的,生活在哈得良时代的夫罗剌斯根据李维的著作编写的《罗马史纲要》[③](*Epitoma de gestis Romanorum*)也是一部值得一提的书,不过这只是因为它在中世纪非常流行而已。[④]

但是在塞维鲁王朝(公元 193—235 年)似乎有一位历史家,他的著作已经失传,连他的名字都无法查找了,只能从一部名为《诸皇帝本纪》[⑤]的内容中那些"含混不清的皇帝传记汇编"中得知一二。[⑥] 不管他是谁,都应当和他同时代的另一位历史家马略·马克西马斯(约公元 165—230 年)区别开来。后者的著作也只是在《诸皇帝本纪》前一部分中保存下来的。《诸皇帝本纪》的编者提到 93
的塞维鲁时代的其他本纪作家是伊利阿斯·朱尼阿斯·科都斯、巴希尼安那、伊利阿斯·摩拉斯和马赛林那斯。

---

① 维剌斯,公元 138 年与马卡斯·奥理略同为安敦尼·庇护的养子。161 年安敦尼·庇护死,两人继位。162 年维剌斯远征帕提亚,维剌斯也是夫龙多的学生。——译者

② 梅依(1782—1854 年),意大利古典语言学家和好古学家。——译者

③ 《罗马史纲要》分为四卷,自罗马城的建立,至奥古斯都时代。——译者

④ 同上,第 348 节;达诺,〔巴黎〕《学者杂志》,1824 年,第 44—52 页。

⑤ 六个作家编写的一部罗马皇帝的传记汇编,从哈得良到纽连(公元 117—284 年);文字枯燥,但有些有用的材料。——译者

⑥ 这是伊伦斯特·科尼曼那篇有趣论文,《哈德良与最后的罗马大历史家》(莱比锡,1905 年);还可参阅鄂图·T. 叔尔兹的《安敦尼王室与最后的罗马历史家》(莱比锡,1907 年)。

《诸皇帝本纪》[①]究竟是谁写的，是什么年代写的，以及它的可靠性如何等问题都是罗马史学上争论最多的问题。这部罗马皇帝本纪汇编分为两部分。第一部分包括哈得良、安敦尼、庇护、马卡斯·奥理略、孔茂德、柏梯那克斯[②]、朱理安那斯[③]、赛普提米阿斯·赛维鲁[④]和卡剌卡拉[⑤]，这些本纪可能是单独一位作家写的。第二部分是由许多作家写的，他们的名字是斯巴梯安那斯[⑥]、朱理亚·卡彼托利那斯、发尔卡细阿斯·加力卡那斯、特累柏利阿斯·坡力奥、伊利阿斯·兰普赖第阿斯[⑦]和弗拉维阿斯·服匹斯卡斯[⑧]。从这第二部分本纪的内容看，可以证明大部分都是根据以前别人写的传记重写的。尽管作者在表面上极力装做是根据大量原始文件写出来的样子，但实际上都是值得怀疑的。大部分是伪造的。所有这些传记都是机械地模仿斯韦托尼阿的体裁写的，但文字没有斯韦托尼阿的拉丁文那样好。幸而这些作家的文笔并非浮夸华丽，而是讲求实际的。前四位作家可能生活在戴克里先统治时期（公元284—305年），后两位可能是迟至朱理安或发伦廷尼

---

① 推斐尔，第2卷，第392节；雷翁·何尔谟：《奥利连统治时期（公元270—275）论》（巴黎，1904年），3—4；奥马·菲赤·蒲脱尔：《伊拉加巴拉生平研究》（纽约，1908年；《密执安大学研究，人文主义丛书》，第4卷，第1部分）；诺尔曼·H.本兹：《〈诸皇帝本纪〉，它的年代和目的》（牛津，1926年）。

② 罗马皇帝（193年在位）。——译者

③ 罗马皇帝（193年在位）。——译者

④ 罗马皇帝（193—211年在位）。——译者

⑤ 罗马皇帝（211—217年在位）。——译者

⑥ 伊利阿斯·斯巴梯安那斯生活在戴克里先和君士坦丁时代，写了《诸帝传记》中几个皇帝的传记。——译者

⑦ 公元四世纪早期的历史学家。——译者

⑧ 公元四世纪早期的历史学家，叙拉古人。——译者

安时期(公元 361—375 年)的人。吉本形容《诸皇帝本纪》“既无章法,又不准确,而且也不按年代编排,我认为这些传记比现存的修道士们写的最坏的编年史还低一等”。另一位批评家比较缓和,对这些传记的估价也较为全面:

> 他们的风格平淡而粗俗;他们认为传记就是轶事的汇编,他们不懂布局,不会安排比例,没有区分大事和琐事的标准;缺乏批判的和历史的灼见,不能在取材时作出选择,对自己描写的时期那些巨大社会变革轻信不疑。因此,他们这些传记的价值在很大程度上要看他们为描写某一特定历史时期偶尔碰上的资料的价值如何而定;如果这些资料有价值,还要看他们对这些资料是否忠实。书中较早的那几篇传记主要是根据马略·马克西马斯和伊利阿斯·雅尼可斯·科都斯的著述写的,而他们自己对这两位史家是否合格也并未提出任何有用的证据。……为了撰写后几篇传记,他们不得不更多地利用官方记载,因而保存了一些很重要的材料,使许多皇帝的诏书和元老院法令、官方会议录和公众场合的演说词,以及各位皇帝的那些既有趣又表现个性特征的信件免遭埋没。他们偶尔也写出一些东西,生动地(虽然是无意地)暗示了当时的情景,特别是在帝国法学知识方面,他们作出了很大贡献。甚至他们写的那些琐事也是有用的,关于他们传记里那些人物的
> 习惯的数不清的轶事,虽然对历史家并无价值,但对考古家来说却是最 94
> 受欢迎的,对经济学家和道德家来说,也并非无足轻重。他们的错误和缺点产生的原因,一部分是当时人们没有把历史看作教育人的一个园地。当时的教育掌握在修词家和文法家手中,人们阅读历史著作是为欣赏文章风格,而不是为了它们的内容。①

在研究和使用资料方面,这些编纂家遵循罗马很早期的先例。他们满足于相当准确地写出资料内容,不知羞耻地抄袭。这是拉

① 《大英百科全书》(第 11 版)《诸皇帝本纪》条下〔理查德·加尼特〕。

丁文作家普遍的习惯。他们很可能真的不知道为斯韦托尼阿的作品写续编的作家的名字，除卡彼托利那斯以外，似乎没有一位了解马略·马克西马斯的重要性。假如我们手头有赫洛狄安[①]全集的话，我们就会知道他的作品被偷窃了多少。他们单单从一位作家那里就整章整章地抄袭，然后，为了造成他们也曾进行研究的假象，就插入一些杜撰的作家的名字。关于这部著作的六位假想作家的情况，我们几乎什么都不知道，但他们和皇帝宫廷的关系是绝对肯定的，虽然他们并非宫廷中人，但肯定是住在罗马，书中多次引证罗马纪念物和郊外情况就可说明这一点。这些传记家尽管假装曾研究档案，但有本领进行这种研究的，连一个都没有。

公元四世纪有两位众所周知的专搞摘要的人：奥理略·维克脱和攸特洛匹阿。前者约于公元 325 年生于迦太基附近的勒普替斯，曾撰写两部书：《帝王本纪》和《摘要》。[②] 前一部一直写到君士坦西阿（公元 360 年）；后一部叙述到狄奥多西之死（公元 395 年）。奥理略·维克脱摘录的书的著者是谁，蒙索[③]甚至曾这样说过，“假如他这部历史著作完整地传到我们手中，非洲就会在他这个人身上发现它自己的塔西佗了。”[④][⑤]他是和安密亚那斯·马赛林那

① 公元三世纪意大利的希腊文历史学家，著有《罗马史》，从公元 180—238 年。——译者

② 推斐尔，第 2 卷，第 414 节。

③ 法国学者（1859— ）。著有《非洲基督教碑铭学的研究》（1907 年），《基督教拉丁文学史》（1924 年）等书。——译者

④ 意思说，古代阿非利加的情况将因他而传于后世，正如塔西佗把古代日耳曼的情况传于后世那样。——译者

⑤ 保尔·蒙索：《非洲人、非洲拉丁文学研究；异教徒》（巴黎，1894 年），424。

斯同时的人，但他写的拉丁文却好得多。攸特洛匹阿[1]生活在瓦林斯（死于公元 378 年）统治时期，曾撰写一部《罗马建国以来简史》（*Breivarium ab urbe condita*），十卷，“判断正确、技巧高超，不偏不倚，风格朴素。这部著作简短扼要、布局实际，很快就受到大批读者欢迎，不但有人翻译成希腊文，而且还有人为它写续编。”[2]攸特洛匹阿的著作深受中世纪人们欢迎。

在帝国后期，还发现了一些具有历史性质的技术书籍。早在公元一世纪，就有一位名叫绥克斯都·朱理亚·夫龙提那斯[3][4]的军事工程师，根据一部失传的讨论战争艺术的书，编写了一部战略手册《战略论》（*Strategmaton*）三卷，以及一部关于罗马沟渠的论文。两部书都有些历史性记载，因而还有一定价值。不过，价值比 95
这部书大得多的是弗拉维阿斯·维基提阿斯[5]的《军事学摘要》（*Epitoma rei militaris*），写于四世纪末。在这类书籍中，这是古代留给我们的最重要的一部，是中世纪统治者爱读的书籍，也是文艺复兴以前唯一一部专门讨论军事的手册。维基提阿斯说他的资料来源是伽图、哥尼流、赛尔萨斯、夫龙提那斯和巴特那斯以及奥古斯都、图拉真和哈得良的敕令和诏书。这部著作是献给发伦廷尼安二世（公元 375—392 年）的。由法语转译成英语的译本是公

① 参阅狄雅可夫《古代世界史》（古代罗马部分），第 12 页（高等教育出版社，1959 年）。——译者

② 推斐尔，第 2 卷，第 415 节。

③ 公元一世纪的罗马军人和作家。公元 75—78 年为不列颠总督；公元 97 年为罗马给水制度总监。——译者

④ 推斐尔，第 327 节。

⑤ 推斐尔，第 432 节。

元 1489 年由卡克斯顿[①]出版的。维基提阿斯生活在罗马帝国军力已渐趋衰落的时代，他想利用对过去罗马军队的研究改进当时的军事力量。第 1 卷讨论士兵的征募和训练；第 2 卷讨论军团的组织和纪律；第 3 卷讨论战略和战术；第 4 卷讨论进攻和防守；第 5 卷讨论罗马海军。和维基提阿斯的著作有联系的，还有各种《驿站指南》(Itineraria)，[②]是为传令兵编写的说明皇家邮路驿站的一些官方道路手册。其中最重要的是《安敦尼驿站指南》(*Antonine Itinerary*)。有些指南似乎还附有地图。《公元 354 年罗马城手册》的一部分是罗马的历史，另一部分是罗马考古指南。

在公元四世纪后半叶，罗马史学，和罗马帝国本身以及其文明文化等方面一样，仍然在缓慢地继续衰落，尽管它的陨落是再过一个世纪以后的事。在这个半明半暗的时期中，在历史著作完全被教会独占以前，还有最后一位历史家仍然在生活和写作。这就是安密亚那斯·马赛林那斯。[③][④]他说他自己是一个"格里卡斯"

---

① 1422？—1491 年，英国第一个设立印刷厂的人。——译者

② 推斐尔，第 412 节。——译者

③ 马赛林那斯(约 330—390 年)。出生于叙利亚安提阿的一个希腊人家庭。参加高卢及日耳曼的战争，公元 363 年随朱理安皇帝参加进攻波斯的战役。后定居罗马，从事著作，用拉丁文写《罗马史》，从涅尔瓦写到瓦林斯(96—378 年)，为塔西佗《历史》的续篇。共三十一卷，现存者仅十八卷，包括 353—378 年的历史，文词粗糙、夸张，但所记者为他当代之事，颇为可靠。书中有关于中国之记载。参阅张星烺《中西交通史料汇编》第 1 册第 47—48 页。参阅狄雅可夫《古代世界史》(古代罗马部分)，第 11—12 页(高等教育出版社，1959 年)。——译者

④ 推斐尔，第 429 节；J. W. 马卡尔："安密亚那斯·马塞林那斯"，见《罗马研究杂志》，X(1920 年)，103—18；H. A. L. 斐雪："最后的拉丁历史家"，见〔伦敦〕《评论季刊》，CCXXX(1918 年)，38—56，在他的《史学与政治研究》(牛津，1920 年)一书中重印，7—26；T. R. 格拉昧：《四世纪的生活与学术》(剑桥，1901年)，第2章；荷治琴，(接下页)

(“graecus”),即罗马帝国说希腊话的行省的人,可能是一位叙利亚人,肯定出身于贵族家庭。他在以拉丁语为官话的军队和宫廷中学会了拉丁语。[①] 他出生于安蒂奥克一个富裕家庭,在君士坦西阿统治时期,加入皇家骑兵大队。在朱理安登上皇帝宝座以前,在高卢当长官,抵抗阿里曼尼人的时候,他就曾在朱理安部下服役。朱理安当皇帝之后,他在皇帝参谋部当了一位官员,在公元 363 年远征波斯惨败、皇帝阵亡的那次大战役中,他曾和皇帝在一起。后 96
来安密亚那斯辞职退休罗马,撰写他的《罗马史》(*Rerum gestarum*),四十卷——这部书虽然并不伟大,却是最后一部重要的罗马史书。他出生于希腊,却用拉丁文写作,这是为了续写到公元 86 年多密善被刺为止的塔西佗那部《历史》。不幸的是,这部既很充实又很重要的著作只有叙述公元 352 至 378 年的第 24 至 31 卷保存至今。前十三卷的损失十分可惜,因为安密亚那斯是塔西佗以后最好的一位拉丁文历史家。全书似乎是在各卷完成后分别出版的,最后一卷可能是公元 390 年左右写完的。自从戴奥·加西阿斯[②] 以后,再没有哪一位作家像他这样细心而充分地使用资料的了,也再没有一位像他这样富有见识、这样明智而正直的了。

(接上页)第 1 卷,第 1 部分,112 14;冉·季马矢曾纳:《安密亚那斯·马塞林那斯,他的生平和著作》(图卢兹,1889 年);雷翁·达特里麦:《安密亚那斯·马塞林那斯,文学史研究》(里尔,1899 年)。他的历史著作,约翰·C. 洛尔夫英译本(伦敦和剑桥,马萨诸塞,1935—1939 年,三卷,《洛布古典丛书》)。

① 他的历史著作的结束语是这样的:“我以一个老兵和一个希腊人的身份,尽我的能力来说明这些事情。”

② 戴奥·加西阿斯(155? —230 年以后),罗马政客与历史家,用希腊文著《罗马史》八十卷。——译者

对于一位并无其他写作经验而且是用后学的外语从事写作的军人来说,安密亚那斯的《罗马史》确实可算是一个了不起的成就了。他一定是一位终身孜孜不倦从事阅读和搜集书籍的人。而且,他还把许多从实际经验和观察中得来的知识掺入他的书本研究中以增加分量。在有关罗马帝国边区各民族的军事、行政制度、地理和人种知识等方面,他的书是很有价值的。作为一位军人,他曾在高卢、色雷斯、埃及和东方等地服役。他是提到勃艮第人和阿兰人[①]、描写匈奴[②]风俗习惯最早的一位历史家。至于他著述的可靠性,他自己就说过,他从来没有歪曲或隐瞒过他认为可信的史实。他这句话我们没有理由怀疑。他的文章冗长,但并不臃肿;带有那个时代的缺点:矫揉造作、装腔作势、夸张、晦涩,充满牵强附会的词藻。书中材料说明作者利用了所有可以找到的权威著作,前辈史家用拉丁文和希腊文写的书,而且他还曾努力进行档案材料研究。

虽然安密亚那斯还不会理解"文化史"这个词,但作为文化史家,他却是最有价值的一位。他的著作是一部常常被引用的著作(locus classicus),我们得悉四世纪的信仰、迷信、伪科学和宗教等方面的知识情况,大多来自他这部书。他生活的时代是异教文化正在慢慢消灭,基督教不但作为宗教势力而且作为政治势力正在

① 亚洲西徐亚人的一支,最早发现在高加索东部阿尔巴尼亚地区,后进入欧洲,到多瑙河下游,至五世纪末为匈奴人所败,被迫加入匈奴人的同盟。后随汪达尔人进入高卢和西班牙。——译者

② 匈奴人原住在我国北部。西汉时常侵犯中原,被汉武帝打败后,逐渐西迁。一部分人由中亚进入欧洲。公元376年东帝瓦林斯许其居于色雷斯。——译者

迅速取得优势的时代；因为在公元392年，狄奥多西一世查禁异教，已把基督教确定为罗马帝国的国教。但安密亚那斯的内心是倾向旧宗教的，因为他是朱理安皇帝的一位密友，他不可能不倾向于旧的宗教。但他对基督教并不是不公平的。他抱怨教会不容异说、贪污受贿、腐化堕落，这是有道理的。圣哲罗姆①本人对基督 97
教会罪恶的批评比安密亚那斯还尖锐得多。和所有罗马历史家一样，他也是一位道德家，一再痛斥当时政治上的腐化和轻狂淫逸，赞扬旧式品德，批判当时流行的恶习。他不喜欢高深的玄学思考。作为一位老兵，他认为管理社会应当有严格的纪律。在笼罩在他周围的黑暗中，他看不见光明。悲观主义是古典拉丁文学的特征，但是没有比安密亚那斯·马赛林那斯的语言更为沉痛的了："除眼泪和恐怖外，什么东西都没有了，回忆过去，令人伤心；展望未来，更为凄惨。"②

西方的拉丁和异教史学随着安密亚那斯·马赛林那斯之死也告结束。安密亚那斯写道："Bibliothecis ritu sepulcrorum in perpetuum clausis——图书馆永远像坟墓一样关闭了。"东方③的情况也是这样。朱理安竭力恢复异教信仰但毫无效果。当他逝世的消息传到安蒂奥克时，愤怒的群众捣毁了由图拉真建立的、朱理安珍爱的大图书馆。朱理安本人也曾撰写一部记述和阿里曼尼人打仗

① 圣哲罗姆(340? —420年)，中世纪所谓"教会四博士"之一。把基督教圣经译为拉丁文，此外还著过一教会史及《圣经》注释之类的书。——译者

② 第XXV卷，第4章，第25节："Nihil(multa et nefanda perfessis hominibus) praeter lacrimas supppererat et terrores, ubi et praeteritorum recordatio erat acerba, et exspectatio tristior impendentium."

③ 指东罗马帝国。——译者

的斯特拉斯堡战役[1]的书，现已失传。

西罗马帝国从公元378年到493年间的历史，除了我们将在下章讨论某些教会作家的著作中一些贫乏的暗示之外，都保存在《库斯宾尼安那无名氏著作》(*Anonymous Cuspiniani*)一书中，这部书是由文艺复兴时代一位名叫约瑟·库斯宾尼安那的学者首先出版的，因而这样命名。“这部书开始只是一张执政官名单，十分琐碎，没有什么价值。在圣哲罗姆的编年史终止的公元378年，《库斯宾尼安那无名氏著作》的价值提高了。因为他在书中插入了关于当时发生的事件的十分详尽的记述，关于每件事情发生的时间，极其准确地把月日都记载下来。记载公元五世纪罗马诸皇帝即位和废黜的那些历史家写出的日期，至少有一半取材于《库斯宾尼安那无名氏著作》一书；”这样说大概不至于言过其实。[2]

“无名氏”之后，史学就已破碎不堪了。奥索尼阿斯[3]提起历史就说它是他在波尔多大学上学时他的教授们的成就之一，奥古斯丁则认为研究历史对学习文法还有点价值。[4] 有一部《帝国编年史》(*Chronicon Imperiale*)，错误地被归到亚奎丹的普洛斯柏[5]
98 名下；一部叙述到公元511年的《高卢编年史》(*Chronica Gallica*)

① 公元355年朱理安为副帝，统治高卢、西班牙、不列颠等地。公元357年大败阿里曼尼人于斯特拉斯堡，因此甚得军心。公元361年军队拥之称帝。——译者

② 荷治琴，第2卷，190。

③ 公元四世纪的罗马学者，格雷兴皇帝的老师，用散文作了荷马史诗的摘要。——译者

④ 奥索尼阿斯，Profess. XX，8，XXI，26，XXVI，3；奥古斯丁，De ordine，II，37。

⑤ 公元五世纪的基督教作家，圣奥古斯丁的学生。编著《编年史纲要》，内有重要资料，特别是公元425—455年的记载。——译者

中有两处关于撒克逊人征服不列颠的重要记载（公元 408 年和 441 年）。这部书的后半部是在马赛写的；还有一部普洛斯柏的著作的续编写于公元七世纪，可能是在意大利写的，名为《意大利编年史》（*Chronica Italica*），实际上似乎是根据业已失传的《君士坦丁堡编年史》改编、于公元 387 年首次发表的一部编年史。这部书可能像蒙森所说的那样，时常被书商改头换面以新的形式发行。[①]

公元五世纪末，历史就已站在中世纪的门槛上了。异教信仰业已灭绝。古典精神业已消失。拉丁文词汇和句法都已经发生变化。出自下层庶民（sermo plebeius）的白话开始抬头，古代典雅词汇[②]不见了，如果保存下来一些，也只有文法家能懂，并把它们当作古语对待了。教会和《拉丁文圣经》（*Vulgate*）创造了一种新语言，即"教会拉丁语"（Latina ecclesiastica）；除专门术语外，这种语言和下拉丁文[③]或乡村语言（lingua rustica）差别很小。历史著作已失去一切比例感了。基督教的影响粗暴而荒谬地歪曲了事物，结果历史家从创世记、洪水或出埃及开始写历史。[④] 只有最保守的历史家，才从基督纪元[⑤]的开端下笔，不过偶尔也有一位历史家在残留的古典传统影响下敢于从特洛伊战争或罗慕路和勒马斯[⑥]写起。

由于像样的历史文献的贫乏，近代学者不得不抓住半历史性

---

① 吉本，第 3 卷，489。

② 公元前 75—公元 200 年的拉丁文称为古典拉丁文（Classical Lain）。——译者

③ 公元 600—1500 年的拉丁文称为下拉丁文（Low Latin）。——译者

④ 都是根据基督教《圣经》来写历史。开天辟地及洪水见《旧约·创世记》，出埃及见《旧约·出埃及记》。——译者

⑤ 即以耶稣出生之年为公元年，实则耶稣出生于公元前四年。——译者

⑥ 传说中建立罗马城的孪生兄弟。——译者

的、甚至假历史资料，从中找些东西来补充史料之不足。克劳狄安的诗歌就是一个例子，[①]他的活跃时期是在荷诺留皇帝统治时代。他本是在亚历山大里亚出生的希腊人[②]，因此，他的拉丁文是后来学到的一种外语。尽管如此，他还是能够纯熟地使用拉丁文，他的诗歌既有韵律，又极庄重。所有他那些感情奔放的诗歌都是纪念重要事件的，其中最重要的是歌颂斯梯力舒的。斯梯力舒是出身蛮族的一位卓越的罗马将军[③]，曾于公元404年消灭剌达给萨斯[④]和他部下大批侵略军，还曾两次挫败阿拉列[⑤]入侵意大利的企图。克劳狄安可能是斯梯力舒被刺[⑥]时死的。他和另一位同时代的诗人鲁提利阿斯·那马提安那[⑦]一起，是最后两位拉丁异教作家。

息马卡斯[⑧]的朋友普洛大狄阿斯曾主张写一部《高卢史》；息

---

① 推斐尔，卷2，第439节；荷治琴，第1卷，第2部分，636—637；狄尔（见本书原书第92页注），44—45；J. H. E. 克里斯：《作为一位历史权威的克劳狄安》（剑桥，1908年）；约翰·C. 洛尔夫：《克劳狄安》见《美国语言学会学报》，L（克利夫兰，1919年），135—149。克劳狄安著作的摩里斯·普拉特诺厄译本（伦敦和纽约，1922年，《洛布古典丛书》）。

② 他约于395年至罗马。作诗歌颂狄奥多西、荷诺留、斯梯力舒等人，因此享受盛名。——译者

③ 他的父亲是一个在罗马军队里服务的汪达尔人酋长。——译者

④ 日耳曼人领袖，405年侵入意大利，包围佛罗伦萨，为罗马大将斯梯力舒所败。公元406年战败被杀。——译者

⑤ 西哥特国王，395—396年侵入希腊，400年侵入意大利，402年为斯梯力舒所败。408年又侵入意大利，410年攻陷罗马。——译者

⑥ 公元408年。——译者

⑦ 五世纪的罗马诗人，有长诗二卷，描写由罗马至高卢的沿海航行，现在保存者约七百行。——译者

⑧ 罗马政治家，邪教的辩护士。391年为执政官，曾反对将胜利女神的像和祭坛撤出元老院。——译者

多尼阿·阿坡力内立在奥尔良主教普洛斯柏示意下，着手写一部 99
《阿提拉战争与奥尔良之围》，由于他跟阿维塔斯[1]和当时高卢其他大人物都有关系，他一定有大量的材料可供使用，但他并未实现他的计划。在写给西哥特国王的秘书利奥的一封信中，他曾详细说明他未能编写这部历史的原因。[2] 他在信中对他的朋友说，“你才是应当挑起这副担子的人。”

还应当提到另一类虽非正式编年史却也是叙述性史料的东西。其中有公元四世纪的《息马卡斯书简集》，公元五世纪的《息多尼阿·阿坡力内立书简集》和《息尼细阿斯[3]书简集》。琴塔斯·奥理略·息马卡斯(约公元 345—405 年)[4]是古罗马最古老、最显赫的贵族家庭的后裔。公元 384—385 年曾任禁卫军长官，391 年任执政官。他属于那个有文化教养的贵族集团，在文化衰落的时代他们还保持着对古典文学的热情，而且还忠诚地、高尚地坚持异教信仰。息马卡斯并非学者，只是罗马一位有教养的、温文尔雅的绅士，和公元二世纪的小普林尼相仿。他的《书简集》尽管追随当时的风尚、苦心孤诣地讲求词藻华丽，但这些书简还是一个聪明而

---

① 约 450 年为高卢军队统帅，后为军队拥护称帝(455—456 年)。

② 《书简集》，IV，22，见《息多尼阿书简集》，O. M. 道尔顿译(牛津，1915 年，二卷)，第 2 卷，38—40。

③ 息尼细阿斯(约 375—413 年)，施勒尼人。399 年被派往君士坦丁堡，留在那里三年，著有《论神》、《论梦》、《论自我训练》及《圣歌》等书。410 年为托勒美主教。其书简一百五十六篇表现他是一个有高尚品质，热爱学问的人；其《圣歌》表现他是一个新柏拉图哲学派的诗人。——译者

④ 推斐尔，第 2 卷，第 425 节；加斯顿·霸赛：《异教的消灭；四世纪西方最后宗教斗争研究》(第 9 版，巴黎，1928 年，两卷)第 2 卷，155—194；格拉味(见本书原书第 95 页注)，第 7 章。

公正的人诚挚的自白，是研究公元四世纪历史有价值的史料，特别是为开明的异教信仰“在一个充满敌意的世界里明知无望但仍高举义旗”而惨遭失败的努力提供有价值的史料。

在公元 396 年息马卡斯写给他的朋友普洛大狄阿的一封信中，说他将为他的朋友寻找普林尼的《日耳曼战争史》的抄本和李维最后一部著作。因此，李维的全部著作在公元四世纪末还是完整的，不过可能不易找到。三年之后，息马卡斯把李维全部著作的一个抄本送给了另一位朋友发利立安那。①

息多尼阿·阿坡力内立（约公元 430—480 年）②的《书简集》属于极不相同的另一类。克勒芒主教在奥汾尼③写的这些闲谈式的信札，都是写给高卢他那些世俗地主和主教朋友们的，它们以耳闻目睹的详细情节，揭露当时富裕的有产阶级（包括主教在内，因为当时大多数主教都来自罗马贵族阶级）那种悠闲自在、甚至奢侈的生活。在这些信札中，可以看到他们在监督成百成千的奴隶和
100 佃户（coloni）耕种他们那些广阔的田地，以狩猎自娱，享受丰盛的三餐或在澡堂里消磨时日，以读诗写诗取乐，聆听奴隶乐队演奏，赌博或宴饮。在这些信札中，还能看到公元五世纪时占领高卢南部的哥特人和勃艮第人的生动图景。他们是一群相当好的人，那

---

① 《书简集》，IV，18，IX，13。比较散狄斯，第 1 卷，226—228。

② 息多尼阿·阿坡力内立的诗歌和书信，W. B. 安得孙译（伦敦和剑桥，马萨诸塞州），1936 年，《洛布古典丛书》；其书信集，O. M. 道尔顿译，附一篇有价值的序言。推斐尔，第 2 卷，第 467 节；荷治琴，第 2 卷，297—373，有一整章讨论他的著作；狄尔（见本书原书第 92 页注），参考索引；C. E. 斯提汾兹，《息多尼阿·阿坡力内立和他的时代》（牛津，1933 年）。

③ 奥汾尼山在法国中部的南端。——译者

里的罗马居民，无论贵族或农民，都和他们友好相处，没有什么摩擦。要了解所谓日耳曼征服的真正性质，这些信札是非常有价值的。

我们不妨把《息尼细阿斯书简集》和息多尼阿的著作联系起来研究，尽管这个人是希腊人，不是拉丁人。息尼细阿斯（约公元370—430年）①是一位有教养的乡绅，生于施勒尼②，在亚历山大里亚受教育，他在该地和才华出众的海披萨③结识。公元409年亚历山大里亚主教提奥斐拉斯使他改信基督教，次年，这位主教又违反他本人的意愿，强迫他当了利比亚盆坦坡里的普托利迈斯主教。这并不是一个挂名的差使，因为这时东罗马帝国和西罗马帝国一样，也正在解体中。施勒尼省和所有的行省一样，也正在遭受内部苛政和贪污的痛苦，而利比亚沙漠那些凶猛的游牧部落则闯入全省各地，到处劫掠屠杀。息尼细阿斯也和高卢的息多尼阿·阿坡力内立一样，时常以研究新柏拉图哲学、写诗歌和朋友们广泛通信的办法寻找安慰。他还有一百五十三封信在我们手中，这些

① 奥古斯丁·菲次泽剌德的英译本，有《施勒尼人息尼细阿斯的论文和颂歌，包括上皇帝亚加狄乌斯书和政治演说词在内》（伦敦，牛津大学出版社，1930年，两卷），附有一篇有价值的序言，第1卷，1—102，和一个详细的参考书目，103—107，和《施勒尼人息尼细阿斯书简集》（牛津，1926年）；德文译本，乌弗兰·郎译，《施勒尼人息尼细阿斯幻想之书》（杜平根，1926年）。亨利·德鲁昂：《息尼细阿斯生平和著作研究》（巴黎，1859年）；格拉味（见本书原书第95页注），第14章；T. R. 哈尔康：《息尼细阿斯》，见威廉·斯密司和亨利·瓦斯主编：《基督教人名字典》（伦敦，1877—1887年，四卷，第4卷，756—780）。

② 在现在利比亚北部靠近地中海岸。——译者

③ 新柏拉图派女哲学家，以美丽著名。在亚历山大里亚从事教学。亚历山大里亚大主教西里尔煽动群众，把她杀死了。英国文学家金斯利的名小说《海披萨》即以她为主角。——译者

信札对说明罗马帝国衰落的原因和那个时代知识界的兴趣，都是很有价值的资料。

最后，在考虑后期罗马帝国史学的时候，我们还必须把《狄奥多西法典》[①]包括在内，这是狄奥多西二世时代制定的罗马帝国法典，于公元 438 年公布。共十六卷，包括自君士坦丁时代以来皇廷立法在内。对于研究行政和各种设施的历史、经济和社会情况、异教的衰落和基督教罗马帝国的形成等方面来说，这部法典都是我们手头现有的最丰富、最有价值的资料。

---

① 推斐尔，第 2 卷，第 461 节；狄尔（见原书第 92 页注），第 3 卷全部；J. H. 鲁滨孙：《欧洲史选读》（波士顿，1904—1906 年，两卷），第 1 卷，23—27；W. K. 倍德：《狄奥多西法典中的教会敕令》（纽约，1905 年：《哥伦比亚大学历史、经济和公法研究丛书》，XXIV，第 2 号）；J. B. 柏立：《从狄奥多西之死到查士丁尼之死的后期罗马帝国史，395—565》（伦敦，1923 年，两卷），第 1 卷，232—234。

第七章　罗马帝国统治下的希腊的历史学家

在前一章里，我们已提到波里比阿是在罗马帝国统治下从 101
事著述的第一位希腊历史家。在生活在共和末年和帝国时代、属于希腊血统、经过希腊文化哺育、使用希腊文的一系列历史家当中，他是最早的一位。在他们的著作中，可以看到希腊古典史学传统（因为他们当中大多数从来都没有完全摆脱希罗多德和修昔底德的影响）和希腊文化后期学派那种包罗万象的写法以及由苏格拉底创始并由修词学派培育起来的浮夸写法相结合的情形。这些受希腊文化熏陶的历史家，尽管是罗马的臣民而且有缺点错误，但他们还是作出了令人钦佩的成绩——从长远看来，他们比拉丁历史家作出的成绩更好，因为他们的创造活力维持得更久。剥不掉割不走的古希腊天才感染了他们，赋予他们学习的热情并保持了他们的想象力，而这两种优点在拉丁写作中却均已丧失殆尽。公元二世纪时，罗马史学几乎业已寿终正寝。在罗马统治下的希腊历史写作则一直延续到由古代转入中世纪早期的时候，在异教世界继续存在期间，希腊史学还保持着可观的生命力。

在波里比阿之后的百余年间，即在公元一世纪，当罗马对希腊的统治完成的时候，亚历山大·哥尼流在世，他不是以弗所人就是弗里基亚人。苏拉曾把他俘虏作为奴隶，卖给哥尼流·林条拉斯，后者把他带到罗马当他的儿子们的教师，并恢复了他的自由。他写了一部史地著作，计四十二卷，还写了许多其他著作，这些著作的名称我们还知道。但其内容除片段外，并未流传下来。他在罗棱坦他的房屋和图书馆失火时丧生。这些残存的片段中最有趣的是关于犹太史的，亚历山大编写这部书时，引用了一些已失传的犹太人和萨马利亚人希腊学者的历史著作。[①]

哈利卡尔那索斯人戴奥尼素约于公元前 29 年来到罗马，在那
102 里住了二十二年。他谈到自己时说，“在恺撒·奥古斯都结束内战之后，我乘船来到意大利。在罗马住了二十二年，通晓了拉丁语，熟悉了罗马文献。”在这二十二年当中，他曾攻读拉丁语文和历史，并为他那部用希腊文写的伟大著作《罗马古代史》(*Antiquitates Romanae*)搜集资料，他相信他将因这部书成名。这部书共二十卷，于公元前 7 年出版，其中只有前九卷和其他诸卷的一些片段流传至今。他的职业是修词教师，他以希腊修词家的精神从事写作。他的目的是消除希腊人对罗马人的成见。他的文章冗长，至少用了十一卷的篇幅写完李维只在前三卷就写完的那些题材，单举出这一件事就够了。他那些理想很好，但他力不从心，未能如愿。他引用史料，利用碑铭和文献；他编年准确，认识地理的重要性。但他不能适可而止，也不知应当包括哪些内容，删掉什么材料，以及

① J. 弗洛登塔尔：《博学者亚历山大和摘自他的著作中的犹太和撒马利亚历史片段》，形成他的《希腊代时代研究》第 1、2 卷（布雷斯劳和柏林，1875—1879 年，第 1 卷，第 3 部分）。

如何安排这些材料。[1]

地理—历史学家斯特累波(公元前63—公元24年)[2]是本都人。普鲁塔克曾引用他的《回忆录》(计四十三卷),但他的大作是他那部《地理学》[3],这部书是截至他那时为止的、企图包罗的东西最多的一部书,是一部关于整个地中海世界的地理概述,提到历史的地方也很多。洪保德[4]说,这部书"在结构的宏伟、材料的丰富和多样性等方面,都超过所有古代地理著作"。斯特累波的外祖家[5]是显赫家族之一,其中有些成员曾在米特拉达梯·攸巴脱[6]部下服役。他的外祖父背弃了米特拉达梯的事业,转而同情罗马在东方的政策。斯特累波曾接受高深的哲学、史学、数学和天文学等方面的教育。他最大的兴趣在历史和地理方面,他似曾受到波里比阿的特别启发,如前所述,在波里比阿的著作中,历史和地理是联系在一起的。

---

① 《哈利卡尔那索斯人戴奥尼素的罗马古代史》,附厄涅斯特·撄立的英译本(伦敦和剑桥,马萨诸塞,1937—1939年出版两卷,全书共六卷,《洛布古典丛书》);亚诺尔德·J.汤恩比在其《从荷马到希拉克略时代的史学思想》(伦敦和纽约,1924年),223—229中的摘录。

② 《斯特累波的地理学》,附荷拉斯·J.琼斯的英译本(伦敦和纽约,1917—1932年,八卷,《洛布古典丛书》);H.F.图泽:《斯特累波著作选译,附有序文,论斯特累波的生平和著作》(牛津,1893年);E.H.班柏立:《古代希腊罗马地理学史》(第2版,伦敦,1883年,两卷),第2卷,第21—22章;J.P.马哈菲:《希腊世界的白银时代》(芝加哥,1906年),第10—11章。

③ 中译文片段见波德纳尔斯基编《古代的地理学》,第153—202页(三联书店,1958年)。斯特累波还著了一部大历史著作四十七卷,从第5卷起,为波里比阿著作的续编,写到他本人的时代为止,仅有片段流传至今。——译者

④ 洪保德(1769—1859年),德国博物学家和地理学家,旅行到过南美和中亚诸地,著地理书多种。——译者

⑤ 希腊人后裔。——译者

⑥ 本都国王米特拉达梯第六(公元前120—前63年)。他曾三次起兵反抗罗马。——译者

他在东方游历很广①。他对西方的知识则得自广泛的阅读，而不是
103 直接的观察。他的《地理学》共十七卷。前两卷等于绪论；次十卷叙述欧洲；再后四卷叙述亚洲；最后一卷叙述埃及和非洲。

> ……回顾了他的主要前辈，从荷马说起，继续提到安那克西曼德②、赫开提阿斯③、德谟克利图④、攸多克修斯⑤、代西亚尔克⑥、厄福鲁斯⑦、埃拉托色尼⑧、波里比阿和坡息多尼阿⑨。他还把他对地球的形状和大小以及不同地带的气候等概念写了出来。根据他的看法，大地是一个球形，固定在宇宙中央，人可以居住的部分很像一件战袍，从爱尔兰延伸到锡兰。

他最著名的一段是在1卷4章6节中他进行的推测：因为有人居住的世界只有地球表面的三分之一（据他计算，地球周围是25200地理英里⑩），所以除当时已知的诸大陆之外，可能还有两个或更多

---

① 公元前29年至科林斯，公元前24年溯尼罗河而上，公元14年后定居罗马。——译者

② 希腊天文学家（公元前611？—前547？年）。——译者

③ 希腊旅行家，生活于公元前五世纪，著有《环球旅行记》仅片段传世。——译者

④ 公元前五—四世纪的希腊唯物主义哲学家。——译者

⑤ 公元前二世纪的希腊航海家，世传他受埃及王托勒密之命航行于非洲西岸。——译者

⑥ 公元前四世纪希腊逍遥派哲学家和史地学家，其著作都失传，仅少数片段流传于世。——译者

⑦ 公元前四世纪小亚的希腊历史学家，著有《世界史》二十九卷，现仅片段流传。——译者

⑧ 公元前三世纪天文学家和地理学家，为亚历山大里亚图书馆长，其所著《地理志》仅片段流传至今。——译者

⑨ 公元前一世纪的希腊史学家，著有《通史》五十二卷，叙述公元前146—188年的史实，今失传。——译者

⑩ 一地理英里为赤道一度的六十分之一（约等于1853公尺），地球周围应等于21600地理英里。——译者

的大陆。

亚历山大大帝的势力取代了马其顿称霸以前的四大君主国①②；由于他征服的地区极其广大，因而产生了世界史这个概念，这个概念已经成为公元前一世纪历史编纂上公认的形式。形成这个概念的部分原因是罗马的"世界霸权"，另一部分原因是斯多噶派哲学家"四海之内皆兄弟也"这个概念。在奥古斯都统治时期，西西里人戴奥多剌斯写了一部包括范围很广的世界史《历史文库》(*Bibliotheca*)，③他在序言中说：

> 而且，所有的人们，虽然彼此以血族关系相联系，却被空间和时间隔绝，把所有这些人都编排在一个有秩序的共同体中，一直是〔那些编写世界史的作家们的〕心愿。因此，这些历史家可以说无愧于上帝的使者。上帝既然已经把可以看得见的秩序井然的星辰和人类各种特性都集拢一起安排在一个共同的体系之中，继而又永无休止地指导万物的进程，在命运指导下，使各自得到应得的一份；历史家也正是这样，他们在把有人居住的世界的共同事务按照单独一个国家的事务那样记述的时候，实际上就使他们的文章成为过去事件的总结，也可说是关于过去事件的知识的统一的清算所。④

---

① 即埃及帝国(鼎盛时代为公元前二千年代中叶)、亚述帝国(公元前800—700年)、新巴比伦帝国(公元前606—前550年)及波斯帝国(公元前500年左右)。——译者

② 康拉德·特里柏：《四大世界帝国的思想》，见《黑梅斯》XXVII(1892年)，321—344。但以理的"帝国幻梦"起源于希腊，而不是希伯来。

③ 《西西里人戴奥多剌斯的历史丛书》，附C. H. 奥尔德法瑟的英译本(伦敦、纽约和剑桥，马萨诸塞州，1933—1939年，出版三卷，全书共十卷，《洛布古典丛书》)。

④ 把这种思想和圣保罗的斯多噶派哲学思想比较——"上帝使所有的人们成为一个血族，住在整个地面上。"——参阅G. 部索尔特：《戴奥多剌斯与斯多噶思想的关系》，见《古典语言学年鉴》，CXXXIX(1889年)，297—315；卡特·发哈马司《古代史研究导言》(莱比锡，1895年)，93—94。

他这部历史著作范围广阔，因而书名叫做《历史文库》，意思是整个一座图书馆，全书分为三部分，共计四十卷。第1部分叙述非希腊神话时期，然后讲到希腊各民族，第2部分终于亚历山大之死，第3部分叙述到恺撒征服高卢。这部巨著只有叙述古代诸民族，埃
104 及人、亚述人、埃塞俄比亚人和希腊人的神话时期的前五卷和第11至20卷（从波斯战争开始到分裂马其顿帝国的战争结束）流传至今。其余部分只存片段。戴奥多剌斯从来没有掌握他的材料，也没有一个经过清晰考虑的陈述方法。尽管这样，他的《历史文库》还是一部有价值的书，因为现有的残篇中仍保存着不少资料，根据这些可以对古典民族所掌握的古代东方知识有个大致的估计。

在序言中，戴奥多剌斯埋怨出版商常有肢解作者的著作、搞成单纯的摘要或节本的恶劣行径；他答应读者，他不会让他的著作受到这样的糟蹋。他说了算数。他极其大量地引用资料。他不善于消化他读过的东西，但他的编写方式使他的著作成为知识的大宝库，如果没有他这部书，许多古代希腊历史家就都石沉大海了。文字上的低劣并不一定总能取消一位历史家的资格。戴奥多剌斯不进行批判，他的文笔令人厌倦，但因其内容丰富，他的著作还是非常宝贵的。在波里比阿以前，他是西西里历史的主要向导。

在奥古斯都统治时期，罗马帝国的远东地区，也有自己的历史家。这就是大马士革人尼古拉，他曾任赫洛德大帝①的教师；并曾跟随他到罗马，②在罗马博得皇帝的好感，被委托教育安敦尼和克

① 犹太国王（公元前37—4年在位）。——译者
② 公元前40年。——译者

利奥佩特剌的孩子们。他的文学作品多种多样，既写悲剧也写喜剧，各种哲学论文，一部《恺撒传》，一部《奥古斯都传》，一部《自传》，最后是一部一百四十四卷的巨著《世界史》，这部书只有片段流传下来。①

亚历山大兼并东方世界，造成的结果是犹太人和平地、广泛地分散各地，从那时以后，犹太人的历史就一直引起希腊文明后期犹太作家的注意。其中有狄密多流、攸波利马斯、阿塔巴那斯、阿立斯提阿斯、马尔卡斯和塔拉斯（这个人可能是撒马利亚人）。②

应当看到，这些作家都是业已希腊化的犹太人。有一个稀奇的禁令不许正统的犹太人从事历史写作。

> 在耶稣时代，巴勒斯坦犹太人从不从事著述。在基督时代，耶路撒冷或加利利的犹太人，把用本国语写一部著作看作是大逆不道，这样说 105
> 并非过火。即使在一百年前，一个犹太人写了一部书，就觉得应当把自己这部书归到像亚当③七世孙以诺那样的德高望重的人物名下，或者说书的著者是所谓先知时代的某位犹太古人，人们认为先知时代是从摩西④开始、一直到以斯拉⑤的时代，据信所有关于宗教的可靠的好书都应该是那个时代产生的。这种对著述的回避不单纯是消极的。而是

① 这部《世界史》现存片段见卡尔·米勒等主编的《希腊史著作片段》（巴黎，1868—1884年，五卷），第3卷，313以下；《奥古斯都传》，格列利校订本（莱比锡，1804年）；《朱理亚·恺撒传》，发现于埃斯科里亚尔（译者按：该寺院在西班牙中部）图书馆，由匹科拉斯出版，附有法语译文（巴黎，1850年）。

② 关于所有这些作家，参阅W. N. 斯特因斯编的《希腊-犹太作家片段》（芝加哥，1908年）。

③ 犹太人传说，上帝创造的第一个人，见《旧约·创世记》。——译者

④ 率领犹太人从埃及回巴勒斯坦的先知，约公元前1200年，见《旧约·出埃及记》。——译者

⑤ 公元前五世纪的犹太先知，见《旧约·以斯拉书》。——译者

积极的。他们有很多事情要说,而且也说了,只是不愿意写下来。那个时代正是像喜勒尔[①]和善美这样的大师正在培养的口头讲解犹太法律的著名的时代。但他们不愿意把法律写下来,他们只把它记在心里。把法律写下来似乎是一种不敬的举动,因为如果写下来,它就好像和《圣经》本身对抗了。……公元一世纪时犹太人对写作这种不实际的幻想是无法理解的。……如果说还有什么东西能够使"这幅图景更生动的话,那就是恰巧在这个时期〔公元 50 年以后〕出现的犹太人的行为:他们从这些日益狭窄的围墙中逃脱出来,进入当时广阔无比的希腊世界。这些人自由自在地从事著述,但他们主要是用希腊文写作。……菲罗[②]、保罗[③]和约瑟福斯都讲过这些情况"。[④]

约瑟福斯[⑤]是第一位引起非犹太世界注意的犹太历史家。[⑥]

---

① 喜勒尔活动于公元前 30 至公元 9 年之间。——译者

② 亚历山大里亚的菲罗,生活于公元前一世纪末期和公元一世纪初期,为希腊化的犹太人,他把希腊哲学家的思想和犹太人《圣经》上的教义调和起来。——译者

③ 犹太人,改信基督教。世传公元 67 年殉难于罗马。《新约·保罗书》据说是他写的。——译者

④ E.J.谷兹比德,《福音书的原始文字》,见《大西洋月报》,CLIV(1934 年),475。

⑤ 生活于公元 37—100 年,曾参加 66 年犹太反抗罗马人的战争,失败后投降韦斯巴兴后至罗马。参阅汉默顿《西方名著提要(历史学部分)》,何宁译,第 64—75;86—97 页(商务印书馆,1959 年)。——译者

⑥ 约瑟福斯的著作有 H.圣·J.塔刻立和剌尔夫·马卡斯的英译本(伦敦和纽约,1926—1937 年出版六卷,全书八卷:《洛布古典丛书》);还有许多其他译本,如威廉·喜斯吞译的《犹太战争史》(《人人丛书》)。参阅 H.圣·J.塔刻立的《约瑟福斯其人与历史家》(纽约,1929 年);F.J.傅克斯-约克孙:《约瑟福斯和犹太人》(伦敦,1930 年);本哈特·布轮:《史学家约瑟福斯》;爱弥尔·叔尔:《耶稣·基督时代犹太人民的历史》(第 4 版,莱比锡,1901—1911 年,三卷),英译本(第 2 版,纽约,1885—1891 年,五卷);利翁·费希特汪格:《约瑟福斯》,尉拉和爱底温·缪耳合译(纽约,1932 年);S.克劳斯:《约瑟福斯》,见《犹太百科全书》(纽约和伦敦,1901—1906 年,十二卷),VII,274—281 和 J.谷特曼:《约瑟福斯》,见《犹太百科全书》(柏林,1928—1934 年,十卷,到现在),IX,394—420,两书都有很好的参考书目。

他是一位多产作家，我们手头有他的《犹太战争史》①、《犹太上古史》②、《古代犹太史》、他的《自传》以及各种引起争论的文章。他用希腊文写作，但他的历史著作在他活着的时候，就已译成拉丁文；《犹太上古史》是用拉丁文写的，因为约瑟福斯的希腊文和拉丁文同样流利。在韦斯巴兴统治时期，他曾被派往罗马呈上犹太人的申诉书；犹太战争爆发后，他守卫加利利地区左塔巴达的卫城，被罗马人俘虏。韦斯巴兴的儿子、罗马帝国军队司令官泰塔斯很赏识他，从那时以后，他就变成一位强烈的亲罗马派，因此引起犹太人对他的痛恨，犹太人至今想起他来还要诅咒他。无可否认，约瑟福斯对他自己的升迁抱有野心。公元70年耶路撒冷陷落后，他随泰塔斯到罗马，在那里忙于写作，他最先把犹太人的历史介绍给西方社会，使犹太史知识成为一般人都可占有的文学财富。

阅读约瑟福斯的著作时应该经常警惕，他把法利赛人和撒都该人③都写成讨论自由意志和灵魂不朽的哲学流派。他一定是有意识地不提犹太人对救世主的盼望，而且还故意把犹太人暴动的全部责任归咎于少数狂热者，以便使犹太民族作为一个整体似乎 106
是没有过失的。他也有本事吹嘘他曾抄录官方文件，但事实很明

① 七卷，初用希伯来文，后用希腊文写的，希伯来本已失传。——译者

② 共二十卷，从开天辟地到公元66年，即犹太人暴动的开始。——译者

③ 法利赛人和撒都该人是古代犹太两个宗教派别。法利赛人重虚礼浮文，自以为比其他宗教派别的人为神圣，实为伪君子，相信灵魂不灭、复活、来世和天使，其思想完全是唯心主义。其信徒多为农村大地主及城市上层阶级，在反罗马的斗争易于妥协投降。撒都该教徒否认有复活、来世及天使之存在，主张灵魂灭亡，其思想近于唯物主义，其信徒多为农民及城市下层分子，在反罗马的斗争中比较坚决。两派的斗争实际上代表犹太人内部的阶级斗争。——译者

显，他并没这样做，而且他还说他叙述的某些事件是他亲眼看见的，这一点也应当存疑。尽管如此，我们也应当承认，如果没有约瑟福斯，希腊—罗马时代的犹太史就不可能再现了。再者，我们还要注意，基督教抄写者常常窜改或损坏他的著作的原文。[①]

泰塔斯死后，很明显，约瑟福斯的名字在多密善的薪给名单上就被删除了，[②]因此他必须设法自谋生路。当时罗马的书籍买卖很兴旺，一位名叫厄帕夫洛带塔的出版商雇用了一些作家从事写作。

> 约瑟福斯和平常那样能适应环境，于是就在厄帕夫洛带塔手下开始写作，……人们常常认为厄帕夫洛带塔是尼禄手下也叫这个名字的那个宠臣，但事实并非如此，而是像苏易达斯[③]向我们解释的那样是一位"文法学家"和大批书籍收藏家。事实上，他似乎是罗马一位进行大规模出版投机事业的商人。他还可能雇用了许多作家替他写作，并使用大批职业奴隶抄写这些书籍，拿到市场上去卖。他自己也是在喀罗尼亚[④]以当奴隶开始自己的生活的，但在他精通写作之后，就被埃及一位地方行政长官收买去教他的儿子。后来在罗马时，地方行政长官把他解放，使他成为自由人，从那时后，厄帕夫洛带塔先是度过一段离奇的变化多端的生活，然后就在文学界成为一位显著的人物。当时人们对犹太战争记忆犹新，雕刻着在凯旋游行中抬着神烛和其他犹太战利品的泰塔斯凯旋门，便成了〔罗马〕广场上的新鲜事物，这样，描写犹太人的书很可能就成了罗马世界一种需要。约瑟福斯已经写过一部皇家批准发行的著作。厄帕夫洛带塔认为，在约瑟福斯撰写一部从头叙述犹

---

① 对作为历史家的约瑟福斯不利的评论，可参阅查理·金臬伯特的《耶稣时代犹太世界》，S. H. 虎克的英译本（伦敦，1939 年）。

② 实际上多密善还是优待他的，给他以年金，并在犹太给予他许多土地。——译者

③ 这不是一个作家的名字，而是公元十世纪末编的一本辞书，许多古代作家的传记和著作片段赖此书得以保存。——译者

④ 在中希腊。——译者

> 太人全部历史的真正巨大的著作期间，维持他的生活很可能是一项很好的投机买卖。于是约瑟福斯就安顿下来，编写他平生最长的一部文学作品《犹太上古史》，计二十卷。……这部书最后完成是在公元 93 或 94 年。它的销路一定很广，因为我们发现在这部书问世后，约瑟福斯又替厄帕夫洛带塔写了《驳亚比温》[①]（*Contra Apionem*）一书中的两卷。[②]

很久以前，蒙森就已指出，克鲁维阿斯·鲁福斯的著作可能是约瑟福斯《犹太上古史》第 19 卷第 201—211 节的资料来源。近来，已故的圣约翰·塔刻立以内证说明第 15 到 19 卷几乎全部都是得自克鲁维阿斯·鲁福斯的著作。这几卷的题材的道德说教口吻，特别是对加利古拉和尼禄二人性格的描绘，和约瑟福斯在其他那些卷里的处理显然不同。塔西佗那些冠冕堂皇的道德说教也是从克鲁维阿斯·鲁福斯那里得来的，尽管他也是一位妙笔生花的文艺家，107
不至于像约瑟福斯那样，只知照抄别的作家表达思想的词句。约瑟福斯还曾利用大马士革人尼古拉的《叙利亚史》以及一部尚未确定作者是谁的历史著作（这部著作从安泰奥卡斯·厄匹非尼[③]开始叙述，提供了至少直到赛留西时代为止的重要史料）。[④]

但是希腊罗马有头脑的人对叙事史的兴趣不如对传记的兴趣大。伟大人物对历史的影响仍然是历史家争论未决的一个问题。

---

① 亚比温是公元一世纪亚历山大里亚的文法学家，公元 38 年亚历山大里亚人派遣他领导一个代表团至罗马，向加利古拉皇帝控诉犹太人，苛刻地责难犹太人。因此约瑟福斯著《驳亚比温》以反击之。以后亚比温留在罗马，教授修词学。

② 爱底温·贝凡："约瑟福斯"，见〔伦敦〕《评论季刊》，CCCIII（1929 年），85—100，引文摘自 94—95。——译者

③ 叙利亚赛留西王朝的国王安泰奥卡斯第四（公元前 175—前 163 年）。——译者

④ 阿道夫·布喜勒："弗拉维阿斯·约瑟福斯〈犹太古史〉（XII，5—XIII，1）的史料来源"，见《犹太研究评论》，XXXII（1896 年），179—199，XXXIV（1897 年），69—93。

相信“英雄创造历史”的人仍然很多，这个原则肯定仍然是一种流行的历史编纂法。[①]在我们这个时代，研究一个人的生平往往脱离他周围的一般环境而单独进行。在古代，个人传记则是和国家、政府或文化密切联系起来的。不但描写个别政治或军事方面的伟大人物的传记很受欢迎，而且按类别写的传记也很流行，如哥尼流·尼颇士所撰《伟大舰长们的传记》，斯韦托尼阿的《十二位罗马皇帝本纪》和戴奥真尼斯·雷厄提兹的《诸哲学家传记》。不过，在古代，所有传记的写法都倾向于道德说教——把撰写对象写成应当钦佩和模仿的典范或谴责的目标。西塞罗在他的《论职责》(*De officiis*)一文中，以简练的语言表达了这个看法：“对任何人都给予应得的批评表扬，不予伤害”(Neminem laedere et suum cuique tribuere)。

传记行时至世界古典名著之一普鲁塔克[②]的《名人传》(*Lives*)，[③][④]问世而达到顶峰；普鲁塔克于公元46年至48年间出

---

① 关于这个问题的讨论，参阅G. P. 斐雪：“历史家作为历史人物评价者的职责”，见《美国史学会年鉴》，1898年(1899年)，15—33。

② 生活于公元46？—120年。——译者

③ 最好的英译本是伯纳多特·培伦的译本(伦敦和纽约，1914—1926，十一卷，《洛布古典丛书》)。挪尔斯爵士的普鲁塔克《名人传》原译本不是从希腊原文翻译的，而是从阿米奥的法文译本重译的，对于莎士比亚的《朱理亚·恺撒》、《科里奥拉那斯》和《安敦尼和克利奥佩特拉》等剧本有很深的影响。腓得烈·利奥：《〈希腊罗马名人传〉的文字形式》(莱比锡，1901年)；康拉德·齐格勒《普鲁塔克〈平行传记〉的传统历史》(莱比锡，1907年)；E. 厄格“研究普鲁塔克及其著作的最近出版物”〔巴黎〕《学者杂志》，1884年，第117—125，191—199，246—57页。

④ 中译文有《提秀斯传》(见《世界文库》，第1集，第1册，第401—424页，生活书店，1935年出版)；《来库古传》，见东北师大《科学集刊》(1952，2)；《普鲁塔克〈传记集〉选》，吴于廑等译(商务印书馆，1962年出版)，载有《梭伦传》、《阿基斯传》、《提比略·格拉古传》和《阿基斯、克利奥米尼、格拉古兄弟合论》四篇。《世界史资料丛刊初集》《罗马共和时期》下，译有《克拉苏传》(第26—33页)、《盖约·格拉古传》(第51—68页)、《卢卡拉斯传》(第93—98页)和《恺撒传》(第113—139页)等片段。——译者

生于维奥蒂亚境内的喀罗尼亚，正值克劳第乌斯皇帝统治时代。他曾在雅典受教育，学习医学、修词学和哲学。后曾访问了埃及和意大利，在弗拉维统治时期定居罗马。在这二十年间，他游历很广，经常表示对祖国的关怀，实际上他是自己的祖国在罗马的代言人。他似乎相当成功地在罗马以教书维持自己的生活。他在罗马图书馆和档案馆专心致志进行研究，他可能知道小普林 108
尼和塔西佗，尽管他和他们当中任何一位是否面识还不清楚。在多密善死前不久，他回到喀罗尼亚，在那里一直到年迈，很受同胞们敬爱。塔西佗、普林尼和斯韦托尼阿三人都未曾提到过他。

普鲁塔克是古代最多产的作家之一。他的已知作品包括四十八篇传记和七十八篇论文或对话①，除这些外，他还写了一百三十篇其他作品，但都已失传。比其他著作出名得多的是他的《平行传》②，共四十六篇，在这部著作中，他把希腊和罗马名人并列描绘，先分别叙述，然后将两人作对比，他对道德说教的爱好就在对比中表现出来。这样的例子有，《地米斯托克利和卡密拉斯》、《来库古和努马·彭比略》、《亚里斯泰提和伽图》、《皮洛士和马略》、《亚历山大和恺撒》、《德谟斯提尼和西塞罗》。

应当把普鲁塔克看作一位道德家，而不应当把他看成历史家。他钦佩罗马文明和帝国的政治团结，但他爱的是他的故国，他对罗马漠然置之的种种影响却很敏感。

① 《道德论文集》，包括论文六十多篇。——译者

② 即《名人传记集》，因为传记中是一个希腊人和一个罗马人并列叙述的，故名。——译者

为了说明普鲁塔克的性格和了解他对古代是怎样构思的，我们有必要考虑他所处的时代。公元前四世纪末叶，亚历山大大帝死后，希腊世界发生了深刻变化。从亚历山大之死到普鲁塔克相隔四百年之久，在这期间，发生了许许多多大事，最后是罗马征服希腊，使东地中海地区发生了深刻变化，从而使希腊文化出现一种新形式。在亚历山大以前，希腊是由许多独立城邦组成，每个城邦过着各自的生活，有各自的历史旧传统。但在亚历山大征服广大地区以后，这些城市突然从独立的城邦下降为仅仅是罗马行省的省会，实际上希腊世界的眼界再度缩小了。希腊文明深入东方之后，创造了一些像塞留西帝国和托勒密王国那样的东西文明混合的国家。但希腊本土这时又是个什么样子呢？只是一些被剥夺了独立、被割断了历史传统、被强迫附属于罗马的一些城市而已。在这个情况下，往昔的生活已无踪影，在罗马治下的亚细亚[①]及阿非利加[②]行省找到新的安身之地，这种情况在知识和文化上也有反映。希腊精神出现变态，城市问题和地方之间的细小争执取代了像修昔底德和伯里克利曾关心过的那些对重大政治问题的讨论。
109 一个有感情的希腊人通过变化多端的时代的云雾，回顾过去，以一种理想化的方式看待事物，当然是很自然的。亚历山大时代以后的希腊世界和古希腊有什么共同之点呢？希腊化世界成百城镇的居民和希腊毫无共同之处。亚历山大里亚、安蒂奥克、塔尔苏斯的居民和希腊血统并无丝毫联系。在这种情况下，文学又怎能像往

① 罗马的亚细亚行省指小亚细亚西部。——译者
② 罗马的阿非利加行省指现在的突尼斯。——译者

昔那样繁荣昌盛呢？希腊业已丧失其民族性，因为这个变化，希腊民族许多其他因素也已丧失。这个变化可以说明在罗马统治时期希腊世界为什么以实利主义、狭隘小气、缺乏理想为其特征。唤醒业已消失的希腊理想主义和对道德的尊重，几乎是普鲁塔克热情而迫切地追求的目标。

很奇怪，普鲁塔克的著作在业已享受了极大荣誉之后，今天却几乎无人问津。原因是这样：他已经不再反映我们今天对古人的看法了。我们并不希望看到像恺撒和奥古斯都在伯里克利身上看到的同样的那些特色，也不希望看到以空泛的理想，而不是以清晰的线条勾画出来的古代伟人了。普鲁塔克的抽象肖像画和近代爱好或科学方法没有任何共同之点。我们想要知道的是某人所处时代的时代精神、政治、制度和文明等情况。

但是从文艺复兴到法国革命这段时期，普鲁塔克的著作却极受欢迎。由这样多伟大活动家和文人的传记表现出来的文艺复兴时代的浓厚的个人主义同情普鲁塔克，但我们这个时代并没有这种东西。在法国大革命期间，人们对古典时代的人和事的狂热崇拜和旧社会道德习俗的败坏，是使普鲁塔克的著作极受欢迎的原因。也许将来会有一天，人们为了逃避近代机器文明造成的实利主义，愿意从思想和理想中、而不是从实物中寻找安慰时，又会读普鲁塔克的书了，到那时，他就可能再次盛极一时。

阿庇安从幼到老完全和普鲁塔克同时，也和普鲁塔克一样，是居住在罗马的希腊人。①② 他是亚历山大里亚人，后来成为一位著名的辩护律师，为罗马世界在法庭诉讼的希腊公民辩护。他用希腊文写作，但写的却是罗马的历史，而不是希腊史。这个事实本身就使他取得很高的名望。阿庇安的《罗马史》是一部巨著，从罗马
110 共和国和帝国直到他自己的时代，即哈得良统治时代。他对罗马崇拜备至。幸而他的著作失传的部分是价值最小的那一部分。关于西班牙战争、布匿战争、与马其顿及米特拉达梯的冲突，以及关于内战的全部历史我们手头都有；关于克勒特和高卢战争也有一些片段。现存的材料总共大约是原书全部二十二卷的一半。阿庇安的写作方法是把事件按民族或国家分类叙述。因此，他的《罗马史》是由一套各自独立的历史专著组成的丛书。他没有批判能力，年代编排也粗心大意，没有指明他的史料来源（这一点只能根据他写的东西本身推断）。尽管如此，阿庇安的著作还是极有价值的，因为我们能够用他的书核对其他史家对同样事件的记载。能明显说明这一点的是他对高卢战争的记述。因为只有阿庇安的记述可

① 阿庇安《罗马史》，谢德风译，上下两册（商务印书馆，上册，1963 年，下册，1976 年），根据《洛布古典丛书》版翻译的，译者加序言、附注、地图、插图、年表等。片段译文见《世界史资料丛刊初集》《罗马共和时期》上，第 80—119 页。参阅 O. M. 西瓦斯提杨洛瓦《阿庇安及其〈罗马史〉》，见（苏联）《古代史公报》，1950 年，第 2 期；同一作者，《〈叙利亚战争史〉和〈米特拉达梯战争史〉俄文译本序言》，见同上，1946 年第 4 期，第 231—238 页。参阅狄雅可夫《古代世界史》（古代罗马部分）第 10—11 页（高等教育出版社，1959 年）及科瓦略夫《古代罗马史》，王以铸译，第 247—248 页（三联书店，1957 年）。马克思、恩格斯对阿庇安的著作曾予以颇高评价（见《马克思恩格斯选集》，李季译，第 3 卷，第 15—16 页，三联书店，1957 年）。

② 《亚历山大里亚人阿庇安的〈罗马史〉》，荷拉斯・怀特译（纽约和伦敦，1899 年，两卷，附有译者序），VII—XLVIII 和参考书目，XLIX—LIV。怀特译本又收入《洛布古典丛书》中（伦敦和纽约，1912—1913 年，四卷），但译者序言和参考书目删去了。

以核对恺撒的《高卢战记》，这样一"对照"就知道恺撒的记述并不忠实了。阿庇安著作中最好的部分是记述苏拉和马略之间的冲突的那段历史。这段历史根据的材料最为丰富。在选择事实方面，阿庇安很有趣。他很不关心宗教方面的事情、私人生活的细节或单纯的军事史。他的兴趣主要在于行政、法律和制度。他的主要材料来源是李维和维利尤斯·帕忒丘拉斯，不过他还利用了许多现已失传的史料。西新那[①]可能是李维、维利尤斯·帕忒丘拉斯和阿庇安的共同史料来源。在阿庇安的著作中还有利用了其他四个来源的迹象。其中最有趣的是鲁提利阿斯·鲁福斯，他那些有价值的回忆录早已失传。另一个来源似乎是奥里略·维克脱。普鲁塔克和阿庇安的著作中有些部分极相类似，原因是他们二人根据的是同一个希腊文史料来源。最后，还有证据说明阿庇安曾利用档案文献。他引用了三个这样的文献原文，还有证据说明他曾利用立法文件和碑铭。

在哈得良、安敦尼、庇护和马卡斯·奥理略统治时期的另一位希腊史家是坡舍尼阿斯[②]，严格说来，他并不是一位历史家，但他的作品中也包含许多历史材料。[③]为了解他的作品，有必要知道罗

---

① 罗马史学家(公元前 120? —前 67 年)，著有《罗马史》，仅有片段留传至今。——译者

② 公元二世纪的希腊旅行家和地理学家，吕底亚人，著有《希腊旅行记》十卷，详述希腊各地的风俗习惯、历史及艺术作品。他在书中言及中国养蚕之事。参阅张星烺《中西交通史料汇编》第 1 册，第 36—37 页。坡舍尼阿斯的译文片段见《世界史资料丛刊初集》《罗马共和时期》上，第 123—125 页(三联书店，1957 年)。

③ 《坡舍尼阿斯的〈希腊描述〉》，J. G. 夫累则译注(第 2 版，伦敦和纽约，1913 年，六卷)；另一译本，W. H. S. 琼斯和 R. E. 尉拆力合译(伦敦和纽约，1918—1935 年，五卷，《洛布古典丛书》)。夫累则有一篇杰出的导言，讨论坡舍尼阿斯的史料来源、方法等等；也可参阅卡尔·罗伯的《作为一位作家、研究者和观察者的坡(接下页)

马世界中有文化教养的人们对神话、传说和古希腊事物有多么强烈的兴趣。在哈得良统治时期,希腊文艺的复兴,鼓动起人们前往希腊旅行的热潮。即使在前一个世纪这个热潮也并非很小,这主
111 要是因为尼禄曾对希腊进行一次颇富浪漫色彩的访问。[①]通过布林迪西[②]往返希腊的人如此之多,以致在码头上有旅行指南向航海者出售。坡舍尼阿斯和希罗多德、斯特累波一样也是一位好探求知识的旅行家,他渴望视察希腊每个重要遗址和名胜,因为希腊在当时和在现代一样,是公认的文化摇篮。但和现在不同的是那时的庙宇、柱廊、城墙和碑铭都还存在,道路也还良好,传说和故事仍受众人珍爱,几乎仍很完整。罗马时代的希腊是珍藏着无数优美而干燥的古物的一个极其巨大的露天博物馆。家世轶闻、宗教传说、古老艺术和考古学都是坡舍尼阿斯珍爱的东西。对历史家来说,他这部著作是把各种事件珍闻拼凑嵌镶一起的宝库。史家可以按照自己的兴趣任意从中摘取历史事实或片段。

虽然普鲁塔克、阿庇安和坡舍尼阿斯都是希腊人,但他们的艺术和文化素养还是受到罗马一定影响并从中受到益处。但就在这些年代里,远在俾泰尼亚的尼科米底亚还住着另一位希腊史家,他想象并撰写了一部历史,描写罗马还是意大利中部拉丁姆地区的

(接上页)舍尼阿斯》(柏林,1909 年)及 D. M. 罗伯孙对该书的评论,见《美国语言学杂志》XXXI(1910 年),213。

① 路易·夫里德楞得:《从奥古斯都时代到安敦尼朝末期罗马道德史概述》(第 8 次修订版,莱比锡,1910 年,四卷),II,97—292,或参阅 L. A. 马格那斯等等对第 7 版的英译本,书名为《早期帝国时代罗马人的生活和风俗》(伦敦,1908—1913 年,四卷),I,323—428。

② 意大利东南端通往希腊的一个海口。——译者

一个山镇的时候发生的事情。这位史家就是阿里安(约 95—175 年)。[①] 但他和普鲁塔克、阿庇安和坡舍尼阿斯比较起来,可能更加罗马化了,因为他的名字是个拉丁字"弗拉维阿斯"。他既是罗马公民,又是雅典公民。他在青年时代来到罗马学哲学。当多密善下令把哲学家从罗马和意大利驱逐出境的时候,阿里安逃往尼科波利[②],和伟大的斯多噶派哲学家埃披克提都[③]住在一起,成了他的写作的继承者,编辑他的讲演词,还发表了他的哲学的概述。公元 126 年哈得良皇帝在东方旅行时,曾遇到阿里安;对他印象很深,因而竭力劝他参加政府工作。公元 131 年,阿里安当了黑海沿岸军事视察官。146 年升至执政官等级。阿里安卸职后,退隐尼科米底亚,在狄密特和普洛赛匹那[④]神庙中当祭司,在安静、勤学中度过晚年。

阿里安的杰作是他的《亚历山大远征记》。在他那个时代,虽然亚历山大时代已过去将近五百年,许多史料虽已失传,但阿里安还能找到。他这部书突出的优点是小心翼翼注意史实,对史料进

① 《亚历山大远征记》和《印度史》的英译本,有 E. 伊里夫·洛蒲生译本(伦敦和纽约,1929—1933 年,两卷,《洛布古典丛书》),有 E. J. 钦诺克的译本(伦敦,1893 年)。参阅 W. 基督《希腊文学史》(第 5 版,W. 斯密德和 O. 斯塌林修订本,慕尼黑 1908—1913 年,两卷,分成三部分),II,第 699 页;和 J. G. 特雷新《希腊文化史》(第 2 版,哥达,1877—1878 年,三卷),索引。

② 在希腊西北部的伊庇鲁斯。——译者

③ 公元一世纪罗马著名的斯多噶派哲学家,为被解放的奴隶,原为小亚佛里基亚人,在罗马教授哲学。公元 90 年被逐出罗马,始迁居尼科波利。他本人无著作流传下来,他的《讨论集》等书,是他的学生阿里安替他编的。——译者

④ 狄密特为农业女神,普洛赛匹那是农业女神的女儿,万物生长的女神。——译者

行批判处理，广泛的地理知识，对军事技术和行政问题了如指掌；112 只对他描述的主人公稍有偏袒。他对亚历山大一生最后几天和逝世的记述（第 7 卷，第 25—30 节）是历史著作中最动人的描绘之一。阿里安还著有一部他的故乡《俾泰尼亚史》，一部《帕提亚战争史》，一部《战术论》，一部任军事视察官时受自己职务的启发而写的《攸克星海①沿岸考察记》以及一篇小论文《爱奥尼亚方言论》。所有这些著作都未能流传至今。

哈得良有一名已恢复自由的希腊奴隶，名叫夫勒冈，这个人曾编写一部历史，似乎是为哈得良皇帝旅行希腊时提供一些希腊历史知识的。书名《奥林比亚纪》，是根据从公元前 776 年第一奥林比亚纪至公元 137 年第 229 奥林比亚纪期间奥林匹克运动会胜利的编年纪事编纂的一种通史。全书十六卷，一定是一部枯燥无味、专记事实的读物。公元九世纪拜占庭学者福细阿斯知道这部书或其摘录。这部书一定是一部贫乏而支离破碎的摘要，但对查找年代和事实却很有价值。因此，它的失传相当可惜。

在罗马帝国时代的第二个世纪，地理学的研究以及随之而来的历史知识，在托勒密那部著名的《地理学》一书中，在斯特累波已达到的水平上又向前发展了一步。② 关于这位托勒密的生平，我们一点也不知道。但他显然曾在塞累匹斯③神庙充当一位天文学家。他在希腊—罗马世界以及后来的伊斯兰世界的声望，大部分

---

① 即黑海。

② E. L. 斯蒂文孙的英译本，附有 J. 斐西耶的序文（纽约，1932）；班柏立（见原书第 102 页注），II，章 XXVIII—XXIV。

③ 埃及医药之神，亚历山大里亚有其最大的神庙。——译者

来自他的数学和天文学著作，而不是由于他的《地理学》，因为他这部书里的历史材料远不及斯特累波的著作那样多。他提到的重要地点之间的距离根据的是罗马帝国的军事记录和道路指南等书；其中有一部名为《安敦尼驿站指南》(*Antonine Itinerary*)[1]的书保存至今。把托勒密和他的前辈比较，就可以看出古代在地理和人种志知识方面的进步有多大。埃拉托色尼(公元前276—前196年)在亚历山大里亚一个大图书馆里当馆长并从事著述，[2]但他主要是一位天文学家，而不是地理学家。如前述斯特累波生活于奥古斯都统治时期。他的著作对每个国家的自然环境、社会和历史情况都分别进行了概括的描述，在他对远方土著民族的记载中，他的眼界开阔是显而易见的。但他对西亚地区竟然毫无所知，把里海说成是大洋的一个湾，对印度的知识也极肤浅。他所知道的关于阿拉伯的那一点点知识是当他在埃及时和一位罗马军官伊利阿斯·伽鲁斯谈话时，从他的口头汇报中听来的。关于埃塞俄比亚，他只知道沿海一带；关于北欧，他连从易北河到里海这个地区都不 113
知道。

不过，自从有了托勒密的著作，印度的情况就从黑暗中明朗起来了，这不仅指沿海一带，就连内地也是如此。他记述了锡兰二十个城镇的情况，也是提到半岛上恒河以远地区的第一位地理学家。

① 这部书也说到中国，称"大地上人类可居之地，极东为无名地，与大亚细亚最东之秦尼国(Sinae)及赛里斯国(Serice)为邻"。亨利·玉尔主张赛里斯为中国新疆，秦尼为中国本部。但他所记中国之事，亦模糊不清。参阅张星烺《中西交通史料汇编》第1册，第29—35页。其译文片段见《古代的地理学》，第331—383页。——译者

② 译文片段见波德纳尔斯基编《古代的地理学》，第93—110页(三联书店，1958年)。——译者

他对阿拉伯半岛的描述，比他以前的作家详尽得多，对北欧的知识也同样可观。他即使不见得了解斯堪的那维亚半岛，却了解日德兰。日耳曼诸部落，甚至易北河以远地区以及波罗的海沿岸那些日耳曼部落他也清楚。里海已经不再是一个海湾了，而且里海以北的广大地区他也知道，尽管并不很清楚。

托勒密的地理知识如此渊博，其原因何在？首先，我们可以说，就是公元一世纪罗马和日耳曼人之间的战争，而且在大不列颠，阿古利可拉的环岛航行也是在罗马世界知识扩大的一个重要方面。仅次于这些事件的是在尼禄、韦斯巴兴和图拉真统治时代和帕提亚人之间的战争，以及对毛里塔尼亚[①]的征服从而使罗马和非洲内陆各部落相接触。在多瑙河下游进行的战争开始于多密善时代至图拉真而结束，[②]这次战争的战果使罗马人了解了喀尔巴阡山脉和黑海之间广大地区的情况。除了这些影响之外，还应当加上商业活动。大约于公元 48 年，发现了印度洋上定期贸易风即季风，从而大大鼓舞了地中海诸国和东方的贸易往来。供商人使用的指南《厄利特里亚海往返航行记》(*Periplus of the Erythraean Sea*)[③][④]是公元一世纪根据舵工手册和商人手册编纂的；这部书极其详尽地载明红海以及阿拉伯、非洲东部、印度某地沿海区

① 现在的摩洛哥和阿尔及利亚。——译者

② 公元 101—103、105—107 年两次进攻达西亚，即现在的罗马尼亚。——译者

③ 书中说到中国，称中国为秦尼(Thinae)，是为欧洲关于秦尼最早的记载。参阅张星烺《中西交通史料汇编》第 1 册，第 22—37 页。所谓厄利特里亚海原指阿拉伯、非洲与印度之间的广大海面，包括红海、印度洋、阿拉伯海和波斯湾等地。——译者

④ 尉尔夫里德·H. 瑟夫：《厄立特利亚海环航记》(纽约和伦敦，1912 年)。——译者

域的地理情况。所有这些新的地理和人种学知识，托勒密都曾很好加以利用。[1]

> 莱比锡大学比较宗教研究所公元 1922 年的《年报》中发表的大约公元 100 年时中国、印度和罗马之间的一张商道图上绘有明显的证据，说明那个时期全世界交通的高度发展。普通读者吃惊地注意到当时欧亚两洲之间道路网有多么稠密，特别是在北纬 10°和 14°之间竞争商道之多，在埃及、小亚细亚和索格狄亚那之间，以及在巴克脱里亚，健驮罗直至马拉巴[2]沿海一带之间的联系如此纷繁。除了这些陆上和海上交通网之外，这张地图还说明，像印度河那样的一些江河流域在当时世界通商中起了多么重要的作用。[3]

将近一个世纪过去之后，才有另一位著名的希腊历史家出现。114
希腊史学正逐渐丧失活力。我们不久就可以看到究竟是哪些原因逐渐造成了这次衰落。

这种"绮丽文风"(Asianism)[4](因为这种影响或趋势可以用这个词表达)的一个例子是赫洛狄安(约公元 170—240 年)，他是亚历山大里亚的一位希腊人，多年居住罗马，担任某种民政职务。他写了一部《罗马诸皇帝本纪》(从公元 180 年马卡斯·奥里略之死写到 238 年哥狄安三世之死)。希腊文写得非常好，只是过于修饰词藻。他这部著作吃了浮夸华丽的亏，倾向于抽象的、一般化的概念，缺乏年代和地理方面的准确性。由于公元三世纪时历史

① 关于罗马商业向东方的发展，参阅我的《中世纪经济社会史，300—1300 年》(纽约，1928 年)，第 20—25 和 810 页以下所引的参考书目。

② 印度西部沿海一带。——译者

③ 《法兰克福周报》，1926 年 6 月 12 日。

④ 直译为"亚细亚主义"，因为这种文风最早流行于公元前二三世纪亚细亚的希腊人中间。——译者

和文献十分稀少,因而赫洛狄安才显得相当重要。① 迟至公元三世纪中叶,他竟然没提基督教,实在使人吃惊。

和赫洛狄安同时代、但比他伟大的另一位历史家是戴奥·加西阿斯(死于公元235年)。②③ 事实上,他胜过帝国时代除阿庇安以外的任何其他历史家。他于公元二世纪后半叶(可能是公元155年左右)生于俾泰尼亚的尼西亚。在他的历史著作中,马卡斯·奥里略时代以后发生的事件都是以当时人的观点、还常常以目击者的口吻进行撰述。因此,可以推测他在公元175年左右就已成年。他出身于外省一个颇为富裕、尽管可能并不特别显贵的家庭。在公元二世纪的大演说家戴奥·克立索斯顿④出现以前,这个家族的重要完全是地方性的;戴奥·克立索斯顿是首先使这个家族著名的。他是这位历史家的外祖父。他的父亲晋升至元老等级,历任西里西亚、达尔马提亚总督。年轻的戴奥跟着他父亲出差西里西亚,在孔茂德统治时期(公元193—197年)⑤即已回到罗马,进入元老院。公元194年曾在柏梯那克斯⑥手下当大法官。但他在政治和文学上都达到显著地位却归功于塞普提米阿斯·塞

① 旧英译本,伦敦,1629年。

② 参阅狄雅可夫《古代世界史》(古代罗马部分),第11页(高教出版社,1959年)。——译者

③ 《戴奥〈罗马史〉》的英译本,H. B. 福斯特译(特洛伊,纽约,1905—1906年,六卷);厄涅斯特·搂立根据这个译本的修订本(伦敦和纽约,1914—1927年,九卷,《洛布古典丛书》)。

④ 生活于40? —115? 年,希腊哲人派哲学家,生于俾泰尼亚,后移居罗马。晚年改信斯多噶派哲学。有演说八十篇流传于世。——译者

⑤ 孔茂德统治时代应为公元180—192年。——译者

⑥ 孔茂德被杀后,193年柏梯那克斯被拥立为帝,三个月后即被杀。——译者

维鲁(公元197—211年)。看来他似曾以极大注意和兴趣追随塞普提米阿斯的事业,并曾怀有很大希望,但结果却很使他失望。他曾在马克赖那斯[①]手下担任"城邦改进监理官"(curator ad corrigendum civitatum statum);并曾跟随卡剌卡拉[②]去东方旅行,还曾提到随王廷在尼科米底亚度过公元216—217年冬季的情形。在厄拉加巴拉斯[③]短暂的统治时期,他显然是在那里度过的,直到亚历山大·塞维鲁斯[④]时期才回罗马。他被派往非洲任代理执政 115
官,后又被派往达尔马提亚和上潘诺尼亚任同职。公元229年任正式执政官(consul ordinarius),但由于禁卫军仇视他,遂于公元229年后被迫离开罗马,他的历史著作即终于是年。此后他的生活如何,我们就毫无所知了。

戴奥的历史著作以屡遭窜改的形式流传至今。此书原有八十卷,包括从公元前1000年[⑤]到亚历山大·塞维鲁斯(死于公元235年)统治时期罗马历史的各个方面。他作为一位作家的声誉显然是下降了;后来在十二世纪他的声誉在君士坦丁堡恢复时,他的著作业已大部失传了,特别是第22至35卷损失最大。在这个世纪中拜占庭许多作家,特别是索那拉斯[⑥]和西斐利那斯曾为他的全

① 罗马皇帝(217—218年在位)。——译者

② 罗马皇帝(211—217年在位)。——译者

③ 罗马皇帝(218—222年在位)。——译者

④ 罗马皇帝(222—235年在位)。——译者

⑤ 即传说伊尼阿在意大利登陆之时。——译者

⑥ 公元十二世纪君士坦丁堡的历史家,为亚历修第一的私人秘书,死时为希腊东北亚陀斯山上一神庙的僧侣,著有《通史摘要》十八卷,其价值主要在于其中有戴奥的著作的摘要。——译者

集作了一些提要。这些提要有些被保存下来。他的原著第 1—21 卷、60—61 卷、70—77 卷和 80 卷的内容，只能主要依靠这些提要了。我们手头现有戴奥原著第 36—60 卷，内容包括从庞培时期(公元前 69 年)到克劳第乌斯时期(公元 53 年)；第 78—79 卷几乎完整无缺，写的是卡剌卡拉时期。其他各卷只好完全依靠摘录或片段了。这部《罗马史》的中间部分当然是最重要的。但是假如我们手头有他的罗马史后期完整的原著，由于戴奥在写作中可以利用他亲身的观察和判断，情况必然大不相同，中间这部分在那种情况下是否还那样有价值，就大成问题了。这部著作是在塞普提米阿斯·塞维鲁统治时期开始撰写的，连续写了二十五年才完成。

戴奥的《历史》分为三大部分：第 1 部分叙述从罗马城的建立到亚克兴之役[1]；第 2 部分从亚克兴之役到马卡斯·奥理略之死；最后一部分从孔茂德即位到亚历山大·塞维鲁时期而全部结束。这些部分是根据罗马史上两大分水岭划分的，在处理方法上也有显著区别。因为方法问题首先和史家取得的材料有关，所以我们不妨首先谈谈戴奥的原始材料问题。

在罗马共和国早期，戴奥显然大部分采用了收入李维的作品和其他著述中的有关罗马早期情况的传统记述。在研究早期罗马史的旧材料时，很少有创造性发挥的余地；不过，尽管他的著作的这一部分大都只存片段，或者只能得到十二世纪拜占庭修道士索那拉斯所作的摘要，我们所受损失却并不大。

关于布匿战争时期，戴奥可能使用了波里比阿的不朽之作；而

---

① 即奥古斯都打败安敦尼(公元前 31 年)。——译者

在撰写其后的时期时,他又利用了更老的编年史家的作品。戴奥 116
全集中大约从公元前69年以后的部分完整地保存至今。共和国最后半个世纪发生的事件叙述得很详细、很有趣。但这部分记载价值并不大,因为有很多其他权威著作讲述这个时期。

在亚克兴之役(公元前31年)引起的政府更迭之后,[①]戴奥笔下的历史就使读者感到业已进入世界史上的一个新时代,为了描述这个新时代,历史也必需改变其撰述方法。

> 尽管如此,在这个时期以后发生的事件不能像以前的事件那样记述。我们知道,在过去,一切事情纵然发生在遥远的地方,也必须向元老院和人民汇报;因此,所有的人都知道这些事情,而且有很多人作了记载。结果,关于这些事情的真相,某些作家的撰述无论因为作者的恐惧或偏袒、友谊或仇视而使作品受到多大影响,总是可以在记述同样事件的其他作品中或在官方记录中找到某些对证。但在这个时期以后,对发生的事情大部分开始保密或隐瞒,纵或有些事情偶然暴露出来,也没人相信,因为这些事无法证实。这是因为,不论谁说什么、写什么,人们都认为这都是以当时的当权派和他们的伙伴的意愿为转移的。结果,许多从未发生过的事情却在外边街谈巷议,而许多确实发生过的事情,反而无人知晓,而且几乎每件事情,总有一种与真相不符的说法盛行。更何况,单就帝国的庞大和发生的事情的众多而论,就使记述这些事情的准确性成为最大难题了。例如,单在罗马就有很多事情正在发生,在各属地也在出现,在敌人那里,事实上经常、甚至每一天都在出事,关于这些事情,除了局中人以外,谁都不容易了解事实真相。因此,在我叙述这些后期事件时,只要它们值得一提,我所做记载都是根据业已公开的报道,不管它是否与真实情况相符。但是,除了这些报道之外,如果我能够的话,我将根据我所阅读的材料、听到的传闻以及个人目睹的事情收集的大量证据,作出和普通报道不同的判断,说出我自己

① 罗马帝国开始形成。——译者

的意见。[1]

从这段极其重要的文字中,我们可以明显看出,戴奥的意思是无论在他的材料来源的性质上,还是在他处理这些材料的方法上,都已发生剧烈变化。值得注意的是,在戴奥全部著作中,无论在什么地方他都未曾说过他曾接触或利用过官方文件作为史料来源。在他那些带有导言性质的语句中,确实已经相当清楚地表明,至少他的早期罗马史是完全根据其他作家的著作写的。他提到文献的那些地方,从来都没有使我们直接得出判断,认为他那些材料是从这些文献中取来的。

记述帝国早期部分,戴奥明显地利用了塔西佗,否则就是他和
117 塔西佗用的是同一个来源。个别的一些段落看来极其类似。事实上,除了他们表达自己的思想使用的语言不同这一点之外,戴奥的著作里很多句子似乎都是从塔西佗那里抄来的。尽管如此,我们还是应当记住,这两个人的观点完全不同,而且是从完全不同的角度研究罗马问题的。

在马卡斯·奥理略逝世以后,我们觉察到戴奥的叙述开始有点轻快了,他以华饰的语言感叹说,他正在从一个黄金时代过渡到一个黑铁时代。当他从古史领域进入当代史领域时,他再次说明了方法上的变化:"当我叙述这些事实以及以后的情况时,不会像从前那样以别人的撰述为依据,而是靠我自己的观察了。"后来的事件他都是以一位目击者确信无疑的笔调进行叙述的。除了他自己掌握的事实以外,还加上他父亲阿普洛尼安那掌握的材料,他至

① 第 LIII 卷,19。

少曾跟着他父亲到过他统治下的一个省，而且从他那里收集到有关他自己以前那一代人的许多有价值的材料。

现在我们可以谈谈戴奥对他自己记述的事件是如何进行解释的。为了使我们能够找出贯穿他全部著述的中心线索，应当记住，戴奥并不是罗马本地人，甚至不是意大利人，而是从俾泰尼亚[①]的一个城市尼西亚来的人。不管他是希腊人还是希腊化了的东方人，反正对罗马说来，他都是一位外来人，因此，认为他并没有完全为罗马类型的人所同化，当然是合乎情理的。因为他来到罗马时年纪已经不小了，他往往按照自己看见的情况理解事务，按照事后的情况对他的启示阅读罗马史。他这个态度产生的结果是他发现“早期帝政”以其伟大业绩证明其合理。事实上，他这部历史中间那一部分的主题思想大都是：罗马企图按照民主方向指导政府工作已彻底失败，转而采用专制君主制是无可避免的。戴奥在他的著作前一部分中几乎没有离开罗马史的规范，但在共和末年和实行早期帝政的处理上他有自己独立的见解。塔西佗对帝国最早那几位皇帝为了掩盖自己新到手的权威玩弄的那些手法极其鄙视；戴奥却不然，他虽承认这些确实是手法，但仍然主张这种过渡是必要的。

戴奥在发展他的主题思想时，往往借助于古代历史家喜欢使用的那种技巧，即利用最显赫的角色的嘴说出作者的思想，这是意料之中的事。在描绘这两种政体之间的斗争，使它逐步发展到一个戏剧性的结局方面，戴奥取得了显著的文学成就。这个竞争以

① 现在小亚细亚的西北部。——译者

屋大维的两位位高权重的大臣米西那斯①和阿古利巴②之间的斗争形象地表达出来了。这两位主张各异的角色在全神贯注的屋大维面前各自申述自己设想的优点。这确实是画龙点睛之笔，因为戴奥能用这个形式安排所有论点、调度一切事实，以极其动人的笔
118 墨为我们讲清了道理。但事情已很明显，君主制必将胜利。戴奥除了以一篇生动的描绘把争论的大纲告诉我们之外，他还无意中起草了帝国在后来的许多世代中遵循的原则。

当然，这次据说曾出现过的大辩论只不过是写作上的一种手法。据我们了解确实发表过的其他那些演说又怎样呢？其中一个例子就是第45卷中西塞罗总结了整个十四篇《腓力比克》(*Philippics*)主要论点的那篇演说词，还有大使们发表的其他演说，或者在元老院或广场上发表的事先准备好的演说。但因为我们一点都不知道戴奥引用的这些材料出自何处，所以这个问题我们无法进一步探讨。但很可能有些演说他还是有某种原始材料作根据的，只是他可能已在原文上添枝加叶，使它合于他自己的需要罢了。

戴奥是否不偏不倚呢？在这个问题上我们遇上古人对历史持有的独特的态度。在人们心目中居首位的是写文章，而且历史家又往往作为修词家进行训练。这就是我们为什么应当经常提高警惕的缘故。以传记体进行写作的倾向和道德说教的热情是罗马史学极其突出的特色，这一点经常反映在历史写作中。对皇帝和其他人的性格的描绘，目的在于这样描绘将产生什么效果，而不管是

① 生活在公元前70？—8年，奥古斯都的朋友和大臣。——译者

② 生活在公元前63—12年。奥古斯都部下的大将。——译者

否与史实吻合。戴奥也曾搜集有关著名人物的大量名言(bon mots)和轶事。这类东西是传统很喜欢传递下来的。例如,奥古斯都的一句名言:“我最初发现罗马时,它是泥捏的,我留给你们的罗马是大理石雕成的。”马卡斯·奥里略皇帝临死时说的那句话:“你们到初升的太阳那里去吧,我已经是夕阳西下了。”这句话还以略加改变的形式归之于提比略皇帝。[1] 如果说他们两位都曾说过表达这类情绪的话,那也未见得是什么绝对不可能的事,但我们不免要动脑筋想一想,任何人在临死时,当黑暗的影子正在向他围拢过来时,是否还能有这样的闲情逸致、用这样巧妙而华饰的语言讲话呢?

当然,他这种爱好华饰造作的意识多半来自他有意识地模仿前辈典范。戴奥感到他的文笔需要润饰美化以适应公元二世纪在罗马帝国流行的那种追求亚狄迦语言纯洁性的热潮。戴奥说过,他曾下过很大工夫,专心致志地研究希腊著作,其中有一位作家,我们毫不怀疑他确曾钻研过。在戴奥的书中,我们常常听到修昔底德的回声,他的语汇被重复,但未指明出处。那些最华丽的篇章中有许多几乎都是从修昔底德那里抄来的。对苏拉剥夺公民权的描述,以及后来对第三次[2]三头执政剥夺公民权的描述都是模仿修昔底德在《伯罗奔尼撒战争史》一书中对希腊各城邦社会斗争的记述的。这个做法实在太不幸了,因为我们无法知道,我们是在什 119
么时候得到关于公元前一世纪罗马内战的历史事实的,也不知道

① 参阅 LXXII,34 和 LVIII,28。

② 疑为第二次之误。——译者

是在什么时候得到关于公元前五世纪希腊各城邦情况的描述的。

在总结戴奥在解释他的史实材料中所表现的那些倾向的时候，我们可以说，他一开始就遇到当时的知识局限性这个障碍，当时人们都迫切希望能在非常事件中找到说明未来事件吉凶的预兆。他的第二个缺点是他竭力追求修词上的效果，因此他往往强调那些能够产生这种效果的东西，在他处理比较著名的人物时，或者在处理虽说渺小但从他们生平实例中可以吸取道德情操的那些人物时，他这个缺点就更加突出。他的作品中除了这些严重缺点以外，在他进行解释时也有某些偏见。照他的看法，内战是民主制和君主制两种原则之间的斗争。他是从元首(princeps)和元老院之间的关系这个角度理解帝国早期的，所有的事件都是以这个主题思想为中心分类编排的，在一定程度上还认为这些事件是这个主导思想产生的。这个中心主题当然使他的叙述连贯起来，但是一旦把这个主题应用到最初几位皇帝、实际上帝国正在成长中的那些年代，我们的兴趣就枯萎了。直到读到戴奥自己的时代时，才又复活起来。

戴奥的表达方法效法的是拉丁和希腊作家的路子，因为他是按年代顺序写的。不错，在他可以不受年代限制的时候，有时他确曾试图按题目编排材料。但他在这样写时并不能令人满意，因为这些篇幅看来颇似节外生枝。但这并未使他放弃这种写法，他仍然费尽心机把事件安排在适当的年代以内，竭力避免混乱。他总是列出纪年执政官[①]的名字，在可能出现混乱的地方，还千方百计

① 用他们的名字纪年的执政官。——译者

把它消除。例如，在同时存在三位皇帝的公元 69—70 年，他煞费苦心地加以解释，说这三位僭主同时据有皇位，而且居然把这个“空位期”说成是一年又二十二天。尽管他并不总是按照这个体系写出事情出现的年月，但皇帝的统治期限还是说出来的。他还不怕麻烦，在皇帝逝世时总说出他的确切年龄。时间的问题显然是他极其关心的，他曾详细记述公元前 46 年的历法改革①，还细致地描述了新历所根据的亚历山大历法。事实上，他为了卖弄学问还不厌其烦地强调恺撒所增加的确切日数。但这并不是说戴奥在年代编排上没有错误，因为在他的历史著作中有很大一部分是根据别人的著作写的，必然是有错误的。

我们不妨简单地谈谈在戴奥·加西阿斯著作中反映出来的可 120
以称之为那个时代文化标准的东西。有许多证据说明，公元三世纪的人对自己的成就是颇感满意的。例如，我们读到这样的话：“现在，我们已经发现了许多古希腊人未曾发现过的东西，任何人都不应该感到奇怪。”②戴奥那些离题的话谈到日食的原因（第 60 卷第 26 章）至少说明受过教育的人以自己的学问沾沾自喜。但当我们听到他们说尼罗河发源于阿特拉斯山③的时候不免大吃一

① 罗马日历初无定规，随最高僧侣宣布其长短。至公元 46 年罗马日历比实际时间落后了三个月，因此恺撒把公元前 46 年的日子增加九十天，使当年的日子变为四百四十五天。以后按太阳历规定每年为三百六十五日，每四年为闰年，增加一天，是为朱理安（即恺撒）历。至 1582 年教皇格列高里第十三始再改革（即四年一闰，百年不闰，四百年又闰），即现在通行的阳历，是为格列高里历，朱理安历基本上与现行历很接近，有些国家应用朱理安历直至二十世纪。——译者

② 《历史文库》，LXXVI，13。

③ 在非洲西北部。——译者

惊。[①] 一个博闻广见的元老对地理竟然如此无知，简直不可思议；这种事反映的不是别的，只不过是当时的人对和自己的利害有直接关系的事情以外的那些事物普遍无知而已。戴奥得意洋洋地歌颂的那些预兆和奇迹，使我们瞥见那个时代的人内心一些思想情绪。自从古希腊时代以来他们取得一些进步，因而自以为了不起，同时却把最粗糙的迷信保存下来。把深奥的和粗俗的两种批评标准结合一起，看来好像在玩知识把戏，使人瞠目结舌，但这是一个见闻广博、但同时又极轻信的时代必然的特征。

到公元三世纪末，希腊史学无论比罗马史学优越到什么程度，但它的活力和质量都已出现严重衰落的迹象。其原因并不难找。这主要是因为东方宗教，特别是基督教力量的增长，"基督教反反复复向人们灌输：只有以灵魂与上帝神交和永远得救为目标，人生一世才有意义。和这个目标比较起来，国家的富强，甚至国家的存亡，都下降到无足轻重的地位。"[②]人生的主轴业已变换。人们对政治、法律、政府、历史都已漠不关心。与此同时，迷信和无知正以惊人的速度发展。魔法巫术畅行无阻。曾经是希腊思想的荣誉的那种锋利的、批判的和分析的才能业已退化。思想实质业已枯萎，艳丽浮夸的文章成了那个时代的风气。一种卑劣的体裁：颂词出现了，这种文体人人喜欢，尽管谁都不相信它的内容。公元三世纪

① 《历史文库》，LXXVI，13。

② J. G. 夫累则：《阿多尼斯、阿提斯和奥西里斯：东方宗教史研究》（第3版，纽约，1935年，二卷；见《黄金枝》（*The Golden Bough*）第4部分），I，300。

唯一一位在思想上有防腐本领的作家琉细安①在一篇辛辣的论文《应怎样写历史》中讥讽地谴责了人们正在撰写的充满阿谀奉承的史书，也嘲笑了当时流行的轻信和欺诈。他说："历史家的唯一任务"就是说出事实真相。历史家应当"无畏、清廉、独立，应当是一位相信直爽坦白的人，……不偏不倚的法官，对所有的人一视同仁，对任何人都不偏袒。收集事实不应信手拈来，而应进行细心的、勤勉的和反复的调查研究。……宁愿公平无私地进行记 121
述"。②

历史写作命运不佳，不但未能保全其原有质量，而且也已失去一向的正直（尽管这个优点从来就不很大）和尊严。在赫洛狄安和戴奥·加西阿斯以后，历史作品已堕落成不屑过目的东西。有一位曾经抵抗入侵希腊并于公元 262 年攻陷雅典的哥特人的名叫帕布利阿斯·赫林尼阿斯·得克西配斯的人曾撰写一部名为《西徐亚》（*Skythia*）的史书，记述了这次入侵，其片段至今尚有残留。他还写过一部内容贫乏的《编年史》（*Chronica*），终于克劳狄乌斯二世（公元 270 年）。一百年之后（请注意这个间隔时期并不短），一位哲人派哲学家（!）攸内匹阿斯写了一部《得克西配斯以后的编年史》，从公元 270 年写到 404 年，至今只存片段。又过了一百多年，才出现了另一位希腊史家，那时，罗马帝国业已灭亡，拜占庭帝国和日耳曼诸王国业已取而代之。

① 公元二世纪的希腊讽刺诗人，著有《上帝的对话》、《死者的对话》、《哲学家的宴会》等。——译者

② 《撒摩撒达人琉细安集》，H. W. 和 F. G. 否勒译（牛津，1905 年，四卷），II，128，129，131。

在结束本章之前，关于在罗马帝国统治下从事写作的大多数希腊历史家，还有一件牵涉广泛的事情应当提一下：即我们手头关于阿尔萨斯朝的帕提亚和继之而起的萨删王朝的波斯的历史材料，[①]几乎都是从这些希腊历史家的著作中得来的。但即使把所有这些材料都加在一起，我们所能了解到的罗马帝国东部的历史仍然很不完备。[②]

---

① 中国史书专传记载西方的历史开始于司马迁《史记·大宛传》。《大宛传》中最西之国为安息（即阿尔萨斯朝的帕提亚）、条枝（即阿拉伯）、黎轩（在叙利亚，也有人说是埃及的亚历山大里亚）、奄蔡（在里海东北）。《后汉书·西域传》载甘英使大秦（罗马），及大秦王安敦遣使来献，为中国与罗马交通之始。以后历代史书外国传中均有记载。参阅张星烺《中西交通史料汇编》，第1册，第6—26、37—44页。——译者

② 关于这个问题，参阅尼尔孙·底比服伊斯：《帕提亚问题》，见《美国闪米特文字与文学杂志》，XLVII（1930—1931年），73—82。

第八章　早期教会史学[①]

公元五世纪，异教史学绝迹。五世纪开始以后的八百年间，西 122
欧大部分历史写作都是由基督教作家进行的，这些作家几乎个个都是传教士——不是主教或副主教，就是教士会会员以及一般教士或修道士。俗人历史写作在公元十三世纪以前几乎完全绝迹。

《新约》中唯一公认的史书是《使徒行传》，历史家之所以对这

---

① 腓得烈·奥味柏克:《论教会史学的开端》(巴塞尔，1892年)；查理·T.克鲁特威尔:《早期基督教文献史》(伦敦，1893年，二卷)；考斯道夫·克律革:《最初三世纪早期教会文献史》(第2版，布赖斯高弗赖堡，1898年)，第1版，有C.R.吉勒特的译本，书名为《最初三世纪早期基督教文献史》(纽约和伦敦，1897年)；佩耳·得·拉布里奥尔:《拉丁基督教文献史》(巴黎，1920年)，有H.威尔逊的译本，书名为《从忒滔良到柏提阿斯，基督教历史和文献》(伦敦和纽约，1924年)；亚梅·浦厄克:《从原始到公元四世纪末希腊基督教文献史》(巴黎，1928—1930年，三卷)；鄂图·巴登豪威尔:《早期基督教文献史》(弗赖堡和圣路易，1902—1932年，五卷)；阿道夫·丰·哈那克:《早期基督教文献史，至攸栖比阿斯止》(莱比锡，1893—1904年，两卷，分成四册)。教会神父的主要著作已被译出收入两大丛书中，即：A.罗伯兹和J.多那尔孙主编的《尼西亚会议以前诸神父，公元325年以前诸神父著作译文》(美国重印的爱丁堡版本，A.C.科克斯修订，布法罗，1885—1907年，十卷；第10卷附有一个有价值的参考书目提要和一般索引)和腓力·沙夫主编的《尼西亚会议及其后基督教教会诸神父著作精选丛书》(第1辑，十四卷，布法罗和纽约，1886—1890年；第2辑，也是十四卷，P.沙夫和H.瓦斯主编，纽约，1890—1900年)。参阅〔伦敦〕《评论季刊》，CLXXXII(1895年，368—398)；吉本，II，531—540，III，482—491；C.H.忒涅《西方教会早期编年史》，见〔伦敦〕《教会评论季刊》，XXXV(1892年)，117—142，在他的《早期教会史研究》(牛津，1912年)一书中重印。

部书感兴趣，就是因为它说明早期基督教如何从巴勒斯坦传入广大罗马世界，同时也因为它有材料记载教会管理工作开始的情形。据传《使徒行传》是圣路加的作品，但有些近代批评家对这个说法有怀疑。

诸《福音书》[1]的历史价值很小，因为这些书不是作为历史而是作为宗教论文写的。而且它们的写作时代也比通常认为的时间晚得多。从耶稣生活的时期到最早的基督教文献出现这段时期是很模糊的。“最早的教会曾口述耶稣的一些故事，以口传的独立的记事，或在草纸[2]上辗转抄录的方法流传后世。”[3]众使徒以回忆方式把故事广为传播，因为他们有传教的热忱，用的方法是讲道。在圣路加福音序言中，有把这些口传的故事定型的证据。通常承认
123 马可福音在前，不过可能还有一部最初的马可福音(Proto-Mark 或 Ur-Mark)。这部最初的马可福音也称为“Q”或“Quelle”，这个字出自德语，是“资料来源”的意思。这部书可能有一篇耶稣受难记，和一篇或更多篇附有“耶稣语录”的文件。马可这个人因曾在耶路撒冷居住过，可能还曾亲自补充一些细节，至少他记述的两件事似乎是根据亲耳听到的传闻。《马可福音》的记述中有尼禄迫害基督教徒(公元 68 年)的迹象，第 13 章说的是公元 70 年耶路撒冷被毁灭以后的时期。虽然 Q 的大致内容是可以说出来的，但恢复

---

[1] 《四福音书》(马太、马可、路加和约翰)约成于公元二世纪，基督教最早的文献《启示录》成于公元 68 年左右。参阅科瓦略夫《古代罗马史》，中译本，第 939—942 页；狄雅可夫《古代世界史》(古代罗马部分)，第 281—287 页。——译者

[2] 古代埃及人用纸草(一种水草)制成的纸，古代人用以记录文书。——译者

[3] 马丁·狄伯略:《从传说到福音》，译自柏特兰·李·武尔夫:《福音书形成史》一书第 2 次修订版(伦敦，1934 年)，第 5 页。

它的全文并不容易。很明显，这部书是一本阿刺米亚语[①]耶稣语录的希腊文译本，可能是为了应付约于公元47年开始的非犹太基督徒斗争的需要在叙利亚(安提阿)写的。有些批评家怀疑马可是否知道Q，否则他会更多地利用这些材料。Q的作者不知是谁。马可以后最老的福音书《路加》的原始材料不是《马可福音》，而是把Q和一部最早的路加福音合并起来编纂而成的一篇文章。马可可能是路加的次要材料来源。马太以马可为他那部福音的基础，并从Q及其他叙述中摘出一些语录拼凑而成。

从这个简短的介绍中，我们可以理解：任何叙事或语录的历史价值不在于我们所知道的在诸《福音书》中的事迹，而在于这些书的资料来源；还可以看出：诸《福音书》并未记述耶稣全部生平。这些作家，一方面受各个教会会志的影响，另一方面，他们对耶稣生平的年代也漠不关心，因为他们关心的主要是作为救世主的耶稣。大致说来，《马可福音》约发表于公元80年左右；《路加福音》发表于90年左右；《马太福音》发表于100年左右；《约翰福音》的宗教价值不小，但毫无历史价值，可能是迟至公元二世纪的二三十年代才发表的。

基督教变成非犹太人的宗教以后，情况就大不相同了。

> 在耶稣死后一代人时间中，基督教就传入希腊世界，开始在那里扎根成长。人们发现希腊世界对写作和出版有完全不同的态度。希腊谚语有云，"假如你发现某哲学家一句话，而无纸可写，那就把它写在你的衣裳上！"希腊人记笔记，他们还著书立说。他们都是好学不厌的读者。

---

① 古阿刺米亚语即现在的叙利亚和两河流域一带地方流行的北方闪米特语言。——译者

他们不憎恶新事物，反而感到新事物在吸引他们。在路加看来，雅典人似乎成天不是在说什么新鲜事情，就是在听别人说。可以肯定，自从基督教真正传入希腊世界的时候开始，就本能地开始以文字记载它自己，首先以信札的形式，后来就写成书籍。……一旦从旧环境脱身进入那样的希腊气氛中，即使基督教徒也受到这种精神的感染，开始著述了。[1]

124 基督教开始在历史上自觉，但其方式和希腊人不同。希腊人对过去不感兴趣，他们热衷于现实生活。希罗多德总是回顾波斯战争。希腊人一般说来很少历史感，因为他们的时间感就不多。而在基督教徒的头脑中，却把每一段时间都看作永恒的一部分。很久以前，谢林[2]就已经指出基督教看待事物的这种历史性。[3]

圣保罗[4]有一种类似历史哲学的东西，是由基督的启示和新斯多噶派哲学混合而成的。[5] 在《罗马人书》第 5 章 12 节以下，保罗把历史分成以亚当、摩西和基督三人为代表的三个时期。他把“人类堕落”[6]以前的时期当作一个理想时期，而不是一个历史时期，因此把它排除在历史范围之外。第一个时期是无知即蒙昧时

① E. J. 谷兹比德：“福音书的原始文字”，见《大西洋月报》，CLIV(1934 年)，475—476。

② 德国哲学家(1775—1854)。——译者

③ 任何宗教在精神、伦理和智慧上的价值愈高，其历史中的根源愈深。参阅克力门·C. J. 韦勃：《神与人的关系问题》(伦敦，1911 年)，62—63。

④ 塔苏斯的犹太人，改信基督教后，在各地传教，建立许多教堂。世传他于公元 67 年在罗马殉教。《新约》中的《保罗书简》据说是他写的。——译者

⑤ 参阅威廉·M. 莱木赛：“希腊—罗马世界中的保罗主义”，见《当代评论》XCII(1907 年)，468—488。

⑥ 即《圣经》中亚当因犯罪而被逐出乐园(《创世记》，XXIII，3)。——译者

期。《摩西法典》[①]开始进入第二个时期。基督教引来第三个时期。在保罗的思想中,犹太人受命保管上帝的真理和启示;通过他们,经过足够的岁月,世界即可得救。在《罗马人书》第16章第26至27节中,保罗提出他的历史哲学"……是为了使全世界服从信仰,根据自古以来从未泄露、如今已大白于天下的奥秘的启示而来的"。又在《以弗所人书》第1章第4至11节中写到上帝在创造世界以前的先知和计划。但上帝盼望罗马帝国成为实现他的计划的工具。"罗马的胜利是因为上帝希望得到人类的统一作为福音的前驱。"[②]我们在他这句话里看到新斯多噶派哲学思想影响。因为"上帝使所有的人属于同一个种族,居住在整个地球表面上"。但是,一旦把全人类改造成基督教信徒的事业成功之后,人类创造出来的最后一个东西罗马帝国却阻挠了人世奔向目标,即第二次降临,[③]亦即基督带着权力光临人世。

塔细安[④](公元二世纪)在他的《向希腊人讲话》中,首次把古希伯来历史放在希腊—罗马的"帝国接替"论前边的人。这种双重传统和观念的混合是绥克斯都·朱理亚·阿非利加那[⑤]的著作的形式产生的原因,这种概念后来又从他那里传给攸栖比阿斯,然后

① 见《旧约》最前五卷书中。——译者

② E. K. 兰德:《中世纪的奠基人》(剑桥,马萨诸塞州,1928年),19。

③ 见《新约·帖撒罗尼迦前书》,IV,15。——译者

④ 基督教作家,叙利亚人,约公元152年至罗马;从查士丁学习。约公元165年,查士丁死后,他采纳了禁欲主义的异端学说。著述甚多,仅两部著作流传下来了。一为《对希腊人的演说》,为基督教辩护;一为《诸福音书的和谐》。——译者

⑤ 三世纪的基督教旅行家和历史家,著有《世界史》,从开天辟地到公元221年。他估计开天辟地到基督的出生之间为5499年,认为耶稣出生于公元前3年。东罗马诸教会多采用其说。——译者

又传到哲罗姆，奥古斯丁，以锡多[1]等人。[2]

这样的改造和解释，为中世纪那些世界通史准备好约束它们
125 的框框。教会史学承担起把希腊、罗马和希伯来各种记载的年代统一起来并使世界通史有利于神学的任务。虽然教会一方面坚决主张古犹太史应处优先地位，这不免过分夸大而狂妄，但另一方面对埃及、波斯、希腊、罗马等其他民族的历史，又不得不留有余地。[3]

同时应当指出，教会史书从一开始，就是受到严重歪曲的东西：首先是采用古犹太史作为基督教以前的历史；第二是它把上帝的启示和历史扯在一起；第三是恶意地把历史分为所谓"神圣的"和"凡俗的"即世俗的两种。

教会史书几乎从未以科学眼光看待事物，从来都不像其他史书那样心平气和地、不偏不倚地对待批评：这从来就是教会史的缺点。很不幸，一切属于教会史书的东西都被一种难以形容的光环相当严密地保护起来，无一或缺，这就是虔信或权威的那种虚妄的守护。有人在已故的度申阁下[4]死前不久问他什么时候可以完成

---

① 生活在 560？—636 年，西班牙的主教和学者，被称为西方教会之父。著《起源论》二十卷，几为各种科学的百科全书，著书反对犹太人，为基督教辩护。——译者

② 荷尔得-亚格：《五、六世纪的编年史研究》，见〔汉诺威〕《古德意志历史知识指南新档案》，I（1876 年），13—120；夫兰次·喜普烈《基督教的历史概念》（布赖斯高的弗赖堡，1884 年：Vereinsschrift des Görresgesellschaft）。

③ 玛克斯·比丁革的《中世纪的世界史》，见《皇家科学院纪念册》，哲学史类，XLVI（维也纳，1900 年），第 1、2 部分（第 47 和 43 等页）详细讨论了中世纪早期对世界史的概念。

④ 度申（Duchesne，1843—1922），法国罗马天主教高级教士和学者，写过许多有关教会史的论著。——译者

他的第四卷，他回答说："我不敢。"("Je n'ose pas.")枢机主教曼宁①污蔑求助于历史就是对教会的背叛。十九世纪初，歌德②曾说，竟然连一部老老实实地解释事实的基督教史都没有，实在可悲；克赖吞③也于同世纪末表示了类似的意见。④

需要过许多年，事实上甚至需要过三个世纪之久，教会才开始有清楚的历史头脑。希腊和罗马社会以个人从属国家，把国家的利益放在个人安危之上。基督教则不然，它是内向的，认为与上帝神交和灵魂的永远得救高于人生任何其他目标。可以说，重心已由现世移到来生。早期基督教对公众福利本来就漠不关心，而在万千基督徒中又流行着这样的信仰：说基督不久将降临人世统治一切，经常流传第二次降临已指日可期。教会因此对群众生活更加不闻不问。在这种来世教育影响下，早期基督徒对过去毫无兴趣；目光只凝视着未来，全部历史不久即将结束，一个新天地即将出现，为什么还要对历史发生兴趣呢？迟至公元三世纪中叶，《使徒教诲》(*Didascalia Apostolorum*)的作者还感叹说："在上帝的 126
话语中，你还感到缺乏什么吗？为什么非钻研那些异教历史不可呢？如果你想读历史，不是有《列王纪》可读吗？"《圣经》上的历史才是唯一真实的历史。在当时，"全世界都不信任理智，厌倦争论

---

① 曼宁(1808—1892)，英国红衣主教，1851年变为罗马天主教徒。著有《教会的统一》等书。——译者

② 生活于1749—1832年，德国著名文学家，其杰作为《浮士德》。

③ 生活于1843—1901年，英国高级教士和历史家。剑桥大学的教会史教授(1884年)，著有《罗马教皇史》、《伊丽莎白时代》等书。——译者

④ 他的妻子路易丝·克赖吞写的《曼得尔·克赖吞的生平和书简》(伦敦，1904年，二卷)，I,279。

与新奇，狂热地把自己投入有无上权威的上帝的启示的魔力之下，上帝的启示不承认除他本身以外还有任何真理，把自由研究踩在脚下，说那是罪恶。”[①]在这种情况下，研究的精神、寻求真理的精神终于绝望。人们相信真理来自神示，并以寓言取代了理智，批判精神终于被窒息了。尤其糟糕的是，撒谎竟然成为美德。有些天主教神父甚至毫不迟疑地把他们的谎话说成是上帝说的，是耶稣说的。[②]

这样的形势，无可避免地越来越把对历史的需要堆在教会肩上。许多年过去了。使徒时期进入使徒以后的时期；第一、二两个世纪已成过去，第二次降临仍未实现。基督教正在创造历史，为了教育和启发忠实的信徒，已有必要把自己的传统记录并保存下来。教会尽管漠不关心，也不得不审查、认识自己的历史了。在教会创立后最初的几百年间，希腊化东方的历史意识发展之缓慢可以从下述事实中看出：即，假如我们不把赫泽西配斯[③]已失传的著作《教会年代记》(*Hypomneta*)计算在内的话，那么从《使徒行传》到第一位重要的教会史家攸栖比阿斯的著作问世，中间相隔竟达百余年之久。

教会史学最早的建设性的努力是把希腊和罗马史书中的年代与犹太和基督教历书中的年代统一起来，以便编写一部全人类的

---

① 吉尔伯特·墨累：《古希腊文学史》(纽约，1903年)，404。

② 阿道夫·哈那克：《教义史》，译自N.布卡南的德文原著第3版(伦敦，1896—1899年，七卷)，III，307和V，264；其中提到奥利根、尼萨的格列高里、安布洛兹、奥古斯丁、利奥一世和格列高里一世等人著作中的例子。

③ 死于180年。是一个改信基督教的犹太人，由科林斯到罗马，编《罗马主教提名录》(156—167)，著有《教会年代记》，仅有片段流传至今。攸栖比阿斯的著作中采用了他的材料。——译者

通史。因为按神父教义所讲，基督教从世界初创时起即已注定将成为全世界的宗教，亦即全人类的宗教。特洛加斯·庞培在他的希腊和东方世界通史中，就已经把这条路准备好了。上古史业已终于马其顿帝国，后来的历史都写在罗马史中；最新的历史正在写入教会史中。

第一位重要编年史家是绥克斯都·朱理亚·阿非利加那，他的《编年史》(*Chronographia*)远溯至厄拉加巴拉斯皇帝在位的第四年(公元221年)，后来成为公元四世纪攸栖比阿斯的主要史料来源。他把古典年表和《圣经》年表编在一起。和绥克斯都·朱理亚·阿非利加那同时代的，有一位罗马编年史家希坡利都[①]，这个 127
人的文章比较累赘。如果考虑到罗马具有的伟大历史传统和罗马主教的伟大权威，那么拉丁基督教表现出来的对教会史重要性的认识早于东方教会就可以说毫不足奇了。[②]

因此，到公元三世纪，教会就开始关心历史了。在戴克里先统治时代，最后一次，也是最大一次对基督教徒的迫害[③]，加强了这

---

① 希腊的基督教作家，为罗马长老，约公元235年殉难于撒丁尼亚，其主要著作为《驳斥异端论》。——译者

② 在拉忒兰博物馆中，甚至现在的参观者仍然可以看见坐在圆椅中的希坡利都雕像，圆椅的嵌板上用希腊文刻着他的著作目录。这座雕像是在圣罗棱索·佛奥里·勒·穆剌附近的地墓中发现的。Liber generationis mundi 一书有两个拉丁文译本保存下来——一本保存在354年的编年史家的著作中，另一本保存在七世纪作家夫勒得加的著作中。两者都是从235年，即亚历山大·塞维鲁统治的第三十年写的一个共同的希腊原文本翻译过来的。很明显，它们起源于希坡利都的著作。这些早期西方教会编年史由狄奥多·蒙森编入《小编年史》IV，V，VI，VII中(柏林，1892—1894年；《德国史料集成，古代作家》，第IX，XI，XIII卷)。

③ 公元303年。——译者

种新态度。教会史乘时兴起，产生了拉克坦细阿斯①的《宗教迫害史》(*De mortibus persecutorum*)。他出生于特累甫，但祖先是迦太基人②，曾在非洲受教育。他虽然是拉丁人，却在帝国首都尼科米底亚当了修辞学教师。迫害开始时他还不是个教徒，殉教者笃信不移，表现了英勇不屈，使他也入了教。他的拉丁文笔颇似古典，以“基督教的西塞罗”知名于世。他还有其他一些名著。在《神圣制度》(*Divinarum institutionum libri septem*，计七卷)一书中，他利用对比的办法，证明基督教比各种异教优越。他这部书对研究罗马时代各种宗教很有价值。③

公元313年，君士坦丁承认了基督教，④批准了教会刚刚开始的发展史学的倾向。出现一位真正的名副其实的教会史家的时机业已成熟，出现的就是这位教会史学之父攸栖比阿斯(约公元260—340年)。⑤攸栖比阿斯几乎一辈子都在巴勒斯坦的恺撒城遗迹居住和工作。那里的图书馆藏书极多，是罗马世界第一流的

---

① 原为小亚细亚的修辞学教师。后改信基督教。约公元313年君士坦丁请他到高卢，为其子之教师。主要著作为《神圣制度》七卷，《宗教迫害史》过去认为是他的著作。——译者

② 《神学研究杂志》，II，418。

③ 拉克坦细阿斯的著作有W.夫勒拆的译本，见《尼西亚会议以前诸神父》(参阅原书第122页注)，VII，3—328。

④ 即米兰敕令。——译者

⑤ 攸栖比阿斯著作的英译本见《尼西亚会议及其后诸神父》(参阅原书第122页注)，第2辑，第1卷，A.C.马克吉夫特和E.C.理查孙译；《教会史》，启索普·雷克、J.E.L.奥尔吞和H.J.劳罗尔合译(伦敦和纽约，1926—1932年，两卷，《洛布古典丛书》)。参阅季尔第，3—39，附参考书目；〔伦敦〕《教会评论季刊》XXXIV(1892年)，95—128；忒涅：《早期教会史研究》(参阅原书第122页注)，135以下；F.J.傅克斯-约克孙：《巴勒斯坦该撒利亚主教和第一位基督教史学家攸栖比阿斯·班斐利》(接下页)

图书馆，虽然戴克里先皇帝在大迫害中曾下手谕责成警察把所有基督教文献焚毁，但这个图书馆幸而并未遭殃。在信仰上攸栖比 128
阿斯是一位阿利阿派教徒[①]，曾于公元 325 年在尼西亚宗教大会上代表那个教派出席。[②]他是一位学识渊博而又多产的作家。在他的历史著作中，有《大事年表》《教会史》《巴勒斯坦殉教者小传》《古代殉教者小传集》和《君士坦丁本纪》。对后代说来很幸运的是，他曾从他利用的史料来源中大量摘录，而这些史料大多已失传。他让一位文书把这些引语抄下来，然后插入他的文章。

在所有教会编年史中最大的一部就是攸栖比阿斯那部《大事年表》。其希腊文原本几乎已全部失传，但那些拉丁文、亚美尼亚文和叙利亚文译本都还在。[③]这部书终于公元 324 年，圣哲罗姆把它翻译成拉丁文，并续编至 378 年。攸栖比阿斯这部巨大编年史从亚伯拉罕出生开始，把历史上同年代的事并列在平行的诸栏中。在基督纪元时期，这些材料当然只限于罗马帝国和教会的历史。在某种意义上，攸栖比阿斯这部《大事年表》可以说是为他后来的

(接上页)(剑桥，1933 年)；J. B. 来特佛特：《攸栖比阿斯》条，见威廉·斯密司和亨利·瓦斯合编的《基督教人名词典》(伦敦，1877—1887 年，四卷)，II，308—355；H. M. 瓜特金：《该撒利亚的攸栖比阿斯》，见《教会史演讲集》，附和瑙威池学院院长 W. 勒夫垒的一篇序言(伦敦，1896 年)。

① 阿利阿是亚历山大里亚的主教。他反对三位一体，主张上帝是唯一的神，基督是上帝创造出来的，具有人性，其地位次于上帝。尼西亚宗教会斥之异端，公元 336 年阿利阿死于流放中。其教广传于蛮族中，其教徒常与蛮族结合，进行反罗马的斗争。攸栖比阿斯原是一个温和的阿利阿派，后屈服于君士坦丁大帝所支持的正统派。正统派主张基督与上帝一体，主张以修行反抗罗马的压迫。——译者

② 天主教史学家和新教史学家通常都隐瞒这个不愉快的事实。

③ 在十九世纪以前，只知道拉丁文译本。关于斯卡力泽企图恢复原著的经过，参阅帕替孙，I. 163—170；关于版本，参阅坡特哈斯特，I，436。

著作《教会史》准备的一个史实纲要。因为在这后一部书的序言中，他曾说明他的方法，如果我们再回头看看他的《大事年表》，就会看出，《教会史》中关于教会事务方面（当然不是在其他历史方面）的题材的四个主要部分完全是从前一部转抄的。这四个主要部分就是：亚历山大里亚、罗马、安蒂奥克和耶路撒冷四大教区主教职位的继承；各时代教会最重要的人物如主教、作家、异教徒等人情况；从耶稣时代到哈得良时代犹太人最后的暴动这一段时期的犹太史；以及从尼禄到戴克里先诸皇帝对基督教进行迫害的情况。[①]

《编年史》或《大事年表》（*Chronicle* 或 *Chronographia*）是模仿或续编绥克斯都·朱理亚·阿非利加那的作品的，是当时已知各民族的比较年代记。全书分两卷。在一直叙述到公元 329 年的第 1 卷中，攸栖比阿斯把古代诸史家各种不同的意见拿来比较，想方设法按照各民族自己计算的方法，确定每个民族的正确年代表。在第 2 卷中，他摘要列表介绍了所有古代年代体系——《圣经》的、埃及的、亚述的、希腊奥林比亚纪的、罗马执政官纪年的——一致处。把最重要的事件记载在旁边。在这些枯燥的年表中，人们破题儿第一遭把历史看作一种自在的东西，而且围绕一个独特的中心转移。因为就是在这些年表铺成的轨道上，希伯来和基督等宗
129 教活跃地向前跳动。《旧约圣经》是这部著作的核心。年代是从创世算起写到犹太君主国的建立。犹太史是各民族历史的出发点。每个年代，即使是罗马皇帝传宗接代，最后也是按《圣经》所列年代

① 特涅：《早期教会史研究》（参阅本书原书第 122 页注），138。

计算。教会的事件、殉教者的死亡和主教的任命，都像皇帝即位和驾崩那样，细心记载。公元八世纪又进一步发展为从基督降生开始计算年代，从而奠定近代年代计算的基础。基督教徒极其关心标明“世俗”史对“神圣”史的从属和相互关系，而且有必要准确地确定基督诞生日和受难日的年代，最后，人们都有强烈愿望，要求准确地计算预言的实现和上帝在人间的再度实现统治的年代，这一切使这类纪年写作的重要性十分突出。作为历史研究的一门辅助科学的年代学的建立应归功基督教。攸栖比阿斯的《大事年表》的重要性，无论怎样强调都不能算夸张。

攸栖比阿斯对发生在东方的事件的知识远远多于他对西方的了解，圣哲罗姆在鲁菲纳[①]的帮助下用拉丁文翻译了攸栖比阿斯的著作，他竭力弥补的正是攸栖比阿斯这个缺点。

> 〔他对读者说〕你们应该知道，我不但担负起一个翻译者的工作，而且在某种程度上，还起到一位创作者的作用，因为，我一方面忠实地把希腊文翻成拉丁文，另一方面还补充了我看来似乎有遗漏的那些地方，特别在罗马史那一部分补充的更多，因为攸栖比阿斯把这一部分写得潦潦草草，粗枝大叶，好像是一位希腊作家为希腊人写的东西。……从君士坦丁在位第二十年开始，一直到瓦林斯皇帝的第六届执政官任职期间为止，每个字都是我自己写的。

哲罗姆自己写的从公元 324 年到 378 年那一部分，虽然明白易读，但并不准确，似乎是仓促写成的。很明显，他只是就自己记忆所及写出来的，并未进行校订。尽管事实上他叙述的是他自己生活的

---

① 生活于 345？—410 年，圣哲罗姆的朋友，后变为他的反对者，他将攸栖比阿斯的著作翻译为拉丁文。——译者

那个时代的事，其中有些一定是他亲眼看见的，但每位教皇的年代都是错误的，甚至他的密友达马萨一世[1]的年代也搞错了。他这部译本是中世纪早期史学的奠基石。[2]

130 整个一大群编年史流派众多作品都作为它的后继者出现了。在东方，查士丁尼的大法官马塞林那斯把那部著作从公元379续到534年。他用了四行记载公元410年阿拉列攻陷罗马的事，用了五十四行记载浸礼者约翰[3]的头颅的发现，在西班牙有一位名叫伊达提阿斯的主教，把那部著作从公元379续到468年；成为西班牙西哥特史的基础。在高卢，亚奎丹人普洛斯柏[4]把哲罗姆的译本续到455年；后来又由阿峰士（洛桑）人马略续到581年。[5]在非洲，突尼斯主教维克脱续到566年，从而使他这部书成为汪达尔史的资料来源。在西班牙，比利牛斯山麓比克勒罗寺院一个住持，把伊达提阿斯和维克脱两人的作品续到590年。最后，意大利的卡息奥多拉斯（约死于公元590年）把《大事年表》续到519年；

---

① 教皇（366—384年）。他委任哲罗姆校正《圣经》，后来成为《拉丁文本圣经》。——译者

② 亚勒夫烈·申：《由亥厄洛尼摩斯改编的〈攸栖比阿斯世界编年史〉》（柏林，1900年）；J. K. 福得林干主编：《由圣攸栖比阿斯·亥厄洛尼摩斯改编扩大并续编到他自己时代的攸栖比阿斯·班斐利教规拉丁文译本》（伦敦，1923年）。

③ 耶稣的先驱，谴责犹太国王不应娶其侄女为后。皇后之女莎罗美受其母的怂恿，向国王请求以约翰之头为其跳舞的酬谢。国王乃杀约翰（见《新约·马可福音》，VI，21—28）。——译者

④ 奥古斯丁的学生，428—434年为高卢南部著名的神学家，以后定居罗马，著书为奥古斯丁的神学辩护。

⑤ 推斐尔，第II卷，第460、484节；荷治琴，I，第2部分，703—709，II，374。

塞维利亚人以锡多(死于公元636年)续到627年;英国人比德[①](死于公元735年)续到公元726年。在八世纪,这一系列著作都并入加洛林王朝文艺复兴时代的大寺院编年史中。

上述一段对攸栖比阿斯《大事年表》众多续编的简要介绍,已使我们这部叙述远远超过了四世纪,现在我们应当回过头来介绍这个世纪了。攸栖比阿斯的《教会史》和他的《大事年表》很不相同。他的《教会史》是一部各章节互相调谐的、持续的、有批判有说明的教会历史,共十卷,随着主题的展开,愈来愈深入而详尽。有恺撒城遗址上那个大图书馆供他使用,再加上他那健全的学识、权势地位、广阔交游、旅行方便等条件,攸栖比阿斯得以尽量利用他那个时代提供给他的历史事实。他利用了非通过他不能知道的大量原始资料,还把大量文件编入他的著述,从而使这些材料得以保存至今,否则就失传了。考虑到当时那些火热的神学争论,而且他本人还能记忆公元303年对基督教徒的大迫害,他这部书写得还是极其心平气和、极富谅解精神的。但对他的《君士坦丁本纪》就不能这么说了,因为他这部书只不过是阿谀和歌颂,攸栖比阿斯应感到羞耻。他一方面以阿谀之词进行夸张,另一方面,又隐瞒或歪曲对这位皇帝的性格不利的实证。攸栖比阿斯似乎是为了证明自己的研究而引用的一切文献的真实性遭到鄂图·塞克的斥责,他把《君士坦丁本纪》斥为"谎言大成"(Lügenbuch)。[②] 但他后来又撤销了如此全盘否定

① 比德(673—735年),英国神学家和历史家。著有《英国教会史》,我们所知道关于731年以前英国古代史的知识,几乎完全来自此书。——译者

② 《教会史杂志》,XVII(1897年),10,注三和53;比较,吉本,II,533。

的谴责。[①] 尽管如此，他这部《君士坦丁本纪》还是没有什么历史价值。攸栖比阿斯在引诱下写了这部书，对他自己的名誉确实是一件
131 可悲的事；他本来是不应当写的。《殉教者传》在历史上的重要性也并不大，因为其中掺杂了许多怪诞的事，但它却创造了一种新历史类型即《圣徒传》(*Vitae sanctorum*)。这种类型后来发展繁盛起来，从这方面看，《殉教者传》还是很重要的。

对圣徒们的尊敬是教会早期发展起来的。最早的圣徒就是那些殉教者，教会曾为他们编写很长的名单，不久以后名单上的真正历史人物就和许多想象的、编造的殉教者并列一起了。约于公元100年就已在《启示录》第2章第10、13节，第12章第11节；第17章第6节中发现有尊敬殉教者的事；在尼西亚信条(公元325年)中已经可以看到圣徒代人祈祷的事。到那时，在忠实的信徒心目中，虔诚的主教和苦行者死后的名声已开始和殉教者平分春色、享受光荣了。至少在最初几个世纪，圣徒都是历史人物。开始时，对每一位殉教者和圣徒的崇拜都是地方性的；事实上只有伟大的殉教者和圣徒才受到普遍的尊敬。

对圣徒的尊敬与异教徒对英雄的崇拜极其类似。在希腊神话中，继对赫丘利[②]和戴奥尼素[③]的崇拜之后，又出现对真正英雄如阿溪里[④]和伊尼阿[⑤]的崇拜。古人对传记的喜爱促进了这方面的

① O.塞克："君士坦丁传的文件"见《宗教史杂志》，XVIII(1898年)，321—345。

② 希腊神话中的英雄。——译者

③ 希腊的酒神。——译者

④ 特洛伊战争中的希腊英雄。——译者

⑤ 传说中罗马人的祖先。原为特洛伊的英雄。特洛伊失陷，逃往迦太基，后在意大利登陆，其子孙建立罗马。——译者

发展。最后，希腊和罗马的浪漫主义把人物性格类型理想化了。“伽图刚死，他的党徒立即尊他为圣徒。”[①]古人对哲学往往也这样理想化。菲罗斯特剌塔[②]的《提雅那人阿波罗尼阿斯[③]传》和《普罗提那[④]传》就是例证。在这类作品中，自然现象与神迹之间，魔法与真实之间的界线消失了；在阅读圣徒传记时，这种神迹和魔法的因素必须经常注意。当然，信魔法并不是古典世界特有的。《旧约全书》和《新约全书》也曾提到许多迷信和魔法的例子。

从公元四世纪以后，教会就注意把记载《殉教者行传》(*Actamartyrum*)的事保持下去。在《教皇世家》(*Liber Pontificalis*)一书中记载着教皇达马萨一世(公元 366—384 年)证实多密善皇帝统治时代基督教徒第一次“因是教徒”而受到迫害的时候，罗马主教克力门[⑤]曾成立一个书记团专门干这种勾当。有几个实例说明殉教者本人曾亲自把他们的经历写下，一直写到临死前为止。公元 258 年遇害的迦太基人息普利安[⑥]曾向他手下的教士们颁发训令，要他们“把他们遇难的日期记载下来，以便在纪念(其他)殉

---

① T. R. 格拉味：《公元四世纪的生活和文献》(剑桥，1901 年)，361。

② 生活于 170？—245 年，希腊哲人派哲学家，在雅典学习和教授，后在罗马教授修辞学，著有《哲人派哲学家传》。——译者

③ 公元一世纪希腊的新毕达哥拉斯派哲学家，旅行两河流域和印度，当代的人把他看作魔术家。——译者

④ 生活于 205？—270 年，罗马新柏拉图派哲学家，出生和学习都在埃及，244 年以后，在罗马讲学。——译者

⑤ 克力门第一，罗马教皇(90？—99？)，第一个使徒神父，著有《致科林斯人书》，约写于 95 年，为早期教会最有价值的著作之一。——译者

⑥ 三世纪的殉教者。248 年以后为迦太基主教，258 年遇害。——译者

教者的时候,可以一起纪念他们”。[①]

看到在众人心目中对作为天恩使徒的天使的信仰如此迅速被
132 圣徒取代,未免使人感到惊奇。在中世纪,除了天使报喜节的天使迦伯列[②]之外,即使是那些大天使也都被人们忘记了,直到后来文艺复兴时代才在文艺作品中恢复起来。

前面已经说过,对圣徒的崇拜和古代异教中的英雄崇拜非常相似。这情形仅仅是基督教当中一个平行演进,还是在异教和基督教两种思想方式之间有一种有机的联系?天主教历史家否认有这种联系,只承认多神教改变了圣徒或其传记的外貌。[③] 凡是对基督开元最初几个世纪异教崇拜和基督教崇拜的历史进行过比较研究而又没有成见的历史家,都不会怀疑正是教会和异教之间的妥协打开了使异教信仰和习惯进入正教的大门。在神学家看来,基督教或许只是一个信仰问题,但在普通群众心目中,基督教是一种极不相同的东西。民众不能理解神学的玄妙。他们在并未理解教义时,也不用争辩,就接受了这种信仰。他们信仰的基督教是在圣徒的传说中、在神示、神迹、圣像、十字架、护符、圣物[④]等等当中,在被当作魔法崇拜的弥撒当中表现出来的那种基督教。在公元四世纪,多神教的名称已经听不到了,但它的影响并未消失。

① 参阅〔伦敦〕《教会评论季刊》,XXXII(1891年),71以下。

② 希伯来神话中的大天使,上帝的主要使者。——译者

③ 保罗·蒙索:“圣徒崇拜的起源”,〔巴黎〕《学者杂志》,1915年,第121—130、203—213、253—260页,特别是第258—259页。

④ 指圣徒的尸体和任何与圣徒有关系的东西,如衣服等。教会的圣物多是伪造的。——译者

“被废黜的诸神明的幽灵连同对他们的崇拜再次复活。”[①]公元四、五世纪，教会害怕异端甚于异教。它努力消灭异端，但和异教妥协。施勒尼人息尼细阿斯明确否认复活[②]，也不相信世界末日[③]即将来临之说，但他仍被任命为主教。

《教会史》是后来几个世纪中许多教会史书的鼻祖。公元五世纪续写这部书的至少有三位史家。攸栖比阿斯的著作终于公元309年，即君士坦丁在米兰敕令（公元313年）上承认基督教以前。也许他不愿意继续写到公元325年，把尼西亚宗教会议也写进去，像按逻辑上说他应当写到那个时候那样，因为他是一位阿利阿派教徒，对阿塔内细阿教派[④]或三一信条的胜利十分恼火。正统派史家不久就弥补了这个遗漏。君士坦丁堡一位律师苏格拉底（约公元379—440年）退休时，继攸栖比阿斯著作之后又写了七卷，一直写到公元439年。和他同时代的年龄较轻的索左门，过去也是一位辩护律师，晚年退隐寺院，在那里写了一部《教会史》，九卷，献给皇帝狄奥多西二世（公元408—451年）。这部书写的是公元323年至429年的教 133
会历史，曾大量抄袭苏格拉底的著作，但未表示感谢。后来在公元

① 哈那克（参阅原书第126页注），IV，107，并比较I，304—305，III，125—126；也参阅同一作家所著《最初三世纪基督教的传教和扩张》，詹姆士·摩法特译（第2次修订版，纽约和伦敦，1908年，二卷），II，206—208中讨论格列高里·托马特加斯的那部分。

② 指耶稣死后复活或全人类在最后审判日的复活。——译者

③ 基督教说，到了世界末日，一切死的都复活，与活人同受上帝的审判，善者升天，恶者永堕地狱。——译者

④ 阿塔内细阿，希腊正教之父。在325年尼西亚宗教大会中主张圣父（上帝）圣子（耶稣）圣灵三位一体，与阿利阿对立；君士坦丁袒护他，定为正宗，328—373年为亚历山大里亚大主教。著书很多，反驳阿利阿派的教义。——译者

五世纪幼发拉田西斯省居鲁士①主教提奥多里塔斯②也写了一部从公元324年到439年的《教会史》。他比上述两位较为公允，但他在年代上很马虎。③ 在公元六世纪，教会史继续由奥龙特斯河畔安蒂奥克附近厄匹非尼亚人伊发格里阿斯④编写。他在序言中对攸栖比阿斯和他的继承者表示敬意之后写道："既然后来发生的事情并不亚于上述那些事，但这些题材一直没有人继续写下去，我虽不够资格担当这样的重任，但仍然下定决心挑起这副必须挑起的担子，把这些事情写成一部历史。"他这部书从公元431年以弗所宗教会议写起，到摩里斯皇帝在位的第十二年(594年)为止。因此，对作为东罗马帝国历史转折点的查士丁尼统治时期说来，这部历史是有价值的。它的核心是聂斯托利教派⑤争端的历史。书中著名的一章描写六世纪使东罗马世界遭殃的那次大瘟疫(即第4卷第29章)。伊发格里阿斯是一位著名的法学家，曾在提比略二世⑥统治时期

① 现在的库拉，在土耳其的东北部。——译者

② 生活于390？—457？年，他的著作是替聂斯托利教派辩护的。他的名字和著作被列入查士丁尼543年的敕令中，是受到斥责的。——译者

③ 这些作家的英译本见《尼西亚会议及其后诸神父》(参阅原书第122页注)第2辑如下：A. C. 芝诺斯译的苏格拉底著作，II，1—178；C. D. 哈特兰夫特译的索左门著作，II，179—427；和布兰飞尔德·约克孙译的提奥多里塔斯的著作，III，1—348。参阅译者们的导言；和巴登豪威尔的著作(参阅本书第179页注①)，IV，137—144，239—244，附有最近的文献。

④ 生活于536？—600？年，安提阿大主教。——译者

⑤ 中国称为景教。于唐时传入中国，有《大秦景教流行中国碑》流传后世。该碑建于公元781年，于公元1625年被发现。景教于唐初(公元631年)传入中国，至武宗时(公元845年)始被禁绝。参阅张星烺《中西交通史料汇编》，第1册，第113—129页；第3册，第140—141页。——译者

⑥ 东罗马皇帝(578—582年)。——译者

做过会计官。这件事也许可以说明在他的著作中为什么有可能插入那么多有价值的原始文献的缘故。[①]

值得注意的是，除一位外，所有这些东方教会史家都是俗人，而不是教士。我们不久将看到，在西方，情况就不是这样。这个事实说明教会事务和神学问题笼罩世俗事务达到多么厉害的程度。正如攸栖比阿斯的《大事年表》被圣哲罗姆译为拉丁文因而影响了西方历史写作那样，索左门、苏格拉底和伊发格里阿斯也找到卡息奥多拉斯[②]当他们的译者，这位翻译家于六世纪末把这三位史家的著作都译成拉丁文，名为《三部史书》(*Tripartite History*)，[③]但不幸未能保留至今。

如前述，拉丁西方的教会史，是从攸栖比阿斯的《大事年表》的翻译和续编开始的。但在这些续编者手中，这些历史变成枯燥无味的干巴巴的事实记录。不过，公元五世纪在西罗马帝国文化上最先进的国家高卢，却有两位作家亚奎丹人普洛斯柏和萨尔匹细阿·塞维鲁为教会历史写作创造了一种新形式。普洛斯柏[④]（约公元 134
400—460 年），早年曾居住罗马，可能做过教皇利奥一世的秘书，但他

① 我们知道，还有三位作家写过这个时期的历史，即赛德人腓力，菲罗斯托加斯和赫息启阿斯。据苏格拉底和福细阿斯记载，我们确信我们没有因为腓力著作的失传而受到很大损失。赫息启阿斯的著作只有片段流传至今，但从这位阿利阿派历史家菲罗斯托加斯的著作中，我们可以得到一些有用的当时的史实。

② 罗马政治家和作家。为政府官吏，约 540 年退休后从事著作。他建立寺院，雇用一些僧侣，为之抄写和翻译希腊文著作。其《哥特人史》已失传。——译者

③ 推斐尔，II，第 483 节，11。

④ 推斐尔，II，第 460 节；L. 发伦廷：《亚奎丹的圣普洛斯柏，五世纪高卢拉丁教会文献研究》（巴黎，1900 年）；荷治琴，I，第 2 部分，703—706；摩里斯·罗哲尔：《从奥索尼阿斯到阿尔琴，古典文学的教育》（巴黎，1905 年），48—88。

从未接受圣职，终身为俗人。他的《编年史》写于公元433至455年之间，分为两部分。第1部分从创世到瓦林斯皇帝之死（公元378年），是圣经和古典历史的混合物，无甚价值。第2部分从公元378年到455年，记述了汪达尔人对罗马的劫掠[①]。“作者的想法，进行研究的方式，或在选择事件中的指导原则，都是很难理解的。”[②]但因普洛斯柏叙述的大部分事件都是发生在他那个时代，他这部书还是很不错的。虽然他的年代编排松懈，对当时教义争辩的描写很累赘，但他这部书仍然是五世纪前半叶的重要史料来源。

萨尔匹细阿·塞维鲁（约公元365—425年）也是高卢人，[③]和比他年轻的普洛斯柏同时代，是公元五世纪最好的历史作家。他曾学法律，本想当律师，但在妻子死后，受图尔主教圣马丁[④]的影响，他抛弃凡俗世界，专心致力于历史研究。他的拉丁文比当时流行的好得多。他的风格简明，常被称为“基督教的萨拉斯特[⑤]”。[⑥] 他

① 公元455年。——译者

② 撒母耳·狄尔：《西方帝国最后一世纪的罗马社会》（第2次修订版，伦敦，1899年），441—442。

③ 安德烈·拉物图永主编的《萨尔匹细阿·塞维鲁的编年史：校勘、翻译和注释》（巴黎，1896—1899年，两卷）；关于文献，参阅坡特哈斯特，II，1040；亚柏特，I，327—336；亚尔伯特·豪克主编：《新教神学和教会百科全书》第3版（莱比锡，1896—1913年，二十四卷）中，A.哈那克的论著；雅各·柏那斯：《萨尔匹细阿·塞维鲁编年史论》（柏林，1861年），在他的《全集》（H.乌斯纳主编，柏林，1885年，两卷）中重印，II，81—200；W.S.季利：《维吉兰提阿及其时代》（Vigilantius and His Times）（伦敦，1844年），35—63。

④ 生活于315？—399年。——译者

⑤ 罗马史学家（公元前86—34），著有《朱古达战争史》《喀提林阴谋史》等书。——译者

⑥ 参阅亨利·歌尔则的《萨尔匹细阿·塞维鲁心目中的文学语言》（巴黎，1883年）。

的《编年史》二卷和普洛斯柏的编年史一样也是把《圣经》和古典历史掺和在一起的，叙述到公元403年，两部著作的内容虽然差不多，但区别仍然极大。因为萨尔匹细阿·塞维鲁是位才子，他写的东西富有分析和创见，对所选材料区别对待。他这种批判能力的突出事例是在第2卷第30章中记述公元70年耶路撒冷神庙被毁情况的那一段，他取舍分明，取塔西佗的记述为证，而舍弃约瑟福斯的记述。二人的材料来源虽均属同一时代，但塔西佗偏见较少。[1]

他对历史连贯性的理解超过他以前任何一位作家。而且，他和 135
他那个时代的其他作家不同，他不相信神迹，也不喜欢当时流行的办法那样，勉强以寓言解释历史。他也并不认为《出埃及》第7—11章中所载埃及十次瘟疫是基督教徒遭到"十次大迫害"[2]的预兆，特别是因为未受寓言解释迷惑的任何历史家都不能把十次迫害辨别清楚。[3] 他曾沾染那个时代的悲观情绪，但他这类情绪并非得自《圣经》和神学，而是源于古典文学；他也不相信虔敬的悲观就是圣洁的

---

① 这段文字很久以来就有人怀疑，因为它和约瑟福斯对这个事件的记载不合。但是雅各·柏那斯(1824—1881年)(关于他，可参阅散狄斯，III，176—179)于1861年发表的献给玛克斯·米勒的那部论萨尔匹细阿·塞维鲁的著作中，说明萨尔匹细阿的根据是塔西佗的一部书，而塔西佗那部书现在只有片段留存。参阅他的《全集》，II，167以下；和拉物图永，II，394。

② 世传基督教徒遭到十次大迫害：(一)尼禄时代的公元64年，(二)多密善时代的公元95年，(三)图拉真时代的公元98年，(四)哈得良时代的公元118年，(五)帕梯那克斯时代的202年，主要在埃及，(六)马克西门时代的公元236年，(七)狄西阿时代的公元249年，(八)发利立安时代的公元257年，(九)奥利连时代的公元272年，(十)戴克里先时代的公元302年。除第十次为较大的迫害外，其外迫害多为教会作家夸大。——译者

③ 《编年史》，I，i，3，7。

证据。在他看来,圣洁并不表现在神迹中,而是表现为性格的坚强。他并不像普洛斯柏那样关心教义争论,但他不能容忍异教徒,特别是犹太人。在反犹太这一点上,萨尔匹细阿斯·塞维鲁是中世纪第一位。他也是记述犹太人流浪生活的最早的一位历史作家,[①]这类记述在公元十一、二、三世纪当人们对犹太人的仇恨尖锐化的时候,就又恢复起来。他似乎已感到罗马帝国确实正在灭亡。

萨尔匹细阿斯·塞维鲁也是另一部著作《图尔主教圣马丁传》的作者,他和马丁(死于公元 397 年)相识。我们在他这部著作中接触到在性质上属于中世纪特有的一种文学现象——即圣徒传记,这类传记在中世纪多得很。对研究当时宗教界的唯情主义,特别是对了解已获胜的基督教在追捕仍然坚信异教的那些人时使用的暴力,这部书是很有用的。它是那个世纪销路最广的书。在里昂和罗马这部书供不应求,有人把它译成希腊文,在修道主义最早的故乡埃及销售额以万计。

在《圣马丁传》之后发表的《对话集》中,萨尔匹细阿斯·塞维鲁和他的一位朋友波斯托密安那进行辩论,后者叙述他自己前往耶路撒冷和埃及朝圣的经历,他是刚刚从埃及回来的。他曾在耶路撒冷亲自和圣哲罗姆以及提贝易德[②]许多其他著名的隐士、修道者等会面,他还谈到他们创造的许多惊人的奇迹和经受磨难时难以想象的耐性。对话的这一部分特别引人,因为它给人的印象极其逼真,仿佛是公元 400 年左右一次朝圣的实录。但塞维鲁也

---

① 《编年史》,II,30(拉物图永校刊本,第 2 卷,70,比较 413 注)。

② 埃及庇比斯附近地区;在古典古代,为上埃及的通称。——译者

对他的朋友讲述了圣马丁的事业和奇迹，使他不得不承认圣马丁至少和他见过的任何一位圣徒同样伟大。

公元五世纪另一本并非毫无历史价值的反异教小册子是奥洛西阿斯的《反异教史七卷》[1]（*Historiarum libri VII adversus pa-* 136
ganos），[2]止于公元 417 年。奥洛西阿斯是西班牙人、圣奥古斯丁的学生，是他这位老师建议他写这部书的。在西罗马帝国晚期那些痛苦的年代里，外有蛮族入侵，内有统治者误国，经济困苦，社会动乱，当时异教徒到处攻击基督教，说一切坏事都应当由基督教负责。奥洛西阿斯自告奋勇，驳斥这些指责。他这部书猛烈反驳异教言论，也反映了那个时代的情况和精神状态，因而也有历史价值。例如，他写道："如果那些蛮族被驱入罗马帝国领土，仅仅是为了使人们有可能在东西罗马帝国各处都可以看到教堂里坐满无数不同种族的信徒——匈奴人和苏汇维人，汪达尔人和勃艮第人，那么，我们却应当尽情歌颂上帝的仁慈，因为尽管外省群众遭受涂炭，上帝却因此使这样多的民族认识了真理，否则他们是绝不可能认识到的。"外省人遭蹂躏，蛮族入侵这两方面都有神意。值得注意的是关于公元 381 年被一群基督教暴徒捣毁了的亚历山大里亚

① 这部书的叙述从开天辟地开始，毫无批判，为中世纪最流行的世界史教材。英国亚勒弗烈大王译为古英文。——译者

② 欧文·W. 雷门的英译本《反异教史七卷：保罗·奥洛西阿斯的辩白》（纽约，1936 年；《文明记录丛书》），附有导言和参考书目；推斐尔，II，第 455 节；荷治琴，I，第 2 部分，637，并参考第 2 卷索引；H. W. 菲罗特："保罗·奥洛西阿斯"条，见《基督教人名辞典》（见原书第 127 页注），IV，157—159；加斯顿·霸赛：《异教的终结：四世纪西方最后一次宗教斗争研究》（第 9 版，巴黎，1928 年，二卷），II，397—409；季尔第，30—70，附有参考书目。

图书馆里那些空空的书架的那段描写。

奥洛西阿斯有一位伟大的老师，但他自己却是一个愚笨的学生。圣奥古斯丁(公元354—430年)是早期拉丁教会中最伟大的人物，比安布洛兹、圣哲罗姆或教皇利奥一世都伟大。他是一位神学家、哲学家、传道士、教师、诗人，而且还是一位渊博的政治思想家。[①] 我们在这里讨论他和他的伟大著作《上帝之城》(*De civitate Dei*)，[②]二十一卷是单就他的政治思想一个方面考虑的。他这部书写于公元413至426年之间，因此，这部书表现的是他业已成
137 熟的思想。虽然他这部《上帝之城》是他苦心钻研的结果，但绝不是突然迸发的一颗灿烂的火花，而是经过千锤百炼，终于成为世界最伟大的一部著作的。

① 关于他的反动政治思想，参阅(苏联)凯切江、费季金主编的《政治学说史》上册，中译本，第116—119页(法律出版社，1962年)；关于他的哲学思想，参阅(苏联)敦尼克等主编《哲学史》，第1卷，上册，中译本，第301—302页(三联书店，1961年)。——译者

② 有许多英译本；最好的译本之一是马卡斯·多咨的译本，见《尼西亚会议及其后诸神父》(见原书第122页注)，第1辑，II，1—511；另一个好译本是约翰·希利的，见《腾普尔古典丛书》(伦敦，1903年，三小卷)。J.E.威尔敦：《圣奥理略·奥古斯丁及异教的上帝之城，二十二卷》(伦敦，1924年，两卷，有导言和注释)；S.盎加斯：《奥古斯丁〈上帝之城〉最初十卷的资料来源》(普林斯顿，1906年)；H.O.泰罗：《中世纪的思想》(纽约和伦敦，1911年，两卷)，I，第IV章；约瑟·马克开布：《圣奥古斯丁和他的时代》(伦敦，1902年)；路易·柏特龙：《圣奥古斯丁》(巴黎，1913年)，文生特·奥萨力凡根据法文版的英译本(纽约，1914年)；E.F.汉符理：《奥古斯丁时代的政治和宗教》(纽约，1912年)；格拉味(见原书第131页注)，第9章；荷治琴，I，第2部分，803—806，同时参阅第2卷索引；无名氏：《圣奥古斯丁的〈上帝之城〉》，〔伦敦〕《教会评论季刊》XXXI(1890年)，22—44；霸赛(见前一条著者注)，II，293—337；A.罗伯孙：《奥古斯丁，奥理略》条，见亨利·瓦斯和W.C.佩西主编：《基督教人物和文献辞典至公元六世纪末》(伦敦和波士顿，1911年)，70—92。

促使他构思这部书的时机和全书主题的伟大，在写作上都是登峰造极的。公元 410 年，罗马在阿拉列率领的哥特人进攻下失陷并被洗劫。在从帝国各地传来的哀鸣当中，还有许多人的义愤，认为公众遭此惨祸是因为人们抛弃了古代众神明。……奥古斯丁挺身而出，以天主教义维护者的姿态，发表了这部不朽的著作。

他把世俗的罗马帝国和“最光荣的上帝之城”即教会之间的对比作为他的大主题，前者好战，后者胜利（《以弗所书》，II，第 19—22 节）。他回顾了人类的世俗和神圣史。他的判断不可能公正，因为在奥古斯丁看来，罗马的神明都是魔鬼，但他尊敬罗马的美德。……《上帝之城》……把五世纪水深火热中的各族人民团结在自己周围，好像是团结在一面胜利的旗帜之下。[①]

国家是人创造的——建立第一个城市的是该隐[②]——因而是邪恶的。上帝之城是上帝的天国，教会是神创立的，它的职责就是竭尽全力使天堂幻景在人间实现。教会王国就是天上王国的影子。

他说：“在中世纪这个时代，人间和天堂这两个城市，连同其市民的两种身份，彼此交织一起、难解难分。只能等到最后审判的时候二者才会完全分开。而历史哲学的任务就是追溯一方逐步取代或转变为另一方的那些阶段。人间这个帝国，罗马文明在思想、艺术和事业方面的光辉成就，在它全神贯注地仰望着的上帝之城的光辉成就面前，业已幻灭。”[③]

自从《上帝之城》问世之后，即已将天主教史学置于自己控制之下。这话绝非言过其实。对正在崩溃的文明说来，这部书是头一个积极的贡献。它敢于提出主张：对人类事务不应当嘲笑，也不

① 腓得烈·哈礼孙主编：《新伟人日志》（伦敦，1892 年），217。
② 亚当的长子，曾杀其弟亚伯，见基督教《旧约》。——译者
③ J. W. 马开尔：《拉丁文学》（纽约，1909 年），276。

应当哭泣，而是应该理解。它制定了左右中世纪政治的纲领，公然宣称上帝统治人类的一切。它把上帝引进历史。首先把国家和教会之间的关系这个问题提出以供讨论的就是他这部书。这个问题是皇帝狄奥多西一世于公元 392 年禁止异教、创立基督教会并定为国教、建立基督教罗马帝国时才产生的。最伟大的教皇格列高里七世、亚历山大三世和英诺森三世就是根据奥古斯丁所讲的道理，主张教皇统治凌驾于帝国之上，教会高于国家。查里曼很喜欢
138 这部书。在被称为历史的人类壮丽的梦游中，圣奥古斯丁在梦游者的头脑中注入一个至今还令人心醉的梦境、亦即提倡较好的法律和较高的灵魂的教诲。《上帝之城》和柏拉图的《理想国》①、托马斯·摩尔爵士的《乌托邦》②、培根的《阿特兰替斯》③、康帕内拉的《太阳城》④等书属同一类文献。虽然这只是些无法实现的理想，但历史写作仍须承认政治原则的重要性。社会空想家在历史上有他们的地位。因为一代人的梦想有可能在下一代成为现实。

在公元五世纪时，罗马帝国已是一片废墟。政令失灵、贪污腐化、日益增长的苛捐杂税、社会混乱、经济紧张、法纪废弛、蛮族入侵等等，这一切几乎把帝国彻底毁坏了。在这种局面下，民众无可奈何，只有逆来顺受，郁郁凄凄，麻木不仁。然而提出抗议的人还是有的。其中最著名的是马西利亚（即马赛）的一位名叫萨尔维安的朴实的牧师，他在一部充满愤怒和申斥的著作《论上帝的统治》

① 有中译本。——译者

② 中译本，《乌托邦》（商务印书馆，1962 年）。——译者

③ 中译本，《新大西岛》（商务印书馆，1962 年）。——译者

④ 有中译本。——译者

(*De gubernatione Dei*)①一书中，为惨遭凌辱的良心发出呐喊，痛斥当时的腐败和胡作非为，不公平、不人道。“这本书的目的是要回答当时困扰着许多有头脑的人们的一个大问题：假如真是上帝在统治世界的话，为什么文明社会竟然在蛮族面前分崩离析？这个问题过去奥古斯丁曾在《上帝之城》一书中、奥洛西阿斯也曾在《反异教史》一书中进行过讨论。奥古斯丁的答案只是加以否认，说罗马所遭灾祸并非因采纳基督教而招来的。奥洛西阿斯则不承认曾有任何灾祸。但在公元417年和440年之间已经发生了许许多多事情；如果是在公元440年，即使是奥洛西阿斯也不至于坚持他的论点了。萨尔维安的回答是这样：这些灾祸是我们的恶德造成的。他把罗马人的恶德和条顿人的美德作了生动而高度夸张的对比。”②

萨尔维安企图回答的是当时有头脑的人们一定会提出来的那些问题：为什么在公元五世纪当罗马帝国几乎已经完全基督教化的时候，竟然还会遭遇这样的灾祸呢？而当罗马帝国还信异教的往昔，却并未遭受这样大的灾难？他对这个问题作了大胆回答，肯 139
定说上帝的统治是正义的。罗马社会的痛苦是社会本身的邪恶造成的。日耳曼野蛮民族比罗马人好。不过《论上帝的统治》一书更

① 伊发·M.散福德的英译本：《上帝统治论》(纽约，1930年；《文明记录丛书》)。荷治琴，I，第2部分，918—934；狄尔(见原书第134页注)，137—142，318—323；霸赛(见原书第136页注)，II，410—423；J. H. 鲁滨孙：《欧洲史选读》(波士顿，1904—1906年，两卷)，I，28—30；推斐尔，II，第465节；A. C. 库柏-马斯丁：《雷朗群岛史：圣荷诺拉特的寺院、圣徒和神学家》(剑桥，1913年)，第15章；R. 图维诺特：“萨尔维安与罗马帝国的废墟”见《考古》杂志(Antiquity) VIII(1934年)，315—327，是重印的一篇，译自《考古和历史杂志》XXXVIII(1920年)，145—163的英译本；达诺的论文，见〔巴黎〕《学者杂志》，1834年，第660页。

② 吉本，III，490。

值得注意的地方并不在于它的道德说教，他对腐败的官僚机构统治下的罗马社会以及其经济和社会上各种冲突如何在起作用等方面的生动图解才是应当注意的重点。和奥古斯丁一样，萨尔维安也相信神意统治一切，而且天国将降临人世。但他对他自己那一代人、包括教士在内，却进行了严厉的批判，说他们的邪恶阻碍了上帝意图的贯彻，延缓了上帝降临的光辉节日。日益严重的贫困、下层阶级的悲惨处境以及如何减轻他们的痛苦等问题使他特别烦恼。他和奥古斯丁、奥洛西阿斯二人不同，他并不责怪异教徒，而是把事情的责任归咎于政府和高级教士，特别是高级教士。他谴责那些主教，说他们有世俗欲望、有野心、贪婪而冷酷。他指出那些主教在变成大地主之后，曾仿效大世族地主对大片大片教会地产上的奴隶和农奴似的居民进行剥削压迫。教士们高谈对穷人的仁慈和关怀，但这类美德他们并未实行。对俗人，他并不是根据他们不同的社会地位分类，而是根据他们的罪恶的不同。他严厉批判官吏的欺诈、不义和贪婪；指责那个时代道德风尚不良，而不是法律不好；法律是好的，只是并未实行。他说，教会明知那个时代的邪恶，但无动于衷、腐化堕落。归根结底，只有教会和基督教能挽救现世。令人莫名其妙的是，萨尔维安拿罗马帝国境内下层阶级的命运和日耳曼蛮族的命运相对比，结果对后者有利。“穷人遭劫，寡妇叹息，孤儿备受压迫；直到最后，那些并非出身微贱，而且受过很好的教育的人为了不再被迫忍受万恶的政府和残酷的世族地主的压迫，大批地逃亡到日耳曼人那里去了。他们到野蛮人那里去寻找罗马式的人道，因为他们在自己罗马人当中忍受不了野蛮的暴行。虽然在风俗习惯和语言等方面他们和他们逃去的地方的人民不同，但他们仍然宁愿忍受野蛮人的野蛮文明，也不愿忍受罗马人的残酷与不义。于是他们就移居到哥特人和其他日耳曼部落那里去，宁愿在当俘虏的名义下过自由的生活，也不愿在自由的伪装下当囚犯。”萨尔匹细阿·塞维鲁、奥洛西阿斯和萨尔维安的著作标志着一个时代的结束。

在结束本章以前，不妨就诸神父的《信札》在历史上的价值再
说几句。在这些信札中，有格列高里·那西安森[1]的二百四十四 140
件，圣巴锡尔[2]的二百四十三件，圣息善利安[3]的八十一件，圣安布洛兹[4]的九十一件，圣约翰·克立索斯吞[5]和圣哲罗姆之间的大量通信以及圣奥古斯丁的二百七十封信。此外还有朱理安皇帝的一位朋友、异教哲学家叙利亚—希腊人力贝尼阿[6]的信札二千多件。力贝尼阿对基督教徒还是宽容的，不过是带有嘲笑气味的宽容。然而圣布累西尔和圣克立索斯顿都曾是他的门徒，他对他们二人一直很友好。他这些信札是有价值的历史资料。[7]

---

① 生活于 329？—389 年，君士坦丁堡主教（380 年），东罗马教会早期教父之一。——译者

② 生活于 330？—379 年，该撒利亚主教（370 年）。反对异教，特别是阿利阿派。——译者

③ 迦泰基主教（248 年以后），258 年殉教。——译者

④ 生活于 340？—397 年，米兰主教（374 年），反对阿利阿教派。——译者

⑤ 生活于 345？—407 年，君士坦丁堡大主教（398—404 年）。——译者

⑥ 公元四世纪叙利亚的一个希腊修辞学家和哲人派哲学家，著述很多，包括演说、信札和一本《德摩斯提尼传》。——译者

⑦ 荷治琴，I，第 2 部分，470—471，474；吉本，II，535；L. 佩替：《论哲人派力贝尼阿的生平和书简》（巴黎，1866 年）；E. 蒙雅：《力贝尼阿的历史》（巴黎，1866 年），有一篇力贝尼阿的皇帝朱理安葬礼演说的译文，见 C. W. 金的《朱理安皇帝》（伦敦，1888 年），122—218。

第 二 编

中世纪的西欧

（至十三世纪末）

第九章　蛮族入侵时期的历史学家①

蛮族入侵时期可以说大致是公元五世纪和六世纪。这个时期 143
的历史写作很难叙述；一部分原因是这个时期历史家很少，而且其中没有一位对那个时代有广阔的眼界；另一部分原因是蛮族入侵的地区十分辽阔，经过的时间也极其长久；还有一部分原因是公元五、六两个世纪的历史还牵涉其他一些重要运动，即：教会势力的增长，寺院制度的扩张，西罗马帝国教皇统治的兴起，以及东罗马帝国针对日耳曼优势作出的强大军事反应和随之而来的复兴。在帝国西部所有的作家都是教士，他们这类人眼光狭窄；在帝国东部，在公元 600 年以前，大多数作家仍然是俗人，尽管如此，他们仍然往往过分强调教会和神学事务。东部的作品主题并不复杂，

---

① 卡尔吞·J. H. 黑兹：《日耳曼人入侵史料导言》(纽约，1909 年)；荷治琴，参阅每章开头所列“权威著作”以及同一著者在《赫马典娜》杂志 XII(1902—1903 年)，1—16 上发表的论文：“蛮族历史的起源”；摩林尼尔，I，第 35—55 页；汏顿巴哈，I，41—140；爱德华·丰·魏特希姆：《民族迁移史》，第 2 次修订版，菲力克斯·丹校订(莱比锡，1880—1881 年，两卷)；来印候特·帕尔曼：《民族迁移史》(哥达，1863—1864 年，二卷合为一册)；菲力克斯·丹：《日耳曼国王》(莱比锡，1883—1911 年，十三卷，分作十四册)；奴马·登尼斯·浮斯退耳·得·库朗日：《古代法兰西政治制度史》(巴黎，1888—1907 年，六卷)，II，226—246；一篇好的短篇记载，见 H. 维尔蒙特：《德国历史真实知识手册》(第 2 版，韦尔，1906—1909 年，两卷)，I，32—80。

因为政治上的统一并未丧失，罗马（或早期拜占庭）帝国仍然是一个帝制国家。但在西部，政治上一切统一都已消失，我们必须分别处理西班牙、高卢和意大利等这些日耳曼王国的历史。关于盎格鲁-撒克逊征服不列颠的历史，当时的作家并未给我们留下任何东西。

关于征服以前那个时期的日耳曼史，可以在前已提及的公元三四世纪的拉丁历史家的作品中，特别是在《诸帝本纪》和安密亚那斯·马塞林那斯[①]的史书中找到；在那些年代记作家的著作中也可找到一些次要的情况。在“征服”中建立了许多日耳曼王国之后，从前的动荡局面就由相当稳定的局面取代。民族大迁徙[②]（Völkerwanderung）之后出现了相当稳定的平衡。地图也随着出现一定程度的稳定，变动不大了。把这个结果总结几句可能会使情况更加清楚：公元 375 年，西哥特人进入巴尔干半岛，于 378 年
144 在亚得里雅那堡击败罗马军队，408 年侵入意大利，410 年洗劫罗马，最后在高卢西南部和西班牙建立起他们的王国（公元 412—429 年）。汪达尔人于公元 406 年侵入高卢，掳掠西班牙，并于 429 年横渡海峡[③]，在非洲建立了他们的王国，这个王国直至 533 年才被查士丁尼灭亡。勃艮第人于 443 年定居罗纳河流域（普罗旺斯），后于 511 年被法兰克人征服——早在 486 年法兰克人就已征服高卢

① 公元二世纪后期的罗马军人和历史家，著有《罗马史》（96—378 年），为塔西佗历史著作的续编，共三十一卷，现存者只有十八卷，包括 353—378 年间的事迹。——译者

② 公元 375 年东哥特人加入匈奴部落，西哥特人越过多瑙河，进入罗马帝国境内，为日耳曼人大迁徙的开始。至六世纪，日耳曼人在欧洲建立王国，这个运动才终止。——译者

③ 直布罗陀海峡。——译者

北部,并于509年征服西哥特高卢。东哥特人于489年由东罗马帝国进入意大利建立王国,直至552年才被查士丁尼灭亡。十六年后(568年),最后一批日耳曼入侵者伦巴第人再次征服半岛大部。与此同时,朱特人、盎格鲁人和撒克逊人已于五世纪征服罗马治下的不列颠,罗马最后一批部队是442年撤退的。在这万花筒般的变化中,寻求统一性已不可能,有系统地叙述这个时期的史学是困难的。

在西哥特人定居西班牙以前,并无一部关于他们的持续的历史。他们那时的情况必须从克劳狄安的诗歌、两位教会史家苏格拉底和索左门、左息斯马斯(五世纪后半叶一位希腊史家,以后谈到东罗马帝国史学时还会谈到他)①、奥洛西阿斯、普洛斯柏等人的作品和息多尼阿的《书简》中,找出一鳞半爪。即使关于西班牙哥特人的历史叙述也极稀少。主教伊达提阿斯的《编年史》从公元379年写到469年。② 比克勒罗大寺院住持约翰③的编年史补充了从567年到590年的情况;约翰是一位西班牙修道士,曾在君士坦丁堡学习希腊文。并曾遭受阿利阿教派国王利奥维基尔德④的迫害,他的作品是西哥特一部最好的史料。塞维尔人以锡多(死于公元636年)很有学问,写了一部《哥特、汪达尔和苏汇维历史》,但颇不令人满意。⑤ 这是一部与事实不符的阿谀之作。他夸耀"西班牙的富裕繁荣",说它是"印度和赫斯柏立第群岛之间最美丽的

① 见本书第十七章。——译者

② 原文见米尼,LI,第873—890栏;比较亚柏特,I,422—424。

③ 推斐尔,II,第484—485节;吉本,IV,524;荷治琴,V,255注。

④ 西班牙的西哥特人国王(约569—586),信阿利阿教。——译者

⑤ 参阅厄涅斯特·布科哈特:《黑暗时代的百科全书作家:塞维尔人以锡多》(纽约,1912年),173。

国家”，是“装饰在宇宙间的一颗明珠”。意大利东哥特大王狄奥多理知道西班牙并非如此，他讥讽地说：“哥特坏人模仿西班牙的罗马坏人，罗马坏人模仿哥特坏人。”[1]该书的史料来源并未指出，实际上是从伊达提阿斯、比克列罗寺院住持约翰、奥洛西阿斯、普洛斯柏等人的作品以及萨拉戈萨主教马克西马斯（死于公元 619 年）
145 所著业已失传的西班牙哥特《简史》（*historiola*）得来的。[2] 托莱多主教朱理安（680—690 年）以热情奔放和带有偏见的流畅的笔调写了一部《哥特王闻巴远征托莱多史》（*Historia de Wambae regis Gothorum Toletani expeditione*）（673 年），还写了一部他的前任主教《圣伊第芬索[3]传》。然而，关于西班牙哥特人的历史，最有价值的史料并不是这些编年史，而是最早的西哥特法典《古代法律》（*Antiqua*）和继之而出的一部更丰富得多的法典——阿拉列二世的《罗马法摘要》（*Breviarium*）。[4] 除了这些著作以外，还要加上许多宗教会议的法令。因为西哥特人的西班牙是一个教士横行的国度。在公元 429 至 694 年间有十九次宗教会议，这些会议一意孤行地将各种事情都立了法，实际上甚至在伊斯兰教徒于公元 711 年来到西班牙以前就已经把这个君主国搞垮了。

---

① 雨果·赫芝堡：《塞维尔人以锡多的历史和编年史》（格丁根，1874 年）；同一作家：“论塞维尔人以锡多的《编年史》，”见〔格丁根〕《德国历史研究》，XV（1875 年），291—360。

② 米尼，LXXX，第 617—632 栏中称为马克西马斯的著作是一部伪书。参阅推斐尔，II，第 495 节，4。

③ 生活于 607—667 年，657 年作托利多主教（托利多在西班牙中部）。——译者

④ 希诺约萨：“西班牙法权中的日耳曼成分”，见《萨樊宜-斯提夫丁法权史杂志》德国部分 XXXI（1910 年），282—359。

在汪达尔人征服非洲期间(公元 429 至 439 年),这个地区因教义纷争而四分五裂,当地作家关心神学甚于政治。从维克脱·维田西斯所著《汪达尔国王盖塞利克和浑尼利克[①]迫害阿非利加行省史》中可以看到一些情况。作者是柏萨西那省一位主教。全书共三卷,记述公元 429 至 484 年的事。维克脱著作的价值,应大打折扣,因为其中有不少狂妄的辱骂,年代编排粗心大意,而且极端相信神迹。但在扣除了这些缺点之后,他这部书的内容仍然是有价值的,即使并无任何其他理由,只是那个时代没有其他记载这一点也就够了。实际上,当时关于汪达尔历史的其他著作的史料,只有坡息第乌斯的《圣奥古斯丁传》一部;但因迦太基被围的第二年(公元 430 年)奥古斯丁就死了,因此这部书对汪达尔人的历史用处不大。为了解情况,我们真的不得不从普洛科匹阿的《汪达尔战争史》[②](公元 533 年,查士丁尼皇帝就是在那年把汪达尔人的势力打垮的)中查找不可了。

在这件事情上,极其令人恼火的是,我们发现当时非洲作家法尔真提阿(约公元 480—550 年)不去写他那个时代的重要历史,反而浪费他的时间去写一部《世界史》,书中尽是些荒唐的传说和勉强的类比。比较有分量的材料是在迦太基省主教谭纽那人维克脱[③]所撰《编年史》(从创世至 566 年)中找到的,尽管只有记述六世纪事件的那部分有些价值。

① 阿非利加和汪达尔国王(477—484 年),国王盖塞利克的儿子。信阿利阿教派,迫害正统派。——译者

② 普洛科匹阿在下面第十七章中讨论。

③ 推斐尔,II,第 484 节,4;吉本,IV,524。

关于东哥特人的历史(公元 489—552),我们知道的比较多
146 些。[1] 首先,有一部名为《发利西无名氏著作》的意大利(拉文纳)编年史遗留下来的两个片段:一个写的是 293 至 337 年;另一个从 474 写到 526 年。不过,这两个片段并不属于同一部著作。这个书名是人们常用的;因为这部手稿最早是由亨利卡斯·发利西(亨利·得·瓦罗亚,1603—1676 年)在他的安塞亚那斯·马塞林那斯校订本中发现的。第一个片段写的是君士坦丁大帝;第二个叙述的是意大利发生的事,从尼颇士[2]即位到狄奥多理[3]之死,比前一片段有价值得多。这部著作之后,接着就是帕维亚主教的《厄匹非尼传》和另一位帕维亚主教厄诺狄阿斯(473—521 年)写的《狄奥多理颂》(507 年)。[4] 厄诺狄阿斯受过世俗教育,在古典著作方面受过很好的训练,但他的风格过于华丽,令人难于忍受。他毫无历史感。他这个作家既不重要,也不吸引人。他那二百九十七封信构成的九卷书,充满装腔作势的滔滔不绝的浮夸。但历史家还是需要他。他那帕维亚主教的地位使他便于观察,有些事实只有在他的书里才能看见。在没有其他材料的情况下,关于安提密阿[5]和利西麦[6]的争吵、关于把奥弗涅山脉割让给西哥特人[7]的某些方面

---

① 荷治琴,III,214—221。

② 西罗马皇帝(474—475 年)。——译者

③ 东哥特国王、意大利王国的建立者(493—526 年)。——译者

④ 推斐尔,II,第 479 节;吉本,IV,522。

⑤ 罗马皇帝(467—472 年在位)。——译者

⑥ 西罗马大将,曾打败汪达尔人的舰队。权力很大,操纵皇帝废立之权。467 年娶安提密阿之女为妻。后与皇帝不和,他引外地的军队围攻罗马,皇帝遇害。——译者

⑦ 西哥特人以肃清西班牙境内其他蛮族人为条件,接受罗马皇帝割让给他们的奥弗涅(419 年)。——译者

的情况以及关于狄奥多理征服意大利的细节等等,他是我们最好的权威。

在《狄奥多理颂》之后,还有一篇名为《拉文纳年代记》的文章。这不是一部年代记,而是一部以拉文纳为主、一般也涉及北意大利逐年发生的重大事件一览表。① 这个文件现已失传,但很明显,它曾充当《发利西阿的无名氏著作》、《普洛斯柏续编》和《库斯皮尼安编年史》等书的材料来源;这个文件的七世纪部分仍然保存在九世纪阿格尼拉斯所著《拉文纳诸主教传》中。②

哥特人和罗马人的真正历史学家是马格那斯·奥理略·卡息奥多拉斯元老(约 480—575 年)。③ 他出身于贵族家庭,曾在鄂多阿塞④手下当行政官;489 年鄂多阿塞垮台后,他在东哥特王狄奥多理和他的继承人手下做官,直到大约 540 年为止。然后退隐维发里安寺院,这个寺院是他建立的,地点在意大利最南端的斯基拉西,后来就死在那里,终年九十五岁。作为一位学者,他建立了一个寺院缮写室,为了管理这个净室,他写了一部手册,还设立一个

---

① 荷治琴,III,178,214—221;推斐尔,II,第 413 节,3。参阅 O. 荷尔得-亚格所恢复的 379—572 年,见〔汉诺威〕《德国古代史知识指南新文库》,I(1875 年),215—368。

② 荷治琴,同上,已经在平行栏中说明所有这些作家根据的都是一部已失传的《年代记》。

③ 托马斯·荷治琴的《卡息奥多拉斯书信集,马格那斯·奥理略·卡息奥多拉斯元老各种书信的节译本》(伦敦,1886 年),附有一篇有价值的导言,1—35;推斐尔,II,第 483 节;吉本,IV,522—523;散狄斯,I,258—270;荷治琴,IV,参考索引;坡特哈斯特,I,197—198;朱斯托·赞皮里:"卡息奥多罗"条,见《意大利科学、文学和艺术百科全书》(罗马,1929—1939 年,三十六卷),IX,337—338。

④ 出身于日耳曼族,为罗马大将,杀西罗马帝国最后的皇帝,自称意大利王(476—493 年)。489 年为东哥特国王狄奥多理所战败。493 年被杀。——译者

藏书丰富的图书馆，给予寺院中人研究学问以巨大推动，在保存中
147 世纪文化方面有很大贡献。在他那漫长而忙碌的一生中，卡息奥多拉斯还有时间撰写三部历史著作：(1)一部《编年史》，写于519年前后，是一部世界史摘要，“主要是攸栖比阿斯和普洛斯柏两人的著作的一个并不准确的抄本”；(2)《三部史书》(*Historia Tripartita*)，是苏格拉底、索左门和提奥多里特三人的教会史著作的拉丁文译本，是在他的希腊文秘书厄匹非尼阿斯帮助下译出的；(3)《哥特史》，十二卷，写于526至533年间。这部著作的失传是中世纪早期史学最可惜的一件事。我们仍然保存着他的《书简和公文集》①(*Variae*)一大本，尽管这些文件很有价值，但也只是微不足道的补偿。到公元六世纪，读者人数已大为减少，只剩教会人士了。他们对世俗历史毫无兴趣，只爱读诸圣徒的传记和传道。也可能是因为《哥特史》太长了，读者不愿读下去，宁愿读一部节略本，就像过去人们对待李维的著作那样。

卡息奥多拉斯最有价值的作品原著失传的原因不详，只有约旦尼斯粗制滥造的《马特史》②(卡息奥多拉斯原著的缩写本)保存了它的内容。约旦尼斯的出身是一半拉丁，一半日耳曼；也有些学者认为他的祖先是阿兰人，而不是日耳曼人。他懂希腊文，曾于

① 集中包括国王狄奥多理及其继承人的法令和政府各机关的规定，为意大利东哥特王国的重要史料来源。——译者

② C.C.密罗的英译本：《约旦尼斯的〈哥特史〉》(普林斯顿大学出版社，1915年)，附有导言和注释。推斐尔，II，第485节；吉本，I，457；荷治琴，I，第1部分，23—29，参考第2卷和第4卷的注释；J.腓得烈：“哥特历史家约旦尼斯著作中存在的问题”见《巴伐利亚王家学院记录》，哲学历史类(慕尼黑，1907年)，379—442；B.克鲁士，见〔汉诺威〕《德国古史知识指南新文库》，XXXIV(1908年)，235—236。

551 年跟随教皇维吉略[①]去君士坦丁堡。据不可靠的传说，他曾做过拉文纳主教，他的《哥特史》(*De origine et actibus Gothorum*)有倾向性，因为约旦尼斯是一位天主教徒，他写这部书是为了争取东哥特人脱离阿利阿异教改信天主教，同时使罗马人服从哥特人的统治。他称罗马帝国为"罗马尼亚"——这是这个堂皇的字眼首次出现。尽管他的作品粗糙、无知，[②]轻信而陈腐(主要表现在他引用古典著作时)，而且他的拉丁文也很坏，但他那部《哥特史》还是一部重要著作。他是第一位试图记述日耳曼人迁移史的作家。为了写这方面的历史，他缺少书面资料，不得不依靠哥特人的传奇和传说，有些是远自公元二世纪就一代一代流传、珍爱、保存下来的。从日耳曼人的角度看待事物是中世纪史学一个特征。

从这个角度看问题的一个显著例证就是下面这个记载：在哥特人从波罗的海到里海那次大迁徙的最初一些年月里，"正当他们 148
在立陶宛大草原某处横渡一条河的时候，一座桥断了，这个民族大军有一半葬身河水和两岸沼泽中。即使在今天，在那里过路的人们还常常远远地听到牛群鸣叫，看见阴暗的人影在那个阴森森的地方徘徊。"那次惨祸肯定至少是远在二世纪初就发生了，但关于它的传说却一直保存到 550 年约旦尼斯从事写作的时候。可见这是那次大迁徙中多么凶险的一个图景。他生动地把蛮族世界称

① 536—538 年为罗马教皇驻君士坦丁堡的代表；538—555 年为教皇；545 年东帝查士丁尼召他到君士坦丁堡去。——译者

② 在第 20 章(第 108 节)中，他认为特洛伊和伊立翁是两个不同的地方，说到它们的时候，好像在公元 262 年它们几乎还没有从与阿加绵农的著名战争中恢复元气的样子。

为“各民族的大工场”(第 4 章)(officina gentium)。他富于想象力,能捉摸出戏剧性情节。在所有中世纪历史著作中,也许再也没有哪一部像他这部书这样缺少宗教色彩了。约旦尼斯的著作中有些部分属于开化以前的野蛮时代,类似《贝奥武尔夫》[1](*Beowulf*)中的蛮荒情景。[2]日耳曼作家在历史写作中注入新情调。

基督教—日耳曼历史著作猛烈而野蛮;最突出的例子必须在法兰克人的高卢和图尔主教格雷戈里[3]的《法兰克诸王本纪》(约735 年)(*Historia regum Francorum*)里边去寻找。除比德的《教会史》外,他这部书要算安密亚那斯·马塞林那斯和加洛林王朝文艺复兴之间拉丁西方最伟大的著作了。[4]在图尔主教格雷戈里的

① 英国著名的史诗。其最早起源形成于盎格鲁-撒克逊民族迁入不列颠之前,最后完成于八世纪。——译者

② 将关于野性未驯的匈奴骑士围绕阿提拉的柩车唱的丧歌以及接着举行丧宴的记载(第 XLIX 章,第 257 节)和贝奥武尔夫的葬礼(第 3178 行以下)作比较。荷治琴,II,173—174 已经用韵文体翻译了阿提拉的丧歌。

③ 生活于 538? —593 年,573 年为图尔主教,其主要著作《法兰克诸王本纪》,为 591 年以前墨洛温王朝的主要史料来源。译文片段见齐思和等编译的《中世纪初期的欧洲》,第 61—129 页(三联书店,1958 年)。——译者

④ 关于图尔主教格雷戈里的文献是很多的。O. M. 道尔顿:《格雷戈里的〈法兰克人史〉》(牛津,1927 年,两卷),第 1 卷,导言(关于格雷戈里和法兰克高卢文化的详细研究),第 2 卷。英译本,摩林尼尔,I,第 55—63 页,附有一个有价值的参考书目;迦伯列·摩诺:《墨洛温王朝历史资料批判研究》(巴黎,1872 年,《高深研究学校丛书》,第 8 部分),21—146;J. W. 罗培尔:《图尔的格雷戈里和他的时代》(第 2 次补充版,莱比锡,1869 年);哥德弗罗伊德·库尔特:《墨洛温王朝诗歌史》(巴黎,1893 年),4,59 和其他各处;玛克斯·玻涅:《图尔的格雷戈里的拉丁文》(巴黎,1890 年);摩里斯·普鲁:《墨洛温时代的高卢》(巴黎,1897 年),第 8 章;撒母耳·狄尔:《墨洛温时代高卢的罗马社会》(伦敦,1926 年),利用索引;帕替孙,I,1—29;摩里斯·罗哲尔:《从奥索尼阿斯到阿尔琴,古典文学的承认》(巴黎,1905 年),187 以下;浮斯退尔·得·库朗日(见原书第 143 页注),III(法兰克王国),1—32,99 以下〔讨论法律〕;西格蒙·赫尔曼:“中世纪史学研究:I. 图尔的格雷戈里”,见〔慕尼黑〕《历史杂志》,CVII(1911 年),1—43。

著作中，中世纪史学迈入大踏步前进的时期，树立了楷模，规定了形式，唱出了尔后六百年(公元 600—1200 年)间基本上占统治地位的主调。

格雷戈里·佛罗棱提阿斯(539—594 年)是奥弗涅山脉一个富裕的罗马贵族家庭的后裔。他幼年进入教会。他的一位祖先是高卢一位殉教者；他的父亲是朗格勒耳主教格雷戈里的后代；他的祖父的一个弟兄曾任里昂主教，另一位弟兄曾任克莱蒙(即前息多尼阿·阿坡力内立教区)主教。我们所说的史家格雷戈里于 573 年受命为图尔主教。为了理解图尔主教格雷戈里的巨大重要性，149
必须了解他的生活环境；这就需要对构成六世纪法兰克高卢文化的那些要素的性质作些研究。

在以前的西罗马帝国境内所有各国中，高卢在各个方面都是最伟大的一国。甚至意大利都不如它。在保存古典文学传统和罗马学校制度方面，罗马帝国的属国高卢比其他任何地方都多。公元四世纪时，这些拉丁和基督教成分已融合一起形成一种高卢—罗马—基督教文化；到五世纪，又在这些成分之外，加上一个日耳曼成分。法兰克文化是一种混合物。中世纪文化的这三种主要成分——罗马的、基督教的和日耳曼的——混合起来，在墨洛温时代的高卢产生了一个强健勇猛的种族。我们绝不能被表面现象蒙蔽，误把外部征候当作实质。墨洛温时代的社会尽管凶暴而粗鲁，野蛮而残酷，但它仍然是那个时代最正常的社会；不像哥特社会那样虚伪而自私；比和非洲土著混合起来的汪达尔人的芜杂文明无限优越。在所有日耳曼诸民族中，法兰克人注定会成为最能持久、最有建设性的民族。他们将在罗马帝国的废墟上建立一个新的欧洲。

在研究像图尔主教格雷戈里这样一位作家时，首先应当对他十分喜爱；不喜欢他确实很难，因为在所有中世纪历史家当中他是一位最有意思、最诚挚的作家；他天真得像一个孩子，朴素仁爱像一位圣徒，对自己的权利和理想像一位英雄那样忠诚。和伟大的格雷戈里教皇（死于 604 年）、塞维尔人以锡多（死于 636 年）一起，他算得上第一批真正中世纪作家。

格雷戈里是一位模范主教。他的活动是大量的。权贵内战频仍，豪门私战不已，疠疫流行，王国涂炭，教区荒芜，处在这样的逆境中，他英勇果敢，捍卫教会权利。其艰苦卓绝，只有他自己的慈善事业可以与之相提并论。他竟然感化了墨洛温王朝诸王中罪大恶极的恶棍契尔柏立克①。为保护逃入图尔教堂里避难的人群，或捍卫他那个教区的权利，这位主教曾一再在这个恶棍的狂怒面前毫无畏色。尽管所处时代极其混乱，他经常东奔西走参加宗教会议和访问王廷，但他仍然满腔热忱、尽心竭力处理教区事务；在二十年任期以内，百忙之中，仍然找出时间从事大量写作。他的拉丁文很粗糙，常常不正确，每句每行中都有当时不正规的表达法；但他这些作品几乎有一种原始的生气和力量。格雷戈里相信奇迹、预兆和神迹，这一点和他同时代的人们相同；尽管在这方面他
150 的批判能力较弱，不过，在其他方面，他却是诚实而真挚的。

《法兰克人史》从法兰克人的历史的开端写到 591 年，分为十卷。绪论是根据传说和传闻写成，很混乱，价值不大。第 1 卷终于

① 契尔柏立克第一（561—584 年）。——译者

397年图尔主教圣马丁[①]之死；第2卷写到511年克罗维斯[②]之死；第3卷终于547年奥斯达拉西亚王提奥得柏特[③]之死；第4卷终于575年奥斯达拉西亚的塞吉柏特[④]之死；第5卷叙述契尔得柏特二世[⑤]统治时期(575—580年)的最初五年；第6卷终于584年契尔柏立克[⑥]之死；第7卷写的是585年发生的许多事件；第8卷最不重要，因为它叙述的是格雷戈里并不十分了解的国外事件；第9卷记述587至589年；第10卷记述589至591年。

对他这部丰富多彩的了不起的著作说来，这样干巴巴的简介甚至连一点影子都没有说出。格雷戈里以自豪和谦逊相结合的情调从事这项写作，正如他在他的《法兰克人史》序言中所说，"在这样的时代，在高卢各个城市，文章写作正在衰落，不，简直业已消灭，受过正规写作艺术训练并能以散文或韵文撰写描绘业已发生的事情的学者，连一个都找不到了。但人们业已做过的好事很多，坏事也不少。……〔因此〕，尽管我的文字异常粗鄙，我还是心有所动，想把记忆中的往事传给后世。"当他的写作最后完成时，他手捧自己的著述，心满意足，诚恳地说，"我已写成《历史》十卷，《神迹》七卷和《神父传记》一卷。我这些书可能是用一种未经修饰的文笔写成，可是我仍然要恳求主的各位主教，……千万不要把这些书毁

① 法国的高级教士(315？—399年)，约371年为图尔主教。——译者

② 墨洛温王朝的始创者(481—511年)。——译者

③ 克罗维斯之孙(533—548年)。——译者

④ 克罗维斯之孙(561—575年)。——译者

⑤ 塞吉柏特的儿子(575—596年)。——译者

⑥ 生活于561—584年。——译者

灭……请把我的心血完整保存起来。”[①]

关于早期法兰克人的历史，图尔主教格雷戈里的著作不只是我们手头仅有的唯一的一部，而且它的价值极高，因为它把当时教会情况、行政事务、典章制度等等讲得很清楚，使我们一目了然，尽管在典章制度方面，后来又有萨利克法典[②]、少数牧师会法规和许多宪章也帮助我们打开眼界。从图尔主教格雷戈里的著作中可以发掘关于那个时代的文明、社会阶级、经济情况、商业贸易、奴隶制度、风俗道德、教育、古典文化衰落和迷信等等方面的描述。[③] 就像半世纪以前约丹尼斯曾取材于大迁徙时代流传下来的哥特传说
151 那样，格雷戈里也取材于法兰克人的北欧传说(saga)，而其内容又比哥特人的“英雄传说”(Heldensage)远为丰富，其性质也是真正的史诗。法兰克人，像日耳曼其他民族那样，也有他们的民间歌谣，行吟诗人和歌手，歌颂遥远的古代那些英雄事迹和战争。[④] 假如没有这些口头传说，早期法兰克人的历史几乎就成了一片空白。这种史诗式的情调是多少世纪以来法兰克和德国史家著述的底色，终于在十一二世纪的“古事短歌”(chansons de geste)中迸发

① 序言和卷 X，31(道尔顿译本，II，第 2 和 477 页)。

② 法兰克人中的舍拉族，以原住在舍拉河畔而得名，为墨洛温王室的祖先。其族流行的习惯法称为舍拉法律。在墨洛温及加洛林两朝编为法典。中译文片段见齐思和等编《中世纪初期的西欧》，第 129—144 页(三联书店，1958 年)。

③ 特别参阅狄尔(见本书原书第 149 页注)；和亚尔伯特·马里南：《法国文化研究》(巴黎，1899 年，两卷)，I，墨洛温时代的社会。

④ 参阅库尔特(见原书第 149 页注)那些喜人的篇章；摩诺(也见原书第 149 页注)，90—101；威廉·永汗斯：《法兰克国王契尔得立克和克罗维斯时代历史批判研究》(格丁根，1856 年)，6 以下，111—116；卡尔·服里奇：《古法语文学导言》，译自法兰西斯·M. 杜蒙的德文原著第 3 版(哈勒-安-得-沙尔和纽约，1931 年)，65—69。

为五彩缤纷的壮丽篇章。[①] 这种史诗的“呼声”，甚至渗入法律条文，在萨利克法典的引文中可以听到诗歌深沉的韵律，表现了法兰克人极其自豪的英雄颂歌传统。

公元600年以后，史学凋谢；实际上一切中世纪文学写作都衰落了。图尔主教格雷戈里死于594年；格雷戈里教皇死于604年；塞维尔人以锡多死于636年。“这是欧洲大陆的衰落时期。”[②] 七世纪，法兰克史堕落为一部大杂烩，以“夫勒得加”的名义流传；“夫勒得加”是给三位无名编纂者起的名字。[③] 它的价值只在于除此以外并无其他材料。从593至614年，其年代排列还是正确的；在615至631年间，年代编排就模糊了。最好的一部分是从631到642年那段叙述，简明而准确，似乎是一位亲临其境的人写的，对纽斯特里亚和勃艮第的记述比对内斯特里亚详细。但夫勒得加也像中世纪史家对待古代史那样，有些离奇的见解。提到法兰克人起源于特洛伊人的，他是第一位，这种说法从他的著作传到副主祭保罗[④]的《伦巴第史》中，再由这部书传到夫累卡尔夫和度

① 服里奇(同上)，第6章；H. M. 察德威克：《英雄时代》(剑桥，1912年)，第1—3章；派奥·赖那《叙事诗对史学的贡献》，见《罗马尼亚》，XIV(1885年)，400—401，和他的《法国叙事诗的起源》(佛罗伦萨，1884年)。

② 这句话引自海伦·瓦得尔的《流浪学者》(*The Wandering Scholars*)(波士顿，1937年)，28。

③ 第一位是勃艮第编年史家，他的写作终于642年。第二位是奥斯达拉西亚党人，他续编到768年丕平即位。关于最初82年，他的编年史几乎是《法兰克人史》的一个抄本。但是从724到768年，这部编年史却是记述宫相的兴起和墨洛温王朝最后几位国王的倾覆的一部原始重要资料。关于736到751年著者的原始资料来源是丕平的叔父柴尔德布兰提供的；从751到768年的材料主要是柴尔德布兰的儿子尼柏隆供给的。

④ 公元八世纪意大利(伦巴第)的本泥狄克特派僧侣和历史家。——译者

多以及许多其他作家的编年史中。[①] 夫勒得加的拉丁文讹误百出，他的书是九世纪罗曼斯语[②]（lingua romana）的先声。

152 “夫勒得加”的著作由一部名为《法兰克史》或《史书》（*Gesta Francorum, or Liber historiae*）的书加以补充。这部书的拉丁文虽较好，但其内容甚至更为贫乏。在这部著作第 36 章中，我们可以看到法兰克史诗中最好的篇章："森林前进"的故事：卫队举着树枝前进，远望有如森林，在这个行动的森林的掩护下向敌人挺进，利用这个策略攻陷一个被包围的城镇。在《麦克白》一剧中柏南森林向丹息能前进，就是这种计谋的一个最著名的例子。[③] 但在日耳曼文学中这是广泛被采用的主题。[④] 在这部《史书》中，这个故事比在莎士比亚剧本里描述得更富戏剧性。在《麦克佩斯》一剧中，它是一个实际的策略。而在这部法兰克编年史中，魔法诱使被围困的城市里的民众幻见敌军正在树枝森林掩护下逼近，但这只是一种幻觉。

从四世纪到七世纪，基督教史学又创造了一种新形式，即圣徒传记（Vitae sanctorum）。[⑤] 前已提到，萨尔匹细阿·塞维鲁的《圣

---

① C. W. 奥曼："中世纪人对古代史的一些概念"，见《皇家历史学会学报》，第 4 辑，IV（1921 年），1—22。

② 由拉丁语转变成的近代法语、西班牙语、普罗温斯语等。——译者

③ 《莎士比亚戏剧集》，朱生豪译，第 6 册，第 94—97 页（北京作家出版社，1954 年平装本）。——译者

④ 库尔特（见原书第 149 页注），396—402 已经搜集了这些例子。

⑤ 汇集圣徒传记的一部伟大的名著是《圣徒行传》，由约翰·玻兰达斯开始（第 1 卷，安特卫普，1643 年），现已出版六十八卷，仍在编纂中。在这套丛书中，诸圣徒的传记是从 1 月 1 日开始按圣徒纪念日排列的。内容的分析见坡特哈斯特，I，第 xxxiii—xxxiv 页，附有文件。第62卷中有1至10月诸卷的索引。关于版本，参阅（接下页）

马丁传》是这类作品中第一个最伟大的例子。[①]他创造了一种新的史学形式，至少在西方是这样。教皇格雷戈里一世那部极受欢迎的《圣本尼狄克特传》就是按照这种体裁写的。

这类圣徒传记的写作目的主要是教诲百姓，许多都是很平凡无益的读物。但另一方面，又有许多具有独特的价值。在上帝安排下，一位圣徒可能出身于最贫贱的父母。传记作者的职责就是叙述他从孩提时代起的全部真实的或据认属实的事迹中一切细节。假如没有这些圣徒传记，我们对中世纪下层阶级的家庭和社 153

(接上页)《剑桥中世纪史》，VI，850。J. 马比昂和路克·达希里合编的《圣本尼狄克特教团圣徒行传》（巴黎，1668—1701年，九卷；第3次重印在进行中，第1卷，马替斯康，1935年）。许多圣徒传有英译本，S. 贝灵-谷尔德译的《圣徒列传》（爱丁堡，1914，16卷）和《不列颠圣徒列传》（伦敦，1907—1913年，四卷）；枢机主教纽盟，J. A. 夫鲁德、马可·帕替孙，以及其他的人合译的《英国圣徒列传，至1240年止》（牛津，1844—1845年，十四部分，分为七卷）；查理·普兰麦主编：《爱尔兰圣徒传》（牛津，1910年，两卷），I，英文绪言，第iii—v部分；保罗·给朗：《小〈圣徒行传〉编纂者，圣徒、殉教者……的传记，圣物、圣地巡礼、民间信仰的历史，等等》（第7版，巴勒杜克，1874年，十七卷）；希坡利特·得勒赫伊：《圣徒传》（第3版，修订版，布鲁塞尔，1927年），V. M. 克洛福德夫人译的第2版，书名叫作《圣徒传说，圣徒传导言》（伦敦和纽约，1907年）；同一作家：《1615—1915三个世纪中〈圣徒行传〉诸作者的工作》，从法文原著中翻译的（普林斯顿大学出版社，1922年）；马里南（见原书第150页注），II，《墨洛温朝的圣徒崇拜》；哈第，I，第1部分，第xvii—xxxvi页；F. G. 和尔威克：《圣徒传记辞典》，附有一篇关于圣徒传的总导言（伦敦，1924年）；保罗·蒙索的论文，见〔巴黎〕《学者杂志》，1915，第121—122，203—204，253—254页；J. 富兰克林·哲麦孙：《美国圣徒行传》，见〔纽约〕《美国史学评论》，XIII（1907—1908年），286—302；C. A. 柏努利《墨洛温王朝的圣徒》（杜平根，1900年）；亨利·垦廷：《中世纪殉教史》（巴黎，1908年），摩林尼尔，I，第94—165页。关于按字母排列的中世纪圣徒表，附有版本校勘，参阅坡特哈斯特，II，1131—1646。

① 参阅上面第八章，比较安德烈·拉物图永主编的《萨尔匹细阿·塞维鲁的〈编年史〉：校订、翻译和注释》（巴黎，1896—1899年，两卷），I，第xxii—xxxiii，xxxvii—xl，lxv—lxxviii页。保罗·蒙索的法文译本：《圣马丁。萨尔匹细阿·塞维鲁的记载》，附有导言（巴黎，1926年）；玛利·C. 瓦次的英译本（伦敦，1928年）。参阅亚柏特，I，576—581。

会生活几乎将毫无所知。那时的"高等"历史也和现在的一样，忽视下层生活。这些圣徒传记把那个时代的日常生活刻画得栩栩如生，就像文艺复兴时期的绘画描绘的十四五世纪佛罗伦萨的社会生活那样。"在这些传记中，特别是在神迹和医疗故事中，我们看到中世纪社会实况和风俗习惯最真实的图景。这类故事充满了有关中世纪的疾病和医药，瘟疫、癫狂和卫生的讲解。"①假如没有攸吉佩阿斯②的《圣塞维里那传》③，我们对匈奴帝国解体后多瑙河下游一带，实际上将毫无所知。圣巴特里克④、圣腓力伯特、圣安斯卡和圣哥伦巴⑤的传记提供了关于当时商业贸易史的说明。⑥ 欧洲北部改信基督教的早期历史几乎全部都是写在圣哥伦巴、圣尉力巴尔德⑦、圣逢尼非斯⑧⑨和圣安斯卡诸教徒的传记中的。爱尔

---

① 哲麦孙（见原书第 152 页注），288。也可参考浮斯退耳·得·库朗日（见原书第 143 页注），III，9—12，关于圣徒传价值的很好的说明。

② 拉丁僧侣（455？—538？年），其著作《圣塞维里那传》为早期日耳曼教会史的重要资料来源。——译者

③ 乔治·W. 鲁滨孙的英译本：《攸吉佩阿斯的〈圣塞维里那传〉》（剑桥，哈佛大学出版社，1914 年）。

④ 生活于 389？—461？年，爱尔兰的使徒。十六岁时为海盗俘虏，出卖为奴，六年后逃往法国为僧侣，后传教于爱尔兰，设立许多教堂。遗著有《忏悔录》，叙述其一生事迹。——译者

⑤ 爱尔兰传教士（521—596 年），在爱尔兰及英格兰北部甚有权威。作颂主诗歌三首。——译者

⑥ 德那·C. 蒙罗的《圣哥伦巴传》英译本，见《欧洲史原始资料的翻译与重印》，II（费城：宾夕法尼亚大学，1905 年），第 7 号。

⑦ 生活于 700？—786 年，与其叔圣逢尼非斯同是在日耳曼传教的英国人。——译者

⑧ 生活于 680？—755 年，在日耳曼传教的英国人。改革法兰克人的教会。——译者

⑨ G. W. 鲁滨孙译（剑桥，哈佛大学出版社，1916 年）。

兰诸圣徒的传记是真正的“丛林丛书”，因为书中有许多关于受人宠爱的各种动物的故事，还有大量民间传说。[①] 较为忠实可靠的传记有丰富的历史实况。例如，关于九世纪英国政治区划的详细描述可以在《圣刻尼姆传》（刻尼姆是麦西亚的一个幼儿国王和殉教者）中找到。[②]

对待这类圣徒传，我们应当有同情的想象力，应当亲切；不应当藐视或嘲笑。其中有许多部都属于一种虔诚奉神的杜撰。[③]

---

① 关于这些故事的译文参阅海伦·瓦得尔的《野兽和圣徒》（伦敦，1934年）；和普兰麦（见原书第152页注），I，导言。

② G.H.基罗德：《圣徒传说》（*Saints Legends*）（波士顿和纽约，1916年），151。

③ 耶稣会历史家哈特曼·格里塞在1900年申斥现在还普遍相信中世纪教会史中的寓言和欺骗。

“三十年来，我的研究使我接触到许多历史错误，多年来这些错误暗暗潜入在教会的外部历史和外部生活，至今仍有一部分保存着。许多不确实的传说、神迹的记载和虚假的叙述——有些是文雅而有诗意的，有些是鄙俗而夸张的——一层层缠在上帝的圣徒们的生平和神迹周围，缠在他们的遗物和全基督教世界可敬的神龛周围。……这些赘物……我们必须尽力砍掉，以保持对真理的热爱，保持教会的神圣荣誉。”——刊在1901年6月7日《周报》（*Weekly Register*）上的演说词。

第十章 盎格鲁-撒克逊时期的英国[①]

154 关于罗马帝国在不列颠的统治的崩溃以及五世纪后期朱特人、盎格鲁人和撒克逊人的入侵等情况，当时不列颠人并无记载留传至今。有两部高卢编年史(一部终于 451 年，一部终于 511 年)，载有 441 至 442 年不列颠被侵入的事。传统上把这个年代记为 449 年，但将近二百五十年之后才从事写作的第一位英国历史家比德从来都没有承认过自己知道这件事的确切年代，每逢提到这件事总是用 circiter(大约)一字，可能指的是从 442 到 457 年间任何一年。再者，传统上认为罗马帝国放弃不列颠是在 410 年，也未见可靠；因为在高卢史料中有证据说明直到 442 年以前并无撤退之事。

来自不列颠本身最早的记述是征服开始后一百年才写的，出

---

① 标准的参考书目是格罗斯：第 3 部分，《盎格鲁-撒克逊时期》；也参阅沃德，I，第 5—7 章，附有参考书目，第 483—497 页；哈第，I，第 1 部分，第 xii 页以下；盖得纳和马林加，第 2 部分，第 1—2 章；托马斯·荷治琴：《从最早的时代到诺曼征服的英国史》(伦敦，1906 年：W. 韩德和 R. L. 普尔合编：《英国政治史》，I)，附录 I，《权威著作》；斯塔普福德 A. 勃鲁克：《早期英国文学史，即从最早时期到国王艾尔弗雷德即位时的英国诗歌史》(伦敦，1892 年，两卷，重印为一卷，纽约，1925 年)。一部方便的资料节录本是 J. E. W. 瓦利斯的《种族的融合》(*The Welding of the Race*)(伦敦，1919 年；《柏尔〈英国史资料丛书〉》，第 2 号)。

自季尔达斯[1]（约死于 570 年）之手，这个人可能是威尔士一位修道士。他的著作名叫《哀诉不列颠的毁灭》（*Liber querulus de excidio Britanniae*），是在阿摩里加（布列塔尼）写的，当时很多不列颠基督徒逃避英吉利人入侵的火焰，跑到那里去了。它的价值在于：在有关盎格鲁-撒克逊人征服不列颠的历史材料中，它是最接近那个时代的。不过它的历史价值很小，因为它是“对不列颠诸侯和教士邪恶的一部冗长的控诉”，而不是一部严肃的历史。[2]

比这部甚至更加可疑的资料是内尼阿斯[3]的《不列颠史》（*Historia Brittonum*），记述了直至 796 年为止的英吉利诸王的世系。究竟内尼阿斯是谁，他是不是这部书真正的作者，或者是不是曾有一个更老的版本，而这位伪内尼阿斯只是作了一些补充呢？这些问题都是并无答案的谜。把这部书归在内尼阿斯名下，是根据大英博物馆所藏一部手稿的序言，序言还说这部书是 858 年编 155
写的，但有不少理由使人相信作者生活的年代比这还早。戚麦[4]认为季尔达斯那部历史著作的续编是 679 年在北威尔士写的。以这个续编为基础，南威尔士人内尼阿斯约于 796 年又写了一部新著作，这部著作又于810年由安格尔西岛[5]一位无名氏作家进行

---

① 不列颠僧侣和最早的不列颠历史家（516？—570 年）。其《不列颠史》叙述自罗马人的侵入到他自己的时代。文字软弱而啰唆，但颇有历史价值。——译者

② 关于文献，参阅格罗斯，第 1370 号；C. E. 斯提汾斯：“季尔达斯和不列颠公民”，见〔伦敦〕《英国历史评论》，LII（1927 年），193—203。

③ 公元八世纪末到九世纪初的历史家，著有《不列颠史》，叙述不列颠人的起源，罗马人的占领，撒克逊人的定居，至亚塔尔王的十二次胜利，多神话故事，但保存了早期著作有价值的片段。对作者的真伪，是有争论的。——译者

④ 生活于 1851—1910 年，德国研究克勒特人文化的学者。——译者

⑤ 威尔士西北一岛屿。——译者

了修订(这个修订本现已失传)。季拉·科姆金约于1071年编的内尼阿斯原著的爱尔兰修订版就是以这个修订本为基础的。内尼阿斯那部书的价值主要在于不列颠历史传说方面,而不在于实际历史。“不列颠群岛的凯尔特人并无卓越历史著作。季尔达斯根本不能算一位历史家,尽管内阿尼斯那部《不列颠史》里的大量不实用的材料可以追溯到公元七世纪,但并不值得考虑。在时代较为靠后的爱尔兰和不列颠那些记述中,起源较早的那些短篇年代记的价值是应当承认的。”①

这部著作的内容比季尔达斯的著作更充实,记述的是罗马统治时代,匹克特人和苏格兰人侵入北部,朱特人和撒克逊人在不列颠登陆以及他们和本地基督徒居民冲突的情况。但是书中掺杂大量不列颠神话,特别显眼的是最早出现于内尼阿斯著作中的关于阿塔尔的传说。假如内尼阿斯撰述的是他自己的时代,他的著作必然会比他现有的书更有价值。但他也利用了一些盎格鲁-撒克逊史料,还插入一些古怪的撒克逊世家和简单的历史记述交错杂陈。他的著作很粗糙,而且是一些荒诞不经的东西搞在一起的大杂烩,它展示的是公元九世纪时不列颠人或威尔士人信以为真的那种不列颠历史。②

---

① W.利未孙,见A.哈密尔敦·汤普森主编:《比德,他的生平、时代和著作:纪念他逝世一千二百年周年论文集》(牛津,1935年),III。

② “有一件事情是肯定的。……日耳曼人征服不列颠不能作为一部记事录叙述。……关于传说,可按下列顺序——季尔达斯、比德、内尼阿斯、《撒克逊编年史》。”

蒙森关于内尼阿斯的推断是这样的:他的著作的核心是七世纪的记载,而内尼阿斯把这部记载扩大了。关于文献,参阅格罗斯,第1375号。菲力克斯·利柏曼:《〈不列颠史〉的作者内尼阿斯》,见A.G.力特尔和F.M.庖威克合编的《献给托马斯·腓得烈·都特的中世纪史论文集》(曼彻斯特,1925年),25—44;L.度申:“重编的(接下页)

事实是这样：英格兰被征服的历史是在最早的英国文献中找到的，是今天在考古学家用铁锹挖掘出来的残迹中发现的。关于这个时期并无正式历史。

在中世纪早期历史方面，没有哪一个国家，也没有哪一个时期像不列颠那样缺乏史料的了。这指的是不列颠从公元 442 年罗马
军团撤退到 596 年伟大的教皇格雷戈里为了使英格兰改信基督 156
教派遣奥古斯丁[1] 率领传教团前往时为止的那个时期的不列颠。[2]但说得上比这个时期更重要的时期却又极少。在这期间，不列颠从一个被罗马统治了四百年之久、各民族被迫接受了罗马文明的罗马行省变成一个野蛮的、信异教的国家；它的统治者和民族已变成强大的日耳曼种族的一些部落分支，这个强大民族那时在大陆上的亲族哥特人、勃艮第人、法兰克人和伦巴第人业已在罗马帝国疆域以内定居下来。

上段所提那两个年代（公元 442 和 596 年）之间的一个半世纪的历史是个空白。关于这个时期最早的实证材料是《高卢编年史》（*Chronica Gallica*）中的一个简单记载（《高卢编年史》写到公元 511

（接上页）内尼阿斯"，见《克勒特评论》XV（1894 年），174—194，并比较 126—129；H. 何卫斯："'内尼阿斯'与'不列颠史'"见《坎布棱息考古学》杂志，第 6 辑，XVII（1917 年），87—122，321—345，XVIII（1918 年），199—262；斐迪南·罗，见《中世纪》杂志，VII（1894 年），1—5，26—31，VIII（1895 年），177—384，IX（1896 年），1—13，25—32，同一作家：《内尼阿斯和〈不列颠史〉批判研究》（巴黎，1934 年）；R. 图尼森："论内尼阿斯"，见《克勒特语言杂志》，XX，第 1 部分（1933 年），97—137。不列颠人在一个半世纪中，显然忘记了罗马统治衰亡后发生的事情。

① 公元 596 年教皇格雷戈里第一派遣他率领四十个僧侣至英国去传教，601 年担任英国第一任坎特伯雷大主教。死于 604 年。——译者

② P. F. 琼斯："格雷戈里的传道和英国的教育"，见《镜》，III（1928 年），335—348。

年，可能是公元六世纪初写的）[①]和《奥塞耳主教圣泽美那斯[②]传》（这部传记约于480年写出，作者是君士坦西阿，二百多年以后比德曾在他的著作一卷二十章中引用）。[③] 但这两部著作都是大陆上的作家写的，其价值不大。

在比德以前，盎格鲁-撒克逊史学确实十分贫乏。只有两部传记值得一提：克洛兰人菲力克斯的《圣加斯拉克传》（约著于公元730年）和厄狄阿斯·史梯芬那斯的《约克主教尉尔夫立德传》（尉尔夫立德生活于公元634—709年）（约著于公元700年）。[④]

拉丁、英格兰和爱尔兰三种文化在英格兰北部合为一体，结果产生了一个非常强有力的知识运动，而历史写作是其中主要表现。

> 比德是诺森布里亚文化的主要阐释人，在公元七、八世纪，这种文化在欧洲其他任何地方都是望尘莫及的。他的《教会史》，连同其他有

---

① 《德国史料集成：古代作家》，IX（1892年），ii，653，660。

② 生活于378？—448年，法国教士，418年为奥舍尔主教，447年至英国。——译者

③ 关于《圣泽美那斯传》的文献，参阅坡特哈斯特，II，1337。——译者

④ 参阅格罗斯，第1471号。新版，附有柏特兰·科尔格拉南英译本：《厄狄阿斯·斯蒂芬那的〈威尔夫立德主教传〉》（剑桥，1927年）。比较导言，在导言（第ix页）中他说："这部书几乎是这个国家最早的重要文学作品。它的重要性是很明显的，因为它给我们提供了七世纪一位在政治和教会生活中很伟大的当时人物的画像。威尔夫立德在世时教会业已具体成形，而在确定教会的形式中，威尔夫立德起着主要作用。使诺森伯里亚全体人民改信罗马形式的基督教的，大部分也是他的功劳。他多次前往罗马，向教皇申诉，从而使北方确确实实和教会总部发生接触；他建筑了西方世界认为是奇观的教堂；他对那个时代的建筑艺术发生很大的影响；比所有这些甚至更重要的，是他以藐视各国国王和公侯的方式极坚定地主张教会权力至上，结果在他担任主教的46年中，流亡在外者不下二十六年。在斗争中他精疲力竭死而后已，但他已胜利证实教会不再是国王的附庸了。"

关叙述或事实类编，代表着历史写作的一个类型，和年代记、编年史等类史书按年罗列事件的简单记录完全不同。当时有一个习惯，在复活节大事表的边缘上以拉丁文作小注或简短笔记，这就是年代记和编年史的起源；这种习惯在英国可能开始于奥古斯丁到达英国之后不久，后 157
来又由英国传教士传入法兰克王国。[①]

人称比德（公元673—735年）为"英国历史之父"，他确实当之无愧。[②] 他终生在诺森伯里亚的贾罗当修道士，是一位学问非常渊博、极其多产的作家。他几乎用尽了他那个时代一切可以找到的史料进行写作。比德不仅知道英国过去发生的一切，现在正在发生的一切；而且还知道意大利、法兰克高卢和基督教西班牙的历史。他懂一些希腊文和希伯来文，而且还精通圣经和基督教初创时期那些教长的文献。比德还写了卡司柏特[③]和本尼狄克特·比斯科普两人的传记，一篇《关于日期的认定》(*de temporum*

---

① 格罗斯，第233—234页；关于例子，参阅1352号、1359号、1361号、1376号。关于诺森伯兰智慧的优势，参阅查理·普兰麦编的《可敬的比德的历史著作》(牛津，1896年，两卷)，I，导言，第v—viii节。

② 关于普兰麦的版本(见上注)以外的其他版本和文献，参阅格罗斯，第279页和1355号，1448—1451号；威廉·韩德：《比德》，见《民族传记词典》，IV(1885年)，98—105；哈第，I，431—458；坡特哈斯特，I，137—140；〔伦敦〕《教会评论季刊》，XLIII(1896—1897年)，112—132；A. 哈密尔敦·汤普森主编的论文集(见本书原书第155页注)；A. L. 美科克：《比德和阿尔琴(735—1935)》，见《亥柏特杂志》XXXIII(1935年)，402—412；F. J. 刺比：《可敬的比德》，见《Laudate》，XIII(1935年)，140—155；M. L. W. 雷斯特纳："作为古典学者和神父学者的比德"，见《皇家历史学会学报》第4辑，XVI(1933年)，69—94；季尔第，73—99，附参考书目；和〔伦敦〕《泰晤士报文学副刊》，1935年，第317—318页。《洛布古典丛书》中有J. E. 金的比德历史著作英译本(伦敦和纽约，1930年，两卷)，还有许多《教会史》的其他英译本(例如《人人丛书》中)。

③ 英国僧侣(635？—687年)。——译者

ratione)的小册子，[①]这是一本查找教会活动日期和宗教节日的编年手册。手册把世界分为六个时代，其中还有各种科学论文、布道词、圣经注释和许多信札。

只要把他的《教会史》读一遍，就能对它作出公平的判断。在材料的深度与广度以及写作技巧方面，在所有中世纪早期文献中，没有任何其他作品可以比得上它。这是在蛮族时期写出的一部最伟大的著作。“从公元 597 到 731 年，无论就世俗或就教会事件说来，这部书都是唯一的一部可靠的史料，尔后所有作家都是从他这部书中摘取材料的。”为了搜集文献资料，比德不但翻阅了英国全部档案，而且还派人到罗马、法兰克高卢和德国寻找其他材料。关于当时西欧全部知识，他都可信手拈来；他的博学可与塞维尔人以锡多比美，而他的价值和比例概念则远远超过后者。我们几乎免不了要把比德和一百年前的图尔的格雷戈里对比；这个对比确实有意义。比德是在藏书丰富的图书馆的安静环境中埋头钻研的一
158 位学者；而格雷戈里则并非一位学者，他自己也有自知之明。他手头的书很少，只是根据当时的人所知道的当时的事进行写作。他活在人世，而比德则隐居修道院中，格雷戈里的著作有土壤的气

① 鼓励比德从事历史写作的动力是他对年代学和圣徒传的兴趣这两方面的根源产生的。对前者的兴趣是由复活节的问题引起的，对后者的兴趣是林狄斯芬尼的一个无名氏僧侣写的《圣卡司柏特传》激起的。这部著作是普通类型的写作中一个特殊的英国式的表现，它有许多模仿者，如艾迪-史梯芬那斯的《列本的圣尉尔夫立德传》和韦尔茅斯一位无名氏修道士的《西尔夫里德传》。在西方，所有这些传记以前的典型是伟大的格雷戈里的《圣本尼狄克传》。参阅汤普森(见原书第 155 页注)，113 以下和 123。

息，比德的作品则带有蜡烛的芬芳。[①] 比德有十六封信札保存至今。他的头脑很有系统。在他那部巨著收尾处（第5卷，第23—24章），“关于英国现阶段”一章中，总结了自己长期的辛劳并依年代顺序总结了全部写作过程，最后把他的三十七部著作名称开列清单附后。他如实地描绘了他自己“一生一直是在学习、教育和著作中得到乐趣”（semper aut discere aut docere aut scribere dulce habui）。

早期英国的修道生活创造了一种独特的中世纪史学类型，即寺院年代纪。每年复活节，寺院住持有责任作出来年的日历，载明星期日、圣徒节日和较大的教会节日。公元596年奥古斯丁来到英国以后不久，寺院就养成一种习惯，在这些日期表的边缘或行间，简短地记载各种各样的事件。由于不断增加扩大，这些按时间次序记录的做法就发展起来，并开始被其他寺院仿效。这些寺院年代记把许多事实真相传给后代，贡献极大。这类文献的起源就

---

① 比较帕替孙，I，13。“如果没有比德这个人，我们对英国撒克逊人的早期历史就会一点都不知道——如果没有图尔的格雷戈里，我们对高卢法兰克人最早的定居也会同样一无所知。但在所有其他方面，他和比德却完全相反。首先，比德的风格，纵或不是优美的拉丁文，但还是正确的，相当标准的。他是在寺院学校中，在多那塔斯和西塞罗的《修辞学》的帮助下学会的，因阅读拉丁神父圣奥古斯丁和圣安布洛兹的著作而成熟的文学风格。图尔的圣格雷戈里没有风格，仅有文法；全书处处都是各式各样的杂用外国语言和语法谬误；对于了解全书至关重要的事件，他叙述得过于简单，纵或不至于使意思晦涩，但至少会使不愿忽视一切的读者花费很大的注意力。……比德的写作用的是一种死文字，而格雷戈里则是用活文字写的。无疑，比德每天在寺院中说这种语言，听这种语言，但他当时是从书本上学会这样写的；撒克逊语最早而且最容易地从他口中说出来；而格雷戈里写的拉丁语和他的本地语言很少区别。在内容上，两部历史著作的差别也并不小。比德只是从他的寺院里的安闲生活中观察世界。他主要是按照这些事件在书本中出现的情况知道它们的，〔而格雷戈里则是〕他所描写的场面中的一位局中人。”

是这样。由于公元七世纪英国派往大陆的传教士的介绍，这种做法也为大陆所仿效。查理曼迅速认识到这种做法的价值，于是就要求每个寺院都编写年代记。最早的英国寺院年代记的例子是林狄斯芬尼①寺院公元 532 至 993 年的年代记。② 有时候，王家世系，甚至古代民歌、传说的片段也载入这些年表中。③

早期爱尔兰历史中最有价值的记载是《阿尔马书》。这部书里有分别以拉丁文写作、以爱尔兰文材料为补充的两本《圣巴特里克
159 传》和一部《圣马丁④传》。这部著作曾于公元 807 年由一位名叫斐敦南的文书在阿尔马抄录一遍。⑤

尽管威尔士和爱尔兰各寺院存在爱尔兰—不列颠基督教和盎格鲁-撒克逊基督教之间的争端，但他们还是仿效了这种编写年代记的方法。《坎布里亚⑥年代记》(*Annales Cambriae*)就是威尔士历史的主要资料来源。⑦ 爱尔兰的史学似乎是公元七世纪在班戈⑧的大寺院中，以北爱尔兰的《年代记》(*Ards*)开始的。起初看来，似乎是在旧日攸栖比阿斯的编年史(哲罗姆的拉丁文译本和阿基坦人普洛斯柏的续编)各栏上平行地添加一栏，记载爱尔兰的事情。但是未过多久，这种分栏排列的方式就被放弃，这些大事表就

① 在爱尔兰北部。——译者

② 格罗斯，第 233—234 页和第 1352 号。关于这样的年代记在大陆上的扩充，参阅沃顿巴哈，I，138—140，148—150。

③ 参阅格罗斯，第 1368 号，作为一个例子。

④ 法国高级僧侣(315？—399？年)，图尔主教。——译者

⑤ 参阅《神学研究杂志》，XV，628。

⑥ 威尔士古称坎布里亚。——译者

⑦ 格罗斯，第 1351 号。

⑧ 在威尔士北部。——译者

变成一种连续的年代记的形式，尽管难免在年代上有些混乱。这种“攸栖比阿斯式的”编年史成了后来《提加那喜年代记》[①]、《英尼斯发伦年代记》[②]以及由圣巴特里克来到爱尔兰开始写起的《厄耳斯得年代记》的基础。[③]

〔士达布斯[④]主教写道〕中世纪编年史既不是一张单纯的日期表，也不是对一个时代的表述；而是按时间顺序把事件详细列出的清单。中世纪（人们心目中的）历史既不是包括所有各类材料的一个普通名称，也不是一位旁观者的简单叙述。根据它最早的用法，无论它可能是研究结果还是研究过程本身的一种说明，反正现在人们已经把它理解为对众多事件深入的因果关系和它们在道德和政治上的含义，以戏剧或图画的形式表述出来的东西。历史著作是一种艺术创作，编年史则是事实的忠实叙述和年月按顺序的排列。……编年史和年代记之间的区别并不是像人们有时所说的那样，前者是世界史，后者是国别史或专史；而是前者在内容和风格上有连续性，后者则只是一些互不连贯的事件的简短记载。年代记好比矿砂，编年史则是炼纯了的金属，历史家就是要以辛勤劳动把这种金属精雕细刻，使之成为完美的宝器的人。

因此，作为事实的记录，编年史永远保有它的价值；而历史著作则不然，一旦写作时本想说明的或原来依据的原则成为过时的东西，它的重要性就消失了。

一部当代编年史是参加行动的人们或目睹者把自己认为值得记下的行动和事件记载下来的书。因此，并不叙述日常生活习惯等事，这些

---

① 格罗斯，第1377号。非常迫切地需要一个新版本。

② 格罗斯，第1708号。《伊尼斯德林年代记，〔牛津〕波德力图书馆中原手稿（罗林森，B503）的复制品》，附有R. I. 柏斯特和厄奥英·马克尼尔一篇叙述性导言（都柏林，王家爱尔兰学院，1933年）。

③ 格罗斯，第1713号。

④ 威廉·士达布斯（1825—1901），英国史学家和高级教士。著有《英国宪法史》。——译者

> 事情对生活于其中的人们说来往往是意识不到的，只有在这些风习已不再是自然而然的东西的时候，才使人觉得稀奇；这类细节属于外国旅行家或下一代史家写作范围。……
>
> 由于另一种原因，在编年史中也找不到对于众多事件的意义的细致研究。编年史家既不是在幕后(亦即搞角色分配和指挥演出的地方)
> 160 观察他那个时代的话剧，也不是从一个单纯的旁观者的角度观察的。在旁观者看来，角色和事件都是按照适当的分类和比例进行表演的。①

公元八世纪末叶，诺森伯里亚各种地方寺院年代记开始合编，形成部头较大的一本书，这件事的整个发展过程中的各个发展阶段都模糊不清，无法查考了。这种类型的东西有《诺森伯里亚编年史》，原书业已失传，但它的残篇已载入公元十一世纪达勒姆的西缅②的《盎格鲁诸王本纪》(*Historia regum Anglorum*)第1部中。士达布斯认为这部失传的著作原名《诺森伯里亚古事记》(*Gestaveterum Northanhymbrorum*)，阿尔琴③可能在这部书的编纂中出过力。尽管这是事实，这部失传的书也必然是北英格兰最后一部作品了，因为在公元八世纪末，诺森伯里亚的昌盛时期就已衰落。势力的权杖和学术的优势已转移到威塞克斯去了。从那时

---

① 威廉·士达布斯校订的《佩德波罗的本泥狄克特的编年史》(伦敦，1867年，两卷，《卷宗丛书》，第49号)I，第xi—xiii页，比较第lvi页。进一步阅读中世纪年代记和编年史一般性质的可参阅R. L. 普尔：《编年史与年代记，其起源与发展的简要提纲》(牛津，1926年)；T. F. 都特："中世纪编年史的研究"，见他的《论文集》(*Collected Papers*)(曼彻斯特，1932—1934年，三卷)，III，1—25；《美尔萨寺院的编年史》，E. A. 逢德校刊(伦敦，1866—1868年，三卷，《卷宗丛书》，第43号)I，第x—xiii页。

② 活动于公元1130年左右，英国编年史家和达剌谟大教堂领唱人，编《达剌谟教会史》及《诺森伯里亚诸王史》。——译者

③ 英国学者(735—804)。781年左右在法兰克王廷，帮助查理曼振兴学术。——译者

以后，南英格兰就成了英国学术的故乡，直到诺尔曼征服[①]就停止了，因为丹麦人的征服毁灭了英格兰北部和东部的文化。[②]

早期英国文学中不朽的史学著作是《盎格鲁-撒克逊编年史》。[③]这是所有日耳曼语系写作中最早的一部历史著作，其来源很可能是由英国几个地方的寺院年代记合编而成的。其原始核心似乎是公元七、八世纪在温彻斯特编的某些年代记，后来又继续编入其他地方年代记材料，特别是坎特伯雷、伍斯特和彼得博罗的，把原书扩大了。汇编工作似乎是在公元855到892年之间进行的。在艾尔弗雷德时期以后，这部《编年史》显然还在各个寺院继续编纂，直到十二世纪才停止。因此，《盎格鲁-撒克逊编年史》可以比作一棵树，它分出许多枝杈，因而可以用一个多数而不是单数名词称呼它。[④]

---

① 1066年。——译者

② 八世纪初丹麦人开始侵袭英国，九世纪英国人与丹麦人作顽强的斗争。克纽特王(1017—1035)完全占领英国。至爱德华(1042—1066年)始恢复英国人的主权。——译者

③ 关于版本和译本，可参阅格罗斯，第1349号及A. H. 斯密司校订的《帕刻编年史(832—900年)》所附目录(伦敦，1935年)，53—55。沃德，I，97—99，119—124，494—495；H. H. 何卫斯《〈盎格鲁-撒克逊编年史〉注释》，见〔伦敦〕《英国历史评论》，XV(1900年)，748—754；同一作家：《〈盎格鲁-撒克逊编年史〉，它的起源和历史》，见《考古杂志》，LXV(1908年)，141—204，LXVI(1909年)，105—144，LXIX(1912年)，312—370；G. H. 惠勒：《东撒克逊诸国王世系》见《英国历史评论》，XXXVI(1921年)，161—171；F. M. 斯腾顿："英国史的基础"，见《皇家历史学会学报》，第4辑，IX(1926年)，159—173；同一作家：《古英国编年史的西南成分》，见《献给都特的论文集》(见本书原书第155页注)，15—24。

④ 斯腾顿在上面所引的论文(第15页)中写道："看来很明显，在九世纪中叶，出现它的发展中一个转折点。很可能，在871年国王艾尔弗雷德即位之后不久，我们手中所有的旧式编年史都记载到858年国王阿忒武尔夫之死；经过一个很短的间隔之后，另一位作家又开始一系列记述，至891年止；从这时起，这部编年史的不(接下页)

161 就像对比德的著作那样，对《盎格鲁-撒克逊编年史》这部书也是只要阅读一遍，就能对它那包罗万象、丰富充实、活泼泼辣得到恰如其分的印象了。虽然它实际上是一部宫廷编年史，但其文字朴素，直率而有力，表面形式尽管堂皇虚夸，但在这些装潢底下确实可以咂出真实情况的味道。正如《贝奥武尔夫》是古英语诗歌中最高的典范那样，《盎格鲁-撒克逊编年史》也是古英语散文中首屈一指的楷模。这部编年史依据的原作较多，又经过不少次修订，因而在内容上、编排上都显得不平衡。①它在文学上的价值也不同于在历史上的价值。在充满战争记述的 911 到 924 年和无事可写的 925 到 975 年恰成鲜明对比。另一方面，恰巧在这些年里《编年史》的笔调最富诗意。《编年史》有时根据南方史料，有时又根据北方史料。根据业已失传的肯特编年史撰写的彼得博罗编年史中，

(接上页)同抄本就发展起各自独立的生活，从而增添了这个时期的史实，但也使对它的批判大为复杂化。”本杰明·托普的版本(《盎格鲁-撒克逊编年史，根据数种原始证据校订，附译文》，伦敦，1861 年，两卷，《卷宗丛书》，第 23 号)利用以平行栏排印六个手稿的原文的方法，努力想把这种多样的性质显现出来。普兰麦说，艾尔弗雷德大王企图编写一部全国编年史，反对地方年代记，这个说法是很值得怀疑的。

① 下面的表格采自沃德，I，124，表明各种手稿的世系和相互关系

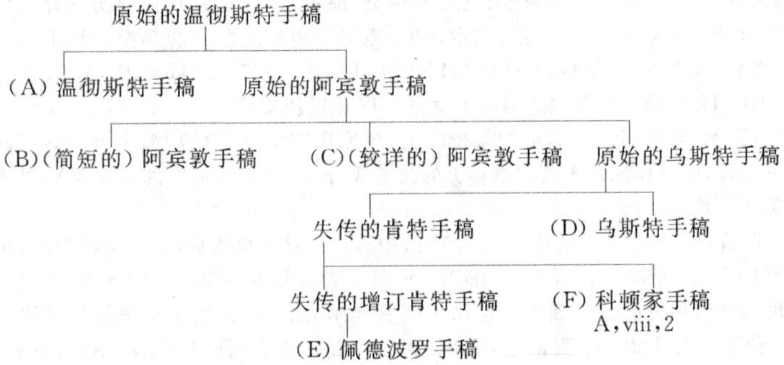

有《盎格鲁-撒克逊编年史》的续编，记述诺曼征服、并续写到公元1154年；由于它的内容芜杂，这部编年史当然有时出现年代上的混乱。语文学家对这部书极感兴趣，因为书中有许多方言变化的例证，特别是因为其中有三个世纪以来英国语言变化的例证。“只有精明的语言学家才能辨别艾尔弗雷德时代[1]的英语和哈罗德时代[2]的英语之间的区别。但是哈罗德时代的英语和史梯芬时代[3]的英语任何人都能辨别。”[4]彼得博罗编年史就是在史梯芬时代的 162
1154年结束的。由国外输入的观念和制度还保持着外国名称。随着教会势力的增长，拉丁文的引进也增强了，不过另一方面，许多宗教名词业已译成英语。英语和拉丁语并用使人头昏，有时甚至在一个句子里两种文字竟然也混用，实在荒谬可笑。此外，语言上另一个值得注意的变化是越来越多的诺曼—法兰西语闯入本文，例如以 castellum 代替 burgh（自治城市），以 pais 代替 frith（和平）等。[5]

图尔主教格雷戈里引用过的法兰克古诗和民谣都已失传。而早期英国诗歌和民谣的片段却留存至今。“英吉利人渡海登陆后，继续创造诗歌，歌唱在这次征服中逐日发生的大事。这是他们仅有的文学写作，他们唯一的史书；尽管这些东西值得一提的并不

① 849—901年。——译者

② 1066年。——译者

③ 1135—1154年。——译者

④ E. A. 福礼门：《诺曼征服英国史，其原因及后果》（牛津，1867—1879年，六卷），V，524。

⑤ 关于因征服而引起英国语言上的这些变化，参阅前注所举一书，V，513—556。

多,但人们的想象力很喜欢玩味这些片段。”[①]即便是在英格兰还在“创造”过程中的那些最早的年代里,英吉利并不是完全没有自己的历史的。虽然歌颂在这次征服中发生的事件的那些诗歌并无一首保存下来,但这种文学确曾一度存在,这是毫无疑问的。因为公元 937 年《布鲁南堡战役之歌》(记述国王阿特斯藤[②]在这个地方光荣战胜丹麦人的事迹)和公元 991 年《莫尔顿战役之歌》(叙述布列斯诺斯酋长光荣阵亡)都保存在《盎格鲁-撒克逊编年史》中,书里还载有许多其他诗歌片段。如果艾尔弗雷德的《手册》能够找到,毫无疑问,我们一定会发现更多这类粗糙的歌词。

用拉丁文写的《艾尔弗雷德传》据说是瑟波恩主教阿塞[③]的作品,但这种说法并非无人反对。[④] 有些学者认为这部书完全是伪造的,是公元十一世纪有人杜撰的。另有一些人认为这部书是真的,但是后来有人又插入不少东西。利用其内容时,除非有其他资料核对,否则必须谨慎。阿塞是圣大卫寺院的一位修道士,他是威

① 勃鲁克(见原书第 154 页注),I,144。第 7 章,《征服与文学》是值得阅读的。也可参阅爱底温·革斯特的《克勒特人的起源(片段)和对不列颠史的其他贡献》(伦敦,1883 年,两卷),II,242—272、282—312、313—330。

② 艾尔弗雷德大王之孙,公元 937 年打败威尔士人、苏格兰人和丹麦人的联军于布鲁南堡,占有现在英格兰大部分土地。——译者

③ 威尔士的僧侣,881 年被请入王廷,帮助国王学习,直到艾尔弗雷德大王之死(901 年)。阿塞死于 910 年左右。——译者

④ 关于版本、译本和批判文献,参阅格罗斯,第 1354 号。查理·普兰麦:《文尔弗雷德大王的生平和时代》(牛津,1902 年)一书是现有关于艾尔弗雷德本人的写作工作的最好记载之一,但是也和沃德 I,第 6 章比较。普兰麦深信无疑地把比德的英译本归到艾尔弗雷德名下,虽然这个译本是用麦西亚方言而且几乎是逐字翻译的。近来对艾尔弗雷德统治时代最好的记载见 R. H. 荷洽琴的《盎格鲁-撒克逊人史》(牛津,1935 年,两卷),II,特别是第 17 章。

尔士或半威尔士人，后来当了瑟波恩主教。据他自己说，他这部传记是公元 893 年写的。他死于 904 年以后。保利[1]认为他这部书很 163
好，[2]但这部书的第一位译者托马斯·来特[3]却不以为然。[4] 士达布斯一方面指出因原文恶劣产生的一些疑点，但总的看来，他对阿塞并不怀疑；[5]W. H. 史梯芬孙和普兰麦对他这部书还是接受的。

填补阿塞和生活于诺曼征服时代的伍斯特人佛罗伦萨之间的空白的仅有的一部拉丁文编年史是厄特尔威德(死于 998 年?)写的。这部书终于公元 975 年，只不过是比德的著作和《盎格鲁-撒克逊编年史》的一个节本。但它还是值得注意的，因为作者不是一位教士，而是一位英国贵族，这部书是中世纪俗人所撰极少数历史著作中的一部。它的主要价值在于它代表了《盎格鲁-撒克逊编年史》被保存下来的唯一的一种看法，否则这种看法就石沉大海了。[6]

以古英语写历史的这个时期有几部传记是有历史重要性的，较突出的如无名氏于 995 至 1006 年之间写的《丹斯坦[7]传》[8]，因

---

① 德国史学家(1823—1882 年)，特别著有许多有关英国史的著作。——译者

② 来印候特·保利:《国王艾尔弗雷德及其在英国史中的地位》(柏林，1851 年)，托马斯·来特的英译本:《国王艾尔弗雷德传》(伦敦，1852 年)，还有本杰明·托普的英译本:《艾尔弗雷德大王本纪》(伦敦，1853 年)。

③ 英国史学家(1810—1877 年)，校订许多英国古书。——译者

④ 来特:《不列颠文学传记》即《大不列颠和爱尔兰文学家传记》(伦敦，1842 年，两卷)，I，405—413。

⑤ 威廉·士塔布斯主编《曼兹柏立寺院的威廉》:《英国国事记事》(伦敦，1887—1889 年，二卷，《卷宗丛书》，第 90 号)，II，第 xxxix 页；比较格罗斯，第 239 页。

⑥ 关于版本和文献，参阅格罗斯，第 1366 号。

⑦ 英国的高级教士(910? —988 年)，961 年为坎特伯雷大主教。——译者

⑧ 威廉·士塔布斯校订的《圣丹斯坦纪念册》(伦敦，1874 年；《卷宗丛书》第 63 号)，附有一篇有价值的导言。

为这个伟大的大主教并无任何信札或其他写作的残篇留传至今，就更显得这部传记重要。又如995至1005年间来木赛寺院一位尚未查明姓氏的修道士写的约克郡大主教(死于公元992年)《奥兹瓦德[①]传》[②]。这部书对于研究以得加[③]和厄特尔勒德[④]两位国王统治时期很重要，其中还有许多记载北方事务的段落。其他传记还有曾一度隐居来木赛寺院的夫勒里-苏-卢瓦尔[⑤]人阿波[⑥]所撰记述东盎格利亚烈士国王生平的《爱德曼[⑦]传》(爱德曼死于870年)、《圣厄尔斐基传》(圣厄尔斐基死于1012年)(记述的是关于丹麦人的一些细节，为了争取这些丹麦人改信基督教他曾费心出力)。以及一部描写温切斯特主教(死于984年)的《圣厄特尔武尔德[⑧]传》。[⑨] 用拉丁文写的《圣加斯拉克传》对英格兰东部的沼泽地区[⑩]有动人的描绘。“那里有漫无边际的沼泽，时而出现一个黑水潭，时而出现污秽的小溪，还有许多岛屿、芦苇、丘陵和灌木丛，这

① 英国的高级教士。972—992年为约克大主教，与丹斯坦等恢复英国寺院的纪律。——译者

② 原文见詹姆士·累因主编的《约克教会诸史家和主教》(伦敦，1879—1886年，二卷，《卷宗丛书》，第71号)，I，399—475；詹姆士·阿密塔吉·鲁滨孙：《圣奥兹瓦德和伍斯特教会》(牛津，1919年，《不列颠学院，补充论文集》V)，附录。

③ 959—975年。——译者

④ 978—1016年。——译者

⑤ 意为罗亚尔河畔的夫勒里。——译者

⑥ 法国的神学家和编年史家(945？—1004年)。——译者

⑦ 东盎格利亚国王(855—870年)。丹麦人入侵时被擒，因拒绝放弃基督教被杀。——译者

⑧ (908？—984年)963年为温切斯特主教，建筑该地大教堂。——译者

⑨ 格罗斯，第284页和第1460—1462号。

⑩ 英国剑桥郡及其附近诸郡的低地。——译者

些沼泽既宽又长,迂回曲折,一直通到北海。"[1]

古英语历史第三个时期(或称丹麦时期)的史料,除《盎格鲁-撒克逊编年史》外,主要的就算《国王克纽特事记》(*Cnutonis regis* 164
gesta)了,这部书更为流行的名称是《伊玛颂》(*Encomium Emmae*)。[2] 作者是佛兰德[3]圣柏汤寺里的一位修道士,他不是英国人。这部书应用时必须小心。福礼门[4]看到《伊玛颂》(*Encomium Emmae*)一书中的"有意含混和过分虔敬"时,感到有些可疑。《忏悔者爱德华[5]传》[6]标志着从盎格鲁-撒克逊时代向诺曼征服的过渡。记述这个重要时代这位懦弱的君主的许多传记中,只有这一部是当时写的,很有价值。但是在这个时期,英国历史的主干是在诺曼底,而不在英国。隔海峡望去,可以看到征服者威廉[7]这个巨大形象朦胧的轮廓,诺曼底史料对了解英国情况也就成了最重要的材料。

盎格鲁-撒克逊后期史学和同时代的法兰西史学比较起来,不如这个隔海相对的邻邦,也不如前几个世纪的史学。但在早期立法材料方面,日耳曼其他各族,都比不上古英格兰那样丰富。这些材料虽说都属文献性质,但在史学研究中还是必须加以考虑的。

---

① 《克洛兰的菲力克斯原著(约公元730年)〈圣加斯拉克传〉〔拉丁文〕的盎格鲁-撒克逊文译本》,C. W. 谷德文校刊,附有译文(伦敦,1848年),20。

② 格罗斯,第1365号;哈第,I,第2部分,627—630。

③ 指现在比利时、法国、荷兰交界地区,中世纪时为一伯爵领地。——译者

④ 英国史学家(1823—1892年)。——译者

⑤ 英国盎格鲁-撒克逊时代最后的国王(公元1043—1066年在位)。——译者

⑥ 《国王爱德华本纪》,见H. 卢阿德编:《忏悔者爱德华诸本纪》(伦敦,1858年:《卷宗丛书》,第3号),387—435;比较格罗斯,第1378号。

⑦ 生活于1066—1087年。——译者

这些古代法律从肯特国王厄特尔伯特统治时期[1]至克纽特统治时期(约 600—1020 年)这段时期比加洛林王朝牧师会法规统治时期长得多,不过在 695 到 890 年间,有一段间隙。[2] 最后,在估价盎格鲁-撒克逊时期的史料时,还应当把大量教会史料、特许状、地契和类别芜杂的私人文契包括在内。[3]

① 公元 860—866 年。——译者

② 关于这个立法的记载,参阅格罗斯,第 38 节,第 257 页以下。

③ 参阅格罗斯,第 37—38 节。

第十一章　加洛林王朝的史学①

在知识上，公元七世纪是西欧最黑暗的时代。第一位史家在《夫勒得加编年史》中叹道，“世界逐渐衰老”（Mundus jamsenescit.），但午夜中已可预见晨光之曦微。就在这个世纪，英国优越的知识文化已开始对大陆发生影响，由尉力布洛德②、尉力巴尔德③和逢尼非斯④⑤这三位英国传教士带头在夫里西亚⑥开始传教活动，后来又扩展到高卢和德国，加强了那里刚刚建立的寺院的力量。加洛林王朝文艺复兴的根子就扎在英国土壤中。这个王朝史 165

① 摩林尼尔，I，第 181—258 页，比较 V，第 xxx—lxv 页；汉斯·普鲁兹：《查理曼时代》（费城和纽约，1905 年；见 J. H. 来特主编：《世界各国史》，VIII），第 2 章；M. L. W. 雷斯特纳：《西欧的思想和文学，500—900 年》（纽约，1931 年），第 3 部分；亚柏特，II，1—112；沃顿巴哈，I，140—349；安得鲁·F. 卫斯特：《阿尔琴和基督教学校的兴起》（纽约，1892 年）；C. J. 加斯科因：《阿尔琴，他的生平和工作》（伦敦，1904 年）；亨利·O. 泰罗：《中世纪的思想》（纽约和伦敦，1911 年，二卷），I，第 10 章；迦伯列·摩诺：《加洛林王朝历史资料来源批判研究》（巴黎，1898 年），37—67；H. 维尔道特：《德国历史原始资料手册》（第 2 版，韦尔，1906—1909 年，第 2 卷），I，81—140。

② 生活于 657？—738？年，在尼德兰北部及丹麦传教的英国教士（690 年以后），为夫里西亚人的大主教。——译者

③ 生活于 700？—786 年，在日耳曼传教的英国教士。为逢尼非斯之侄。——译者

④ 生活于 688？—755 年，在日耳曼传教的英国教士。——译者

⑤ 沃顿巴哈，I，145—154。

⑥ 在尼德兰北部。——译者

学主要是在盎格鲁-撒克逊史学启发下复兴的。[1] 这一点在《古富尔达[2]年代记》中可以找到显明的证据，这部书的开端就是从盎格鲁-撒克逊人《林狄斯芬尼[3]的某部年代记》中抄来的，[4]这部年代记分为两部分，一部分从 651 年写到 814 年，一部分从 742 年写到 822 年。加洛林王朝最早的一部年代记是《圣阿曼德年代记》。但在查理曼统治时期，寺院年代记的数目增加得很快，查理曼懂得这些年代记的重要性，他要求每个寺院都把当时历年大事记载下来，特别是发生在各寺院附近的事情。因此就出现了下列历史作品：《罗布斯[5]年代记》《尼柏隆年代记》《摩塞耳年代记》《阿拉曼尼年代记》《给尔福拜坦(服尔芬布特尔)年代记》《伯塔维安年代记》、大小《朱发文(萨尔斯堡)年代记》、《圣加尔年代记》(该书分为五部分，内容常常重复，因为有几部分记载同样的年份)、《小圣泽芒年代记》(*Annales Sancti Germani minores*)(很明显，这部书起源于英国，因为每年的开始都和英国日历的编法吻合)、《赞廷[6]年代
166 记》《文加廷年代记》《马克西门年代记》《普鲁姆年代记》《斯塔布罗年代记》《魏森堡年代记》等等。[7]

但在查理曼时期，有一个寺院编写的年代记特别详尽，因而十

---

① G. 惠芝："中世纪德国史学的发展"，见 W. A. 斯密德主编的《历史科学杂志》，II(1844 年)，47—58；摩林尼尔，I，211—15。

② 富尔达(Fulda)，在德意志西部。——译者

③ 称圣岛，在北海中，靠近英国诺林伯兰西海岸不远。——译者

④ 摩林尼尔，I，第 710 号。

⑤ 在比利时南部。——译者

⑥ 在德意志西部，鲁尔地区，莱茵河左岸。——译者

⑦ 摩林尼尔，第 684—744 号；路易·哈尔方：《查理曼历史批判研究》(巴黎，1921)，16—59。

分突出。这就是美因茨主教区内的罗耳士寺院[1]《罗耳士年代记》(741—829年)内容极其丰富,因而被誉为“王家年代记”。对这些年代记进行分析后,可以看出应当把三个重要部分区别开。第1部分(741—788年)从788年巴伐利亚公爵塔西罗下台[2]之后那一段是一气呵成的。但它的作者尚不能准确肯定是谁。第2部分从788年写到801年,很显明,这部分是两个不同的人写的。从789到793年的记述枯燥而不完整,写得很坏;而从793到801年间那段,无论内容和笔调都十分杰出,很可能出自安吉尔伯特[3]的手笔,安吉尔伯特是一位卓越的、有教养的法兰克贵族,曾娶查理曼的一个女儿为妻。他是在圣立奎尔寺院当住持时死的,几乎和皇帝同时去世。出入宫廷的人物当中,人们称他荷马。他是一位诗人,爱好古典文学。第3部分(801—829年),尽管质量持续不变,却是由四位不同的作家写的,这四部分是这样划分的:801—808年,809—813年,814—818年和819—829年。第4部分过去归到查理曼的秘书、本纪作者爱恩哈德名下。确实,全部《罗耳士年代记》曾一度以《爱恩哈德年代记》这个名称问世,但这个假定不大可靠,尽管有些学者坚持说爱恩哈德确曾参与一部分编纂工作,不愿

---

① 关于版本,参阅坡特哈斯特,I,74。原文附法文译本,见A.特勒编的《爱恩哈德全集》(巴黎,1840—1843年,第2卷),I,118—401;O.亚伯的德文译本,见《早期德国历史家》,XVII(W.沃顿巴哈编的第2版,莱比锡,1888年)。摩林尼尔,I,第745号;沃顿巴哈,I,221—224;G.利希脱和H.科尔:《加洛林王朝法兰克国家年代记》(哈勒,1885—1887年),697—714;哈尔方(见前注),1—15。英文中只有两个记载,一个见于J.I.蒙伯特:《查理大帝本纪》(纽约和伦敦,1888年),附录K;另一个见荷治琴,VII,85—92。

② 查理曼废塔西罗,并吞其土地。——译者

③ 查理曼的私人顾问和女婿(约740—814年)。——译者

放弃这个意见。不过，人们都承认《罗耳士年代记》有半官方性质。

爱恩哈德[1](Einhard)〔这个名字正确的写法是爱恩哈特(Einhart)〕是加洛林王朝文艺复兴时代最著名的历史家。他曾在富尔达寺院受教育，约于794年开始当皇帝的秘书，也是由贵族和教士组成的宫廷幕僚成员之一，这些人喜欢阅读古典书籍、写诗歌并讨论科学问题。爱恩哈德在性格上是一位艺术家。他对建筑极感兴趣，曾仔细研究维特鲁维阿[2]的《建筑论》(*De architectura*)，对查
167 理曼许多土木工程的兴建极感兴趣；因为这个缘故，人们嬉戏地称他为柏扎利厄尔[3]。[4] 在皇帝临终那年，他经常住在亚琛。皇帝死后，他在自己亲手建立的塞利真斯塔德寺院隐居，于840年死在其中；临死时因幻想破灭而悲伤，因为笃信者路易[5]统治时代出现的那些事情使他深感苦恼。

爱恩哈德的《查理大帝传》[6]标志着古希腊—罗马传记体在欧

① 生活于770？—840年。——译者

② 公元前一世纪罗马的建筑工程师。——译者

③ 基督教《圣经》上一个娶外族女子为妻的人，见〔《旧约》〕《以斯拉记》，X，30。《圣经》上译作“比撒烈”。——译者

④ 参阅《以斯拉记》，X，30。

⑤ 查理曼第三个儿于，西帝(814—840年)。经常与其儿子们发生纠纷，内战不止。——译者

⑥ 关于爱恩哈德和《查理大帝本纪》的广大文献，参阅摩林尼尔，I，第648号；坡特哈斯特，I，395—397；和沃顿巴哈，I，198—209。最近的版本是路易·哈尔方：《爱恩哈德，〈查理曼本纪〉》(巴黎，1923年)：《中世纪法国史学古典著作》，附法语译文。一个附有英语注释的、很便利的学校版本是H. W. 加罗德和R. B. 摩瓦特合写的《爱恩哈德的〈查理曼本纪〉》(牛津，1915)，有一个英文译本，见A. J. 格兰特：《早期诸查理曼本纪》(伦敦，1907年：《古典精选丛书》)。参阅哈尔方(见原书第166页注)，60—103；S. 赫尔曼：“爱恩哈德在文学上的地位”，见《史学季刊》，XXVII(1932年)，40—110。

洲文学写作上的再现。他严格地遵循斯韦托尼阿在《十二皇帝本纪》中用的写作方法。第1章描写墨洛温王室的灭亡，但被矮子丕平废黜的墨洛温王朝的国王契尔得立克三世的肖像被他画成一幅漫画，描绘时抱有宣传目的。然后叙述查理曼的青年时代和统治的初期。第7章开始叙述撒克逊战争史，即使是近代一位历史家，要想把这些战争的根源总结得比他更好，也会感到为难的。接着就写西班牙战役(778年)，只有这部历史提到过罗兰[①]，封建时代的法国史诗精神产生的《罗兰之歌》[②](*Chanson de Roland*)就是由此而来。然后叙述终于800年皇帝加冕的意大利战争史和阿瓦尔诸战役。第22章里有关于查理曼的外貌和性格的著名描绘。模仿斯韦托尼阿对罗马诸皇帝类似的素描中用的那些零散语句，拼凑成一幅文字图画，这种描绘法有如珠宝嵌镶工艺。[③] 尽管他这种模仿是机械的，却可使我们看到这位伟大皇帝的一幅肖像。这部传记的结尾记述查理曼的晚年、逝世和遗嘱。其写作时间必然在814年以后不久(因为820年已有人提到此书)刚刚问世，立即广泛流传。在整个中世纪那些年代里，这部书一直很受欢迎，是中世纪传记中最著名的一部。

---

① 查理曼的外甥和十二大武士之一，查理曼777年侵入西班牙，与萨拉森人作战。778年归国途中在比利牛斯山脉中遇伏兵，后卫军全军覆没，罗兰死难。日后文学诗歌多歌咏其事，罗兰就成为封建武士的典型人物。——译者

② 公元十一世纪诺尔曼的行吟诗人所作，长四千行，歌颂罗兰英勇战死的故事。——译者

③ 顺次：《提比略》68，1和《加力究拉》50；《奥古斯都》79，2；《提比略》68，2和《朱理亚·恺撒》45，1；《奥古斯都》79，2；《克劳第乌斯》30；《泰塔斯》3；《尼禄》51和《泰塔斯》3；《奥古斯都》79，2；《克劳第乌斯》31；《恺撒》45，1；《奥古斯都》80；《提比略》68，4；《泰塔斯》3和《泰塔斯》8。

加洛林王朝文艺复兴主要是受盎格鲁-撒克逊史学的启发而产生的，但在查理曼时代，由于法兰克领土和意大利紧密接壤，从而把从柏提阿斯、卡息奥多拉斯和伟大的格雷戈里继承下来的基督教和古典传统引入高卢。这种文化的中心不是罗马，而是蒙特卡西诺[①]。这时查理曼在保罗·窝尼夫里德身上发现了那个时代
168 第二位重要历史家。副主祭保罗或称伦巴第人保罗[②]出身伦巴第贵族。法兰克人征服伦巴第王国之后，他进入蒙特卡西诺寺院，皇帝就是在那里找到他的。伦巴第人当中从来都没有出现过像图尔的格雷戈里在法兰克人当中那样的一位历史家。查理曼关心的是征服新领土；而保罗，作为一个伦巴第人，像一位爱国者那样，关心的是他自己的人民。他所受教育远远超过格雷戈里，在修养方面也比他优越。和墨洛温王朝后期诸王半野蛮的宫廷不同，伦巴第宫廷是一个文化园地。保罗粗知希腊文，是一位杰出的诗人，当查理曼聘请他的时候，他在历史写作方面已经不是一位新手了，在伦巴第王国倾覆以前，他已经写过一部《罗马史》(*Historia Romana*)；在这部著作中，他利用别的资料，把攸特洛匹阿的著作十卷扩充为十六卷。[③]

就像约旦尼斯在他的《哥特史》中不得不依赖哥特英雄传说撰写哥特早期的历史那样，保罗在写他的《伦巴第史》(*Historia Lan-*

---

① 山在拉丁姆，俯瞰卡西诺村。寺院在山上。——译者

② 摩林尼尔，I，第635号；坡特哈斯特，II，898—905；荷治琴，V，68—80以及各处。W. D. 佛尔克的英译本：《副主祭保罗的〈伦巴第史〉》(费城，《宾夕法尼亚大学翻译重印丛书》，新辑本，III)，附有一篇有价值的导言。

③ 从公元364年到553年。——译者

gobardorum)早期部分时也利用了伦巴第人的传说。据他记述，伦巴第人原来的故乡是在斯堪的纳维亚半岛上；由于人口增加，他们分为三部分，用抽签方法决定哪些人应该迁徙，哪些人可以留下不走。在他以前，约旦尼斯已经说过，哥特人的三支——东哥特人、西哥特人和佐匹德人①——是分乘三条船，从斯堪的纳维亚半岛出发渡过波罗的海的。这是同一个传说的另一种说法。保罗也曾提到伦巴第人在大迁徙中，有一次掉进沼泽里的稀泥里，深陷其中，正像哥特人在俄罗斯遇到的情况那样。但当他叙述到以后的时期时，文章内容就比较充实，英雄传说的成分就消失了。他的著作中的史诗成分比图尔主教格雷戈里的著作中少，他的文字也不像那位法兰克史家那样粗糙而晦涩难懂。关于伦巴第人征服北意大利的实况，当地居民景况不佳以及土地制度等方面的记述都是十分杰出的。他不像图尔的格雷戈里那样轻信，他那些篇章也不以奇迹和超凡的故事加以装饰。《伦巴第史》写到 744 年国王留特普兰②之死。③ 副主祭保罗还写了一部《梅斯诸主教传》，是在克洛

① 佐匹德人为起源于斯堪的纳维亚半岛的条顿民族之一支，初与哥特人相联，后被吸收入伦巴第人中，公元四世纪时改信基督教。——译者

② 伦巴第国王(712—744 年)，伦巴第王国鼎盛时代。——译者

③ “拉文纳的陷落是伦巴第民族为争取在意大利统治的最后斗争，每件事都可以替一首高尚的史诗提供资料，不幸的是，不但没有一位神圣的诗人，而且连一位地位较低的历史家也几乎完全没有。关于拉文纳陷落的详情，我们绝对没有从拜占庭人那里知道一点东西。由于副主祭保罗没有说到此事——他避而不谈的处理是得当的，但他的读者却总会引以为憾——关于留特普兰死(744 年)后发生的任何事件，我们没有从伦巴第资料中得到任何消息。勇敢的伦巴第民族死去了，没有留下一点痕迹。我们不得不尽我们力所能及，从法兰克编年史家的贫乏记载中，从教皇法庭发出的冗长而绝非写实的书信中，从《教皇之书》里面的教皇传记中，去寻找这些事件发生的经过。教皇传记提供了一些有趣的事实。”(荷治琴，VII，3)

169 底干[①]主教(742—766年)一生事业的感召下写的;这位主教是一位激烈的宗教改革家,并曾于753年任矮子丕平派往教皇史梯芬一世那里去的大使,他这次出使的结果是三年后建立起教皇的世俗权力。

富尔达住持(818—822年)爱吉尔写的《斯图密传》(斯图密是前富尔达的住持,逢尼非斯的得意门生,死于779年)是查理曼统治时期最好的一部教士传记。其中有这个时期一些信札虽说并非正式历史,但也是有价值的史料。其中有圣逢尼非斯的信札[②]和阿尔琴的信札[③],后一批信札是阿尔琴和他的英国朋友们、查理曼和萨尔斯堡主教安诺[④](安诺也许是他最亲密的朋友,有一封信是他邀请这位主教和他一起去钓鱼的)等人之间大批来往信件的集子,内容极其重要,但只有些残篇保留了下来。对了解那个时代的思想和查理曼王廷的人文主义复兴,这些信札是最好的史料。爱恩哈德的信札则令人失望。另一方面,《加洛林文献》(*Codex Carolinus*)[⑤]却极有价值。这是739至791年间,查理马特尔[⑥]、矮子丕平和查理曼写给教皇的信,是根据查理曼的

① 麦次主教,著有《圣徒传》。——译者

② E.达姆勒编入《德国史料集成:书信类》,III(1892年),215—433,又由M.坦格尔编入同一丛书的新八开本中,《书信选集》,I(柏林,1916年)。这些书信,一部分由爱德华·启赖译成英文:《圣逢尼非斯的英国通信……这位德国使徒和他的英国朋友们之间的书信来往》(伦敦,1911年,《古典精选丛刊》)。

③ E.达姆勒编入《德国史料集成:书信类》,IV(1895年),1—481。在G.F.布牢温:《约克的阿尔琴》(伦敦,1908年)一书中,许多这些信件的译文和该书的本文交织在一起。参考加斯科因的书(见本书原书第241页注1)。

④ 日耳曼教士(750?—821年),查理曼和教皇利奥第三很重视他的。——译者

⑤ 关于文献,参考摩林尼尔,I,第656号。

⑥ 查理曼的祖父,732年打败阿拉伯人于图尔,免除了穆斯林对法国南部的威胁。——译者

御旨编纂的。其中保存了查理曼自己的五十二封信。[1][2]

查理曼于814年逝世之后，他所建立的伟大帝国在内战和北欧人[3]入侵双重打击下解体了。他开创的知识运动比他建立的政治制度更坚强持久。在法兰克帝国被冲击得四分五裂的暴风雨般的苦难时代，加洛林王朝的文艺复兴不但继续向前，而且还发展壮大了，这是历史上反常现象之一。

九世纪的史学是光辉灿烂的。两部《笃信者路易传》[4]都保存至今，一部是提甘写的，另一部是一位绰号“天文学家”的姓名失传的作家写的。提甘是梅斯一位乡村教长，保皇党人，他仇视皇帝那 170
些叛逆的儿子。他死于834年。“天文学家”的党派性不像提甘那么强烈，是这两位传记家中较好的一位。他绰号“天文学家”是因为他曾提到838年出现的彗星，皇帝曾为此事询问过他。但笃信者路易和他的儿子们统治时期极其重要的历史著作却是尼特哈德[5]写的《历史四卷》(*Historiarum libri quatuor*)，[6]内容记述皇帝的晚年和促使法兰克帝国分裂并终于在843年在凡尔登签订分

① 查理曼的敕令和信札一部分译文见齐思和等编译《中世纪初期的西欧》，第148—176页(三联书店，1958年)。——译者

② 腓力普·雅费：《德国古史资料汇览，IV. 加洛林文献》(柏林，1867年)，335—436。

③ 即诺曼人。——译者

④ 摩林尼尔，I，第748—449号；坡特哈斯特，II，1049〔提甘〕和II，1375 1376〔天文家〕；亚柏特，II，358—364。

⑤ 法兰克的历史家(795？—844？年)，在笃信者路易诸子的内争中，他是袒护秃头查理的。——译者

⑥ 最新的版本是Ph. 劳厄：《虔诚的路易诸子》(巴黎，1926年；《中世纪法国史学古典著作丛书》)，附有导言和法语译文。关于更早的文献，参阅摩林尼尔，I，第750号；坡特哈斯特，II，856—857；关于斯特拉斯堡誓言的文献，参阅摩林尼尔，I，第230页。

治协定而告结束的那几场内战。特尼哈德是俗人，不是教士，是十字军以前唯一的一位俗人史家。他的母亲是查理曼的女儿柏塔，父亲是加洛林王廷的那位政治家兼学者安吉尔柏特。他是笃信者路易及其子秃头查理的忠实追随者。他担任巡逻舰队司令官多年，其职责是保卫海峡沿岸一带免遭北欧人海盗式的袭击劫掠。笃信者路易死后，内战猛烈爆发时，他在残酷的丰特内战役（841年）中和自己的亲兄弟厮拼，在随后的和平谈判中，他曾亲自参加。他的《历史》前三卷写于 842 年；第 4 卷写于 843 年。在内容的价值和写作的直率方面，尼特哈德这部著作算得上九世纪最杰出的一部。他有机会接触官方文件，而且也知道如何利用这些文件。他这部著作中独特的一段精彩文字就是著名的"斯特拉斯堡誓言"[①]，这段誓言以德法两种文字插入正文。那段法文是已知的罗曼斯语文献中最古老的不朽之篇。这部书写到 843 年春突然中断，尼特哈德未来得及记述凡尔登条约。因为他于 844 年奉召前往王国西部镇压一次小规模叛乱，在昂古莱姆[②]阵亡。尼特哈德这部重要著作只有十世纪的一个抄本保存下来。这个抄本原属圣墨德寺院藏书。十六世纪胡格诺新教徒把这个寺院毁坏之后，藏书散失，这部宝贵的手稿就由一位学者手中传到另一位手中；最后，当性情古怪的瑞典女王克里斯提娜[③]把许多书籍和手稿献给

① 公元 842 年日耳曼人路易和秃头查理在斯特拉斯堡城下发表反对罗塔尔的誓言。——译者

② 在法兰西的中西部。——译者

③ 瑞典女王（1632—1654 年），1654 年逊位，翌年改信天主教，居巴黎。1689 年死于罗马。——译者

教皇时，这个抄本也随着流入梵蒂冈。幸而这部书那时已经印刷出来。拿破仑于1797年攻占罗马时，督政府要求把这部手稿作为一部“国粹”退还法国，因为其中保存着斯特拉斯堡誓言的罗曼斯 171
语原文。这个抄本现存巴黎（拉丁手稿第9768号）。

尽管九世纪天下大乱，加洛林时代那种年代记撰写工作仍然继续。确实，这个时代的年代记比查理曼时代还丰富些。其中最重要的有下列三个系统：一个法国系统，一个德国系统，介乎两者之间的还有一个罗塔麟吉亚①系统。这三个系统的划分反映了843年以后法兰克帝国在政治上分裂为三个国家这个事实②。

第一个系统名为《圣柏汤年代记》③，是由四部先后衔接的年代记组成的，记事终于882年。后来又由邻近的一个寺院的《圣瓦斯特年代记》续编至900年。其第1部由741年写到835年，价值很小，因为其中有许多段落都是照抄《罗耳士年代记》原文的，只是有些增补而已。从第2部（835—861年）开始才是作者自己写的，作者就是著名的特鲁瓦主教普鲁登细阿，他是出入笃信者路易王廷的那些有文化素养的西班牙学者当中的一位，是一位大胆的神学家，对伟大的爱尔兰学者约翰·斯科塔斯④的新柏拉图主义，和

---

① 即洛林。——译者

② 即法国、德国和意大利。——译者

③ 摩林尼尔，I，第800号中的文献；坡特哈斯特，I，55—56；亚柏特，II，365—368；沃顿巴哈，I，322—327。有G. 惠芝校订本，见《早期德国史家》（汉诺威，1883年）和C. 得安的校订本，见《法国史学会丛书》（巴黎，1871年）。有J. 丰·哲斯蒙德的德文译本，见《早期德国史家》XXIV（第2版，W. 沃顿巴哈主编，莱比锡，1890年）。

④ 哲学家和神学家（815？—877？），中世纪第一个有独创思想的经院哲学家。爱尔兰人，约847年左右秃头查理聘请他到法国为宫廷学校的校长，主张圣餐只是象征之意。他企图把基督教信仰与理智调和起来。教会斥为异端。——译者

九世纪最有创见的思想家哥特沙尔克[1](因其异教信仰,终身被囚禁,形成那个时代的悲剧之一)等人都深表同情。普鲁登细阿的艰苦写作直至生命结束才停止。他的续编者说,"他使自己的生命和写作同时结束"(Vivendi et scribendi finem fecit);这位续编者不是别人,就是那位伟大的兰斯大主教兴克马[2]。[3] 第3部(862—882年)是《圣柏汤年代记》中内容最丰富的一部,因为兴克马是秃头查理的主要大臣和法兰克教会大主教。他在自己的作品中插入许多文献。这部书也像前一部那样,突然地、悲惨地结束了;由于北欧人突然袭击,兴克马被逐出兰斯,在逃亡中遇难而死。这部分最后的一些句子似乎是他手下某位教士加上的。第4部即《圣瓦斯特年代记》,是圣柏汤年代记的续编,记载到900年;这是在充满暴乱的黑暗时代最好的一部史料。

九世纪在德国编写的最重要的年代记是《富尔达年代记》,[4]从680年写到901年,分为五部分。第1部分(680—838年)是
172 《罗耳士年代记》的节本,写得不好。第2部分(838—863年)是名叫路德福的一位修道士写的,是最好的一部分。富尔达的路德福与众不同的一点是:他是中世纪唯一知道塔西佗的作家。在记载852年的单独一段中,《日耳曼尼亚志》、《历史》和《编年史》的痕迹

---

① 德国本泥狄克特派僧侣(805? —868年),其宿命论主张引起教会中长期的争论。被囚于狱中十八年,死于狱中。——译者

② 生活于806? —882年,反对哥特沙尔克的宿命论。——译者

③ J. H. 舍尔斯:《兰斯大主教兴克马,他的生平和著作》(布颠斯高弗赖堡,1884年),444—457,把他作为一位历史家评述了。

④ 库兹神父校订本,见《早期德国史家》(汉诺威,1891年);参阅亚柏特,II,368—369;沃顿巴哈,I,244—251;坡特哈斯特,I,67—68。

就可以辨认出来。著者对德国人路易特别偏袒，对莱茵河彼岸[1]的人和事极端仇视。他称秃头查理为“高卢暴君”。在第3至5部分中记述的事实逐渐减少，直至901年全文结束。这些部分的作者不知是谁。在关于807年的一段记载中，重大事件和轻松轶闻并列杂陈，如“贝内文托公爵格林华德死了，圣逢尼非斯寺院中死了很多人，所以很多年轻的教中同事都死了，厄基死了，胡图曼和麦金拉特也死了。学校里的学童殴打他们的老师，然后都逃跑了”。读来令人发笑。

在公元843年根据凡尔登条约建立的洛林中央王国里，普鲁姆人勒斋诺[2]的《编年史》[3]是九世纪后半一部内容最充实的著作，写到906年止。853年以前那部分是根据《罗耳士年代记》和一部失传的《普鲁姆年代记》编写的；从那年以后，才是独力写作的有价值的东西。勒斋诺智力非凡，而且广闻博识，甚至了解在意大利发生的一些事情。为了搜集资料，他游历广泛，胜过大多数寺院史家。在描写817年的那段有这样的话：“上面所说的这些事情，是我在某本以白话写的小书（libello）中发现的，我已把这本小书译成拉丁文了。上文中其余部分是我从老年人的回忆中收集的。”可惜，以白话写的这本小历史书不幸失传了！在写到892年的时候，他写出像塔西佗那样的短小精悍的文字，如

---

① 指法国。——译者

② 德意志的僧侣和编年史家，892—899年为普鲁姆寺院住持，著有《编年史》，始于基督纪元，终于906年。915年卒。——译者

③ 库兹神父校订本，见《早期德国史家》（汉诺威，1890年）；坡特哈斯特，II，956—957；亚柏特，III，226—230；勒馁·坡巴丁：《加洛林王朝时代的布罗温斯王国，公元855—933年》（巴黎，1901年：《高深研究学校丛书》，复制本，131）。

果他不是像富尔达的路德福那样也知道塔西佗的话，那才怪呢！他还说，“关于许多过去的事情，常常需要写得详尽；而提到近代的事，则往往需要保持缄默，这是因为，如果把实情和盘托出，就会招来居高位者的仇恨。少说实话的人不是陷入撒谎泥潭，就是掉进阿谀深渊。”

在九世纪部头较小的年代记中，有1827年由柏次[①]发现的《赞廷年代记》。其中关于831至873年的记述最好。写至857年时有关于名为麦角中毒的一种危险疾病的一段记载值得注意。中世纪时，裸麦是一种主食，至今还是中欧很大一个地区的主要谷物。裸麦所患任何病疾在社会和经济方面都有很大重要性。有一
173 种菌类通常在夏季雨后使裸麦染病，使食用者中毒，称为麦角中毒。这种病首先是在《赞廷年代记》中描述的。[②]

当然，惯于编纂旧式大部头年代记的人们和他们那些枯燥而笨重的浩繁卷帙依然存在。利捷主教夫勒卡尔夫在830年左右为献给聪明的朱狄司皇后而写的一部这样的著作中，看出九世纪是一个时代的结束。[③] 和他这部书相类似的是《从亚当到869年世界六个时期编年简史》(*Breviarium chronicorum de sex aetatibus mundi ab Adamo ad annum* 869)。这个时期撰写的一些圣徒传记中，最有价值的有《格雷戈里传》(格雷戈里是乌得勒支的圣马丁寺院住持，圣逢尼非斯的最后几位同伴之一。这部传记是他自己

---

① 德国历史学家(1795—1876)，1842年以后柏林总图书馆长。编《德意志史料集成》(1823—1873年)。——译者

② G.巴格:《麦角和麦角中毒》。这种疾病最早曾于1676年由多达特说明。

③ 关于文学，参阅摩林尼尔，I，第751号。

的门徒留得加写的)、安斯卡[①]的《圣威里哈德传》(他是英国人,阿尔琴的朋友,是第一位在夫里西亚传教的人,后来建立不来梅主教区,作为争取斯堪的纳维亚改信基督教的传教站)。《圣留得加传》(在夫里西亚和威斯特伐利亚改信基督教方面曾起作用)。还有麟伯特的《圣安斯卡传》(他是第一位在信异教的瑞典传教的人)。[②]

九世纪意大利的历史写作只限于五部书。关于八、九世纪伦巴第的贝内文托[③]和斯波莱托[④]两公国的历史,在爱卿柏特的《伦巴第贝内文托史》(*Historia Langobardorum Beneventanorum*)一书中可以找到有价值的材料;作者的祖先是伦巴第人,九世纪后半叶在蒙特卡西诺寺院当修道士。他说他写书的目的是续写副主祭保罗的终于744年的《伦巴第史》。保罗故意不写伦巴第王国倾覆的历史,唯恐把令人难为情的真相暴露太多,伤害他的恩主的感情。到下一个世纪就没有这种缄默的必要了。因此爱卿柏特直言不讳地说,他将叙述的,“并不是[他的同胞们的]习俗,而是他们的毁灭;不是他们的业绩,而是他们的灾祸。”对于九世纪的事情,他是一位有价值的见证。他的叙述充满生动的个人生平。这个寺院于884年被萨拉森人[⑤]毁灭,爱卿柏特和其他修道士一起逃往泰阿诺。

---

① 生活于801—865年,在丹麦、瑞典及德意志传教的法兰克传教士,为汉堡—不来梅第一个大主教。——译者

② 关于所有这些,参阅摩林尼尔,I,第666—676号和坡特哈斯特,II,第1353、1637、1429—1431、1170—1172页。

③ 在中意大利的南端。——译者

④ 在中意大利的东部。——译者

⑤ 即阿拉伯伊斯兰教徒。——译者

在这次大祸以前，他曾于881年被加浦亚[1]伯爵潘达尔夫部下的士兵俘虏，伯爵和蒙特卡西诺寺院住持是世仇，士兵们曾“剥夺了我童年时代以来所积累的财物，强迫我在马头前边徒步走到卡普亚，作为一名被放逐者住在那里”。886年，他正在旅途，又遭到希腊土匪的抢劫。

174 在罗马，教皇约翰八世[2]委托约翰副主祭检查拉特兰宫中的档案，据以撰写一部比当时已有传记更详细的《伟大的格雷戈里传》。[3] 教皇图书馆馆员阿那斯退细阿是西欧少数懂希腊文的人们当中的一位；在约翰副主祭请求下，他把尼斯福鲁斯[4]、辛塞拉斯[5]和提奥芬尼[6]等人合写的拜占庭史译为拉丁文。三人合写的这部著作在中世纪被称为《三部史记》（请不要和卡息奥多刺斯的同名著作混淆），这部书几乎是西方关于拜占庭历史知识的唯一史料来源。十二世纪时，夫勒里人休曾因获得一部而高兴；他认为这部书是“真实可靠而有力的”（“Autentica, Probabilis et robusta”），不过他也为其中一些“毫无价值的”东西叹息。这是正统派

① 意大利西南部一个重要城市。——译者

② 于872—882年。——译者

③ 格列哥罗维阿斯，III，150：“这部著作是一部独立的著作，其性质显然与其他贫乏的教皇本纪不同。”

④ 生活于758—829年，君士坦丁堡的教长（806—815年），写了一部有关君士坦丁堡的历史。——译者

⑤ 乔治·辛塞拉斯，八世纪后期至九世纪初的教士和史学家，著有《世界编年史》。——译者

⑥ 生活于758？—818年，希腊僧侣和编年史家。反对教皇利奥第五的偶像崇拜政策，死于狱中。续乔治·辛塞拉斯的历史著作，包括284—813年的时期。——译者

和西方人对希腊宗教和文化的污辱。[1] 在罗马,《教皇之书》(Liber Pontificalis)即《教皇本纪》仍继续撰写。[2]

大主教阿格尼拉斯的《拉文纳诸主教传记》是一部独特的历史著作,这位大主教是一位热心的考古学家,在他接连不断编写的这些传记中,也有关于这个历史城市的纪念建筑物的全面记载。这部著作可以说是一部考古和历史漫谈。[3]

加洛林王朝时代有些诗歌也提供了一些历史情况。特别是奥尔良主教提奥度尔夫[4]的《法官巡游纪实》(*Paraenesis ad judices*)。提奥度尔夫是西班牙一位哥特人,是当时最好的诗人,古典著作和艺术的爱好者。作为一位钦差巡回法官(missus dominicus,许多主教被任命为巡回法官),这位奥尔良主教用诗歌记载 175

---

① 他的《教会史》第6卷及序言,见《德国史料集成,作家类》,IX,357。

② 路易·度申:"八世纪教皇史学编纂",见《考古与历史杂志》,IV(1884年),232—273;和他的《〈教皇之书〉研究》(巴黎,1877年),《教皇之书》第1次修订本终于菲力克斯三世(483年),是哥特时期编的,由荷密斯达斯(514—523年)发表。第2部分继续写到利奥二世(682年)。直到这时止,这些传记都是根据早期资料(这些资料许多都已失传),甚至传说写的。有些错误是骇人听闻的。但从利奥二世和科嫩(680—690年间)开始,记载的是当时的或者几乎是当时的情况。有些传记似乎是逐年公开发表的。例如,比德利用了记述当时在位的教皇格雷戈里二世(715—731年)的一个摘要。科利西姆的名字是在《史梯芬三世(768—772年)本纪》中第一次被提到。"当科利西姆(译者按:科利西姆是罗马大圆形剧场)存在的时候,罗马一定存在;科利西姆倒塌时,罗马一定会倾覆;当罗马倾覆时,那么,全世界一定会灭亡。"——这个预言见于比德的著作,这显然是后人插入的,度申:《〈教皇之书〉,本文与注释》(巴黎1886—1892年,两卷),I,482,注23;C. H. 特涅:《早期教会史研究》(牛津,1912年),151—153。

③ 亚柏特,II,375—376;乌哥·巴撒尼:《欧洲早期编年史家:意大利》(伦敦,1883年),96—103;M. 曼尼提阿斯:《中世纪拉丁文学史》(慕尼黑,1911—1931年,三卷),I,712—714;奥德曼·比沙普:《九世纪一位好古家》见《侧面评论》,XIII(1894年),192—206,在他的《西方教会祈祷方式和宗教生活论文集》中重印(牛津,1918年)中,370以下。

④ 加洛林王朝文艺复兴领导人之一,死于公元821年。——译者

他在法国南部巡行的情况。这些诗歌使那时的风俗、道德和司法制度显出清晰的眉目，因而很有价值。[①] 另一首历史长诗是厄谟尔达·奈泽拉斯的《向笃信者路易致敬》计四卷。[②] 是记述这位皇帝的一部诗歌体传记。在许多动人的段落中有很长的一段描写印革尔亥谟和尼谟威根王宫许多壁画所绘出的各种情景，对研究中世纪美术史很有价值。

在图尔人格雷戈里的著作和《法兰克之书》(*Liber Francorum*)里找到的那种史诗精神，在早期法兰克许多历史著作中都有，而且还继续保持到加洛林王朝，在九世纪末以前的时期，还在查理曼的历史中以传奇的光环的形式出现。在《查理曼事记两卷》(*De Gestis Caroli Magni liber duos*)[③]一书中就有这种精神，这部书很可能是圣加尔[④]一位修道士诺特刻·巴尔布拉斯[⑤]于 884 年至 887 年间为献给查理曼的曾孙胖子查理而撰写的。这部著作是一连串轶事、传说和实际历史掺杂一起的东西。这部书很有价值，因为它说明查理曼时期很有意思的浪漫主义传统是怎样产生的，这个传统又如何以《罗兰之歌》和十二世纪法国史诗中加洛林事迹

---

① 迦伯列·摩诺:《从提奥度尔夫的〈法官巡游纪实〉看八世纪司法惯例》,〔巴黎〕《历史评论》,XXXV(1887 年);1—20;F. 基佐:《从罗马帝国的倾覆到法国革命的文明史》,W. 赫兹力特译(纽约,1881 年,四卷,分成两册),III,60—65(演讲稿第 23 篇)。

② 摩林尼尔,I,第 747 号;亚柏特,II,170—178。最新的版本是爱德曼·法剌尔的《厄谟尔达·奈济拉斯:〈歌颂虔诚的路易的诗歌和给国王丕平的信件〉》(巴黎,1932 年:《中世纪法国史学古典著作丛书》),附有法语译文。

③ 摩林尼尔,I,第 650 号;亚柏特,III,214—222;坡特哈斯特,II,790—791;哈尔方(注 5),104—142。格兰特(注 8)的书中有一个英译本。

④ 在瑞士东北部。——译者

⑤ 瑞士僧侣(840? —912),特别以其宗教音乐著名。——译者

始末(Corolingian cycle)而达高峰。[①]

九世纪是中世纪政治学说史的一个重要时期。在互相敌对的国家和教会两大势力之间发展起来的争夺权力的斗争第一次爆发为正面交锋就是在九世纪,这个冲突由于反对日益得势的封建帝王的政治要求的出现而更加复杂化了。在这个混乱时期,大量争论性文献应运而生。[②] 最早的例子是帕斯卡修斯·拉特伯都的《瓦拉传》和《阿达尔哈德传》,他们是加洛林王朝反对皇帝笃信者路易的两位实力强大的诸侯。[③] 这类作家中另一位是里昂大主教阿哥巴德(死于 840 年),他的《护教论》(*Apologeticus*)是他为自己反对皇帝而辩解的一部摘要。阿哥巴德是那个时代知识界领袖之一;他还写了一些论文斥责民间迷信、以厮打裁决[④],偶像崇拜等。他最著名的论文是对犹太人的痛斥。[⑤] 但是最接近政治学说 176
的一部著作是奥尔良主教约纳斯的《王权制度论》(*De institutio-neregia*),[⑥]这是一系列"王权手册"中的第一部,这些手册加在一

① 关于可以说明这个过渡的文献,参阅摩林尼尔,I,第 676—682;加斯顿·巴黎:《中世纪法国文学史纲》(第 3 版,巴黎,1922 年),43—76,或他的《中世纪法国文学》,哈拿·林赤译(伦敦,1903 年),24—43。

② 参阅我的著作《中世纪史》(纽约,1929 年,两卷),I,411—20,A. J. 克来因克劳兹:《加洛林帝国,其起源及转变》(巴黎,1902 年),373—379。

③ 奥古斯德·希姆利:《瓦拉和善良的路易》(巴黎,1849 年);亚柏特,II,230—243;摩林尼尔,I,第 761 号;坡特哈斯特,II,894—895、1137、1630。

④ 以战斗胜负决定诉讼者的是非曲直。——译者

⑤ 关于阿哥巴德,参阅摩林尼尔,I,第 762 号;亚柏特,II,210—222;坡特哈斯特,I,26—27;P. 瑟发拉:《九世纪法兰西教会和国家:里昂大主教,圣阿哥巴德,他的生平和著作》(里昂,1869 年)。

⑥ 一个校订本,见冉·累维隆:《九世纪一主教的政治宗教思想:奥尔良主教约纳斯和他的〈王权制度论〉》(巴黎,1930 年),附有关于约纳斯的完整书目。——译者

起构成研究中世纪政治学说发展的一套最重要的资料。[1] 在性质上和这部论著相近但没有那么重要的是圣密希尔寺院住持斯马拉都写的《皇家道路》(*Via regia*)(约于830年)。空洞教训多,接触实际少。[2]

在九世纪所有这类性质的著作中最重要的是大主教兴克马所撰《宫廷统治论》(*De ordine palatii*),它是一部行政手册,同时又是一部政治学论文,[3]是根据科比人阿达尔哈德那部已失传的同名论文写成的,但也包含很多他自己写的新材料。这部著作是为教导口吃的路易写的,定下原则和许多论断,以大量《圣经》引文支持其论点,说明国王如果得不到众主教的同意,无论什么事都不能办。总之,它论述的是神权统治的哲学。兴克马是一位高傲的主教,有时毫不迟疑地捏造文件来支持他的主张。教会权力凌驾于国家权力之上的原则,在实际执行中表现为教会坚持有为国王加冕的权力;教会权力至上的维护者不久就从这一点推论说,既然可以加冕任命国王,教会当然也可以废黜国王了。兴克马的傲慢只有他的虚伪可以超越。他宣称路易之当选为国王,既不是由于他的王家世系,也不是由于贵族的支持,而是由于主教们允许。他大声叫喊:"看看你的地位吧。看看你的祖先被放在什么地位吧。读读他们的墓志铭吧——当他们从他们的伟大祖先查理曼一代一代

---

① 参阅雷斯特·K.波伦:"完美的君主",见《镜》,III(1928年),470—504。

② 摩林尼尔,I,第757号;亚柏特,II,108—112,B.沃雷欧:《历史和文学的特性》(巴黎,1861年),100—128。

③ 摩里斯·普鲁校订的《兴克马:〈宫廷统治论〉》(巴黎,1884年:《高深研究学校丛书》,复制本,58),附有法语译文和一篇有价值的导言;摩林尼尔,I,第859号;亚伯特,II,247—257;G.惠芝:《德国宪法史》,III(第2版,基尔,1883年),495以下。

传下来的时候，每个人的寿命都是愈来愈短。因此，你要当心，……你不久就会死的。但教会和它的主教们是永远不会离开人世的。”

加洛林王朝的文艺复兴在保存古典拉丁文学方面起了极其巨大的作用；由于有这次文艺复兴，我们才能获得萨拉斯特、恺撒、斯韦托尼阿、李维、塔西佗、维利尤斯·帕忒丘拉斯[①]和攸特洛匹阿[②] 177
等人的著作；如果不承认这一事实，那么对加洛林王朝史学发展的评价就不可能充分。[③] 我们现在所有的拉丁文古典著作原文（特棱斯[④]、卡塔拉斯[⑤]、奥维德、维吉尔等人的著作除外）几乎都是根据九世纪的手抄本印的，后来几个世纪中又经再三抄写，一直抄到十四世纪文艺复兴时代。除少数例外情况，任何古典抄本的历史都不能追溯到加洛林时代以前。九世纪最活跃的古典学者是费里埃寺院住持琉帕斯，他的《书信集》[⑥]是珍贵的知识宝库。他为秃头查理写的《罗马史》（*Historia romana*）十二卷的失传是个不幸。

① 罗马史学家（约公元前19—公元30年），著有《罗马史摘要》两卷。——译者

② 公元四世纪的罗马史学家，著有《罗马史纲要》。——译者

③ 散狄斯，I，第25章；路易·阿佛："查理曼对拉丁古典著作有什么帮助？"，见《蓝色评论》第5卷，V(1906年)，129—133。

④ 罗马喜剧家（公元前190？—前159？年），其剧本多模仿希腊晚期米南得的作品。——译者

⑤ 罗马最伟大的抒情诗人之一（公元前84？—前54年）。——译者

⑥ 最近的版本是雷翁·利维兰的《费里埃住持琉帕斯的〈书信集〉》（巴黎，1927—1935年，二卷；《中世纪法国史学古典著作丛书》），附有法语译文和参考书目。比较，摩林尼尔，I，第857号；亚柏特，II，202—209；C. H. 俾孙：《作为作家的费里埃住持琉帕斯和原文校订》（马萨诸塞州剑桥，1930年）；散狄斯，I，486以下；同一作者的论文，见〔伦敦〕《英国历史评论》，XXI(1906年)，346—347。

和现存的保罗·戴阿科那斯①所撰同名著作比较，他这部书一定更好一些。琉帕斯知道塔西佗吗？在他的《书信集》中关于九世纪古典文学的培养虽然有丰富的材料，但并未表现出他知道塔西佗其人。不过琉帕斯曾在富尔达受教育；如前所述，编年史家富尔达人路德福是知道塔西佗的；关于普鲁姆寺院的勒斋诺也许同样可以这样说。

九世纪末，在国内封建暴动和国外北欧人入侵双重打击下，加洛林帝国业已支离破碎。北欧人对巴黎的大围攻（886—887 年）和 887 年在名义上还完整的帝国的最后一位皇帝胖子查理②被废黜，可以说是结束帝国的两件大事。在德国，加洛林家族统治于 911 年至婴王路易而告终。在法国，这个家族的统治摇摇欲坠，一直延续到 987 年，但这些国王只不过是软弱无力的庄严的幻影而已。在德法两国，十世纪开创了一个新时代。

在北欧人入侵期间，编年史和历史文献遭到极大破坏。《封特涅尔③编年史》只有一个片段保存下来。《朱密治编年史》全部丢失。塞纳河流域所有寺院编年史全部消失了。圣泽芒·得·普累或圣泽芒·罗舍瓦或圣仁未甫等寺院无片纸只字留存；圣登尼斯寺院也没有留下任何加洛林时代的东西。在卢瓦尔河以南，史学几乎已成空白。关于奥尔良、布卢瓦、图尔、佩里哥尔、波尔多、图卢兹、利摩日和整个奥弗涅、维瓦雷和加斯科涅诸省，几乎并无一
178 行记载留传下来。文字记载极端缺乏，以致关于加斯科涅六个主

① 即助祭保罗。——译者
② 查理第三（884—887 年）。887 年被废后，查理曼的帝国瓦解。——译者
③ 法国北部。——译者

教区被破坏的情况我们只是从一个特许状的偶然暗示中了解到一些。

关于北欧人侵入法国的原始资料是前已提到的那些寺院编年史。但是一部新编年史即《封特涅尔寺院住持们的事业》(*Gesta abbotum Fontanellensium*)现在看来颇为重要了。封特涅尔是卢昂①附近俗称圣汪德里尔的一个寺院。这部书记述 834 至 850 年的事。从 841 到 859 年在一部失传的《封特涅尔编年史》的一个片段中,也有较为详细的记载。② 这部重叠著作,对研究北欧人侵入塞纳河流域的历史是重要的。在《南特③编年史》(*Chronicon Namnetense*)④中对卢瓦尔河流域的历史也有类似记载,这是最早的布列塔尼专史,其中有颇富诗意的一些戏剧性的插曲,很惹人注目。

在这个混乱时代,有一种独特的史料,这就是从各个寺院珍藏的圣徒遗留的断片残章"翻译"成的历史。这些圣徒的遗骨也在各寺院珍藏。他们把这些残留物看作最神圣的财产。北欧人来到之后,不久就发现各寺院都有黄金和其他财宝,北欧人一出现,众修道士必然逃跑;他们抢救圣徒遗物先于抢救财宝。⑤ 最后圣泽

---

① 在法国北部。——译者

② 原文见《德国史料集成:作家类》,II,301—304。

③ 在法国西北部罗亚尔河畔。——译者

④ 勒馁·麦勒编:《南特编年史(约 570—1049 年)》(巴黎,1896 年:《供参考的原文汇编》,XIX)。

⑤ 关于这些"译本"中最重要的,参阅摩林尼尔,I,第 871 号;关于它们的价值和用处,参阅爱弥尔·马比尔的论文"诺曼人侵入罗亚尔河流域和〔图尔的〕圣马丁团流浪记",〔巴黎〕《古文书学校丛书》,XXX(1869 年),149—194、425—460,《剑桥中世纪史》,III,(纽约,1922 年),533—534。

芒·得·普累修道院修道士阿波曾记述巴黎大包围(885—886)的情况,他曾目睹这次大包围,并曾亲自参加战斗。这是一部奇怪的书,因为它是一部叙事诗,与众书不同,计三卷。① 第1卷真正叙述这次大围攻的历史。第2卷是对巴黎伯厄德②(当东部国王胖子查理被废黜时,厄德为王储)的颂词。第3卷专门叙述圣泽芒寺院的神迹,但也有些历史价值。这一卷的写作较前两卷迟几年。因为阿波受良心责备,于是就加写第3卷,以使全部著作象征三位一体。从诗歌角度看,这部著作糟得很;作为历史,它比一般人所认为的要好些。阿波在叙事方面还是有相当能力的,在他的文章里我们也发现一些有史诗意味的插曲。为了炫耀自已博学,作者
179 使用了一些古老的、不常用的字眼,还有少数希腊字,尽管有理由可以相信他并不懂希腊文,只不过是从字典里抄几个希腊字而已。

在德国,那些一度内容充实的重要年代记(除《普鲁姆年代记》外)在接近九世纪末时,都像一条拆散了的绳索那样松松散散了,直到最后,其中那些最贫乏的竟然退化成下面这样干枯的记事录了:

906　DCCCCVI　Ungarii vastaverunt Soxoniam.〔匈牙利人蹂躏了撒

---

① 摩林尼尔,I,第864号;亚柏特,III,129—139;E.发浮尔:《巴黎伯厄德和法兰西国王,882—898》(巴黎,1893年:《高深研究学校丛书》,复制本,99),导言,v—vii,和17—68;E. A.福礼门:《早期巴黎之围》,见他的《历史论文集》,第1辑(伦敦,1871年),207—251。原文及N. R.塔兰的法译本:《阿波:〈诺曼人围攻巴黎,885和886年〉》(巴黎,1834);H.瓦卡和R.布伦瑞克已答应搞一个新版本,也附译文,编入L.哈尔方所编的《中世纪法国史学古典著作》中。

② 生活于889—898年,胖子查理于887年被废后,一部分诸侯选举厄德为西法兰克国王(888—898);另一部分诸侯选举查理第三为王(893—923)。内战发生。——译者

克逊人的国家。〕

907　DCCCCVII　Adelbertus comes decollatus est, iubente Ludovico Rege.〔国王路易下令把伴侣阿达尔柏处死。〕

208　DCCCCVIII　Liutboldus dux occisus est ab Ungariis.〔留特波尔度将军被匈牙利人杀害。〕

909　DCCCCVIIII　Burghardus dux Thuringorum occisus est ab Ungariis.〔图林根将军柏加度斯被匈牙利人杀害。〕

910　DCCCCX　Ludovicus Rex pugnavit cum Ungariis.〔国王路易和匈牙利人打仗。〕

911　DCCCCXI　Ungarii vastaverunt Franciam.〔匈牙利人蹂躏法兰克人的国家。〕

912　DCCCCXII　Ludovicus Rex obiit, cui Conradus successit.〔国王路易逝世；康拉德继位。〕

913　DCCCCXIII

914　DCCCCXIIII　Otto Saxonicus dux obiit.〔撒克逊将军鄂图逝世。〕

915　DCCCCXV　Ungarii vastando venerunt usque Fuldam.〔匈牙利人从各方来到富尔达，蹂躏这个地区。〕

916　DCCCCXVI

917　DCCCCXVII

918　DCCCCXVIII

919　DCCCCXVIIII　Conradus Rex obiit, cui Heinricus successit.〔国王康拉德逝世，亨利继位。〕

第十二章　撒克逊、舍拉[1]和霍亨斯陶棻诸王朝时代（919—1197年）的历史学家[2]

180 正如前几章业已指出的，一个时代的历史写作反映那个时代主要的普遍的情况。罗马帝国的衰亡在拉丁文学的衰落中反映出来。加洛林王朝的史学是查理曼建立的强有力的统治的反响，九

---

① 即法兰科尼亚王朝（1024—1125年）。舍拉族为法兰克人的一支，因其族起源于舍拉河附近得名。——译者

② 沃顿巴哈，I，第3部分，和II，全部；维哲纳神父：《中世纪历史研究资料，II，帝国时代历史家，从威都坎到爱克·丰·雷柏科》（莱比锡和柏林，1914年）；G. 惠芝："德国史学的发展"，见W. 斯密特主编：《历史科学杂志》，II（1844年），97—114，IV（1845年），97—112；H. 维尔蒙特：《德国历史资料手册》（第2版，韦尔，1906—1909年，两卷），I，140—397；玛克斯·冉森：《1500年以前德国历史编纂与史料》，见阿洛易斯·美斯特编：《中世纪和近代德国历史研究导言的历史科学基础》，I（莱比锡，1906年），450—546，也在第2版中由L. 斯密兹-卡林堡发行（莱比锡和柏林，1914年）；M. 曼尼提阿斯：《中世纪拉丁文学史》（慕尼黑，1911—1931年，三卷），II—III；亨利·章德斯：《中世纪德国人民及其文化的历史》（莱比锡，1891—1908年，三卷），I，701—709，II，645—651，III，662—672；A. 豪克：《德国教会史》（第3版，莱比锡，1911—1929年，五卷），III，311以下；W. 基则布勒喜：《德意志帝国时代的历史》（第5版，莱比锡，1877—1905年，六卷），I，777—798，II，555—581，III，第2部分，1033—1082，IV，387—411等等；汉斯·普鲁兹：《查理曼时代》，209—216，和他的《封建主义和神权政治时代》，19—24，137—141（这两部著作均译自德文，原为J. H. 来特主编的《世界各国史》，VIII—IX，费城和纽约，1905年）。其他批判的文献，见坡特哈斯特。《早期德国历史家》丛书中最重要的作家均有德文译本。

世纪后半叶史学的退化也是法兰克帝国衰落的反映。

在撒克逊王朝(919—1024 年)统治下的德国是从九世纪中欧和西欧陷入的那种混乱中摆脱出来的第一个国家;首先建立坚强政府,最早组成在形式上和精神上都是一个真正封建国家的就是德国。撒克逊作为新王室的世袭公国,自然就成了觉醒了的史学的家乡。在这个地方,《科尔维年代记》获得新生,新的《魁得林堡年代记》也出现了。这个女修道院是撒克逊王室、特别是亨利一世的王后马提尔达[①]特别喜欢的基地,她那坚强的理智和虔诚的宗教感情使她在这个女修道院发动了一个有趣的敬神运动。直到984 年,也就是说,在这种"新"史学业已大步前进的时候,这类年代记才开始;至 1025 年,即撒克逊王朝覆亡一年之后就停止写作了。这类年代记尽管简短,但很重要。与此同时,德国接近不断出 181
现的剧烈历史事件使各地在九世纪末几近消失的旧式寺院年代记又恢复撰写。其中有《黎喜诺年代记》、《罗布斯年代记》、《圣恩美连年代记》、特里尔的《圣马克西门年代记》、《文加廷年代记》和《圣加尔年代记》。

罗布斯是七世纪在海诺[②]建立的一个寺院。自 965 至 995 年福尔兴住持强有力的治理,使这个寺院在知识和政治两方面对低地诸国[③]都很重要。福尔兴在忙碌的一生中还找出时间编写这部寺院的年代记。这部书写到 980 年。他在记述中插入一些文献作为佐证(piéces justificatives);他表达生动,内容丰富而真实。《圣

① 生活于 890? —968 年,举办许多慈善事业,创立许多寺院。——译者
② 在比利时西部。——译者
③ 即尼德兰。——译者

加尔年代记》中关于加洛林王朝的那部分是一位名叫拉特波特的修道士写的，写到 883 年为止，只记述了这个寺院的表面事实。《圣加尔年代记》经过撒克逊王朝渐趋衰弱无力。厄克哈德四世（980—1060 年）从这部年代记在九世纪截止处开始续编，一直写到他自己的时代。虽然著者属于撒克逊王朝以后的时期，但正因为这个缘故，他才值得注意。因为厄克哈德四世编写的那部分《圣加尔年代记》十分杰出，内容丰富，叙事生动。在这些优点方面可以和它比美的寺院著作只有一部，即《普鲁姆的勒斋诺编年史续编》，这部书是法兰克帝国倾覆后仍然保存至今而元气未伤的唯一一部加洛林王朝编年史。

但比寺院年代记更有价值的是教区年代记。这是一种新发展。在加洛林王朝，几乎一切年代记都是由寺院编写的。撒克逊诸王的政策是把德国教会机构纳入政府机构以内，从而赋予诸主教以极大权力和威望，这样就使诸主教变成王公一类人物[①]。因此，在应运而生的主教区年代记中，有《希尔德斯海姆年代记》（至 1040 年），已失传的《哈尔伯施塔特年代记》、《萨尔茨堡年代记》、《科隆年代记》（至 1028 年）。

在知识上，十世纪的欧洲没有哪个地方比得上洛林那样光辉灿烂。列日[②]学校从法、意、英等国引来许多学生。这个声誉主要应归功于伟大的主教诺特加（972—1008）的首创精神。福尔兴住

① 关于这个政策，参阅我的《封建的德国》（芝加哥，1929 年），26—67；E. N. 约翰孙：《德国主教的世俗活动，919—1024》（休肯，《内布拉斯加大学研究丛书》，XXX—XXXI，1930—1931 年，单独重印本，1932 年）。

② 在比利时东部。——译者

持在罗布斯根据这个寺院的档案写了一部记述这个寺院的历史。他的继承者赫里加，除了编写圣徒传记、数学和年代学方面的著作之外，182 在诺特加建议下，也编纂了一部《列日诸主教生平》。牧师会员安瑟伦在主教瓦左(1041—1048 年)指导下为这部著作写的续编甚至更有价值。圣詹姆士寺院为主教巴尔德里克二世(1008—1018 年)写了一部很好的传记。在所有这些著作中，古典著作研究的影响都很明显。

这时候，在这个知识热潮中，列日的主要竞争者是梅斯；那里有一位名叫阿尔波特的学识渊博的修道士写了一部杰出的《梅斯诸主教生平》。后来这位阿尔波特迁居乌得勒支[①]；这地方是另一个知识中心，这里的学校可以和列日、梅斯二地的学校媲美。他在这里写了一部名为《论时间的矛盾》(*De diversitate temporum*)的历史著作两卷，是 1002 至 1118 年间低地诸国大事的一幅"生动的图画"(tableau vivant)。这部书是献给德国伟大的宗教法规学者沃尔姆斯人柏卡德的。阿尔波特这部著作中最奇特的一部分是对犹太教的攻击，这件事是由下述案件引起的：有一位牧师公开宣布抛弃基督教信仰，改信犹太教，他写了一篇论文，证明他自己的行为正确，这篇论文在皇帝亨利二世[②]统治时代成了轰动一时的事件。《凡尔登诸主教生平》开始于 917 年凡尔登大教堂被焚毁之后，这部著作是为了在过去的记忆还没有完全消失以前，恢复这些主教(而且主要是那些被毁的地契)的历史的。

这些著作的局限性很大，它们都是严格的事实记录，强调地方

① 在荷兰。——译者

② 生活于 1002—1024 年。——译者

背景。要想看有解说或有描绘的论述和比较自由的表达，就必须阅读科尔维人威都坎的《撒克逊史》三卷和梅泽堡主教提特马的《编年史》。科尔维是威悉河[1]畔的一个寺院，822 年由索谟河[2]畔法兰克科比寺院的修道士移民团建立的，是加洛林王朝一个很活跃的学术中心。这个新科尔维寺院继承并保持了这个学术传统[3]。在鄂图一世[4]晚年，有一位名叫威都坎的撒克逊修道士住在这个寺院从事写作[5]。威都坎，正如他的名字所表明的，属于纯粹撒克逊血统；他以自己的民族自豪，他的著作并不是写他那个时代一般的历史，而是关于撒克逊各位国王、特别是在撒克逊公国以内发生的事情的历史。关于撒克逊人最古老的信异教的野蛮时代的历史，威都坎也像他的前辈约旦尼斯和图尔主教格雷戈里那样，从自己的民族尚未写成文字的英雄史诗、传说和民间歌谣等口头文学中吸取材料。[6] 他在书中一处说，他的材料是根据一个至今仍在民间歌唱的关于法兰克人和撒克逊人打的那次著名的战役的民
183 歌[7]。撒克逊人是一个“能吃苦耐劳的强悍的民族”(gens dura)，以他们特有的一种可怕的短剑(sahs)自豪，他们的族名就是由此

---

① 在德意志西北部。——译者

② 在法国北部。——译者

③ Ph. 雅费:《德国古史资料汇览》(柏林，1864—1873 年，六卷)，I，《科比寺院名著》。

④ 生活于 936—973 年。——译者

⑤ 关于版本和文献，参阅坡特哈斯特，II，1113—1114，下列两人又有增补：赫尔曼·布罗和，见〔汉诺威〕《德国古史知识指南新文库》XXXVIII(1913 年)，97—141，和林泽尔，同上，XLIX(1930 年)，183—188。

⑥ 关于这些例子，参阅第 1 卷，7、9、12、13 和 14。他常常写道：“出自史诗”，(ex carminibus)“传说”(traditur)。

⑦ 第 1 卷，第 23 章。

而来[①]。虽然撒克逊人在生活方式上比法兰克人更为原始，而且也没有法兰克人那种胸甲和头盔这些有利装备，上战场只戴自制的草帽，但他们打起仗来却很了不起。威都坎确实像一个真正的撒克逊人那样仇恨易北河对岸的斯拉夫人，他兴致勃勃地描述了929年亨利一世[②]横跨哈弗尔河冰冻沼泽地带的冬季远征；"利用饥饿、利剑和寒冷"（fame，ferro，frigore）攻陷布鲁那波的情况，后并将该地改建为一个"堡"（burg）[③]（即后来的勃兰登堡），这类的"堡"他建立了许许多多，遍布撒克森和图林根，以保卫其领土免遭匈牙利人袭击。亨利一世的军事改革终于使撒克逊人有本领抵抗匈牙利人了。威都坎的作品在叙述933年在翁施特鲁特河畔打的那场胜仗那一段达到最高水平——撒克逊骑兵如何追逐逃敌、深入河谷八英里，谷底处处都是匈牙利人的尸体；得胜的撒克逊战士如何向亨利一世欢呼："国父、主宰和皇帝，万岁！"这一切都是用中世纪拉丁文写的，但这一段的精神却是德国撒克逊人的精神。他对鄂图一世[④]统治时代（936—973年）的普遍重要性并不理解。他记述了鄂图和斯拉夫人、匈牙利人打的那些战役，但关于鄂图远征意大利的事几乎一字未提。不过关于德国和地中海诸国新发展起来的通商关系，他倒写了一段珍贵而离奇有趣的梗概。[⑤]然后又记

---

① 撒克逊人（Saxons）一字的语源出自 sahs（短剑）。——译者

② 撒克逊王朝第一个皇帝（919—936年）。928—929年冬季横过哈斐尔河，向斯拉夫族的汶德人进攻。933年在翁施特鲁河畔的利雅特大败马扎儿人（匈牙利人）。——译者

③ 意为城邑。——译者

④ 鄂图大帝，亨利一世的儿子。——译者

⑤ "Crebris victoriis imperator gloriosus factus atque famosus，multorumregum （接下页）

述了在哈尔茨山脉[①]中兰密尔斯堡发现著名银矿的事，还提到鄂图一世晚年学读拉丁文、学说斯拉夫话的情形；说尽管困难，但他说的还是相当流利的。

撒克逊王朝后期诸王本纪的撰述是梅泽堡主教提特马（死于1018年）在他的《编年史》中进行的，[②]该书计八卷，第1、2两卷记述内容和他的前辈威都坎的著作相同。这部书内容丰富，但布局紊乱，这个缺点作者本人也知道，但因晚年不长，未能抽暇修正。他亲笔写的原稿保存在德累斯顿档案中。其中最有价值的部分叙述的是和斯拉夫人打的边疆战争，特别是亨利二世的波兰战役。描写德国军队“通过无人烟的沼泽地区”（per solitudines paludesque）艰苦行军的那一段极其生动；描写累塔斯拉夫异教徒那
184 座神庙的那一段给人的印象也很深刻。[③]提特马出身撒克逊上等贵族家庭，带有他那个阶级的傲慢和偏见。他的叙述直出直入；但他的拉丁文粗糙而拙劣。和威都坎不同，提特马眼界开阔，写的内容也包括他那个时代德国人统治意大利的历史。他记述了横越阿

(接上页)ac gentium timorem pariter et favorem promeruit; unde plurimos legatos suscipit, Romanorum scilicet et Graecorum Sarracenorumque, per eosque, diversi generis munera, vasa aurea et argentea, arerea quoque et miravarietate operis distincta, vitrea vasa, eburnea etiam et omni genere modificata stramenta, balsamum et totius generis pigmenta, animalia Saxonibus antea invisa, leones et camelos, simias et strutiones, omnimque circumquaque christianorum in illo res atque spes sitae”(第3卷，第56章).

① 在德意志中部。——译者

② 罗伯·霍兹曼新近出的版本，见《早期德国史家》，新丛书，IX（1935年）；比较他的论文：“梅泽堡主教提特马编年史论”，见〔汉诺威〕《德国古史知识指南新文库》，L（1933—1935年），159—209。

③ 《编年史》，VI，23（1.7）。参阅我的《封建的德国》，388—391。

尔卑斯山各隘口的艰难，意大利平原上的炎热和热病以及意大利人对德国人的仇视。自从七世纪以来热那亚的历史就一直笼罩在黑暗中，这个中世纪城市现在又突然在他的笔下出现。他还了解到威尼斯大商船从远东满载丝绸、香料和羊皮纸在亚得里亚海遇难的情况。还有些只值得附带一提但很有趣的零星情况，他也写在书中了；例如他曾提到鄂图一世曾从意大利输入大理石，用作装饰马格德堡大教堂之用；又提到犹太商人带着他们的东方陶瓷器皿在梅泽堡大教堂过夜的情况，还提到一些教区学校的学童一天晚上怎样不守规矩，跑到市镇里去，被“书斋中”（“in stuba”，从他用拉丁文写的这部书中竟然跳出这个德国字来了！）的教师发现了。提特马还在书中插入一些民歌(cantilena)片段，还间接提到一首民歌，哀叹鄂图二世领导下的德国军队于 982 年在下意大利被萨拉森人打得惨败这件事；他也是西方作家中最早一位引用一篇名为《囚徒的出奔》(*Ecbasis captivi*)的拉丁文动物寓言的人；这个寓言叙述一头小牛犊从牛栏中逃跑后如何经过冒险，最后又归来的故事。这个故事是一篇讽刺寓言，那头小牛犊指的是一位逃亡的修道士，牛栏指的是寺院。

在撒克逊诸皇帝统治时代，主教在政治事务上的显著地位就是德国一系列重要主教或住持传记①产生的原因。科隆大主教白鲁诺(953—965)是鄂图一世的弟弟，在寺院改革和教育复兴方面他是一位重要人物。鲁特加为他写的《大主教白鲁诺传》是研究鄂

① 关于这些传记的有价值的研究，参阅 E. N. 约翰孙（见本书原书第 181 注）的著作。

图一世统治时代的主要资料。① 洛林的哥兹寺院住持约翰是和那个时代的知识觉醒运动有密切关系的另一位重要人物。在哥兹寺院里聚集了许多从梅斯、图尔、凡尔登、勃艮第来的有学问的修道士，时常还有来自英格兰、苏格兰、爱尔兰的客人，还有一次有一位来自西南意大利的卡拉布里亚的客人。约翰还曾访问下意大利的希腊修道院，带回亚里士多德和坡菲立②的希腊文抄本。后来皇帝派他出使信伊斯兰教的西班牙，他在科尔多瓦住了将近四年，在那里学习希伯来和阿拉伯文，又带了一些抄本回来。阿拉伯科学之所以能够推广到阿尔卑斯山以北，可以追溯到他这次出使。③
185 奥格斯堡主教《攸达尔立克传》所记这位主教是一位军人，是曾于955 年在勒赫斐德战役④中战胜匈牙利人的一位英雄。《帕德博恩主教迈威克传》是一部关于一位政治主教的重要长篇传记，但他并未因俗务忽视他自己的教区。《沃尔姆斯人柏卡德传》与上述传记类似，但内容较少。在所有教区传记中最珍贵的是《希尔德斯海姆主教本韦德传》，他是一位建筑艺术家，希尔德斯海姆那座优美的罗马式大教堂就是他经手修建的。那些受意大利建筑艺术影响很明显的圆柱和铜门就是他设计的；他还训练工人们熔解并提炼金属，那些铸模可能是他亲手制造的。在中世纪德国艺术史上，他这

① 保罗·革尔："鲁特加所著《科隆大主教白鲁诺传》中的文字模仿"，见〔汉诺威〕《德国古史知识指南新文库》，XLVIII(1930 年)，354—383。

② 希腊的新柏拉图派哲学家(232？—304？年)。反对基督教。写了一部编年史，从开天辟地到公元 270 年。——译者

③ 参阅我的论文《十世纪阿拉伯科学传入洛林》，见《爱西斯》杂志，VII(1929 年)，184—193。

④ 鄂图大帝大败匈牙利人，解除匈牙利人在东方的威胁。——译者

部传记是一部名著。

《皇后马提尔达传》(*Vita Mathildae reginae*)很可能是亨利二世统治时期一位宫廷文书写的;马提尔达是亨利一世的妻子,魁得林堡女修道院就是她主持修建的。

撒克逊王朝始于919年亨利一世,终于1024年亨利二世。继续下去就是统治了一百零一年(1024—1125)的舍拉王朝。这是一个新王朝,一个新时代。这个时代最重大的事情是寺院改革和皇帝和教皇之间的冲突[①]。这个时代是喜尔德布兰、即教皇格雷戈里七世的时代。对德国、意大利和教会说来,这确实是一个极其重要的时代。这个时期的史学是应运而生的。年代记、编年史、历史和传记构成一整批有价值的历史文献。自古以来,这是破题儿第一遭开始以强劲、清晰、甚至艺术的技巧撰写历史。因为德国是加洛林帝国解体后在政治上首先兴起的国家,从而也是带有讲解的、有说服力的历史首先发展起来的国家。

舍拉时期的史学是由维波的《康拉德二世[②]传》开始的。他是皇帝的牧师,是一位有高度教养的勃艮第修道士;他了解古典拉丁文学,受它的影响不小。维波摆脱了当时传记的习惯写法,进行理论分析和有目的的写作。[③] 他,或者更正确地说,他使康拉德二

---

① 关于这个冲突的原始资料,可参阅刘启戈等编译《中世纪中期的西欧》,第1—53页(三联书店,1957年)。——译者

② 舍拉王朝的建立者(1024—1039年)。——译者

③ Sed quoniam historia publica scribitur, quae animum lectoris ad novitatem rerum quam ad figuras verborum attentiorem facit, magis videtur congruere, ipsam rem intergram persequi, quam mysticis rationibus aliquid promiscue commentari. ——维波的《皇帝康拉德事记》,第5章。

世，首次分辨君主的私产和王室财库或王室公产的不同，并从古典著作中引用实例加以说明①。他对康拉德二世远征意大利的记述
186 是清楚的，对意大利的状况也有深刻的分析。例如他说帕维亚是“一个人口稠密的城市”（valde populosa），他对伦巴第社会各阶级的分析也很对头（第 34 章）。他能把一段轶事，或一个故事讲得很好。轶事说得好的例子是康拉德二世加冕时发生的一件事：当时一个农奴的孤儿和一个寡妇闯入游行队伍，到皇帝面前喊冤，要求主持公道；皇帝把马停下，下令必须在他策马前进以前把这个冤案查清。把故事说得很好的例子是这一段记载：当康德拉二世在意大利纵马狂奔时，听说多年来在乡村中造成恐怖的罪恶昭彰的一个大土匪终于落网。这位皇帝在一天以内，从日出到日落，奔驰一百英里（centum miliaria latina），只在换马时停一下。到达目的地时，他大声喊道，“吃掉意大利的那个狮子在哪里，我凭基督的十字架发誓，绝不能再让他吃面包。”这个犯人马上被处绞刑，于是“长久以来遍及全省的不安马上变成太平盛世”。（per omnem illam provinciam pax et securitas diu latentes simul emerserant）（第 18 章）康拉德二世在意大利如此迅速平定全境、稳定局面简直是难以想象的。普遍相信：为了取得成功，他已经把灵魂出卖给魔鬼了。

舍拉王朝时期重要的寺院年代记是《黎喜诺年代记》、《阿尔泰喜年代记》和《赫斯斐尔德年代记》。黎喜诺是康斯坦茨湖②中一

① 参阅我的《封建的德国》（见原书第 181 页注），348，注 1。

② 在中欧德意志联邦共和国、瑞士和奥地利交界的地方。——译者

个岛上的一个古老寺院，在加洛林王朝时期就已经是一个重要的文化发达的地方了。后来它遇到不幸的日子，逐渐衰落，直到十一世纪中叶才恢复起来。黎喜诺的历史家是赫尔曼·君特拉克都①或称作跛子，他天生跛足，但是在学问上却是十一世纪德国最渊博的人。他曾撰写一些关于音乐和数学的书，但他的伟大著作是一部《世界编年史》，从基督纪元写起，一直写到1054年他死的时候。当然只有最后一部分有些价值，价值虽小却很重要。从936年起，赫尔曼的年代记的内容开始丰富起来，越往后越丰富，而且也越广泛而深刻。从1021年以后，表述细腻，从1039到1054年，就变成一部内容丰富的当代史了。巴伐利亚的《阿尔泰喜年代记》是过去一些不重要的年代记（至1032年已变为单一的一部连续记述，止于1073年）的续编。前后那些编撰家都是热烈的保皇党人。记述很可靠。《圣布雷西恩的柏诺尔德编年史》也是一部重要史料。圣布雷西恩是德国克吕尼教团的主要寺院，位于黑森林中。这个寺院和法国、意大利都有联系，因此，柏诺尔德有取得材料的很好机会。他仇视诸皇帝，偏袒格雷戈里运动②。他极其厌恶亨利四世，
写他的名字时不用拉丁而用希腊字母以表示对他的憎恨。这个时 187
期比较次要的年代记有《奥腾布恩年代记》、《柏加年代记》、《罗生维尔登年代记》。古老的《帕德博恩年代记》、《维尔茨堡③年代记》

① 德国僧侣、史学家和诗人（1013—1054年），著有《世界编年史》，叙述到1054年他死的时候为止。以后他的学生贝托尔德又续编到1066年。——译者

② 教皇格雷戈里第七（1073—1085年在职）的教会改革运动，反对皇帝亨利第四授圣职的权力。——译者

③ 在德国巴伐利亚西北。——译者

和《列日年代记》都续编到舍拉王朝时期，但这些都不很重要。

德国十一世纪远远超过其他年代记的一部极有价值的年代记是《赫斯费尔德年代记》，是一位名叫兰伯的修道士写的。这部书的风格极其文雅，文字极其简洁，假如它的主题和眼界不是中世纪的话，人们还会认为自己阅读的是一部古典历史著作呢。全书都反映了李维的影响。开始简单地勾画了从创世至 1039 年；从 1040 到 1073 年记述愈来愈详尽；从 1073 至 1077 年的结尾部分，无论就量的方面还是就质的方面讲，都达到最高水平。全书相当生动而详尽，充满对上帝赞美的动机，把事件描绘得几乎类似文字图画的插曲，外交阴谋和激烈的战役。皇帝和教皇，威风凛凛的主教战士，势力强大的封建公爵，大大小小的贵族，莱茵河沿岸诸城镇的市民和农民——自由民和农奴——都在读者的眼前，列队而过，组织得有条不紊，庄严而动人。作为一部文艺作品，赫斯费尔德人兰伯的《编年史》是中世纪最著名的历史著作之一。但它却远非可信之作。兰伯这位作家成见极深，如果没有其他同时代的史料核实，采用他的记述时务必十分谨慎。他那花言巧语、歪曲事实的本领只有他那惊人的精巧的虚构能够超过。说出多少，隐瞒多少，他掌握得分毫不爽。

关于德皇亨利四世被革除教门并被废黜之后，在卡诺萨①会晤格雷戈里七世的那段情节（1077 年），兰伯的记述是有名的。在 1873 年以前，这段记载的真实性从来无人怀疑。但近代批评家揭

① 在意大利北部。1077 年 1 月亨利四世在此对格雷戈里七世屈服，格雷戈里才撤销对他的破门处分。——译者

露了兰伯，证实了他是平白说谎。在卡诺萨真正发生的事情和全世界过去一致相信其真实性的、被兰伯歪曲了的情况完全是两回事。[①] 兰伯写到这个地方，放弃了他的历史，这是因为，他事先曾收集数量极其巨大的材料，无法清理出头绪，他感到绝望，终于把这些材料放弃，特别是因为他一向成习的捏造伎俩使他陷入迷宫，无法脱身，他这样胡写是不足为奇的。在结尾时，他几乎采用了萨 188
尔匹细阿·塞维鲁在《图尔人圣马丁传》末尾使用的同样的字句。[②]

兰伯还写了一部《吕尔传》(吕尔是八世纪美因茨大主教，圣逢尼非斯的得意门生)和一部《赫尔斯斐尔德寺院的制度》(*De institutione Herveldensis Aecclesiae* 这部书只有序言保存下来)。

授爵战争[③]激起德国人撰写多种多样的大量的历史著作。黎喜诺修道院赫尔曼的学生柏托尔德继续编写他的老师的著作，一直写到 1088 年。撒克逊一位名叫白鲁诺的修道士所著《撒克逊战争》(*De bello saxonico*)，只要谨慎阅读，还是有价值的。白鲁诺虽诚实，但因为他是亨利四世狂热的敌人，所以他相信并保存了当时流行的所有关于这位皇帝的许多荒诞不经的伪造故事。他同情撒克逊农民和他们为减轻自己在经济和行政上遭受的实际痛苦而进

---

① 关于这个记载的批判分析，参照论及兰伯的文献，参阅上面提到的书，138，注6。关于兰伯的不可信，参阅 G. 迈尔·丰·诺瑙的《亨利四世统治下的德意志帝国年代记》，II，791—853；何尔得-亚格，〔汉诺威〕《德国古史知识指南新文库》，XIX(1894年)，141—213、507—574。

② 我们像一个单纯的诗人那样，被大批材料压倒、头昏脑涨不知所措，感到极端辛苦，现在终于把这部似乎已经够冗长而拖延得很久的书结束了(何尔得-亚格版，第304—305 页)。

③ 教皇与皇帝争夺授予圣职权力的斗争。——译者

行的努力;但他对撒克逊贵族,却深表轻藐,因为许多贵族都像诺德海姆的鄂图那样要两面手法。但另一方面,他那部以诗歌形式撰写的《撒克逊战争之歌》(*Carmen de bello saxonico*)在语气上却带着很明显的贵族色彩,对支持国王并把各位主教从美因茨和科隆赶出去的那些市民却大加斥责。这部书的作者尚未查出是谁。

1049年主教白鲁诺提升为教皇、称利奥九世之后,图尔①主教区因此取得显著地位。1050年,他提升他的前任主教革哈德(963—994)为圣徒,并鼓动圣厄甫勒住持威得里喜为他写一部传记。这部传记是以克吕尼派宗教改革家所提倡的新精神写的第一部德国主教传记,只强调虔信,而忽视或略去实际历史事实。

在舍拉时期②其他主教传记中,有三部是著名的:一部是科隆大主教《安诺③传》,这部书是研究摄政时期④的史料;另一部是希尔德斯海姆主教《哥德哈特传》,研究中世纪戏剧的人应对它感兴趣,因为它是最早提到一部圣尼古拉剧本⑤⑥,还有一部奥斯纳布吕克⑦主教《本诺传》。这部书介绍了一位主教的日常

① 在法国东北部。白鲁诺原为图尔主教。——译者

② 1024—1125年。——译者

③ 安诺1056年为科隆大主教,1062年领导高级僧侣,反抗母后摄政,绑架幼主亨利第四。1075年被杀。——译者

④ 1056年亨利第四即帝位,时年六岁,母后阿格尼摄政(1056—1065年)。——译者

⑤ 中世纪的宗教戏剧,描写圣徒门的奇迹的。圣尼古拉戏剧是在圣尼古拉节(12月6日)上演的宗教剧。——译者

⑥ G.R.科夫曼:《神迹剧起源的新学说》(芝加哥大学论文,印于威斯康星的美那沙,1914年);同一作家,《关于希尔得珊地方圣尼古拉崇拜的笔记》,《曼雷语言文学逐年研究》(芝加哥,1923年),269—275。

⑦ 在德国的汉诺瓦。——译者

行政工作情况，书中关于斯拜尔[①]大教堂建筑开始时的技术记载特别有价值，因为本诺是当时的建筑家。他还是亨利四世为了控制撒克逊这个难于驾驭的公国而在其境内建造的许多要塞的军事工程师。

亨利四世和格雷戈里七世之间的斗争，第一次在中世纪的欧洲使国家和教会之间难处的关系更加尖锐化了，同时封建领地和帝王之间的法律关系也已可清楚地想见一般。结果，大量以中世纪政治学说为基础的互相指责的文章大量出版并广泛流行起来。这一大批小册子的总称为《争论小册子》(*Libelli de lite*)。[②] 至今仍保存的这类文章还有一百多篇。八篇是 1073 至 1085 年间写的；六十五篇写于 1085 至 1112 年间；在 1076、1080、1081、1084—1086、1098 和 1112 这些年写得特别多。五十五篇是德国人写的；四十八篇是意大利人写的；七篇是法国人写的；一篇是一位西班牙作家写的。 189

这些论战文章流行之广泛、流传方式之不一般，都生动地说明它在

① 在德国巴伐利亚。——译者

② 关于这个争论文献的读物，参阅：R. W. 和 A. J. 喀来尔的《西方中世纪政治学说史》(爱丁堡、伦敦等地，1903—1936 年，六卷)，III；C. 密布特：《格雷戈里七世时代的新闻业》(莱比锡，1894 年)；J. 得・基林克："叙职权争执时期的争论文献"，见〔巴黎〕《历史问题评论》，XCIII(1913 年)，71—89；同一作家的论文，见《爱尔兰神学季刊》，VII(1912 年)，329 以下；A. 夫利喜：《格雷戈里七世时期宗教争论研究》(巴黎 1916 年)，比较〔伦敦〕《英国历史评论》，XXXII(1917 年)，593—595；夫利喜：《德国的主权学说》，见〔巴黎〕《历史评论》，CXXV(1917 年)，1—67；M. T. 斯台德：《劳顿巴哈的曼尼哥尔德》，见〔伦敦〕《英国历史评论》，XXIX(1914 年)，1—15；和我的《封建的德国》，255—257。关于其他文献，参阅达尔曼-惠芝的《德国历史资料》(第 9 版，莱比锡，1931 年)，第 6245—6267 号。

> 公众心目中的价值和力量。这些文章不只是给教士们阅读的，而且还是为了向那时的俗人、贵族、市民、甚至普通农民朗诵和讲解用的。这些小册子在寺院和大教堂的学校里抄写许多本，由传教士、巡行修道士、朝圣者、行商等人在商场、集市和任何群众聚集的地方散发。[1]

双方都有能干的作家，但在所有这些作家当中，最伟大的是格雷戈里派的一位拥护者劳特巴赫人马尼哥尔德。他的论文虽然引用了过多的《圣经》原文，写得也很夸张，但他的论点却颇有创见，而且很尖锐。[2] 他认为教会高于国家，因为教会是上帝创建的，而国家只是人创造的；这方面还有圣奥古斯丁的权威著作为根据。但他巧妙地规避了直接这样说，而是说国王的权力并不是神授的，只是从国王统治下的人民手中得来的；说国王首要的职责就是主持公道，保护人民生命财产；只有国王统治公平，他的臣民才有义务对他效忠；效忠的誓言是对双方都有约束力的契约，使双方都承担相互之间的权利和义务；国家以契约为基础，是由合同约束的机
190 构；最高主权属于"参政的"人民，即贵族和僧侣，国王只是执行者，其职责是实施最高主权；反抗一位不主持正义的国王并把他废黜是应予保留的人民固有的权利。[3] 这个划时代的小册子的重要性可以和十七世纪英国最伟大的政治论文或托穆·佩恩的《常识》[4]相提并论；这个小册子是献给萨尔兹堡主教革布哈的；革布哈本人也曾撰写两篇反对皇权的论文。编年史家圣布雷西恩人柏诺尔德

① 引自我的《封建的德国》，256。

② 关于文献，参阅同上，259 注。

③ 关于这个学说的巨大影响，参阅同上，260 注。

④ 中译本，马清槐译（商务印书馆）。托穆·佩恩是美国著名的政论家（1737—1809）。——译者

也是一位袒护教皇的作家。教皇格雷戈里七世本人也应当看作这些论战者之一。[①] 他废黜亨利四世并把他逐出教门的著名敕令和他写给他的支持者德国梅斯主教赫尔曼的两封信[②]都是这个时代政治学说的基本文献。[③]

站在皇帝一边的，有一位意大利和两位德国拥护者值得特别提一下。意大利那位是彼特鲁·克拉苏，是拉文纳的一位法学家，曾撰写一部《亨利四世正确无误》。彼特鲁精通罗马法，而且对宗教法和神学都有高深造诣。据说他那篇论文仅仅用了一天就写成了。他根据自己广博的学识，主张国家和教会各自在自己的范围内都享有最高主权。在宗教范围内，教会是至高无上的；但在教令牵涉到政治机构的地方，国家就是至高无上的了。彼特鲁·克拉苏学问虽大，但他并不聪明。他缺乏体察现实情况的本领。他对罗马法极度尊崇，认为只要人们普遍接受罗马法，就可以解决帝国范围以内的一切困难，无论是教会的还是世俗的；他庄严地向反叛的撒克逊人推荐查士丁尼法典第 8 卷，要求他们采用以取代他们自己的《撒克逊法典》(*Sachsenrecht*)。更重要的一篇论文是瑙姆堡的富尔劳姆写的《论保持教会统一》(*De unitate ecclesiae consenvanda*)。这篇文章从头到尾语调温和、论点明确，字里行间流露出深厚而诚实的感情，使人读起来颇受感动。可以和这篇文章

① E.爱默顿:《教皇格雷戈里七世通信集，书信选集》(纽约，1932 年:《文明记录丛书》)。

② 见刘启戈等编译《中世纪中期的西欧》，第 46 页(三联书店，1957 年)。

③ 参阅雅费:《德国古史资料汇览》(见本书原书第 182 页注)，II，《格雷戈里文献》，241 和 453。

并列的是特里尔人文利卡于1081年写给格雷戈里七世的一封以“无论何时……”(Omni tempore)开始的公开信，这封信温和而讲理，和当时许多这类文章那种破口大骂恰恰形成鲜明的对比。为皇帝辩护的人们比他们的对手表现了更大的文艺才能和温和态度。

在列日，保皇帝的人和保教皇的人几乎势均力敌；在这里宣布教士应过独身生活的主张激起狂热的愤怒，受到编年史家哲姆布
191 罗人息泽柏特[1][2](死于1112年)的猛烈攻击。息泽柏特学问精深，除这部重要编年史外，他还写了一部《教会作家》(*De scriptoribus ecclesiasticis*)，类似一部《名人录》，罗列了从圣哲罗姆开始的171位教会作家和他们的主要作品。在奥顿主教区的弗拉维尼人休(Hugh)身上，我们发现了一位从教皇党转变为皇帝党的寺院历史家，他说他之所以转变是因为教皇众使节贪得无厌。

日益广泛而细心地使用档案和公文等材料是新史学的另一个特点。这个方法出现在本里德寺院的保罗所著《格雷戈里七世本纪》和蒙特卡西诺寺院档案管理员利奥所著《蒙特卡西诺寺院史》中。在史学中实现的这种进步以两种形式表现出来：一方面是大量真实史料被采用；另一方面，又对历史变革的生动的性质有深刻理解并竭力用思想观点解释人物和事件。

我们发现在十一世纪，那个时代的大事和新的时代精神对历史著作发生的深刻影响。旧式编年史和年代记业已陈腐过时。而

---

① 比利时的编年史家(1030? —1112年)，其主要著作是一部从381年到1111年的编年史。——译者

② 关于著作和文献，参阅坡特哈斯特，II，1016—1017。

新史学实际内容较少,解释和说明较多。各位作家竭力要找出不同事件之间的联系,要找出多种事情的含义和相互关系,分析人物的行为。[①] 黎喜诺的赫尔曼·君特拉克都的世界编年史把这个过渡表现得很清楚。他的第一位续编者,他的门徒柏托尔德于1055年后续写他这部编年史,起初仍用旧法编写。但在授爵战争爆发后,他就变成皇帝亨利四世的一位公开反对者。在弗兰科尼亚境内的萨勒河畔的奥累或乌拉喜的厄克哈德编写的世界编年史中也发现这一改变。这部编年史第1部分是班贝格附近的米开尔斯堡修道院住持夫律托尔夫[②]写的,对皇帝的事业有好感。1101年又由厄克哈德[③]开始续编至1125年,他的态度和前者相反,[④]内容也是从创世开始,全书结构并没有什么新安排;但它的成就却是新的。因为厄克哈德这部书是远胜于中世纪任何其他著作的一部最好的世界编年史,是一部杰出的综合性的著作。他从不满足,一共改写了五次。自然,这部书除了写作艺术比较明显以外,记述他自己的时代以前的那部分的价值并不大。记述作者本人所处时代那部分价值很高,而且非常重要。从1099到1125年他逝世,这部分 192
内容丰富而且异常准确。他对授爵之争采取和解态度。对当时遍

---

① 关于这些世界编年史,参阅摩林尼尔,II,第304—318页,III,82—86;沃顿巴哈,II,453—459。

② 他的世界编年史叙述1057—1103年间的历史,特别是关于亨利第四的历史,1896年以前一直认为是厄克哈德写的。夫律托尔夫死于1103年。——译者

③ 死于1125年。他几次修改夫律托尔夫的编年史,继续写到他死时为止。——译者

④ 哈立·北勒斯劳:"班贝格研究:II.班贝格的夫律托尔夫和奥累的厄克哈德的《编年史》",〔汉诺威〕《德国古史研究指南新文库》,XXI(1896年),197—234。

及全欧的十字军狂热抱超然和批判态度，这一点很值得注意：他并没有被当时那阵狂潮卷走，而以某种纵容而藐视的态度看待那次运动。他那广阔的眼光也值得注意。在法、英、意、西等国正在发生的事情，他不但了解，而且了解得异常充分。这位住在德国中部一个小修道院里的人居然能够弄清在他自己本国国境以外那个辽阔的世界上发生的事情的准确情况，这确实是中世纪消息传送方面一个突出的例证。

中世纪的德国在十一世纪时，新表达法特有的形式就是世界编年史。说明它的起因并不难。自从鄂图大帝以来，皇家的尊严就一直和德国国王联系在一起了。德国诸皇帝被认为是罗马皇帝和查理曼的继承者。他们的势力从波罗的海扩展到亚得里亚海和地中海，从亚琛扩展到罗马。这位最有才干的德国历史家有了这个广阔的政治眼界，目光自然就广阔了。

世界编年史作为史学的一种类型，是处于过去较为粗糙的年代记（这些作品眼光狭窄、只强调地方事务，记录日月食，迷信地叙述“灾异”等等）和在意大利文艺复兴高潮中出现的以文献中的事实为依据的分析的历史方法之间。“编年史和年代记不同，不仅因为它的材料并不是那么严格地按照时间顺序排列，而且还在于它企图达到某种文学上的要求作为补偿。”

可以看出，一种新思想的潜在影响在十一世纪已开始起作用。这种觉醒到十二世纪已发展成熟，以致在知识、宗教、美术等各方面同时爆发为百花齐放的局面。在知识上，十二世纪的文艺复兴表现在寺院和教区各学校的教育革命中，他们反对墨守成规的老传统，这次教育革命产生了洛塞利那斯[1]和阿柏拉德[2]，最后促成各地大学的成立；表现在经院哲学方面是阿拉伯科学引进西欧；促成白话文学、特别是诗歌的出现；也促使罗马法研究的恢复；在宗教上，这个新运动表现为像圣伯尔拿[3]那样热情地传教；像圣维克托的雨果那样的神秘主义；像昔妥派[4]和卡尔特派[5]修道士那样的新的寺院教团。在艺术上，它表现为晚期罗马式和早期哥特式建筑。全欧洲都分享这种精神。历史著作不受这种时代精神(Zeitgeist) 193
的影响是不可能的。欧洲各国史学都作出响应。

为了解十二世纪德国史学，我们必须了解那个时代主要政治斗争情况。自从1125年舍拉皇室覆灭之后，在德国境内就出现了后来叫作归尔甫和基伯林(即霍亨斯陶芬)的两个政党。但在1125年，前者更明显地是一个撒克逊党。这个党以撒克逊公爵罗塔尔[6]为代表，他坚持保留撒克逊在授爵战争中曾为之赴汤蹈火的一切目标，即德意志诸公国在帝王统治下的自治权，即国王特权有明确规定不得超越的这样一个封建联邦君主国。这个党的政治哲学是从劳特巴赫人马尼哥尔德那里得来的。这个党的势力是从

---

① 中古经院哲学家(1050—1120年)。阿柏拉德是他的学生。首创唯名论哲学。——译者

② 法国哲学家和神学家(1079—1142年)。宣传唯名论哲学，教会宣布他为异端。——译者

③ 法国教士(1091—1153年)，在教廷很有势力，遭到阿柏拉德等人唯名哲学的反对，鼓动法国人参加第二次十字军(1047年开始)。——译者

④ 公元1098年法国僧侣罗伯在昔妥沼地创立的教团。——译者

⑤ 公元1086年圣白鲁诺在法国卡尔特山中成立的教团。——译者

⑥ 公元1106年被任命为撒克逊公。神圣罗马皇帝(1125—1137年)，与霍亨斯陶芬族战争(1128—1135年)。——译者

撒克逊的比林加诸公爵那里得来的，这些公爵长期以来早已反对舍拉王朝诸皇帝的专制政策，而且他们背后还有撒克逊贵族和农民的支持。罗塔尔就是这股势力的继承者，因为他的母亲是诺德海姆的鄂图[①]的女儿，而他本人又娶了比林加诸公爵的女继承人为妻。

1125年亨利五世死后无嗣时，争论就爆发了，问题是：德国是应当继续保持由历史上一向分治的诸公国组成一个封建国家、各公国在内政上仍然独立并保持自己的历史传统呢，还是把德国变成一个组织严密的国家、由一位国王按环境条件尽可能实行专制呢？[②] 舍拉族立即推举已故国王的外甥霍亨斯陶棻族的腓得烈[③]为国王。撒克逊和巴伐利亚（两地的公爵是归尔甫大家族骄横的亨利 [④]）则拥护撒克逊的罗塔尔。德国已面临内战边缘。幸而头脑较贤明、意志较坚强的人们取胜，让一个包括四十位大贵族（两党各二十位）的选举委员会推举人选。关于这件事，一位无名教士在所著《罗塔尔当选记》(*Narratio de electione Lotharii*)一书中有很好的记述，著者在书中对这样一批顽固不化的文盲组成的这个团体竟然表现出如此高超的智慧表示诧异。说这些贵族是文盲，

---

① 巴伐利亚公爵(1061—1070年；1074—1083年)，一生反对亨利四世。1075年参加撒克逊暴动。——译者

② 这个题目，我在我的《封建的德国》60—91页中已有详细讨论。在亨利五世皇帝手下服务的苏格兰牧师大卫所著《亨利五世统治时期的历史》的失传，十分可惜。关于他，参阅哈第，II，284，207；和曼尼提阿斯（见本书原书第180页注），III，356—357。

③ 斯巴瓦比亚公爵，亨利第五的姊妹阿格尼之子，僧俗贵族担心皇位在舍拉家族世袭，故极力反对腓得烈的当选。——译者

④ 巴伐利亚公爵亨利第十(1126—1138年)。——译者

是就他们不会读书写字这个单纯技术问题说的(直至中世纪晚期以前,几乎所有俗人都是文盲),但这类人物绝不是无能之辈。他们参与封建统治从而使他们成为有本领的人物。

撒克逊的罗塔尔[①]即王位,促使撒克逊历史写作的大发展:埃尔福特、帕德博恩、希尔德斯海姆、马格德堡、波尔德和柏加等地的年代记得到新的鼓舞力量。后来有人把这些年代记合并编入像 194
《科隆年代记》这样的大部头著作中,有些就失传了。同时却出现了一位新撒克逊编年史家撒克索,他显然是哈伯司达大教堂的一位教士。他的著作内容是从查理·马特尔时代(714—741 年)写到 1139 年罗塔尔二世之死为止的撒克逊史。当然只有最后那些年还有点价值。最后,在中世纪众多年代记中独树一帜的是十二世纪中叶出现的雷根斯堡的诗歌体《诸帝编年史》(*Kaiserchronik*)。这部书是白话史学最早的例子,但诗歌成分多,历史成分少。这部书从朱理亚·恺撒写起,一直写到 1147 年康拉德三世[②]的十字军,引用了许许多多当时流行的传说和寓言,对德国史学产生的影响不好,就像年代记文献的退化所表现的那样[③]。在这些生气勃勃的世纪里,德国也和法国一样,充满了民间歌谣,有些还蔓延到编年史中。一个几乎像荷马史诗中的英雄事迹的例子,就是 1060 年迈森侯爵威廉和一位名叫波多的在自己领地内享有王权

---

① 罗塔尔第二(1125—1137 年在位)。——译者

② 霍亨斯陶芬王朝的建立者(1138—1152 年)。与撒克逊公罗塔尔第二争夺意大利的战争以及与巴伐利亚和撒克逊公爵骄傲的亨利长期战争,1147 年发动第二次十字军。——译者

③ 比较,沃顿巴哈,II,260。

的巴伐利亚伯爵的英雄事迹，他们带着少数人马作后卫，抵抗胜利进军的匈牙利部队，掩护德国部队通过马尔赫河流入多瑙河处那个著名的通往匈牙利的隘口撤退的情形。

〔《阿尔腾希姆年代记》写道〕当别人全部阵亡后，这二人仍据守一个土丘，砍杀四方来犯之敌，使土丘周围敌尸山积，往日最勇敢人们的英雄业绩和这二人比较起来，似乎就很渺小了。他们从黄昏一直厮杀到次日日出，背靠背站着，即使成千敌人〔?〕攻上来也不能战胜他们。他们坚决不投降，最后国王贝罗[①]以自己的荣誉保证赦免他们时才作罢。

从那时以后波多就一直享有“勇士”称号。四十年之后乌拉喜那位编年史家厄克哈德在写到他的时候说：“人们真的相信他是古代巨人种族的后裔。”这个著名的日子久久难以忘怀，在德国民歌中保存了很久。在《奥斯纳布吕克的本诺二世本纪》中有一段提到纪念这位英雄事迹的那些民歌，极其有趣。可惜德国不像法国那样对传奇敏感，否则这个紧张的时代就可能产生一篇和《罗兰之歌》不相上下的德国史诗了。[②]

195 十二世纪前半叶的德国，就像从前撒克逊时代那样，也有很多

---

① 匈牙利国王。——译者

② 封建时代的德国感觉到民歌的欢乐，这点由卡尔·布勒尔所编德国民歌集可以证明，这个集子名叫《剑桥歌集》(*The Cambridge Songs*)(剑桥，1915年)是容易使人误会的，这个名称的由来，只是因为手稿现在存于剑桥。这部集子是一部关于德国的起源和以德国为主题的集子。这样，第12首是一首歌颂三位鄂图的诗歌，特别是歌颂955年匈牙利人大败；第13、14和17首是哀叹亨利二世之死的；第15、16两首是对亨利三世致敬。有了这些民歌，我们可以联想到威都坎的有趣的话(第1卷，23)，他说在他那个时代，人们仍然以民歌和故事的形式歌颂二百年前异教徒撒克逊人和法兰克人之间进行的艾伦斯堡大战。“丑角，诙谐者，演员”(mimi，joculatores，histriones)在编年史中常被提到。

重要的历史传记。其中最有价值的是关于向波美拉尼亚人传教的班贝格主教鄂图[①]的三部传记，它们是关于易北河流域日耳曼人和斯拉夫人之间的关系的一部主要史料。最早、最短而且最准确的一部是普赖夫林一位修道士写的。第2部是班贝格地区米开尔斯堡寺院一位修道士厄波写的；第3部是米开尔斯堡另一位修道士赫波德写的。[②] 另一部重要的主教传记是巴尔德里克写的《特里尔主教阿尔伯罗传》。阿尔伯罗是高派教会党[③]一位信徒，出生法国，老于世故，有教养。他的传记作者并没有把他理想化，而是把他写成一位很有人情味的人。把一位传教士描绘成这样的人物是很少见的。《赞廷人诺伯特[④]传》(诺伯特是普里蒙斯特拉腾西安教团[⑤]的创立者，任马格德堡主教，直至1134年去世)，这部传记的重要性在于它关于政治情况的记述，也是十二世纪宗教感情主义的史料。这部传记实际上有两个版本，第一个是记载事实的，第二个是为教诲众生、在第一个版本的基础上加工改造、使之成为一部典型圣徒传说的。科尔维住持威巴尔德的《书信集》很有价值，他是罗塔尔二世统治时期的修道士兼政治家，他这部书信集中有许多历史事实是自行泄露出来的。

---

① 生活于1060？—1139年，被称为"僧侣之父"。——译者

② 关于这些传记的分析，附有节录，参阅我的《封建的德国》，426—434；C. H. 鲁滨孙的英译本，附有一篇历史导言(伦敦，1920年)。有一篇讨论班贝格人鄂图的杰作，见〔巴黎〕《学者杂志》，1877年，第521—533、603—613页。

③ 注重仪式的教徒。——译者

④ 生活于1085？—1134年，1126年开始任马格德堡大主教。——译者

⑤ 公元1120年圣诺伯特建立于法国的拉昂教区，亦称为诺伯特教团，其僧侣称为白衣僧侣。——译者

每个研究中世纪的人都知道十二世纪是在知识上许多方面都光辉灿烂的时期。[①] 但只有对中世纪史学有专门研究的人们才知道这个时期的历史文献有多么丰富。[②]

德国十二世纪的文艺复兴的最高表现就是弗赖辛主教鄂图[③]的《编年史》。[④] 中世纪的欧洲没有任何其他国家能够因为有如此深刻、如此博学、如此富于哲学思想的历史阐述而自豪。1158年去世的鄂图是皇帝腓得烈一世巴巴罗萨(Barbarossa)[⑤]的叔父，奥地利侯爵利奥波尔德的儿子，皇帝亨利四世的孙子。因为他幼年时，他父亲就想把他培养成从事教会工作的人，因而送他到巴黎受教育，当时巴黎的学校在全欧洲是最好的。他加入昔妥教团，后于
196 1137年被任命为慕尼黑附近的弗赖辛的主教。他精通神学，饱读史书，天生的敏于观察、善于思考的头脑，非常钦佩圣奥古斯丁和亚里士多德，曾把这两位大师的著作介绍到德国，但他又和古今最

① 参阅查理·H.哈斯金斯:《十二世纪的文艺复兴》(马萨诸塞州剑桥，1927年)。

② 基则布勒喜(见本书原书第180页注)，附录和豪克(见本书原书第180页注)IV，478—485，载有腓得烈一世和亨利四世两朝史料的研究。

③ 德国教士和史学家(1114？—1158)。亨利第四之孙，康拉德第二之异母兄弟。——译者

④ A.何夫美斯特有一个新版，见《早期德国史家》(汉诺威，1912年)，附有批判的导言和注释；C.C.美罗的英译本:《两个城市:弗赖辛主教鄂图的一部世界编年史，至1146年》(纽约，1928年，《文明记录丛书》)，附有导言。文献很多。参阅达尔曼-惠芝(见本书原书第189页注)，第6330号；坡特哈斯特，II，885—887；沃顿巴哈，II，271—279；A.何夫美斯特:《弗赖辛主教鄂图研究》〔汉诺威〕《德国古史知识指南新文库》，XXXVII(1912年)，101—161；K.W.尼茨:“斯陶弗研究”，见〔慕尼黑〕《历史杂志》，III(1860年)，322—409；和H.西蒙斯斐尔德:《腓得烈一世统治下的德意志帝国年代记》，I(莱比锡，1908年以后再没有出版了)。

⑤ 意译为“红胡子”。——译者

伟大的昔妥派修道士圣伯尔拿相识，并深受他的理想主义鼓舞，同时也受到法国当时最伟大的阿伯拉德、圣维克托的雨果①和吉尔伯特·得·拉·波勒②三位大师的影响。弗赖辛的鄂图是一位受过特殊教养的少有的思想家。③

正如奥古斯丁因受到先知但以理的鼓舞而在所撰《上帝之城》一书中记述古代帝国的兴亡那样，弗赖辛主教鄂图也在奥古斯丁鼓舞下，继续撰写这部类比史书，它的主题当然是把中世纪的帝国当作罗马帝国的继承者写的。他这部著作的第1部分写的是古代史；第4—6卷写中世纪。他在这部巨著中，实际上利用了中世纪所有已知的史料。第1卷从创世开始，写到罗马城的建立，像所有传说写法那样，着重写古希伯来人历史。第2卷写到基督开元。在第3卷的序言中，他说因为终于有机会撰写基督教世界的历史了，心中感到莫大欣慰。这卷终于君士坦丁。第4卷叙述日耳曼人入侵和西罗马帝国衰亡的情况。在第5卷中，他进而撰写法兰克人和查理曼的历史。第6卷是德国在撒克逊王朝和舍拉王朝诸帝统治下的历史。康拉德二世（弗赖辛主教鄂图就是他的后裔）是第九十三位"罗马皇帝"。第一次十字军④激起他的热忱；应当注

---

① 法国经院哲学神学家和神秘主义哲学家（1096？—1141年），成年时代大部分时间住在巴黎圣维克脱寺院中。著有《肉体与精神的结合》等书。——译者

② 法国经院哲学神学家（1070—1154年），波亚叠主教，介绍亚里士多德哲学于法国，颇有影响。——译者

③ 西蒙斯斐尔德（见上一个著者注），652—653，搜集了近代德国史家对鄂图的评价。"中世纪最伟大的历史家"（本亥姆）；"中世纪历史家的高峰"（干德拉哈）；"第一次有世界历史联系概念的历史家"（尉尔曼斯）；"中世纪唯一有哲学思想的一位历史家"（斯密德勒）。

④ 1095—1099年。——译者

意的是，他直率地指出皇帝亚历修[①]曾向西方求援。也指出君士坦丁圣赐[②]是一个伪造文件，这是真正历史批判精神的第一个表现。他详尽地说明古代巴比伦只不过是一片废墟，但近代的开罗正是古巴比伦的写照。愤怒的朝圣者称萨拉森人为"巴比伦人"。有人说伊斯兰教徒都是偶像崇拜者，他把这个愚蠢的捏造戳穿了。授爵战争使他沮丧，因为作为舍拉王室诸侯之一，他只能同情皇帝；而作为一位教士，他又感到应当以格雷戈里七世的理想为依归。他热情信赖修道生活，但他似乎从来都没有想到过清除修道生活流弊的办法并不是加强修道生活，而是减少这种生活。作为奥地利侯爵的儿子，他仇恨匈牙利人。

197 第7卷起始于乌拉喜人厄克哈德的著作终止的1106年。因此，这部分写的是他自己的时代的历史，在写这段历史时，他依靠自己的记忆和别人的回忆。

在大多数中世纪史家当中，鄂图的批判能力最大。他几乎从未提到神迹。他的构思能力很强，能够有效地选择和安排他的材料。他那些关于文法、语源、神话和民歌的旁注很有价值。他的历史观是这样的：任何一件事情，尽管极其孤立，总是可以在上帝早已预先制定的极其广大极其光荣的模型中找到适当位置。他撰写的完全是一部世界史。他的书开始时那篇序言，说明他的用意：

> 在上帝恩准下，我编写一部历史，或许能够把〔人间城市〕巴比伦公民的苦难展现出来，或许也能够把耶路撒冷公民翘首盼望的基督的王

---

① 生活于1081—1118年。——译者

② 教皇保存一个文件，说公元330年君士坦丁大帝以罗马附近的土地授予教皇西薇士德。此文件实为伪造。——译者

国的光荣作一介绍，甚至就在人间他们也即将预先品尝其美味。

他的著作全文极其冗长。幸而他在书中插入一些性质完全不同的美妙的段落，使他那沉重的哲学道理轻松不少。由于他本人是昔妥教团一位修道士，关于昔妥教团的日常寺院生活，他的长篇记述还是生动的：

他们认为如果听任任何暂短的瞬间白白过去而不做圣事，就是罪过；只有靠在柳条做的简陋的床铺上或躺在一条粗毯上休息他们疲倦的四肢的那短短的一段时间可以算例外。他们执行这点达到极其认真的程度，即使是在他们休息身体的时候，也总是专心阅读《圣经》，宁愿滋补精神，也不愿休养身体。他们一个个都不吃肉食，不喝酒，有时只吃些豆子，或用面包和水充饥。……所有各种师傅——面包师、五金匠、织布工以及其他等等的工作场所都在寺院以内，使他们没有一个人可以在外面游荡。这些工人师傅都被小心地隔离开。出入寺院的大门位于外院。门口经常有一位虔诚献身的修道弟兄随时欢迎所有前来做客的人——无论是位朝圣者还是一个穷人——态度殷勤，宛如迎接基督本人。先替他们洗脚，然后热情地百般服侍，做尽人类的仁慈所能提示的一切事情，然后又领他们到拜神殿，最后指给他们居住哪间客房。……虽然他们受尽劳累折磨，因值勤而疲惫不堪，因禁食而虚弱无力，但他们却像秋蝉，越是饥饿难耐，叫得就越响亮。这些弟兄们几乎彻夜不眠，唱圣诗、赞美歌和圣歌。

鄂图于 1147 年完成他那部伟大的“双城记事”，然后开始按年代编写他侄子红胡子腓得烈皇帝的事迹。没有人比他更有资格做这项工作了。他引用的那些事实由腓得烈本人写的一封信证实；在这封信中，皇帝简单地记下了他统治时期的大事及其年月。鄂图把这封信放在他的编年史前面。《皇帝腓得烈一世的事业》一书是一部非常重要的历史文献。准确的细节极其众多，他写的历史

人物(其中有许多是他认识的)数目极大,这一切都是惊人的。圣
198 伯尔拿、阿伯拉德、布雷西亚的亚诺尔德、吉尔伯特·得·拉·波勒都像活生生的人那样在篇章中出现。只有他一个人告诉我们,说阿伯拉德一度曾是洛塞利那斯一位不服师教的门生;关于布雷西亚的亚诺尔德和罗马公社的戏剧性的历史,他的著作是带根本性的权威。他有以文字刻画肖像的天才;在他对皇帝派往教皇那里去的两位大使——科隆大主教、达塞尔人累那尔德和在自己领地有王权的伯爵维特斯巴哈人鄂图[①]——那种高超的描绘中,就可以看出这一点。《皇帝腓得烈一世的事业》一书只是一部未完成的著作;因为鄂图尚未写完就死了,后两卷是他的公证人刺希文写的。尽管如此,《皇帝腓得烈一世的事业》仍然是一部很重要的著作。虽然这部书是客观历史而且充满了行动,但鄂图不能不以独到的洞察和阐述从事写作,因为他的头脑本质如此,无法更改。那个时期的情况是:伦巴第各城市在十字军激励下,正越过阿尔卑斯山进口大量东方货物,贸易发达,各城因而富裕起来,于是它们争相摆脱封建领主(不管是主教还是诸侯)的统治,设法取得独立。鄂图对这个复杂的革命[②](政治、经济和社会三方面同时进行的革命)叙述得如此一清二楚,分析得如此深入,因而一位近代作家要想写得更好些,也非费九牛二虎之力不可。[③] 继与伦巴第各城市

① 腓得烈第一皇帝的坚强拥护者(1120? —1183 年),随皇帝至意大利。1156 年被任命为有王权的伯爵,1180 年为第一个巴伐利亚公爵,为巴伐利亚王国维特斯巴哈王朝的建立者。——译者

② 第 2 卷,第 13—15 章(参阅美罗译本,见本书原书第 195 页注)。

③ 比较我的《封建的德国》(见本书原书第 181 页注),282—284 和哈斯金斯(见本书原书第 195 页注),243—244。

冲突出现之后不久，皇帝和教皇之间古老的争端又死灰复燃，只是当时的条件已和往日不同而已。在这件事情上，鄂图的记述也很有价值，特别是因为他插入许多原始文献和腓得烈本人的演说词。忠实的刺希文沿着他的老师的老路，继续编写这部著作，至1158年止。但可惜鄂图未能长寿。1158年他死时正当盛年，这对十二世纪史学，实际上对整个中世纪史学都是无法弥补的巨大损失。

鄂图的《编年史》于五十年后由圣布雷西安寺院一位同名修道士继续编写。他从康拉德三世和第三次十字军写起，一直写到1209年。如果不是由于十二世纪后半叶德国历史资料特别贫乏，[①]这部书的价值就不会有现在这么大了。跨越十二、三两个世纪交界处的1200年的，还有另外两部历史著作，即《马巴哈年代记》和厄斯波格人柏卡德的《编年史》。这两部书都是在霍亨斯陶棻王族势力的故乡斯瓦比亚和阿尔萨斯二地编写的。马巴哈是科尔马附近的一个寺院；柏卡德的《编年史》(1126—1225年)实际上是乌拉喜人厄克哈德的著作的续编。这两部著作是了解腓得烈一世晚年、亨利六世统治时期以及斯瓦比亚的腓力[②]、不伦瑞克的鄂图[③]和教皇英诺森三世[④]等人之间的关系的主要历史资料，不过，

① 参阅勒斋德·雷因·普尔在他的《索尔兹伯里人约翰的〈教皇本纪〉》校订本(牛津，1927年)，第vii页中如何评论这种史料的贫乏。

② 神圣罗马皇帝(1198—1208年)，腓得烈第一的幼子，整个统治时期与鄂图斗争，1208年遇害。——译者

③ 鄂图第四(1198—1215年)，归尔甫党人拥护他为帝，以与腓力竞争，长期与腓力战争(1198—1208年)，1210年教皇英诺森第三把他逐出教外，1214年法王腓力第二以教皇之助，把他打败了。翌年被迫退休到他的本国不伦瑞克，死于1218年。——译者

④ 教皇(1198—1216年)，继续推行格雷戈里第七的政策，支持腓力，反对鄂图第四。——译者

这个时期的文献资料比历史资料重要得多。

199 这也是《科隆大年代记》(*Annales coloniensis maximi*)对学者说来已变成一部重要著作的时候。第1部分是至1144年为止的世界编年通史。从那年以后,内容更为充实而有主见。这部书终于1238年。书中吸取的十二世纪中叶的新精神,无疑是由于伟大的大主教达塞尔的累那尔德和腓力·封·海恩斯堡的影响。这部书是百余年间由各式各样的作家经手编写的,它主要同情的是皇帝。《科隆年代记》问世时曾广泛流行,这一点从中世纪各图书馆的目录中就可以看出。

正像莱茵地区和撒克森那些主教们深切关怀1181年狮子亨利[1]的倾覆那样,《马格德堡年代记》(止于1188年)、《坡尔德(寺院)年代记》、哈尔茨山[2]中的《帕立丹(寺院)年代记》也反映了对霍亨斯陶菜王族的同情,并表明基伯林史学已扩展到斯瓦比亚和阿尔萨斯这两个霍亨斯陶菜历史著作的故乡以外去了。属于这一类型的其他年代记有梅泽堡教区的《柏加年代记》,其中最早的部分追溯到1190年,不过这部年代记所记腓得烈二世在德国国内的政策的历史还是比较有价值的。另一部是《埃尔福特的圣彼得寺院编年史》,其中有关于腓得烈一世和撒克森诸主教之间的政治交易的重要材料。原著写到1209年,后来的续编又写到1276年。

在基伯林—霍亨斯陶菜派的历史著作的对立面是归尔甫派历

---

① 撒克逊公爵(1139—1180年),归尔甫党的领袖。后与腓得烈大帝发生纠纷(1175—1176年),1180年皇帝夺取其领土,把他驱逐出德意志。死于1195年。——译者

② 在德意志中部。——译者

史著作。其中有两部可以在这里提一提。一部是《文加廷的归尔甫派史》(*Historia Welforum Weingartensis*),是在文加廷寺院编写的。这部书一开始就列出一张归尔甫家族到1208年为止的世系表。另一部是沃尔芬比特尔附近的一个名叫斯特德保的寺院里的革哈得所著《狮子亨利生平》。革哈得死于1209年。这部著作终于1195年这位高贵的老狮子逝世的时候。关于他被他的表兄弟腓得烈一世放逐后回到他热爱的家乡不伦瑞克度过晚年的那一段记述,笔下充满了同情。这位伟大的公爵很喜欢听别人向他朗诵德国旧编年史,这倒是一件不平凡的事。狮子亨利曾费尽心血监督本国编年史的写作。①

《施塔德年代记》也很重要;这部书是该城圣马利专院一位方丈、后升任住持的阿尔伯特写的。在一般意义上说,他的著作可说是一部世界编年史;不过他介绍了他自己那个时代在其他作家史料中找不到的许多重要情况,特别是关于皇帝腓得烈二世统治后 200
期的材料。这部著作在文化史方面也很重要,因为他写了不少经济和内政方面的事情。

在曾经一度包括比利时东部和荷兰在内的那个封建公侯领地和教区领地复合体中,十二世纪也有几部历史著作值得注意。在痕尼(即埃诺②),伯爵鲍尔文五世的宰相蒙斯人吉尔伯特写了一部《埃诺编年史》,内容几乎都是地方性的。尽管如此,这部编年史

① "Antiqua scripta chronicorum colligi praecepit et conscribi et coram recitari, et in hac occupatione saepe noctem duxit insomnem. "(Chronicon Stederburgense, 见莱布尼茨:《布伦瑞克古史作家》〔汉诺威,1707,三卷〕I,867。)

② 在比利时西部。——译者

仍然有它独特的价值，因为它提供了有关封建政府性质和运转方式的极其详尽的材料，尽管为了证实他这些说法需要有一篇很长的论文对他这部书进行逐行核对。它为封建全盛时期的行政制度描绘了一幅小型图景。① 在列日主教区，有一部关于一个地方寺院的《圣雅各年代记》。第1部分内容贫乏；但往后又由一位名叫来纳的修道士写的直至1230年的那一部分，对德国一般政治情况，特别是低地诸国的文化情况，却提供了丰富的材料。在夫里西亚和荷兰，有一部关于乌得勒支附近的《厄格蒙特寺院编年史》，写到1205年。比较重要的是格罗宁根附近维特微尔鲁寺院的历史，这部书是恩摩和孟科两位住持写的，写至1272年，其续编写至1296年。

尽管十二世纪在德国和帝国内部各种争端相当重大，但这个世纪的政治理论几乎还不如前一世纪那么生动有力和富于创造性。德国唯一的一位政治理论家是萨尔兹堡主教区内来契斯堡修道院长基尔何（1132—1169年）。他受过高深教育，是一位严肃的教士，面对德国诸主教日益封建化他十分不安。有一位主教于1137年竟然狂妄地声称他那个主教区是“我们的领土”（terra nostra），似乎在法律上（就像事实上那样）也已经是一块封地了。这个搞法就距诸侯主教（Prinz-Bischof）不远了。基尔何相信教士的世俗化是伪基督即将降临的象征。

① 关于这部编年史的价值，参阅凡·海亘史的论文，见《比利时公众教育评论》XXII（1889年），310以下。很有价值的版本是L.凡得金德里的《蒙斯人吉尔伯特的编年史》（布鲁塞尔，1904年）。法语译文与拉丁原文对照本见高得弗罗·美尼格累的版本（图尔内，1874年，二卷）。

如果不把专门叙述德国人向东扩张并征服易北河以东诸斯拉夫部落的历史的那些作家提一提，[①]对封建时代德国史学的这个概括就不能算完备。这类史家有三位：不莱梅的亚当[②]、荷尔斯泰 201
因的赫尔梦德和吕贝克的亚诺尔德。亚当是十一世纪时人，赫尔梦德属十二世纪，亚诺尔德属十三世纪。

《汉堡—不莱梅诸主教的功绩》[③]是十一世纪北德意志最重要的一部历史著作。内容从查理曼征服撒克逊到他自已的时代，共三卷。第1卷大部分是旧材料的摘要。但从936年，即第2卷开始以后，就是他自已写的有价值的东西了，因为大部分内容都是根据不莱梅大教堂的档案写的。第3卷最有价值，因为这一卷记述的是亚当自已的时代的事。其核心是伟大的大主教阿达尔伯罗的历史，这位大主教是亨利四世一位坚贞的大臣，也是撒克逊众诸侯和煽动撒克逊人暴动并支持教皇的那些主教的顽强的敌人。其他历史、特别是丹麦和斯拉夫历史也写了不少。关于938、1018和1066这几年被征服的易北河一带的斯拉夫人三次起义反抗德国统治的历史，亚当的著作是主要材料来源。

亚当不但是他那个时代北德最好的一位历史家，而且在中世

① 关于这部历史，参阅我的《封建的德国》，引述的大量史料。

② 德意志的教会历史家，著有《汉堡—不莱梅诸主教的功绩》。死于1076年。——译者

③ B. 斯密德勒的新版，莱比锡，1917年。关于不莱梅的亚当的评价，特别是第3卷，参阅沃顿巴哈，II，78—82；曼尼提阿斯（见本书原书第180页注），II，398—409；斯密德勒：《公元九至十一世纪的汉堡—不莱梅和北欧》（莱比锡，1918年），118—121；E. N. 约翰逊：《汉堡—不莱梅的厄特尔伯特》，见《镜》，IX（1934年），147—179。

纪地理学方面他也占有重要地位。[1] 他那部著作的第 4 卷实际上是一部单独的论著："论丹麦及丹麦以远地区的地理位置"。关于丹麦和挪威的材料他是直接从克纽特的外甥丹麦国王斯文·伊斯特里德孙[2]那里得来的。这位国王回忆过去，常跟他谈论往昔那些伟大的战争的年月。[3] 亚当所谓"丹麦以远地区"是指因北欧诸民族的征服和殖民而出现于历史上的整个广阔的北方大陆和海洋，包括丹麦、斯堪的纳维亚半岛、奥克尼群岛、法罗和设得兰群岛、冰岛和格陵兰等地。不莱梅是欧洲的主要海港，船舶从人们不太了解的这些遥远的地方装载着海象牙、皮毛、鲸鱼油和干鱼到这个港口；亚当可能和从遥远而陌生的港口来的那些渔民、商人、传教士等能吃苦耐劳的人谈过话，而且他说他确曾和他们谈过。他是最早一位提到焚兰[4]或北欧人的亚美利加的历史家。他曾记述
202 哈德拉达和夫里西亚人在北极探险的情形，还曾描绘冰岛，提到朱木讷、柏卡和波罗的海沿岸几乎无人知道的其他一些地方，提到在普鲁士和俄罗斯的瑞典人，约姆斯堡海盗，芬兰人和其他亚北极诸民族。书中有一处，他还引用了一张地图，这张图可能是海上某位大胆的船长的粗糙航海图。

---

① C. R. 俾兹利：《近代地理学的黎明》(伦敦和牛津，1897—1906 年，三卷)，II，514—548；P. W. 科尔曼：《不莱梅的亚当，对中世纪宇宙志的贡献》(莱比锡，1908 年)。格陵兰最早被提到之处见于教皇利奥九世的档案。

② 即斯文第二，公元 1047—1075 年。曾两次企图侵入英国，均告失败(1069，1075 年)。——译者

③ 关于不莱梅的亚当和斯文·厄斯特里德孙的关系，参阅 V. 拉科尔的论文，见 Hist. Tidsskrift，第 10 辑，XI。

④ 公元十一世纪初丹麦人或冰岛人发现北美，称其地焚兰。——译者

赫尔梦特曾在荷尔斯泰因城向边区斯拉夫人传教，倍极辛劳；后来在攸丁附近的波骚当教区牧师，于1177年死在那里。他的《斯拉夫编年史》(*Chronicon Slavorum*)[①]两卷，是了解德国人向东方殖民以及斯拉夫人的制度、宗教和文化的最重要的资料；他会说斯拉夫话，对斯拉夫人有真正的同情。他对撒克逊贵族、主教等人用横征暴敛和农产品什一税等办法吸干弱小民族血汗的那种残酷无情的剥削政策痛加针砭；其大胆有如拉斯·卡兹对十六世纪西班牙人对待西属美洲印第安人的政策的斥责。那时易北河以远的"新东方"吸引德国移民很像1800年以后"新西方"吸引前往美洲的开拓者的情形，两个边区的情况也非常类似。撒克逊开拓者对待斯拉夫人，很像美洲开拓者对待印第安人那样，也对这些斯拉夫人采取了类似的措施。[②] 把他们赶跑，夺取他们的土地，焚毁他们的村庄，破坏他们的庙宇，搞得极其彻底，结果只有那些地方的名称还能说明这些地方曾经被古代斯拉夫人占有过。赫尔梦德的著作是研究荷尔斯泰因的阿道夫、狮子亨利和勃兰登堡的大熊奥布勒喜特等人统治时代的德国人移民历史的主要资料。事实上，关于勃兰登堡历史的独特的开端，他的著作是最重要的权威。

吕贝克的亚诺尔德(死于1212年)认识到不莱梅的亚当和赫尔梦德所撰日耳曼—斯拉夫历史的连续性，因此也渴望续编他们

---

① B.斯密德勒的新版本，莱比锡，1909年；F.J.强(Tschan)的英译本：《波苏牧师赫尔莫尔德的〈斯拉夫编年史〉》，附有导言(纽约，1935年：《文明记录丛书》)；又见强在《天主教历史评论》XVI(1930—1931年)379—412页上发表的论文。

② 美国开拓者屠杀印第安人的一个例子，可以参阅谢德凤等选译《1765—1917年的美国》，第36—38页(三联书店，1957年)。——译者

的著作。他的《斯拉夫编年史》[①]七卷，从 1171 年写到 1209 年，就是赫尔梦德著作的续编。到他那个时代，直至维斯杜拉河畔的斯拉夫人已被征服；但更远处还有一个未开化的世界，居住着波罗—俄罗斯人（即普鲁士人[②]）和立陶宛人，他们还是信异教的蛮族。"日耳曼人的伟大事业"——征服斯拉夫人，定居波罗的海沿岸直至里加地区并控制所有流入波罗的海的河流入海口等——尚未完成。1186 年，日耳曼移民在利甫兰境内修建里加城，使这个地区成为殖民地，正如早先梅格棱堡、勃兰登堡、潘美拉尼亚等地变成殖民地那样。这就是亚诺尔德记述的历史情况，他还记述了下日
203 耳曼历史中其他许多次要的事情。关于文化史方面，亚诺尔德的著作中材料较少，远不及他那两位前辈的著作多。他没有他们那种广阔的眼界和深厚的感情。在政治上，他同情已覆亡的归尔甫族，厌恶霍亨斯陶棻族。为了恰当地结束日耳曼人向东方扩张的历史，我们不妨提前在这里把下述一事说说：一个世纪之后，条顿武士团的一位教士，杜伊斯堡的彼特鲁，约于 1326 年，记述了在波美拉尼亚和里沃尼亚之间唯一的一个独立地区普鲁士被征服的历史。至今我们仍然可以嗅出日耳曼民族这种开拓精神的气息。探险事业似乎仍然在向我们招手。

> 因为他们〔移民〕离开了本国亲切的乡土，进入异域，他们就把自己的未来寄托在这个陌生的异乡，他们在那里注定要忍受多年艰苦，没有返回家乡的希望，这样的生活甚至要过四代或六代之久。他们来自肥

① 沃顿巴哈，II，343—345。

② "波罗—俄罗斯人"（Boro-Russians）为"邻近俄罗斯的人"之意，普鲁士（Prussians）一字即由此而来。——译者

沃的、和平而安静的故乡；深入一个充满恐怖和毁灭性的战争的无限寂寞的辽阔的异域。总之，他们抛弃背后的是人世间的自由、家乡、光荣等等这一切异常美满的东西；而得到的却是饥渴，面对的是森林、豺狼和蛮族，忍受的是无限的贫困艰苦，无止境的烦恼、失败和危险。

在这个时期，匈牙利和波兰都没有本国的历史家。而波希米亚却有一位，这是因为，波希米亚比上述两国中任何一国都更文明，受基督教和日耳曼人的影响也更多。这位作家就是布拉格的科斯马斯(死于 1125 年)，他的《波希米亚编年史》三卷，后来由布拉格一位牧师文生特续编到 1167 年；又由睦尔豪森一个寺院的住持革尔拉哈续编到 1198 年。因为波希米亚尽管名义上是独立的，但它和德国关系密切，所以这部著作就成了德国史学的一个重要补充。至今捷克人仍称科斯马斯为"波希米亚的希罗多德"。

现在不妨简单地谈一谈中世纪德国史学的两种独特的色彩作为本章的结束语。一个特色是喜欢用诗歌体写历史；另一个是模仿古典名著范本的倾向。确实，其他各国的史学也都具有这两种倾向，不过在实践上达到的程度，在德国比在任何其他国家都高。前已提及十世纪的《撒克逊诗歌》和十一世纪的《撒克逊战争之歌》。但是这些都是矫揉造作的叙事诗歌；而在十二世纪中，诗歌的精神就是比较自然而自发的了。弗赖辛主教鄂图关于第二次十字军的记载以一段描写春天的抒情诗开始，那正是远征部队出发的时节。他说他不打算详细叙述十字军的历史，因为这次十字军 204
的结局是屈辱的；他宁愿写一部"快乐的"历史。①

① "Verum quia, peccatis nostris exigentibus quem finem predicta expeditto sortita fuerit omnibus notum est nos, qui non hac vice tragediam, sedjocundam scribere(接下页)

另一位诗歌历史家是维特尔博的高弗梨①。他出身撒克逊，受教育于班贝格，在罗塔尔二世、腓得烈一世和亨利六世诸皇帝统治时期，他长期在意大利做公证人和牧师，腓得烈还曾把维特尔博一块土地赐给他。1186至1191年间，他写了一部《排得烈事业之歌》(*Carmen de gestis Friderici*)，他这部书几乎只是把弗赖辛主教鄂图所著散文体《腓得烈本纪》改为诗歌体而已。他在晚年还用拉丁韵文写了一部世界史，名叫《万神殿》(*Pantheon*)。他并不是诗人，只不过是一位生硬的韵文制造者而已。②阿尔萨斯普妥派一位名叫根特的修道士还曾以六千五百七十六行拉丁诗歌颂红胡子腓得烈的英雄事迹；根特曾充当皇帝的幼子斯瓦比亚的腓力的教师。这篇长诗名叫《利格里那》——这个书名很古怪——是1186至1189年间写的。1203年他脱离世俗教士生活，在阿尔萨斯佩里斯修道院当了一名修道士，1210年死在那里。他是一位比维特尔博的高弗梨好得多的诗人。③

除德国外，其他国家也有以诗歌体作为历史撰述形式的，这类例子将在适当的时候举出。但现在就把基伯特·得·诺戎④曾在他的《法国人的神圣事业》即《第一次十字军史》一书中插入的以各种韵律写成的诗歌来点缀这件事提一下，也未见太不适当。卡昂

(接上页) pro-posuimus hystoriam"(《腓得烈第一事记》,第1卷,第47章).

① 或谓其为意大利人。其著作为1155—1180年间的重要史料。维特尔博在中意拉丁姆地区，靠近海边。——译者

② 沃顿巴哈,II,290－298。

③ 同上,286—290。

④ 法国神学家和史学家(1053—1124)，他的十字军史，被认为是最好的当代史。——译者

的剌尔夫在叙述西西里的汤克勒德[1]参加第一次十字军(1099—1108 年)的历史时，是用真正的诗歌感情讲的，他插入一行行诗句，把十字军领袖和古代英雄相提并论。[2]

古典拉丁史家对他们的后辈的影响只不过是古典文学对中世纪写作的深远影响当中的一个例子而已。我们已经在前文看到爱恩哈德在他的《查理大帝本纪》中机械地模仿斯韦托尼阿的著作的情形。加洛林王廷一位诗人安吉尔伯特在 1 首诗中对皇帝在亚亨建筑海港的传闻的描述是从《伊奈德》第一卷抄来的。[3] 科尔维人威都坎的《撒克逊史》是模仿萨拉斯特的。在亨利一世的妻子马提尔达皇后的两部传记中，较老的那一部的作者描写的那个恋爱场面模仿的是味吉尔的诗歌中图那斯和拉文尼亚[4]的恋爱。赫斯费尔德人兰伯[5]对李维的著作过于熟悉，他自己的历史叙述常因此出差错，这一点只要仔细核对他的作品就可以看出。弗赖辛人鄂图“在他的著作中利用了和古代史家完全相同的技巧，却并未机械 205
地模仿古人”。[6] 最令人吃惊的是鄂图的续编者剌希文的例子，他

① 生活于 1078？—1112 年，参加第一次十字军(1096—1099 年)的诺尔曼英雄，建立了特殊的战功。——译者

② H. 普鲁兹：《十字军文化史》(1883 年)，458；H. 丰·济伯尔：《第一次十字军史》(第 2 版，莱比锡，1881 年)，54—57。

③ 沃顿巴哈，I，197；普鲁兹，同上，487。

④ 拉文尼亚为拉丁姆本地国王之女，原许配图那斯的。伊尼阿到意大利后国王又把女儿嫁给伊尼阿，因此图那斯与伊尼阿斗争，图那斯被杀。见味吉尔的《伊索德》。——译者

⑤ 约死于 1088 年。中古德国史学家，反对亨利第四，著有《世界编年史》及《撒克逊战争歌》。——译者

⑥ “他用古典技巧进行历史编纂工作，但并不受它的束缚”。(威廉·瑟尔：《德国文学史》第 3 版，柏林，1885 年，第 73 页。)

竟然大量把萨拉斯特的作品逐段释义，有时还照抄原文。[①] 在描写 1158—1159 年间克雷马[②]被围攻的情况时，他竟然抄袭了约瑟福斯关于公元 70 年泰塔斯围攻耶路撒冷的记载。阿奎雷雅主教对从克雷马来的众使者的讲话是从约瑟福斯的著作中阿格立巴[③]向犹太人发表的那篇夸夸其谈的演说中逐字逐句抄来的。他为红胡子描绘的那幅肖像是息多尼阿·阿坡力内立描绘的狄奥多理大帝的肖像和爱恩哈德描绘的查理曼的肖像的混合物。萨拉斯特对恺撒和小伽图[④]的个性的刻画也被剌希文利用来刻画狮子亨利和巴伐利亚公爵卫尔夫四世。

---

① G.约但：《剌希文：〈皇帝腓得烈事纪〉》（斯特拉斯堡，1881 年）；比较普鲁兹（见本书原书第 204 页注），488。

② 克雷马为北意一个城市。腓得烈大帝第二次侵入意大利时（1158 年），米兰反抗，腓得烈残酷地围攻克雷马。——译者

③ 即犹太王赫洛德·阿格立巴第二（44—70 年）。犹太人暴动时（66—70 年），他总劝犹太人与罗马和好。犹太人暴动后，他退居罗马（70—100 年）。——译者

④ 罗马斯多噶派哲学家和政治家（公元前 95—前 46 年）。他在恺撒战败后自杀。——译者

第十三章 意大利史学 (900—1200年)[①]

意大利在中世纪只是一个地理名词,这在历史上是尽人皆知 206
的常识。神圣罗马帝国和神圣罗马教会都不能像法国君主控制法国、德国封建制固有的联邦主义控制德国那样控制意大利的政治发展。意大利北、中、南三部分各不相同;即使在这三个地区各自内部也存在巨大差别。地方自治区出现后,甚至各个城市都出现了各不相同的特殊面目,五花八门,令人眼花缭乱。只举几个例子就够了:威尼斯、米兰、佛罗伦萨、热那亚、波洛尼亚、比萨、锡耶纳、阿马尔菲、巴里等城市内部组织之不同并不亚于它们的外部面貌的差异。每个城市都有它自己的历史。在单独一个行省中,就同时存在民主政体、寡头统治、贵族专制和暴君专制等不同制度。这些城市共和国个个都有自己特殊的、确定行政职称的制度,自己特有的分配行政职权的方式。每个城市都是一个工商业活动中心,和邻邦进行激烈竞争,都以自己特殊的历史和地方特色自豪。

---

① 乌哥·巴尔赞尼:《早期欧洲编年史家:意大利》(伦敦和纽约,1883年);沃顿巴哈,I,474—489,II,219—244;本哈德·斯密德勒:《十二、十三世纪的意大利史家》(莱比锡,1909年);吉本,VI,522—528;格列哥罗维阿斯,IV,第1部分,300,第2部分,649—651。

尽管有这些令人迷惑不解的多样性，但我们还是可以从中看到，由于意大利的古老传统对各民族的影响仍然存在，全意大利具有一种共同的东西继续存在。因为拉丁文明是他们创造出来的，在某种意义上他们并未随着拉丁文明的衰落而衰落。因此，意大利经历的变化还没有西欧其他国家那么激烈。封建主义和意大利人的性格的不相符合；而封建主义又是中世纪的本质。正如昔蒙兹所说，“地方性的纽带和地方制度，不但持久地控制着中世纪的意大利，而且对古代意大利也是一样；甚至在罗马变成朱味那尔[①]辛辣地描绘的所谓‘万民杂处之区’(colluvies omnium gentium)之后很久，乡间市镇，特别是波河流域那些市镇，仍然保持着强有力的个性”。[②]

总的看来，在十二世纪以前，中世纪的意大利特别缺少年代记；历史家了解情况主要依靠官方文件。教区历史是中世纪史学
207 的一支，在德国特别丰富；但意大利并无此种历史；只有拉文纳一地例外，九世纪前半叶，该城一位名叫阿格尼拉斯的人写了一部《拉文纳历任主教传》，这部书以其好古主义和对古代的真实情感闻名。它注意的当然完全是地方事务。

九世纪中，罗马有一位绰号“图书馆长”(Bibliothecarius)的阿那斯退细阿在当了枢机主教和擅立教皇并三次被逐出教门之后，在九世纪两位最能干的教皇哈得良二世[③]和约翰八世[④]手下当了

① 罗马的讽刺作家(60？—140年)。——译者

② 昔蒙兹，V，438。

③ 867—872年任教皇。——译者

④ 872—882年任教皇。——译者

教皇图书馆馆员。他的写作能力很强,特别在翻译希腊文方面是这样。他的特殊贡献就是把过去无人知晓的一种希腊历史体裁介绍到西方,即将尼斯福鲁斯、辛塞拉斯和提奥芬尼[①]三人的著作译成拉丁文,这个译本名为《三家编年表》(*Chrongraphia Tripartita*),这部书是在副主祭约翰的要求下翻译的,约翰原来打算利用这些材料编写一部大部头的教会史,但他这部书根本没有写。这部《编年表》是前辈教会史家苏格拉底、索左门和提奥多里塔斯等人的著作的续编;这些著作后来曾于六世纪由卡息奥多合并为一部并加以阐释,名为《三家史》。这部著作的重要性在于它首次使西方读者看到查士丁尼逝世以后东罗马帝国一些历史记载。不幸的是,从尼斯福鲁斯和辛塞拉斯二人的著作中摘录出来的东西只是古代史和罗马史中直至公元284年戴克里先即位时为止的那些材料的重复。因此,唯一重要的部分是从提奥芬尼的著作中节录的写到813年的那一部分。其中最好的一部分是查士丁尼死后的那一段。对中世纪作家了解的这个时期来说,这一段记述是最详细的。十二世纪夫勒里人休编写他的《教会史》的时候,对阿那斯退细阿深表感激,因为他替未来的作家提供了如此优秀的一部著作。[②]

962年鄂图大帝在除南部以外的整个意大利建立起德国统治,在中欧又建立了日耳曼民族的神圣罗马帝国,从而使德意两国

① 希腊的僧侣和编年史家(758?—818),因反对教皇利奥第五崇拜偶像的政策,死于狱中。续编乔治·辛塞拉斯的编年史从284年到813年。——译者

② "Liber tamen ille per multos tatuit annos, sed nuper meis Deo volente venit in manibus,"《德国史料集成:作家类》,IX,357。关于这三位作家,参阅吉本,V,499—501。

的历史紧密交织一起，因而十二世纪以前的伦巴第历史独立性很小，只可说是德国历史在阿尔卑斯山以南的延伸。在鄂图出兵干涉以前，意大利因内争四分五裂，无数觊觎王位者个个野心勃勃企图夺得伦巴第王位，但其中并无一位有足够的力量完成统一意大利并建立自己的王朝的事业。从标志着加洛林帝国解体的终点的
208 887 年开始写起，一直写到 916 年的《贝伦加的业绩》一书是新时代意大利史学的开端。虽然意大利人不能自治，而且德国统治又取缔了遍及全意的无政府状态，但意大利那些作家仍然怀恨德国人，猛烈抨击德国统治。住在罗马附近索拉克特山上圣安德鲁寺院中的一位修道士本尼狄克特写了一部《编年史》，从公元 360 年写到他自己的时代(973 年)；他在这部书中义愤填膺地高呼：

> 哀哉罗马！在众多异族铁蹄下受欺压、遭践踏，甚至曾充当撒克逊王阶下之囚，众百姓惨遭屠戮，国力化为乌有，金银财宝尽入外寇私囊，拐带出境。往昔为父国，今日为人臣。旧日富强毁于一旦。漫长岁月抗拒外侮。……而今哀哉！苦难之源岂非善良过分乎！

索拉克特的本尼狄克特代表十世纪意大利史学的退化。他的著作是根据阿那斯退细阿、比德、副主祭保罗·爱恩哈德等人的著作、《教皇本纪》(*Liber Pontificalis*)以及德国年代记和编年史的片段编纂而成的一部世界史——所用拉丁文极其粗鲁，近似俗话(lingua volgare)，即早期意大利语，内容系“粗制滥造的杂凑”。

除了上面那段引文以外，索拉克特的本尼狄克特作为一位历史家，并无价值。但这并不是说，他的作品毫无趣味。只注意事实的历史家不可能对他所研究的时代有一个完整的概念。关于查理曼的传说首先于九世纪晚期出现在圣加尔寺院一位修道士所作

《查理曼事记》(*Gesta Karoli*)一书中,十世纪又传入意大利。因为索拉克特的本尼狄克特是第一位叙述关于查理曼远往拜占庭和圣地的故事的,这个故事后来变成一首古法语诗歌的题材,并在十字军开始后,被普遍接受了。

德国对意大利的统治在克雷莫纳主教留特普兰①(死于972年)身上找到一位辩护者;他的《鄂图史》(*Historia Ottonis*)和《安塔波多西斯》(*Antapodosis*),即《欧洲大事记》六卷(*Rerum per Europam gestarum libri* VI,887—950)②是十世纪意大利主要历史著作。留特普兰是一位很聪明、受过高深教育的人,他懂希腊文,才华横溢,愤世嫉俗,老于世故,善于奉承,不认真履行其宗教职责。他原来是贝伦加二世③的党羽;但当贝伦加二世作为既成事实接受了德国对意大利的统治(经过全面考虑认为这是对国家可能发生的最好的事情)之后,他就变成为他的死敌了。他所撰《安塔波多西斯》或《以牙还牙》(尽管这个书名未免离奇)及其续编 209
《鄂图史》是研究十世纪意大利历史的两部最重要的记事资料。在第1部第3卷开始处,他解释采用这个书名以及写这部书的原因:

> 既然此书将叙说名人业绩,何以又称之为《以牙还牙》?答案如下:本书目的在于大声疾呼,揭露贝伦加此时此地并非意大利统治者而是暴君,揭露这个暴君的罪孽,揭露他的妻子尉拉肆行残暴无尽无休,应

① 意大利的高级教士和史学家(922?—972?),其《鄂图大帝史》包括960—964年的历史;《欧洲大事记》包括886—约952年,主要是谈意大利的历史。——译者

② F. A. 来特的英译本:《克雷莫纳人留特普兰的著作》(伦敦,1930年)附导言。

③ 伦巴第国王(950—961),961年为鄂图大帝战败,成为德意志的诸侯,966年死于狱中。——译者

称之为耶洗别第二①;搜括掠夺贪而无厌,应称之为拉弥亚②。……但愿这些篇章能成为对他们的报复,即所谓"以牙还牙"。

这两部著作除在政治上的价值外,在文化上也有很大价值。在说故事方面,留特普兰几乎是首屈一指的;他有些故事成为以后若干世纪中意大利小说(novellino)的渊源。他热爱古典名著,致力于性格研究,他在这方面的研究极其精湛,因而他那些性格素描有如铜板镂刻锋利逼真;他极爱好轶事(他有些轶事是剌伯雷③式的),他还很欣赏成群结队闯荡江湖的那些杂技团(mimi)和其他人等那种粗鲁笑话和下流语言,教会一贯千方百计压制这类活动,但从未奏效。968年,鄂图大帝派他出使君士坦丁堡,他正式记述这次出使的著作《出使记》(*Relatio de legatione*)④是研究拉丁—日耳曼西方与拜占庭帝国及其希腊文化之间在政治、宗教、文化等方面的对抗的一部极其重要的文献。在这部汇报中,他的机智和讽刺登峰造极,是一部生动而辛辣的文献。

九、十、十一等世纪罗马史学之贫乏确实令人诧异。其原因在于这一事实:自从教皇确立世俗权力之后,其职位随即降为地方政权。教皇对保护和扩张自己的世袭领地的关切甚于教会。而且在九世纪,意大利中部和南部又遭受阿拉伯海盗袭击,罗马城险被攻陷。

假如萨莱诺那位无名氏在尼古拉一世⑤时期(858—867年)曾访问

---

① 以色列王妃,以残忍放荡著名(见《列王纪》下,IX,31)。——译者

② 中世纪神话中吞人的怪物,胸首如女子而蛇身。——译者

③ 公元十六世纪的法国讽刺小说家。——译者

④ 来特的译本,见上,又见E.F.亨德孙:《中世纪历史文件》(伦敦,1892年),附录。

⑤ 教皇。——译者

> 罗马，他就不会发现像他在870年在繁盛的贝内文托城里列举的三十二位哲学家那样的人物了。假如爱卿柏特(曾为保罗·戴奥科那斯所开头的《伦巴第史》写续编)从他那个学府蒙特卡西诺寺院来到罗马，……看到罗马那些修道士和枢机主教如此无知，必然大吃一惊悲叹今不如昔。[1]

这个时期在罗马撰写的唯一的一部能够经久的历史著作就是《教皇本纪》。以日历和教皇行事目录形式写的教皇传记早在三世纪就有了。这些教皇传记汇合到一起，反映了甚至早自君士坦丁教皇西薇斯特一世[2]以前直至九世纪诸教皇的历史，所用拉丁文可以说明古典时代以后的文字如何转变为后加洛林时期的粗俗文 210
字。这些传记于九世纪中叶被合并为一部单一的著作；这件事可能是当时罗马仅有的一位学者图书馆长阿那斯退细阿办的。这就是《教皇本纪》的起源。[3]

教皇约翰八世任期(872—882)届满以后，《教皇本纪》即告中断，直至内利奥九世[4]和格雷戈里七世[5]开创的伟大时代，教皇职权增加时才又恢复起来。在十二世纪，教皇权势遍天下，高居拉丁基督教世界之上，并随十字军远征东方，又扩展至叙利亚和圣地。

---

① 格列哥罗维阿斯，III，145。

② 314—335年任教皇。——译者

③ 简短的记载，参阅上书，I，83，II，647—650，III，148—149。关于路易·度申的版本，附有一篇有价值的导言，参阅第11章注27。度申的评论见〔巴黎〕《历史问题评论》XXVI(1879年)，493—530，XXIX(1881年)，246—263；也参阅〔巴黎〕《学者杂志》，1887年，第41—54页；R.雷因·普尔：《教皇法庭史演讲集，至英诺森三世时期》(剑桥，1915年)，附录I。

④ 1049—1054年任教皇。——译者

⑤ 1073—1085年任教皇。——译者

教皇职权比过去高得多，也广泛得多了。像乌尔班二世[①]，机雷细阿斯二世[②]，卡力克斯塔二世[③]，尤金三世[④]，哈得良四世[⑤]和亚历山大三世[⑥]这些教皇都是重要人物。亚历山大三世尤为突出。他和红胡子腓得烈以及在柏刻特[⑦]被杀害的问题上和英王亨利二世之间的长期冲突，使他成为西欧最伟大的人物。结果，《教皇本纪》的内容扩大了，仅仅记载教皇行事目录式的写法被放弃了。从维克脱二世[⑧]到荷诺留二世[⑨]诸教皇的本纪是和他们同时代的比萨人彼得和潘达尔夫写的，"他们超过以前撰写《教皇本纪》的那些人"。巴斯卡尔二世[⑩]和机雷细阿斯二世两人的本纪的特点是把许多事实安排得井井有条。最好的两部传记，是唯一的一位英国籍教皇哈得良四世和他的司法大臣并继他之后成为伟大的教皇亚历山大三世的罗兰·班第涅利两人的传记。这两部传记是哈得良四世的一个外甥写的。

正当意大利南北两端在史学上开辟新天地、发展写作新类型(这点即将谈到)的时候，意大利中部却仍坚持旧传统。业已彻底

① 1088—1099年任教皇。——译者

② 1118—1119年任教皇。——译者

③ 1119—1124年任教皇。——译者

④ 1145—1153年任教皇。——译者

⑤ 1154—1159年任教皇。——译者

⑥ 1159—1181年任教皇。——译者

⑦ 生活于1118？—1170年，英国坎特布里大主教(1162年)，反对英王侵犯教会的权利。1170年被杀。——译者

⑧ 1055—1057年任教皇。——译者

⑨ 1124—1130年任教皇。——译者

⑩ 1099—1118年任教皇。——译者

腐化了的法尔法和索比亚科[1]两寺院即使经过克吕尼[2]改革运动的补救,对历史著作仍然漠不关心,尽管它们保持着令人满意的寺院记事。至今原稿仍可见到的《法尔法编年史》简直不成样子到了荒谬的程度。十一二世纪意大利中部(包括罗马在内)的历史必须根据档案和文献材料重新编纂,根据旧年代记和编年史编纂是不可能的。即使在教皇权势全盛时代,罗马在史学上也落后于意大利其他地区。

意大利中部唯一的一个放出较高学术文化知识光芒的地点是蒙特卡西诺寺院。884年遭撒克逊人毁坏后,长期以来都是一片 211
废墟。904年修复后,又于1030年被北欧人洗劫。蒙特卡西诺寺院一位修道士约于978年所著《撒列诺编年史》叙述的是南意伦巴第诸公国的历史。其最好的部分是叙述下意大利希腊人和阿拉伯人之间的关系的全书最后那部分。由克吕尼鼓舞起来的寺院"新"生活,是由德西得里阿[3](1058—1087年)引进蒙特卡西诺寺院的;他原来是一位修道士,后升任住持,最后升为教皇维克脱三世;他的朋友、也是和他一起当修道士的阿尔芬那斯曾给予他得力支持。阿尔芬那斯出身贝内文托一个伦巴第贵族家庭,后任萨莱诺大主教,并曾于1083年在那里掩护业已垮台的格雷戈里七世。

---

① 中意拉丁姆地区一个市镇,在罗马东三十二英里,该地有一著名的寺院。——译者

② 克吕尼在中部法兰西的东部,那里有个著名的寺院,在910年组织改革教会的僧团。——译者

③ 1057—1086年为蒙特卡西诺住持,命令僧侣抄写古书约七百卷。1086—1087年为教皇,派兵往突尼斯,打败萨拉森人。——译者

> 德西得里阿在希腊艺术家帮助下重建并装饰了蒙特卡西诺寺院，这是艺术史上一个著名的插曲。在这位伟大的住持长期治理(1058—1087年)下，这个寺院的声誉和影响达到了顶点，形成神学和教会政策的发祥地。该院还进行法学和医学研究。也研究文法和古典文学，但对后者的研究，并不像在德西得里阿指导下抄写的味吉尔、奥维德、忒棱斯、辛尼加等人的著作和西塞罗那部《论诸神本性》(*De natura deorum*)的手稿目录看起来那样广泛。但当时那里却收藏着早期基督教徒诗人、历史家和神学家的全部作品。①

伟大的住持德西得里阿死于1087年。他的继任者奥得里修斯继续进行他留下的有益的工作，竭力劝说阿尔芬那斯写一部这个寺院的历史。但阿尔芬那斯太忙，未能撰写；这项工作最后由利奥·马西卡那斯②担负起来。利奥·马西卡那斯从十四岁就在这个寺院中教养成人，死于1115年。其结果是蒙特卡西诺最有创见的一部著作产生了，这部书也是中世纪编年史中最好的一部，止于1075年。这部书的精华是记述这个寺院恢复情形的那篇很长的文字，也是研究意大利中世纪艺术史常被引用的标准著作。奥斯蒂亚的利奥·马西卡那斯出身封建贵族伯爵家族，约于1061年进入蒙特卡西诺寺院当修道士，做档案和图书管理员。教皇巴斯卡尔二世任命他为奥斯蒂亚枢机主教。他死于1114年以后、1118年以前。作为住持德西得里阿的朋友和顾问，作为档案和图书管理员，他所受训练和各种接触使他非常适于编写历史，于是在德西得里阿的要求下，他撰写了一部《卡西诺寺院编年史》

① H. O.泰罗：《中世纪思想》(纽约和伦敦，1911年，二卷)，I，253。

② 关于利奥，参阅沃顿巴哈，II，234—236；坡特哈斯特，I，718；和伊立克·卡斯帕的论文，见〔汉诺威〕《德国古史知识指南新文库》，XXXIV(1908年)，195—207。

献给德西得里阿。到处都是增补和删改的那部原稿是蒙特卡西诺收藏的珍本之一。全书分两部分。第1部分是利用旧年代记材料写的,至1057年止,这部分有些未能保存至今。第2部分写到1075年,其价值大得多,因为利奥在这部分中写的是他自己那个时代的事。

奥斯蒂亚人利奥的著作后来由副主祭彼得续编到1139年。212
这位续编者出身塔斯邱兰[①]诸伯爵中一个有势力的家族,约于1115年进入蒙特卡西诺寺院;就像从前的奥斯蒂亚人利奥那样,他也在那里当档案和图书管理员。在教皇英诺森二世[②]和皇帝罗塔尔二世之间进行的谈判中,他曾扮演重要角色。但彼得的党派成见太深,他毫不迟疑地伪造文件插入自己的记述中[③]。但是假如没有奥斯蒂亚的利奥和副主祭彼得二人的著作,那么我们对中世纪教皇史当中最重要的时代之一,就不会像现在知道得这么多了。因为在英诺森三世以前除了格雷戈里七世的《记事录》以外,后来关于其他教皇的记事录就没有一部被保存下来的了。

市民革命于十一世纪首先在伦巴第爆发,至十二世纪,所有北

① 古代拉丁姆的一个市镇,在罗马东南约十二公里。——译者

② 生活于1130—1143年,初以少数推举当选为教皇,他逃往德国;1133年皇帝罗塔尔第二又树立他为教皇,直至1138年始为全教会承认。——译者

③ 伊立克·卡斯帕:《副主祭彼得和蒙特卡西诺的伪造》,〔汉诺威〕《德国古史知识指南新文库》,XXX,55以下,XXXV,596—600;克勒维兹:《副主祭彼得和奥斯提亚人郢图的〈蒙特卡西诺寺院编年史〉》,《文件研究文库》,XIV(1936年),414—453;扎切克:《论副主祭彼得》,〔汉诺威〕《德国古史知识指南新文库》XLVII(1927年),179—224。

意大利各城市的市民革命都已完成，都被承认为独立的自治城市；这件事给撰写城市年代记的事业以莫大鼓舞，从而为中世纪史学作出新的贡献。这个新时代是从喜尔得布兰[①]的改革传入伦巴第诸城邦开始的。皇帝主要是通过强迫意大利各教区接受德国主教领导的办法保持他们在伦巴第的统治。诸主教和新兴的城镇自由民之间的冲突经常出现。伦巴第人支持教皇剥夺皇帝任命俗职的权利，以此作为冲破皇帝对他们的控制的手段。教皇这项政策在巴塔里亚党运动(Pataria)[②③](下层劳动阶级搞的激烈的经济和社会运动)热烈支持下，得以广泛推行。

在这种情况下，城市史学在伦巴第出现了；米兰大主教阿诺尔夫的《当代史》(*Rerum sui temparis*)(五卷，925—1077 年)一书就是代表作。这位大主教是保皇党人，他的书描写的是那些年城市里那些可怕的动乱的情景。有一回暴民冲进大教堂，当时正在举行弥撒祭，把他从祭坛上拖下来，丢在地板上，以为他死了，他们抢劫大主教的宫殿，在城里游行，搜查并洗劫已婚的教士们的住宅。大街小巷处处都是屠杀和暴行。一位地方牧师兰杜尔福斯把米兰史写到 1085 年，他的儿子圣保罗寺院的小兰杜尔福斯续编到 1137 年；他们这部书名为《米兰史》(*Mediolanesis Historia*)。父子二人都同情市民那些强烈的愿望和有力的政策。在同一时期

① 即教皇格雷戈里第七(1073—1085 年)，主张教权高于皇权，反对皇帝授予圣职。——译者

② 巴塔里亚为米兰城内一区，那里的市民常发动社会改革运动。——译者

③ 参阅我的《封建的德国》(芝加哥，1928 年)，90—106，和关于巴塔里亚，115—116。

中,在托斯卡纳有多尼左的《马提尔达伯爵夫人[1]传》[2]两卷,这位伯爵夫人是格雷戈里七世的坚决拥护者,这部传记是用利奥六脚 213
韵[3]写的;这样的诗尽管既恶心又靠不住,但仍然不可忽视。拥护伟大教皇的那位严峻的苦行僧彼得·达密安尼的《书简集》也不应略而不提。这是因为,这些信札中尽管有神学和不可靠的东西,但它们仍然是这个时代文化资料的宝库。

格雷戈里的斗争和伦巴第城市自治的兴起同时发生,在某种程度上还参与了早期城市自治运动。从1137年小兰杜尔福斯的著作终止时起,至1154年米兰和红胡子腓得烈之间的大规模冲突爆发止,米兰的历史写作在这段时期中断了。这并不是说伦巴第的历史本身衰落了。实际上,"伦巴第已成了遍布各地的诸城市联盟的战场。"各城市激烈争夺通过阿尔卑斯山的有利可图的贸易。米兰和帕维亚之间的战争连绵不断。米兰于1111年消灭了洛迪,1118年消灭了科莫。科莫对伦巴第半数城市的英勇抵抗,在一首名为《科莫无名氏》的史诗中受到歌颂,诗中有许多有趣的情节。

随着腓得烈一世在伦巴第进行的战争以及他和教皇之间的斗争的开始,意大利各自治城市的史学也恢复起来。[4] 从十二世纪

---

① 多斯加尼伯爵夫人(1046—1115),她把她的广大领地赠送给教会,主持格雷戈里第七长期反对神圣罗马帝国的斗争。——译者

② M.曼尼提阿斯:《中世纪拉丁文学史》(慕尼黑,1911—1931年,三卷),III,662—666。

③ 利奥诗体是一种拉丁文诗体,其行末与中段句读之前字押韵;六脚韵是每行六音步的诗体。——译者

④ W.基则布喜:《公元十二、十三世纪的米兰史学》,见〔格丁堡〕《德国历史研究》,XXI(1881年),299—339,此处为302以下几页。

中叶以后直到文艺复兴，意大利（特别是北部）史学质量的持久性和连续性这个事实在写作上给人以深刻印象。米兰、热那亚、比萨、威尼斯和佛罗伦萨当然居领导地位。但即使像贝加莫、皮亚琴察、洛迪这样一些小城市也开始有自己的城市编年史了。对自由的向往是在十字军时期的商业贸易和在知识上与君士坦丁堡的接触的鼓舞下产生的。贝加莫的摩西在撰写对他自己的城市的颂歌以前，曾在君士坦丁堡住过。《克雷莫纳年代记》开始于1096年；《皮亚琴察年代记》始于1130年，止于1235年；《佛罗伦萨年代记》始于1110年；伯尔拿·马兰哥尼斯的《比萨编年史》从1136年写到1175年。卡发鲁斯所编《热那亚年代记》第1部分终于1163年。《大米兰年代记》是许多作家合写的，显然他们都不是教士而是市民；他们热情激荡，把1154至1177年间米兰向红胡子腓得烈进行英勇战斗的历史记载下来。这些年代记对于研究十字军时代为争夺地中海东岸的贸易控制权而进行的商业大搏斗是很有价值的。

214 看来很奇怪，伦巴第各城市新的政治自觉竟然唤醒沉睡了许多世纪的古典传统。这些传统的恢复，一部分是由于受到几乎每个城市都有的古典建筑遗迹的鼓舞，当时这些遗迹虽然只是一些废墟，但仍使人缅怀远古；而且肯定无疑的，也是因为对罗马法发生了新的兴趣并从中受到激励。曼图亚是味吉尔的出生地；维罗纳[①]是卡塔拉斯、哥尼流·尼颇士和维特鲁维阿的出生地；帕多

① 在意大利东北威尼西亚地区。——译者

瓦[①]是李维的出生地;科莫[②]是大小二位普林尼的出生地。923年摩德纳对匈牙利入侵者的英勇抵抗激发了当代一位诗人,把那次围困中的众英雄比作赫克忒[③]和阿加绵农。《科莫的无名氏》这部书把1118年米兰人围困科莫比作特洛伊那次被围攻。普拉森提那斯所著《最高原理》(*Summa institutionum*,1192年)的注释者竟然说味吉尔是伦巴第人!比萨人(Pisans)自称是皮洛普斯(Pelops)[④]的后裔——理由是这两个字的语源相同。《布雷西亚年代记》声称这个城市是由特洛伊放逐出来的人建立的。意大利民族中虽然有很多哥特人和伦巴第人的血统混入,但仍保存了自己的种族的连续性,拉丁文化的连续性也保存下来。不但异教历史和异教传说仍然保存,而且异教神话也未失传。佛罗伦萨即使不能说崇拜、至少是尊敬玛尔斯[⑤]的;克雷莫纳崇拜赫邱利[⑥]。古代罗马城市和伦巴第自治城市之间虽然并未保持历史的连续性,但地方自豪感和模糊的回忆还是胜过历史的。在每个伦巴第城市里,掌权的官吏都被称为执政官。

在所有这些城市年代记(许多较小的著作也可以列举出来)中间,当时突出的作家有鄂图·摩勒那(他写了一部《洛迪年代记》,终于1160年)和他的儿子阿塞布斯(他把他父亲那部年代记续编至1164年)。摩勒那的鄂图可说是第一位有创见的意大利历史

---

① 也在威尼西亚。——译者
② 北意伦巴第一个城市。——译者
③ 特洛伊国王普赖安的长子,保护特洛伊的英雄。——译者
④ 希腊神话中厄尔力斯的比萨国王。——译者
⑤ 罗马神话中的战神。——译者
⑥ 希腊神话中的英雄人物。——译者

家。拿他的作品和夫累星的鄂图的对比非常有趣，因为他们两人叙述的事情相同。

十二世纪，意大利的俗人教育不断扩展。这种情况在这个时期的史学中有反映。在北欧历史写作仍然只是教士的事；而在意大利，在那些最好的历史著作中，有些却出自俗人之手，对他们说来，不懂拉丁文是无法写作的。[①] 最显著的例子就是摩勒那父子。老鄂图·摩勒那开始写《腓得烈一世本纪》；[②]他约于 1100 年生于
215 洛迪，曾目睹 1111 年自己成长于其中的城市被米兰人毁灭。他在自己起草的契约上，自称为“法官与钦差”(judex ac missus)。1147 年，他当了执政官(podestà)。数年之后，以一位米兰公民的身份回到洛迪，从那时后他就成了保皇党。他的儿子阿塞布斯也属基伯林党、是洛迪的一位执政官、皇帝派驻伦巴第的行政长官。1167 年他死于热病，当时他和腓得烈一世在一起。在政治军事大混乱中，阿塞布斯仍能找出时间续编他父亲的历史著作。很明显，他的学问超过他父亲，因为他熟悉琉坎[③]的《法塞利亚》(*Phursalia*)、斯韦托尼阿的《罗马十二皇帝本纪》，特别熟悉的是萨拉斯特的著作。

---

① 同上一个著者注，301；沃顿巴哈，II，323；斯密德勒(见本书原书第 206 页注)，12—13，35，38 以下。

② F. 干忒波克的版本，见《德国史料集成：作家类》，新八开本，VII；参阅他在〔汉诺威〕《德国古史知识新文库》上，XLVIII(1930 年)，116—147，和 XLIX(1931 年)，126—149 中发表的论文。

③ 罗马诗人(39—65 年)，出生于西班牙，初得尼禄皇帝的任命，后参加谋害尼禄的阴谋，被发现后自杀。其著作现存者只有史诗《法塞利亚》十卷，描写恺撒和庞培之间的战争。——译者

德国历史学家斯密德勒曾经指出,意大利文艺复兴时代的历史写作中那种极其高超的人物刻画的特色,在中世纪却很罕见。因此,发现十四世纪这种文学的流行风格早在两百年前阿塞布斯·摩勒那的著作中就已表现出来,实在是一件有趣的事。在写至1163年腓得烈一世远征结尾处,他对这位皇帝、他的皇后和其他大人物都有惊人的刻画,还为他采用的这个写作新手法作了解释。

这个时期,历史有日趋普及的趋势,这件事相当了不起。有许多这样的例子:作家们坦率地表示,要使他们的作品能够被广大俗人读者群众看懂。[①] 前一章提到的维特尔博人高弗梨就是一个例子。在他的《百年回顾》(*Memoria saeculorum*)一书中,他曾表示希望过去一贯把自己的时间浪费在阅读寓言传说一类东西上面的人们,现在把注意力转移到他自己那些包罗万象的有益的作品上来。高弗梨的《帝王镜鉴》(*Speculum regum*)一书,是献给皇帝亨利六世以及他的王族和近臣的。[②]

因商业恢复而获益的并不只是伦巴第诸城镇。威尼斯、热那亚和比萨等沿海城市也不应忽略。事实上,威尼斯跟君士坦丁堡和亚历山大里亚通商还早于米兰数百年,这两个利格里亚港口城市成了米兰在地中海东岸的竞争者。

威尼斯起源古远。公元五世纪中叶,阿歧雷雅[③]和帕多瓦[④]居民,在阿提拉侵略的威胁下,逃往亚得里亚海的礁湖中。在这个世

① 斯密德勒(见本书原书第206页注),24。
② 同上,24。
③ 在意大利东北部,亚得里亚海的顶端。——译者
④ 意大利东北部威尼西亚的一个城市。——译者

纪末叶，又从伦巴第人占领(568 年)的地区逃来许多难民，这里的人口增加了。但许许多多年已经过去之后，威尼斯的历史却仍然是一片空白。在七世纪从事写作的拉文纳那位无名氏地理学家写到威尼斯时，只能说："在威尼西亚地区有些岛屿上有人居住。"(第 1 卷第 25 章)直到拉文纳的阿格尼拉斯死了两百年以后，威尼斯才从时间的迷雾中隐约出现。

216 威尼斯最早的历史著作是《威尼斯编年史》和《格累多[1]编年史》，但这两部书究竟哪部在先，就不可能准确说清了；[2]而且不久之后，二者就合而为一。第 1 部分终于 630 年。有一部续编又写到 1012 年；第 3 部续编变成《亚尔替诺编年史》，终于 1229 年。[3]所有这些编年史记述的情况都是光秃秃的事实，除了关于早期诸总督(doges)和格累多诸教长的一些名单以外，就没什么东西了；在第 3 部分中有威尼斯各大家族一张清单。在约翰·萨哥尼那斯(或称副主祭约翰)以前，威尼斯没有一位名副其实的历史家。约翰是威尼斯有史以来第一位重要总督彼德罗·奥塞罗二世(991—1008 年)的牧师、[4]《威尼斯编年史》中最好的一部分的作者。这部书里最有趣的两个项目写的不是政治史，而是文化史。书中文字说

---

① 在北意亚得里亚海中一岛上。——译者

② 坡特哈斯特，I，296—297。柏次首先在《德国史料集成：作家类》，VII 中把《威尼斯编年史》印在前面；但 H. 西蒙斐尔德在他的《威尼斯研究》(慕尼黑，1878 年)中把《格累多编年史》印在前面。沃尔特·勒尼尔："威尼斯古史时代"〔慕尼黑〕《历史杂志》，CIV(1909—1910 年)，237—277。

③ P. 洛西收入〔佛罗伦萨〕《意大利历史文库》，第 1 卷，VIII(1845 年)，11—228。

④ 坡特哈斯特，I，666。

明,到1000年,古伦巴第语字母p已变成轻音b。另一个项目记载的是皇帝鄂图一世对威尼斯的访问。这位编年史家说皇帝"仔细观看了宫殿一切美丽造型"(omni decoritate illius perlustrata),这位历史家因皇帝如此高兴,表示很满意、很自豪。这就是,这个宫殿在反抗甘狄安诺四世的暴动中被焚毁一部后又由奥赛罗修复之后不久发生的事情。奥赛罗还曾"装饰这个总督宫殿的小教堂",指的是圣马可小教堂(qui Palatii hucusque manentis fueritfabricator)。

在十一至十三世纪,有许多作家续编副主祭约翰的著作,不过这些作品都是编纂的东西,不能称为著作;这些作家都是不知名的,只有两位例外,即格累多的大副主教福条内塔斯和利多河[①]畔圣尼古拉寺院住持芝诺。除这些作品外,还有《威尼斯简史》(*Venetici Breves*),从1062年写到1195年,这是所有年代记中持续最久的一部。[②]

必须承认,在十四五世纪以前,威尼斯史学数量既不多,价值也不很大。这些早期编年史作家都是教会执事,而且都是些心胸狭窄的人。十一二世纪法、英、德等国的寺院历史家表现的那种广阔的眼界在这些威尼斯作家身上一点都没有了。

威尼斯的历史著作直到十四世纪中叶才达到这门学问应有的崇高地位,因为到那时候,安得累阿斯·丹多罗[③]所著《威尼斯编年

① 在北意。——译者

② H.西蒙斐尔德,〔汉诺威〕《德国古史知识指南新文库》,I(1876年),395－410,特别是400—406。

③ 生活于1310—1354年,威尼斯总督(1343—1354年),参加十字军(1343—1346年),打败土耳其人;与热那亚进行长期的斗争(1348—1354年)。——译者

217 史》(1350 年前后)才问世,使威尼斯史学一跃而登上崇高地位。[①]这是中世纪威尼斯历史著作中"公认的好书"。[②]

在第三次十字军[③]以前,威尼斯史学还没有清楚地显露头角,热那亚和比萨则不然,十字军一出现,[④]这两地的年代记也颇为突然地立即开始了。卡发罗·得·卡斯契斐隆出身热那亚贵族家庭。耶路撒冷被攻占两年后的 1099 年,他参加了热那亚对地中海东部的远征。他多次担任本城邦首长并曾任本城邦派驻红胡子腓得烈皇帝和教皇那里的大使。他死于 1166 年,曾撰写《热那亚年代记》第 1 部分(1099—1163),后又由首相奥柏特续编到 1173 年。[⑤] 这部年代记为研究圣地和法国南部的历史提供许多有用的材料。卡发罗还写了一部《东方人民的解放》(*De liberatione civitatum Orientis*)。对于研究第一次十字军时期热那亚海军进行的诸战役是重要的。这部书是在 1152 和 1155 年间他的晚年写成、献给教皇哈得良四世的。

比萨在第一次十字军中的成就在以自豪的名称《比萨的胜利事业》(*Gesta triumpholia per Pisanos facta*)问世的这部书中受到赞扬。该书由 1099 写到 1120 年。《比萨年代记》是曾于 1163 年任比萨"供应者和特派员"(Provisor et legatus)的伯拿度·马拉

---

① H. 西家斐尔德:《安得累阿斯·丹多罗和他的历史著作》(慕尼黑,1876 年);佐凡尼·蒙提科罗:《古代威尼斯编年史》(罗马,1890 年;《意大利史导言》,IX)。

② 关于中世纪威尼斯史学的一篇很好的记载,参阅奥古斯德·普洛斯特的论文,见〔巴黎〕《历史问题评论》XXXI(1882 年),512—555。

③ 1189—1192 年。——译者

④ 第一次十字军,1095—1099 年。——译者

⑤ 关于版本和译本,参阅坡特哈斯特,I,181。原稿现存巴黎。

哥写的。1126年以前那部分写得简略;但往后直至1175年结尾那部分的内容,则十分丰富。①

现在我们放下北意"新"史学,谈谈南意于十一二世纪开始的另一种"新"史学。在这里,拉丁、希腊、撒拉森最后还有诺曼-法兰西等文化互相接触并混为一体。这个时期可以说是从867年巴锡尔一世即位开始,至1154年意大利和西西里的伟大伯爵罗格尔二世之死结束,②这个时期的史料是以希腊、拉丁和阿拉伯等文字记述的。以希腊文从事撰述的史家中,有修道士乔治、副主祭利 218
奥、利奥·格刺马替卡、智者利奥、西得累那斯和普塞罗斯。③以阿拉伯文写作的史家中有阿尔·巴拉杜里、阿尔-巴扬、伊本·阿尔·阿替尔、伊本·哈尔敦、努威里和地理学家伊德里西。④在本章中只谈以意大利和拉丁文写作的史家。756年拉文纳总督倒台

① 参阅坡特哈斯特,I,763。

② 对拜占庭统治时期下意大利历史资料最完整的研究是巴托罗缪·卡帕索的《那不勒斯地方史导言,568—1500年》(著者死后由O.马斯特洛贞尼编写,那不勒斯,1902年。它包括发表在《那不勒斯地方历史文库》中,1876年,前I、II和前V,复制本3的论著)。H.希尔士:《十至十一世纪下意大利年代记》(柏林,1864年),特别研究了巴里·贝内文托和蒙特卡西诺的《年代记》。最好的历史概述是朱理·盖伊的《南意与拜占庭帝国,从巴塞尔一世的到来至诺曼人攻陷巴里,867—1071年》(巴黎,1904年);关于意大利和西西里的诺曼人,参阅F.加兰顿:《诺曼人在意大利和西西里统治的历史》(巴黎,1907年,二卷);L.丰·亥涅曼:《下意大利和西西里的诺曼人史》〔至公元1085年〕(莱比锡,1894年);爱德曼·库图斯:《西西里和下意大利诺曼人罗哲尔》(纽约,1912年),311—313。

③ 这些作家将在第17章提到。

④ 这些作家将在第20章提到。此外还有一些希腊文和拉丁文的圣徒传记,是这个时期有一定重要性的资料,特别是希腊文中的圣尼鲁斯、圣伊来亚、圣微塔利斯、圣萨巴斯等人的传记和拉丁文中的索伦托的圣安敦尼、那不勒斯主教阿塔内细阿、贝内文托主教圣巴巴都等人的传记。

以后,拜占庭帝国得以在意大利恢复统治是马其顿王朝(867—1025年)的功劳。巴锡尔一世和巴锡尔二世是这个王朝最伟大的代表。至1025年,拜占庭帝国业已控制意大利将近一半的领土,并威胁罗马本身。关于这些重要事件的情况,西方作家知道的很少。南意的巴利、贝内文托和萨莱诺这三个地方是重要知识中心。

在记述下意大利历史最重要的拉丁资料中,有许多年代记都是在阿普利亚的巴利附近写的,彼此都有密切联系。这些年代记包括:(1)《巴利年代记》,从605年写到1043年;(2)一部未查明作者的编年史[①],只从十七世纪的一部抄本中得知,抄本把作者归于琉帕斯·普洛托斯巴塔里阿——其最后的年代为1102年;(3)《无名氏巴利编年史》,由855年写到1115年。[②] 以《贝内文托年代记》为书名的有两套年代记(I和II),叙述788年到1182年间的事件。从开始到1112年,编纂者用的是现已失传的旧年代记。第1套是和《巴利年代记》相联系的。南意其他寺院年代记有《卡发年代记》(卡发是那不勒斯附近的一个寺院),从569年写到1034年。据说这些年代记是写在比德抄本边缘上的;可见这些年代记如何贫乏了!比较有价值的是《息卡诺[③]年代记》。这部年代记开始于公元元年,终于1217年。从1156年以后,对于研究息卡诺地区的历史是颇为重要的。记述1192年时曾对亨利六世尽情唾骂,

① 《那不勒斯国王的事业编年简史》(855—1102年)。

② 这些编年史间的关系,已由柏次、希尔士、尉尔曼斯、武斯顿斐尔德、科普克和坎土等人研究了。关于这方面的文献,参阅坡特哈斯特,I,54,101,173—174。这些研究的结果在加兰顿(见本书原书第217页注),I,第xxviii页和盖伊(同上)第xiii页又扼要重述了。

③ 中意拉丁姆南部。——译者

最后在那不勒斯海湾附近的萨莱诺发现另一个知识中心,其重要性与巴利和贝内文托不相上下。《贝内文托、萨莱诺、卡普亚和那不勒斯编年史》(*Chronicon ducum Beneventi, Salerni, Capuae et Neapolis*)一书,其止笔年代为943年,至晚是在965年在那不勒斯写的,对研究直至君士坦丁九世(坡菲罗真尼都)①时期希腊人在意大利半岛上的统治是特别好的史料。事实上,这部书是十一世纪以前仅有的一部记述拜占庭帝国在半岛上的权势的有连贯性的拉丁文编年史。《萨莱诺编年史》(*Chronicon Salernitanum*)曾利用口头和文字资料,其止笔年代是974年。作者利用口头资料所写的那一部分介绍了许多轶事资料,他的叙述表现了引人注目的天才,这种才能比意大利小说(novellino)抢先几个世纪问世。② 219

诺曼人终于在十一世纪使意大利南部脱离希腊帝国统治,并于十二世纪进入意大利社会。从1016至1090年间诺曼-法兰西人征服下意大利和西西里,他们在征服下意大利之后不久又将其统治扩张到西西里,从而激起历史撰述的兴趣,正如1066年征服者威廉在征服大陆之后又征服英国从而激励了盎格鲁诺曼史学那样。历史著述掀起热潮迎接这两个重大事件提出的时代要求。蒙特卡西诺寺院中的奥斯蒂亚人利奥和副主祭彼得两人都曾记载诺曼人入侵意大利早期一些事件。但诺曼人治下的意大利不久就产生了它自己的历史家,有如诺曼人治下的英格兰的情况。

---

① 君士坦丁·坡菲罗真尼都应为君士坦丁第七(912—959)。即位时七岁,912—913年由亚历山大摄政;913—919年由母后摄政;919—944年与继父共同执政。——译者

② 后来行吟诗人的"恋爱之题"("motif de l'amour")特别出现于第65章。

这些史家的著作中最重要的是阿马图的《诺曼史》(*Historia Normannorum*)或称亚梅的《诺曼人的历史》(*Ystoire de li normant*)。[1] 这部著作的拉丁原文未能流传至今,只有一种法文译本流传下来,这个译本可能是十三世纪在意大利译成法文的,时间是在安如族于1268年征服那不勒斯和西西里之后。作者是蒙特卡西诺寺院一位修道士,可能属于诺曼—法兰西血统。他在这部著作的开始部分曾多次提到1071年罗曼那斯[2]皇帝倾覆后君士坦丁堡发生的众多事件。由此看来,他似乎是在1075年开始写作,在1101年去世的。全书分为八卷。开始叙述的是九世纪北欧诸民族的扩张和912年诺曼底被征服概况;接着又记述了一些伟大的诺曼首领如罗哲尔·得·托尼、罗伯·克利斯本和巴叶人奥尔塞尔等人在西班牙和东方到处扫荡和冒险的情形。由此引入本书主题:即1016年以后,汤克勒得·得·何维[3]和罗伯·基斯卡[4]的儿子们领导诺曼人征服下意大利。这部书是作者阿马图献给蒙特卡西诺住持德西得里阿(1058—1087年)的。译者姓名不详,只知道他是十四世纪时人,也就是说,是原作问世二百年之后才译的。
220 作者以马拉特拉和阿普利亚的威廉、彼得鲁·戴阿科那斯和奥斯

① 参阅〔巴黎〕《学者杂志》,1836,第22—37页。最好的版本是O.得拉克的:《亚梅所著〈诺曼史〉》(巴黎,1892年)。关于诺曼历史家的英语简短记载,参阅库图斯(见本书原书第217页注),323—332、381—382。

② 罗曼那斯第四(1067—1071年),于1071年与土耳其人作战,被俘;释放归来后被杀。——译者

③ 诺曼英雄(1078?—1112年),罗伯·基斯卡的外甥。参加第一次十字军,多有功绩,其事业为意大利文学家塔索《耶路撒冷的解放》史诗所歌颂。——译者

④ 诺曼的冒险家(1015—1085年),建立两西西里的诺曼国家。1084年攻下罗马,解救了格雷戈里第七。——译者

蒂亚人利奥等人的作品为资料来源。但他并未盲目抄袭,而是进行改编,而且改编得极好,足证他是一位真正的历史家。不过,全书只有一部分具有独创性,即他加进去的记述蒙特卡西诺那两位大施主、卡普亚王子理查德和阿普利亚公爵罗伯·基斯卡二人的事迹的那部分。那位不知名的译者的工作也很有价值:他一面把阿马图的原书摆在面前进行翻译,一面不时离开原文,插入另一些情况,这些情况表现了自从一个世纪的征服以来发展起来的诺曼传统习俗。

高夫勒都(或赭夫罗伊)·马拉特拉所撰《西西里史》五卷的内容范围和阿马图的著作大体相同,只是叙述的年代较长。他这部作品歌颂了罗伯·基斯卡和他的弟弟罗哲尔的事迹。这部书的主要部分叙述诺曼人征服西西里的开端。其材料来源是口头的,还有一部分是罗哲尔和他部下一些杰出的首领们的回忆。这部历史一部分是用诗歌体写成的,终于1099年,但后来又用一种简单而枯燥的年代记形式续编到1265年。

诺曼人十一世纪远征西班牙、英格兰和意大利的事迹极其辉煌,其成就极其可观,其英雄气概极其突出。记述这些伟业的历史自然就类似史诗了。正如《罗兰之歌》是从西班牙十字军远征获得灵感、《黑斯廷斯战役[①]之歌》(*Carmen de bello Hastingensi*)是在诺曼人对英格兰的征服中受到鼓舞那样,阿普利亚人威廉的《罗伯·基斯卡的事业》也是一部以史诗形式写的有关罗伯·基斯卡

---

① 诺曼底公爵威廉1066年9月渡海侵人英国,10月战于黑斯廷斯,英王哈罗德战死,威廉进入伦敦,加冕为王,是为英国诺曼王朝的开始。——译者

的业绩的史诗，它的副标题本身就足以说明这一点：《诺曼人在西西里、阿普利亚和卡拉布里亚的事业的历史诗歌》(*Historicum poema epicum de rebus Normannorum in Sicilia, Apulia et Calabria gestis*)。全书五卷，读起来使人感到似乎古民歌片片段段已糅入书中。这部书是奉教皇乌尔班二世之命写的。关于作者，我们一无所知；但显然他并不是一位诺曼人，如果他是一位诺曼人，就绝不会如此严厉指责诺曼人征服南意时表现的那些贪婪和劫掠的恶劣癖性了。威廉利用了《巴利年代记》作为他这部诗歌第1、2两卷的材料，但似乎并未利用蒙特卡西诺的亚梅的作品。记述著名的1053年西维塔特战役①时，他利用了现已失传的材料，可能还利用了歌颂那次战役的一首民歌。威廉对于在阿普利亚发生的事件特别熟悉，但对其他各地发生的事件就不那么熟悉了，不过在记述巴勒莫之围②时却写出一些重要情节。总之，对于研究罗伯·基斯卡的生平以及他在把下意大利那些松散的公侯城邦结合
221 成一个紧密的国家这方面的惊人成就，他这部诗是最有价值的材料。他的拉丁文特别好，比赭夫罗伊·马拉特拉的好得多。

这个时期有六部修道院编年史很重要，因为这些书提供了关于诺曼势力在各个地方扩张的情况，这些情况无法从别处得到。这六部书是：(1)加索里亚圣克力门修道院一位修道士编的《加索里亚编年史》，写到1182年，是研究阿布鲁齐③被征服情况的稀有资料之一；(2)阿布鲁齐另一个寺院中的修道士卡皮涅多编的《圣

① 诺曼人打败教皇利奥第九。——译者

② 诺曼人围攻西西里的巴勒莫。——译者

③ 中意大利的一省。——译者

巴托罗缪编年史》(*Chronicon Sancti Bartholomei de Carpineto*, 962—1159);(3)《阿马斐编年史》(*Chronicon Amalfitanum*),由747年写至1294年,其中只有第2部分很有价值,而且也只是地方性的。情形相仿的还有(4)《弗拉拉编年史》(*Chronica Ferrariensis*),从681年写到1228年,文字笨拙、编排不当,只有从1140年到1149年罗哲尔二世[①]和教皇之间的关系极度紧张的那一段较重要。全书大部是对其他编年史笨拙的修订。此外还有:(5)《圣史梯芬编年史》(*Chronicon Sancti Stefani*)和(6)沃尔图诺[②]的圣文生特寺院修道士约翰编的《沃尔图诺编年史》,这部著作把事实和寓言混杂一起令人气恼。

随着诺曼人在南意的统治进一步稳定下来,历史写作中原先那种史诗精神必然衰退,比较清醒的、内容充实的作品必然流行,散文必然取代诗歌和寓言。现在应当谈谈的有四位作家即:贝内文托的法尔科、特勒斯的亚历山大,萨莱诺的洛谟阿尔德和乌冈·法尔坎多。[③]

《他的一生中发生的事件的编年史》(*Chronicon de rebus aetate sua gestis*)一书的作者贝内文托的法尔科不是一位修道士、而是一位俗人,是贝内文托宫廷中一位公证人或书记。1133年英诺

① 诺曼的西西里伯爵(1101—1130年)和国王(1130—1154年)。1139年囚教皇英诺森第二,最后两人妥协:教皇承认罗哲尔为西西里国王,罗哲尔承认英诺森为教皇。——译者

② 中意西部发尔特诺河入海处一城市。——译者

③ 这四位重要历史家和一些次要的著作已收入朱塞普·得·累编的《诺曼人在南意和西西里统治时期的编年史和作家》(那不勒斯,1845年),附意大利译文,平栏排列。

森二世任命他为地方法官。他的著作即使不是在1154年罗哲尔二世死时还没有开始下笔，也是在他死后才完成的。他很仇视诺曼人；考虑到贝内文托教皇领地经常受到他们危害，这也是意料之中的事。这部书是以年代记的形式写的。有趣的是这一事实：在记述意大利诺曼人的史书中，他这部书是仅有的一部对他们采取敌视态度的。罗哲尔二世是一位暴君。这部书最有创见的部分是记述1112至1139年的那一段。1112年以前那部分，法尔科依靠的是过去的编年史，以一些档案材料作了补充。他把许多这类档案文件全文转载或作了摘要。有关罗马、卡普亚或萨莱诺的事情，他知道得很多。作为一位作家，他有异乎寻常的描绘能力，他记述卡力克斯塔二世[①]进入贝内文托的那段情况就能说明这一点。

222 亚历山大是特勒斯附近圣萨尔瓦多修道院一位修道士。他的《西西里王罗哲尔的事业》(*De rebus gestis Rogerii Siciliae regis*)一书如此突然地终止于1136年，这件事似乎可以肯定他未能活到完成自己的著作的时候。他这部著作是献给罗哲尔二世的，这说明他对诺曼人还是有好感的。他没有提到他利用的史料来源是什么，但他了解的情况似乎很多。对于研究1127至1137年的历史情况，他的著作特别有价值。

在研究诺曼人在意大利和西西里建立的王国的历史方面，萨莱诺大主教洛谟那尔德所撰《年代史》或《编年史》很有价值。洛谟阿尔德出自一个长久以来已和教会以及公国政府打成一片的一个萨莱诺贵族家庭，1153至1181年任大主教，曾钻研医学——萨莱

① 教皇(1119—1124年在任)。——译者

诺是医学研究的一个重要中心;他是英王亨利二世的大臣布卢瓦[1]人彼得[2]的朋友。在威廉一世和威廉二世统治时期,他在政治上占有重要地位,曾任贝内文托条约以及结束红胡子腓得烈和伦巴第诸城邦之间长期战争的威尼斯和约谈判代表。他是教皇亚历山大三世的宠臣,在1179年的拉特兰宗教会议上有很大势力。他的《编年史》是一部巨大的世界编年史,从创世写起;十一世纪以前那部分是圣哲罗姆、比德、以锡多、奥洛西阿斯、副主祭保罗、爱恩哈德等人的著作的汇编。撰述诺曼早期部分,他依靠的是蒙特卡西诺年代记、奥斯蒂亚人利奥、琉帕斯·普洛托斯巴塔巴阿等人的作品以及《贝内文托年代记》等书。这一部分记述整个说来当然没有多大价值。但关于他自己所处时代的那一部分,他了解的情况则十分丰富,不过因为他的成见很深,阅读他的著作时须加小心。关于威尼斯和约签订以前进行的那些谈判的记述特别有价值。

雨果·法尔坎多所著《西西里王国史》叙述的是西西里这个岛国从1154至1169年的历史。作者并非西西里人,也不是法国或西班牙人,这在他称这两国人为"阿尔卑斯山外人"或"山外人"这一点即可看出。[3] 他确曾长期居住巴勒莫。他的著作写于1181

---

① 法国中部西北的一个城市。——译者

② 法国的作家(约1135—约1208年),西西里国王威廉第二的老师,后在英王亨利第二朝廷服务。其《书信集》有重大的历史价值。——译者

③ "可以提出根据,证明他既不是西西里人,也不是法国人,也不是阿普利亚人。我认为,也可以提出同样好的根据证明他是英国人。当然,只有西西里王廷中的英国人没有受到他的指责。"J.C.希尔德,见《斯密司学院研究丛书》,III(1918年)第3号。关于其他文献,参阅坡特哈斯特,I,444。

年以后，因为他曾提到亚历山大三世[①]之死。他这部书并不是像它的名称所暗示的那样是一部西西里王国的通史，而是详细地叙述了巴勒莫在该书概括的那些年发生的事件。他描写了巴勒莫的商业和手工业，特别是蚕丝这一行业。他显然有机会接触王室档案，因为他引用了许多公文。尽管南意当时是诺曼王国的一部分，但他对这个时期大陆上发生的事情的叙述却很简短。在希腊、阿
223 拉伯和法国这几种文化互相接触交融的巴勒莫杂色王廷中，法尔坎多厌恶东方气息。一位很有势力的阿拉伯奸臣阴谋杀害国王，事败垮台，法尔坎多拍手称快。对教士倍极痛恨。他也激烈反对教权。尽管有许多不足，法尔坎多这部书仍然是中世纪最杰出的历史著作之一。近代各式各样作家都把他和修昔底德、波里比阿、塔西佗、李维或普洛科匹阿相提并论；尽管这样类比可能十分牵强，却足以说明法尔坎多是一位很有才干的历史家。

① 教皇（1159—1181 年在职）。——译者

第十四章　法国封建时期的历史学家(900—1200年)[①]

公元九世纪加洛林帝国的瓦解并不限于887年查明的作为帝 224
国组成部分的那五个王国的出现。造成帝国分裂的那些力量在各王国内部仍继续存在。在德国，古老传统十分坚韧，而且德国人虽然分为法兰克人、撒克逊人、斯瓦比亚人、巴伐利亚人和图林根人，但事实上都属同一血统，操同一语言；从而使这个王国有某种程度的同一性。但在法国，情况就很不相同，法国人是各个种族的混合体——高卢-罗马人、德国人，特别是法兰克、加斯科尼和克勒特(布列塔尼)等血统；公元九世纪又加上北欧人、即诺曼血统。在种族、语言和地方制度各方面这种多样性着重说明这个君主国的软弱性，因而使十世纪的法国形成封建地方主义走向极端的现象，因

① 摩林尼尔，I，279—286，II，1—64；迦伯列·摩诺，见〔巴黎〕《历史评论》XXVIII(1885年)，241—272；普斐斯特：《虔诚的罗伯统治时期》(巴黎，1885年)；考斯道夫·马逊的《早期欧洲编年史家：法兰西》(伦敦，1879年)是肤浅的。未附原文的法语译本，见F.基佐编的《有关法国史的回忆录汇编》(巴黎，1824—1835年，三十一卷)，分析见坡特哈斯特，I，第LXXX页和A.富兰克林：《法国史资料》(巴黎，1877年)，279—287。其译文常常松懈而不可靠。路易·哈尔方新编的一套中世纪法国史基本资料丛书，附译文，正在排印中(《中世纪法国史古典著作》，巴黎：尚彼温，1923年以后)。佩替特·得·朱勒维尔：《法国文学史》(巴黎，1896—1899年，八卷)，I，第6章，V.隆格腊作；阿溪里·吕舍尔："法国史资料"，见〔巴黎〕《学者杂志》，1906年，第23—35页。

此，大多数编年史家的注意力只限于他们各自居住的地区范围以内，因为他们了解的情况也只限于这些范围。

历史著述受到认真的扶植，但分布很不平衡。法国北部和东北部，有年代记和编年史，但很少纪实故事；在南部，有纪实故事，却很少年代记；只有在蛮风盛行的西南部既无纪实故事又无编年史。有些省份，一百多年间，根本就没有任何历史著作，例如加斯科涅，自 900 至 1050 年的情形就是这样。封建观念、封建做法浸入十世纪政治体制极其彻底，以致加洛林王朝末叶和加佩王朝初期那些国王并不像国王，却像只是名义上的霸主，只是在尊贵程度上和他们的附庸不同而已。这些国王实际上既无实力又无权威。
225 为这些势力如此微弱、其生活又和他们周围的贵族毫无二致的统治者编写历史是不可能或根本不可能的。而且，大多数编年史作家都是修道士，他们对世俗事务也很不感兴趣，他们的眼界也很少超越各自居住的地区。在法国北部，只有兰斯和桑两个大主教区和奥尔良附近的夫勒里修道院是知识中心。在卢瓦尔河以南，唯一光明的地点是利摩日的圣马绍尔修道院。

法国最重要的地区是塞纳河中游，或以巴黎为其中心的法兰西岛。十世纪时，这个地区是巴黎伯的封建领地，987 年巴黎伯休·加佩当了法国国王。在这以前，加洛林王朝摇摇欲坠勉强维持，以拉昂为首都。十世纪法国北部两位杰出的历史作家是夫罗多亚[①]和黎希尔，两人都是兰斯牧师会成员，他们的著作合在一起记述了 922 年到 999 年间的事。

① 生活于 894？—966 年。——译者

夫罗多亚[1]曾在兰斯大教堂的学校里受教育；即使在给尔贝[2]使这个学校誉满全欧以前，它已经是十世纪西方最好的一所学校了。在他那个时代，他的学识教养总算既渊且博的了。他的《年代记》是这类著作中十分优秀的范例，内容丰富，年代准确。他这部书开始于 922 年，写到 966 年他死时为止，是研究加洛林王朝晚期历史的主要资料。考虑到当时党派情绪盛行，他还是非常公正无偏的。他有时提及德意两国发生的事件，但对法国南部的历史则漠不关心。夫罗多亚是兰斯那些珍贵档案的保管者，这些丰富的珍藏引诱他写了一部《兰斯教会史》，[3]从远古写到他自己的时代，由于书中插入大量文件，因而很有价值。

夫罗多亚撰述范围以内的一部分，后来又在同一世纪由兰斯牧师会另一位成员黎希尔编写，但从 966 至 999 年那部分的材料是黎希尔独创的，其中还颇有文章。十五世纪晚期，德国维尔茨附近的斯逢希姆寺院住持特利拉密阿斯[4]曾经谈过黎希尔一部名叫《史记四卷》的著作。[5] 在其后三百余年间，这部书有如石沉大海、

---

① Ph. 劳厄校订的《夫罗多亚的〈年代记〉》(巴黎，1905 年)，参阅导言；M. 曼尼提阿斯：《中世纪拉丁文学史》(慕尼黑，1911—1931 年，三卷)，II，155—166。

② 即教皇西微士德二世(999—1003)，著名学者，尤精于数学与自然科学，在兰斯学校任教，后为兰斯大主教。

③ 《夫罗多亚的〈兰斯教会史〉》，拉丁原文，附勒仁的法语译文(兰斯，1854 年，两卷)；比较，〔巴黎〕《学者杂志》，1866 年，第 5—19，183—196，205—219 页；摩林尼尔，I，第 947 号。

④ 德国人文主义学者(1462—1516 年)。——译者

⑤ 关于版本和文献，参阅坡特哈斯特，II，971。法语译本，见巴别隆：《修道士黎希尔笔下最后加洛林诸王》(巴黎，1877 年)。比较，〔巴黎〕《学者杂志》，1840 年，第 470—489，535—556，和 1866，183—196，205—219 页。

无人知晓，直到1833年德国史学家柏次[①]才在班贝格大教堂图书
226 馆里发现了黎希尔亲笔写的原稿！他这部书和夫罗多亚的著作很不相同；极端偏袒加洛林王朝晚期诸王，仇恨休·加佩。全书生动记述比比皆是，拉丁文也写得很好，看得出是受了萨拉斯特的影响。黎希尔仿古未免过分，一贯使用古罗马军用术语，例如在大封建领主下服役的一队奴仆他称为“军团”，称武士为“骑士等级”。除有文字记载的史料和他自己了解的当时的事件之外，黎希尔了解到的情况都是来自他的父亲。他父亲是国王路易四世(936—954)的忠臣。他的《历史》是献给伟大的学者给尔贝的，后来给尔贝当了教皇，称西微士德二世。黎希尔曾在兰斯受到给尔贝的教导；关于这件事他曾有长篇记述，颇富启发性。[②] 在《历史》第4卷第50章中，他记述了他骑马长途跋涉前往夏尔特尔[③]学习希波克拉底[④]的《箴言集》(*Aphorisms*)的情形，写得生动逼真。兰斯另一部稀奇的史料是给尔贝当教皇以前写的《通讯集》，对研究980至997年间法德两国政治很重要，对研究当时的知识文化情况也很有价值，因为给尔贝当时是欧洲最伟大的学者。[⑤]

除了这两部著作以外，公元1000年前后的法国史学就都分解为支离破碎的寺院年代记了。其中有《圣科伦巴年代记》(这个

---

① 德国历史学家(1795—1876)，柏林图书馆馆长，《德国史料集成》的编纂者。——译者

② 译文见我的《中世纪史》(纽约，1931年，两卷)，II，780—781。

③ 在法国北部。——译者

④ 希腊著名的医学家(公元前460？—前377？年)，其《箴言集》中的文章不见得全部都是他本人的著作。——译者

⑤ 举良·阿佛校订的《给尔贝书信集》(巴黎，1889年)，参阅导言。

寺院在桑)和《桑法兰克史》(*Historia Francorum senonensis*,至1015年止),这两部年代记都是在桑写的。当时在加佩王朝诸王的领土上最重要的城市是奥尔良,而不是巴黎——当时有一位作家拉都尔福斯·格拉伯[①]称奥尔良为"王城"(urbs regia)。十一世纪法国学术最发达的寺院是奥尔良附近的夫勒里修道院。法国最著名的学者阿波于1004年逝世后,休·卡佩的私生子高兹林当了夫勒里修道院住持。阿波的事业和高兹林的显赫使夫勒里寺院的接触范围超过大多数寺院。这个寺院与王室的联系这时鼓舞了该院爱伊摩英[②]动笔撰写他那部巨著《法兰克史》,但刚刚写到654年他就去世了。这部书既短又无批判,注定会有人续编至1164年,而原书又是《圣本尼狄克特的神迹》一书的续编,后一部书的残篇当时保存在夫勒里寺院而不是蒙特卡西诺寺院。和在桑、夫勒里、兰斯等处进行的历史著述工作比较起来,巴黎的景况就显得极其可悲了。圣登尼斯、圣泽芒·得·普里和圣马格罗尔等寺院的年代记简直不值一提。

但这些编年史也有一个方面生动而有趣,这就是其中的史诗味道。在前几章里我们已提到史诗色彩如何沾染了图尔的格雷戈里和科尔维的威都坎等人的作品,如何布满圣加尔那位修道士的篇章。中世纪的法国在十世纪正是处在历史上真实的罗兰发展到 227
《罗兰之歌》的中途;正在第一部伟大史诗的门槛上徘徊。我们在十世纪历史作品中看到的民歌和短歌的闪光使它们具有迷人的趣

① 法国十一世纪的编年史家,其著作五卷,包括900—1046年的历史。——译者
② 生活于公元960?—1010年。——译者

味。歌颂 885—886 年巴黎之围中的英雄厄德的一首诗歌的词和曲碰巧未遭毁坏留存至今。[①] 923 年苏瓦松之役已写进传奇和民歌。[②] 在黎希尔的作品中这类东西特别丰富；历史家读起来未免心烦，但在研究中世纪文学的人们眼里却非常有趣。在昂儒诸伯的《记事》和《南特编年史》中可以看出传奇色彩。即使是《桑法兰克史》关于科隆大主教白鲁诺远征桑和 978 年鄂图二世远征巴黎的记述中那些错误，也都流露出在这个题目上有史诗存在。正像最早的英雄事迹诗歌——如《刺乌尔·得·喀姆布来》、《机拉尔德·得·鲁西永》和《哥蒙特与易森伯》——里面有真实历史事实那样，十世纪法国有些编年史里面也有史诗成分。

《罗兰之歌》曾两次提到"法兰克记事"作为一个史料来源，但是这个提示究竟指的是哪一部历史著作却尚未鉴定出来。似乎指的是某部现已失传的著作。休·加佩统治时期（987—996 年）历史撰述特别贫乏，唯一的一部记述是圣摩耳人厄德所撰《可敬的部沙尔传》[③]。部沙尔是休·加佩手下一位大封臣，他的宫廷中一位高官、顾问和朋友。但这部作品记述的地区过于狭窄。除了文多美、科尔贝、默伦和巴黎等小伯爵领地以外，其他地区全无记述。尽管所写地区狭窄，但这部《可敬的部沙尔传》仍然是重要的，因为它描绘了当时过分的地区特殊性、地方生活的紧张热烈以及封建

① E. 发浮尔：《巴黎伯与法王厄德，882—898 年》（巴黎，1893 年），235—236。

② 黎希尔：《历史》，I，第 42—46 章；勒斋诺的续编者，922 年；朱理·肖凡农校订的《阿得马·得·沙班：〈编年史〉》（巴黎，1897 年），142。比较 C. V. 卡尔克斯泰因：《加佩王朝初期法兰西王国史》，题外话（Exkurs），III，iv。

③ 《可敬的部沙尔传》，Ch. 部勒·得·拉·隆西尔校订本（巴黎，1892 年）。

制度的运用。

《笃信者罗伯传(996—1031 年)》是他手下一位牧师黑尔加德写的,只有一个抄本保存至今;如果这个抄本也失传了,损失也不大;因为这只是在这位国王死后不久写的一篇虔诚的教诲,类似歌功颂德的葬礼演说词。不过,这部传记显然是较早问世但已失传的一部较大史书的补充。这部大史书很可能是根据圣腾永和夫勒 228
里两修道院已失传的旧年代记编写的这两个修道院的历史,这部史书的失传才真正可惜。

在塞纳河流域以外,勃艮第是十一世纪前半叶历史著作最多的地区。修道士约翰在第戎[①]写的《奥舍尔[②]诸主教行传》和《圣伯宁编年史》构成这个省从五世纪中叶至十二世纪中叶的教会史。第戎是法国十一世纪最奇特、最有趣的一位历史家的故乡。这位史家就是拉都尔福斯·格拉伯,即秃头拉尔夫,他是克吕尼教团一位修道士,敏感而有艺术气质,他的头脑里装满了奇特的学识和古怪的迷信。拉尔夫受不了纪律的拘束,也不耐烦长期住在一个地方,于是他从一个寺院串到另一个寺院,利用他的艺术才能,以装饰祭坛、画壁画维持生活,直到住持无法忍耐、发火把他赶出去为止。然后他又去串别处寺院。最后,他在第戎的圣伯宁修道院住持威廉身上找到一位朋友,威廉了解他、同情他,于是他就在那个寺院度过他的残年,为他的恩人写了一部《传记》和记述他那个时代的一部《历史》。前一部书非常有价值,因为它记述了住持威廉

① 在中法兰西的东部。——译者
② 在中法兰西的北部。——译者

（意大利人）怎样从意大利输入彩色大理石，意大利石匠、嵌镶工人以及其他一些艺术家修建圣伯宁教堂的情况。他为这个建筑写的那篇详尽的长篇记述，经近代考古学家核对，证明每个细节都是对头的。他那部《历史》五卷（尽管任何合理的分卷都是不可能的）是一些轶事、神学对话、奇迹般的事件和传说等等东西掺和一起的离奇古怪的大杂烩；关于当时一些重大事件比较客观的报道也和上述一切混合在一起——因为圣伯宁寺院位于从意大利到法国中部和海峡诸港口去的大路上，而且寺院本身又极重要，当时的重大事件必然会传入其中。尽管在表面上看来这部书似乎十分荒谬，但它却有其独特的价值。它对当时文化上某些重大表现作了明晰的描绘，这一点任何其他著作都望尘莫及。①

十一世纪由于首次普遍表现了心理学家们说的"团体心理"（"group mind"）而引人注目。这个时代是经济和社会转变、宗教复兴、情绪剧烈表现的时代。教会和贵族为了加强和平稳定组成联盟，称为"上帝的休战"②，圣物崇拜成风；圣地朝拜狂热，十字军运动开始了。拥有成千上万追随者的异教邪说集团在欧洲各地普
229 遍出现。在这个感情奔放、无法无天的骚乱声中，对圣母的崇拜也大为流行，而且社会各阶级的人们心中满怀热忱动手拆毁那些以木料建成的黑暗而古老的教堂，建筑更大、更讲究的石料大厦。这

① E. 革普哈特，见〔巴黎〕《两世界评论》，1891 年 10 月 1 日，第 600—628 页；厄涅斯特·佩替：《剌乌尔·格拉伯》，见〔巴黎〕《历史评论》，XLVIII（1892 年），283—299。

② 1041 年企图限制战争，下令宣布四旬斋与降临节之间，即大节期间星期四至下周星期一，不得有战争。"上帝的休战"1139 年为宗教会议批准，英、法、意等国都已承认，但很少注意实行。——译者

个时代在精神方面这些新的美好的表现正在形成促使封建世界发生变化的酵母。在意大利出现的新的拟罗马式建筑这种前进浪潮正冲出边界在法国和莱茵兰泛滥起来。这个新运动使敏感的拉尔夫·格拉伯满怀激情,当他看见圣伯宁修道院用鲜艳的白石砌的墙壁逐日增高,又听到别处类似的教堂也正拔地而起时,他感叹不已,说道:“这简直好像上帝一夜之间普降瑞雪掩盖了教堂。”[①]和这种狂喜恰成鲜明对比的是对1031至1033年间那次骇人的饥馑的现实主义描绘。

昂儒诸伯很早就热情提倡历史撰写的传统了。[②] 最早的一部史料是佛尔克·勒轻[③]伯爵所撰那本简短的《自传》,这部著作独具风格。书中材料取自赭弗理·马绍尔的著作,十一世纪以前有关昂儒王朝的全部已知情况尽在其中。这部书问世后,接着就是十一世纪的《昂儒诸伯记事》(〔即诸伯爵〕[④]*Andegavensium*)和十二世纪的《昂儒民众会议史》(*Historia comitum Andegavensium*)。

在法国卢瓦尔河以南,这个世纪几乎没有任何历史写作,只有利穆赞省利摩日的圣马绍尔修道院是黑暗中的一个火把。察班尼的阿德马(988—约1035年)就是住在这个寺院并进行辛勤劳动的。

---

① 关于这次运动的详细记载,参阅亨利·亚当:《蒙特-圣徒-米雪尔和特许状》(波士顿,1913年);和我的《中世纪经济社会史,300—1300年》(纽约,1928年),671—673。

② 参阅卡特·诺加特:《昂儒诸王统治下的英格兰》(伦敦,1887年,两卷),I,126—132,和士达布斯对他的剌尔夫·狄塞多的《历史著作》校订本(伦敦,1876年,二卷:《卷宗丛书》,第68号)的有价值的导言。

③ 佛尔克第四(1068—1106年)。——译者

④ 原文称伯爵为执政官。——译者

他那短暂的一生充满异常的热情。他是一位热心的图书收藏家，一位不知疲倦的抄写家；他写了一部圣马绍尔修道院诸住持简史，抄写了《法兰克诸王本纪》(*Gesta regum Francorum*)(是夫勒得加著作的续编)和法兰克文的《罗耳士年代记》，根据地方寺院年代记编写了一部《利摩日年代记》(687—1030年)(这部书远不是只枯燥地列举诸住持的名字)，还有一部《亚奎丹编年史》(830—1028年)，而且竟然还找出时间写了他那部最重要的著作《编年史》。[①]在完成这部著作之后，他跋涉千里前往圣地朝拜，后即死在那里。《编年史》第1卷一共五十九章是墨洛温王朝的概述；第2卷二十五章，是法兰克宫相和查理曼的历史；第3卷叙述法国814至1028年的历史，计七十章，后半卷非常有价值。阿德马的兴趣超出他本国的范围，而且他有大量消息来源，因为利摩日地处通往康
230 波斯提拉的朝圣大道上，法国、佛兰芒[②]、德国、英国、爱尔兰和意大利的朝圣者都在这条大路上通过。圣马绍尔修道院和基督教西班牙的这种关系也使阿德马了解到形成第一次十字军前奏的轰轰烈烈的极其壮观的西班牙十字军运动、往昔伊斯兰西班牙和非洲等地许多情况。[③] 很明显，阿德马的兴趣是在文化方面。因此，他才告诉我们阿基坦威廉二世如何从意大利带回花毯和图画；还说

① 关于肖凡农的版本，参阅原书第227页注。

② 住在现在比利时、荷兰南部及法国北部的人。——译者

③ 关于这些远征，参阅P.布瓦桑那德的《〈罗兰之歌〉近论等》(巴黎，1923年)，3—68；和他的论文"西班牙第一次十字军"，见《西班牙通报》，XXXVI(1934年)，5—28；E.佩替：《十一世纪勃艮第人进攻西班牙萨拉森人的十字军》，〔巴黎〕《历史评论》，XXX(1886年)，259—272；E.萨库尔：《克吕尼教团僧侣》(哈雷，1892—1894年，两卷)，II，101—114。

他如何在自己的图书馆里有"很多"藏书,每当不能入睡时,就在床上阅读——在甚至国王都不能阅读的那个时代,这件事确实很了不起;又说爱尔兰人有他们自己的语言(propriam linguam),但用的字母是拉丁;还说阿拉伯话的声音好像狗叫。最后这个情况是他听到被俘的伊斯兰教徒说话之后了解到的——每次从海上或陆地向他们进攻胜利之后,都有成百上千的伊斯兰俘虏在法国南部被出卖当奴隶。这些年正是上帝的休战在阿基坦出现并开始扩展各处的时候,用他自己的话说,当时"全法国都处于战争状态"(Omnis Frantia bellatrix conflixit)。阿德马对当时国内外情况的了解极其准确而全面。

诺曼史学[①]于十一世纪初诺曼底第四位公爵理查二世统治时期(996—1026年)由度多开始。北欧人花了一个世纪的时间,才把封建的法兰西的文明、文化和宗教吸收到足够的程度,从而对自己的历史有了自觉性。度多不是诺曼人,而是毕伽德[②]人,圣昆廷修道院牧师会成员,994年被维蒙达伯爵派往鲁昂,请求诺曼人支援,以抵抗休·加佩。从那时后,他就在诺曼宫廷里住了很长时间,公爵理查一世请他写一部诺曼底早期诸公爵的生平。这部作品于1015年后完成,名为《早期诺曼底诸公爵的事业与死亡》。[③]

---

① 摩林尼尔,II,213—218;格罗斯,第1805,1832,1678号;G.惠芝:"诺曼人在法国建立统治权的历史资料",见《格丁根学者通报》(1866年),情报第6,69—96。考斯道夫·科尔廷:《洛罗传奇的史料来源》(莱比锡,1867年);E.A.福礼门:《诺曼人征服英国史》(牛津,1867年,六卷,第1、2卷第2次修订版),参考索引。

② 法国北部靠近英吉利海峡的一个旧省份。——译者

③ 朱理·雷尔主编,见《诺曼底考古学会报告》,XXIII(第3辑,III),也有单行本(卡昂,1865年)。其他文献,参阅坡特哈斯特,I,385。

这部著作问世是诺曼底脱离野蛮状态的标志；从此以后，寺院和学
231 校又开始修建起来（费康和柏克二地的情况就是这样），文学和教会艺术也开始再次受到培育。他这部书很奇怪，是一部分以散文、一部分以诗歌写的。散文部分夸张而松散；诗歌部分以二十种不同的韵律写成，十分恶劣。文字是中世纪拉丁文中最坏的，十分可憎。但度多还是有价值的，纵或没有别的理由，至少他也是第一位诺曼史家。关于诺曼底早期历史，他只能依靠口头传说，因为并无任何其他史料可供参考。在他叙述哈斯丁斯[①]和洛尔夫[②]的事迹时，这一点很显明。因为那个时期的风气是拟古主义，所以他也曾竭力把洛尔夫的世系追溯到特洛伊流亡者身上。

在诺曼征服时代诸历史家中，为首的是利捷大助祭普瓦蒂埃人威廉。他的著作（不幸未能全部保存下来）是所有关于他写的那位主人公的资料中最重要最有权威的；但"从头到尾都必须打折扣，因为他对他的主人经常奉承，对葛德文[③]和哈罗德则一贯疯狂地仇视。因此，读他的著作时，必须特别小心，而且在一切纯属英国的事务中，他是完全不可信赖的"。[④] 这部著作开始部分业已失传，因此关于威廉青年时代并无记述。他过去是一位骑士，后来当了牧师（不过不能说他已抛弃尘世生活），后来又当了征服者威廉的牧

---

① 1066年威廉第一在英国登陆，大败英王哈里德于哈斯丁斯。——译者

② 北欧人酋长（860？—931？年），约890—910年侵入法国西北部为诺曼底诸公爵之始祖。——译者

③ 英国威塞克斯伯爵。在英王爱德华朝甚有势力。卒于1053年，其子哈罗德继立。——译者

④ 福礼门（见本书原书第230页注），II，注4。

师。他的《威廉公爵的事业》一书就是为这位征服者写的,正如福礼门[①]所说,他"对他的恩主的荣誉比对真理和准确性更为认真"。

朱密治一位修道士威廉·加尔各拉斯(盛年约在1070年)缩写了度多的著作,续编诺曼底历史,记述了善良的理查[②]、理查三世、罗伯[③]和威廉本人统治时期,一直写到哈斯丁斯战役,并把这部著作献给征服者。这部分终于第3卷第42章。后来又补写两章,叙述威廉的逝世和葬礼。[④] 后来又增加一部续编,写到1137年,对以前各卷作了许多删改增补。很明显,这部书是蒙特·圣密克尔寺院住持托利尼人罗伯有时称为罗伯·得·蒙特写的。朱密治的威廉的著作很有价值,因为他不像普瓦蒂埃的威廉那样有强烈的成见。他的记述构成贝叶教士瓦斯[⑤]所著诗体历史《洛罗传奇》的基础,《洛罗传奇》写于亨利三世统治早期[⑥]。后来柏诺依·得·圣摩尔[⑦]的诗体历史,作为诺曼传统的反映,是有价值的。

在亚眠人基于1068年写的《黑斯廷斯战役之歌》(*De bello Hastingensi carmen*)中,几乎是最后一次表现了长期以来就使法

---

① 英国史学家(1823—1892年)。著有《诺曼征服史》等书。——译者

② 即理查第二,为诺曼底公爵(996—1027年)。——译者

③ 罗伯第一(1028—1035年在位),理查第二之子,胜利者威廉之父。诺曼底公爵中没有理查第三其人。——译者

④ 关于朱密治的威廉,参阅格罗斯,第1805号;坡特哈斯特,I,556—557;英译本见约瑟·史梯芬孙:《英国教会历史家》,V,第1部分。

⑤ 十二世纪的英国诺曼诗人。他用诺曼法语写了两部传奇:《洛罗传奇》和《布鲁特传奇》。——译者

⑥ 1216—1272年。——译者

⑦ 十二世纪法国抒情诗人,著有《诺曼诸公爵史》及《特洛伊传奇》,后者为薄伽丘、却赛及莎士比亚文学作品的史料来源。——译者

232 国史学生动活泼的那种史诗精神。这部书也许是十二世纪早期那些英雄事迹之花(《罗兰之歌》是其中最光辉的代表作)怒放以前、中世纪拉丁史诗中最好的例子。拉丁文和白话这两种类型之间的亲密关系可以用描述征服者一位宫廷歌手(jongleur)塔利斐[①]身上发生的一件事加以说明:这位歌手骑马奔赴哈斯丁斯战场时,一路唱着《罗兰之歌》中的几节诗(他唱的不是我们现有版本,而是更早的一个)。[②] 像这样的历史诗歌以及前已提到的更早的史诗例子,在黎希尔的著作、《法兰克记事》、《南特编年史》等著作中有看得出来的民歌情调,这些都使我们能够理解对十一世纪在法、英、西、意等国以及圣地出现的那些激动人心的事件,封建时代的人们是多么敏感、他们的想象力多么丰富。

十二世纪的文艺复兴并不是一个空洞的名词,也不是一个幻想出来的时代。就兴趣的多样性和广阔性而论,十二世纪在展现人类精神方面是那些几乎无与伦比的诸世纪——如公元前五世纪的希腊[③],奥古斯都时代的罗马[④]或十四世纪的佛罗伦萨[⑤]——中的一个。同样的现象也将在盎格鲁—诺曼和法国的历史写作中看

---

① 诺曼公爵的宫廷诗人。1066年侵入英国时,他冲在军队的前面,口唱歌颂查理曼及罗兰的诗歌,战死在沙场上。——译者

② 这个轶事不见于任何当代史家的记载,而是曼兹柏立的威廉说的,他生活在亨利二世统治时期,在寺院图书馆中看到一首《罗兰古歌》(*Cantilena Rollandi*)。佩德波罗寺院的图书目录(显然不是1362年以前的)中,有两项记载。这些版本中的一个或两个可能是在我们现有的《罗兰之歌》以前的版本。比较,T. A. 贞琴斯:《罗兰之歌》(波士顿,等地,1924年),第ix页。

③ 希腊古典时代。——译者

④ 罗马古典时代。——译者

⑤ 意大利文艺复兴时代。——译者

到。新思想的力量冲破旧的教育传统,激起一个文化知识运动,以建立第一批大学达到高潮。对罗马法的研究,导致对封建法激烈的修改。教皇权势发展到骇人的高度,变成欧洲伟大的立法者。城市生活和商业发展起来。哥特式建筑艺术和突然出现的白话文学给世界带来新的美,在美学上、在知识上都是这样。

对这种新精神、新情况最敏感的法国历史家是基伯特·得·诺让,他出身贵族,生于1053年,死于1124年,生活在两个世纪交接的年代。① 他的父亲在诺曼底公爵威廉和国王腓力一世②之间的一次战争中被俘虏,死于囚牢中。他接受头脑清楚、聪明智慧的母亲和私人教师的教育,直到他在诺让-苏-库栖修道院当了修道士为止;1104年,他被任命为那里的住持。基伯特的天才表现在下述事实:他写了三种不同的书,三种都很杰出,而且都在不同的方面。第一次十字军的巨大震荡使他深受触动,在一段很出色的 233
文字中,他描绘了当时的情景:

> 法国人当时正在饥馑中煎熬;连年歉收,灾荒不断,谷价飞涨。奸商投机倒把,一贯以百姓苦难为发财之机。面包稀少,售价昂贵。穷人以树根野草充饥。突然间听到十字军的呼喊,全国各地同时响应,砸碎了粮仓的铁锁和链条。于是原来有如无价之宝、百姓只好望洋兴叹的粮食,现在当人人都被鼓动起来,个个愿意随十字军出发的时候,这些粮食却几乎分文不取就出售了。于是出现七头羊只卖五个便士的情

---

① 坡特哈斯特,I,549中的文献;和摩林尼尔,II,第1856号;也参阅伯尔拿·摩诺的"基伯特·得·诺让的历史方法论",见〔巴黎〕《历史评论》,LXXXIV(1904年),51—70和他的著作《修道士基伯特和他的时代》(巴黎,1905年)。关于基伯特的自传,参阅原书第233页注释。

② 法王腓力一世(1060—1108)。——译者

> 况。饥馑消失，富足取而代之。因为人人都急于参加十字军远征，个个都急于把路上不需要的东西变卖为现金；价钱不是由卖主而是由买主规定。路上需要的东西最贵，剩下的东西几乎不要什么钱就卖出去了。

这段记载之所以杰出，就是因为它透辟地分析了1095年遍地出现的经济和社会动荡不安，而且十字军又把这种动荡进一步鼓动起来，并把它转化为行动。基伯特头脑清楚，不会相信单凭宗教热忱就可以搞起这次十字军运动，他辛辣地说："许多人在贪婪地夺取他人财产的时候，却丢弃了自己的。"他对暴民心理有一些了解，尽管他不懂这个名词。不过，第一次十字军虽然有暴行，迷信，卑鄙的野心和残酷无情的恶名，但基伯特仍然看出，这个运动中也有一种崇高的精神，一个虔信宗教的理想。法国在这次运动中居于领导地位，这使他很自豪；他以一位基督徒和法国人的身份，谴责德国人对第一次十字军的冷淡。在第2卷第1章中，他曾叙述他遇见美因茨一位大助祭，当这位大助祭嘲笑法国人时，他回答道：

> 如果你认为法国人如此软弱、都是懦夫，认为可以用讥讽中伤声誉远达印度洋的法兰西人这个名称的话，那么，请告诉我，教皇乌尔班二世①为了抵抗土耳其人，究竟是向谁求援的。如果不是法国人用他们的力量和勇气形成抵抗土耳其人的屏障，你们这些在东方甚至连名称都无人知晓的德国人即使全体上阵也是毫无用处的。

当他写出这些话的时候，民族精神鼓舞人心的事仍然无人理解；但是这种情绪确实存在，并不是一种看不见的东西。基伯特给他那部记述第一次十字军历史的书取了一个响亮的名称——《法国人

① 1088—1099年任教皇。1095年召集宗教大会，鼓动第一次十字军远征。——译者

的神圣事业》(*Gesta Dei per Francos*)——他谦逊地补充说:"这并不是一个自负的名称,只是一个可以表示我们民族光荣的名称。"

甚至比《法国人的神圣事业》更为杰出的是基伯特的《自传》(*De vita sua*),这部书是中世纪这类文学写作中少有的例子之 234
一。[①] 这部回忆录中关于他的孩提和青年时代、受教育的情形、他的家庭和他在宗教界的发展等方面的历史以及他的邻居的历史,都是很有趣的。其中有些部分类似圣奥古斯丁的《忏悔录》中那些出自肺腑的话。有些学者认为,书中最贴切的段落是叙述1111年拉昂人民反对他们的主教的那次暴动的那些段落,这是研究法国公社[②]运动史的人们常常引用的一段标准文字,而基伯特对这种运动却深恶痛绝。他怒斥道,"Communio novum ac pessimum nomen。"(这个新出世的坏字眼,公社)另一些学者认为这部独一无二的著作中最珍贵的是基伯特记述他自己孩提时代受教育的情形的那部分记载。[③] 这些篇章包含对儿童心理学的深刻理解,但很少教育史家知道这回事。

基伯特的理性主义远远走在他所处的时代的前面。他蔑视当时流行的对圣物的崇拜,在他那部《神圣的保证》(*De pignoribus sanctorum*)中,他以尖刻的讽刺处理全部民间宗教迷信问题,他这部书是中世纪史学批判的一个里程碑,也是意大利文艺复兴时代

① G.部尔甘校订的《基伯特·得·诺让〈自传,1053—1124年〉》(巴黎,1907年,《参考原文汇编》),附有一篇很好的导言。C.C.斯文顿·布兰德的英译本:《诺让-苏-库栖的修道士基伯特自传》(伦敦,1925年)。F.V.贝佐尔德:"中世纪自传的开始和发展",见《文化史杂志》,I(1894年),145—171。

② 城市公社,即市区自治团体。——译者

③ 译文见我的《中世纪史》,II,748。

怀疑主义的先声。[1] 在这方面，他是文艺复兴运动的一位真正的先驱，这是因为，他的头脑的质量之高和容量之大在很大程度上是因为他对古典文学的了解非同一般。在他自己的著作中就有的是证据说明他曾阅读味吉尔、奥维德、荷拉斯、琉堪、萨拉斯特、查士丁、赫细阿斯[2]、约瑟福斯[3]和柏提阿斯[4]等人的著作。至于宗教传说和教会诸神父的著作，那就更不用说了。关于想象文学他也有所了解。他读过《柏加萨斯和赫邱利[5]的历史》(*Histories of Pegasus and Hercules*)(不管这部书怎么样)，维纳斯和发尔坎[6]的寓言，栖里兹和巴卡斯[7]的神话；他对柏拉图也有模糊的概念。异教的美丽动人正适合他的同情心和想象力。他对多神教的批判既非荒谬，也无成见。最后，可以说，基伯特的内心很像一位诗人。

基伯特·得·诺让所谴责的像他在拉昂看到的当时出现的那种自治城镇的革命，是势力强大、范围广阔、遍及全欧的运动。伦巴第、佛兰德、法国东北部和莱茵兰是受这个运动影响最大的地

---

① 关于这篇论文的一个记载，参阅亚伯·勒夫朗：《论基伯特·得·诺让的圣物》，见《献给迦伯尔·摩诺的中世纪史研究论文集》(巴黎，1896年)，286—306。

② 生活于公元前90？—前43年。恺撒及西塞罗的朋友，据说恺撒的《高卢战纪》及《内战记》后面一部分是他续写的。——译者

③ 犹太史家(37？—100年)，著有《犹太战争史》六卷，《犹太古代史》二十卷等。——译者

④ 罗马哲学家(480—524年)。——译者

⑤ 希腊神话，柏加萨斯是一匹飞马，科林斯王子培列罗封骑着它征服了吐火怪兽极米拉。赫邱利是希腊神话中的英雄，为人民建立了许多丰功伟绩。——译者

⑥ 维纳斯是希腊的爱神，她的丈夫是宙斯的跛脚儿子、冶铁神发尔坎(即赫斐斯都)，她对丈夫不忠实，私爱战神马斯。当两人幽会时，发尔坎用铁丝网捕罩之。——译者

⑦ 栖里兹为罗马的谷物女神，巴卡斯为罗马的酒神。——译者

区。对这个运动的记载十分零散。从地理上和年代上考察这个运动,就会发现若干广阔地区里和一段很长的岁月中,并无任何记载。甚至在伦巴第和佛兰德记述自治城镇革命的持续的历史也无 235
法查找。关于这个运动初期阶段,只有一个地方有记载——即1127—1128年的布鲁日。此外关于中世纪资产阶级兴起早期历史的几篇记载都只是一段段零星情节。例如记述康布雷诺主教的《事业》的那篇关于997年康布雷暴动的记载和基伯特·得·诺让关于1111年拉昂暴动的叙述[①]都是这样。

佛兰德善良的查理伯爵[②]的公证人和官吏加尔伯特所著《光荣的佛兰德伯爵被害记》(*De multro, traditione et occisione gloriosi Karoli comitis Flandriarum*)是一部独特的史书。十一世纪初期很少像1127年3月2日佛兰德善良的查理伯爵在布鲁日的圣多那田教堂中被害那样的轰动一时的事件。凶手是伯爵的牧师柏托尔夫和他的弟兄们,他们早已被遗忘的农奴出身是在公诉过程中被发现的,事后伯爵决定再把他们降为农奴。因为伯爵死后无嗣,法、英二国国王和德国皇帝每人都为伯爵提出一位继承人。于是继承问题就变成国际争端。这时,布鲁日、根特、伊普雷和佛兰德其他地方的群众利用这个局势,为各自的城市要求特许的自治市民权利,摆脱农奴桎梏。佛兰德市的动乱长达一年有余;新继承者终于确定之后,布鲁日、根特、阿拉斯、里尔、阿洛斯特已经建立自治城镇的政府。在布鲁日的加尔伯特这部激动人心的事实复

---

① 中译文一部分见耿淡如等译注《世界中世纪史原始资料》,第71—82页(天津人民出版社,1959年)。——译者

② 丹麦王克纽特的儿子,颇注意为人民谋福利,不幸遇害。——译者

述——他这部书极其激动人心，甚至在比利时的书摊上都有出售，他这部书有一种近代法文译本供普通读者阅读——中，我们可以看到中世纪自治城市的形成，情景历历在目。我们看到麇集在伯爵城堡周围定居的农奴，协同和城堡相连的有围墙的“堡”(burg)里住着的一小群商人和手工业者急速加固全体住户周围的木栅以利安全；然后以曾进行援助为理由，提出选举权和各种“自由”的要求，巧妙地玩弄以一方要求者的要求和让步反对另一方要求者的把戏。较为富裕的商人也出头露面了——这些人是来自地中海沿岸在佛兰德集市上做生意的意大利和普罗旺斯经营进口蚕丝、香料等奢侈品的商人。庄园经济、开始受到历次十字军刺激的商业、社会阶级和社会冲突、封建行政制度、宗教和迷信等等，都在中世纪这部一切历史著述都无法与之相提并论的杰出的历史著作中一桩桩一件件展示出来。一部只记述十二个月的历史竟然描写了如此众多的细节，这在中世纪任何其他著作中都是从未有过的。[①]

236 法王路易六世(1108—1137 年在位)1127 年曾企图干涉佛兰德以使他自己的被保护人在那里掌政，从而避免英格兰和诺曼底王亨利一世在那里取得优势，但路易并未成功，他是加佩王朝第一位真正有实力的国王。从 987 年起的一个半世纪内，加佩王朝满足于建立了长子世袭权和对法兰西亚公国的世袭统治，很少企图扩张其王权，以统治强大的法国诸侯，这些诸侯以君主而不是以国王附庸的身份统治各自的公国和伯国。

---

① 《布鲁日人加尔伯特所著〈佛兰德伯爵善良的查理遇刺经过(1127—1128年)〉》，亨利·佩朗校订(巴黎，1891 年：《参考原文汇编》)，附有丰宫的注释；关于详尽的解释，参阅休伯特·凡·豪特：《十二世纪初佛来芒文明论文集》(卢万，1898 年)。

从十二世纪中叶起，圣登尼斯寺院的修道士是法兰西君主国公认的官方历史家。起初，他们搜集了一些原有著作，像图尔的格雷戈里、爱恩哈德[①]、黑尔加德三人所撰《笃信者罗伯传》以及一些类似的作品；但在十二世纪，他们就成了当时事件的记述者，于是《圣登尼斯寺院编年史》问世，起初是用拉丁文写的，但到十四世纪又改用法文。路易六世的本纪应该有人给他写，后来物色到圣登尼斯住持苏加[②]，他是路易的主要大臣，虽然实际上他并无正式官衔。《胖子路易[③]本纪》[④]虽然有阿谀味道，但仍不愧是一部重要史料，因为它清楚地展示了早期法兰西君主国是在哪些困难条件下惨淡经营的——诸如国家软弱、资源贫乏、诸侯威胁以及诺曼人在国土北部和西部的优势等等。路易六世是敢于在王国领土以外伸张王权的第一位国王，苏加对他某几次率部远征以执行国王裁决权的记述是封建制度的生动图景。对于研究封建政府如何治国，他这部传记是一篇珍贵文献。因为苏加本人是一位高官，他常常使用法律行政等方面的专门字眼和术语，有时他的文章读起来好像是法庭诉讼摘要。苏加是一位坚定的保皇党，同时也是一位忠于教廷和法国教会的坚定的教士，仇视自治城镇和英德诸国王；在他这种情绪中，我们至少可以看到一种消极的民族主义。路易六

① 生活于770？—840年，查理曼的秘书，其主要著作为《查理曼传》。——译者

② 生活于1081？—1151年。——译者

③ 即路易六世(1108—1137年)。征服叛乱的诸侯，与皇帝亨利第五和英王亨利第一进行长期战争。——译者

④ A.摩林尼尔校订的《苏加的〈胖子路易传〉》(巴黎，1887年：《参考原文汇览》)，导言；亨利·瓦卡准备了一个新版本，附有法语译文(巴黎，1929年：《中世纪法国史标准著作丛书》)。

世死时，苏加继续在路易七世手下当大臣。当国王离开本国，参加第二次十字军远征东方时，他当摄政。他晚年还写了一篇关于路易七世生平的短文。

公元1000至1150年这段时期可以说是拟罗马式建筑时期；
237 从1150到1300年可以说是哥特式建筑时期。苏加在圣登尼斯大修道院当住持的时期正是拟罗马式建筑衰落、哥特式建筑兴起的时期。他拆毁历史悠久的古老大厦，建起一座宏伟的新修道院取而代之，从意大利输入大理石料——他梦寐以求的是把罗马戴克里先大澡堂废墟上的巨大圆柱和大理石钳板运来圣登尼斯修道院——在法国首次采用彩色玻璃、修建第一座真正哥特式建筑。这个划时代的建筑，在他的《我主持圣登尼斯寺院时期的历史》(*Liber de rebus in sua administratione*)一书中曾详细记述；他这部著作对研究中世纪建筑史具有几乎不可估量的价值。

路易七世统治时期(1137—1180年)，甚至比他更伟大的他的儿子腓力二世奥古斯德统治时期(1180—1223年)，都还不能说是史家辈出的时代。当时盎格鲁—诺曼和昂儒诸作家(即将在下章谈到)远远胜过他们。但是，关于这两位国王的文献资料，即使不能说十分丰富，至少是相当不少；这对上述缺陷还是不无小补的。[①]

在腓力·奥古斯德长期的强有力的统治时代，有两位作家进行撰述：即里哥尔和布列塔尼人威廉。[②] 里哥尔那部《法王腓力·

① 阿溪里·吕奢尔《路易七世行为研究》(巴黎，1885年)；利奥波尔德·得利尔：《腓力-奥古斯德行为一览》(巴黎，1856年)。

② H. F. 得拉波德：《腓力-奥古斯德的史家里哥尔和布列塔尼人基灵的著作》(巴黎，1883—1885年，两卷)；比较，〔巴黎〕《学者杂志》，1883年，第239页和1886年，第187页。

奥古斯德的事迹》(*De gestis Philippi Augusti Francorum regis*)分为两部分,第1部分似乎是1187至1196年间写的,第2部分是1207年以前增补的,全书终于1207年。里哥尔先曾攻读医学,后在圣登尼斯寺院当修道士。他的记述一般还准确。里哥尔和国王的关系并不亲密,但由于他那个寺院极重要,他得到消息的机会异常之多。他这部书尽管极力赞颂腓力,但作为史料仍应列入最好的一类。里哥尔很喜欢卖弄自己的学问,有时使读者感到可笑,甚至恼火。他这部史书中充满《圣经》引语,并经常以味吉尔、荷拉斯二人的诗句装潢段尾。他玩弄机灵的语源学成癖,例如他说腓力一世之所以取得奥古斯都(Augustus)这个绰号,就是因为他把法国领土扩大(augmented)了许多——Augustus这个字是由拉丁动词augere(意为扩大)转化而来的;又说罗马人称巴黎为Lutetia,源出lutum,为"湿泥"之意;巴黎(Paris)一字源出特洛伊王普黎安(Priam)这个字,因为特洛伊陷落之后,有二万三千特洛伊人移入高卢。虽然在他当修道士以前曾受医学训练,但他私下仍然相信奇迹,相信圣徒遗骨有复活的能力。

布列塔尼人威廉曾就学南特和巴黎,后成为腓力的牧师和心腹代理人,曾随同腓力多次远征。由于他认识国王,他写的《腓 238
力·奥古斯德事迹》价值很高,特别是因为他这部书是里哥尔的著作的续编,因此它记述的是腓力二世统治时期较晚较重要的部分。这部书应分为三部分:第1部分是里哥尔著作的摘要;第2部分是本书主要部分,可能是在布赞战役[①](1214年)之后不久写的,记述

---

① 1214年7月27日腓力大败英国、佛兰德诸伯爵之联军,使法国成为(接下页)

的是1209—1215年；最后一部分是一个简短的续编（1215—1220年），并附有关于国王临终情况的几点说明。

在这段时期，虽然历史由诗歌体迅速让位于传奇，但这个时代的史诗精神在布列塔尼人威廉那部十二卷六脚韵长诗《腓力比多斯》（*Philipidos*）一书中却再露头角；这部书是把里哥尔和威廉本人以前的散文历史著作改写成诗体的，[①]所用素材主要来自上述二人所著散文史书，但也有些新材料，如：有多处提到风俗人情、军事演习、法律惯例等等，还有些段落描绘得特别动人，例如描写佛兰德各城市的商业和财富的那一大段。这首长诗实际上还有许多关于地形学和各省天然资源的论述。例如，他曾谈论诺曼底的烈性苹果酒，奥机河流域的甜苹果酒，可以跟塞浦路斯酒媲美的柏立和奥尼斯酒，佛兰德的苦啤酒，农民那些高高的大车也引起他的好奇心等等。

我们在下边再介绍一下十二世纪诺曼史学之后，关于封建主义全盛时期法国史学的这个概述就可以结束了。诺曼大征服不仅对英国史学是个新的推动，而且还使诺曼底公国的历史写作提到一个新的高度。诺曼底圣厄甫罗尔寺院修道士奥得里卡斯·微塔利斯[②]（死于1142年）给他的著作取了一个老式名称，《教会史》[③]，

（接上页）欧洲第一强国。——译者

① 关于这个时期其他诗歌编年史，参阅卡尔·服里奇的《古法国文学研究导言》（法兰西斯·M.杜·蒙译自德文第3版，扎勒河畔的哈雷和纽约，1931年），228—233；摩林尼尔，II，第1975—1978号；格罗斯，第1840，1859号。

② 盎格鲁-诺曼编年史家（1075—1142？年），出生于英国，著有《教会史》，是一部诺曼底和英国的历史。——译者

③ A.勒·普勒服校订（巴黎，1838—1855年，五卷）。托马斯·福累斯特的英译本（伦敦，1853—1856年，四卷：《蓬氏博古丛书》），包括F.基佐的法译本序言（接下页）

而他这部著作却是"十二世纪法国最重要的一部历史著作",一部很有价值、在许多方面都很新颖的著作。

奥得里卡斯的父亲是蒙特哥美利的罗哲尔的家臣,1066年罗哲尔曾是征服者威廉诸伟大伙友之一,后来接受希罗普郡土地作为他参加征服的一份报酬,并为施鲁斯伯里首任伯爵。奥得里卡 239
斯就是1075年在这里和威尔士接界的地方出生的。他父亲虔信宗教,把他送到修道院生活。他十岁时就被送入诺曼底南部边界附近的圣厄甫罗尔修道院,他在院中长期过着勤勉的生活。如果不是由于他的英国血统,至少也是由于他出生于英国,他的著作中才收入了许许多多英国史料。当他已是六十六岁的老人时,他回想起在英国的童年时代心中仍然一阵酸痛。

十一世纪末,诺曼底在文化上是法国最进步的省份之一,公爵理查二世统治时期播下的种子落在肥沃的土地上。像斐堪和朱密治那样古老的遭到破坏的寺院业已修复,许多新的又建立起来。学术的光辉在柏克修道院照耀得分外明亮,伟大的朗法兰克[①]在征服者威廉把他带过海峡在坎特伯雷作第一任大主教以前,就是在那里讲学的。即使是诺曼底像圣厄甫罗尔那样的那些小修道院,也有好学校和好图书馆。[②]但奥得里卡斯对历史的兴趣并不是

(接上页)〔I,第vii—xvi页〕和利奥波尔德·得利尔对奥得里卡斯的生平、著作和时代的批判研究(IV,第vii—xcii页)。关于其他文献,参阅格罗斯第1858号;摩林尼尔,II,第1973号;哈第,II,217—223;R. W. 丘赤:《圣安瑟伦》(伦敦和纽约,1905年),第vi页;福礼门(见原书第230页注),参阅索引,特别是IV,494—495;季尔第,100—127。

① 生活于1005?—1089年,生于意大利,在柏克为僧,从事教学,欧洲许多学者群集于此。后为坎特伯雷大主教(1070—1089年)。——译者

② 关于圣厄甫罗尔寺院图书馆参阅得利尔在福累斯特校订本中的研究(比较原书第238页注),IV,第ix—xxiii页;关于这个时期的诺曼文化,参阅查(接下页)

因为读书受到启发，而是因为他那个时代发生的众多事件激动人心。他父亲曾参加诺曼人对英国的征服，乌尔班二世在克莱蒙发布十字军进军令时，他年方二十；当他年轻的时候，西班牙十字军的滚滚洪流已成过去，但他仍可能在诺曼底遇到过一些从这些冒险远征中归来的老战士；诺曼底对南意和西西里诺曼王国的征服早于对英国的征服。而且，圣厄甫罗尔寺院经常和英意两国保持接触；它在英国占有土地，也曾派修道士去意大利修建新修道院。各式各样的旅客也常常在圣厄甫罗尔停留——如主教和住持，牧师和修道士，朝圣者和十字军成员，几乎愿意在任何军役中一试身手的冒险武士，行商，流浪歌手，行吟诗人等等。在搜集远达东方圣地的材料方面，没有任何地方比圣厄甫罗尔更好的了，而奥得里卡斯对他这个难得的机会也是心明眼亮的。他说他的计划是刚好在诺曼人震动全欧外加圣地的时候，“在上帝保佑下，写一部书来记述诺曼人的大事件”。

他于1123年开始动笔，孜孜不倦，持之以恒，埋头写作共达十八年之久，虽然十冬腊月在严寒中写作手指麻木，墨水冻结，被迫暂时搁笔，但他仍然坚持到底。起初，似乎他心中只想为地方性的《圣厄甫罗尔年代记》写一部续编，但幸而不久他就放弃了这个想
240 法，大力开始一项更为广阔的新事业。他选择的书名《教会史》的含义比现在可能有的含义要广阔得多。当时教会既然有极其巨大的权威，他自己作为教士的地位又举足轻重，在当时说来，起这个书名是很自然的事情。这部《教会史》写的是他那个时代欧洲发生

(接上页)理·H.哈斯金斯:《欧洲史中的诺曼人》(波士顿,1915年),第6章。

的最重大的事件,在某种意义上,甚至可以看作一部欧洲史,因为没有任何一个国家、也很少有任何重大事件是奥得里卡斯未曾注意到的。

但奥得里卡斯由于学问过于渊博往往不愿信赖口传材料,尽管这些材料十分丰富。他利用的书面材料多种多样:有档案、宗教会议记录、许多寺院的编年史和年代记、关于第一次十字军历史的记述、主教传记、圣徒传记、信札、讣告甚至诗歌等等。他还亲自去英国寻找手稿、派人到诺曼人占领下的意大利搜集情况。他这部著作汇集的历史材料数量十分巨大,种类极其繁多。对于了解封建政体的性质和作用,制度和文化等方面,在中世纪问世的所有历史著作中,没有任何一部比他这部更有价值。书中展示了主教、助祭和普通牧师之间、男女修道士之间,武士和贵族、诸侯和国王之间,城里人和乡下人之间的关系和活动;还夹杂一些性格素描,这些肖像放在一起足以构成一个画展。在这一点上,在十三世纪以前,没有任何其他中世纪历史著作比得上奥得里卡斯这部书。在存在这样多优点的情况下,对他的批评很难提出。纵或有时候他似乎被自己的材料压倒,他写的这部历史看来也不够协调,但这又有什么关系呢?他有时啰唆,满纸都是潦潦草草的拉丁文,但这又算得了什么呢?奥得里卡斯的《教会史》是一座永远挖掘不尽的知识宝山。叙事之有趣、描绘之高明确实出类拔萃;很少神学空谈和玄虚奇迹,这个优点也是独一无二的。他写道:“假如在这些日子里出现新的奇迹,我一定在我的年代记里忠实地加以汇报。”但另一方面,他这部《教会史》中,也有超自然的和传说的成分,如麦林的传说[①]和野猎人的故事[②],即逢发尔教区牧师在1091年元旦看见的那个壮丽的死者幻景。奥得里卡斯·微塔利斯极其认真地进行他自己强加给自己的工作,心平气和地相信他这部著作的价值。他解释说,"聪明的人不会浪费自己的时间"。他是一位学者,怀有学者的理想。有几位在他那个寺院过夜的封建贵族,第二天早晨上路以前,被人带着参观寺院各处,也被带进奥得里卡斯那间书写室,看见他正在那里安静地写作。这两位参观者本是外行,在你争我夺尔虞我诈的社会中长大成人的,也像那个时代几乎所有的贵
241 族那样大字不识,他们好奇地看着奥得里卡斯低着头弯着腰在羊皮纸上书写,对他这种辛勤劳动发了几句轻蔑的议论。这位老人家听到他们这些话,板着面孔把他们的话记录下来。

奥得里卡斯在进行他强加给自己的这项工作的时候,头脑锐敏,责任感很强,对历史的价值有深刻认识。他责备许多寺院对历史漠不关心,未能继续编写地方年代记。他在另一处写道:"人的头脑需要继续不断进行有益的工作,以便在对过去年代记的研究中,得到很好的启发,沿着善良的道路走向未来。"很明显,奥得里卡斯相信历史是以实例进行教育的一种哲学。他继续写道:"每个人的责任就是使古代俊杰的榜样经常摆在自己眼前,从中学习应当如何生活的道理,从中获益。有时出现这样的情况,许多事件作为闻所未闻的事情在无知者面前出现,对缺乏经验的头脑说来,近代社会常常发生一些新情况似乎无法解释,只有参考过去出现过

① 英国传说,麦林为亚塔尔传奇中的魔术家。——译者

② 中古传说,有一幽灵猎人常出现于森林中。日耳曼人说他住在黑森林中,法国人说他住在封腾布罗森林中,英国人说他是温则尔森林的保护者。——译者

的事件才能找到答案。因此,勤学的人以迫切心情深入到记述往事的那些默默无闻的卷帙中。他们向后代展示过去。但竟有无知之辈诬蔑历史。这些人既不能自己创造什么东西,又不能接受别人的辛勤劳动,让他们保持缄默吧!让他们学习他们所不知道的东西吧!"奥得里卡斯理解历史的严肃性,也相信他自己理智的完善。在另一处他又写道:"我已如实地记述了各种事件:我相信将来也会有人像我这样,在历史卷帙中寻找关于这个时代的记载。"[①]奥得里卡斯·微塔利斯于1142或1143年悲伤地结束了他的著作。他显然是一位被忽视的忧郁的人。他那个时代的人没有一个提到过他,而至今已知的诺曼历史学术成就中最出众的榜样只有几卷不完整的手稿保存下来。直到近代为止,他几乎一向是默默无闻的。中世纪所有编年史家一点都未曾利用过他的著作。

还有几部叙事史和编年史应当提一下:普里蒙斯特拉腾西安教团[②]一位不知名的教士写的《拉昂编年史》、奥舍尔的罗伯写的《编年史》(从开天辟地写到公元1211年,是中世纪编纂得最好的一种),还有微哲瓦住持赫弗罗伊写的《编年史》,这三部著作都是著名的史料,因为它们记述了有关在拉·马喜和利穆臧农民中间 242
异教思想的传播以及他们中间狂热的地方会社的组成(在下一个世纪这些组织形成一个可怕的运动)等情况。这些农民,常常不自觉地利用当时的宗教纷争作为表达他们经济社会等方面不满情绪

① 关于所引各段,参阅第V卷,1;第VI卷,1;和第IX卷,17。关于奥得里卡斯·微塔利斯论历史的严肃性的其他意见,见第5、6卷的序言与第4、9卷的结束语。

② 即诺伯特教团,1120年奥古斯丁派教士圣诺伯特创立于拉昂的教团。——译者

的手段；这时组织起秘密会社，其成员戴着头巾，一方面避免别人认出，一方面也作为一种标志，抢劫破坏封建贵族的城堡。奥舍尔圣马里安专院这位修道士提到这些"头巾"，称之为"头巾教派"(secta capuciatorum)："因为他们狂妄、拒绝服从大人物，于是这些大人物就联合起来，把他们是当作可怕的瘟疫进行镇压。"在拉昂的无名氏看来，这些"头巾"是一种"头巾狂"(insania rabies copuciatorum)。在微哲瓦的赭弗罗伊看来，谱伊山中这个"宣誓者同盟"是一帮"穷凶极恶的破坏者"(diabolicum et perniciosum invetum)，从各方面看，微哲瓦的赭弗罗伊都是这三位历史家中最有趣的一位。他的著作是记述利穆臧和拉·马喜的教会和贵族的一部编年史，起笔于996年。作者笔下的世俗事务比大多数作家都多些，对那个时代的风俗习惯和文化的记述使人心明眼亮。他的视野广阔绝不局限于地方；对历次十字军和拉丁东方有许多详尽记载。

在东北部的佛兰德边缘地区和埃诺，也有两部重要的编年史，都写到1200年前后截止。阿德雷一位牧师兰伯所著《基因和阿德雷编年史》(至1203年止)[①]是外省史学的杰出范例，记述的是一个无足轻重的微小男爵领地的历史，但在这个小天地里，生活之紧张热烈有如大封建领地一般。领主城堡里里外外，甚至厨房里的

---

① 高得弗罗·美尼格累校订的《基因和阿德雷〈编年史〉》(巴黎，1855年)，附十五世纪的法文译本与拉丁原文对照。L.比诺"十二世纪一个封建王廷"，见〔巴黎〕《两世界评论》，1855年6月1日，第1106—1112页；E.A.福礼门："阿德雷诸君主"，〔伦敦〕《不列颠评论季刊》，LXXI(1880年)，1—31，重印于他的《历史论文集》(伦敦，1871年)；查理·H.哈斯金斯：《十二世纪的文艺复兴》(马萨诸塞州剑桥，1927年)，249—252。

碗碟储藏处，农奴佃户的茅舍，土地的形势，访问者和旅客来来往往(从高级教士和贵族到流浪艺人)都有详细描述。即使像阿德雷领主这样的小人物，身边也有一个由歌手和诗人构成的小圈子，有如伟大的香槟伯爵亨利和佛兰德的腓力殷勤款待像瓦斯[1]那样著名的诗人和特鲁瓦的克累提盎[2]。在文化史方面，《阿德雷编年史》是一部珍贵而有趣的纪实文献。

埃诺伯爵鲍尔文五世的大臣蒙斯人季斯尔伯于 1200 年后不久，写了一部《埃诺编年史》(*Chronicon Hanoniense*)。书中史料严格限于从 1150 到 1195 年的他那个时代；对于研究低地诸国一般历史很有价值，关于小封建领地内政实况的材料异常丰富。事实上，在这一点上，没有任何其他中世纪编年史像他这部书这样有 243
价值。[3]

信札构成研究中世纪历史的一种非正式的、但很有价值的史料来源，正如在前几章中已经看到的那样。在数量和种类方面任何国家这类史料都不如法国。[4] 前已提及的《给尔贝书信集》，据说是兰斯大主教佛尔克写的回答艾尔弗雷德大王的请求的一封信，说他一定要派一位学识渊博的教士去英国协助恢复英国教育，这封信很有启发。夏尔特尔大教堂于 1020 年被焚毁后，佛耳伯[5]

① 十二世纪的盎格鲁-诺曼诗人。——译者

② 十二世纪后期的法国诗人，纂了有关亚塔尔故事的传奇。——译者

③ 参阅上面原书第 200 页注；和摩林尼尔，III，第 2298 号。

④ 摩林尼尔，II，第 1877—1937 号。

⑤ 法国罗马天主教教士(960？—1028 年)，夏尔特尔主教(1006 年)，主办学校，重建夏尔特尔教堂。——译者

主教曾写信给英王克纽特请求捐款重建；这位丹麦人[①]马上答应这个请求。佛耳伯的信札一共收集了一百三十八件，是研究历史的珍贵资料。夏尔特尔附属学校是当时法国的知识中心，其重要性已超过兰斯。[②] 法国的教育革命，俗人封地仪式问题和教会改革是十二世纪亟待解决的大问题，各种作家写了许多信讨论这些问题。其中最重要的是夏尔特尔的伊甫[③]的《书信集》，伊甫是一位著名的宗教法规学者，封地仪式争端中妥协派的领袖。昂热的马波（死于1123年）的讲学使昂热那所学校在十一世纪末十二世纪初成了夏尔特尔的竞争对手，他的信札使那个时代的教育活现在我们眼前。喜尔得柏特·得·拉发丁的《书信集》以其文章优雅、拉丁文纯洁、思想高尚著名。他是中世纪最伟大的诗人之一。文艺复兴时代，人们难以相信他那些优美诗歌竟然渊源于中世纪深处。这些信札对了解当时的事实和文化都很有趣。[④] 文多美的赭弗理（死于1132年）是教皇乌尔班二世一位密友，曾随教皇参加克莱蒙宗教会议，并曾十二次朝拜罗马；遗书计七十六件。休·墨退耳（1080—1157年）曾与圣伯尔拿、阿伯拉德和亚罗伊兹以及教皇尤金三世等人通信，还可能是史诗《洛林闲话》（*Garin de Lorrain*）的作者。他的信札计五十五件。亚眠人休遗书十九件，他是克吕尼教团一位修道士，一度曾任英国雷丁修道院住持，后来在法

---

① 指克纽特国王。——译者

② A. 克勒发：《中世纪五至十六世纪古文书学校》（夏尔特尔，1895年）。

③ 1040？—1116。夏尔特尔主教（1090年），编纂了一部寺院法。——译者

④ 参阅A. 杜多内：《喜尔得柏特·得·拉发丁》（巴黎，1898）；H. O. 泰罗：《中世纪的思想》（纽约和伦敦，1911，两卷），II，141—146，并参考索引。

国作鲁昂大主教和教皇驻法国使节。他的信是写给教皇、苏加和路易七世的。德比住持沃尔忒遗书六十三封,和他通信的有可敬的彼得、索尔兹伯里的约翰和教皇亚历山大三世。许多信件写给 244 住在英国的人,布尔日大主教佩耳·德·拉·沙脱尔有十六封写给路易七世的信,讨论政治和行政问题。圣白利欧克的约塞林也有六封信写给这位国王,内容也类似。赭弗理·得·布勒忒厄的《书信集》对研究专院生活细节有价值;在一封信中发现可以作为图书馆格言的一行文字:"寺院如无珍藏,犹如要塞之无武库。"(Claustrum sinearmario est quasi castrum sine armamentario)巴黎,圣维克多利图书馆搜集了从1159到1172年的五百六十九封信札,其中有法国教皇诸使节、枢机主教、国王、公爵、伯爵,"以及整个基督教世界其他著名人物"(et alii orbis Christrani illustres viri)的信札。

由于篇幅有限,许多其他书信集只好割爱。但有三四集似不宜遗漏。因为事实上,这些信札比前面已经列举的更为重要。首先应该提到的是保存至今的苏加的几封信,其中有一封很有名,即谴责路易七世的那封,说他由于怯懦,在第二次十字军失败后,不敢回国,"尽管豺狼正在撕食群羊"。可敬的彼得[1]是克吕尼修道院最后一位伟大住持、阿伯拉德的保护者、亚罗伊兹的朋友;他的书信集字里行间充满对西班牙十字军的强烈兴趣,这些信首次认识到伊斯兰文化还是有一定价值的,认识到并不是所有的伊斯兰教徒都很野蛮,他这些信是一个珍贵资料宝库。在一封信中他提到

① 法国僧侣(1092?—1156年)。——译者

一件很逗乐的事。一只熊冲入汝拉山脉一个小修道院中,吞掉图书馆中一些羊皮纸手稿——羊皮纸是皮革,它之所以吸引这只饿熊,并不是因为它的内容好,而是因为它属肉类。在它吞掉的书籍中有一部是修道院唯一的一部《圣经》。彼得写的这封信是请求一个姐妹修道院再给他一部《圣经》。

但十二世纪法国内容最丰富的最大的书信集并非上述那些,而是圣伯尔拿的《书简集》。[①] 总计有三百八十封信保留至今。伯尔拿超过这个时期那些教皇,正如密尔曼[②]写的,他是"整个基督教世界的元首"。他的声音和势力是欧洲最大的权威。在他生活的时代欧洲发生的几乎每一件事情,他这些信札中都提供了某种情况。他的通信遍及整个基督教世界,远达圣地。和他通信的人包括教皇和皇帝,国王和贵族,主教和住持,各行各业,上层下层,无所不包。在短短的一页书上正确而全面地介绍他这些了不起的信札是不可能的。要想充分理解这些作品的独特价值,只有阅读原件,此外并无他法。

245 最后,查理·H.哈斯金斯[③]教授曾提醒我们:

> 用白话写的历史在法国比在任何其他国家都发展得早些;在法国,最早发展起来的是诺曼底和使用同样的诺曼语的英国领土上,在那里产生了这类著作中保留至今的最古老的一部,即加马于 1147 至 1151 年间写的那部《英国史》(*Histoire des Engles*)。撰写白话历史的主要

① 《克雷沃住持圣伯尔拿的生平和著作》,约翰·马比隆校订,撒母耳·J.厄尔斯译(第 2 版,伦敦,1889 年,两卷)。

② 英国诗人兼史学家(1791—1868 年),著有《犹太人历史》《拉丁基督教史》等书。——译者

③ 英国哈佛大学历史教授(1870—1937 年)。——译者

中心就是既提倡教会学术又提倡世俗学术的亨利二世[①]和他的皇后亚奎丹[②]的宫廷。瓦斯和柏诺伊·得·圣摩尔二人的历史著作就是献给这两位或其中之一的。这批作家当中最有趣的就是瓦斯。他是泽西人,任卡昂[③]修道院文书,以他自己的撰写工作正当地赚得少许收入,并以他那部最重要的著作《鲁乌[④]传奇》(*Roman de Rou*)取得贝叶牧师会会员资格。他这部书从洛罗开始(他的书即以洛罗命名),随诺曼史进程撰写,至1106年亨利一世取胜为止,根据拉丁编年史家的作品,并插入一些从民间传说中得来的材料,以简单有趣的法语韵文写成。……假如我们忽视在这类著作中区分历史与传奇(romance)、历史著作与教诲著作之间的那个至多也是很模糊的界线的话,那么我们就必须把诺曼史家中的先驱者追溯到更古的时代,……直至起源先于诺曼,但其早期形式又是诺曼的《罗兰之歌》了。[⑤]

① 亨利二世(1154—1189年)。——译者

② 即厄拉涅。——译者

③ 在法国北部。——译者

④ 鲁乌(Rou)即洛罗(Rolo)的拉丁名称。——译者

⑤ 哈斯金斯:《欧洲史中的诺曼人》(见本书原书第239页注),183—184。关于这个题目的文献,参阅帕屠,497;摩林尼尔II,第1975,1977和(关于根据朱密治人度多和威廉修订的法语散文本)1978号。

第十五章　诺曼和安如王朝时期的英国(1066—1199年)[1]

246　曼兹柏立的威廉[2]约于1150年写道:“在诺曼人来到英国以前

① 沃德,I,第9章和参考书目,第499—503页;格罗斯,326—399;摩林尼尔,II,213—234;伽地纳和马林加,第2部,第3章;G. B. 亚当斯:《英国史,从诺曼征服到约翰之死,1066—1216年》(伦敦,1905年:W. 韩德和R. L. 普尔主编的《英国政治史》II),附录;洛兹·格累安:《英国教会研究》(伦敦,1929年),177—182;卡特·诺加特:《安如诸王统治下的英国》(伦敦和纽约,1887年,两卷),I,81—93,II,439—447;盖得纳;哈第,II,序言。应参考《民族传记词典》中各条。关于一般丛书,参阅格罗斯,第1664—1672号;关于按字母排列的书名和作者,参阅第1673—1869号。大部头丛书是《中世纪大不列颠和爱尔兰编年史和回忆录》(伦敦,1858—1891年,共九十七号),1858年以来,在卷宗长官指导下出版的,因此,一般称为《卷宗丛书》(*Rolls series*)。关于这部书的各卷表,参阅格罗斯,附录C和坡特哈斯特,I,第cxxvii—cxxxii页。已故主教士达布斯所编各卷序言是很杰出的,被称为“惊人的序言”;这些序言有单行本,称为《〈卷宗丛书〉历史序言》(A. 哈塞尔编,伦敦,1902年)。许多重要著作的英译本见约瑟·史梯芬孙主编的《英国教会史家》(伦敦,1853—58年,五卷分作八册),另一些能够在著名的《蓬氏译丛》中找到。很便利的可作为例证用的节录见A. E. 布兰德的《英国的诺曼人,1066—1154年》(伦敦,1914年)和S. M. 汤因:《安如王朝和宪章,1154—1216年》(伦敦,1913年:这两部著作是《柏尔英国历史资料丛序》,iii和iv)。菲力克斯·李贝曼替《德国历史资料集成:作家类》XXVII—XXVIII(汉诺威,1885—1888年)编撰的十二、十三世纪英国编年史,附有卓越的(拉丁文)导言。也参阅亨利·利希脱的《十二世纪英国史家》(见俾特根神父主编的《新德意志研究》中世纪部分IV,1938年);和T. F. 都特:“中世纪编年史研究”,见他的《论文集》(曼彻斯特,1932—1934年,三卷),III,1—25。

② 英国史学家(1096?—1143年),曼兹柏立寺院的图书馆长。著有《英国史》及其续编《近代史》。——译者

许多年，这个国家追求学术和宗教（指修道）的热忱就已经冷却了”；这句话简单明了地说明了盎格鲁-撒克逊时代最后一世纪中，英国学术（包括历史写作在内）的衰落。尽管也有热忱努力，但修道生活以及随之而来的学术研究的复兴却都不见效果。

> 《盎格鲁-撒克逊编年史》诸篇章所记从 980 到 1016 年丹麦人频繁而骇人的劫掠破坏形成对修道生活复兴的致命的打击；无日无时不在担心大群海盗袭来的人们是不可能使学术繁荣起来的。在克纽特业已建立和平局面并修复在这次斗争中受到损害的寺院之后，较老的一代人都已去世，他们的继承者还没有达到前人的水平。[1]

已故的查理·格罗斯[2]曾写道，“诺曼大征服对英国编年史家最明显的影响是扩大了他们的眼界，使他们在历史问题的处理上减少了孤立性、增加了世界性；这是英国和大陆接触更加密切的必然结 247
果。”[3]

诺曼征服给史学以新的推动，使之在质和量两方面都有进展。诺曼寺院和教堂所属学校已因学术发达著名，这个优点随征服越过海峡到达英国。在紧接着征服之后的那些年里，新建寺院的增长极其可观。在 1066 至 1135 年间，新建三座寺院大教堂、十三所女修道院、十一所修道院、十七所克吕尼教团小修道院，法国其他教堂新建六十间修道室，此外还有英国教堂新建的许多修道室。

---

① 格累安（见上一个著者注），165。

② 英国史学家（1857—1909 年），著有《英国史料与文献》《商人基尔特》等书。——译者

③ 格罗斯，第 326 页；比较哈第，II，序言；和 E. A. 福礼门：《诺曼征服英国史》（牛津，1867—1879 年，六卷，第 1、2 卷，第 2 次修订版），V，第 25 章，第 3 节，特别是第 575—579 页。

诺曼底和法国修道士成群结队横渡海峡，带来较高的学问和较好的艺术。确实，从 1066 至 1215 年(即颁布大宪章那年)这一百五十年中，英国历史著作达到的高水平是中世纪任何其他的地方的历史著作都比不上的，可能只有同时代的德国除外。其鼓舞力量一部分可能来自十二世纪的文艺复兴；但无论那次知识启蒙有多大作用，诺曼影响本身却肯定是促进这个发展的一个有利因素。郎佛兰克①的教育改革对这次史学发展有很大影响，他曾直接鼓舞坎特伯雷基督教堂从事历史写作。

不过，这并不是说这种连续性总是继续保持下去。从 1066 年到 1135 年亨利一世之死，盎格鲁—诺曼史学的水平是高的。在史梯芬统治时期(1135—1152 年)的无政府状态下，史学就退化了；在亨利二 世时期(1152—1189 年)再次高涨。这时随着蒙默思历史家赭弗理②的出现，又产生一个新浪漫主义学派。

为了解诺曼大征服的实际历史，除《盎格鲁-撒克逊编年史》外，还应当注意诺曼作家。不同于诺曼史学的真正盎格鲁—诺曼史学，是英国教会在郎佛兰克和安瑟伦③领导下地位大大提高的时候才出现的；这两位思想高尚精力充沛的坎特伯雷大主教都是皮德梦特治下的意大利送给英国的。这个新史学时代的第一位代表人物是坎特伯雷基督教堂的一位修道士厄德麦④(死于 1124 年

① 生于意大利。英国坎特伯雷大主教(1070—1089 年在职)。——译者

② 英国教士和编年史家(1100？—1154 年)，著有《不列颠史》，把不列颠王公的祖先追溯到特洛伊时代。——译者

③ 意大利人，英国坎特伯雷大主教(1093 年)。——译者

④ 坎特伯雷一个有学问的僧侣，与安瑟伦关系很好。著有《新历史》及《安瑟伦传》、《丹斯坦传》。——译者

前后），他曾撰写一部他自己那个时代的历史，名为《英格兰新历史》（*Historia novorum in Anglia*），[①]“他把那个时代的事情都安 248
排在一个中心人物，即自己的导师安瑟伦周围，有如一幅图画。”[②]他这部书布局协调、处理得当，质量很高；不幸的是，厄德麦认为他这部书有必要在大征服以前整整一个世纪下笔。

很值得注意的是，尽管诺曼国王权力极大，但英国教会仍然迫使征服者尊敬自己并接受该会过去英籍诸圣徒。迈罗·克立斯宾的《郎佛兰克传》，比不上厄德曼奉郎佛兰克之命撰写的《丹斯坦传》和圣厄尔斐基写的另一部书那样广泛受欢迎。与此同时，坎特伯雷领唱者奥斯宾也写了一部新的《丹斯坦传》（*Life of Dunstan*）；伊利一位诺曼修道士哥斯林（后来住在来谟赛和坎特伯雷）写了一部《圣厄特尔勒达传》（*Life of St. Etheldreda*），一部《圣伊佛传》（*Life of St. Ivo*）以及圣奥古斯丁和他的前六位继承者的传记。1066 年前后托尼寺院住持福尔卡德写了圣阿杜尔夫、圣布图尔夫和柏味力的圣约翰等人的传记。确实，英国人的头脑仍然继续在同时代的英国人当中制造圣徒。一位名叫科尔曼的伍斯特修道士在 1095 至 1113 年间写了一部《武尔夫斯坦[③]传》（*Life of Wulfstan*），就我们所知，其中除了《盎格鲁-撒克逊编年史》中十二世纪那部分以外，这部书可算是用古英语写的有连贯性的散文中的“最后一部”了。不幸这部书并未保留至今。不过这部书也可能是在郎佛兰克时代，在教皇使节前来调查坎特伯雷和约克之间的争端之后返回罗马时

① 格罗斯，第 1768 号。

② 诺加特（见本书原书第 246 页注），I，80。

③ 约克大主教（1003 年以后），乌斯特主教（1003—1016 年），死于 1023 年。——译者

带到罗马去了。曼兹柏立的威廉[①]懂得科尔曼用古英语写的《伍斯特主教武尔夫斯坦传》的价值，于是又用拉丁文把它重写一遍。[②] 这部著作很引人注目，因为在诺曼大征服之后，记述最早的那批高级教士的书实在太少了。另一部记述同时代圣徒的传记是达勒姆人勒齐那尔德的《圣哥德立克传》(*Vita S. Godrici*)，哥德立克是古英国圣徒中最后一位，出生于征服者还在世的时候，仅比亨利二世早七年逝世。[③]

但撰写圣徒传记的风气和英语在写文章中的统治地位已在衰落。在大陆上，拉丁文压倒一切，并无白话文学存在。从诺曼大征服到朗兰[④]和乔叟[⑤]的时代，拉丁是唯一的文学语言。只有在佩德波罗，在1075年以后直到1154年，《盎格鲁-撒克逊编年史》仍用本国语续编，在业已面目全非的世界上，为一桩失势的事业举起旗帜以示坚贞不屈。伍斯特和佩德波罗是盎格鲁-撒克逊学术最后两个堡垒。

249 百多年来，伍斯特寺院缮写室一直是收藏《英国编年史》唯一的一部当代版本的地方；只有在这个缮写室里，民族历史仍然以民族语言记述，直到亨利一世[⑥]的最初几年。在他的统治时期中叶，佩德波罗诸修

① 英国史学家(1096？—1143？年)，著有《英国史》和《近代历史》。——译者

② 《曼兹柏立人威廉的〈武尔夫斯坦传〉》，勒斋那尔德·R.达林敦替皇家史学会编的(伦敦,1928)；这本书由J. H. F. 倍尔译为英文《曼兹柏立人威廉的〈乌斯特主教武尔夫斯坦传〉》(伦敦,1934年)。

③ 对于这位严肃的诺森伯里亚人的一个生动记载，参阅卡特·诺加特(见本书原书第246页注)，I,74—79。

④ 生活于1332？—1400年，世认为是寓言诗《农民皮尔斯的幻梦》的作者。——译者

⑤ 生活于1340？—1400年，英国诗歌之父，其名著为《坎特伯雷的故事》。——译者

⑥ 生活于1100—1135年，胜利者威廉的第四个儿子。——译者

道士可能是因为这个修道院于1116年遭大火焚毁，他们自己的记录全部丧失，就从伍斯特修道院借去一部《编年史》，全文抄出供他们自己使用，还从地方史和其他史料中吸取了些材料加以增补。只有他们这个抄本把最早的《伍斯特编年史》保存至今。……这位抄写者抄写到他自己时代最后一个事件——即1120年白船的沉没[1]——然后，另一位抄写人又继续用本国文字把佩德波罗年代记和英国年代记续编了十年。这位抄写人搁笔后，又有一位英国作家拿起这支笔。他续写的当代史笔记尽管并不正规，零零散散，但对国王亨利一世之死〔1135年〕和亨利二世即位〔1154年〕之间的这"十九个黑暗的严冬"说来，还是照亮了一些。……除了位于沼泽地区[2]的这个唯一的修道院以外，英语已不再是一种书面语言，英国的白话文学业已死亡。[3]

但即使在垂死中，《盎格鲁-撒克逊编年史》仍然在向诺曼侵略者报仇。十二世纪初，伍斯特的佛罗伦斯[4]把《盎格鲁-撒克逊编年史》译为拉丁文，这个译本尽管有许多增补和删改，还掺杂外国人不少成见，但仍然值得提出，免被遗忘，因为从这个译本开始，诺曼史学就移植到诺曼大征服以前的英国文学传统中去，从而激励了新的一代英国历史家的诞生。在近代学术批判努力下，从比德时期以来英国编年史的来龙去脉现在总算相当清楚了。比德的《教会史》终于731年；然后就是《诺森伯里亚古事记》(*Gesta Veterum Northunhymbrorum*)，终于803年。这两部书可能是九世纪初北方一位修道士编写的。接着就是《温切斯特编年史》、阿塞[5]的《艾尔

① 该船从诺曼底回英国，中途沉没。亨利一世的独生子威廉在船上，溺死，因此，亨利死后无嗣。为继承问题，发生长期的内战。——译者

② 林肯郡、剑桥郡等地区的低地。——译者

③ 卡特·诺加特，I，81—82。

④ 格罗斯，第1866号。

⑤ 死于909？年。——译者

弗雷德传》和彻斯特勒-斯特里一位修道士为《诺森伯里亚年代记》所撰续编，这些著作在时间上有许多重叠之处并相互联系，后来伍斯特的佛罗伦斯把这部历史续到1117年，即他死前一年；赫克萨姆牧师会一位成员1120年前后校订并大加补充的那部《诺森伯里亚年代记》，补齐了较早的那批编年史。

第二批编年史牵涉到的困难更大。达勒姆人西缅[①]的作品（写至1129年）和亨廷登人亨利[②]的著作（写至1154年）跟以前的编年史的关系，仍有一部分至今未能确定。显然，前者是根据《诺森伯里亚年代记》[③]和彻斯特的续编写的，其余都是根据伍斯特的佛罗伦斯的著作写的。

250 伍斯特的佛罗伦斯（死于1118年）的出现，开始了一个可以称之为英国“诺曼朝代”诸史家的时期——达勒姆的西缅，亨廷登的亨利，曼兹柏立的威廉，新堡的威廉，佩德波罗的本尼狄克特，哈甫登的罗哲尔，坎特伯雷的泽未斯，最后在十三世纪出现卓越的圣阿尔班学派而达高潮，其中最伟大的是马太·巴黎。

西缅起初是贾罗寺院一位修道士，后来是达勒姆的领唱人，他认识到盎格鲁-撒克逊时代诺森伯里亚史学的崇高；一直在抄写并汇编早自比德以来由于不知名的作家们的增补而发展起来的古老的北方年代记（他住在贾罗并非毫无所获），后来偶然发现伍斯

① 达勒姆寺院的领唱者，著有《达勒姆教会史》及《诺森伯里亚诸王史》。——译者

② 1084？—1155年。罕廷登寺院的副主教。——译者

③ 士达布斯在他的哈甫登的罗哲尔校订本（《哈甫登罗哲尔〈编年史〉》，伦敦，1868—1871年，四卷：《卷宗丛书》，第51号），I，第ix—xiii页的序文中记载了北方或诺森伯里亚历史学派；这个学派由比德开始，由达勒姆人西缅、新堡人威廉、赫克萨姆人约翰和理查继续，至哈甫登止。

特的佛罗伦斯的编年史，于是就把它作为基础，于 1104 至 1108 年间，编写了他自己的那部《达勒姆教会史》(*Historia Dunelmensisecclesiae*)，由 635 年爱丹[①]在诺森伯里亚建立基督教的时候起，写到 1096 年。[②] 前一部分是根据比德的著作[③]和《卡斯伯特[④]传》写的；中间那部分根据的是已失传的诺森伯里亚年代记；最后一部分根据的是伍斯特的佛罗伦斯的著作。1119—1129 年那段是他独创的权威性的一段。赫克萨姆修道院长约翰把这部达勒姆史续编至 1154 年。内容主要是叙述北方的事情。

但是这样兴起的盎格鲁-撒克逊史学潮流并不是毫无间断地畅流直泻。亨利一世统治时期写作活动的复苏在国王史梯芬统治时代(1135—1147 年)的无政府状态中受到挫折，《史梯芬记事》(1135—1147 年)[⑤]的无名作者可能是一位诺曼人、国王的弟弟布卢瓦主教亨利[⑥]的牧师。诺森伯里亚在历史写作中的优越地位现在由北方向西南偏南的方向转移到因七世纪阿德赫谟[⑦]学识渊博

---

① 在诺森伯里亚传教的爱尔兰僧侣(635 年)，死于 651 年。——译者

② 关于达勒姆人西缅，参阅格罗斯，第 1767 号；他的著作的译本见史梯芬孙(见本书原书第 246 页注)，III，第 2 部分。

③ 他热诚地称赞比德。“一位住在世界遥远的角落，从来没有渡海寻找知识，从来没有进过学者们(philosophi)的学校的人，却因为有这样大的学问而著名，因为写了这样多的书而名扬世界各地，这几乎是难以置信的。”

④ 英国僧侣(635?—687 年)，赫克萨姆主教(684 年)。——译者

⑤ 格罗斯，第 1781 号；译本见史梯芬孙(见本书原书第 246 页注)，B，第 1 部分，和托马斯·福累斯特的《亨廷登人亨利的〈编年史〉和〈史梯芬行事纪实〉》(伦敦，1853 年，《蓬氏博古丛书》)。

⑥ 英国高级僧侣，国王史梯芬的弟弟。死于 1171 年。——译者

⑦ 英国学者(640?—709 年)，曼兹柏立的住持。其名著为一百零一个谜语和一些英国诗歌。——译者

而闻名的曼兹柏立那个古修道院去了。

随着在曼兹柏立的威廉和新堡的威廉的出现,英国"新"史学或称诺曼-英国史学才真正开始大踏步前进。这种新史学的精神和方法是使用郎佛兰克和安瑟伦引进史学中的辩证法和哲学的结果。前者强调正确使用权威著作;后者强调以理智证实权威著作
251 是否正确。近代史学批评的基本原则,甚至内证批评与外证批评之间的区别都是在曼兹柏立的威廉和新堡的威廉两人的著作中找到的。[①] 华丽或浮夸的风格受到怀疑和谴责。学术的复兴,即所谓十二世纪文艺复兴,促进了思想的质量和形式的发展。[②] 拉丁文已成为地道的文学语言,不再是对《圣经》拉丁文译本的模仿;它已不是古典拉丁,而是一种活的语言了。

曼兹柏立的威廉(死于 1142 年)[③]的父亲是勒芒一位法国骑士,母亲是英国人。他是威尔特郡因阿德赫谟而出名的尊敬的古西撒克逊修道院一位修道士。从青年时代开始他就是一位天生的学者。据他自己记述,他最初曾努力"自己出钱搜集一些外国历史资料"。曾在阿德赫谟大力协助下建立的一度藏书丰富的图书馆

① 克罗德·贞琴斯:《寺院编年史家和早期圣阿尔班斯学派》(伦敦和纽约,1922年),14,18,20;格累安(见本书原书第 246 页注),180。

② 比较诺加特(见本书原书第 246 页注),I,93—95;和 C. H. 哈斯金斯:《十二世纪的文艺复兴》(马萨诸塞州剑桥,1927 年),第 8 章"历史写作"。

③ 格罗斯,第 1444 和 1815 号;W. 格雷柏赤:"曼兹柏立人威廉的生平和著作",见《联合王国皇家文学会学报》,第 2 辑,X(1874 年),318—392;也有单行本;诺加特(见本书原书第 246 页注),I,83—93;格累安(同上),179—182;詹姆士·阿米退基·鲁滨孙:《曼兹柏立人威廉〈论古代格拉斯顿伯里〉》,见他的《索美塞特历史论文集》(牛津,1921 年)。威廉的《英国诸王本记》有 J. A. 季尔斯的译本(伦敦,1847 年)《蓬氏博古丛书》,又见史梯芬孙(见本书原书第 246 页注),III,第 1 部分。

业已败坏不堪；威廉所在寺院住持高弗梨，一位纯血统诺曼人，热心地着手建立一座新图书馆。在这项工作中，这位处在萌芽状态中的历史家慷慨协助。曼兹柏立的传统芳香馥郁，令人神往，这位青年作家呼吸的空气是令人鼓舞的。他只要以同情的眼光看看自己周围，就足以把想象力点燃起来。英国再没有其他寺院（可能只有格拉斯顿伯里或圣阿尔班二寺院除外）像这个寺院这样和外界（甚至远达圣地）有如此广阔、频繁而密切的接触的了。

他的父亲一定是一位受过一定教育的人，至少是一位重视教育的人；因为他极力劝他的儿子学习逻辑、神学、医学和历史，而且还替他从国外弄到一些历史著作。威廉写道："于是出现这样的情况，我对那些古老著作已不满足，因此就开始自己写历史。"他的《英国诸王本纪》(449—1125 年)和《英国诸主教住持传记》(601—1125 年)这两部著作都是 1125 年完成的。他在曼兹柏立图书馆当管理员若干年，在 1125 至 1139 年间曾编辑一部很大的手稿汇编，其中至少有一卷手稿保存至今，据信是他亲笔抄的。这是名为《阿拉列罗马法摘要》[1](*Breviarium Alarici*)的一部罗马法的一个抄本。[2] 252

在前已提到的他那部科尔曼的《武尔斯坦传[3]》拉丁译本中，威廉高尚地写道，"只要群星还仍然环绕北极星运转，只要世界上

① 西哥特王阿拉列第二（公元 484—507 年）下令编纂《罗马法摘要》。——译者

② 这个抄本是藏在波德力图书馆的手稿塞尔登 B. 16。比较士达布斯校订本序言（《曼兹柏立修道士威廉的〈英国诸王本记五卷〉》，伦敦，1887—1889 年，两卷：《卷宗丛书》，第 90 号），I，第 xxiv—xxv，cxxxi—ii，cxxxviii—ix 页；和 A. S. 科克："阿尔德希姆的法律研究"，见《英德语言学杂志》，XXIII(1924 年)，104—113。不幸这个珍贵的手稿全部尚未出版。

③ 即《武尔夫斯坦传》。——译者

仍有写作存在，我想《武尔斯坦传》是绝不会缺少读者的。"曼兹柏立的威廉对历史的本质估价极高，因而除比德外他对其他所有前辈都不很尊重。他轻蔑地写道，"懒人之后有更懒的人，因此，在我国一切研究热忱都趋于冷淡，看来更懒的人后面还有最懒的人。"(Pigro successit pigrior; et sic in gente nostra studiorum detepuitomnis fervor, ut pigerrimi pigrioribus succedere nunc videntur.)他对自己的能力有正当的自豪感，坦率地认为他正在开创英国史学的一个新时期，他说得不错。士达布斯[①]说，"他竭力使自己记述的事件和年代的细节极有系统地联系起来，以表示其间的因果关系，使之无愧于历史这种名称。从这个角度看，他是比德以后第一位历史家。"他具有真正的历史精神。他抱怨说，"由于缺乏记载，有多少往日的情况埋没无闻了！"他特意说明，他的计划是用"罗马艺术"装点英国历史；还说如果没有学术复兴，寺院改革是不可能的。[②] 和他有联系的两个著名的修道院有很多文件和令人向往的用古英语写历史的传统。在《英国诸王本纪》中，威廉利用了会使阿德赫谟赏心悦目的古代民歌。

亨廷登的亨利[③](死于 1155 年前后)[④]是林肯大教堂大助祭，

---

① 英国史学家(1825—1901)，著有《英国宪法史》三卷，出版曼兹柏立的威廉的著作两卷。——译者

② 格累安(见原书第 246 页注)，167；N. E. S. A. 汉密尔敦的版本(曼兹柏立修道士威廉：《英国主教事记》五卷，伦敦，1870 年；《卷宗丛书》，第 52 号)，249。

③ 生活于 1084？—1155 年，1109 年以后为亨廷登大助祭。著有《英国史》，叙述至 1154 年。——译者

④ 格罗斯，第 1801 号；F. 李贝曼：《亨廷登人亨利》，见〔格丁根〕《德国历史研究》，XVIII(1878 年)，265—295；R. L. 普尔：《亨廷登人亨利》，见《星期六评论》，XLIX (1880 年)，419—420；关于 T. 福累斯特的译本，见本书原书第 250 页注。

这一点值得注意，因为大多数中世纪史家都是修道士。他属东盎格鲁族，似曾在来木赛修道院受教育，1092 年曾作林肯主教罗伯·布鲁特家族的随员，后来又被任命为亨廷登和哈福德郡大助祭，死于 1154 年。他的历史著作是应林肯主教亚历山大（死于 1147 年）之请而动笔的。前七卷记述的是从罗马统治不列颠开始到 1135 年亨利一世之死为止的英国历史。第 8 卷记述史梯芬统治时期。第 9 卷包括亨利讨论其他历史题目的一些论述。第 10 253
卷是英国诸圣徒和他们的神迹的历史，是从比德和其他作家的著作中取材编成的。最后两卷包括亨利的诗歌和讽刺诗，严格说来，这两卷并不是历史。

亨廷登的亨利放弃了他的前辈那种简单的叙述习惯，进行历史撰述时分卷单独处理盎格鲁-撒克逊各分支，直至在以得加[①]统治下把它们统一起来为止。[②] 他几乎利用了全部可以找到的史料，在那些有想象力活动余地的地方，特别是在那些进行描绘的段落，他都大篇幅加以扩充。他的《英国史》极受欢迎，在 1130 至 1155 年间，曾出现五个增订本这一事实即可证明。他这部书从恺撒侵入不列颠[③]开始。卷帙繁多，但并不重要，从开始到 1126 年，主要是根据比德和《盎格鲁-撒克逊编年史》，因此，他这部书只对研究亨利一世晚年和史梯芬统治时代有用。

亨廷登的亨利的史料来源和他的前辈不同，并较为广泛。他

① 英王（959—975 年在位），统一英国。——译者

② 他有一段话是关于埃塞克斯王国建立的唯一记载。

③ 公元前 55、54 年。——译者

所撰历史事实大部分来自攸特洛匹阿[①]、奥理略·维克脱[②]和比德的著作以及内尼阿斯[③]的著作前两卷。据他自己说他效仿比德，“依靠在前辈作家们细心而勤勉地累积起来宝库中我们能够发现的东西”。这指的是曾利用《盎格鲁-撒克逊编年史》的两个增订本，即佩德波罗和阿宾敦这两个古抄本，这是显而易见的。[④] 从后者取得如国王世系表、《布鲁南堡战役之歌》和 891、894—920 和 944 年的注释等材料。但李贝曼并不认为亨廷登的亨利也像曼兹柏立的威廉那样，把民歌片段编入正文，以证实某些历史情况。亨利所利用的那些民歌早已有书面形式，而且在《盎格鲁-撒克逊编年史》中已出现过了。他似乎也并未像达勒姆的西缅那样，利用伍斯特的佛罗伦斯的著作。他依靠的是马利亚那斯·斯科塔斯的《世界编年史》，这部书从开天辟地说起，写到他自己的时代，即征服者威廉的时代。不过伍斯特的佛罗伦斯的著作大部分是马利亚那斯的著作的扩编和续编，所以亨廷登的亨利急于追本溯源，非把史料来源的来源追到不可。据近代历史批评对这种现象的剖析，这是“编年史的溯源”。[⑤]

亨廷登的亨利并不是隐居修道院的修道士，而是一位深通世

---

① 公元四世纪的罗马史学家，著有《罗马史纲要》。——译者

② 公元四世纪的罗马史学家，著有《罗马诸帝简史》。——译者

③ 公元八世纪的威尔士史学家，以拉丁文编了一部《不列颠史》。——译者

④ 李贝曼(见本书原书第 252 页注)，279—281。

⑤ 揭露这一部分或那一部分的各种各样的学者已指明了各个阶段。托马斯·亚诺尔德在他的版本(《亨廷登副主教亨利的〈英国史〉》，伦敦，1879 年；《卷宗丛书》，第 72 号)的序文中曾详细讨论全部情况，在 R. L. 普尔(见本书原书第 252 页注)的评论中有一个扼要的总结叙述。

故的人；在威廉·鲁福斯[①]统治时代离开沼泽地区他的故乡进入 254
林肯主教罗伯·布鲁特的宫廷，这位主教身上很少教士精神，他过的是一位封建王公的生活，因为他的教区是全英国最大的，他从教区取得的巨额收入使他能够过这样的生活。在林肯，年轻的亨利当大助祭，但他这个职务并没有妨碍他写讽刺诗和其他诗歌。《爱情》和《香草》是两首长诗，还有《香料》、《珍宝》等其他诗篇。许多年以后，在他写信给一位朋友论尘世之可卑(de contemptu mundi)时，曾回顾那些欢乐的往日，无限惆怅。但是林肯并不是一个专门寻欢作乐的地方。起源于这个主教区奠基人勒密吉阿斯的学术传统至今依然有强大生命力，每逢亨利提到他的"导师"昂儒人阿尔拜那斯，总是倾慕不已。亨利于1110年被任命为大助祭，眼前出现二十年的闲暇。他的著作于1130年完成，1135、1139、1145年又曾续编修订，最后的修订本写到1154年。那时原来的七卷已发展到十卷——有一卷分为两卷，在末卷之前又插入两卷。亨利在开始这项工作时，对它的性质就有明晰的概念。他在序文中写道，"历史向我们反映过去，使之犹如出现眼前；历史以过去为依据推测未来的情景。"为了使他这部书符合他头脑中历史应当有的那种样子，他不辞艰辛全力以赴。

> 这部书描写的是不列颠群岛和岛上的人民，叙述他们从朱理亚·恺撒的到来[②]开始到国王史梯芬[③]之死为止的历史。并根据当时风尚，以超乎当时一般水平的学识，附加许多古典文学片段；在一切重要场

---

① 即威廉第二(约1056—1100年)，征服者威廉之次子。——译者

② 公元前55年。——译者

③ 1135—1154年在位。——译者

合，还抄录了现成的卓越的演说词加以点缀。

亨利利用他那优美的文笔使他的著作避免成为一部枯燥无味的事件摘要。福礼门曾说，“他这部记述从开始一直都是贫乏而不准确的；但写到那次真正的战争〔斯坦福德桥战役[1]〕的时候，就突然活跃起来，而且细节详尽、诗意盎然，显然是以了解当时当地的准确情况为基础的”。这部历史的前一部分的价值，在于它“总是表现为一个独立的传统”。[2] 此外，亨利还富有想象力。《麦克白》最后一幕中西华德所说“要是我有头发一样多的儿子，我也不希望他们得到一个更光荣的结局”，（经荷棱施德之手翻译的）这句话就是出自亨廷登的亨利的作品。尽管林肯的主教宫廷封建豪华气派浓重，但亨利却坚持郎佛兰克那种钻研学术、讲求纪律的教士传统。

昔妥教团[3]和以前的克吕尼教团[4]一样，并不打算发展历史研究和写作；但寺院以外的世界是无孔不入的，有时甚至寺院也不例
255 外。十二世纪中叶，强劲的诺森伯里亚史学传统影响了约克郡里发尔克斯修道院住持亚尔勒德，因为“他觉得十二世纪的大事件需要一位北方编年史家”。[5] 他不能鼓励他自己那些修道士编写历史，因为这种事违反昔妥教团传统；于是他就支持邻近的奥古斯丁

---

① 1066年9月英王哈罗德大败从北方侵入英国的敌人于斯塔福德桥。——译者

② 福礼门（见本书原书第247页注），III，721和I，641。

③ 1098年勃艮第莫莱美寺院住持罗伯在昔妥创立的教团，为本尼狄克特僧团的一个支派。——译者

④ 910年法国中东部克吕尼寺院创立的教团。——译者

⑤ F. M. 庖威克：“里发尔克斯的亚尔勒德”，见《约翰·赖兰兹图书馆通报》，VI（1921—1922年），62。

教派一个小修道院中的一位有学问的教师会会员。新堡的威廉①就是在这个鼓舞下，编写了他的重要著作《英国史》(*Historia rerum anglicarum*)的，约于1198年完成。他怀着感激的心情把这部书献给住持亚尔勒德。② 他以前的作家们习惯于从罗马统治不列颠或公元449年③写起；新堡的威廉和他们不同，他把他的题材限制在1066年和1198年之间的时期，显然他是把这部历史继续写到1198年他死时为止的。这样限制题材本身就足以使他与众不同。

> 他这部著作不是编年史；而是整个十二世纪英国全部政治、教会和社会史的评述。在那样的时代由这样一位史家写的这样一部评述，对于后世学者说来，可谓无价之宝。在短短的单独的一章中，威廉就总结了史梯芬统治时代那种无政府状态的原因和结果，这比那些编年史家提供给我们的那些乱七八糟的互不连贯的一切事实都更富有真正的历史价值。只有他一个人帮助我们在其中发现了一种意义和教诲。就他对国内外一些人物和事情所发表的许多议论而言，可能情形也是这样。④

---

① 生活于1136—1198？年。著有《英国史》，从1066到1198年。——译者

② 理查·豪勒特校订的《史梯芬、亨利二世和理查一世三朝编年史》(伦敦，1884—1889年，四卷：《卷宗丛书》，第82号)，I，1—408，II，409—583。参阅豪勒特的导言；格罗斯，第1823号；哈第，II，512—516；诺加特(见本书原书第246页注)，II，441—444，和她的论文，见《民族史辞典》，LXI(1900年)，360—363；也参阅她的论文，"新堡的威廉的(历史)编纂的年代"，见〔伦敦〕《英国历史评论》，XIX(1904年)，288—297；H. E. 萨尔特："新堡的威廉"，同上，XXII(1907年)，510—514；路德福·扬克：《十二世纪的实用主义历史家，新堡的威廉》(耶拿，1911年和波恩，1912年)，以及E. 得·摩罗的评论，见《教会史评论》，XIV(1913年)，602—606。英译本见史梯芬孙(见本书原书第246页注)，IV，第2部分，297—672。

③ 朱特人(肯特)在英国登陆的年代。——译者

④ 诺加特(见本书原书第246页注)，II，444。

正在这个时候，盎格鲁-撒克逊史学中出现了和上述两位威廉的著述完全相反的浪漫派或称克勒特派应当在此一提。这个学派是蒙默思人赭弗理以他的《不列颠史》奠定基础的；他这部书引起一系列关于亚瑟[1]和圣杯[2]的传奇以及赭弗理·加马、瓦斯等人的
256 史诗的出现。[3] 这部名著的正式发表通常都认为是 1147 年，但有迹象说明这部书流行更早一些。[4] 里发尔克斯寺院住持亚尔勒德[5]的《天恩镜鉴》写于 1142 年前后，书中偶尔但颇为有趣地提到

---

① 一整套以英王亚瑟传说为基础的传奇始于十二世纪蒙默思的赭弗理的《不列颠史》，法国诗人的诗歌《布鲁特传奇》始提到亚瑟的圆桌会议，后来十三世纪初法国的罗伯·得·波朗把圣杯的传说并入亚瑟传奇中。——译者

② 圣杯，传说是耶稣最后晚餐时所用的酒杯，有人携至英国后遗失了。亚瑟的圆桌武士冒险在各处寻找。——译者

③ 关于这个题目的文献很多。关于较老的材料，读者可参考格罗斯第 1374，1859，1809 号的书目。比较晚近的材料，参阅诺加特（见本书原书第 246 页注），II，445—450；沃德，I，第 12 章，和第 513—516 页的参考书目；卡尔服里奇：《古代法国文学研究导言》（F. M. 杜·蒙译自德文第 3 版，扎勒河畔的哈勒和纽约，1931 年），229—232，附有参考书目；乔治·森次巴立：《十二三世纪：传奇的繁荣和寓言的兴起》（纽约，1897 年）；詹姆士·D. 布鲁斯：《亚瑟传奇的演变，从开始到 1300 年》（格丁根和巴尔的摩，1923 年：《Hesperia》，补充丛书，VIII—IX），附有丰富的参考书目，II，380—412；爱德曼·法拉尔：《亚瑟传说，研究和文件》（巴黎，1929 年，三卷：《高深研究学校丛书》，复制本，255—257）；W. L. 琼斯：《历史与传说中的国王亚瑟》（剑桥，1912 年）；E. K. 辰柏兹爵士：《不列颠的亚瑟》（伦敦，1927 年），附书目注释，283—294；考斯道夫·科痕《十二世纪伟大的恋爱和冒险传奇作家：特拉的克累提盎和他的事业》（巴黎，1931 年）；詹姆士·阿米退基·鲁滨孙："亚瑟传说最近的研究"，见〔伦敦〕《都柏林评论》，第 187 卷（1930 年），33、49；G. H. 革罗尔德："国王亚瑟与政治"，见《镜》II（1927 年），33—57；J. S. P. 塔特洛克：《蒙默思人赭弗理著作中提到的他那个时代的一些事情》同上，VI（1931 年），206—224；同一作家："蒙默思人赭弗理编纂他的〈历史〉的主题"，见《美国哲学学会会报》，LXXIX（1938 年），695—703；W. L. 琼斯：《蒙默思人赭弗理和亚瑟的传说》见〔伦敦〕《评论季刊》，CCV（1906 年），54—78。

④ W. L. 琼斯，见《西谟罗多里翁荣誉协会学报》，1898—1900 年，第 62—67 页。

⑤ 生活于 1109—1166 年。著有《忏悔者爱德华传》及《编年史》。——译者

一位新修道士向亚尔勒德忏悔说他曾因阅读国王亚瑟的故事而流泪。①

> 对亚尔勒德这样一位有英国传统和敏锐的历史感的人说来，亚瑟的故事无疑是可憎的，正像五十年后新堡的威廉厌恶它一样。比德的编年史体系没有余地记述这位威尔士英雄②、这位假亚历山大③那些幻想出来的功绩。亚尔勒德认为，亚瑟之类的人物不仅危害历史的真实性，而且还招惹青年人流无聊的眼泪，因为青年人不愿意沿着严峻的道路追求基督，总喜欢在舒适的柔情中得到解脱。④

蒙默思的赭弗理使威尔士人在英国人的心目中的地位提高，取得好感，而在过去他们一直受人鄙视。普瓦蒂埃的威廉心怀恶意地把威

---

① 《明镜》(*Spcculum charitatis*)，II，17，见米尼，第195卷，第565行D。

② 即亚瑟，因为亚瑟的传说起源于威尔士或克尔特。——译者

③ 在他的《英国史》序言中，新堡的威廉无情地批判了蒙默思人赭弗理。他认为他是个轻率的说谎者。(豪勒特《史梯芬编年史》〔见注25〕I，17。)

④ 庖威克(见本书原书第255页注)，66。蒙默思人赭弗理约生于1100年，约死于1152年。不到五十年，亚瑟的传说与圆桌和圣杯的传奇就移植于法国、德国、意大利和西班牙。李耳王在文学中最早具体出现于《不列颠史》。李耳(Lear)和他的三个女儿的名字拼法如下：Leir(李耳)，Gonorilla(龚诺里拉)、Regau(勒哥)和 Cordeilla(科第拉)。斯宾塞首先把最后一个名字变为更委婉的名字科第力亚(Cordelia)，而莎士比亚无疑是从他那里采用这个名字的形式的。赭弗理叙述的事实，数世纪后各编年史家又重述一遍，如格罗斯特的罗伯、费边的《编年史》、格拉夫顿的《编年史》，最重要的是荷棱施德的《编年史》使之流行于十六世纪，他的著作是莎士比亚直接利用的资料。辛俾林的故事也在蒙默思人赭弗理的著作中发现。

《洛罗传奇》(*Roman de Rou*)的作者瓦斯生于泽西岛上。他的兴旺时期大约是1100—1170年间。他用诗歌写了一部诺曼征服英国的历史，其中有一段对黑斯廷斯战役的生动描写。参阅格罗斯第1859号。赭弗理·加马写了一部法语韵文编年史，名为《英国历史》，写于1135至1147年间。他的主要资料是《盎格鲁-撒克逊编年史》和蒙默思人赭弗理的著作，同时从伍斯特人佛罗伦斯或达勒姆人西缅的著作中抄袭了一些材料。参阅格罗斯，第1778号。

尔士和阿摩立卡人口众多的原因归之于威尔士人实行多妻制。[①]

从上述情况中,读者或许业已看出英国在十二世纪有两个史
257 学流派:即北方派和南方派。达勒姆和彼德博罗是北方派的中心;坎特伯雷、曼兹柏立和后来十三世纪的圣阿尔班修道院是南方派的中心。

前已提到,安如王朝[②]的统治者在促进历史写作方面一直很有兴趣。在亨利二世统治时期[③],历史写作业已成为准官方的御用工具,在这方面可以说上述发展已达顶峰。归到彼德博罗的本尼狄克特(死于 1193 年)名下的那部编年史可以说是一部宫廷编年史。[④] 这部书并不是彼德博罗修道院住持本尼狄克特本人写的,而是别人替他写的。在他任住持期间,这个寺院的缮写室一直在积极抄写手稿,[⑤]整个寺院的学术气氛必然浓厚。《国王亨利二世记事》(*Gesta regis Hinrici secundi*)是一部编年史,记述亨利·不兰他日奈[⑥]的生平,从 1169 年写到 1189 年他死的时候。全书

---

① "...regio longe lateque diffusa, milite, magis quam credibile sit, referta. Partibus equidem in illis miles unus quinquaginta generat, sortitus more barbaro denas aut amplius uxores; quod de Mauris veteribus retertur, legis divinae atque pudici ritus ignaris."《诺曼底公爵威廉事记》,见布克:《高卢和法国史家丛书》,IX,88C。

② 1154—1399 年。——译者

③ 1154—1189 年。——译者

④ 关于这一点,参阅士达布斯在他的彼德博罗的本尼狄克特校订本中的论述(《住持本尼狄克特的〈国王亨利二世记事〉》,伦敦,1867 年,二卷:《卷宗丛书》,第 49 号),I,第 xiv—xix 页。

⑤ 关于这个时期(1177—1193 年)所写的书籍目录,参阅约瑟·斯帕克的《英国史作家》(伦敦,1723 年,两卷),II,98。

⑥ 即亨利二世。不兰他日奈意译为金雀花,因其父头盔上戴金雀花而命名。故安如王朝亦称金雀花王朝。——译者

写至理查一世[①]在位的第三年止。这是亨利二世统治时期一部专人编年史,因为这部书完全是当时的人写当时的事,同时又插入许多文件,所以最为重要。作者是谁尚未查明,但有人猜测可能是理查·菲茨-尼尔[②];他是朝中一位高官,1158 至 1198 年任英国财政大臣,1189 至 1198 年任伦敦主教;曾撰写一篇有名的关于财政的论文《财政对话集》(*Dialogus de scaccario*)和一部已失传的历史著作《三栏史记》(*Tricolumnis*),它是分三栏撰写的。[③]

《财政对话集》[④]写于 1176 至 1178 年之间。对了解英国财政事务内部机能运转和技术特点等等都是非常有价值的材料。士达布斯曾经写道,在诺曼诸王统治时期,在这个财政大院中

> 处理国家全部财政事务;而且,因为整个司法行政事务,甚至军事组织事务,都要仰仗这些财政官员。所以可以说,整个社会结构,每年都要受到这个部的检查,财政部(The Exchequer)的名称就是因为罩在他们结账用的那张大桌子上的布有棋盘格子(chequered)的布而来的。

在下一个世纪,《财政对话集》又由《财政部红皮书》作了补充。[⑤] 258

约克郡哈甫登的罗哲尔[⑥][⑦]是北方派最后一位代表,死于

① 即狮心王(1189—1199 年在位)。——译者

② 死于 1198 年,终身忠于理查一世,反对约翰。——译者

③ 参阅哈第,II,395—396。士达布斯,I,第 lvii—lxiii 页,推想彼德博罗的本尼狄克特可能是抄自一个从三部形式(tripartite form)转变而来的《三栏史记》;这个看法,李贝曼曾在他的《〈财政对话集〉导言》(格丁根,1875 年)一书中加以驳斥;士达布斯在他的狄塞多的刺尔夫校勘本(伦敦,1876 年,《卷宗丛书》,第 68 号)I,第 xxxi 页注 1 中放弃了这种主张。

④ 格罗斯,第 1915 号。

⑤ 同上,第 1917 号。

⑥ 活动于 1174—1201 年之间,英国编年史家,编纂 732—1201 年的《编年史》,1192 年以后的记载,对于英国内政、外交及宪法的历史是有益的。——译者

⑦ 格罗斯,第1800号。H. T. 莱利的译本:《哈甫登的罗哲尔〈年代记〉》(接下页)

1201年。他是一位世俗牧师[①]，不是修道士；正如中世纪即使是在牧师中也常见的那样，他当亨利二世王室雇员，曾数度被亨利二世派出办事和充当外交使节，最后被任命为巡回法官，这是一个高级行政官职。换言之，哈甫登的罗哲尔当时是一位文官。他的《编年史》分四部分：即732至1148年，1148至1169年，1170至1192年和1193至1201年。只有最后一部分有价值。因为这部分记述的完全是当时的事并引用了许多重要文件。可惜的是，像他这样一位有经验的人，却不厌其烦地编纂了他以前那些著作，浪费了他四分之三的时间。

坎特伯雷因为出了一位泽瓦斯（死于1210年前后）而再度抬头，从而使南方学派继续存在；泽瓦斯是基督教堂的一位修道士，写过好几部史书，[②]其中有一部记述斯蒂芬、亨利二世和理查一世统治时期的《编年史》。[③]这部书最有价值的是记述1170至1199年的那部分，内容是关于亨利二世的教会政策和柏刻特争端，这部分记载自然是仇视国王的。作为史料并无多大价值但并非毫不重要。

在另一部较小的编年史序言中，泽瓦斯把历史家和编年史家区别开来。他说，历史家追求风格，喜爱描绘，倾向冗长。编年史家则以简短记述事实为目标。他向读者表示歉意说他很难配得上一位编年史家的称号。他并不以自己的著作为文学作品自负，也

（接上页）（伦敦，1853年，二卷；《蓬氏博古丛书》）。

① 他是教会里的大助祭，与修道院中的僧侣有别。——译者

② 著有《坎特伯雷诸大主教史》，从奥古斯丁到休伯特·窝尔特；《坎特伯雷编年史》，从斯蒂芬的即位到理查一世之死，和一部《国王事记》。——译者

③ 格罗斯，第1730号；士达布斯校订的《坎特伯雷人泽瓦斯的历史著作》（伦敦，1879—1880年，二卷；《卷宗丛书》，第73号）。

不指望他这部书会在图书馆中保存。可惜的是，他的书许多地方处理不当，对年代编排很不细心，而且，他竟然下笔如此荒唐，说1159年兵役大免税总额竟达十八万镑，这个数字意味着十三万五千名骑士免除兵役。据信正确数字应当是两千四百四十镑。

关于刺尔夫·得·狄塞多(死于1202年)，①主教士达布斯曾 259
这样写道，“在十二世纪英国历史家名单中，没有一位的名字高于他的了”。他的祖先是法国人，曾就学巴黎。像亨廷登的亨利②和哈甫登的罗哲尔那样，他也是一位大助祭，他参与文官事务比宗教事务多得多。大助祭的职责经常使人俗务缠身——拿刺尔夫的例子来说，他是米德尔塞克斯的大助祭，管辖五十多个教区，因此他也算作圣保罗大教堂高级教士班子成员之一。从外貌看来他极似俗人。因此，当时有人开玩笑地写道，大助祭是不可能得救的。他的《历史纲要》(*Ymagines historiarum*)，③大约在1172年以前那部分是根据诺曼作家托利尼人罗伯的著作写的；但从1172年以后，特别是从1188年以后那部分却是以重要文件为佐证的很有价值的当代记述了。

狄塞多是较少数不偏不倚地记述柏刻特争端的历史家之一。

---

① 格罗斯，第1765号；《历史著作》，W.士达布斯校订(伦敦，1876年，二卷，《卷宗丛书》，第68号)。

② J.H.龙得在罗特兰公爵的文契中发现了一张上面有亨廷登人亨利和狄塞多人刺尔夫(以及索尔兹伯里人约翰)的签名的手稿。参阅历史手稿委员会《保存在贝尔沃要塞中罗特兰公爵阁下的手稿》，第IV卷(伦敦，1905年)，159—160和105；比较R.L.普尔“索尔兹伯里人约翰的早期通信集”，见《不列颠学院学报》XI(1924—1925年)，41。

③ 他引用了卡息奥多刺斯的《神圣制度》，第XVII章。

他对1173年政治情绪的记述可以和新堡的威廉关于史梯芬统治时代无政府状态的有名记述比美。他对亨利二世那些改革和他这些改革促成的叛乱之间的关系看得很清楚。狄塞多了解大陆上的情况,他的兴趣中没有岛国那种狭窄。他对法国人、德国人和意大利人有成见。他对基因[①]文化的记述离奇而带讥讽,特别是对在那里发现的烹调术的记述更是如此;[②]对昂热城[③]和跨越那条河的桥那段描绘相当突出。关于狄塞多的教会行政情况,保存至今的一个有价值的纪念物,就是1181年写成的《圣保罗寺院的土地调查册》。

坎特伯雷大主教史梯芬·朗顿[④]写了一部《理查一世本纪》,已失传,只有目录仍由十四世纪一位编年史家拉鲁夫·喜格登保存。朗顿的传记又是由马太·巴黎[⑤]写的。只有一些片段流传下来。[⑥] 因此,对于理查一世统治时期的历史,我们只好依靠当代各种编年史家,至少在英国是这样。其结果至多是一部东拼西凑的东西。最重要的一本单独史料是得维兹人理查[⑦]的《理查一世事记》。[⑧] 这部书的校订者说它"是中世纪最有趣的作品之一……

① 法国西南部。——译者

② 卡息多剌斯的《神圣制度》,I,294。

③ 在法国西北部。——译者

④ 死于1228年。——译者

⑤ 生活于1200?—1259年。——译者

⑥ F. M. 庖威克:《史梯芬·朗顿》(牛津,1928年)。

⑦ 活动于1189—1192年之间,著有《理查一世事记》,记载第三次十字军时英国及圣地的历史。——译者

⑧ 格罗斯,第1764号。译本见斯蒂芬孙(见本书原书第246页注),V,第1部分。著者是温切斯特圣斯尉坦寺院的修道士。

〔但是〕所引用的古典段落，言过其实的演说词以及尖锐的嘲讽等 260
都和有价值的历史事实混杂在一起了”。

关于理查参加第三次十字军的史料，将在关于十字军的历史撰述一章中再说。关于国王的晚年，有一部重要史料，即科基舍尔人剌尔夫的《英国编年史》。[1] 从 1066 到 1186 年的记载当然是编纂的。但从 1187 到 1223 年的记载很有价值，实际上记述了理查和约翰整个统治时期。

较大的和位置有利的那些寺院，不断有大人物和修道士一起留宿，寺院便从这些贵客身上了解到很多外界事物。例如，休·得·尼维尔曾为科基舍尔（距柏立·圣爱德曼兹不远处的一个昔妥教团寺院）的剌尔夫提供了理查狮心王和撒拉森人一次战役的情况；国王的牧师安瑟伦又向他提供了关于理查从巴勒斯坦回国途中被俘虏的细致情节。剌尔夫关于理查在普瓦图[2]死亡的记述以及他对理查性格的杰出估价可能都出自同一来源。和提起的这件事有关的，还有一个可以说明一位编年史家诚心诚意力求准确的例证。在关于理查被俘虏的记述业已完成之后，由于在科基舍尔留宿的安瑟伦追述的情节异常可贵，不能抛弃，于是已完的手稿又从缮写室撤出，把原来的记述抹掉，以安瑟伦所说情况代换。[3]

从关于十二世纪英国历史家这个概述看来，很明显，在历史写

---

① 格罗斯，第 1756 号。

② 普瓦图（Poitou），在法国西部。——译者

③ 《科基舍尔的剌尔夫的〈英国编年史〉》，J. 斯蒂芬孙校订（伦敦，1875 年；《卷宗丛书》，第 66 号），第 xii—xv 页。

作上已经形成一个新学派。他们比过去那些历史家眼界更为广阔，表达方法更为优越。那些老式寺院编年史形式是枯燥无味的年代记（观点是地区性的、甚至是教区的），逐渐被对历史较为广阔而深入的处理取代。不过，寺院年代记自然并未绝迹。《来木塞修道院史》（924—1200年）、①《阿宾敦寺院编年史》②和《圣爱德曼兹年代记》就是老式著作的例子。③

> 随着传说时期那种朦胧的烟雾的消失，事实放出的稳定的光辉照亮读者感激的心田；我们同时可在十一二世纪毫无技巧和系统可言的、有时甚至是杂乱无章的叙事和编年史中，似乎也看到一个知识进步的时代，尽管那时欧洲人的思想并未在学校受到训练，使人类惴惴不安的那些重大问题也尚未得到逻辑的分析和整理。④

261 较前更为清晰的思想、封建统治发展成立宪政体以及新的和更密切的和大陆的联系，使人们产生了不同的观点，也使他们对事实有了较为稳妥的看法。

十二世纪英国史学的一个显著特点是一直颇为流行的圣徒传在性质上有了变化。圣徒传已不再像从前那样充满多少属于传闻一类的材料和神迹；现在已变成记述真实的好人的严肃的传记了，前面已经提到的克立斯宾的《郎佛兰克传》和厄德麦的《安瑟伦传》；现在还可补充伊夫夏姆人亚当所著《林肯主教休传》，巴利的机拉尔德所著《林肯主教勒密吉阿斯传》以及《新敏斯特住持罗伯传》、《圣

---

① 格罗斯，第1357号。

② 同上，第1358号。

③ 同上，第1701和2628号。

④ 哈第，II，序言，第ix—x页。

哥德立克传》等等，尤其重要的是各种《汤姆斯·柏刻特传》。[①]

应当谈谈的另一个特点是十二世纪那些书信集在史学上的重要性。这些书信集已不再像过去那些虔诚的说教文章，而是一种报道消息的书简，构成一种特殊的叙事文，把很多内政和教会历史讲得一清二楚，都是遇事触景生情随时写出，并无发表之意。在这些书信集中最重要的有郎佛兰克、安瑟伦、大主教忒斯吞[②]、吉尔伯特·福力奥特、亨廷登的亨利、罗星加的赫伯特、波斯罕的赫伯特、索尔兹伯里的约翰[③]、国王亨利二世、托马斯·柏克特和布卢瓦的彼得[④]等人的《书信集》。[⑤]

最后还应当提一提十二世纪三位英国作家。他们的著作既不是严格的历史著作，也不是书简；但在对这个时代的知识文化作任何评价时，这些著作的价值都是异常之高的。这三位作家就是索尔兹伯里的约翰、沃尔忒·马普和威尔士的机拉尔德。

索尔兹伯里的约翰目睹正在自己身边发生的重要史实。当时西欧几乎所有著名人物他都认识；他的相识中有诸教皇、枢机主教、主教、国王和诸侯。他虽然是英国人，但长期居住意大利——

① 关于柏刻特的传记，参阅前引书，III，309—388；格罗斯，第2229—2231号；《关于托马斯·柏刻特的历史资料》，J. C. 罗伯孙编（伦敦，1875—1885年，七卷，《卷宗丛书》，第67号），附有一篇有价值的导言。

② 死于1140年，约克大主教（1114年），建立许多寺院于英国北部。——译者

③ 死于1180年，支持柏刻特，不得亨利二世欢心。著有《教皇史》。——译者

④ 生活于约1135—约1208年。法国作者，为亨利二世所雇用。出使罗马，为王后的秘书。其书札很有史料价值。——译者

⑤ 关于这些人的阅读物，参阅坡特哈斯特、格罗斯和《民族传记词典》上适当的书目。关于布卢瓦人彼得，参阅A. 吕奢尔的《一位外交家》，见〔巴黎〕《道德与政治科学学院的会议和工作》，CLXXI（1909年），371—381。

他是教皇尤金三世和哈德良四世宠爱的人；也曾久居法国——1180 年他逝世时是法国夏尔特尔主教。他是十二世纪最有学问、最有教养的教士，甚至超过弗赖辛的鄂图。幼年在巴黎时，他曾聆听阿伯拉德、默伦的罗伯和康契斯的威廉作演讲；在夏尔特尔他获得对古典著作极丰富的知识和高明的鉴赏力，这使他在经院哲学、民法和寺院法在知识界占统治地位的这样一个时代成为古典主义
262 最著名的代表。他的著作包括那些生动活泼的《书信集》。[①]

约翰唯一的一部严格的历史著作是《教皇本纪》，从 1148 写到 1152 年，是研究这些年代的主要史料。[②] 他这部书写的是教皇和腓得烈一世以及诸曼西西里诸王之间的关系；书中保存了一些关于布雷西亚的亚诺尔德的材料特别有价值，这在别处是找不到的。这部书原来打算作为哲姆布罗人息泽柏特[③]写的那部《编年史》的续编，可能是以 1153 年教皇尤金三世之死结束，只因"意外地丧失了几页，使我们看不到它的结尾"。

约翰还写了安瑟伦和托马斯·柏刻特的传记、一部讽刺史梯

---

① 参阅格罗斯，索引；克力门·C.J.卫布：《索尔兹伯里人约翰》(伦敦，1932 年)；卡尔·沙尔斯密特：《索尔兹伯里人约翰，生平和研究、著作和哲学》(莱比锡，1862 年)；卫布：《索尔兹伯里人约翰》，见《亚里士多德学会学报》，II，第 2 号(1893 年)，91—107；勒斋那尔德·雷因·普尔的杰出论文，见《民族传记词典》，XXIX(1892 年)，439—446；同一作家："索尔兹伯里人约翰早期通信集"，见《不列颠学院学报》，XI(1924—1925 年)，27—53。关于这种古典文学的知识，比较散狄斯，I，537—542；和 A.C.克勒："索尔兹伯里人约翰的古典文学知识"，见《威斯康星科学、艺术和文学学院学报》，XVI，ii(1909—1910 年)，948—987。

② 索尔兹伯里人约翰的《教皇本纪》，勒斋那尔德·雷因·普尔校订(牛津，1927 年)。

③ 比利时编年史家(1030？—1112 年)。主要著作为 381—1111 年的《编年史》。——译者

芬统治时期英国政治的诗集《恩拉替卡斯》(*Entheticus*)，最后，而且也是最重要的，还有两篇名为：《政治论》(*Policraticus*)和《逻辑论》(*Metalogicon*)的论文。这两篇文章属于中世纪最博学的写作之列，两篇里都有很多古典引文。在中世纪学术著作中《逻辑论》是首次利用亚里士多德的《工具篇》(*Organon*)[①]全书的。这部书可以说是作者的学术自传。《政治论》一文则是讨论政治学说和政府的著作，和弗赖辛的鄂图那部《双城记事》(*The Two Cities*)[②]同时问世，也同样深奥，但更着重分析；也可以说，在眼光和解说方面更近代化一些。在第1卷的序言中，作者详细论述了写作和文字记载在保存过去知识上的价值。约翰送给托马斯·柏刻特的那部《政治论》抄本上还印有坎特伯雷大教堂的图书号码，列入十四世纪图书目录中。这个抄本现在保存在剑桥科帕斯·克立斯提学院图书馆，是伊丽莎白统治时期大主教帕克送给那个图书馆的。[③]

---

① 亚里士多德的逻辑著作，后来由它的注释者们汇编为一书，名为《工具篇》(知识的工具)。——译者

② 即把上帝之城与地上之城作对比。——译者

③ 卫布：《索尔兹伯里人约翰》，23。这两部著作最好的校订本是卫布的：《索尔兹伯里人约翰〈逻辑论〉四卷》(牛津，1929年)和《索尔兹伯里人约翰〈政治权术论〉或〈廷臣琐事和哲学家的足迹〉八卷》(牛津，1909年，两卷)。《政治权术论》有约翰·笛肯生的译本：《索尔兹伯里人约翰的〈政治家之书〉》(纽约，1927年)(包括第4至第6卷和第7、8卷的一部分)和约瑟·B.派克的译本：《廷臣琐事和哲学家的足迹》(明尼苏达大学出版社，1938年)，译出了第1至3卷并补足了第7、8卷的缺译部分。参阅E.F.雅各：《索尔兹伯里与〈政治权术论〉》，见F.J.C.赫因萧编的《某些伟大中世纪思想家的社会和政治思想》(伦敦，1923年)；R.W.和A.J.喀莱尔：《西方中世纪政治学说史》(纽约等地，1903—1936年，六卷)，III，136—146，IV，330—337；勒斋那尔德·雷因·普尔：《中世纪思想和学术史实例》(第2版，伦敦，1920年)，第7章；和C.卫布：索尔兹伯里人约翰的“政治权术论”，见〔伦敦〕《教会评论季刊》，LXXI(1910—1911年)，312—345。

263 沃尔特·马普(约 1140—1210 年)是威尔士人的后裔,曾就学巴黎,后任国王亨利二世王室书记;和亨廷登的亨利的情况类似,他也被亨利二世任命为巡回法官,并曾代表国王出席 1179 年拉特兰宗教会议,晚年为牛津大助祭。马普和蔼而有魅力,有时颇善讥讽。据不尽可信的传闻,他曾参与编写亚瑟时代传奇,有一首描绘兰塞洛特的诗已失传;还说他是臭名远扬的哥利亚德诗歌[①]中许多下流打油诗和民谣的作者。唯一的一部有确证为马普作品的是《廷臣琐事》(*De nugis curialium*),这部书中风趣横生的轶事和抒发感想的讽刺杂文交织杂陈,使亨利二世统治时期上层社会和宫廷生活跃然纸上,读之捧腹。[②]

十二世纪,英国和威尔士的关系远较和苏格兰的关系密切。这一点在机拉尔德·坎布棱息的各种著作中都有鲜明反映。[③]

---

① 中世纪揭露教会弊端的拉丁讽刺诗歌。——译者

② 《沃尔特·马普〈廷臣琐事〉》,孟德鸠·罗德斯·詹姆士校订(牛津,1914 年);这个版本超过了卡谟登学会出版托马斯·来特的旧版本(伦敦,1850 年,第 50 号)。詹姆士有一个英译本:《沃尔忒·马普的〈廷臣琐事〉》见西谟罗多里翁学会的《记录丛书》(伦敦,1923 年,第 IX 号),M. B. 奥格尔和麦里翁·图伯接着又有一英译本:《大师沃尔特·马普的著作:〈廷臣琐事〉》(伦敦,1924 年)。关于文献,参阅帕屠,484,490,492,外加乔治·腓力普斯的一篇论文,见《帝国科学院学报》哲学和历史类,X(维也纳,1853 年),319—399。又参阅托马斯·来特校订的《通常认为是沃尔特·马普写的拉丁文诗歌》(伦敦,1841 年,卡谟登学会,第 XVI 号);W. 刘易斯·琼斯:"沃尔特·马普"见《西谟罗多里翁荣誉学会学报》,1905—1906 年会期(伦敦,1907 年),161—188;阿溪里·吕奢尔:《盖忒·马普》,见〔巴黎〕《学者杂志》,1901,第 504—516 页;艾尔弗雷德·摩里的论文,见《考古评论》,第 1 卷 VIII(1851 年),584—587。

③ 亦称巴利人机拉尔德和威尔士人机拉尔德。关于他的著作的版本,参阅格罗斯,第 1782 号。关于机拉尔德的文献很多。《机拉尔德·坎布棱息的著作》,J. S. 布鲁厄校订(伦敦,1869—1891 年,八卷:《卷宗丛书》,第 21 号),I,序言;H. E. 蒲脱尔的译本:《机拉尔德·坎布棱息自传》(伦敦,1937 年),有 C. H. 威廉兹的绪论一章;无名氏的《爱国者和教士,威尔士人机拉尔德》,见《〔伦敦〕泰晤士报文学副刊》,1937 年,(接下页)

机拉尔德(1147—1223 年)是诺曼底一位男爵的幼子,他的母亲是著名的“威尔士的海伦”聂斯达的女儿。聂斯达是南威尔士亲王伟大的立斯-阿布-条德尔的女儿;最初与机拉尔德·得·温泽尔生下以菲茨-机拉尔德为姓的子女;再与国王亨利一世生下以菲茨-亨利为姓的子女;后又与阿伯泰维寨主斯蒂芬生下以菲茨-斯蒂芬为姓的子女。机拉尔德的母亲奥哈尔德是南威尔士亲王立斯-阿布-格拉斐德的堂妹,在他的著作中他常常提到这位亲王。他曾接受表叔圣大卫主教大卫(立斯-阿布-条德尔的孙子)的教 264
育,还曾在巴黎大学读书,曾两次当选为圣大卫主教,但两次都未被任命。[①] 他多才多艺,爱动脑筋,有抱负,自命不凡,颇有才干。所有他的著作都富有创见,而且也都很重要,不论就政治史和文化史而论都是如此。

他有两部著作和威尔士有关,即《威尔士巡游》(*Itinerary through Wales*)和《威尔士图景》(*Description of Wales*);[②] 有两

(接上页)第 300 页;T. R. 隆斯柏立:《十二世纪一位学者》,见《新英格兰人和耶鲁评论》,XXXVII(1878 年),717—741,XXXVIII(1879 年),50—74,XXXIX(1880 年),70—95;《教士和历史家机拉尔德·坎布棱息的生平和时代》,见《〔伦敦〕教会评论季刊》,LV(1902—1903 年),341—363;F. M. 庖威克:《中世纪基督教徒生活和其他论文集》(牛津,1935 年),107—129。《机拉尔德·坎布棱息的历史著作》,托马斯·来特修订本(伦敦,1892 和 1905 年,《蓬氏博古丛书》),内有托马斯·福累斯特和理查·C. 赫尔爵士两种译本。

① 第一次由于国主亨利二世的反对(1176 年),第二次由于坎特伯雷大主教的反对,都没有得到正式任命。——译者

② 《人人丛书》中的译本:《机拉尔德·坎布棱息:〈威尔士巡礼与威尔士描述〉》(伦敦和纽约,1908 年);和来特(见本书原书第 263 页注)的译本。也参阅 A. G. 力特尔:《中世纪的威尔士,主要是十二三世纪》(伦敦,1902 年)。

部和爱尔兰有关，即《爱尔兰地形》[1]（*Topography of Ireland*）和《爱尔兰的征服》（*The Conquest of Ireland*）[2]。对这四部著作只有专心钻读才能体会到它们非常有趣，极富创见，生动逼真。这几部书可以和任何类似的作品比美，不愧为这类作品的典范。他的《自传》是中世纪文学写作中最有风趣的例子之一。当时英、法、意三国所有知名人物，包括英诺森三世在内，机拉尔德差不多都认识。他和英诺森三世还是知交。他曾在牛津、巴黎、罗马等地朗读自己的著作，还把这些作品的一些抄本寄存在威尔士诸亲王、坎特伯雷大主教鲍尔文、休柏特和朗顿等人以及国王亨利二世和教皇英诺森三世处。凡是和他接触的人，不是高兴就是恼火。但他在世俗史或教会史中都未能留下痕迹。他之所以并未湮没无闻只是由于他的人格高尚。

在人们称为苏格兰的这个国家里，各民族在形成过程中掺入许许多多复杂成分，经过许多世纪才逐渐充分混合一起成为一个民族；因此，苏格兰史学是直至十二世纪后期才出现的。[3] 十二世纪后半叶以前苏格兰历史极其模糊而混乱，历史家们只好主要依

---

① 记载爱尔兰的物产、奇迹和居民。——译者

② 记载亨利二世征服爱尔兰的事迹。——译者

③ 高地上的爱尔兰人、低地上的英格兰人和加罗威地区的威尔士人是苏格兰人的三个主要成分。历史上，匹克特人是北部不列颠的原始克勒特居民，他们和苏格兰人（即基尔达所称的“爱尔兰的掠劫者”）完全不同；苏格兰人来自“斯各提亚”（Scotia）（在公元五世纪，当时爱尔兰被称为“斯各提亚”），他们成群拥入那个地方，人数极其众多，以致那个地方成为一个“新”斯各提亚，于是作为这个西方岛屿名称的“斯各提亚”就被伊麟（Erin）的名称掩盖了〔译者按：爱尔兰人自称其岛为伊麟（Erin），即 Eri-innis，意为“西方岛屿”，“爱尔兰”（Ireland）一字即由此而来。〕参阅 W. F. 斯琴：《匹克特编年史、苏格兰编年史和其他苏格兰史的早期记载》（爱丁堡，1867 年），导言。

靠英国史料来源。[1] 在中世纪早期,匹克特人[2]似乎是克勒特诸部落中最强大、最文明的。这一点不只是在比德记述的他们的一位国王派遣一个使团到查洛这件事可以说明;而且在他们那些古迹中发现的艺术品也足以证实。在大陆作家的记述中,我们了解到,匹克特人是一个独立的民族,有自己一套政治制度和文字,直至九世纪中叶他们都是利用这种文字阅读《圣经》的。从那时到十二世 265
纪,匹克特这个名字是由两个不同民族在一个共同的统治下联合起来的居民当中那些最强悍的分子的总称。比德证实了苏格兰人的这种双重性。十二世纪后,匹克特这个名字作为适用于任何居民集团的名称业已消失。亨廷登的亨利(死于 1155 年前后)说过这样奇怪的话,说他从事写作时,匹克特人似乎已被消灭,他们的语言也已绝迹。但军旗之役(the Battle of the Standard)[3]就是在亨利正进行写作的那一年打的。在这个战役中,匹克特人曾组成一个师团参战。他提到苏格兰人,但未能区别组成苏格兰人的不同成分。匹克特人和苏格兰人已混合为一个单一的民族,但据达勒姆的理查说,匹克特语作为一种方言,仍然在某些地区,特别是

① 关于证据,参阅阿兰·O. 安得孙的:《英国编年史中的苏格兰年代记 500—1286 年》(伦敦,1908 年)。

② 匹克特人(Picts)是苏格兰的原始居民,种族来源不详。约公元五世纪苏格兰人从爱尔兰北部移入苏格兰,九世纪中叶苏格兰诸国与匹克特诸王国统一起来之后,残余的匹克特人被赶至苏格兰的东北部。匹克特人的名称不是他们自己称呼的名字,是罗马人称呼他们的名字,因为他们身上是刺花的(拉丁文 picti 是绘画的意思)。——译者

③ 公元 1138 年苏格兰人侵入英国,败于约克郡的顾敦泽地。——译者

在柯尔库布里[1]周围继续存在。[2]

最早的真正苏格兰历史著作是苏格兰一位不知名的修道士在十二世纪后期编纂的《盎格鲁-苏格兰编年史》(*Chronicon Anglo-Scoticum*)(公元前60—公元1189年)。[3]

究竟威尔士历史的真正材料来源是什么,很难形成一个明确的概念。最初有三个来源:(1)季尔达斯的《历史》或《书简》,560年前后;(2)内尼阿斯的《不列颠史》,可能写于八世纪,但增补至977年,其中一部分是世系表;(3)十世纪的《善良的豪厄尔的古代法律和制度》。据说早期威尔士诗歌出现于六世纪,这个世纪也是威尔士圣徒出现的时候。在这个世纪中,丹纳德·福尔在底河河畔建立了班加学院,他就是比德所说的那位狄诺司·阿拔斯。七世纪时,威尔士诸民族似乎已经有了民族自觉。因为在那时,显然"民间流传的歌谣已具雏形并已采取了固定的形式。在卡德瓦兰[4]领导下
266 西姆里克人[5]的势力突然兴起,迸发出来的民族热忱和激起的希

① 苏格兰西南的一郡。——译者

② 当斯各脱写他的小说《古物收藏者》(*The Antiquary*)的时候,当时只知道一个匹克特字,那个字是比德保存下来的。这就是Peanfahel。自从那个时候以后,又发现了Ur,Scolofth,Cartit,Duiper(威廉·立夫斯《亚丹南所著〈亥岛寺院的建立者圣哥伦巴传〉》,爱丁堡,1874年,63)和很多人名和地名的固有名字(译者按:亥岛即爱奥那岛,靠近苏格兰西岸)。

③ 公元731年以前,是从比德的书中得到资料的。735—1065年间没有什么记载。从1065到1129年它是达勒姆人西缅的著作的节录。从1129到1189年,其材料是独立的和当代的。关于版本和部分译文,参阅格罗斯第1748号。

④ 北威尔士的国王,打败诺森伯里亚,634年被杀。——译者

⑤ 即威尔士人。——译者

望都在诗歌中找到发泄场所"(斯琴[①])。但是在真正历史精神出现以前,还有一段很长的空隙时间。威尔士最古老的历史《喀布立亚[②]年代记》写于954年前后,是后来所有威尔士编年史的依据。[③]这部书是在圣大卫寺院写的,作者可能是兰达夫寺院大助祭俾基威尔德。十一世纪末,当立斯-阿布-条德尔于1177年从布列塔尼回到南威尔士,北威尔士的真正继承人格拉斐德-阿普-息南也于1180年从爱尔兰回国登陆时,新的政治冲动又把威尔士人鼓动起来。北威尔士沿着诗歌道路发展。南威尔士的知识生活表现为历史写作。后者的第一个例证是蒙默思的赭弗理那部浪漫主义的《不列颠史》(1147年)。在威尔士历史撰述中更扎实的例证是《卡马登的黑书》,也是在英王亨利二世统治时期写的。

在这个时代写成的各种爱尔兰年代记的先后次序很容易确定,因为它们都是从爱尔兰历史上朦胧的远古开始的。最早的可能是克琅墨克诺伊斯寺院住持提加那喜·奥布里恩(死于1088年)所著《拉加那喜年代记》。[④] 他这部书后来又被许多人续编到1321年。其中最重要的部分是叫作《苏格兰编年史》的那一部分,这部分写到1135年。[⑤]《英尼斯发伦年代记》[⑥]从十世纪中叶以

---

① 苏格兰史学家(1809—1892年),著有《苏格兰高地人》,《克勒特人的苏格兰》。——译者

② 即威尔士。——译者

③ 格罗斯,第1351号。

④ 关于版本和文献,同上,第1377号。

⑤ 同上,第1752号。

⑥ R.I.柏斯特和伊奥英·马克尼尔校订的《英尼斯发伦年代记》,附有导言(爱尔兰皇家学院,都柏林和伦敦,1933年);E.库图斯的评论,见〔伦敦〕《英国历史评论》,L(1935年),309—310。

后，有关于蒙斯德[1]历史的记述，这是在别处找不到的。第四部爱尔兰编年史是《罗希·塞年代记》，开始写的是1014年克伦塔夫战役，写到1220年止。[2] 最后，是《得谟特之歌》[3]，以一部失传的可能是摩立斯·里干写的编年史为根据。1225年前后译为古法文。摩立斯·里干是在伦斯特王得谟特·马克莫罗[4]部下服役的一位布列塔尼人。对于研究斯特龙保[5]入侵爱尔兰，这是最重要的资料。从十三世纪初开始，出现拉丁文取代爱尔兰文的趋势，盎格鲁-诺曼写作风格也有取代古盖尔[6]写作方法的趋势。

---

① 爱尔兰南部的一省。——译者

② 格罗斯，第1711号。

③ 《得谟特和伯爵之歌，一首古法文诗》〔约至1175年，附有译文〕，G. H. 奥彭校订（牛津，1892年）。比较格罗斯，第1842号。

④ 爱尔兰的统治者，林斯德的国王（1126—1171），1166年为爱尔兰贵族所驱逐，他利用英国人的援助，恢复其王国。——译者

⑤ 理查·斯特龙保1170年率英军援助林斯德国王，攻陷都柏林。——译者

⑥ 盖尔人为住在苏格兰高地及爱尔兰的克勒特人。——译者

第十六章　十三世纪的历史学家

细心的读者想必业已注意到在前面讨论封建时代史学的那几章中，每章都是在 1200 年前后结束的。十三世纪的史学有一些特点和前几个世纪类似。但更重要的是注意它和以前不同的地方：这个世纪的历史写作的特点在于它的独创和新颖——既和过去不同，也和十四五世纪史学表现的特点有别。但这并不是说十三世纪那些历史家已清楚地看到并理解了他们那个时代出现的变化的意义，甚至不见得清楚地看到并理解了这些变化的实况本身。没有哪一代人理解他们自己的时代——都是要留给未来的历史家加以解释。①　267

和以前比较，十三世纪的历史观不但广阔，而且是从一个新的角度上观察历史，从而发展起新的史学类型。当然，其原因必须从时代性质的改变中去寻找。

〔有人写道〕十三世纪末，在教会、国家和社会里发生的深远变化在历史写作方面留下印痕。在十一、二世纪，出身名门、身居高位的人往往以卓越的概论的形式编写世界历史；在尔后诸世纪中，大部分则依靠

① “十二三世纪的历史家很少怀疑自己目睹的革命，但未预见其影响所及。近代作家则已深刻认识到当时在法国政府中发生的重大变化。”L. 得利尔：《腓力普-奥古斯德行为一览》(巴黎，1856 年)，第 v 页。

身处社会较下层的人们写作了。其中，托钵僧团，特别是圣芳济僧团[①]，起了重要作用。城市俗人在那时的历史写作中占据显著地位。[②]

十三世纪既是中世纪历史和文化的顶峰，也是近代史的门槛[③]；在精神上和实践上是中世纪的，同时也是近代的，因为它既保存着过去，也开拓着未来。既有像前几世纪那样的宗教头脑；同时又有世俗精神——一种新的思想态度。在这个时期达到顶点、"实际上由罗马法、希腊思想和希伯来神权政治这三重根源产生
268 的"[④]中世纪教会势力和权威，唤醒了比过去更强烈的历史感。拉丁文仍然是表达思想的主要工具；但在这个世纪各地自己的语文也已高度发展，已顺利地发展成一种新的写作工具。寺院编年史家仍然使用拉丁文，[⑤]但世俗编年史家，则按情况分别使用意大利文、法文、德文或西班牙文了。在使用当地语文方面，英国史学发展较迟，落在大陆之后。

这些世俗作家分属两个阶级。有些是贵族，例如微拉杜盎[⑥]和茹安维尔[⑦]。更多的则属资产阶级。在中世纪最黑暗的时期，很少贵族能读能写，甚至国王和诸侯也是这样。但因为欧洲文化

① 1209年圣芳济建立的教团。——译者

② 汉斯·普鲁兹：《封建主义和神权政治时代》（费城和纽约，1905年，J. H. 来特主编：《世界各国历史》，IX），303。

③ 资产阶级史学的历史分期方法。——译者

④ J. H. 布立泽斯：《罗哲尔·培根的生平和著作》（伦敦，1914年），141。

⑤ 但到1300年几乎所有寺院拉丁文年代记都已极度衰落，许多都已终止。

⑥ 法国贵族（1150？—1218？年），参加第四次十字军（1198—1207年）。著有《编年史》，为最早法文标本之一。——译者

⑦ 生活于1224—1319年，参加法王路易第九的不幸的十字军（1248—1254年）。著有《圣路易传》（1309年）。——译者

向前发展，上层俗人的教育已有改进，到十二世纪，许多王公贵族和女士们都能阅读、写作和欣赏文学了，封建宫廷庇护资助散文家和诗人这类事情就足以说明这一点。①

新兴的资产阶级史学以城市编年史的形式表现出来，这种编年史产生于十三世纪；至十四五世纪数量大增，特别是在意德两国。这种新式写作是十二、三世纪社会和经济革命的产物，当时范围广阔的城市自治运动遍及全欧，但以伦巴第、托斯卡纳、德国和佛兰德较为强大，在这些地区存在着许多自由城市，或城市共和国。这个资产阶级运动极其强烈，即使实际上并非出自资产阶级作家之手的那些编年史也反映了这种新精神。

另一个应当提到的事实是，那些老式的"世界编年史"在十三世纪虽然并未绝迹，但已大量减少，取而代之的是范围和兴趣都不同、甚至形式和精神也都各异的一种新的编年通史。在十二世纪，老式世界史的那种离奇古怪的不匀称的情况渐趋衰落；一种更合乎理性的年代编排和比较合理的广袤尺度开始流行。同时，在基督教教父时代炮制、后并为中世纪史家认可的在"神圣"②历史和
"世俗"历史之间那种人为的界限，即使尚未完全消除，也是日趋模 269
糊了。而且，在这些新式世界编年史中，可以看出对历史事实已有较好的分析，对材料的综合也有了改进。早在十二世纪圣维克脱

① 参阅 C. H. 哈斯金斯：《作为一位文学恩主的亨利二世》，见《献给托马斯·腓得烈·都特的中世纪史论文集》，A. G. 力特尔和 F. M. 庖威克编（曼彻斯特，1925 年），71—77；F. 腓力普："作为知识与科学的提倡者的狮子亨利"，见〔慕尼黑〕《历史杂志》，CXXVII（1922—1923 年），54—65；K. J. 霍兹克尼希特：《中世纪的文学恩主》（费城，1923 年）。

② 指宗教的。——译者

的雨果就已经在一部短小但颇有说服力的著作《论历史事件的三大特点》(*Liber de tribus maximis circumstanciis gestorum*)[①]中指出,每个历史事件的主要情况就是时间、地点和环境,或者说事件在什么地方、什么时候发生的,它的性质如何。从十二世纪开始、在下一世纪达到高潮的以许多大学的兴建为标志的教育革命对史学上这种变化并不是没有影响的。与此同时,欧洲君主政治势力的增长,再加上领土日益扩张,特别是在法国,使政治类型简单化,使这种影响分量更大。再者,皇帝和教皇竞争世界统治权,这就使人们的头脑熟悉更为广阔的政治概念,和封建初期那种地方主义的理论和实践大不相同了。"新"史学打算放弃把历史分为"人类六个时代"的那种旧的一成不变的分期法,改为以现实的态度看待历史了。

这种新世界史较早的一个例子是赫利南的世界史。赫利南是博韦[②]附近夫洛伊德谟特寺院一位修道士,他写了一部巨大的编年史,共四十九卷,这部书有两个突出的特点:一是比例观念很强,二是仔细注明所用史料来源。在当修道士以前,他曾在腓力·奥古斯都[③]宫廷当吟诗者。其他世界编年史家有奥塞尔的罗伯(死于 1214 年)和特洛易-封腾(沙龙附近昔妥教团的一个修道院)的奥布里(曾撰写一部巨大的编年史,至 1241 年止)。为礼貌起见,也是因为他的书代表十三世纪一种流行的史学类型,我们无妨也

① 这部书还没有出版,比较坡特哈斯特,I,625;B. 豪罗:"圣维克脱的雨果的《编年史》",见〔巴黎〕《学者杂志》,1886 年,303—315;摩林尼尔,II,第 2196 号。

② 法国北部一城市。——译者

③ 腓力二世(1180—1223 年)。——译者

把腓力比·毛斯克斯的《韵文编年史》(Chronique rimée)包括在内,这部书计有诗三万一千多行,终于 1241 年。[1]

虽然各地旧式僧团的作家中偶尔也有人脱离老传统,以新观点沿着新路子撰写历史,但总的看来,寺院僧团诸史家太保守,难以改进。但多明我会[2]诸修道士并非如此,自从他们这个会成立,他们就同情这种新的、更广泛的精神,采纳并改进了历史著作的新技巧。[3] 该会建立后,这批修道士就强调教育、清晰思维 270
和对思想的清晰表达的重要性,还为自己的学生们编纂课本和提要。[4]

多明我会的历史写作中最显明的例子是博韦人文生特[5](1190—1264 年)在国王圣路易赞助下完成世称《史鉴》(*Speculum*

---

① 关于这三位作家的进一步情况和批判文献,参看摩林尼尔,IV,2514,2521,2522 等号。

② 公元 1215 年圣多明我创立的教团。——译者

③ 多明我会在历史撰写上的力量的例子,可参看摩林尼尔,IV,第 77—82 页。圣芳济会的史学,参阅 F. 俾特根的"圣芳济会研究",见〔慕尼黑〕《历史研究》,CXXXI(1925 年),421—477;关于英国,参阅 J. S. 布鲁厄编:《圣芳济会文献》(伦敦,1858—1882 年,两卷,《卷宗丛书》,第 4 号),附有一篇有价值的导言,比较 B. 豪罗的论文,见〔巴黎〕《学者杂志》,1882 年,第 726—732 页。

④ "托钵僧的流行和迅速发展,为历史编纂打下一个全新的基础。……他们编写历史,以为教育之用,作为学术上争辩的手册和他们说教的资料。他们必须有便于应用的纲领和参考辞书,以便在这些资料中,容易探求他们所需要的一切。"——沃尔巴哈,II,459。进一步参阅鄂图卡·罗棱兹:《十三世纪中叶以来中世纪德国历史资料》(第 3 次修订本,柏林,1886—1887 年,两卷),I,8—12;维尔德和特:《德国历史资料手册》(第 2 版,韦尔,1906—1909 年,两卷),II,14—23;E. 米雪尔《德意志人民史》(第 3 版,弗赖堡,1897 年),III,383—388;L. 伊尔斯内的论文,见〔慕尼黑〕《历史杂志》,III(1860 年),410—424。

⑤ 他的名著名叫《伟大镜鉴》,分为三部分:《自然镜鉴》、《教义镜鉴》和《历史镜鉴》,是十三世纪最完备的科学百科全书。——译者

Historiale)的那部“巨著”的第2部分。[1] 这一方面是一部知识性著作同时也是一部教诲,他曾解释说,鉴者镜也,不仅为了窥求知识,而且应当把它的映象牢记心中。他这部书是一部巨大的历史百科全书,展示了渊博的知识和广阔的视野。例如他对异教文学就是宽大为怀的。他在序言中作了这样有趣的评论:各地世俗写作和教会写作都在增加,特别是多明我会他那些会友正在孜孜不倦地研究历史和哲学问题。他哀叹当时教会史被人忽视——这是中世纪人们的思想日趋世俗化的标志。《史鉴》原先是从创世记写到1244年,后又续至1250年。这部书卷帙过于浩繁,文生特只好亲自写了一个摘要,名为《备忘录》(*Memoriale*)。对文化史的重视也是这部重要著作的显著特色——文生特讨论到古代希伯来、埃及、巴比伦和罗马等地的宗教。他这部书绝不是什么科学的历史著作,而是从很多作家的著作中摘录材料,巧妙地组织起来,使之成为文生特自己设计和制造出来的形式。对研究中世纪历史和文化的许多方面,他这部书都是最重要的文献。[2]

多明我会的历史写作中另一个卓越范例产生于十四世纪初年,但在性质上和博韦人文生特的著作很不相同。这个范例就是伯尔拿·基(死于1331年)的《流年花朵》(*Flores Chronicorum*),他是多明我会洛代夫市的主教,前曾历任多明我会较小的一些修

---

① 沃顿巴哈,II,463。其他两部分是《自然之镜》(*Speculum Naturale*)和《理论之镜》(*Speculum Doctrinale*)。

② 参阅B. L. 乌尔曼:“博韦人文生特新版的计划”,见《镜》,VIII(1935年),312—326。关于其他文献,参阅坡特哈斯特,II,1095—1096年;摩林尼尔,III,第2524—2526号。

道院的住持，和图卢兹[1]宗教法庭法官。作为一位历史家，伯尔拿·基值得高度赞扬；他在学识和批评方面表现了真正优秀的品 271 质，引用史料十分细心审慎。他的作品力求准确、博闻广识，处处都表现比例适当、一丝不苟的精神。他一直都在继续修订、改正自己的著作，直到临终之时。[2] 他是中世纪最伟大的历史家之一，可与弗赖辛的鄂图和马太·巴黎相提并论。[3]

伯尔拿·基的著作是为学者编写的。和他同时代但比他年长的波兰多明我会修道士特洛庖人马丁[4]（教皇的听悔长老[5]和牧师）那部庞大但结构欠佳的名为《教皇与皇帝编年本纪》(*Chronicon pontificum et imperatorum* 终于 1277 年）却是为了满足大众的兴趣而撰写的。这部书是当时的"畅销书"，可以说是中世纪的 H. G. 韦尔斯的《世界史纲》之类的书，除了被翻译成捷克、德、意等文字之外，还是最早一批印刷书籍之一。和较早的本尼狄克特教团僧侣一样，多明我会诸修道士也在他们那些较为重要的小修道院中接连编写地方年代记。他们这些历史著作虽然是用年代记的形式写的，但其中却有许多材料在广度和准确性上，都表现了新史学的优点。该会写的那部《科尔马耳[6]年代记》(1211—1305 年)

---

① 法国南部。——译者

② 续编版本，终于 1301，1315，1319，1321，1327，1330 年。

③ 关于他的其余无数著作，参阅摩林尼尔，III，第 2844 号。利奥波尔德·得利尔有详尽的记载，见《报道与节录》，XXVIIii(1879 年)，169—455。

④ 他出生于现在捷克斯洛伐克中北部的特洛庖地方，为教皇尼古拉三世的牧师，著有诸教皇及皇帝的历史。死于 1278 年。——译者

⑤ 教徒向他忏悔自己罪行的长老。——译者

⑥ 在法国东北部。——译者

就是一个例子。①

在十三世纪史学中看得出来的另一个变化就是政府和国王对史学的关注。王家史官这种职位在德、英、西等国出现了。历史开始为国王而写作，并在国王监督下进行。群众中日益增长的对写作的欣赏和大人物对写作的庇护资助，就是促成这一新发展的两个因素；但政治兴趣或宣传也有一定作用。这不但标志着欧洲知书识字的人数日增，而且也说明舆论影响日大。与此同时，十一世纪末叶因叙爵战争而产生的政治小册子，这时大量增加。历次十字军、清洁派异端以及腓得烈二世和诸教皇之间的激烈斗争，为大规模进行宣传打开了闸门，这种精神也渗入这个时代一些历史著作并使它们染上这种色彩。②

在法国，历史写作的这种新形式出现在基云·得·南基(1285—1300)的巨著中，他在腓力四世统治时期任文卷保管官(custoscartarum)和王家正式史官。《法国大编年史》或称《圣登尼
272 斯大编年史》(这样命名是因为这部著作产生于法国诸王喜爱的这个寺院)，在性质上比较通俗，但这部书的目的仍然是奉承君主。它的起源可以追溯到住持苏加，是他开始写的。后来又有一些寺院史家不断增补；因此，经过一个半世纪之后，这部著作就成了从许多史料中摘取的一些未经消化的材料的杂凑。《圣登尼斯大编年史》虽然几乎毫无价值，却广泛流行，影响极大，因为这部书是用法

① 坡特哈斯特，I，59；罗棱兹(见本书原书第 270 页注)，I，17—21。

② 关于进攻亚尔比派十字军的历史最有价值的报道是文件资料，关于这点和叙述的文献，参阅摩林尼尔，III，第 55—82 页(第 2387—2511 号)。

文而不是用拉丁文写的，所以不懂拉丁文的那些俗人都能阅读。[①]

在后面一章将会看到，用法文写的历史著作开始于1204年第四次十字军[②]的时候。法王路易九世多年的家臣和侍从西鄂得·茹安维尔（1224—1317）所撰记述圣路易的那部不朽的传记，应归功于这位圣王不幸的第七次十字军东征。王后冉（那瓦拉人）恳求他把这位已成为圣徒的法国英雄的“言论和高尚行为”（paroles et les beaux faits）保留下来以资纪念；在她的请求下，这位年已八旬的老臣，口头讲述，令人记录下来，把这部完美至极的颂词献给这位几乎完美无缺的国王。透过变幻无常的时间的云雾，茹安维尔所看到的这位国王有如置身金黄色的彩霞之中。封建主义的思想和实践被理想化了；身居王位所遇种种苛酷现实因时序推移、情绪不同而软化了。《圣路易传》提供的史料很有价值，因而也很重要；但书中弥漫的那种骑士精神则更为重要，所记国王那些突出的轶事不但使国王的性格跃然纸上，而且也把那个时代的封建性质描绘得一清二楚，最后还有茹安维尔本人对人物和事件的透辟的评论，例如他认为历次十字军都是徒劳无益。在许多生动的篇章当中，可以举出下列几段为例：描述站在达米埃塔城[③]墙上观看尼罗河景色的那段（第12章）；记述国王病危时教子的那一段（第29章）；记述国王在突尼斯城外沙漠中死去的那一段（第30章）。单

① 关于《圣登尼斯大编年史》，参考摩林尼尔，III，第2530号；《献给加伯尔·摩诺的中世纪史研究集》（巴黎，1896年），307—316；坡特哈斯特，I，316—317；雷翁·拉科邦的论文，见《古文字学校图书》杂志，II（1840—1841年），57—74；L. 得利尔的论文，见〔巴黎〕《学者杂志》，1900年，第610—618页。

② 1202—1204年。——译者

③ 在尼罗河三角洲上。——译者

摘出一段就够了。这一段是记述法国人和穆斯林在达米埃塔一次战役的：

> 〔茹安维尔写道〕他们冲上来了，足有三十个人，手举出鞘宝剑和丹麦斧〔这些武器是撒拉逊人从拜占庭皇帝的丹麦卫队中的发连金人①那里借来的〕。我的主人伊柏林人鲍尔文，很懂阿拉伯话，我问他这些人在说什么；他回答说，他们正冲过来要砍我们的头。我们周围那些骑士正忙着向三位一体修道院一位弟兄②（佛兰德的威廉家族的成员）忏悔他们的罪恶。

但是茹安维尔认为自己没有任何罪恶需要忏悔——只认为自卫或
273 逃跑都已无用。当一把可怕的斧头高高举到他的头上的时候，他只能下跪，用手画着十字，③心想："圣阿格尼④就是这样死的"。但正在这可怕的时刻，跪在他旁边的一位塞浦路斯的城堡首领坚持要向他忏悔。茹安维尔低声说，"凭上帝赐予我的权力，我宽恕你。但当我站起来的时候他究竟说了些什么，我是一句也记不得了。"这部书的精华是茹安维尔对国王攻打突尼斯的第二次十字军提出的抗议。茹安维尔对历次十字军都不抱任何幻想，认为这些行动都是胡闹。他写道，"国王着急要我画十字。我回答说，在上次十字军中正当我在海外为上帝和国王服役时，国王的宫廷官吏已经摧残了我的家臣，使他们贫困不堪，从而使他们和我自己的处境从来没有那样坏。我又说，如果我想执行上帝的意旨，我就应当留在国内，照顾我那些人。……我认为那些劝国王出征的人犯了致命

① 北欧的战士。——译者

② 即僧侣。——译者

③ 中古迷信，画十字可以保护身体。——译者

④ 公元303年戴克里先迫害基督教徒时的女殉教者。——译者

的大罪；因为只要他在法国，全国都会太平无事，但在他出国之后，情况就每况愈下了”。[1]

除这些著作外，十三世纪的法国史料多系文献性质，年代记较少。[2] 所有的编年史都是记述君主统治的一般历史的，这些编年史又由各省编年史加以补充，这些行省编年史都各自提供了各自那一部分事实。但因为这些编年史都是隐居在修道院里的那些修道士写的，他们对广阔的外界正在发生的事情知道得很少，所以这些撰述只是偶然地有些价值，而且这种价值也多系地方性的。这些行省年代记中比较重要的有：在利摩日[3]的圣马绍尔修道院里写的《利摩日编年史》(*Chronicon Lemovicense*)；桑的圣佩耳·勒·未甫修道院的《编年史》；摩伊塞克的《编年史》；据传是佛兰德地方阿韦纳的鲍尔文编的《编年史》(编得很乱)；鲁昂[4]的《编年史》；和一部都兰[5]地区许多小修道院的各种年代记杂乱拼凑的《都兰编年史》。总而言之，十三世纪法国史学除博韦的文生特以及微拉杜盎和茹安维尔的著作以外都没有特色。但在用本国文字

---

① 茹安维尔的唯一校订本是纳塔利·得·瓦伊的版本(巴黎，1865 年等等)；原文曾经出版，附有佐安·伊文思的英语译文(伦敦，1938 年)；另一个译本见《人人丛书》。较老的文献，参阅坡特哈斯特，I，679—681。H. F. 得拉波德的论文，见〔巴黎〕《两世界评论》，1892 年 12 月 1 日，第 602—636 页；加斯顿·巴黎的论文，见《罗马尼亚》杂志，XXIII(1894 年)，78—116；A. 坡勒特，同上，LVIII(1932 年)，551—564；玛克斯·米勒《一个德国工厂的片段》(纽约，1889—1891 年，五卷)，III，151—191；和《〔伦敦〕泰晤士报文学副刊》，1938 年，第 204 页。

② 关于这些资料，参阅摩林尼尔，II，第 2538—2569 号。

③ 在法兰西的中西部。——译者

④ 在法兰西北部。——译者

⑤ 在法兰西的中西部。——译者

写作方面,法国却是先驱。

和法国相反,十三世纪的英国史学[①]坚持用拉丁文写作,并以
274 十二世纪史家奠定的坚实基础为依据。但十三世纪英国只有一位史家有资格称为作家,而前一世纪中却有好几位。这位作家就是马太·巴黎。这个时代是一个激动人心的时代,因为这是大宪章、诸侯战争、国会兴起、征服威尔士和苏格兰的时代;也不要忽视英国和法国、佛兰德、教皇甚至圣地的政治联系。也是在这个世纪,托钵僧在英国定居下来,圣芳济会在英国知识界的影响大于多明我会。再者,和大陆对比,英国本尼狄克特派诸修道院在文化知识上表现的活力,使海峡对岸同类修道院感到惭愧;寺院年代记的数目既多,价值又大。但几乎所有这些年代记都表现了修道院年代记固有的弱点,而且除了那些实际上属于当代情况的东西外,所有材料都是从前辈作家的著作中大量抄袭的。

在寺院年代记中,有约克市的圣玛利修道院一位修道士考文垂人沃尔特的年代记,记述从布鲁图到 1225 年的事件;[②]还有《伯顿年代记》,其中 1211 年至 1263 年的内容很有价值。校订者卢阿德说这部年代记是"记述我们这个时代的历史的最有价值的资料集之一"。对了解诸侯战争(1258—1263 年)这是最重要的资料。[③]《杜克斯柏里年代记》偏袒诸侯,但对了解这次战争也有同样价

---

① J. C. 罗素:《十三世纪英国作家词典》(伦敦,1936 年:《历史研究所通报》,特刊,第 3 号)。

② 格罗斯,第 1761 号。

③ 同上,第 1692 号。

值。[①]《美洛斯修道院编年史》对研究从十二世纪中叶到1275年这个时期，是有创见的权威性材料，对了解北英格兰和苏格兰的历史也很重要。[②] 评论这部编年史新版的人写道：

> 这部苏格兰年代记是一部杰出的著作，无论编者依靠的是一部已失传的诺森伯兰资料，还是像校订者们坚持的那样是根据豪敦曾利用过的苏格兰材料，这都关系不大。就其对诺森伯兰史学的学术贡献而言，引用的那部分材料，在某些方面，和这些编年史家表现了自己的独创性和个性的那部分内容（主要是1171年以后那部分）是同样重要的，这一点有时甚至是异常明显的。关于十三世纪的材料常常都是很重要的，其范围之大也很惊人。这些修道士对皇帝腓得烈二世的浓厚兴趣几乎不亚于马太·巴黎。他们对历次十字军都了如指掌，对1244年发生的事件[③]也异常清楚；他们特别注意教皇诸使节的行为。关于1215至1218这几年（正当年轻的亨利三世[④]的命运悬而未决的时刻），他们提供了宝贵的事实；他们对教皇使节瓜罗的刻画，呈现出和通常人们了解的情况不同的另一个侧面。他们笔下的北方寺院生活图景是博闻广识、文雅、庄重、欧洲式的，倾向克吕尼精神可能甚于倾向昔妥精神；关于英格兰王和苏格兰王之间的关系，他们有许多话说，但并不是经常对亨利三世有利的。[⑤]

1291年爱德华一世[⑥]的行动有趣地说明了十三世纪历史写作的重要性。那一年，他下令在全英国所有图书馆搜罗可以提供有关英格兰的领主权的材料。由于新近发现了这些编年史的价值， 275

① 格罗斯，第1694号。

② 同上，第1735号；英译本见史梯芬孙：《英国教会史家》（伦敦，1853—1858年，五卷，分作八册），IV，第1部分，79—242。

③ 教皇派来英国征税的使者被逐出英国。——译者

④ 生活于1216—1272年。即位时年仅九岁。——译者

⑤ 《〔伦敦〕泰晤士报文学副刊》，1936年，第416页。

⑥ 1272—1307年在位。——译者

国王把争取苏格兰王位的那两位对手[①]同意接受他的裁决的文件抄本,分发给一些比较重要的寺院。

在《温顿年代记》[②]中,关于伊夫夏姆战役(1267—1277 年)[③]以后诸事件的记述那部分最重要。《韦弗利年代记》[④]是了解亨利三世统治时期的重要资料,也是研究伊夫夏姆战役以及其后的历史最重要的资料。《邓斯特布尔小修道院年代记》[⑤]记述的 1201—1297 年的历史是有创造性的。"许多历史事实只有从这部书中才能了解到,……关于十三世纪寺院中一般俗务活动,这部书可能是现存记载中最正确的了。"《伍斯特小修道院年代记》[⑥]对研究十三世纪后期,总是处于很高的权威地位。《奥塞尼年代记》[⑦]绝大部分对研究 1223—1293 年间英国通史,是一部具有独创性的权威资料。

前面已经说到,昔妥教团僧侣不大喜欢撰写历史。然而该教团的科基舍尔修道院住持剌尔夫(1207—1218 年在职)却写了一部《英国编年史》[⑧],前一部分是根据伍斯特的佛罗伦斯和亨廷登的亨利二人的著作写的,但所撰由 1187 至 1223 年那一部分,特别是在约翰统

① 1286 年苏格兰亚历山大二世逝世,1290 年其女继承人马加勒特又逝世,当时争苏格兰王位者三人,请求爱德华仲裁,爱德华决定约翰·贝利奥尔为苏格兰国王,并向爱德华行臣服之礼,使苏格兰成为英格兰的属国。——译者

② 格罗斯,第 1696 号;英译本见史梯芬孙(见本书原书第 274 页注),第 IV 卷,第 1 部分,347—384。

③ 1265 年太子爱德华打败国会领袖西蒙·得·蒙福尔,蒙福尔战死。——译者

④ 格罗斯,第 1695 号。

⑤ 同上,第 1821 号。

⑥ 同上,第 1698 号。

⑦ 同上,第 1693 号。

⑧ 同上,第 1756 号。

治时期和亨利三世幼年时代，他设法写出很多独自搞到的材料。

在这一系列年代记中，最独特的是昔妥教团小修道院布累克隆德人佐塞林(1173—1203年)所著《编年史》；它对于中世纪修道院对内对外的经济和其他方面的活动有极其了解内情的记述。作为十二世纪末有关经济和社会情况的资料，这部书是无与伦比的。[①]诺里奇一位修道士巴托罗缪·科顿编了一部内容丰富的《英国史》[②]，从亨季斯特和霍尔萨[③]叙述到爱德华一世统治时期的中叶(1298年)；其最后一部分，材料较多。

虽然这些寺院年代记内容充实——至少对某些地方、某些年代记说是这样——但所有这些年代记都比不上十三世纪圣阿尔班 276
斯修道院出的那一大套寺院编年史；如果我们说在这个寺院里产生了一个真正的"历史学派"也并非言过其实。[④]确实，那时圣阿尔

① 格罗斯，第2628号；坡特哈斯特，I，654。首先是J.G.洛克沃德的校订本(伦敦，1840年；《卡谟登学会丛书》第1辑，XIII)；后又见亚诺尔德编的《圣爱德曼兹寺院纪念册》(伦敦，1890年；《卷宗丛书》，第96号)中，I，209—336。T.E.顿林斯的英译本，见《十二世纪的寺院和社会生活，以布累克隆德人佐塞林的〈编年史〉为例证》(伦敦，1844年，第2版，1845年)。这部著作是喀莱尔的《过去与现在》(1857年版，第51—156页)一书的基本结构。

② 格罗斯，第1760号。

③ 这两人是兄弟，他们约于449年领导一队朱特人侵入英国。——译者

④ 参阅哈第，III，第xxxii页以下；克罗德·贞琴兹：《寺院编年史和早期圣阿尔班斯学派》(伦敦和纽约，1922年)；奥古斯都·泽塞普：《一位隐士对寺院、城市和乡村的研究》(伦敦，1893年)，第1章；《圣阿尔班斯寺院修道士马太·巴黎〈大编年史〉》，H.R.卢阿德校订(伦敦，1872—1884年，七卷；《卷宗丛书》，第57号)，参考导言；J.A.夫鲁德《大题目，小研究》(纽约，1908年，五卷)，IV，1—95；L.F.剌喜勃鲁克·威廉兹：《圣阿尔班斯寺院史》(伦敦和纽约，1917年)；《威斯敏斯特评论》，LXXXVI(1866年)，508，XCII(1869年)，287—288；〔伦敦〕《评论季刊》，CLXII(1886年)，293—324；盖得纳，第6章；《文多维的罗哲尔的〈编年史〉或〈历史之花〉》，H.G.休勒特校订(伦敦，1886—1889年，三卷；《卷宗丛书》，第84号)，导言。

班斯作为英国一个学术中心,可以和牛津剑桥一争高下。

圣阿尔班斯镇距伦敦约二十英里。是通往北方的大道上的旅客歇脚的地方。游客众多。该镇有将近三百所马厩供旅客马匹应用这一事实,足证该地行旅纷繁。这些过路的人从外界带来新闻和闲谈,甚至往往是外国的消息,从而使这个修道院成了一个情报中心。据记载,国王和显贵人物也频繁来访。五花八门的旅客使编年史作家能够得到各个阶级的看法。这个寺院也是一个重要的文件收藏所。地点优越对这个寺院后来的发展有特殊重要意义。

圣阿尔班斯的财富和名声使它的写作活动有了一个很好的背景。这个修道院和缮写室是在一位学识渊博的诺曼住持保罗任职期间(1077—1093 年)建立的。他是大主教郎佛兰克的亲戚;这个缮写室就是在郎佛兰克的建议和帮助下修建的。一位诺曼贵族把哈特飞尔德的什一税中的两份捐给了这个缮写室,以维持其经费。起初,缮写人员是从别的地方雇来的。书籍积累日多,从那时起,求知好学就成了这个修道院的传统。有时虽博学但不务实的人当选为住持,在这种时候,这个传统就成了不利因素。这个缮写室是一幢单独的建筑物。书籍就是在这里编写和发行的。它同时也是一个训练书写的学校,发展了一种特殊的古文字体。人们认为,教书法的老师是一位外国人,他的徒弟都很灵敏。人们常常提到这种"圣阿尔班斯书法"。

在圣阿尔班斯是否曾设立历史编写职位的问题仍未最后定案。贞琴兹说:

> 就真正辛勤的探索所能发现的证据提供的情况看,圣阿尔班斯把历史写作看作一项独立职务,由指定的正式编年史家担任,并定期派人

继承这个正规的职位。

这个肯定的说法可能有值得怀疑的地方，但可以相当有把握 277
地说，那里先是保持按年记事，不久之后就开始编纂工作，这就形成历史写作的基础。一般认为历史写作这个专职是在西缅任住持期间（1166—1183 年）设立的。他修缮了这个书写室并加以扩建，经常雇用两位文书，并规定尔后的住持至少应雇用一位文书使地方年代记保持不断。[①] 这些文书的姓名并未举出，但"有些证据说明 1180 年以后，圣阿尔班斯一位修道士沃尔忒曾撰写一部《英国编年史》(*Anglicarum Rerum Chronica*)"。[②]

十三世纪初期，圣阿尔班斯有一部编年通史记述大陆和英国。这部书的作者或诸作者尚未完全查明。不管有无史家职位，这部著作看来都不是出自一人之手。书的前一部分曾提到管窖人亚当，他是不是一位编写年代记的人尚有争论。据信最早的编者是住持约翰·得·西拉（1195—1215 年在任），他是一位扎实的学者，书籍爱好者，曾献给寺院图书馆许多书籍，其中有彼得·科美斯脱的《教会史》。继他之后任住持的威廉也为图书馆增添了书籍。卢阿德[③]把当时能够得到的书籍列了一张清单，还说清单所列书籍，大部分都已核实无误。

---

① 哈第，III，第 xxxiv 页。威廉兹（见本书原书第 274 页注），79 是下面一句话的根据：规定除缮写室内的人以外，住持还应当有一个专门文书。泽塞普（见本书原书第 276 页注）43 也说，这是圣阿尔班斯历史学派的开始。

② 哈第，III，第 xxxvi 页。他说，庞兹是这句话的唯一根据，而庞兹没有提出证人来，但是哈第颇相信这句话是真的。

③ 上引的著作（见原书第 276 页注），I，第 xliii 页。

随着文多维人罗哲尔[①]这位史家的出现，圣阿尔班斯历史学派也就清清楚楚地出现了，[②]他把前辈的编年通史续到1235年。《史学花朵》(*Flores Historiarum*)这部著作价值很高，这不只是因为全书材料丰富，而且也因为作者分析精辟、"坦率而无畏"。总之，圣阿尔班斯的书写室成立于1077至1093年间；史家的职位可能是1166至1183之间的某一年设立的。

罗哲尔于1236年死后，泽塞普博士称为"天下奇才"的马太·巴黎成为圣阿尔班斯的历史作家。从1217年以后，他一直就是这个集体的成员。他曾就读巴黎大学(他的名字即由此而来)，他在自己这个寺院中以学者、抄写员和艺术家的身份取得优异成绩。他不仅是一位修道士，而且也是一位朝臣和深通世故的人，和英国
278 王廷关系亲密。至少有一次，亨利三世曾请他坐在自己的宝座旁边，以便使他能够把朝中全部活动记录下来。次年(1248年)英诺森三世派他去挪威改革荷谟的本尼狄克特教派修道院。他有很多取得消息的便利。他受到亨利三世的宠爱；曾于1236年出席国王和普罗旺斯的厄拉涅的结婚典礼；他是王室常客，这不但因为他和当时那些要人熟悉，而且也是因为其中有许多人向他提供重要文件和其他资料，使他能够顺利进行研究。

马太·巴黎抄写文多维人罗哲尔所著的《史学花朵》，增添了

---

① 英国编年史家，著有《史学花朵》，从开天辟地叙述到1235年，从1202年以后的记载是第一手资料。死于1236年。——译者

② 关于休勒特的版本，参阅原书第276页注。J. A. 季尔斯的英译本(伦敦，1849年，两卷：《蓬氏博古丛书》)。格罗斯，第1864号；坡特哈斯特，II，981；也参阅〔巴黎〕《学者杂志》，1900年，第16—26，106—117页；和史梯芬孙的论文，见〔伦敦〕《英国历史评论》，III(1888年)，353—360。——译者

自己一些材料,并作了一些删改,然后续编到 1259 年他死的时候。他的全部著作构成他的《大编年史》(*Chronica majora*),这部著作的卢阿德版本[①],计六卷;其内容作如下分配:(1)从创世到 1066 年;(2)1067—1216 年;(3)1216—1239 年;(4)1240—1247 年;(5)1248—1259 年;(6)补编。此外,马太·巴黎还写了一部独立于上一部的《小历史》(*Historia minor*)或《小编年史》,从 1067 写到 1253 年,在这部著作中,他重新处理了他的一些旧材料,有时还修改了他过去的意见。《小历史》似乎是为献给亨利三世而写的,因此他有意识地把许多尖锐地批评国王和教皇的段落删除或修改了。有时整段的语气修改得和缓了。例如,《大编年史》中有一段攻击托钵僧不该接收那些老年男女参加十字军的誓言,后来这些老人又因行贿被赦免了;还说国王的儿子康沃尔的理查因为干这种事发了财。在初次改写这一段的时候,马太·巴黎以删掉提到这位伯爵的话为满足。但后来他越来越谨慎,把这句话改成:那些托钵僧"慈悲为怀",赦免了许多无意中宣誓参加十字军的人。但另一方面,他对约翰那些可怕的控诉一点也没有删去,这一点足以表现他对国王约翰十分嫌恶;尽管他写这部书是作为一件礼物送给约翰的儿子[②]的。[③]他这两部编年史记述当代情况的那些部分都是有

---

① 参阅本书原书第 276 页注。其第 7 卷附有详细索引。

② 即亨利三世。——译者

③ 不列颠博物馆中这部著作的样本是马太·巴黎自己的亲笔手稿。曾先后由下列诸人占有:首先是亨利五世的弟弟格罗斯特公爵汉符理,他是十五世纪英国最大的图书收藏家;其次是林肯主教约翰·罗素;再次是亨利八世;往后是阿兰得尔伯爵亨利·菲茨·阿兰、拉姆利爵士约翰,1609 年约翰死后,这部书和他其余的图书一起传给詹姆士一世的儿子威尔士亲王亨利,因而进入皇家图书馆中,1757年由乔(接下页)

279 价值的。他是局中人,在全欧有大量通信者,从他们那里搜集情况,把这些材料加以精选、核实,形成独立的判断,毫不犹豫地批评国王的政策。W. 留埃斯·琼斯先生说,①“他有天生的历史家的本能、气质和判断力”。泽塞普博士称他为十三世纪“泰晤士报的编辑”。②

马太·巴黎死后,圣阿尔班斯学派就衰落了。1271 年进入这个寺院的威廉·里陕加续编《大编年史》至 1327 年,但质量比原作差得远了。校订者说,“这部作品蹩脚、支离破碎、冗长、晦涩,而且有许多地方几乎无法理解”。③

现在应当谈谈十三世纪英国史学某些其他成分了。厄克利斯顿人托马斯的《圣芳济会来到英国》(*De adventu fratrum minorum in Angliam*),写的是 1224 至 1250 年英国圣芳济会的历史,这些记述很珍贵。④ 据说 1100 年前后有人在彻斯特⑤ 写了一部书,为撰写一个城市的历史提供了最早的范例;⑥ 他在这方面的努

(接上页)治二世赠给国家。J. A. 季尔斯的马太·巴黎的英译本(伦敦,1866—1869 年,三卷,《蓬氏博古丛书》);A. 何易拉·布累何尔的法译本(巴黎,1840 年,九卷)。关于文献,参阅格罗斯,第 1830 号;坡特哈斯特,I,778—779;哈第,III,序言;泽塞普(见本书原书第 276 页注),I,1—65;威廉·韩德的论文,见《民族史词典》,XLIII(1895 年),207—213;〔伦敦〕《评论季刊》,CLXII(1886 年),293—324;汉斯·普雷因:《马太·巴黎的治政性质》(莱比锡,1897 年)。

① 沃德,I,199。

② 《一位隐士的研究》(见本书原书第 276 页注),51。

③ 《圣阿尔班斯寺院编年史》,H. T. 莱利校订(伦敦,1863—1876 年,七部分,分为十二卷:《卷宗丛书》,第 28 号),II,导论。比较格罗斯,第 1836 号。

④ J. S. 布鲁厄校订,见《圣芳济会文献》(见本书原书第 269 页注),I,1—72,II,7—28;参阅他的导言,和 A. G. 力特尔:“厄克利斯顿〈编年史〉的遗失手稿”,见〔伦敦〕《英国历史评论》,V(1890 年),754—759;格罗斯,第 2201 号。

⑤ 在英国西部。——译者

⑥ 哈第,II,90。

力，只是在很久以后的十三世纪才由阿那尔德·菲茨-提特马所撰《伦敦市长和郡守编年史》[1]继承下来。在伦敦城诸编年史中，他这部书是最有价值的一部，特别是关于 1236 至 1274 年间的记述。菲茨-提特马是伦敦一位市参议员，他忠实拥护亨利三世，反对诸侯。在他所收集的他那个时代的信札中，国王亨利三世的书信集，[2]伟大的林肯主教罗伯·格洛斯忒斯特（1235—1253 年在职）的书信集，[3]第一位伟大的英国圣芳济会修道士和格洛斯忒斯特以及西蒙·得·蒙福尔的朋友亚当·玛赤的书信集[4]是最有价值的。《学院文献》(*Munimenta Academica*)[5]是说明牛津和剑桥学院生活的文件集。

讨论国会的组织（并不是讨论其起源）的著作，有《国会的固定方式》(*Modus tenendi parliamentum*)，[6]记述早自理查一世[7]统治 280
时期，直至理查二世统治时期前后计二百年间的情况。对这部书

① 托马斯·斯退培尔顿校订：《古代法律书》，等等（伦敦，1846 年：《卡谟登学会丛书》，第 1 辑，xxxiv）；H. T. 莱利译本：《伦敦市长与郡长编年史》（伦敦，1863 年）。格罗斯，第 1773 号；坡特哈斯特，I，235。

② 《能说明亨利三世统治时期情况的国王信函及其他历史信件》，W. W. 瑟力编（伦敦，1862—1866 年，两卷：《卷宗丛书》，第 27 号）。

③ 《林肯主教罗伯·格洛斯忒斯特书信集》，H. R. 卢阿德校订（伦敦，1861 年：《卷宗丛书》，第 25 号）。格罗斯第 2243 号。

④ 原文见布鲁厄《圣芳济会文献》（见本书原书第 269 页注），I，77—489。格罗斯，第 2201 号。

⑤ 同上，第 2781 号。参阅 J. R. 格林《牛津早期史》，见他的《英格兰与意大利侧面研究》（纽约，1876 年），287—308。

⑥ 威廉·A. 莫理斯："〈国会的固定方式〉写作的年代"，见〔伦敦〕《英国历史评论》，XLIX（1934 年），407—422；格罗斯，第 351 页和第 2028—2030 号。

⑦ 即英国狮心王。——译者

最近的评论确定它是爱德华二世统治时期(1307—1327 年)写成的。关于法律史,有拉努夫·得·格兰微[①]的《英国法律与宪法论》(*Tractatus de ligibus et consuetudinibus regni Angliae*)[②](写于亨利二世统治时期最后十年)和一世纪后布刺克顿[③]写的一部比格兰微那部书重要得多的同名著作。这是“第一部综合剖析英国法律的著作,是中世纪英国远较其他法律著作都重要的一部”,是一部包括将近两千个判例的判例法,是英国习惯法的基石。有人说布刺克顿当了二十年英国大法官,这是没有根据的。如果确有其事,也一定是在 1258 年以前或 1265 年以后。我们确实能肯定的只是他曾任埃克塞特大教堂大教长和大法学家。

还应当提提蒂尔柏里人泽未斯,否则十三世纪英国历史作家的概述就不完备;泽未斯写了中世纪一部最奇特的书,名叫《帝王消遣录》(*Otia Imperialia*)。[④] 他生于埃塞克斯,一生大部时间在国外度过,在兰斯住了几年。1177 年皇帝腓得烈一世和亚历山大三世[⑤]在威尼斯会晤时,他也在场,但还不清楚他是以什么资格参加的。因为他曾一度在波洛民亚大学任教会法规教授,可能是作为这方面一位专家出席的。事后不久他就回到英国,因为他曾把

---

① 英国政治家和法理学家,亨利二世的得力顾问。死于 1190 年。——译者

② 格罗斯,第 1874 号。

③ 英国的教士和法官。中世纪最早有系统地论述英国法律的作家。死于 1268 年。——译者

④ 关于泽未斯的版本和文献,参阅同上,第 1847 号;坡特哈斯特,I,507;摩林尼尔,III,第 2299 号。现在还没有完整的校订本。

⑤ 教皇(1159—1181 年在职)。长期与皇帝腓得烈一世斗争(1159—1176 年)。腓得烈第五次侵入意大利,战败,1177 年开预备会议于维也纳,与亚历山大和解。——译者

一部名为《诙谐集》(*Liber facetiarum*，现已失传)的书送给亨利王子(死于1183年)。那时人们得知他在那不勒斯和西西里诺曼王廷。亚克之围[①]时(1190年)，他在萨莱诺[②]，写了一部关于坡堤奥利浴室的文章。数年后，他在皇帝鄂图四世手下任阿尔斯王国[③]司法秘书。他写的《帝王消遣录》就是为鄂图四世取乐的。

《帝王消遣录》这部书，五花八门无奇不有，是一部综合性的著作，无愧中世纪一部文学百科全书。分为三卷。第1卷叙述创世和混沌时期，天体和住在下界这个地球上的动物；天堂和地狱。在讲完《旧约》中那些族长的历史之后，第1卷就以记述洪水结束。在第2卷中，作者记述小亚细亚，以大量篇幅描写小亚细亚如何划分为若干主教管辖区。写到意大利时，有一段关于罗马极其详尽的描述。从这段描述中，可以取出许许多多有趣的细节，有描写城门、城墙和城楼的；有记述城中诸小山、浴室、宫殿和剧院的；有关于该城的墓地、泉水和教堂的，不一而足。还有一段特别描绘那个长方形的圣彼得大教堂，在这些大建筑物中，有几个的大小尺度也写了出来。然后作者又列举了欧洲主要国家的教区划分，这些都是引用教皇档案作为根据的。然后又描述了法兰西、西班 281
牙、英格兰、威尔士和苏格兰；后来又说到非洲，回过头来又叙述地中海诸岛屿；继之以罗马帝国简史，然后第2卷才以对英国诸国王的记述结束。第3卷是全部著述中最奇特的部分，专门叙述作者了解到的自然界和艺术上的主要杰作，其详尽程度依作者了解多少而定。在这些杰作中，有很多都是举的我们自己的国家〔英国〕的，使十三世纪初期在我们祖先中间流行的迷信和风俗习惯清清楚楚呈现在我们面前。[④]

---

① 第三次十字军之役中，1190年十字军围攻亚克，翌年攻陷。——译者

② 在中意大利西南部。——译者

③ 在现在法国南部。——译者

④ J.史梯芬孙校订的《科基夏尔剌尔夫〈英国编年史〉》(伦敦，1875年；《卷宗丛书》，第66号)，导言，第xxiv—xxv页。比较《坎特伯雷人泽未斯的历史著作》，威廉·士达布斯校订(伦敦，1879—1880年，两卷；《卷宗丛书》，第73号)，I，第xlii—lii页。

当我们从十三世纪的英国和法国进入意大利的时候[①]，发现的是另一个世界。英法两国的情形是：君主制和巩固的帝王统治的发展和在帝王治下领土日益稳定的趋势结合起来。而在意大利，1250年腓得烈二世逝世之后，君主制就崩溃了；在意大利最先进的伦巴第、托斯卡纳和皮德蒙特等省，封建政治、封建经济和封建社会即使尚未绝迹，也已经在自治城市共和国的发展和市民阶级的优势下屈膝投降了。这些城市共和国多数并不大，但其中有一些，特别是米兰、热那亚、佛罗伦萨和威尼斯，却是人口众多、十分骄傲、富庶而强大的由大富豪统治的城市。[②] 在意大利中部，教皇的支配势力以诸教会国家为堡垒，形成意大利半岛上最富中世纪风气的地区；但即使在这个地区，教皇也不得不在某种程度上对

① 关于十三世纪意大利史家，参阅本哈德·斯密德勒的《十二三世纪意大利史家》（莱比锡，1909年）；亨利·代特·塞治尉克：《十三世纪的意大利》（波士顿和纽约，1912年，两卷），II，298—308；玛利·L. E. 卡斯尔：《意大利文学》（伦敦，无年代），123—136；佛兰西斯科·得·散克替斯：《意大利文学史》，佐安·勒德斐因译（纽约，1931年），1、8、15、79、80、91、128—133；乌哥·巴尔赞尼：《欧洲早期编年史家：意大利》（伦敦和纽约，1883年），第3—7章；沃顿巴哈，II，323—335；摩林尼尔，III，第2908—2924号。关于罗马，参阅格列哥罗维阿斯，V，第2部分，620—626；关于腓得烈二世的历史，参阅伊伦斯特·堪多罗维兹的《腓得烈二世，1194—1250》，E. O. 罗立麦译（伦敦，1931年），第xxv—xxvii页；关于那不勒斯和西西里王国，参阅E. 约但：《安如王族在意大利统治的起源》（巴黎，1909年）；关于1282年西西里的韦斯配斯族，参阅米雪尔·阿马里的《西西里韦斯配斯族的战争》（第9版，米兰，1886年，三卷），厄尔兹米耳伯爵译本：《西西里韦斯配斯族战争史》（伦敦，1850年，三卷）。关于穆拉托里，参阅第2卷50—51所引的文献；穆拉托里是十八世纪最伟大的意大利史家，他最早搜集意大利史的年代记编入他的《意大利古史作家，500—1500年》（米兰，1723—1751年，二十八卷）一书中，这是搜集单独一个国家所有的中世纪资料的最早的尝试。

② 关于十三世纪意大利的一般文化，参阅塞治尉克的著作（见上注）；赫伯特·斐雪：《中世纪的帝国》（伦敦，1898年，两卷），II，第14章；得·散克替斯（见上注），第1—7章。

城市的要求作出让步。残存下来的唯一真正的王权是在南部；1268年霍亨斯陶芬王室在南方倾覆以后，君主制就由法王路易九世的弟弟、安如的查理的法国王朝承继下来。意大利只是一个地 282
理名称，一个政治上不统一的国家，却具有丰富多彩的文化，是欧洲一个卓越的、最富于资产阶级性质的国家。这部分概况可以从考察记述皇帝和教皇之间巨大斗争的那些历史著述开始，这个决斗以1250年教皇的胜利结束，因为帝国的崩溃解放了北部诸城市，使它们不再受上层统治，可以自由发展它们各自独立的命运了。

仅在意大利一处(阿尔卑斯山以外地区的资料不算在内)，年代记和编年史的数目就已经是很大的了。不幸的是，伊莫拉[①]主教美那狄那斯写的那部似乎最详尽的腓得烈大帝本纪几乎已全部失传。[②] 腓得烈二世和他的儿子曼夫勒德[③]直至1258年的历史，是由真西拉的尼古拉[④]以强烈的保皇观点写的；另一部是由萨巴·马拉斯宾那以归尔甫教皇党的观点写的。但是记述腓得烈二世统治时期最有分量的叙事材料是皇帝的公证人圣泽马诺[⑤]的理查(死于1243年)所著《西西里国王纪年》(*Chronica regni Siciliae*)；[⑥]帕多

① 在北意大利。——译者

② F.干忒波克已经尽力从片段中恢复了原著，见〔汉诺威〕《德国古史知识指南新文库》，XXX(1904年)，35—83。

③ 那不勒斯及西西里国王(1258—1266年)，腓得烈二世的私生子。——译者

④ 坡特哈斯特，II，852。

⑤ 在中意南部。——译者

⑥ 坡特哈斯特，969。

瓦的洛隆丁的《编年史》[①]（这是厄济林诺[②]的历史的主要资料。厄济林诺是皇帝的儿子，颇有才华，但一生不幸，曾被封为北方君主）和帕尔马的夫剌·萨冷本[③]的《编年史》（1167—1287 年）。萨冷本的著作是研究那个时代的无与伦比的、独特的历史资料，值得比较详细地谈谈。[④]

萨冷本于 1221 年生于帕尔马一个优裕的家庭。他的父亲曾
283 在佛兰德人鲍尔文[⑤]带领下参加十字军。1233 年由一位名叫维琴察的约翰的热情修道士发起的宗教复兴运动[⑥]对他影响极深，他曾秘密参加圣芳济会，被该会会长伊来亚接受了。他之所以加入

---

① 《编年史书》XII；比较坡特哈斯特，II，981—982。

② 厄济林诺四世（1194—1259 年），强有力的反教皇党人，征服并蹂躏了意大利的东北部，最后战败，被囚，饿死。但丁的《神曲·地狱》中提到他。——译者

③ 意大利僧侣兼编年史家（1221—1289？年）。——译者

④ 关于较老的版本和校勘文献，《编年史书》，II，994。O. 荷尔得-亚格的最新版本，见《德国史料集成：作家类》XXXII（汉诺威，1905—1918 年），附有本哈特·斯密德勒的序言。艾尔弗雷德·多伦的德文译本：《帕尔马人萨冷本的〈编年史〉》（莱比锡，1914 年，两卷：《早期德国史家》，第 93—94 卷）；G. G. 库尔顿的部分英译本：《从圣法兰西斯到但丁，圣芳济会萨冷本编年史中所有最重要部分的译文，1221—1288 年》（第 2 版，伦敦，1906 年）；卡罗·坎塔累利的意大利文译本：《帕尔马人萨冷本的〈编年史〉》（帕尔马，1882—1886 年，两卷）；参考达尔曼-惠茨：《德国历史资料》（第 9 版，莱比锡，1931 年）第 6416 号的参考书目；参考 E. 爱默顿："夫剌·萨冷本与方济各会的理想"，《哈佛神学评论》，VIII（1915 年），480—503；参考荷尔得-亚格：《亚当的萨冷本修道士传》，见〔汉诺威〕《德国古史知识指南新文库》，XXXVII（1911—1912 年），165—218，XXXVIII（1912—1913 年），471—481；库尔顿：《一个流浪托钵僧的自传》，见《十九世纪》杂志，LVII（1905 年），1009—1019。H. O. 泰勒《中世纪的思想》（纽约和伦敦，1911 年，两卷）I，第 21 章。

⑤ 佛兰德伯爵鲍尔文九世（1195—1205？年），领导第四次十字军（1202—1204 年），攻陷君士坦丁堡，被选为第一个拉丁帝国的皇帝。——译者

⑥ 在中世纪意大利这些宗教复兴运动中，萨服那洛拉的运动可以算作最后一次；关于这些运动，参阅昔蒙，I，384 和 473—485（附录 IV）。

圣方济会而不加入多明我会，可能是因为他看到自己的情况跟圣法兰西斯的情况有类似之处。因为两人的父亲脾气都很暴躁，都千方百计要感化自己的儿子。因此萨冷本被他的修道院长迅速而神秘地带走了。他在受教育期间，从法诺被迁到卡斯特罗，又迁到卢卡、锡耶纳、比萨；在比萨时，有一天游逛到一个豪华的大院子里，其中有许多奇异动物和快乐的青年；这就是腓得烈二世在比萨的宫殿。当皇帝和教皇英诺森四世的激烈斗争进入最后、最悲惨的阶段时，萨冷本自己回到帕尔马，亲眼看见这个城市对皇帝军队的英勇抵抗以及腓得烈二世在全力恫吓驻军中表现的骇人的残酷。他把围城的消息带给正在里昂准备召开宗教大会的教皇；然后开始了一系列长期漫游，在漫游中他遇见普拉诺·卡皮尼的约翰[①]，约翰是一个英勇传道的修道士，他曾在马可·波罗以前，远远深入亚洲腹地，一直到中国，这时他已经回来，向圣芳济会新会长帕尔马人约翰汇报。在圣路易前往圣地途中，萨冷本曾参加他的随从行列几个星期，但到普罗旺斯时就脱离那支队伍，以便研究约阿喜谟教义，即卡拉布里亚[②]地方弗罗拉的约阿喜谟[③]宣讲的那种奇异的、神秘的、可望而不可即的“永恒的福音”，尽管教会斥之为异端，但在表现芳济会某些理想方面，它却是先行者，并传播到

① 第一个探访蒙古帝国的欧洲人（1185？—1252？年），奉教皇之命，出使蒙古，其书中记载西辽之事，见张星烺《中西交通史料汇编》，第5册，第21—22页。——译者

② 在意大利南部。——译者

③ 意大利的神秘教创始者（1145？—1202？年），初为昔妥派教团僧侣（1177年），后自己创立独立的教团，1505年为昔妥教团所吸收。——译者

阿尔卑斯山以外的地区，以其离奇幻想、扣人心弦。[①] 在法国南部，萨冷本还亲眼看见世称牧民的农民那次奇特的起义的最后一次骚动。[②] 然后萨冷本就定居下来过着安静的生活，写他的自传了。想对他这部非常生动的记述作出公正的评价，只有阅读全文，别无他法。

> 他的作品好像一面镜子，重现了他生活在其中的那个时代，那些激烈的党争和腓得烈二世、法王圣路易那样的伟大人物。他以成百的轶事，把教士、封建诸侯和城市里的商人、手工业者等人的日常生活带到我们面前。……他这部著作那种异乎寻常的坦率只有他在评论人物和事件中表现的清晰和魄力可以相提并论。[③]

284 他对在皇帝和教皇之间的斗争到达最后阶段时意大利的无政府状态和那个时代的残酷的描述实在超出人们的想象，读起来惊心动魄；[④]教士生活中那些"污点斑斑的实况"[⑤]令人难于置信。关于这个时期经济发展方面，萨冷本的叙述虽然简短，却使人一目了然。他描写了帕尔马归尔甫党人鼓动起来的一次民众暴动，说是在一位穷工匠的领导下，成功地巩固了各行业的行会。昂儒(Anjou)

---

① 参阅爱弥尔·革布哈：《神秘的意大利：中世纪宗教复兴史》(第6版，巴黎，1908年)，E. M. 休谟的译本：《中世纪末叶意大利的神秘家和异教徒》(伦敦，1922年)；厄伦·S. 达维孙：《圣法兰西斯的一些先驱者》(纽约，1907年)；塞治尉克(见本书原书第281页注)，I，第4章；G. E. 特鲁特伯克的论文，见《十九世纪》杂志，LII(1902年)，140—152；关于其他参考资料，参考帕屠，440。

② 参阅苏联科学院主编《世界通史》中译本，第3卷上册，第473页(三联书店，1961年)。——译者

③ W. F. 蒲脱尔：《伦巴第城市：北部意大利诸共和国史》(伦敦，1906年)，205。

④ 同上，第10章，特别是293—309。

⑤ 泰勒(见本书原书第282页注)，I，第20章。

的查理机敏地看到这种把戏可能发展成什么东西，于是把它涂上宗教色彩，弄成一个兄弟会之类的协会，登记其成员，组成地方治安维持会，以监视并恫吓保皇党。① 这部书还记述了威尼斯如何夺取拉文纳运河上一个据点并设防据守，从而削弱了伦巴第境内各城市一部分贸易。② 萨冷本在法国旅行时，还无意中获得一些有经济意义的韵文片段，有称赞诺曼底的渔业、英国谷物、爱尔兰牛奶和法国酒等内容。③ 他说到主要的产酒地区有三个，即：拉罗歇尔（普瓦图）、比敖内和奥塞尔（勃艮第）。④ 纪龙德境内产红葡萄酒的地区未被提到，这显然是因为基因和加斯科涅算英国领土，当时不在"法兰西"境内的缘故。

前一段是关于十三世纪意大利史一般重要史料的简短探讨，下面概括地谈谈这个时代最丰富、最典型和最具特色的意大利史学，即城市编年史。城市编年史这个名称本身就意味着这些史料出自资产阶级，是资产阶级性质的东西。中世纪的城市运动在意大利出现得比在任何其他地方都早，而且城市的数目很大。有些是内地城市，像伦巴第和托斯卡纳境内那些；另一些是沿海城市，如威尼斯、比萨和热那亚等等。但毫无例外，一个个都是十字军时代工商发展的产物。⑤ 这些城市编年史中有一些，如洛迪的鄂图·摩勒那和他的儿子阿塞布斯所撰《编年史》以及米兰的色尔·

① 库尔吞译本（见本书原书第 282 页注），128。

② 同上，196。

③ 同上，139。

④ 同上，136—137。

⑤ 关于这部分历史，参阅我的《中世纪经济社会史，300—1300 年》（纽约，1928 年），第 17 和 18 章，和第 831—835 页的参考书目。

剌乌尔的《编年史》都是在红胡子腓得烈和伦巴第同盟打仗[1]的时代写的。但这些城市编年史绝大多数都是在十三世纪才如繁花竞放。与当时的国情和时代精神相适应，几乎所有这些编年史的作者都是俗人。米兰的年代记都是不记名的作者以三种不同的形式连续撰写的：1228 年以前的记述篇幅较长；截至 1237 年那部分较短；终于 1251 年的那部分是一部《回忆录》。[2] 贝加莫的年代记终于 1241 年；布雷西亚那部写到 1273 年；克雷莫纳那部写到 1232
285 年；弗拉拉那本止于 1264 年；《比萨编年史》终于 1269 年；皮亚琴察团有两套年代记而夸口：一套是归尔甫党人写的同情教皇的，另一套是同情基伯林保皇党的。后者一直写到 1284 年，说明它顽固坚持霍亨斯陶芬王族"已失败的事业"[3]；而前者则只写至 1235 年。维琴察的《编年史》止于 1243 年；《佛罗伦萨年代记》止于 1247 年。

几乎所有这些城市编年史的作者都是俗人，而且许多编者都不署名。克雷莫纳的《编年史》(止于 1213 年)是个例外，出自该城主教栖卡的手笔，开始于米兰的剌乌尔那些单调的文章结束之处。当时一个不正常的现象就是像帕维亚、卢卡、帕尔马、佩鲁贾和波洛尼亚这些重要城市却没有一部编年史，而小小的皮埃蒙特境内的小镇阿斯蒂[4]却有一部《阿斯蒂编年史》(止于 1293 年)，其中出

---

① 1158—1162 年。——译者

② 艾尔弗雷德·多斐："十三世纪的伦巴第编年史家"，见〔慕尼黑〕《历史杂志》，CXI(1913 年)，1—14。

③ 神圣罗马帝国的霍亨斯陶芬王朝时代是 1138—1208 年；1215—1254 年。——译者

④ 意大利的西北部。——译者

现了对这个混乱时代最生动的记述之一。另一件突出的事情是这个世纪意大利东北部(即特雷维索边区)的历史著作质量极高。维琴察的机拉多·毛利索和斐勒多与帕多瓦的洛隆丁诺和墨萨多——这里只举意大利这个地区的四位主要作家——是意大利文艺复兴时代史学创始人两位微拉尼[1]和带诺·康派尼[2]的先驱。这些作家当中有些是务实人物。毛利索是厄济林诺的一位使者。墨萨多是他那个时代最博学的人,是下一世纪诸人文主义者的先驱,也是帕多瓦温和党诸领袖之一;他曾参加帕多瓦和维琴察之间的激烈战争;是但丁的保护人坎·格龙·得拉·斯卡拉[3]的朋友。续编主教栖卡所撰编年史的阿斯蒂公民文邱拉在自己的城市汹涌澎湃的政治生活中扮演主要角色,他在对地方政治所做清晰而地道的分析方面,不愧是马基雅维里[4]写作方法的先驱。

> 他向我们展示了城墙以内的党派游戏;他在这部书里具体写的是几个大家族之间的斗争。广大群众则甘愿向暂时获胜的任何党派欢呼,并为他们的利益奔上战场,反对那些不久以前还是城市的主人或同盟者的人。作者还为我们描绘了意大利这个地区那些城市和仍然在利古里亚亚平宁山区保持独立的小封建领主之间仍然在进行的战斗。他向我们说明,这个城市不论由什么人统治,总是贪图扩张其领土,时而

---

① 佐凡尼·微拉尼(1280? —1348 年),意大利史学家,特别以其《世界编年史》(至 1348 年,十二卷)著名。其弟马提奥·微拉尼(约死于 1363 年)续《世界编年史》至 1363 年。——译者

② 佛罗伦萨历史家,死于 1324 年,著有《佛罗伦萨编年史》,叙述从 1280 年开始。——译者

③ 味罗那的统治者。——译者

④ 意大利政治家和政治哲学家(1469—1527 年),著有《君主论》(或译为《霸术》)。——译者

夷平一个堡垒，时而购买一个村庄，时而夺取蒙裴剌[1]一片土地，或者强迫切瓦[2]侯爵宣誓效忠自己。城市民兵热情饱满地走上战场。但往往胆战心惊；或者，一旦面对艰险，立即掉转枪头对准自己的头头们，高呼"你们应当干的是卖胡椒，而不是使阿斯蒂人民饿死"。[3]

佛罗伦萨的史学发展得实在太晚了，以它和维琴察、帕多瓦[4]比较起来就一目了然了，看到这个情形真令人诧异。

286 正如伦巴第境内诸大城市取得市政独立较托斯卡纳[5]境内诸城市稍早那样，当波河流域的历史意识业已发展起来的时候，阿尔诺河[6]流域还没有出现一位编年史家。十三世纪米兰的年代记作家色尔·剌乌尔和奥吞·摩勒那及帕尔马那位有远见有洞察力的历史家夫剌·萨冷本，还有使我们有机会阅读厄济林诺的编年史和特雷维索沼泽地区惨剧的作者洛隆丁诺等等，在亚平宁山脉以南是没有任何人比得上的。[7]

由于篇幅所限，讨论这些城市年代记和编年史的细节是不可能的。这些都属于以资产阶级观点写的第一批历史著作。就这些著作讲，"教会的观点"似乎已经不存在了。前些年代那些连篇累牍的教会事务如今已由城市内部的政治事务、家族或党派斗争，商业、税收和财政等方面的经营所取代了。

和意大利北部如此丰富的历史写作对比起来，罗马史学之贫乏实在惊人。中世纪的罗马**创造**历史，却让别人记载它的历史。

---

① 意大利西北部一个侯爵领地。——译者

② 在意大利西北部。——译者

③ 蒲脱尔(见本书原书第283页注)，397—398。

④ 两个城市都在意大利北部。——译者

⑤ 意大利西部。——译者

⑥ 北部意大利和中部意大利的分界线。——译者

⑦ 昔蒙，I，198。

十三世纪，也像以前那些世纪一样，英法德三国历史学家，对罗马历史的了解比意大利编年史家了解得还要清楚。十三世纪罗马没有编年史。近代历史家只好大部分依靠档案材料如教皇《书简集》和《记事录》等了解情况。从英诺森三世[1]任教皇时期开始的《教皇记事录》颇为完备，但记录英诺森三世本人的那部《记事录》原有的十九卷中已缺少四卷。曾经一个世纪接一个世纪地继续写下来的旧有《教皇记事录》，至十二世纪末即枯萎消失；以英诺森三世的《事记》开始的新的一套教皇本纪在他的任期最初十一年之后就停写了，后来也无人续编。除格雷戈里九世[2]外，十三世纪历任教皇都没有为自己找到一位传记作者。我们现有关于他们的传记都是十四世纪写的。尽管那个时代的历史都光辉灿烂，那些教皇也都很伟大，但罗马却只产生了一位历史家，这就是萨巴·马拉斯宾那。他是马耳他的副主教、马丁四世[3]的私人秘书，于 1284 至 1285 年间从事著述。他的著作名叫《西西里事记，六卷》(*Rerum Sicularum libri* VI)，从 1250 年写至 1276 年；这部书的重要性在于它清楚地记述了那不勒斯和西西里王国霍亨斯陶芬王朝的倾覆[4]和安如王朝政权的建立。另一个人把这部书续至 1285 年。"这位独一无二的历史家孤零零地屹立在罗马这片写作沙漠上；而他那些同胞公民未能把他们那个时代的历史传达给我们，使我们

① 生活于 1198—1210 年。——译者
② 生活于 1227—1241 年。——译者
③ 教皇(1281—1285 年在位)。——译者
④ 1268 年。——译者

287 深感遗憾”。[①] 马拉斯宾那是一位极其聪明及诚恳的作家，他对曼夫勒德[②]的描述就是证明。在全书开头，他就声明“不杂存疑之事，不入无据之言，只记我所见、能见或得自广为传闻的史实”(Nec ambages inserere, aut incredibilia immiscere, sed vera, vel similia; quaeaut vidi, aut dere potui, vel audivi communibus divulgata ser monibus)。他的记述中那些可以用文件查对核实的地方都是忠实而准确的。

从意大利北部走向南部，可以看到历史写作愈来愈明显地减少的现象。那不勒斯和西西里王国自从被法国人占领(1268年)后，当地史学几乎完全消失。为了解安如王朝的政策和成就以及西西里昧斯配斯族1282年的历史，必须求助于法国和阿拉贡史料。这些情况我们已在别处谈到了。

还应当谈谈在意大利三个海上大国即威尼斯、热那亚和比萨达三个共和国那些激动人心的年代记中出现的“新史学”。和几乎所有其他意大利城市不同，这三个著名的城市并没有从古代继承任何遗产和传统，只有在中世纪才兴起的东西。虽然威尼斯出现于六世纪[③](也许甚至在五世纪)，但直至十字军以前那段历史是既模糊又不重要的。至于热那亚和比萨，在十字军时代就一步跃

① 格列哥罗维阿斯，V，第2部分，625。关于马拉斯宾那的唯一校订研究是A.卡特利里的论文，见〔汉诺威〕《德国古史知识指南新文库》，XXVI(1901—1902年)，681—776。

② 那不勒斯和西西里国王(1258—1266年在位)，皇帝腓得烈二世的私生子。与教皇亚历山大四世长期斗争(1258年)。最后战败被杀。——译者

③ 匈奴人侵入欧洲，许多避难者逃至意大利北部威尼斯岛上。威尼斯城市逐渐建立起来了，其最早的政府约建立于568年。——译者

登显著地位。这三个城市都是由于十字军运动对商业的巨大刺激而产生的;在这个巨大运动中西欧占据了圣地和叙利亚诸港口,并对君士坦丁堡以及拜占庭帝国在欧亚两洲的其他一些港口——甚至在亚历山大里亚——发生了巨大经济影响。所有这三个滨海城市都是工商业阶级的共和国。它们在贸易上互相竞争,在政治上也各不相同。威尼斯和热那亚在意大利政治生活中站在反对皇帝拥护教皇的那一派一边;而比萨则坚决拥护皇帝;威尼斯反对诺曼人,而热那亚在政策上则同情诺曼人。威尼斯由于有环礁湖与大陆隔绝,只要它愿意,至少是能够不介入大陆上的政治纠纷。与此相反,热那亚则不可避免地被拖入它那些封建邻邦之间的斗争。威尼斯没有党争;热那亚和比萨则被党争搞得四分五裂。威尼斯政府是一个富商巨贾的政府,自始至终由资产阶级贵族统治。热那亚和比萨的政府则由贵族党和民主党交替执政。在国情、组织和精神各方面的这些差别自然使各城市的史学带有不同色彩。

十三世纪后半叶,威尼斯作为海上殖民帝国达到鼎盛时期,它 288
的史学也因为有了马提诺·卡那尔的《威尼斯编年史》(*La cronicadei Veniziani dall'origine della citta*),而获得自己应有的地位;这部编年史始于 1250 年,终于 1275 年,内容充满有趣的细节。看来似乎很奇怪的是,威尼斯这部最早的重要编年史却是用法文写的。在序文中,卡那尔向读者说明他为什么这样做。

〔他写道〕由于法语通行世界,它比其他任何语言读起来更为优美,听起来也更为悦耳。我要把威尼斯人的古代史从拉丁语翻译成法语,介绍他们过去已经完成的和目前正在进行的事业。[1]

和威尼斯缓慢而模糊的兴起对照起来，在利古里亚海湾上的热那亚和比萨于十一世纪初年首次以重要地位在历史上出现——这两个城市于 1017 年联合起来，从穆斯林手中征服撒丁岛——穆斯林海盗一直利用这个岛的便利条件，以之为根据地骚扰抢劫意大利沿海城市。作为征服的报酬，热那亚人取走战利品，比萨人占据了这个岛屿。后来两国又联合进行了其他一些次要的远征，比较显著的是 1088 年它们的联合舰队进攻非洲沿岸这件事。然后在新的一个世纪开始时发生了第一次十字军[2]远征，热那亚在远征中的成就引起《热那亚年代记》(*Annales Januenses*)的编写，从 1099 年开始、无间断地一直写到 1294 年。第一位作者是一位名叫卡发罗·得·卡斯契斐隆的富裕公民。全部年代记分为十二部分，各部分的作者都不同。[3] 卡发罗于 1163 年逝世后，他的工

---

① 引用于托尔·孙得拜：《布伦多·拉提尼的生平和著作》(佛罗伦萨，1884 年)，71。在这个世纪对法国语言这样钦佩的不只是卡那尔一人而已。布伦多·拉提尼虽然是佛罗伦萨人，但他的《宝库》(*Tresor*)一书，是用法文写的，马可·波罗那部不朽的《游记》也是用法文写的。我们不了解卡那尔的先例是否影响到这位伟大的威尼斯旅行家的写作。一个与法语原文对照的近代意大利语译本，见〔佛罗伦萨〕《意大利历史文库》，第 1 卷，VIII(1845 年)，268—707，注 709—766。比较普洛斯特："威尼斯编年史"，见〔巴黎〕《历史问题评论》，XXXI(1882 年)，525—527。关于卡那尔，现在还没有一个全面的和校订性的研究。十四、十五世纪有许许多多编纂者、增订者和改写者，但是著名的只有十四世纪的安得烈阿斯·丹多罗和十五世纪的马可·安敦尼奥·萨伯利科(1436—1506)，那时候，威尼斯已进入意大利文艺复兴时期。

② 1096—1099 年。——译者

③ 关于这些部分，参阅坡特哈斯特，I，181；关于整个题目，参阅恺撒·印帕里阿尔·狄·圣·安极乐的《雅各波·多里亚和他的年代记：〈十三世纪意大利贵族政治史〉》(威尼斯，1923—1931 年，四卷)。

作由一位名叫奥柏多的公证人继续(1164—1173年);他死后又由热那亚的城市文书鄂图波诺续编;从那时以后,《热那亚年代纪》就可以看作官方主办的国家年代记了。从1220到1248年之间的那两部分内容特别丰富,是由马契秀斯(1220—1224年部分)和巴托罗缪(1224—1228年部分)父子两人写的。页上写明"马契秀斯的儿子巴托罗缪书写"(Bartholomaeus scriba, filius Marchisi)。巴托罗缪有一段扣人心弦的描绘:热那亚舰队如何载着教皇英诺森三世[①](热那亚飞厄斯歧人),径直闯过皇帝腓得烈二世的封锁舰队,皇帝的舰艇又如何以俘虏前往出席1245年里昂宗教会议的包 289
括几位枢机主教在内的满满一船主教来进行报复。由不同作家续编的这部年代记靠后的几部分,记述的是甚至更加激动人心的时代,即第一位人民首领薄坎尼格拉[②]的时代——他在被放逐后,受到法王圣路易的欢迎并帮助他修建亚格·摩特[③]城防工事,还曾站在该地高高的城墙上目送国王乘坐热那亚舰艇出海对突尼斯发动的那次不幸的十字军远征[④]。这个时代也是安如的查理和西西里的味斯配斯的时代;是两个贸易死敌比萨和热那亚无尽无休的战争的年代——直至热那亚人筑起一道大堤封住阿尔诺河口淤塞其港口,从而使比萨的贸易破产为止;又是奥柏多·多里亚和一位斯皮诺拉(这是尔后许多世纪热那亚历史上的两大家族的名字)当

---

① 1243—1254年在位。他的本名是辛尼巴多·得·飞厄斯歧,长期与腓得烈二世父子作斗争。——译者

② 出自热那亚的望族。其族多政治家银行家。——译者

③ 在法国南部,地中海海边。——译者

④ 第八次十字军(1270年)。——译者

选为人民首领的时代；是热那亚水手和商人深入地中海和黑海各个角落探险的时代，最后，也是热那亚贵族政府崩溃和一个长期衰落(最后于十五世纪落入法国人手中)开始的时代。这部年代记最好的部分是记述 1280 至 1294 年的那部分。这部分是奥柏多最小的弟弟雅各波·多里亚写的；他虽有学者志趣，但早年却在冒险中度过。由于他熟悉东方，威尔士亲王 1272 年率十字军远征东方时(返回后当了国王)曾加聘用。他还曾和他叔叔一起，在进攻突尼斯的圣路易的军队里服役。这些多方面的经验使他懂得，一部好的历史应当包括些什么东西，从而使他无愧为卡发罗的继承者。雅各波从海上退休之后，就开始整理他的家族档案中的文件并加以诠释，从这项工作再进一步，他很自然地就成为热那亚一位历史撰写家了。雅各波是多里亚家族(用这个名字后来的拼写法①)一位成员，他所处时代正是热那亚在贵族政体下最强大的时代。他的拉丁文并不出众，但颇有力量，有生动活泼的乡土气息，从当地方言中移植一些词汇。因为当时拉丁尽管正在逐步退向白话，正如我们在维拉杜盎和马提诺·卡那尔等人的例子中已经看到的那样，但它仍然是一种活的语言。

还应当谈谈十三世纪德国史学。必须对幻想的破灭有思想准备，因为自从 1197 年亨利六世逝世之后，德意志王国的伟大时代已成过去。归尔甫和基伯林两党把全国搞得四分五裂，合法的皇帝腓得烈二世(1218—1250 年在位)在他那漫长而动荡的统治时期里，很少注意自己国家的情况。德国已经变成一个破碎不堪的东

① 原来的拼法是 d'Oria，后来采用 Doria 的拼写法。——译者

西，分裂为将近三百片诸侯领地，有由俗人统治的，也有由教士统 290
治的(因为德国主教都是强大的封建诸侯)，其中只有像奥地利、勃兰登堡和莱茵河流域有王权的伯爵领地等少数国家幅员较大，有些力量。在这种情况之下，德国的历史写作，无论是寺院的还是王朝的，在精神上都降为地方性的了。有人写道，“因为帝国业已衰落，过去范围广阔的各种集团对帝国历史的关心也随之消失。”从那时以后，历史写作大多已地方化，较低阶层的人渐渐对历史发生兴趣。这个情况当然使德文的使用成为必要，更不用说方言了。有些作家利用韵文从事写作得到众多读者。他们兴致勃勃地详细叙述他们本族过去的历史，因为他们知道这样会引起他们的读者的兴趣。因此，大量传说便偷偷进入历史传统；事实上，这些东西都是有意识地炮制、捏造出来的。

这些小年代记数目繁多，但其重要性很少超过地方范围。[①]在十三世纪上半叶以拉丁文写的编年史中，著名的有：厄斯波格修道院院长柏卡德所撰名为《厄斯波格编年史》，从 1126 至 1229 年是奥累人厄克哈德所著《编年史》的续编[②]和《科隆大编年史》或《科隆正规编年史》(从创世到 1237 年，[③]其后并有三个修订本出现)。《科隆大编年史》是研究它所记述的十二三世纪那些年代的原始资料。虽然它名为“科隆”编年史，实际上却是记述十字军时

① 关于这些小编年史的概要，参阅坡特哈斯特，II，1660—1662。它们被收入《德国史料集成：作家类》第 XVI 卷以下。详细的分析记载，参阅罗棱兹(见本书原书第 270 页注)。

② 校勘文献，见坡特哈斯特，I，178。

③ 同上，239—240。

代世界事务的一部编年通史，对研究霍亨斯陶芬王朝的德国有特殊价值。这部著作在德国以外很流行，它的样本在法、比、英等国寺院图书馆的目录中都可找到。较为次要的史书有《马巴哈年代记》(631—1272年)、《汉堡年代记》(1—1265年)、《斯拜尔年代记》(920—1272年)和《撒克森年代记》(1—1273年)。[①]

在以押韵的白话文编写的历史——如果这可以称为历史的话——方面，十三世纪的德国比欧洲任何其他国家编写的都多。源于德国南部的《皇帝编年史》(*Kaiserchronik*)异常流行，其雏形出现于十二世纪；但最后定型是直到十三世纪才完成的。它是一部历史和传说，罗马史和德国史离奇古怪地结合一起的书，读之令人惊异。它竟然把朱理亚·恺撒写在罗慕路之后，把骄傲的塔克文放在恺撒和尼禄之间，被写成骑士时代妇女贞节的象征的鲁克
291 雷西娅[②]，竟然成了和六世纪中叶哥特人最后一位国王托提拉[③]同时代的人；塞服拉竟然被写成企图在鄂图·维提略和韦斯巴兴之间的纷争[④]之后刺杀拉斯·坡塞那[⑤]的人。基督纪元的年代编排同样不准确。从语言学角度看来，教会文书哥特夫里·哈根所撰

---

① 关于十三世纪这些本地话编年史，参阅G.惠芝在一篇评论中的意见，见《格丁根学者通报》杂志，1877年，第1部分，735。

② 传说，骄傲的塔克文的儿子绥克斯都诱奸其堂嫂鲁克雷西亚，其堂嫂自杀，引起很大的民愤，罗马人民驱逐塔克文，建立共和制(公元前510年)。——译者

③ 东哥特在意大利的国王(541—552年在位)，两次攻陷罗马(546,549年)，最后为东罗马打败，被杀。——译者

④ 公元69年。——译者

⑤ 传说公元前509年罗马最后一个国王塔克文被逐后，克吕修姆(伊达拉里亚中部一个城市国家)的国王拉斯·坡塞那率兵攻罗马，企图为塔克文复辟，罗马英雄塞服拉谋刺坡塞那，未成。——译者

《科隆韵文编年史》一书是本世纪一部重要著作，因为在斯瓦比方言几乎占统治地位的时代，他这部书为下莱茵兰方言提供了一个稀有的样品。其他韵文编年史还有较古老的《荷尔斯泰因编年史》、《低地诸国编年史》(*The Liefländer Kronik*)，特别是那位施蒂里亚人[①]所撰远较其他史书为优越的《韵语编年史》，他这部书令人尊敬地结束了十三世纪德国史学，或者宁可说结束了德国写作。鄂图卡见闻广阔，是一位有教养的人。他这部著作第1部分写至1291年，似乎是施蒂里亚成为哈布斯堡的领土之后不久编写的。以后的那些部分是插曲式的东西，从而使整个靠后面的内容缺少连贯性，尽管作者曾在1300年以后不久从事修订，竭力把全部著作贯穿成为一个整体。

空位时代(1250—1273年)对德国史学的影响和对德国政治的影响同样深刻；我们发现历史写作上的断裂和政治上的分崩不相上下。不过，可以看出，甚至在哈布斯堡的路德福[②]即位从而使长期的无政府状态结束以前，史学就有点复兴的苗头了。巴伐利亚的尼德阿尔塔伊喜寺院住持赫尔曼曾编写一套编年史，从1137年写到1273年，但只有从1256年以后才是记载当时的事。其中包括一些有关巴伐利亚、奥地利和波希米亚历史的有价值的资料，但他对这些材料却是以狭隘的修道士的偏见处理的。雷根斯堡大助祭阿柏哈特又把这些年代记续到1305年。

记述哈布斯堡王室兴起的历史的其他重要拉丁文史料还有

---

① 即鄂图卡。施蒂里亚在昔日奥地利的南部，现在的南斯拉夫西部。——译者

② 神圣罗马帝国哈布斯堡王朝第一个皇帝(1273—1291年在位)。——译者

《萨尔兹堡编年史》[1]和《鄂图卡年代记》(*Annales Ottokariani*)[2]，它是布拉格人科斯马斯[3]的著作的续编。匈牙利王拉第斯劳三世[4]的文书刻萨人西蒙是匈牙利最早的历史家，他著有《匈牙利编年史》，从远古写到1290年。这部书从十一世纪以后内容丰富，所用拉丁文也很好。[5] 他是哈布斯堡王室早期唯一的一位马扎尔年代记作家。

当时主要的巴伐利亚作家是福斯敦斐尔得修道院一位不知名的修道士，他写了一部《诸侯编年史》(1273—1326年)，记述自哈布斯堡的路德福即位至巴伐利亚的路易四世的胜利这段时间发生的事情。看来它对材料的掌握非常精确，偏向巴伐利亚。在奥地
292 利克洛斯特纽堡[6]、海利根克罗伊茨[7]和瑞特尔[8]等地的多明我会修道院史学园地繁荣起来。

在阿尔萨斯，斯特拉斯堡是一个重要的写作特点，城市的健全和坚实的因素很早就在那里发展成一种历史传统。自由市民于1262年战胜吉罗德斯塔克主教沃尔特这件事形成发展这种精神的有利因素。那年以后不久，斯特拉斯堡一位不知名的公民写了一部《沃尔特战争史》(*Bellum Waltherianum*)，这次冲突也出现

---

① 波特哈斯特，I，289。

② 即关于波希米亚大王鄂图卡二世(1253—1278年在位)的年代记。——译者

③ 波希米亚最早的编年史家(1039？—1125)，他所著的《波希米亚编年史》几乎写到他将死的时候。——译者

④ 1204—1205年在位。——译者

⑤ 波特哈斯特，698。

⑥ 在维也纳西北。——译者

⑦ 在维也纳西南。——译者

⑧ 在现在捷克中部。——译者

在斯特拉斯堡一位厄林哈德(死于 1304 年)用拉丁文写的一部年代记中,他这部年代记从 1208 写到 1297 年。哈布斯堡王室称帝之后,在著名的忠于该王室的阿尔萨斯受到热烈欢呼,这件事对德国西南地区历史写作的发展产生了很大影响。这个地区一位主教管区公证人哥特夫里·丰·恩斯明根写了一部《罗马皇帝路德福和亚尔伯特记事》(*Gesta Rudolphi et Alberti regum Romanorum*)。

第三编

东欧与东方

（截至十字军结束）

第十七章　东罗马帝国史学（395—1204年）[1]

在中世纪的前数世纪中，东罗马帝国的希腊历史家和西方史 295

① 关于拜占庭文献的标准著作是卡尔·克纶巴赫的《拜占庭文学史，从查士丁尼到东罗马帝国灭亡，527—1453年》（第2版扩编本，慕尼黑，1897年，见I.米勒：《古典考证手册》，IX：1），参阅第219—230页和第219—408节。为了那些不能阅读德文的人的便利，在本章全章中列举了伟大的英国拜占庭学者J.B.柏立的吉本校订本第4卷附录i，第5卷附录i，第6卷515—522中那些言简意赅的评论供参考。也参阅柏立的《晚期罗马帝国史，从亚加狄乌斯到爱里尼，395—800年》（伦敦和纽约，1889年，两卷），II，167—194，254—257，518—534；及其续编《东罗马帝国史，从爱里尼倾覆到巴锡尔一世即位，802—867年》（伦敦，1912年），493—497；D.C.赫塞林的《拜占庭文明论文集》，G.士隆柏格译（巴黎，1907年），100—120，201—210，287—299，319—324；A.A.发西里甫的《拜占庭帝国史》（威斯康星州麦迪逊，1928—1929年，两卷），I，145—156，216—224，353—363，437—449和II，159—182：关于五六世纪，参阅荷治琴，II，第1部分，39，211，487，III，420，595—596，636和IV，第1部分，25，83，129，397，499，645；关于九世纪，参阅K.摩真斯滕的"拜占庭史家研究"，见《俄罗斯科学院学报》，IV（1837年）和VI（1845年），169—202；关于九、十世纪，参阅斐迪南·L.R.希尔士的《拜占庭研究》（莱比锡，1876年）；J.M.胡西的《拜占庭帝国的教会与学术，867—1185年》（伦敦，1937年），25—29，108—111，232—239；C.诺伊曼的《十二世纪希腊史家和史料：安娜·昂尼那研究》（莱比锡，1888年）；约翰尼斯·塞格：《十、十一世纪拜占庭史家》，柏立的评论，见《古典评论》，1890年，第62页；斯梯文·朗西曼的《拜占庭文明》（伦敦，1933年），241—245；路德福·尼古拉的《希腊土语文学史》（莱比锡，1876年及以后），III，3—235；E.革兰："拜占庭史学纲要"，见《拜占庭研究》杂志，VIII（1933年），93—105；关于一般书目提要，参阅《剑桥中世纪史》，II，720—722，747—748，766和IV，795—840。《布拉克卫尔的〈拜占庭手册〉》（牛津，1936年）是一本有关拜占庭文学、历史、宗教、艺术和考古学（接下页）

家比较起来，是较好的观察者和记录者。在这些历史家当中，五世纪的第一位是攸内匹阿斯，[①]他出生于萨第斯[②]，至少活到公元
296 414 年。他把得克西配斯[③]的《编年史》(终于 270 年)续到 395 年狄奥多西一世[④]之死。他的著作是研究朱理安皇帝[⑤]生平的主要资料。在以后的十年中，他写了二十三位哲学家和诡辩家的传记，然后又回过头来把他那部编年史续编至 404 年。他可能计划把它续到408年亚加狄乌斯[⑥]之死。如今只有片段留存。我们主要

(接上页)作家的原文、译文、注释和书籍的有用的目录。

拜占庭史家著作最早的版本是在法王路易十四倡议下出版的，计对摺本三十六卷(巴黎，1645—1702 年)。常有拉丁语译文与希腊原文对照。这套丛书于 1729 年在威尼斯重印；内容目录见坡特哈斯特，I，第 xlvi 页。关于这部丛书以及其他早期版本比较详细的情况，可参阅前引克纶巴赫，221—226。十九世纪初，尼布尔开始编辑他的《拜占庭史家大全》(波恩，1829—1897 年)，这套丛书按时出版到五十卷。内容见坡特哈斯特，I，第 lx—lxi 页。法文节译见 L. 库藏：《君士坦丁堡史，从查士丁尼统治时代到帝国灭亡》(巴黎，1672—1674 年，八卷；一个较好的版本印于荷兰，1685 年，十卷)。这些早期版本的原文有许多重印于 J. P. 米尼的《希腊圣教大全》(巴黎，1857—1886，一百六十一卷，分为一百六十五册)中，这套丛书有完全的拉丁语译文，与希腊语栏平行。计划有两卷很详细的索引，正在巴黎由革特纳排印中，一部分于 1929 年开始。中世纪希腊史家著作的一个比较博学的版本是君士坦丁·萨塔斯版本：《中世纪丛书》(威尼斯，1872—1876 年，六卷)，关于这部丛书有长篇的评论，见〔巴黎〕《学者杂志》，1874，第 269—284 页，1875 年，第 13—29 页，1876 年，第 249—253，261—271 页和 1877 年，第 393—409 页。关于萨塔斯以后拜占庭研究的发展，参阅第 2 卷第 58 章。

① W. C. 来特的英译本(伦敦和纽约，1922 年，《洛布古典丛书》)。坡特哈斯特，I，434；吉本，II，537—538；荷治琴，I，第 1 部分，277—280；《福细阿斯丛书》，J. H. 福利斯英译本(纽约和伦敦，1920 年)，I，128—129(第 77 号)。

② 在小亚细亚。——译者

③ 三世纪希腊将军和历史家，著有三世纪时罗马与西徐亚人战争史和世界编年史，其著作仅有片段遗留下来了。——译者

④ 罗马将军和皇帝(379—395 年)。——译者

⑤ 罗马皇帝(361—363 年在位)。——译者

⑥ 第一个东罗马皇帝(395—408 年在位)。——译者

是通过左息马斯[①][②]对这部书的借用才知道它的内容的。左息马斯是一位伯爵，前帝国财库律师，一位异教徒，也是最后一位异教史家，对基督教各位皇帝颇为仇视。"左息马斯在导论中表示他相信历史中有神意指引，他还乞灵于展现了罗马惊人业绩的波里比阿的著作，然后对帝国历史快速而简短地加以概括直至克劳第乌斯[③]之死(第1卷，第1—46章)，随即从奥利连[④]即位〔270年〕起，开始较为详尽地叙事，直至410年阿拉列围攻罗马。作者明显地打算把他的著作写到更晚的年代；假如第6卷(仅有十三章)能达到前五卷的平均长度，就可能写到荷诺留的死〔429年〕才结束。在第1卷和第2卷之间有一个很大的间隙，恰巧是卡鲁司[⑤]、卡赖那斯[⑥]和戴克里先[⑦]统治时期。我们不妨设想第2卷始于戴克里先即位。"[⑧]左息马斯所用主要史料来源是得克西配斯的《西徐亚史》(一部失传了的有关哥特人入侵的著作)和攸内匹阿斯的著作。关于波斯的情况，他利用的是卡里[⑨]人马格那斯的著作；安密亚那斯·马塞利纳斯也利用过马格那斯的著作，但奇怪的是，他没有利

---

① 五世纪的希腊史学家，著有一部罗马史，从帝国初期到410年。——译者

② 英译本，《罗马帝国的辩护士和掌玺官左息马斯伯爵的〈历史〉》(伦敦，1814年)；坡特哈斯特，II，1126—1127；荷治琴，I，第1部分，234—236；柏立：《晚期罗马帝国史》(见本书原书第295页注)，II，538。

③ 克劳第乌斯二世(268—270年在位)。——译者

④ 270—275年在位。——译者

⑤ 282—283年在位。——译者

⑥ 283—285年在位。——译者

⑦ 284—305年在位。——译者

⑧ 吉本，II，538。

⑨ 在两河流域。——译者

用安密亚那斯的著作。作为前财库一位官员，左息马斯的著作在经济情况和财政事务方面很有价值。

左息马斯另一个史料来源是奥林比奥多剌斯[1]，[2]他和左息马斯同时代，但年龄稍长，是底比斯一位异教徒，412 年曾任驻匈奴君主多那塔斯王廷大使。他献给狄奥多西二世的《历史》记述了 407 年至 425 年间的事，计二十二卷。我们只是通过九世纪博学的君士坦丁教长福细阿斯所写该书摘要才知道有这部书[3]。这部书用了许多卷记述少数几年的事，可见它必然是篇幅浩繁的一部巨著，其失传十分可惜。奥林比奥多剌斯的记述内容有时尽管琐碎，例如关于他那只会说话的鹦鹉的故事；但在其他方面得到弥
297 补：他记载的罗马大家族的巨额财富（其数字简直使人不敢想象）颇为有趣。[4]

色雷斯潘尼安人普立斯卡斯[5]的著作的片段（他那部《历史》约始于 433 年，终于 474 年）说明"他可能是五世纪最好的一位历史家"。保存下来的最有趣的部分是叙述 474 年他奉命出使匈奴王阿提拉的那一段情况；内容充实、风趣横生，活泼已极，致使读者

---

① 五世纪的希腊历史家，著有西罗马帝国史（407—425 年），此书仅有节要流传至今。埃及底比斯人，长期在东罗马帝国狄奥多西二世（408—450）王廷中任职。——译者

② 坡特哈斯特，II，877。

③ 福礼斯译本（见本书原书第 295 页注），134—148，第 80 号；比较荷治琴，I，第 2 部分，817—818；吉本，III，483。

④ 福礼斯，147。

⑤ 收入卡尔·米勒编的《希腊史片段》（巴黎，1863—1884 年，五卷），IV，69 及以下；比较坡特哈斯特，II，937；吉本，III，483；荷治琴，II，37，59—60，并参考索引。

由于不能再多读一点而感到难受。[①] 五世纪后半叶从457到474年的历史是爱索里亚人孔第度写的。[②] 他自己告诉我们说他是“某些有势力的爱索里亚人的文书”——爱索里亚人(Isaurians)[③]这个名词竟然是他从爱索(Esau)这个字引申出来的！他的《历史》只有摘要流传至今。他这部书是一个杂拌儿,风格华丽。他的文字典型地显示出古典以后的时期的希腊向拜占庭时期的希腊文的过渡。爱索里亚历史在这个时期跃居重要地位;哲学家班普里贝阿斯(反抗芝诺[④]皇帝的叛将、伊拉斯的朋友)写了一部爱索里亚史,把攸特洛匹阿的著作译成希腊文的吕西亚人卡匹多也写了一部同样的书。

五世纪末,叙利亚斐拉得尔菲亚人马尔卡斯[⑤]把普立斯卡斯的《历史》从474年续到480年。这些年是居高位者被暗杀和各行省暴乱的年代。前六卷叙述东方发生的事情。第7卷记述475至476年间的意大利。福细阿斯说马尔卡斯是“一位最值得钦佩的历史家,……他的文字是一种典范”。马塞林那斯的编年史《世界景象》(*Imago mundi*)对于芝诺和阿那斯退细阿统治时期的记述

---

① 这部书的节录译文见荷治琴,II,第二章;和J. H. 鲁滨孙的《欧洲史选读》(*Readings in European History*)(波士顿和纽约,1904—1906,两卷),I,30—33。

② 福礼斯的福细阿斯译文(见本书原书第295页注),130—134,第79号。来印候德·帕尔曼:《民族迁移史》(*Die Geschichte der Volkerwanderung ... Nach den Quellen dargestellt*)(哥达,1863—1864,二卷合为一册),II,263;吉本,IV,511;荷治琴,II,506。爱索立亚-特里契亚是小亚细亚西里西亚和彼西底亚之间的地区。

③ 爱索里亚在小亚细亚,为西里西亚与佛里基亚间地区的古称,那里的人奉爱索为始祖。爱索即以扫,见《旧约》《创世记》,XXXVI。——译者

④ 东罗马皇帝(474—491年在位),爱索里亚人。——译者

⑤ 福礼斯,129—130,第78号;帕尔曼,II,262。

是独到的。

读者将看出，所有这些希腊历史家记述的都是短期的历史，有些只记几年的时间。这一点和前辈史家大不相同，因为大多数早期作家都记述很长的时代，那些教会作家，则从创世或洪水时代开始写起。但是，如果因此就认为对通史的爱好业已衰落，那就错了。埃皮法尼亚的攸斯退替阿斯在阿那斯退细阿统治时期（491—518 年）编纂了一部《历史》，从最早的时代一直写到 502 年他死的时候。在六世纪前三十余年中，米利都人赫息启阿斯写了一部《世界史》，终于 518 年；有一个很长的片段——包括查士丁一世[①]统
298 治时期和查士丁尼[②]初年——保留至今；其余部分的失传十分可惜。一个比较次要的损失是读经者狄奥多鲁斯·阿那诺斯特所撰《三部史记》（这是把苏格拉底、索佐门和狄奥多里塔斯三人的著作汇编一起的一部书，写到 439 年）和这部著作的续编（写到查士丁尼统治时代的开端）。在这两个年代之间那段很长的间隙主要是由安蒂奥克人约翰所著《世界史》[③]填补起来的，这部著作从亚当写起直至 518 年皇帝阿那斯退细阿之死。当然，只有最后一部分有些价值。

六世纪罗马帝国在查士丁尼统治下（527—565 年）的复兴给予世俗历史以一种新的力量和新的尊严；因此，可以说，拜占庭史学就是在他的统治下奠定基础的。这时一系列新历史家出现了，他们几乎毫无间断地记述了帝国的政治史，直至十字军于 1204 年

① 518—527 年在位。——译者

② 查士丁的侄儿，527—565 年在位。——译者

③ 坡特哈斯特，I，656。

攻陷君士坦丁堡。构成这一行列的那些历史家固然各不相同,但他们也有共同之点,而且他们的著作显然有连贯性。

这些历史家都意识到他们是一个崇高的传统的继承者,他们尽可能紧跟古希腊作品的榜样。有些模仿希罗多德或修昔底德,有些模仿色诺芬或波里比阿,总是驯顺屈从,但他们把自己看成这些伟大名字的继承者这一事实却是很重要的。希腊写作史在连贯性方面提供了一个突出的范例。除了650至850年那两百年间那个明显的空白之外,希腊写作之河从公元前五世纪到公元后十五世纪中叶从未间断。

拜占庭历史家对希腊典范坚持不懈的研究并不是仅仅教给他们模仿古代形式的技术,他们还从中学到一些别的东西:谨慎的、一丝不苟的研究方法。许多拜占庭历史家的著作都有科学价值。不过,最显著的事实是他们研究的多样性、他们进行的判断和批评的合理性。幸而东方教会不像西方那样占据统治地位,拜占庭那些历史家并未从《圣经》历史中找出虚假的类比,也没有竭力从创世或洪水时代下笔写世界史,他们关心的只是自己时代的历史。他们常常写出能说明特点的细节,因为他们当中许多人都是朝中要员。或许再也不会有什么别的东西比下面这句话能够更突出地说明中世纪东西方史学之间的显著区别了:在拜占庭帝国,修道士的著作的价值不及俗人的著作高。那些历史家按部就班地继承他 299
们前辈的工作,为我们提供官方史书。在伊发格里阿斯[①]之后的

① 拜占庭的教会历史家(536?—600?年),著有一部431—594年间的教会史。——译者

一千二百年间，并未出现一位希腊教会史家。

在查士丁尼时代，最出众的、作品最多的历史家是普洛科匹阿[①]，[②]他是安密亚那斯·马塞林那斯和左息马斯真正的继承者。普洛科匹阿是恺撒利亚[③]人，527年来到君士坦丁堡，在伟大的将军贝利撒留的参谋部当秘书十五年，曾追随将军参加非洲、意大利和波斯诸战役。因此他所记述的许多事情都是他亲眼看见的。普洛科匹阿以观察精明、叙事详尽和文笔生动著称。他对地理和历史都有锐敏的观察力。他仇视一切德国人，藐视所有拉丁人。他的描绘才能异乎寻常，这一点凡是读过他关于亚比亚大道[④]的记述或关于540年贝利撒留纵马穿过拉文纳街道的描绘或关于向罗马供水的那十四条使人叹服的高架水道的记载这些段文字的人都会承认。普洛科匹阿于542年回到君士坦丁堡；在尔后的二十年中，他在君士坦丁堡历任各种官职。

---

① 普洛科匹阿记载中国蚕种由印度人传入东罗马的事，参阅张星烺《中西交通史料汇编》，第1册，第51页。中译文片段见耿淡如译注《世界中世纪史原始资料选辑》，第33—39页（天津人民出版社，1959年）。——译者

② 译本：H. B. 得温：《普洛科匹阿》（伦敦和纽约，1914—1935年，六卷：《洛布古典丛书》）；《普洛科匹阿的〈秘史〉》，理查·阿特沃特译，附导言（纽约，1927年）；《建筑论》或《查士丁尼建筑史》，奥布立·斯条亚译（伦敦，1896年；《巴勒斯坦巡礼者原文协会丛书》，II，第3号）。坡特哈斯特，II，938—940；J. B. 柏立：《晚期罗马帝国史，从狄奥多西一世之死到查士丁尼之死，395—565年》（伦敦，1923年，两卷），II，417—436；荷治琴，IV，参阅索引；吉本，IV，513—518；威廉·G. 和谟兹：《查士丁尼和狄奥多拉时代，六世纪史》（伦敦，1905—1907年，两卷）；查理·第尔：《查士丁尼与六世纪的拜占庭文明》（巴黎，1901年），绪论；雅各·何利：《历史家恺撒利亚的普洛科匹阿评论》（慕尼黑，1896年）；W. 推斐尔，见《历史科学杂志》，W. 斯密特主编，VIII（1847年），38—79。

③ 在巴勒斯坦。——译者

④ 罗马最著名的一条道路，为罗马与南意交通的要道，从罗马到他林敦，后延长到勃隆度辛。——译者

在这些年里,他了解到一些"内幕"情况,写在他的《秘史》[1](Arcana)一书中。[2] 这是一位常常对其政敌和上司怀有极度妒忌的朝臣所做种种揭露,但有时堕落到诽谤和猥亵。因此,阅读时必须谨慎。他的书是对查士丁尼政府的强烈控诉,必然有许多说法和坏话无法以有力证据说明其真伪。《论建筑》(*De aedificiis*)记述的是查士丁尼发动的宏伟建筑工程和公共建筑的改造工作。

普洛科匹阿对寺院制度有强烈而合理的反感,其弊端经常是拜占庭政府的问题。希腊古典传统对他的思想和文风都有很大影响。他当然是一位基督徒,但他同时也是半有神论半宿命论者。他相信历史中有因果报应。修昔底德是他学习的榜样,他的文笔和写作技巧如以想象的演说词的形式叙事等就是模仿修昔底德 300
的。他仿照修昔底德的办法,在序言中说明自己的主题的性质和处理方法。即使是他的词汇也是修昔底德式的,这就使他常常使用古怪的老字眼。希罗多德对他也有影响,特别在喜欢离开主题叙述奇异的事件方面是这样。

有人说阿给替阿斯(536—582)[3][4]"号召人们从事严肃的写作这件事曾记载在他的自传里感人最深的一段中"。他的职业是律

① 普洛科匹阿的主要著作是他的《史记》,记载查士丁尼时与波斯人、汪达尔人和哥特人的战争。世传《秘史》也是他写的,但没有包括在《史记》之内,因为书中攻击了查士丁尼、贝利撒留和政府中许多其他高级官员。——译者

② 枢机主教巴洛尼阿斯在他的《教会年代记》中叹息《秘史》的丧失,而在那时候,《秘史》的抄本正藏在梵蒂冈图书馆的书架上,他自己是图书馆长。这部书第一次于1623年在里昂出版。

③ 拜占庭希腊作家,写了许多爱情诗、警句集和一部当代的历史。——译者

④ 荷治琴,V,3—6;吉本,IV,518;坡特哈斯特,I,25—26;哈则,见〔巴黎〕《学者杂志》,1829年,第715—726页。

师或“繁琐哲学家”。在拜占庭帝国，大部分历史家都是律师，这一点和西方的情况迥然不同；在西方，历史几乎完全是修道士写的。他的著作从532年起写到558年，对了解查士丁尼历次波斯战役很有价值。阿给替阿斯根据萨删王朝[①]的文献，对波斯历史作了特殊研究——他是通过一位朋友得到这些文件抄本的。他对新波斯王国起源的记载（第2卷，第26—27章）很是重要。阿给替阿斯对古代异教文化极表同情。他在第2卷中关于529年查士丁尼因雅典各学校坚持异教传统而加以封闭以及波斯科斯洛厄兹大王的王廷[②]接受被放逐的那些教授们的记述非常杰出。

禁卫军一位名叫麦南得的军官[③]又把阿给替阿斯的著作从558年续到582年，计八卷。残存至今的片段对了解俄罗斯南部和沿亚洲边界地区蛮族部落的地理和种族等情况很为重要。教会历史家伊发格里阿斯的著作第6卷的内容似乎大都抄自麦南得。我们可以把拜占庭的史梯芬[④]的《民族学》(*Ethnika*)和麦南得的著作联系起来研究，这部《民族学》是半历史、半地理性质的字典一类的书。对于研究查士丁尼统治时期的行政史非常重要的是政府一位文书吕底亚人约翰所著一部名为《行政官员》的关于民政的论文。[⑤] 这部书从511年写到552年。他是君士坦丁堡官员中少数懂拉丁文的人当中的一位，他这项才能保证了他的职位的稳定和升迁，他的《波

① 226—651年，即新波斯王国，以别于阿契明尼德王朝（公元前600—前550年）的旧波斯王国。——译者

② 531—579年，新波斯王朝的全盛时代。——译者

③ 坡特哈斯特，I，785；吉本，V，495。

④ 六世纪初期的地理学家。——译者

⑤ 波特哈斯特，I，669；吉本，IV，512—513。

斯战争史》已失传。566至581年间的事件记载在拜占庭的提奥芬尼[①][②]所著《历史十卷》中,只有片段流传下来。贵人彼得所著一部史书的一个模糊的片段是拜占庭关于伦巴第人最早的记载。 301

查士丁尼死后,在拜占庭历史上从572至598这些年正是波斯的威胁最为凶险的时候;这段历史,厄匹非尼亚[③]人约翰的记述最好;他的《波斯战争史》(572—593年)[④],材料充实,因为他是科斯洛厄兹大王和许多有势力的波斯贵族的朋友;而且他对地理情况了解得很准确。伊发格里阿斯(约536—600)也是厄匹非尼亚人,他在编写他的著作第6卷时,曾利用约翰的著作。关于波斯人征服埃及的另一部史料是塞浦路斯内亚波利斯人利奥提阿斯所著《赈济官约翰传》。

六世纪仅次于伊发格里阿斯的最重要的教会史家就是以弗所的约翰,他那部十二卷的著作,从基督纪元写起,终于584年。只有第3部分写的是他那个时代或接近他那个时代的历史,因而有价值。[⑤] 他用古叙利亚文写作,说来奇怪,他是一位一性论者[⑥],而

① 提奥芬尼记载波斯人传中国蚕桑于东罗马的事。参阅张星烺《中西交通史料汇编》,第1册,第52页。——译者

② 坡特哈斯特,II,1058—1059;吉本,V,495;E.W.布鲁克斯,见《拜占庭杂志》,VIII(1899年),82—97,XV(1906年),578—587,这是西欧所知道的最后一部拜占庭编年史,比较《东方拉丁文评论》,X(1905年),82。

③ 在叙利亚。——译者

④ 坡特哈斯特,I,660;吉本,V,495;克纶巴赫(见本书原书第295页注),244—245。

⑤ R.斐因·斯密司的译本《以弗所主教约翰:〈教会史〉第3部分》(牛津,1860年)。第1部分已失传,第2部分只有片段残存。克纶巴赫(见本书原书第295页注),404;吉本,V,495;和〔伦敦〕《评论季刊》,CXVII(1865年),156—164。

⑥ 主张基督为人神两性合为一体的教派。——译者

查士丁尼却任用他动员异教徒改信基督教——当时亚细亚、佛里基亚、吕底亚和开利阿各省的异教徒还是很多的——这件事更奇怪,可以说,也是近代学术界很少知道的。再没有什么别的东西比这件事可以更深刻地说明异教崇拜的顽强性了。

记述摩里斯皇帝那个重要的统治时期(582—602 年)的原始资料是提奥斐拉克都·西谟卡塔所著《历史》[1],计八卷。他是埃及人,不大懂得众多史实的相对重要性,文笔华丽。就他的才智所及,他还算是忠实的。在一件事上,他还有独到的重要性:第 7 卷第 7、8 两章中他描绘了东亚一个大帝国,这一定是中国。[2] 这是在“马可·波罗以前的欧洲文献里中国露出的最亲切的光芒”。他的消息是从突厥汗送往君士坦丁堡王庭的外交函件中得到的。[3]《逾越节志》(*Chronicon Paschale*)一书的无名氏作家是和提奥斐拉克都同时代的人,他这部著作的初稿从亚当写起,至 629 年止。从 602 年以后到全书结尾,是根据作者亲自了解的情况写的,“这部编年史记述福卡斯[4]和希拉克略[5]统治时期的部分是当代人写
302 当代事,其重要性应予尊重”。[6] 为了解希拉克略和波斯之间打的

① 坡特哈斯特,II,1060;吉本 IV,518,V,495—496。

② 他称中国为陶格司(Targas),参阅张星烺《中西交通史料汇编》,第 1 册,第 88—89 页。——译者

③ C.F.哈得孙:《欧洲与中国,它们之间的关系概述,从最初到 1800 年》(伦敦,1931 年),127,P.A.波得柏格在《哈佛亚细亚研究杂志》,III(1938 年)223 中引用。这部分已由爱德华·沙畹译为《西突厥史料》(圣彼得堡,1903 年),246—249。

④ 602—610 年在位。——译者

⑤ 610—641 年在位。长期与波斯作战。第一次 622 年战争不利,第二次 623—628 年完全取得胜利。——译者

⑥ 吉本,V,497。

那些大战役，乔治·彼西底斯[①]的英雄史诗[②]是重要资料。《阿克洛阿西斯》(*Akroaseis*，三篇)中歌颂了第一次远征；《希拉克略颂》(*Herocliad* 二篇)歌颂了皇帝的最后胜利。在这两部史诗之间，另有一部歌颂 626 年阿瓦尔人[③]进攻君士坦丁堡被击退的情形。这些诗都是用流利的抑扬格三韵体写的，是根据抑扬规律而不是根据音量规律写的希腊诗歌最早的一部。因此，它们代表着从古典韵文结构向中世纪韵文结构转变的一个重要过渡。

关于拜占庭统治埃及最后那些年月和伊斯兰征服埃及的那段历史，由于近年来发现了尼克奥人约翰的重要历史著作而彻底改变了面目；他这部著作几乎使以前一切记述这段历史的著作都成了过时的作品。人们一向认为“埃及被征服是因为哥普特[④]一位奸诈的统治者叛变投奔到阿拉伯旗帜下造成的结果”，[⑤]这种说法现在已站不住脚了。尼克奥人约翰是一位埃及主教，很可能是阿拉伯人征服埃及的时候[⑥]出生的。他那部《世界史》原来一部分是用希腊文、一部分用古埃及文写的；但不久之后就译成阿拉伯文；后来又译成埃塞俄比亚文。只有最后这部译本的抄本保存至今，是

① 拜占庭诗人。随希拉克略远征波斯，他写了一些英雄史诗记载此事。——译者

② 吉本，同上；又参阅坡特哈斯特，I，499—500。

③ 乌拉尔-阿尔泰民族的一支，与匈奴人同盟，于六世纪末叶出现于多瑙河流域，定居于达西亚(现在的罗马尼亚)。——译者

④ 古埃及人的后裔。——译者

⑤ 利奥波尔德·V.朗克：《世界史》(莱比锡，1883—1888 年，九卷)V，第 1 部分，143；查理·第尔：《拜占庭的非洲：拜占庭在非洲统治的历史，533—709 年》(巴黎，1896 年)；吉本，V，515。

⑥ 640 年。——译者

1901—1905年间由英国远征阿比西尼亚的部队弄到的。①不幸从610年希拉克略即位到638年阿拉伯人到来这一段脱漏。约翰是一位审慎而公正的历史家。情况现在已很清楚，埃及本地人并未因仇视拜占庭统治而支持穆斯林的事业，把自己的国家出卖给他们。

有人写道，"希腊编年史家想必是拜占庭历史中任何时期的权威。……任何时期都有许许多多摘要式的编年史可互相印证，其相对价值是难于估量的"。②

编年史这一传统，在东方和在西方当然都是很古老的。东方
303 的基本编年史是《巴斯卡尔编年史》，这部编年史起源于早至四世纪攸栖比阿斯的编年史。它从创世写起，直至629年。③但影响大得多的则是约翰尼斯·马拉拉斯④或称修辞学家约翰的《编年

---

① H.左顿堡校订，附法语译文，见《国家图书手稿的记载与摘要》，XXIV，第1部分(1883年)，125—608。关于文献，参阅克纶巴赫(见本书原书第295页注)，404；加上A. J.蒲脱尔的《阿拉伯人征服埃及和罗马统治的最后三十年》(牛津，1902年)，第viii—ix页；532—533和索引。

② 斯梯文·朗西曼：《罗曼那斯·勒卡平那斯皇帝和他的统治，十世纪拜占庭研究》(剑桥，1929年)。

③ 这些编年史的年代编排不统一。它们的"世界纪元"各不相同。朱理亚·阿非利加那的计时是从开天辟地起(Ante mundum)到基督化为人身(Incarnation，不是基督降生)为5500年。攸栖比阿斯计算事件的年代从阿伯拉罕(即公元前2017年)起。《巴斯卡尔编年史》采用"拜占庭"或"罗马"纪元，以创世以来为5507年，以基督化为人身为公元前1年3月21日。以创世以来为5967年的"安蒂奥克"纪元(Antiochene)为古叙利亚历史家(如约翰·马拉拉斯)所喜用。"教会"纪元计算创世以来是5501年。详尽研究这些早期年代学体系的是H.革尔泽的《绥克斯都·朱理亚·阿非和加那和拜占庭的年代记载》(莱比锡，1880—1898年，两卷合订一册)。

④ 生活于491?—578年，著有世界史编年表十八卷。此书是以俗语书写，教育僧侣及普通人的，因此特别有名。——译者

表》,[①]但他这部书毫无独创性可言,只是以前许多编年史和其他材料杂乱无章的混合体而已。这部书"给人的印象是,编这部书的这位修道士的无知是难以形容的"。尽管如此,这部书在写作史上还是很重要的。

> 这部书是拜占庭寺院编年史中最早的一部,受过教育的人们对它不会发生兴趣,它是降到老百姓水平上写的。书中毫无比例感。叙述一个帝国的倾覆和描绘一个江湖骗子的魔术同样认真。……各式各样的街谈巷议都写上了。错误百出,实在惊人。……历史散文的传统风格全被抛弃,毫无顾忌地使用了民间流行的习语、字眼和语法形式。[②]

马拉拉斯对古典文学毫无所知,竟然把希罗多德看成波里比阿的后辈,把西塞罗看成一位诗人。庞培居然被恺撒谋杀,不列颠竟然是克劳第乌斯建立的城市。幸而这种无知的庸俗的写作形式并未产生一种新的拜占庭文学。古典传统在拜占庭帝国幸而还有力量胜过一切使之降低水平的影响。在整个政府都以皇帝为中心的国家里,皇帝的生活和性格显然非常重要。每位皇帝统治时期都标志着一个时代。因此,拜占庭编年史家就采用了一种可以称为"水平式"写法,把各省和边疆的事件和当时中央政府的历史联系一起。就这样,每个皇帝统治时期都当作一个单位处理。

关于反对偶像崇拜时期[③]拜占庭的历史,当时有两部著作:一

---

① 坡特哈斯特,Ⅰ,670;克纶巴赫(见本书原书第295页注),325—334和索引"马拉拉斯"条;吉本,IV,518;E. W. 布鲁克斯,见〔伦敦〕《英国历史评论》,VII(1892年),291—301。

② 吉本,IV,519。

③ 726年皇帝利奥三世禁止教会崇拜偶像,为偶像破坏运动的开始。斗争百余年,至843年才恢复偶像崇拜,这是宗教外衣掩盖下的社会斗争。——译者

部是提奥芬尼[1]写的；另一部是尼斯福鲁斯写的。两位作家都生
于 758 年；提奥芬尼死于 817 年，尼斯福鲁斯死于 828 年。两人都
激烈反对破坏偶像，却都生动地描绘了这个争端和这个时代。提
奥芬尼出身贵族，是皇帝尼斯福鲁斯的表兄弟，禁卫军军官，一个
结了婚的人；尽管这样，他还是过着修道士的生活。他曾出席第二
次尼西亚宗教会议（787 年），当时他穿的是用头发制成的长袍，骑
304 着驴。他热烈主张偶像崇拜，把祖产捐出，在塞西卡斯[2]附近修建
一所寺院，晚年他在这个寺院当住持，直到最后被皇帝亚美尼亚人
利奥[3]放逐到撒马色雷斯岛上为止。提奥芬尼“作为偏袒一方的、
有成见的一位当代作家还是有价值的”。[4] 他的文字处于地道的
希腊文和本地话之间，颇为有趣。他曾提到在红海海岸上有罗马
的海关，这说明，尽管穆斯林业已征服埃及，但拜占庭和东方的贸
易仍然存在。

尼斯福鲁斯也是贵族出身，在君士坦丁六世[5]和他的母亲爱里尼皇后[6]统治时代当公证人。他也是一位偶像崇拜的热心拥护者，曾出席 787 年尼西亚宗教会议，806 年开始担任大主教，814 年被利奥[7]免职。他死时是马尔摩拉海上圣狄奥多寺院的一位修道

① 生活于 758？—817？年，希腊僧侣和编年史家，反对利奥五世的偶像破坏政策，死于狱中。著有《编年史》，从 284 年到 813 年。——译者

② 在小亚细亚西北马尔摩拉海南岸。——译者

③ 即利奥五世（813—820 年在位）。——译者

④ 吉本，V，500—501。

⑤ 780—797 年在位。——译者

⑥ 利奥四世的皇后。780 年摄政，恢复偶像崇拜。召集第二次尼西亚宗教会议（787 年），797—802 年为单独的统治者。802 年被废，翌年逝世。——译者

⑦ 即利奥五世（813—820 年在职）。——译者

士。他那部虽简短但写得很细心的《皇帝摩里斯统治时代[①]及其后简史》,从602年写到768年利奥四世与爱里尼结婚。提奥芬尼和尼斯福鲁斯两人的史料来源相同。

这两部编年史依次于九世纪由修道士乔治续编,后又由图书馆员阿那斯退细阿为教皇尼古拉一世(858—867年在职)译成拉丁文。由于不断增补,这部著作的原有面目已难辨认。[②]

关于偶像破坏这一争端的历史,另一个史料来源就是记述在主张破坏偶像的那些皇帝的政策下遭受苦难的那些"殉难者"的传记。其中最重要的是圣索非亚寺院副主祭史梯芬于808年前后写的《奥克新提阿斯山圣史梯芬传》,他是767年受难的。[③]

在学术上,九世纪是博学的时代,而不是富有创造性的作品的时代。这个时代最杰出的代表人物是大主教福细阿斯[④](857年任职,867年被免职,877年又复职,一直保持这个职位至886年再次被免职时)。虽然他过的是动荡不安的神学和政治生活,但他除撰写关于神学、数学、物理、天文、博物学和医学诸方面的许多著作外,还设法阅读了大量古代和中世纪希腊作品。福细阿斯经常写读书日记(《群书摘要》*Myrobiblion*),记录了二百八十部著作的名称和作者,其中有许多他还作了评注和摘要。对大部分已失传的

① 582—602年。——译者

② 吉本,V,502;坡特哈斯特,I,499;格列哥罗维阿斯,III,150。

③ E.密勒,见〔巴黎〕《学者杂志》,1838年,第689—706页;关于史梯芬,参阅吉本,V,501—502,其中也列有一系列这些圣徒的列传。

④ 生活于820?—891年。——译者

那些著作说来,他这部书提供了非常有价值的情况。[①]

305 但这个世纪的史学异常贫乏。最好的史料并非一部历史著作,而是喜欢卖弄学问的皇帝利奥六世写的一部行政手册,名叫《高级官员手册》(*The Book of the Prefect*),是用以教导和指引君士坦丁堡高级官员的。在世界史上,他这个政府对工商业的控制可谓空前绝后。[②③]

后来以政府口吻写了两篇论文的帝王作家是皇帝君士坦丁七世,别号坡菲罗真尼都[④](905—959);他的《帝国行政论》(*De administratione imperii*)和《主题论》(*De thematibus*)是有价值的历史著作。[⑤] 即使君士坦丁七世未曾亲自撰写历史著作,他也曾鼓励历史撰述;因为在他统治时期,约瑟福斯·仁西阿斯在他授意下,写了一部《帝国史》,从 813 年写到 886 年。[⑥] 这部书平凡乏

---

① 福礼斯的英译本(见原书第 296 页注),但原计划写的五卷中,只有第 1 卷出版了。第 6 卷包括福细阿斯的生平和著作,一个书目提要和一个总索引。克纶巴赫(见本书原书第 295 页注),515—524 和索引;拉·鲁·凡·胡克:"福细阿斯〈群书摘要〉的文字校订",见《古典语言学》杂志,IV(1909 年),178—189;散狄斯,I,396—404;比较格雷戈罗维阿斯,III,145—146。论福细阿斯的大部头专著是(枢机主教)J. 赫根勒特写的《君士坦丁堡教长福细阿斯》(雷根斯堡,1867—1869 年,三卷)。

② 朱理·尼科尔翻译的《高级官员便览,或聪明的利奥皇帝关于君士坦丁堡诸协会的敕令》(日内瓦,1893 年),附有导言和注释。比较我的《中世纪经济社会史,300—1300 年》(纽约,1928 年),336—337。

③ 参阅汤普森《中世纪经济社会史》上册,耿淡如译,第 422—424 页(商务印书馆,1961 年)。——译者

④ 意为"生于帝王之家"。——译者

⑤ 吉本,VI,533—537;J. B. 柏立:"帝国行政论",见《拜占庭杂志》,XV(1906 年),517—577;E. W. 布鲁克斯:"阿拔斯王朝早期的拜占庭人和阿拉伯人",见〔伦敦〕《英国历史评论》,XV(1900 年),728—731。

⑥ 吉本,V,503;坡特哈斯特,I. 497。

味,但是因为它叙述的那个时期其他史料极少,所以这本书也算是重要的了。《西西里编年史》从 827 年写到 965 年,叙述穆斯林征服西西里的经过,希腊原文本和一个阿拉伯文译本都保存至今。这是在首都以外编写的作品中最好的一部。

拜占庭帝国在十世纪达到全盛时代。经过几乎近三百年的漫长而荒芜的岁月之后,拜占庭史学在十世纪又进入一个新的发展时期。记述罗曼那斯一世勒卡平那斯统治时期(919—944 年)的最好史料是一位无名氏、可能是皇帝的朋友西缅·美塔夫拉底写的;作为宫廷长官,他当然有得到消息的绝好机会。和许多其他作家一样,他也写了一部从开天辟地下笔的世界史,至 948 年止。此书原著已不存在,但仍有四种抄本,其中最可靠的是斯拉夫文本。这部编年史成为后来历史家关于这个朝代一切记述的基础。

副主祭利奥的《历史十卷》[①]从 959 年写到 975 年。利奥记述的这个时期虽短却很重要,包括了罗曼那斯二世[②]、尼斯福鲁斯·福卡斯[③]和约翰·戚密西斯[④]三位皇帝的统治时期。他在叙述中插入的官方文件(有些很长)值得注意,其中最重要的是尼斯福鲁 306
斯·福卡斯的六条法律,有一条类似永久管业权的条例,禁止建立新寺院,或旧寺院不得再取得免税土地。1、2 两卷叙述罗曼那斯

① 吉本,V,717;吉本,V,504;克纶巴赫(见本书原书第 295 页注),266—269;希腊原文附拉丁语译文,见米尼:《希腊圣教大全》,第 117 卷,第 635—926 栏;比较 R.洛瑟特的论文,载〔巴黎〕《学者杂志》,1820 年,第 1—15 页。

② 959—963 年在位。——译者

③ 即尼斯福鲁斯二世,963—969 年在位。——译者

④ 即约翰一世,969—976 年在位。——译者

二世统治时代、远征克里特岛以及在小亚细亚和伊斯兰教徒打仗的历史。第3卷记述在君士坦丁堡发生的推翻罗曼那斯二世的革命，使有才干的将军尼斯福鲁斯·福卡斯登上帝位。第4卷所记964至969年间那些事情和西里西亚的被征服、希腊人对叙利亚和美索不达米亚的胜利远征以及安蒂奥克的封锁有关。第5至7卷记述诸将领的反叛(他们煽动俄罗斯人侵入保加利亚)和安蒂奥克长期被围困之后终于陷落，并以尼斯福鲁斯被他的将军戚密西斯暗杀(是在皇后纵容下干的，因为他已与皇后通奸)结束。第8、9两卷叙述对俄战争以及974年和975年在叙利亚和美索不达米亚的新战役；第10卷以戚密西斯被杀结束全书。副主祭利奥的原著内容极其丰富多彩，上边这一段光秃秃的介绍绝不能给读者任何近似的概念。

提奥芬尼著作《续编》第6章及最后一章记述从利奥六世到罗曼那斯二世统治时期；其作者可能是罗曼那斯一世原先的秘书狄奥多·达夫诺佩底。这部书可能是在尼斯福鲁斯·福卡斯统治时期写的。① 副主祭利奥之后，又有一位号称格刺马替卡②的利奥(活跃于1013年)。③ 不幸他没有他那位前辈那种比例感，他的《编年表》从创世开始叙述，所以他的著作只有最后几页还有些用处。全书写到948年。

现在可以看出许多世纪以来作为整个拜占庭史学特点的那种

---

① 朗西曼(见本书原书第302页注)，2。

② 意为文法学家。——译者

③ 坡特哈斯特，I，717；吉本，V，503；C. 得·布尔的论著，见《拜占庭杂志》，II(1893年)，1—21。

尊严感了。每次仔细研究中世纪希腊史学都可看出这个伟大传统的连续性,把东罗马帝国和古代世界联系起来的就是这个传统。① 在中世纪,历史的连贯性这个概念在东方影响之持久和现实意义之巨大远胜西方,西方那些数不尽的幼稚而空虚的编年史家在漫长的岁月的流沙中,丧失了自己的主题。直到文艺复兴,甚至在整个文 307
艺复兴时代,拜占庭历史作家的主题一直都真真实实地是他们自己时代的历史。他们很少好古癖,很少人追溯到遥远的过去。拜占庭历史家,作为他生活在其中的那个时代的实际观察者写的都是当代事件。这使拜占庭史学具有西欧史学常常缺少的那种新颖和真实感。

这样开始起来的史学复兴,由君士坦丁·普塞罗斯②继承下来。他的《编年表》从976年写到 1077 年。③ 普塞罗斯(1018—1078 年)是所有拜占庭史家当中最有才干的。他认为历史应当陈

① E. 士发次:"历史编纂和希腊人的历史著作",见《古代》杂志,IV(1923 年),14—30。

② 十一世纪的拜占庭哲学家和历史学家,他恢复对柏拉图的研究,著述甚多。——译者

③ 关于普塞罗斯的文献多于关于任何其他拜占庭史家的文献,这是有道理的。他的《历史》由君士坦丁·萨撒斯校订,编入《拜占庭原文丛书》中(伦敦,1899 年);也请比较坡特哈斯特,II,943—944。E. 勒诺的法语译本(巴黎,1928 年,二卷)。关于普塞罗斯的读物,参阅吉本,V,504—505;J. T. 本特:《迈克尔·普塞罗斯,他的时代和著作》,见〔伦敦〕《不列颠评论季刊》LXXXII(1885 年),287—302;J. B. 柏立:"罗马皇帝,从巴锡尔二世到以撒·康尼诺斯",见〔伦敦〕《英国历史评论》,IV(1889 年),41—64,251—285;佐安·胡西,见《镜》,X(1935 年),81—90;散狄斯,I,411—413;E. 勒诺,见《希腊研究评论》,XVIII(1905),224—252;F. 格列哥罗维阿斯:《中世纪雅典城邦史》(第 3 版,司图加特,1889 年,二卷),I,176—183;A. 兰波,见〔巴黎〕《历史评论》,III(1887 年),241—282;查理·第尔的论文,见《大百科全书》,XXVII,888—889;卡尔·诺伊曼:《十字军时代拜占庭帝国在世界的地位》(阿尔登堡,1894 年);W. 斐西耶"副主祭利奥和迈克尔·普塞罗斯对批判史学的贡献",见《奥地利历史研究所报道》,VII(1886 年),353—377。

述事实，他这个意见坚持了拜占庭史学最好的传统。他对历史的性质有一明确的概念；对如何表达也一清二楚。他不想写通史，只写自己的时代。开始时他以律师为生，后任皇帝迈克尔五世的秘书，君士坦丁九世任命他为大学教授。后来又被拉入帝国政府任职一个时期；卸职后当了修道士；若干年后，再次还俗，在三位皇帝手下任重要大臣。在学问方面，普塞罗斯是另一位福细阿斯[①]。普塞罗斯的著作后一部分和一位不像他那么偏袒的历史家迈克尔·阿塔里阿特[②][③]的著作相重叠；后者以律师为业，曾在君士坦丁·杜伽和尼斯福鲁斯·波塔尼阿特的政府中历任高官。他的著作写到1077年为止，对了解十一世纪的文化史特别有价值。这位作家的著作又和皇帝亚历修·昆尼那斯[④]的女婿尼斯福鲁斯·布里恩尼阿斯[⑤]的著作[⑥]重叠，他这部著作历史成分少，主要是一部昆尼那斯家族的编年史。在同一时期，朝中一位高级官吏约翰·西利兹把提奥芬尼的编年史续至1081年。因此，只有1057至1081年那段有价值，不过这部分颇为重要。[⑦]

这时，拜占庭帝国已陷入十字军造成的苦难中，一个新时代开

① 意为又是一个像福细阿斯那样博学的人。——译者

② 十一世纪拜占庭的法学家和历史学家，写了一部关于1034—1079年历史的著作。——译者

③ 吉本，V，505—506；坡特哈斯特，I，786；柏立（上一个作者注）。

④ 亚历修一世（1081—1118年）。其女安娜·昆尼那替他写了一部传记。——译者

⑤ 拜占庭的军人和历史家（1062？—1137年），写了一部关于1057—1079年历史的著作。其书为其妻完成。——译者

⑥ 坡特哈斯特，II，846；吉本，V，506。

⑦ 同上，V，507；坡特哈斯特，II，1004—1005；得·布尔，见《拜占庭杂志》，XIII（1904年），356—367，XIV（1905年），409—467。

始了。无需争论,这个时期最卓越的历史作家就是皇帝亚历修· 308
昆尼那斯(1081—1118 年)的女儿安娜·昆尼那[①]。[②] 她是前已谈到的尼斯福鲁斯·布里恩尼阿斯的妻子,是一位比她的丈夫好得多的作家,她确实是中世纪最杰出的妇女之一;在居孀期间完成了她丈夫未完的遗著《亚历西亚德》[③](这个史诗似的名称并非毫无意义),计十五卷,包括她父亲长期统治的那些年月。安娜·昆尼那博闻广识,手头有大量口头传闻和文件材料。她向读者介绍她的材料来源的情形说:

> 我并不把我的著作追溯到万年以前。情况是这样:有些活到今天的人原来认识我父亲,他们把我父亲的实情讲给我听。他们各人的情况不同,有人说出他记得的一件事,有人又说出他记得的另一件事,所有的事情都互相吻合,因此,他们对这部历史的贡献确实不小。在多数情况下,我跟随母亲和父亲在一起。……有些事情当时我自己是知道的;在战争中发生的那些情况是我从那些跟着我父亲一起打仗的人们那里了解的(为了解这些事情,我曾用各种方法询问他们),也有一些是从某些由亚细亚带来消息的船夫那里得来的。但最重要的,是当皇帝

---

① 安娜·昆尼那(1083—1148),1118 年因反对其兄弟约翰二世失败,退隐居于尼庵中,从事著作。——译者

② 希腊原文附法语译文见伯尔拿·来布的《亚历西亚得》(巴黎,1938 年);伊丽莎白·A. 多兹的英译本《安娜·昆尼那公主的〈亚历西亚德〉》(伦敦,1928 年);关于其他版本和文献,参阅坡特哈斯特,I,331,和克纶巴赫的书(见本书原书第 295 页注)中 274—279 的记载。内奥迈·密溪孙:《安娜·昆尼那》(伦敦,1928 年);G. G. 巴克勒:《安娜·昆尼那》(牛津,1929 年);吉本,V,506—507;威廉·密勒:《东方拉丁文论文集》(剑桥,1921 年),533—550;F. J. 傅克斯-约克孙,见《希伯特杂志》,XXXIII(1935 年),430—442;诺伊曼的研究(见本书原书第 295 页注);和〔伦敦〕《评论季刊》,第 233 卷(1920 年),62—81。

③ 意译为《亚历修传》,中译文片段见耿淡如等译注《世界中世纪史原始资料选辑》,第 116—122 页(天津人民出版社,1959 年)。

和乔治·佩略罗加斯谈论这些事情的时候,我常常亲自在旁倾听。

她的希腊文几乎是好得太过分了。她自己也说过,假如她用文学气味较淡的风格写作可能会更好一些。作为第一次十字军大部队行军穿过君士坦丁堡城的目击者,她是一位锐敏的观察家。她笔下的高弗黎·得·部永[①],特别是波希梦德[②]这个人物的素描有如轮廓鲜明的浮雕,两人都是她既仇恨又钦佩的;她评论法国人的健谈颇为有趣,却也真实。

这些重大年代的历史也引起三位较差的历史家进行记述:乔治·西得里那斯(写到1057年),迈克尔·格里卡斯和约翰·索那拉斯[③](写到1118年)。[④] 但在每位作家的著作中,昆尼那斯王朝诸皇帝的时代只是一部漫长的世界编年史的尾声,其价值只在于它保存了过去历史著作的一些节录,不然这些材料就失传了。索那拉斯的著作这一点特别突出,因为戴奥·加西阿斯[⑤]的著作的前二十一卷只在他的这部著作中以节录形式保存下来。西得里那斯是前辈史家著作的编纂者和抄袭者;索那拉斯则只是毫无批判地进行写作,只有他笔下常常出现的讥讽还有趣。

---

① 法国十字军的领导者(1061?—1100年),参加第一次十字军,为许多传说中的英雄。——译者

② 波希梦德一世(1056?—1111),诺尔曼王公,第一次十字军的领导者,攻陷耶路撒冷。——译者

③ 十二世纪的拜占庭史学家,著《通史》十八卷,其价值只在于其所编入的戴奥·加西阿斯的著作的那一部分。

④ 关于这三位历史家,依次参阅坡特哈斯特,I,212—213、523,II,1126;和吉本,V,508、509。

⑤ 罗马政治家(155?—230年以后),俾泰尼亚人,以希腊文著《罗马史》八十卷。——译者

约翰·辛那马斯[1]把昆尼那斯家族的历史从 1118 续到 1176 309
年;当时正值乱世,拜占庭帝国腹背受敌,一面是西欧,一面是耶路撒冷王国;而且又陷入以霍亨斯陶莱的德国和诺曼意大利和西西里王国为主轴的外交网罗之中。1187 年萨拉丁[2]攻陷耶路撒冷以及除叙利亚外几乎所有基督教在东方的领土的迅速丧失解除了拜占庭政府的危机。辛那马斯的写作风格深受古典希腊历史家影响。

十二世纪末,迈克尔和奈斯塔斯·阿科密那塔两兄弟以出众的学者的面目出现。前者可说是“最后一位雅典作家”。他的布道词、信札、演说词和诗歌“给我们提供了有关他的时代的政治、社会和文学等方面情况有价值的材料”。他的兄弟奈斯塔斯写了一部很长的《拜占庭帝国史,1081—1206 年》,计二十一卷。他曾于 1189 年任腓力坡里省总督。他这部书从头至尾都是根据当时的史料写的,记述 1204 年十字军洗劫君士坦丁堡的那段特别有价值,因为他是一位目击者。[3] 这是这个时期唯一的一部重要史料。

1204 年十字军攻陷君士坦丁堡之后,拜占庭的历史写作就转移到新的地点,从那时后,直至 1261 年希腊收复首都以前这些年,都是在尼西亚和特勒比遵德二地继续进行写作,这两处都是昔日伟大帝国尚未被征服的剩水残山。

---

① 吉本,507;坡特哈斯特,I,320。

② 埃及和叙利亚的苏丹(1174—1193 年在位)。——译者

③ 关于奈斯塔斯,参阅发西里甫(见本书原书第 295 页注),II,164—168;格雷戈罗维阿斯(见原书第 295 页注),I,205—207;吉本,V,507;坡特哈斯特,II,848;克纶巴赫(见原书第 295 页注),281—286;E.密勒,见〔巴黎〕《学者杂志》,1880 年,第 755—770 页;撒洛蒙·赖纳:《考古学大纲》(巴黎,1888 年),281—312。

第十八章　记述十字军的拉丁历史学家①

310　前面有一章已经谈到十一世纪诺曼人在意大利、西班牙和英

---

①　本章中只考虑到有关十字军的拉丁和西方史家，因为拜占庭和穆斯林作家将分别在他处讨论。

关于十字军的参考书目，参阅帕屠，230—238；《剑桥中世纪史》，V（1929 年），864—71；厄涅斯特·拉维斯和亚勒弗列·兰波合撰《从四世纪到我们时代的通史》（巴黎，1893—1901 年，十二卷），II，348—349；路易·布雷埃：《中世纪的教会和东方：十字军》（第 5 版，巴黎，1928 年），绪论；我的《中世纪经济社会史，300—1300 年》（纽约，1928 年），830—833。最好的十字军史料目录（法文资料完备）是摩林尼尔，II，第 2073—2187 号，III，第 2303—2396 号；较为简短的记载，见 G. 多杜：《耶路撒冷拉丁王国君主制度史，1099—1291 年》（巴黎，1894 年），1—26；本哈特·库尔格《十字军史》（第 2 版，柏林，1891 年）。关于讨论和校订有关十字军历史家的大批文献，参考坡特哈斯特。

关于十字军资料最完备的搜集是碑铭学院出版的十六卷巨大对开本《十字军历史家著作丛书》（巴黎，1841—1906 年）；比较坡特哈斯特，I，第 cxxvi 页和亨利·得埃兰：《〈十字军历史家著作丛书〉的起源》，见〔巴黎〕《学者杂志》，1919 年，第 260—266 页。这套丛书分为五辑：法律和文件，西方作家，希腊作家，阿拉伯作家和亚美尼亚作家。利昂伯爵于 1875 年建立的东方学会也出版了大量有关十字军的史料，这些资料（至 1895 年为止）的内容，见坡特哈斯特，I，第 cxxiii 页。这两套大丛书使 J. 崩加的旧丛书《〈法兰西的神圣事业〉等》成为过时之作（哈瑙，1611 年，两卷）。法文译本，不很好，见 J. 米勺：《十字军丛书》（第 2 版，巴黎，1829—1830 年，四卷）；这套丛书中，第 1—3 卷，由达努分析过，见〔巴黎〕《学者杂志》，1830 年，第 102—114 页；第 4 卷专载阿拉伯历史家的著作。有关十字军的法国历史家的译本也见 F. 基佐的《有关法国历史记载丛书》（巴黎，1824—1835 年，三十一卷分为十七册）。

关于整个十字军运动的史学，并无全面记载，而关于各别十字军的记述很（接下页）

国的富于冒险性的成就以及在俗人授职问题上的斗争，在欧洲唤醒了一种新的历史感。但人们对这些运动的兴趣既不广泛也不深刻。引起所有国家和所有阶级的兴趣的第一个带有普遍性的历史事件是十字军。在十字军以前那些世纪里，历史几乎完全是以年代记、编年史和自传等形式写的；观点狭窄，兴趣几乎都是地方性的。十字军运动震动了欧洲，使它脱出了这个狭隘的境界，特别是领导这个运动的法国是这样。正如摩林尼尔所写：

> 这次伟大运动的成果在历史著作中可能表现得最为突出。在十字军以前一百多年间，在秃头查理的王国①里，各个部分都是自顾自地、孤立地存在着，思想兴趣局限于狭小的天地之中。十字军兴起后，这些樊篱业已倒塌，欧洲开始自觉；这时已有了共同的利益和共同的敌人。在诸王侯之间渺小的世仇宿怨之上，隐约出现一个更为高大的理想：基督教世界和伊斯兰世界的斗争。……和东方的接触，使西方作家大开历史眼界。在法国，作家已受到激发，撰写编年通史的时机已经成熟。② 311

十字军的性质和新奇激起众多作家的想象力。③修道士罗伯在他的《第一次十字军史》序言中写道：

(接上页)多，这些记载在本章中谈到它们的时候会叙述到。因为这个事业的新奇，记载第一次十字军的历史家很多。第一次十字军之后，它已成为遍及全欧的运动，其后的第二次和第三次十字军的历史必须在这个时期中英法德等国一般资料中寻找。另一方面，第四次十字军因为具有特殊性，有它的专门历史家。最后几次十字军的历史，除了有关圣路易的十字军——即第七次和第九次——以外是很分散的。关于近来对于进一步研究的估计，参阅 J. L. 拉·蒙特：《十字军史学中的一些问题》，见《镜》XV(1940 年)，57—75。

① 840—877 年。——译者

② 译自摩林尼尔，V，第 xciii 页，xcvi。

③ 关于第一次十字军的资料和文献，参阅同上，II，第2073—2170号；(接下页)

除了钉死在十字架上以挽救世人的神秘故事之外，自创世至今发生的一切事情当中，还有什么比近代我们的人民这次前往耶路撒冷的远征更为惊人的呢？人们越是研究这次伟大成就，就越加惊叹不止。

但这种新型历史写作并不是一下子就充分发展到羽翼丰满的程度的。安蒂奥克被攻陷[①]之后历史文章立即开始就地撰写，但所记并非真实情况，而是夸大了的，或浪漫式的、想象出来的东西。这说明历史感仍然缺乏。这些文章并非来自对事实的观察，而是模仿当时的白话史诗的样式写成的。[②]不出几年，人们头脑中编造神话的癖好就围绕第一次十字军领袖人物编造出故事、传奇和演义等等构成的大罗网，从而把这次运动的真实面目彻底歪曲了。

叙利亚和圣地的征服一旦完成从而使西欧在近东占有一个永久性的殖民地之后，对地理和陌生民族那些奇风异俗的兴趣立即被唤醒。因十字军而大量积累起来的地理知识使西欧恢复了前已
312 丧失的对近东的了解，这一点应当看到。只要把记述第一次十字军的那些编年史家对东方一切事物的粗糙无知和像提尔人威廉那

(接上页)P. D. 帕索里尼，见〔佛罗伦萨〕《意大利历史文库》，第 4 卷，XIX(1887 年)，213—221；T. A. 阿拆，见《苏格兰评论》，XXVI(1895 年)，274—295；G. 韦尔："关于十字军史的文献"，见〔慕尼黑〕《历史杂志》，XXIV(1870 年)，257—273；亨利·V. 济伯尔：《十字军的历史和文献》，达夫·戈登夫人译(伦敦，1861 年)；查理·图罗，见〔巴黎〕《历史评论》，I(1876 年)，376—386，II(1876 年)，104—111；O. J. 退彻："第一次十字军的拉丁文资料"，见《美国历史学会年报》，I(1901 年)，499—509；吉本，VI，522—528；包林·巴黎：《十字军历史家》(巴黎，1858 年)；〔爱丁堡〕《北不列颠评论》，I(1844 年)，114—145；J. H. 鲁滨孙：《欧洲史选读》(波士顿和纽约，1904—1906 年，两卷)，I，第 15 章；A. C. 克勒：《第一次十字军：目击者和参加者的记载》(普林斯顿大学出版社，1921 年)；腓得烈·查卡尔夫和 A. C. 克勒：《中世纪的平行资料问题》(纽约和伦敦，1912 年)，95—133；〔伦敦〕《不列颠评论季刊》，XVIII(1853 年)，63—101。

① 1098 年。——译者

② 库尔格(见本书原书第 310 页注)，52。

样的作家们既丰富又成熟的知识对比一下，就会了解其中的差别，也可以知道西欧如何迅速地掌握了这些新的地理知识。

在十字军把近东的大门大大打开以前，西欧对于利凡特①的全部知识几乎只限于朝拜圣地者带回的情况。朝拜圣地是一个古老的习惯，可以远溯到四世纪。圣哲罗姆在从伯利恒一间小修道院中写来的一封信中，感叹地说：

> 高卢一切知名人物似乎都已匆匆来此。即使是以大海和我们的世界隔开的不列颠人，一旦在宗教上取得进步也立即离开日落之地，前来寻找他只是从《圣经》上和普通报道中知道的一个地方。②

在记述第一次十字军的那些历史家当中，有三位（修道士罗伯、部加尔人波得里和夏尔特尔人佛尔舍）曾出席克莱蒙宗教会议③、标

① 利凡特（Levant），即地中海东部地区。——译者

② 关于这些巡礼者的原文记载，参阅《神学研究杂志》，I（1899年），149及以下。关于中世纪这种朝拜圣地的热忱，参阅佩耳·得·拉布里奥尔的《基督教的历史和文学》，H.威尔逊译自法文（伦敦和纽约，1924年），374—380；C.R.俾兹利：《近代地理学的黎明》（伦敦，1897—1906年，三卷），I，第2—4章，II，第3—4章；锡德尼·希司：《中世纪朝圣者的生活》（波士顿，1912年）；G.H.琼斯："克勒特的不列颠和朝圣运动"，Y Cymmrodor 杂志，XXIII（1912年），全部；亨利·C.李：《拉丁教会中秘密忏悔和赎罪券的历史》（费城，1896年，三卷），II，123—135；来印候特·罗利希特主编：《德国人朝拜圣地》（新版，因斯布鲁克，1900年）；冉·D.B.哥塞：《四、五世纪基督教世界的航海、好客的信件邮递》（巴黎，1925年）；也参阅《爱丁堡评论》，CIX（1859年），86—121，CXX（1864年），217—248；和〔伦敦〕《评论季刊》，XCIII（1853年），432—462，CXC（1899年），103—127。朝圣者记载的英译本见《巴勒斯坦朝圣者原文协会》丛书（伦敦，1885—1897年，13卷）；这些书列入我的《中世纪参考研究》（第3版，芝加哥，1923—1924年，三卷），II，121—122。T.来特：《早期巴勒斯坦游记》（伦敦，1848年，《蓬氏博古丛书》），包括阿卡尔夫、尉力巴尔德、聪明的伯尔拿和西武尔夫的叙述在内。

③ 1095年。教皇乌尔班鼓动发起十字军，营救东罗马。——译者

志着十字军开端的教皇乌尔班二世那篇惊人的动员演说[①]就是1095年在那次会议上发表的。罗伯是兰斯圣勒密寺院的修道士。他的《耶路撒冷史》(*Historia Hierosolymitana*)九卷,从克莱蒙宗教会议开始,叙述到阿什克伦之役。虽然一般认为这部著作是最早的一部第一次十字军通史,但它的历史价值很微小,尽管曾译成法、德、意等文本可以证明它在中世纪很流行。[②] 部加尔人波得里的《耶路撒冷史》四卷写到1099年7月耶路撒冷被攻陷,是1107年以后写的,有些细节是想象出来的,有些演说词是杜撰的。[③]

夏尔特尔牧师佛尔舍[④][⑤]比前述两人卓越得多;他是第一次十字军最重要的历史家,在东方居住了三十年。他是一个聪明而热
313 心的人,曾大量阅读古典作品,尽管他自谦说自己的拉丁文"粗糙"。他的著作是了解耶路撒冷王国初期最好的史料。佛尔舍是一位敏锐的观察家。他的年代编排很细心;对军队或战役中那些巨大数字一向审慎辨别;他有异乎寻常的描绘才能,如对远征大军开始行动、多利里昂[⑥]战役和行军通过安纳托利亚[⑦]等事的描写就

① 译文见刘启戈等选译《中世纪中期的西欧》,第53—58页(三联书店,1957年),及耿淡如等译注《世界中世纪史原始资料选辑》,第109—112页(天津人民出版社,1959年)。——译者

② 关于批评文献,参阅摩林尼尔,II,第2118号和坡特哈斯特II,978。

③ 摩林尼尔,II,第2120号;波特哈斯特,I,131。

④ 生活于1058—1127年以后。法国教士和史学家,耶路撒冷王鲍尔文的部下,其《耶路撒冷史》叙述第一次十字军的历史。——译者

⑤ 摩林尼尔,II,第2123号,坡特哈斯特,I,476。关于他,有D.C.蒙罗一篇很有价值的记载,见《镜》,VII(1932年),321—335。

⑥ 在小亚细亚西北部,1097年十字军打败伊斯兰军队于此。——译者

⑦ 即小亚细亚。——译者

可证明。在整个叙述中都贯彻了自己的个性。在卢卡[①]他曾受到被皇帝亨利四世的部队逐出罗马的合法教皇[②]的祝福。在罗马曾看见德国士兵在圣彼得大教堂劫掠朝圣者。在布林迪西曾看见满船朝圣者沉没大海。他起初和诺曼底的罗伯一起向圣地进发,但一到东方,即随同鲍尔文一世东行,曾和鲍尔文一世共历艰险,从埃德萨漫游至耶路撒冷,并曾穿过约旦河流域的沼泽地带,进入约旦河以东的沙漠地带。他对战役描写有如文字图画。他是一位灵敏的观察家,描绘那个地区的地形,尝过死海的水以满足他的好奇心。撒拉森人各城市之间设立的信鸽站[③]使他发生兴趣。他注意到"东方风习之不同于西方,正如法国习俗不同于英国"。

与佛尔舍的著作价值不相上下的是由一个俗人(这件事很不平常)撰写的《法兰克人与前往耶路撒冷事记》(*Gesta Francorumet alirorum Hierosolymitanorum*)。作者是一位称为"无名氏"的不知真名的人。[④] 该书内容证明这位无名的著作是记述第一次十字军最早的一部史书,因为它在 1101 年即已流行。作者是跟随诺曼一意大利人前往的一位骑士,后又投身圣季勒斯人雷门[⑤]麾下。这篇记载始于 1096 年春,止于 1099 年 8 月 12 日,是类似

---

① 在意大利北部。——译者

② 即著名的格雷戈里七世。——译者

③ 用鸽子传递消息的驿站。——译者

④ 摩林尼尔,II,第 2115 号;坡特哈斯特,I,517。俾阿特立斯·A. 利兹的学校刊本,《无名氏的〈法兰克事记〉》(牛津,1924 年),附有注释和导言,参阅第 LX—XXXI 页。

⑤ 图卢兹(法国南部)伯爵雷门四世,1088 年继其兄位为伯爵,1096 年率领大军参加第一次十字军,死于 1105 年。——译者

日记的一部书，在事情发生后随即记下来的。作者粗识文字，除《圣经》外不知有其他著作，所写拉丁文也极粗俗，后人读之倍感惊异。

记述第一次十字军的其他史家则大不相同。即使在攻陷耶路撒冷①以前，远征军将领之间就已经产生激烈对抗，作家因而也都各自偏袒一方。埃克斯人阿尔伯特写的《基督教徒夺取和恢复耶路撒冷教会远征记》(*Liber christianae expeditionis pro ereptione emundatione, restitutione sanctae Hierosolymitanae ecclesiae*)多么响亮的书名！——计十二卷，记述第一次十字军和耶路撒冷王国截至 1120 年的历史，是对洛林人在东方的勇武和成就和高弗梨·得·部永的歌颂。书中尽是陆上海上的军事行动、战争、神
314 秘、悲哀、死里逃生、英勇的战功和轻率的冒险。对这部书的估价，不同学者的意见有很大分歧。② 卡昂人刺尔夫并未参加 1097 到 1099 年的远征，而是在 1107 年到东方去了一趟，他为波希梦德和

① 1099 年。——译者

② 关于批判文献，参阅摩林尼尔，II，第 2126 号；坡特哈斯特，I，30。济伯尔说："我们从这部书中听到的不是单独一个人的声音，而是许多的人用千种不同语言说话的声音；我们得到的是受到遍及整个基督教世界那个大事件的震动和影响的西欧的图景。这个故事叙述得很生动，没有被作者抒发的感想打断，作者深深地被他不得不说的这个惊人的故事感动，他在报道互相矛盾的说法时也无顾忌，他并未自找麻烦地过多地注意年表和地形学。我们现有的这部著作是亚琛的一位修道士在十二世纪三十年代编写的，但这个故事的自由发挥不是由他负责的。他只不过是从一位无名氏的历史著作抄来，这位无名氏是一位罗塔麟吉亚的十字军人，于第一次十字军后定居耶路撒冷王国。因此，亚琛的亚尔伯特的十字军史是站在罗塔麟吉亚一边的。"J. B. 柏立引用，见他的吉本校刊本，VI，525。参阅本哈德·库尔格：《亚琛的亚尔伯特》(斯图加特，1885 年)；和菲茨·屈因，见〔汉诺威〕《德国古史知识指南新文库》，XII(1887 年)，545—558。

汤克勒德[1]这两位诺曼君主辩护，仇视图卢兹的雷门。[2] 假如他不是那样无可救药地热衷于浮夸，就很可能和夏尔特尔的佛尔舍媲美了。波希梦德和汤克勒德是他歌颂的英雄，但是读者对他所写汤克勒德“乘船”渡过瓦尔达尔河[3]时，“他的马划桨”；他的宝剑“喋血致醉”，以及在结尾处，引用琉坎的《法萨利亚》[4]诗句——尽管刺尔夫本来能够写出真正动人的拉丁诗句，他在八十九章中所写韵文就颇有民歌的韵律和气息——等等，样样都感到厌倦。雷门·达基勒是谱伊[5]牧师会成员，伟大的图卢兹伯爵的牧师。他的《法兰克人收复耶路撒冷的经过》(*Historia Francorum qui ceperunt Jerusalem*)[6]是他作为一位目击者独力记述的史料，不幸的是作者无知、轻信而且有成见，他是受了所谓“圣矛”[7]的发现这个神话的骗，还是为了宣传的目的而介绍这个故事，还不清楚。

最后还应当谈谈一位德国修道士奥累人厄克哈德和基伯特·得·诺让[8]。厄克哈德的《世界史》在讨论德国历史家的那一章中已经提到过；在耶路撒冷收复三年之后，他曾前往朝谒，回国后写

① 诺曼的英雄(1078？—1112年)，参加第一次十字军，屡建军功。——译者

② 摩林尼尔，II，第2125号；坡特哈斯特，II，949。

③ 从现在南斯拉夫东南部流入希腊北部的一条河。——译者

④ 歌咏恺撒和庞培法萨卢战役的史诗。——译者

⑤ 现在法国南部。——译者

⑥ 摩林尼尔，II，第2122号；坡特哈斯特，II，951。

⑦ 传说是刺杀耶稣基督的矛(见《新约》《约翰福音》XIX.34)。据说是公元1098年十字军人发现于安蒂奥克；又有一说，圣赫勒拿发现于耶路撒冷，带往君士坦丁堡，公元1492年送给教皇。据说圣矛还保存在罗马圣彼得寺中。这是教士们用以欺骗世人的。——译者

⑧ 生活于1053—1124年。——译者

了《耶路撒冷史——神圣耶路撒冷教会受压迫、解放和恢复的经过》(*Hierosolymita, deoppressione, liberatione ac restauratione sanctae Hierosolymitanae ecclsiae*)。厄克哈德是个有才干的历史家,他曾会见亲自参加和目睹过第一次十字军的人,并曾参考他在耶路撒冷发现的一部无名氏所撰《记事》的抄本。他的著作从第22章起的后一部分完全是自己写的,很有价值。[①]

苏瓦松教区某寺院住持基伯特·得·诺让的著作和所有记述第一次十字军的其他历史著作不同,事实上其性质也十分独特。他的《自传》和《圣物论》前已提及。这位对人物和事件都极其聪慧
315 而锐敏的观察家深感第一次十字军运动的深度和广度,并因如此众多的法国人参加这次远征而深受鼓舞,因而为他这部著作起了一个自豪的名称《法兰西人的神圣事业》(*Gesta Dei per Francos*)[②]全书共八卷,至早是到1106年才完成的。关于东方的事情,基伯特根据的是无名氏那本《记事》,但记述这个运动开端的那部分则是他独力写成的权威性史料。他的理性主义态度令人吃惊;尽管他承认这次运动中有上帝在起作用,但他也看出这次运动中的人为的性质。他这样写道:

> 法国人当时正在饥馑中煎熬;连年歉收,灾荒不断,麦价飞涨。奸商投机倒把,一贯以百姓苦难为发财之机。面包昂贵。穷人以树根野草充饥。突然听到十字军的呼喊,全国各地同时响应,砸碎了粮仓的铁

① 摩林尼尔,II,第2132号;坡特哈斯特,I,400—401。

② 摩林尼尔,II,第2121号;坡特哈斯特,I,549;加上M.A.度美里尔:《基伯特·得·诺让的〈法国的神圣事业〉》,见《图卢兹学院传记丛书》,第9辑,VII(1895年),161—178。

> 锁和链条。于是原来有如无价之宝、百姓只好望洋兴叹的粮食，这时大大跌价，几乎不要钱就卖了。有人看见七头羊只卖五个便士。饥馑消失，富足取而代之。因为人人都急于参加十字军，所以个个都急忙把路上不需要的东西变卖换成现金。路上需要的东西最贵；剩下的东西给点钱就卖。

这是对 1095—1096 年法国经济情况的精辟分析。很明显，造成这个"困难时期"的一部分原因是奸商对谷物囤积居奇，投机倒把。像同时代的作家奥累的厄克哈德那样，基伯特也看出封建诸侯之间私下打仗的破坏性。尽管第一次十字军有谋私利、残酷和暴戾的一面，但基伯特也觉察到它那激动人心的崇高的另一面。他对这个运动满怀宗教和爱国自豪。他这部书的名称就是他那奔放的热情的流露，尽管他谦虚地说，"这是一个质朴的名称"——但然后又自豪地补充说，"不过它会为我国争得荣誉"。最早、最清楚地表现了法国民族情绪的地方是他这部书第 2 卷第 1 章，基伯特在这章里记述：当他听到美因茨一位副主祭嘲笑法国人是好战民族的时候，他回答道：

> 如果你认为法国人如此软弱，都是些懦夫，认为可以用嘲讽中伤声誉远达印度洋的法兰西人这个名称的话，那么，请告诉我，教皇乌尔班二世为了抵抗土耳其人，如果不是向法国人求援，究竟是向谁求援的呢？假如不是法国十字军人用自己的力量和勇气顶住土耳其人的话，你们德国人即使全体上阵也是毫无用处的。

这个反驳既不失礼貌又颇自豪。[①] 基伯特的文笔的不足之处是有 316

① 关于论十一世纪法兰西民族情绪觉醒一章，可参阅伯尔拿·摩诺的《修道士基伯特和他的时代，1053—1124 年》(巴黎，1905 年)，第 235—251 页。又比较 G. 部耳甘：《基伯特·得·诺让的〈自传〉》(巴黎，1097 年)，第 xxii—xxiii 页。

些地方未免杂乱而晦涩，有时典故太多显得累赘。但这些一般的缺点在那些富有想象力的篇章陪衬下得到了补救，有时他那抒情的高歌上升到真正诗歌的水平。

在英雄事迹诗歌人人上口、各王廷都在歌唱的这样一个时代里，第一次十字军的历史从散文体过渡到诗歌体当然是很自然的事了。不出几年，英雄诗歌就围绕第一次十字军织成一张以无数故事、传说、传奇等等为经纬的密密麻麻的大网。这些史诗应当包括在这个时代的历史写作以内，尽管在应用时，当然应该极其小心地审核其真伪。在这类写作中，可以抽出《当代远征耶路撒冷史》(*Historiagestorum viae nostri temporis Hierosolymitanae*)谈谈。这是一部共有七卷的诗，前三卷是克吕尼教团一位修道士(后任塔斯邱兰[①]枢机主教)季罗写的；后四卷是一位在其他方面毫无所闻的名叫佛尔科的人写的。[②] 与此类似，昔妥教团一位不知名的修道士写了一部类似的诗。[③] 十字军时代最伟大的一部史诗是《安蒂奥克战争》(*Bella Antiochena*)，记述安蒂奥克被长期围困[④]及尔后这一带发生的事件，直至1119年。[⑤] 这些早期史诗是用拉丁文写的，只是把《记事》或其他散文史料改写成诗体而已，和西方拉丁史诗一样。但拉丁文后来就被放弃，代之而起的是一批用各地文字写成的史诗，这种史诗更自然，流传也广泛得多。例如用古法

---

① 中意大利一个古代城市，在罗马东南约十二英里。——译者

② 摩林尼尔，II，第2127号；关于其他例子，比较第2154号。

③ W. 沃顿巴哈，见〔汉诺威〕《德国古史知识指南新文库》，II(1870年)，414—420。

④ 公元1097—1098年。——译者

⑤ 摩林尼尔，II，第2134号。

文写的《安蒂奥克短歌》，另一部是用普罗旺斯文写的，又如《天鹅骑士与高弗梨·得·部永》(*Le Chevalier au Cygne et Godefroy de Bouillon*)。后来在罗恩格林的传说[①]中通俗化了的“天鹅主题”就是在这部史诗中首先出现的。[②]

较低一等的诗歌是那些军营之歌、民谣、戏拟英雄抒情诗、嘲讽诗、粗野的打油诗、刻骨的讽刺诗或怨歌等等。[③] 最后一种可以《穷人之歌》为例，这是一首流行于安蒂奥克的流浪者之歌。

最后还有一种“信札”，是内容独特，价值很高的史料，不仅对第一次十字军，而且对以后历次十字军说来都是如此。这些信札 317
是十字军人写给他们在西方的家属或封建领主的。其中有许多似乎是当作传送消息的东西由一个人传给另一个，有些曾被当时的作家用上了。[④]

---

① 德国传说，见于公元十三世纪的许多传奇中，在罗思格林的冒险事业中，有天鹅为之引路，因此被称为天鹅骑士。公元 1847 年，瓦格涅用这个主题编了一个歌剧。——译者

② 关于这首史诗的文献，参阅摩林尼尔，II，第 2154 号；卡尔·服里奇：《古法国文学研究导言》，F. M. 杜·蒙译自德文第 3 版（扎勒河畔的哈勒和纽约，1931 年），224—228；亨利·V. 济伯尔：《关于十字军的传说和诗歌》，见他的《小历史著作》（慕尼黑，1863—1881 年，三卷），III，117—155；亨利·皮格翁诺：《十字军的始末和部永家族》（圣克劳德，1877 年）；《法国文学史》（巴黎，1733—1927，三十六卷），XXII，353—402 和 XXV，507—526；退彻（见本书原书第 311 页注），506—509；圣奥勒尔侯爵：《朝圣者理查十二世纪编撰的〈安蒂奥克之歌〉》（巴黎，1862 年）。

③ 服里奇（见本书原书第 316 页注），145—146，328，335，432。

④ 这些信札有 D. C. 蒙罗的英文选译本，见《欧洲史原始资料译文与重印》（费城：宾夕法尼亚大学，1894—1899 年），I，第 4 号（40 页）。也参阅 P. 李昂，见《东方拉丁文文库》，I(1881 年)，1—219；亨利·哈根迈尔：《1088—1100 年十字军书信集》，见《第一次十字军史资料集》（因斯布鲁克，1901 年）；摩林尼尔，II，第 2114 号；和 H. 第伦堡，见〔巴黎〕《学者杂志》，1902 年，339—341。

记述第二次十字军(1147—1149 年)的史料为数繁多,[①]但比记述第一次十字军的那些史料散乱,因此,要了解第二次十字军的历史情况必须在十二世纪一般编年史家的作品中查找。记述这次远征的只有两部正式历史著作。第1部是兑依尔人鄂多写的。他是一位法国修道士,国王路易七世[②]的牧师,并曾跟随他前往东方。[③]第2部是《路易七世记事》,关于这部书的作者和它的价值已有很多争论。挑剔的议论认为它价值不大,是在事情发生之后一百多年才写的。皇帝康拉德三世[④]参加第二次十字军的事,在夫累星人鄂图的《皇帝腓得烈一世记事》第1卷中有很好的记述。记述第二次十字军的各种信件计有二十六封保存至今。[⑤] 最著名的一封是苏加[⑥]谴责国王不该久留东方,因为他自己的王国正处在危险之中,留在东方又毫无成就。斯达维洛特寺院住持威巴尔德(康拉德三世出国期间任德国摄政)的大量通信,有很多都和这次十字军有关。[⑦]

《里斯本轰击记》(*De expugnatione Lyxbonensi*)是一篇奇异的记事文字,记述的是:有些于1147年由海路出发前往圣地的英国和佛兰芒十字军部队中途改变目标不去圣地,却在葡萄牙登陆,与从陆上开来的法国远征军会师,轰击当时在穆斯林统治下的里

① 关于文献,参阅摩林尼尔,II,299—300。

② 1137—1180 年在位。参加第二次十字军(1147—1149 年)。——译者

③ 摩林尼尔,II,第2171号。

④ 1138—1152 年在位。——译者

⑤ 米尼,第155卷,第1265—1282栏。

⑥ 法国教士和政治家(1081—1151 年),路易远征时,他在法国摄政(1147—1149年)。——译者

⑦ 米尼,第189卷,第1121—1458栏。其他版本和文献,参阅坡特哈斯特,II,1112;《文学史》(见本书原书第316页注),XII,550—571;沃顿巴哈,II,269—271。

斯本。这就是葡萄牙与众不同的开端。[1]

十二世纪中叶，耶路撒冷王国尽管内忧外患频仍、经常处于危险中，但总算已经成为一个安定下来的国家了。人们把这个王国看作拉丁基督教世界在东方一种永久性的前哨，一个国际殖民地。为耶路撒冷王国及其建立和保持者历次十字军编写一部前后连贯的历史的时刻业已成熟。这时，一些由祖先是法国、诺曼或意大利人但出生地是叙利亚或巴勒斯坦的人组成的居民集体，业已成长 318
起来，他们把东方看作自己的家乡，他们心目中的欧洲正像澳洲、南非或加拿大等地的人们心目中的大不列颠那样。

记述他自己这个时代的作家是约于 1130 年出生于东方的提尔人威廉[2]，他可能是在意大利受的教育，懂拉丁文、拜占庭希腊文和阿拉伯文。在海外受完教育之后，他就回到叙利亚，任提尔大助祭，后任大主教，但常被召回西方。他曾出席 1179 年拉特兰宗教大会，并以提尔大臣的身份出使拜占庭皇帝和教皇宫廷。

威廉曾以编纂《东方领地记事》(*Gesta orientalium principum*)和部分地根据阿拉伯编年史撰写的《东方史》(*Historia orientalis*)等两部著作(都已失传)先试身手，然后就开始写他那部大作《耶路撒冷史》(*Historia Hierosolymitana*)或称《海外事务史》(*Historiade rebus transmarinis*)，计二十三卷(最后一卷未能完成)，从 1169 年写至 1184 年作者去世时尚未完成。他是一位拉

① 原文与译本见 C. W. 大卫:《里斯本的征服》(纽约，1936 年，《文明记录丛书》)；比较校订者的论文，见《镜》，VII(1932 年)，50—57。

② 生活于 1130? —1184? 年，1173—1183 年为耶路撒冷王国的大臣(当时提尔在耶路撒冷王国境内)。——译者

丁文大师，文笔异常优美，从各方面搜集材料，叙事能力出类拔萃，将题材巧妙地编织成完美的图案，但他缺乏一位历史家应有的批判精神，过于轻信；不过，济伯尔①对他的批评也未免过于苛刻了。无疑，提尔的威廉所著《耶路撒冷史》是历史著作中一部伟大而高尚的作品。他这部书极受欢迎，问世不久全书就被译为法文，部分地译为西班牙、意大利、加达鲁尼亚②和普罗旺斯③等文字。此外，他这部书还形成许多拉丁文和以各地文字写的诗歌的源泉。④

有一位名叫厄诺尔的人为提尔的威廉这部巨著写了续编，这个人早年是伊柏林的巴连的一位乡绅，叙利亚最大的贵族之一。他们二位都曾参加反对萨拉丁的战争。这部续编是用法文写的，名为《伊拉克里史》(*Le Livres Eracles* 或 *Estoire d'Eracles*)。这个书名出自提尔人威廉那部著作法文译本的开场白"古代史上说的伊拉克里……"(Les anciennes Estoires disent que Erades ……)。这部著作后来由科比寺院⑤会计伯尔拿作了摘要，并续编至 1231 年。提尔人威廉这部书的法译本，《伊拉克里》和伯尔拿对这部续编的续编，在十三世纪常常被看作同一部著作，名为《海外编年史》(*Chronique d'Outremer*)。如不把威廉那部书的译本计算在内，

① 德国史学家(1817—1895 年)。——译者

② 西班牙东北地区。——译者

③ 法国东南部。——译者

④ 关于提尔人威廉，参阅多杜(见本书原书第 310 页注)，2—12；H. 普鲁兹："提尔人威廉研究"，见〔汉诺威〕《德国古史知识指南新文库》，VIII(1883 年)，93—136；摩林尼尔，II，第 2187 号；和 III，第 2303 号；坡特哈斯特，I，560—562；服里奇(见本书原书第 316 页注)，233。不幸这部有价值的著作现在还没有一个适当的校订本。这项工作虽艰巨，但值得做。

⑤ 在法国北部。——译者

这部《编年史》确实

> 是用法文写的最吸引人的著作之一。它那脍炙人口的淳朴，所记活动 319
> 中的欢快，天真的轻信——几乎在同一页上写出同一个故事的两种说法，甚至它那毫无掩饰的党派偏见——这一切都给读者留下深刻印象。这是严肃的历史著作远远不能办到的。[①]

第三次十字军[②]因萨拉丁于 1187 年攻陷耶路撒冷而匆促开始。[③] 圣城陷落的消息使欧洲大为激动；欧洲三位势力最大的君主：皇帝红胡子腓得烈，法王腓力·奥古斯都和英国狮心王理查各自率领一支远征军前往收复圣城。一切努力最后都成泡影；但对这次十字军的记述却很有趣。关于第三次十字军，当时就有许许多多人记述，其中有基督徒和穆斯林，有法国人、英国人、德国人和叙利亚法兰克人的著作，材料十分丰富。唯一的全面记述是在基·得·巴佐克的《编年表》[④]第 7 卷中。这部手稿是 1877 年里安伯爵发现的。基是马恩河畔夏龙大教堂领唱人，一位大量撰写各种题材的有趣的作家。他开始记述的是他从夏龙到马赛那次旅行，法国舰队就是在 1190 年从马赛起航的，然后记述了这次航行

---

① T. A. 阿拆：《理查一世的十字军，1189—1192 年》（伦敦，1889 年：F. 约克·庖厄尔主编：《当代作家笔下的英国史》，V）356。关于这些著作的版本和文献，参阅摩林尼尔，III，第 2303 号；服里奇（见本书原书第 316 注），233；E. H. 马克尼尔，见《镜》，IX（1934 年），324—329；M. W. 鲍尔文：《的黎波里的雷门三世与耶路撒冷的陷落，1140—1187 年》（普林斯顿大学出版社，1936 年）。

② 1189—1192 年。——译者

③ 关于这些资料，参阅摩林尼尔，III，第 2303—2347 号。节录译文见阿拆（见上一个著者注）。

④ 摩林尼尔，III，第 2520 号；坡特哈斯特，I，550。其第 7 卷，由 A. 卡忒利里单独校订出版：《基·得·巴佐克的〈编年表〉》，第 7 卷（耶拿，1910 年）。参阅 M. 曼尼提阿斯：《中世纪拉丁文学史》（慕尼黑，1911—1931 年，三卷），III，914—920。

和这支法国远征军的历史。尽管他是用学者气息浓厚的拉丁文体写的，书中却不乏类似戏剧的急转直下的文字。

法国历史家关于第三次十字军的其他记载只能从里哥尔和布列塔尼人威廉这两位著名史家关于腓力·奥古斯都统治时代的记述中摘录。[1] 因为这位国王在圣地停留的时间很短，对自己的同盟者的行为也很奸诈，所以这两位作家曾在很多地方表示歉意，也隐瞒了不少情况。和法国史料之贫乏恰成对比的是英德两国史料之丰富。这个时代的盎格鲁-诺曼史家如彼得博罗人本尼狄克特、哈甫登人罗哲尔[2]、科基舍尔人刺尔夫、得维兹人理查[3]、新堡人威廉[4]和刺尔夫·得·狄塞多等，全都或详或略地记述了理查一世在东方的始末。但在他统治时期有一部英文史料专门叙述他那次远征，这就是《国王理查异域旅行记》(*Itinerarium peregrinorum et gesta regis*
320 *Ricardi*)。[5] 这部书详细记述了理查一世远征圣地的情形。作者是伦敦圣三位一体教堂牧师理查，他在序文中说他记述的大部分事情都是他亲眼看到的。这部著作从 1187 年写到 1199 年。

关于《国王理查异域旅行记》和欧洲对第三次十字军最好的记

---

① 这两位作家，早在第十四章论 900—1200 年法国历史家的时候已经提过。

② 英国编年史家，生活于 1174—1201 年之间，编 732—1201 年的编年史，1192 年以后的记载中关于英国国内和国外的事实相当丰富。——译者

③ 英国编年史家，著有《理查一世事迹编年史》，记载英主理查一世参加第三次十字军的事迹。——译者

④ 威廉(1136—1198? 年)，著有《英国事务史》，从 1066 年到 1198 年。——译者

⑤ W. 士达布斯编校：《理查朝的编年史和记载》(伦敦，1864—1865 年，两卷：《卷宗丛书》，第 38 号)，第 1 卷，参阅导言；格罗斯，第 1803 号；摩林尼尔，III，第 2332 号；阿拆(见本书原书第 319 页注)，351—352。有一部《十字军编年史》的英译本(伦敦，1848 年：《蓬氏博古丛书》)，65—339。

述《神圣战争史》(*Estoire de la Guerre Sainte*)这两部著作之间的关系问题有各种不同的解说。加斯顿・巴黎[①]在1897年出版的他那部《神圣战争史》修订本中,极力主张说《理查异域旅行记》除第1卷外都是从《神圣战争史》中迻译的,第1卷和《神圣战争史》中相应的部分都是各自独立得自一个现已失传的共同史料来源,他推测这个共同的来源就是英王和法王到达以前围攻阿克的日记一类东西。这个意见维持到1910年卡特・诺加特女士提出一个和这个意见几乎完全相反的说法的时候;她认为《神圣战争史》实质上是根据《理查异域旅行记》写的,只是在某些地方《神圣战争史》的作者可能有意识地更正了他所根据的原著。[②]J. G. 爱德华兹在一篇评论这两种设想的文章中断定二者都是不能接受的,他争辩说,"二者既不是彼此互相翻译的,也不是互为资料来源",那部拉丁文著作和法文著作都是使用的是现已失传的一个共同史料,这个共同史料是一位诺曼作家用散文、也可能是用韵文写的。[③]

德国史料之丰富几乎和英国一样。[④]吕贝克的圣约翰寺院住

① 法国语言学家和中世纪史研究家(1839—1903)。——译者

② 卡特・诺加特:"圣地巡礼与安布洛兹之歌",见〔伦敦〕《英国历史评论》,XXV(1910年),523—547。

③ J. G. 爱德华兹:"国主理查的巡游与圣战史",见《庆祝詹姆士・退特的历史论文集》(曼彻斯特,1933年),59—74。

④ 载于摩林尼尔,III,第2318—2328号,附有批评文献。参阅卡尔・斐西耶:《皇帝腓得烈一世十字军史》(莱比锡,1870年);S. O. 雷次勒:"腓得烈一世皇帝的十字军",见〔格丁根〕《德国历史研究》,X(1870年),1—149;安敦・克罗特编:《腓得烈一世皇帝十字军史料》,汉诺威和柏林,1928年:《早期德国史家》,新丛书,V,附有参考书目;达尔曼-惠芝:《德国史料》(第9版,莱比锡,1931年),第6333—6334号,第6426号;克罗斯特:《塔吉诺,安斯伯特和圣地巡礼史:关于腓得烈十字军历史的三部批判研究》(格刺斯,1892年);来印候特・罗利希特:《十字军的历史贡献》(柏林,1874—1878年,两卷合订一册),I,47—112。

持吕贝克人亚诺尔德所撰《斯拉夫编年史》一书较详尽地记述了第三四两次十字军，书中并插入许多文件。帕绍人塔吉诺的《腓得烈亚洲远征记》是沿途记载当时发生的事件的明确的日记，从1189年记到1190年6月21日。[①] 名叫安斯伯特的一位奥地利牧师的
321 著作和上述那部书性质相似，书名也几乎相同——《腓得烈皇帝远征记》，叙述到1196年，也插入许多文件。[②] 此外还有关于德国人参加第三次十字军的四十九封信保存至今。[③]

有两首法文史诗纪念狮心王理查的业绩。第一首是《圣战史》，[④]是理查被俘[⑤]归来后不久，由一位诺曼游吟诗人写的，这首诗是头等好史料，因为所记事件都是作者亲目所睹，而且既详尽又公正。第二首是《狮心王理查传奇》(*Le Roman de Richard coeurde Lion*)写于1230年前后，内容仇视法国人。[⑥] 这两首诗以外，还有随法军远征的柏桑爽的文书，写了一部诗体的《阿克之围[⑦]》，其历史

① 摩林尼尔，III，第2323号。

② 比较克罗斯特：《塔吉诺》(见本书原书第320页注)，48—80，和他的论文，见〔汉诺威〕《德国古史研究指南新文库》，XVI(1891年)，513—526。这部手稿是莱比锡一位教师约瑟·第特里克于1824年发现的。这部手稿在上一世纪原属某图书馆，后被盗或遗失，落在一个犹太人手中，他卖给波士特尔堡(在波希米亚)的一位医生，他开始把它割成长条；幸而当时第特里克听到这件事就告诉多布洛甫斯基了，多布洛甫斯基认识它的价值，使之免于毁灭。其写作日期大约是十二世纪末或十三世纪初，1827年出版于布拉格。

③ 其目录载雷次勒著作中(见本书原书第320页注)，108—115。

④ 摩林尼尔，III，第2331号。

⑤ 1192年。——译者

⑥ 参阅加斯顿·巴黎的论文，见《罗马尼亚》杂志，XXVI(1897年)，353—393。

⑦ 1191年。——译者

内容胜过其诗歌形式,记述第三次十字军的。[①] 还有许多用法语、普罗旺斯语和中世纪德语写的其他诗歌流传到我们手里。[②]

记述世称第四次十字军[③]的那次大规模海盗式的远征的东西[④]非常之多,但只有微拉杜盎和罗伯·得·克拉里这两位作家还算不错。他们打破了教士在历史写作上设置的拉丁文障碍,用教士圈子以外的人都能阅读的文字编写历史。这个改革是在风格、手法甚至题材等方面的全面改革,因为在这样一个充满工作和冒险的世界里,人们对寺院史家视为重要并应当记述的主题并不感兴趣。

赭弗理·得·微拉杜盎[⑤]是香槟伯爵属下的一位元帅,是一位门第很高的贵族和勇士,第四次十字军领袖之一,他曾目睹君士坦丁堡被洗劫[⑥]。当拉丁帝国在拜占庭帝国的废墟上建立起来的时候,他被任命为"罗马元帅"。1207 年以后,他曾口述他那部杰 322

① H. 普鲁兹:《关于阿克之围的当代诗歌》,见〔格丁根〕《德国历史研究》,XXI(1881 年),457—494。

② 参阅加斯顿·巴黎:《中世纪法国文学史,十一至十四世纪》(第 5 版,巴黎,1914 年),第 124 节;勒·鲁·得·林西:《十二至十八世纪法国历史诗歌集》(巴黎,1841—1842 年,两卷),I,85—119;累努阿神父:《行吟诗人原始诗歌精选集》(巴黎,1846—1821 年,六卷),IV,83—138;赫尔曼·新德勒:《古代原始及中高德国抒情诗歌中的十字军》(德累斯登,1889 年)。

③ 1202—1204 年。——译者

④ 关于第四次十字军和君士坦丁堡拉丁帝国(1204—1261 年)的文献,参阅帕屠,233。关于资料,参阅 C. 克利姆克:《第四次十字军史料》(布勒斯劳,1875 年);F. C. 何治孙:《威尼斯早期历史,从它的建立到君士坦丁堡被征服》(伦敦,1901 年),附录;《剑桥中世纪史》,IV(1923 年),859;特别是摩林尼尔,III,第 39—49 页。聪明的节录;见《译文与重印》(见本书原书第 316 页注),III,第 1 号(二十页)。

⑤ 关于他的生平,参阅《法国文学史》(见本书原书第 316 页注),XVII,150—171。

⑥ 1204 年十字军攻陷君士坦丁堡,残酷地进行掠劫,建立东方的拉丁帝国(1204—1261 年)。——译者

出的“回忆录”《君士坦丁堡征服记》令人记下。[1] 他写这部书的目的尽管是为了替自己的行为辩护，以开脱他自己和其他领袖在这次不名誉的事件中的罪责，但他这部著作仍然是一部有价值的史料。微拉杜盎的狡猾在于有些事他略而不提；他记下来的东西还都是重要而可信的。作为十三世纪法文散文的一个范例，它的语句强劲、叙事高明、人物刻画简练，是一部经典著作。微拉杜盎具有高超的艺术表达力。他这部书是新颖活泼、强劲有力的古法语散文中最早的样品。“在法语著作中，这是既重要又长期保持其尊严的第一部。同时，因为这部书是他口述的，微拉杜盎并无前例可循，也无范本可仿。他在文字、叙述技巧、风格等等方面都是一位先驱”。读他这部书使人联想到希罗多德讲故事的本领，[2]或都铎时代[3]那许许多多冒险而果敢的回忆录。

微拉杜盎是一位伟大的贵族。罗伯・得・克拉里则是一位单纯的骑士；他的著作《开俄斯人征服君士坦丁堡的经过》(*L'Estoire de chiaus qui conquisent Constantinople*)[4]是用毕伽[5]方言

① 关于这部杰出的著作的文献，参阅坡特哈斯特，II，1094；摩林尼尔，III，第 2349 号；考斯道夫・兰孙：《法国文学史》(第 12 次修订版，巴黎，1912 年)第 1 部分，第 1 卷，第 3 章；迦伯列・罕诺托，见〔巴黎〕《历史评论》，IV(1877 年)，74—102。F. 马西阿尔爵士的英译本，见《人人丛书》(伦敦，1908 年)，附有导言。

② 例子是圣马克寺院中的两个场面(《人人丛书》版，7—8)：关于轰击那个城市(16—17，31—44)和鲍尔文被俘的那次战役(94—96)的记载。

③ 英国都铎王朝时代(1485—1603 年)。——译者

④ 摩林尼尔，III，第 2351 号；坡特哈斯特，III，975。以得加・H. 马克尼尔：《君士坦丁堡的征服，译自克拉里的罗伯的古法文著作》(纽约，1936 年，《文明记录丛书》)；关于评论，参阅〔伦敦〕《泰晤士报文学副刊》，1936 年，第 390 页。

⑤ 在法国北部。——译者

写的，反映了士兵和紧随部队前进的朝圣者的爱好和感触。有些地方，他的著作补充了微拉杜盎的，有些地方对他作了纠正或核对。他对君士坦丁堡在两次被围[1]之间的情况的描述特别有意思。

微拉杜盎写道："自从开天辟地以来，从来还没有从任何城市里获得这么多战利品。"这个伟大首都所遭洗劫超过任何人的想象。这比 1527 年罗马那次不得了的劫掠[2]还坏，除金银珍珠外，圣徒遗物也成了急切搜罗的对象。《神圣君士坦丁堡被劫记》(*Exuviae Sacrae Constantinopolitanae*)[3]就是这些遭劫物品的清单，可作这部书的补充材料的是《住持马丁行窃记》，这个故事很古怪，说的是十字军当中的一位道貌岸然的阿尔萨斯修道士行窃的经过。[4] 像记述前几次十字军的史料那样，记述这次十字军的也有不少诗、短歌和信札提供史料。[5]

第四次十字军原来计划进攻埃及，目的是利用那个国家作为 323
收复巴勒斯坦的海陆军基地。但后来不去埃及，反而转向君士坦丁堡，这就使住在东方的基督教徒的处境比以前更加危险了。只有叙利亚一地未遭侵犯。在穆斯林进攻下，圣地的阿克仍然是基

① 第一次是 1204 年十字军攻陷君士坦丁堡，建立东方的拉丁帝国。第二次是 1261 年东罗马皇帝迈克尔八世攻陷君士坦丁堡，驱逐拉丁人。——译者

② 教皇克力门七世与皇帝查理五世之间发生战争，1527 年 5 月 6 日皇帝的同盟军攻陷罗马，大加劫掠。——译者

③ 摩林尼尔，III，第 2367 号。

④ 同上，第 2368 号。那段文字的译文见 C. H. 哈斯金斯的《十二世纪的文艺复兴》(马萨诸塞州剑桥，1927 年)，234。

⑤ 参阅摩林尼尔，III，第 2350，2358—2364。关于第四次十字军及以后的希腊文记载，将在另一章中讨论。

督徒据守的主要地点。在教皇煽动下，发动一次新的（第五次）十字军[①]的呼吁达到高潮，[②]终于以1217年那次流产的远征结束。[③]记述这次十字军的主要史料是对达米埃塔[④]那次徒劳的进攻的记载。[⑤] 不过，另有一部著作更值得注意。这就是当时最著名的传教士扎克·得·维特里[⑥]所著《东方史或耶路撒冷史》（*Historia orientalis seu Hierosolymitana*）。[⑦] 他原来打算把这部书写至三卷，最后一卷叙述第五次十字军的胜利；后来全书未能写完。第1卷是截至1193年止的圣地[⑧]史；第2卷是对西欧的严厉控诉，因为西欧对历次十字军及其失败漠不关心。扎克·得·维特里的《书简》也很有价值。[⑨]

到十三世纪，欧洲对十字军的幻想业已破灭。第六、七两次十

---

① 1218—1221年。——译者

② A.勒夸·得·拉·马士，"十三世纪的十字军宣传"，见〔巴黎〕《历史问题评论》，XLVIII（1890年），5—28；来印候德·罗利希特："1217年的十字军运动"，见〔格丁根〕《德国历史研究》，XVI（1876年），137—156。

③ 关于这些记载，参阅亨利·海登海默："苏丹巴扎则特二世与教皇亚历山大六世通信集"，见《教会史杂志》，V（1882年），511—573，和来印候特·罗利希特："反伊斯兰的十字军宣传"，同上，VI（1884年），550—572；H.荷格维格："1218—1221年进攻达米埃塔的十字军"，见《东罗马帝国历史研究所学报》，VIII（1887年），188—218，和IX（1886年），249—288，414—447。

④ 在埃及北部尼罗河三角洲上。——译者

⑤ 关于版本，参阅摩林尼尔，III，第2386号，2390号，2393号。

⑥ 法国教士和史学家（1180？—1240），参加过第五次十字军。著有《东方史》，为十三世纪的历史及风俗提供有价值的资料。——译者

⑦ 关于他，参阅摩林尼尔，III，2384号；坡特哈斯特，I，633—634；腓力·风克：《雅各·丰·维特里，他的生平和著作》（莱比锡和柏林，1909年）。

⑧ 基督教徒称巴勒斯坦为圣地，因为这是耶稣诞生、传教及殉难的地方。——译者

⑨ 摩林尼尔，III，第2385号。其他信札，参阅第2386，2396。

字军①的发动和支持完全是法王路易九世的事；记述这位圣徒国王统治时期的著作前已谈到。自从1291年阿克落入敌手以后，十字军堕落成徒劳的甚至是虚妄的远征，所有这些远征都失败了。只有狂热的死顽固和虚幻的热心家才对它们感兴趣。②

① 第六次十字军(1228—1229年)；第七次十字军(1248—1254年)。——译者

② 关于这个文献，参阅摩林尼尔，III，第3066—3092，路易·不勒伊尔：《中世纪的教会和东方：十字军》(巴黎，1907年)，第XII章。

第十九章　中世纪叙利亚和亚美尼亚历史学家①

324 为了解中世纪叙利亚和亚美尼亚两国史学，应首先对这两国的历史有所了解。在叙利亚和亚美尼亚，连同小亚细亚、巴勒斯坦和埃及先后被穆斯林征服以前，都处于东罗马帝国即拜占庭帝国版图以内。两国在政治上虽非独立地区，但在经济上、思想上和宗

---

① 关于叙利亚史学，参阅《剑桥中世纪史》，II(1913 年)，748—749，IV(1923 年)，805—813，上面载有作家的名字和版本。原文附拉丁语译文，见《东方基督教作家大全》，J. B. 沙波、I. 基第、H. 伊韦纳和 B. 喀拉·得·服克斯主编(巴黎和莱比锡，1903 年及以后)。这套丛书有各种集子，包括埃塞俄比亚语、哥普特语、阿拉伯语和古叙利亚语诸作家，每卷分为两部分，第 1 部分为原文，第 2 部分为拉丁译文。参考 J. B. 沙波《东方基督教文献：古叙利亚文献》(巴黎，1935 年)和他的论文："叙利亚历史文献"，见〔巴黎〕《历史评论》，CXXXVII(1921 年)，74—80；诺尔曼·马林的论文："古叙利亚文献"，见《大英百科全书》(第 14 版)，XXI，720—725 和那篇文章末尾列举的著作；和 C. 布洛克尔曼等主编的《东方基督教文学史》(莱比锡，1907 年)，30—40，51—64。

关于亚美尼亚史学，参阅《剑桥中世纪史》，IV，814—818；吉本，I，456 和 II，563—565；F. C. 坎尼贝尔和萨克斯·图帕连的论"亚美尼亚文献"的著作见《大英百科全书》，II，383—384；前面提到布洛克尔曼的著作，77—130；和菲力克斯·内维的《亚美尼亚基督徒及其文献》(卢万，1886 年)。关于主要历史家作品的法译本，参阅 M. I. 布洛塞：《亚美尼亚历史著作汇览》(圣彼得堡，1874—1876 年，两卷)；维克脱·隆格腊：《亚美尼亚古代和近代历史家著作一览》(巴黎，1869—1880 年，两卷)；和爱多亚·杜罗里尔主编：《亚美尼亚历史丛书》(巴黎：A. 雕兰德，1858 年及以后)。关于亚美尼亚史学的重要性和作家年表，参阅杜罗里尔上列丛书第 1 卷：《亚美尼亚年代学研究》；比较下列评论〔巴黎〕《学者杂志》，1869年，第626—638，690—701页，1870年，第314—326页，1872年，(接下页)

教上都是一个实体，和控制它们的、来自君士坦丁堡的古希腊或古希腊后期文化①毫无共同之处。事实证明，在蛮族历次入侵时期，拜占庭成了入侵者无法征服的堡垒，而在西方，政治情况和整个生活方式都在日耳曼人的征服下改变了。东方的生命力不仅以其在商业上的繁荣并以其深入波斯甚至阿拉伯世界的基督教化精神表现出来，②而且还表现为其民族语言，——古叙利亚语和亚美尼亚 325
语，还可以加上埃及的古埃及(科普特)语——的复兴。当历史写作在叙利亚和亚美尼亚开始的时候，攸栖比阿斯的《编年史》或他的《教会史》就成为两国历史作家模仿的典范。圣哲罗姆的著作也发生一定影响，因为哲罗姆在安蒂奥克住了两年(372—374年)之后，又以修道士身份在卡尔契斯③沙漠中过了五年，然后才在伯利恒定居下来。

宗教上的分野加强了叙利亚和亚美尼亚各自的民族意识。叙利亚的景教④是叙利亚人用以对抗官方希腊主义和官方正教的，

(接上页)第647—662、709—727页和1886年，第730页以下。十字军时代的叙利亚和亚美尼亚历史家列举于摩林尼尔，II，296和第2155—2158；原文见E.杜罗里尔编的《十字军历史家著作一览：亚美尼亚文献》(巴黎，1907年，两卷)，第1卷中有一篇有价值的导言；内容的简短分析，见吉本，VI，530。A.J.圣马丁：《关于亚美尼亚的历史和地理记载》(巴黎，1881年，两卷)，这部书是根据亚美尼亚原文写的。

① 古希腊后期文化(Hellenistic)指亚历山大死(公元前323年)后时期的希腊文化、语言和历史。——译者

② 哲罗姆·拉部：《萨珊王朝时代波斯帝国的基督教，224—632年》(第2版，巴黎，1904年)；路易·度申：《和罗马分离的教会》，译自A.H.马太写的法文本(纽约和伦敦，1907年)，第7章。

③ 在叙利亚。——译者

④ 君士坦丁堡教长聂斯托利阿斯(428—431年在职)的信徒，主张基督有人和神的两重性。唐时传入中国，称景教，有《景教流行中国碑》，流传至今。参阅张星烺编《中西交通史料汇编》，第1册，第179—204页。——译者

亚美尼亚则自称其教会起源于诸使徒。因此，叙利亚人和亚美尼亚人对波斯人和后来穆斯林袭击拜占庭帝国亚细亚诸省毫不理睬，甚至还支持他们征服各地。公元 636 年，叙利亚被伊斯兰教徒征服，652 年亚美尼亚也被征服。虽然伊斯兰教徒统治并不像一般认为的那样严厉，但异族和异教统治仍然加强了叙利亚人和亚美尼亚人的民族情感。伊斯兰教徒对叙利亚人的控制[①]严于对亚美尼亚人的统治，因为亚美尼亚的多山地区难以驯服，从而使亚美尼亚在其偏僻山区保持着不稳定的独立，直到 1064 年才被业已成为巴格达哈里发统治者的塞拉克土耳其人征服。从那时起直到十字军时期，亚美尼亚在西里西亚的托鲁斯山脉中苟延残喘，喀斯[②]君主无力保卫自己的国家，在君士坦丁堡卵翼下苟存。这就是亚美尼亚仅存的小亚美尼亚王国的起源；后来在十字军时期（1099—1291 年）和耶路撒冷主国结盟。与此同时，叙利亚成为波希梦德统治下的安蒂奥克公国。

叙利亚史料[③]主要有两个类型：一类是编年史或通史，另一类是一长串的传记和圣徒传记性质的文件；这些东西构成史料大宝库，但其价值很难估计。几乎所有叙利亚重要历史著作都出版了，有些是整部出版的，有些是摘要或节录；有些有译文，有些没有。这些材料有价值，因为它们往往比拜占庭编年史著作更能说明东方的情况。公元 450 年狄奥多西王朝[④]灭亡以后，最早的叙利亚

① 968 年，尼斯福鲁斯·福卡斯收复安蒂奥克，但 1084 年又失守。

② 在高加索山脉之南。——译者

③ 参阅本书原书第 324 页注中所引沙波的论文。

④ 东罗马第一个王朝（395—450 年）。——译者

历史著作是约书亚·斯泰来兹在阿那斯退细阿统治时期（491—518年）写的《阿德撒[1]、阿密达[2]和全美索不达米亚灾难年代的历史》。这是关于阿那斯退细阿皇帝[3]历次战争最准确、最详细的记 326
述。[4] 密提林人撒加利亚是加沙的一位修辞学教师或学者，于491至518年间住在君士坦丁堡，曾撰写一部450—491年间的《教会史》。他的保护人是宫廷侍臣攸普累克修斯，他这部著作就是献给他这位保护人的。他晚年任米提林主教。虽然作者是希腊人不是叙利亚人，但这部著作不久就译成古叙利亚文。[5] 内容叙述五世纪和六世纪早期和叙利亚、埃及基督一元论教会有关的事情，和亚洲人约翰的著作同时问世。这部编年史本身很有趣。这个时期参与教义争论的人们写的那些信件清楚地描绘出争论本身；这部著作后一部分还提供了有关当时政治情况的材料，也很有趣。

以弗所一位一元论者，主教约翰（约死于588年）写了一部《教会史》，只有一部分流传至今。这部著作提供了有关查士丁尼和查士丁二世统治时期的政治和宗教诸方面一些重要事件的材料，否则这些情况就无从得知了。第1、2两部分从朱理亚·恺撒写到572年，但如前述，这两部分只能从约书亚·斯泰来兹的《编年史》

---

① 在两河流域北部。——译者

② 同上。——译者

③ 阿那斯退细阿一世（491—518年在位）。他镇压小亚细亚的叛乱（492—496），与波斯战争（502—512）。有人怀疑他是一性派教徒。——译者

④ 威廉·来特：《公元507年柱上苦行者约书亚用古叙利亚文写的〈编年史〉》（剑桥，1882年）。

⑤ 吉本，IV，520—521；《赫马典娜》，XI（1901年），214—226。E. W. 布鲁克斯和F. J. 哈密尔敦合译本（伦敦，1899年：拜占庭原文），评论见〔伦敦〕《英国历史评论》，XVI（1901年），748—749。

那些大段节录中得知。第 3 部分(572—585 年)的手稿保存在英国博物馆中。[1] 一系列较小的编年史和年代记片段汇编在《东方基督教作家著作集成》中的《小编年史》项下。[2]

以得撒主教詹姆士(死于 708 年)是七世纪叙利亚最好的一位作家。他仿照攸栖比阿斯的编年史写的那部《编年史》,写到 706 年。不幸这部独一无二的手稿残缺太多。

以《特尔马勒的伪戴奥尼素》知名的那部独特的编年史手稿保
327 存在梵蒂冈图书馆里,这部无名氏的史书从创世写到 755 年,分为四个部分。终于君士坦丁的第 1 部分、主要是根据攸栖比阿斯的《编年史》写的,作者又从叙利亚作家的著作中抄了一些传说性质的资料加在里面。[3] 第 2 部分从君士坦丁写到狄奥多西二世统治

① 威廉·丘尔顿校订的《以弗所主教约翰〈教会史〉第三部分》(牛津,1853 年),R. 斐因·斯密司的译本,书名相同(牛津,1860 年)。有一篇对丘尔顿的评论,见〔爱丁堡〕《北不列颠评论》,XXXI(1859 年),56—71。

② 其中最重要的如下:(一)《以得撒编年史》,写于六世纪后半叶,记载简短明了;(二)《无名氏:波斯王国灭亡编年史》,叙述从赫尔木斯德之死(公元 590 年)至波斯萨珊王朝的灭亡(公元 641 年),约写于 680 年;(三)《马洛奈教派编年史》,是七世纪末一位马洛奈教徒写的,其中最后的片段终于 664 年;(四)仅有一个关于穆斯林征服叙利亚的片段,确定著名的雅穆克战役的日期为 636 年 8 月 20 日;(五)《混合编年史》,有时称为《哈里发之书》,是哈里发赫沙谟朝(724—743 年)利用四套文件编撰的:第 1 套文件终于 640 年,第 2 套终于 570 年,第 3 套终于 636 年,第 4 套终于 529 年;(六)《无名氏编年史,至 846 年》,重复并完成了以前一部终于 795 年的编年史;(七)《无名氏编年史片段》,从 754 年叙述到 813 年;(八)《以得撒的雅各的〈编年史〉》;(九)最后是六个不甚重要的记载,其书名无须列举了。关于这个表,我要谢谢沙波的论文(见本书原书第 324 页注),75—76。

③ O. F. 屠尔堡校订的《特尔马勒的戴奥尼素〈编年史〉第 1 卷》(乌普萨拉,1850 年);参阅卡尔·克纶巴赫:《拜占庭文学史》(第 2 版,慕尼黑,1897 年),404—405。

结束(450 年),几乎完全是根据苏格拉底的《教会史》写的。[1] 终于 565 年的第 3 部分、内容主要来自亚洲人约翰已失传的一部历史著作,还补充了一些其他材料,其中最重要的是约书亚·斯泰来兹的《编年史》。第 4 部分对了解伊斯兰教徒征服拜占庭帝国诸省的历史特别有价值。[2]

840 年任马尔加主教的托马斯所著《总督之书》[3]以及马利和阿姆尔二人合写的《要塞之书》(*Liber Turris*)[4]长期以来一直可以找到,正如柏德杨编入他的《叙利亚圣徒行传》(*Acta Sanctorum Syrorum*)中的那些当代或接近当代的传记那样。较此稍晚又发现了两部关于景教历史的其他资料。其中第 1 部,也是比较重要的一部,是《东方宗教会议》(*Synodicon Orientale*)。[5] 其内容包括在 410 至 780 年之间景教十四次会议的议决案。第 2 部是《主教传记集》(*History of Mshikha-Zca*)。[6] 这是从公元 90 年至

---

① 没有出版,但可参阅诺神父的“世传特尔马勒的戴奥尼索的《编年史》未刊部分的分析”,见《东方基督教评论》,1897 年;同一作家的“世传特尔马勒的戴奥尼索和柱上苦行者约书亚《编年史》诸作者”,见《历史与文学批判通报》,XVIII,第 3 部分(1897 年),54—58。

② 这部分由 J. B. 沙波校订,附法语译文出版:《忒尔马勒的戴奥尼索的〈编年史〉第四部分》(巴黎,1895 年,两卷合订:《高深研究学校丛书》,第 112 号)。

③ 《〈总督之书〉:马尔加主教托马斯的寺院史,840 年》,E. A. 瓦利斯·部治校订(伦敦,1893 年,两卷)。

④ H. 季斯蒙第校订的《聂斯托利教派总主教评述中的马里,安赖和斯赖比》(罗马,1899 年,两卷)。

⑤ J. B. 沙波的校订和翻译,见《国家图书手稿中的记载和节录》,XXXVII(巴黎,1902 年),共六百九十五页。

⑥ 原文与 A. 明加纳的译文(摩苏尔,多密尼克出版社,1907 年;莱比锡,1908 年,见《古叙利亚史料》,第 1 卷)。这个手稿是在俾瓦尔区发现的。拉部(见本书原书第 325 页注)不知道这个手稿,因这个“缺陷”(La lacune)而悲伤。

550年间，也就是这部书撰写期间，一系列景教主教传记构成的一部历史。景教由于不属罗马帝国范围，罗马或希腊教会史家过去或对其一无所知或对其不感兴趣；现在的学者才可以追溯到当时的原始材料，研究这个教会的历史了。这个教会的历史和神学迄今只能从它的敌人那里了解一些。[①] 十世纪是亚美尼亚的黄金时
328 代，是它的最好的历史家天主教徒约翰和托马斯·亚德佐尼的时代。

十一世纪最著名的叙利亚历史家是伊来亚·巴尔·示那雅。他生于975年，起初是在摩苏尔附近圣迈克尔寺院当修道士；后来在底格里斯河畔阿拔·西缅的修道院里当大牧师，然后又任景教俾特-努哈德里主教，并于1008年任尼士比[②]大主教。他那部大作《编年表》[③]十分杰出，可惜首尾都有残缺。全书分为两部分，第1部分是根据《旧约》编成的五个年表，从亚当到塞留西王朝[④]；直至公元451年加尔西顿宗教会议为止的一张亚历山大里亚主教表，一张埃及王朝表；一张至约翰五世(905年)为止的景教主教

① 关于聂斯托利教派史学的情况，除拉部的著作(见本书原书第325页注)外可参阅F.C.部克特的《早期东方基督教》(伦敦，1904年)；和W.A.尉格拉姆的"亚述教会"，见〔伦敦〕《教会评论》，LXXI(1910—1911年)，141—160。

② 两河流域北部。——译者

③ E.W.布鲁克斯和J.B.沙波校订的《尼士比大主教伊来亚的编年表著作》(巴黎和莱比锡，1909—1910年，四卷合订一册)。本书见《基督教作家大全》(见本书原书第324页注)。包括一个拉丁文译本；关于法文译本，参阅L.J.得拉坡特的《尼士比大主教伊来亚·巴尔-示那雅的〈编年史〉》(巴黎，1910年)。在英国博物馆一本独特的手稿中，每页分为两栏，一栏载古叙利亚语原文，另一栏载阿拉伯语译文。这可能是原始的亲笔手稿，阿拉伯语译文可能是伊来亚自己译的；比较《教会史评论》，XII(1911年)，289—291。

④ 公元前312—64年。——译者

表；最后还有从公元 25 年到 1018 年的东方大事摘要。第 2 部分开始是一篇讨论叙利亚、波斯和罗马诸地使用的历书的论文，其结尾是一张年代对照表。最后是阳历、阴历、犹太教和基督教诸宗教节期的计算法和计算复活节的各种不同的方法的一系列论述。这部《编年表》另一个值得注意的特点是作者伊来亚经常标明他的材料来源，攸栖比阿斯的著作是希腊作家最经常引用的权威。但他曾提到三十多位叙利亚作家和八位阿拉伯作家。在他的时代以后，伊斯兰教徒在叙利亚统治势力的扩大使叙利亚的历史写作变得黯然失色，直到十字军时代才恢复起来。

叙利亚人迈克尔主教（1166—1199 年任职）的著作《编年史》是中世纪叙利亚最大的史学遗产。这部大作从创世写起，直至 1196 年。在作者本人时代以前的那部分是所有他的前辈的著作的摘要。但他的写法胜过他的前辈。迈克尔列举了自己的史料来源。起初，在攸栖比阿斯和以得撒人詹姆士启发下他曾设法按年代编排他的本文。但因各章太长，他被迫放弃这个办法，于是把每页都分为三栏。中间一栏记载"世俗"历史；第 1 栏是特为记载如地震、日月食、大风暴等等异变的；第 2 栏专门用来记载教会史，并 329
按先后顺序列举诸主教。这种复杂的安排使读者阅读时十分吃力，但材料丰富却弥补了方法上的缺陷。[①]

① J. B. 沙波校订并附译文的《叙利亚人迈克尔的〈编年史〉》（巴黎，1899—1910 年，四卷）；后来有第 5 卷（1924 年），载校订者的导言和索引。迈克尔的一个质量稍差的亚美尼亚语节译本由微克脱·隆格腊译成法文出版：《伟大的迈克尔的〈编年史〉》（巴黎，1866 年）。亚美尼亚语译本的一篇长的节录，下面附法语译文，见《十字军历史家著作一览》（见本书原书第 324 页注），I，309—409。

主教拉马尼于1899年在君士坦丁堡发现一部名叫《无名氏1234年编年史》的独特手稿，并于1904年付印出版。这位不知名的作家十三世纪住在叙利亚。手稿内容分为教会史和世俗史两部分。十三世纪末，巴尔·希布累阿斯[①]（死于1286年）的《编年表》问世，他是巴格达哈里发统治区雅各布斯派[②]教会的大主教。他这部书也是由两个完全不同的部分组成的：第1部分是记述世俗事务的世界史或编年史，接着就是一部从摩西的兄弟和犹太人第一位高僧亚伦[③]开始的教会史。教会史那部分先由作者的弟弟，后来又由一位无名氏续编到1495年。[④] 叙利亚史学，也像拜占庭史学那样，因土耳其征服拜占庭帝国而消失。

亚美尼亚史学始于公元四世纪大亚美尼亚改信基督教的时候；亚美尼亚教会自称由诸使徒建立之说是没有历史根据的。从那时以后直至十八世纪，亚美尼亚的历史写作几乎从未中断，尽管从1375年以后亚美尼亚已经不再是一个自主的国家了。它的最后一个王朝从1080年统治到1375年，即亚美尼亚被埃及马木路

① 生活于1226—1286年。他的父亲是一个改信基督教的医生。他约于1243年任东方雅各布斯派教会的大主教，是古叙利亚文学最后一个古典作家，以阿拉伯文著有《世界史纲要》、亚里士多德的注释及其他有关哲学和神学的著作。——译者

② 东方的一性派，即六世纪以得撒主教雅各布斯·贝拉德阿斯所创立的教派。主张耶稣基督只有一种性质，即人性与圣性合而为一，如肉体与灵魂合而为一一样。——译者

③ 传说中犹太教士组织的始创者，他跟他的哥哥摩西率领以色列人逃出埃及（见《圣经·出埃及记》，有人估计为公元前1200年）。——译者

④ 关于巴尔·希布累阿斯更详细的记载和他的《编年表》的版本，参阅下面原书第353页和该页的注。

克王朝[1]征服的那年，不久之后又被帖木儿治下的蒙古人征服。从那时后，亚美尼亚一直由俄罗斯、波斯和土耳其分治，至今仍然如此——只有 1920 年塞夫勒条约以后的四个月例外[2]。

在自然地理方面，亚美尼亚是一个高山地区，从远古以来，一直是对立的诸帝国之间的缓冲国。在政治上一向受制于某个强邻，不然就是利用一个强邻反对另一个的办法维持其不稳定的独立。但直至公元五世纪尼士比[3]和以得撒的学校繁荣起来以前，无论波斯、希腊、帕提亚，还是罗马等各种文化都未曾对亚美尼亚发生过影响（罗马文化是其中最不易对亚美尼亚发生影响的）。这时，亚美尼亚除了成为政治上和军事上的战场之外，又成为知识上和宗教上的"文化战争"（Kulturkampf）的双重目标。希腊和叙利 330
亚在思想上都属基督教范畴，这时对波斯思想和琐罗亚斯德（拜火）异教思想在亚美尼亚展开争夺领导权的斗争。[4] 叙利亚文化在知识和宗教两方面都取得胜利。在公元 363 年罗马军队被击溃，皇帝朱理安逝世之后，在波斯萨删王朝诸王同意下，基督教和叙利亚文化在以得撒和尼士比各学校里发展并巩固起来，成为和

① 马木路克出自阿拉伯字 Mamluc，为"奴隶"的意思。他们是从高加索带到埃及的奴隶，后来参加军队，很有势力。1254 年其领袖夺取政权，建立马木路克王朝，即奴隶王朝，直至 1517 年才被土耳其人推翻。——译者

② 公元 1920 年 8 月 10 日塞大勒条约规定，亚美尼亚独立，1921 年又修改该约，取消了它的独立。——译者

③ A. 拉维质里：《关于以得撒基督教学校的历史论文》（巴黎，1850 年）。

④ 阿马都尼亚主教伊利塞阿斯（死于 480 年）曾描写这次斗争。他的著作有 C. F. 诺伊曼的英译本《发坦和亚美尼亚战争史，包括波斯与亚美尼亚之间的宗教战争记载》（伦敦，1830 年）；后来有一个法语译本，见隆格腊的《一览》（见本书原书第 324 页注）II，183—251，比较 179—182，作为导言。

希腊正教斗争的工具。在五世纪，这些学校就成了景教（即叙利亚教）的堡垒。[①] 对亚美尼亚语言的研究说明亚美尼亚人是来自色雷斯的佛里基亚人和公元前七世纪的赫梯人的混血种。亚美尼亚人最初被迫在波斯和马其顿之间周旋，后来又在波斯和罗马之间，最后在巴格达哈里发统治区和拜占庭帝国之间——因为继波斯人之后，阿拉伯人又来了——要花招。1021 年土耳其人袭来，亚美尼亚人随即四散各处。

基督教创造了亚美尼亚学术和亚美尼亚民族主义。这是因为，直到五世纪中叶以前，亚美尼亚还没有任何写作，大约在 404 年他们的字母发明以前，歌谣是他们仅有的文学。君主统治时期的亚美尼亚文文件未能流传至今。虽然传说上说巴托罗缪和塔得阿斯[②]是在亚美尼亚传播福音的使徒，但真正使亚美尼亚改信基督教的则是启蒙大师格雷戈里[③]和贞女里普西姆二人。由于亚美尼亚写作起源于教会，在开始时自然带有寺院色彩。

亚美尼亚的历史写作是在希腊-叙利亚影响下开始的。[④] 亚美尼亚的学术史是在五世纪攸栖比阿斯的《编年史》，早期教会作家的著作、甚至有些亚里士多德的著作译成本地语言之后受到激

---

① 拉部（见本书原书第 324 页注），第 6，7 和 10 章，特别是 131—132、164—166、288—291；亨利·启尔因：《摩普粟斯提亚的狄奥多和朱尼利阿斯·阿非利加那作为训诂家》（弗赖堡因布赖斯高，1880 年），198—212。

② 两人都在耶稣十二门徒之列，传说，巴托罗缪是公元 44 年在亚美尼亚殉教的。——译者

③ 格雷戈里（257？—332 年），302 年以后为亚美尼亚的大主教，亚美尼亚教会的建立者。——译者

④ 关于批评文献，参阅吉本，I，456 和 II，563—565。

发才开始的。主教萨哈格和麦斯洛[①]（死于 442 年）的心血几乎完全倾注在这项工作上。[②]

已知的最早的亚美尼亚历史家是生活在四世纪的浮斯德[③]。但在他以前另一位作家写的一部亚美尼亚简史有一个片段流传至今。据推测，浮斯德的著作前两卷就是从这第一位无名氏的著作 331
中抄来的；现存的浮斯德著作是从第三卷开始的。[④] 他这部书是用希腊文写的，因为亚美尼亚的字母迟至五世纪才发明出来。他这部书颇富民族精神。他曾参阅官方记录和教士年代记，甚至曾以歌谣为史料来源。[⑤] 四世纪晚期，在狄奥多西一世统治时期，在亚美尼亚发生一次重要政治变动，于是亚美尼亚被罗马帝国和波斯王国瓜分。王国将近三分之二的领土并入波斯，成为波萨美尼亚，意即波属亚美尼亚，一位信基督教的贵族科斯洛甫被任命为附属国王（sub-king），统治这个地方。但这个安排并不顺利，不久之后统治权就由波斯的藩镇们（marzbans）掌握了。在这些年里，文化上的双重冲突在亚美尼亚展开。基督教和波斯拜火教在亚美尼

---

① 亚美尼亚的主教和学者（350？—439 年）。据说，亚美尼亚和格鲁吉亚的字母是他发明的。——译者

② 参阅哥里翁：《幸福而圣洁的麦斯洛博士传》，J. R. 厄明译本，见隆格腊的《一览》（见本书原书第 324 页注），II，3—16。关于攸栖比阿斯的亚美尼亚语译本，参阅〔巴黎〕《学者杂志》（1819 年），545—560（1820 年），97—112。

③ 四世纪亚美尼亚的史学家，以希腊文写了 部《亚美尼亚史》，从 344 年到 392 年。——译者

④ 吉本，II，565。后经另一位无名作家重写，或改写第一位无名作家的作品。这部著作已失传，但有这部书的一个长的节录，收入科伦人摩西的著作中（从第 1 卷第 8 章，直到第 2 卷第 9 章），收入隆格腊的《一览》（见本书原书第 324 页注），I，3—53。

⑤ 这类文献靠后的例子，参阅 E. 杜罗里尔："亚美尼亚流行歌谣"，见〔巴黎〕《两世界评论》（1852 年 4 月 15 日），224—255。

亚争夺最高教权；另外，罗马属下的西亚美尼亚使用希腊语文，而波属东亚美尼亚政府则禁止使用。结果全国流行的文学语言却是古叙利亚文，直至五世纪亚美尼亚语发展起它自己民族的字母和书写形式之后，情况才有了改变。[1]

第一位用本国文字写作的亚美尼亚历史家是阿加坦基罗斯，他写的那部《提里达特[2]统治时期史》的亚美尼亚文原本和希腊文译本都保存下来了，其中插入启蒙大师格雷戈里的生平。提里达特是最早的亚美尼亚英雄，在戴克里先当罗马皇帝的时候统治亚美尼亚。三世纪波斯征服亚美尼亚时，他还是一个孩子，被引诱到罗马，在皇帝宫廷受教育，在皇帝支持下，于公元 286 年恢复王位。接着，罗马和波斯之间发生激烈冲突，冲突过后，提里达特再次恢复王位。[3] 337 年君士坦丁之死又形成罗马帝国和波斯之间新战争的信号，这次战争一直拖到 360 年；在战争进行中，提里达特死于 342 年，在位三十六载。亚美尼亚的好运气也随着他的逝世而消失。波斯部队扫荡全境，基督教牧师被逐出境外。在这个动乱时期，格雷戈里·路萨佛里喜，即前述启蒙大师（死于 332 年）充当了勇敢的亚美尼亚人民的领袖。

332 三百年间，在外侮、内争和宗教纠纷中，亚美尼亚的命运是黑

① 吉本，III，392 和注 83。世传这种文字是麦斯洛发明的。亚美尼亚字母原来是三十六个，后来又加上两个。关于这种文字的说明，参阅《大百科全书》(*La Grande Encyclopédie*)，III，1018—1019。

② 提里达特二世（259—314 年）。252 年被波斯人逐出亚美尼亚，在罗马受教育，259 年恢复王位。不久又为波斯人战败。286 年以戴克里先的帮助，恢复王国，303 年建立基督教会。——译者

③ 参阅吉本，I，366—376，其中有扼要记载。

暗的、血腥的。史学衰落，直到五世纪后期，才有柯伦的摩西[①]所著《编年史》[②]问世，这部书始于诺亚，终于公元 430 年。[③] 柯伦人摩西时期之后，亚美尼亚史学也像叙利亚史学那样，萎缩成涓滴细流，直至十世纪初发生三重危机时都是这样。当时亚美尼亚的巴格拉特德和阿兹罗尼这两个最大的王族长期的残酷内争把国家搞得四分五裂。[④] 天主教大主教约翰既是教士、也是政治家和历史家。他写了一部记述他自己那个时代的《历史》(924 年)。[⑤] 文字累赘；对年月漠不关心，但他广闻博见。而且是“亚美尼亚残留的唯一的一位能够采取行动的人。作为一贯争吵不休的那些王公的宗教总顾问，他极难发挥自己的作用，特别是当时他的国家正被阿拉伯异教徒征服，而唯一可能的援助只有从信异教的希腊人那里去找。”[⑥]在伊斯兰教徒被击退、国内也恢复和平后，天主教徒约翰的《历史》却于 924 年销声匿迹，这位强有力的天主教徒的继承者是一位不出名的以得撒人奥歧塔尼。

---

① 五世纪亚美尼亚史学家，据说他著有《大亚美尼亚史》及《亚美尼亚的地理》。有人主张，两书中有证据证明，两书都是二百多年以后的作品。——译者

② 书中说到中国，称中国为哲那斯坦(Jenasdan)，说中国人民性情温和，可称为和平之友。参阅张星烺《中西交通史料汇编》，第 3 册，第 7—9 页。——译者

③ 同上，I，456；C. R. 俾兹利：《近代地理学的黎明》(伦敦，1897—1906 年，三卷)，I，367—369。法文译本，见隆格腊的《一览》(见本书原书第 324 页注)，II，53—175，编者导言，47—52；比较前面原书第 331 页注。M. 劳厄的德文译本：《柯伦人摩西的〈大亚美尼亚史〉》(雷根斯堡，1869 年)。

④ 关于这个的记载，参阅斯提汾·朗西曼的《罗曼那斯·勒卡平那斯皇帝和他的统治时期》(剑桥，1929 年)，第 7 和 8 章。

⑤ A. J. 圣马丁的法文译本：《总主教约翰六世别号天主教徒约翰写的〈亚美尼亚史〉》(巴黎，1841 年)。

⑥ 朗西曼(见上页注④)，129。

1071年土耳其人大败拜占庭帝国于曼西刻特[1]、接着又消灭了原来的亚美尼亚王国之后，在第一次十字军时期建立的西里西亚或小亚美尼亚王国给予亚美尼亚史学以新的推动。十二三世纪耶路撒冷诸王和亚美尼亚诸王之间的长期联盟，也激励了亚美尼亚历史写作。最伟大的亚美尼亚历史家是在十二世纪初期进行著述的以得撒人马太。[2]他是一位热烈的爱国者，对希腊人、土耳其人和法国十字军军人等外国人一概愤恨。马太自己的著作从952年写到1136年，后来一位牧师格雷戈里把它续到1162年。以得
333 撒的马太的直接继承者是阿尼[3]人撒母耳[4]和冈萨克人居利阿克。[5]撒母耳写了一部《编年史》，更正确点说，是部分取材于攸栖比阿斯著作的一部年表；从世界的开始写到1179年，有一部续编写到1348年；居利阿克所著《亚美尼亚史》从启蒙大师格雷戈里时代写到1270年。十、十一两个世纪亚美尼亚稍早一些的史家是托马斯·亚德佐尼[6]、达伦[7]人史梯芬·阿索伊格[8]、拉斯第维

---

① 在小亚凡湖之北。拜占庭军队大败，皇帝被俘虏。——译者

② 吉本，VI，530。爱多亚·杜罗里尔的法文译本，见他的《丛书》（见本书原书第324页注）：《以得撒的马太编年史，牧师格雷戈里续编》（巴黎，1858年）；长篇的亚美尼亚原文摘录，下面附有法语译文，见《十字军历史家著作一览》（见原书第324页注），I，1—150摘自马太，151—201摘自格雷戈里。

③ 在高加索山脉南边。——译者

④ 法文译本见布洛塞的《一览》（见原书第324页注），II，340—483，附注释。

⑤ 《亚美尼亚史》，M.I.布洛塞译（圣彼得堡，1870年）。

⑥ 法文译本，见布洛塞的《一览》（见本书原书第324页注），I，1—266。

⑦ 在巴勒斯坦。——译者

⑧ 亨利·革尔泽和奥古斯德·部克哈特的德文译本：《达伦的史梯芬的〈亚美尼亚史〉》（莱比锡，1907年：《神圣的和世俗的作家》，IV）；爱多亚·杜罗里尔的法文译本：《达伦的亚田·阿索伊格的世界史》（巴黎，1883年，1917年，两卷：见《东方语言学校学报》，第1辑，XVIII）。

德人阿里斯达斯[1]和格雷戈里·马吉斯特罗。

十三世纪后半叶，在阿里凡人美歧塔和奥匹连等这类作家的著作中，史学的衰落已很明显。海通是亚美尼亚一位君主，也是安蒂奥克侯国克劳西(现在的哥利哥斯)的伯爵，他写了一部《东方史》，从1076年写到1307年。[2]他曾于1305年前往塞浦路斯，成了普里蒙斯特拉腾西安教团[3]一位修道士，并曾在阿维尼翁晋谒教皇克力门五世；在教皇授意下，他在那里用法语口述《鞑靼史》，使人记录成书，并立即译成拉丁文。这两个版本今天都有。[4]海通的兄弟、王国警官森巴特(或森巴得)写了一部《亚美尼亚编年史》(950—1274)，[5]后来又续到1331年。他还把《安蒂奥克法规》译成亚美尼亚文。[6]

---

① 厄发里斯特·普律东译的《亚美尼亚史》(巴黎，1864年)。

② W.R.隆校订的《哥利哥斯王子海通所著〈东方史之花〉》(芝加哥大学出版社，1934年)；法文和拉丁文原文见《十字军历史家著作一览》(见本书原书第324页注)，II，111—363。

③ 公元1120年圣诺伯特在法国拉昂教区建立的奥古斯丁派教团。后来称为白衣僧侣。——译者

④ 《鞑靼大皇帝惊人、愉快和有趣的历史》，比较《法国文学史》，XXV(1869年)，479—507，特别是506。古法语原文收入L.得·巴克尔的《中世纪的远东》(巴黎，1877年)，125—255；比较坡特哈斯特，I，572。

⑤ 森巴特：《小亚美尼亚王国编年史》，见《十字军历史家著作一览》(见本书原书第324页注)，I，605—680。

⑥ 亚美尼亚国王海通一世(卒于公元1269年)，于公元1246年遣弟森巴特至蒙古和琳，贺贵由大汗即位；公元1254年亲朝拔都及蒙哥二汗，著《纪行》传世。五十年后，其族人克拉西伯爵海诵(卒于公元1314年)被流放后，于公元1306年底晋谒教皇克力门五世于阿维尼翁，因教皇之请，口授东方诸国历史，命人以法文记之，书成，名曰《亚洲十三王国奇观》。不久之后，被译为拉丁文，名为《东方史》，全书六十章，记载亚洲地理、蒙古诸汗传记、圣地及东方基督教徒情况。其中有一章说到契丹国(即中国)的事情。其书为古代记载亚洲诸国最佳之作。本段没有说到亚美尼亚国王海通而说到其弟森巴特，似将两个海通混为一人。又先说到他的《鞑靼史》，似将一书说成两书。参阅张星烺《中西交通史料汇编》，第3册，第11—31页。《汇编》中载有《海通纪行》和《东方史》的译文片段。——译者

最后还可以提一下，亚美尼亚史学由于通过十字军和西欧发生接触，就从法国学会写诗体编年史了。十二世纪著名大主教尼尔塞斯[1]于1144年写了一部《以得撒陷落挽歌》。[2] 不过，他和皇帝曼努尔[3]之间的信札在史学上价值却更高些。在下一世纪，国王利奥三世的秘书发兰写了一部雄心更大的韵文编年史，即十字军时代的《亚美尼亚史》，始于1037年塞柱克土耳其首领土里尔·贝格历次征讨，终于1250年。[4]

亚美尼亚历史的最后一部著作写于利奥六世倾覆之后。利奥
334 曾被君士坦丁四世囚禁——因为他企图灭绝亚美尼亚王族——逃脱后，又被埃及的马木路克王族俘虏，解往开罗（1375年）。他在开罗委托那位曾接济他并听他忏悔的长老约翰·达得尔编写历史；达得尔写的那部《编年史》记述了这个王朝的覆灭。[5] 利奥六世于1382年被释，后于1393年在巴黎逝世。

① 生活于1098—1173年。亚美尼亚大主教，他努力想把亚美尼亚教会和希腊教会联合起来，反对一性教派异端。——译者

② 原文和译文见同上《一览》，I，223—268。

③ 曼努尔一世，东罗马皇帝。——译者

④ 发兰的英译本，见C.F.诺伊曼：《中国和亚美尼亚资料译文》（伦敦：东方翻译协会，1831年，三卷合订为一卷）；原文和法语译文见《十字军历史家著作一览》（见本书原书第324页注），I，491—535。

⑤ 冉·达得尔：《亚美尼亚编年史》，见同上《一览》，II，1—109。

第二十章　中世纪阿拉伯、波斯和蒙古历史学家[①]

伊斯兰教创立以前的历史，和许多原始民族的历史一样，只是 335

① 关于作家和版本的名单，参阅《剑桥中世纪史》，II（1913 年），758—762，766—767，和 IV（1923 年），293—294，810—811，831—836，842；关于西班牙的阿拉伯作家，参阅 III（1922 年），631—635。波斯史家应和其他穆斯林作家有所区别，因为波斯人虽已穆斯林化，但他们的历史家并不都是用阿拉伯文写作的。在穆斯林文学史中，这个区别常常并非划分得很清楚。棱诺尔德·A. 尼科尔孙：《阿拉伯文学史》（第 2 版，剑桥，1930 年），11—13，144—147，241—250，344—356，435—441，452—454；H. A. R. 季布：《阿拉伯文学导言》（伦敦，1926 年）；D. S. 马哥利奥斯：《论阿拉伯历史家演讲集》（加尔各答，1930 年）；F. 武斯顿斐尔德："阿拉伯历史家及其著作"，见《格丁根皇家科学会学报》，历史哲学类，XXVIII（1881 年），1—170 和 XXXIX（1882 年）〔第 590 段列举作家姓名，末尾附有人名索引，126—129〕；卡尔·布洛克尔曼：《阿拉伯文学史》（魏马：爱弥儿·菲尔伯，1898—1902 年，两卷）是标准著作，由两大卷增补，修正错误并续编至当时（来丁：E. J. 布理尔，1936—1938 年）；同一作家写了一部简短的通俗本〔二百五十八页〕，书名相同，出版于 1901 年，与保罗·赫轮的《波斯文学史》合订一起名为《分别叙述的东方文学》第 6 卷（莱比锡：C. F. 阿米兰斯·韦拉格），1909 作为第 2 版，单独印行；克力门·乌阿：《阿拉伯文学》（巴黎，1902 年），玛利·罗伊德夫人的译本作《阿拉伯文学史》（伦敦，1903 年）；考斯道夫·普风米勒：《伊斯兰文学手册》（柏林，1923 年）；考斯道夫·利希脱：《中世纪阿拉伯历史家的历史人物刻画》（杜平根，1933 年）；腓力·K. 希替：《伊斯兰国家的起源》（纽约，1916 年），绪论，和他的论文："历史和史学：伊斯兰"，见《社会科学百科全书》，VII，380—383；吉本，VI，529—530；克罗德·卡昂《伊斯坦布尔图书馆中有关叙利亚、埃及和美索不达米亚的阿拉伯编年史，从阿拉伯的征服到奥托曼的征服》，见《伊斯兰研究评论》，1936 年，第 333—362 页。也可参阅 M. T. 豪兹马等主编：《伊斯兰百科全书》（莱顿和伦敦，1913—1936年，四卷分作六册）；和 T. P. 休斯编的《伊斯（接下页）

一些民歌或英雄故事之类的半传说、半历史的东西。[①]过去,诗歌是历史的媒介。最早的真正的历史记述的是孤立的重大事件,如卡麦尔战役[②]、西芬战役[③]等等。据说,穆罕默德·本·伊斯哈克(死于767年)是最早记述穆罕默德诸战役的人[④];在这位先知于632年收复麦加以前,他的祖父曾被俘,是被带到麦地那去的那些战俘中的一个。穆罕默德的材料有些是从阿拉伯半岛上的犹太人和基督徒那里得来的;他称这些人为"有旧学的人"。他还写了一部大马士革倭马亚王朝[⑤]统治时代的历史。

阿拉伯人,也像所有的闪米特诸民族那样,严格遵循自己的家
336 谱、世系和传统。因此,所有伊斯兰史家都坚持伊斯纳德(isnad)传统,即由一系列权威形成的锁链,按照各环节顺序可以追溯到某一事件的目击者或参与者,从而查考叙事是否正确。[⑥]这种写法经常使作品中有细心记载的日期体系。伊斯兰年表从伊斯兰历纪元(Hegira,即公元622年穆罕默德从麦加出走时)开始。[⑦]这

(接上页)兰词典》(第2版,伦敦,1885年)中各作家的论文。关于波斯,除上述赫轮的著作外,可参阅爱德华·G.布牢温的《波斯文学史》(纽约,1906—1924年,四卷),第1、2卷。

① C.J.来伊尔:"作为历史资料的古代阿拉伯诗歌",见《皇家亚细亚学会杂志》,1914年,第61—73页。

② 第四个哈里发阿利于656年大败伊拉克叛军于卡麦尔(巴勒斯坦死海附近)。——译者

③ 公元657年阿利与叙利亚叛军战于西芬,旋议和。——译者

④ 中译文片段见耿淡如等译注《世界中世纪史原始资料选辑》,第56—64页(天津人民出版社,1959年)。——译者

⑤ 阿利死后建立的(661—750年)。——译者

⑥ 因此,每部穆斯林的历史著作前面总有一长串的名字说明书中事实流传的历史,口头的或文字的。伟大的历史家塔巴里在他的《年代记》序文中说,"我们只照别人传给我们的传给别人",因而缺少批判精神。——译者

⑦ 参阅陈垣《中西回历对照表》。——译者

种做法使年代编排极其统一而简单，和中世纪基督教年代排列那种五花八门、使人眼花缭乱的情况恰成鲜明对比。基督教年代编排中，新年有的从1月1日开始，有的从3月1日或耶稣诞生（12月25日）或复活节开始；从复活节算起使本来就很混乱的情况更加混乱，因为复活节的日期并不固定，而是常常变动的。[①]

阿拉伯人是在经历了十分悠长的岁月之后，才在头脑里有了历史概念的。对伊斯兰教徒说来，历史写作是后来才学到的东西。人们有一种强烈的反对把传说记载下来的情绪。决定性的影响可能来自被征服的波斯。[②] 伊本·赫沙谟[③]约于公元828年写了最早的一部穆罕默德传。在伊斯兰征服波斯之后，尽管阿拉伯语是唯一写作工具，但有一点很重要，即应当看到，在伊斯兰思想和写作中，大部分都是波斯见解。

公元五、六世纪，拜占庭帝国对学术的高压政策使希腊化地区的学术日益贫瘠，却使萨珊王朝治下的波斯繁荣起来。五世纪末叶，芝诺[④]皇帝封闭了以得撒各学校，被放逐的学者逃到波斯避

---

① 复活节于每年3月21日以后出现圆月后的第一个星期日举行；如果圆月出现于星期日，则推迟一周举行。圆月日期的确定是依照许多繁琐的规则进行的。与实际圆月不尽符合。公元1582年教皇格雷戈里十三改革历法后，新教国家和旧教国家推算复活节的日期又各不相同。——译者

② 参阅克洛布尔曼在其巨著（见本书原书第335页注），I，134中的评论——但可比较他在较小著作第101—102页中的不同看法，并参阅布牢温（见本书原书第335页注），I，270—271。

③ 阿拉伯史学家，约死于833年。他修订了本·伊斯哈克的《穆罕默德传》，伊斯哈克的原书已失传，因此赫沙谟的书成为标准的传记。——译者

④ 474—491年在位。——译者

难，帮助波斯在尼士比建立了那所著名的学校。529 年查士丁尼封闭了雅典各校，波斯那位伟大的统治者科斯洛厄兹一世[1]又接受了这一批流亡的学者。结果，古希腊思想在波斯继续发展，而在拜占庭帝国却被忽视，很多东西都灭绝了。在希腊思想这样刺激下，科斯洛尼兹二世统治时代出现了修史兴趣的复活。国王下令把波斯王国的年代记搜集起来，任命撰史官，并监督编纂《列王本纪》(*Khudai-Namak*)，从琐罗斯德的著述中发现的古波斯诸王的神话史开始写起。因为阿契明尼德王朝[2]和帕提亚历代[3]王家年代记几乎业已全部丧失，关于这些时代只好写个概要。连续的记述是从萨珊王朝[4]统治开始时(公元 226 年)下笔的，一直写到科斯洛厄兹二世时期(526 年)。在后萨珊王朝诸王时期，在六世纪从事写作的拜占庭史家阿给替阿斯[5]曾提到类似某种年代记的“波斯史书”；伊斯兰诸作家曾提到伊本·厄尔-莫卡法于八世纪中叶译成阿拉伯语的《列王本纪》。马苏第[6]说在十世纪初他曾见到
337 过记述萨珊王朝诸王的一部巴拉维语[7]著作的阿拉伯文译本；另有一部名为《列王本纪》(*Khudai Namak*)——可能是模仿阿契明

---

[1] 生活在 531—579 年。——译者

[2] 公元前 551—前 331 年。——译者

[3] 公元前 171—公元 226 年。——译者

[4] 公元 226—642 年。——译者

[5] 公元六世纪拜占庭的希腊作家，写了许多情诗和一部当代史。——译者

[6] 十世纪的阿拉伯史学家，著有《年代记》三十卷和一部年代记节要，名为《黄金草原》。死于公元 956 年。——译者

[7] 公元三世纪至十世纪的波斯古文，用近于阿维斯塔字母的闪米特字母书写的。——译者

尼德王室列王编年史的——直到非尔都西[①]的时代仍然存在，因为非尔都西曾从中抽取一些材料。不幸这部著作业已失传了。[②]

波斯话业已消亡。不过，在萨珊和撒拉森这两种文化之间仍然存在一种有机联系，[③]尽管在阿拉伯人首次猛烈攻占那个国家时，曾把波斯档案和各种作品毁灭，因而关于萨珊王朝治下的波斯，我们的知识存在一个很大的缺口。阿拉伯人攻陷亚历山大里亚时[④]，亚历山大图书馆[⑤]已不存在了。但是根据伊本·哈尔敦[⑥]的记述，奥玛[⑦]命令他的司令官[⑧]，把所有波斯文书籍都投入火中或水中。就像亚历山大那种任性纵火[⑨]的行为那样，奥玛的纵火行为对波斯那些年代记也起了很大的毁灭作用。在这些年代记中，他特别提到 Nama-é-Khusraven 和 Nama-é-Bästän（不管这些

---

① 生活于940—1020年。波斯诗人，他费了三十五年的时间写《列王纪》史诗，共六万对句，为世界著名史诗之一。——译者

② 曼尼克伊·努塞凡伊·达拉：《琐罗亚斯特文明，从最早的时代到最后琐罗亚斯特帝国的倾覆，651年》（纽约，牛津大学出版社，1922年），281。

③ 关于萨珊王朝的统治，参阅狄奥多·内尔德克的论文，见《德国一览》，XVIII（1879年），284—291。

④ 公元642年。——译者

⑤ 亚历山大里亚图书馆建立于托勒密王朝初期，藏书七十多万册，为古代最大的图书馆。公元前49年埃及人起义，围攻恺撒，图书馆被焚毁一部分。公元391年，图书馆又被焚毁一部分。公元642年阿拉伯人攻陷亚历山大里亚城，据说，其图书还“可供全城洗澡堂半年柴火之用”。阿拉伯人认为有用的知识尽载于《古兰经》中，图书馆中书籍所载的知识，不见于《古兰经》中，因此都是无用的，对信仰有危害的，于是尽遭焚毁。古代希腊和东方许多书籍因之失传。——译者

⑥ 阿拉伯最伟大的史学家（1332—1406年）。——译者

⑦ 阿拉伯国家第二任哈里发（634—644年）。——译者

⑧ 阿姆尔·伊本-阿尔-阿斯。——译者

⑨ 公元前331年亚历山大酒醉后纵火焚毁波斯首都百塞波里。——译者

是什么书)、德甘人[1]的口头传说和其他一般记录。阿拉伯作家起初对他们那些波斯前辈很不感兴趣，因而销毁了一度极易得到的大批史料。在尼哈文德[2]取得胜利的司令官萨德-伊本-伊-威卡斯(641年)夺取了丹尼喜瓦尔在萨珊王朝诸王指令下搜集的那些史料。记述最早波斯王朝的那一部分，即《古波斯史》(*Peshdayan*)，译出后送到奥玛那里，奥玛又下令把全部著作译成阿拉伯文。但在了解到拜火教在波斯历史中占据如此重要地位之后，就把翻译工作停下来，把稿子都销毁了。只有萨珊王朝时代的圣书的大约二十分之一幸免于难；《赞德-阿维斯塔》(*Zend-Avesta*)[3]曾"以金水写在业已熟好的牛皮上"；历史记述残存的甚至更少。

> 拜火教牧师实际上是旧作品的唯一保护者；……他们对和他们自己的利益没有直接关系的书籍，是不大关心的，这无疑是萨珊王朝时代世俗作品大部分均已丧失的原因。[4]

穆斯林征服波斯之后，波斯人并未把自己的历史传统好好保存下来。中世纪的波斯人完全忘记了自己的过去，用完全出于想象的历史取代自己伟大的历史，这个民族在这一方面提供了一个极其特
338 殊的例子。中世纪的波斯根本就不知道有居鲁士[5]、冈比西[6]、大

① 德甘人是波斯高级贵族中的一个专门保持传统的教团。——译者

② 阿拉伯人最后大败波斯人于此。——译者

③ 琐罗亚斯特教的《圣经》。——译者

④ 布牢温(见本书原书第335页注)，I，108。

⑤ 古代波斯帝国的建立者(公元前550—前529年)，他打败米提亚，建立波斯帝国。——译者

⑥ 冈比西二世，波斯国王(公元前529—前522年在位)，居鲁士之子，他征服了埃及。——译者

流士[①]和泽尔士[②]这些伟大人物(只有从希腊史料中才能得到)。他们却编造了一部古代神明和魔鬼的神话王朝。波斯知识界为了政治和宗教的目的,都热心学习阿拉伯语。人民当然继续说他们的本国话;只是经过缓慢的历程,人们才感到用阿拉伯字母来书写波斯文颇为有利,而在以往的几百年中,波斯文一直是用巴拉维字母书写的,这种字母可能是人们曾经创造出来的一切字母当中最不方便的一种了。

在攻陷忒息丰[③]后掳获的财宝中,有一部重要历史著作《列王本纪》的抄本被送到大马士革的哈里发处当作珍品保存起来。八世纪中叶有一位名叫阿布达拉的波斯大贵族改信伊斯兰教,他把这部著作译成阿拉伯文,从而开阔了阿拉伯人的眼界,使他们看到被他们征服的国家的悠长而伟大的历史;几乎就在同时,伊斯兰表现了双重历史兴趣,即对他们自己的过去和对他们征服的诸民族的过去都感兴趣。塔巴里(838—923)的《年代记》[④]详细而有趣地记述了科斯罗厄兹大王统治时期(531—579年),足证大量萨珊王朝的历史资料在伊斯兰教徒征服之后并未被毁。在伊本·科塔巴[⑤](死于889年)的作品和亚历山大里亚主教攸替歧阿斯的著作(他写了一部终于940年的世界史)中,仍保有《波斯史》片段。《列王本纪》对后辈阿拉伯史家说来是了解波斯情况的主要史料来源。图兹人阿布尔·曼苏把巴拉维原本译成后期

---

① 大流士一世(大王)(公元前521—前486年)。——译者

② 泽尔士一世(大王),波斯国王(公元前486—前465年),大流士之子。——译者

③ 公元637年。——译者

④ 又名《诸先知与列王的历史》。——译者

⑤ 阿拉伯的语言学家和史学家 著述很多。——译者

波斯文,这个译本是非尔都细那部伟大史诗的依据。

> 某些已经散失的其他巴拉维语著作,其实质内容在某些程度上也被保存下来,保存者有穆斯林作家,特别是早期阿拉伯史家(意即用阿拉伯文从事写作的那些作家,因为在种族上他们大多数是波斯人),如塔巴里·马苏第[①]、戴那瓦里等人,他们大部分的材料都是从巴拉维文书籍的阿拉伯译本中吸取的。[②]

这些历史家中有三位几乎生活在同一时期,逝世年月也相近。雅克比[③]死于900年;戴那瓦里死于895年;塔巴里死于923年;马苏第的兴旺时期在十世纪中叶。

穆斯林的学术,除属宗教性质者外,都是萨珊王朝文化的继续或产物;萨珊文化主要是在六世纪中叶由诺佘汪或科斯罗厄兹大王建立的那所永第—沙普尔学校培养发展起来的。萨珊文化比同时代的拜占庭文化更为广泛。阿拉伯史家实际上只了解六、七世纪以后的波斯历史;而且即使这段历史,他们也并不十分熟悉。

339 在九世纪,著名的穆斯林历史家有五位,即伊本·克塔巴[④](死于889年)、阿尔-巴拉杜里(死于892年)[⑤]、阿德-戴那瓦里(死于895年)、阿尔·瓦愧第[⑥]和伊本·瓦第·阿尔-雅克比;他们差

---

① 阿拉伯史学家,著有《年代记》三十卷,死于956年。——译者

② 布牢温,I,10。

③ 十世纪阿拉伯的史学家和地理学家,著有《世界史》,写到872年为止。此外还写了阿拉伯文献中第一部《历史地理》的著作。——译者

④ 阿拉伯语言学家和历史家,(828—889?年)。——译者

⑤ 阿尔-巴拉杜里的《穆斯林征服史》替我们保存了对非穆斯林征收人头税的详细记载。参阅上一个著者注,I,201—202。

⑥ 记述穆斯林征服的伟大历史家阿尔-瓦愧第死后留下六百箱书籍,每箱需要两个人才抬得动。

不多都是在同一时期进行写作的；其中有四位是波斯人。

阿拉伯写作的古典时期约从公元750年起至1000年止，虽然作品是用阿拉伯文写的，但这些作品已不完全是阿拉伯作家写的了。在古典时期以后的时期(1000—1258年)，尽管仍然是用阿拉伯文写作，但作者绝大多数都是波斯人了。在伊斯兰历史写作的第一个时期，麦地那是写作中心；第二个时期以大马士革为中心；第三个时期是巴格达。在穆罕默德时代以后，西亚历史上最重要的事件就是1258年蒙古人毁灭哈利发国家。[①] 倭罗亚王朝的覆灭是纯阿拉伯时期的终结。

虽然伊斯兰教的帝国早就分裂为互不相干的、有时并互相仇视的国家，但伊斯兰教世界的知识文化却是非凡的统一的东西。这是因为作为写作媒介的阿拉伯文在整个地区普遍使用，甚至在并非阿拉伯人和伊斯兰教徒的人们当中也是这样。我们发现许多波斯人和不少基督教历史家，一个个都是用阿拉伯文写作的。《古兰经》的盛行和神圣不可侵犯性，造成书面写作必须使用阿拉伯文的局面，使之压倒当时在伊斯兰教帝国流行的所有其他语言，甚至希腊文和古叙利亚文也不例外，同时还禁止使用方言。

在新月旗[②]业已征服的那些国家里，穆斯林史家显然独立于过去史学传统。没有任何希腊史家的著作被译成阿拉伯文的证据。穆斯林史学没有受过古典文学影响的任何痕迹，它仿佛是白手起家的。当我们考虑到波斯和希腊科学对伊斯兰教思想业已产

---

① 蒙古旭列兀占领巴格达，阿拔斯王朝灭亡。——译者

② 即伊斯兰教的旗帜。——译者

生深刻影响的时候，上述事实就更引人注目了。

阿拉伯人征服其他民族的结果，是逐渐把他们吸收同化，这些民族带着自己的经验和传统促使伊斯兰教文化发展到阿拉伯人的本领在无人帮助的情况下绝不能达到的高度。神学、法理学和语言学开始培植成长起来，史学就是从中产生的。从阿拔斯王朝时
340 期开始（750 年）以后，显然出现了学术上百花齐放的博学倾向；在这个时期，“史学已明确地确定为传统科学当中独立的一门了”。[①]

随着这个王朝（它修建了巴格达城并创造了伟大的巴格达哈里发国家）的兴起，穆斯林史学表现出新的尊严和宏伟。阿拔斯王朝[②]诸哈里发是被征服诸民族的宽宏大量的、聪明的统治者，各族的权利在正式的盟约中被承认。这些约法都是有价值的史料，可作穆斯林史料的补充。巴格达城的修建标志着阿拉伯文学和史学在一个更为巨大的规模上的开始，因为这时波斯的写作传统已开始全力发挥作用。萨珊王朝把《列王本纪》译成阿拉伯文后，给历史著作以新的推动力。阿布·密克那·吕特·伊本·耶希亚（死于 774 年）写了三十三篇文章论述各种人物和事件；但只有他那部《伊拉克征服史》才是最重要的。

从八世纪后几十年至九世纪前几十年间是阿拔斯王朝史学的光辉时期，是东方对同时代的西方（查理曼和紧随他身后的各位继承者那个时期）学术复兴作出的响应。麦地那人瓦愧第（760—837

① 中国古书中对伊斯兰教最早的记载为杜环的《经行记》，作于公元八世纪中叶，惜其书不传，仅一部保存在《通典》第 193 卷中。——译者

② 750—1258 年。——译者

年[①])是著名的哈兰·阿尔-敕希德的亲信，写了一部《伊斯兰教向外扩张史》(*Kitab-al-Maghazi*)记述伊斯兰军事和宗教的扩张，还写了许多篇幅较短的著作。他是一位不知疲倦的旅行家；在旅途中经常携带许多图书，需要一百二十头骆驼驮运。更著名的是阿尔-马达伊尼(死于830至845年间)，他的名字就说明他和忒息丰有关系；他写了一部《从阿布-贝克尔到奥托曼的征服史》和一部《诸哈利发本纪》，两部有关印度的专著：《印度诸省》和《印度边疆》，一部《伊斯兰教扩展史》(*Kitab-al-Maghazi*)和一部《塔里克·阿尔-库拉发》(*Ta'rikh al-Khulafa*)。他那一长串的著作似乎囊括了除北非和西班牙以外穆斯林征服的所有地区。阿尔-马达伊尼的目光主要朝向东方，而阿尔-巴拉杜里(死于892年)则主要注意伊斯兰教向西方的扩张。他的《历史》包括穆斯林对叙利亚、美索不达米亚、亚美尼亚、埃及、塞浦路斯、非洲、西班牙和努比亚等地的征服的情况。他的全部著作的名单可印满五页书。[②]

在公元九世纪，

> 人们对历史的科学研究当时的发展情况特别关注。早期专著中的原始材料就在手边，只需把它们加工写成文章就行。第一部重要著作、阿尔-巴拉杜里(死于892年)的《征服史》，[③]在写法上对材料是有选择的；它为各省征服过程提供了连贯的记述。这究竟是历史写作发展的自然步骤还是由于外来影响，仍然是一个悬而未决的问题。大约与此同时，阿

① 或作747—823年。——译者

② 中译文片段见耿淡如等译注《世界中世纪史原始资料选辑》，第66—70页。——译者

③ 比较布牢温(见原书第335页注)，I，201。

> 341 尔-雅克比(死于891年以后①)以什叶派②的观点沿用类似的路子,写了一部世界史年代纪要和一部关于历史地理学的著作,后者是阿拉伯作品中这类著作最早的一部。③

在同一世纪还有一位阿尔·法克里,他是一位“文笔生动、塑像逼真的历史作家”。④

这种新的历史意识是波斯思想在知识界的影响日益占优势的产物,这个优势在阿拔斯王朝兴起时即已开始。这个王朝的政策是利用波斯人反对阿拉伯人——不要忘记,波斯人也是信伊斯兰教的。那时伊朗人的天才开始恢复,实际上在学术上已开始统治这个哈里发国家了。这是巴格达城的修建和伊斯兰首都迁入波斯势力范围以内的结果。出现在我们眼前的是阿尔-穆蒙和哈兰·阿尔-剌希德宫廷及其“文明”活动的场面。异端邪说开始发展,伊斯兰教正统僵化,什叶和逊尼⑤这两个伟大的教条派别形成了。波斯人向他们的征服者进行报复的时刻业已到来。波斯人在十世纪从阿拉伯统治下的昏沉状态中清醒过来,改用自己的语言进行散文和韵文写作,那时的波斯语中已渗入许许多多阿拉伯字,从而实际上创造出用阿拉伯字母拼写的一种新的文学语言,为近代波

---

① 一说死于900年。——译者

② 伊斯兰教的一派,以阿利(穆罕默德的女婿)为穆罕默德的第一继承人,否认《圣典补遗》为经典。——译者

③ 季布(见本书原书第335页注),56。

④ 关于倭马亚王朝第三个哈里发死后波斯暴动被镇压的记载,参阅布牢温(见本书原书第335页注),I,195—200。

⑤ 这一派是伊斯兰教的正统派、保守派,主张《圣典补遗》与《古兰经》同样是经典,承认最初的四个哈里发是穆罕默德的合法继承人。——译者

斯文学打下基础。十一世纪，由于在巴格达掌政的塞柱克土耳其人[1]惊人的力量发挥作用的结果，波斯学术优势达到顶峰。土耳其统治使波斯人在情绪上和他们离心离德，甚至敌对起来，逼得在政治上只是哈里发国一个行省的波斯照顾它自已。当波斯在学术上和巴格达分家时，波斯文学即开始抬头。但这并不是说阿拉伯文学和波斯文学之间形成一个不可逾越的鸿沟。波斯史学和文学在政治上和宗教上仍然站在伊斯兰大圈子以内，只是在学术上他们开始自觉，对自已的国家过去的历史、文学和从未完全灭绝的波斯语产生了一种自豪感。

巴拉维语和近代波斯语的最早形式之间只是在书写体上有所不同(除后者有阿拉伯语成分外)。在东方人头脑里，总是把书写体同宗教联系起来。已丧失其本国语、使用阿拉伯语的叙利亚基 342
督徒是用古叙利亚字体书写阿拉伯文的；操土耳其语的亚美尼亚人和希腊人书写土耳其语时使用希腊字体；波斯犹太人的情况也类似，他们用希伯来字体写波斯文。巴拉维语书写体几乎是一种密码，和传教士职务关系极其密切。结果，在被阿拉伯人征服之后，由于失掉自已的国家和宗教的支持，于是就让位于比较易读、使用也更方便的阿拉伯书写体了。十世纪人们对古代波斯兴趣很大，诗人和年代记作家纷纷前往发掘德甘传说的一切残存片段。至于近代波斯文学究竟是什么时候开始和阿拉伯文学分家的，还很难下肯定的结论。在现存的书籍当中，约于963年把塔巴里的《年代纪》译成波斯文的那本书算是最早的一批当中的一部。

① 塞柱克·土耳其统治时代为1056—1194年。——译者

波斯人在中世纪搞的那次学术运动是伊斯兰世界一个谜，其实也是世界文化史上一个谜；这是因为，虽然波斯人在种族上和语言上和希腊人有亲缘关系，却未受亚历山大征服的影响，从未希腊化。在文化史上，还没有任何一个时期比从公元前 330 年被亚历山大征服至公元 226 年萨珊君主国的建立这一段时期的中断和希腊化文化对伊朗竟然没有发生影响这件奇怪的事更为特殊更为费解的了。在中世纪，波斯人屈从于阿拉伯宗教(不过他们是在把它改造之后才接受的)和语言。但在波斯人被征服约三百年之后开始写作时，他们的作品，虽说是用阿拉伯文写的，但本质上仍然是波斯的。

公元九世纪，西欧史学已在衰落；而穆斯林史学却在波斯学术鼓舞下，愈益壮大，不但保持住数量，而且质量也不差。直到十二世纪才开始看到它严重衰落的迹象。塔巴里(838—923 年)①是九世纪所有穆斯林史家当中最伟大的，其实也是九世纪一切历史家当中最伟大的一位。他是塔巴里斯坦人，他的姓即由此而来。他曾在巴格达和佛斯塔特学习，是一位不知疲倦的旅行家和刻苦求知、辛勤探索的人。塔巴里的《众先知和国王生平》是用阿拉伯文写的第一部世界史——至少这也是他原来的意图，只是因为卷帙过于浩繁，他在世时未能完成。和塔巴里同时的一位史家是阿默

① 塔巴里的著作，H. 左顿堡根据 963 年巴拉密的波斯文译本译成法文(巴黎，1867—1874 年，四卷)；狄奥多·内尔德克的德文译本：《萨珊王朝时代的波斯和阿拉伯史》(来丁，1879 年)。关于塔巴里著作的读物，参阅布宰温(见原书第 335 页注)，I，360—361；G. W. 塔歇尔关于他的论文，见《大英百科全书》(第 11 版，1911 年)，XXVI，322；和昔尔维斯德·得·萨栖的论文，见〔巴黎〕《学者杂志》，1832 年，第 532—544，598—611 页，和 1837 年，第 280—291 页。

德·布·阿布-塔希尔（他写了一部《巴格达史》）和阿尔-戴那瓦里 343
（一位集植物学家、语言学家、数学家、地理学家和历史家于一身的人，他的《叙事长篇》是世界史纲一类著作）。伊本·克塔巴（834—900 年）[1]所著《主权与政府之书》是记述伊斯兰国家的一部历史，因性质独特而非常有趣。十世纪另一位波斯编年史家曾利用他在伊斯塔克发现的一部帕提亚编年史。

密斯卡威希（死于 1032 年）曾撰写一部和皇帝尼斯福鲁斯·福卡斯[2]之间进行的那些战争（963—969 年）的历史。他的祖先是波斯人。他这部著作对了解税务和财务、经济和社会情况有特殊价值，叙述事件也很生动。他在阅读塔巴里的《年代记》中受到启发。关于 970 年以前的时期，他的主要根据是退比特·本·息南的《编年史》（开始于塔巴里的《年代记》终止处，终于 993 年）。密斯卡威希自己说，他这部书从 970 年以后才是他独立完成的权威著作。[3] 在所有用阿拉伯文写的作品中，他这部书是最有教育意义的一部。当塔巴里写到接近他自己的时代时，就不如前面好了。密斯卡威希则不然，在叙述自己那个时代的情况时，在布局上较前更好。

密斯卡威希以后的编年史家是穆克塔第（1038—1091 年）的

---

① 或作 828—889？年。阿拉伯语言学家和史学家。著述甚多。——译者

② 东罗马皇帝尼斯福鲁斯二世，他征服了叙利亚北部和西里西亚（964—966 年）。——译者

③ 《密斯卡威希〈各国经验〉的结束部分》（牛津，1920—1921 年），七卷：《阿拔斯哈里发国的衰微，伊斯兰历第四世纪的原始编年史》。第 1 至 3 卷内有阿拉伯原文，H. F. 阿米德罗兹校订，第 4 至 6 卷是那些原文的英语译文，D. S. 马哥利奥斯译，以及第 7 卷，马哥利奥斯的简短序言和索引。

大臣扎希尔-阿尔·新·穆罕默德·本·胡参·鲁德拉瓦里，一位与众不同的历史家。他的著作主要是希拉尔·本·穆哈新·本·阿伯拉罕的《编年史》的摘要；希拉尔这部《编年史》又是退比特·本·息南的《编年史》的续编。希拉尔的《编年史》只有一部分保存下来。他于989年出生，1078年去世，原系萨比安教徒[①]，后改奉伊斯兰教。幸而希拉尔另一部更有价值的著作《诸大臣记》(*Book of the Viziers*)完整地流传到我们手中。[②]

中世纪波斯最伟大的诗人菲尔都细(约935—1025)那部著名的《列王史诗》(*Book of Kings*)，是波斯民族传说的顶峰，于1010年完成。直到现在这部书仍然是"波斯人了解他们自己民族古代情况的主要源泉"。不过，他这部书只有第4卷是真正的历史著作；这一卷记述的是萨珊王朝时代。[③] 他明确表示他的目的是恢
344 复古代波斯年代记。他这个举动引起哈里发政府的反对。[④] 阿拉伯史家，作为一个类型来说，都藐视穆斯林征服以前的波斯历史，因此，不是忽视它就是歪曲它。非尔都细作为一个波斯人，关心的是他的祖国被穆斯林征服以前的历史，而不是穆斯林历史，这一点

---

① 萨比安人的宗教派别，他们自称为基督教徒，但实际上他们是崇拜日月星辰的，故亦称拜星教徒。——译者

② 《希拉尔·阿尔-萨比的历史遗著，〈启塔布·阿尔-武萨拉〉的第1部分(哥达抄本，1756年)和他的〈回历389—393年的历史〉片段》，H. F. 阿米德罗兹校订，附注释(巴黎和莱顿，1904年)。

③ 布牢温(见本书原书第335页注)，I，110—112；卡特美尔的论文，见〔巴黎〕《学者杂志》，1840年，第337—353页和1841年，第398—411，588—601页。

④ 应当补充说明，他的用意可嘉，但他执行得不好，看来对历史非常无知。例如他不知道巴格达是什么时候建立的(公元762年)；他把亚历山大当作一个基督教徒；他把锁罗亚斯特和阿伯拉罕混为一人了。

部分地可以说明他对阿拉伯历史无知的原因。他对萨珊王朝时期的处理，和我们从拜占庭史料中了解到的情况颇为吻合。非尔都细为自己剖白说，他写的早期波斯史未能更详细更准确些，是因为无文字记载可查。

即使在土耳其斯坦①那么遥远的东方，也发现有历史著作。中亚细亚土耳其（突厥）人（Turks）于 899 年把撒马尼王室赶跑之后，马默德·雅门·阿德-多拉②（998—1030 年）就建立起一个强大的王朝；他本人虽不识字，却几乎是狂热地非取得学术恩主的美名不可，他不是绑架学者，就是强迫他征服的那些国家交出学者作为贡品。这样，在征服花剌子模之后，他就成了历史作家阿尔-俾鲁尼（死于 1048 年）的恩主，这位史家所著《现存历代纪念物》（*The Surviving Monuments of Past Generations*），③是一部年代对照表，只是一部罗列事实的书，但对了解事实这个重要方面，还是很有价值的。他乘机利用马默德在印度那些战役，也写了一部《印度史》，“这部书在题材上和科学方法上都是阿拉伯文献中最杰出的”。他为写这部书而学习梵文，并把好几部印度著作译成阿拉伯文；还倒过来把几部希腊著作的阿拉伯文译本再译成梵文。阿尔-俾鲁尼是古波斯最古老地区的人，他以真正历史批判的精神调查研究了古代东方的古迹。在上面提到的他那部年代学著作中，

---

① 咸海以东到我国新疆边境一带的中亚地区。——译者

② 他曾多次侵入印度。其版图包括阿富汗、伊朗东部、花剌子模、中亚南部、印度北部。为伽色尼王朝（962—1186 年）的全盛时代。——译者

③ 这部《古代各国编年史》的英译本是 C. E. 萨考译的（伦敦，1879 年）。比较布牢温（见本书原书第 335 页注），II，96，101 第 1 卷的索引。

除了尽他所知记述了古代波斯史之外，还举出粟特和花剌子模古代方言的例子——用这些方言列举月份和每月三十天的名字，以及黄道十二宫、七大行星和二十八宿的名称。根据阿布·里汗的说法，花剌子模的太阳历（基发，Khiva）是他们所知道的最完美的计时法。阿尔·俾鲁尼说，这种历书在塞琉西时代以前980年即公元前1304年就有了。他又提到花剌子模的书法和记录说，当科太巴·伊本·穆斯林征服那个国家的时候，曾亲自仔细审阅这些东西。阿尔-俾鲁尼还曾引证自称居鲁士大王后裔并曾从阿契明尼德王朝时代到穆斯林入侵期间统治该地的一个名为沙希叶的家
345 族情况，以强调这些当地文件的权威性。[①] 伊朗民族得名于国王机姆(King Jem)，据信机姆点燃的最初的火焰直到这次入侵时才告熄灭。阿布·里汗写的这部关于古波斯的史书必然充满寓言和传说之类的东西。据说希姆雅特族的王从南阿拉伯出发远征并建立撒马尔罕城，这件事难以置信，但在这座城市的一个城门上，肯定有用一种不知道什么文字写的一座石碑，据说这是为了纪念这次远征的，因为撒马尼王朝一位大臣哲哈尼曾明确地说，他大约在920年曾目睹这座石碑；还说当他还住在那个城里的时候，暴民闹事把那座碑毁了。这座碑究竟是用赞德文[②]、希腊文还是用巴克脱里亚（大夏）的巴利文刻的，就只能猜测了。但在一位阿拉伯历史家的著作中有关于保存这座碑的记载，这个事实就有理由足以引起人们的好奇心了。

---

① 参阅〔伦敦〕《评论季刊》，CXX（1866年），490—491。

② 古波斯语。——译者

在伊斯兰有历史最初的三百年间，埃及在学术上的工作并未超过反映大马士革和巴格达的写作。埃及在学术上的独立是从九世纪法提马王朝[①]开始的；那时埃及已脱离哈里发国独立，开罗成为这个国家的中心，在那里出现了由历史作家组成的一个独立学派。

穆斯林征服埃及的专史是由阿尔-奎拉喜(802—871年，死于佛斯塔特)在他的《密昔尔[②]征服史》(*Futuh Misr*)一书中记述的。[③] 他这部书分为七卷：(1)埃及的特点和优点，被波斯和拜占庭占领；亚历山大里亚的修建；(2)穆斯林的征服；(3)阿拉伯人早期定居；封建领地史——伊斯兰教有自己的封建形式；(4)行政制度和对发雍、[④]利比亚、的黎波里和努比亚的侵略；(5)北非和西班牙被征服，至744年；(6)埃及诸法官(Kadis)史，至860年；(7)来到埃及的先知的伙伴(共五十二人)留下来的宗教传统。最后一卷最长。

埃及法提马王朝诸哈里发中间有几位是有学术修养的人，是文学艺术的赞助者。在历史家当中，我们发现有历史兼地形学家厄尔-金第(死于961年)和续编他的著作的伊本·朱拉克(死于997年)；后者写了一部《埃及法官史》。哈金[⑤]统治时代有一位官吏厄尔·穆斯比希(死于1029年)写了一部部头极大的埃及史，总共有二万六千页之多。十一世纪中叶还有一位法学家和历史家厄尔-顾德伊(死于1062年)。但在法提马王朝统治下的这两个世纪

① 北非和埃及的伊斯兰(什叶派)王朝(909—1171年)。——译者

② 密昔尔即埃及的古称。——译者

③ 《伊本·阿布德·阿尔-哈坎的埃及、北非和西班牙征服史》，查理·C.托里校订(纽黑文，1922年，《耶鲁东方丛书》，III)。

④ 埃及靠近尼罗河三角洲附近的一个地区。——译者

⑤ 埃及哈里发哈金(996—1021)，专制残暴，有“疯狂哈里发”之称。——译者

346 中，埃及史学是在两种不利的情况下惨淡经营的：一是由于统治者行径怪诞或施政暴虐，政治生活不安定；二是穆斯林正统派学者回避埃及，把它当作异教国家。

伊斯兰史家对基督教甚至也发生了极大兴趣，他们当中有一位名叫阿布-萨利司的还写了一部《埃及的教会和寺院》。[①] 哥普特历史写作数量极大。[②] 埃及最杰出的基督教历史著作的例子是攸替歧阿斯（赛德·本·巴特里克）写的那部世界史，从亚当起写到939年；攸替歧阿斯生于佛斯塔特（即旧开罗），是一位改信基督教的阿拉伯人，任密尔歧特教派[③]亚历山大里亚总主教，死于940年。他这部著作由雅希亚续编至1027年。他这部书把法提马王朝在埃及和阿拔斯王朝在巴格达统治时期的拜占庭帝国的历史勾画出了轮廓。在两位史家当中，雅希亚是比较周到的一位，因为他自己说他曾长期埋头于安提阿的档案中，以使自己的作品有充足的根据。[④]

西班牙被征服后，一个西班牙阿拉伯历史学派自然就在科尔

---

① 《归到亚美尼亚人阿布·萨利名下的〈埃及与邻近国家的教会和寺院〉》，B. T. A. 厄甫兹校订并翻译，附A. J. 蒲脱尔的注释（牛津，1895年，《闪米特语丛书》，第7部分）。

② 关于这些著名的记载，参阅昔尔维斯特·得·萨栖的论文，见〔巴黎〕《学者杂志》，1831年，499—504。

③ 埃及与叙利亚的东方基督教派别，他们承认罗马教皇，但仍遵守希腊的礼拜仪式和法典。——译者

④ 《亚历山大里亚总主教攸替歧阿斯：〈年代记〉》（贝鲁特和莱比锡，1906—1909年；《东方基督教作家大全》阿拉伯作家第3辑，V—VI）。比较攸力塞·瑟发雷：《中世纪历史资料丛书：传记书目提要》（第2版，巴黎，1905—1907年，两卷），I，第1435栏；《教会史评论》，XII（1911年），287—289；和考斯道夫·士隆柏格：《拜占庭时代，至十世纪末》（巴黎，1896—1905年，三卷）。

多瓦产生了。科尔多瓦的伊本·阿布德·刺比尼(死于940年)作为诗人和历史家同样闻名。我们所知道的最早的伊斯兰教西班牙历史著作是阿默德·伊本·穆罕默德·阿尔-刺西写的，他死于937年。这部著作未能传至我们手中，但仍保存在一部早期西班牙文校订本《摩罗·刺西斯编年史》(*Crónica del Moro Rasis*)中，这是西班牙散文最早的重要的不朽之作。记述西班牙伊斯兰教情况的历史著作有不少失传了，但从十世纪开始直至十三世纪，却有一系列重要传记保存至今，不无小补。[①] 其他西班牙阿拉伯史家有阿里布·本·赛德(约996年)和伊本·阿达里(死于1292年)；前者写了一部《法提马王朝建国史》，[②]后者当新月旗在半岛处于衰落时期写了一部《非洲和西班牙史》。不过，记述阿拉伯人在西班牙的统治的最详尽、最重要的一部历史著作是在基督教徒 347
完全收复半岛之后很久才写成的。作者是阿默德-伊本-穆罕默德·阿尔·马卡里(1581—1632年)，[③]摩洛哥人，早年就曾在那里学习。他于1632年赴麦加朝圣，后来定居开罗，死在开罗。他这部著作很有价值。

吉本所说穆斯林史家不是枯燥的编年史家，就是华丽的修辞家，这话在多数情况下是对的；但只适合密斯卡威希(死于1032年)时期以后，这个时期以前的情形却并非如此。到十一世纪穆斯

---

① 季布(见本书原书第335页注)，81。

② 约翰·尼科尔孙校订的《非洲法提马王朝建国史》(杜平根，1840年)；R. P. A. 多济校订的《伊本-阿德哈里著〈非洲和西班牙史〉》(莱顿，1848—1851年，两卷)。参阅多济的导言，I，31—63。

③ 《阿默德-伊本-穆罕默德·阿尔·马卡里著〈西班牙……诸伊斯兰王朝史〉》，巴斯夸尔·得·加扬戈斯译(伦敦，1840—1843年，两卷)。

林文化的花朵已在风雨中飘摇，到十二世纪则已开始枯萎。不过，这个过程很缓慢，而且不时还有不符合总趋势的例外出现。随着伊斯兰英雄时代日益遥远，伊斯兰世界也日趋分散成互不相干的、在政治上和宗教上互相仇视的政治单位——最根本的是什叶派和逊尼派的对抗——随财富和生活舒适逐步增加而来的，是编纂各行省和地方历史的趋势日益显著。各国、各行省和各城市都有各自的特殊的历史和历史作家。这些地方性作品，有不少读起来只有好古的味道，真正意义上的历史的气息不多。[1] 这类作品的例子有伊本·余苏夫的《埃及的优异品质》(*Fada il Misr*)、马克里西的《开罗的历史和古迹》、[2]阿尔-哈提布(1022—1093 年)的《巴格达史》(其实这是巴格达一系列著名公民的传记，前面有一篇关于这个城市的描述)、伊本·本·阿尔-哈山(1129—1201 年)的《大马士革史》和卡马尔·阿德·丁的《阿勒颇史》。[3]

中世纪穆斯林历史文献种类繁多，数量庞大。在这些方面，伊斯兰教的史学比得上基督教世界的史学；在批判精神以及思想的深度和透辟方面，伊本·哈尔顿或许不亚于任何西方史家。有卷帙浩繁的世界史；在伊斯兰教统治下的埃及、叙利亚、北非、西班牙等国都有各自的历史；也有蒙哈兹拉伊的《也门的剌苏里德王朝

---

① 关于这点，参阅乌阿的英译本(见本书原书第 335 页注)，177—178，186—188。

② 加斯顿·维特校订的阿拉伯原文(开罗，1911 年)；U. 部里昂的法文译本：《埃及的历史和地形》(巴黎，1895—1900 年)。

③ 乌阿的英译本(见本书原书第 335 页注)，199—200；G. W. 夫赖塔格校订的选本，附拉丁译文(巴黎，1819 年，波恩，1820 年)；昔维斯特·得·萨栖的评论，见〔巴黎〕《学者杂志》，1820 年，第 67—77 页和 1821，第 45—47 页；E. 布洛克的法文译本：《卡马尔-阿德·丁的〈阿勒颇史〉》(巴黎，1900 年)。

史》这样的朝代史;像阿勒颇、大马士革、麦地那、尼萨浦、哈马丹、赫拉特等地的城市历年史;以及丰富的传记作品。

阿拉伯人写的最详尽、最杰出的一种作品是游记文章。[1] 伊 348
斯兰教帝国版图辽阔,前往麦加朝圣的习惯极其普遍,行政事务上的各种需要等等都是促使许多人前往边远地区如俄罗斯从事地理工作的一些原因。[2] 阿拔斯帝国的邮政驿站制度是以前波斯和拜占庭这类制度的继续和扩大,它大大便利了各国之间的交通。我们所知道的最早的道路指南是伊本·库达德比[3](844 年萨马拉的邮政局长)写的那部指南,一省接一省地列举了沿大路那些驿站,载明站与站之间的距离,和每个地区的资源概况。后来在九世纪,雅克比写出第一部描绘式的《地理学》,成为后来许多类似作品的榜样。十世纪产生了两位重要地理作家,伊本·郝魁尔[4][5]和阿尔·马克第西。

我们可以把这些地理著作和全部游记文章联系起来谈谈。阿拉伯传教事业和商业的扩张再和朝觐圣地的习惯结合起来,就促使大批游记著作问世。我们现有的最早的一部这类作品是《历史

---

① M. J. 得·哥耶:《阿拉伯地理学丛书》(莱顿,1870—1906 年,八卷,订成七册)。

② 关于阿拉伯人这种地理学和地理发现的文献,参阅 C. R. 俾兹利:《近代地理学的黎明》(伦敦,1897—1906 年,三卷),I,第 7 章,和 III,第 7 章;佛兰西斯科·蓬斯·波古:《阿拉伯-西班牙历史家和地理家传记论著》(马德里,1898 年)。关于中古时代俄罗斯的阿拉伯文资料,参阅 J. B. 柏立:《东罗马帝国史,从爱里尼倾覆到巴锡尔一世即位,802—867 年》(伦敦和纽约,1912 年),499—500;和昔尔维斯特·得·萨栖的论文,见〔巴黎〕《学者杂志》,1824 年,第 515—525 页。

③ 俾兹利(见上注),I,425—434。

④ 同上,451—453。

⑤ 阿拉伯地理学家和旅行家,生活于 943—977 年。——译者

的链条》，是851年编的一部谈到中国、印度和非洲等地的旅行家故事集——显然是根据口述逐字记录的。一个世纪以后出现了一部《印度奇观》，作者是波斯一位航海船长兹哈谟兹。《天方夜谭》中的《航海家辛巴德航海记》[①]是这类作品中流传最广的例子，外事往来也有助于这类地理文章的发展，这类文章的例子有伊本·福苏兰[②]记述的他于921年出使俄罗斯的情况[③]和西班牙犹太人伊本·雅克布记述他本人出使鄂图大帝王廷的情形。

深入中非并记述尼格罗兰[④]的历史完全是阿拉伯人的成就。在他们来到之前，人们对撒哈拉沙漠以南的非洲毫无所知。我们在这方面的知识主要来自下列穆斯林作家：马苏第、伊本·郝魁尔、厄尔·贝克里、厄尔·伊德里西、雅克特、厄尔·奥玛里、伊本·巴都塔和伊本·哈尔敦。[⑤]

349 马苏第[⑥]生于巴格达，死于956年。他花费二十年时间周游伊斯兰世界各国，据信他曾远游马达加斯加和中国。[⑦] 但他对苏

---

① 译文见《一千零一夜》，纳训译，第2册，第265—320页（人民文学出版社，1959，1978年）。——译者

② 阿拉伯的旅行家，其著作是阿拉伯人对俄罗斯最早的可靠记载。——译者

③ 俾兹利，435—438。

④ 意译为"黑人国"。——译者

⑤ 关于这些作家的记载，参阅E. W. 部维尔：《古撒哈拉的商队》（伦敦，1933年），第4章。

⑥ 《厄尔·马苏第所著名为〈黄金草原和珍珠宝藏〉的历史百科全书》，阿罗斯·斯普林格译（伦敦，1841年；《东方翻译丛书》第54号）。只有第1卷出版了。

⑦ 马苏第游历甚广，到过印度、锡兰、占婆、中国沿海诸地。其所著《黄金牧地》一书，言及中国，并载有黄巢起义之事。见张星烺《中西交通史料汇编》，第2册，220—222。——译者

丹的记载仅仅提及黄金的"无声贸易"[①]。伊本·郝魁尔(死于966年)也是巴格达人,也像马苏第那样,旅行多年,然后写了一部《道路与行省》。他到过奥多加斯特和加纳,见到尼日尔河[②]时,还以为是尼罗河的上游呢。恰好在伊本一百年以后的1067年,一位西班牙穆斯林阿布·厄尔-贝克里(科尔多瓦一个著名的家族的成员)发表了他记述伊斯兰诸国地理的名为《道路与诸国》(*El Mecalek wa'l Memalek*)的巨著,其中有对北非和苏丹的杰出描述。既然作者从未到过非洲,他手头必然有大量最重要的历史材料,其中主要的可能是在科尔多瓦的档案中找到的。他死于1094年。十二世纪前半叶,又出现一位西班牙阿拉伯地理学家。这就是厄尔·伊德里西,诺曼西西里王罗哲尔二世[③]把他拉到他的王廷,他替这位国王编了一部巨大的地理论著,名叫《罗哲尔之书》。[④]

> 这部著作……是根据十二位古典和穆斯林地理学家过去的劳动成果写的。但罗哲尔的意图是想把这部书写得比单纯以文艺笔调写的更确切些,所以他就召集了所有各国的朝圣者、旅行家和商人开会,当着他的面进行讨论和审查。……他们仔细核对了度量衡和各地之间的距离;还制造了一个巨大的银质圆盘,在上边用线条画出已知世界所有的海洋、岛屿、大陆、平原、河流、山脉、城市、道路和港口的轮廓。这部书的正文为这个地图提供说明,并附有所有各个地带的物产、风俗、种族、宗教以及体格好坏、道德品质等方面的表格。这张地图因为是画在贵

① 中国古书上所谓"鬼市"。《唐书》《西域传》"西海有市,贸易不相见,置直物旁,名鬼市"。——译者

② 在非洲西部。——译者

③ 西西里国王(1130—1154年在位)。——译者

④ 《伊得里西:〈非洲和西班牙描述〉》,附R.多济和M.J.哥耶合译的法文译本(莱顿,1866年)。

金属上面的，当然非毁不可。这部《地理学》仍保留在阿拉伯学者的图书馆中。不过，它却是最早记述实际探索的最伟大的一篇文章，它的统计也井井有条。……①

伊本·朱贝尔（1183—1217）是一位西班牙穆斯林，一位伟大的旅行家，曾三次旅行东方，每次都到过麦加。因为他这三次朝觐圣地每次走的都是不同的路线，而且每次都花费了好几年的时间，所以他那部《游记》成了一部珍贵资料。伊本·巴都塔（1304—1377年）②③无疑是自古以来最伟大的旅行家，甚至超过马可·波罗。他到过埃及、叙利亚、小亚细亚、拜占庭（他从那里额外兜了一圈深入俄罗斯，目睹半夜出太阳的奇景）、波斯、阿拉伯半岛、土耳其斯坦、印度、锡兰、马来半岛、婆罗洲、苏门答腊、爪哇、菲律宾群
350 岛和中国，1349年回国。但他仍然焦躁不安，好奇心盛，又渡海到西班牙，最后以深入撒哈拉大沙漠，拜访尼日尔河畔黑人穆斯林地区，结束了他的旅游生涯。他记述这一切的那部杰出的著作的原文本一直未被发现，直到十九世纪上半叶法国人占领阿尔及利亚的时候才找到了。

塞柱克·土耳其人对哈里发国的统治，包括土里尔（1037—

---

① 约翰·阿定吞·昔蒙：《在意大利和希腊的杂记和研究》（伦敦，1900年，三卷），III，309—310；俾兹利（见本书原书第348页注），III，531—533，参考索引；和〔伦敦〕《外交评论季刊》，XXVII（1841年），265—283的论文。

② 中世纪最伟大的阿拉伯旅行家，1325—1349年他花费了二十五年的时间旅行于非洲、亚洲和欧洲各地，四次朝觐麦加。——译者

③ H. A. R. 季布：《伊本·巴都塔：〈亚洲和非洲游记，1325—1354年〉》（伦敦和纽约，1929年）；俾兹利（见本书原书第348页注），III 535—538；J. G. L. 科塞加廷：《阿拉伯人穆罕默德·伊本-巴都塔游记》（耶拿，1818年），评论文章见〔巴黎〕《学者杂志》，1820年，第15—25页。

1063年)、阿尔普·阿斯兰(1063—1072年)和马力克沙(1072—1092年)诸哈里发统治时期(哈里发在名义上继续管辖,但并不进行实际治理);它是十字军的前奏,是一个异常混乱而残暴的时期,不可能推动历史写作。因此,那些记述塞柱克历史的作家是在十二世纪或更晚的时候才动笔的。记述塞柱克·土耳其人的一部专著是大臣阿纽舍汪·本·卡利德(死于1137年)写的。[①] 但记述这段历史的最好的著作是直到一百多年之后才出现的《拉哈杜-苏迪尔》(*Rahatu-Sudir*)这部书,它是1202至1203年间才写成的。[②]

十字军运动激励了穆斯林世界的史学写作,正如它激励了西方史学那样。[③]《大马士革编年史》[④]极其优异地开创了这个新的史学时代,是由同时代的人用阿拉伯文记述的关于第一次十字军的唯一的一本书。作者罕萨·伊本·阿尔-卡拉尼西是个受过教育的穆斯林,十二世纪前半叶曾在大马士革当文官。这部书始于1056年,也就是希拉尔·本·阿尔-穆哈新·阿尔-萨比的《编年史》结束的那年,终于1160年。这部书最后三分之二是关于十字

---

① 这些以及其他一些作家,见M. Th. 豪兹马主编的《塞柱克历史资料原文丛刊》(莱顿,1889年)。关于这些事件的读物,参阅布牢温(见本书原书第335页注),II,166—184。

② E. G. 布牢温用丰富的节录描写,见《皇家亚细亚学会杂志》,1902年,第567—610,849—887页。

③ 参阅摩林尼尔,II,第2159—2170号;M. 哥尔根斯翻译并校订的《十字军史中阿拉伯资料的贡献》(柏林,1879年,第1卷),评论见〔巴黎〕《学者杂志》,1879年,第723页。译文和节录见J. 米绍主编的《十字军丛书》(第2版,巴黎,1929—1930年,四卷),第4卷,达诺的评论,见〔巴黎〕《学者杂志》,1830年,第211—225页。

④ H. A. R. 季布:《从伊本·阿尔-奎拉尼西的编年史节录和翻译出来的〈大马士革十字军编年史〉》(伦敦,1932年)。比较《镜》,VII(1932年),432—435和《〔伦敦〕泰晤士报文学副刊》,1932年,第419页的评论。

军的逐年记述，是研究第一、二两次十字军不可或缺的资料，可以作为我们现有的那些拉丁或拜占庭记述的补充和核对材料。关于提尔之围的记述极其生动，看来真像是一位目击者写的。和这部书同样重要但性质不同的一部是奥萨马·伊本-慕歧德希(1095—1188年)的《自传》或回忆录。作者是叙利亚省长，一位有教养的贵族。他这部书是了解十二世纪圣地业已定型的穆斯林和基督教文化的主要资料，而且是一部极其有趣的文献。①

351 纽尔·阿德-丁②于1171年征服埃及法提马王朝之后，萨拉丁③又把埃及和叙利亚合并，形成了这些国家新的繁荣和新的写作热情爆发的起点。在萨拉丁统治下出现的那些光辉的业绩唤醒了他这位先知的追随者的热忱。历史写作相当普遍，其内容范围也已扩大。作者大多是曾参加他们所记述的那些事件的上流人物。伊本·阿尔-阿提尔④是一位省长的儿子，曾追随萨拉丁南征北战；他的地位和声誉使他有门路接触统治者的文件。伊马德·阿德-丁⑤是纽尔·阿德-丁手下的国务秘书。巴哈·阿德-丁⑥是

① G.R.朴特：《奥萨马·伊士-慕歧德希自传，1095—1188年》(伦敦，1929年)；腓力·K.希替：《十字军时期一位阿拉伯—叙利亚绅士和战士》(纽约，1929年：《文明记录丛书》)；H.第伦堡：《十字军第一个世纪的穆斯林总督奥萨马·伊本-慕歧德希》(巴黎，1889年)。比较新刊《批判杂志》，XXXVIII(1894年)，130—134。

② 叙利亚和埃及的苏丹(1146—1174年)，在大马士革打败第二次十字军。——译者

③ 埃及苏丹(1174—1193年)，征服叙利亚，驱逐基督教徒出巴勒斯坦，与第三次十字军作战(1189—1192年)。——译者

④ 生活于1160—1234年，其主要著作为一通史，叙述到1231年，部分是阿尔-塔巴里著作的节录。——译者

⑤ 生活于1125—1201?年，阿拉伯史学家，著有《萨拉丁传》。——译者

⑥ 生活于1186—1258年，埃及政府的秘书和宫廷诗人。——译者

耶路撒冷和阿勒颇的法官，曾任外交使节。卡马尔·阿德-丁是一位大臣。阿布-尔-斐达是萨拉丁的亲属、哈马[①]的苏丹。记述伟大的萨拉丁一生事业的历史材料十分丰富。[②] 有四部本纪，其中有两部特别有价值。第一部是摩苏尔人巴哈·阿德-丁(1145—1234年)写的；他受过高深教育，在萨拉丁两次围攻摩苏尔期间，(1182和1185年)，他正在该城的大学里当教授。1184年曾被派出使大马士革。他在那里表现的才干给萨拉丁留下深刻印象，因此想聘请他当法官，但他忠于自己的国家，便婉言谢绝了。一年之后，摩苏尔埃米尔和萨拉丁讲和，然后巴哈·阿德-丁才在萨拉丁手下工作，当了他的秘书，在终于导致耶路撒冷落入穆斯林手中的1187年那场惊心动魄的战役中他从始至终一直在这位征服者身边。他晚年在阿勒颇当法官，度过受人尊敬的晚年。关于萨拉丁的一生，他是无与伦比的权威。在另一极端是伊本·阿尔-阿提尔的《摩苏尔诸阿塔贝格君主本纪》(1084—1211年)，这个王朝在萨拉丁背叛下覆亡。这部著作是反对萨拉丁的；但作为巴哈·阿德-丁那部著作的核对材料还是很重要的。

十三世纪骇人听闻的蒙古人一再入侵的历史曾由几位作家记述下来。[③] 伊本·阿尔-阿提尔[④]根据塔巴里的著作写的世界史为这一系列著述开了个头，写的是1220—1221年蒙古人在入侵中

① 在叙利亚安提阿之南。——译者

② 关于萨拉丁诸传记的记载，参阅史坦利·雷因-普尔：《萨拉丁和耶路撒冷王国的灭亡》(纽约，1898年；新版，伦敦，1926年)，序言；摩林尼尔，III，第2341—2343号。

③ 关于蒙古人的历史，我国古书中有丰富的历史资料。——译者

④ 1160—1234阿拉伯历史家，著有通史，叙述至1231年。书中记载我国西辽之事，见张星烺《中西交通史料汇编》，第5册，第13—16页。——译者

那些残酷和破坏行为，读之令人胆战心惊。[①] 他这部书是在1258年那次大灾祸[②]以前将近四十年时写的。[③] 地理学家雅克特·阿尔-哈马威(1178—1229年)是另一位记述自己所处时代的著名作家，是上述那位伟大历史家伊本·阿尔-阿提尔的朋友，他也给我
352 们留下一幅蒙古人制造的恐怖的图景，他本人也是从蒙古人手中死里逃生，险些丧命的。除了在他那部巨著《地理词典》中偶尔提到的那些情况以外，在伊本·卡利甘所著《传记》中，还保存了他从摩苏尔写给阿勒颇国王的大臣的一封信——他从摩夫[④]逃出后，历尽艰险，多次濒于死亡，终于成功地回到摩苏尔[⑤]。像蒙古人入侵这样惊天动地的大事件自然会使许多其他史家执笔著书。

即使是在巴格达哈里发国这个天日无光的时代，读书、学习、写作仍然继续进行。这个时代的写作特色是博学，但未免冗长而笨重，也未表现出任何创造性。伊本·卡利甘[⑥]所著《名人传略》在伊斯兰世界远近闻名，是用阿拉伯文写的最早的一部普通的人物词典，是表现作者学识渊博、刻苦努力的永垂千古的丰碑。[⑦] 其

---

① 这段的英语译文见布牢温(见本书原书第335页注)，II，427—431。

② 这一年蒙古旭烈兀占领巴格达，阿拔斯王朝灭亡。——译者

③ 关于伊本·阿尔-阿替尔，可进一步阅读布洛克尔曼较大的著作(见本书原书第335页注)，I，345和他的篇幅较短的著作，164。C.J.汤堡校订的原文：《伊本-阿尔-阿提尔的〈编年史〉》(莱顿，1851—1876年，十四卷)；同样由汤堡译的瑞典文译本：《伊本-阿尔-阿提尔的〈编年史〉》(隆德，1851—1853年，二卷)。

④ 在波斯西部。——译者

⑤ 两河流域上游。——译者

⑥ 生活于1211—1282年。阿拉伯第一个编著《全国人名字典》的人。——译者

⑦ 马克顾琴·得·司雷因男爵的英译本：《伊本·卡利甘的〈人名词典〉》(巴黎，1842—1871年，四卷：《东方翻译丛书》)。参阅布牢温(见本书原书第335页注)，II，474—475。

内容激烈反对法提马王朝。和这部名著并驾齐驱、而且几乎是在同一时期编纂的一部著作是雅克特(约1179—1229年)①②写的那部巨大的地理百科全书。他是出生于安纳托利亚③的希腊人，童年时代在巴格达一位商人处当奴隶，商人雇他是为了在往返波斯、叙利亚等地途中当他的文书。最后被解放之后，他定居在摩夫，是那里那许多宏伟的大图书馆把他吸引去的，定居后他就开始编纂他那部巨大的《地理词典》(*Gazetteer*)。1220年蒙古人入侵，把他从摩夫赶到摩苏尔，最后赶到阿勒颇。在保存至今的阿拉伯地理学著作当中以他这部最为重要——因为伊德里西④的著作虽然可能同样伟大，但只有一部分保留至今。他这部书"对于涉及西亚地理问题的一切事情和接触到西亚历史的许多事情，都是最珍贵的一部参考书"。⑤

阿尔-卡兹威尼(1203—1283年)生于波斯，但一生大部分时间住在大马士革。与雅克特不同，他是根据前辈地理学家和旅行家的著作写的他那部《各国纪念物》。这本书按字母顺序、有系统地记述伊斯兰世界各主要城市。可喜的是，他的记述超出地理情况的范围，甚至还包括非伊斯兰教各国情况。他就是这样，把罗马、冰岛、斯堪的

---

① 其祖先为希腊人，著有《地理百科全书》和《文学家传记词典》。——译者

② 俾兹利(见本书原书第348页注)，III，534—535。

③ 即小亚细亚。——译者

④ 生活于1100—1166年，阿拉伯的地理学家，生于西西里，著《地理学》一书，书中言及中国。参阅张星烺《中西交通史料汇编》第2册第236—240页。——译者

⑤ 布牢温，II，482。比较希洛克尔曼较小的著作(见本书原书第335页注)，168。F.武斯顿斐尔德校订的原文(1866—1871年，六卷)；C.巴俾亚·得·迈拿尔的法文译本：《波斯及各邻国的地理、历史和文学辞典，节自雅克特的著作》(巴黎，1861年)。

纳维亚等地，以及捕猎鲸鱼、神明裁判法[①]和战斗裁判法[②]等等都写进去了。除《天方夜谭》外，比这部著作更有意思的书确实不多。[③]

在这个时期的历史家当中，最出类拔萃的是一位改信基督教的
353 已阿拉伯化的犹太人。这就是阿布尔-法拉基·得约基斯（他的拉丁名字是格雷戈里·巴耳-希布累阿斯，1226—1286 年），他父亲是已阿拉伯化的一位犹太医生，但他自己却改信东方基督教，属雅各布斯教派[④]。他生于小亚美尼亚麦尔提丁；蒙古人侵入他的国家之后，他首先逃到安提阿避难，后来又逃到叙利亚的的黎波里。1252 年被任命为阿勒颇主教，他在该地竭力缓和蒙古征服引起的愤怒。他写了一部大部头的世界史或《编年表》，其中第 1 部分是从创世写到 1286 年的世界政治史。下一部分写的是从亚伦[⑤]到作者自己的时代的教会史。这部《编年表》是用古叙利亚文写的；巴耳·希布累阿斯在死前那一年着手把世俗史那部分译成阿拉伯文，因此，现在两个版本都存在，但有些重要部分，两本互有不同。[⑥]

---

① 古代条顿民族的裁判方法，令诉讼人以手探火。或握热铁，不伤者为无罪；或令决斗，胜者无罪。——译者

② 令诉讼当事人决斗，胜者为直。——译者

③ 布牢温，II，482—483。

④ 公元六世纪，以得撒主教雅各布斯·巴拉得阿斯所创立的教派。——译者

⑤ 传说是摩西的弟弟，犹太教会的创立者。——译者

⑥ J. A. 阿贝罗斯和 T. J. 雷密出版的关于教会史部分的古叙利亚原文，附拉丁文译文：《格雷戈里·巴耳-希布累阿斯的〈教会编年史〉》（卢万，1872—1877 年，三卷）。世俗编年史的阿拉伯文版，由英国第一位阿拉伯学者爱德华·坡科克译为拉丁文（牛津，1663 年，二卷）。E. A. 瓦利斯·部治把第 1 部分，即世俗编年史部分全部从古叙利亚文译为英文：《格雷戈里·阿布尔-法拉基（世称巴耳-希布累阿斯）的〈编年表〉》（牛津，1932 年，两卷）。关于这位作家以及他的著作的其他版本，参阅部治的导言，I，v—lxiii，关于其他文献，见第 xv 页；第 2 卷中有波得力图书馆中一个古叙利亚文手稿的摄影复制品。

在这个时期用波斯文从事写作的历史家当中，最著名的是朱兹真人明哈支-伊-西拉支，他的家族长期以来都为谷耳王室[①]效力。他曾于1226年前往印度，当了一位穆斯林大君的门徒，1260年完成了他那部巨著世界史，从最初的族长[②]时代写起，至1258年蒙古入侵止，详细地记述了历史上这次大变动，许多细节在其他著作中是找不到的。[③] 阿尔-马金(1205—1273年)是用阿拉伯文写作的一位埃及基督徒，他的著作译成的拉丁文本，名为《撒拉森史》(*Historia Saracenica*)，于1625年在莱顿[④]出版，"是长期以来欧洲学者所能得到的关于伊斯兰教历史的主要阿拉伯文资料"。[⑤] 除了这些通史以外，这个时期还发现许多撰写朝代和行省等专史 354
的作家和传记作家，为了避免乏味就不一一列举了。[⑥]

当旭烈兀汗[⑦]的继承人信奉伊斯兰教以后，西亚的情况就改

---

① 中世纪阿富汗的穆斯林王朝(约1148—1215年)。——译者

② 《旧约圣经》中阿伯拉罕的子孙，以撒、雅各等。——译者

③ 布牢温(见本书原书第335页注)，II，470；《根据印度本国历史家著作写的印度史：穆斯林统治时期》，约翰·陶孙根据H. M. 厄力奥特爵士的遗稿编写的(伦敦，1867—1877年，八卷)，II，260—261。本书未涉及远东伊斯兰教史学。感兴趣的读者可以参考厄力奥特的《伊斯兰教统治时期印度历史家著作书目索引》(加尔各答，1849年，仅一卷出版了)；和〔巴黎〕《学者杂志》，1840年，第212—226、354—372、392—403页，和1851年，第46—63页。

④ 在尼德兰荷兰省南部。——译者

⑤ 布牢温(见本书原书第335页注)，II，471。托马斯·厄皮尼阿斯译为拉丁文；撒母耳·拍察斯又根据拉丁文本节译为英文，见《拍察斯圣地巡礼等》一书中(第4版，伦敦，1626年；和著者写的《朝圣者》诸书〔伦敦，1625年〕一样装订，封面书名为《拍察斯朝圣者》丛书，第5卷)，第1009—1047页。佩耳·发梯尔的法文译本：《伊斯兰教史》(巴黎，1657年)。

⑥ 关于这些作家，参阅布牢温，II，471—481。

⑦ 成吉思汗之孙(1217—1265年)，蒙哥之子，忽必烈的兄弟。征服波斯地，建伊儿汗国。——译者

善了；但因为蒙古人那时已变为伊斯兰教和波斯文化的保护者和提倡者，结果就和他们在亚洲远东喀喇昆仑[①]一带信奉异教的同族蛮人之间发生了对立。因此，当我们发现三位波斯史家成了大可汗宫廷中的宠臣时，就不要认为是什么反常现象了。这三位史家是朱湾人阿塔·马力克，《世界征服者(成吉思汗)本纪》的作者，设拉子人阿布杜尔拉·本·法德吕拉和大臣拉希度德-丁·法德吕拉。最后两位的旺盛时期是1295至1304年间。[②][③]

十四世纪初期有一位史家阿布尔-斐达[④](1273—1331年)是属于王公等级的人物，生于大马士革；他十二岁时，曾随其父(哈马公爵一位弟兄)参加反对十字军的最后诸战役和反对蒙古人的最早诸战役。尽管他曾长期积极参加军事和民政等工作，但仍然找出时间写了一部终于1328年的《世界史》[⑤]而且还写了一部地理

① 即和林，在今蒙古人民共和国的首都乌兰巴托。——译者

② 阿塔·马力克(旧译为志费尼)等《世界征服者的历史》，记载成吉思汗最后十年，窝阔台和贵由统治时代及蒙哥统治初年的历史，至公元1257年为止。阿布杜尔拉(旧译为阿卜图拉)续其书，至公元1327年。拉希度德-丁(旧译为拉施特·爱丁)著《史记汇编》，记载成吉思汗及波斯诸汗甚详。亦有专章说到印度、中国及西欧。法国多桑的《蒙古史》即以此书为蓝本(有冯承钧的中译本)；我国洪钧著《元史译文证补》时利用了这部书。三人的介绍及著作译文片段，见张星烺《中西交通史料汇编》(1978年版)，第3册，第224—265页；第5册，第16—19页，记西辽史事，可补我国《辽史》《元史》之缺文。——译者

③ 关于这些作家，参阅〔巴黎〕《学者杂志》，1824年，第718—726页和1838年，第501—514页。

④ 和萨拉丁同宗，几次参加反对十字军的战役(1285—1298年)，后来作了苏丹，著了几部历史著作，特别是《人类历史纲要》一书，对于700—1200年萨拉森人的历史是很有价值的资料。其《地理学》一书言及中国。参阅张星烺《中西交通史料汇编》，第2册，第240—246页。——译者

⑤ 经J.J.赖斯刻准备，死后由J.G.阿德勒校订的阿拉伯原文，附拉丁语译文的《阿布尔-斐达的〈穆斯林年代记〉》(哥本哈根，1789—1794年，五卷)。关于进(接下页)

著作。[1]

在成吉思汗和他的儿孙辈那些伟大事业完成很久之后蒙古人自己才开始进行撰述。尽管如此，可能一度保存在波斯和土耳其斯坦各图书馆里的这类著作仍然全部丧失。而且，在蒙古帝国瓦解、一大批游牧酋长继承了成吉思汗建立的帝国王朝之后，蒙古人又恢复了他们从前半野蛮的游牧生活，从而使他们那初生的、幼稚的文学写作未能得到发展。唯一的一部幸存至今的以蒙古文写的蒙古史是萨囊·塞曾写的那一部。他是一位改信佛教的蒙古人。[2]他那部书的原稿是1820年在西藏发现的。其内容是从中国那些年代记中东鳞西爪地收集了一些材料作补充的关于蒙古人在亚洲远东地区（特别是在中国）的历史，这就是我们知道的全部情况了。在这些史料中，记述蒙古人在西亚的成就的材料一点也没有。[3]

（接上页）一步的情况，参阅武斯顿斐尔德（见本书原书第335页注）第1版，第167页；S.得·萨栖的论文，见〔巴黎〕《学者杂志》，1832年，第410—422页。

① J.T.雷诺和S.居耶法文译本：《阿布尔-斐达的〈地理学〉》（巴黎，1848—1883年，两卷）。

② I.J.斯密特：《萨囊·塞曾著〈东蒙古人及其王朝的历史〉》（圣彼得堡，1829年）。关于J.P.亚伯-累睦扎对于这部著作的长篇记载，见〔巴黎〕《学者杂志》，1931年，第27—41、115—122、151—163和214—225页。亨利·玉尔爵士上校《中国见闻录》（亨利·科第厄修订版，伦敦，1913—1916年，四卷：《哈克卢特学会丛书》第2辑，第33，37，38，41卷）已经搜集了所有中国中世纪的记载。关于中亚和远东历史的西方资料，特别是圣芳济会在那里编的"诸关系"，参阅俾兹利，II，第5章，和第III卷，几乎全书。

③ 关于蒙古历史，我国古书中有丰富的资料。翻译蒙古人的作品有《元朝秘史》（记载元太祖、太宗之事甚详，明初洪武年间翻译的，载于《永乐大典》内；清代李文田为之作注，见《皇朝藩属舆地丛书》。丁谦《地理考证》，见《浙江图书馆丛书》，第2集。近人有陈彬和选注本，见商务印书馆《学生国学丛书》，1929年出版，最近有谢再善根据蒙古文翻译的《蒙古秘史》，中华，1957年出版）、《圣武亲征录》（元世祖中统四年翻译，见《说郛》，有王国维校订本，见《静安遗书》，丁谦《地理考证》，同上）、《蒙古（接下页）

355 关于以鞑靼文写的鞑靼史，一直等到十七世纪成吉思汗的一位直系子孙、花剌子模汗阿布尔-伽库·巴哈多尔汗(1605—1664年)写了一部《蒙古人和鞑靼人的世系史》[①]之后，世界上才算有了这方面的史料。在1709年彼得大帝打败查理十二世的波耳塔瓦战役中，有些瑞典军官被俘虏后送往西伯利亚拘留，他们偶然得到由一位布哈拉商人译成俄文的这部书的俄文本，随即把它译成德文。经过这样曲折的道路，欧洲学术界才知道这部著作。[②]

蒙古入侵在西亚和伊斯兰教—波斯文化上造成的巨大震动，几乎完全毁灭了这个地区的写作。正如前面已经谈到的那样，幸而蒙古人不久就改信伊斯兰教，从而使那个地区的文化局部得救，免遭彻底毁灭。但是巴格达、摩夫、撒马尔罕以及其他许多有藏书丰富的图书馆的地方遭受的大破坏对西亚学术打击就太大了，一直未能恢复。伊斯兰教在西亚再也没有像埃及的开罗那样的政治

(接上页)源流》(蒙古人萨囊台吉著，乾隆四十二年译，有沈乙广《笺注》，1929年出版)等书。宋元人的记载，有孟拱的《蒙鞑备录》(撰于公元1221年，为今存记载蒙古事迹诸书中之最古者，见《古今说海》、《说郛》诸书，王国维有《笺证》，见《静安遗书》)、彭大雅和徐霆的《黑鞑事略》(今本为公元1232年徐霆定本，1908年有活字版，收入胡思敬《问影楼舆地丛书》，王国维有《笺证》，见《静安遗书》)、刘郁《西使记》(书成于公元1263年，见《王恽秋先生大全集》，第94卷；王恽秋《玉堂嘉话》，第2卷，后并收入《学海类编》及《学津讨原》两丛书中。丁谦有《地理考证》，见上，王国维有《校注》，见《静安遗书》)、《长春真人西游记》(丁谦有《地理考证》，见上)，等等。参阅王国维《南宋人所传蒙古史料考》，《辽宋时蒙古考》(《现堂集林》，第15卷)。宋濂等的《元史》、魏源《元史新编》、柯劭志《新元史》等均为研究蒙古史的重要著作。其他史料浩繁，不及备载。参阅张星烺《中西交通史料汇编》，第5册，第7编7—10章。——译者

① 该书有法文译本，两卷。——译者

② D.奔霆的法文译本(莱顿，1726年，两卷)；但以理·哥特利布·梅塞斯密德的德文译本《蒙古人和鞑靼世系史》(格丁根，1780年)。鞑靼原文由夫罗因于1825年在喀山出版。

文化中心了，直到中世纪晚期才有了像西班牙的科尔多瓦那样的政治文化大都会。

对西亚说来，最坏的事情还在后头呢。十四世纪晚期随着帖木儿兰(Timurlane)[①]的出现而出现的新的蒙古侵略到来时，伊斯兰教文化的活力遭受最严峻的考验的时刻才算到来了，因为帖木儿设想和执行的是一个极其庞大的计划，即征服成吉思汗和他那些直接继承者建立的大帝国解体后出现的全部蒙古各王朝。截至1398年，帖木儿帝国业已从中国的全境、从印度的旁遮普省扩展到匈牙利。穆斯林史学又应时兴起，记述这一巨大无比的成就的历史。沙拉夫·乌丁·雅兹德(波斯人，这位征服者的儿子沙·鲁克的密友)所著《胜利编年史》(*Zafar-Namah*)文体华丽，从问世之日起即很流行，后来又由不同作家续编到1454年。

幼年时即被帖木儿作为俘虏从大马士革押到萨马尔罕的伊本·阿拉布沙(1392—1450年)以有韵散文写了一部《帖木儿生平》，[②]他仇视这位伟大的征服者，这并非偶然。后来他在亚得里雅那堡(君士坦丁堡陷落前的土耳其首都)当了奥托曼苏丹的秘书。晚年在大马士革和开罗以写作自娱。

> 这位阿拉伯传记作者杰出地描绘了帖木儿为炫耀豪华给他孙子乌卢·柏格办的婚礼的极尽铺张的场面——没有梦想到这就是帖木儿骄横虚夸的一生最后一次闪光。作者在描绘不久之后死神如何向这位暴君袭来时，文章里出现了作者那些笔下生花的段落之一。这位暴君不顾他的万千部下在中亚凶恶的严寒中所受苦难，仍然坚持横渡业已冰 356

① 意译为“跛足的帖木儿”(1336？—1405)。——译者

② J. H. 散得斯译为英文，名为《帖木儿大王》(伦敦，1936年)。

封的药杀河的冬季大进军。于是死神对他说："假如你是地狱众魔当中的一个，那么我就是另一个。……假如你业已大量涂炭生灵，业已把人们的呼吸冻僵，那么，我的冰雪呼吸确实比你的更加寒冷。……因此，请听我的警告，我凭真主发誓，堆积起来的煤炭的热力，或火钵中熊熊的烈火都不能保卫你免遭死神冻僵。"这位暴君果然于1405年在奥特拉[①]屈从死神之命了。

但是，最使人吃惊的是，关于这次巨大运动的史料是帖木儿自己写的，因为他像拿破仑那样，也是一位身兼征服者和作家的人。他写了一部《回忆录》[②]和一篇论战争艺术的论文。[③] 在这里也应当提到卢伊·龚塔勒司·得·克拉维约(1403—1406年)所著《卡斯提尔使团出使撒马尔罕帖木儿王廷记》[④]。[⑤] 土耳其人于1396年在尼科波利大败前往迎战的欧洲国际联军之后，欧洲在惊慌失措之余，主动向帖木儿表示，希望和他建立联盟，一起反对土耳其人。卡斯提尔国王亨利三世为此派遣卢伊·龚塔勒斯前往东方，在萨马尔罕见到这位征服者，受到豪华而慷慨的款待，事后满载礼物回国。他回去一年之后，帖木儿去世，建立这个古怪同盟的一切可

① 在中亚咸海之东，塔什干附近。——译者

② 《蒙古皇帝帖木儿自传性的回忆录，用雅加泰突厥文写的，阿布-塔力布-胡西尼译为波斯文，马约·查理·斯涤亚特译为英文》(伦敦，1830年)。关于这部著作的评论，参阅S.得·萨栖的论文，见〔巴黎〕《学者杂志》，1831年，449—462。

③ 《政治军事制度，伟大的帖木儿的蒙古文原著，阿布-塔力布-阿尔胡西尼译为波斯文，马约·德斐译为英文，附波斯原文》(牛津，1783年)。

④ 《克拉维约东使记》，杨兆钧译，1944年初版，1957年重印。其书亦言及中国。参阅张星烺《中西交通史料汇编》第1册第322—331页(商务印书馆)。——译者

⑤ 《卢伊·龚塔勒斯出使撒马尔罕的帖木儿王廷记》，克力门兹·R.马坎的英译本，附注释(伦敦，1859年，《哈克卢特学会丛书》第26号)。关于帖木儿的简略记载，特别关于这次使节，参阅詹姆士·威莱的《亨利四世统治下的英格兰》(伦敦，1884—1898年，四卷)，I，第21章。

能性都没有了。这个插曲的唯一纪念物就是帖木儿这部杰出的回忆录。读起来和马可·波罗游记任何一章一样好。[1]

十五世纪有一部著作叫《纯洁的花园》(*Rauzat-us-sufa*),这个名称听起来虽然十分冠冕堂皇,但其内容只是一部世界史,从创世写到帖木儿当时仍在世的最后一个儿子胡西英·巴卡拉之 357
死。作者是波斯人麦康第(1498 年死于阿富汗赫拉特[2])。[3]

麦康第的儿子(1475—1535 年)也是一位历史家。他生于赫拉特,死于伟大的莫卧儿王巴宰尔[4]的宫廷中。他写了几部历史著作,其中有一部类似"波斯的普鲁塔克(伟人传)"和一部《地理学》。他写的最重要的一部著作是《世界史》,从创世写到他自己的时代。其中有许多关于蒙古人、帖木儿和土耳其人的情况。

记述从帖木儿到亚格伯[5]这些莫卧儿伟大人物的历史的作者是阿布尔-法兹尔·伊·阿拉密[6](1551—1602 年),他是伟大的亚

① 读者可以从正面观察帖木儿的另一种完全不同的资料是约翰尼斯·席尔德柏格的《冒险》。当他在尼科波利之役(1396 年)被俘时,他才是一个十九岁的德国青年,在那可怕的一天被赦免了,在巴扎则特部下服役;因为巴扎则特在昂哥拉被打败了(1403 年),他落在帖木儿手中。帖木儿死后,他回到纽伦堡,在那里撰写他的惊人回忆录。《J. 席尔德柏格当奴隶以及他在欧、亚、非三洲的旅行,1396—1427 年》,J. B. 忒尔弗译,P. 布隆注(伦敦,1879 年:《哈克卢特学会丛书》)。参阅俾兹利,III,356—376,版本一览,见第 555 页。

② 《明史》作哈烈,有专传(第 332 卷)。——译者

③ 《纯洁的花园》(伦敦,1891—1894 年,《东方翻译丛书》新辑,1—5)。关于较旧版本的评论,参阅 S. 得·萨栖的论文,见〔巴黎〕《学者杂志》,1834 年,717—725;1837 年,719—729;卡特美尔,见上,1843 年,170—185,385—403,和 1847 年,162—180。

④ 印度莫卧儿王朝的始创者(1526—1530 年),帖木儿的子孙。他写了一部回忆录。——译者

⑤ 印度莫卧儿王朝第三个皇帝(1556—1605 年)。——译者

⑥ 用波斯文著了两部书:一部是《亚格伯朝史》,一部《亚格伯法规》。——译者

格伯一位朋友、大臣和史官。第 2 卷全部是叙述亚格伯统治时期的。第 3 卷是和莫卧儿帝国的历史有关的文件汇编,很有价值。[①]

前已提到,蒙古大征服粉碎了穆斯林文化,巴格达于 1258 年被毁后,[②]西亚文化从未恢复过来。从那时以后,亚洲的穆斯林文化虽然并未绝迹,但在蒙古原始野蛮行径高压下,也是在极其巨大的艰难困苦中挣扎。

为寻求十三世纪中叶以后独立的穆斯林史料,我们必须面向西方、面向埃及和非洲、面向开罗、突尼斯和科尔多瓦。埃及马穆鲁克王朝是 1291 年后经过反对蒙古人和十字军的双重斗争之后产生的;我们从这个王朝得到大量内容广泛的资料,如地籍测量、各个行政部门手册、道路指南等等。

马穆鲁克王朝史学最光辉的时期是在十五世纪三位著名的历史作家出现的时候。阿尔-马克里西、贝尔·阿丁·马默德·阿尔-爱伊尼和伊本·塔格哈里·柏第;其中最后一位最伟大。塔刻伊-阿尔-丁·阿默德·马克里西(1365—1442 年)生于开罗,但他的祖先是从叙利亚巴尔贝克迁来的。他的主要著作是一部关于埃及、特别是关于开罗的历史和地形的叙述。[③] 这位作家十分勤恳,还有许多其他重要著作,如《阿比西尼亚穆斯林诸王本纪》,一篇关于穆斯林货币的论文,还有一篇关于穆斯林度量衡的论文,一部《希腊人和

---

① 在十八世纪晚期,法兰西斯·格拉德文把它译为英文,献给沃棱·哈斯丁斯,书名为《亚克伯皇帝的制度》(加尔各答,1783—1786 年,三卷;在伦敦重印,1800 年,两卷)。

② 蒙古灭阿拉伯阿拔斯朝,建立伊儿汗国。——译者

③ 关于这部著作的法文译本,参阅本书原书第 347 页注,比较布洛克尔曼篇幅较短的著作(见本书原书第 335 页注),195。

法国人远征达米埃塔史》(是研究圣路易那次不幸的十字军的主要资料),和一部《哥普特史》(此书仅有拉丁译本保存至今)等等。① 358

埃及历史家爱伊尼的旺盛期是在苏丹拔斯·贝伊统治时代(1455—1471年)。他的著作充满错误和虚妄,尽管伊本·塔格哈里·柏第曾说他是因为他自己听了爱伊尼向苏丹朗诵自已的著作后受到启发并认识到历史的巨大意义和重要性之后才从事历史写作的。于是他立即下定决心续编马克里西的著作,他的续编分为两部:一部名叫《时代事件》(*Hawadith ad-Duhur*),另一部名叫《群星灿烂》(*Nujum az -Zahira*)。后一部是伊斯兰教历史上一系列最伟大的人物的传记。前一部原来打算写到1453年土耳其人攻陷君士坦丁堡时结束;但实际上一直写到1468年作者死时才终止。②

政治事件在伊本·塔格哈里·柏第的《年代记》中占最大分量,如政府更迭,民众暴动,对外战争(突出的是抵抗帖木儿的那些战役和埃及远征塞浦路斯和罗得斯)和正在小亚细亚和巴尔干半岛扩张势力的奥托曼土耳其人的关系。所有这些主题都是细心而客观地处理的。作者在书中其他部分表现了像伊本·哈尔敦那样的哲学类型的头脑;对于历史上究竟什么东西有价值,他也表现了

① E.卡特美尔的法文译本:《埃及奴隶王朝史》(巴黎,1837—1845年,两卷),参阅序言;《马克里西的埃及史》,E.布洛克译(巴黎,1908年;节自《东方拉丁文评论》,第VI,VII,IX,X和XI卷)。比较卡特美尔的论义,见〔巴黎〕《学者杂志》,1856年,第321—337页;和乌阿的英译本(见本书原书第335页注),360—361。

② 《群星灿烂》的原文校订由T.G.J.朱因波尔和B.F.马提斯开始(莱顿,1852—1861年,两卷,分订四册)。他们只完成了一卷半,包括伊斯兰统治时期的最初三百六十五年。由于威廉·坡珀教授的努力,原文由加利福尼亚大学出版社继续出版(伯克利,1909—1936年,四卷,分五册:《加利福尼亚大闪米特语言学丛书》,II,V—VII);这几段中的报道,我得力于威廉·坡珀教授的第7卷导言。

惊人的洞察和阐释能力。他以很长的篇幅记述了1348年把埃及搞得荒芜一片的黑死病。这些材料至今仍未被用于研究那次巨大灾祸。确实,这件事发生在他自己的时代以前,但有些经历过那次黑死病侵袭的人们那时还活着,他们还记得那次大灾祸。后来在他自己的时代发生的其他瘟疫,他是用记录簿中的官方统计核实的。伊本·塔格哈里·柏第提醒他的读者不要轻信关于在那次黑死病中或在许多战役中传说的夸大了的死亡数字。他还根据官方河流计量表记述了尼罗河历年数字。特别重要的是他记录的经济数据,多次提到市场物价,货币价格波动,金、银、铜各种硬币的比值;他还探讨了货币中纯金属重量改变的影响,谈到宣布某种贬值
359 货币在某一日期将全部回收的公告,不但引起必需品涨价,而且连奢侈品也会涨价,因为商人甚至连必需品也不出卖,以避免接受贬了值的货币,而群众则想尽办法用掉手头的货币,把财富转变成比较有永久价值的任何东西。他指出,过高的捐税使农民破产,这是税收当局的愚蠢,说这是用不公道的办法暂时获益,实际上所获极少;而在若干年内,赋税如果公平,心中也经常记着农民福利的稳定,必可获取大得多的税收。例如,他标出亚历山大里亚在比较公平的政府统治下的某一日期和比较不公平的政府统治下的另一日期,全城闲置的织布机是两个不同的数字;同样,他还标出,在某一日期和另一日期全埃及在类似的不同地区的村庄数目的对比。有一条法律限制在街头行乞,责成警察把所有能够劳动但不愿劳动的那些人弄去修筑灌溉沟渠和运河;他对这条法律表示衷心拥护。但他谴责以强制性的法律规定道德标准;例如,关于禁止所有妇女晚间出家门的那条法律,他写道,"一个聪明的警官应当能够识别

即使是在酒店里的正派妇女和甚至在敬神场所的轻佻之辈”。在探讨人品时，他把个人的罪恶和伦理过失或社会不公区分开来。

在中世纪全部穆斯林史家当中有一位明星，这就是伊本·哈尔敦(1322—1406年)，他光辉出众，几乎独一无二。他生于突尼斯，死于开罗。他在伊斯兰教史学中的地位，相当于修昔底德在希腊、塔西佗在罗马、弗赖辛的鄂图在中世纪史学中的地位，都是各自的国家和时代最伟大的历史家。

> 使他出名的是他那部伟大著作《世界史》，不过，他这部书着重记述的是西班牙和非洲的历史。……全书分三卷，一篇绪论和一篇自传。第1卷论述文化对人类的影响；第2卷记述阿拉伯人和其他民族从远古到作者自己的时代的历史；第3卷叙述柏柏尔诸部落和他们在北非建立的那些王国的历史。绪论是论述历史科学和社会发展的一篇文章；自传不但包括作者本人的历史，而且还包括他的家族以及在他那个时代统治费兹[①]、突尼斯和特林森[②]的那些王朝的历史。[③]

他那部《柏柏尔族及北非穆斯林诸王朝史》在有批判的讲解、思想的深度、眼界的广阔和文笔的卓越等方面，处处都体现了“史学的尊严”；而在欧洲，这一点是直到十六世纪在马基雅维利和基察第尼笔下才达到的。伊本·哈尔敦一身兼历史家、政治理论家、经济学家、社会学家和哲学家，处处显示出非同一般的创见，只有“天 360
才”二字才能形容他。他这部伟大著作的《绪论》是一篇论述历史批评的文章，讲得如此深刻而充分，因而丰·克勒麦认为伊本·哈

① 在非洲西北角上，现在摩洛哥境内。——译者

② 在阿尔及利亚西部。——译者

③ G. W. 退彻：《伊本·哈尔敦》，见《大英百科全书》(第11版)，XIV，222。

尔敦配得上被公认为“第一位批判的文化史家”(der erste kritische Kulturhistoriker)。社会学家欢呼他是从社会学和经济学角度解释历史的创始人。政治学家认为他的著作可以和亚里士多德的《政治学》并列。确实,伊本·哈尔敦是第一位阐明人类生活中一切社会现象都应当是历史写作的对象这个主张的。但是,直到十九世纪晚期,欧洲学术界才知道他的名字。①

也是在十四世纪,在比伊本·哈尔敦住的地方更靠西的毛里塔尼亚,住着另一位历史家伊本-阿比-芝拉,他著有《毛里塔尼亚年代记》,②内容包括马格勒布族统治者和非斯的历史。作者从伊

---

① 《教训实例与阿拉伯人和柏柏尔人的历史的原始资料集》(部拉克,1867 年,七卷);这部著作的《绪论》和原文也出版了,附有法语译文,见《帝国图书手稿的记载和节录》(巴黎,1847—1868 年),第 XVI—XXI 卷,卡特美尔校订的《绪论》也已单独出版,共三卷;这部著作一部分有威廉·马克顾琴·得·司雷因〔男爵〕的译文,名为《柏柏尔史》(阿尔及尔,1852—1856 年,四卷)。关于法兰克人远征穆斯林领土的那部分早由 C. J. 汤堡出版,名为《伊本·哈尔敦关于法兰克人远征伊斯兰领土的记载》(乌普萨拉,1840 年)。至 1900 年,伊本·哈尔敦大部著作业已出版并翻译出来。罗伯·佛林特最早在他的《历史哲学史》(爱丁堡,1893 年),157—170 使英国读者知道伊本·哈尔敦。参阅R. 多济的论文,见《亚细亚杂志》第 6 辑 XIV(1869 年); A. V. 克勒麦:《伊斯兰文化史家伊本·哈尔敦》(1879 年);厄文·罗森塔尔:《伊本·哈尔敦关于国家的思想对中世纪政治学的贡献》(柏林,1932 年:《历史杂志》XXV),比较《镜》,VIII(1933 年),109—113 的评论;那坦聂尔·斯密特:《历史家、社会学家和哲学家伊本·哈尔敦》(纽约,1932 年);加斯顿·部塔尔:《伊本·哈尔敦,他的社会哲学》(巴黎,1930 年);M. 卡密尔·阿雅德:“伊本·哈尔敦的历史学说和社会学说”(柏林,1930 年);〔巴黎〕《学者杂志》,1844 年,193,和 1847 年,474;G. 斐勒罗:“阿拉伯社会学家伊本·哈尔敦”,见《社会改革报》,1896 年,7 月 10 日;索比·摩马萨尼:《伊本·哈尔敦的经济思想》(里昂,1932 年);穆罕默德·阿布杜拉·乌南:《伊本·哈尔敦,他的生平和知识遗产》〔阿拉伯文〕(开罗,国家图书馆,1352—1933 年)。

② 卡尔·J. 汤堡:《毛里塔尼亚王国年代记》,阿拉伯原文,附拉丁语译文(乌普萨瓦,1843—1846 年,两卷)。

德里斯传奇式的逃亡这段历史下笔——伊德里斯是穆罕默德的女婿阿利的后裔，约于788年被逐出阿拉伯半岛，逃往摩洛哥，在非斯建立了伊德里斯王朝，这个王朝曾统治二百年。这部年代记记载大量事实，包括天文和气象观测记录。全书终于1325年，对研究亚摩剌外王朝[①]和亚摩哈德王朝[②]的北非历史颇为重要。

① 穆斯林在北非洲于1062年建立之王朝，后扩充到西班牙(1090—1147年)。1147年为亚摩哈德王朝所灭。——译者

② 穆斯林在北非及西班牙建立的王朝(1147—1269年)。1212年以后势力渐衰，1232年丧失西班牙的领土，1269年丧失在北非的领土。——译者

汉译世界学术名著丛书

历史著作史

上卷

从上古时代至十七世纪末叶

第二分册

〔美〕J.W.汤普森 著

谢德风 译

李活 校

商务印书馆
创于1897 The Commercial Press

第四编

中世纪的结束

第二十一章　法国史学
(1329—1453年)[①]

在这个时期前一部分，即从1328至1360年，一般性史料很贫 363
乏。有些记载可在地方史中找到，地方史有一段时间几乎没人写了，但后来又伴随半无政府状态的出现和封建公侯国的重建而重新出现。《十四世纪诺曼编年史》(*Chronique normand du XIVe siècle*)就是这类著作中一部优异的史料，记述1336年至1372年间英法两国之间历次战争。

另一种热心培植起来的历史著作就是官方历史。自从十二世纪，路易六世(1108—37年)的大臣苏加(住持，死于1151年)为这位国王写了一部本纪、修道士里哥尔似曾充任腓力·奥古斯都[②]的史官以来，圣登尼斯寺院就一直是存放记述法国各位国王的官方年代记的地方。那些修道士以拉丁文撰写加佩王朝[③]最后几位

① 摩林尼尔，IV，全卷；亚塔尔·梯利主编：《中世纪的法国：法国研究指南》(剑桥，1922年)，312—30；加斯顿·巴黎：《中世纪的法国文学、十一至十四世纪》(第5版，巴黎，1914年)，又有哈拿·林赤的英译本：《中世纪的法国文学》(伦敦，1903年)：《腾普尔入门丛书》；厄涅斯特·拉维斯主编：《法兰西史，从其起源至法国革命》(巴黎，1900—11年，九卷)，IV，第1部分，412—16，第2部分，442—49，附参考书目提要。

② 腓力二世(1180—1223年)。——译者

③ 法国第三个王朝(987—1328年)。——译者

国王统治时期的年代记；后来因为本国语文发展起来，他们就用法文撰写了。随着法文写作出现的是《圣登尼斯大编年史》。在十四世纪，圣登尼斯那些年代记开始分枝；拉丁文本终于1340年，各种法文本终于各个不相同的年代。这些年代记都有准确的注释，很像续编基云·得·南基的著作的人们用拉丁文写的历史(1300—40年)和理查·勒斯科用法文写的《编年史》(1328—44年)。

应当提到的其他编年史有《瓦罗亚王朝[1]前四王编年史》(*Chronique des quatre Prémier Valois*)(1327—93年)(因为此书年代编排好，关心人民和教士，并记载了诺曼底历次战争)和冉·得·威尼特的拉丁文编年史(1340—68年，因为它描绘了老百姓的观点，和当时主要编年史家不同)。

描写首都的长篇文字是十四世纪首次出现的另一种历史写作。这个时期描写巴黎的那些历史家，如经过得·林西和替萨兰两位先生校编的那些著作，[2]有的用散文、有的用诗歌写作。真敦
364 的冉(他的名字和帕多瓦人马西略[3]有联系)于1323年写了一篇《巴黎颂》(*Tractatus de Laudibus Parisius*)，这篇文章描写了巴黎的文化、艺术和风俗。基尔伯·得·麦次在他的《查理六世[4]统

① 1328—1498年。——译者

② 《十四、五世纪的巴黎及其历史家》，勒·鲁·得·林西和L.M.替萨兰主编(巴黎，1867年)；比较G.得·波科尔："巴黎历史家"，见〔巴黎〕《历史问题评论》，V(1868年)，584—87。

③ 意大利学者(1290？—1343？年)，巴黎大学校长(1313年以后)，与真敦的冉合著《巴黎的辩护》(1324年)，为反对教皇世俗权力的法理学著作。1326年被迫逃出巴黎，得到巴伐利亚王路易四世的保护。——译者

④ 1380—1422年在位。——译者

治下的巴黎城》(*Description de la Ville de Paris sous CharlesVI*)一书中又补充了一些细节。自从真敦的冉以来，这个城市业已完全改观；基尔伯·得·麦次所记这个城市给他的印象非常有趣。文章最后一部分描绘了十五世纪初的巴黎社会图景，特别有价值。

在腓力六世统治时期，历史写作曾一度十分贫乏。这个情况在《历史手册》(*Manuel d'histoire*)中讲得很清楚，这部书可能是1326至1330年间为腓力本人写的。[①] 它记述了从创世到1328年这段历史时期，按照中世纪老传统，把世界分为六个时期。全书尽是些奇迹、奇才、幻景之类的东西，毫无历史价值。

为补充法国史家之不足，有必要参考在百年战争[②]中起过极其重要作用的其他各国的编年史。首要一点是，应当参考低地诸国的著作。在十四、十五两个世纪，欧洲这个地区曾撰写了很多生动的历史著作。十四世纪的主要编年史家是两位佛兰德人，他们的著作具有较前广阔得多的政治视野所要求的那种广泛性。

人们长期以来都是通过富罗沙的眼睛观察十四世纪的，但实际上他的声誉有不小的一部分是因剽窃另一位作家哲汗·勒·柏尔[③]得来的。[④] 富罗沙一直最为有名，这只是因为哲汗·勒·柏尔的手稿直

---

① M.C.库得立克：《瓦罗亚朝腓力六世历史手册》，见《献给迦伯列·摩诺的中世纪史研究论文集》(巴黎，1896年)，415—44。

② 英法百年战争(1338—1453年)。——译者

③ 比利时编年史家(1280—1370年)。——译者

④ 《哲汗·勒·柏尔先生的真实编年史：1326—1361年在法兰西、英格兰、布列塔尼亚和其他地方发生的新战争和大事情，主要是英王爱德华与法国两国王腓力和约翰所作高尚事业的真实的著名历史》。L.波连校订(布鲁塞尔，1863年，二卷)。参阅坡特哈斯特，I，642—43和摩林尼尔，IV，第3093号，V，CXXXVII—CXL。保罗·迈尔：《真实编年史》，见〔巴黎〕《古文书学校图书》杂志，XXV(1864年)，370—76；亚塔尔·第诺：《法兰西北(接下页)

到十九世纪中叶才被发现。M.波兰于1847年只发现一些片段，保罗·迈尔[①]于1861年才发现全部手稿。在两人的著作对比下，富罗沙的声誉降低了，这不但因为他毫无独创地利用了哲汗·勒·柏尔的著作，而且也因为较早的那位作家具有某些品质超过后来的那位。

从十四世纪三位作家的文章里，我们了解到关于哲汗·勒·柏尔（1280—1290至1370年）的一些已知事实。他属于列日一个古老的家族；他的父亲和哥哥都是列日市参议员；另一位弟兄是圣
365 冉大教堂牧师会成员。他曾依附埃诺的哲汗家族[②]，在英国参加战役，在国王爱德华二世远征苏格兰（1327年）时曾参加战斗。虽然他作为列日圣兰伯寺院牧师会员领有牧师俸禄，但回国后他过的却是世俗而不是宗教生活。常常被引用的扎克·得·痕利科尔[③]为他写的那篇颂辞描绘出来的形象是一个俗人而不是一位教士。哲汗·勒·柏尔喜欢的是全面的生活。他很阔绰，待人慷慨，交游王公，前往教堂时有如主教，经常有五十位朋友、仆役等人跟随，还保持着年轻时马上比武的爱好，提笔能写短歌；平易近人，喜欢和女人相处。他一生在列日城中度过，显然是这个城市一位重要人物。

（接上页）部和比利时南部的抒情诗人、卖艺者和歌手》（巴黎，1837—63年，四卷），IV，《布拉邦特、埃诺、列日和那慕尔的抒情诗人》，543—48。

① 1840—1917年。法国语言学家和历史家，法兰西学院教授（1876—1906年）。——译者

② 英王爱德华三世的皇后腓力巴是荷兰和埃诺伯爵的女儿。英国黑太子爱德华的母亲。——译者

③ 第诺（见本书原书第364页注），IV，544引用了《哈斯巴耶贵族的镜子》（布鲁塞尔，1673年），158。

哲汗于1357年开始写他的《真实编年史》(*Vrayes Chroniques*)，是记述"1326至1361年间在法国、英国、苏格兰、布列塔尼以及其他地方发生的那些新战争和事件的一部真实的、著名的史书"。原来打算记述英王爱德华三世、法王腓力六世和约翰二世等人的事业；既然写到1361年就停笔了，很可能是一部未完成的著作。原来的计划是写一部世界史，但看来却很像一部回忆录，一个有政治头脑和战场经验和宫廷经验的人写的回忆录。他虽是教士、牧师会成员，但他却喜欢短歌，而且和他那时任何一位英勇的骑士一样，对于豪侠行为和战争功绩很感兴趣；他的历史主要是一部军事大事编年史。

在波蒙的哲汗阁下请求下，哲汗开始写他那部历史，目的是为了驳斥记述十四世纪那些战争的一部韵文体编年史中的种种谬误(bourdes)。他尖锐地批评了游吟诗人为美化音律而增加的那些字眼；对别人叙述的英雄故事太过轻信，而且读起来十分费解。他自己打算用散文体尽量简单扼要地把他亲眼看见过的或听目击者口述的那些事迹写下来。他的素材一部分来自他的恩主。总的看来，哲汗实现了他忠于事实的初衷。虽然他和英国王后腓力巴[①]的叔父有联系，但他对英国人并不过于同情；虽然他用法文写作，他的编年史却不是一部国家主义的史书。他严厉批评了腓力六世让自己的国土遭到蹂躏的行为，他指出英法两国情况的不同，以便说明他称爱德华为"高尚的国王"是有道理的。他也像富罗沙那

① 英王爱德华三世的王后(1314？—69？年)，荷兰和埃诺伯爵威廉之女，富罗沙是王后的私人秘书。——译著

样，以慷慨豪侠作为判断一个人的标准，虽然他赞扬波希米亚的约翰的豪侠有些过火，但总的说来，他对约翰的批评还是公正的。他对克勒西战役[1]之后十年的记述是偏袒法国的，这是因为，那位向他提供情况的得·波蒙阁下当时正为法国效劳。就像根据口头材
366 料写的那些回忆录那样，他这部历史的价值也要看它的依据是否准确。哲汗不可避免地也在年代编排和地理上有些错误，但他自己的经历给他提供了很多准确的情况，而且他作判断时也有独立的见解。他有他自己那个贵族阶级的成见，只描写这个阶级，对普通老百姓很少有任何关心的表现。

富罗沙的著作中有些动人的描绘是从哲汗·勒·柏尔的著作中抄来的。有几个使富罗沙出名的场面也出自这位世俗的教士的手笔，他用沃伦方言[2]写作，有力而直率地记述了他那个时代那些高贵行为。他有像富罗沙那样进行生动描绘的慧心，在叙事方面也是非凡的。他那部《真正的历史》是一部第一流的编年史，是了解早期在法国进行的那些战争的最可靠的资料。他说，他写得不好的那些地方，是留给别人的，但愿上帝保佑他能写得更好些。

冉·富罗沙[3][4]在许多方面都类似他那位前辈：二人都是佛兰

---

① 1346年8月26日英军大败法军于此。——译者

② 比利时法兰西语。——译者

③ 法国编年史家(1333？—1400？年)，到过英国(1360年)、苏格兰(1365年)、米兰(1368年)。约于1372年加入教会。——译者

④ 富罗沙的版本很多。应当在此地提到的那些有翁团·韦亚的版本(巴黎，1495年，四卷)，登尼斯·萨瓦格的版本(里昂，1559—61年，二卷)和卡文·得·勒吞霍夫的版本(布鲁塞尔，1867—77年，二十九卷，包括散文和诗歌)。最后的版本是西缅·卢斯的版本，《冉·富罗沙的〈编年史〉》，由加斯顿·雷诺和雷翁·米洛继续校订(巴黎，1869—1931年，十二卷：《法国史学会》丛书第49号)。有各种译本；英译本中最(接下页)

芒人、教会文书、旅行家、诗人和编年史家。和哲汗不同的是，他出身于资产阶级，如果社会上曾经有过向上爬的人的话，他就是一个，他从自己低下的地位向上爬，成了王公的臣仆，成了他一向尊崇的那些贵族的伙伴。他巧于争取贵族恩主并改换保护人，从中受惠。从他的作品中，可以东鳞西爪看到他早年的少数事实：他约于1337年生于瓦朗西安一个资产阶级家庭，受过良好的教育。1361年在英国时，把一部记述从1356年普瓦蒂埃之役[①]至1360年间大陆上发生的大事的历史著作（可能是用韵文写的）献给爱德华三世的妻子、他的埃诺同乡腓力巴王后。在王后庇荫下，他继续住在英国（可能是作为历史编纂家）直到大约1367年。在宫廷喜庆典礼中他出力帮忙，这些事使他迷醉异常；在贵族中结交许多朋友，还曾和休哥斯·斯宾塞[②]的儿子一起前往苏格兰访问国王大卫·布鲁司[③]的王廷。富罗沙回到大陆时，头脑里装满了有趣的轶事作为他写编年史的材料。理查二世诞生时（1367年），他在波 367

（接上页）著名的是柏涅兹爵士的译本（伦敦，1523—25年，四卷，分订两册；有各种近代重印本）。关于版本、译本和批评文献，参考坡特哈斯特，I，472—75和摩林尼尔，IV，第3094号（第5—18页）。卢斯本的序言也是不可少的。还可参阅亚勒弗烈·摩里的《J. 富罗沙的〈编年史〉》，见〔巴黎〕《学者杂志》，1889年，第95—106，353—62页；加斯顿·霸栖厄："富罗沙的复原"，见〔巴黎〕《两世界评论》，1875年，第678—96页；H. 波司《冉·富罗沙》，见《普鲁士年代记》，1889年，221—242；摩林尼尔，V，第cxxxvii—cxi页；利奥那德·曼杨：《富罗沙关于克勒西战役的历史真实性的考察》，见《密执安科学、艺术和文学院论文集刊》VII（1927年），207—24；詹姆士·菲茨詹姆士·史梯芬爵士《赫里·萨巴提西》（伦敦，1892年，三卷），I，第2篇论文；和《〔伦敦〕泰晤士报文学副刊》，1929年，第369—70页，1937年，933—34（极好）。

① 英国黑太子大败法军于此。——译者

② 英王爱德华二世的宠臣。——译者

③ 1329年继承其父为王，王后为英王爱德华二世之女。——译者

尔多和黑太子在一起。回英国一趟以后，他和克拉棱斯公爵里翁内[①]于1368年一道离开英国前往意大利，后者是去米兰和维斯昆提家族一成员结婚的。他参观了弗拉拉、波洛尼亚和罗马；他的恩主腓力巴王后死时(1369年)，他仍然在意大利。但在其后他的余年中，他一直有许多恩主。1370年时，他也取得布拉邦特公爵夫人对他的好感的确实证据，因为他以前曾送给她一部书；不久之后，她的丈夫卢森堡公爵文塞斯罗斯也对他发生了兴趣。他为公爵写了一部《麦利亚多》(*Meliador*)，这是一首仿照圆桌始末[②]写的长诗，公爵直到逝世(1383年12月)以前，一向保证对他的赞助不变。与此同时，富罗沙又和那慕尔的罗伯建立了重要联系；罗伯是从爱德华三世手里领取年金的人，一个到过普鲁士和巴勒斯坦的十字军人，也是英国王后的妹夫。富罗沙从一位新恩主手中得到亚田-奥-蒙的牧师职位——可能在这时以前他已是一位教士了。他在那里差不多住了十年。他这位新恩主是夏蒂荣的基二世(Guy II)，基的父亲曾为法国作战，死于克勒西之役；他本人也顽强地反对英国。富罗沙从1384到1391年和基相处甚密，当他的牧师，并曾跟随他漂洋过海航行各地。他曾多次离开基的宫廷享受有趣的旅行，中途向遇到的一切人探问他们见过的高贵行为。1388年，他在旅行中还曾进入弗瓦伯爵加斯顿-飞巴斯的宫廷，因为，他说过，[③]"闲着没事干实在使人心烦"；他知道他在那里会找到"各式各样的骑士和他们那些奇异的扈从"，他们会把他们所知

① 生活于1338—68年。——译者

② 英国传说中亚瑟王武士围坐的圆桌。——译者

③ 第3卷，第1章。

道的一切都告诉他。在伯爵殷勤接待下，他享受着宫廷生活，了解了许多有关西班牙和法国南部战争的情况。在旅途上，他和加斯顿一位骑士在一起，返回时路经阿维尼翁和里翁，在恩加伦·得·库栖的别墅中拜会了他，然后回荷兰，到了基的住处。他的探索精神后来又驱使他到达布鲁日和密得尔堡调查卡斯提尔历次战争的情况。富罗沙渐渐脱离布腊家族[①]，和埃诺总督基云·多斯特累凡拉上关系，在那里接触到勃艮第势力。出席阿布维尔会议后，他于1394年乘船去英国，但发现局面业已改观：一位新国王理查二世已即位，他的老朋友都不见了；政情已不同先前了。他带着关于英国和爱尔兰历次战争和英国政情的许多材料回国继续进行写作。他的晚年生活情况不明；可能是在犀美[②]度过的，在1404至1410年间某时在该地逝世。

富罗沙为之献出一生的工作就是撰写他的《法兰西、英格兰、 368
苏格兰和西班牙编年史》。终生努力的成果是前后共七十三年（始于1326年，止于1399年亨利四世加冕）的一部编年史。几乎全部都是战争史：英国和法国、英格兰和苏格兰、法国和佛兰德以及法国和那瓦拉[③]之间进行的那些战争的历史。富罗沙记载这些伟大战争和英勇事业的“壮丽奇勋和显赫武功”（les grans merveilles et li biau fait d'armes）的目的是使他那个时代的光荣永远保留在人们的记忆之中。[④] 正如他在序言中所说，他打算以哲汗·勒·柏

① 法兰西北部一个伯爵家族。——译者

② 在尼德兰西南部。——译者

③ 在比利牛斯山脉之南。——译者

④ 第1卷，第1章。

尔的著作为榜样,奠定他的编年史的基础,编排内容顺序;不过要尽量利用他在从不间断的“访问”(enqueste)中得到的尽可能完善的知识加以补充。[①] 为了增加知识储备,他曾向许多骑士、乡绅和带兵打仗的国王请教,总是寻根问底,非得到“事实真相”不可。在历次旅行中,他搜罗到许许多多轶事,在范围上和时间上都把这部《真实历史》扩大了。

他依靠自已遇到的各式各样的贵族取得材料,他又常常随着积累的故事增多而改写原稿,因此书中出现了许多错误。我们发现他记载的事件杂乱无章,都是些重复、年代错排、地理位置不准确等等。这些错误也许是不可避免的,他的年代记载可以对照官方文件加以校正。有的还替他辩护,说在这方面除了《瓦罗亚王朝前四位国王的编年史》的作者以外,他并不次于他那个时代其他那些编年史家。对他更为严厉的批评是说他是一个趋炎附势的人,常常改变观点,以谄媚他那些常常变换的恩主,歪曲事实以为某人辩解或加罪于人。[②]

他的编年史有许多互不相同的抄本;这个情况使得对他的作品进行公正估价就更加困难了。我们手头有的是五十个抄本而不是一部肯定就是他的原文的东西。他曾为全书四卷中的第1卷作过几次修订。第1次修订包括从1326年到1369年或1372年那部分,于1369、1373年间定稿。这是当他从英国回国之后不久,在

① 他希望对哲汗·勒·柏尔不充分的材料有所增补,这件事在亚眠发现的较晚的手稿中看到,比较卢斯的版本(见本书原书第366页注),I,210。

② 关于富罗沙“有意识地不负责任地歪曲真实情况”的说法,L.曼杨在他关于克勒西战役的研究(见本书原书第366页注)中,提出强有力的反驳。

同情英国的罗伯·得·那慕尔的鼓动下改写定稿的——他在英国时,曾从产多斯[1]和黑太子那里听到关于克勒西和普瓦蒂埃两次战役的故事。他这部书是亲英的。这个版本有当时人写当代事的气息,当时最为流行。在这部分中有些是他笔下最生动的文章,却也最应归功于哲汗·勒·柏尔。但在1376年以后,当查理五世[2] 369
的智慧和杜·吉克朗[3]的英勇增加了法国的威望,富罗沙也当了法国骑士夏蒂荣人基的牧师之后,他却再次把这部分修改成为第2次修订稿(即亚眠抄本)。这一稿比较袒护法国人,增加了一些对腓力和约翰两位国王有利的事实。最能说明他由亲英变成亲法的例子是他改变了克勒西战役的写法。关于克勒西和普瓦蒂埃两次战役之间那些年的记述,他能够借助哲汗·勒·柏尔的著作,后者记述这些年代时袒护法国人的说法,富罗沙从前一直压下未用。但在其他方面,他却用自己的观点代替列日这位编年史家[4]的。第3稿(即梵蒂冈抄本)是富罗沙再次赴英、大失所望、理查二世也被废黜并于1400年逝世之后写的;在这一稿中,他和自己早年同情英国事业的态度彻底决裂了。他那些论断,虽然严肃、有时还很深刻,但都失于苛刻;他说,英国人宁愿作恶不愿行善,宁愿打仗不愿讲和,是全世界最狂妄自大的民族。

在第3稿中,他只保存了哲汗·勒·柏尔的要旨,运用了自己

---

① 约翰·产多斯爵士,英国军人,与黑太子共同参加克勒西(1346年)等战役;在波亚叠(1356年)战役中救了黑太子的生命。死于1370年。——译者

② 法王查理五世(1337—80年)。——译者

③ 法国将军(1320?—80年)帮助法王把英军赶出法国西部和南部。——译者

④ 指哲汗·勒·柏尔。——译者

的独立思考。假如说他在庄重方面有所改进，而且还写出像对英国人的评价那样美好的文章的话，那么他同时也因为放弃了像罗伯·布鲁司[①]临终时那些极其动人的场面而大受损失。在初稿里边，这个故事几乎是逐字逐句从哲汗的著作中抄来的，在西缅·卢斯看来，这是富罗沙早期著作中最美丽的篇章之一；但在第 3 稿中，却缩写成仅仅几行了。[②]

虽然富罗沙著作中有些最著名的段落几乎是逐字逐句抄袭哲汗·勒·柏尔的，但他为这部较早的著作所作增补却也很有趣，他自己也有配得上他所写主题的活力和色彩。他比哲汗的想象力更丰富。他的润色，尽管并不经常正确——例如他为他那些主要角色编造的那些演说词——却相当生动地描绘了他那个时代的生活。

富罗沙的著作的主要优点在于它是他那个时代的典型。一个正在逐渐衰败的骑士制度在一位编年史家笔下听到回响，这位史家只知欣赏这个制度外表的豪华，却忽视了其自私与空虚的实质。富罗沙的著作是研究十四世纪骑士制度的指南。书中竞技、比武、战役、救赎、游侠行为等等图景比比皆是；对宫廷生活，如弗瓦伯爵加斯顿-飞巴斯的宫廷生活，也有非凡的记述。富罗沙一向效颦贵族阶级，用他们的标准进行判断；忠勇和冒险精神是衡量人物的标准。这使他对双方战士的骑士美德的评价都能做到公允，例如他对约翰·产多斯或国王约翰的评价就是这样，但同时也产生了某

---

① 苏格兰国王（1306—29 年在位），驱逐英国人，解放苏格兰。——译者

② 卢斯版（见本书原书第 366 页注），I，第 xix 和 lxxiv 页。

种程度的冷酷无情。“众好汉”[①](grands compagnies)的首领，也 370
就是一个强盗，竟然因为有权有势，也像一位高尚骑士那样受到作者高度称赞；加斯顿-飞巴斯尽管对自己的孩子百般虐待，却被写成一位杰出的王公。富罗沙对他自己那个时代既不理想化，也不谴责；他只是一位观察家，胸中具有的只是他那个时代正在堕落中的社会良心。

他在写作中对下层阶级的处理表现了他的社会偏见。他一般不写下层人物，偶尔写一些，也只是因为他们也像骑士那样，干了一些激动人心的事情，例如他笔下的扎克·达特维尔就是这样。他用了很长的篇幅描写英国瓦特·泰勒尔的叛乱(1381年)[②]也记述了法国的扎克里(1357年)[③]，都是较详尽的材料，但在语气上，对人民的痛苦是无动于衷，认为他们“粗野”或“愚蠢”。他评价的准则很肤浅；他以冷漠无情的态度记述了像黑太子洗劫利摩日之类的残酷事件，这种写法如果是在另一个时代定会使人大吃一惊。又如在苏格兰人抢劫达勒姆这事件中最使他受到触动的是“无一人幸免”、即使那些特权阶级也未被放过这个事实。

富罗沙和哲汗·勒·柏尔一样，也不是民族历史家。当时那些英雄是以他们各自英雄品质为根据加以评价的，他的《编年史》里并没有因为自己的爱国主义而仇视某些人。不过，富罗沙对某些种族有成见，特别是当他对法国的同情更大一些的时候，这种成

① 中世纪对一群冒险者的通称，平时以打劫为生，战时为雇佣军。——译者

②③ 译文片段见刘启戈等选译《中世纪中期的西欧》，第83—113页(三联书店，1957年)。扎克里一词出自扎克，为粗鲁汉，乡下人之意，是法国贵族地主对农民轻蔑的称呼。——译者

见更深。他对罗曼斯诸民族(Romance peoples)[①]采取宽容态度，但他不喜欢日耳曼人[②]，因为他们重视物质利益甚于冒险；随着这个世纪走向晚期，他对英国人的看法也有变化；他说他发现苏格兰人“都是坏蛋，都是盗匪”，爱尔兰人只不过是一些蛮子。

尽管他有偏见，意见也摇摆不定，在年代编排和地理上也有错误，叙事也缺乏次序，但他这部编年史作为十四世纪的史料还是确实有价值的。米细勒[③]把富罗沙的编年史当作“败落的晕光”(Putrescent iridescence)加以唾弃，但对他这部书早期的名声这种批判的反应，以致认为他这部书毫无价值，也未免太过火了。富罗沙在写作中忽视查阅文件，我们却可以利用文件仔细加以核对。尽管我们发现他的著作中没有历史批判，并未设法进行分析，但是我们发现他这部书是反映骑士时代的一面极好的镜子。对富罗沙批判最深刻的校订者西缅·卢斯也承认富罗沙作为一位风俗作家和描绘者的价值；但他说，他的编年史中只有某些部分会作为历史保留下去。因为“博学日益发展，有使富罗沙著作的纯历史价值减少的趋势”。[④]

在有学者风度的查理五世统治时期[⑤]，史学出现一种新格调，一直持续到他统治末年。在这个世纪中叶《圣登尼斯大编年史》的面貌完全改变了。虽然仍旧按照逐年记事的老办法编写，但这时

① 即说拉丁语等语言的诸民族，如法国人、意大利人和西班牙人等。——译者

② 即英国人和德国人。——译者

③ 法国史学家(1798—1874年)。——译者

④ I，第ixxxiv页，比较cvii—cxxvi。

⑤ 1356—80年。——译者

已变得更为广泛，更带有官方性质了。记述1350至1378年那部 371
分归到一位住在巴黎的勃艮第人佩耳·多基蒙名下。[①] 当国王还是诺曼底公爵的时候，他就已当了国王的顾问，后任巴黎高等法院第一任院长，1373年被委为大法官。查理五世死后他才退休。《大编年史》中他写的那部分很像官方文件，肯定是在国王亲自监督下写的。正文中常常插入真实文件，他写的东西一般都很准确，属一流作品。这部书是查理治理国家的阐释，是一部名副其实的政治论著，是为法国国王作的美化宣传。记述1356—58年巴黎革命和布雷蒂尼条约被撕毁（1369年）的那部分更是这样。

意大利文艺复兴的影响，由于设在阿维尼翁的教廷通过像佩脱拉克[②]那样一些意大利访问者和法文译本等媒介，得以悄悄越过阿尔卑斯山来到法国。不时还有意大利作家定居法国。其中最著名的是克立斯丁·得·比山[③][④]，即《贤君查理五世功录》（*Le*

① 原文见《法兰西大编年史》，保林·巴黎校订（巴黎，1836—40年，六卷），第V—VI卷，特别参阅V，389和VI，483—504。朱理·微阿校订的《法国大编年史》新版正在排印中（巴黎，1920—37年，到现在已出版九卷：《法国历史学会丛书》），但现在还没有包括1348年以后的事情。参阅摩林尼尔，IV，第3099号和V，第cxxxiii—cxxxiv页；西缅·卢斯的论文，见〔巴黎〕《历史评论》，XVI（1881年），91—102；拉维斯（见本书原书第363页注），IV，第1部分，413。

② 意大利的人文主义者（1304—74年）。——译者

③ 法国女诗人（1364—1429年）。——译者

④ 最近的版本是S. 索林特的校订本：《克立斯丁·得·比山所著〈贤君查理五世功录〉》（巴黎，1936年，两卷《法兰西史学会丛书》，第127号）；又见C. B. 佩替多校订的《有关法兰西史的回忆录大全》（巴黎，1819—29年），V，201—428，VI，1—146；见J. F. 米绍和B. 坡儒拉合编的《十三世纪至十八世纪末法兰西史回忆录新汇编》（巴黎，1836—39年，三十二卷），I，591—637，II，1—145。关于克立斯丁，参阅坡特哈斯特，I. 222的传记文献；摩林尼尔，IV，第3327号；佩替多，V，203—44；米绍和坡儒拉，I. 583—90；和索林特的导言，I，第i页注1。

livre des fais et bonnes meurs du sage roy Charles le Quint)一书的作者。这位有才干的女作家的父亲是意大利一位天文学家和医生,他是因为受到众科学家的恩主、聪明的查理的劝诱才去法国的。克立斯丁于1364年生于维也纳,她的父亲把她带到巴黎,后来她就在法国住了一辈子,尽管其他各国恩主竭力想把她拉走。她从她父亲那里受到良好教育,学过法文、拉丁文、科学和文学。虽然她的家庭在国王照顾下曾兴旺一时,但在1380年他父亲死后就衰落了。她的父亲和她的丈夫亚田·得·卡斯忒[1]相继去世后,留下克立斯丁独力维持家计,经过努力,她的经济情况仍未好转,于是她改弦更张,利用写作维持生活。因为那个时代作家维持生活只有依靠恩主照顾,所以克立斯丁就利用在卷首向某权要致
372 献词和奉献装潢美丽的版本等办法寻求恩主。她的恩主包括贝里公爵约翰、奥尔良公爵;奥尔良公爵的势力衰落以后,还有勃艮第公爵大胆的腓力[2]。她最后那些著作当中有一部是献给查理六世[3]的,因为他酬谢了她父亲的功劳。尽管克立斯丁拒绝离开法国,但她在这个国家从来都不幸福,后来她不但厌恶了这个国家,而且也厌恶了整个世界,于是就进入一个尼庵当了修女,大约在1429年死在庵中。

多年来,她写了不少韵文著作,有些作品历史材料颇为丰

---

① 约于1378年结婚,约死于1388年。——译者

② 生活于1342—1404年,法王查理五世的兄弟,参加波亚叠战役(1356年),以勇敢著名。1380年法王查理五世死时,任命他为查理六世四大监护人之一。1392年查理第六疯狂后,他和他的弟弟培里公爵冉·得·法兰西同受命为摄政官。——译者

③ 查理六世(1380—1422年)。——译者

富。[①]《好运无常》(*Le livre de le mutation de fortune*)这首诗勃艮第公爵 1403 年读后印象极深，他因此委托她写了一篇关于查理五世的文章。《好运无常》的内容是回顾在她自己家庭中以及在过去时代和截至查理六世统治最后那几年的现时代，命运之神造成的种种成败甘苦。她这首诗虽然不易领会，但对了解十四世纪的科学和艺术思想还是很有用的。在《长期研究的道路》(*Le Cheminde long estude*)一诗中，讨论了以和平和公正治国的君王应当具有的品质，这是亚里士多德关于一位聪明的统治者的理想的再现。克立斯丁有几部散文著作是查理六世那段可悲可叹的统治时期的大事索引。其中包括《武功与骑士》(*Le livre des faits d'armes et de chevalerie*)（1404—07 年）、《和平论》(*Le traité de la paix*)(1412—13 年)和《内战灾祸之可悲》(*Lamentations sur les maux de la guerre civile*)(1410 年)。第 1 篇文章记述的是一位妇女的眼睛观察到的战争细节，虽然没什么意思，但谈论人民权利的第 3 部分还是比较重要的。在论述和平和战争祸害的那些文章中，她一改在其他文章中表现的那种超然于政治扰攘之上的态度，变成一位为苦难深重的人民申诉、为持久和平的好处呼吁的人。《和平论》是她献给皇太子路易的，她从查理五世统治时代吸取可资借鉴的教训，劝说路易应如何统治。

① 关于克立斯丁的韵文及其他著作，参阅摩林尼尔，IV，63—64；《克立斯丁·得·比山诗歌集》，摩里斯·垒出版（巴黎，1886—96 年，三卷）；阿丽思·垦普·韦尔希：《十五世纪的一位男女平权论者——克立斯丁·得·比山》，见她的著作《论六位中世纪妇女》（伦敦，1913 年）。克立斯丁的诗歌：《贞德的预言》，收入朱理·启希拉所编：《贞女贞德的定罪和平反的法律程序》（巴黎，1841—49 年，五卷：《法兰西历史学会丛书》，第 15 号），V，1—21。

她作为一位史家的声誉主要来自她写的那部查理五世本纪。这部书是勃艮第公爵大胆的腓力委托她写的，给了她在搜集资料方面的一切便利。虽然在辛勤的调查研究上花费了不少时间，但写完这部书总共用的时间还是很短很短的，从1404年1月下笔，不到一年就完成了，不过未能在她的恩主死前交卷。

这部本纪是正面研究查理本人的仅存的一部，因为一位修道士写的另一部业已失传；她这部传记中有些部分是近代历史家手
373 头关于查理统治时代某些活动的最好的材料。虽然克立斯丁曾经写过一篇论战争的文章，但她并未详细叙述这个时期战争过程的历史。因为她自己所受教育是教士教育，这就使她强调一位教士国王勤勉、虔诚和慎重等品质；这当然并不奇怪。她这部著作的这种特点在她把全书分为以其三卷书的标题“勇敢的高贵品质”(Noblesse de courage)、“豪侠的高贵品质”(Noblesse de chevalerie)和“聪慧的高贵品质”(Noblesse de sagesse)表现了出来。第1卷叙述国王的教育、正规生活、秩序井然的宫廷、谦虚和节制的美德等等。第2卷记述主要军事大事和当时几位著名人物。在第3卷中，我们发现查理一些最值得注意的话，他的科学和艺术爱好以及一些历史事件，如克力门[①]当选教皇和皇帝、查理四世[②]访问巴黎等等。这部书这样设计极适合歌功颂德，克立斯丁也不愿意批判地记述她的家族的恩主。除卖弄矫饰外，这一点就算是这部书的主要缺点了。不过，还必须补充说明，克立斯丁的许多描述，在

① 克力门六世(1342—52年在位)，住在法国，拒绝回罗马。——译者
② 即卢森堡的查理(1347—78年)。——译者

她那个时代的许多评论文章中得到证实。还应当指出一点，假如她这部书是按年代顺序而不是按题目分类的话，就更便于一般读者阅读了。

虽然克立斯丁的著作有歌功颂德的缺点，但比当时大多数历史著作，在思想观念上却更接近近代一些。她和当时王廷中那些政治理论家之类人物一样，对收养她的法国真挚热爱，这种爱国主义感情在十五世纪即取代"国际主义的"骑士理想。富罗沙崇敬骑士精神，但他不考虑骑士长期战争的功勋目的何在；克立斯丁则比他前进一步，竭力透过表面现象了解内情，在政治和道德方面进行了许多思考，事实上是倾泻了过多的道德说教。克立斯丁站的位置介乎十四世纪单纯记载史实的史家和十五世纪那位喜欢思考的历史家科民[①]之间。

记述查理五世统治时期的主要资料是描写查理最著名的军事领袖布列塔尼人柏特龙·杜·盖斯克朗[②]的一部韵文传记。[③] 柏特龙大约生于1320年，由于他在反对蒙福特人约翰和英国人的斗

① 生活于1447？—1511年。法国编年史家，先后在秃头查理、路易十一和查理八世诸朝服务。查理八世年幼时，他为摄政参政院委员之一。后以政治原因被捕，流放十年，退休后写了一部《回忆录》，为中世纪的古典著作之一。——译者

② 法国将军（1320？—1380年），把英军从法国西部、南部赶走，建立殊功。——译者

③ 摩林尼尔，IV，第3347—49号；西缅·卢斯，《柏特龙·杜·盖斯克朗的历史和他的时代》（第2版，巴黎，1882年）；M.阿维纳尔：《屈维利尔所著〈柏特龙·杜·盖斯克朗编年史〉》见〔巴黎〕《学者杂志》，1844年，第672—93页和1845年，第479—502页。屈维利尔的诗歌记载，最早由E.沙利尔出版，见《法兰西史未刊文件一览》（巴黎，1835年及以后），第1辑，第10号（1839年，两卷）。关于杜·盖斯克朗的散文记载，参阅佩替多（见本书原书第371页注），IV，165—467和V，2—199；与米绍和坡儒拉特（也见本书原书第371页注），I，431—579。

争中那些英勇事迹而誉满布列塔尼，最后于1354年封为骑士。在
374 围攻雷恩的时候，他屡建奇勋引起国王的注意，于1357年被任命为蓬多孙战役的指挥官。围攻默伦时(1359年)功绩显赫声誉极高，因此被委任为在英国当人质的三位王族公子在诺曼底、安如、曼恩和阿朗松那些领地的代理官。国王拨给他一支部队打击正在法国到处抢劫的“众好汉”，他把这些强盗从法国西部大部地区驱逐出去。在诺曼底的科希尔战役中，他担任法国部队指挥官，骄傲的加普塔尔·得·部希就是在那里被俘的；但是在奥累战役(1364年)中，他本人也被迫投降产多斯。后被赎出，指挥未降各连部队离开法国，支援特拉斯塔马拉的亨利①，抵抗残酷的彼得罗②。再次被俘后，再次被赎出，他被赎归的故事证明他在法国人民当中极得人心，也证明他的自尊心。1370年被任命为法国保安部长后，不久他就收复了普瓦图和圣东日③，在布列塔尼挫败英国部队，1380年在郎格多克④攻打“众好汉”时阵亡。

夸耀这位法国民间英雄杜·盖斯克朗的丰功伟绩的这首颂歌几乎就是在他那个时代亦即在他死后不久写的。作者自称名叫屈维利尔。和他同时代的人把他说成是以写宗教诗歌糊口的贫苦叙事诗人(trouvère)，关于他的其他情况所知甚少。原诗很长，虽然流传下来的抄本很多足证原诗是成功之作，但仍然有人把它压缩、

---

① 即卡斯提尔国王亨利二世(1369—79年在位)。残酷的彼得罗即位后逃往法国(1356年)。1379年战败被杀。——译者

② 卡斯提尔的国王(1350—69年在位)，与其兄亨利二世长期作战。利用英国黑太子的帮助，打败他的哥哥，最后于1369年战败，为他的哥哥所杀。——译者

③ 在法国西部。——译者

④ 在法国南部。——译者

改写成散文，那大约是在1387年为维尔农[1]名将哲汗尼·得斯图特维尔压缩、改写的。勒满先生曾指出这位诗人手头有某些续编《圣登尼斯编年史》的历史家利用的笔记；屈维利尔可能利用了记述布列塔尼前几次战争的一份书面材料[2]。这首诗的历史价值很小，只是歌颂杜·盖斯克朗的声誉（围绕他的名字出现许多传说）并使人使对当时的思想观点和风俗习惯有所了解而已。关于这方面的例子是对占星术和预言的迷信，例如一位修道士预言年轻的杜·盖斯克朗将来的光荣，又如雷恩[3]一个聪明的女人预言二人决斗的结果，她后来嫁给胜利者杜·盖斯克朗了。屈维利尔相信神迹，例如他对布卢瓦的查理[4]墓前的神迹的描写就可说明。

这位诗人被称为最后一位叙事诗人，他的诗和传奇史诗有联系。他从史诗中抄袭了许多虚构故事，特别是从《查理曼传奇始末》(*Carolingian cycles*)中抄得最多，但他不知道如何运用这些故事。人们批评他的文笔累赘、单调而重复。这首诗是文体的一
种过渡形式，处于韵文编年史和微隆[5]的诗歌之间、中世纪短歌和 375
近代回忆录之间。以严格的定义衡量，他的作品够不上一部军事回忆录，只是有向军事回忆录发展的倾向；他这部书可算一个里程

---

① 在法国西北角诺曼底。——译者

② 关于这首诗的历史性，参阅西缅·卢斯的论文，见〔巴黎〕《古文书学校图书》杂志，LIJ(1891年)，615—18；和J.勒满的著作，同上，LVI(1895年)，84—89和〔巴黎〕《历史评论》LXI(1896年)，45—61。

③ 在法国西北角上的布列塔尼。——译者

④ 即布列塔尼公爵查理。——译者

⑤ 法国诗人(1431—?)，出身微贱，1455年因杀一教士而被放逐，后以犯盗窃案，被处死刑，又减为流刑。他是法国最伟大的抒情诗人之一。——译者

碑，因为它是这个世纪最老的回忆录；佩替多刊本诸作家发现，从大胆的腓力[①]到约翰二世[②]这段时期缺乏回忆录作品。

查理六世时期（1380—1422 年）的历史著作反映的是当时的情况。不仅在法国一国有价值的著作很少，而且那些历史著作反映的都是当时的政治热望。多数作家都有倾向勃艮第的情绪，因为勃艮第公爵的威望影响极大，他的宫廷也日益显赫；为了找到具有普遍价值的史料，必须求助于在勃艮第宫廷直接保护下从事写作的那些编年史家的著作。

这个时期的主要史料是两部编年史、几部回忆录和巴黎王廷中一位文书的记载。两部编年通史必须联系起来看，因为二者紧密衔接。第一部是圣登尼斯寺院一位未具名的修道士写的一部拉丁文编年史；第二部是乔味纳尔·得赛森用法文写的。

关于圣登尼斯寺院这位修道士[③]的生平，已知情况甚少，他究竟是谁现仍存疑。有人说这两位无名作者就是下列二人：一位是奔诺·真田，神学博士，曾出席君士坦斯宗教会议的一位代表；另一位是佩耳·散梦，他是有多次游历和冒险经历的人。关于他的生平，已知的少数事实是：他生于 1350 年以前，1414 年仍然在世，

---

① 即法王腓力三世（1270—85 年在位）。——译者

② 生活于 1350—64 年。1356 年为英国黑太子所败，被俘后囚于英国（1356—60 年）。——译者

③ 摩林尼尔，IV，第 3572 号；坡特哈斯特，I，313—14。J. 勒·拉部勒出版了一部根据拉丁文翻译的法文本，至 1416 年（巴黎，1663 年）；拉丁原文附法语译文，最早由 L. 柏雷居校订：《圣登尼斯寺院修道士的〈编年史〉》（巴黎，1839—52 年，六卷），附有 M. 得·巴龙特的导言。这几卷书也构成《法兰西史未刊文件一览》（见本书原书第 374 页注）的 1 部分，第 1 辑，第 7 号。

当时他在贡比涅[1]城外国王的军营里。1368年10月在圣登尼斯寺院，1381年在英国。他受委托编撰法兰西王国官方年代记，1393年受贝里公爵之命记录留林亨会议。还有关于他到过其他地方的记载：1392年在芒市，1398年在兰斯，出席1408年谴责本尼狄克特十三世[2]的巴黎会议。在贝里[3]战役中，他和查理六世在一起，1414年又曾和他在一起。

作为一位史官，这位修道士写了一部查理六世（1380—1422年）本纪，计四十三卷，每卷记述他的统治时期中的一年。1416年以后诸卷不幸丢失。这部书下笔较早，可能在1392年以前什么时候，是根据这位教士跟随国王旅行期间所作笔记编写的，逐年记述法国王廷的活动。在史实和年代的准确性方面，这部书可算一部 376
范本。这位编年史家的职位使他有机会接近公文，他在正文中曾插入或提到这些文件。根据和他同时代人的记载，这位修道士对古代和当时的法兰西王国的历史都很熟悉。毫无疑问，这部编年史是一位通晓法国历史、手头有最好的资料、而且兢兢业业从事写作的一位受过良好教育的人写的；不过，这位修道士，和他的许多学友一样，是把历史写作当成修辞练习用的，文章累赘、废话连篇，以致锋芒尽失，索然无味。

《查理六世本纪》显然是圣登尼斯寺院所撰巨大拉丁文年代记

---

① 在法国北部。——译者

② 居于法国阿维尼翁的伪教皇（1394—1423年）。——译者

③ 贝里是法国中部的一个公爵领地。第一个公爵冉·得·法兰西（1340—1416年）是查理六世的叔父，1392年他和两个兄弟安如公爵和勃艮第公爵同为摄政。三人各立私党，互相竞争，内争不已，法王势力更加削弱。——译者

的续编和结尾。作者说,他还曾编写一部拉丁文查理五世本纪,但原稿已丢失。作为史官和王家专院正式记录的续编者,这位修道士是一位很好的保皇主义者。看来他对查理的热情是由衷的,对国王的不幸处境表示惋惜。他厌恶法国的混乱和国王周围那些气派十足的地方长官的放荡、自私和无能。虽然在情绪上他是温和的,在表示看不起其他人时也是谨慎的,但仍不能隐瞒他喜爱勃艮第人的事业和无畏约翰的心情,在他看来,使国家走上正轨可能要靠约翰。对勃艮第公爵暗杀奥尔良公爵(1407 年)一事,这位修道士表示遗憾,但事情过后,他却把他偏袒勃艮第的情绪流露出来,后来皇太子[①]于 1419 年杀害出自这个家族[②]的公爵,他对这个家族仍表示好感。

为了解奥尔良党的观点,应求助于冉·乔味纳尔·德赛森[③]所撰法文编年史。这位作者是一位教士,曾在查理七世和路易十一[④]统治时期起过重要作用。他于 1388 年生于巴黎,他的家族势力已替他准备下一个美好的前程。年方二十八岁(1415 年),他就当了宫廷检察长(maître des requêtes de l'hotel)。他的父亲,前商

① 即后来的法王查理七世(1422—61 年在位)。——译者

② 勃艮第公爵无畏约翰被皇太子的党羽暗杀。——译者

③ 摩林尼尔,IV,第 3574 号。原文全文见登尼斯·高德弗罗:《查理六世的历史》(巴黎,1653 年),1—398,比较,序言;比较近代的版本,见米绍和坡儒拉(见原书第 371 页注),II,335—569,和 J. A. 步宋校订的《有关法国史的编年史和回忆选录》(巴黎,1836—38 年,十七卷;这套书也构成步宋的《文学伟人庙》的一部分),第 IV 卷。P. L. 佩舍纳尔:《冉·乔味纳尔·得·奥森》(巴黎,1876 年),比较,西缅·卢斯的评论,见〔巴黎〕《历史评论》,V(1877 年),186—89;发勒特·得·味维尔:《冉乔味纳尔·得·奥森》,见《新传记一览》(巴黎,1862 年),XLV,803—09。

④ 1461—83 年在位。——译者

业总监和法务院总律师，担任宫廷门卫这一要职，但在阿让库尔战役[1](1415年)和勃民第党[2]胜利之后，因为他是亚曼雅克党成员[3]，就被迫离开巴黎了。

大约从1410年以后，这个家族就采用了奥森(Ursin)这个名字[4]，自称与意大利著名的奥西尼(Orsini)家族[5]有血统关系，接受匈牙利大公爵柏托尔特·得赛森为亲戚。乔味纳尔家族为了证明他们属于这个贵族世家，提出那些长期以来一直被认为是伪造的文件。有一位学者，M. P. 古流，相信这个说法有些真实，不过大多 377
数学者并不同意。[6]

1418年乔味纳尔家族逃往普瓦蒂埃。小冉·乔味纳尔当了巴黎法务院总律师(当时该院在普瓦蒂埃)。后因某种原因，他离开官场生活，到教会中工作，担任博韦主教(1431—44年)，拉昂主教(1444—49年)和兰斯大主教(从1449到1473年7月14日逝世)。他尊路易十一为圣徒(1461年)；并因曾参与恢复贞德[7]的名誉一事受到近代学者称赞；1456年，他主持高级修道士会议，修正

---

① 英国大败法军于此。——译者

② 勃艮第党是联英的。——译者

③ 即奥尔良党人，奥尔良公爵的岳父亚曼雅克伯爵伯尔拿约于公元1410年成为奥尔良党人的领袖，因此得名。——译者

④ 乔味纳尔·得赛森(Jouvenal des Ursins)为"奥森家族的乔味纳尔"之意。——译者

⑤ 罗马一个贵族家族，其中有许多著名人物。——译者

⑥ 《法国史学会年鉴》，1892年，第193—221页。

⑦ 法国民族女英雄(1412—31年)，在查理第七时代，英勇作战，驱逐英国侵略军，解奥尔良之围，1431年为敌人俘虏，被出卖给英军，以异教徒名义被焚死。——译者

对贞德的判决，宣布她并非异端。

虽然乔味纳尔曾留下关于查理七世和路易十一统治时代的一些回忆录，但他的主要著作是一部法文编年史，记述查理六世统治时代前四十二年(1380—1422 年)。[①] 第 1 部分差不多等于圣登尼斯那位无名修道士著作的译本，只有从 1416 年以后那部分才是独立写成，是根据他自己的记忆和他父亲提供的情况写的。他这部书是以法文记述整个查理七世统治时代的一部史书，对了解这位国王的晚年特别有价值，因为现存的那位无名修道士的编年史终于 1416 年。从 1416 至 1422 年这六年间有些稀奇的事情只有他这部书里有记载，不过他对原始材料所作增补令人难以置信；而且这些东西是在事实发生后相当久的时候(1431 年)才写的，1442 年以后才完成一次修订。

和他同时代的其他作家比较起来，乔味纳尔似乎更接近十四世纪而不是十五世纪的风格。他毫无造作地以朴质的文笔记述事件，类似一般法国人对这类事件的看法。他这部编年史内容虽很充实，但对自然界的奇怪现象如大风和暴雨等方面的记述还有中世纪的迷信成分。

在查理六世时期，我们发现仍然有人继续写军事回忆录这类历史体裁，记述柏特龙·杜·盖斯克朗的那首长诗就是一例。冉·勒·麦格里(1368—1421 年)的传记《布西科元帅[②]的功勋》

---

① 米绍和坡儒拉(见本书原书第 371 页注)，II，338。比较，坡特哈斯特，I，693。

② 法国的将军，即冉·勒·麦格里。随法王无畏的约翰参加十字军，进攻土耳其人(1396 年)。由查理六世任命为热那亚总督(1401—09 年)。阿金库尔之役为英军俘虏(1415 年)，被囚至 1421 年为止。——译者

(*Le livredes faicts du mareschal Boucciccaut*)一书是这几部回忆录中最伟大的。[①] 作者佚名，但肯定是和元帅同时代的人。他利用了许多文件和信札，了解的情况也很多，特别对意大利的情况非常熟悉，了解布西科统治热那亚的细节，一般认为这些情形只有元帅本人才知道。 378

正如这本书的名称所表示的，它只记述一个人的事业，并不是一部法国编年史。不过书中这位喜欢冒险的英雄确实是个重要人物，他一生的历史就是该世纪末年那个富于骑士精神的社会的教育、风俗和精神面貌的写照。全书大部记述的是布西科在法国国境以外的冒险行为。就像政治冒险家佩耳·散梦(死于 1427 年)和加那利群岛的征服者(1402 年)冉·得·贝沁库尔[②]那样，布西科的活动舞台也是整个欧洲。全书第 1 部分记述了布西科于 1368 年出生，跟皇太子一起受教育，在佛兰芒战役(1382 年，当时他在洛兹贝克)中武功初露，在普瓦图打的那一仗(1385 年)，在图尔拜为副帅(1391 年)以及当元帅后指挥的那些战役。他生性好动、喜欢冒险，不愿意留在这个混乱的国家里，于是就到西班牙去；并曾三访普鲁士，在那里替条顿骑士团打仗；还曾和他的冒险的弟兄们一起两次前往东方，朝拜圣地并替君士坦丁堡的皇帝打仗。在 1396 年那次灾难性的尼科波利战役中他跟勃艮第公爵无畏的约翰一起被俘，后又被赎出。第 2、3 两部分准确地描述了布西科

① 摩林尼尔，IV，第 3578 号。收佩替多的著作(见本书原书第 375 页注)中出版，第 VI—VII 卷和米绍的著作中，II，205—14；和《新传记一览》，VI，874—75。

② 法国航海家，加那列群岛(北非西北角上海滨)的侵服者(1402—06 年)。死于 1425？年。——译者

在热那亚当总督的时期(1401—09 年)。最后提到的日期是 1409 年 4 月 9 日。布西科于 1412 年拜为正元帅,参加阿让库尔战役(1415 年)。被俘后一直当英国人的俘虏至 1421 年逝世。

在另一部回忆录《善良公爵波旁·路易编年史》(*La Chronique de bon duc Loys de Bourbon*)里有一段描绘十四世纪末十五世纪初的骑士精神的图景,普遍认为十分卓越。[①] 国王查理六世的叔父路易二世生于 1337 年,死于 1410 年。他的一生相当冒险,他替善良的约翰国王在英国当人质,曾在部耳逢内作战,并曾在勃艮第公爵手下在诺曼底打仗、在杜·盖斯克朗手下在基因打仗、后又在布列塔尼和奥弗涅等地作战,并曾参加那个时代许多其他重要战役。1390 年他率领法国部队远征突尼斯,身经百战,最后却是寿终正寝。

这些回忆录写于 1429 年 3 月 29 日至 5 月中旬,这个时间几乎和贞德胜利解除奥尔良之围的时间吻合。应当时正在部耳逢内的克勒芒伯爵查理之请,"贫穷的朝圣者"毕伽第人哲汗·多勒维尔(别号喀巴勒)(Jehan d'Orreville, picard, nommé Cabaret, pou-
379 vre pélerin)担任描述路易二世豪侠行为和美德的工作。他感觉自己不能胜任,就求助于公爵的战友哲汗·得·沙托摩伦。沙托摩伦口述,喀巴勒笔录。

沙托摩伦曾于 1380 年封为骑士,从那时起,他在军政舞台上起了积极作用。在南特之围和夏托纳夫-得-兰敦之围(杜·盖斯

① 由 A. M. 沙佐校订的《善良公爵波旁·路易编年史》(巴黎,1876 年;《法国史学会丛书》第 56 号),比较,导言,第 i—xxix 页;摩林尼尔,IV,第 3579 号和 V,第 cxxxv 页。

克朗 1380 年死在那里）期间，他都在场。他曾和布西科一起在热那亚；又曾前往东方出席为释放尼科波利战俘而举行的协商会议，并曾抵抗苏丹巴查则特[①]以保卫君士坦丁堡。

这部著作是记述公爵路易、沙托纽夫-得-兰敦和他本人的一部回忆录。他曾伴随路易多次冒险，脑袋里装满了关于和他过从极密的这位公爵的故事。因此，他这部书是研究路易一生事业的一部权威资料，但也有多数回忆录共同的缺点。这位老骑士有意向他十分钦佩的这位王爷表示敬意，于是就写了这部颂词，不过，因为善良的公爵路易品德优异，这样写似乎还说得过去。他写这部书时已经七十五岁了，在叙述他还是青年时代的那些故事的时候，许多细节可能已经忘记。他这部书主要是根据他自己的记忆和别人提供的情况写的，全书提到别人的著作只有一部编年史，即富罗沙那一部。因此，不可避免地会有些错误，年月、人物和地点方面的混乱，特别是在 1380 年他接受骑士爵位以前那部分记述。这部分受到的批评也最严厉。

他这部回忆录比同时代的其他回忆录更接近亲身经历。他不仅参加过他的主人的冒险，而且有时候离开公爵单独去立“武功”。虽然在说到他自己在这些事情当中的作用时他很谦虚，但他也描写了他自己许多经验和路易未曾参与的几件事情。

他在追忆往事中流露出骑士等级的观点，认为王国的真正光荣在于骑士精神。和富罗沙一样，他也喜欢记载武侠事迹。平民

---

① 巴查则特一世是奥托曼土耳其的苏丹（1389—1403 年），征服欧洲东南部及小亚，1396 年大败波兰、匈牙利及法国等基督教联军于尼科波利。1402 年与铁木儿战败，被因。——译者

是毫无价值的，他们在战争中既无用处，只应当安分守己。不过，在描写路易死后人民如何悲痛的那幅生动图景中，在描写国内悲惨景况中，作者都也表现出真挚的感情。在描绘法国惨痛情景的这幅图画里，也流露出民族情绪。认为这些灾祸都是外国侵略者，特别是“世仇”英国人造成的。

在十五世纪头十六年中，特别有趣的是记述从 1400 年 11 月
380 19 日至 1417 年 1 月 17 日在法务院当文书(greffier)的《尼古拉·得·贝伊记事》。[①] 尼古拉·克兰特生于香巴尼一个奴隶家庭。解放后，他以自己出生地贝伊为姓。他曾在奥尔良学习法律，后于 1400 年当了最高法院(Parlement)的文书。在担任这个职务的十六年中，他做了极其大量的工作，从 1401 年起一直亲手书写法院登记簿，只有几次中断，而且把自己的职务完成得很出色。他对法庭辩论很感兴趣，经常倾听，偶尔也插些话，他有自己的主见，并不盲从法庭主审、大法官，甚至连权势强大的勃艮第公爵也不迁就。他在政治上也起过一定作用；常受委托干些机密差事，他认识宫廷中许多要人。

作为一个教士，他起的作用也很重要。他是苏瓦松牧师会成员，梦提尼-林科的牧师，在巴黎历任要职，圣母院大教堂牧师会成员等等。作为一位传教士，他诚挚履行许多职务。由于视力渐衰，他放弃了文书这个苦差事，于 1417 年当了顾问。勃艮第党胜利的那年(1418 年)他失掉在法院中的职位，一年之后逝世。

---

① 《尼古拉·得·贝伊记事》，亚历山大·图替校订(巴黎，1885—88 年，两卷：《法国史学会丛书》，第 73 号)，参阅第 2 卷导言，第 i—ciii 页；摩林尼尔，IV，第 3583 号。

尼古拉这部《记事》是他随时记在法院记录簿上的笔记和替他自己写下来的评论的汇编。这两种资料形成一部有趣的叙述,对核对和补充这个时期的其他记载很有用。这部杂记就是受过良好教育的这位聪明的资产阶级写的一些评论。[①] 除了单纯的关于政治事件的记载之外,尼古拉还提供了关于最高法院诸成员的不少有趣的情节,对于他们的文章写的讥讽的评论,对于一些要人如奥尔良公爵等人的评价。这部杂记还以目击者的语调详细描述了亚曼雅克和勃艮第两党长期不和给巴黎造成的悲苦、气候以及公共建筑物陷入混乱和被捣毁等情况。他是一位热情的保皇派,温和的亚曼雅克党人,他愤恨宫廷肆无忌惮,贵族自私自利,渴望早日恢复和平秩序,所有这些表现的都是资产阶级对现状不耐烦的心情。

十五世纪前半是被勃艮第历史家描绘得最好的一个时期,这些史家在整个世纪中此起彼伏连续不断,构成一个名副其实的写作朝代。摩林尼尔说,“这派作家当中有些人写出的东西在文学上价值极高”,比反对他们的那一派的作品对读者吸引力更大。为了阅读连贯的叙事史,读者最好在这派史家的著作中去找寻。勃艮第宫廷是一个文艺中心,也是阴谋和反阴谋的渊薮,中世纪骑士精 381
神最后的藏身之地。在大胆的腓力因和佛兰德那位女继承人[②]的幸运姻缘而大大扩充其领土之后,勃艮第诸公爵就成为实力强大

① 尼古拉有一个非常完备的图书馆,包括有关寺院法和民法、神学、古典作家和当代作家的书籍。

② 1369年娶佛兰德伯爵路易二世之女马加勒特为妻,1384年继承佛兰德等领地。——译者

的统治者了。在这个世纪初年,他们比国王还强大,在 1477 年大胆的查理逝世之前,他们一直是法王肉中之刺。这个时期的文化,许多贡献都出自他们的宫廷。

勃艮第编年史学派的建立者和模范作家是恩加伦·得·梦斯特里勒。[①] 关于他的早年已知情况很少,只知他于十四世纪末生于布洛涅或朋提阿,可能是贵族家庭出身,因为人们称他为贵人(noble homme)和绅士(écuyer)。他受过良好教育,一定懂拉丁文,因为他曾引用一些古代作家如李维、维基提阿斯和萨拉斯特等人的作品。关于他的生平的星星点点的材料是在法英两国国王亨利六世于 1424 年写给一位名叫恩加伦·得·梦斯特里勒的乡绅(弗雷旺大队长,当时在圣波尔伯爵卢森堡的冉的部下服役)的赦罪书中找到的。[②] 假如说被赦免的人就是这位历史家(今人多信此说),那么梦斯特里勒就是曾经帮助拦路打劫从都尔内来的那四个阿布维尔商人的人了。他说,他打劫的目的是为了损害亚曼雅克党,而不是为私人图财。他是因为曾替勃艮第公爵和英国人效力才获赦的。

① 梦斯特里勒的编年史,早期很流行,有许多版本。翁图·韦亚曾在十五世纪、登尼斯·萨瓦格在十六世纪把它出版。J. A. 步宋的校订本,见他的《十三至十六世纪法国本国语民族编年史丛刊》(巴黎,1824—29 年,四十七卷,分为三辑),第 3 辑,XXVI—XXXII。后来 L. 杜厄·达克又准备了一个版本,但这个版本不能完全令人满意(巴黎,1857—62 年,六卷:《法国历史学会丛书》第 30 号)。托马斯·约尼斯的英译本:《恩加伦·得·梦斯特里勒的编年史,记述的是奥尔良和勃艮第两家族间残酷的内战》(伦敦和纽约,1877 年,两卷)。参阅摩林尼尔,IV,第 3946 号;发勒特·得·维赖维尔的论文,见《新传记一览》XXXVI,29—31;达克,I,第 i—xxiii 页;和 G. 杜·夫累尼·波科尔:《查理七世本纪》(巴黎,1881—91 年,六卷),I,第 liii—lv 页。

② 达克(见上注),I,405—09。

从他的编年史中得知的关于他的其他事实是他曾目睹贞德在贡比涅附近被俘虏后和善良的腓力会晤的情况。可能曾出席阿拉斯会议（1435年）；并于1436年在康布雷充教会税款（gave）[①]征收人。他还曾任大教堂牧师会执事（bailli）、康布雷（1444年）和瓦林库尔（1445年）检察官，死于1453年。[②]

梦斯特里勒是在1422以后、也可能是在靠后得多的时间编写的他那部编年史两卷，原意是想把它作为富罗沙的著作的续编，把西班牙、布列塔尼、英格兰和其他一些地方的历史都写进去。他这部历史从富罗沙的著作终止的1400年写起，第1卷写到1422年； 382
第2卷写到1444年。[③] 被刺伯雷称为"像芥子瓶那样胡说八道的"（baveux comme un pot a moutarde）这位历史家，许多人却也有各种不同的评价。步宋认为梦斯特里勒的著作是真正的历史，因为他探讨原因寻根究底，而且还插入许多文件如信札、法令、条约等等作为证据和说明：他很熟悉勃艮第情况，因为他和朝中人物有联系而得到方便。他在序言中说，他曾向高贵人请教，这些人的荣誉不会容许他们撒谎；还曾请教官员，这些人的职务使他们成为勤恳的查访者。因此，他写出的东西对各方都很公正；他希望如实地把人家告诉他的东西写出来。虽然他很诚恳，有时还能做到自我改正，但他的同情仍然是在他为之服务的那个党派一方；总的看

① gave是从教会财产征收的捐税中交给勃艮第公爵的款项。

② 关于梦斯特里勒生平的这个总结，有不同的意见，参阅达克（见本书原书第381页注），I，第iii页。

③ 这部著作的第3卷长期以来被认为是梦斯特里勒的作品，和他自己的著作印在一起，但这是出自他的续编者之一马条·得·库栖的手笔。

来，他还是非常公正的，只有对卢森堡的约翰的处理是个例外。关于在勃艮第公爵无畏的约翰唆使下奥尔良公爵被暗杀的事件，梦斯特里勒补充评论说，假如对杀害王族的案件不作特殊处理，谋杀案件就会与日俱增。他详细叙述了1415年勃艮第企图俘虏王族的阴谋。

他这部历史有它的缺点和优点。梦斯特里勒模仿富罗沙，记载了许多英勇的战功和辉煌的战役；但他也叙述了在政治上和教会事务上都很重要的一些事件，如在比萨、康斯坦茨和巴塞尔等地召开的宗教会议。虽然有人批评他的文笔单调、不够典雅，但它还是清楚的，有时甚至很精彩。至少可以说他那直率的叙事总比富罗沙浮夸的文章好些。他对自己所记事件，偶尔也发表一些见解，如对人性邪恶的批评，描绘亚曼雅克和勃艮第两党的放肆，对比法国王廷的没落和英国王廷的繁荣。他的著作中没有中世纪的迷信，魔术和星象也无地位。他把自己有把握的那些事情和存疑的事情严格区分开来，有时干脆略去某些细节，他说这是因为他已经记不起来了。这样解释他为什么略去贞德和勃艮第公爵会晤的情况，对他说来当然有利。他曾目睹这次会晤，却没把它记载下来，很使人遗憾。他这样把实情略而不谈也可以看作是他有意不把有损于勃艮第党名誉的事情说出来。关于梦斯特里勒尽力做到公允这件事，不管最后的结论如何，都必须承认，他这部长期受欢迎的历史著作，确实把这个世纪早期的历史涂上一层勃艮第党色彩。
383 波库尔在考虑为他的《查理七世本纪》找资料时，曾断定梦斯特里勒这部历史著作如果小心使用的话，还算得上这个时代最好的资料之一。

如果为研究这个时期（1422—61 年）把所有史料都拿出来讨论，结果必然引起混乱；因为在法国时运好转、政府日益巩固的同时，外交文件和详细记载也随之增加。因为这个时期很长而且重要，所以出现了很多编年史家。对这大量材料必须有所选择。

在这个世纪前半叶，法国最重要的事情是贞德的活动和英国人被逐出国境。关于贞德，虽然已有许多著述，但经过朱理·启希拉校订的《定罪经过》（*Procès de condamnation*）和《平反经过》（*Procès de réhabilitation*）二书囊括了全部原始资料。[①] 在第 1 卷中有公证人基云·蒙兴保存的一部拉丁文审讯记录（1431 年 1 至 5 月）和补充记录。第 2 卷按照 1450 年调查过程顺序写一直写到在多姆雷米[②]进行的那次审问，第 3 卷抄录了当时各种医生和其他人等提供的证词以及 1450 年特设委员会的工作情况。第 4 卷抄录了十五世纪法国和外国编年史家所有关于贞德一生的记载；第 5 卷收集并分类编排了关于贞德和她的节日（5 月 8 日[③]）各式各样的信件、法令等等。启希拉这部书中罗列的那些文件对于研究宗教法规和诉讼程序，公元十五世纪的宗教信仰，以及了解这位奥尔良女子的性格、容貌和活动等等方面，都是很有启发的。证词的准确程度因各位证人轻信与否、了解情况多少和可靠性如何而各有不同；其中有些人和贞德只有一面之缘，不了解什么，也有些人说出的事情很不重要。

为了解这次战争对巴黎这个中心地点周围的影响，要依靠十

---

① 书的全名见上面本书原书第 372 页注；比较摩林尼尔，IV，第 4476 号。

② 贞德的故乡，在默兹河谷的小村庄。——译者

③ 她解除奥尔良之围的纪念日。——译者

五世纪前半叶那部最好寻根问底、最有价值的资料，即《巴黎一位资产阶级的札记》[①](1405—49 年)；此书作者至今还不知道是谁，尽管近代学者曾进行过大量的直率的争论和调查研究。从他这部著作中倒可以很明显地看出他是一位文书，曾在巴黎大学担任某种职务，物质生活颇为富裕。对葡萄园和酒类颇有研究，因此M. 图替曾推测他有一个葡萄园。他颇有主见，这点和尼古拉・B. 贝伊类似，但不像这位最高法院文书那样熟悉国家事务。在他的日
384 记记载的整个四十五年中，尽管他的思想感情不时有所变化，但他一直是反对当权派的。尽管在 1420 年特鲁瓦条约签订以前，他一直是勃艮第党的成员，但他对勃艮第公爵的热忱却逐渐冷却。在英国人统治巴黎、仍然仇视亚曼雅克党的时候，他就不断攻击盎格鲁—勃艮第党了，说替英国人办事的法国大法官塔罗安尼主教是"一个很残酷的人，人民恨他"。这位作家在发现英国统治极其严厉之后，只好迁就查理七世的归来，不表示反对，不过他仍然不断抱怨。只要他不赞成，他就批评，把那些统治者，特别是里歇蒙的保安官，都称为"伪官"(faulx gouverneur)。

他把当时发生的事情如实记下，评论他认识的人物，无论大小，都很坦率。他这部日记虽然支离破碎，却强劲有力，描绘的图景和当时大多数编年史家笔下出现的东西很不相同，描绘各种苦难异常生动，特别是在描绘物质损失造成的惨剧方面更为逼真；这

① 摩林尼尔，IV，第 4149 号；原文见步宋的《编年史丛刊》(见本书原书第 381 页注)，第 3 辑，第 XL 卷与米绍和坡儒拉的著作(见本书原书第 371 页注)，III，237—300。最好的版本是 A. 图替的《巴黎一个资产阶级的札记，1409—1449》(巴黎，1881 年；《巴黎历史学会》丛书)。

方面的痛苦，这位巴黎资产阶级是不会没有尝到的。他隐姓埋名从而不致受后世批判。他单纯为自己个人写作，从而表达了他那个阶级的真实思想感情。他有时候把当时的罪恶归因于王家官吏滥用职权、朝中显赫荒淫暴虐，有时又归之于气候情况和流星。他对自己阅历的一切都感兴趣，因而留下的书是一部关于各种各样事物的记录：如巴伐利亚人伊萨波的葬事、酒类的价格、植物的种类以及英军围攻莫城（Meaux）等等。总之，他这部书是一位匿名的资产阶级笔下描绘的他那个时代形形色色无奇不有的最好的东西。

著名的利捷主教托马斯·贝星的著作记述的是这次战争丑恶的一面以及其胜利结局。他用十二卷的篇幅记述了查理七世和路易十一的事迹。[①] 虽然他这部书的校订者把贝星的地位列在科民和沙特连以下，但他这部历史著作或许可以算作十五世纪个人经历最多的一部。

托马斯·贝星虽然和法国王廷有联系，但他个人的经历使他的观点和当时其他回忆录作家不同。他早年即开始流浪生活，出生时（1412年），他的资产阶级家庭住在科德贝克，但英国的入侵把他们赶到南特去了，在特鲁瓦条约签订（1420年）以前，他一直不能回家。他最初在巴黎大学学习，后来因为英国臣民不能在查理七世的领土上学习，他就到卢万去学习民法，后来又回到那里学

① 《查理七世与路易十一事记，十二卷》，比较，摩林尼尔，IV，第4137和4657号。朱理·启希拉校订贝星的著作，称为《查理七世和路易十一统治时代史》（巴黎，1855—59年，四卷；《法国史学会丛书》第29号），包括他的《申辩》和《简述》在内。查理·萨麻兰校订的《托马斯·贝星：〈查理七世本纪〉》，附近代法语译文（巴黎，1933年，到现在只出一卷）。参阅启希拉，I，第iii—cxiv页和他的论文，见〔巴黎〕《古文书学校图书杂志》，III（1841—42年），313—76。

385 习教规。他曾在罗马游其尼阿斯四世的宫廷逗留一些时候；他的父母当时住在鲁昂，他回家后发现当时情况异常令人灰心，而且他的健康又已大不如前，于是他又回到意大利去了。

1439年前后，他跟随奥特朗托大主教前往匈牙利，被任命为鲁昂牧师会会员，后来在卡昂大学任教会法规教授。从那时起，他升迁很快，1447年任利捷主教。他公开宣布拥护法国，反对英国，并把诺曼底的苦难归罪于英国统治，许多教士都受了他的影响。1449年，他签署了利捷投降条约，宣誓效忠查理七世，后被任命为顾问，跟随查理远征诺曼底，事后回到利捷任原职。

在整个路易十一统治时期，这位主教被迫遭受极其任性而恶毒的迫害。起初，路易虽然喜欢贝星，但这位主教却参加了反抗运动，从而引起公共福利战争并签署孔夫隆条约(1465年)。当贝星正在勃艮第宫廷忙于谈判时，却听到路易十一已经剥夺了他的主教职位。这位主教留在勃艮第领地以内，在他过去学习的地方卢万定居下来；1466年在国王邀请下回国，却只受到冷淡的接待后并被流放到鲁西荣。经过许多麻烦之后，他才逃到萨瓦、巴塞尔，然后到根特，终于把过去一直成为他的祸患根源的富裕主教职位放弃。教皇赐予他一个在异教徒境内(in partibus infidelium)的大主教职位作为补偿。贝星在特里夫斯定居下来之后，就下笔写他的历史著作的开端部分，旋又中止，写起自辩书来。1475年前往乌得勒支，在那里当了他的旧友大主教大卫(善良的公爵腓力的私生子)的副主教。贝里在那里住到1491年去世。晚年专心致志完成他的历史著作和一些神学论文。

在他的《查理七世和路易十一生平》于1487年脱稿以前，曾仔细修改。贝星并未在他的著作上署名；虽然扎克·迈尔在撰写《佛兰德年代记》时曾利用过他的著作，知道他的名字，但在后来许多世纪中却无人知晓。长久以来，人们都以为列日的一位牧师阿米加是这部书的作者。

像贝星这样曾在国王手里受过极大折磨的人，如果说在评价国王时毫无怨言，简直难以想象。他对查理七世的评价十分严峻；他痛斥路易十一。他宽恕勃艮第公爵某些行为，而路易的这类行为他却加以非难；当他发现大胆的查理在性格上有缺点时，就说成这都是法王的坏榜样造成的。

他的编年史确实有趣，因为，他笔下描绘的诺曼底条件极为良 386
好，在把英国人从诺曼底逐出期间，诺曼人所受痛苦和思想感情在他笔下也极其逼真。诺曼人身处进攻者和自己的主人两方军队之间，遭受的苦难实在太多了。一群群匪帮到处烧杀破坏造成的苦难，鲁昂一条条街道上饥饿的群众到处流浪，一个个精疲力竭倒了下去；这些惨状都是有价值的社会史片段。他面对战争造成的混乱和解救人民于水火的必要，一再从内心发出哀叹；这种悲惨图景到处一样，这本身就是长期战争造成的破坏的铁证。

应当提到的他的另一部著作就是他为贞德的辩白。当查理七世决心澄清贞德死后的声誉时，贝星作为受国王咨询的学者之一，写了一本书来赞扬她。他依据他得到的文件提要，推断贞德的言行说明她接受的是神的启示而不是异端。后来在巴黎会议上，当他受到咨询时，作为一位法学博士，他批评了这个法律程序。①

① 他关心法律程序，写了备忘录，要求诺曼底改革司法程序。

在记述法国人在诺曼底发动的终于打败英国人的最后那几个战役的那些编年史中，最好的一部是罗伯·布伦得尔写的那一部。[①] 他大约在1380和1400年之间的某一年出生于科唐坦一个贵族家庭。1417—18年间，亨利五世侵入诺曼底时，他逃到布列塔尼避难。从1449年以后，大部分时间他都是在法国王廷中度过的。他在有生之年就看到自己的夙愿即打败英国人的那个战役终于胜利实现，直到1460年或1461年他仍然在世。

罗伯·布伦得尔写了好几部极其重要的著作，记述法国反英情绪的明朗化和最后攻陷诺曼底的历史。在最早的一部著作《论善良的法国人的愤愤不平》(*De Complanctu bonorum Gallicorom*)中，他力劝皇太子率领部队抗击英国。他这部书是用拉丁韵文写的，不久后即译成法文，献给查理。他在布列塔尼时，再次提笔写了一封更强烈的请愿书，即Oratio historialis。这封信写于1449年8月至10月间，恰巧在诺曼底战役发动之前，对鼓动查理行动起来似乎有直接的效果。他详细描写了英国人造成的苦难，力劝国王挽救法国。

387 布伦得尔的《诺曼底的征服》(*De reductione Normanniae*)一书恰到好处地构成了他的三部曲的结尾。停战协定被撕毁一年之后，法国卫队业已扫荡诺曼底全境，打败托马斯·刻利厄尔指挥下的六千英军，占领他们在诺曼底最后一个据点瑟堡。布伦得尔这

① 布伦替诺曼底历史学会搜集了他的著作(鲁昂，1891—93年，两卷)。《诺曼的征服》四卷，收入约瑟·史梯芬孙编的《英国人被逐出诺曼底的记载，1449—1450年》(伦敦，1863年：《卷宗丛书》，第32号)，1—238。参阅摩林尼尔，IV，第4135号；坡特哈斯特，I，159—60；和史梯芬孙的导言，第x—xii页。

部遗著是现有的记述 1449 至 1950 年间在诺曼底和布列塔尼诸战役的作品中最好的一部。他模仿自己十分熟悉的古代史，细心写作。他熟悉战场情况，记述战斗情况准确而详尽，这可能是因为从自己认识的一些重要人物那里了解到必要的情况。他的编年史价值极大。

够得上梦斯特里勒的继承人的是人们称为“冒险家”的乔治斯·沙特连[①]，他是勃艮第宫廷编年史家。他生活在一个多事的时期，这个时期的主要角色有英王亨利五世和亨利六世、贞德、查理七世、路易十一以及勃艮第的腓力和查理等人。沙特连属于亚罗斯特寨主家族。1430 年在卢万学习，1434 年初试武功时，即进入勃艮第善良的腓力的宫廷。也许在阿拉斯和约签订后把他拉到民政而非军事生活方面去的时候，他就已经有过长期旅行（正如他的绰号所表示的）的经验了。

他在后来的那十年中如何活动已不易追查；只知道他长期离开勃艮第，在法国他受到王廷款待，认识乔治·得·拉·特勒摩伊尔等要人；并曾与普瓦图大管家佩耳·得·布累撒住在一起，至少有一次曾跟随他出使布鲁塞尔（1445 年）。1446 年以后，他完全为

---

① 摩林尼尔，IV，第 3957 号，比较第 VI 卷，第 47 页的索引。他的《编年史》在各种丛刊中先以片段形式问世，最后全部出版，收入卡文·得·勒吞霍夫校订的《乔治斯·沙特连集》（布鲁塞尔，1863—66 年，八卷）。关于著者，参阅摩林尼尔，V，第 cxlvi—cxlvii 页；发勒特·得·维赖维尔的论文，见《新传记一览》，X（1868 年），56—64；朱理·启希拉的论文，见〔巴黎〕《古文书学校图书》杂志，XXIV（1863 年），341—49 和 XXV（1864 年），571—73；多努的论文，见〔巴黎〕《学者杂志》，1837 年，第 332—40 页；同上，1867 年，第 49—63，183—99，385—93 页；帕特南的论文，见〔纽约〕《美国史学评论》，XVI（1910—11 年），114—15。

善良的腓力一人效力。他在朝中有外交、社会和写作等三重任务。他是诗人和奇迹剧[1]导演，曾接受重要外交使命前往法兰西、特累夫斯、科隆和布列塔尼。从1455到1475年去世，他一直住在腓力赐予他的在瓦朗西安的一所房子里，享受丰厚的年金。

沙特连是受到自己同时代的人们欣赏的一位作家，不过使他大受欢迎的那些诗歌作品并不如他的散文，也没什么历史价值。1453年下笔写的那部《编年史》，是十五世纪最重要的编年史之一。这部书必然十分巨大，是一部包括1418至1474年的世界编
388 年史，把富罗沙和科民两位作家之间的空隙填补起来，还包括了梦斯特里勒的著作记述的时期。不幸的是，尽管十九世纪众学者热心搜寻，却只发现一些片段，其中有几处较短的残缺，从1431到1451年那段很长的时期也未发现，因此，查理七世统治时期六部材料欠缺。

沙特连曾应腓力之聘（1455年）完成下述任务："将众人属望并承认的新奇的和合乎道德的事情用文字写出"（*de mettre en escript choses nonvelles et moralles, en quoy il est espert et congnoissant*），并把过去和将来的"重要的高尚的事业以编年史的形式写出"（*mettre en fourme, pas maniére de cronicque, faits notables, dignes de mémoire*）。当时的勃艮第公爵勇敢的查理于1473年授予他金羊毛骑士爵位。他说，为了写出真实情况，他曾搜集当时的历史著作和他自己了解到的情况对比，以使自己的著作"符合实情"。他从来不敢发表自己这部编年史，这一点却意味深长。

① 中世纪的宗教剧。——译者

在写作的一个领域中，沙特连具有一种技巧，它预示近代画家学派的诞生，这就是他描绘人物肖像的技巧。他以一整章的篇幅描绘他所了解的一切历史人物。这个时期多数重要人物的形象他都以熟练的笔墨勾画出来，看来相当真实，因为其中并无阿谀，有时甚至有所讥讽。虽然沙特连也有和十五世纪博学风气造成的浮夸而混乱的文笔、模仿拉丁措辞，爱用复杂而冗长的句子等共同缺点，但他的文章有时却也明晰而有力。他留下一些见解，后人颇感兴趣，甚至今天还值得考虑。当他自己的陈述不足为证时，他就插入一些文件、信件等材料说明他的论断是有根据的。书面资料只作为部分材料使用，他以自己的经历和精明的批判加以核实。

在我们重新讨论勃艮第党的历史家以前，应当先提提下列一点：在自己统治时期最后打败英国人的那位法国国王有几位很好的年代记作家。[1] 一位是圣登尼斯寺院修道士冉·沙退，他曾用拉丁文续编那位修道士的编年史数章，然后改用本国语继续编写。他用法文写的查理七世本纪构成《大编年史》的一部分。绰号亚洛·柏立的季勒斯·勒·波维尔写了一部记述查理七世的书，虽不免阿谀，但很准确。还写了一部《诺曼底的收复》（*Recouvrement de Normandie*）以及几部其他著作。在几部个人回忆录（例如一部军事传奇《青春》，*Le Jouvencal*），其中有很多军事细节。但更有名的那些历史作家，必须在勃艮第宫廷中寻找，佛兰芒人开创的叙事史就是在这个宫廷中由这个文学朝代继承的。

---

① 关于这个统治时期纯粹法语的著作，参阅摩林尼尔，IV，第 240—76 页。

按时间先后讲，奥力味·得·拉·马士①是沙特连的后继者；
389 和他这位前辈一样，他也是一位身兼历史家、战士和外交家的人。他生于1420至1428年间，可能是在蓬塔利埃附近，他在那里被安置在一个寄宿学校中。他父亲死后不久，他就被送入勃艮第宫廷当了一名小听差。奥力味于1443年初次参加战役。后来曾到那慕尔、布鲁塞尔和科隆；1453年根特反叛时，他曾参加征服这次叛乱；曾目睹皇太子访问勃艮第宫廷和加冕为路易十一的活动；参加蒙特尔希利战役(1465年)；随同勇敢的查理远征各地(1473年远征给尔德；1474—75年讨伐诺伊斯)，不过，他因病未能参加格龙松战役，也未能从摩喇出使意大利。在南希战役(1477年1月)中，他被俘(查理就是在那里被杀的)。查理死后，这位忠诚的仆人继续效忠勃艮第公家族，当了奥地利大公马克西米连的宫相(maître d'hôtel，马克西米连是勃艮第的玛利的新丈夫，后任神圣罗马帝国皇帝)。奥力味曾接受荣誉称号，被派往各城市充外交使节或参加军事远征，最后于1484年卸职，负责教育善良的腓力，死于1502年。

虽然奥力味也曾试写韵文，但他的散文比他的诗歌好。他的

---

① 最早由登尼斯·萨瓦格于1562年在里昂出版；在根特(1566年)，布鲁塞尔(1616年)，卢万(1645年)重印。十九世纪的版本，见佩替多(见原书第371页注)，第IX—X卷以及米绍和坡儒拉(见本书原书第371页注)，III，303—577。最好的版本是亨利·逢和J.达包蒙的《勇敢的查理的宫相和侍卫长奥力味·得·拉·马士的记载》(巴黎，1883—88年，四卷：《法国史学会丛书》第70号)。关于读物，可参阅摩林尼尔，IV，第3961号和V，第cxlvii—cxiviii页；J.维桑的论文，见〔巴黎〕《古文书学校图书》杂志，L(1889年)，597—91；A.勒·瓦瓦瑟的论文，见〔巴黎〕《历史问题评论》，XLVI(1889年)，590—600。

《勃艮第公爵查理家族情况》(*État de la maison du duc Charles de Bourgogny*)(1474 年)，对研究勇敢的查理的行政史很有价值。他的《回忆录》两卷，从 1435 年写到 1488 年，在气魄上和文笔上都不如沙特连的回忆录。在序言中，他把勃艮第公家族史追溯到特洛伊的普赖安。和富罗沙一样，他也最喜欢描述显赫的勃艮第公爵宫廷中的比武和宴会。作为宫相，他关心宫廷中的典礼和宴会，写起这些东西来往往拖到令人厌倦的长度。他这些回忆录坦率承认是勃艮第公家族的官方编年史，对有损于这个家族的事情略而不谈。

第二十二章　十四、十五世纪的英国史学[①]

390　在十四世纪，寺院年代记在历史写作中仍占多数。不过，在前一世纪最后二十五年中，寺院史学的质量已露出衰落的迹象。取代十二世纪像纽堡的威廉和哈甫登的罗杰尔这类北方历史家而兴起的伟大南方史家集团，即“圣阿尔班斯学派”，在马太·巴黎（死于 1259 年）的著作中达到最高成就。往后一个时期的编年史，在色彩、细节等方面都已暗淡无光，除个别例子以外，这些书都只不过是搜集了一些事实，作者都未曾受到真正意义上的历史或写作艺术的启发。到十五世纪，无论在大陆或英国，仍然继续编写年代记的寺院极少，即使有人编写，也不像过去那样精神焕发、勤恳努力了。寺院编年史几乎绝灭。其停顿原因是当时的社会和经济动乱、黑死病流行，贵族阶级的寡头政治、自私自利、行会的严厉法规、教会堕落成庞大的地主，以及继十二世纪令人惊叹的才华横溢之后出现的精神痴呆。

不仅寺院生活内部堕落腐化，而且随着大学的发展，文化中心

---

① 伽地纳和马林加，第 2 部分，第 4—5 章；格罗斯，第 48 节，第 326—99 页。关于百年战争的重要作家和著作，也参阅摩林尼尔，IV，全卷（第 6 卷，索引）。

正在出现重大转移。牛津和剑桥的成长就是风向改变的象征之一，从与世隔绝的寺院吹向忙忙碌碌的大学，吹进宫廷和具有重要市政、商业等利害关系的伦敦城——如此看来，这股风正无可避免地离开教士生活吹向世俗社会。“随着大学的发展，寺院的光辉也渐渐退色”。[1] 这个衰落过程在整个十四世纪都可看到。到十五世纪甚至更为明显，“修道士不论属于哪类人物，都已不再是学者了。”波尔女士写道，即使早在十四世纪，最好的编年史家已经是 391
“俗人、流浪者或王公的门客了”。这个时代英国的两位大文豪乔叟和高伟都不是教徒。

眼界的扩大和脱离寺院生活的趋势因下述两个强大刺激而加速、加强了——一是商业的发展，特别是在伦敦；二是百年战争。这两股力量合在一起形成了使英国在十四世纪结束以前产生强烈的民族意识的主要因素。两者都为天才提供了用武之地——否则他们就会埋没在寺院中——从而使许多人脱离终日按教规宣读誓言的职业。[2] 百年战争使当时的历史记述带有强烈的时代色彩。早期苏格兰战争在促进国家自豪感方面也起了作用。伦敦日益增长的都市和商业活动提供的记录构成撰写这个时期历史的有价值的资料，例如收集在卓越的市政厅档案中的伦敦城市编年史。从十三世纪初年开始，文件资料愈来愈重要，主要的文件集几乎都开始于亨利三世统治时期结束以前。在十四世纪，市政档案既丰富又从未间断。[3]

---

① 爱林·波尔：《中世纪英国的尼庵，约1275—1536年》（剑桥，1922年），240。

② 修道士必须宣誓，遵守清贫、贞洁和顺从之戒。——译者

③ 参阅T. F. 都特：《从亨利三世即位到爱德华三世之死的英国史，（接下页）

爱德华一世统治早期标志着较老的一些年代记编纂工作的结束,[1]这个情况预示着在历史写作中大寺院传统正在成为过去,过渡到更接近近代的情况开始发展的时代。1277 年《温切斯特年代记》[2]宣告结束。这部年代记可能是得维兹的理查的作品,他的情况人们知道得很少。[3]从内在的证据可知,作者必然曾在温切斯特寺院住过。1266 年以前的材料主要是从曼兹柏立的威廉和马太·巴黎的著作中得来的;1266 年至 1277 年间的事件则是由当时的人记载的。只是因为有后面这一部分,这部著作才显得重要。所记温切斯特城及其教堂情况以及伊夫夏姆战役以后的事件的详细记载说明这部著作很有历史价值。在文笔上、内容上,这部书和当时其他编年史类似,记述详尽,有许多地方不够准确。

这个时期的作家当中最有趣、最可靠的一位是托马斯·尉克斯。他于 1289 年完成了他那部《编年史》。[4]他从 1258 到 1293 年
392 去世一直在奥赛尼修道院从事写作,作品很多。他的著作和《奥赛尼编年史》[5]有特殊关系;从 1256 年以后写的是当时的事情,对研究刘易斯和伊夫夏姆诸战役,以及这些战役前后发生的事件都是最重要的资料。尉克斯于 1282 年在奥塞尼寺院当了正式修道士,1285 年担任这个寺院的编年史家。编年史家一般都偏袒西蒙·

(接上页)1216—1377 年》(伦敦,1905 年;W. 韩德和 R. L. 普尔主编的《英国政治史》,III),443—51 有关于文件权威的讨论。

① 同上,451—61;和格罗斯,第 327—29 页。

② 格罗斯,第 1696 号。

③ 伽地纳和马林加,274。

④ 格罗斯,第 1868 号。

⑤ 同上,第 1693 号。这部年代记终于 1347 年。

得·蒙福尔，他却一反此常规，是一位热心的保皇派。他的文笔华丽，写出的东西更像一位历史家，而不像一位单纯的年代记作家。记述伊夫夏姆战役前后那些事件的另一部权威著作是《韦弗利年代记》[1]，终于1291年。作者不知是谁，只知1157年以后的记述是独力完成的，从1219至1266年写的是当时的事。从1266至1277年那部分虽然只是从《温切斯特年代记》抄来的，但终于1291年的未完成的最后一部分对了解爱德华一世统治初期还是有价值的。因为韦弗利是英国昔妥教团最早的寺院，我们估计会发现、也确实找到很多有关这个修道院和这个教派发展的详细记载。其中也常常提到外国事务，使这部编年史的重要性更广泛更普遍。它的文笔较当时那些寺院作品的一般水平稍高。

有一部《编年史》[2]，一般都认为是奥克斯尼德人约翰（约死于1293年?）的作品，不过都特[3]表示怀疑。看来作者确实是诺福克郡奥克斯尼德附近本尼狄克特教团圣本尼特寺院一位修道士。他的著作主要是从曼兹柏立人威廉、文多维人罗哲尔和马太·巴黎等人的著作中抽取的材料汇编而成的；但在某些特殊方面，特别是有关货币和地方史方面，这部书还是有价值的。在开始一般叙述以前，先概述了关于这个寺院本身的事（止于1275年），全书止于

---

① 《韦弗利寺院年代记，公元1　1291年》，收入H.R.卢阿德编的《寺院年代记》，（伦敦，1864—69年，五卷：《卷宗丛书》第36号），II，127—411；比较，格罗斯第1695号。

② 《奥克斯尼德的约翰的〈编年史〉》，亨利·厄尔力斯校订（伦敦，1859年：《卷宗丛书》第13号）；格罗斯，第1828号。

③ T.F.都特：《奥克斯尼德的约翰》，见〔伦敦〕《民族传记词典》，XLIII（1895年），12。

1293 年，最后一句还未写完。两年之后，佩德波罗修道院一位不知名的修道士编的《佩德波罗编年史》[1]也结束了。这部著作突出的地方是它记述了和这个寺院有牵连的一些诉讼案件，但书中也有些段落有一般历史重要性。附录中有《圣佩德波罗寺院登记册》(*Liber Niger monasterii S. Petri de Burgo*)，是关于这个寺院所属采地的一个有价值的概述。

终于 1297 年的《邓斯特布尔年代记》写的是有关英国本国及其外交事务的通史，[2]在十三世纪末那些编年史中还很少有像这部书写得这样清楚明白的。这部书最多最好的那部分是理查·
393 得·摩林写的；他于 1202 年当了奥古斯丁教团修道院的副住持，死于 1242 年。续编到 1297 年的那部分很可能也是在邓斯特布尔写的，记载的是当时的事。摩林是一位颇为重要的人物，曾数度因公访问罗马；但关于他的后继作家的情况则毫无所知。许多历史事实都只是从《邓斯特布尔年代记》中得知的，卢阿德认为这些年代记是"现有的关于十三世纪寺院日常俗务的最准确的记载"。错误很少而且微不足道，无论怎样高度评价似乎都不算过分。

诺里奇大教堂一位修道士巴托罗缪·科顿写了一部《英国史》，[3]从 1285 年往后那部分是作者独力写的，书中搜集了 1291 至 1298 年间许多文件，应予重视。只知科顿是这个大教堂牧师会

---

① 《佩德波罗编年史》，托马斯·斯退普尔顿校订(伦敦，1849 年：《卡谟登学会丛书》，XLVII)；格罗斯，第 2549 号。

② 《邓斯特布尔修道院年代记，公元 1—1297 年》，收入卢阿德，III，1—420；格罗斯，第 1821 号。

③ 诺里奇寺院巴托罗缪·科顿：《英国史 449—1298 年》，H. R. 卢阿德校订(伦敦，1859 年：《卷宗丛书》第 16 号)；格罗斯，第 1760 号。

会员，没有活到1298年。他大约在1292年开始写他这部书，是从蒙默思的赭弗理、亨廷登的亨利、文多维的罗哲尔等人的著作中抄袭的或节录的，随后又写《诺里奇年代记》。后者截至1263年那部分，主要是根据马太·巴黎和沃令福德的约翰的著作写的；1263年以后那部分是重要的权威资料。科顿主要是一位编纂家。这部书一部分是他自己写的，其他部分是他口述，由文书记录，某些章节是由文书从别的资料中抄来的，有些地方修改了，科顿已在书中指明。这部《英国史》尽管有许多遗漏和错误的地方，但对于研究爱德华一世统治时期最初二十五年还是非常有价值的。

威廉·里陕加在某种程度上恢复了圣阿尔班斯寺院作为一个历史学派的名誉。他于1271年在这个寺院当了修道士，死于爱德华二世统治初期。从里陕加的文章看来，很明显，从马太·巴黎的时代开始，历史写作业已一落千丈。在1312年他自己写的备忘录中可以看出他在圣阿尔班斯寺院曾有“编年史家”头衔。他说他当时六十二岁，已当修道士四十一年之久。由此可知，在他和他所叙述的事件之间还是有一定距离的，他的主要著作《编年史》[①]是巴黎的《大编年史》的续编，从1259到1306年，这部著作甚至可能不是他写的。这是因为从1272到1306年那部分是迟至1327年才写的，那时如果他还活着，也已经是七十七岁的人了，所以有人怀疑这部分不是他写的。校订这部著作的亨利·莱利却相信他曾活到那一年。也许书中某些部分不是他写的。不管这部书是谁写 394

① 《编年史》，收入《威廉·里陕加和无名氏的编年史和年代记》，亨利·T.莱利校订（伦敦，1865年，《卷宗丛书》第28号，第2部分），1—230；格罗斯，第1836号。

的，反正都任意抄袭了特勒味特的著作，后者也是那一年结束的。都特认为这部作品既乏味又不匀称。1307年后不久，里陕加编了一部《爱德华一世本纪》[①]，简短而不重要，只是一部年代混乱、写得很不好的事实摘要。更值得注意的是他的《诸侯战争编年史》[②]，是现存最详尽的记述，但也不值得推荐。

尼古拉·特勒味特的《年代记》的校订者托马斯·赫格说明著者的正确名字是特勒味特（Trevet），而不是特里味特（Trivet）。[③]著者是出身于诺福克一个著名家族的一位巡回法官的儿子，约生于1258年，死于1328年。年纪很轻时就加入了多明我会，在牛津和巴黎学习后，就成为该会少数英国历史家之一。他的年代记记述了英国安如王朝六位国王的时期，共一百七十年。这部年代记在爱德华一世死后突然结束。虽然前面那部分主要是纽堡的威廉、托利尼的罗伯和剌尔夫·得·狄塞多等人的著作的汇编，但所记爱德华统治时期却是当代人写当代事，很有价值。其突出特点是它的年代编排十分审慎，后来圣阿尔班斯寺院那些作家常常引用。此外，特勒味特还写了很多评论和一些没有发表过的次要作品。他作学问严紧精密；作为一位历史家，他明智审慎、稳健而客观。

记述爱德华一世时期的另一部重要编年史，是彼得·郎托夫

① 《爱德华一世本纪》，也收入莱利的书中（见本书原书第393页注），411—33。

② 《刘易斯和伊夫夏姆两次战役编年史》〔1263—67年〕，编入《托马斯·沃尔星干的 Ypodigma Neustriae》，也有H. T. 莱利校订本（伦敦，1876年；《卷宗丛书》第28号，第7部分）；格罗斯，第1836号。

③ 《英格兰六王编年史，1135—1307年》，托马斯·赫格校订（伦敦，1845年；《英国历史学会丛书》）；格罗斯，第1849号。

特用法语韵文体写的，充分表现了当时的写作趋势。① 一般人一度都以为他是法国人；但关于他的生平我们知道得很少，不过单凭他的文章英国气味十足就可证明他是英国人。他是约克郡布列得林敦小修道院牧师会成员，这一点已经肯定无疑。他表现出对北方教会事务异常关心。他这部著作本身由三部分组成，各部分都是根据不同时期、不同的一批史料写成的。第 1 部分是蒙默思的赭弗理的《不列颠史》的一个很好的节略。第 2 部分记述盎格鲁-撒克逊时代和诺曼诸王直至亨利三世，是根据包括曼兹柏立的威廉和亨廷登的亨利的著作在内的许多权威著作写成的。包括爱德华一世统治时期在内的第 3 部分是很有价值的当代记载。郎托夫特的意图是为贵族阶级写一部通俗历史，因此他是用法文写的，因为当时受过教育的人喜欢读法文书。但一般的人对这部著作的需 395
要也极大，所以不久之后，就译成英文了。② 作为一部历史著作，它表现了强烈的反苏格兰成见，这也许是因为作者天生地就对住在英格兰以北的那些边疆邻人有恶感。作为文学写作，它代表着从瓦斯和奔诺这类旧韵文作家向富罗沙派那些生动的编年史家的过渡。

现在，寺院缮写室编的那些严肃而阴沉的年代记，正在由豪侠勇武的散文和诗歌体编年史取代，后者构成它们那个时代历史写作中很有价值的一部分。“这些史书生动逼真地反映出来的实际

① 《皮埃尔·得·郎托夫特〈法语韵文编年史，从最早时期到国王爱德华一世之死〉》，托马斯·来特校订（伦敦，1866—68 年，两卷；《卷宗丛书》，第 47 号）；格罗斯，第 1808 号。

② 这部著作大部分是这样由罗伯·曼宁（兴旺时期在 1388 年左右）翻译的，比较格罗斯，第 1816 号。他有时被称为布隆的罗伯。

上是那个时代统治阶级的整个风貌；我们阅读这些编年史有如通过创造这些事件的人们的眼睛看到的情景，……也听到诸侯大厅里一切闲谈和诙谐。"这些编年史也反映了当时正在衰落的骑士和贵族武夫在社会上表现的妄自尊大、盛气凌人、藐视下层阶级等特点。朗托夫特拿贝里克市民被屠杀这个事件开玩笑，正如同一世纪较晚时黑太子屠杀利摩日市民被富罗沙取笑一样。在十四世纪骑士们心目中，和平只是庸俗无聊的东西，这是因为他们以战争自肥。[①]

关于爱德华二世，圣阿尔班斯寺院还出了两部编年史。特洛刻罗的约翰（兴旺时期在 1330 年）原是泰因马斯寺院一位修道士，后来调到圣阿尔班斯寺院；1329 年后，在那里写了一部有价值的编年史，[②]因为他记述的事情许多都是他目睹的。关于特洛刻罗的生平我们几乎毫无所知。他的著作，从 1307 年写到 1323 年，年代编排偶尔不够准确，可能是因为他写作时根据的那一大堆笔记材料缺少详细的年代记载的缘故。在其他方面，这部书还是有用的，而且成为沃尔星干后来关于这个时期的著作的基础。特洛刻罗的文笔虽然有时夸张，但总的看来还是好的。后来布兰福德的亨利又为这部年代记增加了一年（1324—25 年）；亨利也是圣阿尔班斯寺院一位修道士，他的生平不详。他那部编年史[③]很短，似乎是 1330 年后不久写的一部较大的著作的片段，原来打算作为特洛

① 这段文字概括了 J. R. 格林的《历史研究》（伦敦和纽约，1903 年）226—28 的大意。

② 《特洛刻罗人约翰和布兰福德人亨利的圣阿尔班斯寺院编年史》，H. T. 莱利校订（伦敦，1866 年：《卷宗丛书》第 28 号，第 3 部分），63—127；格罗斯第 1851 号。

③ 同上，131—52。

刻罗的著作的续编。在这两位作家之后，圣阿尔班斯寺院的历史编纂似乎就完全停止了，直到后来才由沃尔星干恢复起来，不过他的著作已是属于十五世纪的了。

据传（但理由不充足）是由曼兹柏立一位修道士[①]写的那部 396
《爱德华二世本纪》[②]是经士达布斯主教之手校订过的三部由同时代的人写的爱德华传记当中最好的一部。这部本纪可能是在这位国王统治末年（约1325年）写的；它特别注意格洛斯特和布里斯托尔两地的地方史，并突出地表示了对罗马教廷的敌视。从喜格登的《多方面编年史》中抄来的一部续编，从1326年写到1348年。究竟原书作者是谁，有各种猜测。不管作者是谁，根据内容可知他对地方事务似乎很熟悉。他是一位博学的道德家，敌视王廷及其谄媚者；他可能是一位教师，而不是一位修道士。在文笔和权威方面，马林加[③]把他列在特洛刻罗之上，都特[④]称他是爱德华二世统治时期"最讲人性的年代记作家"。由另一位无名氏写的另一部爱德华二世本纪名为《爱德华二世记事》(*Gesta Edwardi de Carnarvan*)。[⑤]虽然这部编年史直到1377年才汇编成册，和一部终于同一年的续编合并，但记述爱德华二世统治时期的那部分似乎是根据当时的材

① 《曼兹柏立寺院修道士写的〈爱德华二世本纪〉》收入威廉·士达布斯校订的《爱德华一世和爱德华二世统治时期编年史》（伦敦，1882—83年，两卷；《卷宗丛书》，第76号），II，155—294。

② 格罗斯第1857号。

③ 伽地纳和马林加，275。

④ 《英国史》（本书原书第391页注），457。

⑤ 《爱德华二世记事》见士达布斯校订的《爱德华一世和爱德华二世统治时期编年史》，II，25—92；格罗斯，第1779号。

料写成的。只知作者是不列得林敦牧师会成员,尚不知是谁。那部续编也可能是他写的,但后者1339年以后那部分没有什么价值。由于缺乏更好的资料,这部《记事》对了解北方历史和英格兰与苏格兰之间的关系还是有用的;士达布斯评价这部书说,在一个缺乏头等著作的时期中,它可算二等权威中很高的一部了。据传是由托马斯·德·拉·摩尔撰写的一部《爱德华的生平和逝世》①,是研究他的统治时期某些部分的主要资料之一。这部著作十分难得,因为它的法文原本一直未被发现。关于这部书的情况,我们是从赭弗理·勒·培克尔的编年史的一个摘要里面找到的。赭弗理的材料大部分是从摩尔的记述中得来。赭弗理也是根据穆里马斯人亚当的著作写的,因此,究竟摩尔的原著描绘的图景是个什么样子就更加混乱了。不过士达布斯向我们保证这个图景大体上是可信的。在这部书中,作者对爱德华二世表示同情,但由于他本人对事实了解不够,往往过于夸张。这部书的写作日期未准确肯定。

著名的《史学花朵》(*Flores Historiarum*)②从创世写到1326
397 年,包括最早两位爱德华的统治时期;这部书过去曾一度归到一位纯属想象人物、所谓"威斯敏斯特的马太"名下。其最前一部分取材于马太·巴黎的《大编年史》;一个最老的手抄本曾一度属于威斯敏斯特寺院,这两件事加在一起,就成了把这部书归到一位虚构

① 《英王爱德华二世的生平和逝世》,见士达布斯校订的《爱德华一世和爱德华二世统治时期编年史》,II,297—319;关于这部书的作者,比较格罗斯,第1820号。

② 《史学花朵》,亨利·R.卢阿德编(伦敦,1890年,三卷:《卷宗丛书》,第59号)。导言中有对构成《史学花朵》的诸编年史间的复杂关系的评论。比较格罗斯,第1774号。

的作者名下的缘由。校订者亨利·卢阿德根据笔迹和内容证明《史学花朵》是几个人而不是一个人的作品，这些作者究竟是谁，恐将永久存疑。圣阿尔班斯打算不参考其他著作独力续编马太·巴黎的著作至1265年，从那年以后又由威斯敏斯特寺院许多文书续编到1306年。大多数手抄本都在那年结束；威斯敏斯特一位修道士雷丁人罗伯(死于1325年)把这部著作续到1325年，是以敌视爱德华二世的态度写的。下一年，即全书结束的那一年的内容是由同一寺院另一修道士写的。《史学花朵》现存手抄本数目极大，后来那些编纂家引用它的也很多，如果可以根据这些情况作判断的话，那么这部书就应当算是最流行的一部英国编年史了。这部书从1259到1326年那部分，主要是由当代人写的。这部书在圣阿尔班斯寺院里编写的时候偏袒诸侯，而在威斯敏斯特寺院里编写时却又偏袒保王党。不过对研究爱德华二世统治时期，由于缺乏由当时人写得更可靠的编年史，这部书还是有价值的。

从1327年爱德华三世即位到1485年理查三世之死这一段很长的时期的特点是"文学写作精神普遍衰落"。① 无论就历史著作或文艺作品讲，整个都有缺陷。在这个时代初期，三部有趣的城市编年史都终止了。《伦敦年代记》②(1194—1330年)，1301年以前那部分大都是《史学花朵》一书的节略；但其后的十五年却有很好的通史记述。1316到1330年那部分主要记述该城地方史。作者是伦敦一位公民，有较好门路接触社团档案；通常认为这部著作是

① 伽地纳和马林加，284。

② 《伦敦年代记》，收入士达布斯校订的《爱德华一世和爱德华二世统治时期编年史》(见本书原书第395页)，I，3—251；比较格罗斯，第1690号。

安得鲁·霍恩(死于1328年)写的。这本书只是事件发生年月和文件的汇编,而且很不完全,不能算独力写作。这部汇编一开始就不完全,中间还有重大脱漏;士达布斯说这本书比例不调。另一部类似的汇编是《圣保罗年代记》①(从创世至1341年);1307年以前那部分是《史学花朵》的节录;续至1341年那部分倒还有用。作者是圣保罗寺院除穆里马斯人亚当②以外的另一位修道士作家,他
398 的生平和亚当相似,最初人们还以为作者是亚当呢。他对伦敦和大教堂都很熟悉,他写的这部市政史很有趣。最后应当谈谈《法文伦敦编年史》(1259—1343年),③这部书是本世纪中用古诺曼法文编写的,作者尚未查明。似乎是一部伦敦城或市长的编年史,主要叙述王国的事情。不过关于亨利三世和诸侯打仗的时期的伦敦以及城内重要行会等描写还是特别重要的。

达勒姆教会过去曾经产生过像比德、西缅、西缅著作的续编者和加尔夫里·得·科尔定汗那样的作家;这个时期以才力中常的罗伯·得·格雷斯坦为代表。他的著作④始于1214年,终于1336年,他可能就是这年死的。他是达勒姆一位教士,虽然1333年当选为主教,但因受阴谋阻挠,未能在教区任职。他在谈到自己当选

① 《圣保罗年代记》,收入士达布斯校订的《爱德华一世和爱德华二世统治时期编年史》,I,255—370;比较格罗斯,第1697号。

② 都特(见本书原书第391页注),457。

③ 《伦敦编年史,从亨利三世统治的第四十四年到爱德华三世统治的第十七年》,乔治·J.翁吉尔校订(伦敦,1844年,《卡谟登学会》丛书,XXVIII)。关于这部书的英文译本,参阅格罗斯,第1763号。

④ 《达勒姆教会史》,收入詹姆士·雷因编的《达勒姆教会三大作家的历史著作:加尔夫里·得·科尔定汗,罗伯·得·格雷斯坦和威廉·得·辰柏》(伦敦,1839年:《塞提兹学会》丛书,IX),33—123;格罗斯,第2343号。

这件事时，口气谦虚而容忍。他这部编年史叙述的主要是教会事务，但对公众的事也相当注意。

对于研究苏格兰和英国北部的历史很重要的《兰内科斯特编年史》[1]（1201—1346 年）是紧接《哈甫登人罗哲尔的年代记》编写的。虽然后来重写过，但从内容看来，原著的大部分是爱德华一世统治时期写的。重写工作是卡莱尔一位不知姓名的圣芳济会修道士写的，他主要是根据目击者提供的材料增加了一部续编。这部书之所以以兰内科斯特命名，是因为书中常常提到这个地区的事。这本书虽然经过改写，又有一些材料抄自《美洛斯编年史》，但许多独力写出的东西还是保存下来了。校订者约瑟·史梯芬孙说，这部书是一部详细而可靠的苏格兰史。

于同年（1346 年）结束的“早期编年史中最好的一部”据传全部或部分地是赫明堡人沃尔忒（兴旺时期在 1330 年）[2]写的。第 1 部分从 1066 到 1297 年，这年以后那部分是谁写的就无法确定了。[3] 沃尔特是约克郡一个小区克莱武附近季斯波罗小修道院牧师会一位成员。他出生于一个有势力的家庭，有机会进行广泛研 399
究，在和他同时代的人们当中有很高名望。他那部编年史前一部分是从亨廷登的亨利和纽堡的威廉的著作中吸取的材料，但他关于三位爱德华统治时期的记述还是当代人记当代事。爱德华三世

① 《兰内科斯特编年史，1201—1346 年》，约瑟·史梯芬孙校订（爱丁堡，1839 年；《麦特兰俱乐部丛书》，第 46 号）；格罗斯，第 1749 号。

② H.C.汉密尔顿校订：《赫明堡的沃尔特〈编年史〉》（伦敦，1848—49 年，两卷；《英国史学会》丛书）。

③ 格罗斯，第 1788 号。

的历史突然在克勒西战役前夕终止。沃尔特在正文中插入许多重要文件，其中有些是无法在别处找到的，如国王的信件、教皇的训谕、爱德华一世的大宪章以及最使人满意的所谓“免税文件”(De Tallagio non concedendo)[1]的原文。[2] 激动人心的战斗场面使他的叙述生动活泼，作者得到批评家很高的评价是理所当然的。他的文笔喜人；他的头脑很有见识，稳健而明晰。

牛津大学学监，穆里马斯人亚当于 1347 年写完他的《续编》[3]，可能就在那年去世。他大约于 1275 年出生于牛津郡一个家庭，无疑曾在牛津大学受教育。他经常出国游历，作为国王或大主教的使者前往教廷。亚当大约在 1325 年下笔写他那部从 1303 年开始的编年史。从 1305 年往后的记述是他自己独力写成的，但 1337 年以前的记载很贫乏，截至 1347 年止的最后那部分对研究英国在法国进行的历次战役颇有价值。由一位看来消息十分灵通的同时代的人写到 1377 年的那部分续编对研究爱德华三世统治后期有用。马林加[4]称穆里马斯的亚当为 1327 至 1346 年间的主要历史见证人，说他为人正直，但描绘和文艺才能欠佳。

历史上有些时期，人类的头脑表现出一种明显的倾向：要把一切历史材料纳入一个紧凑的百科全书式的框框内加以消化。一味

① 即公元 1297 年爱德华一世颁布“宪章的追认”，规定非得到国会的同意，国王不得征收捐税。——译者

② 伽地纳和马林加，277。

③ E. M. 汤普森校订的《穆里马斯人亚当的〈编年史续编〉。阿维斯柏立人罗伯：〈国王爱德华三世的惊人事业记〉》(伦敦，1889 年；《卷宗丛书》，第 93 号)；格罗斯，第 1822 号。

④ 伽地纳和马林加，284。

贪求粗糙的事实多多益善，很少注意批判和思考。十四世纪就是这样的一个时代。喜格登的《多面编年史》(*Polychronicon*)[①]在二百多年当中对英国人说来正如威廉·卡谟登对都铎王朝时期、H. G. 韦尔斯的《世界史纲》对于现代一样。关于喜格登本人，几乎没有什么事情能够确定下来。他约于 1280 年生于英国西部，1299 年宣誓在寺院当修道士，后来成为切斯特的本尼狄克特教派那个有钱有势的圣味堡修道院一名成员。我们还知道大约是在十四世
纪后半，可能是 1363 年死的，相当高寿。他还写了几部次要作品， 400
但他在后世的名声来自他那部受欢迎的《多面编年史》，其复制本数量极大、流行甚广。全书大部分是汇编性质，可能是这类著作中最好的一部；只有一小部分写的是当时的事，但这部分也并不完全是独力写成的。喜格登举出他根据的大约四十位作家的名字。他把他的著作分为七卷。第 1 卷叙述地理，其余各卷叙述世界史，从创世到 1352 年。詹姆士·盖得纳说过，喜格登的著作的真正重要性在于"它对它问世的那个时代的历史、地理和科学知识等方面提出了自己的见解"。[②] 特雷维萨的约翰把这部书译成英文，加入一些新材料，其中最有教益的例子是著名的论民族习惯语的那一段。喜格登可能是在爱德华三世统治早期从事写作的，他说，"目前我们本国语言正以讹传讹，这有两个原因：一点儿也不假，自从诺曼人来到以后，学校里的儿童，与其他国家的习惯相反，被迫放弃自

① 丘吉尔·倍宾顿和约瑟·R. 兰比合校的《昔妥教团修道士拉鲁夫·喜格登的〈多面编年史〉：附十五世纪约翰·特雷维萨和一位无名氏合译的英译文》(伦敦，1865—86 年，九卷：《卷宗丛书》第 41 号)；格罗斯，第 1793 号。

② 伽地纳，279。

己的语言而用法语把自己的话逐字译出；贵族的儿子们则更进一步，从孩提时代起，即用法语训练。”但在1385年从事写作的特雷维萨却用下面的话（现代英语）把他那句话修改成这样了：“起初这种情况确实大量存在，但现在的情况似乎已经改变了；因为一位文法教师约翰·康华尔把中等学校的教学内容和法语句法都改为英语的了，后来理查·彭克里希从他那里学到这种教学方式，其他的人又向彭克里希学习，因此，现在……英国全部中等学校的儿童都不学法语，改学英语并用英语表达思想了。”《庄稼汉皮尔斯》[①]中有一段有趣的话（XV.1,368）说这个变化在八年前就已经有人议论了。很可能的情况是：特雷维萨把单独一位教师的重要性夸大了，他把这么大的变化只归功于这位教师显然不妥；这个变化实际上是因为英国人在法国打了许多仗，引起他们强烈的爱国热情而产生的。

赭弗理·勒·培克尔[②]（1350年是他的兴旺时期）写了一部范围狭窄得多的《编年史》，[③]止于1356年。他很可能是牛津郡斯文布洛克人，在那里当了一位世俗文书。1347年在托马斯·得·拉摩尔请求下，他在奥塞尼写了一部简短而无价值的《编年史》（*Chroniculum*）。大约在1345年，又开始写一部较大的著作，始于1303年，1341年以前那部分主要是根据他的邻居穆里马斯人亚当的著作写的。他虽然紧紧追随亚当的著作，但也从当时还活着的

① 公元十四世纪郎兰的寓言诗。——译者

② 意译为“面包师赭弗理”。——译者

③ E.M.汤普森校订的《斯文布洛克的赭弗理·勒·培克尔：〈编年史〉》（牛津，1889年）；格罗斯，第1717号。

人当中搜集一些资料，作了重要补充。最有价值的部分是关于普 401
瓦蒂埃战役的记述——准确地确定了战场的位置。培克尔写书时断时续，年代编排得很不好。另一位中等作家阿维斯柏立人罗伯（坎特伯雷大主教区法庭一位登记员，约死于 1356 年）写了一部名为《爱德华三世惊人业绩》（*De gestis mirabilibus Edwardi Tertii*）（1339—56 年）的书，主要内容是爱德华三世统治时期的军事史。[①] 他一生详情不明，只知道他的遗嘱登记于 1359 年。他在叙述中，插入一些有价值的文件。马林加肯定地说他只不过是一位辛勤的编年史家而已。[②]

和诸“宗教”作家的作品恰成鲜明对比的值得推荐的一部书是托马斯·格雷爵士写的《阶梯编年史》（*Scalacronica*）。[③] 作者是一位诺森伯兰战士，曾于 1355 年被苏格兰人俘虏；他在狱中写作，主要是为了消闲遣闷。托马斯爵士虽于 1358 年被释放，但仍然继续用法文写他的编年史。他是希顿庄园的主人，积极参与军事活动，死于 1369 年。他记述的是他亲身的经历，因此，他这部书与众不同；在那些为贵族写的著作，例如彼得·郎托夫特的著作等等当中，他这部书算是杰出的了。书名《阶梯编年史》是指格雷战袍上绣的阶梯说的。他这部书大部分是根据比德·哈甫登和喜格登等人的著作写的；但从爱德华一世起，就是他自己写的了。这部书文

① 收入汤普森的《穆里马斯的亚当〈编年史〉……》（见本书原书第 399 页注），279—471；格罗斯，第 1716 号。

② 伽地纳和马林加，284。

③ 约瑟·史梯芬孙校订的《希顿人托马斯·格雷爵士的〈阶梯编年史〉。一部英格兰和苏格兰编年史，从 1066 年到 1362 年》（爱丁堡，1936 年；《麦特兰俱乐部丛书》，第 40 号）；关于英文译本，参阅格罗斯，第 1784 号。

笔很好，对研究爱德华二世、三世统治时期进行的历次苏格兰战争特别有用；这部书是很高的权威著作。

《历史颂歌》(*Eulogium Historiarum*)①可以说是喜格登的《多面编年史》的新版，也是从创世写起，直至1366年。可能是名叫托马斯的一位曼兹柏立寺院修道士编的；他似乎是一位很有学问的人，而且谦虚纯朴。他利用蒙默思人赭弗理、喜格登的著作和其他一些未经查明的资料，全书约于1367年完成。1356年以后那部分记载的是当时的事；一位不知名的作家还写了一部续编(从1366到1413年)，对研究理查二世时期的国会议事情况特别有参考价值。《历史颂歌》虽然有许多不准确的地方，但它的可靠性并不在和它同时代的那些主要著作以下。它间接地揭示了一个重要的大寺院所的一般知识情况。

亨利·乃顿(1363年是他的旺盛时期)留给我们一部《英国
402 史》。② 关于他的生平，我们知道得很少，只了解他是来斯特③圣玛利寺院一位修道士，和特雷维萨的约翰④同时代。他的著作开始于959年，1336年以前那部分是根据喜格登和赫明堡的著作写的；但1336到1367年那部分是他自己写的，使我们了解到许多

---

① F. S. 赫敦校订的《(历史的或时代的)歌颂：曼兹柏立专院僧侣的一部编年史》(伦敦，1858—63年，三卷；《卷宗丛书》，第9号)；格罗斯第1770号。

② 《来斯特修道士亨利·乃顿的〈编年史〉》，J. R. 兰比校订(伦敦，1889—95年，两卷，《卷宗丛书》第92号)；格罗斯，第1807号；詹姆士·退特对兰比的评论，见〔伦敦〕《英国历史评论》，XI(1896年)，568—69。

③ 在英格兰南部。——译者

④ 英国的翻译家(1326—1412年)，翻译了喜格登的《多面编年史》，增加了导言和续编。——译者

情况。一位未查明姓氏的作家写了一部续编，从1377年写到1395年。不管这位作家是谁，反正他似乎对他的寺院及邻近地区的情况知道很多。虽然这部分表现了强烈的反对威克里夫[①]的成见，但它把当时的社会经济情况讲得很清楚，因而有特殊价值。从这部书中，可以了解到关于黑死病[②]、1381年的起义[③]、当时的物价波动、工资等级和劳工法规等许多详细情节。

由于从1356到1367年这段时期历史资料极其匮乏，从而使雷丁[④]人约翰那部笨拙的《编年史》[⑤]成了一部重要史料。詹姆斯·退特说，这个时期的史学，降到十五世纪以前的最低潮。关于雷丁人约翰的情况只是从他自己的著作中看到的。他是否生于雷丁、是否是一位雷丁人的后代，是否和雷丁的罗伯有关系，等等，这些问题都还没有答案。不过，看情况他很可能是在1364年下笔的，大约死于1369年。他对他的威斯敏斯特寺院深表关怀，他在其中地位很高，有得到消息的机会。约翰的作品构成在这个寺院已经继续写了一百多年的编年史的结尾。这部著作于1346年写起，其最初十年是根据阿维斯柏立的著作写的，其后又引用了喜格登和他的续编者所写材料。约翰的著作比不上他的前人雷丁人罗伯（在威斯敏斯特寺院写了《历史花朵》——1307至1325年的历史）或约翰·马尔汾（他把喜格登的著作续至1381年）。他的《编

① 英国最早主张宗教改革的人（1320？—84年）。——译者

② 1348年黑死病横行于欧洲。——译者

③ 即著名的窝尔忒·泰勒尔领导的农民起义。——译者

④ 雷丁在英格兰南部。——译者

⑤ 《雷丁人约翰的〈编年史〉和无名氏的〈续编〉，1346—67年》，詹姆士·退特校订（曼彻斯特，1914年：《曼彻斯特大学丛书》，XX）；格罗斯，第1832a号。

年史》还有些历史价值，但没有文学价值。他的材料组织得不好，也缺乏辨别能力。文章里有不少奇迹、预兆等类迷信的东西，即使在那个时代也算多得过分了。最后一点是，约翰的作品因文笔“粗野和造作”而大为减色。

关于爱德华统治晚期，《伍斯特[①]年代记》[②]中有一些重要记载。其内容除几年外，都是抄自威斯敏斯特寺院一位无名氏的手稿——《温切斯特[③]年代记》和《韦弗利[④]年代记》也是根据这部手
403 稿写的。《伍斯特年代记》类似《邓斯特布尔[⑤]年代记》，但不如它好。虽然在记述全国性大事方面不够详尽，但有关地方史的材料却很丰富；年代编排往往混乱；有几年完全是空白，后来填补上的那个事件也不对头。

关于爱德华三世[⑥]的传记很少是他同时代的人写的。值得注意的作品只有附在《爱德华二世[⑦]记事》后面的一部《爱德华三世记事》[⑧]，但写得并不好。虽然下笔时抱负不小，想把他的整个统治时期(1327—77 年)都写出来，但全文重要的部分刚写到 1339

---

① 在英格兰中部。——译者

② 《伍斯特寺院年代记，公元 1—1377 年》，收入卢阿德的《寺院年代记》(见本书原书第 392 页注)，IV，355—64；格罗斯，第 1698 号。

③ 在英格兰南部。——译者

④ 寺院，在英格兰南部。——译者

⑤ 寺院，在伦敦之北。——译者

⑥ 1327—77 年在位。——译者

⑦ 1307—27 年在位。生于卡那封(在威尔士西北部)，故称“卡那封的爱德华”。——译者

⑧ 《爱德华三世记事》，收入士达布斯的《爱德华一世和爱德华二世统治时期编年史》(见本书原书第 396 页注)，II，93—151；格罗斯，第 1779 号。

年就搁笔。除一两件小事外，其余部分只不过是一般都知道的材料的汇编或缩写。作者可能就是写爱德华二世传记的布勒得林敦寺院那位不知名的修道士。

有一部叫作《无名氏编年史》[①]的稀奇古怪而费解的著作，记述的是爱德华三世统治晚期和理查二世统治初期一些细节；起初有人认为这部书的原始手稿是在英国北部写的；但乔治·克里恩[②]根据该书内容，断定它多半是国王左右某人于 1382 年后不久在伦敦附近写的。这部编年史从 1333 年下笔处至 1346 年那一部分的材料可能来自那本已失传的圣芳济会修道士编年史(《兰内科斯特编年史》[③]就是根据它写的)，也可能来自这部编年史的某种增订本。从我们现有的这部书看来，似乎是从一部拉丁文原本逐句直译的。从 1346 年以后直到 1351 年末那部分的材料的来源尚未查清。无名氏写的这部书达到的水平和与之类似的《英国编年史》差不多。记述 1376—81 年那段很详尽，引用了许多官方信札和文件，但这些东西都糅在一起，因而其原文究竟是哪些就极难确定了。书中记述了许多有用的新材料，特别是关于 1381 年肯特和埃塞克斯的起义[④]。[⑤] 这位作者的观点是一位典型的本尼狄克特派修道士的观点，他们都是从自己寺院的角度观察一切的。

---

① 《无名氏编年史，1333—1381》，V. H. 盖尔布累斯校订(伦敦和纽约，1927 年；《曼彻斯特大学丛书》，XLV)。关于根据法语原文的英译本，参阅格罗斯，第 1714 号。

② 参阅〔纽约〕《美国史学评论》，VII(1901—02 年)，266—68。

③ 参阅本书原书第 398 页。——译者

④ 即窝尔忒·泰勒尔的农民起义。——译者

⑤ 关于这部分的特殊讨论，参阅 G. M. 屈维廉的《关于 1381 年暴动的记载》，见〔伦敦〕《英国历史评论》，XIII(1898 年)，509—22。

这部著作不够准确，其主要价值在于对某些事件提供了新材料。约克郡圣玛利寺院一位无名的编年史家记述的 1381 年的约克郡农民暴动颇重要。

另一部《英国编年史》[①]填补了爱德华三世晚年那一段时期历
404 史的空白；据传这部书主要是圣阿尔班斯寺院一位不知名的修道士在十四世纪末写的。内容大多和沃尔星干的著作相同。除了关于爱德华三世统治时期的记述以外，这部书还说明据说是沃尔星干写的那部《英国史》的写作方法，这一点很重要。这部书以大量材料记述了干特人约翰[②]的生平。作者以尖刻的文笔，对自己怀有深仇大恨的敌人进行了人身攻击，特别是对兰开斯特公爵和罗拉德教派[③]的攻击更为刻薄；因为他们拥护威克里夫，他就把他们当作教会的敌人攻击。

托马斯·柏顿所著《美尔萨编年史》(1150—1396 年)"忠实而详尽地记述了一个宗教团体的建立、发展……和当地统治机构的关系"。[④] 作者是昔妥教团美尔萨(莫城)[⑤]修道院住持；他的名字是把他的书续编到 1406 年的那位作家告诉我们的。柏顿于 1396 年当选住持以前的情况，我们几乎毫无所知。他肯定是那个地区

① E. M. 汤普森校订的《圣阿尔班斯寺院僧侣编的〈英国编年史，公元 328—88 年〉》(伦敦，1874 年；《卷宗丛书》第 64 号)；格罗斯，第 1745 号。

② 兰开斯特公爵(1340—99 年)，爱德华三世的第四个儿子，黑太子的兄弟。与黑太子一同在各地作战，支持威克里夫。——译者

③ 威克里夫教派的信徒。——译者

④ 爱德华·A. 逢德校订的《住持托马斯·柏顿的〈美尔萨寺院编年史〉》(伦敦，1866—68 年，三卷；《卷宗丛书》，第 43 号)；格罗斯，第 1729 号。

⑤ 在法国北部。——译者

的人，很可能曾当过“寺院学者”(House Scholar)，他这个地位使他能够在牛津和巴黎学习。作为住持，他在管理寺院方面遇到困难，在人们向他进行派系斗争的情况下，他于1399年辞职。柏顿死于1437年，当时约七十三岁。他的编年史中所记外国历史主要取材于喜格登的著作和十四世纪流行的马提那斯·波罗那斯[①]那部《教皇与皇帝总编年史》(*Cronica summorum pontificum et imperatorum*)。关于地方情况的取材，柏顿有机会翻阅寺院记事簿，也可利用自己这个寺院里那些未曾问世的早期编年史。这部书记述了寺院生活的细节因而特别重要，此外，这部著作在苏格兰和英格兰的关系方面也提供了有用的材料。另一部主要叙述寺院事务的著作是坎特伯雷圣奥古斯丁寺院一位修道士威廉·托恩(1397年是他的兴旺时期)完成的。他的《编年史》[②]也是通史；1228年以前部分主要是取材于斯普洛特的著作。但他这部书比不上柏顿的著作。

这个世纪末，威斯敏斯特寺院一位修道士赛伦塞斯特人理查(约死于1401年)写了一部《历史镜鉴》(*Speculum historiale*)，[③]表现了历史写作的一般趋势——即倾向于百科全书式的写作。全书分为三卷，从447写到1066年，是根据比德、哈甫登人罗哲尔、蒙 405

---

① 即波兰人马丁。多米尼克僧侣和编年史家。死于1278年。——译者

② 《坎特伯雷圣奥古斯丁寺院记事》，几乎三百年前只有拉丁文本，见罗哲尔·特威斯登校订的《十位作家写的英国史》(伦敦，1652年，两卷，对开本)，II，1757—2202；格罗斯，第1845号。A. H. 大卫的最近英译本：《威廉·托恩的〈坎特伯雷圣奥古斯丁寺院编年史〉》(牛津，1934年)，比较导言，第xx—lx页。

③ 约翰·E. 马厄校订的《塞伦塞斯特的理查〈英王事记的历史镜鉴〉》(伦敦，1863—69年，两卷：《卷宗丛书》，第30号)；格罗斯，第1360和1271a号。

默思人赭弗理、曼兹柏立人威廉、喜格登、亨廷登人亨利和许多其他作家的著作编写的提要。理查习惯于在全部正文页边记上引用的材料。他常常以不同证据作比较，但并无新贡献。当时的风气肯定是朝着这种积累事实的方向发展的，但这些东西并无独立的价值。在整个十四世纪期间，十二世纪那种雕琢和可以称之为敏锐批判的东西正逐步被粗糙的贪求事实的风气取代。在喜格登的著作中——在赛伦塞斯特人理查的著作中则更甚——我们发现一个十分明显的趋势，即把所有的记载都融化在一个紧凑的、包罗万象的叙述之中。可以说，即使理查的著作全部丢掉，史学也不会受到任何损失。

直至这个世纪最后一年(1400 年)，历史写作仍然每况愈下，未能挽回。等到亨利四世统治(1399—1413 年)初期，即使当时那些简陋的年代记也几乎全部停止了。托马斯·沃尔星干的《英国史》实际上是记述十五世纪头二十年英国内部事务的唯一一部。在他的著作于 1422 年结束后，关于在法国进行的那些战争倒是有些材料；而关于英国，在玫瑰战争[①]以前却只有极其可怜的一点点。这个时期的英国史学撰述如此稀少而拙劣，究竟原因何在实难说明；只有一点很明显，即从十三世纪以来，那些编年史的内容和文笔都在逐步衰落。在促成这次衰落的众多原因当中，下列两点应当包括在内：一是在乔叟[②]、力德吉特[③]和高厄[④]影响下，本土

① 1455—85 年。——译者

② 英国诗人(1340？—1400 年)，著有《坎特伯雷的故事》。——译者

③ 英国诗人(1370？—1451？年)，乔叟的学生和模仿者。——译者

④ 英国诗人(1325？—1408 年)，乔叟的朋友。为盎格鲁—诺尔曼的最后诗人。受乔叟影响，始以英语写作诗歌。——译者

文学发展起来；二是随着威克里夫学说受压抑而出现的反对思想自由的逆流。

查理·金斯福德[①]曾分析这个形势，[②]说这个时期的写作既不像十三世纪的成就那么丰富，也没有十四世纪那种骑士魅力。同时，这个时期的写作也并未预示十六世纪的新事业和新发展。这是一个过渡时期；因此，它缺少统一和集中。这个时代的情况——教会和国家旧制度的解体——在历史资料中也有反映。加斯科印写道，"原先，国王在自己建立的寺院里有卓越的作家编写学术巨著和编年史；但是，可悲的是，现在的教士不是编写新书而是毁坏并丢失已有的书籍。……巴塞尔宗教会议[③]为寻找他们非常需要的一部记述使徒时代活动的书，在全世界各地的寺院中搜罗一遍 406
都未能找到一部完整的抄本。"[④]

这个时期虽然在表面上看来，写作艺术似乎正在衰落，但它仍然是一个有趣而博学的时期。亨利五世以及格洛斯特公爵汉符理[⑤]、沃里克和索尔兹伯里诸伯爵、亨格福德爵士、詹姆士·蒲脱尔，和波弗特[⑥]枢机主教等等都是杰出的鼓励并资助文学写作的

① 英国历史学家(1862—1926年)，特别对十五世纪的英国文学有研究。——译者

② 查理·L.金斯福德：《十五世纪英国历史文献》(牛津，1913年)，1—11。

③ 1432年。——译者

④ 〔伦敦〕《教会评论季刊》XX(1885年)，135，引自加斯科印的《神学词典》。他死于1458年。

⑤ 英王亨利四世的幼子(1391—1447年)，亨利六世年幼时为摄政(1420—21年)。奖励古典文学，搜集图书，捐献给牛津大学，建立牛津大学图书馆的基础。——译者

⑥ 1377？—1447年，英国的红衣主教和政治家。——译者

人。他们的兴趣并非虚伪;教育复兴正在酝酿中。虽然并未立即见效,但这个时期却孕育着未来的希望。我们应当本着这种精神研究这个世纪的历史著作。

应当看到,在这个时期开始时,编年史家以衰颓的形式保存了过去中世纪的特色——以寺院拉丁文为主要媒介。在这个世纪末年,就已走到一个新时代的门槛上了。作家更多地以英文写作,以更广阔的民族眼界写给更广大的读者。这个发展是本世纪的产物;从这个角度看,这个时代也有它的统一性。到 1485 年[①],中世纪时期在英国的结束和约克王室的倾覆已可清楚看出。这一年和印刷术的发明[②]以及文艺复兴最初萌发的时间几乎是一致的。过渡时期业已结束。这个发展的果实要到十六世纪才成熟。

1400 年后不久,出现了记述理查二世[③]统治时期的两部著作。其中之一,《理查二世生平》[④](1377—1402 年),虽然名义上是一部传记,但实际上只不过是这个时代的编年史,并不是从理查出生而是从他即位下笔的;也不是终于理查之死(1400 年),而是其后两年(1402 年)。这部书对国王的生平并不重视,而主要是叙述这个王国的一般情况的。其作者虽然尚未查明,但无疑是伊夫夏姆一位修道士。正文 1390 年以前那部分是根据沃尔星干的著作写的;

① 玫瑰战争结束,都铎尔王朝建立(1485—1603 年)。——译者

② 公元 1476 年威廉·卡克斯教设立印刷所于威斯敏斯特,英国始有印刷的书籍。——译者

③ 黑太子之子,生于 1367 年,1377 年即位,1399 年为国会所废,翌年死于狱中。——译者

④ 托马斯·黑因校订的《理查二世生平和统治时期的历史,据传是伊夫夏姆寺院一位修道士编的》(牛津,1729 年)。

以后则是独力写成的，因此有人猜测这部书的作者是两个人。E.蒙第·汤普森爵士[①]说这部著作是由不同作者逐步积累而成的。但乔治·克里恩[②]却说全部著作都是一个人写的，不过1390年以后那部分是他凭记忆写的。这部书敌视理查；其主要价值在于对1397年的国会[③]的描述。另一部书是《理查二世和亨利四世[④]年 407
代记》(1392—1406年)，[⑤]H. T. 莱利说这部书是“我们手头关于这个时期所有材料中最有价值的回忆录”。它可能是圣阿尔班斯修道院一位名叫威廉·文特希尔的修道士写的，或在他指导下写的。他曾经一度担任修道院教堂的赈济员。他学识渊博，同情兰开斯特王朝，死于1424年。圣阿尔班斯寺院书写室在沃尔星干监督下的那个时期产生的一切作品中，他这部书是最全面的代表作。

格洛斯特的《圣彼得寺院简史》[⑥]从681年写到1412年，是放在契据登记簿前面的一篇简短编年史，叙述这个修道院从建立到沃尔忒·夫鲁斯特（书中提到的最后一位住持）的死。其中除十二、三世纪许多特许状之外，还记载了关于庄园规则和条例方面的

① 参阅金斯福德（见本书原书第405页注），23—25。

② 乔治·克里恩：《1381年社会动乱史料研究》，见〔纽约〕《美国史学评论》，VII(1901—02年)，268—74。

③ 1397—99年。国王实行专制，重征税收。1399年国会将国王投入伦敦塔，翌年杀死。——译者

④ 1399—1413年在位，约克王朝的建立者。——译者

⑤ 《英王理查二世和亨利四世年代记》，在赖利印刷《特洛刻罗的约翰和布兰福德的亨利的圣阿尔班斯寺院编年史》（见本书原书第395页注），153—420；格罗斯，第1700号。

⑥ 威廉·H.哈脱校订的《格洛斯特圣彼得寺院史》（伦敦，1863—67年，三卷：《卷宗丛书》，第33号）；格罗斯，第2384号。

材料。关于作者，尚无确凿证据，不过人们常常毫无根据地把这部书归到上面提到的那位沃尔忒·夫鲁斯特名下。这部书很可能是由专院里许多人时断时续地编写的，很像有一名文书在夫鲁斯特指导下，把这些材料收集起来，重新编排，把这篇记述写至当时，于是就留下目前这部作品的。

终于1366年的《历史颂歌》有一部《续编》[①]，写到1413年。其作者情况完全不明，只知道他和所记情况至少有一部分属于他那个时代。他显然是在坎特伯雷进行写作的，而不是在《历史颂歌》汇编成书的地方曼兹柏立。金斯福德[②]说这部续编是编的，不是独力写成的；而且各个组成部分是在不同的时间完成的。其正文详尽而准确，比当时大部分作品错误都少一些。文笔也很好，一般没有语法错误。论述极其客观，作者的个性几乎完全掩盖起来。这部著作的史料来源尚未查明，但无论核对什么地方，看来都是可靠的。许多部分完全是独力写成的。因此，一般认为对了解某些历史细节，特别是对了解理查二世时期国会的议事程序，这部《续编》是最有价值的当代资料。

408 关于亨利五世[③]和亨利六世[④]统治时期，可靠的资料确实太少了。沃尔星干的记载终于1422年；这年以后的事情，几乎必须完全依靠次等著作，它们之所以还有价值，主要是因为如果没有它

① 参阅赫敦的《历史颂歌》(见本书原书第399页注)，第3卷；格罗斯，第1770号。

② 《英国历史文献》(见本书原书第405页注)，28—31。

③ 1413—22年在位。——译者

④ 1422—61年在位。——译者

们,这段历史就会成为空白。不过约翰·卡普格累甫(1393—1464年)似乎超乎这个时期一般作家们水平之上。他出生于诺福克郡的林恩,早年曾在那里勤奋学习。由于学习热情高,成绩优异,约翰后来进入牛津或剑桥学习,学成后和两校仍有联系。此外,关于他的生平,我们知道的就很少了,只了解他二十四岁时当了牧师,取得神学博士学位,公认为当时一个最有学问的人。他是一位多产作家,写了许多著作[①],主要是用拉丁文写的;但他唯一的一部重要历史著作却是用英文写的《英国编年史》(从创世写到1417年)。[②] 1216年以前那部分记述全世界范围的事;从那年以后,就缩小了,只叙述英国的事。前几部分是根据《布鲁图编年史》、喜格登、比德和沃尔星干等人的著作编的,内容贫乏,年代混乱。但后面部分似乎相当准确。除痛斥异教徒如威克里夫和约翰·奥尔德卡斯尔[③]等人之外,卡普格累甫似乎总是坦率而正直的。他这部著作另外还有一种价值,即作为这个时期诺福克方言的实例。我们必须提到在许多年以后才完成的他那部《杰出的诸亨利之书》[④]作为他其余著作的例子。这是许多名叫亨利的人的传记集,包括从918到1198年名叫亨利的德国各位皇帝,从1100到1446年名叫亨利的那些英国国王,以及从1031到1406年这段时期中世界各地

---

① 例如《新的英国传说》(即英国圣徒一览)。——译者

② 法兰西斯·C.兴基斯顿校订的《约翰·卡普格累甫:〈英国编年史〉》(伦敦,1858年:《卷宗丛书》,第1号)。校订得不好。格罗斯,第1731号。

③ 罗拉德教派(即威克里夫教派)的领袖(1377?—1417年)。1413年被判刑,逃亡在外,后以阴谋反抗,1417年被处绞刑。

④ F.C.兴基斯顿校订的《约翰·卡普格累甫的〈著名的诸亨利之书〉》(伦敦,1858年:《卷宗丛书》,第7号);格罗斯,第1731号。

名叫亨利的其他著名人物。叙述亨利六世的那部分属当代记载,但主要的是歌颂国王的一些"虔敬的欢呼"。关于其他那些亨利,都是从著名编年史家如喜格登、亨廷登等人的著作中抄来的材料。

《伊夫夏姆编年史》[①](714—1418 年)生动地描绘了一个大寺院的内部生活。这部书分为三卷,前两卷是修道院长及密尼克(1125 年是他的旺盛时期)写的,内容是伍斯特主教圣厄格文(死于 717 年)的生平和神迹。第 3 卷写的才是这个修道院的历史,一直写到 1214 年,是伊夫夏姆修道院住持马尔博罗人托马斯写的(1230—36 年)。后来一位无名氏作家又从 1214 年续编到 1418 年。这部《编年史》记述的主要是修道院事务,因而对研究寺院习
409 俗和历史的人们提供了很多极有兴趣的材料。作为一部历史资料,最后一卷总的说来还是可靠的。

托马斯·鄂特勃伦是《英格兰国王编年史》(*Chronica regum Angliae*)[②](从布鲁图到 1420 年)一书公认的作者,但究竟是否这个人尚未核实。黑因认为作者是圣芳济会一位修道士,但 A. G. 力特尔[③]却根据该书内容,认为这部著作不可能是那个教团一位成员写的;而且按时间说,黑因说那位圣芳济会学者不可能编写这部著作。他认为,1393 年就任克伦福德学监的那位托马斯·鄂特勃伦更有可能是这部书的真正作者。不论作者是谁,反正他主要

---

① W. D. 马克雷:《〈伊夫夏姆编年史〉,著者副住持多密尼克和住持托马斯·得·马尔巴罗》(伦敦,1863 年:《卷宗丛书》第 29 号);格罗斯,第 2700 号。

② 收入托马斯·黑因编的《古代英国两位著名的作家:托马斯·鄂特勃伦和约翰·卫坦斯特德》(牛津,1732 年,两卷),I,3—283;格罗斯,第 1823 号。

③ 安得鲁·G. 力特尔:《牛津的灰衣托钵僧》(牛津,1892 年:《牛津史学会丛书》,XX),174—75;格罗斯,第 1827 号。

是从沃尔星干的著作中取得材料的，也许这两个人利用的是同样的史料。这部书用了将近一半的篇幅叙述理查二世、亨利四世和亨利五世诸王统治时期；在某种意义上，记述这段时期的那部分属于当代作品。书中提到的一些事实在别处找不到；而这些事情的根据似乎也很确实。

查理·金斯福德发表了一直未曾出版过的他定名为《南部编年史》的一部著作的后一部分；[①]从远古写到 1422 年。1401 年以前那部分原文和《历史颂歌续编》用的是同一个史料来源；但截至 1422 年的最后一部分却完全不同，是独力写成的。作者似乎是一位学识极其广博的教士；他是根据记忆，可能是在伦敦写的，历史价值很小，只是作为衰落中拉丁文编年史的例子还是有用的。

乌斯克人亚当的《编年史》[②]，在这样一个时期，可算是一部独特的著作。因为它是一位独立的个人写的，不像专院编纂者那样必须采纳并反映修道院的政策。亚当（1352—1430 年）是蒙默思郡一位牧师，曾在牛津受教育；作为教会律师，在亨利四世手下供职。有几位有势力的人物当他的恩主，他常常担任重要公职。1402 年，他因偷窃一匹马和一些钱被判刑逐出国外，这件事十分离奇。这对于亚当说来可能是不幸的，但对后辈史家却很有益，因为他写了一部有趣的书，记述他在国外经历的艰险。他在罗马逗留了一些时候，受命审理宗教诉讼案件；后被赦免，于 1411 年回到英国他的老朋友们当中。这部《编年史》本身很贫乏；除了提供有 410

① 金斯福德（见本书原书第 405 页注），附录，275—78。

② 《乌斯克的亚当的〈编年史，1377—1421 年〉》，附 E. M. 汤普森的译文（第 2 版，伦敦，1904 年），比较校订者的导言；格罗斯，第 1853 号。

关理查二世被废黜及其晚年生活的一些情况之外，对研究英国历史价值并不大。有些部分记述的是当时的事件，有些是根据记忆写的。这本书的重要性主要在于它对教会大分裂[①]（*Great Schism*）时期的罗马情况记述得很生动。这部书有作者个性的烙印，很像一部近代回忆录。

托马斯·沃尔星干写完他的《英国史》[②]（1272—1422年）的时候，大规模撰写修道院以外的事务的圣阿尔班斯学派的最后一位作家的工作就算结束了。沃尔星干（死于1422？年）是一位典型的中世纪历史家，作为一位职业年代记作家，他曾受过长期训练。虽然他的生平我们知道得很少，但他很可能是诺福克人，约于1380年在圣阿尔班斯修道院开始写作。1394年离开那个修道院在文蒙丹修道院当了院长，但1400年又卸职回到圣阿尔班斯。他长期担任领唱者和编写者。在他当书写室主任期间，圣阿尔班斯修道院编写的书籍显然大部分都是由他负责；在他自己的著作中，主要的一部是《英国史》，这部书大约是1394年下笔的。1377年以前那部分主要取材于这个寺院较早的那些年代记，赫明堡、喜格登、里陕加和特洛刻罗等人的作品。1377至1392年部分写的是当时的事、是独力写成的，很有价值，特别是记述威克里夫的生平

① 教会大分裂（1378—1417年），一个教皇在罗马，另一个教皇在阿维尼翁，互相竞争。

② 《圣阿尔班斯修道院修道士托马斯·沃尔星干的〈英国史〉》，H. T. 莱利校订（伦敦，1863—64年，两卷；《卷宗丛书》第28号，第1部分）。关于近代对于沃尔星干研究的结果以及他的作品的各种版本间的关系，见V. H. 加尔布雷思校订的新版《圣阿尔班斯寺院编年史，1406—1420年》（牛津，1936年），其中包括沃尔星干著作的选文；比较格罗斯，第1861号。

和理查二世统治时期瓦特[1]·泰勒尔的暴动及其他事件的那部分更有价值。关于亨利四世和五世统治时期，他的记述最完整，我们应当向他表示谢意。最近研究沃尔星干的一位学者 V. H. 加尔布雷思先生[2]指出：他的编年史虽然从未全部再版问世，但从 1377 至 1422 年那部分却是很难得的连贯的叙述——表现出这个时期的史学罕见的统一性。

> 二百多年以前，威廉·尼科尔生给沃尔星干起了一个古怪的绰号，称他是他的寺院中的"钦定讲座历史教授"以表示他的独特地位。这个人的著作确实是这个修道院在中世纪大部分时间里十分兴旺的历史学派的代表人物；这个修道院的历史作家一个接一个地进行撰写，在前人搁笔处，后继者接下去写，并把前人所撰一部分编入自己的著作；就这样，最后使圣阿尔班斯编年史成了一部从创世到 1440 年的从无间断的史书。在这个时期，没有任何其他寺院的编写事业可以和这个寺院相比。在追溯"圣阿尔班斯编年史如何代代相传"方面，加尔布雷思的贡献十分卓越。[3]

另一部著作《圣阿尔班斯修道院诸住持生平》（793—1411
年）[4]，显然是在沃尔星干指导下在书写室里编写的。这部书是按 411
诸住持生平的先后次序编排的；托马斯[5]本人写的是 1308—81 年那部分。在这段时期以前和以后那些部分的编者大多不知是谁。这部书中收集了有关这个寺院的许多有用的文件资料。大约在

① 即沃尔忒。——译者

② 参阅前一个著者注。

③ 《(伦敦)泰晤士报文学副刊》，1937 年，第 128 页。

④ 《托马斯·沃尔星干〈圣阿尔班斯专院住持传〉》，H. T. 莱利校订（伦敦，1867—69 年，三卷：《卷宗丛书》，第 28 号，第 4 部分）；格罗斯，第 2402 号。

⑤ 即沃尔星干。——译者

1419年，沃尔星干以自己口述、令人笔记的办法，编了一部《纽斯的里亚示例》(*Ypodigma Neustriae*)[①]献给亨利五世作为对他不久前在诺曼底征讨的祝贺。另外一个目的就是，提醒国王当心将来的危险，把一些历史教训讲给他听。这部著作的突出缺点是有许多粗心大意的遗漏。总之，我们可以这样总结一句，沃尔星干以其枯燥无味的年代记式文笔为这个时期作出了很大贡献；否则可供我们查阅的就只有零散史料了。他是一个垂死的历史学派最后一位代表；他的精神属于过去的一代。

在沃尔星干以后，圣阿尔班斯书写室的工作就几乎停顿下来。往日伟大的《圣阿尔班斯年代记》在十五世纪迅速衰落了。这部年代记包括两个不同的部分：一部分是归到约翰·阿蒙德斯罕名下的《年代记》[②](1421—40年)，另一部是圣阿尔班斯修道院一位不知名的修道士写的《编年史》[③](1422—31年)。并无确凿的证据能说明《年代记》的作者就是阿蒙德斯罕；但可以肯定，作者是圣阿尔班斯修道院里边的人。即使是关于约翰的情况，已知的也很少，只知他是一位学者，后来担任在牛津格洛斯特学院学习的那些本尼狄克特会修道士的总长。无论作者是谁，他所叙述的时期的前一段，一定不是在圣阿尔班斯修道院写的；这部分可能是根据笔记和备忘录写的。但在以后的时期，他住在修道院里。在这个混乱时

① 《托马斯·沃尔星干，纽斯的里亚示例》，H. T. 莱利校订(伦敦，1876年；《卷宗丛书》，第28号，第7部分)；格罗斯，第1861号。

② 《约翰·阿蒙德斯罕〈圣阿尔班斯寺院编年史〉》，H. T. 莱利校订(伦敦，1870—71年，两卷；《卷宗丛书》第28号，第5部分)；格罗斯，第1679号。

③ 编在莱利校订的《约翰·阿蒙德斯罕〈圣阿尔班斯寺院编年史〉》的前面。

期，朝中要人常常在这个修道院停留，作者记述了他目睹王国这些高级人物的情景。作者保存的这部记载极可能是为自己消遣用的私人记录。如果把它看作一部正规的寺院编年史的话，那么，它一定是这类编年史中最新的一种。据 H. T. 莱利说，这部手稿因为外表上不起眼，多年来一直被人忽视，但现在不同了，它巍然屹立，成为这个几乎没有什么著作的时期的主要权威资料了。这部书 1431 年以前那部分和前已提到的无名氏那部《编年史》分享这一崇高地位。这两部书的文笔都很枯燥。

在改谈其他情况以前，还应当提一提这个世纪圣阿尔班斯修 412
道院最后一部重要著作，即卫坦斯特德所撰约翰记事。① 他曾两度担任这个修道院住持（一次是 1420—40 年，另一次是 1451—65 年）。起初人们以为这部著作是罗伯特·布雷刻尼写的，因为这部手稿曾在他手中存放。黑因认为这部著作是卫坦斯特德本人写的，但从内容和笔迹看，证明不是他写的。② 其资料来源可能包括住持登记的记录簿和诸修道士口述的他们目击的情况。这部书不仅记述寺院情况，而且还写了这个时期英国的政治史。这部著作对了解玫瑰战争特别有价值，从 1455 年以后的记载越发详尽。

除了沃尔星干的记载和圣阿尔班斯修道院其他一些记录外。我们还有几部亨利五世的传记。其中最重要的一部是泰塔斯·李

---

① 格罗斯，第 1865 和 2407 号。

② 现在人们相信原文是由一位无名氏根据卫坦斯特德死（1465 年）后不久的各种资料编成的。

维(1437 年是他的旺盛时期)约于 1438 年写的《本纪》。[1] 作者是意大利弗拉拉附近弗利地方人,是在格洛斯特的汉符理手下工作的那些意大利学者当中的一位。他的生平已知的并不多,只知他是亨利六世的枢密院成员之一,汉符理曾委托他编写一部亨利五世本纪。他的著作文字朴素,结尾部分不太好,但总的看来这部著作还是好的。

记述亨利五世统治时期头四年情况的著作以《英王亨利五世记事》(1413—16 年)[2]为最好,这部书常被称为《牧师编年史》,因为作者是亨利五世军队里的一位牧师。校订者本杰明·威廉斯猜测作者是曾跟随国王参加第一次法国战役[3]的一位名叫冉·波丁的人。不过后来其他评论家声称,厄姆罕人托马斯才是这部书真正的作者。J. H. 威莱和 C. L. 金斯福德也证实此说正确。厄姆罕写作的时间大概是 1416 年,书中所记事件许多都是他目击的。他的记述很好,描写阿金库尔战役[4]的那段文字更为突出。文笔庄重而明畅。厄姆罕原来是诺福克本尼狄克特会一位教士,后于 1414 年改入克吕尼会当教士并在诺丁汉郡林顿寺院当住持。除《英王亨利五世记事》外,他还写了一部《圣奥古斯丁寺院史》和一
413 部《亨利五世韵文本纪》[5],看来作者对亨利五世有一种盲目崇拜

① 《泰塔斯·李维·福利-朱理〈英王亨利五世本纪〉》〔1413—22 年〕,托马斯·黑因校订(牛津,1716 年);格罗斯,第 1789 和 1814 号。

② 《英王亨利五世记事》,本杰明·威廉斯校订(伦敦,1850 年:伦敦史学会);格罗斯,第 1789 号。

③ 1415 年。——译者

④ 1415 年 10 月 25 日英军大败法军于此。——译者

⑤ 《亨利五世韵文本纪》收入查理·A. 柯尔编的《英王亨利五世事记》(伦敦,1858 年:《卷宗丛书》,第 11 号),77—167;格罗斯,第 1769 号,比较 1789 和 1364 号。

的狂热，认为他是上帝选择的工具，借他之手惩罚有缺点的法国人并提高天主教的地位和荣誉。和他早期的作品相反，厄姆罕这部以韵文写的书很晦涩，但其内容却有在别处未曾提到过的材料。

最后必须谈谈第四部传记；作者是谁，长期以来一直是个谜。黑因于 1727 年出版了这部书，[①]把它归到厄姆罕名下，这个说法直至最近大多数评论家都还接受。但是，金斯福德[②]在对记述亨利五世的这些早期传记彻底检查后，肯定托马斯[③]不可能是这部书的作者。他认为一位名叫文生特·克力门的人才可能是这部《伪厄姆罕书》的作者。克力门是巴伦西亚人，曾就学牛津，受到格洛斯特人汉符理的赞助。他确实是汉符理的鼓吹者，他那大吹大擂的演说词和这部传记的文笔一致。如果这部著作是他编写的，其写作时间一定是在 1446 年左右。但金斯福德认为关于这部书的著者总还是有疑问的。这部著作本身是泰塔斯·李维写的那部《本纪》的扩大，因其文笔既晦涩又夸张而大为减色。

在浏览记述至亨利六世统治初期结束的那些历史著作时，我们应当把名为《北方编年史》[④]（1399—1430 年）的这部著作介绍一下。其中有一部分是由金斯福德最早出版的。和许多其他短篇著作一样，这本书也是作为喜格登所著《多面编年史》的续编问世的。著者是谁尚未确定，不过很可能是约克郡或兰开夏郡昔妥教团一位修道士

① 《英王亨利五世的生平和事记》，托马斯·黑因校订（牛津，1727 年）；比较，格罗斯，第 1789 号。

② C. L. 金斯福德："早期问世的亨利五世本纪"，见〔伦敦〕《英国历史评论》，XXV（1910 年），58—92。

③ 即厄姆罕的托马斯。——译者

④ 参阅金斯福德：《英国历史文献》（见本书原书第 405 页注），281—82。

写的,而且肯定是北方人的后代。这部编年史虽简短,却有一些有趣的细节;虽然是根据较早的作品写的,却是一部独力完成的作品。

到十四世纪末年,大多数寺院年代记都已停写,但《伯蒙齐[1]年代记》[2]却一直持续到 1432 年。这部年代记和其他这类寺院著作不同,它不是逐年记载,而是根据 1433 年前后那些文件和其他编年史编成的。这部年代记叙述的虽然主要是这个小修道院的事,但也以相当的注意力记述了一般历史,对研究亨利四世和五世两位国王
414 统治时期的历史是有用的。前面一部分(1042—1206 年)的主要资料来源是《史学花朵》、曼兹柏立的威廉、亨廷登的亨利和狄塞多的剌夫尔等人的著作;1206 年以后那部分的史料来源则很难确定。事实证明,无论编者是谁,他写的东西一般还都是准确的,这部书汇编成册比其他寺院年代记靠后得太多,这件事是最值得注意的。

《莸束集》(*Fasciculi Zizaniorum*)[3]这部著作一部分是一些神学论文集,一部分是关于罗拉德主义[4]的兴起的历史,据说是托马斯·涅特(死于 1430 年)编的。涅特约于 1380 年生于萨弗纶·沃尔登,曾在牛津受教育,1395 年加入伦敦卡麦尔僧团。后继其恩主史梯芬·巴特林顿担任这个僧团在英国的大主教。涅特曾数度旅游海外,在立陶宛建立了寺院数处。但是这部书是否确实是他写的还是有问题的;校订者沃尔特·瑟力认为这部书是在涅特死

① 寺院在伦敦之南。——译者

② 《伯蒙齐寺院年代记》〔1042—1432 年〕,收入 H. R. 卢阿德编的《寺院年代记》,伦敦,1864—69 年,五卷:《卷宗丛书》,第 36 号,III,421—87;格罗斯,第 1691 号。

③ 《据传为沃尔登人托马斯·涅特编的莸束集》,沃尔特·瑟力校订(伦敦,1858 年:《卷宗丛书》,第 5 号),格罗斯,第 2253 号。

④ 即威克里夫主义。——译者

后、根据他所保存的文件写成的。其内容是根据较早的一个人(可能是史梯芬·巴特林顿)所撰罗拉德教徒史的一个片段写的。书中论述这些异端时并未对他们表示同情,它的价值主要在于它对那个时代神学上的争执所作的说明。除了那些神学争论之外,书中还有许多关于威克里夫生平的文字。虽然这部书是记述罗拉德主义的兴起的唯一一部当代描述,但因偏见很深,而且有时准确性又较差,其价值未免减色。

记述亨利四世、五世和六世三位国王统治时期的一系列编年史[①]已经由J. A. 季尔斯汇编成一卷。其中截至1403年以前那第1部编年史,也是汇编而成的;但从那年至1413年全书结束那部分,性质与前不同,也更有价值。这一部分是在1460年前后在伦敦写的,是一部有用的权威性资料,但需核对。第2部和厄姆罕人托马斯的《亨利五世记事》(即《牧师编年史》)几乎完全相同。《亨利六世编年史》是记述亨利六世统治时期最接近完善的一部拉丁文历史,这是它的长处,但刚写到1455年[②]就停了,未能完卷。作者不知是谁,可能就是那个时代的人,他表现了约克党人的偏见,大约是在1460年前后写的。

十五世纪唯一的一部连贯的编年史是用英文写的,这点相当重要。这就是《布鲁图编年史》;[③]这样定名是因为它是从布鲁图

① 《亨利四世、亨利五世和亨利六世统治时期英国编年史(作家不确定)》〔1399—1455年〕,J. A. 斋尔兹编校(伦敦,1848年);格罗斯,第1746号。

② 亨利六世死于1461年。——译者

③ 《布鲁图或英国编年史》,腓得烈·W. D. 白利校订(伦敦,1906—08年,两卷:《早期英国原文协会丛书》,第131、136号);格罗斯,第1733号。

开始叙述的。这部书也叫《卡克斯敦编年史》,因为它是 1480 年由
415 卡克斯敦①出版的。正文主要是从伦敦编年史中取出材料重新编写而成,但也利用了其他材料。1333 年以前那部分只是法文《英国布鲁图史》(*Brut d'Engleterre*)的英译,并无历史价值。从那年以后,有几部独立的英文续编写出,其中 1377 年以后的一些部分还有些用处。各部续编的作者还不能确定,但其中材料可用当时其他资料核实。其中终于 1461 年的那部续编,在卡克斯敦印刷出版英国最早的历史著作时曾加以利用。还有其他版本写至更晚的年代。校订者 F. W. D. 白利说,这部编年史在文学写作上并无价值;但金斯福德却说此书作为最早一部著名的英文叙事书,在写作上还是有很大的重要性的。它的文笔确实不好,但有这样一部著作存在这一事实就很重要。虽然这部书必须和那些伦敦编年史以及现存的那些民歌对照研究,但它对研究十五世纪的历史家说来,还是有价值的。

《布鲁图编年史》的另一部续编,即《理查二世和亨利四世五世六世统治时代的英国编年史》(1377—1461 年)也保存至今。② 这是一位不知名的作家于 1461—1471 年编纂的;1377 年以后那部分是顺着《布鲁图编年史》的叙述线索写的,但他又从其他资料中找来大量珍贵材料增补入书。其编纂地点现在还不能确定。对于研究亨利六世统治时期,特别是对了解卡德暴动③的情况,这部书

① 1476 年卡克斯敦始建立印刷所于威斯敏斯特。——译者

② 约翰·S. 对维兹校订,书名相同(伦敦,1856 年;《卡谟登学会丛书》,LXIV);格罗斯,第 1743 号。

③ 1450 年杰克·卡德农民暴动,也有骑士参加。——译者

还是有些价值的；但它表现了对约克党人的强烈同情。

约翰·哈定[①]的《编年史》，[②]从阿尔邦那写起，至1461年止。这部书是用英文韵文写的，可能是1465年前后完成的。书中虽然有一些关于王国1399年以后的情况，但历史价值不大，其重要性在于作者个人的观点。哈定生于1378年；成年后在诺森伯兰一位骑士手下服务。在亨利五世和六世手下服务的一个时期中，他曾在苏格兰研究英国人自称在那里有宗主权的有关文件。他提供的文件后来证明是伪造的。他的政治生涯，在他当林肯郡邱米城堡主期间，就进一步完成了。哈定约死于1465年，他的遗作《编年史》作为一位事务家的作品是很有趣的。

威廉·伍斯特(1415—90年)是个有好古癖的人，也是勤勉的收藏家。他曾编辑一些有关英国人在法国打仗的材料集子，后来他把搜集资料的爱好投入历史写作领域。结果就产生了一部《英 416
国年代记》[③](1324—1468年)，这是一部按年代顺序编排的事实摘要。伍斯特又以威廉·波士多内知名，他是布里斯托尔人，是约克王室一位拥护者。他曾长时期在著名的约翰·法斯托尔夫爵士[④]

① 英国编年史家(1378—1465？年)。其编年史原先只写到1436年，后扩充到1461年。——译者

② 《约翰·哈定的〈编年史〉，从英国史最早期起，附理查·格拉夫顿的〈续编〉》，亨利·厄尔力斯校订(伦敦，1812年)；格罗斯，第1787号，又参阅C.L.金斯福德：《哈定编年史最早的版本》，见〔伦敦〕《英国历史评论》，XXVII(1912年)，462—82。

③ 《威廉·乌斯特的〈英国年代记〉》，约瑟·史梯芬孙校订，收入他的《能说明英王亨利六世统治时期英国人在法国进行的战争情况的书简和文件》(伦敦1861—64年，两卷，分订三册：《卷宗丛书》第22号)，II，743—93；格罗斯，第1867号。

④ 英国军人(1378？—1459年)，在英法战争中立有战功。其事迹见于莎士比亚《亨利六世》一剧中。——译者

手下当秘书。他这部年代记是在伦敦编的，1440 年以前那部分取材于一部伦敦编年史的增订本。伍斯特自己写的那部分似乎是在亨利六世统治时期结束前后开始的，但仍然可能是根据另一部伦敦编年史写的。完全谈不上风格，但因这段时期并无任何详细历史著作，所以他这部年代记对研究亨利六世统治时代晚期和爱德华四世初期的历史，还是有价值的。

记述人们称之为玫瑰战争的时期的史料异常贫乏。在政治仇恨达到顶点的这样一个时代里，没有哪位编年史家敢于记载真实情况。关于亨利六世和爱德华四世的零星记述，收集在名为《亨利六世和爱德华四世统治时代事件简记》(1422—62 年)[①]一书中。这是詹姆士·伽地纳编写的三部十五世纪编年史之一。看来这部书似乎是在伊里寺院[②]里写的，主要用的是拉丁文。前面一部分是伊里诸主教的历史，但 1422 年以后部分，只有从通史中摘录的材料发表出来。后面这部分的内容很芜杂——一部分是从各种资料中摘抄或节录的，但仍然是对当代事务的记录。伽地纳认为这只是一部备忘录，原意是想编纂一部比较完美的编年史时用作参考的。它的作者还不能确定。其中某些部分很混乱，有许多年代也不正确；但这部著作对某些事情说来还算是原始资料，主要对研究 1459 至 1462 年这一段还是有价值的。

《简记》编成之后不久，《英国编年简史》[③]就完成了。这可能

---

① 詹姆士·伽地纳校订的：《三部十五世纪编年史，附约翰·斯陀的历史记载》，(伦敦，1880 年；《卡谟登学会丛书》，新辑，XXVIII)；148—63；格罗斯，第 1672 号。

② 在英格兰东南部。——译者

③ 收入伽地纳的书(见上一个著者注)，1—80。

是在爱德华四世统治时期写的，它本身包括三部简短的编年史。第1部是《布鲁图编年史》的简短节本，至亨利四世止。第2部是力德给特歌颂英国诸王的韵文。最后一部是正规伦敦编年史之一，从1189年叙述到1465年；整部《英国编年简史》有价值的就是这一部分。后面这部分增补了伍斯特的威廉和费边合写的简陋提纲，而且“对于研究亨利六世和爱德华四世统治时期来说，完全有原始和独立的史料价值”。

伽地纳汇编的书中第三部著作是一部《拉丁文编年简史》，① 417
这是作为《布鲁图编年史》的拉丁文译本的一个续编写的。不管编者是谁，他肯定是生活在亨利六世和爱德华四世的时代。不过，叙述亨利六世的那部分是没有什么价值的，而其余部分却是关于爱德华四世统治时期陆军和海军行动最清楚的当代记载，对研究1461至1464年这段时期特别重要。

在这个时期，有两部简短的编年史，描述爱德华四世多事的统治时期一些孤立的事件。其中一部是《1470年林肯郡叛乱编年史》。② 这部书“显然是出自一位在王权直接影响下从事写作的人，因此他有取得消息的最便利的条件”。这部书的价值在于它使某些隐晦事件真相大白，而且看来作者常常参照文件。另一部由一位约克党人写的著作不久之后也问世了。这就是《爱德华四世到来的历史》，③其

① 詹姆士，伽地纳校纳：《三部十五世纪编年史，附约翰·斯陀的历史记载》，164—85。

② 《1470年林肯郡叛乱编年史》，约翰·G.尼古拉校订（伦敦，1847年；《卡谟登杂书汇览》，I）；格罗斯，第1742号。

③ 《爱德华四世来到英国及最后于1471年从亨利六世手中恢复他的王国的历史》，约翰·布鲁司校订（伦敦，1838年；《卡谟登学会丛书》，I）；格罗斯，第1799号。

中记述了有关爱德华四世的复辟和兰开斯特党倾覆的最好的当代记述。作者自称“国王的仆人，曾在当时当地亲眼看到国王大部分勋业”。事件发生后，他立即就地写作，他有取得消息的充分便利。国王认为他的著作是关于他的成就的正确叙述，因而采用了；这部书虽然有它的偏见，但仍然胜过所有其他记述。这些都是“敌对党派”写的，或者是在后来兰开斯特党人胜利之后才写的。因为在这种情况下，如果发表任何可能会减轻公众由于对约克党诸领袖真实的或莫须有的罪恶而对该党怀有的憎恶情绪的东西的话，会是不安全的。

记述爱德华四世统治时期最初十三年的历史的，有约翰·沃克卫司所写的《编年史》(1461—74 年)。[①] 这是一部简短但有价值的片段，是作为《卡克斯敦编年史》的续编写的。虽然手稿是一位文书写，但通常都认为作者是沃克卫司(死于 1500 年)，他曾把这篇文章遗赠给圣彼得学院。从 1473 至 1500 年，他是那个学院的教师，虽然他有很多事情证明他很迷信，但他看来还是有相当学问和才能的。这部编年史极其详尽，简直可以称为一部在特殊场合
418 写下的日记。因为这个时期的史料十分贫乏，所以这部书特别有用，而且有许多旁证说明其真实性。

最后我们要谈到一种新的史料——这也许是十五世纪最重要的史料了。这就是一系列伦敦编年史，金斯福德说这些编年史是这个时期最原始的叙事资料。[②] 由于伦敦编年史各种版本已经出

---

① 《约翰·沃克卫司：〈国王爱德华四世统治时期最初十三年编年史〉》，詹姆士·O.哈力威尔校订(伦敦，1839 年；《卡谟登学会丛书》，X)；格罗斯，第 1862 号。

② 关于全面的分析，参阅他的《英国历史文献》(见本书原书第 405 页注)。

了许许多多，结果在它们的性质上产生一些混乱。这些编年史最早是作为记载一任接一任的民政官吏的方便工具开始写的。后来又形成习惯，即在这些记事之外，又逐年增添某些重大事件的记载。最早的例子之一是《伦敦年代记》(*Annales Londonienses*)，很可能是安得鲁·霍恩(死于 1328 年)写的。[①] 最早的正式的伦敦英文编年史是 1414 年左右定型的。在这个初创之后，在 1417 至 1430 年间，又增加了一些续编；1431—32 年间，又产生了两个有显著特色的版本。1440 年又出现了一系列新的修订本；事实证明这些修订本是早期版本中最持久的。其主要资料来源是 1430 年的一部改写本。金斯福德所说《主要城市编年史》指的是从 1440 年到 1485 年长期编纂过程的产物。这当然又是以较早的编年史为根据的。我们将看到，这部书的两个版本，是费边的《历史便览》(concordance)和《大编年史》。

很明显，所有的伦敦编年史起初都是当时人记当时事。它们共同的特点是把事件记载在市长任期年代之下，把民政官员的姓名列在前面。这些著述的主要兴趣是把伦敦人——主要是中等阶级——对当时事件的意见记下。这些书所记伦敦城以外的事件虽说不甚可靠，却载有许多有关地方史的细节。这些群众写作尽管粗朴，但它们却激起人们对历史的兴趣。

由于这类编年史已经出现许许多多抄本和各式各样的版本，因而在这个概论中不可能都拿来探讨，这样做也没什么好处。其中最重要的一部主要是由伦敦皮革公司的一位成员威廉·格雷戈

---

① 这些在本章前部已作为十四世纪的作品讨论了，比较本书原书第 397 页注。

里（死于1467年）编的。他的《编年史》（1189—1470年）[1]很注意国家事务。其中包括关于卡德叛乱的最好的记述之一，对于研究1440至1452年间的历史特别有用。格雷戈里于1436年任伦敦郡长，1451年任市长；他可能不是独自一人编书的，但和他合作的
419 那些人的姓名不得而知。从他死的那年到1470年编年史结束的那部分，一定是由另一个人写的。这部著作是记述伦敦事务的许多著作的典型。它没有很大的历史重要性，在风格和艺术上也无甚可取之处；尽管如此，在靠近末尾那部分却有独到之处，流露出编者惊人的智慧和幽默。

最著名的伦敦编年史之一是罗伯·费边写的从布鲁图到1485年的那部《历史便览》。[2] 这可能是《主要城市编年史》的一个抄本或改写本。关于作者的情况人们知道得很少。费边（死于1513年）是伦敦一位市参议员；他“以十五世纪一位罕见的全神享受学术之乐的公民和商人的形象出现在我们面前”。他出身于埃塞克斯一个富裕的家庭，很有钱，懂法文和拉丁文。他的著作的前一部分的主要资料来源是比德、卡克斯敦二人的著作，《历史花朵》，亨廷登的亨利，曼兹柏力以及许多其他作家的作品。看来，费边的批判能力不大；像一般古老编年史那样，他的叙述中那些细节也超出了历史的准确性。他除了对寺院有成见外，还有迷信色彩。

① 《皮革商威廉·格雷戈里的〈编年史〉》，收入詹姆士·盖地纳的《十五世纪一位伦敦公民的历史著作汇编》（伦敦，1876年；《卡谟登学会丛书》，新辑，XVII）；格罗斯，第1669和1785号。

② 《罗伯·费边所著自称〈历史便览〉的〈英国和法国……新编年史〉》，亨利·厄尔力斯校订（伦敦，1811年）；格罗斯，第1771号。

他的著作以正规的伦敦编年史的形式出现，对于研究通史和地方史，特别是爱德华四世和理查三世统治时期，还是有价值的。他这部书终于 1504 年，不过仍然是属于十五世纪的。

在主要城市编年史中，最完善的版本、最好的代表作是《大编年史》。[①] 这是对较早的记载的一部修订本，还有一部从 1496 年到 1513 年的续编。作者不知是谁，但原著出于一个人的手笔。对于研究爱德华五世和理查三世统治时期很有用的这部《编年史》，说明伦敦一系列编年史到十五世纪已发展到顶点。

在 1485 年都铎王朝开始掌政之后，在国家生活和史学撰述方面，新的力量将开始活跃起来。

---

① 《伦敦大编年史》，爱德曼·H.德零校订（伦敦，1913 年）。

第二十三章　从大空位时期到宗教改革前夕的德国史[①]

420 大空位时期[②](1250—73 年)对德国史学的影响和它对政治的影响同样深刻;我们发现,在历史撰述中出现的大空白和政治上的瓦解不相上下。霍亨斯陶芬王朝倾覆后,德国史学的衰落达到了可耻的地步,作为实证的一般价值比以前低了。叙述不成样子;极少历史灼见;作家不懂各种事务之间的真正联系,这些联系只能从官方文件中了解,幸而这个时期官方文件比以前多了。年代记作家这种贫乏由下面这件事情就可以想见一斑:像 1356 年查理四世

① 截至十三世纪中叶为止的中世纪德国史学缺少一部入门书,沃顿巴哈满足了这个需要。1876 年维也纳大学教授鄂图卡·罗棱兹以他的著作《十三世纪中叶以来德国中世纪史资料》(柏林,1876—77 年,两卷;三次修订版,1886—87 年)弥补了这个缺陷;他从前就已经准备了《德国史料集成》中有关德国、匈牙利、波希米亚和波兰中世纪最后数世纪的资料,而且他也是一部记述空位时期以后德国重要历史著作的作者。这项工作只有长期彻底研究过这个时期历史的学者才能办到。玛克斯·楞次对罗棱兹的杰出评论,见〔巴黎〕《历史评论》,VII(1878 年),174—81。较简短的著作,参阅 H. 维尔豪特:《德国史料手册》(韦尔,1906—09 年,两卷),第 2 卷;K. 雅各:《德国史料》,第 1 卷〔至 1400 年〕第 3 版,莱比锡,1922 年,第 2 卷第 3 版,1926 年;J. H. 莱特主编:《各国历史》(费城和纽约,1905 年),IX,304—05 和 X,19—21。

② 1254 年霍亨斯陶菲朝倾覆后二十年间,德意志没有皇帝,史称“大空位时期”。——译者

的黄金诏书[①]那么重要的一件事情，却只在一部编年史中提到，而且还是作为极其次要的事情附带提了一下的。世界史几乎完全是为学校、为传教士编写的，目的是为了他们用以进行道德说教。这样的作家大多数是多明我会传教士。这类著作中最流行的是波兰人马丁的那部书；这部书“没有一点历史知识，全书都是些寓言”，但是它很流行，有需要时，又常有人续编。地方编年史价值更大，因为帝国已按地区分裂，它的历史也遭受同样命运。哈布斯堡的路得福[②]的失败摧毁了对撰写全国史或通史的兴趣。

巴伐利亚地方尼德阿尔塔伊喜寺院住持赫尔曼编了一套年代记，从 1137 记到 1273 年，但只有 1256 年以后那部分记述的是当时的事。其内容包括有关巴伐利亚、奥地利和波希米亚史的一些 421
有价值的材料，但在处理这些材料时有僧侣的狭隘偏见，雷根斯堡副主祭阿伯哈德把这部年代记续编到 1305 年。

当时巴伐利亚主要作家是福斯敦斐尔得修道院一位不知名的修道士，他著有《诸侯编年史》(*Chronicon de gestis principum*)，由 1273 年写到 1326 年，从哈布斯堡的路得福即位写到巴伐利亚路得维格四世[③]的胜利之间的事件。作者笔下表现了对材料非常

---

① “黄金诏书”规定皇帝由七选侯选举，诸侯在其领地内政治完全独立，皇帝不得干涉。这个诏书一直实行到 1806 年神圣罗马帝国灭亡时为止。这个诏书使德意志在政治上更加分裂。——译者

② 路得福一世（1273—91 年在位），神圣罗马帝国哈布斯堡王朝第一个皇帝。——译者

③ 神圣罗马皇帝(1314—47 年在位)。与教皇冲突，1327—30 年侵入意大利，进占罗马，建立伪教皇尼古拉五世。——译者

熟悉，并支持巴伐利亚。在奥地利，克洛斯特新堡[①]、海利根克罗伊兹[②]和茨维特尔[③]等地的多明我会各寺院中历史写作都很繁荣。

在阿尔萨斯，斯特拉斯堡是一个重要的写作发达的城市，那个城市居民的健全而刚毅的精神很早就发展起一种历史写作传统。1262年该城市民对日罗德斯塔克主教沃尔特斗争的胜利是促成这种精神发展的一个有力因素。其后不久，斯特拉斯堡一位不知名的公民写了一部《沃尔特战争》(*Bellum Waltherianum*)。这次冲突也出现在斯特拉斯堡一位厄林哈德(死于1304年)用拉丁文写的记述1208至1297年一段时期的一部年代记中。哈布斯堡诸王称帝，在闻名的忠于这个王室的阿尔萨斯引起热烈的欢呼，对德国西南地区史学的发展有影响；该地区一位主教区公证人哥特夫里·丰·恩斯明根曾撰写一部《罗马皇帝路得福与阿尔伯特事记》(*Gesta Rudolphi et Alberti regum Romanorum*)。

记述亨利七世的最好的史料是意大利诸作家的著作。部特林托主教、多明我会的尼古拉关于皇帝不幸的罗马远征的记述是特别有趣的。作者出生于法国，亨利七世也是一半法国人[④]、对法文有特殊爱好。因此，这位主教就被任命为外交使节，充当皇帝和教廷之间的调解人。帕多厄人阿贝尔第那斯·墨萨塔斯在他的《诸帝本纪》(*Historia Augusta*)一书中叙述了这次罗马远征的反对皇帝(或归尔甫派)的性质这一方面。他也曾被任命为外交使节，

---

① 在维也纳附近。——译者

② 在维也纳西南。——译者

③ 在布拉格东南。——译者

④ 亨利七世是卢森堡人。——译者

曾记录有关这些事件的笔记。后来墨萨塔斯写了一部十二卷意大利史。他很长寿，来得及记述路德维格四世的罗马远征。但记述亨利七世统治时期的档案资料比这些编年史更有价值。亨利死后，这些官方文件就都散失了，近年来已在都灵和比萨重新发现。

十四世纪的德国史学大多是围绕三个互相竞争的家族（卢森堡-波希米亚王室、巴伐利亚的威特斯巴哈王族和奥地利的哈布斯堡王室）写的。一位不知名的作家所撰《巴伐利亚的路得维格四世 422
本纪》是一部有倾向性的小册子，歌颂皇帝，贬低哈布斯堡王族。关于查理四世的历史的一部熟悉内情的、独一无二的史料，是他的《自传》，不幸这部书写到1346年就搁笔了，尽管他活到1378年。他这部书似乎并不是想发表的，只是为将来研究他的统治时期的某位史家提供的一种为参考用的回忆录（mémoire pour servir）。后来本尼细阿斯·克拉比斯·冯·魏穆尔就成了利用这部回忆录的那位历史家；他是布拉格一位牧师会员，写了一部《卢森堡王室编年史》四卷，从1283年叙述到1374年，[①]是根据布拉格大教堂的档案和皇帝提供的资料写的。

在奥地利国土上，克恩滕地区卫司湖畔的维克特林寺院[②]住持约翰开始写一部终于哈布斯堡王族取得奥地利公国的著作。不幸的是，这位住持是从查理曼下笔写他这部编年史的，所以只有最后一部分有价值。不过价值却很不小。这是因为，维克特林寺院这位约翰曾利用大量从当时实际参加了这些事件的人们那里得来

① 坡特哈斯特，I，144—45。

② 在今南斯拉夫西部。——译者

的材料。而且,他有批判的见解和开朗的胸怀。阿尔萨斯和旧斯瓦比亚的一部分也是亲哈布斯堡王族的地区。在阿尔萨斯,布赖斯高地区诺伊堡人马提亚写了一部从腓得烈二世时期到查理统治时期(即从1245到1350年)的历史,“是关于这个时期最好的资料之一”。[1] 阿尔萨斯最重要的史料是斯特拉斯堡一位牧师科尼格舒芬的雅各·特文加(1346—1420年)写的《编年史》,一直叙述到1378年查理四世之死。特文加搜集材料之后,在编写中使用了杰出的方法。他把这些材料排列在一些标题之下。起初他打算用拉丁文撰写,但在1384年他放弃拉丁改用德文,他说这是因为“普通人也和有学问的人们同样关心历史”。他这部著作曾修订三次,最后一次最完全的修订本写到1415年。全书从头至尾,在各章标题中,作者都把世俗和教会两种历史加以区分;还在书中加了索引,从而使这部著作更加与众不同。特文加强烈反对哈布斯堡王族并仇视法国人。他的情绪代表的是资产阶级和地方。在印刷术发明以前,他这部编年史就曾被广泛传抄;也是最早付印的史书之一。这部书的优点在于:它是第一部人人可以阅读的德文通史。[2]

第森荷芬[3]人亨利卡斯或称亨利[4]是十四世纪南德最著名的历史家。他是康斯坦茨牧师会成员,教皇约翰二十二世的牧师。
423 他在卢卡人托勒密的名著《教会史》[5](终于1312年)启发下,也写

① 同时代的弗里支·克罗塞内的《斯特拉斯堡〈编年史〉》(叙述到1362年)不是一部真正的编年史,而是一部文件汇编。

② 关于特文加的文献,参阅坡特哈斯特,II,1076—78。

③ 寺院,在德意志联邦南部莱茵河畔。——译者

④ 同上著者注,I,578。

⑤ 《教会史》,二十四卷,比较,同上,II,945。

了一部教会史并谦虚地称之为《编年史》，记述从 1316 至 1361 年间的事，是一部研究阿维尼翁教廷历史的主要史料。在十四世纪，再也找不到任何地方比康斯坦茨和阿维尼翁这两个地方更便于取得这类材料的了，而亨利确实很好地利用了这个机会。他对教皇的事业有好感，但并不偏袒。和这种精神正相反的是爱喜斯塔德[①]一位奥古斯丁派修道士利布多夫人亨利；[②]他认为十四世纪教会一切弊端和腐败都应当由约翰二十二世负责。看来，利布多夫的亨利似乎曾续编他的寺院过去的一部从阿尔伯特一世[③]当选皇帝开始至 1313 年止的编年史。后来他补充了他那部教廷史从 1288 至 1345 年那部分；从 1314 年至 1341 年那部分利用的是一部帝国编年史的材料，在这部书后边又加上一部从 1342 到 1362 年的教廷史和截至 1369 年止的查理四世统治时期的事件。最后这一部分只是一连串的轶事。

德国其他地区的历史文献就没有这么重要了。下撒克森吕贝克的方济格会寺院保存了该院从 1264 至 1315 年的年代记；其中署名斯塔达的阿尔伯特的最后那部分最好。在上撒克森和图林根，埃尔富特圣彼得寺院的旧编年史（即《埃尔富特圣彼得寺院年代记》）的第 5 部分续编到 1338 年。图林根地区来印哈特斯布纶众修道士编写了味廷家族在图林根诸伯爵领主的历史。在西里西亚，留本斯的昔妥教团寺院编写了《留本斯年代记》，从 1241 年写到 1315 年。

① 在德意志联邦南部。——译者
② 《教会史》，I，581。
③ 1289—1308 年在位。——译者

十四世纪，因为教皇和皇帝路易四世[①]之间长期不和，政治学说在德国有了显著发展。神圣罗马帝国在这个时期摇摇欲坠的情况引起奥地利阿德梦特寺院住持恩格尔伯特对皇帝权力、甚至对帝国继续存在的权力的合法性进行攻击。强烈的君主派和有世俗意识的思想家，特别是在路得维格四世手下任职的善辩者帕瓦多人马西略，则对帝国和教廷之间的联系进行攻击。他的《和平拥护者》(*Defensor Pacis*)是十四世纪政治学说的主要文献。[②] 大分裂和教会改革运动进一步促进了政治学说的发展，直到最后理论与实践一起会合于文艺复兴和宗教改革之中。

这个时期另外一种有趣的准历史文献是民谣和民间诗歌，这些东西反映了这个时期所有的政治倾向以及经济和社会等方面的疾苦。可以说，这个时期法国和英国资产阶级和农民的文学呈现
424 出同样的现象——《庄稼汉皮尔斯》[③]就是一个例证——但在这种文献方面，德国或许比其他国家更丰富一些。[④]

中世纪晚期德国流行的历史著述的传统类型是城市编年史。[⑤] 在像德国这样一个地方分治的国家里，地方史不可避免地

---

① 1314—47年在位。与教皇冲突，1327—30年侵入意大利，占领罗马，立伪教皇尼古拉五世。1338年选侯宣布皇帝的选举不必得到教皇的批准。——译者

② 关于马西略的政治思想，参阅凯切江等主编《政治学说史》，上册，第138—140页(1959年，法律出版社)。马西略(1290？—1343？年)，意大利的学者，巴黎大学的哲学教授，著有《和平的拥护者》，反对教皇有世俗权力。——译者

③ 世传为英国穷乡牧师朗兰(1332？—1400？年)的寓言诗，代表贫农的利益，痛斥教会和政府的贪婪。——译者

④ 这类材料中有一部方便的小集子，即狄奥多·绍夫勒写的《中世纪德国文化史料集》(第2版，莱比锡，1894年)。

⑤ 关于城市编年史，参阅威格尔，48—67，143—78。

会繁荣起来。十三世纪末，科隆一位公证人哥特夫里·赫登在行吟诗人影响下撰写的一部编年史是用韵文写的，二百年后，一位不知名的作家才把它改写成散文。

在最早的城市编年史中，最著名的是《马格德堡编年史》(*Magdeburg Schöppenchronik*)，很可能是该城公证人兰斯普林基人亨利写的。从 1350 到 1372 年那部分记述的是当时的事情。有三部续编写至 1403 年，但不如第一部分好。

十四、五世纪的城市编年史虽然在价值上和风格上各有不同，但对研究当时的制度设施和风俗习惯还是重要的，不过涉及政治的内容很少。德国的城市当时正在为争取自由和贵族、教士作斗争；各城市各行省都有自己的编年史家，他们常常改编或续编前辈史家的著作。例如，林堡就有一系列编年史家，其中只有后来一些如乔治和亚当·恩麦尔等人是知名的；他们的著作叙述到 1561 年。大多数重要城市如美因茨、科隆、斯特拉斯堡、雷根斯堡、奥格斯堡、马格德堡、布伦瑞克、布雷斯劳、纽伦堡、多特蒙德、魏马、耶拿、莱比锡、德勒斯登、哈雷、巴塞尔、吕贝克和苏斯特等都有自己的编年史。

中世纪德国诸城市几百年间所代表的都是和教会贵族文化成对比的中产阶级文化。由巴伐利亚科学院历史研究所出版的卡尔·丰·黑格尔[①]所编《德国编年史》(*Chroniken der deutschen Städte*)直接介绍了中世纪全盛时期中产阶级文明和德国经济生

① 德国著名哲学家黑格尔的儿子(1813—1901 年)，历史学家，厄兰根大学教授。——译者

活。这个集子并未涉及德意志帝国历史，也未涉及贵族和上层阶级的生活和竞争以及皇帝和遥远的教皇的事业，只描绘了城墙以内以及居住在卫城、山墙、宽敞的同业公会会所和高耸的塔楼下面的那些多种多样的一般人的生活；而且还描绘了行会和工会的经济斗争、人民大众、历代人类活动的兴衰等等。黑格尔为这套丛书写的序言中说道：

425 各大城市的编年史在民族发展史上占据非常重要的地位，因为它们代表着一般历史发展锁链中一个必要的环节。正如学术和科学的培植在中世纪时代最后的几百年间从教士和贵族手中转入城市中产阶级手中那样，写作则更是由于中产阶级的参加，才变成全民的东西了，而且在程度上和方向上是往日从来还没有过的。在历史写作方面（在法学书籍和其他文献方面也是这样），也只有在这个时期，才是用德语散文写的，并且很快就取代了学者用的拉丁文，使科学和文学成为众人可以领会的东西。这类由中产阶级撰写的历史著作中最有特色的代表作品就是城市编年史。不错，这些著作并不都是中产阶级成员写的，但它们却都是包括修道士和教士在内的市民的作品，他们为了公众和俗人的利益，用德语从事写作。这些作家中可以举出斯特拉斯堡市民弗里文·克罗塞内，即吕贝克方济格会那位传教士。而且，还可以找到许多编年史家从事其他各种职业，如行政长官、城市官吏、商人和工匠、学者和未曾受过专门训练的人们。……无论就德国语言的发展还是就历史资料来源和内容说，德国各大城市的编年史都表现为不朽之作。

十五世纪最著名的德国城市编年史是哈特曼·瑟得尔（1440—1514 年）写的那部《编年书》或称《纽伦堡编年史》。度勒[①]的岳父味基穆司[②]为这部书作了两千张木刻插图，是它具有重要

① 德国画家和雕刻家（1471—1528 年），德国文艺复兴派绘画的领导者。——译者

② 德国画家和木刻设计家（1434—1519 年），度勒的老师。——译者

性的主要原因。瑟得尔的著作不是自己独创的，而是以一部较老的纽伦堡编年史，即"普利丁堡-特拉歧塞斯编年史"为根据的。这部书最初出版于1493年。它为从创世至皇帝马克西米连一世时代的世界史提供了一部图画记录，"囊括了那个时代所有的传说和迷信"。在这些插图中还有欧洲主要城市的图景、巴贝尔塔①、《圣经》故事中的许多场面、教皇、圣徒、怪物、殉道事例、伪基督②的降临、死神跳舞③等等。正文最后一部分最重要，因为这部分是直接记述十五世纪的事情的，其中包括印刷术的发明。

比1493年出版的《纽伦堡编年史》或1499年出版的《科隆编年史》更为珍贵的是康拉德·波托（死于1499年）写的那部《撒克森编年史》（*Cronecken der Sassen*），这部书是1492年由彼得·瑟斐尔在美因茨出版的，是一部世界编年史和地方编年史的奇异的混合物，由创世、罗马城的兴建和耶稣诞生写起，但当我们已经读的第7部对折本时，却看到"关于撒克森人，他们怎样得到自己的土地、他们的祖先是谁以及他们是怎样改信基督教的"等情况。从那个地方以后，这部编年史就开始以年代记的形式进行叙述，着重突出了撒克森诸部落、他们的各个朝代和进行的事业的记述。全书从头至尾，详细追述并说明了威都坎④的祖先和他的后裔，归尔甫党人和布伦斯威克诸公爵；很明显，作者是布伦斯威克诸公爵的臣

① 巴比伦的塔庙，传说高六百英尺。——译者

② 见《新约·帖撒罗尼迦后书》，ii，I—12；《启示录》，xiii。古代基督教徒以尼禄等迫害基督教徒的皇帝为伪基督；中世纪以穆罕默德为伪基督。——译者

③ 图画中象征人生无常。——译者

④ 撒克森人的酋长，反抗查理曼，778年掠夺莱茵地区，785年投降查理曼，受封为撒克森公爵，约于807年战死。——译者

426 属，他所用“撒克森”这个词指的是“下撒克森”，亦即莱茵、易北二河和北海之间的北德一带，而不是中德的撒克森王国。所用语言也有布伦斯威克及其邻近地区的特征，在全书结尾篇幅中收录的著者个人的评论和感想指的都是布伦斯威克及其四周地区。①

也有各个地方和教区的历史著作。尼古拉·冯·济根的《教会编年史》(1440—94 年)就是一个光辉的范例。约翰·忒迈尔，别号阿汾泰那斯(1477—1534 年)是巴伐利亚史官，曾撰写一部《巴伐利亚年代记》(*Annales Boiorum*)(1654 年在因戈尔施塔特②出版)和一部《巴伐利亚编年史》(Bayerische Chronik，这部书是根据批判性的资料写的)。在 1880 至 1886 年间，慕尼黑学院出版了《阿汾泰那斯全集》五卷。撒克森一位编年史家马提亚·多林露骨地记述了天主教会滥用职权的行为。阿代尔豪森寺院忏悔神父约翰·迈尔(死于 1485 年)写了一部从多明我会成立以来历任教皇编年史。在《希尔骚抄本》(*Codex Hirsaugiensis*，1843 年出版于斯图加特)中，著名的希尔骚寺院的编年史不仅叙述这个寺院的事情，而且还有整个德国西南部的情况。菲力克斯·法勃尔(死于1502 年)写了一部《斯瓦比亚史》(*Historia Suevorum*)，其中第 2 卷专叙乌尔姆城及附近寺院情况。比这部书更富批判精神的另一部《斯瓦比亚史》是由约翰·诺克累鲁斯(死于 1510 年)撰写并经梅兰克顿校订的；这部著作极其成功，因而在 1516 至 1617 年间，计出九版之多。图林根的历史家是约翰·洛特；布雷斯劳城的历

① 参阅卡尔·瑟尔：《康拉德·波特的〈下撒克森图画编年史〉，它的资料和历史价值》(汉诺威，1880 年)。

② 在巴伐利亚莱茵河畔。——译者

史家是彼得·埃申罗尔；阿尔萨斯的历史家是斯特拉斯堡大教堂牧师会成员雅各·特文加。

瑞士的编年史作品最多。伯尔尼一位公证人康拉德·查士丁加（死于1476年）受该城当局委托为这个城市撰写了一部历史。他这部《伯尔尼大编年史》（*Der Stadt Bern Alte Chronik*）从1152年写起一直写到他自己的时代；这部有价值的历史的校订本于1871年出版。1507年彼得曼·厄特林大尉出版了一部《值得称道的联邦编年史》（*Kronica von der loblichen Eydtgnoschaft*），其中有些材料是传说；首先给退尔起威廉这个名字[①]的就是这部书，这部编年史又于1752年在巴塞尔重版。卢塞恩一位公证人兼外交家麦尔开尔·罗斯写了一部《勃艮第战争史》。退尔的传说在一部名叫《萨尔门白皮书》的手稿中首次在瑞士流行，这部手稿写于1467至1476年间，把退尔的事件放在1273年皇帝路德福即位以后。麦尔开尔·罗斯在他于1482年开始写的那部编年史中也曾提到这个传说。不过，退尔传说的主要资料来源是伊吉第阿斯·楚第（1505—72年）的《赫尔维细亚编年史》（*Chronicon Helvetic-* 427
um），席勒的剧本《威廉·退尔》[②]就是根据这部书的材料写的。

波希米亚普勒密斯尔王朝覆灭后，卢森堡王室[③]即帝位，这对波希米亚史学是个巨大推动力。[④] 昔妥教团的《科尼格沙尔寺院

---

① 威廉·退尔是传说中瑞士反抗暴君的民族英雄。——译者

② 中译本，钱春绮译（人民文学出版社，1956年，北京）。——译者

③ 1308年卢森堡伯爵亨利四世当选为神圣罗马皇帝，是为亨利七世（1308—13年在位）。——译者

④ 帕拉次基神父：《对古代波希米亚史家的估价》（布拉格，1830年）。

编年史》,即使其中记述的波希米亚边境以外那些事件,也是很有价值的;这个寺院的第二位住持图林根人鄂图从这个寺院的创建人汾策尔二世(1278—1305 年)下笔写了一部编年史。他的继任者彼得·丰·戚陶为这部编年史写了续编,彼得是皇帝亨利七世宠爱的人,皇帝有时也向他提供材料。这部编年史分为三部分,写至 1316 年;不过最后一部分很少叙事,几乎全是材料汇编。

第一部用波希米亚文字写的波希米亚编年史是十四世纪谱尔卡华人普立比克写的。十五世纪初,约翰·胡司[①]把波希米亚文字的拼写法简化了,而且在他的影响下,波希米亚语成了教会用语。

特罗克西是十五世纪匈牙利一位历史家,1488 年在马拉亚·科维那斯[②]手下做主要公证人,是一位著名的法理学家。他的《匈牙利编年史》是献给国王的,直到 1848 年才在奥格斯堡出版,是研究中世纪匈牙利史的主要资料之一。

① 宗教改革家(1369? —1415 年),著有《论教会》等书籍。——译者
② 匈牙利国王(1458—90 年)。——译者

第二十四章　中世纪西班牙历史学家(711—1492年)①

西欧没有任何其他国家的史书像中世纪信奉基督教的西班牙 428

① 拉瓦耳,巴力斯特·伊·卡斯特尔:《西班牙史图书集成》(赫罗纳,1921年);同一作家:《中世纪西班牙史的记载,417—1474年》(帕尔马狄马略加,1908年);拉蒙·门涅得兹·皮达耳:《真实图书集成:I,手稿。西班牙一般编年史》(马德里,1898年,第2版,1900年);乔治·塞罗特:《西班牙史学研究:西班牙通史著作,从亚丰琐十世之死到腓力二世即位(1284—1556年)》(波尔多和巴黎,1904年)一书中,有很大篇幅专门讨论奥坎波;詹姆士·菲茨摩里士-刻黎:《早期西班牙史家》,见《皇家历史学会学报》第3辑,I(1907年),139—56;同一作家:《新西班牙文学史》(伦敦和纽约,1926年;法文本第3版,巴黎,1928年);J.C.罗素:《中世纪西班牙编年史家》,见《西班牙评论》,VI(1938年),218—35;摩林尼尔,V,第4840—58号;R.B.麦立曼:《新旧世界中西班牙帝国的兴起》(纽约,1918—34年,四卷),I,92,140,165,309,362,382,426,450,528,参考附在每章后面的关于权威著作的注释;阿道夫·亚柏特:《西班牙历史资料研究》(加塞尔,1849年)罗道福·士汾科:《西班牙征服阿拉伯人历史的拉丁文手稿资料》(格丁根,1894年),比较[慕尼黑]《历史杂志》LXXVI(1896年),525。在这部文献中讨论的历史记载和编年史,见《有关西班牙的未刊文件丛书》(马德里,1842—95年,一百十二卷;第1—102卷的索引,1891年出版于马德里)。其中有许多也见于《西班牙教会史》,恩里克·佛罗雷斯等编(马德里,1747—1879年,五十　卷;前四十九卷的索引见上述《有关西班牙历史的未刊文件丛书》,XXII卷)。其中最重要的编年史有校订比较正确的单行本,这种单行本的目录,可参阅P.布瓦桑那德的论文,见〔巴黎〕《综合历史评论》,XXIII(1911年),第87页,注8。中央历史研究所已经开始把一部西班牙《史料集成》,分为四部分出版,其中第1部分是中世纪的拉丁编年史(现已出版两卷,1918,1921年)。关于近代西班牙史学,参阅亨利·芬克的《西班牙史学研究一瞥》,见〔慕尼黑〕《历史杂志》,CXIII(1914年),70—82。

的史书那样含糊而混乱、那样充满虚构和富于宗教狂热的了。当人们读到这样一段，说卡斯提尔的斐迪南一世[1]（在十一世纪）带着他的常胜军进入巴黎，后来又强迫德国皇帝向他致敬的时候，会作何感想呢？摩尔作家不了解西班牙历史，正如西班牙作家不懂摩尔历史那样。西班牙人所记穆斯林征服（711 年）以后三百年间的情况最为贫乏，只不过是一些干巴巴的年代笔记而已。

当穆斯林西班牙的文明在八、九、十这三个世纪达到顶点的时候，半岛北部一群基督教小王国正在半野蛮状态中、在经常担心穆斯林入侵的恐怖中生活。中世纪基督教西班牙上升的时代是直到十一世纪纳瓦拉、卡斯拉尔、阿拉贡和加泰罗尼亚开始抵抗穆斯林的时候才开始的；其顶点是直到十三世纪才达到的。从九世纪到十五世纪正是贫穷而人口稀少的基督教西班牙历尽艰辛恢复随哥
429 特统治[2]的倾覆而丧失了的国家那部分财富和人口的时代。中世纪伊比利亚半岛上那些王国的产生、发展和扩大的主要线索还是可以追溯的；但是，因为十三世纪以前的资料很贫乏，许多细节就无从得知了。在 1085 年攻下托莱多[3]以前，基督教各国的历史简直是漆黑一团。[4]

中世纪的西班牙有大量记事材料。但这些东西绝大部分都只不过是过去编年史的续编，或者是许多旧记述的毫无批判的汇总，

---

① 卡斯提尔国王（1037—65）。——译者

② 西班牙的西哥特王国（507—711 年）。711 年穆斯林征服西班牙。——译者

③ 1085 年卡斯提尔国王亚丰琐第六从摩尔人手中取得托莱多。托莱多在西班牙中部。——译者

④ R. 多济：《中世纪西班牙历史与文献研究》（第 3 版，莱顿，1881 年，两卷），I，85—90。

因而很多都是重复,结果是数量虽然庞大,实际上新情况并不多。最早的西班牙编年史集子名为《皮雷约文献集》(*Corpus Pelagianum*),是以编者奥维多主教的名字皮雷约定名的。其中资料最晚的年代是1109年。这部集子分为四部分。第1部分包括塞维利亚的以锡多[①](死于636年)所撰哥特人、苏埃维人和汪达尔人的编年史。第2部分是一部一般常常归到萨拉曼卡主教瑟巴斯梯安名下的编年史,这部书实际上是亚丰琐三世[②]的作品,因而是在九世纪后半叶写的。第3部分是一个下篇,世传出于阿斯托尔加主教撒皮鲁斯(1035—40年)手笔。第4部分是皮雷约主教本人写的,他死于1143年。《瑟巴斯梯安编年史》中有些记述颇为生动。

> [有一段这样的文字]在这些年里,阿拉伯人压迫哥特人交纳贡赋。有些人死于屠刀下,有些死于饥饿中,另一些则逃到法兰克人那里避难。更大一部分哥特人逃到我们的祖国的阿斯图里亚斯地区,以那些大山中的要塞为屏障;他们在那里推选皮雷约[③]当他们的王上。他宣布要打仗,大声疾呼,"西班牙的安全就在这些大山之中。让我们在此地把这一伙子邪恶之徒(paynim)[④]踩死脚下,不要怕,要战斗"。他在737年的最后胜利已载入史册,"没有一个'迦勒底人'留在比利牛斯山脉隘口以内了。"

亚丰琐三世大王(848—912年)可以说是西班牙史学的鼻祖,因为

---

① 西班牙学者(560?—636年),塞维利亚的大主教(600年),被认为是当时最有学问的人。——译者

② 雷翁及阿斯都里亚国王(866—910年在位)。出生于848年,因贵族和他的儿子们叛乱,被迫逊位(910年),卒于912年。——译者

③ 西班牙被阿拉伯人征服后,阿斯都里亚第一个基督教国王(718—737年)。——译者

④ 指穆斯林。——译者

他的《简史》好比一棵树，长出许多枝杈。[1] 又好比树根，后来由它的续编和增订本形成的一般编年史就是从它身上滋生出来的。早期那些暴力行径只用了一句话就生动地描绘出来了。“在那些日子里，各位国王、伯爵、贵族和骑士，为了随时都作好应变准备，把他们的马匹关在他们和妻子儿女一起睡觉的房间里。”各城镇“在宝剑下或在饥饿中”一个接一个落入亚丰琐三世手里。《洛德里哥史》(Historia Roderici)是在《熙德》[2]的启发下写成的。是一位不知名的教士用拉丁文写的，他不是卡斯提尔人，很可能是莫扎拉布人[3]。

430 图伊主教卢卡斯(死于 1249 年)是一部从创世写起的巨大的《世界编年史》(*Chronicon mundi*)的编者。幸而他想写一部世界史的努力在第 1 部分就停止了。第 2 部分是哥特人治下的西班牙的历史；第 3 部分是一部编年史，记述的是穆斯林入侵时基督教徒众退到北部诸省以后，那里发生的事件。很明显，这部编年史无论在思想上或材料处理上，都不是独创的。卢卡斯只是把他的前辈史家塞维利亚人以锡多、托莱多人伊第芬索和朱理安等人的著作的大意写出而已，是为卡斯提尔女王贝棱加里阿写的。

更有批判眼光、也更重要得多的是托莱多大主教洛德里哥·计密尼斯(1170—1247 年)写的那部《西班牙史》，九卷。[4] 拉丁文

① 拉蒙·门涅得兹·皮达耳校订(马德里，1906 年)；较老原文见佛罗雷兹：《西班牙教会史》(见本书原书第 428 页注)，XIII，467—92 和米尼，第 129 卷，第 1111—24 栏。

② 熙德为西班牙语，意为领袖。《熙德》为歌颂十一世纪与摩尔人作战的西班牙民族英雄洛德里哥(卢伊)地阿斯的叙事诗。——译者

③ 生活在穆斯林中间，部分同化而仍继续信奉自己的宗教的基督教徒。——译者

④ 收入安得累阿斯·绍特写的《插图西班牙史》(法兰克福，1603—08 年，四卷)II，26—148。

原版很早就译成西班牙文了,名为《哥特史》,后来,又于1266年译成卡塔罗尼亚语。这部书写到1243年止,是奉斐迪南三世之命写的。自从罗马征服西班牙以来,这是第一部完全的西班牙史。[①]洛德里哥生于那瓦拉,曾在巴黎受教育,这可能是他的著作较为优越的原因,因为他舍弃了琐碎的细节,压缩了较早的记述,对传闻传说批判吸收。图伊的卢卡斯和托莱多的洛德里哥两人都是在朝谒圣地时死的。

在博学的亚丰琐十世(1252—84年在位)采取新的历史写作方法并放弃拉丁文改用西班牙语之后,史诗故事像洪水一般涌入历史写作。在《西班牙古代编年史》(*Primera Crónica general de España*)一书中充满了民歌材料。[②]《西班牙史》的写作(更正确地说,是编纂)是在亚丰琐十世统治时期开始、在他的儿子散楚四世统治时期[③]结束的。[④]

---

① 拉丁文译本印于1545年,1579年,1603年和1795年。卡斯提尔文译本直到1871—72年才由伦德大学出版,是由V.E.利德福斯校订的。1887年再版,见《有关西班牙历史未刊文件丛书》(见本书原书第428页注),第88卷。

② "十一世纪的民间诗歌没有一首是以它的原来的形式流传到我们手中的,因为西班牙的本国语文学,也和意大利的一样,那时候还没有达到文学史开始的时期。这样多早期作品的丧失,在很大程度上是由于十一世纪末从托莱多语手稿改变为法语手稿。"累蒙·门林得兹·皮达耳:《熙德和他的时代的西班牙》,H.孙德兰译(伦敦,1935年),401。

③ 1284—95年。——译者

④ 安敦尼阿·得·伽西亚·得·索拉林德:《博学者亚丰琐的〈通史〉第1部分》(马德里,1930年)是这部世界史第1部分的一个新的和卓越的版本。这部分开始于世界的创造,叙述到摩西之死。在他很有趣的导言中,这位校订者分析了亚丰琐撰写历史的总的动机,并对全部著作作了简评。又参阅累蒙·门林得兹·皮达耳的《博学者亚丰琐编的〈西班牙编年通史〉》,见他的《文学研究集》(马德里,1920年),175—249。

一部节本以国王的外甥唐·安·曼努尔 1335 年前后编写的《简短编年史》(*Crónica abrevada*)的形式问世。后来一位不知名的作家改写了这部《编年史》原文,插入许多传说和生动的情节;这
431 些材料主要是从科尔多瓦人穆罕默德·阿尔-剌西所编《剌西斯编年史》(*Crónica del moro Rasis*)一书中抄来的——这部书是十四世纪由一位名叫季尔·佩累司的牧师把原来的葡萄牙译本重译为卡斯提尔语的,传到我们手里的就是这个重译本。这个译本上载明的日期是 1344 年 1 月 21 日,因此人们称之为《1344 年版编年史》。重译者在原著后边又增补了以后各个朝代的记述,直至 1340 年塔里法战役止。历史与传奇、事实与幻想在书中混置杂陈到了惊人的程度。从古老的英雄故事短歌中摘取的片段,从阿拉伯编年史中抄来的大段摘录等等都插入书中;后者保持阿拉伯原文,另附卡斯提尔语译文。再靠后些,另一位不知名的编者缩编了《1344 年版编年史》,但这个缩本业已失传。我们是从它的四部派生著作的内容中知道有这部书的。这四部派生著作中最重要的一部是佛罗里安·多坎波的 1541 年出版的《普通编年史》(*Crónica general*)。此外,归到斐曼·山车斯·得·托瓦名下的《三朝编年史》(*Las tres crónicas*,记述亚丰琐十世、散楚四世和斐迪南四世三位国王统治时间的历史)和归到努涅司·得·微拉赞名下的《亚丰琐十一世编年史》[①]这两部书是和亚丰琐十世的那部古代编年史巨著无关的独立著作,尽管二者也从他的著作中抄袭了一些材

---

① 这两部著作都发表于《西班牙真实学院学报》,LXVI(1875 年);关于较早的版本,比较巴力斯特·伊·卡斯尔:《中世纪西班牙史的记载》(见本书原书第 428 页注),115—20。

料。在十五世纪以前的史家当中,那瓦拉能够引以自豪的只有洛德里哥。这个横跨比利牛斯山脉两侧的小小的“马鞍上包裹似的王国”的历史是很难弄清的。在阿拉贡于 1035 年从那瓦拉分离出去之后,它几乎就没有独自的历史了。

为了解十三世纪推动西班牙历史写作的这股力量,应当记住,在统一这个半岛的事业中,卡斯提尔所起的作用和巴黎诸伯爵在统一法国的事业中所起的作用极其类似,此外还要加上在反对摩尔人的十字军中产生的民族情感和宗教热忱等因素。1085 年托莱多的陷落、1248 年塞维利亚的夺占以及 1262 年加的斯的光复是这个时期突出的大事件。在这些伟大胜利的推动下,卡斯提尔逐步大体上完全恢复了罗马帝国和旧天主教时期的西班牙旧观。

在十四世纪早期,托莱多副主祭佐弗里·得·罗尔萨为洛德里哥的《西班牙史》写了续编。这部续编原来是用卡斯提尔语写的,不久之后,在作者请求下,克雷莫纳一位大师阿曼德又把它译为拉丁文。由于命运反常的摆布,这部拉丁文译本反而流传下来,那部卡斯提尔语原文本却失传了。[1]

十三世纪末至十四世纪初某些其他次要的卡斯提尔文年代记也应当提一提。其中有两部无名氏的《卡尔登纳编年史》[2]和一部《托莱多年代记》(*Annales Toledanos Terceros*)。[3] 这三部书都是
简短的年表,其中最后一部材料最多,特别是关于 1251 至 1281 年 432
的那部分。这三部书在提供准确的年代方面都是有用的。和这些

① 摩勒尔-法提奥校订,见《古文书学校图书》杂志,LIX(1898 年),325—78。

② 收入佛罗雷斯编的《西班牙宗教史》(见本书原书第 428 页注),XXIII,370—80。

③ 同上,410—23。

著作很不同的是王子唐·散楚的教师季尔·得·扎摩拉写的那部《名人传》(*Liber illustrium personarum*),这部书一部分是历史,一部分是说教,类似一部西班牙历史人物传记字典,只简短地记载了罗马皇帝、西班牙国王、英雄和圣徒等人的情况。十四世纪以前,在欧洲任何其他国家中都没有发现过这样的作品;后来在十四世纪也只有意大利的佩特拉克[1]在他的《我国通史》(*De viris illustribus*)一书中才把这种历史文献通俗化了。

阿拉贡和加泰罗尼亚,也跟莱昂和卡斯提尔一样,有自己的年代记和编年史。但它们没有像卡斯提尔那样的巨著。继承塞维利亚的以锡多树立的传统的是卡斯提尔而不是阿拉贡。阿拉贡和加泰罗尼亚的编年史地方性很浓,缺少广阔的眼界,甚至迟至十三世纪以及 1137 年两国合并之后,仍然如此。十二世纪初,加泰罗尼亚某人曾扼要记述了本省的历史,另一位拉丁编年史家写了一部从穆斯林征服西班牙到 1157 年的阿拉贡诸王本纪;后来又有一位把它续编到征服者詹姆士[2]统治时期。写于十三世纪末的一部拉丁文《立波尔寺院[3]编年史》(至 1296 年止)记述的是巴塞罗纳[4]诸伯爵的历史。[5] 最早的阿拉贡—加泰罗尼亚历史[6]是《圣朱安·

① 意大利人文主义学者兼诗人(1304—74 年)。——译者

② 詹姆士一世(1213—76 年)。——译者

③ 在西班牙东北角。——译者

④ 在西班牙东北角。——译者

⑤ 《巴塞罗那伯爵和阿拉贡国王事记》,路易·巴洛-迪伊戈和 J. M. 托林兹校订(巴塞罗那,1925 年;《卡塔兰编年史丛书》,第 2 号)。

⑥ 关于卡塔兰史学的一个详细记载,参阅 J. 马索·托林兹:“卡塔兰史学”,见《西班牙评论》,XV(1906 年),486—613。

得·拉·帕纳编年史》(1359 年);这部书现存四个版本:一部拉丁文本,两部加泰罗尼亚文本和一部阿拉贡文本。这部拉丁文本究竟是不是最老的本子,其作者是谁等问题现在仍未能确定。阿拉贡第一位伟大历史家图理塔[①]称这部编年史为《努埃斯特拉总史》。这部编年史在阿拉贡的地位正和亚丰琐十世的编年史在卡斯提尔的地位一样,不过这部编年史把最早期的历史删节得比亚丰琐十世的著作更多,只用了三章的篇幅叙述从土巴·该隐到穆斯林的征服这一段时期。另一部类似的历史是《刺萨尔史》(*Historia de Rasal*)。这是一部从赫丘利到亚丰琐四世之死这一段时期的阿拉贡和加泰罗尼亚史。只有最后一部分是用加泰罗尼亚文写的。有一部续编写到 1328 年。

当阿拉贡为建树伟大事业面向海外时,除于 1225 年取得巴伦西亚外,把半岛都留给它的竞争者了;这时,却突然出现了精力充沛的历史写作。[②] 1229 年征服巴利阿里群岛;1282—85 年夺占西西里。《征服者詹姆士的事业》(*Libre dels feyts esdevengutsuen
la vida del mot alt senyor rey en Jacme lo Conqueridor*)一书歌 433
颂了这些事件。这部《征服者詹姆士的事业》[③]是否真的像它自称的那样,是詹姆士一世自己写的一部自传,还是一个有争论的问题。[④] 假如不是他亲自写的,那它一定是某一位和国王有亲密关

① 西班牙历史家(1512—80 年),著有《阿拉贡年代记》六卷。——译者

② 参阅 H. 芬克的论文,见《文化史文库》,VIII(1910 年),20—42。

③ 《绰号征服者的阿拉贡国王詹姆士一世〈编年史〉》,约翰·斐斯特译自卡塔兰文,附有 P. 得·伽杨戈斯的导言(伦敦,1883 年,两卷)。

④ 参阅巴力斯特·伊·卡斯尔:《中世纪西班牙史的记载》(见本书原书第 428 页注),132—40。

系的人在国王亲自监督下写的。这部书并不是詹姆士一世整个统治时期的记录,因为有许多年代都略而未谈。它分为四部分。第1部分叙述国王早年的困难,直至1233年征服巴利阿里群岛。第2部分生动地描绘了对巴伦西亚的讨伐和征服。第3部分叙述1266年的穆尔西亚战争;第4部分叙述派到阿拉贡来的蒙古和拜占庭使节以及詹姆士努力恢复十字军未成的惊人故事。记述的生动,风格的活泼,轶事和插曲的丰富使这部《征服者詹姆士的事业》成为一部生动活泼风趣横生的读物。

几乎同时问世的由博学的亚丰琐以卡斯提尔语写的《编年史》和以加泰罗尼亚文写的《征服者詹姆士的事业》在西班牙开创了以本国语写历史的新时代。紧紧跟随这些国王英雄之后出现的是伯尔拿·笛斯克罗特[①]的《阿拉贡国王彼得罗三世统治时期编年史》(1276—85年)。[②] 在这部杰出的著作中,“读者看到的是史实材料展览,在中世纪竟然写出如此生动、如此非凡的文章,这在中世纪年代记这类著作的风格中确实是独一无二的”。笛斯克罗斯的著作写的是关于西西里晚祷[③]的历史(1282年)的唯一的阿拉贡文资料。他博闻广见,阐明原因清楚明白。他以摘要的形式引用了很多文件。而这些引文和很久之后才出版的文件原文完全吻合。

用加泰罗尼亚文写的唯一的一部世界编年史是《世界花朵》

① 约生活于1285年,其著作是最早用加泰罗尼亚语写的重要著作。——译者

② 《〈阿拉贡国王彼得罗三世统治时期编年史〉,伯尔拿·笛斯克罗特著》,F. L. 克力启罗译自卡塔兰文(普林斯顿大学出版社,1930—34年,两卷),附有导言。卓越的评论,见《伦敦泰晤士报文学副刊》,1930,第408页和1934年,第892页。

③ Sicilian Vespers,1282年复活节之翌日在西西里岛巴勒摩地方以晚课钟(Vespers)为信号,屠杀所有法国人的事件。——译者

(*Flos mundi*),也按传统历史分期法分为六部分。这是一部单纯的汇编,大约是 1407 年写的。

西班牙人对十字军历史很感兴趣,尽管由于他们在本国以内已有足够的穆斯林需要对付,因而并未参加十字军。从提尔人威廉的《圣战史》(*Belli sacri historia*)的一个法文译本转译成西班牙文的译本称为《海外伟大的征服》(*Grant conquista de Ultramar*),在 1295 年前后颇为流行,但译者随随便便改动原文,插入许多传奇和冒险故事。一世纪后,耶路撒冷圣约翰教团总管夫 434
累·朱安·斐南得斯·得·爱雷笛亚(死于 1396 年)在《征服者大编年史》中,写了一部拜占庭帝国史,从君士坦丁和爱里尼写到亚历修·昆尼那斯(780—1118 年),这是一部异想天开的著作,共十八卷,每卷各献给一位伟大的征服者,其中包括希拉克略和成吉思汗。但更重要的著作是《摩利亚[①]的征服史》(*Libro de los Fechos et Conquistas del principado de la Morea*)。[②]

尤其重要的著作是在加泰罗尼亚伟大的伙伴在伯罗奔尼撒半岛的事业启发下,累蒙·闵达纳(1255—1336 年)写的那部《编年史》;这位作家出身于加泰罗尼亚一个很好的家庭,1300 年在著名冒险家罗哲尔·得·傅罗尔[③]部下服役,在热那亚人进攻下,他曾

① 摩利亚即希腊南部的伯罗奔尼撒半岛。——译者

② 这部书的西班牙原文附有法语译文(《十三、四世纪摩利亚编年史》,A. 摩勒尔-法提奥出版(日内瓦和巴黎,1885 年);《东方拉丁学会丛书》)。参阅他的导言,和巴斯特·伊·卡斯尔的《中世纪西班牙史的记载》(见本书原书第 428 页注),153 以下。

③ 军事冒险家(1280—1307),参加圣殿僧团,在巴勒斯坦作战,后又在阿拉贡国王、西西里国王及拜占庭部下工作。——译者

英勇保卫加利波利[①]，并曾在巴尔干半岛和小亚细亚征战多年，西西里王腓得烈任命他为杰尔巴岛总督，他曾抵抗穆斯林海盗，把那个岛屿保持了五年之久。在陆上和海上成为三十二次战役中的英雄之后，他退隐到自己的农庄上，撰写他那些动人的回忆录。《著名的国王尧姆一世及其后嗣们的事迹和功业的编年史或叙述》(*Crónica o descripcio dels fets e hazanyes del inclypt Rey Don Jaume primer…e de molts de sos descendents*)是卡塔兰语散文中不朽著作之一，有伊丽莎白时代的编年史那种大胆泼辣的风格、有力的韵律。这部书从1208年征服者詹姆士的出生写起(闵达纳在儿童时期曾见过詹姆士，当时这个大征服者已是一位老人了)至1327年止。[②]

说到这里，似乎可以谈谈西班牙史学的一般特点了。早期西班牙史学的特色是它比任何其他中世纪国家的史学更富于神话和传说。迦太基的、古典的、《圣经》上的、基督教的和阿拉伯的成分等等都混杂在一起。土巴·该隐、赫邱利甚至哈密尔卡[③]都是西

---

① 在意大利的东南角上，滨海。——译者

② 卡塔兰语原文最好的版本是J.科罗利乌的校订本；法语译本见J.A.步宋：《与十三世纪法兰西远征有关的外国编年史》(巴黎，1840年)；顾德诺夫人的英译本：《闵达纳〈编年史〉》(伦敦，1920—21年：《哈克卢特学会丛书》第2辑，第XLVII和L卷)，安敦尼奥·鲁比奥·伊·卢奇所著关于卡塔兰的伟大伙伴们的专著：《卡塔兰人在东方的远征和统治》(巴塞罗那，1833年)；詹姆士·梭涅尔·洛德(爵士)：《阿黑亚诸王公和摩利亚编年史，中世纪希腊的研究》(伦敦1907年，两卷)；H.F.图泽《伯罗奔尼撒半岛的法兰克人》，见《希腊研究杂志》，IV(1883年)，165—236；麦立曼(见本书原书第428页注)，I，第8章和326，356，358，365，367，369，372和374页。

③ 公元前迦太基的大将，汉尼拔的父亲。初在西西里与罗马人作战，后来开发西班牙。——译者

班牙民族的祖先。《刺西斯编年史》说出机立温的五十五位始祖。赫丘利有一个儿子,名叫拉丁,他有十五位后继者,然后到了迦太基人哈密尔卡;哈密尔卡之后,又是一系列“罗马国王”统治西班牙。哥特诸王的名字令人吃惊地被篡改了,其中有些是纯粹的捏造,例如罗立安、托洛非、萨本、兰比罗特、亚尔美里克、阿巴加、阿科斯塔,最后还有洛德里格斯,仅仅在一部编年史中就出现了五个异想天开的哥特国王: 435
辛多斯、坎多斯、嫩多斯、勒德鲁斯和腓勒德鲁斯。《海外伟大的征服》(*Gran Conquista de Ultramar*)既是一部历史叙述,也可说是一部骑士传奇。高弗梨·得·部永是天鹅骑士的孙子。《国王洛德里哥编年史》(*Cróneca del Rey Don Rodrigo*)也是类似的作品。我们发现在 711 年穆斯林入侵时阵亡的最后一位哥特国王王廷中居然有一位唐·贝利阿特·得·法兰西亚、德国一些王公、一位波兰国王和四位大贵族、拜占庭皇帝的一位兄弟和英国国王的一个儿子。

用本地话写历史,在欧洲任何其他国家都没有像在西班牙那样流行。卡斯提尔用拉丁文写历史的情况在十三世纪前半叶就结束了。从图伊的卢卡斯和托莱多的洛德里格斯到十五世纪人文主义时代,只有一部历史著作,即龚扎罗·得·希诺约萨的历史著作——是用拉丁文写的,因为佐弗里·得·罗西阿斯和朱安·曼努尔两人写的小编年史不能算数,前者的拉丁文本是从本地话翻译过来的,而后者的著作只是从以前的拉丁文编年史中摘录编辑而成的。博学的亚丰琐对西班牙史学写作的深刻影响是明显的。他消灭了拉丁文编年史,使本地话史学著作大为流行。中世纪本地话编年史的发展,在西班牙达到顶峰。无论在质量和数量方面,它都是欧洲最好、最丰富的。

正如前一章已经谈到的那样,十四世纪早期标志着整个欧洲从编年史时代向叙事史时代的过渡。西班牙史学，无论在卡斯提尔或阿拉贡-加泰罗尼亚，也和其他地方一样，都反映了这个变化。[1] 大贵族、政治家和武士都成了历史作家，他们用有力的卡斯提尔散文撰写了生动的、内容丰富的历史著作。罗佩斯·得·阿雅拉(1332—1407年)之于西班牙，正如同一时期的富罗沙之于法国。起初他是残酷的彼得的党羽，后来投到他的异母兄弟和敌人亨利·特拉斯塔马拉那边去了；1367年在那耶拉战役中被黑太子俘虏后把他带到英国去。被赎出回国后在国王亨利手下任职，他在亨利和亨利的三位继承人手下时而当军人时而任外交家。他的《编年史》[2]比富罗沙的编年史好得多，不过他的文笔不大可取。

西班牙的历史、传说、骑士制度和传奇以及英国、法国和巴巴利[3]沿海一带的历史片段都在加提略·地阿斯·得·哥麦司
436 (1379—1449年)的《彼得罗九世编年史》中混杂在一起了。[4] 这部书是当时的思想和礼俗的生动画面，而不是严肃的历史。

写于十三世纪的阿拉贡国王詹姆士一世的《国王编年史》和笛斯克罗特的著作在十四世纪也有类似的作品问世，即闵达纳和彼得罗四世的年代记。这四位加泰罗尼亚历史家构成几乎是独特的一个类群，因为他们都不仅仅是作家，而且他们当中的每个人都是他所记述的事件的积极参加者。

---

① 参阅巴力斯特·伊·卡斯尔:《中世纪西班牙史的记载》(见本书原书第428页注),121—30的评论。

② 收入《有关西班牙的未刊文件丛书》(见本书原书第428页注),XIX—XX。

③ 非洲西北部。——译者

④ 《加提略·地阿斯·得·哥麦司所著〈唐·彼得罗九世编年史〉》,亚尔伯特·得·塞卡特伯爵和普梅加伯爵译为法文(巴黎,1867年)。

最后还可以附带提一下,对这些大部头的加泰罗尼亚编年史进行对比研究,对各位作家的语言、风格、方法和性格等方面的了解,是会有启发的。阿拉贡的詹姆士是他自己著作中的主角;笛斯克罗特的主角是阿拉贡的彼得罗三世(即巴伦西亚的彼得罗一世和加泰罗尼亚的彼得罗二世)。他们那个世纪和〔英国〕伊丽莎白时代同样充实而广阔(di'ogni valor porto cinta la corda)。另一方面,闵达纳的主角是国王彼得罗的兄弟、阿拉贡的詹姆斯二世。笛斯克罗特在理智上和他的读者保持一定距离,而闵达纳则把他的读者当成知心人。我们不知道笛斯克罗特是谁、生于何时、何地,死于何时,只知他是一位教士,也是一位贵族。笛斯克罗特文笔直爽,每章常常用这样的话开头:"现在,这个故事继续下去就是……"等等;用这样的话结束:"现在这些事件已叙述完毕。"他写起文章来"简练得有些苛刻,每个句子都包含一件事情"。他从未提到他的资料来源。笛斯克罗特只用了两页的篇幅描写西西里的晚祷;但他在精简中,却很充实。对比之下,闵达纳的文笔生动,内容丰富。笛斯克罗特详细叙述了阿拉贡国王于1283年在波尔多搞了那次荒谬的决斗之后回国的情形;而闵达纳只用了一句话就结束了这件事。

关于《国王彼得罗四世编年史》(*Crónica del Rey Don Pedro IV*)近年来有许多议论;据说这部书是国王的秘书伯尔拿多·得斯科尔[①]写的,而且一定是在国王亲自监督下写的。这个时期的一部较为突出的著作是多那·利奥纳·罗佩司·得·哥尔多华的《自传》,他这部书对残酷的彼得罗的一位忠诚拥护者遭遇的艰难

① 即伯尔拿·留斯克罗特。——译者

困苦有生动而深入的描述。

阿雅拉的外甥斐南·佩里司·得·谷司曼继续他舅父的工作，写了一部《唐·朱安二世编年史》。这部著作虽然过于散乱，但材料不少，而且也不偏袒任何人。谷司曼也模仿普鲁塔克的著作写了一部《世代与群像》(*Generaciones y semblanzas*)，把他那个时代的三十四位著名人物的肖像刻画出来，成为群像画廊。这也是西班牙古典文艺复兴的最早例证。关于亨利四世统治时期(1454—74 年)有两部由当时的人写的史料：一部是第亚哥·亨利奎斯·得尔·卡斯提罗写的，另一部是阿伦左·得·巴棱西亚写的。前一位是国王的牧师，常常被派出当机密使节，但他还能找出
437 时间从事写作。1467 年阿尔密多战役之后，王子阿伦左攻陷塞哥维亚时，卡斯提罗被俘虏，他的手稿落入王子党羽手中。他对国王事业的忠诚(这在他的书中每页都有表现)和他对国王的敌人的严厉批判使他付出很高代价。他的教士身份挽救了他的性命，但他的手稿被没收了，他不得不从头重写。这部著作可以和 1456 年以后充当王子手下史官或编年史家(coronista)的阿伦左·得·巴棱西亚的著作对照阅读，因为后者是王子的党羽，正像卡斯提罗是国王的党羽一样。这两部书都很累赘，但两位作者都站在自己的观点上看事物，记述还都是真实的。

继阿伦左·得·巴棱西亚之后在这位天主教女王[①]手下当史官的人是赫南多·得尔·浦尔加，他是十五世纪西班牙最重要的

---

① 指卡斯提尔的女王伊萨伯拉(1474—1504 年在位)。1467 年嫁阿拉贡国王斐得南，为西班牙统一建立基础。——译者

历史家，于 1482 年被任命为史官，死于 1492 年，因此，由于命运的作弄，他不只被剥夺了记述征服格拉那达这件事的权利①，也失掉撰写发现美洲的经过的机会②。他的《诸天主教国王编年史》(*Cronica de los Reyes católicos*)详尽而准确。这部书直到 1565 年才发表。浦尔加还写了一部《克拉罗斯·发罗尼斯·得·卡斯提拉传》(*Claros Varones de Castilla*)，是一部当代人物群像。还应当补充一点：浦尔加的《书简集》是记述女王伊萨伯拉统治时期卡斯提尔社会情况的一部重要史实材料。这些信件以文笔富丽、思想高尚著称。③ 和浦尔加同时代的安得烈·伯那尔得斯(1450？—1513，塞维利亚大主教的牧师、洛斯·帕拉粟斯村的副牧师)把他的回忆录扩充为他自己时代的一部历史，名为《诸天主教国王生平》(*Historia de los Reyes católicos*)；他这部书是记述他很熟悉的哥伦布的重要史料。④

卡斯提尔与阿拉贡合并，摩尔人被驱逐、从法国手中收复鲁西永、那不勒斯王国被征服、奥兰被征服以及美洲发现等等大大地鼓舞了西班牙的民族主义——正如敏锐的政治观察家基察第尼⑤在 1512 年指出的那样。⑥ 不幸的是，和这种新热情出现的同时，又发

---

① 1492 年。——译者

② 1492 年。——译者

③ 乔治·替克涅：《西班牙文学史》(第 3 版，伦敦，1863 年，三卷)，I，420—23。——译者

④ 这部著作的手稿流传很久。直到 1856 年才在格拉纳达付印出版。最好的版本是斐南·得·迦伯列和迦伯列·得·阿坡达卡的校订本(塞维利亚，1870 年，两卷)。

⑤ 意大利的历史家和政治家(1483—1540 年)，著有《意大利史》，二十卷。——译者

⑥ 参阅塞罗特(见本书原书第 428 页注)，76 的引用语。

展起一种过分的，甚至狂妄的对西班牙远古历史的自豪，这种自豪又因古典学术的复兴而增强。任何西班牙历史家至少不要从罗马人下笔写自己的著作，做到这一点是需要勇气和独立精神的。迟至 1544 年，佛罗里安·多坎波的著作《西班牙通史》还是从土
438 巴·该隐下笔的。第一个有近代观点和清晰的批判思想的西班牙历史家是图理塔[①]；1547 年他被任命为阿拉贡国王的史官。这个幸运的时刻出现在意大利文艺复兴对西班牙写作产生了影响和在异教裁判和耶稣会联合压力下腓力二世的反动统治之间的时期。

① 西班牙历史家(1512—80 年)，著有《阿拉贡年代记》。——译者

第二十五章　拜占庭帝国末期（1204—1453年）和土耳其早期的历史学家[1]

在第四次十字军（1204年）和君士坦丁被奥托曼土耳其人攻 439
陷（1453年）之间的二百五十年间，是东罗马帝国拖了很长时期的缓慢的覆亡过程，曾有十五个作家撰述这个时期的历史，但其中重要的很少。历史写作这个方面反映的也是黄金角[2]上一切事情的普遍衰落。

---

①　关于希腊文和拉丁文作家的著作及其版本，参阅《剑桥中世纪史》IV（1923年），850—76；关于蒙古人的记载，880—82；关于土耳其人的记载，883—88。吉本，VI，515—20，VII，327—30；A. A. 发西里叶夫：《拜占庭帝国史》，S. 剌哥晋夫人译自俄文（麦迪逊，威斯康星，1928—29年，两卷），II，400—12、431—32；R. W. 彻赤：《杂文》（伦敦和纽约，1888年，重印于1904年），281—435（《早期奥托曼人》）；爱德温·皮尔斯：《希腊帝国的毁灭和土耳其人攻陷君士坦丁堡的历史》（伦敦和纽约，1903年），序言；摩林尼尔，III，第2757—59号，和IV，第3564—70号。关于尼西亚帝国的历史作家，参阅爱丽思·盖得纳：《尼西亚的拉斯卡立王朝：一个流亡帝国的历史》（伦敦，1912年），第14章。关于记载希腊领土的法国史家，参阅棱涅尔·洛德：《阿黑亚王公和摩利亚编年史》（伦敦，1907年，两卷），I，导言。和第17章一样，一部标准的参考著作是卡尔·克纶巴赫的《拜占庭文学史，从查士丁尼到东罗马帝国灭亡，527—1453年》（第2版，慕尼黑，1897年）。

②　即博斯福鲁海峡的入口（以其弯曲形状和美丽而命名），君士坦丁堡即位于其上，因此即作为君士坦丁堡的代名词。——译者

君士坦丁堡的拉丁帝国时代的拜占庭历史家有乔吉阿斯·阿克洛波利达①(死于1282年),他著有《君士坦丁堡编年史》(1204—61年)。② 他是君士坦丁堡人,但在1233年因为他父亲不愿意在拉丁统治枷锁下生活,宁愿抛弃财产逃往尼西亚的希腊王廷去,当时拜占庭帝国还在尼西亚和特拉布松③以两个分散的国家的形式残存。尼西亚的统治者约翰·杜伽·发塔西斯(1222—55年)是一位有才干而且很开明的君主,和保加利亚国王阿赞建立了联盟;阿赞曾于1330年打败帖撒罗尼迦和伊庇鲁斯的军队,其势力扩展到色雷斯大部地区、马其顿和阿尔巴尼亚,建立了一个帝国,其疆界远达三海④,把贝尔格莱德和亚德里雅那堡都囊括在
440 其疆域之内。⑤ 拉丁帝国势力在巴尔干和希腊逐渐衰弱以及希腊势力逐渐恢复等情况,可以从乔吉阿斯·阿克洛波利达那部卓越的巨著中了解到;他以庄严、甚至苛刻的文笔从事写作,不屑以白话文写作。⑥ 尼西亚王廷中的文人除阿克罗波利达外另一位最重要的就是尼斯福鲁斯·布伦密德了,他也像阿克罗波利达那样,

---

① 拜占庭历史家和外交家(1217?—82年)。——译者

② 吉本,VI,518。

③ Ph.法尔梅来尔发现迈克尔·巴那勒多的《编年史》(这部著作叙述从1204到1426年特拉布松帝国的历史),使有关这个浪漫国家的唯一的一部历史重见天日。法尔梅来尔把这部著作原文,附德语译文,在《巴伐利亚王家科学院学报》上发表(慕尼黑),历史类,III,第3部分(1843年),3—159和IV,第2部分(1845年),3—108。又比较坡特哈斯特,I,787。

④ 黑海、爱琴海和西得里亚海。——译者

⑤ 关于这位能干而开明的保加利亚统治者,参阅C.J.伊勒切克的《保加利亚史》(布拉格,1876年),第16章;关于尼西亚诸希腊皇帝,参阅吉本,VI,455以下。

⑥ 例如,他不用表示驴子的俗字(γάδαρος),而用一个较为壮丽的语源学上的相类似的字 ἀείδαρος,意为"常被鞭打的动物"。散狄斯,I,425。

1204年之后不久就被他的父母带到尼西亚来了。他学识渊博,但浮夸而自负,不过他的《自传》对研究他那个时代的历史也还有它的重要性。他的《书简集》不幸一直未曾发表。①

和阿克罗波利达同时代但较年轻的一位作家是乔吉阿斯·帕溪米尔(1242年生于尼西亚,死于1310年)。他住在迈克尔·佩略罗加斯②统治下的君士坦丁堡,精通神学和法学、是《迈克尔和安德洛奈卡③·佩略罗加斯两帝本纪》的作者,他这部书从1255年写到1309年,共十三卷。④ 吉本极口称赞在他这部书中看到的珍贵的详情细节,还补充说,"如果不把帕溪米尔跟修昔底德和塔西佗比较的话,我就会称赞他的著作;因为他这部书记述佩略罗加斯的兴起清晰明快,令人信服,而且相当直率。阿克罗波利达比较谨慎,格雷戈阿斯比较简洁。"⑤帕溪米尔是一位全面的、极其渊博的学者,比和他同时代的、甚至十三世纪的西欧能够引以自豪的任何博学的人都更伟大。他的许多信札可能还藏在意大利的图书馆中,至今尚未出版。他的希腊文的纯洁、他那些荷马式的语句以及他对古雅典月份名称的使用等等,都是十四、五世纪人文主义复兴的迹象。⑥

在帕溪米尔结束了他的写作、经过十二年的间歇之后,以王子

① 参阅吉本,VI,519。

② 东罗东皇帝迈克尔八世(1259—82年在位)。——译者

③ 迈克尔八世的儿子。——译者

④ 关于版本,参阅坡特哈斯特,II,889。

⑤ 吉本,VI,456注,462注。

⑥ 关于这个运动,参阅查理·第尔的论文,见〔巴黎〕《王廷与会议评论》,X,ii(1902年),370—78。

身份开始、以僧侣身份结束自己的生活的约翰·坎塔邱济那皇帝[①](死于1383年)开始执笔写作。“他所撰四十年回忆录从小安得洛奈卡的暴动开始,到他自己逊位时止。……在他记述的那些场面中,他自己都是主角。但是在这部令人信服的著作中,我们却找不到一位英雄或忏悔者的诚挚态度。退隐寺院后,……他写给我们看的并不是一篇忏悔录,而是一位有雄心的政治家为自己生平写的自白书。”[②]全书分四卷,终于1357年。[③] 其中描写黑死病的那一段很长而且使人触目惊心。

和皇帝坎塔邱济那同时代的一位拜占庭历史家是尼斯福鲁
441 斯·格雷戈阿斯(1295—1357年),他所著《拜占庭史》(*Historia Romaica*)共三十八卷,从1204写至1359年。[④] 他是黑海地区赫拉克利亚人,精通神学、史学、哲学和科学;是拜占庭帝国最后二百年间最有学问的学者,可谓博学大师。他的著作在核对纠正坎塔邱济那叙事的歪曲和成见方面很有价值。

在坎塔邱济那和尼斯福鲁斯·格雷戈阿斯之后,拜占庭的历史写作经历了七十年的中断之后,才出现约翰·阿南诺斯特的《塞萨洛尼基的陷落》(*De excidio urbis Thessalonicensis extremo*),记述的是

---

① 约翰六世(或五世)(1347—55年在位)。1355年被逐出国外,退居寺院中,开始写一部从1320—56年的历史著作,死于1383年。——译者

② 吉本,VI,489。

③ 关于他统治时期的历史,参阅同上,VI,第63章;关于这个时期拜占庭帝国的生动描述,参阅第502页注中柏立引用乔治·芬雷的《从罗马征服迄现代的希腊史》,H. F. 图泽校订(牛津,1877年,七卷),III,447—48的文字;发伦廷·帕里索:《有地位的人物和历史家坎塔邱济那》(巴黎,1845年)。

④ 克纶巴赫(见本书原书第439页注),293—96;R. 基兰:《尼斯福鲁斯·格雷戈阿斯论》(巴黎,1926年)。

1430年土耳其人攻陷这座城市的情形。[①] 此后,土耳其人对欧洲的大举进攻和君士坦丁那座虔信上帝的首都的历史就把拜占庭那些历史家的兴趣全部吸引过去了。正是在拜占庭帝国最后这些岁月中,本来应当交好运的希腊文化的复兴运动却出现了,这是中世纪希腊文化反常现象之一。事实上,君士坦丁的损失正是意大利的收益。

虽然1261年尼西亚的希腊王朝收复了君士坦丁堡,拜占庭帝国也已恢复,但法兰克人在希腊建立的许多公侯封邑却依然存在。这些封邑是一种古怪的反常现象,竟然把模仿法国制度和法国文化的一些封建国家强加在被征服的希腊居民或斯拉夫化的希腊居民身上。[②] 正如教皇荷诺留三世所谓的这个在希腊领土上建立的"新法兰西"成了法国冒险家追求好运的黄金之国(El Dorado)[③]。和阿黑亚的赭弗理二世同时代的一个人说,"他有一片广阔的领地和很多财富。……大批骑士来自法国和勃艮第,特别是来自香巴尼的就更多。有些是来寻欢作乐的,有些是来还债的;还有些是因为在国内犯了罪才来的。"在这个封建城堡中,人们说的是法国话;读的是法文书。这些小国之一有一部名为《摩利亚[④]编年史》的史书流传下来。已故的J.B.柏立教授对这部书作了如下描述:

---

① 塞萨洛尼基过去已经有了两位历史家:约翰·卡麦尼阿特和读经师约翰;约翰·卡麦尼阿特曾目睹克里特的萨拉森人于904年洗劫塞萨洛尼基,读经师约翰是记述1387年、1391年和1403年土耳其人进攻的历史家。

② 这种制度的运用保存在《罗马尼亚帝国风俗志》一书中,这部书是模仿《耶路撒冷法令》的,关于希腊法兰克社会的记载,参阅威廉·密勒:《拉丁东方论文集》(剑桥,1921年),70—85。

③ 意为"理想的福地"。——译者

④ 即伯罗奔尼撒半岛。——译者

十四世纪初，一个摩利亚人（其血统确实一半是法兰克，另一半可能是希腊）用韵文写了一部以《摩利亚史》知名的关于十三世纪拉丁人征服伯罗奔尼撒半岛的经过及该半岛的历史的编年史。以其文字论，
442 作者已彻底希腊化；他好像一位本地人那样用本地话写作；但他对希腊人有异邦统治者对被征服的居民那种嫌恶和藐视的情绪。他可能是一个加斯摩尔人（Gasmul，Γασμοῦλος 据信这个字的语源是 gas(garçon) 和 mulus）即法兰克父亲和希腊母亲生的子女。他这本书极其平淡无味，以呆板的政治韵文的形式写成；但由于作者的庸才在文学兴趣上造成的损失却在历史客观性上得到补偿。一篇长序记述了第一、四两次十字军的情况；正文的主要部分记述了阿黑亚封地从 1205 到 1292 年的历史。他这部书在伯罗奔尼撒半岛上的法兰克人当中颇受欢迎，但在希腊人当中并非如此；它说明希腊语怎样成为征服者使用的语言。这部书写成之后不久就被意译成法文；这个译者（连同一部写至 1304 年的续编）是 1341 年以前完成的，保存至今，书名为《君士坦丁堡、罗马尼亚帝国、摩利亚公国被征服史》，或简称《征服史》。[1]

研究十三世纪阿黑亚历史，而且一般说来确实也是研究罗马尼亚的法兰克人的历史的另一部重要史料于十九世纪中叶由奥地利学者霍普夫发现了。这部书名叫《罗马尼亚史》，据信是马利诺·萨纽多的作品；这个人是爱琴海[2]的征服者和那克索斯公爵威尼斯人马可·萨纽多的堂兄弟。[3] 这部书大约是和《摩利亚编

① 吉本，VI，519—20。冉·隆囊：《阿摩利亚诸王公的征服：摩利亚编年史，1204—1305 年》（巴黎，1911 年：《法兰西历史学会丛书》，第 107 卷）；约翰·斯密特的英译本（伦敦，1904 年）。比较斯密特的著作：《摩利亚编年史：其手稿情况的研究》（慕尼黑，1889 年），和棱涅尔·洛德爵士的书（见本书原书第 439 页注），II，297—310 的长篇校订记载。

② 意译为“多岛海”。——译者

③ 关于他，参阅 J. K. 福得林干的《爱琴海的征服者马可·萨纽多》（牛津，1915 年）。

年史》同时写的，但其历史价值较大，作者声称，他这部书是从著名的马利诺·萨纽多本人写的一部拉丁文原本(已失传)译成意大利文的，这话可能是真的。[①]

1291年耶路撒冷王国灭亡后，法国人也在塞浦路斯建立了统治，一直维持到1571年这个岛被土耳其人夺占时止。现存的还有一部关于这个岛屿早期的叙事资料汇编，其中以生活在十三世纪前叶的腓力比·得·那瓦拉所著《塞浦路斯事记汇编》(Gestes de Chiprois)最重要。[②] 但在十六世纪初期，正当奥托曼土耳其的扩张使整个欧洲惊恐万状时，塞浦路斯的历史写作却取得新的重要发展。利温提阿斯·马卡拉斯那时写了他那部杰出的著作《塞浦路斯编年史》。[③] 他是塞浦路斯本地人，希腊教信徒；但他同时又是吕晋永家族诸王[④]的热烈崇拜者，尽管他们都是法国血统而且信仰天主 443
教。“他的著作的主要部分叙述的是彼得一世(1359—69年在位)和彼德二世(1369—82年在位)统治时期”。“这部编年史利用的史料主要是和这两朝宫廷有密切关系的某人写的一部重要著作”。据猜测，这个人是彼得一世的孀妻女王厄利诺拉的秘书迪米特里阿斯·丹尼尔。他的笔记和备忘录很可能是被马卡拉斯利用了。至少可

① 查理·赫普夫在他编的《已发现的少数未刊希腊—罗马编年史》(柏林，1873年)的导言中，主张这部著作是真实的，这部著作的原文已收入该书。比较棱涅尔·洛德爵士的书(见本书原书第439页注)，18—19。

② 伯果：《关于菲立比·得·那瓦拉的生平和著作评述》，见〔巴黎〕《古文书学校图书》杂志，II(1840—41年)，1—31；加斯顿·巴黎的论文，见《罗马尼亚》，XIX(1890年)，99—102。

③ 利温提阿斯·马卡拉斯：《〈编年史〉，塞浦路斯乐土的故事》，R. M. 多琴斯校订并附有他的译文(牛津，1932年，两卷)。

④ 吕晋永是1192—1474年统治塞浦路斯岛的一个法国家族。——译者

以说,“看来他熟悉终于引起1373年热那亚人进攻塞浦路斯的事件的详情,而且对吕晋永宫廷的政治颇为了解,而这些情况只有跟目击者谈过或曾仔细查阅那些重要年月的日记和信件,才能得到”。①

在这些多事的岁月里,中世纪的雅典在六世纪以来漫漫长夜似的黯淡无光的景况中岌岌可危地幸存下来之后,又苏醒过来,进入一段短暂的新鲜的智慧学术生活时期。自从三世纪中叶(公元267年雅典历史家得克西配斯②曾把他的二千同胞组织成一支民兵队伍抵抗哥特入侵)以来,雅典还从未出现过一位历史家。确实,在业已流逝的这么多岁月中,只出过一位著名的人物。这就是历史家奈斯塔斯·阿科密那塔的兄弟迈克尔·阿科密那塔(生于佛里基亚),1175年皇帝任命他为雅典大主教;他的信札是“关于中世纪雅典的唯一可靠的描绘”。③ 不过十四五世纪的雅典已经不属于那个虽已恢复、但仍然支离破碎的拜占庭帝国了。1204年以后,从奥司立斯山④到提那鲁姆角⑤的希腊领土就割给当时当了

---

① 引自《〔伦敦〕泰晤士报文学副刊》,1932年,第341页对多琴斯校订本的卓越评论。

② 希腊的将军和历史家,著有罗马与西徐亚人战争史及世界编年史,其著作仅有片段流传至今。——译者

③ 克纶巴赫(见本书原书第439页注),468—70;伊达·卡尔顿·退隆:“迈克尔·阿科密那塔,一位中世纪人文主义者”,见《发塞中世纪研究》,C. F. 斐士克校订(纽黑文,1923年),275—314。十字军于1204年征服君士坦丁堡后,迈克尔·阿科密那塔退避科斯岛上,1220年死在那里。关于中世纪雅典的记载,参阅J. B. 柏立的论文,见〔伦敦〕《评论季刊》,第173卷(1891年),180—211,对斐迪兰·格列哥罗维阿斯《中世纪雅典城史》(第3版,斯图加特,1889年,两卷)的评论;密勒:《拉丁东方论文集》(见本书原书第441页注),110—60。

④ 在中希腊帖撒利南部。——译者

⑤ 南希腊拉哥尼亚西南部一个海角。——译者

“帖撒罗尼迦国王”的蒙斐拉(在意大利的皮埃蒙特)王逢尼非斯[①]了。他把雅典和底比斯作为雅典公国封给勃艮第一位贵族鄂图·得·拉·罗舍。1311年卡塔兰的“伟大伙伴们”征服了阿蒂卡和维奥蒂亚,雅典变为阿拉贡和西西里诸王的封建附庸,直到1387年加泰罗尼亚人才被业已变成一名海盗和绅士冒险家的佛罗伦萨银行家尼利奥·阿克修余奥利赶跑。由于历史的作弄,勃艮第人、西班牙人和佛罗伦萨人曾先后当了雅典公爵,这个情况造成奇怪的后果,即把新头衔安到上古时期的人身上,正如在但丁、薄伽丘、乔叟和莎士比亚的著作中,提秀斯[②]都是以雅典公爵的身份出现一样。

雷尼卡斯·卡尔科康第拉斯的十卷《土耳其人的起源和事业 444
与希腊帝国的倾覆》(1298—1463年,土耳其人是在1458年攻陷雅典的)是拜占庭文献中唯一的一部雅典著作,也是一部杰出的著作。[③] 虽然土耳其人的进攻占了全书最大篇幅,但对西欧也并不是略而不谈。这是因为,在这些悲惨的年代里,拜占庭各位皇帝曾竭力取得西方各国军事援助以保卫君士坦丁堡,但并未奏效。一个接一个的使团派往意大利、法国、西班牙和英国王廷寻求支援,但毫无结果。由于有这一情况,所以我们在雷尼卡斯·卡尔科康第拉斯的著作中可以读到中世纪一位希腊人眼睛里看到的西欧风

① 蒙斐拉(意大利西北部)伯爵,出身于诺曼底家族,参加第四次十字军(1201年),作为帖撒罗尼迦国王统治希腊和马其顿(1204年以后),死于1207年。——译者

② 传说中雅典的国王。——译者

③ 克纶巴赫(见本书原书第439页注),302—05;吉本,VII,327;威廉·密勒:《最后的雅典历史家:雷尼卡斯·卡尔科康第拉斯》,见《希腊研究杂志》,XLII(1922年),36—49。

俗和文化的非凡的记述。比这类情况甚至更为重要的，是他对逃亡到意大利的希腊学者的记述，其中有他自己的兄弟狄密多留[①]，说他在佛罗伦萨、罗马和威尼斯各学校讲授他们的本国文字。意大利更大的希腊文艺复兴运动就是从他们的到来开始的。[②]

还有两位拜占庭历史家应当提一下。即道卡斯和弗伦兹。[③]道卡斯由于出身门第和社会地位（他是佛西亚长官的秘书）较高，应当受到特别的信任。他叙事细心，特别是他目睹的那些更是如此。他的《拜占庭史》从 1342 写到 1462 年。关于和他同时代的乔吉阿斯·弗伦兹[④]也可以这样说；在拜占庭帝国末年，他在拜占庭政府外交部门任职，曾目睹 1453 年君士坦丁堡陷落（第 39 章）。他逃往威尼斯，在科孚岛上当了修道士，在那里撰写了他那部《编年史》，从 1258 年巴格达哈里发国倾覆写到 1476 年。他对土耳其历史的兴趣促使他追溯到土耳其人以前的蒙古人。弗伦兹是一位文字清晰的作家。他生动地叙述了穆罕默德二世[⑤]还是一个二十一岁的雄心勃勃的青年的时候，怎样阅读亚历山大、恺撒和进行

① 希腊学者（1424—1511 年），生于雅典，1447 年逃往意大利，在米兰等地教书，出版荷马、伊索克拉底及修依达斯等著作。——译者

② 狄密多留·卡尔科康第拉斯是"《伊利亚特》的第一位近代校订者"，散狄斯，I，433。1453 年，君士坦丁堡各图书馆所受损失很少。其损失远不如 1204 年那次。"当时有一位作家〔历史家道卡斯〕明白地写出，君士坦丁陷落时，土耳其人利用他们发现的手稿谋利，他们把整车整车的书籍送往东方和西方。"同上，437。也参阅克纶巴赫（见本书原书第 439 页注），506。

③ 关于这些作家，参阅吉本，VII，327—28；威廉·密勒的"历史家道卡斯和弗伦兹"，见《希腊研究杂志》，XLVI（1926 年），63—71。

④ 拜占庭史学家（1401—77？年）。——译者

⑤ 土耳其苏丹（1430—81 年），称为大征服者，1453 年攻陷君士坦丁堡。——译者

胜利讨伐的君士坦丁堡历代皇帝如巴锡尔二世①等人的故事和业绩，而且除土耳其语外，他还能说五种语言。根据道卡斯记述，他想征服黄金角上那个伟大城市的愿望形成一种强烈的热情；道卡斯说："无论白天夜晚，无论入睡起床，也无论在宫殿内外，他都不 445
停地绘制这个城市和它的要塞的图形，设计进攻方案。"

黑海岸边这个希腊文化前哨、特拉布松帝国的文学作品数量并不很大。狄奥那斯(可能是一位官员)写的书记述的是1112到1291年的事。更重要得多的是特拉布松历史家迈克尔·巴那勒多，他写了一部《宫廷编年史》，"如果没有这部虽然单调但还可靠的记述的话，许多事情就会永远石沉大海了"。②

正如中世纪德国周围各民族如波兰人、波希米亚人和马扎儿人是从德国得到他们的文明和史学那样，推动俄罗斯人和巴尔干半岛上的斯拉夫人、塞尔维亚人和保加利亚人(保加利亚人原来是一个芬兰民族，进入巴尔干半岛后才斯拉夫化了)从事历史写作的鼓舞力量来自拜占庭的影响。涅斯特的那部旧《俄罗斯编年史》，③据不太可靠的传闻说，作者是生活在1115年前后的一位叫这个名字的修道士。这部书叙述的是中世纪俄罗斯的历史，就更狭窄的范围论，叙述的只是从九世纪中叶至1110年基辅大公国的历史。这部书有两个增订本流传至今，这两部书各有不同的增

① 生活于976—1025年。长期与保加利亚人作战，最后征服了他们(986—1018年)。——译者

② 威廉·密勒：《最后的希腊帝国，特拉布松》(伦敦和纽约，1926年)，119。

③ S. H. 克洛斯："俄罗斯第一部编年史"(The Russian Primary Chronicle)，见《哈佛语言学和文学研究》杂志，XII(1930)。

补。据涅斯特说，在850年俄罗斯地区才“开始采用它这个名称”。但是最早明确地提到俄罗斯这个名称和民族的是839年在法兰克人的《圣柏汤年代记》中找到的。[①] 据说，斯堪的纳维亚人路列克曾于862年占领诺夫哥罗德，882年占领基辅。只是到了娶了皇帝巴锡尔二世之妹的佛拉德米尔大公爵[②]的时候，我们才找到可靠的俄罗斯史。他改信希腊正教是在998年。但关于十二世纪以前的中世纪俄罗斯，我们所知道的一切，除《诺夫哥罗德编年史》外，几乎全部都是来自拜占庭的编年史。

俄国历史之父只是在稍早于基辅修道士但尼尔的时候出现的。关于这位修道士于1106—07年间朝谒圣地的记载是第二部俄罗斯本地史料。[③] 虽然俄罗斯民族还没有统一，而且俄罗斯只不过是许多各自为政的公侯小国之间松懈的结合，但所有这些小
446 国却有共同的利害关系，即对亚洲游牧民族的仇视。这种精神最显著的例子是《伊戈尔扩军的故事》，这是一首史诗，叙述的是1185年对库尔曼人灾难性的远征；[④]俄罗斯中古史上这个插曲可以和产生了“罗兰之歌”的778年查理曼在比利牛斯山谷中那次著

① 关于涅斯特的《编年史》，参阅利奥·维纳的《俄罗斯文学选，从最早时期到现在》（纽约和伦敦，1902—03年，两卷），I，65—71，并参考索引；吉本，VI，520；J. B. 柏立：《东罗马帝国史，从爱里尼倾覆到巴锡尔一世即位，802—867年》（伦敦，1912年），418，423。

② 俄国第一个基督教君主，扩充俄国领土。——译者

③ 关于这部著作的记载，参阅C. R. 俾兹利：《近代地理学的黎明》（伦敦，1897—1906年，三卷），II，156—74。

④ 维纳（见本书原书第445页注），I，80—96有部分译文；全译本附俄语原文，见利奥那德·A. 马格那斯的《1185年伊戈尔扩军的故事：一部俄国史诗》（伦敦，1915年），书目提要，119—22。

名的溃败类似。

中世纪俄罗斯最重要的一部历史著作是《诺夫哥罗德编年史》。在这个著名的商业城市的一个教堂里，众教士编写了一部编年史，从十一世纪早期写到十五世纪末。① 这部史书的编写工作坚持了五百年之久，这个商业城市也曾历尽沧桑，这两种情况使这部书成为一部很有价值的史料。当俄罗斯其余地区遭受鞑靼人抢劫破坏时，只有诺夫哥罗德一地因缴纳贡赋幸免于难。这部编年史记述了政府和教会的变迁，圣索非亚大教堂和其他许多教堂的建立，还记载了火灾、饥荒、瘟疫、地震和日食月食；在所记日食中，1140年3月那次全食也载在《盎格鲁-撒克逊编年史》中。这部书还记述了对瑞典人、里沃尼亚人、芬兰人、波兰人和乌格里安人②的战争。书中材料几乎完全是地方性的。记载外国事件很少，最显著的事例是1204年拉丁人征服君士坦丁堡和1410年坦能堡之役③。这部编年史实际上写到1446年就算结束了，因为所记后来的事件内容太贫乏了，其中最后一件事是诺夫哥罗德怎样在汉萨同盟影响下，和俄罗斯脱离关系，和波兰缔结秘密条约，反对莫斯科维(即莫斯科)沙皇伊凡三世④，以及伊凡如何攻陷该城并剥夺

① 《诺夫哥罗德编年史》，罗伯·密契尔和涅维尔·佛白司根据俄文翻译(伦敦，1914年；《卡谟登学会丛书》第3辑，XXV)；比较涅维尔·佛白司的“早期俄国编年史的编撰”，见《斯拉夫民族评论》杂志，I(1922—23年)，73—85。

② 芬兰—乌格里安人的东支，包括马扎儿人在内。——译者

③ 坦能堡在现在波兰境内，1410年波兰与立陶宛军队大败条顿武士团于此，从此条顿武士团渐趋衰落。——译者

④ 1462—1505年在位。征服诺夫哥罗德(1471—78年)，娶拜占庭皇帝的侄女为妻，两次侵入立陶宛。——译者

它往昔的自由等情况。这个事件标志着中世纪俄罗斯历史的结束。

中世纪的保加利亚没有本国的史学，据说沙王西缅[1]在宫中存有许多书籍，但都是从希腊文翻译过来的宗教或教会性质的东西。十世纪有一位名叫克拉布尔的修道士把马剌拉斯的拜占庭编年史译成保加利亚文。塞尔维亚人也和保加利亚人一样不关心历史写作。在塞尔维亚，直到十四世纪后半才有编年史出现；那时的编年史在形式和性质上也都是些依样画葫芦的教会史。《圣徒传
447 记》倒还有一定数量，但也只是些说教性质的著作，历史价值不大。传说、民歌、民谣是中世纪唯一的本地作品表达形式。中世纪塞尔维亚历史必然是根据拜占庭和威尼斯的资料写的。[2]

1453 年土耳其人对君士坦丁堡的大围攻引起各式各样的大量的历史著作，但是这些东西地方性太强，以致只须在这里简单提提就行了。[3] 开俄斯的利奥那德在这个事件发生后在还不到三个月的时间就写了一部记述这次围攻的著作。和这部书同样重要的还有威尼斯人尼古罗·巴尔巴罗的《日记》；在长期围困中，他住在君士坦丁堡城内。这部书可能是逐日记载的，但从它的内容可以找到证据说明在作者回到威尼斯后又曾修改过。[4] 关于君士坦丁堡陷落的历史的一部独特的史料是一位名叫“岛民克立托波洛斯”

---

① 保加利亚的君主。894—897 年与拜占庭作战，取得胜利；打败马扎儿人，自称沙王(925 年)。——译者

② 关于匈牙利史的拜占庭资料，参阅 G. 摩拉夫西克的论文，见《拜占庭》杂志，IX(1904 年)，663—73。

③ 关于这些著作的记载，参阅吉本，VII，332—35。

④ 这部手稿在巴巴鲁家族手中，直到 1829 年才转入圣马可图书馆。1854 年，科涅特把它出版。

的希腊人写的。在这个城市被占领后,音布洛斯、利姆诺斯和萨索斯诸岛居民派使者携带巨款到土耳其海军大将那里表示归顺并恳求不要使他们遭受和首都同样的命运。不久之后,克立托波洛斯被任命为音布洛斯执政,这个职位他至少担任了四年;在这期间他写了一部《穆罕默德传》,这部作品清楚而紧凑,记述了穆罕默德统治的最初十七年。"因为他这部书是在围攻之后好几年才从容不迫地写成的,所以他的记述并没有许多关于那个事件的短篇记述所表现的那种仓促成书的迹象"。[①] 关于这次围攻,当时并无土耳其文记述,因为土耳其史学那时几乎还没有出现。

吉本抱怨说,他"不知道〔奥托曼〕土耳其是否还有比穆罕默德二世更早的作家"。[②] 我们关于奥托曼土耳其历史的知识的基础是十九世纪早期奥地利学者约瑟・丰・罕默-浦斯塔尔(1774—1856)在他的《奥托曼帝国史》(Geschichte des osmanischen Reiches)一书中奠定的。[③] 他作为学者、外交家和旅行家,花费了三十年的时间收集资料,并遍搜开罗、大马士革、阿勒颇、君士坦丁堡、 448

① 皮尔斯(见本书原书第 439 页注),第 x—xi 页。这部著作一直没有人知道,直到十九世纪中叶才被得色尔在土耳其皇宫中发现。它以《克立托波洛斯著〈穆罕默德事记〉五卷》的名称发表于 K. 米勒主编的《希腊文历史片段》中(巴黎,1868—84 年,五卷)V,第 1 部分,40—161。

② 吉本,VII,24 注。

③ 这是德语原本(布达佩斯,1827—35 年,十卷;第 2 版,1834 年),有 J. J. 厄勒的法语译本:《奥托曼帝国史》(巴黎,1835—43 年,十八卷),这个译本不可靠,因为有很多笨拙的误译,这只不过是笨重、但有力的德语原文的一个累赘而华丽的意译。参阅 R. W. 彻赤的长篇评论,见他的《杂文集》(见本书原书第 439 页注),281—435;和〔伦敦〕《评论季刊》,XLIX(1833 年),283—322;又比较冉・但尼在他的著作《五十年来的历史和历史家》(巴黎,1927 年,两卷:《历史评论书目提要》),I,441—42 论土耳其史学一章中对罕默・浦斯塔尔的评价。

维也纳、威尼斯、那不勒斯、罗马、巴黎、伦敦、牛津、剑桥和莱顿等地的图书馆。丰·罕默在他这部不朽的著作的序言中载明了土耳其历史的资料来源。

他找到的奥托曼历史最早的有原文的资料是八部著作,都写于十五或十六世纪,因此,关于奥托曼历史最早时期,它们只记述了一些传说。这八部著作是:(1)《阿什克-巴夏扎德的历史》(*History of Aaschik-Pashazade*)即阿什克-巴夏[1]的曾孙的历史,他生活在摩拉德一世时期(1359—89年),在塞尔维亚投降土耳其的科索沃战役[2]中阵亡。书中几乎没有提到他的两位先辈奥斯曼[3](1288—1325年在位)和奥成[4](1325—59年在位)。著者"的材料来自苏丹奥成的伊玛目什克·雅溪西的著作,后者是奥斯曼临死时守候床边的七个人当中的一个,他根据他父亲的口述,记述了土耳其历史上最早的事件"。当丰·罕默发现《阿什克-巴夏扎德的历史》的时候,甚至连土耳其那些学者都早已把它忘记了。他曾在君士坦丁堡寻找这部书但未能找到,后来在梵蒂冈图书馆中才发现它的手稿。(2)据说是阿利·奥斯曼写的一部叙述到1470年的旧《编年史》,实际上作者是不知名的。(3)《世界概观》(*The View of the World*),这部书是在巴扎则特二世[5]统治时期

① 巴夏(Pasha)为土耳其文武高级军官的尊称。——译者

② 1389年6月20日塞尔维亚人大败土耳其于科索沃,摩拉德一世被杀。——译者

③ 奥斯曼土耳其帝国的建立者,征服小亚西北部。——译者

④ 奥斯曼一世的儿子,征服小亚西部,侵入欧洲,定居色雷斯。——译者

⑤ 土耳其苏丹(1481—1512年在位)。长期与波兰、匈牙利、威尼斯、波斯作战。1512年被迫逊位。——译者

(1481—98年)由涅斯溪里“用粗糙的土耳其文写的,简单而无文采”。(4)比特利斯人伊得里写的《八个乐园》(*The Eight Paradises*),这部书是在巴扎则特二世建议下,他用波斯文写的第一部“注意文笔优雅的”土耳其史。实际上,这部著作过于追求词藻华丽,过于阿谀奉承,几乎到了无法阅读的程度。(5)《流特斐-巴夏的历史》(*The History of Lutfi-Pasha*),这个人曾当过宰相。(6)《德泽马利所著历史》(*History of Djemali*)是“欧洲土耳其历史的第一部可靠的基础”。其手稿于1551年被带到维也纳。(7)《诸史之冠》(*The Crown of Histories*)是塞德·阿德-丁(或塞德狄丁)写的,他是第一位苏丹史家,生活在摩拉德三世统治时期(1574—95年)。他也是诸王子的导师、土耳其军队的法官,最后当了伊斯兰教法典说明官。(8)《阿利的历史》(*History of Aali*),写至1597年。“缺乏批判精神,但写作时曾下苦工夫,而且没有偏见,不是用官方口气写的。”[①]

最早期的这些土耳其年代记记述的是冒险事件,[②]其惊心动魄类似十四、五世纪西方编年史家的作品;也记述了一系列光辉而残酷的战役,特别是喀索华战役(1389年),这正是所有巴尔干半岛诸小国的边界会合处,也是塞尔维亚的自主丧失的地方。[③]

---

① 关于早期土耳其史学这个概述,我得益于御赤(见本书原书第439页注),286—87。

② 例子,参阅同上,339—40。

③ 关于此事的描述,参阅同上,356—58。

第二十六章 冰岛、挪威和丹麦等北欧诸民族的史学[①]

449 中世纪史学中最富独创性、对许多人说来也是最有趣的就是北欧诸民族的史学。这里所说的北欧诸民族包括丹麦、挪威、冰

① 关于这些史料的搜集，参阅帕屠，184—85和505；对英语读者最好的汇编是谷德布兰·维格福孙和F.约克·庖厄尔合校并翻译的《冰岛起源：关于冰岛定居和早期历史比较重要的传说和其他本地著作集》（牛津，1905年，两卷）；五个冰岛英勇故事的英译本，包括斯诺累·斯特拉孙的《希姆斯克林拉》在内，见威廉·莫理斯和爱列克尔·马格纽逊合译的《英勇故事丛刊》（伦敦，1891—1905年，六卷）。关于文献，参阅格罗斯，第35节；W.A.克累基：《冰岛英勇故事》(Icelandic Sagas)（剑桥和纽约，1913）；G.维格佛孙校订的《斯特拉家族的英勇故事，包括罗曼·斯特拉·托德孙的〈冰岛英勇故事〉在内》（牛津，1878年，两卷）的导论；亚历山大·部革：《〈冰岛英勇故事〉的起源和可靠性》，见〔纽约〕《美国史学评论》XIV（1908—09年），249—61；克纽特·泽塞特：《挪威人民史》（纽约，1915年，两卷），I，42—43，443—52，II，89—100和其他各处；同一作家的《冰岛史》（纽约，1924年），131—49；W.P.刻：《论文集》，查理·辉比利编（伦敦，1925年，两卷），Ⅱ，第28和30章（《挪威早期史家》，《历史家斯特拉》）；F.约克·庖厄尔："英勇故事的发展"，见《民俗学》杂志，V（1894年），97—106；斯诺累·斯特拉孙著的《希姆斯克林拉》，撒母耳·良译本的导言（纽约和伦敦，1915年）：《人人丛书》；哈尔夫丹·科特：《古代北欧传说》（纽约，1931年）；伊立克·V.戈登：《古代北欧人导论》（牛津，1927年）；克纽特·利斯特尔：《冰岛家族传说的起源》（奥斯陆和马萨诸塞州剑桥，1930年）；大卫·安得孙：《斯堪的纳维亚文学》，见《苏格兰评论》，XXX（1897年），322—40；又参阅《斯堪的纳维亚俱乐部英勇故事丛刊》中诸篇（伦敦，1895年以下）和这个学会出版的其他书籍〔该俱乐部亦称北欧研究学会；或奥克尼、设得兰和北欧研究学会〕。

岛，以及在西方诸岛和爱尔兰定居的北欧移民在内的各个民族。瑞典人不属这个范围。

北欧诸民族在九世纪，从他们的古代老地盘向外扩张，并在欧洲大陆边缘以外征服的新地区定居下来，这些活动是历史上最重要的动态之一。① 欧洲北部广阔的白色田野和北大西洋诸岛破题儿第一遭从默默无闻的地平线上出现，这些民族和这些地区从此便进入有史时期。"斯堪的纳维亚人潮"(Viking-tide)于 770 年前后开始上涨。在《盎格鲁-撒克逊编年史》一书中最早提到北欧人的年代是公元 787 年。不久之后，在西方诸岛，特别是奥克尼群岛②和设得兰群岛③上，就由来自丹麦和挪威两国大陆的移民定居了，来自挪威的多于来自丹麦的，在爱尔兰，北欧人最早出现于公元 795 年；他们于 837 年攻陷都柏林，在那里建立了一个"王国"， 450
一直存在到 1014 年英勇的爱尔兰首领布赖安·波鲁④在克伦塔夫⑤战役中摧毁北欧人的势力的时候。在 872 年以后不久，冰岛也被发现并成为殖民地。到 870 年时，丹麦人已占据英国东部沿海一带；912 年法国沿海峡地带又由质朴的查理割让给他们，于是诺曼底公国就建立起来了。983 年红色的伊立克⑥发现格陵兰，不

① 关于这个伟大运动的原因的说明和这个运动中的主要事件，参阅我的《中世纪经济社会史》(纽约，1928 年)第 10 章和第 824—25 页所引的文献。

② 在苏格兰之北。——译者

③ 在奥克尼群岛的东北。——译者

④ 爱尔兰酋长(1002—14 年在位)，大败丹麦人于克伦塔夫，自己战死。——译者

⑤ 在都柏林附近。——译者

⑥ 挪威的航海家。982 年从冰岛出发，在格陵兰西南岸探险三年，对新发现的土地命名"格陵兰"(意为"绿地")，以吸引移民。986 年建立殖民地于格陵兰。——译者

久就有移民定居该地;在 986 至 1011 年间,北美沿海不少地点也被发现,可能有人数很少的移民定居。

在很长的时期内,北欧人的情况无人了解,只有他们在英国和大陆上的成就例外,而且法兰克人和英国人写的史料毫无例外地全都仇视他们,把他们描绘成残酷无情的侵略者、野蛮人、异教徒。我们现在知道情况并非如此:我们知道北欧诸民族在体格上、智慧和道德上是精力充沛、吃苦耐劳、朝气蓬勃的种族,他们对历史和文化作出的贡献远远超过他们破坏的东西。但是如果没有在北欧历史作品中发现的大量内部情况,关于这些事情我们可能一无所知。

北欧人一定是在公元 664 年左右,即在哈罗德·非尔亥尔[①]征服以前二百年,就开始定居于奥克尼和设得兰两群岛了。北欧人大约在 872 至 1468 这六百年间逐步占据这些岛屿的历史,我们了解得还相当详细。征服的历史、岛上贵族(jarls)的生活,猛烈的袭击、地主(odalmen)的家庭生活等等,几百年来都是从口头诗歌和口头叙事的形式流传下来的,直到十二世纪才在英雄故事作家(saga writers)手中获得书面记述形式。

但是,北欧史学的发源地和最繁荣的地方却不是在挪威和丹麦,而是在冰岛,这是文学写作中的异常现象。这些移民(他们中间有许多是因为太骄傲、不肯向挪威和丹麦日益增长的王权势力低头才被放逐出来)。他们对自己在海外的成就感到强烈自豪的

① "非尔亥尔"(Fairhair)为"美发"之意。哈罗德·非尔亥尔即挪威王哈罗德一世(860—930 年)。他不断与诸酋长战争。战败的酋长被迫率其部下向外迁徙。——译者

同时，仍然对自己的祖国怀有深厚的依恋之情。在冰岛这些最早的移民(landnamsmoend)中间，有许多都是在872年哈罗德·非尔亥尔打垮贵族势力的哈福斯夫约德战役中载入记录的人。在这次胜利以前就已经有些移民定居在西方诸岛、特别是奥克尼群岛上了，但当哈罗德紧接这次胜利之后又无情地把他的势力扩展到奥克尼群岛上的时候，这些流亡者便向西方更远处逃跑，到达冰岛。这些过去的部落或氏族首领对安宁和秩序是厌恶的。从挪威外逃的人数如此之多，以致国王担心国内人口会因之大减。而且，这些逃亡家族在经济上和智慧上一般都是最好的。这次海上大战在北欧人们的记忆中保留了很久很久。下面这段文字是从最早的 451
记载中摘录的：

> 在哈福斯夫约德发生了一次大战，长久而激烈，结果是国王哈罗德取胜。……在这段不太平〔多生动的字眼!〕的时期中，正当国王哈罗德为挪威的国土战斗的时候，海外地区、即非罗群岛和冰岛也被发现并殖民了；还有很多北欧人前往设得兰。挪威有许多有钱有势的人，作为亡命之徒逃离国王哈罗德。……现在国王听到这些北欧海盗在多么广阔的地区侵扰劫掠，甚至像那些在严冬时节跨海西渡的人(a-wintertide West-over-sea)也这样干起来了。……于是国王驶向南方，到达奥克尼群岛，把岛上的北欧海盗完全肃清。

哈罗德的厉害异常的对手之一是徒步者洛尔夫(Rolf Wend-afoot)①，他的身体极其高大而沉重，以致没有一匹马能够驮他，因此，他无论到什么地方去都必须步行。他被逐出故国后，就变成诺曼底公国的创建人。哈罗德·非尔亥尔的儿子哈夫丹·郎莱格斯

① 北欧人的酋长(860? —931年)，北欧海盗领袖，带领一些人进入法国西北部，是为诺曼底公国的起源。——译者

(Halfdan Longlegs)①在一次海战中打败最后一名对手，完成了他父亲的征服事业。在举行一次血腥的仪式——即用剑在这位受难者背上画一只展翅大鹰并把肋骨从脊骨上剔掉——之后，就用这位牺牲者祭祀武丁神②。

在了解冰岛史学的发展时，必须考虑到这种强烈的传统。冰岛人的精神文化和斯堪的纳维亚所有其他民族比较起来，有无可争辩的优越性，与此同时，他们对自己的祖国的历史也保有鲜明的兴趣。有人说，“在人类全部记载中，比这个更奇特的东西太少了。……冰岛史学简直有点像‘逃亡神父’③(Pilgrim fathers)从事英国文学写作那样。……”④结果产生了博学者阿里、斯诺累和斯图拉等人的伟大历史写作以及挪威和丹麦诸王《本纪》。这种北欧古代写作虽然起源于冰岛，但是范围却远较冰岛广泛，包括了斯堪的纳维亚半岛、丹麦、奥克尼和设得兰两群岛、爱尔兰，甚至波美拉尼亚和俄罗斯在内。

就像古希腊在采用文字以前，写作渊源于说书人或“朗诵者”那样，北欧早期诸民族也因为缺乏写作知识，于是游吟歌手或弹唱诗人就有了应运而生的余地，他们的民歌一代代口头传诵。在文字发明以后，这些口头背诵就写了下来，其中有些就改成散文了。

在黑王哈夫丹统治时期以前，我们没见过有人提到过这些诗人或

① “郎莱格斯”为“长腿”之意。——译者

② 斯堪的纳维亚半岛神话中的最高神，英文中“星期三”(Wednesday)即“武丁纪念日”(Woeden's day)之意。——译者

③ 公元1620年逃避英国政府压迫，前往美洲建立殖民地的清教徒们。——译者

④ W. P. 刻尔，《斯堪的纳维亚俱乐部英勇故事丛刊》，V(1906—07年)，346。

> 弹唱歌手的真实姓名。……在他的儿子哈罗得〔非尔亥尔〕[1]统治时期的记录中就出现了一群这类诗人的姓名。这个突然出现的情况跟北欧人和爱尔兰人之间开始往来的时间相同，因为爱尔兰文化古老得多，他 452
> 们的叙事诗和其他诗歌写作和历史故事编纂一样，已经很发达了。……这些故事形成冰岛英雄故事最早的核心。[2]

历史民歌一定是早在七世纪就有了，否则我们就无法说明为什么有那么多传说保存下来。这些萨伽(sagas)[3]是新的，但说故事的艺术显然有长久的传统为依据。这种萨伽的文学素质非常之高。至少部分原因在于它经常不断受到筛选。有人说："一个没有文字的民族所能享有的文学绝不能超过一代人所能记忆的。"因此，从最早的时期开始，就存在一个从无间断的选择淘汰过程，把所有那些不是最有趣、最有代表性的东西都淘汰了。再者，这种冰岛文学的结构也像它的精神那样，是十分杰出的。在日耳曼诸民族最初的文学中，只知道一种说故事的方法。盎格鲁-撒克逊的《贝奥武尔夫》[4](*Beowulf*)和德国的《喜尔得布兰歌》[5](*Hildebrandslied*)(这些东西我们手头只有片段了)就是例证。但在北欧诸民族的文学中，我们发现在风格上和精神上都有各种不同的形式。北欧文学不但在性质上更富想象力，同时在形式上也更多样化。

---

① 860—930，他开始统一挪威，战败的酋长率领其部下向外迁徙。——译者

② 亨利·H.何卫斯:《哈罗德·非尔亥尔和他的祖先》，同上，IX(1914—18年)，244。

③ 萨伽是以冰岛、挪威的英雄或国王的英勇故事为主题的北欧传说，转义即为英雄故事，参阅下面原书第454页著者注。——译者

④ 反映盎格鲁-撒克逊人侵入不列颠以前生活的英雄史诗。——译者

⑤ 反映日耳曼人早期生活的英雄史诗。——译者

我们在英雄故事中发现最早提到文字的是1116年奥克尼伯爵洛真发尔德在一句诗中列举他的造诣时说到 bok(即阅读和写作能力)。文学创作的推动力并不完全在于北欧人的天才。爱尔兰人的影响，也就是克勒特人的想象力也应包括在内。当北歌人发现冰岛时，他们看到爱尔兰修道士已经在那里了。有一个英雄故事说，"在那里发现了爱尔兰的书籍、铃和牧杖[①]以及其他东西，由此可知他们是西方人"。而且，正如我们在前面已经谈到的那样，北欧侵略者早在公元795年就在爱尔兰出现了；可以说大约在850年前后，几乎整个爱尔兰就已经和北欧文化接触，这两个种族和两种文化就开始合而为一了。在870至900年之间迁往冰岛的那些获得土地的人们中间，许多人都有爱尔兰名字；在爱尔兰年代记中，北欧人常常以爱尔兰名字出现。爱尔兰民歌和诗对最早的北欧文学有影响。在挪威哈罗德·非尔亥尔的王廷中有爱尔兰弹唱诗人。使冰岛人的想象力插上翅膀的就是克勒特人这种浪漫主义气息，这并不是不可能的。[②]

453 但是冰岛历史写作的高度独创性还没有全部说清楚。数百年来这些英雄故事并不像西欧所有其他中世纪历史写作(早期英国史除外)那样，是用拉丁文写的，它们是以古北欧语或冰岛语写的，尽管冰岛早在1000年就已经基督教化了，而且最早的英雄故事在

① 主教用的权杖。——译者

② 参阅上面本书原书第449页注①中引用A.部革的论文和他写的另一篇论文："爱尔兰的北欧语和民族性"，见《北欧的考古学和史学年鉴》(1900年)，279—322；比较厄拉涅·赫尔的"冰岛文学中的爱尔兰插曲"(《斯堪的纳维亚俱乐部丛刊》，III(1901—03年)，235—70；和史梯风孙：《对斯堪的纳维亚移民最早的西方影响》，同上，V(1906—07年)，292—93。

一百多年以后才变成我们现在所知道的那种形式，而且拉丁字母早在国王西夫里的时候(894—898 年)就已经用以书写北欧文字，而且这位国王还以这种字母在他的货币上铸字了。基督教文化和拉丁古典传统都未曾对冰岛写作发生影响。对于北欧人的早期世界的历史说来，古典和基督教的传统确实好像并不存在似的。这些英雄故事在精神上是北欧的、原始日耳曼的、蛮族的和异端的，而不是基督教的。①

这些英雄故事，并不像我们可能推想的那样完全是叙述战争和部落纠纷的。它们揭示的是北方诸民族的物质和精神生活，有的甚至有细节描绘。② 描写国王奥拉夫·特赖格发孙③的最早的故事在第 5 章中就绘制了那个时代一幅有趣的图景：他在还是一个小孩子的时候，和他母亲在一些商人照顾下，乘船航行，中途遭到海盗袭击，“海盗把人和货物都俘虏了，杀死了一些人，把其余的

① 比较维格福孙为他校订的《斯特拉家族的传说》一书写的导论(见本书原书第 449 页注)，第 xxvi 页：“这种英勇故事形成的时期是很短的，也不能不是这样；产生这种文学的种种环境是罕有的、暂时的组合而成的。冰岛的英勇故事，像伊丽莎白时代的戏剧那样，也是一个伟大的时代内心最深处的流露。……西方诸国的发现，使北欧人感觉新奇，正和墨西哥与秘鲁使〔西班牙〕征服者(Conquistadores)感觉新奇一样；斯堪的纳维亚生活的突然爆发，正像西班牙海洋上半海盗式的冒险家的自由事业那样，在海上和陆地上遭遇种种冒险和危机；在平时和战时，跟克勒特人发生密切接触，克勒特人的古代文明，就我们所知而论，在许多方面优于侵略者，因此，其影响更为强烈；这一切似乎深深地影响了北欧人的智慧，使之达到前所未有的高度。”参阅 W. P. 刻尔在评论另一部著作时，对维格福孙这部著作的表扬，见〔伦敦〕《英国历史评论》，XX(1905 年)，779—82。

② 参阅玛利·W. 威廉兹：《八至十世纪的斯堪的纳维亚社会》(纽约，1920 年)。

③ 挪威国王(995—1000 年在位)，北欧海盗酋长，掠劫法国、英国及爱尔兰沿岸(994 年)，后航海到挪威，即王位(995 年)，改信基督教。——译者

都当作奴隶分了赃。奥拉夫和他的母亲被分开了,一个名叫克列康的爱沙尼亚人分得了他,和他一起的还有托拉尔夫和托歧尔斯。克列康认为托拉尔夫太老,不能当奴隶,不能干多少活,于是就把他杀了;只带走那两个男孩子,把他们卖给一个名叫克拉克的人,换得一头又好又壮的公羊作为价款。后来又有一个名叫里斯的,用一件好外套换走奥拉夫。”

说到这里,如果把冰岛史学与大陆上法兰克人和撒克逊人的史学或盎格鲁-撒克逊史学作一对比,那么它们之间的巨大差别就可能会看得更清楚了。在公元四、五、六世纪的大迁徙、大征服时期,所有日耳曼各民族,如法兰克人和伦巴第人,由于长时期和罗马文明、基督教文化接
454 触,因而过于老练、世故,以致不能保存他们自己的文化。所有早期日耳曼英雄故事文学,除了在不列颠的盎格鲁-撒克逊人中间的以外,都消灭了。哥特人、法兰克人和伦巴第人本民族的文学都未能流传下来,只有一些残迹在约旦尼斯、图尔主教格雷戈里和伦巴第人保罗的著作中还能找到。早期日耳曼人丧失了他们祖先的文学遗产,这是他们的损失,也是我们的损失。七世纪法兰克编年史家夫勒得加[①]把墨洛温王朝诸王的世系起源一直追溯到特洛伊为止;迟至十世纪末,威都坎在采用撒克逊真正传统和承认他们起源于古代希腊这个问题上,仍然犹豫不决。在第1卷第3章中,他写道:

> 关于撒克逊人的起源,有各种不同的意见。有人认为撒克逊人起源于丹麦人和北欧人;另一些人,正和我年轻的时候听到有人说的那样,则主张他们起源于希腊人,因为他们自己常常说,撒克逊人是马其顿军队的残余部队,他们一直在跟随亚历山大,因为大王死得太早,后来就分散到全世界各地去了。

---

① 七世纪法兰克编年史家,著有《法兰克史》。——译者

威都坎在这两种意见之间摇摆不定，但更倾向于相信撒克逊人是乘船来到他们后来定居的易北河下游和北海沿岸一带的，相信他们是在哈多隆、即易北河附近哈登地区登陆的。这个说法——可说是替威都坎说话——是在860年左右写的一部较老的撒克逊编年史中找到的。在北欧历史中还找不出像这样在理性上如此盲从的模仿。

维格佛孙[1]曾把英雄故事称为“真正的冰岛之子”。[2] 英雄故事是散文体史诗，回忆并描述北欧历史上的英雄时代，其中最重要的似乎形成于十一世纪，是口头传诵的。其中大多数是1140至1240年间写成文字的。[3] 这些英雄故事内容极其广泛，其范围包 455

① 冰岛语言学家，丹麦学者（1827—89年），在伦敦编纂《冰岛语—英语字典》，1869—74年出版。——译者

② 不列颠的克勒特研究家J. H. 托德曾提到，英勇故事文学模仿北欧人在爱尔兰发现的历史故事和弹唱诗人的诗歌（《盖德希尔族和盖尔族的战争》〔伦敦，1867年：《卷宗丛书》第48号〕，第XXVIII页）；比较答格拉土：亥德：《爱尔兰文学史》（纽约，1899年），434—42。

③ 英勇故事可分如下几类：

1. 冰岛家族传说（世家）：每个传说叙述某个酋长或家族的功绩，主要是在公元900年和1030年之间。例如《厄基尔世家》（Egil's Saga，这是冰岛一个显贵家族和哈罗德·非尔亥尔及其继承人作殊死斗争的故事，约870—980年）（《厄基尔世家》有E. R. 爱迪孙的英译本，附导言，剑桥，1930年）；和《贾尔世家》（Njal's Saga），叙述970至1014年间的事情，包含关于1014年爱尔兰克伦塔夫战役某些重要情节（《本恩特·贾尔的故事，或十世纪末冰岛生活》，G. W. 对森特译，爱丁堡，1861年，两卷，收入《人人丛书》重印）。

2. 国王的传说（本纪），即国王回忆录，主要是挪威的国王。例如：《福恩曼纳·索戈尔》（*Fornmanna sögur*），就是一系列国王的本纪，比《希姆斯克林拉》中的传记更为详尽。主要的传记是奥拉夫·特赖格发孙、圣奥拉夫、善良的马格那斯和哈罗德·哈德拉达的传记。《希姆斯克林拉》将在本章后面讨论。另一个例子，（接下页）

括整个北欧，西边远达格陵兰，东边直至俄罗斯、君士坦丁堡[①]和圣地，也就是说，那些勇敢的冒险家曾经漫游到的一切地方都包罗在内。英雄故事时代的冰岛人本身虽不能遨游海外，但他们却热切地倾听远游者说的那些故事。

在这些历史故事当中，最好的那些作品的创作时期在890至1030年之间。在全部人类历史上，这是最短而且最令人惊叹的文学创作时期之一。多年来这些故事在民间口头流传，直到十二世纪、有些甚至直到十三世纪才写成文字。在1281年冰岛共和国覆灭后，几乎所有的写作活动都停止了。这是一个搜集和抄写过去文学作品的时代，是一个好古主义的时代。

费力搜集的工作是在创作的冲动已经终止、英雄时代早已成为过去的时候才开始的，到那时才有些贵族雇用文书抄写那些旧作品。那时一般的鉴赏力业已衰退，法国传奇的散文译本流行起来。

(接上页)是《奥拉夫本纪》(约翰·塞夫顿的译本《国王奥拉夫·特赖格发孙本纪，995—1000年》，伦敦，1895年)。

3. 关于冰岛和挪威以外各国的传说，例如《克涅特林加本纪》(*Knytlinga Saga*)，包括自克纽特大王到1187年丹麦诸王的生平；和《奥克尼本纪》(*Orkneyinga Saga*)，这篇本纪叙述北欧人征服奥克尼群岛及872—1122年间奥克尼群岛在北欧贵族统治下的历史(G. W. 对森特英译本，收入《冰岛英勇故事及有关北欧人在不列颠群岛定居及其后裔的其他历史文件》中〔伦敦，1887—94年，四卷：《卷宗丛书》第88号〕第III卷；原文见第1卷，谷德布兰·维格福孙校订。这部集子的第2卷和第4卷载有《赫昆英勇故事，1203—1264年》的原文和译文。《奥克尼英勇故事》还有J. A. 贾尔塔林和G. 高岱的英译本，J. 安得孙校订，爱丁堡，1873年)。

① 关于说明北欧人和拜占庭关系的故事，参阅《哈罗德·哈德拉达的英勇故事》和《强健的格勒提尔的英勇故事》；比较C. R. 俾兹利：《近代地理学的黎明》(伦敦，1897—1906年，三卷)，II，103—11。

从英雄故事时代到史学兴起时代，中间经过二百五十年，这些英雄故事开始被用作早期法国史料。到那时，学校早已建立起来，有些最进步的冰岛人甚至到外国去学习。本地最早的一位主教伊斯里夫·基须孙曾就学德国，还去过罗马，他的儿子吉祖尔也曾访问罗马并曾在德国学习，死时已是马格德堡大主教。塔特·伊斯里夫孙也曾在国外学习，虽然他未曾担任教职，但仍然成为一位成功的教师；阿里承认他在自己的著作中收录的关于早期挪威和冰岛历史的许多材料，都得自塔特·伊斯里夫孙，因而对他表示特别感恩。不过，对阿里影响最大的前辈史家却是萨蒙德·西格佛孙（1056—1133 年），这位史家是在阿里之前冰岛最有学问的人，他曾在法国学习，在拉丁文和教会文学方面有很好的基础。他的历史兴趣主要是在世系和年代学方面。但他的著作一本都没有保存 456
下来，这也许是因为他用拉丁文写作的缘故；因为当时的冰岛文化还没有成熟到可以采用拉丁语言或拉丁文化的程度。

北欧史学之父是阿里·托基尔孙（1067—1148 年），别号博学者，[①]"他是热心的才子，记忆力也很可靠。"阿里在 1074 年还只有七岁的时候，就丧失双亲，成了孤儿，过继给荷尔·托拉林孙家，当时荷尔年已八旬，在冰岛定居了五十年之久，他在青年时代，曾和国王奥拉夫·哈罗德孙[②]（世称圣徒奥拉夫）有交往。阿里最早对

① 维格佛孙的《斯特拉世家》导论（见本书原书第 449 页注），iv；W. A. 克累基："一位史学之父"，见《苏格兰评论》，XXXVI（1900 年），126—42；〔巴黎〕《学者杂志》，1899 年，第 388 页。参阅斯诺累的《希姆斯克林拉》序言。

② 1016—28 年在位。改信基督教。与诸酋长发生战争，诸酋长求援于丹麦王卡纽特，1028 年国王战败逃往瑞典。以后企图恢复挪威领土，战败被杀，因此成为挪威民族英雄。——译者

历史写作的爱好以及他得到的最早的历史性质的材料都得力于对荷尔的回忆。斯诺累·斯特拉孙[1]在他的《希姆斯克林拉》(Heimskringla)一书序言中写道,“他教育阿里,把许多历史事实讲给他听,后来阿里就把这些史实记录下来”。阿里曾强调荷尔的回忆追溯到多么遥远的古代;“他还记得他三岁时受洗的情况——那还是在其本国以法律正式把基督教定为国教以前一年的事呢”(999年)。荷尔死于1089年。

阿里的事业的继承者斯诺累·斯特拉孙对他这位先辈极口称赞:这段文字是值得全文引录的:

> 博学者阿里是托基尔斯的儿子、革利尔的孙子,他是冰岛第一位用本国语撰写古代和近代史的人;在他的著作中,开始的那部分主要是记述冰岛的移民和立法措施;然后写到历任议会议长,每人的任期有多长,把年数记下,首先记载的是基督教来到冰岛的年代,然后继续记到他自己的时代。他还记述了许多其他事情,如挪威和丹麦、甚至英国各位国王的生平,或者本国发生的重大事件;依我看,他的全部记述,似乎都是最了不起的。他的学问异常渊博,而且已十分年迈——他出生的那年远在哈罗德·息加兹孙[2]死后一年〔哈罗德曾企图和征服者威廉同时侵入英国,他是在1066年斯坦福德桥战役中阵亡的〕。正如他自己所说,他是根据科尔的儿子、西达人荷尔的孙子奥德给他的材料,撰写挪威诸王生平的。奥德的材料又是从托基尔那里得来的;托基尔极

---

① 冰岛的政治家和历史学家(1178—1241年)。著有《希姆斯克林拉》(这是一部北欧神话及早期历史的诗歌编年史)和《散文伊达》(是有关北欧神话的散文著作)。——译者

② 挪威国王哈罗德三世(1047—66年在位),1066年应英王哈罗德二世之弟托斯蒂格的请求,侵入英国,帮助托斯蒂格争夺王位,9月25日英王哈罗德大败侵略军于斯坦福桥,挪威国王战死。斯坦福桥在英格兰北部约克附近。——译者

其聪慧，业已年迈(当哈康伯爵[1]于995年被刺时，他正住在尼丹恩斯)。他是冰岛第一位用北欧文字撰写古代和近代传说故事的人；他的著作开始主要是描写冰岛的移民和立法，然后记述议会历任议长，一直写到1000年基督教传入的时候，然后继续下去写到他自己的时代。在书中，他还记述了许多关于挪威和丹麦以及英国诸王生平的更古老的民间传说。无怪乎阿里对国内外那些历史事件很熟悉，因为他过去就曾从年老而聪慧的人们那里了解到这些情况，而他本人又热心学习，并且还有很好的记忆力。[2]

阿里为他自己的著作起的名字是《冰岛人之书》(*Islendingabók*)。[3] 只不过是一本初级读物。阿里以前还写过一部书，现已 457
失传，其中有许多材料在第二个修订本中他都删去了。在阿里把他的第一部著作中他认为无关紧要的材料删去之后，全书包括下列各章：(1)冰岛的殖民；(2)最初的定居者和最早的法律；(3)国民会议的成立；(4)历书；(5)冰岛分为一些地区；(6)格陵兰的定居地；(7)基督教传入冰岛；(8)外籍主教；(9)伊斯里夫主教；(10)基须尔主教。他的记述很准确，他的年代编排很审慎。正当传说和浪漫文学在英法两国泛滥成灾的时候(阿里和蒙默思的赭弗理[4]是同时代的人)，在像冰岛这样远离中世纪文化而且从未与之接触的一个国度里，竟然出现一位对历史批判和历史方法有如此清晰而健全的思想的作家，实在令人大为惊叹。而且，如果说很可能是

① 挪威伯爵(970—995年)。信邪教。——译者

② 克累基(见上一页著者注)在他的著作中引用过，131。

③ 《阿里·托基尔孙的〈冰岛人之书〉》，哈尔达·赫尔曼孙校订并翻译，附一篇介绍论文(伊太卡，纽约：康奈尔大学图书馆，1930年)；菲力克斯·瓦格涅的法文译本，《牧师博学者阿里所著〈冰岛人之书〉》(布鲁塞尔，1898年)。

④ 英国教会编年史家(1100？—1154年)，著有《不列颠史》。——译者

阿里挽救了北欧历史，不然它就泯灭了，这话并不夸张。在阿里以前，北欧历史借以恢复的全部材料都是以口头传说的形式随波逐流的。阿里是在英雄传说或《伊达》[①]还没有写成文字以前就下笔写作的。在阿里以前，大部分法律一直还没有写成文字，直到1117年冰岛国务会议才委任聪明的阿里和他的合作者把这些法律抄写下来编纂成册。然后他们又决定放弃繁难的鲁纳文字[②]，采用拉丁文。[③] 在阿里以前，几乎任何人都没有写过一部历史性的著作。他唯一的前辈是伊斯里夫，此人系不来梅大主教阿达尔柏任命[④]的第一位冰岛主教，死于1047年。他曾编写从哈罗德·非尔亥尔到善良的马格那斯[⑤]这些北欧王上的生平。跟阿里同时代的另一位不甚重要的作家萨蒙德[⑥](1056—1133年)也曾写过一些类似的著作。

从阿里著作中发现的最有趣、最重要的史料是关于北欧人发现格陵兰和美洲西北部或美好的焚兰(Vinland the Good)的记述。这些史料使人们弄清了冰岛的历史往往是怎样写成的。阿里

① 有两部《伊达》，《老伊达》或《诗歌体伊达》，是公元九世纪以来口传的英雄故事。公元十三世纪才搜集起来，作者不详。后人错误地认为是萨蒙德·西格佛孙(死于公元1133年)所作，所以有时称为《西格佛孙的伊达》。《少伊达》或《散文的伊达》是斯诺累·斯特拉孙的作品。——译者

② 古代北欧文字。——译者

③ 芬纳·琼孙：《古代北欧和冰岛文学史》(哥本哈根，1920—24年，三卷，分作两册)，II，921；腾尼·法兰克：《中世纪冰岛的古典学术》，见《美国语言学杂志》，XXX(1909年)，144，全文，139—52。

④ 约1043年。——译者

⑤ 马格那斯一世，挪威王(1036—47年)兼丹麦王(1042—47年)。——译者

⑥ 1056—1133年。冰岛学者，写过许多有关冰岛历史的著作。过去错误地认为他是诗歌体伊达的作者。——译者

是一位名叫剌丰的人的玄孙，剌丰是往返利默里克[1]经商的人；从他那里留下一个民族传说：据说，大约在公元983年，冰岛一个名叫阿勒·马孙的累刻阿尼斯[2]人被暴风雨吹入公海中，最后到达一个他称之为白地的地方，别人称之为大爱尔兰。在他以后，999 458
年又有一个叫边恩·阿布兰孙的人到了那里；1029年谷德里夫·谷德劳夫孙又曾去过，最后这个人是"一位大航海家，有一只大商船"。这个大爱尔兰(后来命名为格陵兰)"在大洋的西边美好的焚兰附近，向西航行六天就到了"。利默里克人剌丰是第一位说出这个故事的人，但阿里核对了这个由他的家族传下来的故事。某些冰岛人告诉他说，他们从奥克尼伯爵托芬(可能是伟大的伯爵托芬二世，死于1064年)那里也听到过这个故事。当我们知道剌丰跟阿勒·马孙和美洲发现者里夫·伊立克孙[3]二人都是远亲，也知道阿勒的舅父托岐尔有一回曾跟一个参加过红色的伊立克第一次航行的水手谈过话的时候，这个叙述的可靠性就得到进一步加强了。

---

① 在爱尔兰西南部。——译者

② 在冰岛西部。——译者

③ 俾兹利(见本书原书第455页注)，II，72注，引用《土地占有者之书》，第2部分，第21章。《红色的伊立克故事》是关于里夫·伊立克孙和格陵兰的发现与定居的著名记载。这个故事保存在两个手稿中，较早的一个手稿大约是1334年写的，另一个大约是1400年写的。虽然这些日期很晚，但应当把这个故事看作一个很古老的英勇故事，尽管(和一般认为的相反)布勒门的亚当(约死于1076年)在他的《汉堡-不莱梅主教事记》，第4卷，第10和37章中最早提到格陵兰。亚当的材料是从丹麦国王斯汶·厄斯特里德孙那里得来的。近来关于这部伊立克故事中历史成分的批评讨论，参阅A.W.布洛格：《焚兰的发现》(奥斯洛，1937年)。英语本见E.G.勃纶主编的《北欧人，哥伦布和喀波特，985—1503年》(纽约，1906年：J.F.哲麦孙主编《早期美国史的原始记载》的一部分)，14—44。

关于前往棼兰历次航行的史料只是大量材料中的一部分。还有两部比较长的记述，即：《豪克之书》(*Hauk's Book*)中的“红色的伊立克的故事”和《平岛之书》(Flat-Isle Book)中的“格陵兰人的故事”。这两个英雄故事合起来，叙述了拜尼·赫朱尔孙在986年前后偶然看见拉布拉多[①]沿海一带的陆地；其次，叙述里夫·伊立克孙到那里去，发现了棼兰(1000年前后)；以及最后如何努力向棼兰移民的情况。

前面已经说到，那部较大的《冰岛之书》没有流传下来，但它却是另外三部著作的基础。这三部著作是《诸王之书》(*Konungabók*)、《土地占有者之书》(*Landnamabók*)和《冰岛早期基督教史》(*Kristnisaga*)。第1部业已失传，但曾被后来的作家利用作为撰写挪威和丹麦诸王本纪的资料。以目前形式存在的第3部著作已因经历不少增删而大改旧观，因而只能模模糊糊地代表原著。幸而《土地占有者之书》由于冰岛人对家族世系和地产十分尊重至今仍保存完好。所有的英雄故事连篇累牍都是战争、讼诉和世系材料，这是因为冰岛人是以自己的家谱世系自豪的。

博学者阿里对人们的历史写作给予的鼓舞推动了斯堪的纳维亚世界的写作运动，这个运动一直持续到十三世纪末，其特色是给
459 人深刻印象的连续性和极高的质量。在阿里和第二位重要作家斯诺累·斯特拉孙之间，我们发现十二世纪中叶还有伊立克·奥德孙和卡尔·琼孙。前者写了一部名叫《赫里加尔-斯蒂基》(*Kryg-*

① 加拿大东北部一半岛。——译者

giar-stykki)的书,写的是息加德[①]和哈罗德·季尔斯[②]两位国王的儿子们的传记。后者是本尼狄克特教团太恩基里寺院住持,写了一部《斯维里英雄故事》(*Sverris Saga*),即《国王斯维里[③]生平》,其中大部分材料是从国王本人那里得来的,国王"坐在他上手,告诉他应当写什么"。《斯维里英雄故事》的新奇有趣的风格和其他国王生平故事的风格完全不同,它有自己鲜明的个性;这个风格是说明这位住持的品格和教养的最好的根据。[④] 国王斯维里很粗鲁。他生于法罗群岛;直到断气(1202 年)说话时都带有他诞生地的口音。他"把旧日的挪威,连同它的王族、贵族、旧习惯和旧生活一扫而光,为将来的中世纪王国清除了场地"。在地理上和政治上,设得兰群岛比法罗群岛和奥克尼群岛更依附挪威,因为法罗群岛和奥克尼群岛在更靠西的远方,更为独立并倾向苏格兰。奥克尼伯爵把设得兰群岛当作一个附庸国统治。[⑤]

奥克尼文学中最伟大的人物边恩·启本孙于 1188 年受命为

---

① 挪威国王(1103—30 年在位)。参加十字军(1107—11 年),侵略瑞典(1123 年)。——译者

② 1103—36 年在位。挪威国王息加德一世死后,他争夺王位,发生内战(1134—35 年),他战死,其儿子们掌握政权(1137—61 年)。——译者

③ 挪威国王(1184—1202 年在位)。——译者

④ 维格佛孙:《斯特拉世家》导论(见本书原书第 449 页注),I 第 lxx 页;约翰·塞夫吞的英译本《挪威国工斯维里本纪,1174—1202 年》(伦敦,1899 年),附有一篇批判性导言。1193—94 年,奥克尼群岛拼命反抗国王斯维里的统治,但未成功,他们以二十三只船夺取了奥斯陆和卑尔根。但当他们还没有因此次胜利得到好处时,斯维里于 1194 年 4 月 3 日在夫罗剌发加一次激烈的海战中就把他们打败了。故事记述了所有背叛者都被杀了,总数达两千人之多。

⑤ 关于北欧人在奥克尼群岛统治的历史,参阅 G. W. 对森特对他的《奥克尼》译本(参阅本书原书第 454 页注)导言。

奥克尼主教。他的宫廷是一个文学中心。冰岛人特别是北欧吟唱诗人,常常做他的门客,他是冰岛第一位历史家萨蒙德(和博学的阿里同时,但较老)的曾孙萨蒙德·琼孙的亲密朋友。斯诺累从《希姆斯克林拉》(即圣奥拉夫的故事)第109章中引用了《奥克尼英雄故事》中的片段。这些材料他一定是直接或间接从边恩主教那里得来的。此外,还有一些其他情况证明冰岛和奥克尼之间关系密切。有很充足的理由使人相信《奥克尼英雄故事》的作者是边恩——如果给它一个更正确的名称的话,就应当是《奥克尼诸伯爵的故事》,因为他们是公认的仅有的最卓越的伯爵。这个故事是把三个英雄故事合编一起的,虽然这些故事原来只是口头传说,但边恩的手笔却把它们合编成一部连贯的历史了。全书从头至尾风格统一,还使用了吟唱诗人的韵文体,使人联想到斯诺累对这种文体
460 的应用。书中对奥克尼群岛当地情况和诸岛上的传说都十分熟悉,推翻了著者是冰岛人的说法。并且书中几乎完全没有写作规律,这点使它和冰岛的英雄故事(萨伽)截然不同。[1]

另一位名叫奥德·斯诺拉孙的太恩基里寺院住持(1160—80年在职)曾撰写一部《国王奥拉夫·特赖格发孙[2]生平》,这位国王曾于995至1000年间把基督教引进挪威;这部著作只有一部梗概或节本流传至今,他显然曾利用颇为充实的史料。这部著作的突出特点是用拉丁文写的;尽管这样,它仍然坚持了英雄故事的风

---

① 参阅杨·史梯风孙关于《奥克尼英雄故事》的长篇批判讨论,见《奥克尼和设得兰杂志》,I(1907—08年),65—71。这又是《斯堪的纳维亚俱乐部丛书》(见本书原书第449页注)的一种。

② 挪威国王(995—1000年在位)。——译者

格。和奥德在一起的一位修道士干郎（死于 1229 年）写了一部《圣奥拉夫[①]生平》，此书无疑是用拉丁文写的，但未能流传下来，不过在其他著作中还可以找到它的节录。

这三位作家是博学的阿里和下一位伟大的冰岛历史家之间的联系环节。这另一位伟大的冰岛历史家就是斯诺累·斯特拉孙（1178—1241 年）。[②] 他出生的家庭虽非贵族，但还不错，他的天才似乎是他的母亲传给他的。在年仅三岁的时候，他就按照冰岛的习惯，被送到当时冰岛最伟大的人物琼·洛普斯吞居住的地方奥狄受教养；这个人物是历史家萨蒙德的曾孙，马格那斯·贝尔勒格的孙子。斯诺累和一位富家女子结婚；除两年住在挪威外，终生住在冰岛首都雷克雅霍尔特，和一位牧师马格那斯和他的妻子历史家阿里的曾孙女哈尔夫里德是亲密朋友。他这些社会关系无疑对他从事历史著作有深刻影响。

斯诺累除了是历史家以外，还是一位积极参加冰岛政治生活的人。在 1215—20 年和 1222—32 年间他曾担任最高法院院长（lawman）。1237 年爆发的冰岛内战迫使他逃往他曾于 1218—20 年到过的挪威。斯诺累深信只有由国王哈康[③]在冰岛建立北欧宗

---

① 挪威国王（1016—28 年在位）。——译者

② 维格佛孙的《斯特拉世家》导论（见本书原书第 449 页注），第 lxiii—lxxxi 页；《苏格兰评论》，XXXVI（1900 年），131—34；S. 良：《希姆斯克林拉》译本的导言（见原书第 449 页注）；另有一个厄林·蒙松和 A. H. 斯密司的校订本：《希姆斯克林拉，或北欧诸王生平》（剑桥，1932 年）；F. 威格涅："中世纪一位伟大的冰岛作家：斯诺累·斯特拉孙及其著作"，见《比利时语言学和史学评论》，X（1931 年），1076—85 年；关于其他文献，参阅坡特哈斯特，II，1025—26。

③ 挪威国王哈康四世（1217—1268 年）。——译者

主权才可以恢复冰岛的和平。他因主张这个政策而丢掉性命。1241年他被他的敌党杀害。

斯诺累是诗人兼历史家。据说他曾撰写几部英雄故事(《伟大的奥拉夫·特赖格发孙的故事》可能就是他写的);《散文伊达》[①]据
461 说也是他写的,这部书保存了北欧异教诸神的神话故事。但他是以他的历史著作闻名的。挪威史对冰岛作家的吸引力极其巨大。这种吸引力甚至使斯堪的纳维亚诸国改信基督教。博学的阿里是《诸王生平》第一个版本的作者;斯诺累在他的《希姆斯克林拉》[②](即"环绕世界")一书中重写并扩大了这部历史。他把阿里为自己的著作写的序言放在他的《希姆斯克林拉》卷首作绪篇,全书从头至尾所用史实也紧扣阿里的著作。但他绝不是抄袭、甚至也不是模仿前人;他对动人场面的领悟、他那诗意般的想象、他搜罗实例的能力等等,样样都说明他是真正的历史家。"看来,他写那部《挪威诸王编年史》时似乎是一手持剑,一手执笔的。结果产生的这部作品如此感人,如此生动,如此忠实,同时又如此栩栩如生,以致六百年来它作为一部历史文献的价值不但有增无已,而且人们对他这部记述的兴趣也毫未减少,它的魅力依然如故,毫未毁损。"[③]有人说斯诺累把一部编年史写成一部戏剧了,具有达到顶峰的优美的形式。[④]

---

① 亚塔尔·G.布洛都的英译本:《古冰岛散文集》(纽约,1916年)。

② 此诗原来叫做《北欧诸王生平的历史》,后因此诗是以"希姆斯克林拉"一字开端的,故即以之为全诗的名称,"希姆斯克林拉"即"环绕世界"之意。——译者

③ 伦敦《外交评论季刊》,XXXIII(1844年),501。

④ 尤金·莫克,见赫尔曼·保罗:《日耳曼语言学基础》(斯特拉斯堡、柏林等地,1891—1937年,十三卷),II,128。

喀莱尔[①]说,《希姆斯克林拉》应当"算作世界伟大历史名著之一"。

斯诺累的序言中有如下一段话:

> 在这部书中,我将把我听到的关于曾经统治北方诸国、说丹麦话的那些酋长的故事写下来,甚至把这些故事写成有学问的人们讲给我听的那种样子。……其中有些是从祖先传说中得来的。……我们现在对它们的真实性虽然没把握,但下边这一点我们知道是真的,即古代有知识的人一向把这些故事看作实情。哈文人狄奥多尔夫是哈罗德·非尔亥尔的咏唱诗人,他写了……一首名叫《英格林族的故事》(Tale of the Ynglings)的歌。……在这首歌中,他说他曾列举三十位祖先的名字,还讲了他们是怎样死的。……

然后,斯诺累就根据埋葬死者各种不同的方式,追溯了北欧诸民族文化发展上的各个阶段——近代考古学家从而把这种丧葬习惯看作文化发展的一种标准。第一个时代叫作"火化时代",即在火化后,在死者骨灰之上竖立石碑;第二个时代是"冢葬时代",那时"人们开始筑起坟墓,用以纪念他们的亲人。这种习惯和竖碑一样常见";第三个时代是"丘葬时代",首先发现于丹麦,"但那时以后很久,火葬时代还在瑞典和挪威保持",这就是他们的文化相形之下落后于丹麦的证据。斯诺累的资料浩瀚无边,因为他生活在英雄故事仍然处于编撰过程之中、另外还有许多仍以口头传说的形式 462
存在着的时代。咏唱诗人还在北方各个王廷咏唱,各大家族仍然谨慎地记载他们的家谱世系。他批判地使用这些资料,尽可能准确而详尽地编写他自己的历史著作。他绝不是一位年代记或编年史作家,应当按照他的实际成就,把他看作伟大的历史作家之一。

---

① 喀莱尔(Carlyle,1795—1881年),英国文学家。——译者

他的著作既真实可靠，又使人爱读。

假如说《希姆斯克林拉》是一部伟大历史著作，那么，斯诺累的外甥斯特拉（1214—84 年）的《斯特拉家族英雄故事》（*Sturlunga Saga*）就更伟大了。（"斯特拉"（Sturla）是一个指小词，意为"小公牛"（little steer），正如 Wulfila 意为"小狼"（little wolf）一样）。他的生活充满冒险，甚至可说是在暴力中生活。这是因为，他继承了他的家族不共戴天的世仇，而且他生活的那个时代正是冰岛被五十年内战搞得破烂不堪的时代（1208—58 年）。他曾亲身经历 1260 年勇猛的斯维里的孙子挪威王哈康四世对冰岛的征服。1244 年，他的家被仇敌围攻，他是在九死一生中逃出来的。1263 年，斯特拉灰心失望，一文莫名，流亡到挪威王廷避难，后因故回到冰岛，于 1277 年又回挪威，在那里逝世。主教阿伦和他同时代，在这位主教的一封信中发现了对斯特拉同情的一段生平梗概。[①] 他死于七十岁生日那天，死时手中还握着他的腊制书版。《斯特拉家族的故事》可以说是一部从哈罗德·非尔亥尔统治时期到冰岛独立结束时的北欧通史。因此，它有时被称为《大冰岛英雄故事》（*Great Islendinga saga*）。实际上，所有已知史料，无论是文学的、历史的还是家谱的，也无论是诗歌的或散文的，书面材料或口头传说，北欧神话、英雄故事和诗歌，都被他收罗采纳，编入这部历史巨著中。这是一部极其巨大的学术论著、一部文学杰作，一部艺术伟构。风格朴素而不陈旧，流畅而不粗野；除重要史实外，绝不

---

① 参阅维格佛孙的《赫昆世家》校订本的序言（见本书原书第 454 页注，第 3 段），见《卷宗丛书》第 88 号，第 2 卷，第 xii—xiv 页。

多费笔墨，说明事实时，富有启发性；有时有史诗的壮丽。斯特拉的描绘才能巨大无比，是十足的现实主义的。如关于 1255 年 1 月大风雪的描绘；在突袭斯达夫霍尔特那段中，读者听到路上得得的马蹄声；在焚烧夫赖加密那段中，读者"能够感到令人窒息的浓烟和闷热，听到厅中火焰怒号和长枪互相碰击的声音"。

冰岛史学的光荣时期从斯特拉之死（1284 年）就结束了。"这个伟大历史学派败落之后，再也没有冰岛人用两地通用的语言写诸王本纪了，从而显示出冰岛的衰微；也表现了挪威的沉沦。"[①]北欧才子迅速凋零。这情况可能是伴随基督教在他们中间的胜利开 463
始的。在一片黑暗中发出光亮的唯一历史著作是《平岛之书》（*Flatey Book*），这部书记述北欧历史和古代制度，类似百科全书。在刊印本中，这算是一部巨著，以密密麻麻的字体排印出一千七百页之多。这部书是十四世纪写的，编撰这么大部头的著作一定要有一个大图书馆，这很可能就是太恩哥尔寺院那个图书馆。这部书是十四世纪后半叶应琼·哈康孙之请撰写的；他是一位有教养的冰岛人，一位富裕的地产主，他把自己的时间和金钱贡献于提倡本国史学方面，他努力在他力所能及的范围内，搜集最好的历史图书。《平岛之书》是冰岛历史学术上最后一缕闪光。[②] 丰富的北欧史料在破烂不堪的房屋里的霉湿和烟尘中被遗忘，被忽视，珍贵的

---

① W. P. 刻尔，《斯堪的纳维亚俱乐部英勇故事丛刊》，VIII（1913—14 年），149。

② 关于《平岛之书》的一个记载，参阅维格佛孙：《奥克尼英勇故事》校订本（见本书原书第 454 页注，第 3 段），见《卷宗丛书》，第 88 号，第 1 卷，第 xxv—xxxii 页；摘录见第 3 卷，225—38。这部高尚的著作于 1728 年哥本哈根大学被焚毁时全部被毁。这部著作的主要编纂者是两位牧师，约翰和马格那斯，他们两人最后供稿是 1394 年。

羊皮手稿逐渐败坏腐烂。幸而在十七世纪全欧学术复兴中，这些史料得以从这个厄运中挽救出来。1644 年，第一部英雄故事印刷。在英国，北欧历史的再发现是从柏西主教[①]开始的，他是一位热心的北欧民歌收集家，曾把马勒特的《北欧考古》(*Northern Antiquities*)译成英语于 1770 年出版。

中世纪丹麦和挪威史学不仅落后于冰岛，而且在形式上和精神上也和冰岛史学大不相同。斯堪的纳维亚风格很不明显；偶有出现也是矫揉造作，缺少独创气息。产生这个区别的原因是基督教的影响。丹麦史学开始于丹麦改奉基督教之时；是从哥姆[②]开始写起，这比挪威和冰岛史学早得多了。哥姆是哈罗德·布鲁托斯[③]的父亲，斯汶[④]的祖父，克纽特[⑤](1000—35 年)的曾祖父，丹麦就是在他那个时代信奉基督教的。但这个时代的历史，除冰岛史家和英雄故事讲的那些情况外，必然是从拉丁文寺院编年史以及法兰克和德国年代记中吸取资料的。基督教仇视甚至毁灭异教时代的编年史正好像过去法兰克人毁灭被征服的撒克逊人的异教年代记那样。保存下来的一切都是冰岛历史家保存下来的那些。

---

① 生活于 1729—1811 年，1770 年出版了从法文翻译过来的《北欧考古》及其他民歌集。——译者

② 统一的丹麦第一个国王(883? —940 年在位)。——译者

③ 丹麦王(940—985 年在位)。"布鲁托斯"意译为"蓝齿"。960 年使丹麦信奉基督教。985 年为其子斯汶所杀。——译者

④ 丹麦王(985—1014 年在位)。——译者

⑤ 丹麦王(1018—35 年)及英国王(1016—35 年)，挪威王(1028—35 年)。——译者

“关于基督教以前的时期，流传至今的〔丹麦年代记〕既没有任何有价值的本土诗歌，也没有任何有价值的散文著作加以描述。……再没有任何东西比撒克索·格拉马替卡[1]那些伟大而浪 464
漫的丹麦散文叙事诗把这一点表现得更清楚的了。他的著作的后一部分，特别是记述三位沃得马国王[2]的那部分，是极好的历史。最初几卷完全是一些传说的汇编，这些其他民族的传说故事是作者挪用的，是有意地……从其他民族的传说中搬来的。”[3]丹麦教会绝不宽容的严厉政策（在挪威较轻一些）把这类作品全部摧毁。幸而冰岛是和平地、以民众投票的办法接受了基督教，而不是在刀剑下被迫接受的，因而不但使冰岛得免于难，而且北欧的写作文化也幸而得以保存。丹麦的社会和宗教制度，不可能在违反教会势力的情况下维持不变，因此，多妻或多夫制、奴隶贸易和异教就逐渐消失了。但是蛮族文化和名义上的基督教掺在一起，结果就产生了一种古怪的混合物。国王奥拉夫·特赖格发孙（995—1000年在位）以武力强迫丹麦、奥克尼群岛和设得兰群岛改信基督教，他是一个披着文明外衣的残暴而淫乱的野蛮人，使人联想到七世纪初年法兰克国王达哥白[4]。

丹麦是直到十二世纪才达到能够产生本国文化的那种文明程

① 丹麦历史学家（1150？—1220年）。他的拉丁文《丹麦史》叙述到1186年为止，内包含有哈姆雷特的传说。——译者

② 沃得马一世（公元1157—82年）；沃得马二世（公元1202—41年）；沃得马三世（公元1340—75年）。——译者

③ 引自《斯堪的纳维亚俱乐部英勇故事丛刊》，IX（1914—18年），246。

④ 法兰克王国墨洛温王朝第一个国王达哥白第一（628—639年）。——译者

度的。那时出现一位有教养的教士，即斯坎尼亚地方伦德[1]主教阿布萨伦（1179—1201 年在职）；他是国王沃得马二世的顾问，能干的行政官、老练的政治家和学者，他鼓舞了斯汶・阿基孙[2]（其旺盛时期在 1185 年）和撒克索・格剌马替卡（死于 1203 年）。斯汶・阿基孙和后者对比之下，相形见绌，这是他的不幸，但他的功劳还是有的，他写了一部尽管简短、却是最早的丹麦史：《丹麦国王事记》（*Gesta regum Daniae*）。[3]

撒克索・格剌马替卡的《丹麦事记》[4]是中世纪丹麦最伟大的学术著作。他是在阿布萨伦主教力劝之下，正如他自己记述的，他是受了"以祖先的本国语言所写的民间诗篇"（majorum acta patriisermonis Carminibus vulgata）的鼓舞，才从事这项工作的。这个推动力最早是从冰岛博学者阿里那里来的；他在自己的序言中引用了阿里的原序文；但他却补充说，作为一个丹麦人，他的自豪感因冰岛诸作家表现的更伟大、更早的历史精神而受到刺痛。

> 465 我不愿意人们忘记，当古代丹麦人做了任何显著的英勇事业时，就充满效法光荣事业的愿望，他们不仅利用可以称为诗歌的作品这个形

---

① 在瑞典的南端。——译者

② 最早的丹麦史学家，著有 300—1185 年的《丹麦史》。——译者

③ 收入 J. 兰给贝克主编的《中世纪丹麦古史作家》（哥本哈根，1772—84 年，八卷），III，141—64。

④ 《撒克索・格剌马替卡的〈丹麦史〉前九卷》，奥力味・厄尔顿译，附 F. 约克・庖厄尔对撒克索史料来源、方法和民俗学的研究（伦敦，1894 年）；近来有 J. 奥尔立克和 H. 累德的校订本《撒克索的〈丹麦事记〉》出版（哥本哈根，1931 年，两卷）；关于其他版本和文献，参阅坡特哈斯特，II，999—1001。W. P. 刻尔"论丹麦民歌"，见《苏格兰评论》，I（1903—04 年），357—78；亨利・李赤：《安如王朝时代的不列颠和斯堪的那维亚》（哈佛大学出版社，1921 年），139—40；和〔伦敦〕《外交评论季刊》XI（1833 年），128—40。

式记述他们那威风凛凛的事业，而且还把他们祖先的作品（通常称为用祖国语言写的诗歌）用他们自己的文字（鲁纳）铭刻在岩壁之上借以表达这种愿望。这些诗歌是古代的经典之作，我的写作正是步他们的后尘的，我从事翻译时，注意以韵文形式翻译韵文。

他为丹麦史学发展的迟缓所作辩解是站不住脚的，他问道："谁能把丹麦的伟大事业写成一部书呢？""（和其他各国比较起来）它只是最近才接受了各国共同的信仰；在不懂拉丁文、不信宗教的情况下，它已经枯萎多年了"。他否认除拉丁文外，用其他文字写的历史著作有任何优点。对古典传统的这种盲目崇拜是他对发利阿斯·马克西马斯①、安密亚那斯·马塞拉斯②等人的著作所发议论何以陈腐不堪的原因。甚至他在利用比德、诺曼底的度多、布勒门的亚当③等人的著作时也是夸张的，因为他在冰岛资料中可以找到更好的东西加以利用。撒克索的全部著作共十六卷，但严格说来，只有最后七卷才可算作历史。前九卷只是非常详尽而生动地记述了政治制度、风俗、成文法、社会生活和礼节、神奇现象、葬礼、魔术、鬼神、民歌谚语等等。而第10至16卷则是这几卷书所记述的那个时代的主要丹麦史料。对于研究波罗的海沿岸斯拉夫族的历史，他的著作也很重要，他生动地记述了鲁根岛④上阿科那大斯拉夫神庙的倾覆（1168年），这件事标志着至少在维斯杜拉河以西

① 公元一世纪的拉丁作家，准备编一部历史轶事的书，主要取材于西塞罗、李维等人的著作。——译者

② 生活于公元四世纪后期，军人兼历史家，著有拉丁文罗马帝国史，96—378年，为塔西佗历史著作的续编，原三十一卷，现存者仅十八卷，包括353年到378年的历史。——译者

③ 德国教会史家，著有《教皇史》，死于1076？年。——译者

④ 靠近德意志民主共和国北岸。——译者

地区斯拉夫异教的灭亡。他是第一位提到哥本哈根的作家，他不是仅仅提到拉伯兰人[①]，而且谈了更多情况，把他们的雪鞋很古怪地说成“奇怪的车辆”；而且他的书是关于哈姆雷特的故事最早的资料来源。撒克索的著作虽然有价值，但中世纪很少有人赏识，这可能是因为它的拉丁文艰深难懂。幸而后来博学的伦德修道士彼德生[②]把它从埋没无闻中抢救出来，并于1514年首次付印出版，当即引起伊拉斯莫斯[③]的注意。他称赞这部书“语汇极其丰富、格言连篇累牍，讽刺入骨三分”。在撒克索以后，直到宗教改革时代以前，丹麦就没再出现像样的历史著作了。

---

① 住在挪威、瑞典、芬兰北部的土人。——译者

② 丹麦神学家和史学家(1480？—1554年)。参加宗教改革，翻译《圣经》为丹麦文。——译者

③ 荷兰学者(1466？—1536年)。在英国剑桥教授希腊文。北欧文艺复兴的领袖。——译者

第二十七章　中世纪斯拉夫和马扎尔史学

因为在九世纪以前波希米亚人、波兰人和马扎尔人或匈牙利人并未在历史舞台上出现；而且因为他们都属蛮族，只是缓慢地获得独立的文明和较高的文化，所以历史著作在他们中间出现得很迟；而且出现时在性质上也不是独立的、土生土长的东西。北斯拉夫和匈牙利文化是从德国取得的。[1] 俄罗斯、塞尔维亚和保加利亚的文明和文化，得力于和拜占庭的接触和它的影响，不过中世纪俄罗斯和西欧的接触比一般人所认为的要大些。[2] 466

在中世纪，波希米亚和德国的关系比波兰和德国的关系更为密切；最后在十一世纪它就被划入神圣罗马帝国版图以内了。因此，波希米亚历史写作的出现早于波兰。波希米亚最早的历史家是布拉格教堂副主祭科斯马斯[3]（死于 1125 年）。他是波希米亚最早在

① 关于这个过程的记载，参阅我的《封建的德国》（芝加哥，1929 年），第 17—18 章和该书引用的文献；和赫伯特·斐雪的《中世纪帝国》（伦敦，1898 年，两卷），II，第 8—9 章。

② 参阅 S. H. 克洛斯的论文，见《镜》，X（1935 年），137—44；V. O. 克洛溪维斯基：《俄国史》，C. J. 何甲斯译（伦敦和纽约，1911—31 年，五卷），I，第 1—3 章。

③ 生活于 1039？—1125 年，波希米亚最早的编年史家，他的《波希米亚编年史》记载到他死的那年为止。——译者

国外研究学问的学者之一，他曾在列日学习，在意大利旅游。他的《波希米亚编年史》是研究捷克史的第一部本国资料。这部书分为三卷，第1卷记述的是本民族的传说。记述基督教时代时，他利用了某些文件。他的记述，虽然并非全部可靠，但总是很有趣。看来，科斯马斯对古典文学见识很广，这一点却使他的文章造作而陈腐。[1]

在科斯马斯以后一个很长的时期中，就只能依靠教会年代记了，作者大部分不知姓名，例如《赫腊迪施[2]年代记》(*Annales Gradicenses*)、《布拉格年代记》(*Annales Pragenses*)(894—1220年)
467 等等。一个突出的例外是布拉格人文生特所著《年代记》或《编年史》(*Annales seu Chronicon*)，对研究1140至1167年间的历史很为重要。[3]

从十二至十四世纪，波希米亚简直已是中世纪帝国的一部分，和德国的关系也极密切，因而直到十四世纪中叶以前都还没有独自的民族历史著作。中世纪末，波希米亚历史上有两件大事推动了它的历史写作的发展。一件是皇帝查理四世的统治(1347—78年)，他宠爱布拉格，把它看作自己心爱的住处。[4] 另一件是十五

---

① 关于版本和文献，参阅坡特哈斯特，I，357—58；W. W. 托密克的捷克文译本，附拉丁原文，见《波希米亚古史资料》，II(1874年)，1—370；乔治·格龙道尔的法文译本，见《远古德国历史作家》，XIV(莱比锡，1885年，两卷)。沃顿巴哈，II，203—07；发克累甫·诺伏特尼：《波希米亚历史资料》，见《波希米亚王家科学会学报》，哲学—历史类，1907年(布拉格，1908年)，第vii号(共一百十四页)。

② 在布拉格附近。——译者

③ 坡特哈斯特，II，1097—98，在这里，以"完整的陈述和适当而清晰的风格"为其特色。沃顿巴哈，II，320—22。

④ 亨利·夫里德永：《皇帝查理四世和他对当时精神生活的同情》(维也纳，1876年)。

世纪的胡斯运动，这个运动使波希米亚产生民族自觉。韵文编年史是十四世纪德国的写作时尚；波希米亚本身因为没有更高的文化，只好模仿德国风行的东西。科尼格沙尔寺院住持齐陶①人彼得（1275—1339 年）用利奥诗体②写了一部编年史，其史料之丰富出人意料之外。③ 在查理四世周围的小圈子当中有一位编年史家奥柏多维兹人涅普拉克（1312—71 年），当他于 1354 年伴随皇帝到阿维尼翁时，法国教皇克力门六世任命他为奥柏多维兹寺院住持。④ 但那个时代的趋势倾向于宗教训诫，因为十四世纪泛溢着信仰复兴主义情绪，历史写作兴趣并未深入人心。更重要的一位史家是谱尔卡华人普里比科（死于 1380 年）。他的《波希米亚编年史》（Cronica Boemorum）（700—1330 年）是第一部内容充实的波希米亚史料，尽管十四世纪以前那部分是汇编性质的东西。⑤ 十五世纪胡斯运动把波希米亚投入德国政治旋涡和宗教改革前夕的争端之中；各种写作都成为论战工具，一直到三十年战争⑥结束时，都是这样。⑦

---

① 布拉格之北。——译者

② 即末行与中段之前一字押韵的诗体。——译者

③ 帕拉次基神父：《古代波希米亚历史家评论》（布拉格，1930 年）；J. 洛塞斯的论文，见《皇家科学院学报》（维也纳），哲学—历史类，XCVIII（1881 年），第 2 号，鄂图卡·罗棱兹：《十三世纪中叶以来中世纪德国史料》（第 3 次修订版，柏林，1886—87 年，两卷），I，292—303。

④ 罗棱兹（见上注），I，314—15；坡特哈斯特，II，843。

⑤ 罗棱兹，I，311—13；坡特哈斯特，II，946。

⑥ 1618—1648 年。——译者

⑦ K. 和夫累尔：《记述波希米亚胡司战争的历史家》（维也纳，1856—66 年，三卷：《奥地利古史料》，第 1 部分，第 2、6、7 卷）；和达尔曼-惠芝的《德国史料》（第 9 版，莱比锡，1931 年），第 7816 号。

撰写波希米亚地方史的最重要的一位作家是埃申罗尔(1420—81年),他用拉丁文写的那部《布雷斯劳史》是城市编年史中一个好例子。这可以由下面这个事实说明:埃申罗尔生于纽伦堡,是布雷斯劳的外来公民,他在那里当公证人。他的著作对研究德国、波希米亚和波兰诸国历史都很重要。①

468 波兰人进入有史时代比波希米亚人迟了好几百年。第一批基督教牧师是在966年进入波兰的;两年之后,建立了波兹南主教辖区。最早的教皇特派员是在1076年派往那里去的,当时格雷戈里七世采取这个步骤是为了防止波兰国王学习波希米亚国王的榜样,支持皇帝亨利四世的事业以反对教皇。结果,许多意大利修道士和热心支持教皇的佛兰德和布拉邦特②等地区一些国家窝龙人一起流入波兰。因此,我们在波兰发现意大利和法兰西文化影响,在波希米亚并没有这种情况。③ 这就是为什么出现下列事实的原因:第一位波兰编年史家名叫马丁"伽鲁斯"④,他是一位法国修道士,可能来自摩泽尔河流域,⑤1109年由波兹南主教邀请来的。他写了一部《波兰编年史》(至1113年止),三卷,是第一部波兰本地文学著作。⑥ 第1卷是根据口头传说写的,叙述波兰人的起源和

① 坡特哈斯特,I,431—32。德文译本出版于1827—28年。

② 尼德兰南部。——译者

③ 编年史中的"高卢人"(Galli)是意大利人和窝龙人。参阅A.塔斯尼克:《中世纪波兰的意大利文化》(华沙,1922年),对此书的评论,见《东南历史评论》,I(1924年),296—99。比较我的《封建的德国》(见本年原书第466页注),652。

④ "伽鲁斯"意为"高卢人"。——译者

⑤ 《教会史评论》,XXXI(1935年),256。

⑥ 坡特哈斯特,I,243—44。

早期历史。第 2、3 卷是波勒斯拉夫三世[1]统治时期的历史。有些部分是用韵文写的,看来似乎是古代民歌的回响。这部编年史开始部分热情地叙述了波兰这片土地和它的人民,我们相信这些叙述过分夸张,因为迟至十五世纪,波兰编年史家德鲁哥兹笔下的波兰人仍然靠“谷物、肉类、鱼类、蜂蜜、牛奶和蔬菜”过活,这表明当时它还是一个纯粹的农业经济社会。[2]

一百年之后又出现一位作家克拉科夫主教文生特·卡德鲁比克(1208—18 年在职),他曾就学巴黎大学写了一部《波兰史》,四卷,止于 1203 年。这部书是他当主教以前写的,当时他是克拉科夫神学院一位教师。第 1 部分是从马丁·伽鲁斯的著作改编;后面部分极口称赞国王卡西米尔[3]。其中有些部分是用对话体写的。直到 1612 年才付印出版,对波兰史学影响不大。[4] 尽管如此,波兰人仍然以他自豪,未免可笑。

随着特洛庖人马丁(虽然他出生于捷克,却被称为波罗那斯[5])的到来,波兰史学写作的主轴改变了。马丁是多明我会一位成员,在被任命为格尼逊[6]大主教以前曾任教皇尼古拉三世(死于1278 年)的全权代表和牧师。正如在前面一章中曾指出的,多明 469

① 1102—38 年在位。他扩大波兰领土,打败德皇亨利五世。——译者

② 这部著作已由亨利·才斯柏克进行批判研究,《中世纪波兰史学》(莱比锡,1873 年)。关于版本和文献,参阅坡特哈斯特,I,243—44。

③ 波兰王卡西米尔二世(1177—94 年在位),组织波兰参议院,制定保护农民的法律。——译者

④ 坡特哈斯特,II,1096—97。

⑤ Polonus,意为“波兰人”。——译者

⑥ 在波兰北部。——译者

我会的观点是世界性的，不是民族的；而且，该会致力于促进信仰的发展，提倡神学和教皇的最高权力。因此，在马丁·波罗那斯的著作中，波兰史变成类似罗马天主教势力外缘部分的历史微明地带。[①]

略去几部浅薄的年代记不谈，最后让我们来谈谈著作最多、可能是波兰史学中最伟大的名字约翰·德鲁哥兹[②]（死于 1480 年）。[③] 要了解他的学术成就，必须首先了解克拉科夫大学的作用，该校创建于 1364 年，从那时起，意大利的学术和文化（简言之，即意大利文艺复兴的影响）就在波兰迅速传播起来。不了解这一点就无从了解他的成就。德鲁哥兹是很有学问而又游历甚广的人。他曾被派往皇帝、匈牙利王和教皇宫廷办外交，曾在意大利搜集抄本，还曾到过耶路撒冷。他的《波兰史》是 1455 至 1480 年间写成的，共十二卷。这部著作反映了他的知识的深度和广度，也反映了他的成见，这是因为，在教会权力正在受到广泛责难甚至否认的时代，他反而是一位狂热拥护教会的人；在资产阶级势力迅速成长的时代，他反而热烈地为贵族特权辩护。

我们曾粗略谈过俄罗斯和南斯拉夫贫乏的史学（上面原书第 445—46 页），现在可以大致看看匈牙利史学了。还必须再回顾一下马扎尔人，他们和波希米亚人、波兰人一样，也是从中世纪的德国取得他们的宗教和文化的。人们过去曾经认为匈牙利早期编年史甚为古老，但近代历史批评已把这种幻觉消除了。《无名氏的匈

① 坡特哈斯特，I，771—72。

② 波兰历史学家（1415—80 年）。著有《波兰史》十三卷，1614 年出版。——译者

③ 坡特哈斯特，I，380—82。

牙利国王贝罗[1]记事》(*Anonymi Belae regis Gesta Hungarorum*)是十二世纪,甚至可能是十三世纪才写成的,但这部书叙述的却是最早的马扎尔统治者之一。这部书据说是国王贝罗的传记,据说是他的公证人写的,它是"赫图摩戈拉"(Hetumogora)的传说和民谣的一部奇特的大杂烩,或者不如说是欧洲其他地区认为他们是这种奇特的大杂烩。关于匈牙利和匈牙利人的最古老的记载是关于第一位信基督教的国王史梯芬[2](死于 1038 年)的《大本纪》(*Vita major*)和《小本纪》(*Vita minor*)。但是这两部本纪和史梯芬为教育他的儿子而起草的《训谕》(*Monita*)却都是德国修道士写的,当时历任教皇正在努力防止德国在匈牙利占优势,就像在波兰出现的情况那样。在整个中世纪时代,人们为了解匈牙利历史情况,不得不利用拜占庭、意大利、波兰、波希米亚和德国史料。唯一的匈牙利本国可靠史料只是档案或文件资料,幸而这种材料颇为丰富。

---

① 匈牙利阿帕德王朝有四个称为贝罗的国王。——译者

② 匈牙利阿帕特王朝第一个国王(997—1038 年),在国内奖励基督教。——译者

第五编

文艺复兴、宗教改革和反改革

第二十八章　意大利文艺复兴[①]时期的历史学家

现在我们开始探讨在欧洲文化史上一向引起人们极大兴趣的 473
一个运动。[①] 在以前各章中，我们已经看到中世纪各国历史写作中共同的循序发展的那些阶段——寺院年代记和编年史，世界史和世界编年史，诸圣徒和主教事记和传记，用拉丁文和本地语言写的韵文编年史，几乎都是用本地语言写的城市编年史，最后还有世俗作家用本地方言写的一些互相连续的历史著作，如微拉杜盎、富罗沙和科民等人的作品。

---

① 一般的阅读，参阅佛特，1—165，附有很好的参考书目；昔蒙，I，第 5 章(《佛罗伦萨史家》)，IV，第 3 章("过渡")，和 V，第 16 章("史学与哲学")；雅各·部克哈特：《意大利文艺复兴的文明》，S. G. C. 弥得尔摩尔译(伦敦，1892 年，多次重印)，57—61，76—84，95—96，328—37；本哈忒·斯密德勒：《十二、三世纪意大利史家》(莱比锡，1909 年)；弗里兹·赫脱：《十二、三世纪意大利执政官吏的文献》(莱比锡和柏林，1910 年)；爱弥尔·革布哈：《文艺复兴时期佛罗伦萨史家以及政治、社会和经济的开端》，见〔巴黎〕《道德与政治科学学院的会议与工作》，CIV(1875 年)，552—90；M. 柏尔巴哈："论十四世纪意大利史学"，见〔格丁根〕《德国历史研究》，XII(1872 年)，649—55；〔伦敦〕《外交评论季刊》，XII(1833 年)，302—33；W. K. 弗格孙：《文艺复兴时代的人文主义观点》见〔纽约〕《美国史学评论》，XLV(1939—40 年)，1—28；汉斯·巴龙："十五世纪的人文主义中史学思想的觉醒"，见〔慕尼黑〕《历史杂志》，CXLVII(1932—33 年)，5—20；同一作家："佛罗伦萨早期文艺复兴的社会学说明"，《南太平洋季刊》，XXXVIII(1939 年)，427—48。

世俗历史家的出现最早是意大利写作上的现象，后来这类作品才遍及全欧，从一开始，这类史家的优越性就压倒其他各国历史家，这一点是引人注目的。产生这个重要事实的原因并不难找到。中世纪的教会在教育上虽占支配地位，但自从罗马帝国时代以来，意大利仍然有些世俗学校从未间断地保存了下来，因此，能阅读拉丁文并能用它写作的俗人在各代人当中都可找到。在中世纪的意大利，一直都有由医生、律师和公证人等形成的一个职业阶级，十二世纪，人们对医学和罗马法进行研究的兴趣恢复了，从而又增加了这个职业阶级的人数。[①]

474 再者，伦巴第、皮埃蒙特和托斯卡纳（这些地区必须跟中意大利——即罗马——和南方那不勒斯王国严格区分开来）流行的政治体制也在鼓励世俗历史写作。这是因为，在这些地区，大多数城市是独立的共和国，或者说具有共和政体的自由城市。[②] 在社会上占支配地位的是资产阶级；公职是选举产生的；地方争端和党派纠纷异常激烈，这使有思想的公民关心自己的城市的历史，因此地方史的编写就受到巨大推动。这个时代积极的政治影响到内政、外交和政治学说——这种学说从来都不是教条式的东西。文艺复

① 比较赫尔曼·路透：《中世纪宗教启蒙史》（柏林，1875—77年，两卷），I，72，281，注2—3；《A.F.奥扎南全集》（巴黎，1855—65年，十一卷），II，355—433。“蛮族时代意大利的学校和公众教育”；和我的论文《中世纪俗人的文化程度》（柏克莱，1939年：《加利福尼亚大学教育丛刊》，IX）。

② 参看我的《中世纪晚期欧洲经济社会史，1300—1530年》（纽约，1931年），第9章；举良·吕奢尔：《意大利的民主政治》（巴黎，1915年）；昔蒙，I，第2和4章；部克哈特（见本书原书第473页注），第1部分，第7章；亚塔尔·M.乌弗孙：“意大利自治城市的选举和其他投票方式”，见〔纽约〕《美国史学杂志》，V（1899—1900年），1—21。

兴时代的历史写作中的现实主义是突出的。在许多作家的著作中都可找到丰富的经济和社会情况的记述就可以说明这一点。部克哈特[①]曾经说过，佛罗伦萨和威尼斯是统计科学最早的故乡。[②] 文艺复兴时代，意大利的国家在政体上、经济条件上或社会结构上都已经不是封建的了，只有教会统治下的各地区和那不勒斯王国例外。

然而，从中世纪到文艺复兴时代，意大利的变化虽然很深刻，可是切不可忘记，这只是一个过渡，而不是突变。[③] 甚至迟至十五世纪，夫雷维阿·俾温多[④]（死于1463年）还抱怨历史写作中顽固残存的中世纪气息。中世纪的写作传统和精神状态继续存在了很长时间。尽管如此，即使在文艺复兴以前，历史写作就已经有一种新的精神了。早在十三世纪，帕多瓦人洛隆丁在利用以前他父亲的历史著作时就曾埋怨说这部著作是“按照祖先的简单样式”编写的；不久之后，弗拉拉人里科波尔多也作了同样的批评。[⑤] 帕多瓦一位官员阿贝尔第那斯·墨萨多（1261—1330年）在《亨利七世事记》（十六卷）和《亨利七世死后意大利事记（1313—29年）》（十二卷）这两部历史著作中也模仿中世纪传统。但他也以近代形式写

---

① 瑞士艺术和文化史家（1818—97年），著有《意大利文艺复兴时代的文明》。——译者

② 《意大利文艺复兴的文明》（见本书原书第473页注），68—71。

③ 比较沃尔特·哥次“中世纪与文艺复兴”，见〔慕尼黑〕《历史杂志》，XCVIII（1906—07年），30—54。

④ 意大利历史家（1388—1463年）。——译者

⑤ 斯密德勒（见本书原书第473页注），45；保罗·李曼：“中世纪与僧侣拉丁文”见〔慕尼黑〕《历史杂志》，CXXXVII（1927—28年），202。关于洛隆丁和里科波尔多的文献，参阅坡特哈斯特，II，981—82，972。

了两部最早的悲剧，即《阿溪里》(*Achilles*)和《厄济林诺[1]的悲剧》(*Tragoedia Eccerinis*)。[2]

人们探讨文艺复兴时代，往往很自然地从佛罗伦萨开始，因为佛罗伦萨曾在二百五十年间(1300—1550 年)光辉地表现了意大
475 利文化。不过，即使是佛罗伦萨的历史写作也是在摸索了很长的时期之后，才从中世纪的传统中解放出来的。[3] 最早的佛罗伦萨历史是由一大堆传说、寓言、杜撰和谬误组成的。佛罗伦萨最早的历史著作似乎是圣萨诺姆的《佛罗伦萨事记》。从 1125 年写起，至 1231 年突然中止，连最后一个句子都没写完。他记述的最后那些年的事是他自己那个时代的。在政治上他是一位热烈的基伯林派。其次是一位不知名的人写的一部编年史，名叫《城市起源编年史》(*Chronica de origine civitatis*)。原作似乎是用拉丁文从罗马帝国写起的。但是现有的版本却是部分用拉丁文、部分用意大利文写的。这部书是在十四世纪头二十年内编写或者至少是那时完成的。所记最后年代是 1321 年，即但丁逝世的那年。“前二十年的记述非常详尽而细致，极像作者在记述他自己那个时代的事情。”[4]

---

① 厄济林诺四世(1194—1259 年)，反对教皇蹂躏北意，最后战败被囚，饿死狱中。但丁《神曲》中的《炼狱》提及他。——译者

② 关于文献，参阅坡特哈斯特，I，799。

③ 保罗·瑟斐-博卡斯特：《佛罗伦萨研究》(莱比锡，1874 年)；鄂图·哈特维格：《古代佛罗伦萨史的史料与研究》(马尔堡，1875—80 年，两部分，合订一卷)；彼得罗·散提尼：《佛罗伦萨史学的问题与研究》(佛罗伦萨，1903 年)；斐迪南·瑟维尔：《佛罗伦萨史》(纽约，1936 年)，导言；卡尔·黑格尔：“论佛罗伦萨史学的开端”，见〔慕尼黑〕《历史杂志》，XXXV(1876 年)，32—63；帕泽特·汤因比的论文，见〔伦敦〕《英国历史评论》XIX(1904 年)，343—44。

④ 汤因比，同上，344。

在政治上，他是一位激烈的归尔甫派，这一点从下述事实就可看出：当他记述到 1258 年强大的基伯林派乌伯提家族[①]被逐出佛罗伦萨时，他写道："乌伯提家族一去不复返了，不会回来，他们也绝对不应当回来了。"

佛罗伦萨的档案中还有其他一些早年无名氏编年史手稿，这些手稿或多或少都是互相抄袭的，或者抄自同一个来源，因而很少可信之处。早期佛罗伦萨历史著作更严重的缺点是充满伪造。数百年来，人们以为《从建城至 1281 年的佛罗伦萨史》（*Historia fiorentina dall'edificazione di Fiorenza per insino dall'1281*）是"佛罗伦萨绅士"李嘉达诺·马尔斯皮尼的作品，并认为带诺·康派尼[②]的《佛罗伦萨史》（1280—1313 年）是微拉尼[③]以前的著作；但是现在我们才知道这两部著作都是伪造的。[④] 另一部臭名远扬的佛罗伦萨史是马提奥·斯皮涅利·达·乔文那左的《日志》

① 佛罗伦萨的基伯林党人家族，1258 年被归尔甫党人放逐；1260 年与西西里国王曼夫勒德重占佛罗伦萨。见但丁《神曲》（"炼狱"X，22—51）。——译者

② 佛罗伦萨史学家，著有《佛罗伦萨史》，死于 1324 年。——译者

③ 意大利史学家（1280？—1348 年），以归尔甫党人观点写出《佛罗伦萨史》，十二卷。——译者

④ 马尔斯皮尼著作校勘工作的开创者是瑟斐·博卡斯特（参阅坡特哈斯特，I，760，论马尔斯皮尼的论文）；他和哈特维格和黑格尔有效地整理了马尔斯皮尼和带诺·康派尼的著作。昔蒙认为两人著作的真实性是成问题的，但他还是利用了它们（昔蒙，I，176，注 2，198—99，207—16，IV，31）。关于讨论康派尼的其他文献，参阅坡特哈斯特，I，332—33。杰出的意大利文学史家得·桑克提在他的《意大利文学史》（最早于 1871 年问世）中认为他们是可靠的历史家，这是情有可原的。但是在这个年代——他们被揭露以后七十年——得·桑克提的英译本（纽约，1931 年）还重复了这种捏造（比较第 1 卷，79—80，131—44，155，216），特别因为书中的序言是得·桑克提的学生和近代最伟大的历史学者本泥狄多·克罗齐先生写的，就更令人诧异了。

(*Diurnali*),业已证明这部书是在十六世纪伪造的。[①] 这些伪造的作品是为了向十五、六世纪佛罗伦萨某些家族的虚荣献媚的。为
476 了证明他们的世系古老,有必要捏造微拉尼以前的"史实";最好的办法就是杜撰一部旧有编年史。

所有早期著作都是些由传说凑起的大杂烩。飞厄索勒似乎是托斯卡纳最古老的城市,是亚特拉斯[②]建立的;后来被喀提林[③]毁灭,再后"罗马的敌人"托拉拉[④]为了报这个仇,就把佛罗伦萨毁掉,重建飞厄索勒;查理曼在征服伦巴第人之后,再次重建佛罗伦萨。在这部荒唐的记述中,竟把关于特洛伊[⑤]和伊尼阿[⑥]的传说交织其中。佛罗伦萨攻陷飞厄索勒的年代竟写成 1010 年,而我们知道,这件事情是 1125 年才发生的。

佛罗伦萨第一位重要历史作家是佐凡尼·微拉尼。[⑦] 1300 年按教皇所做规定举行的庆祝大典给了他深刻印象,他就是在这件事的感召下动手编写佛罗伦萨史的。他用下面一段话描写他对罗马的访问产生的效果:

---

① W. 本哈第:《马提奥·乔文那左。十六世纪的伪造》(柏林,1868 年)。

② 希腊神话中负载天球的巨神。——译者

③ 罗马政治家(公元前 108? —62 年),公元前 63 年阴谋夺取政权,为西塞罗所揭露,逃往伊达拉里亚,计败被杀。——译者

④ 意大利的东哥特国王(541—552 年在位),两次攻陷罗马(546,549)。——译者

⑤ 希腊联军进攻特洛伊的传说,见荷马史诗。——译者

⑥ 特洛伊英雄伊尼阿逃往意大利的传说,见味吉尔的《伊奈德》史诗。——译者

⑦ 昔蒙,I,198—206;伊纶斯特·麦尔:《佐凡尼·微拉尼的人生哲学》(莱比锡,1927 年);和〔伦敦〕《评论季刊》,IX(1813 年),444—66;关于其他文献,参阅坡特哈斯特,II,1093。洛兹·E. 塞尔非的英译本:《〈微拉尼编年史〉最初九卷选译》(第 2 次修订本,伦敦,1906 年),附有 P. H. 威克斯提德一篇有价值的导言。

> 当我看到罗马那些宏伟而古老的纪念性建筑，读到萨拉斯特、琉坎、李维、发利里阿斯、奥洛西阿斯和其他史学大师们撰写的罗马史和罗马人的伟大事业（他们把罗马人大大小小的事业都记载下来了）的时候，我就模仿他们的风格和方法，尽管我，作为一个初学的人，是不配担当这样艰巨的工作的。

他接着说，他希望“让后世知道一点佛罗伦萨的豪富和它那显赫的名声的来源，以便将来有学识的人能够促使佛罗伦萨更加繁荣”。应当注意他强调的是经济利益。

但是，微拉尼用了六十章的篇幅才把他那些中世纪浮饰剥掉：亚特拉斯怎样建立这个城市，安特洛①和少普赖安②怎样从特洛伊逃到意大利并建立威尼斯和帕多瓦，不过，佛罗伦萨比它们更古老。他只有一次放开胆量批评了他的史料来源。他写道（第1卷第41章），在某部著作中，有一个故事说某人名叫乌伯多·恺撒（喀提林的儿子，他的名字是仿照伟大的朱理亚·恺撒的名字起的），青年时代是在飞厄索勒抚养成人的；后来成为一个有势力的贵族，被恺撒任命为佛罗伦萨总督，他有许多儿子，乌伯提家族就是从他的一个儿子传下来的。但是，微拉尼接着写道，没有任何一部可靠的编年史提到过这个情况。

一直到第8卷，微拉尼才写到他自己的时代。从这卷以后，他的著作才有真正的历史价值。他不只记述单纯的事实，而是把主题铺开，记述原因、条件和结果。构成微拉尼著作的主要价值的是关于经济和商业以及社会情况的丰富记述。对于描写这类情况， 477

---

① 特洛伊最聪明的长老之一，他劝特洛伊人把海伦送还希腊，特洛伊陷落后，希腊人赦免了他，他旅行意大利，建立了城市。——译者

② 特洛伊国王普赖安之子。——译者

他曾受过很好的训练，因为他曾在1315年当过羊毛业行会(arte delba lana)执事，1316年又曾当造币厂厂长，还曾在1317，1321和1328年当过管理手工业的官员；而且，还应当记住，在那个时期，佛罗伦萨正是全欧洲最富裕的工业和银行业中心。昔蒙[①]这几句话完全正确："在耐心的统计和经济方面的才智上，微拉尼的全部著作迄今一直可算作中世纪文献中独一无二的不朽的伟构，他证实那个时代的意大利人比欧洲其他各国走在前边多么远"。[②]

佐凡尼·微拉尼死后，他的弟弟马提奥以同样的方法和精神，继续编写《佛罗伦萨史》。他对1348—49年那次大瘟疫的描写虽然不像薄伽丘那篇著名的记述[③]那么响亮，却更富独创性，因为薄伽丘的记述只不过是修昔底德关于雅典那次大瘟疫的记述[④]的意译而已。1363年马提奥·微拉尼死后，他的儿子腓力波(卒于1405年)又续了几章。他为他父亲和伯父文化浅薄表示歉意，因为他们不能用拉丁文写作；这是当时对古典著作的兴趣增加使然，也是当时的特点。但是腓力波却卑鄙地自食其言抛弃自尊心，仍然用白话写完这部著作。[⑤]

微拉尼兄弟确立了佛罗伦萨历史写作的传统。他们的两位直接继承人马基奥尼·狄·卡波·史梯发尼(卒于1386年)和季诺·卡波尼(卒于1420年)接过这个传统。不幸的是，前一位所著

① 英国诗人兼文学史家(1807—71年)，著有《意大利文艺复兴》七卷。——译者

② 昔蒙，I，205。关于微拉尼的统计方法，参阅我的《中世纪晚期欧洲经济社会史》(见本书原书第3页注)，457—58。

③ 《十日谈》，方平、王科一译，第9—17页(新文艺出版社，1958年)。——译者

④ 《伯罗奔尼撒战争史》，中译本，第137—142页。——译者

⑤ 腓力波后来用拉丁文写了一系列《佛罗伦萨名人传》。

十二卷书是从佛罗伦萨的创建写起的，因此，他这部书的前一部分仍然是这个城市的传说和中世纪史的重述，而以后诸卷又和微拉尼的著作写的是同一个时期，而且还不如微拉尼写得仔细。只有最后一卷还算重要，这是因为，这卷书记述的是当时的事：1379—82年梳毛工人(ciompi)搞的大暴动[①]，这个暴动是佛罗伦萨下层阶级反对贵族阶级的三重暴动，即经济的、社会的和政治的全面大反叛。[②] 不过，史梯发尼对梳毛工人大暴动的记述还不如季诺·卡波尼的好，[③]后者所撰《佛罗伦萨史》从这次大暴动写起，至1419年止。他曾亲自参加那次暴动，而且还是地方革命政府一位成员。1401年当选为佛罗伦萨首席长官，在对比萨作战(1405—06年)中还曾一显身手并被任命为攻占地区总督。卡波尼并未受过新的古 478
典教育，他的作品的拉丁文译本是他儿子内里(卒于1457年)的功劳，我们应当感激他；内里也是一位历史家，曾著有关于1419—57年间一些符合史实的《意大利大事记》(*Commentari di cose seguita in Italia*)；由此可见，他是用两种文字撰写史书的。

到了这时(我们正在谈的是十五世纪中叶的情况)，佛罗伦萨历史写作在精神上显露出巨大的变革。在腓力波·微拉尼为他父亲和伯父用"俗"话编写历史表示歉意时已经暗示了这种精神。对

---

① 参阅科斯敏斯基等编《中世纪史》，第1卷，朱庆永等译，第520页(三联书店，1957年)。——译者

② 参阅我的《中世纪晚期欧洲经济社会史》(见本书原书第474页注)，407—09，和该书中引用的文献，519。关于史梯发尼处理这个插曲的研究，参阅K.贞奇的论文，见《通史杂志》，III，818—44，908—34。

③ 参阅哈特维格的论文，见〔巴黎〕《历史评论》，I(1876年)，612—17；比较〔巴黎〕《历史问题评论》，XIX(1876年)，734—36，和坡特哈斯特，I，186所列的文献。

历史写作这种新态度是古典复兴和新人文主义产生的，这一点几乎是用不着指出的了。[①] 李维已变成历史作家的偶像和典范，直到1500年左右，他的名声才部分地被波里比阿盖过，马基雅维利对后者是极其崇拜的。从那时后，历史写作就出现两个并行流派：一派以意大利文写作，另一派以拉丁文写作。结果出现了一种以拉丁散文书写历史著作的新品种，它堪与古代历史著作媲美。利奥十世[②]曾向他的朋友们朗读鲍鲁斯·约维阿斯[③]历史著作中流畅的拉丁文句，还说自李维时代以来，从来还没有人写过这么好的文章。[④]

以拉丁文字讲述历史的两位最重要的人物是《意大利史评述》(*Commentarius rarum sub tempore in Italia gestarum*)一书的著者利奥那多·布鲁尼[⑤](1368—1444年)和更著名的八卷《佛罗伦萨史》的著者波基奥·布拉肖利尼[⑥](1380—1459年)。两人是挚

① 关于这个转变，参阅昔蒙，IV，第3章；部克哈特(见本书原书第473页注)，第3部分；乔治·筏格特：《古典时代的复兴，或人文主义第一个世纪》(*Die Wiederbalebung des Classischen Alterthums, oder: Das erste Jahrhundert des Humanismus*)(第3版，柏林，1893年，两卷)。

② 1513—21年任教皇。——译者

③ 意大利传记家和历史家(1483—1552年)，以拉丁文风格有名。——译者

④ "古典学问……影响历史研究的发展，正和影响其他研究一样。意大利文艺复兴产生了一个伟大的历史学派。他们的方法有些和古代历史家的方法相同：是世俗的，而不是教会的；在某种程度上是唯理主义的。在守旧风格上，甚至更多地取自它所模仿的范本，有时也插入一些想象的演说词。他们模仿古典作家的文字和安排：十六世纪人们喜爱的作家是李维和斯韦托尼阿，……〔十七世纪〕塔西佗和萨拉斯特深思熟虑的风格成为人们崇拜的典范。"(G. N. 葛拉克：《十七世纪》，牛津，1931年，第272—73页)

⑤ 意大利人文主义者，奖励翻译希腊名著为拉丁文，著有《但丁传》。——译者

⑥ 意大利人文主义者，教皇的秘书，在欧洲各国寺院发现失传的拉丁古典作品。——译者

友。布鲁尼因生于阿雷佐[①]，别号为阿雷提诺，是佐凡尼·达·拉温那的学生，也是那个时代最伟大的人文主义者科鲁西奥·萨卢太提的门徒；他从厄曼纽厄尔·克立索罗剌[②]那里学会了希腊文，搜罗古典文献手稿十分热情，他的著作从1404年写起，终于1415年；在他这部书的序言中，他说意大利语太粗俗，有文化素养的人不能用那种白话文写出庄重的历史著作。虽然他有这种成见，但他的《佛罗伦萨史》仍然是一部很有分量的著作。把附着在佛罗伦萨历史上犹如乱麻一般纠缠在一起的传说剔除出去的第一位历史家就是他。他有分析的头脑，他的推理是积极的。他也是第一位 479
理解佛罗伦萨各种文化之间的相互关系的人。第一位体察到佛罗伦萨是一个伟大的文化中心并把这种丰富多彩的文化生活和全城公民的城市生活联系起来的第一位佛罗伦萨人也是他。他还是冲破过去对历史的解释、强调人性和心理解释的第一位历史家。特别在这方面，他是马基雅维利的先驱和师表。第一位系统地阐述文艺复兴的最高原则——才能(*virtù*)[③]——的作家是布鲁尼。第一位清楚而稳妥地认识佛罗伦萨全部复杂生活的人也是他。[④] 布鲁尼的著作极受欢迎。他死后，多阿托·阿克西朱奥利[⑤]把它译

① 在佛罗伦萨东南。——译者

② 希腊学者(1355？—1415年)，1393年到意大利，为佛罗伦萨大学的希腊语教授。将柏拉图的著作翻译为拉丁文。——译者

③ 译“virtù”为“才能”，参阅昔蒙《意大利文艺复兴史》第170页注1(《近代丛书》，纽约)。——译者

④ 参阅汉斯·巴龙富有启发性的论文《人文主义中史学思想的觉醒》(见本书原书第473页注)。

⑤ 生活于1428—78年。佛罗伦萨的学者和政治学，写了西庇阿、汉尼拔、查理曼等人的传记。——译者

成"白话"，于1476年在威尼斯出版。他作为一位历史家虽然有他的优点，但他并不是诚实的学者。他曾无意中得到一部普洛科比阿《哥特战争史》的拜占庭手稿，就把它译成拉丁文，定名《意大利反抗哥特人的战争记事》六卷，冒充自己的作品问世。[①]

波基奥·布拉肖利尼(1380—1459年)曾在教皇宫廷当随员五十年之久，从1402年起，几乎直到逝世；不过他一直是一个俗人，从未接受圣职。[②] 和他的朋友利奥那多·布鲁尼一样，他也是佐凡尼·达·拉温那的学生，科鲁西奥·萨卢太提的门徒，从克立索罗剌那里学得希腊文，也是个热情地搜罗手稿的人，确实，他是文艺复兴时代最大的一位手稿收罗家。他曾以教廷官员的身份参加1414—15年的康斯坦茨宗教会议，但他大部分时间却消磨在德国寺院图书馆中搜集手稿。在这次搜罗中他很幸运、满腔热忱，也相当冒失，这些情况加起来可以构成一个了不起的故事，不过在这里讲这个故事不大合适，只好割爱了。波基奥的《佛罗伦萨史，从城市的起源到1455年，八卷》是他在晚年写的。这书因极受欢迎，

① 于1470年付印。坡特哈斯特，I，172。1563年，伊丽莎白时代一位雇佣文人亚塔尔·哥尔定译为英文，书名叫作《利奥那德·阿累丁：〈保皇党人与哥特人争夺意大利的战争的历史〉》。一个法译本出现于1667年。

② 筏格特(见上面原书第478页注)，I，327—39；昔蒙，II，98—102，166—78；威廉·瑟帕德：《波基奥·布拉肖利尼传》(利物浦，1802年；第2版，1837年)；伊伦斯特·沃尔塞：《佛罗伦萨人波基奥的生平和著作》(莱比锡，1914年)；推斐尔，I，第179节，2—3和II，第295节，2，317，4，320，5，321，7；路易·帕斯脱：《中世纪末叶以来的教皇史》，F. I. 安特罗布斯和R. F. 刻尔译自德文(圣路易，1898—1928年，十六卷)，I，29—32，257—59，并参考第1，2卷索引；散狄斯，II，25—34，并参阅第1，2卷索引；《爱丁堡评论》，LXIV(1836—37年)，60—81，CXXXVII(1873年)，57—94；〔巴黎〕《学者杂志》，1819年，第529页以下；〔伦敦〕《外交评论季刊》，XVIII(1836—37年)，89—97；关于其他文献，参阅坡特哈斯特，II，932—33。

以致他的儿子雅各波几乎立即把它译成意大利文。[1] 波基奥对古典传统十分崇敬、对李维倍极钦佩，因此他注意风格甚于本质，注意形式甚于内容。更有价值的一部书是他的《时运无常》(*De varietate fortunae*)，是十五世纪一部关于古罗马的概述。“曾引起中世纪迷 480
信的人们万分惊讶、激起里恩济[2]的爱国热忱并促使佩脱拉克认识到人事沧桑的那些罗马古迹，现在人们才以真正的考古精神进行研究。波基奥把这些古迹当作一本书阅读，把它们提供的历史实证拿来和李维、维特鲁维阿[3]以及夫龙提那斯[4]等人的著作对比，想把残存的古罗马片段编成分门别类的一览表。”[5]

波基奥·布拉肖利尼是个多才多艺的人。他虽然是极其严肃的道德家、对教士的唾骂使他们惊惶万状，但他却是那部臭名远扬名为“谐趣集”(Facetiae)[6]的下流故事集的作者，或者更准确一点说，是它的编者，其拉丁风格之浓郁只有波基奥才能写出。在批评问题上，他曾和当时的文学评论家腓力尔福[7]、发拉[8]和瓜里诺[9]等

① 1476年在威尼斯付印；1492年在佛罗伦萨付印。

② 生活于1313—54年。意大利的爱国主义者，被称为“最后的罗马人”。1347年领导罗马人革命，推翻贵族政府，颁布新宪法。他自称为人民保民官。1348年被逐出罗马。1354年重返罗马，在暴动中被杀。——译者

③ 公元前一世纪的罗马建筑家，为奥古斯都的军事建筑工程师，著《建筑学》，多世纪以来称为最有权威的著作。公元75—78年为不列颠总督，97年为罗马给水工程总督。——译者

④ 公元一世纪的罗马军人和作家。——译者

⑤ 昔蒙，II，III。

⑥ 一部讥讽僧侣的幽默和猥亵故事集子。——译者

⑦ 意大利人文主义者(1398—1481年)。——译者

⑧ 意大利人文主义者(1406—57年)，翻译许多希腊古典著作为拉丁文。——译者

⑨ 意大利人文主义者(1370—1460年)，校刊许多罗马古典著作。——译者

人争吵。他替教皇尼古拉五世(梵蒂冈图书馆创建者)把色诺芬的《居鲁士的教育》和戴奥多剌斯的《西西里史》译成拉丁文。[①]

与布鲁尼和波基奥同时代的人有佐凡尼·卡发尔坎提,他的《佛罗伦萨史》从1420年写到1452年,在他这部书中可以看出前一世纪简朴而直率的文字怎样由于混入拉丁惯用语而讹误百出。这部书久被遗忘,直至1838年才出版。书中最有价值的部分是关于阿尔俾齐家族搞的那次阴谋以及被美第奇家族镇压下去的那段记述。这些材料后来成了马基雅维利的重要史料来源。佛罗伦萨还有其他较小的历史家,他们只不过是一些编年史家或年代记作者而已。[②] 卢卡·兰都西的《日记》(写于1450—1516年间)值得一提。他是一位可敬的商人和公民,一位聪明而仁慈的父亲。他这部书关于地方小事的记述非常丰富,对佛罗伦萨的家庭生活有亲切而深入的描绘。[③]

十五世纪的意大利人,“和其他民族共享中世纪文学宝库——
481 编年史、百科全书、摘要、说教文章、韵体史书、通史的修辞摘要和散文摘要”。[④] 幸而在欧洲其他地区极其流行的韵体编年史在意

① 大约与此同时,罗棱索·发拉译出希罗多德和修昔底德的著作;瓜里诺译出斯特累波,帕罗多译出波里比阿的著作,米兰历史家皮罗·坎第多·第森布里奥译出阿庇安的著作,巴托罗缪·得·利布里译出约瑟福斯的著作。这种追求古人历史著作的怪癖被维特尔博人安尼阿斯利用,他于1498年出版了十七卷伪书,冒充曼涅托,柏洛萨斯、非比阿·匹克脱、老伽图等人的“散失”了的著作——日罗拉摩·梯拉波斯歧:《意大利文学史》(米兰,1822—26年,六卷),VI,第3编,第1章。

② 参阅坡特哈斯特,II,1710—11的一览表。

③ 同上,I,709;A.盖拉第的论文,见〔佛罗伦萨〕《意大利历史文库》,第4辑,XI(1883年),359—75;又参阅《意大利百科全书》,XX(1933年),499。

④ 昔蒙,IV,10。

大利几乎毫无所闻，直至十六世纪史学衰微时期才出现。[①]

在这段佛罗伦萨历史写作概述中，我们现在已经谈到十五世纪末叶的情形。不过，在我们继续往下谈到那些最伟大的历史家马基雅维利和基察第尼以前，为了解意大利历史写作发展上的正常进展起见，有必要首先谈谈文艺复兴时期的其他文化中心佩鲁贾、米兰、威尼斯、热那亚和罗马，谈谈这些地方的历史家的一些情况。

马大拉左的《佩鲁贾编年史》[②]虽然记述了 1492 至 1503 年间的事，但它只差一点点没有取得佛罗伦萨最好历史著作的荣誉。在意大利诸城市中，很少有像翁布里亚这个小城镇，过着如此紧张而动乱的生活的。奥狄和巴格利奥尼这两个强大的家族之间的斗争的故事和维罗纳城中蒙头谷和卡飘勒特这两个家族之间的斗争比较起来，在疯狂性上不相上下，在真实性上则超过后者。连篇累牍都是些雇佣兵队长和暴徒。马太拉左关于法王查理八世的部队中梅毒猖獗的那段记载引人注目。

人们一想到伦巴第意大利，就想到米兰。米兰那伊斯是十四

---

① 利奥那多·达梯(1360—1425 年)是多明我会一位托钵僧，曾任佛罗伦萨派往皇帝西祺门那里去的使者，他以八行体诗句写了一部《世界史》；安敦尼奥·浦奇(死于1373 年)以八行体诗写了一部《从 1362 到 1365 年佛罗伦萨和比萨战争史》；拉斐尔的父亲佐凡尼·散第用三韵句法诗体写了一部编年史。关于这些把编年史改写成韵文的作家的事，参阅《爱丁堡评论》，LXXI(1840 年)，375—76。本泥狄克特·阿科尔替用拉丁散文写了一部浪漫的第一次十字军史：《基督教徒为争取基督圣地和恢复犹太，反蛮族的战争》，三卷，这部著作为托卡多·塔索写《耶路撒冷的解放》一诗提供了基础。这部书于 1432 年在威尼斯问世，1543 年译为意大利文。

② 有 E. S. 摩尔根的英译本。参阅 J. A. 昔蒙：《意大利与希腊杂记和研究》(新版，伦敦和纽约，1900 年，三卷)；坡特哈斯特，I，776。

世纪维斯昆提家族[1]建成的公国。[2] 1450 年落入当时最成功的军事冒险家佛兰西斯科·斯福查[3]手中。[4] 虽然米兰政治势力雄厚，经济殷实，但当时并未出现一位历史家记载维斯昆提家族的事业，这件事很为奇怪。米兰所有历史家都是斯福查时期的。其中第一位是彼得鲁·坎第都·得森布里奥（1399—1477 年）。佛兰西斯科·斯福查于 1450 年夺取米兰政权之后，得森布里奥谨慎地引退到罗马，尼古拉五世任命他为教皇秘书。后来他与公爵和解，回到米兰，在那里用拉丁文写了一部《佛兰西斯科·斯福查传》和另一部腓力·马利亚公爵的传记。得森布里奥是以斯韦托尼阿的著作为范本的，但并非盲目模仿。“今天，学习意大利历史的人能够看到关于这个暴君的习惯和恶行的最详尽最生动的描绘，应当归功
482 于他那支强劲有力的笔杆子”。[5]

佐凡尼·西谟尼达（1460—91 年是他的旺盛时期）是另一种作家。他的著作《米兰公爵佛兰西斯科·斯福查事记》（*Rerum gestarum Francisci Sfortiae Mediolanensium ducis*）（1421—66 年），三十一卷（已译成意大利文，1490 年在米兰出版）。这部记述具有罕见的准确性、慎重的客观性和扎实有力的记述。西谟尼达

① 米兰的大家族，属基伯林党，1311—1447 年间米兰公爵均属此家族的人。——译者

② 多罗西·缪耳：《维斯昆提家族统治米兰的历史》（伦敦，1924 年）。

③ 斯福查为米兰大家族，1450—1535 年统治米兰。佛兰西斯科·斯福查（1450—66 年在位）以武力夺取米兰公国，统治北意。——译者

④ 塞息力亚·M. 阿第：《斯福查家族统治米兰的历史》（伦敦，1907 年）。——译者

⑤ 昔蒙，II，192。

在公爵的秘密外交中占有很高地位；他设计了一套密码，欺骗了当时所有统治者，人们因此认为他很了不起；与此同时，他又有本领译读任何其他君主的秘密通信。在他之后不久，公国图书馆馆员卡尔基（1462—1505年）写了一部米兰史，计二十二卷，名为《祖国的历史》（*Historia patriae*），这部书形式上是编年史，也并非缺乏批判眼光；和当时一位小作家麦鲁拉（1420—94年）对比下，显然优越，因为后者所著《维斯昆提家族史》（十卷）满篇都是古老的虚构的传说。

不过一直等到1500年以后，米兰才出现了一位伟大的历史家，确实，他是文艺复兴时代最伟大的历史家之一。这就是伯拿丁诺·科里奥（1459—1519年），[①]他是第一位追溯到维斯昆提家族以前编写从十三世纪中叶到1499年米兰全部历史的作家。科里奥的《米兰史》是这样一部书，经常地仔细阅读它每次都可获益。“在他那篇幅浩繁的记述中，处处都是准确的史实，并以生动的风俗画面和精心雕琢的名人肖像插入文中作为说明，可谓史学宝库。”[②]这个时代的任何史料在经济和社会情况材料方面都没有这么丰富。

文艺复兴时代历史写作中的异常现象之一是：威尼斯尽管有大量档案资料，但它的历史写作却表现得出奇地姗姗来迟。在撰写中以较远大的眼光看待历史事件的第一位威尼斯史家是伯尔拿多·朱斯提尼安尼（1408—89年）。他的一生全部消磨在公务中。他充任国家大使，时而被派往皇帝即那不勒斯国王、法王路易十一那里，时而派往教皇庇护二世、保罗三世和息克斯塔斯四世那里。

---

① 昔蒙引用他的话很多；参阅索引。佛特，53—55；坡特哈斯特，I，354—55。科里奥的著作于1503年在米兰付印。著者的肖像是意大利书中插图的杰作。

② 昔蒙，IV，153。

他用拉丁文写作，因为威尼斯方言太粗俗，不适合写作之用。他写的《城市起源史》(*De origine urbis rebusque ab ipsa gestis historia*)是威尼斯最早的一部有价值的史书。他这一成就唤醒了威尼斯人，使他们感觉需要有一种可以和佛罗伦萨比美的史学，因为这个城邦的尊严和荣誉需要这样的事业。为了满足这个雄心，政府委托马坎多尼奥·科克西奥(绰号萨伯尔利卡斯)写一部这个共和国的历史。他是威尼斯人，但出生罗马的坎判纳，曾在罗马受教
483 育，在那里和庞波尼阿斯·利塔斯交上朋友，后来在乌第尼①当过修辞学教授，在该地已经写过一部《弗留利②史》。他这部书于1484年引起威尼斯政府注意。萨伯利卡斯的《威尼斯史》(*Decades rerum Venetarum*)于1487年在威尼斯出版，立即获得极高声誉。书中所记最有趣的情况就是提到印刷术在1462年以前即已传入意大利，亦即在1465年潘那兹和斯汶希谟印刷厂在索比亚科③建起以前好几年。他讲的这件事一直都还没有证实。在关于印刷术发明的早期史料中，他所说的至今还是一个谜。作为对他这部著作的奖励，他被任命为圣马可图书馆馆长，并接受二百西昆④奖金。他死于1506年。在同一时期，多密尼科·马拉皮罗(1428—1515)用威尼斯方言写了一部《威尼斯编年史》，⑤由1457年写到1500年。这部书细心地记述了威尼斯和土耳其之间的战

① 在意大利东北角。——译者

② 在意大利东北部。——译者

③ 在罗马之东。——译者

④ 古威尼斯的金币。——译者

⑤ 收入〔佛罗伦萨〕《意大利历史文库》，第1辑，VII(1843—44年)，第1、2部分，5—720。

争以及雄心勃勃的在大陆上扩张领土(以1508年成立的康布雷同盟[①]为顶点)的政策的开端。少马利诺·萨纽多(1466—1535年)著有《威尼斯元首传》[②]和《查理八世远征意大利史》,但他的名声是他那部著名的《日记》(*Diarii*)取得的,这部日记是用威尼斯方言写的,始于1496年,终于他逝世时。萨纽多家族是这个共和国最古老、最显贵的家族之一。马可·萨纽多是第四次十字军一位英雄,多岛海[③]中威尼斯帝国的建立者。日记作者的父亲是一位名声仅次于马可·波罗的旅行家,前曾任威尼斯驻罗马大使。作者本人曾八次充当专家团(Collegio)[④]成员,五次充当"特聘顾问"(Pregadi)[⑤]。他的势力很大,以致十人委员会(council of Ten)[⑥]允许他阅读政府文件,甚至把会议记录也交给他代管。他这部《日记》是一部巨大的史料总汇——专家团和"特聘顾问"讨论纪要、官员名单、官府函件摘要或复制原件全文、条约原文、威尼斯驻外大使记事、私人信件、警察报告、小册子、来自社会上大人物客厅中或贫民窟的闲谈等等。这部《日记》的历史价值是难以估计的。它是意大利的历史宝库,甚至还有法国、西班牙和英国外交资料。他临死时,就把这部宝贵的作品留给了政府。这部书的原稿至今仍然

---

① 教皇朱理亚二世组织起来反对威尼斯的同盟。——译者

② 原文见穆拉托里:《意大利古史作家》,XXII,405—1252。

③ 即爱琴海。——译者

④ 按威尼斯制度,总督之下,设专家团十六人,分掌海事、大陆领土和内政,掌行政实权,相当于内阁。——译者

⑤ 总督特聘有资望的人为顾问,后来发展为160人组织的元老院。——译者

⑥ 公元1310年始立,每年由公民会议选举,主要负审判重大刑事案件之责。——译者

在威尼斯保存，和十八世纪根据十人委员会的命令抄录的一个副本在一起。1798年拿破仑占领威尼斯时，把两部都带到维也纳去
484 了。1871年意大利统一、“祖国历史学会”（Societá di storia patria）成立以后，政府就要求把原稿退还，后来还搞起一个运动，要把《日记》作为民族丰碑出版，尽管办这件大事的费用巨大惊人。第1卷出版于1879年，第59卷，即最后一卷出版于1903年。①

热那亚在这个时期对历史写作很少露出兴趣。文艺复兴时代在所有意大利各城市中，热那亚对高级文化最不关心。当时的文学艺术运动几乎完全没有接触到热那亚，唯一值得一提的历史著作是亚哥斯提诺·朱斯提尼安尼的直至1537年才问世的《热那亚共和国编年史》。这是在热那亚出版的第一本书，虽然到那时印刷术已经有将近一百年的历史了，这件事本身就说明热那亚对精神文明多么漠视。朱斯提尼安尼是多明我会一位修道士，主要致力于东方学问的研究。他作为一位阿拉伯和希伯来文化学者，声誉极高，以致法兰西斯一世邀请他到巴黎在他自己创办的法兰西学院担任第一位东方学术讲座主讲。他在巴黎待了五年，在这个时期，他曾到低地国家和英国旅行，结识了伊拉斯莫斯和托马斯·摩

---

① 每卷有一个索引，但是这些索引是简单的清单，并无分析。关于萨纽多，参阅罗敦·布朗的《马利诺·萨纽多的生平和他的著作》（威尼斯，1837—38年，三卷合订本）；坡特哈斯特，II，997—98；立那尔多·福林：《马利诺·萨纽多》（吐林，1880年）；阿曼·巴斯克：《掌玺官职位的历史》，见《威尼斯文库》（巴黎，1870年），3—708；同一作家的论文，见《使节文库》，III（1877年），iv，508以下；亨利·豪则：《十六世纪法国史料》（巴黎，1906—15年，四卷），I，第53—55页；《1527—1533年威尼斯政府公文年鉴》，第IV卷（伦敦，1871年），导言，第xxi—xxiii页；尉利·安得烈阿斯：《威尼斯在文艺复兴中的关系和地位》（莱比锡，1908年）；A.得·垒梦特：《马利诺·萨纽多》，见《学院报》，XVI（伦敦，1878年），95—96。

尔爵士。他晚年被任命为科西嘉岛内比奥主教，死于海上风暴，把千卷以上的藏书遗赠给热那亚。

在以前的一章中已经谈到，中世纪的罗马对历史写作漠不关心这件事十分离奇。在文艺复兴时代的罗马，情况几乎是依然如故。“意大利最早期的天才们创作的民族作品曾赋予十四世纪以不朽的光辉，但这个世纪为撰写罗马文化的历史家们提供的素材只是勉勉强强够写几页书用的。罗马城在学术上的贫瘠空前少有，这种情况使但丁和佩脱拉克感到震惊”。[①] 十四世纪最重要的史料只不过是从 1327 到 1355 年罗马历史的一些片段，其主要部分记述的是里恩济的事业。除了一些贫乏的年代记以外，当时通行的历史编纂方式是十五世纪教廷迁回罗马以后以日记形式撰写的东西。1415 年马丁五世[②]刚刚回来以前，罗马史仅仅是在圣彼得教堂一位牧师安敦尼奥·彼得里所撰《罗马日记》中简略地记述了一些 1404—17 年间的情况。较为重要的是曾一度担任罗马元老院秘书的史梯发诺·英斐苏拉所撰《罗马日记》。他从 1295 年写起，一下子跳到 1403 年，用一些繁杂而不连贯的摘录记述了十 485
五世纪前半叶的历史；从息克斯塔斯四世[③]以后直到 1492 年才是他自己写的。英斐苏拉是一位俗人，曾在大学任教，他痛恨教皇，是一位诚实的作家，不过也有些偏见。[④] 1450 年的五十年一度的

---

① 格列哥罗维阿斯，VI，第 2 部分，679。

② 1417—31 年在职（教会大分裂为 1378—1417 年）。——译者

③ 1471—84 年在职。——译者

④ 关于版本和文献，参阅坡特哈斯特，II，1032—33；又帕斯脱：《中世纪末叶以来的教皇史》（见本书原书第 481 页注），IV，422—23；和曼得尔·克勒顿：《从大分裂到罗马被劫的罗马教廷史》（新版，伦敦和纽约，1907—14 年，六卷），IV，327。

大庆活动似曾促使人们在短期内对罗马历史又产生了兴趣，正如1300年那次大庆活动曾激起微拉尼的想象力那样。一位名叫保罗·得·柏尼德提的地方编年史家留下一部关于这次大庆的生动描述。但是他作为一位编年史家并无续编者。我们只发现一些日记，而且数量很多。在我们谈到这些日记以前，应当先停下来，谈谈身兼历史家的一位教皇的独特情况。这个人就是庇护二世[①]（1458—64年在职），即原名伊尼阿·锡尔维乌斯的那个人。[②]

伊尼阿·锡尔维乌斯是锡耶纳的匹科伦米尼大家族成员。在他当教皇以前很久，就已经是著名的人文主义者、外交家和上流社会人士了。他以巴塞尔宗教会议秘书的职位开始了他的写作事业；1440年他当教皇菲力克斯五世的秘书时，就曾编著《评论》（*Commentarii*）[③]三卷，这部书写的并不是这次宗教会议的总的经过，而是关于导致游其尼阿斯四世[④]被废黜而菲力克斯五世当选的那些情况。只是为他的主子辩护的一本小册子，但有历史价值，因为它把这次宗教会议运动晚期那些诡诈活动都摆了出来。值得

① 人文主义运动的领袖。他写了许多诗歌、历史、信札、对话的著作，并且写了一部对哥伦比亚有影响的地理著作。——译者

② 坡特哈斯特文献，I，19—25和帕屠，323。又参阅克勒顿（见上一个著者注），III，51—70，119—23，269—358和第VI卷的索引；同一作家，《历史论文集》，路易丝·克勒顿编（伦敦和纽约，1903年）；帕斯脱（见本书原书第479页注），第III卷；乔治·筏格特：《伊尼阿·锡尔维乌斯·匹科伦米尼，即教皇庇护二世及其时代》（柏林，1856—63年，三卷）；格雷戈罗维阿斯，VII，第1部分，160—217；E.阿姆斯特龙："伊尼阿·锡尔维乌斯·匹科伦米尼：教皇庇护二世"，见〔伦敦〕《教会评论季刊》，LXIX（1909—10年），383—405；佛特，139—43和索引。

③ 书的全名是《他自己时代的评论》。——译者

④ 1431—47年在位。1439年为巴塞尔宗教会议所废立，宗教会议另选菲力克斯五世（1439—49年）为教皇。教会仍分裂，1443年他又回到罗马。——译者

注意的是那章绪论，这段文字生动地描绘了巴塞尔，这是对德国那些大的自由城市的若干这类轮廓描绘中最早的一篇。另一部早期著作是《名人传》(*De viris illustribus*)，写的是当时一系列著名人物的传记。伊尼阿在德国住了几年，大部分时间住在皇帝腓得烈三世宫廷，那时就开始撰写一部腓得烈三世统治时期的历史；离开德国之后，这部书尚未写完。他在奥地利居住时写了一部《波希米亚史》，只记述了胡斯战争，其他的事记述甚少，因为他对这些战争很感兴趣。他这部著作和他所有其他著作一样，也是用李维式的拉丁文写的。尼古拉五世[①]任命他为锡耶纳主教兼任外交职务，因此他曾旅游德国、低地国家、苏格兰和英格兰。他对这些旅行的记述读起来风趣横生，因为书中有的是关于某些地点、关于旅行的 486
艰苦，关于坏旅店以及关于他接触到的各种各样的人物的生动如画的描绘。苏格兰人"野蛮"得使他吃惊，他高兴地溜过边界，进入比较文明的英格兰。"苏格兰最好的风景是通往英格兰的大道"这句名言的作者是伊尼阿，而不是约翰逊博士[②]。他无论到什么地方，都孜孜不倦地搜寻古书；他说他在圣保罗教堂里发现了修昔底德的一部中世纪拉丁文译本。这句话似乎难以置信。《评论》写的是从 1405 到 1463 年间的事情；[③]这部书的编纂工作占据了作者整整一生。其最后部分是他当了教皇之后，口授给一位秘书记下来的，是自传性质的；其中包括一段"我怎样做教皇"读起来令人

---

① 1447—55 年在位，他奖励文艺工作。——译者

② 英国文学家(1709—84 年)，编纂《英国字典》。——译者

③ 帕斯脱在什基图书馆中发现这部手稿，II，324，381。

惊叹。①

克赖顿②有如下记述庇护二世的一段，文笔可爱：

庇护二世曾表示，他这位教皇竟然有时间从事写作，实在不应该。"会有人不怀好意地解释我的工作，说我抢了基督教世界的时间，致力于无用的事。我这样回答：应当先把我的作品看过，再加责难。纵或典雅的文笔不足以吸引读者的注意，他总还可以找到不少有用的事实记述吧"。……研究历史对他说来就是教诲的源泉。……他看待事物总是联系到它在将来产生的结果。他的行为也是以有力的历史协调感为制约。……在他看来，现在的一切都是过去的产物，因而他在形成的行为动机时参照历史先例。无论何事，在对其成因未作充分调查研究之先，他绝不提起；他看过的任何城镇，总能联系它的过去进行描述。庇护二世是第一位这样的作家，他总是企图把现在描绘成后一代人会看到的那种样子，他总是有意识地运用科学的历史观解释和安排正在发生的一切事件。

为了说明他这种纯正的历史灼见，可以引用庇护二世对贞德生平的评论为例。庇护二世在令人钦佩地准确地讲完了这个故事之后，就作总结说："贞德就是这样死了，她是一位极其伟大的、了不起的少女；她曾经把业已倾覆、几将灭亡的法国挽救出来，她曾使英国遭受许许多多严重的灾难。她使自己当了万千男子的领袖，在大队大队的士兵当中她仍然保持着自己丝毫无损的端庄贞洁，从未听到任何不体面的事情发生。究竟她的事业属于上帝还是属于人类，这个问题我觉得实在难以肯定。有些人认为：当法国贵族们发生争执、任何人都不能忍受叫别人当领袖的时候，英国人的节节胜利迫使一个比别人聪明的人设计出一个方案，这个办法有可能说服这些人使他们服从一个自称为上天派下来的少女的领导；战争的领导权就是这样委托给她的，于是最高指挥权确定下来了。无论如何，下列各点是绝对肯定的：奥尔良之围是在

① 译文见《十九世纪》杂志，XLI(1897年)，538—46。他的《亲友书简集》，共四百三十三件，1486年科柏格印于斯特拉堡，这些信札几乎谈到当时所能想到的一切问题。

② 英国高级僧侣和历史家(1843—1901年)，著有《教皇史》。——译者

这位少女指挥下解除的；部尔日和巴黎之间的领土是她率领武装力量征服的；兰斯的收复和〔查理七世〕在那里举行加冕礼是在她的建议下实现的；托尔波特被击溃、他的部队被屠戮，是她率领部队猛攻的结果；巴黎城门被焚毁是出于她的胆量；法国的幸运得到保证也是由于她的操劳和热忱。”[1]

这位教皇一贯表现对地理有很大兴趣。他曾阅读许许多多关 487
于外国和外族的书，和他同时代的和古代的都有。乌尔比诺[2]公爵腓得里哥是他的挚友，也是那个时代最有文化素养的君主之一（他的藏书很有名）；他鼓励庇护二世研究一门古代史地，以此作为教皇无休止的头脑所设想的一部世界通史的第一部分。斯特累波、托勒密、普林尼、索利那斯和其他古代作家的著述是他的资料来源。这项工作于1461年在蒂沃利[3]（教皇在那里休息，以避罗马之暑）开始，但未能完成。

十五世纪后半叶和十六世纪初期，罗马的历史编纂工作严格地按照以前的形式进行，也有一些日记体，和过去一样。这些非正式的历史著作由于内容更为详尽而直率，所以比正式记述还好。在文艺复兴时代的史料当中，很少像部克哈特写英诺森八世[4]、亚历山大六世[5]、庇护三世[6]和朱理亚二世[7]等任教皇时期的《日记》

① 克勒顿：《罗马教廷史》（见本书原书第485页注），III，344—47。
② 在佛罗伦萨之东。——译者
③ 在罗马之东。——译者
④ 1484—92年在职。——译者
⑤ 1492—1503年在职，以贿赂当选为教皇，奖励文艺。——译者
⑥ 1503年在职，为教皇仅一月。——译者
⑦ 1503—13年在职，奖励文艺，极力扩充教皇国的领土。——译者

更为有趣、更令人惊叹的了。[①] 约翰尼斯·部克哈特生于斯特拉斯堡附近，受过宗教法方面的教育。1481年去罗马，得到教廷首席公证人的职位。两年之后，他被任命为教廷典礼官。他服侍过的教皇都喜欢他。他们都赐给他丰厚的薪俸，他在罗马城关一处宫殿中过着枢机主教式的生活，可以很有把握地说，假如这些教皇当中有任何一位知道他偷偷地写进他的日记里的那些东西的性质的话，他的命运一定不会有这样好。至于他这部书中那些令人惊叹的内容的意义和重要性，除非把全部著作阅读一遍，否则是没有其他办法说清楚的。这部《日记》尽管耸人听闻，却很真实。

巴黎·得·格雷西斯的《日记》在时间上和重要性上都不如部克哈特那部《日记》，但二者很不相同。他是教皇朱理亚二世和利奥十世[②]的典礼官，他在这部著作中所记情况有许多都是教廷的而且还有枢机主教的繁缛仪节。夹杂在这些材料当中作为润饰的还有一些关于诸教皇的行为和性格的议论以及西班牙人在罗马的横行霸道等情况。[③]

① 《英诺森八世、亚历山大六世、庇护三世和朱理亚二世的日记》，A. 泽纳勒里校订（佛罗伦萨，1854年）。这是一个删节本，只包括1484—94年的时期。L. 屠阿斯内准备了一个完整的新版本（巴黎，1883—85年，三卷）。参阅坡特哈斯特，I，176—77；此外还加上恩里科·息拉尼的另一个版本，见《意大利古史作家》丛书（1906—　，两卷）。M. 克勒顿对屠阿斯内版本的评论，见〔伦敦〕《英国历史评论》，I（1886年），164—67。F. L. 葛拉塞发表了他的《教皇亚历山大六世和他的宫廷》，这是这部《日记》节录的译本，译文很坏。也可参阅伊狄斯·安得鲁兹的论文，见《民族》杂志，CI（纽约，1915年），通讯副刊，12—13；格雷戈罗维阿斯，VII，第2部分，634—37；克勒顿：《罗马教廷史》（见本书原书第485页注），IV，338—40。

② 1513—21年在职。——译者

③ 此书的正式部分（《论礼仪》等）于1564年在罗马出版。全部著作从未付印。关于某些节录，参阅克勒顿的著作（见本书原书第485页注）V，305—19，VI，367—69。

上面已经说过，十四、五世纪意大利流行的历史著作类型大大 488
扩大了的城市编年史。这类作品更为深刻、广泛，但观点仍然是地方性的，即使是用拉丁文写的那些也是如此。在大城市以外的其他地区，旧式的城市年代记仍然坚持古老而简单的形式。安敦尼奥·达·立巴尔达的《皮亚琴察年代记》从 1401 年写到 1463 年；安德累雅·席维诺格里亚的《曼图亚编年史》(*Cronaca di Mantova*)记述的是 1445 至 1484 年间的事情；弗拉拉的一位不知姓名的年代记作家，还把他的城市里从 1409 年至 1502 年间发生的事件补充了进去。查科谟·腓力波·福累斯提是奥古斯丁派一位托钵僧，他一生都住在贝加莫[①](1434—1520 年)，他还完全没有从中世纪传统中解放出来，所以他写了一部《从开天辟地到 1485 年的编年史》；后来他又书后附加一篇《补编》，其中在 1493 年那段提到哥伦布首次航海。不时还有一位地方年代记作家表现出比一般人更为广阔的眼界。可以明显看出，《波洛尼亚编年史》(*Cronica di Bologna*)一书的作者对有关 1453 年君士坦丁堡陷落的事件很了解，他把这个城市陷落的原因归之于教士的贪婪，说他们不肯付给基督教军队军饷。他还补充说，当土耳其人夺取这座城市时，发现了巨额财宝；假如把这些财宝用于建造要塞和防御工事的话，这场灾祸本来是可以避免的。一位名叫哲罗姆·得·巴塞利斯的修道士写的那部《波洛尼亚年代记》生动地描绘了 1457 年瘟疫突发时人们的宗教狂热。居民禁食八天之久；铺店停业，妓院关门，惊慌

① 波河流域上游，米兰东北。——译者

失措的人群赤着脚，穿着麻布衣服[1]从一个教堂游行到另一个教堂，哭喊，“发慈悲吧！可怜我们吧！”这种信仰复兴运动迅即传遍全意大利，在萨服那洛拉[2]的事业中达到了顶点。[3]

这个时期流行的另一种通俗类型的历史著作也应当谈谈。这就是历史性的传记。[4] 人们认为佩脱拉克的《名人传》(*De viris illustribus*)就是开创这种流行文风的先驱，古代文学的复兴进一步加强了这种风气，因此，模仿斯韦托尼阿[5]、发利里阿斯·马克西马斯、哥尼流·尼颇士和普鲁塔克进行写作的风气盛极一时。不过，这种解释未免过于狭窄。文艺复兴时代的传记与其说是古典写作的反映，远远不如说它是那个时代自然而然的表现。文艺复兴时代是一个强烈的个性奔放的时代。“完人”——多方面的天才(i'uomo universale)——数量之大令人吃惊，而且这些人都出自意大利一国。追求成名、取得光辉成就已成为人们强烈的愿望。
489 突出时代的个性是文学中的传记和美术上的肖像画流行的共同原因。写出自己的传记或画出自己的肖像成了那个时代许多意大利人至高无上的抱负。按照当时对成功的估价，这样的事是成功的一生最美满的点睛之笔，也是最具体的认可。

只要我们分析那个时代的情况，就可以了解这种现象产生的

---

① 丧服。——译者

② 意大利改革家(1452—98年)。1494年驱逐美第奇家族，公开反对教皇。1498年被囚，后处以绞刑。——译者

③ 昔蒙，I，473—85。

④ 比较部克哈特：《意大利文艺复兴文明》(见本书原书第473页注)，第4部分，第5章，第328—37页。

⑤ 公元二世纪的罗马传记家和历史家，著有《罗马十二恺撒传》。——译者

原因。个性就是“才子”特有的表现，也就是那种可意会不可言传的，然而却是“十五世纪”(quattrocento)人们的生命的气息的力量和成就的积极精神。但它并不意味着单纯的自我至上主义。自我至上是一种罪恶，幸而文艺复兴时代并没有这种祸害。“才子”的意思是体现那个时代最伟大的事业和最高文化素养的个人。全才虽然并不一定是像利奥那多·达·芬奇那样的天才，却是表现那个时代整个文化的人，正如那时的文化是人们全部生活放射的光辉那样。这就是利奥那多·布鲁尼①在他的但丁传和佩脱拉克传中力图表明的，他的这个信息人们是能领会和理解的。佛罗伦萨最伟大的历史家们对历史生活有一种整体的、有机的概念，这是他们的前辈甚至古代最伟大历史家也都未曾体会到的。② 帕尔米亚里说，“当人们有勇气和决心和过去的一切决裂，捣毁老传统，为自由而辛劳的时候，一个绝妙的生命就诞生了”。③ 佛罗伦萨人就是这样看待他们自己的时代的。这个想法是一个“新生命”(vitan-uova)的诞生，并不只是古事物的复活(rinascere l'arti perduti)。

和当时流行的开明专制主义分不开的、在君主和教皇中发展起来的对文人的赞助，进一步促进了写传记的趋势。历任教皇、各国君主、枢机主教、富有的银行家和商业活动家都渴望把自己的生平写成传记，正好像渴望把自己的肖像画出来一样。这种赞助的

---

① 1369—1444 年。意大利人文主义者。提倡希腊古典文学，翻译希腊古典作品为拉丁文，以意大利文写但丁、佩脱拉克的传记。——译者

② 读者可参阅汉斯·巴郎的“十五世纪人文主义中史学思想的觉醒”，见〔慕尼黑〕《历史杂志》，CXLVII(1932—33 年)，5—20。

③ 上面巴郎论文 12 和注 2 中引用过；引自马提奥·帕尔米亚里：《市民生活》(佛罗伦萨，1829 年)，45—47。

因素固然有些有益的影响，因为它为作家和艺术家提供了生活保障，不然他就会饿死；但与此同时，却也为撰写虚假文章、隐瞒真实情况和阿谀逢迎大开方便之门。为历任教皇和各位君主写的传记就特别带有这种嫌疑。看来这种毒害对传记汇编，如韦斯巴西安诺·达·比斯提西[1]的《十五世纪名人传》(*Uomini illustri del secolo XV*)和发萨里[2]的《画家列传》(*Lives of the Painters*)没有这样严重。教皇忽克斯塔斯四世的图书馆馆长普拉提那[3]所撰《历任教皇本纪》于1475年出版。据说，他是从基督纪元写起的，
490 由此可知，他缺乏历史比例感和批判才能。尽管如此，记述十五世纪中叶历任教皇的本纪并非毫无价值，因为这些本纪是这方面的著作中仅有的独力撰写的部分。[4]

第一部值得注意的传记是薄伽丘的《但丁传》。在他这部书之后，接下去便是十四世纪末腓力波·微拉尼的《佛罗伦萨名人传》(*Illustrious Florentines*)，包括诗人、艺术家、律师、学者、医师、政治家和军人的传记。伊尼阿·锡尔维乌斯(庇护二世)的《评论》一

---

① 关于他，参阅克勒顿(见本书原书第485页注)，II，373；格雷戈罗维阿斯，VI，第2部分，630以下；并参阅昔蒙著作索引，在这里很多地方提到他。

② 意大利艺术家和艺术史家(1511—74年)，写了一系列意大利艺术家的传记，为意大利文艺复兴时代艺术史的主要资料。——译者

③ 1421—81年。意大利人文主义者，1475年息克斯塔斯四世任命为梵蒂冈图书馆馆长。著有《罗马教皇史》(1479年)。——译者

④ 《普拉提那的〈教皇本纪〉》，W. 本亨的英译本(伦敦，1888，两部分)。关于普拉提那，参阅格列哥罗维阿斯，VII，第2部分，631—33；佛特，56—58；帕斯脱(见本书原书第479页注)，IV，446—49；克勒顿(见本书原书第485页注)VI，476和索引；G. J. 肖恩："普拉提那的〈教皇本纪〉的史料来源"，见《罗马季刊》，1913年，第4号；尤金·蒙次："十五世纪一位意大利人米西那斯撰：息克斯塔斯四世时代的罗马文学和艺术"，见〔巴黎〕《两世界评论》，XLVIII(1881年)，154—192，特别是174以下。

书中有许多当时著名人物的令人惊叹的素描。沃尔特拉[①]人雅各写的《罗马日记》(*Diarium Romanum*)一书中有关于息克斯塔斯四世及其近侍的讽刺性的肖像素描。假如没有发萨里的著作,“我们可能至今天还没有记述北方艺术的历史,或者根本就没有近代欧洲艺术史”。得森布里奥[②]笔下的维斯昆提家族最后一位公爵的肖像,其笔触几乎是塔西佗式的。部克哈特说,假如没有这部独特的传记,十五世纪的图景就会不完整,因为这部传记即使是最小的细枝末节,也有其独特风格。不过,即使是这样的一些肖像画,如果和十六世纪科里奥·马基雅维利、发歧以及基察第尼等人的著作中的素描对比,也就显得暗淡无光了。某些著名佣兵队长的传记值得注意,皮罗·孔第多·得森布里奥曾为腓力波·马利亚·维斯昆提[③]写了一部杰出的传记(作者的父亲是佐凡尼·马利亚·维斯昆提[④]的秘书)。作者生于1399年,是一位著名学者,起初在米兰宫廷,后来在尼古拉五世[⑤]时期在罗马,最后投奔那不勒斯国王亚丰琐一世[⑥]王廷。他这部腓力波·马利亚·维斯昆提传是这个时期中最著名的著作之一。得森布里奥的《佛兰西斯科·斯福查传》更简短而审慎些,因为写的是还活着的人。西谟尼

---

① 在佛罗伦萨西南。——译者

② 意大利的人文主义者(1399—1477年),教皇尼古拉五世的秘书,著有维斯昆提族人及佛兰西斯科·斯福查等人的传记。

③ 生活于1392—1447年,维斯昆提族统治米兰的最后一个公爵(1412—47年)。——译者

④ 生活于1389—1412年,米兰公爵(1402—12年),遇刺身死。——译者

⑤ 教皇(1447—55年在职)。——译者

⑥ 1443—58年在位。——译者

达也用拉丁文写了一部佛兰西斯科·斯福查的传记;他很熟悉斯福查,因为他从 1444 至 1466 年逝世,一直是斯福查的秘书。

至于文艺复兴时代的自传文学,本维纽托·拆利尼[1]的自传,在整个自传文学领域中是无与伦比的,而且毫无疑问,只要世界还存在,人们总是有兴趣读它的;而吉罗拉谟·卡达诺[2]那本小书《自传》(*De propria vita*)却使他作为一位哲学家和自然科学家的声誉黯然失色了。[3]

古典文化的复兴使文艺复兴时代的历史有了更广阔的眼界和更强烈的兴趣。古代世界的政治和文化给他们提供了一个可以和
491 他们自己的时代相比较的标准,而意大利的复古运动比其他欧洲民族都早,而且也更充满热忱,因为他们距离古文化不像其他各国那么遥远。[4] 特别是其中有两位古典历史家李维和波里比阿影响很大。李维那些绘形绘影的篇章以及把他的著作分为一些"十卷组"的写法已形成人们的写作风格和形式的范例。另一方面,波里比阿的影响在精神而不在形式方面,在思想而不在风格方面。随着文艺复兴时代的历史写作日益富于解说性和哲学性,当时较大的作家都感觉到在精神上和波里比阿很亲近。这点在马基雅维利的著作中特别明显。

---

① 意大利雕刻家(1500—71 年),米开朗琪罗的学生。其《自传》反映意大利文艺复兴时代的生活,为意大利文学的古典著作。——译者

② 意大利的自然科学家(1501—76 年),其《自传》甚为有名。——译者

③ 写于他的晚年,约 1576 年,但其中充满文艺复兴的精神,尽管那时文艺复兴精神早已经消失。

④ 沃尔特·哥次:"文艺复兴与古代",见〔慕尼黑〕《历史杂志》,CXIII(1914 年),237—59。

但在开始探讨十六世纪史学以前，来自古代并对文艺复兴时期的历史写作有很大影响的另外一种影响也应当先提一下。我指的是考古学的影响。在十四世纪，历史作家初次发现铭文、货币和勋章等作为史料的价值，古代精神以新的姿态出现。在这以前的整个中世纪时期，意大利人——甚至罗马人——不但对古代留下的纪念物漠不关心，而且还为了各自建筑的需要放肆地把它们拆毁。历代皇帝建造的那些壮丽建筑物竟然被他们用作获取建筑材料的采石场。甚至到十五世纪中叶，尼古拉五世(1447—55 年在位)还允许承包商从科利西姆圆剧场[1]取去两千六百车已琢磨成材的石料。对古代遗留下来的建筑物在文化上的价值的正确评价发展极为缓慢。但丁面对维罗纳和拉文纳那些古迹似乎无动于衷。对古迹鉴赏精神的改变出现于十五世纪，到那时，收集古物的活动才开始形成。[2] 1430 年前后尼科罗·尼科利在佛罗伦萨收集古物可说是这方面的一位先驱。罗棱索·得·美第奇[3]在他的一座宫殿中搞了一个博物馆。在罗马，最早收集碑铭的是保罗二世[4]在 1457 年开始的。他的继承者息克斯塔斯四世[5]创建了卡彼托博物馆。考古学作为学术上一门科学是夫雷维阿·俾温多[6](1388—1463 年)在下列三部重要的著作中创立的：《著名的罗马》

---

① 著名的罗马角斗场，可容观众九万人，皇帝韦斯巴兴于公元 72 年开始建筑，公元 82 年其子泰塔斯完成。——译者

② 这个问题的详细讨论，见格雷戈罗维阿斯，VII，第 2 部分，584—607。

③ 生活于 1395—1440 年。——译者

④ 教皇，1461—71 年在职。——译者

⑤ 1471—84 年在职。——译者

⑥ 意大利历史学家与考古学家。——译者

(*Roma illustrata*)、《复兴的罗马》(*Roma instaurata*)和《胜利的罗马》(*Roma triumphata*)。这几部书都是在他死后才出版的。[①] 他不但是一位考古家,而且也是一位历史家。他的《罗马帝国衰落以后的历史,472—1440年》(*Decades*)[②]是唯一的一部他在世时就出版的著作,这部书以二十卷的篇幅叙述五世纪至1250年腓得烈二世[③]倾覆期间的历史;再以十卷叙述从那年直至1440年的历史。这部著作采取的"长远"观点和批判地处理史料的态度抢在吉
492 本前头。甚至到现在为止,夫雷维阿·俾温多还没有得到他应得的评价。他的《罗马帝国衰落以后的历史》一书是近代史学一个里程碑。关于这本书,部克哈特曾经说过:"只有这部书才会使我们有权说这样的话:只有首先研究古代才有可能研究中世纪,这是因为,首先需要的是使头脑养成公正无私的历史批判的习惯。"[④]

夫雷维阿·俾温多谴责佩脱拉克以大量轻蔑之词强加给中世纪,他强调从410年罗马被洗劫[⑤]到文艺复兴时代欧洲历史的连续性。他是第一位从中世纪撰写的那些编年史中抽出中世纪史的作家,并认为中世纪本身就是一个历史时代。不幸的是,这个观点和教诲竟然无人注意,因而中世纪作为历史研究的一个领域一直未能取得应得的地位,直到吉本和浪漫主义运动才把它从埋没和受蔑视中挽救出来。尽管如此,夫雷维阿·俾温多在这部伟大著

① 艾尔弗雷德·马秀斯:《夫雷维阿·俾温多,他的生平和著作》(莱比锡,1879年);佛特,128—34、157—63,参阅索引。

② 《罗马帝国衰落以后的历史,约472—1440年》。

③ 生活于1194—1250年。——译者

④ 部克哈特:《意大利文艺复兴文明》(见本书原书第473页注),246。

⑤ 西哥特国王阿拉列劫掠罗马。——译者

作中竟然还把史学批评建立在如此巩固的基础之上，以致后来意大利历史著作的篇章中就从未重复那些荒唐的胡诌，如说佛罗伦萨、威尼斯和米兰起源于特洛伊或其他古代城市等等，与此同时甚至迟至十七世纪，意大利以外的欧洲的历史写作却仍然充满虚构的故事。

摆在正在成长起来的历史批评这门科学面前的主要任务之一就是清除各氏族对自己的起源加上的那些荒诞无稽的古代传说。奥坎坡[①](1499—1558年)记述了从诺亚的孙子土巴以来无间断地代代相传的西班牙各位国王的事业。葡萄牙的年代记从特洛伊战争写起。密尔顿写的不列颠史是从巨人阿尔比湿[②]和特洛伊的布鲁图[③]开始的，还写了罗克赖因[④]、哈第布拉斯[⑤]、李耳[⑥]和吕德[⑦]等人的故事，他说，“对于这些，我既不强迫别人相信，也不过于匆忙地承认我自己相信”。四大名家[⑧]胜过他们所有这些作者，他们是从洪水以前四十天开始写爱尔兰年代记的。主张有比这个更古的历史简直是不可能的，但是在瑞典最光辉的时代，奥拉夫·路德伯克[⑨]却极力主张极乐园(Paradise)[⑩]的地点原

---

① 即多坎波，西班牙编年史家。——译者

② 传说中海神波赛顿之子，为赫丘利所杀。——译者

③ 传说中，意大利人祖先伊尼阿的玄孙，不列颠人第一个国王。——译者

④ 传说中的布鲁图的长子。——译者

⑤ 即休·得·布拉斯，亚塔尔传说中的圆桌武士之一。——译者

⑥ 传说中的不列颠国王，参阅莎士比亚名剧《李耳王》(中译本《莎士比亚全集》第9卷，1978年版，人民文学出版社)。——译者

⑦ 传说中的不列颠王，布鲁图的八代孙。——译者

⑧ 《四大师年代记》是一部古代爱尔兰编年史的集子，公元1632　6年作为爱尔兰王国年代记出版。四位大师(著者或编者)是迈克尔·奥克累利(1575—1643年)、他的兄弟科那尔、他的堂兄弟库科格里启·奥克累利(死于1664年)和非尔费萨、奥穆尔康里。——译者

⑨ 瑞典的科学家(1630—1702年)，他企图证明世界的摇篮及柏拉图的大西岛是在瑞典。——译者

⑩ 即伊甸园。见《旧约》《创世记》，第2章。——译者

来就在他们那个国家里，还有一部教会史主张亚当就是瑞典一个小镇卡尔克斯塔德的主教。这类虚构故事在一般人头脑中如此根深蒂固，而且如此紧密地和民族荣誉联系在一起，因此，首先不计得失向这些虚构故事展开攻势的那些历史家才算是有巨大功勋的人。[①]

从古物搜集形成一桩事业到1478年夫雷维阿·俾温多的门徒庞波尼阿斯·利塔斯[②]建立罗马学院，只是不大的一步。新兴的考古学不但对古典文艺的复兴提供了有价值的诠释，而且对批判的方法和历史的解释也作了很大贡献。

夫雷维阿·俾温多曾应用批判的推理的方法解释历史。但
493 是，如果打算把历史写作从传统的羁绊和权威的束缚中解放出来，仍然有必要运用另外一种批判形式。这件工具就是哲学批判，是作为历史研究的辅助科学使用的。这是应用在历史文献的文字上的一种新的、大胆的批评方法——简言之，即文献校勘学，其创始人是罗梭索·发拉[③](1406—57年)。新旧史料往往都有和公认的传说和教会权威相违反的事实。这是这样一个关键时刻，即在天主教欧洲历史上文明的进程已经出现了摆脱神学和武断领域的一种强烈而明确的倾向，教廷必须在赞成或反对这种新的世俗思潮之间作出选择的时刻。教皇们表态赞成文艺复兴。因此，发拉毫不迟疑攻击了称为“君士坦丁圣赐”[④]的著名文件(教廷的世俗权力大部分是以这个文件为根据的)，公开宣布这个文件是伪造的。

---

① J. F. 哲麦孙:《近代欧洲史学发展》，见《大西洋月刊》，LXVI(1890年)，325。

② 对他的同情欣赏，参阅部克哈特(见本书原书第473页注)，279—80。

③ 意大利人文主义者。著有《论拉丁文字的优美》(1471年)，翻译过许多希腊著作及写了许多批判和神学论文。

④ 教会伪造君士坦丁皇帝以罗马土地赐予教皇的文件。——译者

他很有资格做这项工作，因为他前此业已出版一部有名的著作《论拉丁文字的优美》(*De elegantiis latinae linguae*)，在这部书中，他对拉丁文的形式和结构、语法与风格作了非凡的分析。他的结论所根据的内证是这个文件中的一些说法以及所谓的文件起源的时代各种条件并不能自圆其说、甚至是自相矛盾的情况。这个文件并不是像它号称的那样是在四世纪前半叶皇帝君士坦丁给予教皇西薇士德二世的赏赐，文件用的拉丁文是八世纪的拉丁文，文件所记的事实反映的是法兰克人对半岛的干涉、推翻伦巴第王国并建立教会附属国的时候意大利的政治情况。“适合这个文件要求的唯一历史背景只有史梯芬前往法兰克访问的时候，或紧接这次访问之后的那些年”[①]亦即 752—756 年前后。发拉并不了解上述情况，但重要的是后来的研究证明“君士坦丁圣赐”最古老的抄本是在圣登尼斯的信仰自白书中发现的，这个文件夹在教皇扎卡赖阿斯[②]的一封信和教皇史梯芬[③]的一封信之间。发拉的成就在于：正巧在亚历山大学派抛弃文献校勘学的地方，他又把它恢复起来，这样说他是当之无愧的。

至于说，假如发拉没有当时正和教皇游其尼阿斯四世结仇的那不勒斯国王亚丰瑣[④]在政治上支持他（发拉是那不勒斯的臣民），他是否还会这么大胆的问题，就属于猜测范围了。但毫无疑

① 《剑桥中世纪史》，II，586。

② 741—759 年在职，他承认矮子丕平为法兰克王。——译者

③ 即史梯芬二世(752—757 年在职)，为法兰克王矮子丕平加冕(754 年)，接受矮子丕平子的赐予(755 年)，即教皇在教皇区内有世俗政权。——译者

④ 亚丰瑣五世(1443—58 年在位)。

问,《君士坦丁圣赐辨伪》(*De Constantini donatione declamatio*)(1440 年)一书所作考证产生了有如学术上的大地震似的结果。
494 作为内证校勘的范例,发拉的成就可以说是开创了下一个世纪整个伟大的文献校勘运动。在德国宗教改革运动中,马格德堡"世纪派"的一整套方法在发拉的方法中就已经有了。在他的手中,校勘方法已变成一杆投枪。这本书的正文直至 1517 年才首先由乌尔立喜·丰·胡腾[①]出版,这绝不是偶然的。[②]

关于意大利文艺复兴时期的历史写作的这段概述,已经说到十六世纪边缘。这是一个时期的结束和另一个新时期的开始。这是因为,在十五世纪后半叶,意大利的政治情况业已大大改观;由于这个变化,意大利历史写作的精神和性质也就改变了。这些变化在性质上一部分是内部自发的,另一部分则是在外力冲击下引起的。

到十五世纪,除威尼斯和热那亚外,以前的城邦共和政体由于贵族阶级(popolo grasso[③])和下层劳动阶级(popolo minuto[④])之间的长期内争,到处都已土崩瓦解,从而几乎到处都为专制铺平了道路。在米兰,首先是维斯昆提家族的专制,后来(1450 年)则是斯福查家族;在佛罗伦萨是美第奇家族;在弗拉拉是伊斯特家族;

---

① 德国人文主义者(1488—1523 年),马丁·路德的朋友和支持者。——译者

② 关于罗棱索·发拉,参阅克勒顿(见本书原书第 485 页注),III,170—73;帕斯脱(见本书原书第 479 页注),I,13—22 和第 2 卷索引;亨利·O.泰罗:《十六世纪的思想与表现》(纽约,1920 年),I,47—53;村普特的论文,见《史学杂志》,IV(1845 年),397—434;其他文献,见帕屠,336;和《天主教百科全书》中"发拉"条。

③ 意为"肥人"、"大人"。——译者

④ 意为"小人"。——译者

在曼图亚是龚扎加家族；在里米尼是马提特斯塔家族；在乌尔比诺是梦特非尔特家族；在佩鲁贾，是巴格利温尼家族；在波洛尼亚是布托服格里家族；等等。这些专制都是同一种类型、同一种精神。它们都是僭主专政；它们都富有文艺复兴时代的开明精神。这些君主尽管在阿谀媚言下相信或者至少是假装他们自己正在复兴古代希腊的僭主统治，但实际上他们只不过是这个时代的产物。[1]政治理论和实践携手合作，或者更确切地说，是同一件事情的正反两个方面，那时人们的政治智慧的客观性，有时真挚得确实使人瞠目结舌。这个情况在那个时代的历史家的著作的每一页中都可找到，但是在任何其他著作中都没有在马基雅维利的著作中那样显著，特别是在他的《君主论》(*The Prince*)一书中则更是俯拾即是。

对意大利至关重要的一次外部事件是1494年法王查理八世入侵意大利，从而破坏了长期以来在这个半岛上保持的微妙均势；再加上威尼斯竭力在大陆上扩张领土以补偿它被土耳其人夺占的地中海东部领土(塞浦路斯除外)，从而使情况更加恶化。经常是一个政治联盟让位给另一个联盟，永无止境。这种政治关系的经常变化，这种互相友好又互相敌视的两面派游戏，或者两个敌对国 495
家之间假装中立的两面手法，愈来愈成为意大利政治生活的特色。[2] 意大利的政治斗争成了其他各国关注的大事，半岛已变成

① 关于这些暴君政治，参阅部克哈特(见本书原书第473页注)，第1部分，第3—5章；V.贝佐尔德神父"十五世纪意大利文献中的共和国制和君主制"，见〔慕尼黑〕《历史杂志》，LXXXI(1898年)，433—68。

② 参阅B.部塞：《1434到1494年间，美第奇家族与法兰克王国的关系》(莱比锡，1879年)，155。

列强间争端的诱因，而伦巴第和米兰那伊斯已成了欧洲的斗鸡场。这一团混乱的后果是，一种特殊的治国的本领和外交的发展，其目标的现实性，其玩世不恭、其口是心非、其无视思想感情和道德顾忌以及其贪污腐化，在历史上都是异乎寻常的。“阴谋诡计、军备竞争、各式联盟、腐败和叛逆等等〔还可以加上暗杀一条〕在外表上就构成这个时期意大利的历史”。①

描绘、理解并阐释这个混乱得使人眼花缭乱的时期的历史家就是尼科罗·马基雅维利(1469—1527年)，他是意大利最伟大的历史家，可以说，他“在那些曾经说明过一个国家生活中某一段时间虽短、却是多事之秋的一系列最有才华的政治著作家中”建立了一个新学派。② 马基雅维利③是佛罗伦萨一位法官的儿子，这位法

① 部克哈特(见本书原书第473页注)，88。

② 昔蒙，I，219；比较泰罗(见本书原书第494页注)，I，第4章。这些历史家的名字和生卒年代如下：

马基雅维利	1469—1527年	基察第尼	1482—1540年
呐狄	1476—1556年	尼尔利	1485—1536年
坚诺提	1492—1572年	发歧	1502—1565年
塞格尼	1504—1558年	亚得里安	1513—1579年
庇提	1519—1589年		

③ 在现有大量文献中，可以参考下列一般参考书：佛特，73—83；帕斯卡勒·微拉里：《尼古罗·马基雅维利和他的时代》，林达·微拉里译(伦敦，1892年，两卷)；E. W. 迈尔：《马基雅维利的历史观》(柏林，1912年)，比较〔伦敦〕《英国历史评论》，XXVIII(1913年)，607—08和〔纽约〕《美国史学评论》XVIII(1912—13年)，831—32的评论；J. M. 阿伦：《十六世纪政治思想史》(伦敦，1982年)，447—501；路易·代厄：《马基雅维利与近代国家》(波士顿和伦敦，1904年)，285—325；昔蒙，参阅第7卷索引；部克哈特(见本书原书第473页注)，81—86，458；格雷戈罗维阿斯，VIII，第2部分，参考索引；J. M. 罗伯孙：《人文主义者的先驱》(伦敦，1907年)，1—41；帕斯脱(见本书原书第479页注)，V，159—69；托马斯·倍宾吞·马可梨的《马基雅维利论》，多次重印，例如，他的《全集》第5卷(纽约，1866年)，46—82；约翰·摩黎：《评论杂文集》(伦敦(接下页)

官并不像人们一度认为的那样出身于贵族家庭。在受教育期间，他曾学习拉丁古典和近代意大利作品。他受波里比阿影响很大，496
他曾阅读波里比阿的拉丁文译本，因为他只是粗知希腊文。①二十五岁时（即法国人侵入意大利的那一年），他在政府中得到一个官位，其职责是处理有关战争和外交使节的事务。美第奇家族被放逐后，他继续担任公职，1498年议会提升他为副议长。不久之后，他被委任为十人委员会秘书，一直担任了十五年。

他第一次重要外事任务是1500年出使法王路易十二朝廷。后来还作为外交使节跟随恺撒·波耳查②前往罗马尼阿和安布里亚劝降。就是这次经历使他有了对军事这一行亲切而准确的知识后来在他的著作中表现出来。他很可能曾参加选举朱理亚二世为教皇的那次秘密选举会。他的故乡佛罗伦萨当时正在和已反叛的附属城市比萨进行长期战争。这使他有机会使用他的军事才干。1512年佛罗伦萨共和国倾覆，美第奇家族复辟，从而使他失去官

和纽约，1886—1908年，四卷），第IV卷；哈罗德·霍夫丁：《近代哲学史》，B. E. 迈尔译（伦敦，1900年，两卷），I，17—25；机塔诺·摩斯卡："马基雅维利"，见《社会科学百科全书》，IX，655—57；约翰·阿定吞·昔蒙：《马基雅维利》，见"大英百科全书"（第14版），XIV，575—78，重印自第11版；克勒顿：《历史论文集》（见本书原书第485页注），335—40；威廉·R. 退耳："马基雅维利的《君主论》"，见《国际伦理学杂志》，II（1892年），476—92；《爱丁堡评论》，CCXXVI（1917年），93—112；《北美评论》，XLI（1835年），70—94；阿克顿爵士："柏德先生的《马基雅维利》"，见《十九世纪》杂志，XXXI（1892年），696—700；《伦敦评论季刊》，LXXIX，20以下。节录见《华尔纳的〈世界最好文学丛书〉》，XVI（纽约，1902年），9479—94，附有查理P. 尼尔一篇导言。

① 多门尼歧的意大利文译本于1545—53年在威尼斯出版。——译者

② 教皇亚历山大六世的儿子（1475？—1507年），1499—1501年征服中意罗马尼阿大部分领土，自为罗马尼阿公爵。利用法国帮助，进攻那不勒斯。1503年亚历山大六世逝世，新教皇朱理阿斯二世反对波尔查，迫使他交出他所征服的城堡。1304年被囚于西班牙两年，后逃狱，战死。他是马基雅维利《君主论》中的英雄。

位。次年他因牵连反美第奇家族的阴谋而被下狱，可能还受过拷打。枢机主教美第奇当选为教皇利奥十世之后他因而获释，引退到自己的别墅中，过着小乡绅的生活。

《君主论》[1]一书下笔于1513年，但直至1532年才出版。1516年他的《李维论》问世。李维这个名字好比一个方便的木钉，可以把一系列政治论文挂在上边。不过他这部书实际上是受益于波里比阿的。[2] 应克力门七世[3]之请写的那部《佛罗伦萨史》出版于1525年。[4] 这部佛罗伦萨史的分析透彻而尖锐、还常常带有挖苦讥讽之词，反映出来的思想和《君主论》相差无几。他从蛮族入侵，而不是从古罗马写起，这种合乎情理的想法是从利奥那多·布鲁尼那里得来的。作为一位历史家，马基雅维利很喜欢寻根问底，找出因果关系。他的《战争的艺术》是一本小册子，其目的在于证明民兵制度是维护自由独立最可靠的保证。而为他的理想的僭主卡斯特鲁绰·
497 卡斯特拉卡尼[5]写的那部《传记》却只不过是古希腊亚伽多克利[6]

① 《君主论》最好的版本是L.A.柏德的版本（牛津，1891年），书中有阿克顿的一篇杰出的导言。有各种英译本；《人人丛书》中的是W.K.马利奥特的译书（伦敦，1908年）。

② 宁尼安·H.汤姆孙的英译本：《泰塔斯·李维〈前十卷书〉评论集》（伦敦，1883年）。

③ 1523—34年在职。——译者

④ 这部著作的第一部英译本是1595年伊丽莎白女王的一位绅士侍从托马斯·柏丁飞尔德的译本；《佛罗伦萨史》（重印于《都铎王朝译丛》中，伦敦，1905年）。其他英译本有亨利·摩黎的译本（伦敦，1891年）；和C.W.科尔比的译本（修订本，纽约，1901年），附一篇导言。

⑤ 意大利军人和基伯林党领袖（1281—1328年）。征服比萨，为比萨公爵（1327年）。——译者

⑥ 叙拉古的僭主（公元前316—304年）、国王（公元前304—289年）。——译者

的传记的译文而已。[①]

马基雅维利是历史上受到最不公平的诽谤的人物之一。他被人痛骂，说他"用看来粗鲁下流的开门见山的文笔写出他那个时代的人们在行为中经常遵循的而且后来的人们也一贯遵循的那些准则"。[②]《君主论》后来成为众君王的行动指南，但他这部书并不是为这个目的写的；而是为了把1500年的意大利的政体和政治外交等活动的准确图景描绘出来。当时，全意大利就是试验各种政体的一个政治实验室。马基雅维利是个现实主义者，他用宝石鉴赏家那种精确度揭露他的观察和实践的结果；他也和文艺复兴时代所有意大利人一样，根据人们的"才干"，即按照他们的品质的力量对他们作出估价。詹姆斯·马金托喜爵士[③]说："《君主论》既不是一篇说教或讽刺，也不是一篇颂词。它是一篇大胆的，甚至是残酷的对国家权力效能的分析。马基雅维利并不是他在《君主论》里表达的那些思想的首创者，也不一定是这些思想的辩护人。他只是把那个时代流行的、尚未成形的政治哲学明确化、系统化而已。"[④]

马基雅维利的伟大继承者和唯一可以和他匹敌的是佛兰西斯

---

① 特里安非里斯的论文，见《威尼斯文库》，1875年7—9月号。

② 威廉·腾普尔：《自然、人类和上帝》（伦敦，1935年），61。

③ 苏格兰哲学家和历史家（1765—1832年）。——译者

④ 谈论马基雅维利对文艺复兴时代的作家的影响，是不可能的。他的《君主论》和《泰塔斯·李维评论》直到1512年以后才写成，著者死后，在1531年才出版。《李维评论》的法文译本于1554年问世，《君主论》的法文译本于1553年问世。因此，在文艺复兴时代结束以后，马基雅维利的思想才广泛被人了解。事实上，在《君主论》明确规定那个时代的外交原理和习惯的时候，欧洲诸君主——路易十一、路易十二、法兰西斯一世、阿拉贡的斐迪南、亨利八世等等早已按照马基雅维利的精神行动将近一百年了。历任教皇也应当包括在这一类人物之中。确实，马基雅维利最初的著作是（接下页）

科·基察第尼(1483—1540年)。[①]基察第尼是佛罗伦萨人，于1482年[②]3月6日在这个城市出生。他曾在帕多瓦大学学习法律。学成之后随即在佛罗伦萨任法学教授。但他喜欢实际工作，
498 不愿做学术工作，因而辞去教授职位。1513年作为使臣被派往皇帝斐迪南宫廷从而开始了他的外交前程。他表现出来的才干使他在教廷获得一个职位。他先后被任命为摩德纳、勒佐、伦巴第和罗马尼阿等各教皇属国总督；当时，统治罗马尼阿的任务被认为是在意大利(如果不是在全欧洲的话)最困难的。他在教皇手下任职期间曾积极参加围困帕尔马。克力门七世曾派他出使法国，后来还曾派他去调停教皇和波洛尼亚城的争执，但是，这位教皇觉得他在1527年罗马遭洗劫[③]时办事不力，因而不体面地解除了他的职务。后来他再次取得教皇宠幸，被任命为罗马尼阿总督。1534年辞

(接上页)梵蒂冈出版社在教皇克力门七世特许下出版的，克力门曾阅读《君主论》原稿，还装作了解书中才华横溢的自相矛盾的议论似的。最后终于使这部书受到谴责的是耶稣会员对它的敌视。1559年因哥尔施塔特大学焚烧马基雅维利的模拟像，同年保罗四世把马基雅维利的《君主论》和其他著作列入禁书目录。参阅J.R.沙萌纳尔：《十六世纪意大利思想与流行的自由思想家》(巴黎，1919年)。

① 佛特，84—95并参阅索引；同一作家："作为历史家的基察第尼"，见〔慕尼黑〕《历史杂志》，C(1908年)，486—540；昔蒙，II，参阅索引；帕斯脱(见本书原书第479页注)，VI，参阅索引；文生特·琉细安尼：《佛兰西斯科·基察第尼及其在欧洲的声誉》(纽约，1936年)；尤金·柏诺依斯特：《十六世纪意大利历史家和有地位的人物基察第尼》(马赛，1862年)；参阅〔巴黎〕《学者杂志》，1862，第584页的评论；摩黎(见本书原书第495页注)，IV，1—53；节录，见J.H.鲁宾孙：《欧洲史选读》(波士顿和纽约，1904—06年，两卷)，I，9—15和II，516—20；《爱丁堡评论》，CXXX(1869年)，1—35；〔伦敦〕《评论季刊》，CXXXI(1871年)，416—40。

② 可能是1483年之误。——译者

③ 1526年5月，法王佛兰西斯一世、教皇克力门七世、威尼斯、佛罗伦萨等组织联盟，反对德帝查理五世及西班牙军队，1527年5月6日西班牙及德国雇佣军攻入罗马，大加掠劫。——译者

职,回佛罗伦萨,继续积极参与城市公务。亚历山大·得·美第奇遇刺后,在帮助美第奇家族较为年轻的一支于1536年掌政这件事上,他曾起积极作用。但是,科西摩一世并未对他的功劳表示感激。于是这位历史家就被当作无用之人抛弃一边。他在屈辱中,退隐到自己的别墅中,专心编纂他的《意大利史》。直到1540年5月23日他死的时候还没写完。

基察第尼的声誉大部分来自他的《意大利史》。但这绝不是他唯一的著作。他二十七岁时,就已经写了一部《佛罗伦萨史》,记述的是这个城市1378至1509年间的事。早在1523年,他就忙于撰写评论佛罗伦萨政府的文章了。他还写过一部政治格言集,名为《回忆录》(Ricordi),但只有《意大利史》一部书是在他活着的那个世纪里出版的。这部书名声极大,在十六世纪末以前,其意大利文版已出十版,拉丁文版三版,法文版三版,而且还译成英、德、荷、西等国文字。在卡尼斯特里尼编纂的《法兰西斯科·基察第尼未刊稿》(*Opere inediti di Francesco Guicciardini*)于1857年至1867年间在佛罗伦萨出版以前,没有人想到还有《佛罗伦萨史》这部书。还应当提到他那部《低地诸国志》(*Descrittione di tuttii Poesi Bassi*),这部书曾以意、法、荷、德以及拉丁等文字出版。"它是研究十六世纪荷兰情况的很好的资料。"①

关于他的《佛罗伦萨史》,佛特②说,"近代分析史学,亦即史学中的政治论证,就是从这部《佛罗伦萨史》开始的。我们确实可以

① P.J.布洛克:《荷兰人民史》,O.A.俾斯塔德和鲁司·帕特喃译(纽约和伦敦,1898—1912年,五卷),II,402。

② 瑞典史学家(1876—1928年),著有《近代史学史》。——译者

把这部著作和科民的《回忆录》相提并论。这位作家，也和那位法
499 国作家一样，并不尊重写作惯例。他重视内容甚于形式。也许其中道理是一个，即这部书并不是想出版的”。[①] 并不打算出版这个事实再加上写书时的政治局势，就使这位作者能够对美第奇家族作出特别有价值的陈述。关于这一点，微拉里写道：“基察第尼对共和国从来都没有很高的热情，而且他的《佛罗伦萨史》是在青年时代写的，当时美第奇家族正在放逐中，任何人都无从预见他们回城的可能性，因此在他谈论罗棱索时，在思想上就〔比马基雅维利〕更为自由自在无拘无束。”[②]因此，他笔下的这位君主肖像就真实得多。这也是这部著作值得称赞的特点之一。其他可以提到的优点是叙事的清晰准确，对事态的敏锐和激情的运用，对性格和野心的透辟分析，刻画的精确和对诸君王、群众领袖以及广大群众的行为的清晰判断等等。摩黎认为：作为一位历史家，他的最伟大的艺术在于他对各种人的分析的本领。[③] 同时，这位作家却还没有完全摆脱陈旧的编年史风格。他并不经常列举事实证明他的记述并无伪造。即使在他的著作中，也可以发现朗克极其尖锐地批判的那种错误，他过分吹嘘自己，把自己起的作用说成如何重要，但实际上这种情况并不存在。

读完基察第尼的《佛罗伦萨史》，再读他的《意大利史》，就进入一个完全不同的历史领域。在写《佛罗伦萨史》时，就著述范围论，他和他的前辈以及他同时代的人并没有什么不同；跟他们一样，他

---

① 佛特，88。

② 微拉里(见本书原书第 495 页注)，II，436。

③ 摩黎(见本书原书第 495 页注)，IV，104。

也是一位地方史家。但在他写他这部《意大利史》时，他的视野却扩大了。他不再作为一位城市历史家写作了，也不是把意大利的事务看作只是对他的故乡佛罗伦萨的历史有影响的事务看待了。现在他已经变成一位意大利历史家了。

《意大利史》，由于作者能够把内容铺开，一共写了二十卷。从1494年查理七世进入意大利下笔。这件事以前的意大利史，甚至连一段粗略的回顾都没有。在这一点上，他和他同时代的人们不同。他这部书止于1534年教皇克力门七世逝世和保罗三世[①]当选。下边摘录的是他的绪论中的一段，这不仅因为它说明了他写这部历史的目的，而且也是因为这样可以使读者对他的文笔稍有领略：

> 考虑到有如此众多的事例在对人们进行考验、指导和示范，因而一
> 切君主、人民和世袭遗产继承者都可以了解，人事在天命摆布下如何无 500
> 常（就像方向不同的风吹着一只船那样），那些君主失算的谋划如何有害，一再损害他们自己，但经常损害的是他们的人民和臣属，特别是当他们由于独特的错误或私心贪婪、自以为了不起地忘乎所以、连命运的一般变化都已忘怀的时候，就往往把为全体的安全保障和治安而赋予他们的权柄变成对他人的损害和苦恼；就这样，或是由于考虑不周，或是由于野心太大，他们就把自己弄成新花样和新烦恼的制造者了——鉴于上述一切，我们认为，对如此巨大如此变化多端的这些事情的了解，可以提供许许多多有益的教训。一般说来对所有的人都是如此，对每一特定的个人说来也是一样。

这一小段文字流露了他写书的目的在于教诲，在于实用。他写这部史书就是为了指导，为了警诫，为了劝勉。

---

① 1534—49年在职。——译者

当我们拿《意大利史》和他三十年以前写的《佛罗伦萨史》比较时，就会注意到，基察第尼的方法跟较早的那部著作没有多大不同。我们发现同样的政治偏见，同样地强调利己主义的动机，同样尖锐的、毫不留情的心理分析，同样厌恶理论原则，同样准确地估计后果等等。但是，他的政治哲学却已经变了。1509 年以后的这三十年给基察第尼带来许多惨痛的经验。他已经看到他那许多政治原理破灭了。这就使他的著作中出现了一种时而表现悲观的政治批评。而且，他和服从教皇的各国的联系使他对他的故乡佛罗伦萨的看法有了一种全局观点，这是在他的早期著作中不曾有过的。他对人物和事件作判断时，也比过去更为概括了。

近代对基察第尼的批判研究是 1824 年利奥波尔德·丰·朗克出版了他的《现代史家批判》(*Zur Kritik neuerer Geschichtschreiber*)之后才开始的。[①] 基察第尼的大部分著作，只是在近代随着《未曾出版过的原稿》的出版(1857—67 年)，才得以读到的。对他的兴趣的恢复主要是来自这些新问世的旧稿以及后来出版的那些，因此，可以说他现在的声誉在很大程度上是近代学术成就造成的。从批判角度为他的史学地位作出评价，这是主要的一点；在那十卷没有人知道的著作出现以前，研究他的地位的时候，涉及态度和方法的改变。这是因为，在前三个世纪，欧洲知识界只知道他是单独一部内容充实的巨著《意大利史》(*storia d'Italia*)的作者；至于那套不完整的格言《训诫》(*Avvertimanti*，《回忆录》原稿的一

① 接受朗克的苛刻批判时，必须谨慎，因为很多基察第尼著作的新材料朗克并不知道。参阅第 2 卷，172—73。

部分)和几封信就远不是那么出名了。近年来对佛兰西斯科·基
察第尼的兴趣恢复了,因而对他作为一位政治家和文人,必须重新 501
估价。他的旁系后裔负责把他的家庭文书档案公之于世,首先出版了他于1511年前往西班牙的航海日记;现在又发现他还是一个学生的时候写的许多充满青春活力的书信,[1]但在他那部巨大通信集以及各种附录中却都被忽视了。这些信札都是写给亚列忽俄·拉巴西尼的,而后者又是一连串担任佛罗伦萨共和国总理的文人当中最后一位,他是在1530年佛罗伦萨陷落[2]亦即最后丧失独立以前不久死在工作岗位上的。因此,他这些信件就格外重要。这些用拉丁文于1500年左右写的信札使我们首次看到基察第尼青年时代的形象,当时他只有十七岁。在他的青年时代就已经可以看出在塑造十六世纪中叶意大利的命运中曾起到极其重要的作用的这位严厉的、坚强的、几乎是一本正经的政治家的面目了。

不过,在一个方面,对基察第尼的评价是所有的批评家都同意的,这就是他的文笔。他那些冗长而单调的句子读起来十分吃力。一页接一页尽是些长句,每页只有两句,至多是三句。有时只有一句。因此,无怪乎像微拉里这样一位友好的批评家也说:“他那些煞费苦心的措辞,他那些过分西塞罗化的表达方式,使读者头痛厌烦。”他认为,这是他细心而吃力地修订的结果。但佛特却提醒他的读者说,不要因此推论,说这些句子造成的后果必然会把内容搞乱。摩黎正确地指出,基察第尼的“文字艰深难读,但并不累赘,因

① 《佛兰西斯科·基察第尼未刊的青年时代的书信》。保罗·基察第尼编校。

② 1530年德皇查理五世任命亚历山德罗·美第奇为佛罗伦萨的世袭公爵(1531—37年),佛罗伦萨共和国灭亡。——译者

为他从不重复，不离题，也不堆砌词藻。当我们读完三十行之后感到安然无恙时，实际上已经跨越一大片地面了”。[1] 据说，意大利有一个犯人得到允许可以在阅读基察第尼的史书和当橹工这两样事情当中任选一样，他选择了读他的史书。但当他读到比萨之战那段文字时就吃不消了。于是就改变主意，跑去摇橹了。[2] 蒙田[3]是和基察第尼同时代的人。他在他那部《论文集》中写了关于基察第尼的如下一段话：

> 他是一位勤奋的历史作家；从他的著作中，我认为我们可以了解到和从任何其他作家的书中了解到的他那个时代同样准确的事实真相（因为真正的“内幕”历史是在档案和文献中找到的），在这些事情中，他本人大多都亲自参加过。……没有任何一件事情说明他曾由于爱憎或虚荣而隐瞒了真相；这一点可用下述事实证明：他对大人物的评价直言不讳，特别是在记述像教皇克力门七世那样的曾经提拔过他、任用过他
> 502 的人的时候则更坦率。……他那些离题的话和议论……是好的，……但他对这些东西未免过于扬扬得意。……由于他的主题极其充实丰富，几乎无穷无尽，他的文章因而使人感到厌烦。……他从来都不曾把任何事情记在道德、宗教或良心的账上。在任何一项行为背后他总能发现有某种野心唆使或谋利的意图。

关于十六世纪佛罗伦萨其他史家就无须多说了。腓力波·尼尔利（1485—1536 年）写了一部 1494 到 1531 年的《佛罗伦萨史》。

---

① 摩黎（见本书原书第 495 页注），IV，99。

② 这个著名的二者取一的办法，无疑是受到戴奥尼素和菲罗克塞那的故事的暗示引起的（译者按：菲罗克塞那是公元前五世纪希腊一位诗人。他在叙拉古僭主戴奥尼素宫廷时，宁愿被处罚在石坑中作苦工，也不愿称赞僭主写得很坏的诗歌。见《大英百科全书》第 9 版，1885 年，《菲罗克塞那》条）。

③ 法国有名的论文作家（1533—92 年）。著有《论文集》五卷，对英法文学影响甚大，有三种英译本。——译者

他是利奥十世的侄女婿,美第奇家族因此对他有好感。

雅各波·纳狄(1476—1563年)留下一部未完成的《佛罗伦萨城邦史》(*Istorie della citta di Firenze*),从1494年法国侵入意大利写起,至1553年止。他的家族和美第奇家族敌对,他是萨服那洛拉的主要拥护者之一。美第奇家族被放逐、民主政府成立后,他曾任要职。甚至在1512年美第奇家族复辟后,他仍在政府任职。因此,当美第奇家族再度被放逐时,他也被逐出国外,财产也被没收。他的晚年大部分是在威尼斯度过的;他在那里努力从事写作,以维持一家生活,纳狄不善于生动地描绘人物或事件。他的著作中没有深刻的思想,但另一方面,也没有琐碎的闲谈;坏人的罪恶行径被悄悄略过。他从不费力分析人物和动机。可是他的意图还是诚恳的,他为了准确也曾煞费苦心,因此他的书还是有价值的。

多那托·坚诺提(1492—1572年)有自由主义思想,在政情变化中,他被迫流亡在外。在威尼斯避难时曾撰写一部《佛罗伦萨史》和一部《威尼斯史》。在对政治机构和政治学说的兴趣上,他是追随马基雅维利的。他很自然地谴责了佛罗伦萨政治生活中的贪污腐化,但却佩服它的经商精神。他对威尼斯人口的估算可以证明他对统计学很有兴趣。

柏尼德托·发歧于1493年生于佛罗伦萨,1565年死在那里。因为他是民主党成员,1531年美第奇家族复辟时,他就被放逐;后来,由于某种原因,他又得到政府的好感。科西摩一世于1541年委托他写一部他自己那个时代的历史。结果他就写了一部《佛罗伦萨史》十六卷,从1527年写到1539年。他以独立判断的精神写的这部书中表现了他的民主情绪;在编写中,他曾利用官方文件。

关于他这部书，部克哈特写道，“在十六世纪前叶，世界上可能任何国家都没有像发歧描绘的佛罗伦萨那样一部光辉灿烂的记述了。在描述性的统计学方面，正如在其他许多事情上那样，在这个城市
503 的自由和伟大被埋葬以前，又有一个典范遗留给我们了”。①

下一位应当一提的是伯尔拿多·塞格尼(1500—58年)。他开始在帕多瓦大学学习文学和法律。但不久之后就厌倦这种生活，离开学校经商去了。1541年他作为佛罗伦萨大使被派往神圣罗马帝国。他的著作很多，而且各式各样，包括探讨修辞学、伦理学、政治学以及诗歌等方面的著作。不过，现在人们还记得他主要是因为他那部《佛罗伦萨史》才出名的。这部书计分十五卷，从1527年写到1554年。当他发现佛罗伦萨灭亡的秘密在于1529年的围困②和平民领袖们的野心时，他那强烈的偏袒贵族的倾向就流露出来了。在语言的纯洁性方面他优于发歧，但不像发歧那样为求得准确而细心写作。

亚得里亚尼或佐凡尼·巴替斯塔(1513—79年)出身于早在十四世纪就已显赫的一个贵族家庭。他在佛罗伦萨大学任修辞学教授三十年之久，曾撰写一部《他那个时代的历史》(*Istoria de suoi tempi*)，从1536年写到1574年；法国历史家得·图认为他这部书记事准确，在他编纂他自已那部《他那个时代的历史》时，曾利用这部书。

雅各波·庇提(1519—89年)出生于长久以来被认为与美第

---

① 部克哈特(见本书原书第473页注)，79。

② 1529年查理五世围攻佛罗伦萨八个月后，强迫佛罗伦萨人接受亚历山德罗美第奇为其世袭公爵。

奇是一个家族的家族。他的《佛罗伦萨史》(从 1494 年写到 1529 年)之所以被称赞,只是因为它那美丽的文笔而不是因为它的内容。他以警句语言的表达形式见长。庇提可以说是佛罗伦萨历史家"朝代"中的最后一位。

富于文艺复兴精神的唯一的一位正式罗马历史家是保罗·佐维奥(拉丁文名字是鲍鲁斯·约维阿斯,1483—1552 年)。[①] 他生于科莫[②],曾在帕多瓦学医,但他对于研究当代史更有兴趣。利奥十世的慷慨宽厚把他吸引到罗马,他在那里成为这位教皇的挚友和马利诺·萨纽多派驻罗马的通讯者。佐维奥用流利的拉丁文写的《当代史》四十五卷是模仿李维的,叙述的是 1484 年到 1547 年间事。佐维奥是一位多才多艺的人文主义者,但并不是真正的学者,作为一位历史家,他并不是很可靠的。"无论他写出的、还是有意不写的那些事情,都是以他是否受到贿赂为转移。他的拜金主义给他招来严重的嫌疑。他道德败坏,而且异常迷信。"据他自己说,他的著作有六卷在 1527 年罗马洗劫中遗失;但有人怀疑这是佐维奥故意"遗失"的,目的是为了使他的著作取得和李维的著作同样的命运。很可能是他自己把这几卷书藏起来了,因为如果把 504
这几卷书发表出来,就会引起他和当时还活着的人们之间的麻烦。一部名为《名人简传》(*Elogia virorum illustrium*)的有价值的传记集部分地弥补了这个缺陷,其中最重要的是利奥十世[③]的传记。最后可以补充一点,即"中世纪"这个名词,纵或不是夫雷维阿·俾温多

① 帕斯脱(见本书原书第 479 页注),VIII,238—41。

② 北意中部。——译者

③ 1513—21 年在位。——译者

创造出来的，至少也是他把这个时期和古代区别开来的。他把410年、即阿拉列洗劫罗马的那年当作古代与“以后的时代”(aetas subsequens)的分界线。1469年约翰·安德鲁·得·阿勒里亚在悼念库萨人尼古拉[①]的葬礼演说中，称赞他是一位深知“中世纪时代”(Mediae Tempestatis)的学者。这就是这个名词最早出现的地方。[②]

在文艺复兴时代仅次于佛罗伦萨史学的就是威尼斯史学了，当时威尼斯历史家比其他任何国家都多。

枢机主教本波(1470—1547年)作为一位文人和利奥十世以及克力门七世的宠臣的名声比他作为一位历史家的名声还大；不过他最出名的还是作为文艺复兴时代一位享乐主义派的高级教士。他是威尼斯共和国史官，著有《威尼斯史》。

远远胜过这位枢机主教的是加斯帕罗·君塔里尼(1483—1542年)。在法兰西斯一世和皇帝五世打仗期间，君塔里尼担任威尼斯政治代表。1535年他被委为枢机主教，他以这个职位，赞成对德国路得派新教徒实行温和政策，并于1541年任教皇派往雷根斯堡帝国会议的代表。十七世纪的英国政治家托马斯·霍布斯[③]称赞他的《论行政官与威尼斯共和国》(*De magistratibus et republica Venetorum*)是一部政治行政方面的非凡著作。[④]

---

① 罗马高级教士和哲学家(1401—64年)，写了许多宗教、哲学和数学的著作。他相信地球环绕太阳运动，这个思想早于哥白尼。——译者

② 保罗·李曼：“中世纪和僧侣拉丁文”，见〔慕尼黑〕《历史杂志》，CXXXVII (1927—28年)，197—213。

③ 英国哲学家(1588—1679年)。著有《人性论》(1650年)等书。——译者

④ 但丁·迦伯列·罗塞蒂曾保有霍布斯这部著作的复本，扉页上载有他承认这部书的价值的文字。

最后，第三位，也是最伟大的一位威尼斯历史家是帕鲁达（1540—98年）。他是当时最了不起的、著作最多的作家之一。他本人值得怀念，他的著作也值得一读。在他的《政治生活的完美》（*Perfezione della vita politica*）（1579年）一书中，通过一系列模仿西塞罗式的对话，他描绘了一位理想的公民和政治家的形象。《政治论》（*Discorsi politici*）十卷，于1599年、即帕鲁达死后一年问世。在这部书的第1卷中，帕鲁达透辟地分析了罗马帝国盛衰的原因，孟德斯鸠那部名著《罗马盛衰原因论》[①]的名称和主题都是从帕鲁达的书中得来的。1579年帕鲁达被委任为威尼斯史官，写了一部《威尼斯史》，十二卷；从本波那部《威尼斯史》止笔的1513年开始接着写下去。前四卷是用拉丁文写的，其余几卷都是 505
用意大利文写的。帕鲁达还写了一部《塞浦路斯战争史》（1570—73年）。

文艺复兴的精神，无论在文学或艺术方面，传到意大利南部都是最晚，那里发展起来的文化在某些特点上有强烈的非意大利性质，这是因为，它和安如—法兰西的残余混合，而且还有西班牙—阿拉贡成分掺入。那不勒斯与西西里王国这个君主国是十四、五世纪意大利一种反常的残留；其历代国王都受了西班牙妄自尊大狂的影响，当时在北部意大利流行的开明专制主义在他们的思想中连一点影子都没有。所用文字又是各种方言的大杂烩；即使那不勒斯语也极其鄙陋生硬，不能用作写作工具，而且，那里根本就见不到古典精神，因此，拉丁文也无法使用。

---

① 中译本，婉玲译（商务印书馆，1962年）。

由此看来，那不勒斯历史写作的发展遇到的阻力是非常之大的。直到豪爽的亚丰琐一世统治时期（1416—58年）才有历史写作出现。他是第一位对文艺复兴表现了一点同情的国王。罗棱索·发拉是他的被保护人；他曾热心搜寻李维那些佚书。被放逐的希腊学者克立索罗剌、特拉布松人乔治和君士坦丁·拉斯卡里斯等人曾在那不勒斯或巴勒莫各学校教书。巴托罗缪·法犀奥（1400—57年）终身住在那不勒斯；他的著作《那不勒斯国王亚丰琐一世事记评述十卷》（*De rebus gestis ab Alfonso Primo Neapolitanorum rege commentariorum libri decem*），是近代南意出现的第一部重要历史著作。比法犀奥年轻一些的还有罗棱索·波林康特里。1410年他出生于圣密尼亚多；他的父亲因曾向皇帝西祺门控诉佛罗伦萨的专制，于1431年被放逐。流浪多时之后，罗棱索在亚丰琐统治下得到安身之地。他替亚丰琐写了一部《那不勒斯史》，但未写到1436年以后的事。《那不勒斯日志》（*Giornali Napolitani*）是一位不知名的人用许多材料编纂起来的、以粗野的意大利文混入许多那不勒斯方言写成的。这部书只是单纯记载事实的编年史，但“它的内容，尽管极其琐碎，却都有价值”。[1]在十五世纪将近结束时，历史写作有了改进。佩萨罗人潘达尔福·科林纽肖的《那不勒斯王国史纲要》（*Conpandio delle storie del regno di Napoli*）是一部那不勒斯通史，从最早时期写起，一直写到他自己的时代。这部书是献给豪爽的亚丰琐王廷中抚养成人的弗拉拉公爵埃科尔的。当然，只有记述作者所属时代的那部

---

① 克勒顿（见本书原书第485页注），I，370—71。

分有点价值。著者因企图把佩萨罗出卖给恺撒·波耳查而被处死。在所有作家当中最好的一位是生于 1507 年的安极乐·狄·科斯坦索。“他受过良好的教育，是个了不起的诗人，过着文人的 506
生活。……〔在和两位友人谈话时，他〕同意应以那不勒斯缺乏信史为憾事，他还和他们一起悲叹科林纽肖的著作很不准确。那两位年龄较大的朋友还建议科斯坦索应当担负起这项任务，并答应帮助他。但不到三年，那两位都死了，科斯坦索只好独力进行这项工作。他在序文中告诉我们说，他在寻找一个可靠的地方下笔这个问题上遇到了困难；不过他终于在《那不勒斯编年史》一书中找到了这个地方。因为这时他觉得他已经有了可靠的根据，于是就从腓得烈之死〔1250 年〕下笔，然后继续把他的历史写到 1486 年，即诸侯开始反抗斐伦特[1]的那一年。……科斯坦索的记述至今仍然是他写的那个时期的那不勒斯历史中最好的一段。这部著作是以真知灼见精心撰写的，是一位学者和爱国者的作品。”[2]

西西里有一位历史家名叫法犀利奥（1498—1570 年），他的《西西里事记》(*De rebus Siculis decades duae*)因曾被译成“托斯卡纳文”而享有盛名。[3] 他这部书是献给西班牙王腓力二世[4]于

① 即那不勒斯国王斐迪南一世(1458—94 年)，1485 年贵族反抗，长期与教皇英诺森八世斗争(1489—92 年)。——译者

② 克勒顿，I，372。

③ 关于那不勒斯史学最好的，几乎也是唯一的记载是巴托罗缪·卡帕索的《568 到 1500 年那不勒斯省历史资料》(Le fonti della storia delle provincie napolitane dal 568 al 1500)，见《那不勒斯省历史文库》(Archivio storico per le Province Napoletane)，I (1876 年)，1—32、181—210、379—93、581—618 和 II(1877 年)，3—48。

④ 1556—98 年在位。——译者

1558 年出版的。

最后，在 1584 年，我们将谈到意大利文艺复兴时期最后一位卓越的历史家——还可以补充说，他也是最伟大的历史家之一，不过现在只有博学的人才知道他的著作。卡罗·西哥尼阿（1523—84 年）从出生到逝世都是在摩德纳，几乎一生都在那里当希腊文教授。他确实是那个时期最四平八稳、最有真才实学的历史家。他一生都是一位学者，从未继承旧时代的仇恨，也没有现实的自利动机。他的大作（opus magmum）是一部巨大的《中世纪意大利史》，分两部分（第 1 部分从 284 年到 565 年；第 2 部分从 565 年到 1268 年），每部分都有二十卷。其最后的年代和分期的年代表现了西哥尼阿对中世纪各个时期有清晰的分析。他以他对各种制度的历史性的独到见解著称。他的著作是孟德斯鸠以前首次精明地分析了封建主义性质的一部书。西哥尼阿还写了一部《教会史》（*Historia ecclesiastica*）（至 311 年），一些关于古代希腊罗马史的研究，以批判地、理性地处理其题材著称，还写了一部《波洛尼亚诸主教史》。①

507 意大利文艺复兴时代在写作上有一个奇异的现象，即当意大利的影响开始越过阿尔卑斯山传到其他各国时，这些国家的统治者纷纷急切寻找意大利学者当他们的皇家和宫廷史官。是这些君主感觉到这些意大利人比他们自己的任何臣民对治国之道有更深

① 关于西哥尼阿，参阅 J. P. 克勒布斯：《十六世纪伟大人文主义者卡罗·西哥尼阿》（法兰克福，1840 年）；佩耳·得·诺拉克编：《皮伊罗·微多利、卡罗·西哥尼阿与佛尔维奥·奥西尼的通讯》（罗马，1889 年）；迦伯列·摩根：《1657 至 1750 年间意大利学术演进研究》（巴黎，1909 年），85 以下。

人的理解呢，还是一种出风头的姿态呢？这就很难说了。

前面已经说过，伊尼阿·锡尔维乌斯·匹科伦米尼，即后来的教皇庇护二世，青年时代曾在皇帝腓得烈三世[1]王廷当史官，写了一部记述胡斯战争和这位皇帝的事业的历史。

当法王查理八世于1494年远征意大利回国时，曾把维罗纳人伊密利阿斯·鲍鲁斯（即保罗·伊密力奥）作为随员带回法国。保罗声名很大，国王曾因此任命他为皇家史官。路易十二曾任命他为圣母院教师会成员，请他仿照李维的格式用拉丁文写一部法国史。他死于1529年，留下一部很不像李维的作品的、读起来很腻人的名为《法兰西事记，至1488年》（*De rebus gestis Francorum usque ad 1488*）[2]的一部著作，计十卷。[3]

有两位意大利学者在西班牙国王查理五世[4]手下服务。他们是安吉里亚[5]人彼得·马特[6]（1455—1526年）和西西里人卢卡斯·狄·马里尼斯（即吕西奥·马里尼奥，约1460—1553年）。彼得·马特是记述新世界的第一位历史家。他的《新世界史》（*Decades*

① 生活于1440—93年。——译者

② 有法文译本，出版于1581年。——译者

③ 印于1539年，后有许多作家续编。完整版本，巴黎，1581年。

④ 西班牙国王查理一世，即神圣罗马皇帝查理五世。——译者

⑤ 在佛罗伦萨的东南。——译者

⑥ 在西班牙国王斐迪南和女王伊萨伯拉时代常为王廷的外交代表。著有《海洋与新世界事记》（出版于1516年，为有关新大陆发现的记载）和《通信集》（出版于1530年）。

de orbe novo)开始于1493年，出版于1530年，是一部划时代的著作。[1] 吕西奥·马里尼奥是斐迪南和伊萨伯拉统治时期的西班牙写作史上一位重要人物。他曾在巴勒莫当修辞学和古典文学教授，青年时代曾于1486年被卡斯提尔的海军大将邀请到西班牙，在萨拉曼卡大学当教授，后来当了国王和王后的牧师和史官。他是多产作家。他的著作包括《值得称赞的西班牙》(*De laudibus Hispaniae*，七卷)、《阿拉图国王本纪》(*De Aragoniae regibus*，五卷)、《非凡的西班牙》(*De Hispaniae memorabilibus*，二十二卷)，以及《书简集》(*Letters*，*Epistolae Familiares*，十七卷)。他的拉丁文笔一般是好的，但有时却"追求艳丽到极坏的程度"。在他所有的书简中，从未提及美洲的发现，尽管他还是彼得·马特的亲密朋友。当他在《非凡的西班牙》(第161页)[2]中确实提到那件事的
508 时候，却称哥伦布[3]为"彼得罗·科伦"(这是这个名字第一次见于记录)，而且还驳斥说哥伦布不是第一个发现美洲的人。他说在新世界曾发现一枚奥古斯都货币，从而证明罗马人早已知道"印第安人"(Los Indios)了，他还写了关于印第安人改变宗教信仰的长篇

---

① 立查德·伊甸译为英文：《新世界或西印度十卷集》(伦敦，1555年)。关于彼得·马特更多的情况，参阅佛特，285—88；R. B. 麦立曼：《西班牙帝国在新旧世界的兴起》(纽约，1918—34年，四卷)，II，161，304注2，348；J. H. 马利约尔：《西班牙王廷一位意大利学者(1488—1526年)：安吉亚里人彼得·马特，他的生平和著作》(巴黎，1887年)。

② 一个西班牙文译本于1539年在阿尔卡拉出版。

③ 哥伦布在出航以前，询问当时佛罗伦萨的学者保罗·托斯加内里，托斯加内里有两封回信，说西航可以到印度、中国、日本。参阅张星烺《中西交通史料汇编》，第1册，第335—339页。——译者

记载。[1]

在这些侨居国外的意大利历史家当中，除伊尼阿·锡尔维乌斯一人外，最有才华的就算坡力多尔·味吉尔（约 1470—1555 年）了。他是"在英国史领域文艺复兴的第一颗硕果"。他生于乌尔比诺，曾在波洛尼亚和帕多瓦学习法律，从 1496 年到 1503 年任教皇亚历山大六世侍从。1505 年被派往英国充当彼得便士[2]征收员。他深受文艺复兴精神影响，因而当他最后去英国那次，就成了林那刻[3]、托马斯·摩尔、科勒特和伊拉斯莫斯等名人的朋友。亨利七世赏识坡力多尔的才华，因而在他王廷颇受宠信。1507 年被任命为威尔士副主教和史官，1510 年入了英国籍。多年来他一直在搜集资料，但他的《英国史》（*Anglicae historiae*，亨利七世时期的历史，二十七卷）直至 1534 年才（在巴塞尔）出版。这部书是献给亨利八世的。[4] 后来的一个版本把亨利八世统治时期续写至 1538 年。坡力多尔·味吉尔的著作并无近代校刊本，虽然枢机主教加

---

① 参阅卡罗·林的一部有趣的著作：《文艺复兴时代一位学院教授：西班牙人文主义者当中的西西里人吕西奥·马里尼奥》（芝加哥，1937 年），对此书的评论见《〔伦敦〕泰晤士报文学副刊》，1938 年，第 6 页。

② 北欧诸国每年于彼得节日每户征收一便士，作为献给罗马教皇的税款。——译者

③ 英国人文主义者和医生（1460？—1524 年），第一个在英国宣传新学问的人。摩尔和伊拉斯莫斯是他的学生，为亨利八世的医生，为公主马利编《拉丁文法初阶》。——译者

④ 关于版本和英译本，参阅格罗斯，第 1854 号；关于坡力多尔·味吉尔的文献，参阅 W. A. J. 阿克波尔德的论文，见〔伦敦〕《民族传记辞典》，LIII（1899 年），250—53；关于这位作家及其著作更详细的讨论，参阅本书第 35 章《都铎王朝英国史学》，第 1344—49 页。

斯魁特[1]在当梵蒂冈图书馆馆长时，很侥幸地发现了这部历史经著者亲手校正过的一部抄本，和原印本比较起来，这个抄本有许多重要改动。但愿有一天这个抄本会成为一部定稿版本的基础。

坡力多尔·味吉尔是把英国历史资料放在真正批判之下的第一位历史家。他耻笑蒙默思的赭弗理和关于亚瑟王的故事以及全部古典伪史传说，如说伊尼阿[2]的儿子阿斯搂尼阿[3]的儿子锡尔维乌斯[4]的儿子布鲁图曾定居不列颠，并把这个岛按布鲁图的名字命名。“关于布鲁图，李维或哈利卡尔那索斯的戴奥尼素说过些什么吗？什么都没有说。而且，在580年左右从事写作的季尔达斯说，在罗马人撤退之后，所有的书籍都毁灭了。”关于从亨利六世打到理查二世的玫瑰战争的历史资料的贫乏，几乎把坡力多尔·味吉尔的著作变成这个时期的当代史料，因为他一定认识许多能够回忆到那个时期的人。写到都铎王朝最初两位君主统治时期时，
509 他不得不更加慎重。[5] 他肯定是枢机主教武尔塞[6]的政敌，他对英格兰和苏格兰的社会、经济等情况的论述以及有关地理方面的知

① 英国罗马天主教高级教士(1846—1929年)，著有许多历史著作。1918年以后为梵蒂冈档案总管。——译者

② 传说中特洛伊的王子，特洛伊陷落后逃往意大利，为以后罗马人的祖先。——译者

③ 传说中伊尼阿的儿子，特洛伊陷落后，与其父同逃往意大利，建立阿尔巴-隆加城。——译者

④ 传说中阿斯搂尼阿的儿子，继其父为阿尔巴-隆加城的国王。——译者

⑤ 比较C.R.马坎的非难，见〔伦敦〕《英国历史评论》，VI(1891年)，254以下；同一作家的《理查三世，他的生平和性格》(伦敦和纽约，1906年)。

⑥ 英国的高级教士和政治家(1475？—1530年)。1515年为红衣主教，1515—29年为大法官，与查理五世联合，反对法王，1529年失宠，以叛逆罪下狱，在运往伦敦时死于途中。——译者

识之丰富，使近代历史家颇为感激。坡力多尔大约在1551年回到乌尔比诺，1555年死在那里。他的《历史》(*Historia*)，和中世纪历史写作截然不同。他是沿着近代历史家的路子编写的，无论在精神上或形式上都和旧式的编年史家不同。

即使波兰和匈牙利那些国王，也都有他们的意大利历史家。波兰历史上第一部真正的人文主义著作是一位佛罗伦萨学者腓力波·部奥那科西(1437—96年)为卡西米尔四世[①]写的。[②] 这部是用卓越的拉丁文字写的史书名为《国王佛拉德斯拉夫四世本纪》(1440—44年)。匈牙利国王马提亚·科维那斯[③]是一位著名的书籍爱好者，他的图书馆是那个时代最大的私人图书馆之一，他的宫廷史官是安敦尼奥·逢非尼(1427—1502年)。[④] 他模仿李维写了一部《匈牙利史》(*Rerum Ungaricorum Decades*)。他的风格浮夸而矫揉造作。他还为国王翻译了荷拉斯、菲罗斯特剌塔[⑤]和里摩其尼[⑥]等人的著作。

---

① 原文为卡西米尔三世(1333—70年)，显然是四世(1447—92年)之误。——译者

② 亨利·才斯柏克：《中世纪的波兰史学》(莱比锡，1873年)；佛特，300—01；G.达拉·圣达的论文，见《新威尼斯文库》(新辑)，LI(1913年)，134以下。

③ 生活于1458—90年。——译者

④ 基多·阿马狄奥：《安敦尼奥·逢非尼的生平和著作》(蒙塔尔多·玛赤，1930年)。

⑤ 希腊哲人派哲学家(170？—245年)，先在雅典，后在罗马教学，著有《哲人派哲学家传记》。——译者

⑥ 公元二世纪后期修辞学家，在罗马教学。其修辞学论文被广泛地用作教材。——译者

第二十九章　法国文艺复兴时期的历史学家

510 法国是阿尔卑斯山脉以北反映意大利文艺复兴影响的第一个国家。这是很自然的，因为各种政治事件和各王朝的事件使法国和意大利的联系比其他任何国家都密切。十四世纪时，虽然历任教皇都住在阿维尼翁，而且他们都是法国人，但许多枢机主教都是意大利人，许多意大利人为教皇办事，其中著名的有诗人佩脱拉克(1304—74年)；他的父亲于1302年被放逐但丁的那个党派逐出佛罗伦萨。再者，当法王约翰在普瓦蒂埃之役(1356年)被黑太子俘虏后，为了筹款支付被勒索的巨额赎金，他把他的女儿伊萨伯尔嫁给米兰公爵坚加利索·维斯昆提的儿子，以换取500,000金佛罗伦[1]彩礼。二人结婚后生了一个可爱但不幸的发伦蒂娜·维斯昆提[2]，她无愧为文艺复兴的产儿，她能以拉丁、意大利、法、德等语言讲话，她有自己的图书馆，写一手清秀的字，书写宫廷的信札，还能作值得称赞的诗文。在大分裂期间的1387年，法籍教皇劝法王查理六世使其弟奥尔良的路易娶发伦蒂娜为妻，以便建立法国

---

① 佛罗伦为公元1252年在佛罗伦萨铸之金币，表面有百合花及佛罗伦萨字样，通行于意大利及中欧。——译者

② 生活于1366—1408年。——译者

和米兰的联盟，推翻罗马的擅立教皇，从而使法国和意大利的关系密切起来。甚至在这件事情发生以前，法王查理五世（1364—80年在位）就已经热情向往意大利文化了。他已把许多古典抄本和艺术作品输入法国，并曾资助十四世纪文学界唯一的女作家克立斯蒂娜·得·比山①。

十五世纪，在勃艮第各位伟大的公爵统治下，法国的意大利文化已传到佛兰德，佛兰芒艺术家成群结伙到意大利去求学习艺，特别值得注意的是那两位伟大的佛兰芒画家布鲁日派创始人休伯特和约翰·凡·爱克②。最后于1494年查理八世率领法军侵入意大利，从而把进入意大利的大门打开，于是意大利文化就像洪水一般涌入法国。

因此，在英国、德国或西班牙开始反映意大利影响以前，法国的历史写作就已经有这方面的反映了。在这个变化中最伟大的人物是菲力比·得·科民（1445—1509年）。③ 他年轻时，就已经在 511

① 法国女诗人（1363？—1431年），其祖先为意大利人。著有《国王查理五世的事业与和善的习惯》、《和平》和一些短歌。——译者

② 休伯特·凡·爱克（1366？—1426年）及其弟约翰·凡·爱克（1370？—1440？年）为佛兰芒画派的始创者，世传他们首创油画。——译者

③ 关于他的《回忆录》，参阅摩林尼尔，V，第4663号（十八页）；坡特哈斯特，I，328—30列举了将近七十个较早的版本。最近的版本是B.得·曼德罗的版本（巴黎，1901—03年，两卷：《参考原文汇编》第33、36卷），II，第i cxxv页的导言；和J.卡尔美特和G.度维尔的版本（巴黎，1924—25年，三卷：《中世纪法国史古典丛书》）。英译本有托马斯·丹内特的译本（1596年；收入《都铎王朝译著丛刊》重印，伦敦，1897年，两卷），和安德鲁·R.斯科布鲁的译本：《阿戎顿爵士菲力比·得·科民回忆录》（伦敦，1880—82年，两卷：《蓬氏标准丛书》）。论述科民的读物，参阅佛特，182—86；亨利·O.泰罗：《十六世纪的思想和表现》（纽约，1930年，两卷），I，282—92；B.得·曼德罗："菲力比·得·科民的历史根据"，见〔巴黎〕《历史评论》，LXXIII（1900），（接下页）

勃艮第勇敢的查理手下取得很高的地位了，但在1472年他突然改事他主，正当法王和他那个难以对付的藩属打仗的时候，他就开了小差投奔到法王路易十一的阵营里去了。不管这次变节原因如何，反正科民得到的报酬十分丰厚，他取得国王侍从和顾问的头衔，六千利维尔①的年俸和贵重的产业，而且还缔结一个有利的婚姻。

因为他建议叫王太子迎娶勇敢的查理（1477年阵亡）的孀妇②，从而失去法王的欢心，暂时被遣出王廷，于是他在勃艮第代表路易，第一次出使意大利。他在意大利极其成功，后来就被委任负责处理和意大利各国的关系。由于国王身体已衰弱，他的威望日增，于是就变成一位全权在握的顾问。路易十一死时（1483年）他在场，他后来把这件事记载在他的编年史里成为其中最有名的段落之一。

在国王死后的贵族政治反动时期，科民在政治上仍很活跃。他参加了路易十一的丑女贞娜的丈夫奥尔良的路易那一党，在当时的阴谋活动中扮演了重要角色。他的选择并不高明，因为路易头一次叛乱就失败了，科民因而被逐出宫廷。后来他又参加了公爵企图绑架国王的阴谋，失败之后被捕，在罗希③囚于铁笼中，然后又改囚巴黎，但在几个月后就被放逐，到他自己的庄园上，待了

（接上页）241—57和LXXIV（1900），1—38；V. L. 部里利："科民的政治思想"，见《近代现代史评论》，I（1899—1900年），93—123；佩替特·得·朱勒维尔的论文，见〔巴黎〕《王廷会议评论》，IV，第1部分（1895—96年），356，那里有一段很好的文字。

① 法国银币。——译者

② 1477年勃艮第公爵勇敢的查理被杀，其女玛利继承公国。法王路易十一夺取勃艮第的土地，想使玛利嫁给他的儿子查理，但未成功。——译者

③ 在法国中部偏西。——译者

十年。但在 1490 年，他的年金似乎就已经恢复，1491 年又在查理八世手下当顾问，成为松利条约[①]谈判者之一。

当查理八世于 1494 年远征意大利[②]时，科民曾随驾前往，不过他在意大利事务上的经验使他反对这次远征。他曾任驻威尼斯使节，竭力阻止一个反对国王查理的联盟的成立，但未见成效。他曾亲临福诺发战役（1495 年 7 月 6 日，后来曾详细加以描述），参加维切利条约谈判，又曾先后出使威尼斯和米兰。他前往米兰的使命虽已失败，但直至查理八世死时（1498 年）他一直受宠。

奥尔良的路易十二[③]即位，给科民带来的与其说是他所盼望 512
的恩宠，毋宁说是羞辱。他似曾长期不在王廷，直到 1505 年前后才重获宠幸。直到他于 1509 年前后在别墅中逝世以前。他忙于向美第奇家族各银行追索欠款，以及诉讼案件等事务，他有时也抽暇撰写回忆录，他有意把这些回忆录作为未来历史家的资料，于是就献给维也纳大主教安极乐·伽图，请求他利用这些回忆录撰写他原打算编纂的一部拉丁文历史。这些回忆录原来虽未分卷分章，但近代版本中都分为八卷。前六卷写的是路易十一统治时期，后两卷写的是查理八世远征意大利直至逝世。因此，我们手头有两部分开的著作。

看来这两部著作都有修改过的痕迹，但仍有错误。科民在他

---

① 1488 年布列塔尼公爵逝世，无子，英国、西班牙及神圣罗马帝国组织同盟，保证公国的独立。1491 年法王查理八世娶公爵之女安娜为后，并与德帝订立松利条约，使其承认。——译者

② 得到米兰的帮助，1495 年侵入那不勒斯，不久被德帝、英、法、西班牙、威尼斯、米兰、最后英国等国组织的神圣同盟所驱逐。——译者

③ 1498—1515 年在位。——译者

的献词中说，他的兴趣在于“内容实质”，希望读者原谅他记述事实时写错的地方。有人可能认为他之所以不够准确是因为他的记忆不太灵了，因为第一部分所记情况是在事件发生后许多年才写的；但从书中看来像是写当时的事情的那种语气，这些回忆录似乎是根据笔记写的。虽然有可能是撰写时的仓促和抄写上的错误，但仍然有许多错误是无法解释的。最有损于科民作为一位准确的历史家的名声的就是他在记述他掌握第一手材料的那些事实时仍有错误。例如，他怎么能够把他的恩主勃艮第的腓力[①]逝世的年代推迟一年呢？又如他写的远征意大利史是在这件事情发生后不久由他这位最了解意大利事务底细的人写的，但仍有重大错误，对于这些我们又能作何解释呢？

在讨论这次意大利冒险时，科民说根据他的判断，这件事在策略上和战术上都犯了错误，他严厉批判了竭力主张侵犯意大利的那些顾问。他记载了一些重大政治事件以便就此大讲道理，他这个特点，使他那些回忆录具有其特有的吸引力。路易十一是科民面识的君王中最成功的一位，他的统治时期正好为科民打算写的那种著作提供了合适的材料。可能是正在科民打算写出这个好榜样就搁笔的时候；他又看到查理八世的冒险是一个轻举妄动的例子，可以提供另一方面的教训，于是他又拿起笔写起来了。

时间在很大程度上证实了科民的见解的深度，维护了他的名誉，驳斥了人们说他的判断虚妄、他的描述夹杂个人感情等攻击。对他亲身接触或闻名的当时人物，他留下的是一系列卓越的人物刻

① 即善良的腓力(1419—67年)，勇敢的查理的父亲。——译者

画，这些人物有的是他认识的，有的是他凭他们的名声有所了解的。

科民主要是一位政治历史家，他的回忆录在下一世纪通过拉 513
丁、意大利、英、德、西、葡以及丹麦等文字译本的介绍，被用作治国的指南针。亨利四世喜欢阅读他这部著作；皇帝查理五世称之为他的每日祷告书；梅兰克顿[1]把它列入君主必读书之一。科民怀疑那些君主的才能，希望他们能够从他总结的历史教训中得到益处，他写道：

> 对君主们说来，在青年时代阅读过历史著作会有很大益处，因为在历史中可以看到一些古人之间大量的钩心斗角、哄骗欺诈和伪立誓言等等，有的还把相信他们的保证的那些人逮捕杀害。我并不是说所有的人都是这样干的。……
>
> 我不能不责备那些无知的君主。几乎所有的君主，都被书吏和穿长袍的人〔法官〕包围，这是必然的；不过，如果他们是好的，就很有用；如果他们是坏的可就很危险了。……不要以为那些由笨伯们行使职权的君王办事机构是由上帝创立的。……[2]

科民是马基雅维利的先驱，人们常常拿他和那位意大利人对比。两人都只不过是系统地陈述了他们各自时代最流行的最好的那些习惯，马基雅维利根据一套原则进行阐述，科民则以就事论事抒发感触的方式进行。

科民的名字除了和马基雅维利的名字有联系，还和孟德斯鸠[3]

① 德国学者和宗教改革家（1497—1560 年），支持马丁路德的宗教改革运动。——译者

② 引文见詹姆士·菲茨詹姆士·史梯芬的《赫里·萨巴提西：〈星期六评论〉稿件的重印》（伦敦，1892 年，三卷），I，78—79；关于他评论科民有趣的全文，参阅 55—123。

③ 法国启蒙哲学家（1689—1755 年），著有《法律的精神》（过去严复译为《法意》），此书对欧美政治思想的影响甚大。——译者

的名字有关。科民多年的积极的实际活动和天赋的机敏使他在领会外国“法律精神”的本领方面不亚于和他同时代的任何人。在他的比较政府研究中最使人感兴趣的就是讨论威尼斯政府和英国政府的那些篇幅。他把英法两国政府的形式作了卓越的对比。他对英国国会权力之大感到吃惊，对法国是否专制太多了些感到疑虑。在想到当时各国政治弊端时，英国情况使他感受很深。他说：“我认为，在我所知道的一切国家中，英国是唯一的照顾公众利益最好的一个国家；在英国，人民很少受暴力侵犯，没有在战争中毁坏的建筑物，痛苦和损失反而落到发动战争的人们的头上。”（第 5 卷，第 19 页）

在科民的著作中，我们发现他既不是外交家，也不是努力追求文学效果的博学多闻的人，更不是把古人的美德移植到他自己描绘的人物身上的书呆子。这位强劲有力的文艺复兴时代的肖像画家是描写他所见到的一位大师。他以天赋的才智，把一段段情节
514 写得清晰明澈色彩鲜丽；他记述一件惊险遭遇，如出使威尼斯那次，目的在于使它获得永生。他对路易十一临死前那些日子的记述赢得很高的名声，这个名声他确实当之无愧。这段文章表现了他这位历史家的真正的艺术手腕，如在描写路易如何怕死，如何竭力避开死亡；当他知道他终于遇上一位凶恶至极无法招架的敌人时，最后又如何断念屈从。在科民的著作中，我们不必去寻找像在富罗沙的著作中出现的那种武侠英雄和生动描绘。除了蒙雷里和福诺发这两次战役外，科民对每次战役通常只写几行。他对福诺发战役的记述，可能算是意大利战役历史中最好的文章了，在语气上和富罗沙对历次战役的记述完全不同。科民根据自己的观察而

不是想象来记述历次战斗，他是按照自己看到的情况和自己的判断写作的。

他关心各民族的法律，也关心他们的文化。他在意大利观察到许多东西：意大利农民的博爱，大运河[①]的广阔，威尼斯人令人钦佩的虔诚。好像微拉杜盎面对君士坦丁堡那样，科民也以看到他从来没有看见过的这座“胜利的城市”的壮丽——耀眼的大理石，绒绣和金饰——而惊叹不已。他像一位鉴赏家那样评价这些雕刻，从而取得艺术体验，这一点他在自己家乡的图书馆和建筑中表现出来。英国人和法国人作为两个种族的对比引起他的好奇心。在条约谈判方面，法国人比较巧妙，英国人因此抱怨说他们在战场上获得的东西又在条约中丢给法国人了。尽管他注意到自己同胞的缺点，但他仍然替他们辩护，驳斥这种说法：“他们在进攻时胜过男子汉，但在退却时却不如女人。”（第 8 卷，第 13 页）他说，任何民族在战役终结时都不如起初勇敢，这话还是合乎情理的。总之，我们在科民的《回忆录》里发现的“那些带普通性和永久性的使人感兴趣的东西看来比十五世纪任何其他著作中都多”。[②]

在时间上和精神上，科民是一位过渡人物。他是在瓦罗亚诸王[③]把侵略者逐出他们的国家、战胜最后一批独立的封建诸侯、并以大体上类似近代的制度统治国家的时候从事写作的。他的历史结束了一系列中古编年史，开创了近代政治历史写作。

---

① 威尼斯著名的大运河。——译者

② 斯蒂芬（见本书原书第 513 页注），I，55。

③ 法国王朝（1328—1589 年）。英法百年战争（1328—1453 年）中，法国人把英国人逐出法国。——译者

罗伯·盖冈（1433—1501年）[1]按血统说是法国人，按出生地点说是佛兰芒人；他出生于阿图瓦，曾在一个寺院中受教育，后在巴黎大学深造。正当盖冈在罗马时的1471年，是文化史上重要的一年。前一年，基云·费希[2]取得开设一所印刷厂的特许证。该
515 厂出版的第二部著作是贝加莫人加斯帕罗·巴西扎的《正字法》(Orthographia)，书前附了一封给盖冈的信，称赞他在法国文艺复兴中的贡献，其中还提到印刷术发明家约翰·格登伯格[3]的名字，这是在法文作品中首次出现的。[4]

1473年盖冈被委任为三位一体派总牧师之后，就把精力分别用于下述几项工作：保护自己教派的利益，参加牧师集会，讲授修辞学，从事翻译和写作。在他那篇讨论拉丁韵文的文章《韵律论》(*De arte metrificandi*，1473)中，他发展了一些新理论；在他议论哈尔兹人亚历山大[5]的那篇诗体传记中，他留下一篇无愧于纪念这位"无可非议的博士"的墓志铭。编写路易十一本纪的冉·卡斯特尔逝士(1476年)以后，盖冈第一次试图实现他写一部拉丁文法国史（从最初期到他自己的时代）的计划。他选择拉丁文是为了使

---

① 摩林尼尔，V，第4668号；亚伯·勒佛朗："文艺复兴时代法国学术文明：盖冈"，见〔巴黎〕《王廷与会议评论》，第1部分（1910—11年），393—401。

② 法国学者（1433？—80？年），巴黎大学教授，1470年左右委托革伦设立第一个印刷所于巴黎。——译者

③ 德国印刷术发明家（1400？—1468？年）。公元十一世纪中叶我国毕昇发明活字印刷术，可能于后来逐渐传入欧洲。——译者

④ 写这封信的日期是1471年1月1日。在他的鼓舞下，盖冈在促进巴黎印刷业发展方面的功绩，可与费希和冉·亥恩林并列。

⑤ 英国经院哲学家，世称为"无可非议的博士"。著有《神学总论》，企图调和奥古斯丁神学与亚里士多德和阿拉伯人的著作。死于1245年。——译者

所有的民族都能够通过这种通用文字看到法国的光辉成就。两年过后，他再次提出申请，坚持说国王的功绩为历史提供了材料；如果不记录下来，这些功绩就不能永垂不朽。虽然他恳求说为了写这部历史必须有国王的支持，但他并未取得他希望得到的认可。

盖冈曾数度充当路易十一和查理八世的使节。以牧师衣着掩盖自己的官方身份，以私人名义替路易十一办事，竭力劝阻勃艮第的玛利和奥地利的马克西米连之间的婚事，使法国王太子得以娶玛利为妻。他费了一个月的时间前往斯特拉斯堡、美因茨和科隆等地，但毫无结果。盖冈因此一直失宠，直到国王于 1483 年逝世。他在查理八世手下任大使，被派往新教皇英诺森八世[①]处。1486 年又出使意大利，力争昂儒的勒绥在那不勒斯的权利[②]。虽然这次使命又未成功，1489 年又作为使团成员之一被派往英国，打算和亨利七世订立和平同盟条约。

1492 年，盖冈出使德国执行一项微妙的使命。即向德国解释 1491 年法王和布列塔尼的安娜结婚的事[③]，而这时马克西米连也正在安排他自己和她的婚事。查理的行为曾在德国引起很大的愤慨。虽然有几个德国人很尊重盖冈，还曾用韵文赞美他，但人文主义者汪斐林却给他写信寄诗，恶毒攻击法国。盖冈以克制的语气答辩，替国王辩白，还想面晤汪斐林，使他平静下来，但后者又写了一篇文章进行谩骂。

---

① 1484—92 年在职。——译者

② 1435 年那不勒斯女王佐安娜二世逝世，昂儒的勒绥和阿拉冈的亚丰琐五世争夺王位，亚丰琐胜利了。——译者

③ 见本书原书第 511 页的译者注。——译者

盖冈把残年用于那个时代在神学和写作上的争论中。1480 516 年他当了巴黎大学的博士;1483 年又接受院长头衔。因为他体力不支,就辞掉许多职务,专门从事写作、校订和出版各种性质的著作,直至 1501 年逝世。

这个时期法国最著名的人文主义者盖冈对思想史很有贡献。对于研究人文主义来说,他的书简是很卓越的。1498 年,他曾亲自出版一集书简和评论。他很有教养,在旅行中结识许多人,还有不少人和他保持书信来往,伊拉斯莫斯就是其中之一。

盖冈的主要著作是《法兰克人的起源和事业纪要》(*Compendium de origine et gestis Francorum*)。他在企图说服法王委托他用拉丁文写一部法国史失败之后,就在 1483 至 1495 年间独力撰写这部著作,完成后于 1495 年首次付印出版。他的人文主义、他对纯文艺的爱好和他的古典拉丁风格在这部著作中都很明显,和在各种翻译作品中一样。因为对各版都不满意,指望这部作品能达到完美无缺的程度,为此他曾把这部著作翻版五次之多(1495 年一次,1497 年两次,1500—01 年两次),并继续修订直至逝世。第一版把另一位人文主义者伊拉斯莫斯的声名也带入学术界,因为后者曾写信赞美盖冈。在第一版中,这封信用来填补一个空白;在第二版中,这封信就作为序言出现。信中虽难免奉承之词,但它为说明盖冈作品使用的两个词"诚恳和博学"(fides et eruditio)却道出了他的基本特色。

这部著作从古代高卢写到法兰西君主国 1499 年的第一部分是《大编年史》(*Grandes Chroniques* 至 1461 年止)的一个摘要。盖冈删去传说材料,如查理曼史诗之类,并提出对高卢起源各种传说的怀疑。虽然他也提到法兰克人是特洛伊人的后裔这个传说，但他加上了一些表示怀疑的话。总的看来，虽然他的判断力不错，但他并没有摆脱那个时代的成见，竟然相信犹太人曾于 1179 年在巴黎把一名儿童钉死在十字架上。盖冈博闻多见，游历很广，颇有素养，他对当时的事情颇为关注，但还能超脱。下面他这句评论是有代表性的："使一只豺狼跟一只羔羊和解易，使英国人跟法国人和解难"；还说他曾经听人说过，英国人往往给他们的孩子一把弓，一个法国人模拟像，对孩子说，"去吧，我的孩子，学会杀法国人"。他的著作从头到尾都表现出生动的爱国主义精神以及对法国功业和文化的自豪，这使他的著作具有真正的民族性。

随着他这部历史越写越接近他自己的时代，他笔下的法国政治和国内事件就越令人特别感兴趣。他只用了几行文字就把蒙雷里战役后负伤的勃艮第俘虏被押到巴黎时人们兴高采烈的乐观精 517
神等情况，或在黑死病流行时和圣母院那座桥垮掉时（1499 年 10 月 25 日）巴黎那种恐慌的情形描绘出来了。十六世纪，当他的著作的法文译本出到第十九版时，他的价值就被人们公认了。

克罗德·得·西塞尔（1450—1520 年）[①]写了一部驳斥性的历史，替路易十二的政策辩护，称路易为人民之父。西塞尔那些有倾向性的著作，特别是《伟大的法兰西君主国》（1519 年）都是很重要的，因为书中有关于经济和政治的详细记述。路易十二时期的另

---

① 摩林尼尔，V，第 5396 和 4671 号。参阅 Ch. 杜法耶：《论克罗德·得·西塞尔的生平和著作》（巴黎，1892 年）；A. 札克："十六世纪的民族情绪：克罗德·得·西塞尔"，见〔巴黎〕《综合历史评论》，LVII（1895 年），400—40，特别是 421—27；M. 得·西塞尔-克累修：《西塞尔家族，其起源、世系和历史》（格勒诺布尔，1900 年，两卷）。

一位历史家是冉·道敦(1467—1528 年),著有《编年史》,从 1499 写到 1508 年。更重要的是曾于 1506 至 1516 年间参加意大利诸战役的佛罗伦日元帅[①]的《回忆录》。这些回忆录是 1524—26 年佛罗伦日在狱中写的;但直至 1753 年才出版。虽然佛罗伦日的年代编排有错误,史实上也有问题,但有些段落还是重要的,特别是记述他曾目击的事情的那些段落。表现他的风格的例子是关于毁坏米开朗琪罗雕塑的朱理亚二世[②]像的稀奇故事;这尊雕像是为庆祝罗马教廷收复这座城市竖立在波洛尼亚的,但是波洛尼亚人在法国人帮助下造起反来,把他们从前的统治者弄回来了。

〔佛罗伦日记述说〕在波洛尼亚城中,教堂门楼上面很高的地方〔竖立着〕在教皇朱理亚旨意下铸造的那尊巨大的教皇铜像,俨然有一个巨人那么大,从很远的地方就可以看见,本提服勒族人因为憎恨它,就用绳索缠在它的脖子上,众人齐力把它拖倒,把它的脖子也折断了。然后,本提服勒族一位先生不能克制自己的情绪把它熔化,铸成一尊双筒大炮,六天以后,就用它向要塞射击了。

除了积极参加政治活动的人或职业学者以外,其他的人也曾企图在编写历史方面一试手笔,但并无一人有多大独创性或任何价值。不妨提提部沙尔的布列塔尼《编年史》(1524 年),洛西尔的《纲要》(1528 年)和部尔戴尼的《历史》(1829 年)。《巴黎一位资产阶级的日记》(*Journal d'un bourgeois de Paris*),从 1515 年记到

---

① 道敦(1491 ? —1537 ? 年),出自法国贵族家族部永族军人,与法王法兰西斯一世为总角交,受命为法国元帅,有战功。其《回忆录》为路易十二时代法国史的重要史料。——译者

② 1503—13 年在任,扩大教皇的领土和权力,组织联盟,先反对威尼斯,后反对法国。——译者

1536年，包括各种宣言和条约；这部书既不是一本日记，也不是一位资产阶级写的。它的年代不连贯，只不过是一些零乱事实的杂凑；作者很可能是巴黎一位教士。真正的资产阶级观点表现于巴黎法务院一位辩护士尼古拉·维索里的《理智之书》(*Le livre de raison*，从1519写到1530年)一书中。维索里是一位保皇党，法国天主教徒，他表达的可能是中产阶级的意见。至于贵族的和人文主义的观点，最典型的代表是杰出的杜·培雷三兄弟[①]——冉、 518
马丁和基云。冉(1492—1560年)是一位枢机主教和外交家，他的秘书不是别人，正是德国历史家斯来丹[②]。他主要是作为一位诗人留名后世的。马丁·杜·培雷(卒于1559年)是一位军人和行政官，著有《回忆录》，他这部回忆录对研究1513至1522年间的情况还有些历史价值。从历史写作角度看，三兄弟中最著名的是基云(1491—1543年)，世称朗热先生。他是一位外交家和军人，不仅写了一部《回忆录》，还计划用拉丁文写一部记述法兰西斯一世统治时期的历史。在担任外交使节期间他曾搜集一些文件并从事编写他的《八卷组集》(*Octades*)，他模仿李维的"十卷组"(Decades)的办法，把他的著作分为八卷一组(不是十卷一组)。但他未能完成自己的工作，尽管他哥哥马丁编写了其中的三卷，收入他自己的《回忆录》里。《八卷组集》现存的残余部分是模仿意大利人文

① 《马丁和基云·杜·培雷回忆录》，V. L. 部里利和 F. 文德里校订(巴黎，1908—19年，四卷：《法国历史学会丛书》第104号)；《冉·杜·培雷出使英国记》等等，V. L. 部里利和 P. 得·发赛尔校订(巴黎，1905年：《法兰西宗教史文库》，II)。

② 德国历史家(1506？—1556年)，曾任法王法兰西斯一世的代表，参加外交会议。1546年改信新教，代表德国新教诸侯，参加外交会议。著有《查理五世时代宗教与国家情况评述》。——译者

主义者的方法编写的，有只记载作者自己曾参与的那些事情的倾向。

随着时代精神的深化，编年史和历史的编写工作也出现革命性的变化。法兰西斯一世治下的法国不仅参与了这个时期的政治事件，而且国内也受到十六世纪道德和学术运动的激荡。异乎寻常的精神活动蓬勃兴起；政治已摆脱教会影响；外交已成有组织的活动；各种制度设施已进行批判研究，写作上出现了新的和多样化的形式。古典的复兴唤起的各种思潮启发了法国人对文艺美的鉴赏力。面向日益广大的读者群众撰写的新著作所用中古拉丁文业已美化，使之更为优雅，以与古典范例一致。

但是人们对拉丁文，即使是在社会名流中，也不像从前那样熟悉了，它和富有生命力的日常生活洪流已格格不入。而另一方面，
519 当时的法语还不能作为文学表达的适当工具。使法语成为文学语言的是出版家、翻译家和语言学家亨利·亚田[①]（1528—98）的功劳。[②] 亚田是一位新教徒、他痛恨意大利风格。在把一部《希腊散文选集》(*Anthologie grecque*)和一部《希腊语言文库》(*Thesaurus Graecae linguae*)翻成拉丁文之后，他就竭尽自己的聪明才力，一

① 他继承父兄遗业，从事出版工作。其印刷所初设于巴黎，其兄为法兰西斯一世的王家印刷家，约1552年时将其印刷所迁往日内瓦。——译者

② 雷翁·J.弗格尔：《十六世纪文人群像》（新版，巴黎，1859年，两卷），II，1—204；A.萨尤：《宗教改革时期法国作家研究》（第2版，巴黎，1881和1884年，两卷），II，68—138；帕替孙，I，67—123；巴锡尔·L.季尔得斯利甫的论文，见《卫理公会（南部）评论季刊》，新辑，IX（1855年），1—21；A.A.累诺阿：《亚田家族印刷事业年鉴，或亚田家族及其版本的历史》（第2版，巴黎，1843年）；冉·佩耳·尼泽隆：《著名文人历史参考回忆录》（巴黎，1729—45年，四十三卷分订四十四册），XXXVI，270—86。

方面反对使用当时流行的法语化的意大利字，一方面创建法国语文。他的《论意大利化的法语的两篇对话》(*Deux dialogues de langage français italianisé*，1578 年)是对搞法语意大利化的人的嘲讽，而他的《法语的优越性》(*La précellence du langage français*，1579 年)却是研究法国语言学的专著。亚田的作品是不朽的，不过他曾攻击过的许多意大利字由于习用已久却保存至今。如下的一些起源于意大利语的词句丰富了法语，而且将永远如此：例如 sécretaire d'état〔国务卿〕、négociateur〔谈判者〕、nonce〔教廷公使〕、salve〔大炮〕、fantassin〔步兵〕、escadron〔骑兵队〕、dropeau〔旗帜〕、créature〔一个伟人的〕等等。除拉丁文和意大利文外，希腊文也影响了法国语言。翻译希腊文的大翻译家之一是奥塞尔主教扎克·阿米奥[①](1513—93 年)，他把普鲁塔克的著作译成"朴素的、自然的、优雅的、有力的法文"。[②] 对本地话有利的另一个发展是法语成为宫廷中使用的语言。所有这些活动产生的结果就是印刷厂成倍增加，里昂已变成欧洲最重要的印刷中心。

---

① 法国学者，翻译了许多古典著作，特别是普鲁塔克的《英雄传》(1559 年)，其译本为托马斯·挪尔斯英译本的基础。——译者

② 弗格尔(见本书原书第 518 页注)，I，487—506；勒绥·斯屠勒：《普鲁塔克〈平行传〉的译者扎克·阿米奥》(巴黎，1908 年)；约瑟·得·赞格罗尼：《蒙田、阿米奥和萨利亚，小品文资料研究》(巴黎，1906 年)；奥古斯德·德·布列尼尔：《阿米奥和十六世纪法国译著论》(巴黎，1851 年)；柏耳：《历史和批评词典》(各种版本)中，论"阿米奥"的文章；和〔伦敦〕《评论季刊》，CX(1861 年)，460—62。

第三十章　德国宗教改革时期的历史写作①

520 虽然德国对来自意大利的新学术影响有所反映，但文艺复兴时代历史写作的精神和方法在德国很快就消失了。利奥波尔德·冯·朗克认为中世纪德国是直接过渡到宗教改革时代的，鲜明的

---

① 佛特，第2—3编；普里塞甫德·斯密司：《近代文化史》（纽约，1930—34年，两卷），I，第9章和第629—30页的参考书目；曼得尔·克勒顿：《从大分裂到罗马被劫期间的罗马教廷史》（新版，伦敦和纽约，1907—14年，六卷），VI，1—29；P. S. 阿伦：《伊拉斯莫斯时代》（牛津，1914年），268—75；威格尔；L. 豪则：《宗教改革时期的德国文学和宗教形势》（美因河畔法兰克福，1868年，三卷）；爱弥尔·孟克-格吕克特：《关于宗教改革与反宗教改革的历史写作》（莱比锡，1912年）；保罗·约阿喜谟生：《人文主义影响下德国的历史观点和历史著作》（莱比锡，第1部分，1910年：《中世纪和文艺复兴时代文化史的贡献》丛书，VI），比较〔伦敦〕《英国历史评论》，XXVII（1912年），598—99；M. 特彭：《普鲁士史学史》（柏林，1853年）；乔治·冯·柏罗：《宗教改革的原因》（慕尼黑和柏林，1917年）；路易·瓦赫勒：《文艺复兴以来欧洲历史研究和艺术史》（格丁根，1812—20年，两卷，分订五册）；斐迪南·克立斯兴·包尔：《教会史学时代》（杜平根，1852年）；帕替孙；爱弥尔·C. 谢厄：《德国大学中的历史和教会史》（弗赖堡因布赖斯高，1927年）；路易·盖革：《意大利和德国的文艺复兴与人文主义》（柏林，1882年）：见威廉·翁金主编的《详述通史》，比较〔慕尼黑〕《历史评论》，LI（1883年），526—33的评论；约翰尼斯·冉森：《中世纪结束时德国人民史》（弗赖堡因布赖斯高，1878及以后，八卷：以后版本由路易·帕斯脱编校，第18版中的I—III，第16版中的IV—VI，第14版中的VII—VIII，1897—1903年）；又M. A. 米哈尔和A. M. 克立斯替的英译本《中世纪结束时德国人民史》（伦敦，1896—1912年，十六卷）；《剑桥近代史》，I（1909年），734—47，II，690—718、728—33，III，736—69、786—99；亨利·O. 泰罗：（接下页）

德国式的人文主义那样的东西根本就没有。无论在他的《拉丁和条顿诸民族史》里面还是在他的《历任教皇本纪[①]》里面，他都没有用过“文艺复兴”这个字眼。部克哈特还认为这个名词只有应用在 521
意大利才合理。[②]

在意大利，从古代文学中迸发出来的新光辉是为了它的人文主义价值才加以培育的；而在德国，则是为了它的教育价值才培育

(接上页)《十六世纪的思想和表现》(纽约，1920年，两卷)；考斯道夫·武尔夫：《德国宗教改革历史资料》(哥达，1915—23年，三卷)，I，294—481；乔治·冯·维斯：《瑞士史学史》(苏黎世，1895年)；腓得烈·冯·贝左尔德：《德国宗教改革史》(柏林，1890年，见翁金主编的《详述通史》)；利奥波尔德·冯·朗克：《宗教改革时期的德国史》(第1版，柏林，1839—47年；他的《全集》第I—VI卷；历史—批评的，P.约阿喜谟生编，慕尼黑，1925年，五卷)；库尔特·喀塞：《宗教改革与反改革时代，1517—1660年》(斯图加特，1922年)；《安得鲁·D.怀特历史丛书目录》(伊萨卡，康奈尔大学出版社，1889—94年，两卷)；伊伦斯特·瑟斐：《作为教会史家的路德对科学史的贡献》(谷特维洛，1897年)；夫兰次·冯·克纶斯：《奥地利史大纲》(维也纳，1881—82年，四卷合订一本)，434—35、462—66、474—86、492—97。

除以上列举的一般著作外，还可参阅《全德国传记》一书中以及下列单篇论文：G.立特：“德国人文主义的历史重要性”，见〔慕尼黑〕《历史杂志》，CXXVII(1923年)，393—453；摩立兹·立特：“历史科学发展研究：人文主义以及宗教改革和反改革时代”，同上，CIX(1912年)，261—341；L.盖革：“关于人文主义历史的新手稿”，同上，XXXIII(1875年)，49—125；H.巴龙：“德国人文主义的渊源及其在宗教改革上的努力”，同上，CXXXII(1925年)，413—46；E.特罗尔奇：“文艺复兴与宗教改革”，同上，CX(1913年)，519—56；G.帕里塞：“德国和截至奥格斯堡和约(1555年)时期的改革”，〔巴黎〕《综合历史评论》，III(1901年)，308—30；无名氏的“宗教改革对英国文学的影响”，见《伦敦评论季刊》，IV(1855年)，289—329；A.卡特飞尔德：“什马卡登战争史学的贡献”，见〔格丁根〕《德国历史研究》，XXI(1881年)，355—80；凡·带克：“马克西米连的写作活动”，见〔纽约〕《美国史学评论》，XI(1905—06年)，16—28；普里塞甫德·斯密司：“路德研究十年”，见《哈佛神学评论》，XIV(1921年)，107—35；和G.克律格：“教会史文献1914—20年。III：宗教改革与反改革”，同上，XVII(1924年)，1—49。

① 中译本见《朗克〈教皇史〉选》(商务印书馆，1962年)。——译者

② 卡尔·诺伊曼：“朗克与部克哈特”，见〔慕尼黑〕《历史杂志》，CL(1934年)，485—96。

古典文学的。可以表现其特征的是下述事实：在德国，古典文学研究最早是在德文特[1]的学校里进行的，德文特是那个名为《共命运团契》的虔信派教徒团体[2]所在地，托马斯·阿·垦匹斯是这个团体一位著名人物。在意大利古典文艺复兴使人们对基督教信仰冷淡，或对教会疏远，甚至使他们不信宗教。在德国则另是一种样子，新的研究沿宗教方向发展。这个变化表现在刘希林[3]的《希伯来文法》（这本书是这类著作当中的第一部）和伊拉斯莫斯对《新约》的研究中。在阿尔卑斯山南北两麓，时代的趋势纵或不是敌视，至少也都是反对教会权威的。但在思想态度上却有重要差别。在意大利，这种态度是消极的、冷漠的，或不相信的；而在德国，则是对教会权威的敌视日趋严重但信仰却十分强烈。路德所主张的“因信称义”（doctrine of justification by faith）这个学说的先例，就存在于德国人文主义的虔信之中。[4]

在宗教改革前夕，德国学术就已出现迅速的发展。学校建立起来，古典著作已在翻译，文法已在编纂，图书也在搜集。在1456至1460年间，已有格赖夫斯瓦尔德、弗里堡和巴塞尔三所大学建立起来。因格尔施塔特和特里尔两所大学建立于1472年，杜平根和美因茨两所大学建立于1477年，维滕堡那所大学建立于1502年。四年之后，勃兰登堡选侯约阿喜谟[5]又在奥得河畔法兰克福建立了从事罗马法研究的一所大学。

---

① 在尼德兰北部。——译者

② 这是一个独身者的宗教集团，约公元1376年始创于荷兰，后传播于西欧，专心创办学校，伊拉斯莫斯和垦匹斯都在这种学校受过教育。——译者

③ 德国人文主义者（1455—1522年）。提倡希腊文与希伯来文的研究。——译者

④ 关于这个过渡，参阅克勒顿（见本章标题下脚注），VI，5—7。

⑤ 约阿喜谟一世（1499—1535年），反对马丁·路德。——译者

德国的人文主义者并不都是历史家，但他们的思想却明显地富有历史感，这是因为，古典研究的复兴激发了他们对古代事物以及文字和文法研究的兴趣。在所有的寺院中辛勤地搜寻古典抄本；而且，一旦发现，就需要进行正文校勘和编辑工作。在这些校勘家当中最伟大的一位是意大利人罗棱索·发拉（1406—57 年）。他的作品，特别是他那部锐利的作品《君士坦丁大帝圣赐辨伪》(*De Donatione Constantini Magni*，这部书否定了原先人们相信的君士坦丁恩赐教会的真实性)，有深远的影响。发拉不仅影响到 522
伊拉斯莫斯，而且像乌尔立喜·冯·胡腾[1]和刘希林这样的人也受到了他的影响。伊拉斯莫斯在他为拉丁文圣经作的《注释》(1505 年)中就应用了这种校勘法；刘希林(1455—1522 年)在法国和意大利寻找真理，发现了比科·得·拉·弥兰多拉[2]之后，就专心致力于希腊文和希伯来文的研究，于 1506 年出版一本希伯来文法书《希伯来文初阶》(*De rudimentis Hebraicis*)。这部希伯来文法进一步巩固了德国人文主义的宗教倾向，使《圣经》原文成了宗教问题的最高裁决者；作为回报，宗教法庭把刘希林的著作焚毁。但人文主义者仍然欣赏刘希林的著作，而且，为了向天主教经院哲学家进行报复，他们还于 1515 年合力编写了一部《愚昧人书简集》[3](*Epistolae obscurorum virorum*)。这部书是在埃尔富特一

① 德国贵族和人文主义者(1488—1523 年)，路德的朋友和支持者。——译者

② 意大利文艺复兴时的主要学者(1463—94 年)。研究希伯来文、阿拉伯文。反对教皇的论点，后被杀。——译者

③ 译文片段见齐思和等选译《中世纪晚期的西欧》(《世界史资料丛刊初集》，第 134—136 页，商务印书馆，1962 年)。——译者

位青年教授克洛塔斯·鲁比那斯[①](约翰·雅革尔)建议下写的,书中有一些流浪学者和修道士用蹩脚拉丁文写的一系列的虚构信札,反对嘲笑他们的那些人文主义者。1517年发拉的《圣赐辨伪》一书落到乌尔立喜·冯·胡腾手中,[②]他把这部书出版,还附上一篇大胆的向教皇献词,送了一本给路德。

有些科学家,虽然不是历史家,却和人文主义者有联系。以麦卡托这个名字知名的革哈特·克勒麦[③](1512—94年)受皇帝查理五世委托,制造一架天地仪。他在朱里池和克里浦斯[④]公爵手下当了宇宙研究员,发明了麦卡托体系投射法;他的主要著作是《地

① 德国人文主义者(1480?—1539年以后),接受路德宗教改革的主张。——译者

② 乌尔立喜·冯·胡腾是《愚昧人书简集》一位撰稿人;他是一位游吟诗人,死于1523年。他的著作已由爱德华·伯金编校。参阅《剑桥近代史》,II,第19章和参考书目;大卫·F.斯特劳司:《乌尔立喜·冯·胡腾》(第4版,波恩,1878年);弗里兹·沃尔塞:"宗教改革决定年乌尔立喜·冯·胡腾的政治发展",见〔慕尼黑〕《历史杂志》XIV副刊(1928年)。

关于其他人文主义者,参阅散狄斯,II,第16章;M.赫尔曼《阿布勒喜特·冯·爱普与德国人文主义的初期》(柏林,1893年),比较〔佛罗伦萨〕《意大利历史文库》,第5辑,XIII(1894年),163—70的评论;关于俾图斯·里南那斯,参阅《皇家科学院学报》(维也纳),LXXI,431,643—90,323—76和LXXVIII,313—40;卡尔·哈特斐尔德:"历史家休伯图·托马斯·利奥狄阿斯",见〔格丁根〕《德国历史研究》XXV(1885年),273—89;威廉·沃顿巴哈:《彼得·吕德——海得尔堡、埃尔福特、莱比锡和巴塞尔第一位人文主义教师》(卡尔斯鲁厄,1869年);同一作家:"西吉斯蒙德·戈森布罗特作为人文主义者的先驱及其反对者",见《上莱茵区地方史杂志》,XXV,56—69;路易·盖革:《约翰·刘希林,他的生平和著作》(莱比锡,1871年);夫兰次·冯·左登和I.K.克纳克:《克里斯托夫·叔尔斯·布里夫布赫,他对宗教改革及其时代历史的贡献》(波茨坦,1867—71年,两卷);卡尔·绍登洛厄:《伊萨尔河畔兰道的雅各·才格勒,他在人文主义和宗教改革时代的学者生活》(蒙斯特,1910年)。

③ 荷兰地理学家。出版了许多地图。——译者

④ 两个中世纪的公国在德意志的西北角,与荷兰相近。——译者

理一览表》(*Tabulae geographicae*,1578—84 年)和《地图集》[①](*Altas*,1595 年)。圣迪埃[②]地理学教授马丁·发特泽睦勒[③](即亥拉科密拉斯,他喜欢用这个希腊名字,1470—1514 年)以命名新大陆为阿美利加[④]而闻名,著有《宇宙学导论》(*Cosmographie introductio*),出版于 1507 年;还曾和别人合作编辑了托勒密全集于 1513 年在斯特拉斯堡出版。乔治·阿古利可拉(原名兰得曼,1499—1555 年)是一位医生、地质学家和矿物学家。他那部伟大 523
著作名叫《论矿物还原》(*De re mettallica*,1546 年在巴塞尔出版),曾由赫伯特·胡佛夫妇译成英文,德文译本于 1806—10 年在夫累堡问世。把矿物学提高到科学地位的第一个人就是阿古利可拉,他还写了一部《地下岩层的起源与成因》(*De ortu et causis subterraneorum*)、一部《地下生物论》(*De animantibus subterraneorum*)和一部《化石性质论》(*De natura fossilium*)。

在人文主义历史家当中,约翰·特利提密阿斯(1462—1516 年)最为博学。他是研究希腊和希伯来文的学者,皇帝马克西米连的朋友,二十五岁就当了斯逢亥姆[⑤]寺院住持,除许多历史著作外,他还写了一些神秘奥妙的书,如《暗号书写法》(*Steganographia*)。他的历史著作有记述希尔骚和斯逢亥姆的编年史,教会作家和德国统治

---

① 编纂大地图集的工作,始于 1585 年,死后由其子完成。——译者

② 德国西部一寺院。——译者

③ 德国制图家。他在他的《宇宙学导论》中第一次用阿美利加的名称指南美洲,并附有十二张纸的世界地图。——译者

④ 他认为意大利航海家阿美利哥(1451—1512 年)是第一个发现美洲大陆的,因以为名。——译者

⑤ 在德国西部。——译者

者传记，法兰克人、巴伐利亚诸公爵和沿莱茵河地区有王权的诸公爵的历史。看来他曾利用许多现已失传的史料，但他的著作缺乏批判精神，也过分依赖他的幻想。不过在原则上他对历史家的职责的认识还是很高的。他写道，“撒谎的嘴杀害灵魂，把真伪掺杂一起的作家使历史混乱”。根据特利提密阿斯的意见，“历史说明过去，教人智慧；指出古人的业绩，谆谆教导我们应当做什么，应当允许别人做什么。历史会增强信念，鼓舞希望，并点燃爱的火焰。它使气度狭小的人们聪慧（scientiam），鼓励意志薄弱的人们行善。”①

不幸的是，特利提密阿斯作为一位历史家，在写作实践中远远落后于他的目标。他的历史写作在选择史料方面，虽然对当代事务看来还有谨慎而稳妥的判断，但对早期史料方面却表现了和别人同样轻信。在他看来，历史的价值是毋庸争辩的；而且他规定的那两个主要原则——严格按历史真相叙述和引人入胜的文笔——是完全无懈可击的。但不幸的是，他从事写作的那个时代是历史和虚构故事尚未分家的时代；因此，他每部主要历史著作的靠前一部分……完全属于幻想一类。确实，他特别强调其可靠性的两位编年史家——一位是洪尼巴尔德，据说是与克罗维斯同时代的人；另一位是麦根夫里德，据说是十一世纪初佛耳达大寺院一位修道士——的作品中却有一大堆“幼稚的无稽之谈，而且在近代研究中，人们根本就不知道这两个人”。②

① 引自威格尔，75。

② R. W. 塞顿-沃森：《住持特利提密阿斯》见《他的同事们和学生们贡献给阿尔伯特·腓得烈·波拉德的〈都铎王朝研究集〉》（*Tudor Studies Presented to Albert Frederic Pollard ...by His Collegnes and Pupils*），塞顿-沃森主编（伦敦，1924 年），85 以下。

和特利提密阿斯同时代的还有一位神学家和外交家阿尔伯特·克兰兹(1450—1517年)；[①]他曾在罗斯托克大学当校长，在汉堡当神学教授，又曾任汉萨同盟派驻法国和英国的公使。他虽然是一位虔诚的天主教徒，但他并非看不见教会弊端。他写了许多关于下撒克逊、斯堪的纳维亚和斯拉夫诸民族的历史，其中包含许多无稽之谈，尽管他缺乏批判精神，但他仍然坚持真实是写历史的首要原则。 524

类型不同的另一位历史家是瑟巴斯梯安·佛兰克(约1499—1542年)，[②]他的文笔强劲有力，用的是流畅的德语风格。和大多数他的同时代人不同，佛兰克表现了惊人的宽容态度。他被路德派教条主义疏远，他相信真正的教会应包括"全世界所有虔诚的和心地善良的人，甚至应包括异教徒在内"。他写了一部世界史，即《编年史》(1531年)、一部《世界志》(1534年)和一部《格言集》(1541年)。《编年史》一书记述从古代到查理五世时期，虽然书中有许多话未免过于轻信，但在对社会情况的重视方面却有他独到之处。

在皇帝马克西米连一世周围有一群著名的学者和历史家，皇

---

① 参阅坡特哈斯特，I，700—01；J. M. 拉平堡："阿尔伯特·克兰兹撰《大主教奥斯加和诺伯特传》"，见《汉堡历史学会杂志》，II，637以下；C. 梦克堡："阿尔伯特·克兰兹的神学特性"，同上，III(1851年)，394—413；N. 尉尔克：《克兰兹传》(第2版，汉堡，1729年)。

② 关于佛兰克，参阅卡尔·哈根：《宗教改革时代德国在宗教上和文学上的地位》(埃尔根，184—44，三卷)；赫尔曼·比寿夫：《瑟巴斯梯安·佛兰克与德国史学》(杜平根，1857年)；卡尔·哈则：《狂热的瑟巴斯梯安·佛兰克·冯·沃德》(莱比锡，1869年)。腓得烈·雷滕多夫重新出版了佛兰克的《1532年第一部无名氏诱语集》(坡斯涅克，1876年)。关于佛兰克的批评文献，参阅柏林格的论文，见《阿勒曼尼亚》IV(1876年)，和达尔曼-惠茨：《德国史料》(第9版，H. 黑林等编，莱比锡，1931年)，第9364号。

帝本人也写了一部他自己时代的历史和一部他父亲腓得烈三世本纪。马克西米连有一位门客雅各·汪斐林[①]。这个人写了一部《德国史纲》(*Epitome rerum Germanicarum*)(1505年),这部书缺乏批判精神,它之所以重要,只是因为它是根据原始资料写的第一部德国史。汪斐林的目的是想写一部纯粹爱国主义的历史,极度赞颂德国历代皇帝,特别是当时还在世的马克西米连。

525 比汪斐林更伟大的一位学者是康拉德·塞尔替斯(1459—1508年),[②]他是桂冠诗人,被马克西米连任命为维也纳大学修辞学和诗歌教授。塞尔替斯很少撰写历史著作;他的贡献在于教学、校订和鼓励方面。1500年他再版发行了塔西佗最先于1473年在波伦亚出版的《日耳曼尼亚志》,一年以后,他又使两篇中世纪重要史料出版,即洛斯威塔[③]的剧本和《鄂图事业颂》(*Carmen de gestis Oddonis*);然后又出版了君特鲁斯·力格里那斯的校订本(这是

---

① 关于汪斐林,参阅P.冯·尉斯科瓦托夫:《雅各·汪斐林,他的生平和著作,他对德国人文主义历史的贡献》(柏林,1867年),O.亨斯:"雅各·汪斐林,他的特点",见《文学史文库》,II(1872年),321—39;伊伦斯特·比克尔:《作为历史家的汪斐林》(马尔堡,1904年);查理·斯密特:《阿尔萨斯文学史》(巴黎,1879年,两卷),I,1—188,II,317—40;G.诺德:《研究汪斐林的书目提要》,见《图书消息中央通报》,V(1888年),463以下。汪斐林的一部失传的著作是《谈印刷术》(*De Arte impressoria*);1864年有人告诉J.冉森,说这部手稿在罗马,但是他没有找到。参阅他的《德国人民史》(见本书原书第520页注),I,11,注一,和第9—11、121页,和其他各处的引语。

② 关于塞尔替斯,参阅恩格尔伯特·克吕普费尔的《康拉德·塞尔替斯的生平和著作》(弗赖堡,1827年,两卷);约瑟·阿斯赫巴哈:《康拉德·塞尔替斯的早年漫游》(维也纳,1869年);F.冯·贝左尔德:"康拉德·塞尔替斯,'德国大人文主义者'",见〔慕尼黑〕《历史杂志》,XLIX(1883年),1—45,193—228;卡尔·哈特斐尔德:"康拉德·塞尔替斯和海得尔堡人文主义",同上,XLVII(1882年),15—36。

③ 公元十世纪德意志的女诗人和编年史家,著有鄂图一世的韵文编年史和六个喜剧。——译者

塞尔替斯在厄布拉喜寺院找到的一个抄本），书中附有度勒[①]的插图。塞尔替斯临死还在计划写一部《插图本德国志》(*Germania illustrata*)，是将包括世系和人种研究的一部综合德国史。

奥格斯堡城历史编纂家康拉德·倍亭革（1465—1547 年）[②]是塞尔替斯一位朋友，塞尔替斯曾把他发现的那部公元三世纪罗马道路图赠给他这位朋友，这就是著名的《倍亭革地图集》（*Tabula Peutingeriana*），[③]直到 1591 年才出版。

和大多数和他同时代的人文主义者不同，倍亭革同情宗教改革，他本人和路德相识。他对历史写作的主要贡献是一部关于铭文的著作《奥格斯堡及其政区内的罗马古代断简残篇》(*Romanae vetustatis fragmenta in Augusta Vindelicorum et eius disoecesi*)，1521 年出版。他本人也是抄本和货币搜集家。倍亭革的德国古代史（Sermones conviviales de mirandis Jermaniae antiquitatibus)使人发生兴趣的地方只是因为它曾指出莱茵河左岸在恺撒时期以前属于德国。倍亭革也像塞尔替斯那样，发行了一系列中世纪德国资料，影响到俾塔斯·里南那斯[④]也把普洛科匹阿[⑤]的校订

① 德国著名画家（1471—1528 年）。——译者

② 关于倍亭革，参阅《拉丁文铭刻大全》（柏林，1862—1936 年，十六卷分订四十七册），VI，第 1 部分，第 xlvii 页；J. G. 罗特鲁斯：《康拉德·倍亭革传》（奥格斯堡，1783 年）；赫伯格："康拉德·倍亭革及其与皇帝马克西米连的关系"见《1849—1850 年施瓦本和诺伊堡历史学会年报》（奥格斯堡，1851 年）。他的通信集由 E. 科尼格校订（慕尼黑，1923 年）。

③ 推斐尔，II，第 412 节，6。

④ 德国人文主义者（1485—1547 年），出版许多罗马古典著作。——译者

⑤ 公元六世纪的拜占庭历史学家。——译者

本出版了。倍亭革也曾发现西西里的戴奥多剌斯[1]的抄本和索那拉斯[2]的《拜占庭编年史》。作为一位历史家，倍亭革对历代德皇颇有兴趣，还写了一部记述巴本堡总督虔诚的利奥波尔德[3]的著作，一部《罗马历代皇帝》(*De Caesaribus et imperatoribus Romanorum*)，这部书从朱理亚·恺撒写起，而且还记述了东罗马历代皇帝，只有这部分具有创见，其德文版于1541年在斯特拉斯堡出版。

526　曾任马克西米连外交使节的两位学者匹克希麦和库斯皮尼安也在记述他们那个时代的历史方面有所贡献。尉力巴尔德·匹克希麦(1470—1530年)[4]曾在帕维亚学习法律，是大部分人文主义者的朋友。他的主要历史著作《瑞士战争史》(*Bellum Suitense*)叙述的是1499年攻打瑞士的战争[5]，但主要部分是根据厄特林的《编年史》写的；书中最重要的一部分是记述匹克希麦自己的经历的那部分。更重要地，是匹克希麦从希腊文翻译出来的作品；他曾把色诺芬的著作七卷、托勒密的《地理学》和拿济安曾人格雷戈里[6]的著作译成

---

① 公元前一世纪后期的希腊史学家，著有《历史丛书》四十卷。——译者

② 公元十二世纪的拜占庭史学家。——译者

③ 即利奥波尔德三世(1096—1136年)。按巴本堡即班堡，在现在联邦德国中部。——译者

④ 他的作品经M.哥尔达斯校订汇编为《尉力巴尔德·匹克希麦集》(法兰克福，1610年)。参阅《赫尔微细亚历史文库》(苏黎世，1735年)；O.马克威特《尉力巴尔德·匹克希麦作为一位历史家》(苏黎世，1886年)；P.G.德留斯:《尉力巴尔德·匹克希麦在宗教改革中的地位》(莱比锡，1887年)；关于他的自传，参阅达尔曼-惠茨(见本书原书第524页注)，第7840号。

⑤ 瑞士人在与皇帝的战争中取得了许多胜利，事实上皇帝承认了瑞士的独立，虽然在1648年才正式承认。——译者

⑥ 生活于329？—389年。380年任君士坦丁堡主教。——译者

拉丁文。匹克希麦的朋友约翰·库斯皮尼安(1473—1529年),[1]可能是马克西米连身边最有才能的历史家。皇帝曾赐予他许多礼物和荣誉,他是维也纳大学学监,该城代理人,皇家枢密院主席。库斯皮尼安也像塞尔替斯和倍亭革那样校订了一些有价值的资料,出版发行了诗人—地理学家亚历山大里亚人戴奥尼索[2]的拉丁文译本,文法学家普立西阿斯[3]和鲁福斯·阿尼阿那斯的著作,夫罗剌斯[4]的罗马史,绥克斯都·鲁福斯的摘要(1553年出版),约丹尼斯的《哥特史》以及弗赖辛人鄂图的两部历史巨著:《世界编年史》和《腓得烈(一世)皇帝事记》。美兰克敦谈到他的一部著作时说:"在近来的新编年史家当中,库斯皮尼安极其突出,他把那样多惊人的功勋和事件、那样有益而喜人地收集在一起,以致在我们这个时代里,我不知道还有什么东西更完美、更丰富的了。因此,亲爱的读者,我诚恳地向你们推荐这部《编年史》,别读其他的编年史了。"[5]

宗教改革阻止并终于消灭了德国人文主义运动。随着冲突日益尖锐,这个时代的思想和表现也愈来愈带有神学和教条的性质;在宗教改革最初那些年里用德文出版的书籍当中有五分之四都是

---

① 他的集子于1601年在法兰克福付印。参阅N.盖尔倍里阿斯的"库斯皮里安传",见库斯皮里安的《罗马诸帝》(斯特拉斯堡,1540年);卡尔·哈塞巴赫:《约翰·库斯皮里安作为一位政治家和学者》(维也纳,1867年)。

② 公元三世纪的罗马天主教神学家,亚历山大里亚主教,其著作只有片段留传至今。——译者

③ 公元五世纪君士坦丁堡的拉丁文法家,著有《文法原理》十八卷,在中世纪广泛流行。——译者

④ 公元二世纪早期的罗马史学家,其所编《罗马史纲要》一书,大部分取材于李维的《罗马史》。——译者

⑤ 威格尔,同上,第109页注中引用。

讨论宗教问题的。甚至连艺术家都牵入争论之中，激烈的路德派度勒和克拉那克[①]利用他们的绘画艺术嘲弄修道士。有些时期的历史一定不要重写，而应**不写**，这句话对任何时期说来都不如对宗教改革时期说来更为适当。从这个时期一开始，愚昧无知、传说式
527 的解释和成见就协力密谋，企图淹没和窜改事实真相。有大量记述那个时代的历史著作应当打折扣或干脆抛弃。

路德本人并非历史家，但他把自己的个性和思想深深地印在那个时期的文化上，例如 1525 年的农民暴动就有变成一次广大的群众运动的危险，有消灭封建阶级和资产阶级特权的危险，路德后来发现，他不得不亲自出面支持那些君主的利益，主张屠杀这些“凶恶的、劫掠成性的农民群氓”。关于这些不幸的农民，路德写道，“每个人，只要办得到，就应当像杀死一条疯狗那样，把他们砸得粉碎，绞死、刺死，秘密地干和公开地干都行”。[②] 结果，德国的宗教改革就变成反动的运动，受益的主要是那些君主，因此，一方面使德国的地方分权长期存在，另一方面是世俗专制主义一成不变。路德因为害怕群众，不得不炮制一种理论，即所谓“国家的宗教”，用以取代属于教会的宗教。这位伟大改革家的国家至上这个概念为“君权神授”思想开辟了道路，宗教战争刚一终结，这种思想就在十七世纪成形了。一位著名的英国学者曾指出，“就整个德国的个人自由而论，不仅在事实上，而且在原则上都彻底被摧毁了，

---

① 德国著名的画家(1472—1553 年)。——译者

② 引自《马丁·路德诋毁农民的传单》，译文见齐思和等选译《中世纪晚期的西欧》，第 174—176 页(商务印书馆，1962 年)。及耿淡如等选译《世界中世纪史原始资料选辑》，第 170—172 页(天津人民出版社，1959 年)。——译者

〔路德〕在这件事当中是一件锐利的工具”。①②

这个时期的历史写作准确地反映了当时的主导思想。新教史学成了新教神学和新教政治的侍女。约翰·卡立温(1499—1537年)的《编年史》就是一个很好的例证。卡立温这部书记述的是从亚当到1532年的世界史,分为七个世界周期(world-cycles)。“全德导师”腓力·美兰克敦(1497—1560年)③是十六世纪讲授古典很有贡献的人,他曾修订卡立温的《编年史》,但他做的并不是修订工作,而是重写,他毫不含糊地写出一部新书来。他把七个世界周期减为三个,每个周期延续两千年。他说,在第一个两千年中,从创世到亚伯拉罕时代,人们在没有法律的情况下过活;第二个周期,从亚伯拉罕到耶稣降生已是法治时代;最后那1500年是福音周期(Evangelium)。美兰克敦根据的史料,第一周期是《圣经》,第二周期是异教和古典作家的作品,第三周期是基督教诸神父的作品。而且美兰克敦还拒绝使用卡立温以内容为依据的历史分期法,还用较小的地区单位取代了原有的记述四个世界君主国(巴比伦、亚述、波斯和罗马)的方法。

美兰克敦那部书的修订本成了路德派的宣传品。他为十六世 528
纪具有神学内容和目的的历史写作树立了一个先例。在路德看来,历史是上帝的工作,学习历史是每个基督徒的职责,美兰克敦也这样看。塑造世界事件的指导力量就是上帝的手。在激烈的宗

① J. N. 费基斯:《从泽孙到格劳秀斯,政治思想研究,1414—1625年》(剑桥,1907年),75。

② 关于路德的妥协和反动,参阅恩格斯《德国农民战争》。——译者

③ 他的真名是士发策德,马丁·路德的朋友。——译者

教冲突时期，并无撰写另一种历史的余地。[①]

宗教改革不仅在历史写作的意识形态上留下烙印，而且在教会史和地方史的发展上也有贡献。这类路德派作家中有大卫·契特累阿斯（1531—1600 年），他是美兰克敦一位得意门生，著有《奥格斯堡申信记》[②]一书；还有乔治·斯帕拉丁（1484—1545 年），[③]著有《宗教改革年代记》（*Annales Reformationis*）；以及所有的新教历史家当中最伟大的那位约翰·斯来丹。

斯来丹，即斯来达那斯（1506—56 年），[④]是为法国效劳的一位

---

① 来印候德·西柏格：《美兰克敦在教会史和科学史中的地位》（埃尔兰根，1897 年），这是在庆祝美兰克敦诞生四百周年纪念会上的一篇学术演讲；K. 哈特斐尔德："美兰克敦作为德国人的教诲者"，见《德国圣教集成》VII（1889 年）；R. 斐斯特："斯来丹、萨密那斯、美兰克敦"，见〔慕尼黑〕《历史杂志》LXXXIX（1902 年），1—16。卡立温《编年史》的英译本也于 1550 年在伦敦问世。

② 1530 年查理五世召集帝国会议。美兰克敦提出奥格斯堡宗教信条。会议禁止任何宗教改革。1555 年 9 月 25 日查理五世与德国诸侯订奥格斯堡和约，承认奥格斯堡信条，允许路德派新教在诸侯国内自由传教。——译者

③ 关于斯帕拉丁，参阅爱德华·恩格尔哈特：《乔治·斯帕拉丁的生平》（莱比锡和德累斯顿，1863 年）；A. 西尔亥谟：《乔治·斯帕拉丁作为萨克逊的编年史家》（哈雷，1876 年）；朱理亚·瓦格涅：《乔治·斯帕拉丁与教会改革和阿尔滕堡的教育》（阿尔滕堡，1830 年）。关于契特累阿斯，参阅鄂图·克拉布的《大卫·契特累阿斯》（罗斯托克，1870 年，两部分）。

④ 关于斯来丹，有很长的参考书目，比较佛特，247 和达尔曼-惠茨（见本书原书第 524 页注），第 9876 和 10001 号。参阅 F. W. 垦普斯库尔特："论约翰·斯来丹作为宗教改革的历史家"，见〔格丁根〕《德国历史研究》，IV（1864 年），57—69；赫尔曼·包姆加丁：《论斯来丹的生平和通信》（斯特拉斯堡，1878 年）；同一作家校订的《约翰·斯来丹通信集》（斯特拉斯堡，1881 年）；P. 卫尔次：《宗教改革历史家斯来丹研究》（斯特拉斯堡，1862 年）；阿道夫·哈生克列弗：《斯来丹研究：截至 1545 年约翰·斯来丹的政治思想发展》（波恩，1905 年）；孟克-格吕克特：《宗教改革与反改革史学》（见本书原书第 520 页注），第 4 章；J. 刺斯基伯、G. 部军追斯和 V. L. 部里利三人的论文依次见《法国新教会史学会通报》，XXII（1873年），337—51，XXIX（1880年），85—88和L（接下页）

外交家，负责处理法国和施马尔卡尔登同盟①之间的外交通讯，他不信任查理五世的天主教政策，终于变成参加宗教改革的一分子。当他正在斯特拉斯堡办外交时，还找出时间翻译了富罗沙的著作（1537 年）和科民的《回忆录》（1545—48 年）还抄写了所有他经手的有关宗教改革时期的文件。

1545 年夏，斯来丹着手编写他的名著《皇帝查理五世时期的宗教与国家情况评述》（*Commentoriarum de statu religionis et reipublicae, Carolo V caesare*），二十六卷，十年之后才写完。这部著作非常不偏不倚，结果没有一个人喜欢它。这是记述作者所属 529
时代的一部伟大史书，收入了大量原始文献，不久就译成法文和英文。虽然斯来丹不会刻画人物，全书前后也很不能自圆其说，但由于作者认识到他正在刻画的是一个激动人心的时代：Maxima sunt igitur atque summa quae nostra haec vidit memoria，所以他这部书还是颇富生命力的。

这部《评述》记述的是 1517 到 1555 年的时期，分为二十六卷。斯来丹的作品专记事实，杂乱无章，常常离题，记载了一些琐碎的无关大局的偶发事件，如台伯河涨水之类，而且缺少说明。尽管如此，他的计划中的想法还是很壮丽的，他想写的是一部帝国历史；

（接上页）（1901 年），225—42。斯来丹的名著：《皇帝查理五世时代〔1517—55 年〕宗教与国家评述》，最早于 1555 年在斯特拉斯堡付印；近代最好的版本是 J. G. 波梅的校订本（法兰克福，1785—86 年，三卷）；F. A. 斯特罗特的德文译本，J. S. 色姆雷编校（哈雷，1771—73 年，四卷）。约翰·多兹的英译本于 1560 年问世，G. 波洪的另一个译本于 1689 年印出。一个法文译本于 1557 年在日内瓦问世，另一译本于 1599 年在里昂出版；还有一个法文版于 1767 年在海牙出版。

① 1531 年大部分新教诸侯和帝国城市组织起来反对查理五世的同盟。——译者

他充分认识到各种政治势力的重要性;因此,尽管他是一位真正的人文主义者,却不让他的宗教观点使他的视野染上颜色。他虽然是一位路德派,但仍能在记述非新教事件时抱超然态度。因此,他的著作既不是神学说教,也不是政治宣传。他企图把在查理五世统治时期发生的一切都列举出来,使他这部《评述》成为研究宗教改革时期唯一的一部重要史料。

德国天主教作家长期以来一直避免接触基督教史和中世纪教会史这类问题,把他们的辩论限制在神学问题和攻击路德的人格和道德这个范围以内。和其他以及以前的宗教改革运动一样,德国的新教只是企图恢复原始基督教,回复到"历史上的耶稣"的一种尝试。新教断言,罗马教会,已不是像福音时代那样一种单纯的宗教组织,而是随着时间的流逝,已经变成一个腐化、堕落、走入歧途的机构了,在伪造的历史和"传说"上树立起自已的权威,维持其存在的却没有一点类似真理的东西。罗马教会并未因此迅速警觉起来。但以写历史的形式进行攻击的方法是最危险的。罗梭索·发拉已经证明过去人们相信的君士坦丁圣赐是伪造的,甚至教廷也这样承认。对于教会权威所倚赖的其他历史文献说来,还有什么不能做的呢?在新教历史家手里,历史已变成一杆投枪,其后果是要建立一种新类型的历史,即教会史,以便制定一种新的历史方法,并给予历史研究一种新的、强有力的推动。

为了攻击罗马教会的历史依据,路德派新教徒在马提亚·夫拉西阿斯身上找到了他们的学者;他是伊斯特拉[①]人,绰号伊利里

① 现在南斯拉夫西部的伊斯的累亚半岛。——译者

卡斯(1520—75年),过去曾在意大利和德国学习过。他在维滕贝格遇见过马丁·路德;在路德影响下,他成为一位新教徒,最后当 530
了维滕贝格大学的《旧约》文学教授。在那里他和美兰克敦在神学上发生争执,后被迫离去。他先后曾在马格德堡、耶拿、雷根斯堡和法兰克福(他死在那里)居住,总是在教义问题上发生争执,使朋友和支持者跟他疏远了。

夫拉西阿斯是在耶拿撰写他那部巨著的。在六位同事合作下,他编写了他那部不朽的《马格德堡世纪》,这部书在欧洲历史写作上和文化上都是一座里程碑。阿勒曼和科帕斯管理财务,瓦格涅则到处旅行,前往丹麦、苏格兰、奥地利和巴伐利亚寻找书籍和抄本。许多贵族和显赫人物如议员尼德布鲁克(维也纳皇家图书馆馆长)等,都在财政上或其他方面作出贡献,帮助这个计划实现。这个计划最初是1553年想出的,坚持了二十多年,一直到夫拉西阿斯逝世。①

《马格德堡世纪》分为十三卷,第1卷出版于1559年,最后一卷出版于1574年,即夫拉西阿斯逝世前一年。这部著作是按世纪编写的(书名即由此而来),但还未超过十三世纪。其重点完全是教会史;这部著作否认意大利人文主义者所说世界运动是人事造成的这个论点。《世纪》的学说则纯粹是神学的,把世俗世界的历

① 关于夫拉西阿斯·伊利里卡斯和《马格德堡世纪》,参阅佛特,309—14;威廉·普累格:《马提亚·夫拉西阿斯·伊利里卡斯和他的时代》(埃尔兰根,1859—61年,两卷);P.波尔曼:"夫拉西阿斯·伊利里卡斯",见《教会史评论》,XXVII(1931年),27—73;伊伦斯特·绍莫克尔:《〈马格德堡世纪〉对历史学发展的贡献》(路德维希卢斯特,1898年)。

史看作上帝与魔鬼之间的斗争。推动历史前进的原动力不是人，而是上帝；世界大事件是神的行为的结果，不是人的。因此，历史是上帝意志的记录。

《世纪》对历史写作、特别是对德国的历史写作，起的是摧残作用，因为德国各地君主发现采用这派的政治观点对他们有利。夫拉西阿斯也和路德一样，站在诸君主一边，那时他们正在使教会财产归还俗人，以使路德派教会在德国成立，而罗马教会在干这类事情时，路德派却急于加以谴责。从批判的学术观点看，《世纪》这部书也是有害的，因为它用袒护各个地方君主的、为他们的新教辩护的文章取代了历史研究。甚至从技术观点上看，对人文主义的年代记说来，《世纪》也是一个倒退。这是因为，事实上它是以机械的和编年的方法(每个周期都严格地毫无意义地限制在一个世纪以内)取代了对一个主题逐步地、有机地开展。

虽然《世纪》收罗了极其丰富的材料，但全部著作都无批判精神，史实并未消化，有些情况完全是虚构的，例如教皇佐安
531 (Joan)①。全书从头到尾都有主观的偏见；教皇总是基督的大敌伪基督，教皇控制下的天主教会是伪基督的帝国。《世纪》猛烈攻击教会据以说明其起源的那些文件的真实性，而这部新教不朽之作的重要性或许就在这里；这是因为，尽管这部《世纪》有许多缺点，但它却形成对罗马教会历史基础的一个巨大的挑战，而且使新教徒和天主教徒两者都有了历史观点。恰恰是这个攻击的方

① 一个完全虚构的女"教皇"，据说，她生于英国，受教育于科伦，公元855年维利奥四世之后为教皇。公元1640年喀尔文派作家布伦得尔已著书证明其虚妄，但是许多作家还相信真有其人。——译者

法——用历史摧毁一个古老的历史上形成的机构——形成了对史学研究和发展的一种刺激，这是因为，天主教绝不允许这种攻击继续下去而不予还击，他们也被迫到历史里去寻找反攻的弹药。这项工作由枢机主教巴洛尼阿斯在他的《教会年代记》(*Annales Ecclesiastici*，1588—1607 年)一书中办到了。这部书和那部《世纪》同样渊博，同样偏颇。也像新教徒那部典范那样按世纪划分。[1]

不过，在接下去叙述反宗教改革对历史研究的影响和重要性以前，我们必须在这里首先谈谈由于人们对教会历史这一特殊方面发生了新的兴趣，结果也唤醒了对一般中世纪史的兴趣这件事。大量中世纪的年代纪和编年史开始在德国出版界涌现。1532 年《德国作家文献集成》(*Scriptores rerum Germanicarum*)，根据良好的抄本印刷出来的最早的这次汇总在巴塞尔出版了，其中包括爱恩哈德、威都坎、克雷莫纳人留特普兰等人的作品、《亨利四世本纪》、《美因茨编年史》(1142—1251 年)、伊尼阿·锡尔维乌斯的《波希米亚史》和汪斐林的《摘要》等等。1566 年，一部类似的集子《德国古代四部著名编年史汇编》(*Germanicarum rerum celebriores vetustioresque quatuor chronographi*)在法兰克福出版。在这些"古老而著名"的作家的作品中，有特品[2]写的记述查理曼和罗兰的《编年史》、普鲁姆人勒齐诺的《编年史》和哲姆布罗人息泽伯特的《年表》。赫斯费尔德人兰伯的《年代记》也包括在内，但它早在 1525 年就已单独出版了。1574 年西蒙·沙第乌斯出版了一

① 关于巴洛尼阿斯和反宗教改革的史学，参阅下一章。

② 特品为公元八世纪中叶理姆斯大主教，世传他写了一部《编年史》，近代学者研究的结果，证明它是公元十二世纪的作品。——译者

部德国史家著作汇编，四卷，从特里提密阿和汪斐林开始。这个集子对研究查理五世统治时期的德国史很有价值，因为它标志着德国历史研究的进步和任务之一。在绪论中，编者说明了他认为汇编历史著作应当遵循的方法。1584 年鲁伯在法兰克福出版了另一部一卷本中世纪德国史家著作汇编(1726 年 G. C. 佐安尼斯又出了一个新版)，这个集子包括爱恩哈德的作品、法兰克年代记、克雷莫纳人留特普兰的著作和修道士罗伯的《第一次十字军史》等。同年又出现了来纳·来尼西阿斯校订的威都坎、梅泽堡人提特马
532 等人的作品、赫尔梦德的《斯拉夫编年史》(*Chronicon Slavorum*)、吕贝克人亚诺尔德和其他一些人的著作汇编版。来纳·来尼西阿斯的功绩在于：他是第一位在自己著作中细心一一举出他所引用的材料的出处的德国历史家。1609 年，即三十年战争前夕，另一部书问世。值得重视的是，他收集了中世纪记述日耳曼人和斯拉夫人之间的关系的主要资料。其中包括不来梅人亚当写的记述汉堡诸主教的《事纪》和赫尔梦德的《斯拉夫编年史》。①

用不着说，在德国历史上这些动乱年代里，有许多较小的但并非无价值的历史著作也问世了。亨利·雨果的《乡村编年史》(*Villinger Chronikvon*，1495—1533 年，基督·罗德尔的校订本于 1883 年出版)是研究农民战争史的主要资料。另一部记述更靠南的蒂罗尔一带农民战争的编年史家是乔治·启尔喜迈耳，他是博岑附近克罗斯特·纽斯提夫特的一位地方法官，他通情达理、诚实

① 关于这些(以及其他类似的版本)的一篇有价值的说明参阅 A. 亚设的《德国古史作家书目评述》(伦敦和柏林，1843 年)，这是一部罕见的著作。

能干，他感到在许多地区都需要改革。他这部书实际上是一部从1529到1553年的自传。亨利·格勒斯柏克起先和蒙斯特的再浸礼派教徒结成盟友，后来又背叛了他们；他生动地、无耻地详细描写了这次激烈事件的始末。瑟巴斯梯安·沙特林的回忆录是一个在军队里混前程的人的回忆，他坦率地记述了自己的经历，和歌德使之成名的革次·冯·柏力兴根[①]那部自吹自擂但毫无价值的回忆录不同。这个时期一位较好的德国军人的例子是名叫汉斯·冯·士外尼陈的一位西里西亚容克[②]的回忆录，歌德对这部著作感兴趣。这部书是无可比拟的一系列的轶事、个人经历和人物刻画。汉斯并不是一位受过训练的作家，但他知道怎样说故事。宗教改革时期德国最好的回忆录是巴托罗缪·萨斯特鲁写的回忆录，他是1603年当施特拉尔松得市长时死的。这些回忆录是他晚年为孙子孙女写的，但他还记得他曾遇见过皇帝查理五世。忠实地记述维也纳解围[③]后1529至1530年间土耳其战争的那部《潘诺尼亚战争》(*De bello pannonico*)是梅尔开奥·索伊特写的，于1538年在奥格斯堡出版。作者曾参加这次战争。其第2部分是一篇军事论文，第3部分系统地记述了土耳其的军事制度和资源。

宗教改革运动越过德国边界后就在波兰、波希米亚和匈牙利引起历史写作兴趣。波兰人马丁·克罗麦(1512—89年)用本国

---

① 1480—1565年。德国的封建骑士，参加多次战争，1525年参加农民暴动，在查理第五领导下，与土耳其人及法国作战。其首卷出版于1731年，歌德利用其材料写《革次·冯·柏力兴根》戏剧(1773，富士忒·司各脱1799年译为英文)。——译者

② 容克是德国贵族地主。——译者

③ 1529年9月土耳其人第一次围攻维也纳，10月16日土耳其人撤退。——译者

话写了一部卓越的《波兰史》，不久之后，在耶稣会成员影响下，拉丁文就取代了波兰文。在匈牙利，一位名叫卡斯帕·赫尔提
533 (1520—75 年)的路德派牧师(他是德兰斯斐尼亚古代撒克逊移民的后裔)把《圣经》译成匈牙利文；还写了一部《匈牙利史》，至 1526 年摩哈奇战役[1]止。

所有非日耳曼领土上的宗教改革，在波希米亚最根深蒂固，这主要是由于胡斯的传统。波希米亚第一位写他自己时代的历史，而不只是编年史的历史家，是一位名叫巴托斯的丝绸商人。因为他鼓吹路德和波希米亚团契的思想，就被逐出布拉格，但他又于 1529 年回国把余生精力投入以波希米亚文撰写《布拉格史》(1524—1530 年)之中。这部书直到 1541 年才出版，不过，巴托斯著作的片段已经包括在 1608 年在法兰克福出版的庞塔那斯的《虔诚的波希米亚》(*Bohemia Pia*)一书中了。卡力克斯塔派教徒[2]利波扎尼人哈机克(死于 1553 年)编了一部无批判的《波希米亚编年史》，1541 年在布拉格出版，这部根据档案材料写的书长期以来一直都很成功。在一个半世纪当中，哈机克的著作有三个德文译本和一个拉丁文译本问世(德译本分别于 1596 年在布拉格出版；1697 年在纽伦堡出版；1718 年在莱比锡出版；拉丁文本由多布纳于 1764—86 年间在布拉格出版，六卷，1819 年重印)，哈机克死于 1553 年，他影响到和他同时代的别名杜布拉维斯基或杜布拉维阿

① 土耳其人侵入匈牙利，1526 年 8 月 29 到 30 日，大败匈牙利人于摩哈奇，匈牙利王路易二世战死。——译者

② 即路德派神学家乔治·卡力克斯塔的信徒，他们主张所有新教各派别联合起来，但未成功。——译者

斯的阿里木次主教约翰·斯卡拉。1550 年他出版了一部《波希米亚王国史》(*Historiae Regni Bohemiae*),三十三卷,一直写到斐迪南一世统治时代。

从德国宗教改革产生的"新史学"也传入北方诸国。在丹麦,自从四百年前撒克索·格剌马替卡[①]以来,历史写作一直默默无闻,直到克立斯兴·彼得生(1480—1554 年)把撒克索的编年史续编到他的时代、校订全书,并于 1514 年首次把它出版的时候才又活跃起来。[②] 丹麦十六世纪唯一的一部有创见的重要历史著作就是归到保罗·赫尔基孙(约 1480—1540 年)名下的那部《斯启比编年史》。保罗是一位开明的天主教徒、人文主义者和伊拉斯莫斯的崇拜者;后者是在丹麦变成激烈的路德派以后的 1534 年被迫流亡国外的。《斯启比编年史》是在他逃亡后被发现的。1553 年国王腓得烈设立了皇家史官职位,但这个职位落到一些无批判精神的虔信的老古董手里了。

瑞典学术界的情况也并不好。文艺复兴对它几乎没有任何看得出来的影响,宗教改革也未能唤醒瑞典人的想象力。卡麦尔教团一位修道士奥拉那斯·彼得里(1497—1552 年)曾于 1516 年在维滕堡大学学习,把路德派新教引进瑞典,曾在百忙中抽暇写了一部《编年史》,这就是瑞典最早的散文历史著作。乌普萨拉主教奥拉阿斯·马格那斯(1490—1558年)是唯一的一位天主教历史作 534

① 丹麦历史家(1150? —1220? 年),以拉丁文著《丹麦史》,叙述到 1186 年,其中有哈姆雷特王子的传说。——译者

② 1575 年 A. S. 味得尔将此书译成近代丹麦语;比较坡特哈斯特,II,1000。——译者

家。他的《北方民族史》(*Historia de gentibus septentrionalibus*)由于对社会制度作了些说明,倒还有些价值。他在被迫离开祖国时,把手稿带到罗马,后并于1555年在那里出版。许多年之后,批判的历史研究才能在瑞典生根。十七世纪,由于考斯道夫·阿多发的成就,瑞典出现了一阵严重的妄自尊大狂。奥拉夫·路德伯克(1630—1702年)对于医学、解剖学、植物学、数学、物理和音乐都有研究,他也打算写历史。他深信远古的瑞典就是柏拉图的大西岛(Atlantis)。他的《阿特兰替卡》(*Atlantica*),即瑞典古代史,四卷,只写到亚伯拉罕就完了,说瑞典曾经是"极乐园",洪水之后,雅弗重新使人们在这里定居并在瑞典建起哥特王国。与《阿特兰替卡》类似的是班格的《教会史》(1575年),在这部书中他一本正经地说,亚当就是卡尔斯塔德第一位主教。

第三十一章 反宗教改革对历史研究的影响①

德国新教史学，特别是《马格德堡世纪》那些编者，曾攻击教会 535
的历史要求并企图破坏教会最珍视的传统，即彼得权力至上论。

---

① 历史的分期总是强调一个特殊的概念。“文艺复兴”这个名词说明古典复兴。“宗教改革”是德国新教的一个概念，在他们看来，教会需要改革。“反宗教改革”(Counter-Reformation)是新教徒给天主教徒所谓的“恢复天主教”(Catholic Restoration)的一个名称。反宗教改革这个名词最早是德国历史家利奥波尔德·冯·朗克用的，1843年他在他的《宗教改革时代的德国史》一书中写道：“在宗教改革之后，随着发生了反宗教改革”(Auf das Zeitalter der Reformation folgte das der Gegenreformation)。历史家采用这个名词是迟缓的。最早是朗克的学生冯·济伯尔采用的，然后由济伯尔的学生摩林布累克采用。和新教徒所用的“反宗教改革”名称相当的另一个名词是“天主教的反动”(Catholic Reaction)。参阅A. 厄尔干：“‘反宗教改革’这个概念的发生与发展”，见〔慕尼黑〕《历史杂记》，CXII(1914年)，473—93。

关于读物，可参阅佛特，326—29、337—42、345—50、356—57；威格尔的著作是一部有价值的标准著作；普里塞甫德·斯密司的《近代文化史》(纽约，1930—34年，两卷)，I，第9、12章；A. R. 彭宁顿的《欧洲反宗教改革》(伦敦，1899年)；A. W. 沃德：《反宗教改革》(伦敦，1899年，重印于《教会史诸时代》丛书)；马丁·腓力梦孙：《宗教改革时代》(费城和纽约，1905年，见J. H. 来特主编：《各国史》，第XI卷)；昔蒙，VI—VII。《天主教的反动》；E. 罗多卡那歧：《意大利的改革》(巴黎，1920—21年，两卷)；路易·帕斯脱：《中世纪结束以来的教皇史》，F. I. 安特罗布斯和R. F. 刻尔译自德文(圣路易，1898—1928年，十六卷)，第X卷第12章以下，参阅第XVI卷全部；奥古斯丁和阿洛易斯·得·巴克尔：《耶稣会作家丛书》(1869—76年，三卷；第2版，C. 索美服格尔主编，布鲁塞尔和巴黎，1890—1909年，十卷)；爱弥尔·孟克-格吕克特：《宗教改革和反改革的史学著作》(莱比锡，1912年)；路易·厄尔力斯·杜鹏：《十六世纪教(接下页)

作为教会在特伦特宗教会议①(1542—63年)上发起的天主教复兴计划的一部分,罗马决定以历史回答历史。②既然宗教改革主要是诉诸历史——竭力证明教会已经不像往昔那样朴质而纯洁,已经
536 堕落了③——反宗教改革一派也被迫拿起同样的工具证明相反的道理。因此,在整个宗教冲突时代,对史学发展说来,形成了一

(接上页)会和作家的历史》(巴黎,1701—03年,五卷)和《十七世纪教会作家的著作丛书》(巴黎,1708年,七卷);P. 波尔曼:《十六世纪宗教争端中的历史成分》(卢万,1932年);比较《教会史评论》,XXIV(1933年),457—59一篇评论;W. T. 干布鲁:《德国史料集成:它在史料评价和批评方面的遗产》(华盛顿,1927年:《美国天主教大学中世纪研究丛书》,I);吕措夫伯爵:《论波希米亚历史家讲演集》(伦敦,1905年);法兰替塞克·帕拉次基:《古代波希米亚历史家评价》(布拉格,1830年)。关于杂志文献,参阅迦伯列·摩诺:"天主教的改革",见〔巴黎〕《历史评论》,CXXI(1916年),281—315;保罗·腓得烈:"近来论述法国异教裁判所的天主教历史家",同上,CIX(1912年),307—34;无名氏:"特伦特宗教会议的历史家",见〔伦敦〕《都柏林评论》,XXXIII(1852年),184—219;摩立兹·立特:"历史科学发展研究:人文主义以及宗教改革和反改革时代",见〔慕尼黑〕《历史杂志》,CIX(1912年),261—341;和B. 爱尔特曼斯德菲:"三十年战争的历史和历史著作",同上,XIV(1865年),1—44。

① 新教徒未参加。——译者

② "天主教徒运用历史批评手段,寻找一种方式,以证实新教并不忠于基督教义;……另一方面,新教徒也采用同样的策略反击这种非难,此外,他们还探索教会起源和不同时代的历史,以证明天主教已经过时,它和耶稣与诸使徒的宗教不再有共同之处了"(C'est dans l'emploi de la critique historique que les catholiques cherchent le moyen de convaincre le protestantisme de n'être pas resté fidèle à la doctrine chréstienne ... De leur côte, les protestants recourent à la même tactique pour combattre ce reproche; d'autre part, ils fouillent les origines et les diff'erentes époques de l'histoire de i'Église pour montrer à cette Eglise cathotique qu'elle aussi elle est d'hier, qu'elle n'a plus rien de commun avec l'Église du Christ et des apôtres)。引自考斯道夫·兰孙:"十七世纪的历史批评",见〔巴黎〕《王廷与会议评论》,XVIII,第2部分(1910年),242,全部论述,241—50。

③ "新教徒的发现是这样的:当时的教会已经是一个和原来的教会不相同的机构;是业已腐化堕落并背叛了教义的机构。……这个命题已由《马格德堡世纪》阐明。在新教徒这样描绘下,诸使徒时代以完美的纯洁性开始的教会现在已经堕落了。"马可·帕替孙:《以撒·加索绷,1559—1614年》(第2版,牛津,1892年),322。

个无法估价的重要时期。罗马为攻击《世纪》的历史真实性并驳斥路德派异教徒而选中的人是恺撒·巴洛尼阿斯(1538—1605年),[①]他出身于那不勒斯一个贵族家庭。作为研究神学和法理学的学生,他在十九岁时就前往罗马,在那里成为奥拉托利会(Oratory)创立者圣腓力·内里[②]最早的门徒之一。两年之后,在内里圣会中当了教师,讲授教会史,直到他六十九岁死时为止,他常常夜以继日地准备的那些讲稿,成为他那部名著《教会编年史》(*Annales Ecclesiastici*)的基础,这部著作就是对《马格德堡世纪》的反驳。

《世纪》的编者是由十人组成的一个编辑部进行工作的,而巴洛尼阿斯则因劳绩显著被任命为枢机主教,而且还有一次,只差几票几乎当选教皇。他从来没有雇用过一位抄录员,所有的笔记和摘录都是他亲手作的。这确实是一件惊人的功绩,因为他那部《编年史》所收材料实在太多了。但和马格德堡那些编者比较起来,却有一项便利:这位枢机主教和路德派不同,他可以进出意大利那些藏书丰富的图书馆,有机会看到梵蒂冈那些无价的档案。

1588年(天主教史上一个不幸的年头[③])在罗马由梵蒂冈出版社出版的《编年史》第1卷立即取得成功。“这部书被翻译、注释、补充、续编,直到它的完美而不是它的缺点阻塞了它的销路”。[④] 巴洛尼阿斯虽然早在二十一岁时就开始了他的研究,但直到四十九岁

① 关于巴洛尼阿斯,参阅季尔第,153—89,附参考书目;亚丰琐·卡佩塞拉特罗:《圣腓力·内里传》(伦敦,1926年),II,1—31;帕替孙(见上注,323—41;和佛特,327—29)。

② 意大利教士(1515—95年),1564年建立奥拉托利神父会于罗马。——译者

③ 是年,西班牙“无敌舰队”进攻英国失败。——译者

④ 帕替孙,325。这部《年代记》由雷那尔度斯和波左维阿斯续编至1565年,他们两人增加了九卷(1546—77年);拉德契续编,增加了三卷,到1571年〔1728—(接下页)

时才开始出版他的作品，在他六十九岁逝世时，还在写第十三卷，所有前十二卷巨著都十分成功，“简直是神迹般的”成功。印了一版又一版，整个天主教世界所有的寺院、大教堂、耶稣会各专科学
537 校、众王公和高级教士都争相购买。看来新教徒们要被这大量的书籍围得透不过气了。

《编年史》当然是对《世纪》的直接回答。巴洛尼阿斯以极大耐心、详细地对《世纪》编者所提出的所有论点逐个加以驳斥。这部著作从基督诞生写起，至 1198 年止，即每卷专门论述一个世纪。他枯燥地、扼要地把一切材料记在年代之下，并不强调神学上的问题，列出历任教皇和皇帝的年代和名称，一切都以成系列的大量历史材料为根据。“新教历史毫无根据的理论原则，只能以有重大分量的事实驳斥”。他的主要命题是：教会丝毫未曾像新教徒说的那样腐化堕落，实际上它仍然很纯洁。“巴洛尼阿斯向人们展示的是：以彼得为奠基人的教会显而易见的统一性和无瑕的纯洁性代代相传并未玷污，今天的情况和过去任何时候也并无不同。”[①]

巴洛尼阿斯并不是一位历史家，只是一位编纂家，他的著作毫无引人之处，既无风格，又无形式；只不过是一部教会百科全书。朗克说他“完全无意注重形式……即使那些独立的语句，也毫无典雅之风”。[②]另一位不偏不倚的批评家在仔细考虑了《世纪》编者和巴洛尼阿斯双方的作品之后，不禁讥讽起来：

（接上页）77 年〕。蒙西把全书出版，共三十八卷（卢卡，1738—59 年）。150 年以后，台纳把这套书续到 1590 年（罗马，1886 及以后）。原文最好的版本是 1610 年的安特卫普版。

① 帕替孙（见本书原书第 536 页注），325。

② 《十六、十七世纪罗马教皇史》，舍剌·奥斯丁译（费城，1841 年，两卷），I，288—89。

〔勒克雷尔[①]写道〕一位教会历史家应该严格遵守这句格言：凡是有利于异端的话都是假的，凡是反对异端的话都是真的；同时，在另一方面，凡是能给正教带来荣誉的都是无可非议的，凡是有损于他们的信誉的一定都是谎言。他还应当小心地隐瞒、至少尽可能减轻正教经常尊重的那些人的错误或缺点，不论他们是否知道这些东西；相反地对异端的错误和缺点，却应当竭尽全力夸大。他必须记住，任何一位正教作家都有资格有能力充当反对异端的见证人，无论他说什么都是绝对可靠的；而反对正教的异端却绝对不可轻信，允许他反对他们自己那一方，或赞成我们这一方，就已经是对他表示了足够的尊重了。马格德堡的《世纪》编者和枢机主教巴洛尼阿斯写的东西就是这样；他们各自的著作就是用这种办法在自己那一派那边取得了不朽的光荣。但必须承认，在用这种方法写作的人们当中，他们并不是最早的，他们只不过是仿效他们的前辈而已。多少世代以来，他们在追溯教会古代情况时，要寻找的并不是在那里真正可以找到的东西，而只是为了自己那一派的利益，他们设想应当在那里存在的东西。[②]

巴洛尼阿斯的著作弄得新教徒只好采取守势，正好像从前《世 538
纪》编者使天主教徒只顾招架那样。这位罗马枢机主教的巨大卷帙看来如此堂皇、令人敬畏，以致在一段时间内任何人都不敢对它的权威表示怀疑。两个宗教派别的地位似乎颠倒过来了，新教的学识似乎被天主教徒的渊博掩盖起来了。宗教改革阵营能够做到的只是给巴洛尼阿斯扣上一个“大骗子”的帽子而已，至少暂时是这样。

但是著书论战不能就在这里停下来。如果新教徒打算保持他

① 瑞士的新教神学家和学者(1657—1736 年)。——译者

② 冉·勒·克雷尔:《帕拉西安那》(伦敦,1700),I,168;比较亨利·哈兰:《十五、十六和十七世纪欧洲文学导论》(第 4 版,纽约,1880 年,四卷分订两册;后又重印),H,第 2 部分,第 2 章。

们在知识界的地位，就必须对巴洛尼阿斯的《编年史》作出回答，而且是有力的回答。终于被推选出来“评论”巴洛尼阿斯的人是以撒·加索绷(1559—1614年)；[①]他是瑞士喀尔文派一位教徒，他的祖先是法国人[②]，曾在日内瓦·蒙彼利埃和巴黎等地任语言学教授，是著名的出版商亨利·亚田的女婿，过着典型的学者生活；忍饥受寒，努力工作，有子女十八人，薪俸微薄，教学工作负担过重，因此加索绷前往巴黎住了十年，宽宏大量的亨利四世恰如其分地帮助了他。亨利四世遇刺后，这位新教学者就移居英国。[③] 在那里，詹姆士一世给了他三百英镑的年金。

加索绷既已解除经济上的困扰，可以专心致志地实现他长期的抱负即摧毁“天主教史学家的声誉”了。从纯粹学术方面看，他是胜任这项工作的，因为毫无疑问，他是那个时期第一流希腊学家，有高深造诣的语言学家。早在1598年，态度温和的加索绷就读过巴洛尼阿斯的著作第1卷，最初一看，这部书显明的渊博就曾给他极其深刻的印象，于是他就给作者写了一封信表示钦佩。巴洛尼阿斯以为喀尔文派这位教徒是对罗马作试探性的表示，于是

① 在一切文字中，关于加索绷的最好记载是马可·帕替孙写的传记(见本书原书第536页注)，比较〔爱丁堡〕《爱丁堡评论》，CXLIII(1876年)，189—222和〔伦敦〕《不列颠评论季刊》，LXII(1875年)，487—522；L. J. 那西尔：《以撒·加索绷，他的生平和时代，1559—1614年》(巴黎，1897年)。加索绷对学术的主要贡献是校订许多古典著作，包括斯特累波(1587年)，《四福音书》和《使徒行传》注释(1587年)，戴奥尼素·哈利卡尔那索斯(1588年)，亚里士多德(1590年)，普林尼，辛尼加等人的书信(1591年)，提奥夫拉斯塔(1592年)和阿普利阿的《自白书》(1594年)在内。他自己那部亲切而有启发性的日记《厄斐美里德》是约翰·罗素编辑并出版的(牛津，1851年，两卷)。

② 到日内瓦来避难的法国新教徒。——译者

③ 因为在法国受到天主教的反对。——译者

就把该书第 8 卷寄给他，还补充说“我很高兴发现他在敲教会的大门，因为他称赞一位正教信徒的著作这件事，我只能作这种理解”。后来教皇克力门八世叫人带信给加索绷说，他可以给他一千三百克朗的年金，“只要他愿意到罗马来就行”。

但是当这位枢机主教的著作一卷接一卷地由梵蒂冈出版社出版，同时加索绷也有暇仔细翻阅各卷时，就发现巴洛尼阿斯的著作中有年代编排上的错误、翻译上的错误和对希腊文完全无知，因而 539
他怀着一位真正学者的义愤，大为震惊。加索绷简直难以相信罗马教会一位枢机主教在撰写教会最早时期的唯一有权威的历史著作时，居然完全不懂《福音书》和早期教会曾经使用过的希腊文，更不用说希伯来文了——这又是这位枢机主教那颗虔诚的心灵完全陌生的一种文字。起初加索绷还以为巴洛尼阿斯是故意说谎；他根本就不相信一位身处枢机主教高位的有名人物竟然如此无知。他把他的怀疑通知了教廷的死敌威尼斯人保罗·萨皮[①]；但萨皮虽然并不佩服这位枢机主教的学识，却维护他的品质；他对加索绷说，巴洛尼阿斯确实是一位诚实的人，只是无知而已。这位可畏的威尼斯修道士告诉他这位朋友说：“认识这个人的人们不会轻易被说服，从而相信他是不诚实的人。他只不过是缺乏头脑，没有批判的知识而已。在他飞黄腾达之前，或者在他渴望写作之前，我在罗马就认识他了，那时他只从事挽救灵魂，并无其他事做，在我认识的人当中没有比他更纯朴的了。他没有自己的见解；他听取和他

① 意大利的高级教士、历史家、政治家（1552—1623 年），反对教会的世俗权力，著有《特伦特宗教会议史》。——译者

住在一起的那些人的意见，而且顽固地坚持这种看法，直到另一个人向他提供一个新的意见为止。假如你高兴这样说的话，就可以说他毫无判断力；但在这个人身上是找不到恶意欺诈(dolus malus)的。我认为他不配当你的对手；我总感觉很奇怪，他的著作在舆论上为什么真的会这样高。"①

在进一步研究中，加索绷相信了萨皮的判断正确；巴洛尼阿斯的错误不是不诚实，而是缺少知识。"这座宏伟的史学大厦，尽管门面壮观、室内堂皇，实际上却是用纸片糊成的，只要一股批判之气，顷刻之间就可以把它吹垮"。这部著作经不起批评；本尼狄克派有一位学者发现巴洛尼阿斯的著作中有两千个错误；德国一位学者卢卡斯·好斯敦发现的则在八千以上。加索绷现在动手摧毁巴洛尼阿斯了。不幸的是，他的批评虽说有用，但他开始时用了一种错误的方法。他不是把自己限制在揭露巴洛尼阿斯对拉丁文的无知和经常像引用真事那样引用《伪经》②上的故事和寓言这个范围以内；而是用了课堂上作历史批评练习那样的态度写他那部《练习》(*Exercitationes*)。他按年代顺序，逐段把《教会编年史》第1卷随随便便潦潦草草地作了些笔记，并无任何一致性，也没什么论点；为这第1卷就花费了八百页的篇幅——加索绷打算对其余十一卷也同样这么干，从专业上说，《练习》虽然是一种毁灭性的批
540 判，但因为它极其冗长，简直无法阅读，甚至加索绷的朋友们也说

① 萨皮：《书简集》，811，在帕替孙的《以撒·加索绷》(见本书原书第536页注)330中被引用。

② 希腊文和拉丁文译本《旧约》中有十四章以及《新约》中有许多福音和使徒书简，新教徒认为是伪经。参阅C.布鲁厄《成语与寓言词典》中《伪经》条。——译者

这部书失败了。它对巴洛尼阿斯的声誉几乎毫无影响。不过,这位批判历史学家还是不能不同意吉本的意见,说巴洛尼阿斯"已经下降到搞学问还能容许的最不像样子的轻信的地步"。

史学论战的第二条战线是在意大利和西班牙;在那里的仗主要是由耶稣会成员打的。耶稣会这些战士们利用了两种武器:否定与肯定;他们压制敌对的思想,表彰对他们有利的意见。压制的手段是宗教法庭和禁书目录,表彰的办法是写历史书。绞杀地中海世界自由思想的《禁书目录》(*Index librorum prohibitorum*)于1595年问世。引用萨皮的话说,这是"从来还没人发现过的利用宗教使人变为白痴的最巧妙的秘诀"。① 简言之,这个《禁书目录》由宗教法庭执行,如无特许,不得出版任何著作,违者以革除教籍和财产充公惩处。大多数书籍,特别是争论性的、自由主义的或议论《圣经》的书,绝对禁止出版。此地限于篇幅,不能详细记述这个致命的制度,它在西班牙和意大利文化上造成灾难性的后果,它是"从鞘中抽出的刺杀学术的匕首"。②

在《禁书目录》毁灭性的窒息之下,天主教各国作家只许撰写为教会辩护的作品,为罗马教会辩护的主要角色就是耶稣会成员。站在文艺复兴顶点看,因为《禁书目录》和宗教法庭已把意大利半岛和欧洲其他地区割裂开来,意大利思想已绝对地和相对地衰落

① P.萨皮:《彼得罗·索阿甫〔假名〕的〈特伦特宗教会议史〉》,第2版(日内瓦,1629年),II,91。

② 阿奥尼阿·帕勒阿里奥,昔蒙,II,154引用。关于禁书目录,也可参阅亨利·查理·李:《西班牙宗教史中的篇章》(费城,1890年),56—71;《剑桥近代史》,II,686—88;"罗马禁书目录",见〔伦敦〕《评论季刊》,CXCVI(1902年),587—620。

下去了。没有任何一位历史家出来继续马基雅维利的伟大传统。只要把品约、坡西奥、本提服略这几个名字提一下，实际上就算把意大利这个时期的历史家名单念完了，这确实是一个低潮。①

541 耶稣会成员写的东西不只有很多是这个时期天主教会的历史，而且还有很多是他们自己这个会的历史。在这方面，雄心最大的尝试就是由多数人大合作写成的一部著作，名为《耶稣会史》；这部书是由尼古拉·奥兰狄那斯（死于 1606 年）开始的，他记述到罗耀拉②之死。后来又由罗马学院修辞学教授佛兰西斯卡·萨克基那斯（死于 1625 年）接手，他花了十八年的工夫集中精力续编这部历史。他写道，"我不描写……各国之间的战争，我描写的战争是人类和怪物之间、人类和地狱势力之间的战争——这种战争范围

---

① 弗拉拉大学修辞学教授坚巴替斯塔·品约（1530—75 年），著有《东方君主史》（弗拉拉，1570 年）。参阅吉罗拉谟·梯拉波斯歧：《摩德纳图书目录，或本地作家生平著作纪略》（摩德纳，1781—86 年，六卷），IV，131—54。

卡密罗·坡西奥（1526—80 年）出版了一部记述 1486 年那不勒斯诸君主反对斐迪南一世阴谋的历史：《诸君主阴谋》（罗马，1565 年）。1568 年，他开始写一部 1544 年以后的意大利史，但只完成了两卷（那不勒斯，1839 年，和佛罗伦萨，1855 年），虽然他模仿的是萨拉斯特，但并不可靠。参阅佛兰西斯科·托刺卡的《写作讨论研究集》（勒格浑，1888 年）；佛特，149—50；G. 斯福査的论文，见〔佛罗伦萨〕《意大利历史文库》，第 5 辑，XII（1893 年），149—57；柏尔特拉尼："C. 坡西奥的研究"，见《欧洲评论》（1870 年）；利奥波尔德·冯·朗克：《论批判的、独到的历史作家》（莱比锡和柏林，1824 年），79—109。

朱利奥·本提服略（1579—1644 年）是教皇的一位外交官和枢机主教。他写了一部荷兰暴动史：《佛兰德战争》〔1559—1609 年〕（印于 1632 年；1639 年），这是一部局外人写的肤浅著作。他的《回忆录》记述到 1601 年，1648 年出版于阿姆斯特丹。他记述自己任外交使节的书《关系》于 1633 年在威尼斯问世。他的《书信集》死后才出版（布鲁塞尔，1713 年）；他的《通信集》英译本于 1764 年在伦敦出版。参阅佛特，156；关于本提服略和斯特拉达的争执，参阅下面第三十三章，原书第 574 页脚注。

② 西班牙军人和教士（1491—1556 年），1534 年创立耶稣会。——译者

极大，不仅包括各个行省，而且包括一切陆地和海洋——这种战争的目标，不是为了争夺人间权力，而是争取进入天国。”①他就是用这种“耶稣会特有的得意扬扬的语调”，写了四卷偏颇的历史，把这部书续到1580年。

无疑，反宗教改革时期的一位“巍然耸立的人物”就是威尼斯学者彼得罗（尊称保罗）·萨皮（1552—1623年）。② 萨皮生于 542
威尼斯，是一个小商人的儿子，十三岁加入塞维特派小教

① 朗克：《教皇史》（见本书原书第537页注），II，370中引用，附有评语，比较370—72。这部《耶稣会史》直到1710年才有续编；那时乔文西出版了一部“片段汇编”，记载阿奎基发任会长时期最后十五年的事。1750年，朱理亚·科德出版了耶稣会解散以前最后一部分耶稣会史，简略地记述了从1616到1625年的大事。但后来耶稣会的历史家中没有一个人可以比得上奥兰狄那斯或萨克基那斯的。参阅佛特，345—55和“耶稣会史学的原理”，见〔伦敦〕《都柏林评论》，XXXVI（1854年），451—94。这篇论文的作者在第458—59页上引用了E.维约一句话，说在三百年的时间中，耶稣会产生了不下一万位作家，但所有这些作家当然不都是历史家。

② 关于萨皮，有广泛的文献。关于他那部著名的《特伦特宗教会议史》，参阅本书原书第546页注。他的其他著作见他的《全集》中（赫尔姆施泰特和维罗那，1761—68年，八卷）。他的《书信集》有F.L.波利多里校订本（佛罗伦萨，1863—82年，两卷），有加斯提兰尼校订的《未刊书信集》（1892年），和卡尔·本剌校订本。“新发现的夫剌·保罗·萨皮书简”，见〔慕尼黑〕《历史杂志》，CII（1909年），567—73。E.布朗把他的一些信札译为英文，1693年在伦敦出版。萨皮写给威尼斯人辛约利关于教会和政府的《意见书》的原稿保存在威尼斯的夫剌里档案中。

关于萨皮的生平和著作，参阅佛特，337—40；阿剌伯拉·G.坎伯尔：《夫剌·保罗·萨皮传》（伦敦，1869年）；亚历山大·罗伯孙：《威尼斯最伟大的人物，夫剌·保罗·萨皮》（伦敦，1894年）；机塔诺·卡帕索：《夫剌·保罗·萨皮与威尼斯被逐出教门》（佛罗伦萨，1879年）；亚历山德罗·巴斯科拉多：《夫剌·保罗·萨皮》（米兰，1893年）；巴兰：《夫剌·保罗·萨皮》（威尼斯，1887年）；安得鲁·D.怀特：《七大政治家》（纽约，1919年），3—52；T.A.特洛拉普：《教皇保罗与修道士保罗》（伦敦，1870年）；昔蒙，VII，84—127；G.来印：《保罗·萨皮和新教徒》（赫尔星德斯，1904年）；L.爱美利：《夫剌·保罗·萨皮的宗教思想和政治思想》（1924年）；阿里斯塔科·法苏罗：《夫剌·保罗·萨皮》（罗马，1923年）；卡尔·本剌：《保罗·萨皮，一位在宗教上（接下页）

团[1]，采用保罗这个名字。他甚至在这样小的年纪就放出异彩，曼图亚公爵因此任命他为宫廷神学家，这职务这位年轻的威尼斯人担任了四年，在这期间，他集中精力研究数学和东方语言。二十二岁时，他从曼图亚前往米兰，成为枢机主教波罗美奥[2]的门客，并从这位主教那里了解到很多关于特伦特宗教会议的情况。1579年，塞维特教团把这位青年派到罗马替威尼斯修道院办交涉。在好几年的时间里他都待在这个基督教世界首都，从而有机会先后和三位教皇、宗教法庭大法官以及其他有权势的高级教士发生了亲密接触。1588年，这位已经是当时受过最好教育的人物之一的三十六岁的萨皮又回到威尼斯，这时他业已使用任何意大利作家都从未使用过的最尖利的笔锋武装起来，为捍卫自己的共和国作好了准备。

萨皮这位"可怕的修道士"具有不可征服的精神，但他体弱多病，虽然因此受了很多痛苦，但他绝不肯把自己当病人看待，对痛

(接上页)拥护天主教、在政治上反对天主教的战士》(1910年)；《宗教改革史研究会著作丛书》第100卷；关于萨皮的爱国和宗教意见，参阅克里斯托夫·冯·多那的书简，见摩立兹·立特编的《有关三十年战争的书简和案卷》(慕尼黑，1870年及以后)，II，75—89，99—104，113—15，125—126。关于杂志文献，参阅荷累细奥·F. 布郎："保罗·萨皮"，见《苏格兰评论》，XXX(1897年)，251—82；无名氏"十六世纪天主教的复兴"，见〔伦敦〕《评论季刊》，CLXV(1887年)，273—97，和"夫剌·保罗·萨皮"，同上，CLXXVI(1893年)，373—403；R. N. 卡鲁·韩德的论文，见〔伦敦〕《教会评论季刊》CIX(1929年)，262—77，比较XXIII，135—55；S. 厄西斯："萨皮所撰《特伦特宗教会议史》的材料来源，这种情况现在会不会再发生?"，见《史学年鉴》，XXVI(1905年)，299—313和同一作家："保罗·萨皮作为史料来源"，同上，XXVII(1906年)，67—74；C. C. 卡萨梯的论文，见〔巴黎〕《历史问题评论》，V(1868年)，293—94。

① 公元十三世纪创立于意大利的托钵僧尼团，其正式名称为"圣母的宗教仆人"(The Religious Servants of the Holy Virgin)。——译者

② 生活于1538—84年，米兰大主教和红衣主教(1560年)，以其教会改革有名于世。——译者

苦和危险只表示轻藐。这位苦行僧写道,"凡是考虑生活过多的人,都是不懂怎样过好生活的人。人必有死,总是嘀咕什么时候死,在什么地方死,怎样死法,这毫无益处。不论上帝的意愿如何,总是好的。"[①]他住在一间家徒四壁的小屋子里,唯一的装饰就是一个滴漏[②]、一幅耶稣像和悬在髑髅上的一个十字架[③]。他不关心舒适正如他不喜欢炫耀。他虽渊博,却极谦虚。他的才华只有他的一位同胞(但不是同时代人)利奥那多·达·芬奇可以比美。他和利奥那多一样,也作了许多光辉的、尽管是试探性的科学发明和许多巧妙的实验。他不但精通希腊、拉丁和希伯来等文字,寺院法和民法,古典和历史学识,而且还熟悉数学和自然科学所有各个领域。他曾作过化学、力学、矿物学、冶金学和生理学等方面的实验;他为研究解剖学,还曾解剖人体;他还曾研究电磁学、光学,静脉管瓣膜,视觉中的眼色素层等等;他预见到望远镜和寒暑表的诞生;他写了一篇关于心理学和玄学的论文。毅然主动挑起和教廷全部力量进行斗争并保卫威尼斯共和国免遭教廷侵略这副重担的人,就是这样的一个人。

这个时期的政治形势是这样的:教廷在西班牙世俗政权的支持和耶稣会教士的领导下,正在努力行使它对意大利的主权。威 543
尼斯是意大利最大的独立世俗国家,因此在教会进攻中它首当其冲。事实上,在教皇实现对半岛的完全控制权的过程中这个共和国确实是它最强大的障碍。这并不是因为威尼斯不热心拥护天主

① 《书简集》,波利多里编校(见上一个著者注),I,239。

② 以滴水或滴沙来计算时辰的器具。——译者

③ 死的标志。——译者

教；正相反，这个曾经一度十分强大的共和国是教会的忠实儿女。元首多那托尖锐地回答教皇的一次攻击说，"是谁在谈论喀尔文派呢？我们跟教皇一样是善良的教徒，我们决心至死也要当教徒，尽管那些人希望我们不是这样。"不过，威尼斯人主张政教分离这个"近代"学说；他们不理解为什么住在罗马的这位圣父[1]一定要控制一千年以来一直能够管理它自己的这个富裕的共和国的内务和政治。威尼斯反对的不是罗马教会，而是罗马教廷。在和威尼斯的尖锐冲突中，教廷[2]把这个共和国逐出教门（1606 年）；而威尼斯，在萨皮锋利而有益的建议下，公然反抗教皇的禁令，下令这位令人生畏的修道士根据教会法条文攻击罗马。萨皮在二十年间先后发表许多博学而尖锐的论文攻击教廷和耶稣会成员，他在学术上把他们打得全线溃败。1067 年，五名刺客向他行凶（人们普遍相信这是罗马策动的阴谋），以为他已死了，就离开他走了；但是这位难对付的修道士又活了，当人们把那把匕首（stylus）给他看时，他讥讽地说，"我认识罗马教廷的风格（style）。"[3]

萨皮这时又准备写他的伟大著作《特伦特宗教会议史》了。在

① 指教皇。——译者

② 当时教皇为保罗五世。——译者

③ 当然教廷否认这是它唆使的；但刺客们在教皇使节的帮助下得以脱逃，直到一年之后才被逮捕；参阅《剑桥近代史》，IV，671。恺撒·坎土（《意大利异教徒，历史家的谈论》，都灵，1865—67 年）仔细研究了这个问题，他说，教廷与暗杀萨皮的事件无关，但他指出，在这个时期，政治暗杀"受到鼓励、唆使、报酬和称赞，是很平常、很自然的事"。主要刺客波马写信给一位朋友说："整个基督教世界，没有一个人愿意干我干过的事。"萨皮本人写道："我国风俗如此，凡是像我这样的地位的人，失掉政府宠爱后，没有不同时丧失生命的。"参阅坎土："夫剌·保罗·萨皮和暗杀主义"，见〔巴黎〕《历史问题评论》，III（1867 年），254—57。

我们分析这部史学与论战相结合的论著以前,必须首先解决萨皮的宗教和政治理想这个问题。首先必须说清楚,萨皮并不像他的敌人所攻击的那样是一位新教徒,他只是对新教表示同情。他曾于 1611 年写道:“我看到宗教改革的发展应当高兴,因为这将促进人类利益的发展。”[1]他厌恶教廷的专制、耶稣会的阴谋和宗教上的褊狭。“我恨迷信甚于不敬神,这是因为,不敬神的人害的只是他自己,他们并不宣传自己的主张,而迷信却有传染性,沾染上这 544
种病的人竭尽全力传染别人。”[2]这样的思想可以说明他为什么仇视罗马,喜欢新教;特别是因为他的头脑有科学精神,不能接受那些未经证实或武断的东西。“我从来不以‘不可能’作为理由,冒失地否定任何东西,因为我很清楚,上帝和大自然活动的多样性是无穷无尽的。”[3]

他的政治思想和他的宗教原则有密切关系。他激烈地否认教皇超乎国家之上的最高权力,竭力主张教会与国家截然分开。“我认为国家和教会是两个领域,尽管他们是同样的人组成的。一个完全在天上,另一个则完全在人间;各自都有自己的管辖范围、自己的武器和防地。两者没有共同占有的东西,但二者之间不应当有一方向另一方宣战的理由。……我认为教会这个词指的是忠实信徒的整体,而不是单指全体牧师;这是因为,如果我们把教会只限于牧师,它就不是基督的王国了,而变成人世共和国的一部分、

① “特伦特宗教会议诸史家”一文中引用,见〔伦敦〕《都柏林评论》,XXXIII(1852年),193;关于萨皮,参阅 189—97。

② 《全集》(见本书原书第 541 页注),VI,4。

③ 《书信集》,波利多里校编(见本书原书第 541 页注),I,229—30。

像俗人那样也受国家最高权力管辖了。"①

萨皮就是在这种精神指导下担负起撰写特伦特宗教会议历史这项任务的。他之所以选择这个题目是因为漫长的岁月业已使他清楚地认识到，这次宗教会议虽然使教会纯洁化，但在把欧洲一刀切成两半这件坏事上也起了无法估量的作用；结果，一方面是一个狭隘的教会和孤立的信奉天主教的欧洲，另一方面则是一个以相当自由的精神自行其是的信奉新教的北欧。萨皮以其天才灼见，洞察这次宗教会议对一向统一的西方文明所造成的损害。萨皮写道，"由神圣的人们计划和组织的以重新统一教会为目标的这次宗教会议……反而把它的分裂搞到这样僵，使双方如此执拗，以致分歧成为不可调和的了。"②

萨皮是着手撰写这次宗教大会历史的第一位作家，虽然斯来丹、哥尔达斯特和得·图等都曾提到过这个问题。这位威尼斯人
545 在开始写他的著作时，就有一个明确的动机，即破坏教会基础之一的信用；亦即用一清二楚的方法、根据真实资料、用灿烂的文笔撰写历史。

---

① 1609年萨皮写给J.季洛的信，同上，I，312。在反对罗马对世俗最高统治权的要求时，萨皮继承了许多中世纪思想家如但丁、厄基第奥、科伦那、奥坎人威廉和帕多瓦人马西略等人的传统。如马基雅维利在他的《君主论》中所说，"最接近罗马的人是那些对罗马最不信任的人。"在萨皮以前一百年的1527年，佛罗伦萨的佛兰西斯科·微多利写道："凡是仔细考虑过福音法规的人都会看到，历任教皇虽然有基督代言人的名义，但他们带来的却是一种新的宗教，这种宗教，除名义外，一点也没有基督教的气味。"参阅荷累细奥·F.布郎："保罗·萨皮"，见《苏格兰评论》，XXX(1897年)，267，271。

② "十六世纪天主教的复兴"一文中引用，见〔伦敦〕《评论季刊》，CLXV(1887年)，289；记述萨皮的一篇很好的文章，参阅284—89。

〔萨皮坦率地说出自己的出发点〕我的目的是撰写特伦特宗教会议的历史。这是因为,虽然我们这个时代已经有许多著名的历史家在各种著作中提到过会议某些个别方面,而且一向很精确的作家约翰·斯来丹又已经非常勤奋地记述过产生这次宗教会议的过去种种原因,但是,即使说把所有这些材料都汇编一起,也不会成为一部详尽的记述。自从我刚刚开始关心人类事务,①就产生了一个巨大的愿望,很想充分了解那次会议的始末。但当我把我找到的有关这次会议的文字记载(无论业已出版的文件还是分散各地的手稿)搜集到一起之后,就开始进一步寻找参加过这次会议的那些高级教士或其他的人们遗留下来的文件,以便仔细查阅他们提供的有关这件事情的情况,以及他们自己或别人记下的他们投的票和会议进行期间从特伦特城发出的信件中传出的情况。在这样作的时候,我并未惜力省心,而且颇为幸运,得以看到在这些协商和交涉中曾参加大部分工作的人们的全部笔记和信札。当我搜集的如此众多的文件向我提供了足够写一部记事史还大有富余的材料时,我就下定决心把它们整理好,然后就根据它们写成一部连贯的记述。②

我们一定要记住,萨皮认识许多人,例如奥力佛和波罗美奥,他们都曾在这次宗教会议上起过重要作用;他也有机会接触威尼斯的秘密档案和许多私人信件。阿诺·得·菲利厄曾给萨皮提供材料;他曾于1562年作为查理九世的代表之一出席特伦特会议,后任驻威尼斯大使和那瓦拉的亨利的首相,临死前还成为一位新教徒。因此,单凭他所根据的资料说,他这部历史也是值得注意的。在档案资料不足的地方,萨皮就利用了较早的历史家如保

① 萨皮常说,“笃信宗教的人绝不应漠视政治”(《书信集》,30)。

② 引自朗克:《教皇史》(见本书原书第537页注),见E.福斯特的英译本(伦敦,1891年,三卷),III,106—07;关于朗克对萨皮和帕拉维西尼的批评,参阅103—38;见S.奥斯丁的英译本(费城,1841年,两卷),II,290—304。

罗·佐维奥、基察第尼、得·图、主要是斯来丹等人的著作。最后这位斯来丹是个“臭名远扬的路德派党羽”[①]——萨皮从他的著作中整段抄袭。但凡是他抄袭别人著作的地方，不管是已出版的，还是未出版的，萨皮总是都能把这些材料编织起来，使之形成文体上的统一；这一点是他罕见的天才。在写作中他尽管有一个明确的论题，但他从来都不伪造或歪曲，他十分敏感，当不了说谎的人。“我绝不说假话，但也不是对每个人都说真话。”他这部著作有倾向性，充满敌意，辛辣尖锐，但绝不是不诚实。他那恶毒的机智和利剑似的文笔能够无情地刺入耶稣会成员的心窝——他最讨厌的东西(bêtes noires)——而无须歪曲事实，他以冷酷而尖刻的文笔严厉批判了“用尽一切欺骗和讹传等不名誉手段”的那些耶稣会阴谋家。因此，萨皮的《特伦特宗教会议史》长期以来一直是“赏心悦目
546 的读物”，而且，作为一种艺术作品，它是“这个世纪最有吸引力的一部书”。[②]

新教徒向这部著作热烈欢呼。密尔顿称萨皮为“特伦特会议

---

① 〔伦敦〕《都柏林评论》，XXXIII(1852年)，194。

② 关于本段中引用萨皮的话以及各项评论，参阅普里塞甫德·斯密司《近代文化史》(见本书原书第535页注)，I，263—67。

萨皮的这部历史著作最早是于1619年在伦敦出版的，书名是《彼得罗·索阿甫·波拉罗所著〈特伦特宗教会议史〉》，彼得罗·索阿甫·波拉诺(Pietro Soave Polano)的这个笔名是把他的本名保罗·萨皮·微尼托(Paolo Sorpio Veneto)的字形改变而成的。这部书的出版，著者是不知道的；萨皮把他的手稿借给马可·安敦尼奥·得·多密尼斯，多密尼斯带了一个抄本到伦敦来。这部著作是献给詹姆士一世的；书的副标题上说：“书中揭露了罗马教廷使教义的真理不能明白阐述、使教廷和教会的改革不能进行的一切阴谋诡计。”第二次意大利文版于1629年在日内瓦问世；有几种法文译本，其中最好的一本是勒·库腊耶的译本，出版于1736年，附有一些有价值的注释。在第一次意大利文版问世之后三年内，即1619年和1622年之间，(接下页)

的伟大揭露者”。萨皮本人却怀疑他自己这部著作。他写道（第3卷，第1章）：“我认为我的著作当然不会有很多读者，很快就会被人遗忘，这倒不是因为它的缺点，……而是因为内容的性质，我是根据许多类似著作的遭遇作出这个判断的。不过，我用不着费心考虑这部历史著作能否永垂不朽的问题，只要目前对于我替他们写这部书的那些人有用，我就心满意足了。如果有人能够从中得到好处，就让这部书算是替他写的吧！后世是可以根据对时代和事情的推测对这部书作出判断的。”

后世对这部书是赞成的，尽管甚至早在它付印出版以前，当它还是以手稿的形式流行的时候，罗马就已下令查禁了。萨皮这部书曾引起像吉本、哈兰、马可黎、撒母耳·约翰逊，甚至善于判断的朗克这样一些人钦佩。意大利历史家卡罗·波塔[①]称《特伦特宗教会议史》是“人类天才曾经创造出来的最果敢、最坚强的著作之一”。[②]麦考利说，“保罗兄弟是我喜爱的近代历史家。”[③]威尼斯历史家罗敦·布朗[④]把萨皮比作莎士比亚，他说，“两人都是完美的作家”。[⑤]最稳健的职业历史家朗克，虽然批评萨皮的倾向性，但极

（接上页）出现了三个拉丁文版本。1620年，那坦聂尔·布纶特爵士在伦敦发行了一个英译本；1676年重印的英译本中又收入一篇萨皮的传记〔法尔真西奥·米甘西奥写的〕。但布纶特的译本极不完美，所以下一世纪撒母耳·约翰孙开始重新翻译，但未译完。最近的意大利文译本是佐凡尼·干巴林的译本（巴里，1935年，三卷；《意大利作家丛书》，第151—53号）。

① 意大利医生和历史家（1766—1837年），约1792年流亡法国。——译者

② 罗伯孙：《夫剌·保罗·萨皮》（见本书原书第541页注），146。

③ 同上，147。

④ 英国历史家（1803—83年）。——译者

⑤ 罗伯孙：《夫剌·保罗·萨皮》，147—48。

其称赞他的文笔,他总结说,根据他的批判方法看,萨皮“开辟了一条新路”。他的著作“主题的全部发展都伴随着一连串严厉批判是这类历史著作第一个范例”。①

547 萨皮的特伦特宗教会议史这部伟大著作产生了和《马格德堡世纪》类似的效果:它使罗马改取守势,特别是因为这位威尼斯人这部著作充满了嘲笑与恶意。于是又该有一次反驳了。教廷选中了罗马学院的一位耶稣会教士特棱勺·阿尔沙提对萨皮进行答辩。阿尔沙提搜集并汇编了大量材料,但在他还没有完成他的著作以前就死了(1651 年)。于是当时的耶稣会长哥斯文·尼克尔

① 关于朗克的批评,参阅本书原书第 545 页注。普里塞甫德·斯密司在他的《近代文化史》(见本书原书第 535 页注)第 1 章第 267 页上写道:“我最后的判断是这样:虽然这位威尼斯历史家有时候由于成见而离开了严格的史实,但他这部著作一般说来还是符合这部书写作时流行的较为良好的批评和准确性标准的。”

萨皮也写了许多带争论性的历史著作,这个很少人知道的事实是因为《特伦特宗教会议史》的缘故而湮没无闻了。他翻译了泽孙的《关于逐出教门的有效性的论文和决议》,对于这篇论文,枢机主教柏拉民作了一个答辩;萨皮写了一篇反驳:《驳柏拉民对泽孙的攻击》。萨皮另一篇论文是攻击保罗五世的,《论教皇保罗五世非难安宁的威尼斯共和国》,封面上印着《诗篇》(CIX,28)中恶毒的引语:“凭他们咒骂,唯愿你赐福。”有两部讨论同样题目的论文:《教皇保罗五世与安宁的威尼斯共和国之间发生的事情的特征历史》,说明这个案件的事实;和《捍卫君主权力,反对被教皇逐出教门并停止职权》,说明世俗政府与教廷间斗争的原则。

1610 年萨皮出版了一部比较重要的著作:《教会圣职史》,他把这个问题追溯到从诸使徒时代到保罗五世无耻的族阀主义。吉本称这部书为“黄金卷”(Golden Volume)。1611 年萨皮出版了《威尼斯城内和辖区异教裁判的起源、形式、法律、风俗和习惯》,证明威尼斯曾如何抗拒教皇的异教裁判。两年之后(1613 年),这位威尼斯修道士发表了两篇论文:《罪犯避难所》和《教士的特权》,攻击教士们滥用圣殿为“不洁鸟群的笼子”和“盗贼的巢穴”;格劳秀斯称《罪犯避难所》为萨皮的“伟大著作”。萨皮的《阿斯科克海盗》批判那些“在教会特殊庇护下”损坏威尼斯商业的达尔马提亚海盗。他的《耶稣会的教育制度》是对耶稣会的尖锐控诉,指出“从他们的学校中,从来没有产生过孝顺父母、热爱祖国、忠于君主的人”。

(引用帕拉维西诺的话)"就像佣兵队长指定他的一名士兵"那样的神气,选择了斯福查·帕拉维西诺(1607—67年)担任这项任务。

帕拉维西诺①出身王族,但他为了加入耶稣会竟然放弃了自己的头衔和财产。他曾在罗马学院任神学教授并在教皇亚历山大八世手下任忏悔神父,后来,尽管他本人反对,还是被任命为枢机主教(1659年)。为了反驳萨皮,帕拉维西诺彻底翻腾了罗马档案馆和图书馆,因为他有接触秘密和未发表过的文件的全权。有了这么丰富的资料,他本来应当能够写出一部关于这次宗教会议的全面历史的。不幸的是,他不能自由地作一位不偏不倚的历史家,而是有义务逐条反驳那位伟大的威尼斯人。帕拉维西诺在他那部书开头的几页中说,"我打算就在索阿甫〔萨皮〕开始他的叙述的地方,开始写我的叙述,目的在于用一直和他齐头并进的办法,使读者提高警惕,这样就能引导他们顺利通过某些狭路而不致由于无 548
知而被索阿甫的欺诈引上悬崖边缘跌下去。"

帕拉维西诺的《特伦特宗教会议史》第1卷于1656年在罗马出版。连篇累牍都塞满了丰富的材料,其中有许多是萨皮过去未曾弄到手的。但是,耶稣会这位历史家不得不从中逃选,很自然,他挑的那些都是对教廷及其事业有利的,那些不利的都隐瞒了(这和萨皮没有什么不同);例如,文件说明,如果那时教皇对新教徒表示出一

---

① 参阅佛特,340—42;〔伦敦〕《都柏林评论》,XXXIII(1852年),184—90、197—202;和朗克的批评(见本书原书第545页注)。帕拉维西诺的《特伦特宗教会议史》1656—57年在罗马出版;查提诺的拉丁文译本,三卷,1670年在安特卫普问世;一个法文译本,三卷,1844—45年在巴黎出版;和T.F.克利奇的德文译本,八卷,分订四册,1835—36年在奥格斯堡出版。帕拉维西诺又写了一部没有完成的《亚历山大七世传》五卷(普拉托,1839—40年,两卷合订一册)。

种较为缓和的态度，本来是有机会和解的；但帕拉维西诺却把可以证明教皇的固执是阻止新教徒出席会议的那些材料都删去了。

帕拉维西诺列举了他归咎于萨皮的那些“错误”共三百六十一个，虽然他处理某些文件时有成见，但在任何地方他都不是有意撒谎。但他所指出的萨皮的所谓“错误”，却往往不是微不足道就是不真实的。在帕拉维西诺不能反驳萨皮的地方，他干脆就说这个威尼斯人弄错了，说他这些话并无根据。有时为了证明他的说法，这位耶稣会历史家竟然从上下文中把文件撕下来，为达到一个特殊目的在别处再举出来。例如，他驳斥萨皮所说教皇与法王之间曾订有条约这段话时，引用的是苏里阿诺，居然说他曾说过：教皇和法国并未建立同盟，而苏里阿诺的原话却是说没有实际上用文字记载下来的条约。耶稣会这位历史家的主要目的在于破坏萨皮的信誉，使教廷处于有利地位，并把这次宗教会议的缺点扔到新教徒身上。

因此，帕拉维西诺这部历史著作不但偏袒一方，而且还缺少萨皮的著作所具有的东西：秀丽的文笔和光辉的思想。在威尼斯那位修道士简洁而清楚的地方，罗马耶稣会这位教士却是“晦涩、散乱而肤浅”。帕拉维西诺往往干脆由于无能忽略一些大事，未能看出它们的重要意义。朗克总结他那段公平合理的分析说，“他的智力有某种笨重而繁琐的性质。他的天才大部分表现在遣词造句和炮制遁词方面；他的文笔被文字堆砌压垮了。”[①]

在一种意义上说，十六世纪天主教欧洲的全部史学是反宗教

① 他的《教皇史》附录，福斯特译（1891 年），III，137。

帕拉维西诺攻击萨皮，所以海德格在他的《特伦特宗教会议的纠纷》一书（苏黎世，1690 年，两卷）中攻击帕拉维西诺，更确切点说，是替萨皮辩护。

改革史学的一部分。而三十年战争(1618—48 年)的史学却是这个时期一个特殊的和最后的阶段。拖了这么长的全欧战争不可避 549
免地会产生一些批评家和辩护人,教义维护者和记述者。在见解上、方法上、题材上,这些花样繁多的记述各有不同;有些有宗教观点,另一些却有民族意识,还有一些则是论战性的,很多又是个人的。处理这个复杂题目的最好的方法也许是按年代顺序叙说。[①]

在参加论战的各位作家中,按时间顺序说,第一位是帕拉提内特人卡斯帕·斯齐奥皮阿斯(1576—1649 年);他曾在海德尔堡和因戈尔施塔特学习,二十二岁参加天主教会。后来成为著名的语言学家和法律学家,他那焦躁不安的精力大部分投入向新教徒展开的激烈而尖锐的斗争。他手持笔杆"反对全世界",包括西塞罗在内,"他对这位古人不依不饶,正如他不能饶恕和他自己同时代的人们那样。"[②]这位"本世纪诸文学论战者中口出粗言最多的人"[③],以一篇激烈的论战文章《神圣战争的号角》(*Classicum Belli Sacri*,1619 年)的形式,扔出了三十年战争中的第一颗炸弹,煽动天主教诸王侯起来反对"异端的和叛逆的"新教徒。斯特拉斯堡一位新教历史教师马提亚·柏尼加在他的《向舍佩的"圣战号角"和平应战》(*Proelium Pacis Occenta Sciopiano Belli Sacri Classi-*

① 历史家把三十年战争分作五个时期:波希米亚时期,1618—20 年;帕拉泰因时期,1621—23 年;丹麦时期,1626—29 年;瑞典时期,1630—35 年;法国时期,1635—48 年。关于全面的参考书目,参阅《剑桥近代史》,IV,801—70。

② 哈兰:《欧洲文学导论》(见本书原书第 537 页注),II,第 3 部分,370。

③ 《剑桥近代史》,IV,113。

co，斯特拉斯堡，1620年）一书中作了刺人的答辩。[①]

这次战争[②]于1618年在波希米亚开始；这个地区的宗教不和的传统早在二百年前胡斯[③]时代就已经有了。两位同时代的波希米亚人记述了这个时期的情况，颇为有趣的是，他们用的是本地语而不是拉丁文。一位是皇帝斐迪南二世和三世的顾问和朋友威廉·斯拉发塔伯爵（生于1572年）；另一位是新教徒保罗·斯卡拉。

斯拉发塔原来是波希米亚团契一位成员，后来加入天主教会；在引起三十年战争的著名的布拉格"抛出窗外事件"（Defenestration）[④]发生时，他是从宫殿的窗户里被抛出来的官员之一。作为皇帝一位高级官员，他在天主教在波希米亚得以恢复这件事当中大部分起了主要的作用。因此，他那部记述1608至1619年间情况的《回忆录》尽管偏袒一方却有很大历史重要性。[⑤]

550 保罗·斯卡拉·西·叔尔（生于1583年）是比斯拉发塔更重要的一位历史家。他是一位新教徒，曾在维滕贝格大学受教育；回

---

① 关于斯齐奥皮阿斯（Scioppius，在德文是朔佩，Schoppe），参阅《全德传记》，XXXIII（1891年），479—84，M.奥士的论文；关于他的论敌柏尼加，参阅同上，II（1875年），412—13，威格尔的论文。当代文献包括《神圣战争的号声：最近卡斯帕·斯齐奥皮阿斯所作有力的警告》（1619年）。

② 三十年战争。——译者

③ 波希米亚的宗教改革家（1369？—1415年）。——译者

④ 参阅谢苗诺夫《世界中世纪史》，第385页（高教部教材处印，1955年版）。——译者

⑤ 参阅吕措夫伯爵：《论波希米亚历史家讲演集》（伦敦，1905年），72—73。斯拉发塔的《回忆录》，约瑟·伊勒切克校编，见A.京德利主编的《波希米亚史料集成》（布拉格，1865—70年）。

到他的家乡城市后，就开始积极参加政治活动，最后进入在位不久的波希米亚王腓得烈五世王廷，后来就跟着国王流亡国外。

当他在撒克逊境内弗赖堡过着退休生活的时候，一直专心研究历史。他用捷克文写的《教会史》(*Historie Cirkevni*)是一部"最广博，同时也是最有价值的"波希米亚教会史，从异教改信基督教的时候开始记述到基督教"屈服于伪基督奴役之下的那个可怕的"年代即1623年止。这部书最后一部分生动地描绘了斯卡拉曾亲自参加活动的晚近时期；他笔下的"抛出窗外事件"特别杰出。① 还有两位记述自己时代的次要的波希米亚历史家也应该提一下，一位是赫本非尔德人安德鲁，他写了一部《波希米亚战争史》，记述安德鲁曾参加过的白山之役②，另一位是保罗·斯特兰斯基，他流亡荷兰时，曾撰写一部《波希米亚共和国》(*Republica Bojema*，1643年)。

瑞典曾参加这次大战，从而刺激了这个国家里对历史研究的兴趣。1644年女王克里斯提那③命令腓力·波基斯劳·克姆尼茨④写一部书记述这次战争，准许他利用档案材料和来往信件，特别是奥克森社那⑤的文件。克姆尼茨的名声来自他那本反对保皇党的小册子《论罗马——日耳曼帝国的合法地位》(*Dissertatio de*

① 吕措夫(见本书原书第545页注)，73—81。K.替夫特兰克主编的《教会史》，两卷，见《波希米亚史料集成》。

② 公元1620年11月德皇军队打败捷克军队于白山。——译者

③ 1632—54年在位。——译者

④ 瑞典历史家(1606—78年)。——译者

⑤ 亚克塞尔·奥克森社那伯爵(1583—1654年)，三十年战争时的瑞典首相。——译者

ratione status in Imperio nostro Romano Germanico,1640年),这本小册子是用喜坡力塔·阿·拉匹提这个笔名发表的。在他开始写他那部《瑞典人在德国的战争史》(*Der königlich schwedische in Teutschland geführte Krieg*)即《瑞典—德国战争史》(*Bellum Sueco-Germanicum*)之后的第四年,即1648年,才发表了这部著作的第1部分,把这个时期写到1636年。第2部分于1653年在斯德哥尔摩问世;最后两部分于1855—59年在斯德哥尔摩出版。克姆尼茨所撰瑞典史前三部分是用德文和拉丁文写的,第4部分却只用德文;这是欧洲语言形势很有趣的反映。这部历史虽有批判性,也有丰富的原始资料,却缺少统一性和风格;是一部枯燥的、按年代编排的、详尽的官方著作。克姆尼茨的理论是:应负担这次战争责任的是哈布斯堡王室。因此,考斯道夫·阿多发[①]反对奥地利统治只是防御性行动。[②]

551 几乎和克姆尼茨针锋相对的(至少在题材的处理上是这样)是弗兰肯贝格伯爵法兰西斯·克里斯托夫·克文希勒[③](死于1650年);他是奥地利的政治家,写了一部《斐迪南年代记》,十二卷,附

---

① 即瑞典国王考斯道夫二世(1611—32年在位),有"北方狮子"之称,战胜俄国(1613—17年),参加三十年战争(1630—32年),在战争中受伤身死。——译者

② 关于克姆尼茨,参看M.立特的论文,见〔慕尼黑〕《历史杂志》,CIX(1912年),333—36;威格尔,358;《全德传记》,IV(1876年),114—16韦柏神父的论文;F.加利梯:《腓力·波基斯劳·克姆尼茨的〈瑞德战争史〉及其资料来源》(弗劳恩菲尔德,1902年);本杰明·查普曼:《考斯道夫·阿多发和三十年战争的历史》(伦敦,1856年)。克姆尼茨的著作由撒母耳·溥分道富于1632—94年校编并续编,他在瑞典服役后,把他的忠诚和活动转向勃兰登堡。因此,溥分道富是属于后一个时期的,并将和政治学说发展联系起来研究;参阅佛特,249—52和立特,前引书,336—41。

③ 生活于1588—1650年。——译者

有许多雕版插图。克姆尼茨的著作只记述瑞典;而克文希勒这部书则不同,它记述了整个三十年战争时期,自然是袒护哈布斯堡王室和天主教的;虽然有不准确的地方和不可避免的偏见,但它却是研究三十年战争最宝贵的一份资料。①

在法国那方面,有枢机主教黎塞留②和斐奎尔侯爵的著作。因为黎塞留地位很高、在三十年战争中起的作用很大,所以他这部《回忆录》非常重要;它自然有袒护法国的偏见,尽管如此,但作为这个时期的资料,他这部书还是很有价值的。其中的材料是有训练的助手们搜集的,初稿可能就是他们写的。但最后定稿还是枢机主教本人所修订。斐奎尔侯爵以撒·马那塞斯·得·帕斯,作为一位军人和外交家,在这次战争中,曾亲身服役,并参加了1636年至1638年的战役。他的《未刊书简集》(*Lettres inédites*)里有很多极其丰富的资料;但是书中所记事件直到二百五十年后才和读者见面。③

许多曾参加或采访过三十年战争的外国人都留下一些记述这

① 《斐迪南年代记或皇帝斐迪南二世实录》(莱比锡,1721—26年,十二卷);也参阅本哈德·捷文卡的《克文希勒:人类史,同时研究十七世纪》(维也纳,1867年);亚当·倭尔夫:《奥地利历史图片》(维也纳,1878—80年,两卷),第Ⅱ卷;达尔曼-惠芝:《德国史料》(第9版,莱比锡,1931年),第10601号。

② 1585—1642年,法国政治家和枢机主教。1629年为法国首相。在三十年战争中,他支持瑞典反对德皇,最后使法国参战,取得胜利。——译者

③ 关于黎塞留的《回忆录》,参阅M.立特的论文,见〔慕尼黑〕《历史杂志》,CIX(1912年),332—33;和达佛内的论文,见〔巴黎〕《学者杂志》,1858年,第154—76,第496—520页和1859年,第107—25、300—18页;也参阅理查·洛治的《黎塞留》(伦敦,1896年)。黎塞留的《信札、外交指令和公文》,阿佛内编(巴黎,1853—77年,八卷)。关于斐奎尔,参阅《斐奎尔侯爵回忆录》(伦敦,1736—50年,五卷)和加路瓦编的《斐奎尔的未刊信札》(巴黎,1845—46年,五卷)。

次战争的文章。其中大部分在学术上或历史上都不是质量很高的，在这里就不必浪费篇幅详细介绍了。但不妨提提罗伯·蒙罗[①]的《远征》(*Expedition*，伦敦，1637 年)；悉得南·坡印斯的《关系》(*Relation*)；维多里奥·赛里的《麦邱利》(*Mercure*)；托马斯·卡甫(或卡鲁，爱尔兰人管他叫俄科连)的《游记》(*Itinerarium*)、《日耳曼记》(*Rerum Germanicarum*，1617—41 年)和《纲要》(Epitome，1641 年)；加辣发的《评述》(*Commentaria*，科隆，1639 年)；革利索·普赖厄拉托的《战争史》(*Istoria della guerra*，三卷，威尼斯，1640 年)；赖蒙多·蒙特库科利将军[②]的《战争回忆录》(*Memorie della guerre*，拉丁文版，威尼斯，1718 年；法文版，巴黎，1712 年；阿姆斯特丹，1770 年)。

关于德国记述自己时代的大部分历史家和编纂家，无论新教
552 或天主教的，都没有什么值得一提的。迈克尔·卡斯帕·龙多普(生于 1580 年)的情况很特殊，他本人是路德派，但他写的历史却袒护天主教和哈布斯堡王室。他用德文写的《德国六年内战史》(*Bellum Sexenale civile Germanicum*，法兰克福，1622—23 年)，记述了这次战争最初那些年代。另一部袒护哈布斯堡王族的著作是耶稣会教士克里斯多福·鄂特(生于 1612 年)写的那部《近百年史》(*Historia nova seculi nostri XVII*，因斯布鲁克，1682 年)，叙述的是三十年战争时期哈布斯堡王朝的统治。另一类历史家，亦

① 苏格兰人，在瑞典王考斯道夫·阿多发部下，参加三十年战争，有战功，死于 1633 年。——译者

② 奥国将军(1609—80 年)，1664 年打败土耳其人，1672—75 年率领帝国军队抵抗法国军队，写了《回忆录》和一些军事科学的著作。——译者

即和《欧洲舞台》(*Theatrum Europaeum*)有联系的那些历史家只需一带而过;其中有约翰·彼得·罗提喜(1598—1669 年)、哥特哈德·亚塔尔(生于 1570 年)和阿伯哈特·发森堡。

三十年战争在摧毁德国文化物质基础的同时,也使帝国巴尔干化[①]了。在莱布尼茨[②]时代以前,很少有任何稍有重要性的学术作品在德国问世。史学降到一个低潮,特别是在威斯特伐利亚和约[③]签订以后,因为这次和约粉碎了帝国宪法,从而把德国分裂成无数小封邑,各有各的独特的地方性的效忠,各有各的渺小的地方利益。除则垦多夫[④](1626—92 年)的《史论》(*Commentarius historicus*,莱比锡,1694 年)外,几乎在一百年当中,德国从来都没有出现过一部还有些价值的历史著作。直到十八世纪启蒙时代(Aufklärung)德国的学术和思想才恢复起来。[⑤]

① 意思说,使帝国分裂为许多彼此敌视的小国,像巴尔干半岛一样。——译者

② 德国的大哲学家和数学家(1646—1716 年)。——译者

③ 1648 年结束三十年战争的和约。——译者

④ 德国的政治家和历史家。——译者

⑤ 参阅 B. 爱尔特曼斯德菲:"三十年战争的历史和史学",见〔慕尼黑〕《历史杂志》,XIV(1865 年),1—44,关于这次战争对文化的悲惨影响,也参阅 S. K. 帕多革:"谁是德国人?",见《外交评论》,XIII(1934—35 年),509—18。

第三十二章　法国宗教战争时期（1559—1589 年）和亨利四世统治时期（1589—1610 年）的历史学家[1]

553 1559 这一年标志着法国历史和历史写作进入一个新的时期。在这年以前，宗教改革主要是在小资产阶级和工匠、即那些从不献身战争的“怯懦的人们”(gens timides)当中进行的；但在亨利二世晚年，新教就开始在贵族中争取信徒了，这些身带利刃的贵族甘愿为自己的理想拼命、把宗教原则搞成政治争端。不同思想作斗争的时机业已成熟，这是因为，法国业已深深陷入国际政治斗争，又因为王室权威正遭到强烈反对。在德国，宗教改革早已变成强权政治问题；于是，正在和天主教皇帝打仗的法国国王就和路德派异教徒建立起同盟，就像和土耳其建立同盟时那样毫不犹豫。

早在 1494 年就已经开始的长期王朝战争到 1559 年已因签订卡托—空布累济条约[2]而暂告结束；同时，胡格诺分子[3]（人们这样

---

① 亨利·豪则：《法国历史资料》（巴黎，1906—15 年，四卷），第 3 卷《宗教战争，1559—1589 年》和第 4 卷《亨利四世，1589—1610 年》。这两卷是全面完整的概述。

② 法王和德皇查理五世订立的和约。——译者

③ 有人说，胡格诺（Huguenot）一字是一个绰号，字源出自国王嚣俄（接下页）

称呼法国的喀尔文派)也已巩固了他们日益增多的信徒的团结,并完善了他们的组织。在胆大妄为的小贵族和富商支持下,喀尔文派已经有了一个以地方教会、各省宗教会议和全国宗教大会为基础的很好的组织机构;它自然而然地就形成一股可怕的政治势力,对国王形成威胁。在其后的三十年中,法国由一连串懦弱的国王和一个腐败的王廷统治;因此,互相敌对的各派——天主教派、胡格诺派和"政治家"派(Politique)[1]——多少都有各自自由活动的余地,各派都在宗教外衣下,全力争取把国王控制在自己手中。宗教战争是用剑和笔同时打的,而笔杆子愈来愈成为"有历史意义的"了。这些政治—宗教党派的过分而激烈的要求,引起好奇的思想家对这些机构的起源和意义进行调查研究。每个集团都需要为自己的活动搞出一套周密的理论基础,结果就产生了动脑筋的思考,从而给史学和政治学说都带来巨大好处。

各派都有自己的历史家。亨利四世鼓励多宾那写他的历史,喀德邻·得·美第奇[2]也为了同样目的支持拉·颇皮利尼尔。"温和的"天主教徒得·图写的历史在罗马受到谴责,温和的新教 554
徒拉·颇皮利尼尔写的历史也在拉·罗舍勒宗教会议上受到批评。由此可知,历史家必须根据他们的党派关系作出判断和分类,

(接上页)(Hugo)。国王嚣俄是人民相信常于晚间出现于巴黎街上的幽灵。新教徒常于晚间集会,故称胡格诺。另一些人认为,这个名字出自德语 Eidgenossen(意为"拥护日内瓦宗教改革的同盟者")一字之讹。——译者

① 宫廷中的温和派,企图调和天主教徒与胡格诺派。——译者

② 1519—89年。罗棱索·得·美第奇之女,嫁法王亨利二世,为法国王后(1547年),有四子,其中三子先后为法王,鼓励天主教与新教徒间的战争,在法国政治势力甚大。——译者

很少例外。因为历史方法的缘故，历史著作也需要根据它们的类型分类；大体上可以分为四个类型：回忆录、编年史、国别史和世界史。

回忆录一般都是军事、外交或教会等方面的活动家写的。这些作家从事写作的动机有时候是为了夸耀自己，更多情况则是需要证明自己有理，或为反驳指责者直接为自己辩解。有的时候，作者写回忆录是因为相信自己的事业值得流传后世，特别是满路克①可以作为一例。还需要强调的一点是，文艺复兴对个性的发展有深远影响，这可能是对中世纪认为人们应当谦卑的一种反作用。王朝战争、探险和古典复兴等等，这一切往往对争强好胜的人、冒险家、佣兵队长、兵油子、航海家和海盗等形成一种鼓励。古典著作提供了合理的根据，树立了典范，因为恺撒的《高卢战记》和普鲁塔克的《名人传》已不只是文艺典范了。善于思索的蒙田说，“普鲁塔克才是我的典范”；而且他坚持历史著作应当由那些有实际经验的人们写，这个说法可能表达了那个时代最好的思想。

> 只有由下列一类人写的那些历史著作才是好的历史著作：他们写的那些事情本来就是在他们指挥下，或在他们参加下办的，或者他们至少办过和别人办的那些事性质类似。……让一位医生去记述战争，或者叫一位单纯的学者论述君主的计谋，我们能指望他们写出什么东西来呢？②

在事件发生后很久才写的、而且往往只是根据没有证实的记忆写的那些回忆录，特别是写自传的人们，往往强调那些跟他们有

① 法国军人（1501？—77年），为法王法兰西斯一世、亨利二世、查理九世及亨利三世服务，1574年为法国元帅。著有《述评》，叙述1521到1574年间的战事，1592年出版。——译者

② 《蒙田〈随笔集〉》，C.科顿译（伦敦，1743年），II，97—98。

利害关系的事情,因而常常是不准确的;阅读时应当谨慎。在另一方面说来,回忆录的价值却又在于它们的色彩,在于个人因素,在于它们的亲切笔触,在于它们流露作者的意向,这些都是正式历史家常常忽略的——总之,这些回忆录的价值就在于官方文件中找不到的那些大量的难以估价的东西。

胡格诺派回忆录作家中,最著名的是弗朗索瓦·得·拉·纽(1531—91年),他是布列塔尼一位豪侠绅士,别号铁臂(Bras-de-fer)。他是科利尼[①]和康狄[②]手下一位著名的、出众的司令官,以 555
英勇而仁慈闻名。1569年他在雅尔纳克和梦康托尔[③]被俘虏,1570年在丰特内-勒-空丧失了一支胳臂(后来安上一支铁臂,他的别号即由此而来);曾指挥拉·罗舍勒的军队;1580—85年间被西班牙人囚禁,1591年在郎巴尔受重伤致命。拉·纽在西班牙当战俘的时候,写了一部《政治军事论集》(*Discours politiques et militaires*),共二十六篇,最后一篇称为他的回忆录。最初四篇论文生动地描绘了当时法国的无政府状态,这位虔诚的军人指出,补救无政府状态的办法,是更严格地遵守基督教十诫[④];在以后那几篇论文中,他建议以教育作为医治贵族腐化的药方。这部书其余部分讨论的是军事战术和政治原理,以及对1562至1570年间他自己经历的几件事情的自传述评,尽管拉·纽很谦逊,不愿意抛头

① 法国胡格诺领袖(1519—72年),出身于贵族家庭,1572年8月24日死于圣巴托罗缪的大屠杀中。——译者

② 法国贵族(1530—69年),法国宗教战争时,他参加新教徒一边,几次被俘又被释放。——译者

③ 两次战役中法国新教徒军队都打败了。——译者

④ 见《旧约·出埃及记》,第20章。——译者

露面，严格遵奉喀尔文主义，但对反对派还是公平的，喜欢探讨各类思想，他的文笔朴素、坦率而活泼。在这位严正的喀尔文派身上存在惊人的宽容精神；宗教战争使他极其伤心，他把所有的法国人都看作兄弟，因而主张温和派和胡格诺派联和起来。他对十六世纪的精神状态作出的分析异常高明；他哀叹他年轻时那些青年阅读《阿马狄斯·得·高卢》[①]太多，他们的长辈阅读马基雅维利也太多。他谴责人们对武功的幻觉和连续三个朝代在意大利搞的那些狂热的毫无所获的讨伐。

最引人入胜的天主教回忆录是布雷斯·得·满路克（1503—77 年）写的那一部，他是加斯科涅城的军人，和富有宽容精神的拉·纽完全相反；在那位胡格诺派军人正直谦虚之处，正是他这位天主教军人残酷而自负之所在。满路克是那个时代勇敢而自负的军人的典型，脾气暴躁、大胆妄为、争吵成性，但同时也直率而坦白。这些品质应当强调指出，因为在亨利四世称之为“军人的圣经”、另一些人称之为“军人日日必读祈祷书”的那部名著《述评》中，到处都是这些东西。满路克对当时各种政治势力的分析，看来极其透辟；一位军人居然能写出这样的东西可以说是惊人的。

1570 年，一粒“火绳枪弹打入他的面部”，后来他就回到家乡加斯科涅的庄园上退休了，在以后的七年中，他专心管理这块祖传地产，并口述他的回忆录，令人记下。满路克坦白承认，他这部书是“为维护我的荣誉和名声”所作的辩白，以驳斥人们强加给他的

---

① 十四世纪末葡萄牙的冒险武士传奇，后有西班牙作家续编，对欧洲文学的影响甚大，直到十七世纪为止。——译者

叛逆、受贿和懦弱等罪名。因此,许多篇幅叙述的都是他认为是自己宽宏大量、无私效力和忠于国王的行为。

《述评》写的是1521至1576年这个时期。在1561年以前那段时期,他利用的是文件和笔记(帕斯揆和得·图两人都说,满路 556
克为了事后写一部历史,曾随时把自己的活动作了笔记;这个意见被校订满路克著作的那位编者否认了),但他的早期情况主要是依靠他的记忆,而且还夸口说,"上帝赐给我极好的记忆力"。他的文笔生动犹如他的记忆鲜明。他有精辟而明快的表达天才;虽然他爱虚荣,喜自夸,但他的回忆录仍然是十六世纪伟大著述之一。正如他自己所说,他是"用一位军人和加斯科涅人的笔杆子,以军人的风格忠实地写出自己生平的"。加斯科涅这位军人以平生取得的成就自豪,以他的写作才能自豪,确信他自己写了一部伟大的著作。他劝告可能读他的书的人说,"你们这些不愿意阅读《阿马狄斯·得·高卢》和《隆塞洛特·杜·雷克》[①]、一心追求武功的人,有时候不要不屑花费个把钟头读读我留下的这篇文章,看看我干过些什么事情,也看看过去我的为人。"[②]

价值较小的还有加斯帕·得·塔凡(1509—73年)[③]的回忆

① 最早的圆桌传奇之一(公元1494年),隆塞洛特为中古骑士的典型。国王亚瑟的皇后被劫,隆塞洛特历尽艰苦进行挽救。——译者

② 《法国元帅布雷斯·得·满路克〈述评〉》,保罗·库特奥编(巴黎,1911—25年,三卷,《参考原文汇编》,第45、49、50号);库特奥:《历史家布雷斯·得·满路克〈述评〉原文和历史价值的批判研究》(巴黎,1908年),第xxl—xlviii页附参考书目;查理·诸曼德:《回忆录作家:满路克》(巴黎,1897年)。满路克的著作有A.W.伊文思的英语节译本(《里真丛书》,伦敦)。

③ 1572年圣巴托罗缪的大屠杀,他是主要负责者之一。——译者

录；和满路克一样，他也是一位勇敢而英明的军人、天主教徒和元帅。他的回忆录不是他亲自写的，而是他儿子、一位热心的同盟会员[1]冉于1616至1621年间在流亡中写的。利用老塔凡的文件写的这部书是为了替他从内战时期到1572年的军事活动辩护。这部书是在这些事情发生之后约五十年才写的，这个情况可以说明为什么书中年代混乱并出现一些毫无道理的窜改的原因。

在智慧上远胜于塔凡的军人兼外交家匹克·得·卡斯特诺（1520—92年）是一位学识高深、和气可亲的人；他在出使德国、意大利、西班牙、英国和苏格兰等国时取得广泛的经验；曾参加多次战役，1575至1585年间担任驻伦敦大使，是最早和亨利四世联合的天主教徒之一。卡斯特诺写的记述1559至1570年这段时期的那部《回忆录》是在英国写的；大约是在四十年后的1621年，由他儿子出版，这是因为著者无意把他的生平公开发表。因此，这部书
557 作为资料是非常有价值的，这也是因为实际上这部书是以他非常熟悉的一些杰出人物（包括卡斯特诺钦佩的伊丽莎白女王在内）的内情和秘密外交为依据写成的。1659年法文版编者勒·拉步厄说，卡斯特诺"了解当时所有重要领导人物的谋划和秘密动机"。

卡斯特诺这部著作除最后一部分记载的是他对法国内部历史的一些观感外，其余部分都是记述他本人的经历的。虽然他知道宗教改革派的教义有内在的危害性，但他对天主教徒的缺点也并非熟视无睹。他反对在宗教事务上使用暴力。关于宗教战争，他评论说，"我的儿子啊，但愿从今以后你会作出这样的判断：要想根

① 反对法王亨利四世的天主教同盟会。——译者

绝异端,使那些犯了错误的人们回到正路上来,精神宝剑,即各教堂那些牧师的良好榜样、他们的施舍、讲道和其他虔诚工作比世俗宝剑好,因为这种宝剑会使我们的邻人流血,毁灭。人们愈想利用暴力手段消除异端,异端就愈来愈多。"①

从文笔方面说,卡斯特诺的地位也是很高的。他的文章简洁而清楚令人叹赏。下面是他笔下 1560 年的巴黎:

> 巴黎是全国首都,也是世界最著名的首都之一,这不但因为它有光辉夺目的法务院(Parlement,由三十位法官组成的卓越的团体,还有三百余名辩护士,他们在整个基督教世界享有人类最优秀的法学家和最熟悉司法的人的盛名),同时还因为,除了促使它的居民众多、富裕和繁华的那些机械技术和奇迹般的交通运输事业外,还有神学院以及其他各种科学和外语研究;这些学术在巴黎发出的光彩比世界任何其他地方都更为绚丽。因此,法国其他城市以及所有行政官员和老百姓的眼睛都属望巴黎,以便在作出任何决定或采取任何政治行政措施时,以巴黎为榜样。

佩耳·得·部尔达厄(以布龙托谟知名,1540—1614 年)的著作严格说来并不是回忆录,但也应当列在这里,因为它们的内容也属传记一类。布龙托谟是一员廷臣、冒险家,并有些外交家成分;他自己承认他一生"颠沛漂流";在漫游过程中,他遇着许多著名人物。他经常把见闻记录下来,后来编成一系列多少带有诽谤性的书,其中最重要的是《名媛传》、《著名人物和伟大船长传》和《西班

---

① 迈克尔·得·卡斯特诺:《法王佛兰西斯二世和查理九世两朝回忆录》,乔治·刻黎译为英文(伦敦,1724 年),425—26。法语原文收入 J. F. 米绍和 B. 波儒拉合编的《法国史参考回忆录新编》(巴黎,1836—39 年,三十二卷),IX,i,403—554;和 C. B. 佩替多编的《记述法国史的回忆录大全》(巴黎,1819—29 年,一百三十一卷),第 XXXIII 卷。

牙人的吹牛》。布龙托谟对引人注目的事件、盛典、竞技、舞会等等颇为敏感，用生动的词句描写这些东西，总是着眼于戏剧性和腐败的方面。他很肤浅，缺乏批判精神，轻信。他具有的是聪明的新闻
558 记者的天才，而不是沉思的历史家的禀赋。虽然他也用了一些资料，如满路克和斯来丹的著作，但他常常胡乱抄袭。为了使他的丑恶故事像真的一样，他总是在发表意见以前，用这样的话开始："他对我说……"，他的意思是："我读到……"。他也许已觉察到自己的缺点，因为他以不能对此负责为理由为自己辩解。他说："关于那件事，我是从别人那里听来的；如果弄错了，我是不能负责的。"又说，"这段记载是真是假，我用不着费心去寻找答案。"①

十六世纪这些杂记或回忆杂录，是中世纪原始范本的继续。其区别只是在细节上。中世纪编年史记载事件不加评论；而宗教改革时代继续写的这类杂记，则较为详尽、费心费力。与回忆录作家不同，杂记作家很少关心表达形式，只按照事件发生的情况记录下来；但他们也像回忆录作家那样，都是党派成员，支持自己那一党一派。

在这类编年史家当中最好的一位是以帕尔马-开亚知名的佩耳·维克脱·拉·帕尔马(1525—1610年)。他原先是天主教徒，

---

① 关于布龙托谟著作的全部版本，参阅路多维克·拉兰编的《布龙托谟爵士佩耳·得·部尔达厄全集》(巴黎，1864—82年，十一卷，分为十册：《法兰西历史学会丛书》，第40号)；也参阅拉兰：《布龙托谟，他的生平和著作》(巴黎，1896年，同一丛书，第87号)。英译本：节译，见《华尔纳世界最好文学丛书》(纽约，1896—98年，三十卷)，IV，第2319—27页；佩耳·得·部尔达厄和C. A.圣柏甫合著：《瓦里亚朝王廷名媛传》，K. P.沃密利译(纽约，1912年)。《布龙托谟爵士佩耳·得·部尔达厄〈名媛录〉》，罗哲尔·高舍隆编(巴黎，1926年)。参阅L.品高："历史家布龙托谟"，见〔巴黎〕《历史问题评论》，XIX(1876年)，186—225；和H.奥蒙："布龙托谟著作原始手稿评论"，见〔巴黎〕《古文书学校图书》杂志，LXV(1904年)，5—54，687—88。

后改信喀尔文派,最后当亨利四世改信天主教时他又恢复原来的信仰。亨利四世打算使他的统治流传百世,就任命帕尔马-开亚当他的编年史官。出自帕尔马-开亚手笔的两部作品是《九年编年史》(*Chronologie novenaire*,记述 1589 至 1598 年这段时期)和《七年编年史》(*Chronologie Septinaire*,写到 1601 年将事件写完)。先写的是后一部著作,不如前一部好。

《九年编年史》是一部细心规划、仔细推敲的著作。一位法国历史家称之为"亨利四世时期在博学方面最杰出的不朽的历史著作"。正如书名已标明的,这部书分为九卷,每卷叙述一年,从亨利四世的统治以及跟天主教同盟[①]和西班牙之间爆发战争的时候开始,写至 1598 年签署味芳和约止。[②] 著者不但追述了主要事件,而且还下工夫记述了政治党派的兴亡和那个时代欧洲各方面的主要发展。这部书不仅仅是进行解说,而且还附有重要文件,有时是抄录全文,使其内容十分丰富。帕尔马-开亚对官方文件和那个时代的政 559
治论著很有了解,这使他的著作真实可靠,这是当时其他著作很少能比得上的。不幸的是,他没有哲学头脑。他也分析事件,但缺乏探求因果关系的头脑。他对党派及其领袖的自私自利熟视无睹,对各类动机漠不关心。因此,他的功劳只是博学和细心编辑而已。

佩耳·得·勒斯托瓦(1546—1611 年)[③]即使不是在宗教上,

---

① 公元 1576 年介斯家族组织以反对亨利四世为法王的同盟。——译者

② 亨利四世与西班牙订的和约,西班牙恢复所侵占法国的土地。是年颁布南特敕令,允许新教徒的政治权利,法国宗教战争结束。——译者

③ 《佩耳·得·勒斯托瓦的回忆杂记》,G. 布律讷等校编(巴黎,1875—96 年,十二卷)。柏托尔德·策勒:《亨利六世和俾龙,萨立和英吉利联盟,1600—1604 年:萨立的〈皇家经济〉和勒斯托瓦的〈回忆录杂记〉摘录》(巴黎,1888 年)。

至少在政治上和帕尔马-开亚类似。勒斯托瓦尽管是天主教徒，但他也是坚强的"政治家"，他是个稳健派，避开一切政治党派。他是巴黎一位资产阶级和法律家，有广泛的书本知识，极喜欢搜集雕版、勋章、书籍、小册子和单面印刷品。他养成一种习惯，即把引起他注意的一切事件，无论细微的、重要的，都记录下来，结果产生了一部对研究这个时期社会和政治生活非常有价值的杂记。

勒斯托瓦从 1574 年写到 1611 年的那部《回忆杂记》是一个存放详细材料的宝库。他在所有手稿每页之首，都写上"为自己，不是为别人"(Mihi et non aliis)字样，由此可知，他这部《杂记》是为自己写的，不是为了公之于世；因此，他可以自由表示意见，避开了谄媚的引诱和唯恐伤害他人的担心。在另一方面，他这部杂记也有它的优点所带来的缺点，因为只是为自己写作，著者无须把他的材料按年代顺序排列，也很少注意结构。重要事实和琐碎轶闻混放杂陈；迷信、占卜论述、流行病疫、家庭生活细节、人口统计和物价等等，全书到处都是。其结果是一团混乱，毫无救药。但仍然必须强调指出，即使是琐事也有其社会价值，轶事也有其历史意义。另外，勒斯托瓦还有锐敏的观察力和生动的文笔等优点，尽管他的文笔有时失于莽撞和刻薄。

从知识上说，勒斯托瓦那些理论和思想还是很重要的，因为这些东西很可能就是那个时代上层资产阶级精神状态的准确反映。他为人老成、直率而诚挚，而且他还是道德家。他攻击当时各党派司空见惯的伪善，指责它们在宗教外衣下隐藏着自私自利。他本人主张守秩序、中庸和庄重；痛斥贪婪而大胆妄为的冒险家，特别是天主教同盟，他痛恨这个同盟，一向对他们的说教冷嘲热讽。

克罗德·哈顿(1534—1605年)[1]属于另一种类型，他是香巴 560
尼的普罗万附近一个教区的牧师，出身于农民家庭，是一位热烈的天主教徒。他的《回忆录》从1543年起写到1586年，不过只有从1553至1582那段的内容保存下来。全书分为三卷，其中每章记载一年。因为哈顿是乡村牧师，所以他非常关心日常事务，各章总是以谈论季节、物价、死亡、抢劫和意外灾祸开始。

显然，回忆录这个词不适用于哈顿的著作，他这部书实际上是像勒斯托瓦的杂记那样的一部编年史。哈顿著作的校订者部耳奎洛特把他这部书的内容分为四类：通史、地方志、气象和轶事，第一类内容来自哈顿在巴黎居住的经历和阅读当时的政治著作，但作者写的这部分并无多大贡献，只是说明国内事件在法国一个典型农村发生的影响而已。在这方面，哈顿记述了宗教战争造成的商业衰落和人心不安。关于地方史，著者笔下对他这个家乡市镇的政治、经济和行政等生活各个方面都有丰富而详尽的记述。他记载了物价、天气、农业；1564年严寒冬季的记述在那个时代的历史著作中算是最独到的了。

从风格看，哈顿啰唆而冗长，他对一个人的世系总是不厌其烦地记载，却忽视刻画他的形象。不过，他的议论往往还是健全而确切的，因为他发表的是普通老百姓的意见，特别是天主教徒村民的意见。他对穷人的同情是少见的，也是极其动人的；他同情遭受战争、饥馑、瘟疫和赋税负担之苦的村民，严厉批判使百姓受痛苦的

① 《克罗德·哈顿〈回忆录〉，关于1553至1582年间的大事记，主要是关于香巴尼和白利的事》，菲力克斯·部耳奎洛特校编(巴黎，1857年，两卷)。

那些人，特别是他认为应对那时的无政府状态负主要责任的新教徒。因为这个缘故，这位在其他方面仁慈的牧师，却赞成扑灭喀尔文派。尽管如此，他还能看出，大部分罪过应归到贵族和君主制身上。

最好的回忆录和杂记是天主教徒写的，但是历史著作的情况正好相反。历史作家仍然在摸索写作技巧和方法；但思想却正在成形，历史写作也正在迅速变化。当时最大胆、最有学问的人正在运用他们的聪明才智寻求科学方法仔细批判研究现存的制度。他们当中有许多如帕斯揆[①]、弗社、拉·颇皮利尼尔等人都是新教徒
561 或自由主义者，他们几乎都是长袍等级[②]如律师、议员或法官等。正当J. J. 斯卡力泽[③]在他的《时间的订正》(*Opus de emendatione temporum*，巴黎，1583年)一书中建立了年代学这门科学时，帕斯揆也在他的《法兰西研究》(*Les recherches de la France*，1611年)一书中勾画出多种制度的历史，与此同时，波当[④]的《方法论》(*Methodus*)和拉·颇皮利尼尔的《历史著作史》(*Histoire des histoires*，巴黎，1599年)也为历史奠定了方法论和史学批评的基础。我们可以在这里说，这些大胆的努力还是不成熟的，这是因为当时不仅政治热情过于强烈，不容许科学有超然态度，而且可以作为重要概括根据的文件发表得也太少；再者，辅助科学也还没有发展起

① 生活于1529—1615年。著有《法兰西研究》、《制度的解释》等书。——译者

② 牧师、律师和法官都是穿长袍的。——译者

③ 生活于1540—1609年。其名著《时间的订正》建立了近代年代学研究的基础。——译者

④ 生活于1530—96年。——译者

来。直到十七世纪博学时代,这些缺点才得到克服。

这个时期流行的历史感,也只限于新教徒和政治家圈子以内;天主教徒虽然因为有不少回忆录作家闻名,但他们却没有任何重要历史家。其原因主要不是由于天主教徒的审查制度过于严格,而是因为天主教徒并没有需要为之辩护的历史论题。在法国和在德国一样,新教徒在他们向罗马挑战方面是进攻者,因此竭力引证历史论点,以加强自己的地位。天主教的地位则仍然是传统的、权威的、永恒真理的地位;他们的教义既超乎讨论之上,当然无需证明。

累内·得·拉·普隆社(死于1580年)的《法兰西斯二世统治时期的法国史》(*Histoire de l'estat de France ... sous le regne de François II*,1576年)是一部直言不讳的党派著作,表达了著者对天主教徒的巨大成见和强烈嫌恶。他还写了一部《商人之书》(*Le Livre des marchands*,1565年),是一部反对洛林家族的小册子。

像拉·普隆社那样,佩尔·得·拉·普拉斯(1520—72年)也是一位新教徒,他在圣巴托罗缪大屠杀中丧了命。他写了一部简明而准确的《我们这个时代的历史》(*Histoire de nostre temps*,1565),叙述1559至1561年间这个短暂的时期。在胡格诺史料中,度普雷塞斯-摩尔内领主菲力比·得·摩尔内(1549—1623年)①的《回忆录》可算是内容最丰富、神智最清醒的一部了。他不是军人,而是政治领袖、外交家、学者和绅士。学问比他更渊博的

① 法国胡格诺领袖,1588年后,在法国很有势力。1593年亨利四世放弃新教后,他即退休,专心著作。——译者

是他的朋友冉·得·塞勒斯(1540—98年),以胡格诺派神学家、哲学家和历史家闻名,他是喀尔文建立的日内瓦学院毕业生,曾历任洛桑学院院长,尼母学院院长,也曾为该城①办外交,最后在奥郎日②当牧师。得·塞勒斯曾梦想两个教会和解;1596年亨利四世任命他为王家史官。

得·塞勒斯最好的一部著作是《政治与宗教史评》(*Commentariorum de statu religionis et reipublicae*),记述的是亨利二世、
562 法兰西斯二世和查理九世统治时期的宗教战争;著者在书中替新教徒辩护,驳斥指责他们搞叛乱的人,把乱子的责任推到吉兹人(Guises)③身上。这部书取得极大成功,仅仅1572年就出了四版。这就鼓舞了著者把他那部历史续至1576年,从拉·普拉斯和霍特曼的著作中引用了很多材料。虽然得·塞勒斯热烈地替宗教改革派辩护,痛斥瓦罗亚人④,但他一般还是可靠而准确的;正如朗克这样一位权威所说,他这部书最后一部分"对于研究这个时期,也许是再好也没有的资料了"。得·塞勒斯的第二部著作《从法剌梦德到现在的法国史》(*Inventaire général de l'histoire de France depuis Pharamond jusques à présent*)于1597年问世,共两卷。这部历史,得·塞勒斯本人只写到1422年;从那年以后,由另一位新教历史家继续写至亨利四世统治时期⑤止。这部续编既不正

① 在法国东南部。——译者

② 同上。——译者

③ 法国东北部的贵族,为天主教集团的首领。——译者

④ 法国的王族(1328—1589年)。——译者

⑤ 公元1589—1610年在位。即纳瓦尔的亨利(Henry of Navarre),波旁王朝第一个国王。——译者

确,又不公平,对研究十六世纪,它的价值小得多了。[①]

"政治家派"律师佩耳·马图(1563—1627年)是一位温和派天主教徒,虽属吉兹一派,但在亨利四世改信天主教[②]后,他又投到国王门下,当了国王的史官。国王鼓励马图写一部忠实的、不留情面的历史,答应把他自己的生平和统治时期的详情告诉他,马图编了一部《亨利三、四世两朝最混乱时期的历史》(*Histoire des derniers troubles de France sous Henri III et Henri IV*),于1594年以两卷本形式出版,在其后的六年中又修订了四次,马图的其他历史著作包括《圣路易传》、《路易十一本纪》、《法兰西两家族与奥地利人战争史,1515—98年》(*Histoire mémoirable des guerres entre let denx maisons de France et d'Autriche*)、《亨利四世七年太平时期的历史》(*Histoire de France ... durant sept années de pair du règne de Henri IV*,巴黎,1605年,两卷)、《法兰西斯一世、亨利四世和路易十三统治时期法国史》(*Histoire de France sous les règnes de François Ier ... Henri IV et Louis XIII*,巴黎,1631年,两卷)。

马图有一般史家的缺点和优点。他绝不是盲目的党徒,但也不是超然的史家,尽管他力图忠于史实。马图写书的迫切动机是爱国主义,他有一种具有宗教力量的"祖国崇拜"(culte de pays)精

① 爱德华·格赖谟斯顿的英译本1607年在伦敦问世,书名为《法国史一览》(增补第2版,1611年)。A.得·加力尔:《法国历史编纂家冉·得·塞勒斯》(里昂,1873年);C.达狄厄"皇家历史编纂家冉·得·塞勒斯",见〔巴黎〕《历史评论》,XXII(1883年),291—328和XXIII(1883年),28—76;对加力尔著作的评论,见〔巴黎〕《历史问题评论》,XIV(1873年),707—08。

② 1593年7月25日。——译者

神。在亨利四世指令下，他为证实 1515 年以后法王各项政策站得住脚而编纂历史，否认法国对低地诸国有领土野心，为法国的和平目的辩护。马图的著作尽管有倾向性但仍然很重要，因为书中有大量材料和在别处不得而知的事实；他为了准备这项工作，曾阅读各
563 种重要小册子、回忆录和文件，他引用这些材料时做到了准确，不过解释得很坏。但他常常忽略重要的材料，而他提到的那些，则不是不能够，就是不愿意进行分析。他的文章浮夸华饰，很多节外生枝。

这个时期写世界史的三位作家是拉·颇皮利尼尔、多宾那和得·图。兰塞洛特·服星·得·拉·颇皮利尼尔（1540—1608 年）是胡格诺派参加宗教战争的一位名人。他的《从 1550 年至今的法国史，包括欧洲和邻近地区、平时和战时、世俗和教会等情况，使之更为充实》（*Historie de France enrichie des plus notables occurrences survennus en Province de l'Europe et pays voisins, soit en paix, soit en guerre, tant pour le fait seculier que ecclésiastique depuis l'an 1550 jusques à ces temps*，拉·罗歇尔，1581 年，三卷）是那个时代最好的历史著作。仅就其书名论也是引人注目的，提到战时与平时，世俗的和教会的欧洲史。

拉·颇皮利尼尔所记许多事件都是他亲目所睹。他超脱而沉着，写的历史冷静而公平，和他的新教伙伴唱对台戏。甚至连多宾那这样的人也责备他，说“他把他的笔杆和良心都出卖给天主教徒了”，尽管他也承认他“作为一位历史家那种不知疲倦的辛勤是任何人都比不上的”。后面这句话一点不假，因为拉·颇皮利尼尔确实是为了一个崇高的史学理想而献出自己的生命和财产的，死时贫困潦倒。

拉·颇皮利尼尔不仅有清晰而简洁的法文风格，并且在分析能力和追溯事件和现象的复杂线索方面，也是无与伦比的。在法文著作中，他这部书是以批判和哲学方法处理历史的第一部，以有见解的眼光仔细考察并衡量事实。拉·颇皮利尼尔极其迫切地感到历史批判和方法的必要，因而在1599年发表了《完美的史学思想第一部书》(*Premier livre de l'idée de l'histoire accomplié*)，他在这部书中写了这样一句值得记住的话："历史是为了使人们从史实中得到教益，除此而外再也没有别的宗旨和别的目的。"[①]

这个时期胡格诺派最后一位伟大历史家是狄奥多·阿古利巴·多宾那(1550—1630年)，[②]从十八岁起，他就参加了宗教战

---

① 迦伯列·摩诺曾在他的论文中引用，见〔巴黎〕《历史评论》，I(1876年)，38注释。这是他曾经出版过的第二部这类著作。第一部是1566年出版的冉·波当的《历史事实认识方法论》，他在这部书中讨论历史中的因果关系和发展规律。

② 《狄奥多·阿古利巴·多宾那全集》，最早由尤金·累奥默和F.得·科萨德根据原手稿发表(巴黎，1873—92年，六卷)；《阿古利巴·多宾那著〈世界史〉》，亚丰塞·得·鲁布尔校订(巴黎，1886—1909年，十卷，《法国历史学会》丛书，第75号)和J.普拉塔的增补(巴黎，1925年，同一丛书，第121号)。参阅阿曼·加内：《阿古利巴·多宾那和新党》(巴黎，1928年，三卷)，III，182—221附参考书目；H.C.马克多瓦尔：《吉兹人亨利和其他人物肖像》(伦敦和纽约，1898年)；三百年纪念册《阿古利巴·多宾那：研究》(巴黎，1930年)，撒母耳·洛士布拉甫：《一位英雄的生平，阿古利巴·多宾那》(巴黎，1910年)；无名氏：《狄奥多·阿古利巴·多宾那传》(伦敦，1772年)；E.累奥默：《关于阿古利巴·多宾那的历史和文学研究》(巴黎，1883年)；迦伯列·摩诺：《多宾那的青年时代》(卡昂，1884年)；路多维克·拉兰：《狄奥多·多宾那回忆录》(巴黎，1854年)；亥厄：《阿古利巴·多宾那在日内瓦，附未刊片段和书简》(日内瓦，1870年)；保罗·摩立洛：《阿古利巴·多宾那生平和著作讨论集》(巴黎，1884年)；亚诺尔德·V.萨利斯：《阿古利巴·多宾那，一个胡格诺方式》(海得尔堡，1885年)；冉·普拉塔：《文艺复兴写作中一位处于显著地位的人物：阿古利巴·多宾那》(巴黎，1931年)；H.巴特里和H.克劳佐："阿古利巴·多宾那的父亲和他的儿子空斯通的未刊笔记"，见《法国新教历史学会通报》，1904年11—12月号；G.法勃尔："阿古利(接下页)

争。据他自己说，他六岁时就懂拉丁、希伯来和希腊等文字，不到
564 十一岁就把柏拉图的《克立托》翻译出来。十四岁就参加了奥尔良之围。他父亲（一位著名的胡格诺派绅士）就是在那里阵亡的。年轻的多宾那在日内瓦在柏扎[①]指导下学习了一个时期之后就出走，投奔到康狄的部队里，最后他在纳瓦尔的亨利（Henry of Navarre）部下，当了他的顾问。甚至在亨利四世改信天主教之后，多宾那仍然忠于自己的信仰，他对喀尔文派的热忱使他获得"信仰保卫者"的称号。

亨利四世鼓励多宾那写历史，著者花了平生二十年的时间专心写他那部《世界史》（*Histoire universelle*），从 1553 年写到 1602 年。前两卷于 1618 年、最后一卷于 1620 年先后问世，就在那年，这部书就在巴黎被官方焚毁。1620 年第 2 版在阿姆斯特丹问世，是献给"后代的"。[②]

虽然这部书记述的是亨利四世，但说它是一部"世界"史还是名副其实的，因为它写的不只是法国和欧洲，而且还涉及土耳其、波斯和非洲。不过，重点还是在亨利四世，其次是作者的活动，可惜他不知谦逊为何物。他大量抄袭拉·颇皮利尼尔、杜·海兰和得·图的著作，既不曾仔细阅读这些前辈的作品，又没有大方地注明出处。多宾那一直是一位党派性人物，尽管他假装一视同仁，但

（接上页）巴·多宾那的生平和著作评论"，见《基督教评论》；J.普拉塔："历史家多宾那"，见〔巴黎〕《王廷与会议评论》XXXI（1929—30 年），第 2 部分，647—60；巴锡尔·季尔得斯利甫："狄奥多·阿古利巴·多宾那"，见《南方卫理会评论季刊》，新辑，X（1856 年），97—107。

① 生活于 1519—1608 年，与喀尔文同为法国宗教改革的领袖。——译者

② 关于得·鲁布尔的近代版本，参阅前一个著者注第 2 项。

从未摆脱喀尔文派的偏见，也从未停止颂扬胡格诺派的事业，因为他把这派人都看作英雄和圣徒。但多宾那竟然还装扮成为一个为“良心自由”而辩护的人。

他这部著作不但结构武断，而且成见也很显明。多宾那把他这部历史分为三部，每部五卷。每卷都以一个和约结束，都用四章记述东、西、南、北各个方向那些国家的历史。这种僵硬的安排使他这部书充满矫揉造作的气味和虚假的图景。他在每卷开头总是先叙述法国的事，分段处抄录宽容法令，然后叙述法国与四邻诸国 565
事务的联系。最后又回到法国，把每卷最后一章专门说明和约条款。记述法国宗教改革从内战开始到南特敕令为止的整个战斗性旺盛时期情况的作家，没有任何人比他这部书的内容更为详尽的了。他说明各党派的宗教和政治情况，还描写了各阶级、教士、贵族绅士和农民等情形。他的主角是亨利四世。没有任何作家在说明亨利四世的才能、性格和行动等方面超过他的。亨利四世为法国建立的功勋，任何人表达的都不如他那样有说服力。

多宾那的文笔轻快而生动，有说明和描绘的天才。他对舆论的力量很敏感，不惜劳神探索它的波动和影响。他基本上是一位文艺家(他以诗歌闻名)，他笔下的君王和党派领袖的性格素描出类拔萃，他的历史曾引起许多公正的批评，他为了替自己辩护，才写了一部《回忆录》(直到1729年才出版)，他在这部书中利用了信札和其他文件。他说他希望在这部回忆录中说出“在家庭私谈中表现出来的我的生平，这样就不至于使我隐瞒如果写进《世界史》就会成为低级趣味的那些东西了”。

狄奥多·得·柏扎(1519—1605年),①虽然不能恰如其分地称为历史家,但他作为法国新教知识界一位领袖还是应当提一提的。1564年以后,他在日内瓦继承了喀尔文的事业。他那些论战性的文章不可避免地论述了历史。他写了一部《约翰·喀尔文传》(Life of John Calvin),作为"孝子对长辈敬爱的献礼",只是一篇颂词而已。比较重要的是《法兰西王国教会改革史,1521—1563》(*Histoire ecclésiastique de églises reformées au royaume de France*,1521—1563),②书中有一些非常有价值的文件和新教徒的回忆录,这部书通常都说成是柏扎的作品,特别是得·图的看法是这样。近代批评家认为柏扎只写了序言,可能还写了第1部。这部著作本身则是在柏扎指导下,由尼古拉·得斯·加拉斯和西蒙·谷拉写的。

西蒙·谷拉(1543—1628年)③是柏扎的朋友和合作者,他的
566 著述很多而且热心搜集抄本。哈格在他的《新教法兰西》(*La France Protestante*)一书中,列举了由谷拉撰写、校订或翻译的书籍共四十八部;这位日内瓦牧师的传记的作者J. L. 琼斯把这个数

① 奥古斯德·贝那斯:《狄奥多·得·柏扎在洛桑》(巴黎,1900年);亨利·M. 贝耳德:《法国宗教改革顾问狄奥多·柏扎,1519—1605年》(纽约和伦敦,1899);J. W. 包姆:《根据手稿来源叙述狄奥多·柏扎》(莱比锡,1843—51年,两卷);尤金·舒瓦齐:《狄奥多·得·柏扎时代,日内瓦喀尔文派基督教情况》(巴黎,1902年);齐真比恩:《喀尔文和柏扎手稿,按年代编排,附历史评注》(汉堡,1790年);翁团·得·拉·非厄:《狄奥多·柏扎的生平和逝世》(日内瓦,1606年)。

② 1580年出版于安特卫普,三卷;G. 包姆和E. 库尼兹的新版,附参考书目(巴黎,1883—89年,三卷:《法国新教徒古典丛书》)。

③ 利奥那德·C. 琼斯:《西蒙·谷拉,1543—1628年:传记及参考书目研究》(日内瓦,1917年);《法国新教历史学会通报》,II(1854年),218。

目增加到七十五部。这些著作中当然很多都是关于神学的，但也有许多是历史。

谷拉除了翻译各种历史著作如西谟勒的《瑞士史》(1677年)、卡里温的《编年史》、勒·佩梯的《低地诸国史》(*Histoire des Pays-Bas*)以外，还曾编纂(因为他主要还是一位编辑家)《五王本纪》，叙述的是1547至1597年间五位国王[①]统治时期各自的本纪；这部著作不但曾编入上面已经提到过的那部《教会史》，而且大部分还曾在他的《查理九世时期法国情况回忆录》(*Mémoires de l'estat de France sous Charles IX*)一书中发表。他的《同盟回忆录》(*Mémoires de la Ligue*，1587—1599年)，也和他的《五王本纪》一样，是一部文件汇编和著者本人对事件评论的记载。他的《查理九世回忆录》，也和他的其他作品一样，是一部由文件、评论和抄袭组成的汇编，按照模糊的年代顺序凑在一起的。虽然谷拉是一位热情的喀尔文派，痛恨天主教徒，特别是吉兹人和皇太后[②]，因为他们应当对圣巴托罗缪大惨案负责，但是一般说来，在记述事实时，他还是客观的，就事论事，并无他求；因此，对他作出评判时，应当把他当作一位历史家、看他编辑的材料的准确性如何而定。

在亨利四世时代那些回忆录作家当中，还可以提提扎克·得·拉·福耳斯、巴松佩耳元帅和萨立。拉·福耳斯的《真实回忆录》

---

① 即亨利二世(1547—59年在位)、法兰西斯二世(1559—60年在位)、查理九世(1560—74年在位)、亨利三世(1574—89年在位)和亨利四世(1589—1610年在位)。——译者

② 即喀德邻·得·美第奇，是法兰西斯二世、查理九世和亨利三世的母亲。——译者

(*Mémoires authentiques*，巴黎，1843 年)细节丰富，特别是关于贝亚恩(因为他是那个地方的总督)和俾龙[1]阴谋的记述更是如此；其附录是一个“名副其实的文件宝库”。弗朗索瓦·得·巴松佩耳(1579—1646 年)的《回忆录》或《生平杂记》(*Journal de ma vie*)是属于十七世纪同样也属于十六世纪的作品。直到 1635 年左右，巴松佩耳才开始写作，记述的是 1579 至 1640 年这段时期。他生动地描绘了亨利四世的王廷，包括关于决斗、比武和阴谋的记述。这部《回忆录》曾于 1666、1692、1703、1721 和 1723 年一再在科隆出版，这说明他这部著作所享盛名持续很久。

567 萨立公爵马克西米连·得·贝顿(1559—1641 年)[2]是一位更

---

① 生活于 1562—1602 年，指挥亨利四世的军队，以功勋封俾龙公爵(1598 年)。1602 年阴谋反对国王，被杀。——译者

② 关于萨立的版本和讨论他的文献，参阅豪则(见本书原书第 553 页注)，IV，第 2574 号。萨立的《皇家经济》前两卷于 1649 年在鲁昂出版；一个四卷本于 1652 年和 1661—62 年出版。1725 年的阿姆斯特丹版本是十二小卷。一部以萨立的《皇家经济》为根据，用第一人称作为他的《回忆录》校订的三卷本，1765 年在伦敦问世，这部书的德文译本七卷于 1783—86 年在苏黎世出版。大卫·奥格编的《萨立的〈亨利四世的伟大计划〉》的英语节译本，附大卫·奥格的导言一篇(伦敦，1921 年：《格老季斯学会丛书》，第 2 号)。

关于萨立，参阅安得烈·度申：《贝顿家族世系史》(巴黎，1639 年)；厄涅斯特·拉维斯：《萨立》(巴黎，1880 年)；L. 杜索：《萨立传记研究》(巴黎，1887 年)；马丁·腓力普孙：《亨利四世与腓力三世》(柏林，1870—76 年，三卷合订一本)，III，348，493—500；奥古斯德·波尔松：《亨利四世统治时期史》(第 2 版，巴黎，1867 年，四卷)，IV，第 4 编，第 4 章；狄奥多·屈克豪斯：《萨立公爵回忆录中永久和平计划的起源》(柏林，1892 年)；大卫·奥格：《十七世纪的欧洲》(伦敦，1925 年)，77—81；C. A. 圣柏甫：《星期一评论》(巴黎，1885 年，十六卷)，VIII，108—56；A. 哥尼流：“亨利四世的伟大计划”，见《慕尼黑历史年鉴》(1866 年)；E. 拉维斯：“根据他的〈回忆录〉写的萨立传”，见《文艺研究评论》，VI(1869 年)，403—10；培朗：“关于《皇家经济》的作者和著作的批评备忘录”，见〔巴黎〕《道德与政治科学学院的会议与工作》XCV(1871年)，119—56，545—70；摩立(接下页)

有趣、更重要的人物。作为亨利四世的首相，他本来应当有一部有价值的回忆录留给我们；但这个人的虚荣和怪癖使他写不出一部坦率的记述；相反，他留给后世的却是近代历史作品中最使人惊异的书籍之一。他的《皇家经济》(*Oeconomies rayales*，1725年的阿姆斯特丹版达十二部之多)长期以来一直是历史家难于弄清的一个问题。有些人认为这部书是一个珍贵的宝库；而另一些人，特别是腓力普孙，却认为应把它当作毫无价值的东西抛弃。近代批评家作出的结论是这样的：应当对这部书的各个部分区别对待，其内容和资料来源应当仔细核对，应当用无可争辩的材料把这部书的内容核实。这是因为，必须强调指出的是，萨立不但能够接触到特殊的材料来源，而且他本人作为一位主要国务活动家，也有重要的回忆贡献出来；但他的虚荣和仇恨却使他写了一部使人迷惑的大杂烩：实情和捏造、自吹自擂和真实情况纠缠不清。

这部书的编撰方式可以帮助我们理解它的性质。他雇用了四位书记帮助他搜集、整理和编辑他那堆积如山的手稿；这位老公爵把这些书记当作一出戏中的角色那样利用。书记们说，“这个是你干的”；“然后你说那个”以及“用你的令人钦佩的智慧说完这话之

(接上页)兹·立特：“萨立的《回忆录》和亨利四世的伟大计划”，见《巴伐利亚王家科学院史学论文》，XI，iii(慕尼黑，1870年)，1—53；德斯克洛佐的几篇论文，见〔巴黎〕《历史评论》，XXXIII(1887年)，241—95，XLIV(1890年)，68—71，LI(1893年)，275—85，和LII(1893年)，316—22；Ch.普斐斯特：“萨立的《皇家经济》与亨利四世的伟大计划”，同上，LVI(1894年)300—24，LV(1894年)67—82，291—302，LVI(1894年)，39—48，304—39；G.得·明：《皇家经济》的编者们，这些回忆录的未刊篇章，见《亨利四世评论》，第3卷，188以下；J.努埃拉克：“亨利四世统治时期：资料、工作和问题”，见《近代现代史评论》，IX，104—23，348—63；同上，“萨立未刊书信十篇”，见〔巴黎〕《历史问题评论》，XCV(1914年)，136—45。

后”等等。这种对话笔法竟然写进书中，从而把这部书弄成令人作呕的阿谀、自夸、歪曲和谎言搅拌一起的大杂烩。读者迷惑已极；他们无法弄清“你”指的是谁，“他”指的又是谁。索引和本文一样也是一些毫无意义的东西。比如，如果有人想在书中找到关于圣巴托罗缪大惨案的一些情况，他在索引中查到像“圣巴托罗缪”、
568 “巴托罗缪”、“圣”等字之后，在它们下面寻找线索，但什么都找不到；最后，他可能无意中在字母 Q 下边看到：“各地方在同一天内发生的事情！”(Quae uno die diversis locis acciderunt)，在这条下竟然发现有关这次大屠杀的记载。

正当多宾那在法国利用晚年撰写他那部活跃的回记录的时候，在意大利也有一位作家正在写自己的回忆录，但二者很不一样。亨利二世与喀德邻·得·美第奇结婚之后，许多意大利人涌入法国，在王廷或法国军队里寻找好运气。安敦尼奥·达微拉就是其中之一。他的祖先是威尼斯共和国在塞浦路斯岛上的世袭城堡主。但 1570 年这个岛被土耳其人攻占，安敦尼奥·达微拉丧失了他所有的一切。他在法国逗留一些年，王后对他很好。后来他在威尼斯领土内的帕多瓦定居下来，他的最小的儿子就是在那里出生的，他出于对喀德邻·得·美第奇的感激，就把这个幼子命名为亨利科·喀德邻诺。喀德邻·得·美第奇雇了他当小侍从。后来年轻的亨利科当了廷臣；在神圣同盟战争最后那些年里，他曾作为一位军人参加战斗，1597 年在亚眠城下负伤。次年，味芳和约签署后，他在法国当军人的事业结束，回到帕多瓦，在那里过着勤奋读书的生活。后来又参加威尼斯政府工作，在伊斯的里亚和干地亚作战，又当了布雷西亚总督，最后他为了驿马跟一个恶棍发生

争执,被恶棍杀害了。

亨利科·喀德邻诺·达微拉(1576—1630 年)[1]在一生中长期闲暇的那段时期,花费时间写了《法国内战史》,这部书正巧在他死的那年在威尼斯出版。这部书的成功迅速而巨大,竟有二百多版问世。他自然是袒护喀德邻·得·美第奇的,但他仍不失诚实坦率。他以流畅的文笔、生动的记述和丰富的细节描绘出那个时代的生活和风俗。正如芬隆[2]很久以前所说的那样,他效仿基察第尼的客观,受了得·图记述详尽的影响,而且把所有的人物都"马基雅维利化"[3]了。

十六世纪法国最伟大的历史家至今还未提到。他就是扎克·奥古斯德·得·图(1553—1617 年),或称图亚那斯,[4]这是因为他把自己的名字拉丁化并用拉丁文写作。他出自一个以法学闻名的家庭,在他以前,他父亲已经当过巴黎法务院第一任主席。他的一 569
位叔父是有名的律师,另一位叔父是夏尔特尔主教。他本人曾在

① 关于达微拉的文献,参阅豪则(见本书原书第 553 页注),III,第 1674 号;佛特,153—55。达微拉著作曾译成西班牙文,甚至拉丁文;两次译成法文;三次译成英文(查理·科特勒尔爵士和威廉·亚尔兹柏立的译本,1647 年;查理·科顿的译本,1666 年;和法尼斯卫司的译本,1758 年,两卷)。约翰·亚当:《达微拉论》(波士顿,1805 年)。

② 法国高级教士和作家(1651—1715 年),为路易十四孙子们的教师。——译者

③ 即当作像马基雅维利那样权谋家。——译者

④ 讨论得·图的唯一一部英文著作是约翰·科林逊的《图亚那斯传,附有关于他的著作的论述和他的历史著作序言的译文》(伦敦,1807 年)。关于他的著作的版本和其他文献,参阅豪则(见本书原书第 553 页注),II,第 775 号和 III,第 1428 号,和豪则讨论他的论文,见《大百科全书》,XXXI,40。他的《我们时代的历史》拉丁文原版(法兰克福,1614—21 年,五卷,对开本)是难得的;学者通常是用五位不同译者的法文译本:《扎克·奥古斯德·得·图的〈世界史〉》(巴黎,1734 年,十六卷);伯尔拿·威尔逊把第 I—XXV 卷译为英文(伦敦,1730 年,两卷)。

霍特曼[1](由于他那部《法兰西—高卢》(*Franco-Gallia*)问世,在世时就已成为所有胡格诺派小册子作家当中最有影响的一位了)和著名的丘哲细阿斯[2]指导下学习法律;得·图曾在教会中担任下级职务,但中年时却改任民政官员。得·图很富有,很有教养,曾在意大利、德国和荷兰等地广泛游历。他几乎是法国所有著名文人的朋友,和大诗人龙沙[3]以及小品文之王蒙田[4]都很熟悉。1581年当他在基恩当总督的时候,就逐步和纳瓦尔的亨利成为相识。在政治上他追随温和而自由的天主教"政治家派"。自从亨利四世当了国王(1589年)以后,得·图就成了他的主要参赞之一,在终于形成1598年南特敕令的协商过程中他曾起重要作用。

1573年得·图在意大利旅途曾到达锡耶纳(当时这个城市仍然满目疮痍使人联想到1555年法国人在那里的讨伐,布雷斯·得·满路克第一次经历战火就是在这个地方)的时候,就产生了写一部他自己那个时代的历史的想法。为实现这个计划,他搜集书籍和手稿二十余年之久。许多寺院遭破坏,成千上万的书籍和手稿被弄到市场上出卖,因此他的私人藏书成了法国最多的一份。当1593年普鲁塔克著作的著名翻译者阿米奥[5]逝世后,亨利四世

---

① 法国法学家(1524—1590年),新教徒,圣巴托罗缪大屠杀之后逃往瑞士。著有《原始教会的地位》。——译者

② 法国法学家(1522—90年),历史学派法学家的主要代表。——译者

③ 法国诗人(1524—85年),为法国抒情诗歌之父。——译者

④ 法国小品文作家(1533—92年),著有《论文集》,对英法文学上的影响甚大。——译者

⑤ 法国学者(1513—93年),翻译古典著作,特别是普鲁塔克的《名人传》(1559年)。——译者

就任命得·图为王家图书馆馆长。

《我们时代的历史》(*Historia sui temporis*)虽然主要是一部法国当代历史,但就其涉及最广的范围讲,也可说是十六世纪一部欧洲"世界史"。得·图有生之年没来得及把西班牙史和荷兰史写完。这部著作从1546年德国什马尔卡登同盟战争爆发写起,直到1607年。假如得·图活得更长一点,他一定会继续写到1609年西班牙和荷兰签订休战协定以及1610年亨利四世的逝世的。

这部确实极其巨大的著作的第1部,计十八卷,于1604年问世,前面的序言是献给国王的一封杰出的信:

> 陛下,在营房里、在围困和武器碰撞声中,我的脑海里装满各式各样重大事件,使我产生了以写作从国难中解脱出来的念头,于是我就开始写作。在陛下王廷里,我在办理法律诉讼、外事旅行以及其他公事等等沉重辛劳之余,继续写作。……史学的第一条准则是视记述虚假为畏途;其次是不要缺乏记述真情的勇气。

在他写给亨利四世的这封长信中,还有许许多多远为高尚的思想 570
感情——足足印了五十四页之多。他提醒国王说,他熟悉国王"不只是昨天,也不只是去年,而是二十有二年之久"。得·图并不是不担心他这部著作充满"可怕的风险",于是以祈祷结束了他这篇献词,"但愿我这部书里的自由、忠贞和真实能够在和我同时代的人们以及后代人们面前得到证实。"①

① 《我们时代的历史》的最后版本出版于1620年,对开本五卷,一百三十八篇,包括一个续编在内,立即被罗马教会列入禁书之列。其理由之一是得·图写了一位德国宗教改革家,说"他死后进入乐土"。这部巨大而博学的历史著作的声誉和成功迅速而巨大。这个版本在德国和西属尼德兰被出版商非法翻印。五位译者把原著一百一十八篇全部译为法文,1734年在巴黎出版,共十六卷。约翰孙博士曾想把得·图的著作译成英文(吉本《自传》,希尔编校,第6页,注)。

第三十三章　十六、十七世纪西属与荷属尼德兰[1]史学[2]

571　尼德兰，特别是现在称为荷兰的那部分，反抗西班牙—天主教

---

①　即比利时与荷兰。——译者

②　亨利·佩朗与亨利·诺韦和亨利·奥布朗合编：《比利时历史书目提要》，第3版（布鲁塞尔，1931年）；亨利·豪则：《法国历史资料》（巴黎，1906—15年，四卷），III，145—52；《剑桥近代史》，III（1909年），798—809。英文中最好的简短记载，见P.J.布洛克：《荷兰人民史》（纽约和伦敦，1898—1912年，五卷），III，500—25。关于这个时期，出版了许多书，不过，英文的很少。这些著作中许多都记述了有关的历史家和史料来源。英文中最著名的历史是J.L.摩特利的《荷兰共和国的兴起，1555—1584年》（有各种版本：伦敦，1856年，三卷；《人人丛书》，1906年等；纽约，1901年，两卷，附有哲麦孙的书目介绍；摩特利《全集》，第I—V卷，精装版，纽约，1900年）和《尼德兰合众国的历史，1585—1609年》（精装本第VI—XI卷；伦敦，1860—67年，四卷）。一部用英文写的较新的历史是彼得·盖尔的《尼德兰暴动，1555—1609年》和《分裂的尼德兰，1609—1648年》（伦敦，1936年）；这两部著作都是译自他的《尼德兰史》（阿姆斯特丹，1931—34年，两卷）。又参阅爱德华·格赖谟斯吞：《尼德兰通史》（伦敦，1608年；附威廉·克落斯的续编，1627年）；和盖拉埃特·布兰特的《低地诸国及其附近宗教改革史》（伦敦，1720—23年，四卷），译自约翰·辰柏林的下荷兰文原著。关于天主教历史家，参阅路克·J.J.凡·得·文克特：《腓力二世统治下的尼德教友》（阿姆斯特丹，1823—26年，四卷），这部书由J.塔特译为法文（布鲁塞尔，1822年，四卷），他的译本又重译为德文（苏黎世，1793年，三卷）；威廉·扬·法兰斯〔佛兰西斯卡〕：《十六世纪尼德兰教友史》（阿姆斯特丹，1865—67年，四卷，合订两册）；卡文·得·勒顿霍夫：《胡格诺新教徒和吉兹家族，1560—1585年》（布鲁日，1883—85年，六卷）。革里特·卡尔夫写过一部《十六世纪荷兰文学史》（莱顿，两部分）。

统治的长达百年之久的暴动[1]，在低地诸国人民当中激起强烈的民族情感，而且产生了一个艺术、科学和学术研究的伟大时代。在顽强的尼德兰公民和专制的西班牙天主教君主国之间这场极端尖锐的冲突最后产生的结果是 1579 年北部诸省从南部诸省分裂出去（乌得勒支同盟[2]）。主要是喀尔文派的北部诸省，变成一个独立而富裕的国家；名为比利时的南部诸省仍然信奉天主教，处于附属国地位。

这个时期的历史是由实力政治、王朝野心和宗教狂热交织而成的难解难分的罗网，这一切都和欧洲列强间更大的冲突密切相连。从史学观点看，尼德兰这些口头上和行动上的斗争反映的是欧洲这个更大的逐鹿场上同样的那些思想。

历史家很自然地分成天主教和新教两派，因为在那个时期还 572
没人听说过有所谓“客观的”或“科学的”历史。一切政治—宗教党派都利用历史作为打击对方或说服动摇者的武器。

除意大利那位耶稣会教士斯特拉达外，低地诸国拥护天主教的历史家都很平凡。其中不妨提提佛罗棱提阿斯·凡·得·赫尔（死于 1634 年），他是卢万地方的一位牧师、神学教授，著有《比利时骚乱的开始》（*De initiis tumultuum Balgicorum*，杜埃，1587 年）一书，很简短，是根据当时情况和个人观察写的。另一部同样公正的记载是佛里斯兰人、麦赫林议会议员约阿喜谟·霍帕鲁斯（1523—76 年）所著《低地纠纷回忆，1559—1566 年》（*Recueil et*

① 1568—1648 年。——译者

② 1579 年 1 月 23 日尼德兰北部诸省组织乌得勒支同盟，1581 年正式宣布脱离西班牙独立。——译者

Mémorial des troubles des Pays-Bas 1559—1566 年）。其他如本都·佩严、迈克尔·阿布·易塞特、阿特辛加、苏里阿斯、佛兰西斯卡·哈累阿斯等人，则纯粹是党派作家。①

本都·赫特鲁斯即海特（1535—1602 年）写了一部《勃艮第史》（*Historial rerum Burgundicarum*，安特卫普，1584 年），后来的续编以《比利时或奥地利史》（*Rerum Belgicarum sive Austriacarum*）这个名称出版（安特卫普，1598 年），叙述的是 1477 至 1564 年这段时期。天主教保王党、人文主义者赫特鲁斯又写了一部《比利时的脱离》（*Secessio Belgica*），于 1649 年在布鲁塞尔出版。和他同时的，扬·凡·莱顿写了一部《荷兰编年史》（*Chronicon comitum Hollandiae*），叙述到 1417 年。当安敦尼·散得鲁斯开始发表他的《插图本佛兰德史》（*Flandria illustrata*）时，西班牙派驻尼德兰总督把其中一部分没收了，因为他对于佛兰德诸城镇的古代自由权利记述得太详细、太有趣了。

著名的帝国外交家奥热·基塞林·得·部斯贝克（1522—92

---

① 关于凡·得·赫尔，参阅撒母耳·得·温德《尼德兰历史著作书目提要》（米德尔堡，1831—35 年，五卷），I，210；和布洛克（见本书原书第 553 页注），III，505。关于霍帕鲁斯的著作，参阅佩朗（见本书原书第 553 页注），第 3402—03，3455，3457 号。

本都·佩严写了一部《回忆录，1559—1578 年》，阿勒克斯·亨内编校，布鲁塞尔，860—61 年，两卷：《比利时历史学会》丛书，第 10—11 号。阿麦斯福特人迈克尔·阿布·易塞特写了一部《殖民地内战史》和一部《我们时代的历史》，后一部书写到 1586 年。他又开始写《高卢-比利时新闻使者》（科隆，1592 年），由其他作家续编；参阅得·温德，I，213，549。

迈克尔·丰·阿特辛，即阿特辛加，是奥地利一位"新闻记者"，出版《比利时雄狮》（科隆，1581 年），这是 1559 到 1581 年尼德兰历史地理的描述；比较布洛克（见本书原书第 553 页注）。III，507—08；和菲力克斯·斯提甫的论文，见《最古的半年期刊或度量关系》（慕尼黑，1881 年），25。

年）既不属于天主教历史家集团，也不属于新教历史家集团，但因他是为哈布斯堡族办事的一位天主教徒，所以把他包括在这里了。他是比利时人，在法国和意大利学习后，在皇帝手下担任外交职 573 务。他最重要的外交活动是出使土耳其和法国，关于这两个国家，他留下最生动的记载。部斯贝克不仅是一位最老练的外交家，而且是一位杰出的学者。他除本国的佛兰德文外，还懂拉丁、意大利、法、西、德等国和斯拉夫文。他是锐敏的观察家，在他的信件和报告中，他都能透过表面现象，说出动机。他不仅能对著名人物作出批判性的评价，而且还能谈论当时的科学、艺术和各种制度设施。部斯贝克多方面的兴趣表现在他搜集希腊抄本、古代铸币和古典铭文方面，而且他还把郁金香和栗树引进自己故乡地产上，他逝世以前就到那里退隐了。

部斯贝克用优美的拉丁文写的信札记载了他出使土耳其的情况，以《君士坦丁堡和阿马西亚①纪游》②（*Itinera Constantinopolitanum et Amasianum*）的书名出版（安特卫普，1581 年）。另一个版本，《部斯贝克出使土耳其书简》（*Busbequii legationis Turcicae epistulae*）1589 年出版于巴黎。他的书信全集《皇帝路德福二世与高卢作家书简集》（*Epistulae Rudolphum II imper. e Gallia scriptae*），三卷，1631 年在布鲁塞尔发行。部斯贝克的通信集被译成英、德、法、波等国文字。他是十七、十八两个世纪最受欢迎的作家之一。他的两部历史著作《青年贵族史》（*De vera nobili-*

① 即阿马拉城，在底格里斯河畔。——译者

② 其信中有说及中国的事情，参阅张星烺《中西交通史料汇编》，第 1 册，第 368—371 页。——译者

tate historiae)和《比利时史》(*Historia Belgica*)不幸都失传了。[①]

第一流的天主教历史家是法密阿那斯·斯特拉达(1572—1649年),他是罗马耶稣会一位教授。他的最伟大的一部著作《比利时战争史》(*De bello belgico*)分为两个“十卷组”,第一组发表于1632年,第二组发表于1647年。这部著作是在亚历山大·法内塞[②]指令下写的,从1555写到1590年,因此,当然就不是记述当代的历史了。但斯特拉达有接触档案的机会,他很好地利用了这些档案资料。他的文笔很生动,他的拉丁文并无学究气,他的叙述中有许多关于杰出人物的很精彩的素描。斯特拉达的笔触稳健而优雅,他的语言温文,从他的语调看,他对宗教教条有所怀疑。在巧妙地隐瞒自己的宗教倾向性方面,他是耶稣会教士中一位聪明的例证。他给予尼德兰天主教诸摄政以不相称的篇幅,因而使他这部历史著作的结构受到损失。

> 〔斯特拉达在序文中写道〕我把诸君主的信札献给你,这些信札多半都是他们亲笔写的。我献给你的是大使们的秘密指示,秘密作战会
> 574 议、计谋的成因、密探带来的情报、各城镇的密谋以及许许多多其他细节;这些东西都是那些局中人泄露给我的,有的是一件一件给我的,有些是汇集在日记中给我的。假如不致侵犯读者的耐心的话,我本来是能够在大部分叙事之后还把原信的抄件附上,献出原件本身作证的,就像签了名、盖了章并有人作证的契约那样一清二楚地证明事实真相(在

---

① C.T.斐斯特和F.H.布拉克本·丹聂儿合著:《奥热·基塞林·得·部斯贝克的生平和书信》(伦敦,1881年,两卷);关于部斯贝克的其他版本,参阅他们的附录,II,288以下;《驻君士坦丁堡的帝国大使奥热·基塞林·得·部斯贝克的土耳其书信集,1554—1562年》,爱德华·S.斐斯特译(牛津,1927年)。

② 生活于1545—92年。1577—86年在尼德兰为腓力二世服务,1586—92年为西班牙在尼德兰军队的首脑。——译者

不少地方我也是这样做了的)。[1]

总的说来,新教历史家都比他们的天主教对手优越。尽管跟西班牙打过激烈战争,具有满载的商船航行七洋[2]的那些阔绰的荷兰公民,仍然是有兴趣有力量建立学术中心的。一系列的大学建立起来了:莱顿(1575 年)、夫里西亚的佛拉内克(1585 年)、格罗宁根(1614 年)、乌得勒支(1636 年)、盖尔登的哈德武克(1848 年)等等。在整个十七世纪,莱顿不仅在荷兰,而且在全欧洲,都是第一流的学术机构。它曾吸引许多像索马斯[3]、力普西乌[4]、斯卡力泽[5]、服细阿斯[6]这样的学者,其中最伟大的是格劳秀斯[7]。这些学

---

① 《比利时战争史》前十卷由罗伯·斯退普尔顿译成英文,书名《低地国家战争史》(伦敦,1650 年)。拉丁原文有许多版本,G.唐狄尼和 A.伽鲁西写了续编;C.巴皮尼和 P.塞格尼尔的意大利文译本(罗马,1638—49 年,两卷),杜·路瓦耶的法文译本(巴黎,1664 年,1669 年),梅尔开奥·得·诺瓦尔的西班牙文译本(科隆,1682 年,三卷)。

枢机主教本提服略,在他的《回忆录》(阿姆斯特丹和威尼斯,1648 年;最新的版本是君士坦提诺·巴尼加达编校的,意大利巴里,1934 年)中;和加斯帕·斯齐皮阿斯在他的《不光荣的家族》(1663 年)一书中,猛烈攻击斯特拉达。也可比较本提服略的《佛兰德战争史》(科隆,1634 年);1678 年蒙穆斯伯爵译为英文,名叫《佛兰德战争史》。

论述斯特拉达的近代文献,参阅布洛克(见本书原书第 571 页注),III,502—03;佛特,356—57;豪则(见本书原书第 571 页注),III,133—34,和凡·得·赫根:《比利时图书集成》(1881 年),第 XIV 卷。

② 指所谓北极洋、南极洋及南太平洋、北太平洋、南大西洋、北大西洋和印度洋。——译者

③ 法国古典学者(1588—1653 年),1631 年后为莱顿大学教授。——译者

④ 佛兰德学者(1547—1605 年),出版许多古典名著。——译者

⑤ 生活于 1540—1609 年,当时最有名的学者之一,1593 年后为莱顿大学教授。——译者

⑥ 生活于 1577—1649 年。1622 年为莱顿大学教授,著有《希腊史》、《拉丁语文法》、《希腊语文法》。——译者

⑦ 荷兰法学家和政治家(1583—1645 年),著有《战时与平时的法律》,奠定国际法的基础。——译者

者，特别是斯卡力泽，都是语言学家和历史学家，他们把欧洲学术提高到一个顶峰。

按时间先后说，第一位荷兰历史家是约翰·凡·得·谷斯（1545—1604年），以他的拉丁姓名哲那斯·道萨闻名于世。[1] 和许多和他同时代的学者一样，他也是一位实际活动家。在卢万、杜埃和巴黎学习后，他回到自己的故乡荷兰，参加了爱国者反对西班牙王腓力二世的斗争。二十七岁时被派出使英国女王伊丽莎白处。在两年之后的1574年，又受命负责保卫莱顿，当时该城正被西班牙部队围困，这次保卫战打得很漂亮，很成功。西班牙部队撤走后，这个城市以建立莱顿大学庆祝这次胜利。道萨担任第一位校长，一直担任这个职务三十年之久。荷兰政府还任命他为档案保管官和国会议员。因此，道萨有机会也有时间从事史学和哲学工作。[2]

575 除许多拉丁韵文和语言学论文外，道萨还用韵文写了一部《荷兰年代记》，于1599年出版。同一著作的散文版《荷兰巴退外人[3]史》（*Bataviae Hallandiaeque*）于两年后问世。这部著作的价值在于它的超然态度和批判地利用资料。

---

① 关于道萨，参阅散狄斯，II，301—02；摩特利：《荷兰共和国的兴起》（见本书原书第571页注），II，565—68；J. 缪修：《荷兰的雅典，即莱顿城》（莱顿，1625年），18—20、87、151；盖尔：《荷兰的暴动》（见本书原书第571页注），290—91；布洛克（见本书原书第571页注），III，347—48。

② 当古代文艺研究在意大利渐趋消灭时，这种研究却出现在低地诸国，而且有了意外的新发展。这种发展的土壤，在文法学校下层中已经长期作好了准备。在别的国家里，大学的成立在文法学校之先；而在尼德兰，大学则是文法学校的发展，这是学术史上值得注意的事情（帕替孙，I，243）。

③ 住在莱茵河口（即现在荷兰）的条顿人。——译者

在道萨吸引到莱顿大学来的那些著名学者当中，有查士塔斯·力普西乌(1547—1605年)，[①]他从1579至1591年担任历史教授。力普西乌的经历颇多。他曾在卢万学习罗马法，在意大利待了两年，还在耶拿教过书，在那里变成一位新教徒，从耶拿又到科隆。三十二岁那年又被道萨聘到莱顿大学教书；但他的宗教思想终于使他离开这座荷兰大学，重返天主教会，在卢万当了教授。

力普西乌终身研究辛尼加和塔西佗，他与其说是一位历史家，还不如说是一位语言学家。他把塔西佗的书背得烂熟，以致在"匕首对着胸膛时，还能背诵任何段落"。他对罗马历史和文学了解极广。他的《评论集》(*Opera critica*)包括《罗马军事》(*De militia Romana*)、《修辞学》(*Poliorcetica*)、《古代朗诵》(*Antique lectiones*)和《政治学》(*Polilica*)，是摘录亚里士多德、塔西佗、辛尼加和其他人的著作编成的。对研究他自己那个时代的历史很重要的是他的通信集《关于低地各国未刊书稿》(*Lettres inédites concernant ses relations avec les hommes d'état des Pays-Bas*)(阿姆斯特丹，1858年)。

力普西乌在莱顿大学的职位后来由斯卡力泽继任(这个人将在别处讨论)。在他之后，又由机拉德·扬·服斯即服细阿斯(1577—1649年)继任[②]，服细阿斯是那个时代最博学的人。他曾在阿姆斯特丹和剑桥学习，是坎特伯雷大教堂牧师会会员。1622

① 参阅散狄斯，II，301—04；亨利·佩朗：《比利时史》(布鲁塞尔，1900—32年，七卷)，IV，451—52；鄂图·豪则：《世界文学史》(莱比锡，1910年，两卷)，II，106—07。

② 散狄斯，II，307—08；罗立·马格那斯：《在传奇文学流行的诸世纪中，欧洲文学概要》(伦敦，1918年)，375—82。

年被任命为莱顿大学修辞学教授，1631 年任历史教授。他的著作包括四卷论语言学的书，九卷关于古代罗马历史和语言学的书。他写了两部写作史，《希腊史学家》(*De historicis graecis*，1623—24 年)和《拉丁史学家》(*De historicis latinis*，1627 年)。书香传统在他家代代相传。他的儿子以撒·服细阿斯(1618—1689 年)十五岁就在阿姆斯特丹教历史，后来还当了瑞典王后克里斯提娜的希腊文教师。

服细阿斯在莱顿大学历史系的同事有克罗德·得·索马斯，即索马细阿斯(1588—1653 年)。[①] 按出生说他是一个法国人，后
576 入荷兰籍。索马细阿斯后来成了欧洲文学批评的真正独裁者，人称“学者之王”。他只写了一部历史著作，《为查理辩护》(*Defensio regia pro Carolo*，1649 年)是专为被杀的英王查理一世作辩护的。这部论战是他在流亡中应查理二世之请写的；诗人密尔顿在他的《为英国人民声辩》(*Pro populo Anglicano defensio*[②]，1651 年)中曾对这部书进行攻击。

厄曼纽厄尔·凡·麦特林(1535—1612 年)是安特卫普一个印刷工人的儿子，因此，按出生说他是一个佛兰德人。他的父母为逃避宗教迫害，逃向英国，因船沉淹死海中。凡·麦特林在一位伦敦商人那里当学徒。1583 年，当他受命为荷兰驻伦敦商务领事

---

① 参阅马格那斯(见上一个著者注)，377—78。关于在这个时期中，莱顿和其他荷兰文化中心的一般讨论，参阅 H. 勒摩内的“西属低地国家与荷兰，1555—1713 年”，见〔巴黎〕《王廷与会议评论》，XV(1906—07 年)，第 1 部分，349—54；和布洛克(见本书原书第 571 页注)，III，347—49。关于当代伟大的厄尔则未出版社，参阅亚丰塞·威廉的《厄尔则未家族：印刷术的历史和年代记》(布鲁塞尔，1880 年)。

② 中译本，何宁译，商务印书馆版。

时，曾编写一部记述尼德兰暴动的编年史，为了写这部书他长期搜集资料。九年之后，他把手稿寄到德国找人插图。一个不老实的出版商背着著者把这部书出版了，书名叫作《尼德兰政治军事史》(Historia der niederlandischer Geschichten und Kriegshändeln，两卷，1593年)；一部拉丁译本于1597年问世。后来凡·麦特林决定把佛兰德原文版出版。凡·麦特林的历史著作虽然偏袒新教，但它却是"以最少的激情"写的第一部从头到尾记述了尼德兰暴动的史书。著者对书面文献很熟悉，从其他史家如赫特鲁斯等人的著作中抄录了材料。他至死都不断修订他这部著作。[①]

在同一时间，撰写同一个题目的另一位历史家是彼得·波尔(1559—1635年)，他的乌得勒支一位公证人，他的职业影响到他的风格。为了撰写一部巨大的革命史，他以许多年的时间搜集资料，利用了秘密档案以及意大利和西班牙的资料。他的《尼德兰战争史》(*Oorsprongk begin en vervolgh der Nederlantsche oorlogen*，1555—1600年)是一部关于八十年战争的标准著作。前三卷出版于1595年，最后三卷出版于1601年。作为一部记事史，这部书虽说枯燥无味，但作为一个知识宝库，还是没有别的著作能够取代的。[②]

德文特的喀尔文派教徒厄味哈德·凡·累德(1550—1602 577

① 虽然政府反对，但一个修订本仍然于1609年问世了；较完备的版本出现于1611年。这部著作常被重印(最近的版本是1748—63年在哥灵钦印的，十卷)。法文译本中有J.得·拉·哈耶写的作者小传(拉·哈耶，1618；1670年)；又参阅得·温德：《书目提要》(见本书原书第572页注)；布洛克(见本书原书第571页注)，III，520—21。

② 最后的版本是1679—84年在阿姆斯特丹出版的，四卷。参阅布洛克(见本书原书第571页注)，III，519—20。

年)是记述尼德兰革命的第三位当代史家。他是总督威廉·路易的顾问,因而有机会直接研究各个事件。他的大作《尼德兰战争的开始、结束和历程》(*Historie der Nederlantschen oorlogen, begin, ende, voortganck*)是在他死后的1626年才出版的。它把这个时期写到1601年;他的外甥约翰·凡·丁·桑德续编到1641年(《尼德兰史》,1650年)。凡·累德比记述尼德兰史的其他几位作家更稳健些。他写道,"许多胡乱写作的人企图寻找被称为不偏不倚的光荣。但笔杆往往不能如意控制以使偏颇不致时而出现。因此我要大胆宣布,我经常以自己的意见和行动支持站在宗教和自由一边的那一派;但我的笔杆子只支持真实情况,既不隐瞒敌人的优点,也不隐瞒朋友的缺点。"①

记述这次起义的第四位历史家是雷翁·凡·爱特西马(1600—69年),他是汉萨同盟派驻海牙的官员。他的《国家和战争的历史》(*Historie of verhael van saken van staet en oorlogh*,十四卷,1657—71年)从1621写到1668年,因此,他这部书可说是麦特林、波尔和累德的著作的续编。爱特西马孜孜不倦搜集文件,其中有许多他都卖给外国政府了;他根据档案材料写的这部历史是研究三十年战争及以后时期的荷兰非常有价值的资料。②

还应当一提的是路德派牧师格罗宁根大学校长攸波·恩密阿

---

① 参阅盖尔(见本书原书第571页注),282—83;布洛克,III,521—22。

② 参阅F. V. 歌特尔兹:《关于比利时科学、艺术、文学等历史的讲演集》(布鲁塞尔,1837—38年,四卷合订两册),I,161—65;符谟:《福比·凡·爱特西马晚年命运的研究》(汉堡,1855年);E. 沙佛里阿:《三十年战争史》(巴黎,1878年,两卷),I,373,428和II,351—61。

斯(1547—1626 年)。[①] 他写了一部《夫里西亚[②]史》(*Rerum Friscarum historia*,莱顿,1616 年)、一部《年代学》(*Opus chronologicum*,格罗宁根,1619 年)、一部《插图本历史悠久的希腊》(*Vetus Graecia illustrata*,莱顿,1626 年)和一部《当代史》(*Historia temporis nostri*);最后这部书是他死后的 1732 年才在格罗林根出版的,后被绞刑史焚毁。甚至在他还活着的时候,由于他毫不留情地摧毁了大量历史传说,就已经激起正统派的仇视了,不过那些和他通信的第一流学者对他估价却是很高的。

比其他荷兰史家卓越得多的最著名的一位史家兼学者和政治家是彼得·哥尼流·赫夫特(1581—1647 年)。[③] 他可说是荷兰文 578
艺复兴时期首屈一指的人物。在和他同时代的人们看来,赫夫特是"荷兰的塔西佗"或"荷兰的佩脱拉克",正如他父亲、著名的阿姆斯特丹市长被称为"荷兰的伽图"那样。

赫夫特在莱顿斯卡力泽门下学习之后,在大陆上德、法、意等国游历了三年。在意大利,特别是在佛罗伦萨时,像但丁、阿利奥斯妥和塔索这样一些白话文学大师的成就给了他深刻印象,于是

① 参阅达尔曼-惠芝:《德国史料》(第 9 版,赫尔曼·黑林等编,莱比锡,1931 年),第 1260、10452、11236 号;J. N. 巴科:《低地国家十七省文学史参考记载》(卢万,1760—70 年,十八卷),索引;斯韦提阿〔P. F. 斯韦兹〕:《比利时的雅典》(Athenae Belgicae)(安特卫普,1628),索引。

② 尼德兰北部,即荷兰。——译者

③ 参阅"荷兰文学研究",见《夫累则杂志》,XLIX(1854 年),第 1 部分,349—57;G. 爱德曼孙:"彼得·哥尼流·赫夫特",见〔伦敦〕《英国历史评论》,IX(1894 年),77—91;马格那斯(见本书原书第 575 页注),379;J. C. 布伦:《彼得·哥尼流·赫夫特作为尼德兰历史著作家》(阿姆斯特丹,1894 年);布洛克(见本书原书第 571 页注),III,523;以及凡·堪平和准克布洛特合写的荷兰文学史著作。

他下定决心，也把荷兰语弄成文学语言，以取代当时处于支配地位的拉丁文。1601 年他二十岁时，回到阿姆斯特丹，以五年时间专心写戏剧。从 1606 至 1609 年，在莱顿学习法律；后来奥伦治亲王任命他为须德海岸的明登镇的财务管理员（Drost）。从那时以后几乎在四十年当中，古老的明登城堡实际上就成了荷兰文化生活中心。

赫夫特在明登塔楼书房里的壁炉台上，刻上琉坎的（Lucan）的题铭："迁延常有害于有备者"（Semper nocuit differre paratis）。他的屋里经常高朋满座，学者和科学家、艺术家和音乐家都有。

这位非凡的人物既是米西那斯[①]兼学者，同时又是伟大的作家。同样重要的，甚至可说是更为重要的，是他主张并坚持以荷兰语作为文学语言。就连赫夫特自己的朋友们也都鄙视以本国语言作为表达思想的正式工具。诗人凡·巴勒[②]问道："我们荷兰人说的是哪种话呢？是从外国话里搬来的字眼凑成的！我们自己只不过是伽提的流窜部队，偶然被赶到莱茵河口来的。既然如此，为什么我们不干脆采用罗马的神圣语言呢？罗慕路那些强大的子孙曾在这片平原上扎过营啊。"[③]

但赫夫特本人却坚持用荷兰语。所有他的著作都是用荷兰语写的。他的第一部历史著作《亨利四世生平》（1626 年）是用荷兰语写的，在国内外受到热烈欢迎。他的朋友格劳秀斯把这部书送

① 古罗马的文学艺术的保护者，奖励文学，聚集了许多文学家在他的周围，味吉尔、荷拉斯等著名的诗人，都受到他的眷顾。——译者

② 荷兰诗人兼历史家（1584—1648 年）。其诗集是用拉丁文写的。——译者

③ 《夫累则杂志》（见本书原书第 577 页注），350 注中引用语。

给路易十三，共十三本，这位法国国王以贵族特许证和圣迈克尔十字勋章酬劳著者。他的著作的成功使他受到鼓舞，于是又开始写他那部《荷兰史》，前二十卷出版于 1642 年，最后几部分于 1656 年出版，但尚未写完。这部记述 1555 至 1587 年的历史不但展示了他那渊博的学识，而且文笔也极其明朗有力，使和他同时的人们联想到塔西佗。他这部著作最令人惊叹的地方，是他的荷兰语的纯 579
洁和优美，实际上这是赫夫特一手创造出来的。

> 〔赫夫特在序言中写道〕我准备写一部充满冒险和事故的著作；可怕的战役、围困和海战；充满血海深仇；气焰嚣张的叛乱；甚至在和平时期仍然如此残忍，写来令人痛心。对外作战的胜利和停战。国内党派分裂和由此产生的战争。战火突然熄灭；和平恢复，但不能持久。居民在灾祸中缩作一团，被迫拿起武器。城市和教堂遭到破坏；大片国土、道德风尚、宗教尽遭毁灭。人类互相残杀，招来天谴：地震、瘟疫、饥荒、严冬、骇人的洪水；村庄、家畜和居民一起被洪水席卷而去。政府首脑被放逐。王公被剥夺领地和臣民。欧洲到处都挤满流亡者。宫廷中人相视如仇。法律、特权和宣言尽遭践踏。基督教世界两位最著名的人物〔埃格蒙特①及和纶②〕、许多勇敢的贵族，都死在断头台上。……许多人只是因为他们的宗教信仰就死在刽子手屠刀之下。无辜的人们流血被视为他人的功绩。人人生命财产朝不保夕，极少得到挽救。那些不够判处异教罪或叛逆罪的人则被控为共谋或从犯。身世和财富也算罪恶；有道德的人遭受最大危险；特别是温和而审慎的人。……市民互杀，兄弟相残；那些并无仇敌的人也被自己的朋友出卖。③

---

① 佛兰德将军和政治家（1522—68 年）。与奥伦治的威廉联合，反对西班牙，1567 年为阿尔发公爵所逮捕，判处死刑。——译者

② 佛兰德政治家和军人（1518—68 年），与奥伦治的威廉联合反对西班牙，1567 年被捕，翌年与埃格蒙特一同处死。——译者

③ 赫夫特也写了一部《美第奇家族诸君主》的历史（1638 年）。他的诗歌和戏剧作品，两卷，是 1871 年和 1875 年由 P. 林德兹出版的。他的散文著作有很多版本。

第三十四章　十六、十七世纪西班牙和葡萄牙的历史学家[①]

580 前面第二十四章中已经谈到，在中世纪的西班牙，直到十六世纪编年史才过渡到历史。直到那时，还有神话、寓言和传说的残余保留在近代西班牙历史写作中，这可说是件怪事。在任何其他国家，这种中世纪轻信的遗风都没有像在西班牙这样长期充塞历史著作的篇幅。查理一世（即皇帝查理五世）和腓力二世的王家史官佛罗里安·奥坎坡（1499—1555 年）从诺亚的孙子土巴·该隐开始，写他那部《西班牙编年通史》[②]，临死时才写到公元前 146 年罗马人围困纽曼细亚这件事。

不过，查理五世统治时期实在太伟大、太重要了，不能不给西

---

① 赫尔曼·包姆加敦："十六世纪西班牙史学"，见〔慕尼黑〕《历史杂志》，XXXIX（1878 年），385—418；乔治斯·息罗：《西班牙史学研究：从亚丰琐十世至腓力二世的西班牙通史，1284—1556 年》和《西班牙史学研究：历史家马利亚纳》（波尔多和巴黎，1904 1905）；亚勒弗烈·摩勒尔-法提奥：《查理五世的史学》（巴黎，1913 年）；佛特，274—99，附书目提要；R. B. 麦立曼：《西班牙帝国的兴起》（纽约，1918 年，四卷），参阅每章末关于权威史料的注释；利奥波尔德·丰·朗克：《近代史家批判》（莱比锡和柏林，1824 年），53—57，115—32。

② 《西班牙编年通史》（马德里，1791 年，两卷；安布罗西奥·得·摩拉尔斯续编）。参阅詹姆士·菲茨摩里士-刻黎："早期西班牙史家"，见《皇家历史学会学报》，第 3 辑，I（1907 年），139—56，特别是 146 以后。

班牙史学写作以深刻印象。这位国王兼皇帝本人对历史就很有兴趣。他身兼许多国家的国君，懂得这些国家的语言，对他们的历史也有所了解。他常说，“一个人懂得多少种语言，就等于变成多少个人”。他在公文的边缘加上机敏而简洁的评语。

查理虚荣心很少。有一次，他的女婿亚历山大·美第奇把历史家科莫人保罗·佐维奥[1]介绍给他，说他正在撰写一部当代史。皇帝回答说，“正是因为他打算记述我的生平，因此我耻于用年金贿赂他。让他把过去的事情写给我们看吧，写出以后我愿意阅读，而且还要酬谢他。”关于这位意大利历史家和德国历史家斯来丹，查理常说，“这一对说谎的！一个对我过分恭维，另一个的批评也太过火。”有一次皇帝评论斯来丹说，“这个家伙确实知道很多事情，但并不是全部；不是他曾参与我们的枢密会议，就是我们的枢 581
密官当了叛徒”。对于第三位历史家，即萨拉曼牧师会成员朱安·季尼斯·得·舍浦尔未达（1491—1572年），[2]查理曾亲自记述他一生不平凡的经历，他说他叙事“像是在忏悔室里坦白那样”。

查理在权势鼎盛时期，曾口授一些《述评》，记述自己的事业，叫别人记下来。但他并不想泄露他的政策机密，不然他这部著作就会更重要些。值得注意的是，他只字不提德国的事。1546年以后，谁都不知道形势会朝什么方向发展。如果查理认为他自己了

① 意大利传记家和历史家（1483—1552年），以其拉丁文风格著名。——译者

② “卡斯提利亚的西塞罗”，文艺复兴时代著名的西班牙学者和作家之一。他在意大利有了杰出的学术成就之后，回到西班牙，作查理五世的史官，他的《查理五世本纪》（*Historia Caroli V*）是这个时期一部有价值的资料书。查理五世的其他官方史家有安敦尼奥·得·革发剌（1490—1545年）、哥兑、萨拉萨尔和多尔奇。

解，他也不是那种会说出来的人。[①]

查理五世手下最光辉的西班牙历史家是阿维拉·伊·组尼加（约生于1490年，死于1558年以后）；关于他，国王说，“亚历山大的成就比我的伟大，但他没有这样好的一位编年史家”。他的《查理五世阿里曼那战争[②]史述评，1546、1547年》(*Commentarios de la guarra de alemaña ,hecha de Carlos ven el año 1546 y 1547*)，1548年在马德里出版，是研究施马尔卡尔登战争[③]史的主要资料，几乎同时被译成法、意、德和拉丁等文。这部书在西班牙散文写作中占据很高地位。组尼加知道他是为什么写作的。他是查理的宠臣，曾出使梵蒂冈和特伦特宗教会议，参加在德国的战争，1552年围困梅斯时，曾任骑兵司令。

十六世纪中叶，历史的博学时期来到了。1548年哲罗尼谟·得·图理塔（1512—80年）被任命为阿拉贡的档案官和史官。这是西班牙历史研究的转折点。他和传说决裂，只记述事实。他作学问全面而透彻、酷爱读书、研究古钱、古字体，当腓力二世于1567年建立著名的西曼卡斯[④]档案馆时，图理塔被任命为第一任馆长。在三十年当中，他完全根据资料写了一部《阿拉贡年代记》

① 这些《回忆录》的西班牙原文本从未被发现。我们是从一部葡萄牙文译本知道这些《回忆录》的，这部葡萄牙文译本发现于上世纪中叶，由卡文·得·勒吞霍夫出版（布鲁塞尔，1862年）。

② 即与法国的战争。——译者

③ 施马尔卡尔登同盟是1531年大部分新教诸侯及帝国城市组织起来反对皇帝查理五世的。1546—47年查理五世得到教皇的支持，发动对施马尔卡尔登同盟的战争，企图压制诸侯国家的独立，恢复教会的统一。——译者

④ 在西班牙北部。——译者

(*Anales de la Corona de Aragon*),[①]从阿拉伯入侵写起,至斐迪 582
南一世逝世(1516年)止。这部书形式上虽说枯燥,却是第一部批判的阿拉贡民族史,自从出版至今,一直是不可或缺的资料。安布罗西奥·得·摩拉尔斯(1513—91年)[②]不仅在他那部《为〈年代记〉辩护》(*Apologia pro los Anales*)一书中替图理塔的大作辩护,而且还增补一部《西班牙各城邦古代史》(*Antigüedades de las Ciudades de España*),这是关于西班牙古代文化和目录学资料的真正宝库。这是因为,摩拉尔斯是一位自行阉割了的苦行者,以毕生精力热心搜集古代碑铭、文件和书籍。他可说是西班牙的利兰[③]。[④]

分别记述各王国的一部西班牙通史是厄斯特凡·得·加里

① 收入安得累阿斯·勺特编的《插图西班牙史》(法兰克福,1603—08年,四卷),第III卷;和拉古诺·伊·阿梅罗拉编的《卡斯提利亚诸王编年史和回忆录丛刊》(马德里,1779—80年,两卷)中。关于图理塔,参阅佛特,290—92;朗克(见本书原书第580页注),122—23;路易·普方德耳:《全盛时代西班牙民族文学史》(弗赖堡因布赖斯高,1929年),199;克立斯托巴耳·佩累司·帕斯脱:《马德里书目提要》(马德里,1891—1907年,三卷分订四册),III,225。见 Idearium,II(1917年),77。

② 1570年,摩拉尔斯被任命为卡斯提利亚编年史官,着手续编奥坎波的著作,但只编到1037年。在史学才能方面他表现得优于他的先辈,但在风格上较差。他的《西班牙编年通史》最早出版于阿尔卡拉(1574—86年,五卷),最好的版本附在奥坎波的《编年通史》(见本书原书第580页注)后,作为第III—VIII卷的修订(马德里,1791—92年)。

③ 约翰·利兰(1506—1552),英国考古学家。——译者

④ 关于摩拉尔斯,参阅佛特,276;他的信札,见《西班牙评论》,XX(1909年),450—53;《西班牙真实学院记录》,VIII(1902年),285—98;恩里克·勒德耳:《安布罗西奥·得·摩拉尔斯,他的生平研究》(科尔多华,1908年)。他的《安布罗西奥·得·摩拉尔斯奉国王腓力二世之命航行海外记》(马德里,1765年)一书中还加了一篇H.佛罗雷斯写的传记和一幅肖像。

背·伊·赞马罗亚写的。他把这部著作献给腓力二世时，极其朴质天真，这可说是一个罕见的例子。他未想到国王既没有时间阅读他这部庞大的四卷对开本，也没有心情去读，而他却天真烂漫地请求国王在日理万机之余，把极少的闲暇抽出一部分熟读他这部历史。

腓力二世时期，另一位典型的历史家是第亚哥·赫塔多·得·门多扎(1503—75 年)，他是把诗人和人文主义者的活动和军人、外交家的活动结合于一身的人。1569 年在一次决斗之后他被放逐到格拉纳达，在那里待了六年，亲眼看见摩立斯科人搞的暴动[①]。七十岁时，他抓住这次暴动这个题目，模仿萨拉斯特，写了
583 一本小书《格拉纳达战争史》(*Guerra de Granada*)；[②]他的文笔矫揉造作，很不自然，不过还有些心理学灼见。门多萨在逝世前未能完成和修订这部书。

还有两部民族史值得一提。彼得罗·墨克西亚(死于 1551

① 摩立斯科人是西班牙人以武力强迫其改信基督教的摩尔人。公元 1567 年西班牙政府禁止其举行伊斯兰教仪式、使用阿拉伯文字、采用伊斯兰教名字，非得允许，不得迁徙。他们不堪压迫，起而暴动。——译者

② 这部书在门多扎死后半个世纪才出版(里斯本，1627 年)。十九世纪有名种版本，如《梅里梅厄丛书》，第 2 卷(巴黎，1896 年)；A. 哈麦尔出版一部节译本(莱比锡，1923 年)。关于门多扎，参阅佛特，295—96；普方德耳(见本书原书第 581 页注)，206—07；A. 摩勒尔-法提奥："讽刺信札"，见《罗马尼亚》杂志，III(1874 年)，298—302；E. 塞南·伊·阿隆索：《第亚哥·赫塔多·得·门多扎》(赫雷斯，1886 年)；R. 佛尔克-得尔波："《格拉那达战争史》研究"，见《西班牙评论》，I(1894 年)，101—65，和 338，又比较 II(1895 年)，208，XXIII(1910 年)，310，XXXI(1914 年)，132，486，和 XXXV (1915 年)，476；J. P. W. 克洛福德："赫塔多·得·门多扎诗歌注释"，见《近代语言评论》，XXII(1928 年)，346；A. 摩勒尔-法提奥的论文，见《西班牙通报》，XVI(1914 年)，133—42 和 G. 息罗：《格拉那达战争和奥斯特里亚达》，同上，XXII(1920 年)，149—59。

年)留下一部《查理五世本纪》[①]手稿;后来被普鲁登细阿·得·散多发尔(1553—1620年)在他的《皇帝查理五世时期史》[②]一书中剽窃了。墨克西亚的著作直到1918年才出版;他这部书毫无批判精神,也谈不上什么风格。散多发尔虽然更不诚恳,但同样轻信。

记述反宗教改革的首屈一指的西班牙学者兼历史家是朱安·得·马利亚纳(1535—1624年),[③]他的政治学说比他在历史写作方面的贡献更有名。马利亚纳是耶稣会一位教士,他的前半生在罗马、巴勒莫、巴黎和安特卫普全心致力于教学工作。1574年退休到托莱多,以后半生那五十年在那里全力进行研究与写作。

马利亚纳的《论国王与王政》(*De rege et regis institutione*,1598年)是文献中最著名的政治论文之一。这篇论文是在腓力二

① 收入《西班牙作家图书集成》,第XXI卷(1852年)。关于墨克西亚,参阅佛特,282—83;普方德耳(见本书原书第581页注),206;J.得洛夫累的论文,见《西班牙评论》,XLIV(1918年),557—64;《西班牙通报》,XXI(1921年),1,XXIII(1921年),95。

② 最后的版本在马德里出版(1846—47年,两卷);一个英译本出现于1703年,是约翰·斯提汾斯上校译的,名叫《西班牙皇帝和国王查理五世本纪》。关于散多发尔,参阅佛特,283—84,和摩勒尔-法提奥:《查理五世的史学》(见本书原书第580页注),I,37。他是一位专心研究考古学和史学的本泥狄克特教团修道士。他的学问引起腓力三世的注意,因此,腓力任命他为潘普罗那主教和王家编年史官。他续编了奥坎波和摩拉尔斯的著作,写了一部《卡斯提利亚和莱昂诸国王本纪》(马德里,1792年,两卷)。他的《西班牙皇帝阿隆索七世编年史》(马德里,1600年)中载有许多关于西班牙贵族世系的材料。此外他还写了一部西班牙本泥狄克特教团寺院史,校订了西班牙早期基督教历史家伊达提阿斯和萨拉曼卡人瑟巴斯梯安的著作(潘普洛那,1614年)。

③ 佛特,277—79;普方德耳(见本书原书第581页注),200—01;乔治斯·息罗:《历史家马利亚纳》(书的全名见本书原书第580页注)和《西班牙通报》,VI(1904年),309—31,VII(1905年),408—10,X(1908年),95—99,和XXII(1920年),269—94;〔巴黎〕《学者杂志》,1906年,第221页;和本书原书第580页注中引用J.菲茨摩里士-刻黎的著作,315—17,附参考书目。

世统治时期作为教育王太子腓力三世的课本写的。其中反映的是耶稣会关于教皇最高司法权和人民权利的思想，这些信条的后果在西班牙和神圣同盟[①]在法国的行动中以极端的形式表现出来。

我们在此地关心的是马利亚纳的历史著作。重要的是，马利亚纳虽然是耶稣会教士，但他也是强烈的西班牙民族主义者。他坦白承认，他写《西班牙史》的目的是想使欧洲了解西班牙的历史，因为在旅游过程中，他发现人们对西班牙误解很深。起初他撰写历史用的是拉丁文，但当他了解到他的同胞们像外国人那样，不了解他们自己的历史背景时，就把他的著作译成西班牙文，以便使他这部书能被更多的读者接受。[②]

584 路易·卡布累拉·得·科尔多瓦（1559—1623 年）是西班牙驻那不勒斯官员，被派往罗马和威尼斯的使节。他在旅途搜集文件；还曾一度于佛兰德在帕尔马公爵手下任职。他写了一部腓力二世本纪（马德里，1619 年）。这部书写得很坏，但情节丰富而准确，对于研究十六世纪西班牙史很重要。全书写至 1583 年腓力二世从葡萄牙回国时为止。后来，卡布累拉写了一部记述 1591 年阿

---

① 1498 年法王查理八世侵入意大利南部，教皇、神圣罗马帝国、西班牙、威尼斯、米兰、英国组织神圣同盟，驱逐法国人出意大利。——译者

② 在最后的形式中，它包括三十篇。前二十五篇是用拉丁文写的，1592—95 年出现于托莱多，全书于 1605 问世。1592 至 1600 年间，马利亚纳把手稿译成西班牙文，于 1601 年出版；因此，最后五篇的西班牙文版问世早于拉丁文版。这部著作见于勺特的《插图西班牙史》（见本书原书第 581 页注），II，205 以下；和《西班牙主要作家丛刊》，XXII（奥绰阿编，1841 年），502 以下；和《西班牙著作集成》，第 XXX—XXXI 卷（1845 年）。彼得罗·孟都亚诺（1585？—1655）在他的《马利亚纳历史异议》（米兰，1611 年）一书中，尖锐地攻击了马利亚纳的历史著作，说他在二十六岁的时候，居然就能够写出这样的一部著作。

拉贡情况的书，但省里来的那些代表请求国王禁止它出版。受理这件事的会议要求他作某些删改，但他似乎并未接受，因为他没有把书发表，长期以来谁都不知道有这么一部书，巴黎有一部抄本。其中腓力二世本纪续编到1598年。腓力三世[①]下令以《西班牙国王腓力二世本纪》的名称出版（最好的版本是1876年在马德里出版的四卷本）。卡布累拉晚年为写一部腓力三世本纪搜集资料，直到1857年才以《发生在西班牙京城的故事》(1599—1614年)*Relaciones de las Cosas succedidas en la Corte de España*(1599—1614)这个书名出版。

十七世纪一部直率而生动的历史散文典范是弗朗西斯科·蒙卡达(1586—1635年)写的那部《加泰罗尼亚人和阿拉贡人远征土耳其和希腊的历史》，这部著作可以和伏尔泰的《瑞典王查理十二本纪》相提并论。蒙卡达是巴伦西亚一位高级贵族，与弗瓦[②]伯爵和法国比利牛斯山区的贝亚恩[③]子爵有亲戚关系。他曾一度担任派往皇帝斐迪南二世处的大使，在腓力四世时期[④]曾任西属尼德兰总督。这部著作并不是原始资料或权威著作，只不过是用强健有力的文字，把累蒙·闵达纳著名的加达鲁尼亚“伟大伙伴们”(Grand Company)的事业的历史翻译成西班牙文而已。

葡萄牙引以自豪的历史写作是在航海家亨利王子（死于1460

① 1598—1621年在位。——译者

② 在法国南部，为十一到十五世纪法国著名的家族，世为弗瓦伯爵。——译者

③ 在法国的西南角上。——译者

④ 1621—65年。——译者

年)那些悠闲的年月里出现的,他是中世纪末欧洲接连不断向外扩张的创始人,他的一生代表着地理发现和探险历史从"中世纪"向"近代"的过渡。

585 这个时期有两位编年史家斐尼奥·罗佩斯(1380—1451 年)和哥麦司·英尼斯·得·组拉拉记述当时的事。[①] 1434 年,国王杜阿特(Duarte)[②]请罗佩斯写一部历史,记述他那些祖先,于是他就成了葡萄牙史学的创始人。他的著作是一部编年通史,可惜只有三个完整的部分流传至今。这些部分叙述的是彼得一世、斐迪南和约翰一世统治时期。这部书所有其余部分都被后来的作家们剽窃、窜改、把原作搞得不成样子了。十六世纪伟大历史家兼外交家达密奥·得·谷斯以仔细批判分析和研究内证等办法,把原文本来面目恢复了。英国诗人骚狄[③]在他那部现已被遗忘了的西班牙和葡萄牙文学史中宣称罗佩斯是"任何时代、任何国家最伟大的编年史家"。那时正是英法百年战争时代,英国和葡萄牙之间订立的同盟是历史上最长久的。王后腓力巴是兰开斯特族;她是干特的约翰的女儿,国王约翰一世[④]的妻子。航海家亨利王子[⑤]是一半英国人,葡萄牙国王杜阿特(爱德华)[⑥]的名字就是通过这次联姻

---

① 以得加·普勒斯特基:《斐尼奥·罗佩斯和哥麦司·英尼斯·得·组拉拉的编年史,附译文节录》(*The Chronicles of Fernão Lopes and Gomes Eannes de Zurara, With Translatad Extracts*)(沃特福德,1928)。

② 1433—38 年在位。杜阿特即葡萄牙文的爱德华。——译者

③ 英国诗人(1774—1843 年),著有《纳尔逊传》及《西班牙和葡萄牙文学史》。——译者

④ 他与英国同盟打败卡斯提尔人。——译者

⑤ 约翰一世的第三子。——译者

⑥ 约翰一世的长子。——译者

而来的。罗佩斯是像富罗沙那样的一位记事能手，但这位历史家比较负责得多。

组拉拉描绘的主要人物是航海家亨利。他记述的1415年休达[①]的陷落激动人心。他像罗佩斯那样下工夫，而且很谨慎，他还曾前往北非亲眼看看他正在描写的那些地点。

葡萄牙历史家达密奥·得·谷斯(1507—73年)和西班牙最伟大的历史家图理塔是同时代的人。他出身于一个古老的奥地利家族，曾多次奉命出使佛兰德、波兰、丹麦和瑞典，从1534到1540年在意大利。他结识了伊拉莫斯和枢机主教本波[②]，这一点就可以表明他是一位人文主义者。1558年回里斯本后被任命为档案官。谷斯曾间接把烟草传入法国，过程是这样：他的一位弟兄是巴西耶稣会一位传教士，曾把一些烟草种子送给他，他又送了一些给法国大使尼科[③](Nicot，nicotine〔尼古丁〕这个名称即由此而来)。谷斯是多产作家，他的作品中有一部《葡属印度史》(*Commentarius rerum gestarum in India citra Gangem*，1539年)；[④]一部《西班牙史》(Hispania，1542年)，记述了关于西班牙半岛重要资源的情

---

① 从摩尔人手中夺取休达。休达在直布罗陀海峡南岸，非洲西北角上。——译者

② 意大利的高级教士和作家(1470—1547年)，威尼斯共和国的历史编纂家。——译者

③ 法国外交家和学者(1530？—1600年)，1559—61年为法国驻葡萄牙大使，把烟草由葡萄牙传入法国。——译者

④ 大约十年之后，斐尼奥·罗佩斯的孙子斐尼奥·罗佩斯·得·卡斯坦希达(死于1559年。曾去印度，住了二十年)回来了，也写了一部在印度的葡萄牙人的历史，名为《葡萄牙人发现和征服印度的历史》。

况和一部记述厄曼奥厄尔[①]和约翰二世[②]两国王统治时期的《编年史》。其余著作很多都还是手稿。

586 最后应当提到的是加斯佩·科累阿(1560年死于果阿[③])。多年来他一直为葡萄牙殖民事业效力;曾参与征服第乌岛[④]和摩鹿加群岛[⑤]的战役。他留下一部《印度史》手稿,四卷,从1497写到1550年。不幸这部书从未出版。葡萄牙人对学术竟然如此漠不关心。

十六世纪另一位著名葡萄牙历史家是霍奥·得·巴洛斯(1496—1570年),他写的那部《亚细亚》[⑥]是一部东印度群岛征服史,是研究这个题目的原始资料。从那时起,葡萄牙史学就开始衰落,往后就一蹶不振,再也没有恢复起来。也许是腓力二世征服葡萄牙时摧毁了它的历史精神。

在这章结尾可以简单说说在新大陆生活和工作的那些最早的西属美洲历史家。[⑦]

其中第一位同时也是最伟大的一位就是巴托罗缪·得·拉斯·卡兹(1474—1566年)。他青年时代即以传教士身份前往安

---

① 1495—1521年在位,他的时代是葡萄牙的全盛时代。他派遣发斯科·达·伽马等向海外探险。——译者

② 1481—95年在位。——译者

③ 在印度南部西海岸。——译者

④ 在印度西部海岸。——译者

⑤ 即香料诸岛,在现在的印度尼西亚。——译者

⑥ 该书有说到中国的事情,参阅张星烺《中西史料汇编》,第1册,第353—357页。——译者

⑦ 可以提醒读者,注意普累斯卡特的标准著作《墨西哥的征服》和《秘鲁的征服》两书中各篇末尾附录中有关史料根据的段落。

的列斯群岛①。西班牙人对印第安人的暴行使他极感震惊，他曾因此两度长途航海到西班牙，替印第安人请愿，要求查理五世进行干涉。1522年他在圣多明各②加入多明我会。从1544到1553年在墨西哥恰帕斯当主教。他的《西印度灭亡简史》(*Brevissima relacion de la destruycion de las Indias*)(塞维尔，1552年)和《西印度史》(*Historia de las Indias*)(这两部书都是直到1875年才出版的，但很久以前即以抄本形式广泛流传)是西属美洲文献中的典籍，也是对美洲教会和殖民政府的尖锐批评。③ 弗朗西斯科·罗佩司·得·哥马拉(1510—90年)是墨西哥征服者亚南多·科德司④的牧师和秘书。他的《西印度群岛通史》(*Historia General de las Indias*，1552—53年)，以两个对开本的形式首先在萨拉戈撒出版。第二本常以《新西班牙和墨西哥征服编年史》(*Coronica de la Nueva España con la conquista de Mexico*)这个书名单独出版。另一位从事写作的是科德司的同伴柏那尔·地阿斯·得尔·卡斯蒂略。1514年他作为总督亚维拉⑤的随员到新大陆去的时

---

① 南北美洲间大西洋中两大群岛：大安的列斯群岛和小安的列斯群岛(即西印度群岛)。——译者

② 海地岛东部。——译者

③ 法兰西斯·A.马克纳特：《巴托罗缪·得·拉斯·卡兹的生平、职务和著作》(纽约，1909年)；和法兰西斯·J.强的论文，见季尔第，128—52。对于拉斯·卡兹的夸张和后来以他为根据的历史家易于使人上当的情况的严厉批判，参阅勒斯利·拜尔德·辛普孙：《新西班牙征服者的地产》(柏克莱：《加利福尼亚大学历史丛书》，XIX，1929年)，1—18。

④ 生活于1485—1548年。——译者

⑤ 生活于1440？—1531年。1514—26年被派往新世界，做巴拿马总督。——译者

候，年纪还很轻；不久，他就离开亚维拉到科德司部下服役。曾跟随他征服尤卡坦[①]。后来还曾参加征服墨西哥之役。晚年当了圣地亚哥·得·危地马拉总督(regidor)，1566 年在那里完成了他那部《历史》，在许多细节上驳斥了歌颂科德司的哥马拉，可以看作一部记述这位征服者较为真实的书，因为它是从一个普通士兵的观
587 点看问题的。[②] 这部书细节丰富，但未免啰唆。奥维亚多，即亚喃对司·得·奥维多·伊·发尔对斯(1478—1557 年)，曾参与 1492 年围攻格拉纳达之役，1493 年哥伦布第一次航行归来时，他曾参加欢迎会。1512 年在著名的司令官衮萨尔服·得·哥尔多华[③]手下任秘书，后来他又离开哥尔多华，到西属美洲做事，在那里被任命为卡塔赫纳[④]和大里安[⑤]省总督，后并于 1535 年任矿务总监兼圣多明各港口要塞总督，于 1556 年回西班牙。奥维亚多曾撰写一部《西印度群岛通史》(*Historia general y natural de las Indias islas y tierra firrme del mar oceano*)，[⑥]是一部内容详尽而准确的巨著。拉斯·卡兹说，这部书"每页都有谎言"，但是这位仁慈的

① 在中美。——译者

② 《新西班牙征服史》，最早由 P. 阿隆索·雷蒙出版(马德里，1632 年)。基廷吉的英译本(伦敦，1800 年，1803 年)，其他译本较新；如尔达纳和厄勒迪阿合译的法文本(巴黎，1877—78 年)；朱理亚的德文译本(汉堡，1848 年，两卷)。

③ 西班牙军人(1453—1515 年)。参加与葡萄牙人、与摩尔人的战争，均有显著的战功。——译者

④ 在南美哥伦比亚北部。——译者

⑤ 在中美巴拿马。——译者

⑥ 1535 年出版于塞维利亚，分为三部分，对开本；最好的版本是 J. 阿马多尔·得·洛司·里奥斯的版本(马德里，1851—55 年，四卷)；R. 伊登的英译本(伦敦，1555 年)。

多明我会成员可能有成见。奥维多的巨著被腓力二世的宠臣厄累刺·伊·托德西拉斯(1549—1625 年)[①]盗窃了，甚至连书名都盗用了。奥维多在写作上的主张在他把他的著作分为八个"十卷组"这个事实上已明确表现出来。

在西属美洲历史家当中最突出的要算第一位在美洲出生的达微拉·伊·帕第腊了。他 1562 年生于墨西哥城，死于 1604 年。他的学问和热忱曾引起腓力二世注意，因而曾任命他为宫廷宣道师和西印度群岛编年史官。1601 年被任命为圣地亚哥主教；他以主教职权焚毁了走私运进那里去的三百部西班牙文新教《圣经》。他的《墨西哥圣地亚哥行省建立史》(*Historia de la Fundacion de la provincia des Santiago de Mexico de la Orden de Predica dores*)于腓力二世逝世前二年，即 1596 年在马德里出版。

南美洲也和西印度群岛、墨西哥等地一样，就是在那个时期产生自己的历史家的。第亚哥·斐喃得斯是约于 1545 年乘船到秘鲁去的西班牙一位冒险家，后在总督阿隆佐·德·阿尔瓦拉多指挥下的部队中服役。门多扎继阿尔瓦拉多任总督后任命他为秘鲁编年史官。他的《秘鲁史》1577 年在塞维利亚出版。他这部作品的文笔不像当时大部分历史著作那么粗鲁。他有接触官方文件的机会，他的著作可以看作关于西班牙征服秘鲁的可靠记载。

不过，在真实可靠和兴趣方面任何史家都无法超过的却是加西拉索·得·拉·未加的那部《印加人的起源和秘鲁通史》(*Commentarios Reales que tratan del Origen de los Yncas, reyes que*

---

① 卡斯提尔的历史编纂家。——译者

fueron del Peru, de su Idolatria, Leyes, etc., con la Historia
588 *general de Peru*,科尔多瓦,1609 年,1617 年,两卷)。这部《秘鲁史》是研究西班牙征服秘鲁以及原来的印加帝国最可靠的基本资料。作者 1540 年生于秘鲁库斯科,是最后统治秘鲁的印加皇帝的外孙,他的母亲是该地最后一位统治者土巴克·优潘克的女儿,而他的父亲则是最早的征服者之一。他以自己的身世自豪。在他的著作第 1 卷卷首那幅插画印的是西班牙国王赐予他的那个盾形纹章。在其诸支座上还画着一对蛇、太阳和月亮的图样,这是印加人的神圣标记。

加西拉索·得·拉·未加的《秘鲁史》根据的材料不仅是他早年在库斯科和他的母亲在一起时得来的,而且后来他在秘鲁的那些老朋友老同学也都提供给他材料,他曾请求他们,把他们从各自的家族成员那里取得的详细记载寄给他,帮助他写作。就这样,他这部独一无二的历史著作收罗了许许多多关于古代秘鲁的文明、宗教、历史、风俗和传说等方面的可靠传统,这些东西在近代研究中都进一步证实了。

十六世纪智利有两位历史家。一位是衮哥剌·马摩里霍(1510—76 年),他是一位西班牙军人,从来没有担任过重要职务,但在 1549 年以后,曾在秘鲁和智利服役。晚年住在圣地亚哥,1576 年死在该地。他的《智利史》是在他死前那五年写的。这部书的原稿现在马德里,1850 年第一次出版,是研究智利史最好的一部早期作品。记述南美的发现和征服的一部重要的少见的著作是苏亚勒士·得·菲圭罗亚写的那部《赫塔多·得·门多扎传》(*Hechos de Don Garcia Hurtado de Mendoza*,马德里,1613 年)。

门多扎曾任驻智利部队司令官和驻秘鲁第十二任总督（1590—96年）。他的父亲（当时的秘鲁总督）曾派他去智利，他曾和阿劳卡的印第安人作战，在六次战役中，把他们征服，立了大功。这部传记以前三卷的篇幅对这次战争所作描述很有价值；其余四卷记述的是门多扎总督任期内的事件，包括阿尔发罗·得·门达纳[①]远征所罗门群岛的情况，很有价值。在这次远征中，著名的斐南多·得·基罗[②]担任舵手。这部书还有关于霍金斯[③]、德雷克[④]和卡文迪什[⑤]等将领远征的情况，包括1572年德雷克洗劫嫩布累·得·第奥斯港口在内。

① 西班牙航海家（1541—95年），约于1567年发现所罗门群岛。——译者

② 葡萄牙航海家（1560？—1614年），继门达纳为太平洋探险队领导，发现新赫布里底群岛（在大洋洲）。——译者

③ 英国海军司令（1532—95年），贩卖黑奴至西印度群岛，参加1588年打败西班牙无敌舰队的战役，1595年与德雷克一道远征西印度群岛。——译者

④ 英国航海家（1545？—96年），多次航海至西印度群岛，掠劫西班牙城镇。1588年参加打败西班牙无敌舰队的战役。——译者

⑤ 英国航海家（1555？—95年），第三个环绕地球的航行者，掠劫西班牙的船舶。——译者

第三十五章　英国都铎王朝的史学(1485—1603年)[1]

589 英国都铎王朝始于1485年,终于1603年,大体上和十六世纪吻合;和其前后两个世纪只有几年重叠。这个世纪在英国历史上,政治、经济、社会、宗教、知识和文学等方面的重要变化十分突出,是英国脱离中世纪进入近代世界的过渡时期。

首先,都铎王朝最初两位国王统治时期正是以在格洛辛[2]、林

---

① 标准的参考著作是李德的;也可参阅查尔斯·辉布利的论文,见沃德,III(1909年),第XV章,和第596—601页的书目提要;J. S. 布鲁厄:《亨利八世统治时期,从他即位,到武尔塞之死》(詹姆士·盖得纳编校,伦敦,1884年,两卷),实际上和布鲁厄所主编的《亨利八世统治时期国内外信札与文件》(伦敦,1862年及以后)第I—IV卷的导言相同;威廉·部士:《都铎王朝统治下的英国:I. 国王亨利七世,1485—1509年》,艾丽斯·M. 托德译自德文(伦敦,1895年,计划中的六卷只有第一卷出版),附录II;H. A. L. 斐雪:《从亨利七世即位到亨利八世逝世的英国史》(伦敦,1906年),485—96和A. F. 波拉德:《从爱德华六世即位到伊丽莎白逝世的英国史》(伦敦,1910:这部著作和前面一部构成W. 韩德和R. L. 普尔合编的《英国政治史》第V—VI卷),481—503;盖得纳;伽地纳和马林加,第2部分,第6章;查尔斯·L. 金斯福德:《十五世纪的英国历史文献》(牛津,1913年),虽然书名是指十五世纪,但在第10章中以及其他各处还记述了十六世纪的历史家。又参阅《民族传记词典》中的单篇论文。

② 英国研究希腊古典学术的学者(1446?—1519年),最早在牛津讲演希腊文。——译者

那刻[1]、科勒特[2]和摩尔[3]这类名人领导下并得到伊拉斯莫斯[4]支持的英国文艺复兴运动开始并大规模发展为标志的时期。这是在学术上与意大利和大陆接触过程中,许多旧思想方法被扬弃的结果。

这个时期也是英国宗教改革时期。其特点是亨利八世统治时期与教廷决裂,在爱德华六世统治时期开始教会仪式的改变,玛丽统治时期的反动和伊丽莎白统治时期清教徒和其他异教派别的兴起,它们要求教义和行政改革,这些要求在下一世纪前半叶取得胜利,并占据统治地位。

这个时期在经济和社会上也出现革命情况,玫瑰战争[5]几乎使英国丧失全部对外贸易。亨利七世[6]即位后,几乎立即着手恢复。为达到恢复外贸的目的,他不仅重订旧商约,而且还开辟新商路,使之伸展到近东、地中海和波罗的海。他这项政策在那个时代 590
的地理发现和喀波特父子[7]航海事业的鼓舞下,为后来德雷克和

① 英国人文主义者和医生(1460?—1524年),在牛津教授医学,为公主玛利编纂《拉丁语法初阶》。——译者

② 英国古典学者(1467?—1519年),在牛津讲授《新约》,反对经院哲学的神学解释。——译者

③ 英国人文主义者和政治家(1478—1535年),反对路德的宗教改革,反对亨利八世,被杀。著有《乌托邦》。——译者

④ 荷兰学者(1466?—1536年),北欧文艺复兴的领袖,长期住在英国,在剑桥教授希腊文。——译者

⑤ 1455—85年。——译者

⑥ 1485—1509年在位。都铎王朝第一个国王。——译者

⑦ 约翰·喀波特(1450—98年),意大利航海家,1484年左右移居英国,航海到纽芬兰等地。其子瑟巴斯梯安·喀波特(1476?—1557年)向东北航行,寻找通达东方的道路,结果达到了与俄国的通商。——译者

霍金斯大力推动的以及在都铎王朝末年发展起来的那些合股公司的日益扩大的商业活动开辟了道路。经济发展又引起对英国羊毛和毛织品的需求的增长。这些情况和其他商业活动加在一起，就引起农业上的重要变革，一方面是在圈地活动下产生的大地产主；另一方面是出现了一个无地农业劳动者阶级。资本和劳动力都被吸引到城市里，制造业繁荣起来；而且，整个运动产生出由工厂主、商人和畜羊售毛者形成的一个新的中产阶级，其对立面则是一个自由劳动者阶级。

而且，在都铎时代，政治上也出现很大变化。其表现是君主制的强化，达到专制主义的边缘。早在亨利七世统治时期即已出现这种苗头，旧贵族势力在破坏性极大的玫瑰战争中被削弱一事又大大促进了集权的趋势。亨利七世在统治时期整个前一半，对内乱实行了残酷的镇压政策。促进专制主义发展的最大因素之一就是新兴的中产阶级。这个阶级需要一个坚强而有效的中央政府保护商业和保证国外信用。国会虽被利用，但它是驯顺的。托马斯·克伦威尔①实行削弱教士权力的政策是为了加强国王的地位。这种专制主义趋势得到都铎王朝最后一位统治者伊丽莎白女王竭力坚持和教会的拥护；这就是在斯图亚特时期②人民为什么作出反应的主要原因之一。

最后，这个时代还有这样一个特色，即人们的知识眼界大为扩展。这不只是由于文艺复兴运动的引进和商业接触的开展，而且

① 英国政治家（1485？—1540年）。1533年为财政大臣，支持英国宗教改革，镇压寺院，没收其财产，加强国王对教会的权力。——译者

② 1603—49年。——译者

也是由于地理和宇宙概念业已改观。伟大的航海活动已证明新地区和新民族的存在。哥白尼又于1543年发表了他那部划时代的著作,伽利略(1564—1642年)发展并证实了物理定律和物理现象中的新思想。人类对宇宙的观念已发生根本变化。产生于十七世纪的科学在十六世纪就已怀胎。

都铎时期对英国史学发展虽然并非不重要,但在史学这个学术领域里的成就不如在纯文学方面的成就大。当然,在史学领域也有几位卓越人物,如波利多尔·味吉尔[①]、托马斯·摩尔爵士和乔治·卡文迪什。不过即使是在这些人当中,有些人之所以出类拔萃,主要还是因为他们的文章写得好,而不是因为他们是近代意义上的历史家。事实上,纯粹的记事史都被这个时期的文件资料淹没了,[②]这类资料有国内外君主的信札和公文,国会文件,外国 591
使节(特别是西班牙和威尼斯使节)的记事录,国家审判记录、官方和私人通信以及诸如此类的资料。J. B. 马林加说,[③]了解事情的因果关系和国家政策的真正的钥匙必须在《公文》和其他文件资料中去寻找,而那些记事资料的价值只在于它们对那个时代的舆论和态度有所阐明而已。这些文件资料对研究亨利七世统治时期虽然不如我们希望得到的那样充足,但在他的儿子[④]的时代就已经

① 教皇派往英国去征收教会税的意人利人(1470?—1555?年),后归化英国,用拉丁文著《英国史》二十六卷,文字优雅,事实准确,特别是亨利七世王朝。——译者

② 部士(见本书原书第589页注),391,和波拉德(同上),481。这些资料已在李德,5—21中指出;斐雪(同上),485,488—90;和波拉德,481—91。

③ 伽地纳和马林加,311—12。

④ 亨利八世(1509—47年在位),伊丽莎白(1558—1603年在位)的父亲。——译者

极其众多了，以致“如果说为研究亨利七世时期是数以十计，那么为研究亨利八世时期则已是数以百计了”[①]，为研究伊丽莎白统治时期，文件之多则已浩如烟海。

在十五世纪结束以前，可以看得出来的、而且在说明思想和精神方面的深刻变化的十分重要的最早的史学发展，就是中世纪寺院编年史的消失和取而代之的城市编年史的兴起。十五世纪初期，英国历史家和编年史家在性质上仍然是毫无疑义的中世纪的；除“圣阿尔班斯寺院学派”最后一位历史家沃尔星干的托马斯之外，他们中间很少人有多大价值。寺院编年史是以软弱而浮夸的中世纪拉丁文、难辨读的年代记式的风格写的，即使是对那些阅读拉丁文没有困难的少数人来说，也毫无吸引力，由于知识和眼界异常狭窄，这些寺院编年史的全盛时代早已成为过去。寺院生活衰落后，这样的情况自然会随之而来，当时，不仅皈依者的人数，而且他们的宗教和求知两方面的热情，都已迅速下降到最低点了。

最后一部还有一点价值的中世纪拉丁文寺院编年史是克垒兰寺院[②]编年史的续编。[③] 这部书是研究爱德华四世和理查三世[④]统治时期的一部重要当代史料，终于博斯沃斯—斐尔德战役[⑤]。不

---

① 布鲁厄：《亨利八世统治时期》（见本书原书第589页注），I，第1页。

② 在英格兰东部。——译者

③ 《克垒兰寺院各种编年史续编》，收入威廉·佛尔曼主编的《英国古史作家》，第1卷（牛津，1684年）；H.T.莱利的英译本，见《英格尔夫的克垒兰寺院编年史，附各种续编》（伦敦，1854年；《蓬氏古典丛书》），比较，格罗斯，第1798；1371和579号；和金斯福德（见本书原书第589页注），181—83。

④ 1483—85。爱德华四世的弟弟，杀害爱德华五世而篡位。——译者

⑤ 理查三世与都铎族的亨利争夺王位，1485年8月22日两军交战，理查三世战败身死，于是亨利即位，是为都铎王朝第一个国王亨利七世。——译者

过，这部书虽然是用拉丁文写的，但它并不完全属于中世纪传统，因为它并不是一部单纯的年代记，而是对爱德华生平和政策以批判的态度作的使人惊叹的极其公平的处理，作者肯定不是一位成天躲在寺院里边的人，可能根本就不是一位修道士。假如这部著作是用英文写的，那它不仅在精神上，而且在形式上也一定是属于 592
历史写作上的新时代。因此，这部编年史可以说是充当了连结中世纪寺院历史写作和新的“近代”类型史学的一个中间环节。

都铎时期标志着从中世纪精神向近代精神改变的那些编年史著作有两种新的特色：一是用英文写作，二是作者都是俗人。撰写这些史书的那些深通世故的人和现在已能阅读这些著作而且已深感兴趣的大量增加了的读者都同样关注全国政治和地方政治、商业事务、王廷的浮华排场以及在外交和商业上的对外关系。用拉丁文改为用英文这件事十分重要，它是从中世纪教会对学术的统治枷锁中解放出来的象征，这话是再强调也不会过分的。不错，有几部很重要的历史著作是用拉丁文写的，但那是古典作家的拉丁文，而不是中世纪的拉丁文；而且，英译本很快就在拉丁文版之后问世了。都铎王朝早期的编年史，虽然和一切编年史一样，往往缺少文艺性，缺少历史的眼光和敏锐的批判，但仍然不失为英国中世纪史学解体和近代历史方法充分发展之间的过渡形式。

亨利七世统治时期和亨利八世统治初期，把**城市编年史**这样一种新类型的历史写作搬到舞台中心，而且在整个都铎王朝时期一直持续不断。它并不是全新的东西，但作为创造性地、强烈地表达市民的和民族的利益的手段，它取代了长期以来独霸史学地盘的寺院编年史。民族情感和自然原因正在使伦敦日益成为民族生活的中心。因此，过去数百年主要是作为市政记录编写的伦敦记事录，原来只是逐年把郡长和市长名单列出的梗概形式，这时已成长起来，开始具有全国史书的性质。伦敦的历史已变成一种“王国公民史”。[①] 其他一些城市也编写较小的、更严格的地方性的类似的记事史。

这些编年史或许是所有记述十五世纪英国史的原始资料中最重要的一种，[②]一则因为其他记述资料缺乏，再则因为这些编年史完全是当时的人写的，反映的是当时的意见。而且十六世纪那些编年史家，从费边[③]（他的《新编年史》主要是以《伦敦编年史》更详
593 细的版本之一为依据编写的）到斯托[④]（他的《英国编年史摘要》于1580年问世）都经常利用这些编年史，所以这些史料就更显得重要了。这种类型的历史的连贯性给人们留下深刻印象。城市编年史之所以有价值，除了政治和市政史（在这方面自然有伦敦舆论中的成见）方面的内容之外，也是因为其中记述了可以说明社会史的小的甚至无足轻重的细节，记述了抢劫、罚款、物价、气候和其他类似的事情。

最早的伦敦编年史是在伦敦市政厅保存的一部包括各式各样内容的，名为《古代公会之书》(*Liber de Antiquis legibus*)的对开

---

① 部士（见本书原书第589页注），400。

② 金斯福德（见本书原书第589页注），70—72，比较，他评论伦敦编年史一章的全部记载，70—112；伽地纳，第7章，《伦敦城的记录》。

③ 罗伯·费边（死于1513年）。其著作《英法新编年史》于1516年出版。——译者

④ 约翰·斯托（1525—1605年）。英国史学家，约1565年以后，致力于搜集抄本，编纂历史，著有《英国编年史摘要》（1565年）、《英国年代记》（1580年）、《伦敦概况》（1598—1603年）等书。——译者

本。[①] 其记录开始于1189年狮心王理查[②]即位,即伦敦市成为法团组织的时候,持续将近一世纪之久,写至1274年爱德华[③]加冕礼所做准备工作止。这部最早的编年史跟以后它那些续编不同,在每年项下记载郡长的名字,在本文中提到市长。在亨利三世以前,编年史的主要内容是记述市政大事;后来伦敦市曾在其中起重要作用的国王和贵族之间的斗争才成了记述的主题。[④] 由此可知,伦敦编年史从很早就开始,有时记述全国范围的事情了。这种记事录除记载事件摘要外,还有一些国王信札和其他文件,从而使它作为史料的价值逐渐增加。在1485年以前编写的那些伦敦编年史当中,还有用法文写的一部记述从亨利三世统治的第44年到爱德华三世[⑤]统治的第17年的编年史,一部由市长理查·惠廷顿的书记约翰·卡盆特于1419年用拉丁文写的《白皮书》(*Liber Albus*)和几部用英文写的编年史。在这些用英文写的编年史中,有亨利六世[⑥]统治时期编的一部《伦敦编年史》,其续编写到爱德华四世[⑦]逝世;另一部是1451年当了市长的原毛皮商人威廉·格列高里的作品。最后这部编年史突然于1469年截止;显然是因为一部分丢失了。[⑧]

---

① 伽地纳,284—85。

② 理查一世(1189—99年在位)。——译者

③ 爱德华一世(1272—1307年在位),1272年他父亲亨利三世死时,他正在东方参加最后一次十字军,直到1274年8月才回到英国,举行加冕典礼。——译者

④ 伽地纳,286。

⑤ 1327—77年在位。——译者

⑥ 1422—61、1470—71年在位。——译者

⑦ 1461—70年在位。——译者

⑧ 伽地纳,287—88。

十五世纪末，出现了一部比以前的编年史远为细腻的、题材范围更为广泛而且还带有一定文采的编年史，即罗伯·费边（死于1513年）的著作，书名叫作《英格兰和苏格兰新编年史》〔从布鲁图写到1485年，作者把它命名为《诸史协调》（*Concordance of Histories*）〕。费边是伦敦一位公民、布商行会成员、市参议员，1493至1494年间任伦敦郡长。他的"新编年史"于1516年由理查·派孙[①]首次印行但书名未定。这部初版书终于博斯沃斯·菲尔德之役[②]。1533年问世的第2版有一个续编，写到亨利七世[③]之死，可能是费边自己写的。后来又出了许多版本，附有截至伊丽莎白之死的新补编。费边的目的是编写一部比单纯的城市年代记规模更
594 大的著作。似乎只是企图把早期作家那些作品调和起来，因此，他把自己那部书定名为《诸史协调》。尽管他缺少为达到他这个目的的那种批判的灼见，但他曾向许多作家请教，法国人和英国人都有。[④] 它大体上是根据一部城市编年史写的，而那部城市编年史本身又是为一位博闻广识的当代作家所撰已失传的一部更大的《伦敦编年史》写的缩编。[⑤]

费边的历史著作的内容主要是从布鲁图的到来开始的英国情

---

① 约1490年在伦敦开印刷厂的诺尔曼人，印刷英国法律书籍。约死于1530年。——译者

② 1485年亨利七世打败理查三世，夺取王位。——译者

③ 1485—1509年，都铎王朝第一个国王。——译者

④ 伽地纳，293。关于费边，也可参阅金斯福德（见本书原书第589页注），103—06和索引。

⑤ 部士（见本书原书第589页注）认为费边本人就是作者；参阅他的详细评论，402—15。

况;但也有些章节是专门记述法国的。前六部分叙述到黑斯廷斯战役[①];从1066年到都铎时期的大约四百多年间的历史都压缩在第7部分中。从理查三世以后,它作为一部伦敦编年史的性质自然更为显著。记述亨利七世那篇补充材料是由一些按年代编排的简短记载组成的,记述的完全是英国、特别是伦敦的事情。在这部编年史中,具有极其丰富、异常准确的历史细节的正是这一部分,这段记述可能是根据这些事情发生的时候所作笔记写的。部士[②]认为费边这部编年史极其重要,他论述这部史书用的篇幅比论述任何其他伦敦编年史用的都多。费边有时流露出对兰开夏人强烈的同情。尽管他这部书大部分是汇编他人之作而成,但在里边也可以找到一些并无其他出处的史实,对于研究那个时代的地方和市政大事,还可算一部重要资料。都铎后期那些编年史家常常利用他这部书;有人说,"前后三百年间编年史中一切知识主要应归功于费边",这话不假。

理查·亚诺尔德(约1450—1521年)所撰《伦敦编年史》是在费边的著作问世以前几年出版的,这部书较为简短而且不大重要。[③] 金斯福德[④][⑤]说这部书"主要是记述伦敦古代情况的一部平凡的书"。其第1版于1503年在安特卫普问世;1521年又在南沃

① 1066年征服者威廉战胜英王哈罗德的战役。——译者

② 德国史学家(1861—1929年)。——译者

③ 李德,第280号。这部书出版时没有书名,但通常被称为《亚诺尔德编年史》;或按道斯的说法,称为《伦敦风俗》。标准版本是法兰西斯·道斯的版本(伦敦,1811年)。

④ 英国史学家(1862—1926年),著有《十五世纪英国历史文献》。——译者

⑤ 金斯福德(见本书原书第589页注),106。

克出了第2版。亚诺尔德生平细节很少得知，只知他是在佛兰德做生意的一位伦敦商人。他的著作名为《编年史》，或《伦敦风俗》。他这部书是由特许状、国会议案、教皇训谕、法令、地形记载、行政习惯、物价和通行税则等等毫无系统地凑在一起的东西，其中还包括著名民歌《栗色女郎》(The Nutbrown Maid)[①]的最早刊印本原
595 文。亚诺尔德这部记述在都铎时代以前那部分内容贫乏而无甚价值，[②]不过从爱德华四世[③]以后稍稍详细了一些。书中和作者生平同时的那一段记述是用第一手材料写成的，一般还可靠。整个说来，这部书对研究经济史最有价值；它提供关于商业信函、汇票、裁决书形式，甚至还有些向国王提出的对海盗的控诉等情况。书前载有从理查一世至亨利八世第12年(1189年9月3日至1512年1月)伦敦行政官员一张很长的名单。

两部实际上属于稍晚一个时期的次要编年史不妨在这里简单提提，因为这两部书绝大部分都是根据亚诺尔德的著作写的。一部是查理·里斯利(1508—62年)的《编年史》，另一部是《伦敦灰衣托钵僧[④]编年史》。里斯利自称其著作为《英国编年史》，[⑤]但实际上，全书都是从亚诺尔德的著作抄来的。记述亨利八世统治时

---

① 这个民歌说一个人追求一位栗色姑娘，他自称是一个被放逐的人。经过许多考验，发现这个女郎对他的爱是真诚的之后，他才说出他的真正身份，他是一个伯爵的儿子。——译者

② 部士(见本书原书第589页注)，401。

③ 1461—70年在位。——译者

④ 圣芳济教团僧侣称灰衣托钵僧。——译者

⑤ 《查理·里斯利著：〈都铎王朝英国编年史〉》，W. D. 汉密尔顿校编(伦敦，1875—77年，两卷；《卡漠登学会丛书》，新辑，XI和XX)；李德，第296号。

期的那段还有些独立的价值。里斯利从1534年起当了温泽王室的典礼官,因此他接触王廷、可以直接观察。他关心地方事务多于全国事务;他记述国王前往国会的仪仗使用的篇幅比记述寺院遭镇压、北方暴动或天恩巡礼[①]等如此重要的大事用的还多。他写的历史在文化上还有些价值,也表现了他有一定学识。

《伦敦灰衣托钵僧编年史》[②]直至1501年以前那部分几乎完全是根据亚诺尔德的记载写的,只有少数极简陋的增补出自其他史料。在那年以后,他这部寺院记事才是独自写的,而且有它独到的重要记载,特别是记述1547—56年的那部分。虽然它和圣芳济会这个寺院有关,但它并不是一部寺院编年史式的书。

关于在别处写的一两部编年史只简短地谈谈就够了。有一部名为《布里斯托尔市长日历》的布里斯托尔编年史,是该市秘书罗伯·李嘉特[③]应1479—1503年间在职的市长的请求编写的。它的结构是仿照伦敦编年史的。第1部分是根据其他材料汇编的,也像一般习惯那样从布鲁图开始;1479年以后那部分则具有一位城市官员记下的当代事情那样的价值。一些续编接下去写到1628年,甚至后来还有人增补了几篇简短的记载。最有价值的是有关地方性的记载,虽说其中一件件的事并不限于地方;关于国王

---

① 公元1536年秋约克大主教罗伯·阿斯克等领导的天主教徒暴动,公元1537年3月才被镇压。——译者

② 《伦敦灰衣修道士编年史》,J. G. 尼古拉校(伦敦,1852年;《卡谟登学会丛书》第1辑,LIII)。伦敦行政官员名单已删去。

③ 《罗伯·李嘉特著:〈布里斯托尔市长日历〉》,琉息·T. 斯密司校(伦敦,1872年;《卡谟登学会丛书》,第2辑,V);李德,第2992号和格罗斯,第2375号。

596 访问的记载特别值得注意。[①] 加来市议员理查·特品所撰《加来编年史》[②]记述的是1487至1540年一段时期，书中所载当时一些重要文件，对于研究亨利七世和亨利八世时期的商业和经济政策特别有用；因为他写这部书的时候正是加来是英国对外贸易主要中心的时期。这部编年史对研究政治史和文化史也很重要。

记述都铎王朝早期历史的其他记事材料有伯纳德·安德烈的历史著作，托马斯·摩尔爵士的《理查三世》和坡利多尔·味吉尔的《英国史》。三位作家中最不重要的一位就是图卢兹人伯纳德·安德烈(约死于1521年)，他曾在亨利七世手下任史官和桂冠诗人；他可能就是在亨利七世统治时期来到英国的。他双目失明，是否自幼如此不得而知，但所受古典文学教育很好。除王家史官和诗人外，他还在牛津任教，国王赐予他教会高位和其他恩惠，后来还当了王子亚瑟的导师。因此，他在王廷的地位使他有直接了解情况的机会，不过他并未充分利用这个便利。他的主要历史著作有《亨利七世的生平和事业》(*De vita atque gestis Henrici Septimi*)和《亨利七世年代记》；这部书只有记述亨利七世统治的第20年(1504—05年)和第23年(1507—08年)的那两段保存了下来。[③] 安德烈这些历史著作的主要价值在于它完全是写的当时的

① 金斯福德(见本书原书第589页注)，111。

② 《亨利七世和亨利八世统治时期1540年以前的加来编年史》，J. G. 尼古拉校(伦敦，1846年：《卡谟登学会丛书》，第1辑，XXXV)；李德，第293号。

③ 原文收入《国王亨利七世回忆录》，詹姆士·伽地纳校(伦敦，1858年：《卷宗丛书》，第10号)；比较其中的导言；李德，第326号；和部士(见本书原书第589页注)，393—95。

事。伽地纳先生[1]说他的作品“几乎可以说是唯一的由当时的人记述那个时代的著作”。[2] 这部《生平》的文笔虽然很值得称赞,但它缺少一部通史应有的丰富的细节,即使作为一部传记也是不完整的。他认为历史事实是次要的,他写史书的目的似乎在于“歌颂著名人物”,特别是国王。极端粗枝大叶、缺少判断力,使他这部书受害不小。安德烈于1500年下笔的这部传记,写到1497年珀金·瓦贝克[3]被俘时突然结束。《年代记》把这个故事又续了一段。为了写这些书,他按照事件发生的次序作了日记式的笔记,看来结果更有用些。在第20年(Annus vicesimus)的记载中,可以看出已有某些改进,不过材料仍嫌不足,文章也过于花饰。第23年(Annus vicesimus tertius)的记载就好得多了。显然是根据当时所作笔记写出全部细节,而未作虚饰。事情不论大小都记了下来,而未考虑其相对重要性,记述的完全是事情的外貌,只是事实还是详尽地、细心地记下来的。这个片段是安德烈著作中最好的 597
一部分。

托马斯·摩尔爵士(死于1535年)的《理查三世本纪》,[4]一般认为是1513年当他担任伦敦代理郡长时写的;原本是用拉丁文写的,其英译本曾被称为第一部英文历史范例,“不是仅仅罗列事实,

---

[1] 英国历史学家(1828—1912年)。——译者

[2] 见他的导言,第xvi页。

[3] 佛兰德人,冒充为爱德华四世的次子理查,从苏格兰侵入英国,谋夺王位,战败被囚。——译者

[4] 《国王理查三世本纪》,最早由威廉·拉斯退尔出版(伦敦,1557年),最晚的是J. R. 兰比的校订本(剑桥,1883年)。参阅李德,第336号;部士(见本书原书第589页注),320—21;金斯福德(同上),185—90和索引。

而是精心设计、仔细完成的一个整体”。摩尔作为英国文艺复兴一位杰出的代表人物，在他的英国式的历史著作中写出一部在英文著作中最杰出的不朽之作，是第一部用近代英文散文写的有文学价值的历史著作。[①] 这部作品是模仿古典传记范例用美好的匀称而严谨的笔调写的，在人物性格和戏剧性事件的描绘上表现了高超的艺术手腕。作者以极其高明的技巧、极其黝黑的色调描绘了理查三世的形象。这个形象以其道德上和肉体上的丑态，在英国文学中给人留下不可磨灭的印象。摩尔笔下的理查也是莎士比亚笔下的理查。[②] 他的大部分材料可能得自大主教摩顿[③]。把这部著作当作历史权威使用时必须谨慎，因为其中有明显的兰开斯特偏见，但对研究亨利七世早期生活还是有价值的。编年史家荷尔曾利用这部书，波利多尔·味吉尔也可能利用过。[④]

这本书在第二十五章中谈到文艺复兴时代住在外国王廷中的那些意大利人时曾简单提到过波利多尔·味吉尔（1470—1555年）。[⑤] 在此必须把他更详细地谈谈。他生于乌尔比诺[⑥]，曾在波

---

① 查理·辉布利的论文，见沃德，III，381。

② 伽地纳，297。

③ 英国高级教士和政治家（1420—1500年）。1486—1500年为坎特伯雷大主教。1487为司法大臣。——译者

④ 部士（见本书原书第589页注），320—21。

⑤ 《英国史，二十七卷》〔从最早时期到1538年〕，最早出版于巴塞尔，1534年；有十六世纪的各种版本，最晚的版本出版于莱顿，1651年。二十七卷中的十一卷有一个都铎王朝的译本，由亨利·厄尔力斯爵士校订出版（伦敦，1844—46年，两卷：《卡谟登学会丛书》，第1辑，XXIX和XXXVI）。参阅他的序言；金斯福德（见本书原书第589页注），254—58，190—92；伽地纳，304—08；部士，395—98；伽地纳和马林加，298—99。

⑥ 中意大利西部。——译者

洛尼亚和帕多瓦学习,后来在他的文学保护人乌尔比诺公爵手下当了秘书,从1492至1498年担任亚历山大六世[①]的内侍,大约在1501年,亚历山大六世派他到英国去做彼得便士副征税官。亨利七世还在流放中的时候,就已经有人把他推荐给这位国王了。他接受了教会给他的几个职位,包括国王亲自提名的威尔士副主教职位在内。大约就在这个时候亨利七世请他写一部英国史;为写这部书作准备,他花了二十八年的工夫。他一生大部分时间都是在伦敦王廷文人圈子里度过的,他在那里的朋友有福克思[②]、摩尔、顿斯塔尔[③]、帕斯[④]、林那刻和拉替麦[⑤],波利多尔到英国以前就已经和伊拉斯莫斯建立了友谊,到英国后又重温旧好。1510年波 598
利多尔入了英国籍。几年之后,武尔塞利用他的帮助取得枢机主教职位;但后来因为他在信件中说了武尔塞一些不得体的话,就被关入监狱。究竟关了多久,准确的期限无从得知——利奥十世和枢机主教得·美第奇写信给亨利八世为他说情,于是他又受到恩宠,除了丢掉副征税官职位外,所有其他职位显然都恢复了。波利多尔现在比过去更加集中注意从事研究和编写他那部《英国史》了,于1533年把这部书献给国王,次年付印出版。他在序言中写道,"我认为在你的英格兰王国的荣誉中唯一不足之处就是缺乏历

① 教皇(1492—1503年在职)。——译者

② 英国高级教士和政治家(1448?—1528年),亨利七世、八世时担任重要职位。——译者

③ 英国高级教士和学者(1474—1559年)。对希腊文、希伯来文、数学及民法均有研究。坚信天主教的教义,但拥护亨利八世为英国教会首脑。——译者

④ 英国外交家(1482?—1536年)。——译者

⑤ 英国宗教改革家(1485?—1555年),在女王玛丽朝被杀。

史著作。"他在英国一直待到1551年才回乌尔比诺度过残年。

他这部《英国史》[①]作为阐释和研究亨利七世统治时期的第一部史书,对英国史学的贡献极其巨大;后来的学者爱德华·荷尔,斯托和法兰西斯·培根等人得到的崇高荣誉很多都是来自波利多尔,因为在近来的学术研究中证明:过去曾认为是这些人的独创的著作,原来在很大程度上都是依靠这位意大利人文主义者那部开拓性的著作写成的。[②] 他的素材是从一切能搞到的资料中搜集起来的。他尽可能利用搞得到手的最早的权威著述,如季尔达斯、蒙默思人赭弗理、曼兹柏立人威廉[③]、新堡人威廉[④]和马太·巴黎等人的著述;他还曾利用了些并非著述的资料,如国会法令、教皇旨

① 已故枢机主教加斯魁特竭力主张这部《历史》需要重新校订("准备波利多尔·味吉尔的《历史》新版的一些材料",见《皇家历史学会学报》第2辑,XVI(1902年),1—17)。最后面、最重要的叙述亨利七世和亨利八世两朝事迹的两章没有出版过校订本。加斯魁特在公众记录局中发现了非常有价值的新材料,即一部从梵蒂冈图书馆抄来的、没有名称的无名氏英国编年史,这证明这部著作是梵蒂冈图书馆收藏的波利多尔·味吉尔的《历史》两卷之一的抄本。过去被认为这是著者本人修改的原始亲笔手稿。但后来证明这部手稿在腓得里哥·维特剌尼手中,维特剌尼是乌尔比诺最初三位公爵的图书馆长。这位枢机主教的见解是这样的:波利多尔在1515年底或1516年春访问意大利,力劝他的朋友维特剌尼把他为编写他的《历史》已经搜集到的笔记组织起来。这部手稿很重要,因为它跟后来印出来的《历史》有重要差别,后来印的《历史》,无疑是为了政策的缘故经过"修订"的。一个显著的例子是对武尔塞有名的痛斥,这种斥责在原始手稿中是完全没有的,而只在出现于武尔塞倾覆之后的印刷本中。加斯魁特指出了其他的差别,其中一个变动是在印刷本中描绘的亨利七世的形象比波利多尔第一次的刻画有利得多。

② E.A.辉特尼和P.P.克拉姆:"波利多尔·味吉尔的志愿",见《皇家历史学会学报》,第4辑,XI(1928年),117—36。

③ 英国历史家(1090?—1143年),著有《英国史》及《新历史》。——译者

④ 英国历史家(1136—98年),著有《英国史》,叙述1066—1198年间的事情。——译者

谕和外交文件;还曾参考法国作家,如富罗沙和梦斯特里勒[1];他有机会看到了当时的历史文献,可能还包括摩尔的《理查三世本纪》;在缺乏文字记载的地方,他就和了解1500年以前的大事的人 599
们谈话,从中尽可能汲取素材;自从他到英国以后,就像他自己说的那样,就“把一切重要的事情,逐日记下”。[2] 在波利多尔·味吉尔以前,早就有许多勤恳的搜集记录的人和根据许多资料编写年代记的人了;但在他以前,还没有一个人曾经写出一部可以称为近代民族史的东西——这样的史书是根据以批判的灼见利用的材料,借助于有辨别力的学术研究成果,交织成一部记事史,书中应表现出对事件有充分了解和解释这些事件的能力。波利多尔·味吉尔不但在优越的历史方法方面大大超过和他同时代的那些作家,而且在仿照古典范例把材料组织成可以阅读的记事史方面也是如此。这位“意大利头脑”创造了近代英国历史写作中第一座宏伟的永垂的丰碑。

除他的《英国史》外,波利多尔·味吉尔还在校订季尔达斯的著作(1525年)中,作出极其重要的贡献。这是在英国校订一部历史资料的第一次尝试。[3] 可以说,它标志着英国史学批判的开端。从近代观点看,作为批判的校订来说,它虽然还缺少很多东西,但它的效果却很大,对人们的历史兴趣和学术研究起到极大的推动作用。

波利多尔说他用拉丁文写历史是为了使各国人都容易阅读,而且在英国以外,他的历史著作确实极受欢迎,十六七世纪这部书在大陆出了许多版一事就是明证。但在波利多尔已入籍的英国,

---

① 法国编年史家(1390?—1453年),著有1400—44年的《编年史》。——译者

② 枢机主教加斯魁特(见本书原书第598页注),11。

③ 辉特尼和克拉姆(见本书原书第598页注),120—121。

使用这种文字却不能达到目的。他的拉丁文笔虽然十分优美，有文艺复兴时代最好的拉丁散文那种高雅而流畅的特色，但任何一部以古典文字写的著作都不能抵挡英国本国语文日益高涨的浪潮。实际上这部书在都铎时代、可能还在亨利八世统治时期，就已经有了译本，但直到十九世纪中叶才付印出版。[1]

乔治·卡文迪斯（1500—61 年）写了一部《枢机主教武尔塞[2]传》，[3]在传记著作中，这是一部典范，也是一部不可或缺的资料，特别对了解武尔塞受辱和倒台一事说来则更是如此。卡文迪斯至少从 1527 年开始到 1530 年这位枢机主教死时止，充当他的前导
600 官[4]，因此，他有的是搜集材料的机会。不过直到玛丽[5]统治时期他才开始写作；而且因为作者不喜欢安娜·波林[6]，所以他这部传记直到查理一世[7]时才付印，当时是为了在主教职位争端中支持一方反对另一方的目的发表的。不过，早在十六世纪，这部传记就

---

① 辉特尼和克拉姆（见本书原书第 598 页注），119—20；比较，亨利·厄尔力斯爵士校订本（见本书原书第 597 页注）的序言。

② 英国高级教士和政治家（1475？—1530 年）。——译者

③ 李德，第 360 号，最早以精选的形式于 1641 年付印；标准版本是 S. W. 辛格的版本（伦敦，1827 年，两卷）。辛格校订的原文又在 H. 摩黎的版本中翻印（伦敦，1885 年及以后）。究竟这部书的作者是乔治·卡文迪斯呢，还是他更著名的兄弟威廉（其次子曾于 1618 年为德文郡伯爵）呢？这个问题由可敬的约瑟·罕特解决了；他在他的《写卡文迪斯的〈武尔塞传〉的是谁？》一本小册子（1814 年，收入辛格版中第 2 卷重印）中，证明当武尔塞前导官的是乔治，而不是威廉。参阅 M. 克赖顿评论卡文迪斯的论文，见《民族传记辞典》，IX（1887 年），346—47；和罗哲尔·B. 麦立曼：《托马斯·克伦威尔的生平和信札》（牛津，1902 年，两卷），I，65 和索引。

④ 以引导宾客为职的官吏。——译者

⑤ 英国女王（1553—58 年），亨利八世的长女。——译者

⑥ 亨利八世第二个王后，伊丽莎白的母亲。——译者

⑦ 1625—49 年在位。——译者

已经以手抄本的形式广泛流传了。莎士比亚知道它，而且利用了它。卡文迪斯笔下的武尔塞的个性和他在莎士比亚的《亨利八世》一剧中表现的性格非常近似。

伊丽莎白以前那个时期的第二部值得注意的传记是托马斯·摩尔的女婿威廉·洛佩写的《托马斯·摩尔爵士传》。[①] 洛佩娶摩尔之女玛格丽特为妻，和他这位岳父非常亲密。他以极其美妙的文笔和极富同情的心情写的这部传记实际上已写尽摩尔个人一生全部原始资料。作者不仅和摩尔关系亲密，而且还受过大学教育、当过英国高等法院文书，后来还曾在众议院当议员，这一切使他特别胜任撰写他那个时代最重要人物之一的传记。摩尔和他这位女婿之间的关系极其亲密，所以这位老人对这位年轻人讲话极其坦率、毫无保留。这部传记最有价值的特色之一就是它直截了当地记述了摩尔的思想。尽管他们二人之间关系很深，但在这部传记中并无阿谀奉承之处，它只不过是传记作者在充分了解他笔下人物的伟大的情况下吐露实情而已。

记述十六世纪前半叶其他任何伟大人物的传记，当时再也没有任何一部比得上上述两部的了。《宗教改革时期记事》[②]一书中

---

① 《托马斯·摩尔爵士的生平、受审和逝世》，最早印于巴黎，1626年；S. W. 辛格校订(奇齐克，1817年；伦敦，1822年)；最新的版本是厄尔西·V. 喜赤科克(伦敦，1935年；《早期英语原文学会》丛书)。参阅李德，第380号；锡德尼·李讨论摩尔的论文，见《民族传记词典》，XXXVIII(1894年)，429—49，讨论洛佩的论文，同上，XLIX(1897年)，215—16。

② 《宗教改革时代的叙述，主要是根据殉教史学家约翰·福克斯的手稿，附大主教克兰麦的两部当时人的传记》，J. G. 尼古拉校订(伦敦，1859年；《卡谟登学会丛书》，LXXVII)。

有当时的人写的记述大主教克兰麦[①]的两篇小传;但除此之外,那些片段式的传记必然是从其他资料中凑起来的。

记述亨利八世统治时期的当代主要英国编年史是爱德华·荷尔[②](1497?—1557年)写的。[③] 他是这个时期一位可靠的直接见证人。荷尔是个律师,生于伦敦,曾在伊顿和王家学院受教育,后
601 来加入格雷法学协会[④]。再后曾在郡长法庭中任法官。他所受律师训练造成的心理状态在很大的程度上影响了他的著作。在他看来,亨利八世是"曾经统治过英格兰王国的君主中最优秀的一位",由于世袭权利,他的国王地位在法律上是稳固的;他遇事总要向法律学家请教,小心谨慎地按照一切礼仪行事,以使他的各项计划在法律上和宪法上都站得住脚。荷尔对一切仪式的尊重(这对于他的职业来说,是很自然的)在他对王廷和伦敦的仪典盛况的详细记载上表现出来。

他公开表明他写这部编年史的目的是歌颂都铎王朝,特别是

---

① 坎特伯雷大主教(1489—1556年),支持亨利八世为英国教会的首脑。主张英国的宗教改革,玛丽统治时代以异教之罪被焚死。——译者

② 其著作是《兰开斯特与约克两大显贵家族的联合》,或简称《荷尔编年史》(1542年),莎士比亚的历史剧,很多取材于此书。——译者

③ 《兰开斯特和约克两个显贵家族的联合》。有两个近代版本,一个是亨利·厄尔力斯爵士校订的(伦敦,1809年),一个是查理·辉布利校订的(伦敦,1904年,两卷)。第一个版本是1542年柏特勒印的,这个版本极其罕见,今天连一部完整的都没有了。荷尔的编年史只写到1532年;它是出版家理查·格拉夫顿根据荷尔留下的笔记完成的,格拉夫顿于1548年把这部书出版,1550年再版。这部书在玛丽统治时期被禁止,这可能是早期版本所以稀少的缘故。李德,第287号;M.克赖顿评论荷尔的论文,见《民族传记词典》,XXIV(1890年),63—64;金斯福德(见本书原书第589页注),261—65和索引;伽地纳,299—304。

④ 英国有检定律师之权的四协会之一。——译者

亨利八世。记述是从亨利四世[1]开始的,至1532年止。第一部分内容正如部士所说,大多是根据波利多尔·味吉尔的作品编写的,[2]荷尔本人独力写的很少。记述亨利八世以前的那部分在很大程度上是从和他同时代的意大利人那里转录的,甚至是逐字翻译的,但过去人们却往往认为是他独力写出的。通过荷尔,波利多尔·味吉尔那部《英国史》的主要内容已是尽人皆知的了;他的著作后来曾被格拉夫顿、斯托和荷棱施德等人大量利用。伦敦城市编年史是他第二个主要资料来源,但他也曾参考许多其他著作,其中他曾提到的有喜格登的《多种编年史》,盖冈、梦斯特里勒、科民、费边、摩尔、哈定等人的著作和波伊斯[3]的《苏格兰史》译本。一些关于大陆上孤立事件的片段材料则来自法语和佛兰德语资料。叙述到亨利八世统治时期时,荷尔就成了他所叙述的事件的目击者,他对国家大事很熟悉,而且对亨利八世充满热忱和忠诚,因而他写的东西就成了我们手头最有价值的资料之一。"荷尔是伦敦一位直爽的新教徒,一位热心的保皇党、爱国主义者!他痛恨牧师,是一位壮丽的景色和豪放的声音的爱好者,也是一位最富有光辉才干的人物。……尽管他的偏见很强烈,但他写的东西还是很准确的。……他反映的是伦敦新教徒的意见,使我们宛如身临其境,体会到那种精神,这是任何其他作家都办不到的。"[4]皇帝的大使们

---

① 1399—1413年在位。——译者

② 部士,399。

③ 苏格兰史学家(1465? —1536年),伊拉摩斯的朋友,其名著《苏格兰史》多虚构的传说。——译者

④ 斐雪(见本书原书第589页注),490—91。

和克伦威尔的密探们企图尽量压缩新教情感。荷尔挺身纠正。他的文笔也值得一提，尽管阿斯坎[①]责难他使用的是“法律文契式的英文”（Indenture Englishe）和“卖弄文采的语言”（Inkhorne tearmes）。莎士比亚写的关于荷尔记述的那个历史时期的戏剧，主要是以他的作品为材料来源。

十六世纪英国历史著作数量极大，但在性质上却失于单调。大
602 部分著作都是编年史。在爱德华六世[②]和玛丽[③]暂短的统治时期中，几乎任何种类的历史著作都没有。在爱德华统治时期那些由当时的人写的历史著作中，只有里斯利的《编年史》价值较大。在玛丽统治时期，《女王简（Jane）[④]的编年史》[⑤]对研究玛丽统治初期和怀亚特暴动[⑥]还有点价值；这部书是某位住在伦敦塔中的人，从1553年7月至1554年10月间写的，他可能是王家造币厂的一位官员。《灰衣托钵僧编年史》的后一部分（终于1556年）作为独立的资料来源也有点价值，和里斯利的《编年史》写到1559年的最后那几段差不多。

伊丽莎白即位后，历史写作恢复起来。“不过，伊丽莎白时代人们对历史的概念有局限性。他们完全不懂历史眼光为何物，对他们

① 英国学者（1515—68年），玛丽和伊丽莎白的秘书。

② 1547—53年在位。——译者

③ 1553—58年在位。——译者

④ 亨利八世第三个王后。爱德华六世的母亲。——译者

⑤ 《女王简以及女王玛丽两年，特别是关于托马斯·怀亚特爵士叛变的编年史，伦敦塔中人著》，J. G. 尼古拉校（伦敦，1850年：《卡谟登学会丛书》，第1辑，XLVIII）。附录中有一些有价值的文件，包括爱德华六世的遗嘱，和有关两女王即位、怀亚特叛变和腓力二世的到来与结婚的文件。比较，李德，第282号。

⑥ 小托马斯·怀亚特（1521—54年）因反对玛丽与西班牙王腓力二世的婚姻，起而暴动，失败后被杀。——译者

详细记述的那些事件的相对重要性几乎完全不会衡量。……在摩尔写的把兰开斯特的敌人理查三世歪曲了的传记[①]和培根刻画的都铎王朝第一位亨利[②]之间,几乎没有一部历史著作接近于我们近代理想和概念。""以荷棱施德[③]或斯托的著作为例证的伊丽莎白时代的历史概念是极端肤浅的。他们既无辨别力,也不作选择;只是把以前编年史中记载的一切毫不迟疑地写下来;除了按事件发生的年代排列顺序外,根本就不知道还有材料组织的问题。"[④]

伊丽莎白统治时期的第一部编年史是1562年理查·格拉夫顿(约死于1572年,曾在爱德华六世手下管理印刷)出版的《英国编年史缩写本》,十年内即出至第四版。[⑤] 如前所述,格拉夫顿已于1543年出版了哈定的《编年史》,附有他自己续到1543年的一篇续编;1548年他也已出版了荷尔的著作,也附有一篇简短的续编。格拉夫顿在出版斯托的《英国编年史摘要》之后,接着就出版了他自己那部《缩编》的缩编,命名为《英国编年史手册,至1565年》(伦敦,1565年)以唱对台戏。他最大的一部著作通常称为《格拉夫顿编年史》,[⑥]是写来为著者认为异常缺乏的东西补遗的,是

① 公元1513年摩尔的《理查三世传》出版。理查是约克族的,为兰开斯特族的死敌。——译者

② 公元1622年培根的《亨利七世的历史》出版,1485年亨利与理查作战,理查战死,亨利即位,标志着三十年战争终结和都铎王朝的开始。——译者

③ 约死于1580年,著有英格兰、苏格兰、爱尔兰等国编年史。——译者

④ 菲力克斯·E.谢林:《莎士比亚时代的英国文学》(纽约,1910年),13和292。

⑤ 1562年,托特尔印于伦敦;1572年发行本叙述到发行的那一年。参阅李德,第285号和285a,b和c;伽地纳,308—10;金斯福德,265和索引。

⑥ 《英国编年史,截至女王伊丽莎白统治的第一年》(伦敦,1568—69年,两卷;亨利·厄尔力斯校订的近代版本,伦敦,1809年)。

一部主要叙述英国事务的“详尽、朴素而纯粹的英国史”，带有热烈
603 的新教观点。不过他这部“纯粹的英国史”也是从创世开始叙述的。第 2 部分才以主要篇幅单独叙述英国的事情，但从亨利四世[①]时期以后，实际上是荷尔的《编年史》的重印，附有写到伊丽莎白统治初期的一篇续编。这部著作虽然在它那个时代很流行，但几乎毫无独立价值。

1565 年有一部书问世，和格拉夫顿的《编年史》同样流行。著者是约翰·斯托（1525—1615 年），他是伦敦一位终生致力于历史、古物和文学的裁缝，也是大主教帕克[②]创立的古物研究会成员。二人合力出版了三部中世纪拉丁文编年史——即威斯敏斯特的马太、马太·巴黎和沃尔星干的托马斯三人的编年史。他的第一部著作《英国编年史摘要》[③]原来的设想是写成一部便于参考的通俗手册；是重大政治事件、非常事故、自然现象和诸如此类的事情的汇编。价值大得多的是他那部《英国编年史》，[④]其中一部分严格记述当时的事情，写作的观点起初属于一位温和的天主教徒，后来则是一位英国国教徒的了，不过从头到尾一直都非常公正。

---

① 兰开斯特朝的国王（1399—1413 年在位）。——译者

② 生活于 1504—75 年。伊丽莎白时代受命为坎特伯雷大主教（1559 年），著有《英国古代教会史》（1572 年）。——译者

③ 《英国编年史摘要》（伦敦，1565 年）。他在 1561 年已经出版了一部乔叟著作的校订本，后来出版了马太·巴黎和沃尔星干的校订本，对荷棱施德的第 2 版有所贡献。参阅李德，第 292 号和 3210 号；金斯福德，266—71 和索引。

④ 《英国编年史，从布鲁特至今（1580 年）》（伦敦，1580 年）；1592 年的第 2 版及以后的版本都称《年代记》。爱德华·豪续编到 1614 年。《年代记》的出版引起拉格夫顿和斯托之间的争执，格拉夫顿称这部著作是“把一些迷信老底子、寓言和谎话愚蠢地杂凑在一起的回忆录”〔译者按：“杂凑”（stowed）一字与斯托的名字谐音〕，（接下页）

他确实是公认的十六世纪所有年代记作家当中最准确、最可靠的一位，毫无政治上和宗教上的偏见。他这部《年代记》是一部英国史的编年纪要，正如书名表示的，它很像那种附有郡长和市长名单的旧式城市编年史。他的崇高目标是歌颂"我们的国王和长官那些有价值的功绩"，同时也以健全的道德观教诲世人，除了记述他自己那个时代的那部分以外，他的著作几乎并未增加任何历史知识，而且，不幸的是，他对神仙故事和谣传过于轻信。但他的文笔平易而直爽，这一点还是可取的。

更有趣得多的是一套名为《荷棱施德编年史》的由大批编年史拼凑的汇编。这部书是伊丽莎白时代所有编年史中最重要的一部，也是莎士比亚几部历史剧的材料来源。这部著作是以已知各 604
国全部历史材料为依据设计的，以真正伊丽莎白时代的风格写出的一部宇宙志。这个念头是勒斋那尔德·乌尔弗想出来的(他是德国人，曾继承利兰[1]的笔记，充当伊丽莎白女王手下管理印刷事宜的人)，但他于1573年就死了，虽然准备工作已搞了二十五年之久，但死前仍未能完成他的计划。拉斐尔·荷棱施得(约死于1580年)[2]先曾应沃尔夫之聘为这部编年史搜集材料，后又被沃尔夫指定的遗嘱执行人聘用监督这部著作的出版。因为这个计划和

(接上页)而斯托反驳说，格拉夫顿的历史是"空洞语调和不结果实的'接木'的雷声"〔译者按：'接木'(graft)一字与格拉夫顿的名字谐音〕。斯托和荷棱施德(参阅以下)的著作有很多是从利兰的《远古》(Antiguity)一书中剽窃的，正如荷棱施德以前，哈礼孙《不列颠的描述》中最好的部分也是从利兰的著作剽窃的一样。

① 英国考古学家(1506—52年)，旅行英格兰和威尔士各地，搜集古物、手稿等。——译者

② 他的生平，我们只知道他受过大学教育，当过牧师，此外就一无所知了。

牵及的经费数额都过于庞大，结果把这部历史的范围仅限于英国、苏格兰和爱尔兰，对这几个国家都作了概括的叙述。在沃尔夫死后不到几年，第1版就付印出版，书名叫作《英格兰、苏格兰和爱尔兰编年史》[①]。[②] 莎士比亚有时极其忠实地按照他的材料来源写作，例如，诗人对麦克白这个主题的处理和荷棱施德的记载几乎雷同这点就可说明。

荷棱施德是一位旧式的保守派，喜欢“快乐的英格兰”[③]这类传统，不喜欢清教徒[④]，对各大学倍极尊崇。1577年出版的荷棱施德著作第1版，应当和十年之后的第2版区别开来，因为后者是为适应日益增长的舆论潮流而“修订”过的。

《苏格兰编年史》是荷棱施德主要根据下列作家的作品汇编的：赫克托·波伊斯、约翰·马约的作品和皮埃蒙特人约翰·菲利厄为波伊斯的著作写的续编(附有一篇描写苏格兰的文章，是哈礼孙[⑤]根据柏楞登[⑥]从波伊斯的拉丁文译成苏格兰文再译成英文的)。《爱尔兰史》是荷棱施德的作品，诺曼征服以前直至1509年

① 译文片段见汉默顿编《西方名著提要历史学部分》，何宁译，第226—234页(商务印书馆，1959年)。——译者

② 伦敦，1577年。这个第1版，对开本两卷，附有木刻插图，是一个非常珍贵的版本。1587年的第2版，没有插图，但斯托和其他作家补充了一些重要材料，一般所指版本就是这个。亨利·厄尔力斯爵士的近代版本(伦敦，1807—08年，六卷)，比较李德，第289号。第1版，通常称为“莎士比亚版”，在《苏格兰史》的第243页上载有麦克白的故事，与麦克白与邦廓会见预言命运的三姊妹的木刻。

③ 英国人称过去的英国为“快乐的英格兰”，人们喜欢寻欢觅乐。——译者

④ 清教徒主张过着刻苦生活，反对娱乐。——译者

⑤ 英国地形学家(1534—93年)。——译者

⑥ 生活于1533—87年。苏格兰的教士和诗人，译波依斯的拉丁文《苏格兰史》为苏格兰地方语言。——译者

那部分取材于机拉尔德·坎布棱息[①];爱尔兰天主教徒理查·斯坦尼赫斯特[②]又把这部书续编到1547年,他叙述的这一段是关于爱尔兰部分的主要文献资料。[③] 在出第2版时就有许多续编了,其中除哈礼孙那篇《描述》外,斯托写的那篇就算这部著作中最有价值的贡献了。[④] 此外还有约翰·呼克尔、法兰西斯·替因和亚伯拉罕·弗莱明等人写的续编,一直续到1586年,并附有许多有价值的注释和重印的一些当代小册子。第2版出版后,政府下令删去了关于英格兰和苏格兰的关系、倍宾顿阴谋案[⑤]和勒斯特远征爱尔兰等几部分。[⑥]

威廉·哈礼孙的《英格兰描述》[⑦]是一篇极其生动而形象化的素描,读起来令人神往。威廉·哈礼孙(1534—93年)曾在威斯敏斯特学校学习,然后进了牛津和剑桥,后来当了科班爵士的牧师。他这部《英格兰描述》,据他自己说,是他在离开他的藏书四十英里的时候写的。他的游历大部分只限于参观大学和访问科班爵士的肯特家乡。他的素材主要来自仔细研究利兰的笔记,以及跟英国 605

① 生活于1146?—1220年,威尔士的教士、地理学家和历史学家。著有关爱尔兰及威尔士地理的书籍。——译者

② 生活于1547—1618年。著有《爱尔兰的描述》、《爱尔兰史》,投入荷棱施德的《编年史》中(1577年)。——译者

③ 比较李德,第3951号。斯坦尼赫斯特的著作主要是根据耶稣会会员爱德曼·坎匹温写的一部简短编年史,根据"各种记录和卷宗",可能也根据一些口头传闻。

④ 李德,第289号。

⑤ 1586年谋害伊丽莎白女王的阴谋发现,阴谋者被处死刑。阴谋牵及苏格兰女王玛丽,1587年玛丽被处死刑。——译者

⑥ 1725年,这些是分别出版的,合并收在1807—08年的版本中。

⑦ 《不列颠岛的历史描述》(伦敦,1577年)。只有第iii—iv卷重印,收入新莎士比亚学会版(伦敦,1908年,四卷);李德,第470号。

各地的朋友的通信和谈话。他不仅描写地形和古迹，而且还谈论在英国出现的一切思想和行为——教会史、各大学情况、法国厨子、时装、建筑和家具、集市、沼泽和花园、狗、森林、农作物等等以及一切有英国特色的东西。在以英国海军自豪的爱国人士中，他可算最早的一位。[①] 虽然他的素材大多来自他人，但他这部著作的实质和风格却是他自己的，他这部著作描绘了莎士比亚时代的英国最真实的图景，这是极其难得的，因而至今仍有价值。[②]

荷棱施德的《编年史》出第1版两年以后，又出现了一部著作，严格说来，这部著作不属历史著作范围，但和《编年史》的关系却很密切。这就是托马斯·诺思爵士(1535？—约1601年)的普鲁塔克《名人传》的英译本。[③] 在一个把翻译古典和近代作品作为自己的特殊成就的时代，诺思的《名人传》巍然屹立，成为伊丽莎白时代翻译作品中杰出的范例。伊丽莎白时代那些作家以他们那个时代特有的精神，勇敢地迈开爱国主义的步伐，开始了"降服罗马作家"以及希腊、意大利、西班牙、法国、荷兰、甚至德国作家的大胆的事业，这并不是为了炫耀批判的学术成就，而是为了使他们的统治者和同胞们能够接受他们可能从古典著作中学到的政策和治国之道的教诲。为"英国带来真正的文艺复兴，真正古代精神的复活的"，

① 沃德，III，364—68。

② 同上，368。

③ 《普鲁塔克著：〈希腊罗马显贵传记〉》，詹姆斯·阿米奥从希腊文译为法文，托马斯·诺思从法文译为英文(伦敦，1579年)。W. W. 斯歧特编校的近代版本(伦敦，1892年)只重印那些可以说明莎士比亚戏剧的传记。

正是这些翻译家的成就。[①] 译本极受欢迎——这个"欢迎"是指这个词最好的意义说的;在原著中用含蓄而且常常是抽象的词句表达的地方,译文却富有戏剧性、明确而具体,放射着情趣和传奇的光辉,以伊丽莎白时代的英语的全部富丽浓艳装饰起来;这些译作 606 大多都是事业家的手笔而不是学究的作品,已经不是外国古典文学,而是涌入英国文学大海之中并与之融为一体的东西。任何作品都比不上诺思的普鲁塔克的译本更能说明这个过程。

诺思虽系大学出身(可能是在彼得学院受的教育),但他并不是学者,实际上对古典几乎毫无所知。他的译本并不是根据原文而是根据奥塞尔主教扎克·阿米奥(死于1593年)的法文译本重译的。诺思的《名人传》译本是"莎士比亚的古典学识宝库",诗人从中搬用词句和情节;诺思的散文极其生动有力,他的角色都是极其彻底的英国式的。[②]

大量翻译古典和近代历史政治等著作的意义是不言自明的。伊丽莎白时代的英国根据当时各国作家的著作汇编和翻译的历史著作表明他们对外国很关心。其中如爱德华·格兰姆斯顿的《法国史总书目》(1607年)和他的《西属尼德兰史》就是仅仅根据大陆作家的著作汇编而成的;又如理查·诺尔兹[③]的《奥托曼土耳其通

① 查理·辉布利,见沃德,IV,第1章(《翻译家》),第1页;也参阅F.O.马替生:《伊丽莎白时代一门艺术——翻译》(马萨诸塞州坎布里奇,1931年),第1章。

② 沃德,IV,11。一般人认为莎士比亚利用的是第3版,即1603年版。《科里奥拉那斯》一剧中,整篇演说词是整段转载,尽管《安东尼与克利奥佩特剌》一剧是最紧地追随诺思的译文的。比较,法兰西斯·部什拜夫人讨论诺思的论文,见《民族传记词典》,XLI(1895年),179—80。

③ 英国历史学家(1550?—1610年)。——译者

史》(1603 年)是 1596 年在法兰克福出版的拉丁文土耳其史的意译本。[①]

孤零零的一部关于政体史的著作,也是唯一的一部由当时的人记述当时的英国政府的著作《英格兰共和国》(*De Republica Anglorum*)[②]大约是在写成将近二十年之后亦即伊丽莎白统治时期中叶才出版问世。著者托马斯·斯密司爵士(1513—77 年)[③]不仅当过大臣和大使,而且除了许多其他职务之外,还在剑桥大学当过民法教授。他的目的是根据英国"1565 年 3 月 28 日的现状和治理情况,像在图表或地图上那么简要地说明"英国而不是一个想象中的共和国的治理形式和政策。这部著作对大众吸引力极大,
607 其原因在于正当人们最急于了解他们作为一个民族和国家是个什么样子的时候,这部书使他们了解了他们自己这个事实。[④]

古物研究的真正开端是在伊丽莎白时代,伊丽莎白古物研究

① 谢林(见本书原书第 602 页注),272—73,第 15 章:《韵文和散文的翻译》。翻译的整个问题属于写作发展范围,而不属于史学范围。少数最著名的译者和译著可以顺便提提。最早的译著之一是约翰·柏楞登译的《李维》(1536 年)。以翻译《变形记》(1565 和 1567 年)著名的亚塔尔·哥尔定,除其他译著外,还翻译了恺撒、特洛加斯·庞培、宗教改革时期各种宗教著作和布鲁尼的《历史》;据说,他还(根据斯来丹的拉丁文本)翻译了《约翰·富罗沙爵士的〈编年史〉节本》,这部译著也有人说是珀西·戈尔丁译的。1598 年出现了察普曼译的《荷马》。修昔底德、希罗多德、萨拉斯特和塔西佗都在这个世纪结束前有了译者。博学的腓利门·荷兰精通两种古典文字,佛勒称他是"他的时代的总译者";他是属于十七世纪初,正和爱德华·格兰姆斯顿大部分的工作也是在那个时期一样。较晚的作家当中被译为英文者有革发剌、君士塔里尼、马基雅维利、基察第尼、科民和得·图。

② 《英格兰共和国》(伦敦,1583 年);最新的是 L. 阿尔斯敦的校订本(剑桥,1906 年)。比较,李德,第 722 号。

③ 英国政治家和学者(1513—77 年)。——译者

④ 沃德,III,377。

协会的成立表现了对古物研究的兴趣,[①]其会员包括像斯皮德、斯托、卡姆登、科顿、亚塔尔·戈尔丁、剌里以及和他们同样出名的其他人物。英国古物研究的创建者是国王的考古官约翰·利兰(1506—52年)。他花了六年的时间,不知疲倦地东奔西走,在各大教堂、各学院和各寺院的图书馆里寻找英国古物和古记录,一件件都记在笔记本里,在他死的时候,这些成果仍然是些未曾整理过的手稿。后来出版的《旅行记事》[②]是详细描写他在旅途所见的一部书。另一部著作《古代不列颠资料集锦》(*Collectanea*)[③]主要是记载他考察古代图书的结果。确实,他对抄本的兴趣比对建筑还大。他这两部著作的任何一部都不完整,也都不能算著作。他那部《旅行记事》的内容往往只是作者每天旅行结束以后记下来的备忘录,有时候把所谓"毫不相干"的许多东西排列一起;这本东西只可比作旅行指南,而不像什么其他著作。把"许多片片断断的东西"组织成一个有系统、有意义的图案,不是"这位沉默寡言的学者"能够办到的。他计划写的那部历史和他搜集材料时的勤奋虽

① 建立于1572年,目的是研究和保存手稿。这个学会被詹姆士一世解散,但1717年又恢复。——译者

② 《英格兰和威尔士旅行日记》,托马斯·黑因根据波德力图书馆的抄本校订(最早印于牛津,1710—12年,九卷)。一个新的、很成功的版本是琉息·土尔门·斯密司女士的校订本(伦敦,1906—08年,五卷),附有一篇卓越的导言。斯密司女士用斯托的版本仔细校对利兰的原文,她确定了原文中的名称。《旅行日记》中,记载萨密塞特、德文、多塞特和康沃尔等西部诸郡的那部分,是对研究英国西部的历史和考古最详细、最重要的记载。关于利兰完全的书目提要,见爱德华·柏顿的《约翰·利兰传》(伦敦,1896年)。

③ 《不列颠古史资料集》,附托马斯·黑因的序言和注释(第1版,牛津,1715年,六卷;第2版,伦敦,1770年,六卷)。

曾引起和他同时代的人们很大的期望，但他的计划始终未出成果。都铎王朝后期每位历史家都曾利用他的笔记。利兰未能完成的任务，后来由威廉·卡姆登出色地完成了。

威廉·卡姆登（1551—1623 年）是牛津毕业生、考古学家和历史家；佛勒说“他恢复了不列颠的本来面目”，腓利门·荷兰[1]称他为“英国的坡舍尼阿斯”。他在编写《英格兰、诺曼底、爱柏尼亚[2]和坎布立亚[3]史》一书时曾受到初步锻炼，不过这部书直到 1602 年才出版；其中包括阿塞、机拉尔德·坎布棱息、朱密日的威廉、沃
608 尔星干和其他中世纪作家的作品。他在威斯敏斯特学校当教师时，曾和著名地理学家阿伯拉罕·奥提略[4]、法学家布里松等人交朋友，当时布里松任驻伦敦外交使节，曾鼓励卡姆登进行学术研究。后来卡姆登就从事撰写使他不朽的那部著作《不列颠尼亚》（*Britannia*）[5]了。他这部书是用拉丁文写的，这在当时十分引人注目；也是十三世纪马太·巴黎以后由一位英国作家写的一部最有才华的历史著作。[6] 这部《不列颠尼亚》问世时立刻取得极大成

---

① 英国古典学者（1552—1637 年），翻译过许多希腊罗马的古典著作。——译者

② 即爱尔兰。——译者

③ 即威尔士。——译者

④ 佛兰德的地理学家（1527—98 年），他的世界地图（1570 年）长期以来成为地理著作的基础。——译者

⑤ 不列颠群岛的历史，从最早的时候叙述起，最初出版于 1586 年。——译者

⑥ 比较，李德，第 2837 号。第 1 版，伦敦，1586 年；第 6 版，1606 年。当时腓利门·荷兰把它译为英文，托马斯·佛勒称荷兰为“他的时代的总译者”（《英国俊杰》，III，287），当时荷兰已经因翻译李维、普林尼，普鲁塔克、斯韦托尼阿和安密亚那斯·马塞林那斯等人的著作出了名了。整个李维著作是用一种文笔写的。参阅散狄斯，II，243 和其中注释。荷兰译的《普鲁塔克〈名人传〉》，是莎士比亚的《恺撒大将》、《科里奥拉那斯》和《安东尼与克利奥佩特剌》诸剧本的资料来源。

功。卡姆登解释他的写作热情时说,“我对祖国的爱就把一切热爱都包括在内了”。全书系统地按国别郡别排列,主要说明地形和历史,不过在第4版(1594年)中就有更多的世系材料了。这个国家和它的居民、语言、姓氏、军备、货币、服装、道路、市镇和城市,自然风景和自然资源等等都包罗在内。卡姆登清楚地体会到政治史和教会史不可分割,认识到制度史的重要。卡姆登协会[①]是1838年为纪念他而成立的,这番盛情他是当之无愧的。卡姆登晚年又写了一部名声较小的著作《伊丽莎白统治时期英格兰和爱柏尼亚年代记》(*Annales rerum Anglicarum et Hibernicarum regnante Elizabetha*)。[②] 他这部《年代记》的书名虽然采用了中世纪的形式,但精神还是近代的。这部书是1608年在柏力爵士建议下开始写的,柏力还为他开放档案。这是因为,到这个时代,进步的英国史家业已产生对派性小册子和到处流传的闲话的疑虑,因而注意到文件研究对历史写作的重要意义。但接近档案资料的机会几乎是不存在的。佛尔刻·格勒维尔[③]在他的《腓力·西德尼爵士传》一

① 一个历史研究学会,出版许多有关不列颠的古代资料。公元1897年并入皇家历史学会。——译者

② 第1部分,截至1588年,1615年出版于伦敦;再发行时,加入了第2部分,1625年出版于莱顿。最好的版本是托马斯·黑因的版本(伦敦,1717年,三卷;关于译本,参阅李德,第281号),这是根据一个卡姆登本人校正的版本印的。有人责难卡姆登不该修改他的手稿以讨好詹姆士一世,关于这个非难,E. M. 汤普森爵士替他辩护(参阅《民族传记词典》,VIII,1886年,281),特别是在苏格兰和玛丽女王的问题上;在这个问题上,他自己的记载和人们认为他给得·图的材料不同。但在他把手稿交给国王以前,他的手稿已经是和后来印出来的一样的形式了。因为他的著作不能不谈到当时还活着的人,所以他用拉丁文作为他写历史的文字;出于同一个原因,他把第2部分和英译本的出版推迟到他本人死后,虽然全部著作1617年就已经完成。

③ 英国诗人、政治家(1554—1628年),伊丽莎白的宠臣,西德尼的朋友。——译者

书中曾谈到他如何“冒失地鼓动国务大臣(罗伯特·塞西尔爵士[①])对我特别照顾,使我有可能阅读内阁档案库中他所认为适当的一段时期以内所有陈旧的记录”。罗伯特爵士对这个革命性的建议仔细考虑了三个星期之久,然后回答说“他不敢擅自允许任何活着的人进入内阁档案库”。

609 这部《年代记》是一部可以看出编者才干的清晰明确的关于政治事件的摘录,是关于伊丽莎白统治时期最有价值的当代记载。卡姆登虽然是一位诚实的英国圣公会教徒,而且有强烈的政治信仰,但他绝不致堕落到弄虚作假、放肆胡为的地步。卡姆登为写《不列颠尼亚》所作笔记《残稿》(*Remains*)于 1605 年出版;他的一些信件(《书简集》是用拉丁文写的,其中许多是写给得·图的)于 1691 年问世。

和卡姆登同时,但地位远远在他以下的另一位英国考古学家是前已提到的约翰·斯托。他写的那部《伦敦概观》是“一切研究伊丽莎白时代和更早期的伦敦这个主题的起点”,是研究伦敦地形和古迹的人们不可缺少的一部参考书。这部著作是用了六十年时间仔细研究和伦敦名流历次交谈以及探索关于伦敦的各项记载的成果。“约翰·斯托喜欢把自己看成一位伟大的探险家:他写道,‘我曾尝试发现我的故乡伦敦’”。[②] 他以描写伦敦城墙情况的办

① 1563—1612 年。詹姆士第一时代的主要大臣。——译者

② 锡尔维亚·L.特拉普在他的“地方史的起源和展望”一文中引用,见《英属哥伦比亚史学季刊》,IV(1940 年),260。斯托的《伦敦概况》原来是 1598 年即他死前七年在伦敦出版的;1603 年的第 2 版曾由作者本人亲自仔细修订,有些地方改进了。以后的版本补充更多;其中最著名的是1720年出版的斯特赖普版本。《伦敦(接下页)

法把古代伦敦的境界勾画出来,指出并描绘了各条河流、供水渠道和下水道、所有桥梁、塔楼、城堡、学校、法庭、市政设施和政府形式。《伦敦概观》是正当伦敦从中世纪过渡到近代世界的时候写的,是有无限价值的材料的宝藏;使斯托真正有资格享受盛名的就是他这部书。

伊丽莎白时期主要史书和其他几部值得注意的著作是直到詹姆士即位以后才写成出版的(即或是以前写成的但当时并未出版)。推迟出版的原因是由于写的是当时还活着的人和当时还在争论中的问题,当时出版当然是危险的;此外,这些历史作家有些是事业家,只是在晚年才有闲暇从事写作。最早问世的是一位次要史家约翰·斯皮德(1552?—1629年)写的那部《大不列颠史》[①]。斯皮德和斯托一样,在职业上也是一位裁缝;在爱好上,是一位历史家和制图者,他利用未曾发表过的文件作为他写书的依据,在这方面他比和他同时代的作家做得更多;而且他正当地指出《武尔塞传》是乔治·卡文迪斯的作品;不像斯托那样,在利用了别人这部作品之后不表示谢意。[②]他对亨利七世的性格的描绘主要是从他看过的培根的手稿中抄袭的。他也和他同时代的人们一样,写书的目的是歌颂英国及其女王。他这部史书虽然没有很大 610
的独立价值,却是伊丽莎白时代那些编年史中读起来最吸引人的著作之一,尽管因为他这位天生的修辞学家那种"荒谬的雕琢"

(接上页)概观》最新和最好的版本是C.L.金斯福德的版本(牛津,1908年,两卷),比较R.S.累特的评论,见〔伦敦〕《英国历史评论》XXIV(1909年),568—69。

① 伦敦,1611年;修订本,1650年;参考李德,第291号。

② 沃德,III,370。

使他这部书受害不小。[①] 此外，他还配得上称为一位地图绘制家，不过他并不比著名的制图家克里斯多福·萨克斯顿和约翰·诺登更好些。事实上，他这部历史是从他那部《帝国舞台》派生出来的。那部《帝国舞台》是附有说明的五十四幅英格兰和威尔士地图集（1611 年）。

约翰·海沃德爵士（1560—1627 年）是一位古典学者和作家，以写作为职业。他的第一部著作是献给埃塞克斯的《国王亨利四世的生平和统治》，[②]因为他这部著作，伊丽莎白把他下入狱中；直至将近十五年之后，他的第二部著作才问世。他宁愿把塔西佗而不是李维当作他的典型。[③] 他的著作在方法上比编年史家和年代记作家进了一步；标志着回到古代典范的开始，而复古在英国正是沿着波利多尔·味吉尔和托马斯·摩尔爵士在他那部《理查三世》一书中指出的、最后将过渡到近代史学的必由之路。[④] 他的优点在于利用了未曾发表过的档案材料，特别是在他写的威廉一世和爱德华六世的传记更是如此；后者是根据《爱德华杂记》写成的。[⑤] 海沃德那部《亨利四世统治时期的历史》作为一部写作可算是他最

---

① 沃德，III，370。

② 伦敦，1599 年；只有第一年是写完了。

③ 培根责难他，说他把塔西佗的整个句子翻译过来，写入他自己的著作中（沃德，III，384）。

④ 国王詹姆士任命海沃德为将来的拆尔息学院历史讲席之一，建立学院的计划在他在世时没有完成。

⑤ 沃德，上面引文。《国王爱德华六世的生平和统治时期》1630 年出版于伦敦；第 2 版出版于 1636 年，附录中包括原先写于 1612 年的《女王伊丽莎白统治最初四年的年代记》；这部书的近代版本是约翰·布鲁司校订的（伦敦，1840 年；《卡姆登学会丛书》，VII）；比较，李德，第 288 号。

好的一部。虽然作为历史不见得可以这样说。莎士比亚肯定知道他这部书。书中有两段使人想到和他较晚的两个剧本中常被人引用的语句非常近似。海沃德曾经写道:"趁水流最急时,顺流而下。……时运无常,有顺有逆,有往有返,有如海洋。"1601年莎士比亚在他的《朱理亚·恺撒》一剧中,回忆起这个句子,自己写了如下一句:

世事有潮有汐,

趁潮而进,佳运可期。[1]

1600年海沃德写道:"和平好像已经脱节了。"莎士比亚使汉姆莱特(是1603年写的还是改的?)说:

时代已经脱了节。[2]

海沃德的著作是简洁有力的都铎英语一个被忽视了的源泉,其中
有很多可以引用的简洁、紧凑而有力的语句,如"猎取王位者成则 611
王侯败则贼寇,并无中间道路";"迟疑则危险"是德莱登[3]抄袭海沃德的,但一般都认为是他自己说的;"耐心是冷淡的慰藉";"宽恕甚不易,忘怀不可能";"荣誉带来危险";"不着色的羊毛是劣货";以及"恶毒的女人遗臭万年"。

在沃尔特·雷利爵士(1552?—1618年)的《世界史》[4]中,我们看到世界编年史的恢复;这部著作是在这位著名的军人、绅士冒

① 《莎士比亚戏剧集》,朱生豪译,第7册,第93页(作家出版社,1954年)。——译者

② 见同上,第4册,第168页,原文直译是:"时代脱节了。"——译者

③ 英国诗人(1631—1700年)。——译者

④ 伦敦,1614,1617年;第11版出版于1736年;见《雷利集》牛津版(1829年,八卷),第II—VII卷。

险家、伊丽莎白女王的宠臣和作家被詹姆士一世诬为叛逆而幽禁在伦敦塔中的时候写的，他终于以这个罪名被处绞刑。他是考古协会的成员，对文学和科学十分热心，在狱中大部分时间用于文学研究和为他的便利而建立的小实验室中做科学实验。他的《世界史》是一部巨著，这不仅是因为部头特大，而且因为内容广泛，思想新奇。人们把这部著作说成是“论述法律、神学、神话、魔术、战争和理想政体的一系列的论文，以论述世界上几个大帝国的极其冗长的文章作为说明”。这是一部表现了广泛的阅读、认真的思考和使人惊叹的写作能力的著作。这部书的序文和结束语中那段著名的对死神的召唤是都铎时期的写作中最高尚的论文。就他已完成的部分说，是从创世写起，忠实地按照《旧约》的年代编排，一直写到公元前 130 年马其顿的倾覆。至于这部历史的其余部分，他只收集了少数笔记。雷利虽然并未以批判精神处理他的资料，而且是从道德说教的角度看待往事的，但他在另一方面却也前进了一步：认识到地理研究和历史写作的关系。年代编排上的准确性也是他的优点之一。他这部著作有价值的一部分是他常离开主题谈论他自己曾经参加过的当时的一些事件，如无敌舰队的调动和法亚尔[①]的陷落。他的著作受到普遍而热烈的欢迎（只有国王詹姆士例外），在稍稍超过一个世纪的时间里就出了十一版。

关于伊丽莎白时代最后一位历史家弗朗西斯·培根爵士（1561—1626 年），有人曾过分夸张说，因为他那篇记述亨利七世的“短文”，“英文历史写作一跃而与塔西佗甚至修昔底德本人并驾

① 亚速尔群岛中一个岛屿，在北太平洋。——译者

齐驱。”[①]虽然培根曾写出一篇文笔出众、分析透辟的论述亨利七世的著作，[②]其见解也极其精明，描绘能力也极其卓越，以致对后来所有论述这个主题的历史著作都有决定性的影响，但近代学术批评家已经指出，培根并不像长期以来人们认为的那样是一位富有独创性的权威[③]。 612

培根也和雷利一样是在被免职受辱的时期从事撰写伟大历史著作的。因为他利用的材料是很久以前就搜集起来的，他这部著作仅仅在1621年6至10月这几个月里就非常迅速地完成了。这部书几乎完全是论述政治事务的；他几乎完全没有注意在亨利七世统治下人文主义的发展。这位精明的政治家极其注意一般政治立法，这当然并不奇怪。当他接触到经济问题时，并不是把这些事情本身当作问题处理，而是从一位政治家和立法者的角度，把它们看作行政问题对待的。[④]

培根最严重的缺点是篡改自己的材料来源这个事实。他在自己的想象指挥下、按照哲学结构似乎提出的某些要求极其武断地把别人写的东西和文件上的资料都篡改了。虽然事实上他写的历史的性质极其主观，但他却以貌似精确史实的外表把他自己的意

① 谢林(见本书原书第602注)，294。这个思想带着批评意见，从培根的传记作者J.斯佩丁那里抄来的，见《培根集》(伦敦，1857—74年，十四卷)，VII，4—5。

② 《国王亨利七世统治时期史》，J.R.兰比校订(剑桥，1889年)。也收入斯佩等编的《培根集》，第7卷。

③ 部士(见本书原书第589页注)，416—23，是超过以前所有对培根的批评的杰出评论。经过彻底研究之后，部士说明，虽然培根在当事件发生之后一百多年从事写作，过去几乎一致认为他的作品是第一手资料；但经过仔细研究之后，证明他主要是根据波利多尔·味吉尔和都铎王朝早期的英国编年史家的著作写的。

④ 佛特，206。

见和外加的材料塞了进去，以致后来的作家们毫无怀疑地接受了他的东西。尽管如此，他的用意却不在于欺骗，他把自己的意见塞进文件和其他资料中，目的只是为了澄清和阐明问题。在某些情况下，他的不准确可能是由于他写作时很仓促造成的，而不是有意篡改。[①] 部士最后判定说培根“应当从研究亨利七世的原始资料清单中删除”，这个意见是应当接受的。

伊丽莎白时代一位次要学者曾说过，[②]“历史知识和地理知识都是必要的，这对于了解过去的事情和现在各国之间的商业和其他交往说来都是同样必要的。不错，没有历史的地理是有生命和活力的，但它并不稳定，而且零乱无章；而没有地理的历史却像一具僵尸，根本就没有生命和活力，充其量，也只不过是在理解的基础上缓慢前行。因此，历史、地理都是如此，如果二者结合在一起，
613 就会使人读起来乐趣盎然，收益无穷。”理查·哈克卢特[③]（他喜欢人家称他传教士）认识到的，正是这样的作品的价值，正如他自己说的，他在“历尽无限艰辛花费极大代价之后”，才以这类文献为依据编写了他那部不朽之作《英国主要水运、航海、交通和发现实况》，1589 年首次出版。[④]

哈克卢特承认他心爱的劳动是一种负担。“我说这项工作是

① 关于错误和成见的具体例子，参阅部士（见本书原书第 589 页注），416—23。

② 彼得·亥林在他的《小宇宙》（1625 年）一书中所说的。见余楠秋、谢德风译E.斯各脱《史学概论》，第 73—74 页（上海民智书局，1933 年）。

③ 英国地理学家（1552？—1616 年）。——译者

④ 第 2 版，1598—1600 年，三卷。哈克卢特学会成立于 1846 年，其目的是出版有关地理发现和探险历史的其他类似著作。关于这个问题的文献，参阅 E. G. R. 泰勒：《都铎王朝的地理学，1485—1583》（伦敦，1930年）和《都铎王朝晚期和斯图亚（接下页）

一种负担，因为这些航海记录极其分散而零乱，藏在一些商人手中，以致我现在百思不得其解：我将从他们手中取得原始资料的那些人，许多都会大惊小怪，畏缩不前，迟迟不放手，我不明白我将如何忍受这一切。”这是他在《主要航行》1589年第1版里面写给弗朗西斯·沃尔星干的信中说的一段话。在1598年第2版上他对读者补充说：

> 我经受了多少不眠的长夜，多少痛苦的白天，酷暑和严寒；多少漫长而需要破费的跋涉我都走过来了；多少著名的图书馆我曾进入搜寻；不计其数的各种各样的古代和近代作家，古代记载、专利证、特许状、信件等等，我都使它们免于埋没无闻。

他为使自己有条件完成这项伟大事业曾学习好几种外语，还和大陆上著名地理学家通信，他为了会晤那些从海外回来的船长以便从他们手中取得航海记录，还曾不断东奔西走。哈克卢特具有和德雷克、雷利、克梭维尔、夫洛比瑟和尉罗比等人同样的精神。

都铎时期本来有许多人可以把智力用于历史写作这样的有益的工作上，但他们都转向宗教论战方面去了。于是这类作品如潮水般涌现出来，有的描写喀德邻的离婚案①，也有公众祈祷书，以及攻击或拥护罗马天主教、英国国教和喀尔文派等等论战性作品。正在这个时候，印刷事业兴旺发达起来，它作为宣传工具的可能已变成现实。小册子如雨后春笋般大批涌现，其中最著名的是“毁谤

(接上页)特王朝早期的地理，1583—1650年》(伦敦1934年)；无名氏：“旅行与发现”，见〔伦敦〕《评论季刊》，第236卷(1921年)，76—92；评论见〔伦敦〕《泰晤士报文学副刊》，1927年，第825—26页和1934年，第239页。比较，李德，第2235号。

① 亨利八世与其第一个妻子喀德邻的离婚，引起他和教皇的决裂。——译者

高级教士"的小册子("Marprelate"tracts)。①

新教的地位业已巩固,这就使在大陆早已充分成熟的一个史学部门教会史在英国也出头露面,但在性质上和中世纪的教会史
614 完全不同。近代教会史论述的是教会内情、教义和行政管理,这是路德宗教改革的产物,是罗马教会和新教会之间进行激烈争论的需要产生出来的,争论的中心问题是天主教会还是新教会独占"纯洁信仰"的问题。② 新的"忏悔历史"公开宣布的目的是证明基督教的纯洁信仰是由新教会保存下来的,因为纯洁信仰是新教会终于从罗马伪基督数百年来的可恶的黑暗统治下挽救出来的。英国第一位近代教会史家约翰·福克斯(1516—87年)是"《世纪》编撰者"最忠实的门徒。福克斯又对和他同时代的一位大教会史家、宗教改革家约翰·诺克斯③的作品有强烈的影响。

福克斯早年是一位严正的罗马天主教徒,在牛津马格达林学院读书时改信新教,结果他辞去评议员职位,离开那所大学。玛丽统治下的天主教反动时期迫使他流亡海外,起初住在斯特拉斯堡,后来又到巴塞尔;在那里当了出版商奥波里那斯的助手。

在斯特拉斯堡出版他的第一部著作《威克里夫时代以来全欧洲宗教迫害史话》,这是他那部著名的殉教者列传的核心。这部书记述的主要是威克里夫和胡司,止于1500年。它只不过是一部组

① 这是一套猛烈地攻击高级教士的小册子,其主要的编撰者是约翰·盘里,他于公元1593年以危害治安罪被处死刑。——译者

② 佛特,305—06。

③ 苏格兰的宗教改革家(1505—72年)。著有《苏格兰宗教改革史》(1584年)。——译者

织松懈的由新教徒殉难者行状凑起来的集子,既无明确的计划,和教会史早已确认的事实也无联系,因此,这并不是一部真正的历史著作,其写作原意也并非如此。他写书的目的只在于教诲,书中付与威克里夫以主要地位,作为对英国民族情感的让步。

福克斯以法国冉・克勒斯宾(1520—72 年)利用审判记录、信件和其他文件写的《约翰・胡司以来……殉教者列传》(*Livre des martyrs...des Jean Hus ...*)(1554 年)为样本,[①]并在这样的基础上把他原来那部《迫害史话》扩编成他的不朽之作《教会史》(*Rerum in ecclesia gestarum narratio*),于 1559 年在巴塞尔出版。[②] 同年他回到英国,在那里开始准备把他的著作译成英文,这个英译本俗称《殉教者之书》。[③] 问世后立即取得很大成功,几乎 615
变成英国新教的《圣经》,英国国教会议下令把这部书分发各教堂,使人人都可以看到。

福克斯之所以有资格当一位历史家,就是因为他这部受《马格德堡世纪》影响极深的著作。他的英文译本实际上是一部新书。

---

① 佛特,315。

② 福克斯本人只完成第 1 部分,叙述英格兰和苏格兰的宗教迫害至 1559 年;亨利・帕塔勒翁续编关于大陆的宗教迫害,1563 年出版于巴塞尔。

③ 《险恶后期的行传与碑铭》最著名的近代版本是 S. R. 卡特利校订的(伦敦,1837—41 年,八卷),附有牧师会会员坦增德的一篇导言;S. R. 麦特兰指出这个版本的校订无知而马虎。在麦特兰以前,天主教徒和新教徒都已对福克斯有些批评,但麦特兰是第一位以其权威学识有力地证明了福克斯既不诚实,又不准确。詹姆斯・伽地纳继续攻击。近来 J. F. 莫兹利在他的《约翰・福克斯和他的著作》(伦敦,1940 年)一书中替他辩护,比较《〔伦敦〕泰晤士报文学副刊》,1940 年,第 482 页的评论。也参阅西德尼・李评论福克斯的论文,见《民族传记词典》XX(1889 年),141—50 和该文引证的书;李德,第 1270 号;和佛特,315—18。一个比较更近的版本是约西亚・普拉特校订本(伦敦,1870 年,八卷)。

直到《世纪》大部分已经印刷出版之后，它才出版。以拉丁文版和英文版相对比就知道福克斯从夫拉西阿斯[①]和其他作家的作品中挪用了多少东西。他的历史观就是从他们那里取得的，这在他以前的作品中是从未有过的。他把零散的殉教者生平和殉难情况编织成一部教会史，书中给予英国和苏格兰教会以主要地位。他从《世纪》中借用了把教会史当作纯洁信仰和教廷之间的斗争的历史这个基本概念，从而使他的全部著作看来有了统一性。民族感情促使他给予威克里夫最显著的地位。他甚至使伪基督的统治时期告一结束。他的材料吸取的是《世纪》编撰者曾利用过的资料来源（他引用的是资料来源本身，而不是《世纪》）；但是，他虽曾阅读希腊和拉丁神父的经院哲学家的著作以及宗教会议决议案等等，但在学识和批判能力上，他比《世纪》诸编者差得很远。[②] 即使在原始资料可以找到时，他也常常利用第二手的印刷资料。在应用档案资料如主教登记簿时，他有时篡改事实，或者对难以弄清的情况只字不提。他也按照《世纪》编者的榜样，介绍关于英国政策史的材料，但在选择事例时远远不如他们那么精明。

他那部《殉教者之书》大受欢迎的原因，一部分是因为它是用英文写的，但主要还是由于福克斯不是一位神学家，他并不太关心教义史，他关心的是人物的生平。在他看来，最重要的事情是记述殉教者所受苦难和英勇献身的情况。在他的记述中常常插入他自

① 德国新教徒领袖和神学家（1520—75年）。——译者

② 例如，尽管有波利多尔·味吉尔和“世纪派”的著作，他仍然采纳了蒙默恩人赭弗理的意见，他显然毫无疑问地引用了国王琉细阿斯写给教皇厄琉特里阿斯的信。佛特，317。

己对公众的说教和对他叙述的事情的感想,至于新的教义,他只关心主要论点。他这部著作是为一个新的社会经济集团,即长老会资产阶级写的;为整个新教社会写的,而不是为主要关心保全教义 616
纯洁性的某一个神学家集团写的。甚至比这一切更重要的是这本著作之所以如此受欢迎是由于他这个人本身的性格。他是一个具有"天赋的愤慨的人……内心中和语言上都充满狂热的愤怒";他以令人胆战心惊的生动的笔墨和毫不衰退的精力描述殉教者从早期教会到女王玛丽统治时期被迫害的惨痛的历程。他对通常被称为教皇党人的那些迫害上帝的真理的人们进行了极其猛烈的毫不含糊的批判,即使对像摩尔和斐雪[①]这样的人也绝不姑息。这部著作无所不包的内容和篇幅之庞大,几乎难于置信;人们曾说它是"人的手曾经写出来的最长的小册子"。他这部《殉教者之书》尽管是一部进行激烈争论的党派性小册子,现在已了解曾被人敌意曲解(哪怕是出于最高尚的动机也罢);但他这部书不仅仅在当时,而且在后来的两个世纪中都曾被人们热情地、毫无保留地接受。这部书当时立即造成的重要效果之一就是煽起了痛恨西班牙的火焰,统一了新教徒的情感,使之空前巩固。多少世代以来一般人蔑视罗马天主教义的观念就是他这部书造成的,直到十九世纪的学术批评才开始弄清这部书的真面目,它原来是一部不科学的、偏见严重的、不准确的英国宗教改革史;但这并不是说可以忽视它,完全不是这样。不过利用它的时候,必须非常谨慎。

① 英国罗马天主教高级教士和殉教者(1459—1535年),反对马丁·路德及宗教改革,反对国王为教会的最高首领,被杀。——译者

天主教方面的意见,在一定程度上由《英国宗教分裂的起源和发展》(*De origine ac progressu schismatis Anglicani liber*)这部书表达出来了;这部著作是由尼古拉·散得(1530—81年)开始写的,[①]他是对天主教深表同情的牛津大学一位教授;他这部书内容充实,论战性很强;以极其惨淡的色彩托出事情的全貌。他取得极大成功,对人们对英国宗教改革的传统概念产生了决定性的影响,而且并不仅仅在天主教各国是这样。它之所以受到广泛欢迎大部分是由于它对亨利八世和安娜·波林的丑事的记述十分详尽。天主教诸作家认为这部书是可靠的权威之作,这部书在说明路德派、萨文黎派和喀尔文派教义在英国相继发生的影响方面还是有些价值的。[②] 这部论著记述从亨利八世在位的第21年到伊丽莎白在位的第27年这段时期,但是这部著作,和为了替天主教和新教辩护写的无数论文中的大部分一样,都属于宗教争论范围,而不是历史,因此,这些东西虽然有趣,我们在这里就不讨论了。

617 十六世纪苏格兰史学界只有两个伟大的名字,即乔治·布卡南和约翰·诺克斯。虽然从十四世纪中叶以来,就有许多苏格兰学生川流不息地到巴黎的大学和法国其他大学学习从而使苏格兰和新学术运动保持接触,但中世纪寓言仍然不顾新式历史研究,在苏格兰继续存在,其时期比英国晚得多;而且不只是继续存在而

---

① 印于科隆,1585。散得把这部著作写到1559年,但临死时仍未完成,由爱德华·里什教牧师续写。D. 留伊斯的英译本,附注释;《英国宗教分裂的起源和发展》(伦敦,1877年)。关于散得,参阅J. H. 波伦:"尼古拉·散得博士",见〔伦敦〕《英国历史评论》,VI(1891年),36—47。

② 伽地纳和马林加,330。

已,还比过去更为丰富而扩大了。[①]

这个世纪第一位历史家约翰·马约(约1470—1550年),或称马伊尔,有时人们还称他为"最后一位经院哲学家",曾在剑桥大学和巴黎大学受教育,他在那里被人们看作拥护中世纪主义、反对新学的一位最突出的人物,[②]梅兰克顿和其他人文主义者把他挑选出来当作攻击目标。马约那部"更大的不列颠"出版时,他正在格拉斯哥大学当逻辑学和神学教授;次年,他在圣安得鲁斯大学教哲学和逻辑学。在思想类型上,他属于经院哲学家,忠于罗马,但他并不信仰教皇权力至上论,坚持较早时期的宗教会议权力最高的学说。

他唯一的一部并非经院哲学的著作是《大不列颠史》(*Historia Majoris Britanniae tam Angliae quam Scotiae*);[③]但它却只是在所用的不规范的拉丁文方面算是中世纪性质的。这部书最可取之处是它对苏格兰民族传说的批判精神,然而这个事实却是这部书不受苏格兰众人欢迎的主要原因,因为苏格兰人还没有接受独立的历史研究这种思想。[④] 马约在他献给才九岁的詹姆士五世的那篇序文中说,历史家的首要职责就是道出真情。为了坚持这

---

① 佛特,209。

② 沃德,III,170。

③ 或称《苏格兰事记》(巴黎,1521年)。A.坎斯塔布尔的英译本:《约翰·马约著〈更大的不列颠即英格兰和苏格兰史〉》(爱丁堡,1892年:《苏格兰历史学会丛书》,X),附Æ.J.G.麦凯写的作者小传和T.G.罗的书目提要;也比较罗:《论文和评论集》,P.H.布郎编(爱丁堡,1904年);C.M.马克唐纳:"约翰·马约和人文主义",见《苏格兰历史评论》,XIII(1915年),149—59。

④ 佛特,209。

项原则他摒弃了传说和神话；可是有些传说和神话在他以后的那些历史家如波伊斯和布卡南等人的著述中仍然承认。马约不但任意批判教会和政府中的统治者，而且竟然胆敢提出苏格兰和英格兰合并的主张，正如他使用"更大的不列颠"这个词所表示的那样。他的著作从最早期开始记述，一直写到亨利七世[①]和詹姆士四世[②]；在说明苏格兰的风俗习惯和描写这个国家十六世纪的情况方面，这部书还是有价值的。武尔塞曾聘请他到牛津去当神学教授，被他拒绝了。

下一位苏格兰历史家是赫克托·波伊斯(Boece，也写作 Boethius、Boyis 或 Bois，1465—1536 年)；他虽然是人文主义者，在巴
618 黎的大学受过教育，还曾在那里结识当时的同学伊拉斯莫斯，但他并未沿着马约指出的道路前进。他以李维为典范，而且他的著作表明他曾以新精神研究古典著作；但他撰写历史的方法却是用的最吸引人的形式讲述从中世纪编年史中得来的大批历史寓言；在缺少传说的地方，他就"想出"一些编年史弥补空缺。[③] 为了爱国主义的利益，他甚至让神奇故事通过笔下而不加批判。确实，他的轻信比李维毫无逊色。尽管他大胆捏造故事，但和他同时代的人，甚至直到十八世纪以前那些人，还把他当作一位认真而可靠的历史家对待。荷梭施德就是从他的著作中取得麦克白和当坎[④]的故

---

① 英王(1485—1509 年在位)。——译者

② 苏格兰国王(1488—1513 年在位)。——译者

③ 佛特，210。

④ 当坎为苏格兰国王。1040 年其部下麦克白杀国王，夺取王位，1057 年为当坎之子马尔科姆三世所杀。参阅莎士比亚的悲剧《麦克白》。——译者

事的,从而为莎士比亚的伟大的悲剧提供了情节。波伊斯的《苏格兰史》[①]仅仅写到1460年,但其中对当时的苏格兰的描写还是重要的。

苏格兰作家们还写了各式各样的短篇著作。匹茨科蒂人罗伯特·林赛(生于1476—1579年间)写了一部《苏格兰史,1436年2月21日至1565年3月》。[②] 虽然他是一位热情的长老会成员,但他的书并无宗教争论气味,而且也不以宗教为注意中心。他最喜欢的是生动的人物刻画和各种情节记述。正是他刻画往事的本领,赢得沃尔特·斯各特爵士的喜爱。[③] 他这部书的前一部分(只是从波伊斯的拉丁文历史著作中翻译出来的)特别表现了他缺少准确性和批判能力。1542年以后的那部分有所改进,因为这部分取材于目击者的记载或亲自的观察。有些材料可能是从逐年记事材料中搜集的,如爱丁堡市民乔治·马约累班克斯写的《苏格兰年代记,1514—1591年》;[④]显然是爱丁堡一位小官吏写的《非常事件日志》(*Diurnal of Remarkable Occurrents*,从1557年记到1575年)[⑤],以及其他这类著作。某些回忆录提供了那个时代生活情景和伴随新教的建立而来的舞台上的著名角色。这些回忆录中有哈

---

① 《苏格兰史》(巴黎,1527年);约翰·柏楞登译为苏格兰文,名为《苏格兰的历史和编年史》(爱丁堡,1536年)。最好的版本,即1574年印于巴黎的版本,载有皮埃蒙特人约翰·菲利厄的续编。重印本,爱丁堡,1821年,参阅李德,第3354、3742号。

② Æ. J. 麦凯的近代版本(爱丁堡,1899—1911年,三卷:《苏格兰原文协会丛书》,XLII,XLIII,LX);参阅李德第3367号。

③ 沃德,III,167。

④ J. G. 迪厄尔校订的近代版(爱丁堡,1814年);李德,第3370号。

⑤ 麦特兰俱乐部出版(1833年,第23号);爱丁堡图书协会重印,XVI(1928年);参阅李德,第3363号。

尔喜尔人詹姆士·麦尔维尔爵士[1](1535—1617 年)的回忆录,[2]他当过大使,虽然是一位新教徒,却又是女王玛丽的党羽;诺克斯
619 的秘书理查·班那泰因的回忆录;[3]和詹姆士·麦尔维尔[4]的回忆录(麦尔维尔是启尔林尼长老会牧师,他写的自己的家庭生活以及在学校和大学受教育的情况非常有趣;他描绘的诺克斯晚年在圣安德鲁斯[5]传教的情景几乎成了早期苏格兰文学的一部经典)。[6]

在天主教徒的历史著作中地位最高的是罗斯主教约翰·勒斯利(1527—96 年)写的那部《苏格兰史》(De origine, moribus et rebus gestis Scotorum)。[7] 作者是苏格兰天主教徒首领、玛丽的朋友和拥护者;女王在英国囚禁时,他曾陪伴。他的第一部历史著作就是那时在牢房里写的,这部书是为波伊斯的著作写的续编,从1561 年起是用本地话写的。他的主要著作《苏格兰的起源》(*De origine Scotorum*),是从最早时期写起的一部苏格兰民族史,对研究玛丽统治时期是有价值的资料,他虽然是天主教党主要辩护人,但他这部书还是以认真而温和的态度写的。

---

① 苏格兰军人和外交家,忠于苏格兰女王玛丽·斯图亚特,其《回忆录》发现于1660 年,出版于 1683 年。

② 关于版本,参阅李德,第 3372 号。

③ 《苏格兰议会录,1549—1573 年》,R. 皮特凯恩编(爱丁堡,1836 年):《班那泰因俱乐部丛书》,第 51 号;比较,李德,第 3352 号。

④ 《詹姆士·麦尔维尔(1556—1601 年)的自传和日记》,R. 皮特凯恩校订(1842,两卷:《沃德洛学会丛书》,第 1 号);《哈尔希尔人詹姆士·麦尔维尔爵士回忆录》,A. F. 斯图亚特校订(纽约,1930 年);李德,第 3373 号。

⑤ 在苏格兰东部海滨。——译者

⑥ 沃德,III,149。

⑦ 关于版本和译文,参阅李德,第 3366 号。

特威德河[①]以北所有的历史家当中最著名的是乔治·布卡南(1506—82年);他是苏格兰一位人文主义者,曾在巴黎住过十二年,后来又在波尔多住了三年。[②] 五十五岁时才回到苏格兰,当了苏格兰女王玛丽的宫廷诗人。[③]

布卡南作为苏格兰主要人文主义者和学者的显赫地位使他的历史著作受到尊敬,但作为历史著作,他这些作品是远远不值得受到那样的尊崇的。[④] 他开始在巴黎,后来又在圣安德鲁斯受大学教育;在圣安德鲁斯时,曾在约翰·马约指导下学习,后来又跟他回到巴黎;布卡南先后在巴黎圣巴布学院、波尔多基恩学院、巴黎枢机主教勒满学院以及科英布拉[⑤]新建立的一个学院担任人文学科教授;这个职位是通过安德烈·哥维亚的友谊取得的。布卡南

---

① 在英格兰北部。——译者

② 布卡南在法国各大学教书,蒙田是他的学生。回苏格兰后,公开站在喀尔文新教徒一边。——译者

③ 比较,李德,索引;彼得·休谟·布郎《人文主义者和宗教改革家乔治·布卡南》(爱丁堡,1890年),G. G. 斯密司对这部书的评论,见〔伦敦〕《英国历史评论》,VI(1891年),579—83;罗伯特·沃雷斯:《乔治·布卡南》,J. 坎柏尔·斯密司完成(爱丁堡和伦敦,1899年);亨利·J. 尼科尔:《伟大学者:布卡南、本特利、坡孙、帕、及其他》,(伦敦,1880年)《乔治·布卡南》,见〔爱丁堡〕《北不列颠评论》,XLVI(1867年),47—76;Æ. 麦凯论布卡南的文章见《民族传记词典》,VII(1886年),186—93。1906年圣安德鲁斯和格拉斯哥两大学庆祝布卡南诞辰四百周年纪念,产生了讨论这位苏格兰人文主义学者各方面的文献。新材料中有多那尔·麦克密伦写的一部传记:《乔治·布卡南》(爱丁堡,1906年),和两部苏格兰大学的纪念论文集(D. A. 密勒主编的:《乔治·布卡南纪念册》;《乔治·布卡南:格拉斯哥四百周年纪念研究》,格拉斯哥,1906年)。

④ 罗伯特·S. 累特在〔伦敦〕《评论季刊》,CCV(1906年),189发表的论文中,称布卡南是"……英国前所未有的最无耻的历史谎言家……和声名达于国外的少数苏格兰人文主义学者之一"。

⑤ 在葡萄牙西部。——译者

620 的前半生一直是一位温和的天主教徒，他认识到教会改革的必要，而且毫不迟疑地攻击其中的弊端。他攻击圣方济教会修道士和一般的寺院生活的那些讽刺诗使他不得不逃离苏格兰；住在科英布拉时，还受到异端裁判所审讯。该所判处他在一个寺院中作六个月的忏悔；他为大卫的《诗篇》所作释义——这是他的拉丁文诗歌最好的例子——就是在这次囚禁期间写的。[1] 约于1560年回到苏格兰后，就公开宣布他改信新教了，这次改变信仰主要是他自己研究《圣经》的结果。有一段时期作为女王的教师和她关系亲密。由于墨累[2]的眷顾，他被任命为圣安德鲁斯圣利奥那德学院院长。他历任大法官法庭庭长、御玺官和长老会总会主席（尽管他是一个俗人）；由此看来，他在政治和宗教事务方面都是一位重要人物。但在达恩利[3]被暗杀以后，他就变成女王的死敌了，在臭名远扬的《侦查》(*Detection*)[4]一书中，他曾猛烈斥责女王的罪恶。1570年他被任命为年轻的詹姆士[5]的导师，即使在年迈体衰不能尽职之后，仍然在名义上保持这个职称，同时还担任国会各种职务。

布卡南的不朽之作《苏格兰史》是用拉丁文写的。他这部《苏

---

① 在他的论文“乔治·布卡南，1506—1582年——他的百周年纪念”一文〔见《蓝色评论》，第5辑，V(1906年，813)〕中，G.波讷·莫里说，布卡南因需要而成为一位教授，但他是一位天生的诗人；他的真正职业在诗歌。在韵文和散文方面，布卡南的拉丁文风格从未被任何近代作家超过。他的诗歌大部分是他在法国的那些年写的。这篇文章主要是称赞布卡南生活中这个时期的著作。

② 墨累伯爵为女王玛丽的异母弟，为首相；女王被逐后为摄政王。——译者

③ 苏格兰的贵族，女王玛丽的第二个丈夫。被暗杀，可能玛丽参加了暗杀阴谋。——译者

④ 《对女王玛丽的侦查》，斥责女王参加了暗杀达恩利的阴谋。——译者

⑤ 即后来的詹姆士六世(1570—78年在位)。——译者

格兰史》[1]是早期新教苏格兰史中最重要的一部。这部书是他晚年写的,出版的那年正是他逝世的那年,它的古典风格、清晰而流畅的叙述,加上著者的名声,就使这部书在苏格兰和欧洲学者当中受到极高的赞扬;在整整两个世纪当中,它那光辉的名声从未暗淡。但他这部著作因为犯了历史家最禁忌的严重错误而受到损害:即完全缺乏批判的论断、不准确,而且不诚实,强烈地偏袒一方。前一部分追随赫克托·波伊斯的步伐未免太紧了,以毫无批判的轻信态度和沙文主义的"爱国精神"复述民族的传说和寓言。 621
后面各部分比较有独到之处,价值也较大些,特别是从詹姆士五世[2]至1571年楞诺克斯[3]逝世那一段。这一段实际上是当时的人记述当时的事,是在政府事务中有地位因而能够取得第一手材料的人写的东西。但正巧是在这个地方布卡南对玛丽和她的朋友们的痛恨和对墨累的歌颂,却使他的文章最不可靠。[4] 奇怪的是,布卡南很少注意宗教事务;关于诺克斯,他只提到两次,都是一带而过。他略而不谈这些,并不是因为他不知道这次激烈斗争,因为他

---

① 爱丁堡,1582年;日内瓦,1583年;詹姆士·爱得曼的英译本,格拉斯哥,1827年,四卷。又见托马斯·鲁狄曼校订的布卡南《全集》(爱丁堡,1715年,两卷;1725年)。

② 1513—1542年在位。——译者

③ 楞诺克斯伯爵,即女王丈夫亨利·斯图亚特之父,公元1570年墨累死后为摄政王。——译者

④ 这个时期英格兰历史的全部内容至今仍然是有争论的问题,以致有一派认为布卡南是一个叛徒和诽谤者,另一派则认为他是自由与宗教的战士。格拉斯哥纪念册的评论者(见本书原书第619页注)提到,关于布卡南为他自己的时代写的《苏格兰史》这个题目,还有重要的工作需要做,把他的著作和诺克斯的著作比较,研究两部著作的史料来源,把研究的结果和当代的文件比较。

曾处在斗争的中心。他是《信条之书》[1]起草人。尽管有这段事实，但竟然把苏格兰宗教改革略去，仅仅对以为《新约》是路德写的因而要求得到《旧约》的那些牧师们写了几句风凉话而已。

正如布卡南作为古典文艺复兴在近代文学形成中所起示范式的影响那样，和他同时代的伟大的约翰·诺克斯（1505—72 年）不仅体现了苏格兰宗教改革，而且还写了一部记述这次改革的主要的当代史，把他本人也是其中主角之一的这次斗争作了戏剧性的记述。[2]

和布卡南一样，诺克斯在约翰·马约主持校务时期，也是格拉斯哥大学的学生，但他没有取得硕士学位就离开学校了，他早年干了些什么我们不大清楚，大约有十年的时间是在哈丁顿[3]做世俗牧师和公证人。路德派一位教徒乔治·尉瑟特殉教的事引起诺克斯改信新教并公开宣誓。在法国和苏格兰天主教徒为了替枢机主教比顿被害报仇攻陷圣安德鲁斯之后，诺克斯原来和他的门徒（隆尼德里人答格剌士的儿子们和奥密斯敦人科本）一起在要塞中避难并接到群众召唤要他去当牧师，正在这时他和他的同伴们一起被捕囚禁在法国帆船上一年半之久。1549 年，可能是由于爱德华六世或英国政府进行调解，才被释放来到英国住了五年；在这个时

① 公元 1563 年英国国会修改“四十二信条”为“三十九信条”，规定英国国教的教义以《圣经》为信仰的唯一准则。——译者

② R. S. 累特：“约翰·诺克斯和苏格兰的宗教改革”，见〔伦敦〕《评论季刊》，CCV（1906 年），169—95；伊尼阿·麦凯评论诺克斯的著作，见《民族传记词典》，XXXI（1892 年），308—28。标准传记是彼得·休谟·布郎写的那部（爱丁堡，1895 年）。关于其他文献，参阅李德，索引。

③ 苏格兰的东南部。——译者

期,他当了王家一位牧师,参加了草拟英国国教信条[①]的工作。玛丽即位时,他撤回大陆,大部分时间在日内瓦度过,[②]只在美因河畔法兰克福小住了一时,当了该地英国教民的牧师。后来又在苏 622
格兰以大约一年的时间做传教旅行,皈依他的群众极其强大,结果本来想迫害他的那些苏格兰主教只好罢手。1556年回到日内瓦,两年之后,他如雷鸣般地吹响了"第一声和第二声号角",反对"一伙子荒谬的"女人,其中包括苏格兰摄政女王吉兹的玛丽[③]、英国女王玛丽和喀德邻·得·美第奇[④]。次年,他回到苏格兰;从那时后,这位宗教改革家的生活就和苏格兰的历史不可分割地联系在一起了。在导致玛丽被废和天主教被取消的摄政女王和新教徒之间的斗争的动乱时期,诺克斯扮演了极其重要的角色。1560年8月为正式确立新教为国教而在爱丁堡召开的苏格兰国会,只字未改地采用了诺克斯总结出来的改革派教义《宗教信条》。在后来的几个月中,诺克斯和其他三位牧师一起忙于起草以《政策之书》闻名的教会行政计划,后来最高宗教会议和枢密院都采纳了。这位改革家的余生都是以对宗教改革大无畏的热情从事政治和宗教方面的紧张斗争,这种改革,即使他那不屈不挠的意志也无法使它达到他那严峻的理想要求的那样完美的地步。

---

① 即公元1551年颁布的国教信条四十二条。这些信条是由八个主教、八个牧师、八个市民和八个律师组织的委员会起草的。——译者

② 在日内瓦与喀尔文会晤。——译者

③ 苏格兰国王詹姆士五世的王后,苏格兰女王玛丽的母亲,1554—59年为摄政女王。——译者

④ 法王亨利一世的王后,弗朗西斯二世、查理九世、亨利三世的母亲,1560—63年为摄政太后,支持天主教,反对新教。——译者

诺克斯作为一位作家和历史家的声誉都是依靠他那部伟大的著作《宗教改革史》取得的。[①] 他这部著作从1559写起，至1564年诺克斯逝世止，直到这位改革家死后十四年才出版。[②] 这部著作正如起初计划的那样只记述1558至1561年，即苏格兰长老会产生的直接背景及其实际成立。直到1563年福克斯那部《行传与碑铭》(*Acts and Monuments*)问世时，他才把他的著作扩编为1556年以后的宗教改革运动史，最后又续到1564年。

像福克斯和《世纪》编者那样，诺克斯对历史也完全采用神学观点；但他和他的英国样本不同，他把自己的作品严格限制在教会史范围以内，从不离题涉及政治史。他也利用各位主教的记录作
623 为迫害的罪证，有时也在正文中插入文件摘录。但他翻阅记录并不是为了发现新的情况，只是为了坚持他那狂热的武断主张的原理。他那不容变通的钢铁般的意见绝不会给历史批判和怀疑留下任何余地；因此，他不但绝不会受到探索精神的鼓舞，而且充分相信神迹和预兆，例如他完全相信向麦克白预言未来的那些女巫的话。[③]

直至近来，诺克斯一直都被认为是可信赖的权威；但近代学术

---

① 《苏格兰国内宗教改革史》，第1版不全，伦敦，1584年。1664年版包括五卷全部，但校订者大卫·布卡南窜改了很多地方。鲁狄曼的“修正”版出版于1732年。最好的版本是大卫·良替沃德洛学会根据一个原始手稿(1846—48年)校订的，作为《诺克斯集》的第1、2和6卷的版本(爱丁堡，1846—54年，六卷)；这个版本附有一些有价值的注释。

② 议会给予班那泰因四十镑，准备把诺克斯的手稿出版，但在1584年以前，再也没有听到什么消息。1584年服特洛里厄在伦敦发行的抄本后来大多数根据坎特伯雷大主教的令命被夺取并毁灭了。

③ 参阅莎士比亚悲剧《麦克白》，第1幕，第1景。——译者

界则指责他不但隐瞒真实情况,而且即使是他亲自看到的那些事情,也把事实搞错了。[①] 但是,尽管他的成见很明显,却仍然比福克斯可靠。他有意识地避免讨好公众,不离题,不在文笔上耍花招,只是直截了当地把苏格兰宗教改革史如实托出。诺克斯的作品以生动的人物刻画和引人注目的细节,把苏格兰宗教改革中那些伟大人物展示出来。他这部书作为文学作品是一部杰作;作为历史著作,虽然不平衡、不完整,但对研究它所记述的那个时期和那次运动说来,也是最重要的资料之一。R. S. 累特令人钦佩地总结了这位宗教改革家和他这部历史著作的优缺点如下:

> 《苏格兰宗教改革史》无疑是一部伟大著作。在我们所有关于诺克斯本人的知识方面,这部书是最好的资料来源;关于他在其中曾起过极大作用的那次大冲突,这部书给了我们异常生动的描绘。这部书的气魄和力量在几乎所有后来的作家头脑里都留下深刻印象,它记述的情况一般都承认是真实可靠的。这部书在许多方面都可说是一部天才著作,只有一位在品格上近乎英雄的人才能写出这样一部书。……(实际上)诺克斯这部著作的特点毫无自我克制。诺克斯看不出有任何理由使他不把他的敌人斥为嗜血成性、奇臭恶腥、腐烂透顶的东西;为什么不可以拾起手头的任何武器瞄准他们、斥责他们呢?或者为什么不可以任意耍弄粗鲁的幽默,只要这种玩笑对自己一方有利就行呢?……这部书的风格和其中那些疯狂的谩骂应该使我们作好在这样的书中必将找到其他缺点的思想准备。……这部《历史》提供了尖刻行为的例证,……这在参加争论的人们唯一的职责就是诽谤敌人的这样一个时代里是在所难免的。[②]

关于都铎时期的爱尔兰史学很少可谈的。主要的本地资料是

---

① 参阅安得鲁·良:"作为一位历史家的约翰·诺克斯",见《苏格兰历史评论》,II(1883年),113—30;和佛特,320—21。

② 引自本书原书第621页注中提到的论文,第183—84页。

624 两部编年史：一部是《四大名家年代记》①是圣方济教会多尼哥尔寺院中奥克累利兄弟编写的那些旧年代记的摘要，是十六世纪爱尔兰编年史中最重要的一部。一部是《罗希·塞年代记》②对了解康诺得③ 1577—90 年的情况特别有价值。《北爱尔兰年代记》④记述的是 431 至 1541 年间的爱尔兰，特别是北爱尔兰的情况。除了以年代记为材料的一些汇编以外，十六世纪前半叶的主要书面资料是荷棱施德的著作中的《爱尔兰编年史》。作者理查·斯坦尼赫斯特(1541—1616 年)⑤是都柏林人，他撰写了一部记述亨利八世统治时期的爱尔兰史，作为他的朋友和老师，耶稣会一位著名的教士埃德蒙·坎匹温那部编年史的续编。斯坦尼赫斯特的记述并不是严格地记述当代的事情，不过在写作时，这些事和情感在人们脑中仍然记忆犹新。后来他又发表了一部著作，名叫《爱柏尼亚事记四卷》(*De rebus in Hibernia gestis libri IV*，安特卫普，1584 年)，是一部写到亨利二世时代止的爱尔兰史，附录中有摘自机拉尔

① 《四大名家的〈爱尔兰王国年代记〉，从最早时期到 1616 年》，最好的版本是约翰·鄂多诺凡的校订本(都柏林，1851 年，七卷；1856 年重印)，这个版本胜过以前的鄂康诺版本(1814—26 年)以及康尼兰和马克德摩特版本(1846 年)。参阅《伦敦评论季刊》，XX(1863 年)，54—74 一篇讨论“爱尔兰年代记”的论文；和〔伦敦〕《评论季刊》，XCIII(1853 年)，1—24 中对鄂多诺凡版本的长评论。

② 《罗希·塞年代记，1024—1590 年》，W. M. 亨尼西校订(伦敦，1871 年；两卷；《卷宗丛书》，第 54 号)，附有英译文。

③ 爱尔兰西部一省。——译者

④ 《北爱尔兰年代记，或塞那特年代记》，W. M. 亨尼西和 B. 麦卡锡校订(都柏林，1887—1901 年，四卷)，一部有价值的资料，但校订似乎有些错误。

⑤ 比较，李德，第 3951 号。

德·坎布棱息著作的片段。斯坦尼赫斯特翻译的《伊奈德》[①]使他“名声狼藉”。他的朋友埃德蒙·坎匹温(1540—81年)[②](他自己著作的基础得力于他这位朋友)在爱尔兰的时候曾撰写一部简略的《爱尔兰史》;[③]当时他有教皇党人的嫌疑,被迫在朋友们的家中躲避。他的真正目的不在于写一部历史著作,而在于表明教育是唯一驯服爱尔兰人的手段。

著名旅行家芬尼斯·摩里孙(1566—1617年)[④][⑤]在他的《十年旅行日记》中对爱尔兰的描写以及他笔下记述的蒂龙暴动[⑥](那时他曾在埃塞克斯[⑦]部下服役三年)都是很有价值的。诗人埃德蒙·斯宾塞(1552—98年)于1580年到爱尔兰在总督葛累爵士[⑧]手下任秘书,除短期回国外,他一直留在那里,直到十八年后他死

---

① 罗马昧吉尔的著名史诗,叙述罗马传说中的祖先伊尼阿迁居意大利的故事。——译者

② 由天主教徒写的一部传记是理查·辛普孙的《埃德蒙·坎匹温》(伦敦,1867年;1896年);也可参阅汤普森·库柏的论文,见《民族传记词典》,VIII(1886年),398—402。

③ 写于1569年,可能出版于1571年,附有对来斯特的献词;但这一版没有一本传到现在。这部书于1633年由詹姆士·威尔出版,再收入《古代爱尔兰历史著作丛书》(都柏林,1809年,两卷)。比较,李德,第3923号。

④ 英国旅行家(1566—1630年)旅行于欧洲大陆(1591—95年)、圣地、君士坦丁和苏格兰(1598年),帮助镇压蒂龙暴动。出版《十年旅行日记》(1517年)。

⑤ 李德,第3941号。他的著作最初于1617年出版于伦敦,四卷;近代版本出版于格拉斯哥,1907—08年。

⑥ 蒂龙(在爱尔兰北部)伯爵以西班牙的援助,进攻英国人(1598年),为爱尔兰人争取宗教和政治的自由,结果失败。——译者

⑦ 派往镇压蒂龙暴动的英国军官埃塞克斯伯爵,伊丽莎白女王的宠臣。——译者

⑧ 爱尔兰总督,1580—82年。——译者

前一个月止写了一篇名为《对爱尔兰现状的看法》的文章。[1] 他因初到爱尔兰时目睹当时血腥的恐怖情景而沮丧万分，他完全从一位伊丽莎白时代的英国人的观点进行写作，根本不承认爱尔兰人
625 的权利或要求。《安静的爱柏尼亚》(*Pacita Hibernia*)[2]一书，世传为托马斯·斯塔福(兴旺时期在 1633 年)所著，他曾跟随乔治·卡鲁爵士[3]回英国，似乎曾在那里当爵士的秘书。他这部书写的是伊丽莎白统治时代卡鲁当总督期间的爱尔兰战争史；对研究蒂龙暴动这部书是有价值的资料。斯塔福是根据他的保护人卡鲁在遗嘱中留给他的亲笔手稿编写这部著作以备出版的。

---

① 《1596 年伦多克修斯和爱里尼阿斯的对话：对爱尔兰现状的看法》。最早是詹姆士·威尔发表于他的《爱尔兰史》中，校订似乎不很正确。最好的版本是 R. 莫理斯校订本，见《斯宾塞全集》(伦敦，格洛布版，1877 年)。关于斯宾塞在爱尔兰，也可参阅李德，第 2579 和 3959 号。

② 《安静的爱柏尼亚：爱尔兰的被镇压和征服》(伦敦，1633 年)；近代版本是斯坦迪希·奥格雷迪的校订本(伦敦，1896 年，两卷)。

③ 英国军人(1555—1629 年)，残酷镇压蒂伦伯爵的暴动。——译者

第三十六章　英国斯图亚特王朝的史学(1603—1688年)[①]

英国历史上伊丽莎白和斯图亚特这两个时期有极其丰富的文学作品,而在历史写作上却如此贫乏,这在学术史上是反常现象。卡姆登是伊丽莎白时期唯一的一位伟大历史家;克拉林敦是斯图亚特时期唯一的一位伟大历史家。这个现象几乎好像是为"历史不是文学"这个说法作证似的。斯图亚特时期写的历史著作大部分带有博学和学究性质,以旧书和未曾出版过的手稿为依据写的。科顿藏书[②]中许多伪造的东西被当作名副其实的权威著作。学识往往以大量的怪诞的博学广识表现出来。在这个时代的学问中完全没有尝试过的是批判的判断的运用。一部权威著作就是一部权威著作。任何一部书,只要是一部老书就都是权威 626

① 标准的书目提要是高弗梨·大卫主编的《不列颠史书目提要:斯图亚特时期,1603—1714年》(牛津,1928年);也可参阅沃德,VII(1911年),第VIII—IX章及其书目提要;伽地纳和马林加,第2部分,第VII—VIII章;威尔伯·科德司·阿波特:《奥利弗·克伦威尔书目提要研究》(马萨诸塞州坎布利奇,1929年);同一作家:《在名誉中冒险》(马萨诸塞州坎布利奇,1935年),94—117载有克伦威尔的历史写作。

② 著名的博古家布鲁司·科顿(1571—1631年)所建立的图书馆,现保存在不列颠博物馆中。他所搜集的原始文件甚为丰富,公元1707年为英国政府所收买。——译者

著作。[1] 1601年一位名叫理查·林赤的绅士出版了在莎士比亚时代销路最广的一部书，用的是如此令人惊讶的书名：

> ……记述诺亚[2]进入欧洲的旅行，包括最早的移民定居欧洲以及扼要重述统治欧洲的历代国王、总督和统治者，直至达达那斯[3]最初建立特洛伊为止的一部历史论述。……

根据扉页上的说明，斯柏尔曼的《亵渎神物的历史和命运》一书（1632年）是艰苦治学的一种努力，其目的在于"以从创世迄今《圣经》上的异教徒和基督徒实例"去"发现"这个主题的本质。科克[4]相信大约早在公元前1000年伊尼阿的孙子布鲁特[5]就定居在不列颠了；和他自己的时代基本相同的习惯法也是在那时候确定下来的；英国租地制以及国王、贵族和平民的政府早在罗马城建立以前数百年就已经在不列颠存在了；他还相信牛津大学是艾尔弗雷德大王[6]建立的。甚至密尔顿那部《根据最古、最好的权威著作整理出来的不列颠史》（1670年）也是从巨人阿尔比温（Albion）[7]、特洛伊战争、布鲁特、不列颠原始移民的寓言以及"李耳"王和他的女
627 儿们的故事开始叙述的，不过他为了使批评家提不出意见还说了这样一句话，"对于这些事情，我既不强迫别人相信，也不过于仓促

① 玛克斯·刺丁："论法律学识"（On Legal Scholorship），见《耶鲁法律杂志》，1937年五月号，第1127页。

② 希伯来人传说，洪水时代乘方舟逃难，得免于死亡之人。见《圣经·创世记》。——译者

③ 希腊神话中特洛伊城的建立者，相传为特洛伊人的祖先。——译者

④ 英国法学家（1552—1634年），反对英王查理一世侵犯国会的权力。——译者

⑤ 即布鲁图。据传记，不列颠的名字即由布鲁图一字转来的。——译者

⑥ 871—899年在位。牛津大学是1167年左右仿照巴黎大学的规模建立的。——译者

⑦ 因高卢对岸不列颠的白色山岩而称不列颠为阿尔比温。——译者

地承认我自己相信。”

1603年并不是鲜明地标志着史学著作中一个新时代开端的一年。詹姆士一世统治初期，在伊丽莎白女王时期即已活跃起来的那些有学问的作家仍然安然地继续从事他们的工作，而且显然并未因为一位斯图亚特的统治而受到影响。尽管如此，十七世纪最初二三十年中却出现了很重要的变化。“都铎时期在精神上和情绪上浸透民族主义的那些年代记作家和编年史作家的时代并未成为过去；但与此同时，在少数眼光远大的思想家头脑中却已经出现了历史写作的新概念，在充分记述过去事件的同时，也要引起政治思想家的注意并满足文艺方面的要求。”①那时还没有党派的明显分野，但人们已开始考虑政治和政治原理了。他们要求了解真实情况，为了为他们遇到的问题找到解说，他们已开始研究过去。与此同时，万千群众也开始非常关心他们周围的世界以及刚刚过去不久的那些大事了。甚至在培根撰写他那部《亨利七世统治时期的历史》(1622年)以前，在英国和在其他各国一样，也正在尝试撰写讨论晚近题材的一些批判性的历史专著了。

斯图亚特时代批判性的专著写作很少。其中一部是瑟柏立人赫伯特爵士(1583—1648年)从1632年开始一直写到1645年的那部《亨利八世本纪》。这部记述虽然是在这位国王死后很久才写的，但它根据的却是可靠的编年史和原始文件，作者希望尽可能充分地利用这些资料；那些条约几乎是逐条分析的。这部至今仍列入标准著作一类的传记有很多优点，例如它的风格高雅流畅。

---

① 沃德，VII，230—31。

赫伯特爵士的作品中有明确的信念；他是一位军人、外交家、历史家、诗人和哲学家，1609—10年间曾在佛兰德服役，在伦敦时曾和本·琼孙和白金汉公爵交游。1618年任驻法大使时，因曾向里昂公爵要求决斗而被召回；但在公爵死后又于1622年复职。在清教徒暴动期间，赫伯特爵士竭力保持中立；拒绝在牛津和查理一世联合，并曾竭力收回被国会没收了的地产。

628 除《亨利八世本纪》外，赫伯特爵士还写了一部《自传》，[1]但只叙述到1624年就搁笔了。按照西德尼·李的说法，[2]他这部书的主要特色是“孩子似的虚荣心”。他的虚荣心和好争吵使他把自己描绘成一位花花公子式的罗退里奥[3]，他也是一位熟练的决斗者，他在书中略而不谈能够暴露他的性格上更为严肃的一面的那些事实。记述他担任大使时期的那段文字是有价值的；他这部书的前一部分有对当时的教育很好的描述，但对历史注意较少，不过对当时社会生活的记述还是很重要的。

在进一步讨论之前，我们应当先把“清教徒”[4]这个名词说清楚。有许多程度不同的清教徒。许多人随着环境的变迁改变他们的党派关系。在查理一世时期，没有一个人没有党派成见。这种成见有时主要是宗教方面的，但更普遍的情况是政治性质的。无

① 《瑟柏立人赫伯特爵士爱德华自传附导言和传记续编》，西德尼·L.李编（伦敦，1886年）。除1619年类似福尔斯塔夫式的插曲外，其最好的部分是叙述路易十三、得·吕伊纳、衮多马尔等。

② 评论赫伯特的论文，见《民族传记词典》，XXVI（1891年），178。

③ 比喻放荡的人。剧本《美貌的忏悔者》中的人物。——译者

④ 当时人不满意英国国教，主张彻底清除教会中天主教的影响，主张“纯洁”教会，故称为“清教徒”。——译者

论国会派[1]、独立派[2]、平等派[3]或共和派[4]，在反对君主制这个意义上说，都是“清教徒”。[5]

出现于1625年以后的党派史在英国是一个全新的历史类型，而且是一个极其重要的类型。这类历史写作很快就达到左右一切的程度，因而马林加曾引用刺士卫司[6]的话说，“近来大多数作家在公众面前以弯着腰，驼着背，向右或向左鞠躬的姿势出现。”[7]马林加又补充说，“确实，以平心静气的坦白的态度记述历次事件的那少数几个人都是次要作家，一般也不是才能出众的人。”英国革命带来政治上鲜明的分野，随之而来的是历史编纂上深刻的党派性。清教徒作家当中没有一位称得上伟大的历史家，在保皇党人中，除克拉林敦一人外，可能也没有。

---

① 反对查理一世的国会党人。——译者

② 或公理教会会友，主张每个教会完全独立于国家政权和国教权力之外，由教徒共同掌理，对《圣经》可自由解释。——译者

③ 主张政治平等，代表小资产阶级的政治观点。——译者

④ 主张取消君主制，建立共和制。——译者

⑤ 即使在十七世纪，人们仍然并不确实知道什么样的人才算一位“清教徒”，这个名词广泛地应用于反对国王的人。1622年印的一本韵文小册子说明了这一点。作者抱怨说，一个诚实的人，如果他因为宪政或宗教的理由反对政府的话，那么，就叫作一个清教徒。他自己的定义包括下面的思想：

“清教徒是在国会说出心中话的人，
如果你想剥夺他的性格，
他宁愿做臣民，而不愿做奴隶。”

(C. H. 斐斯编《斯图亚特王朝的小册子》，威斯敏斯特，1903年，238)。

⑥ 英国史学家(1612—90年)，著有《历史集丛》，八卷，包括1618到1648年时期。——译者

⑦ 伽地纳和马林加，331，引用刺士卫司在他的《历史集锦》一书中给理查·克伦威尔的献词。

西蒙兹·雕兹爵士(1602—50年)是一位“有学问的考古学家,对政治兴趣极大”。他是多塞特地方柯克斯登人,写了一部自
629 传,[①]这部书是一部严格按照年代顺序记述1615—36年间英国大事件和他个人的日记相结合的东西。除了作为一位清教徒乡绅日常生活和思想的图景外,这部书并无任何重要性。他于1642年进入国会,为调解国王和国会之间的争端而工作。雕兹并未写出一部伟大历史著作。据他自己说,他曾花费二十年的工夫搜集材料;可能又花费了二十年工夫写了那部著作,命名为“从最早的居民到现在的大不列颠通史,特别取材于案卷及其他艰深的、外国的不朽之作,以改造所有现存这类编年史和历史著作;这将需要几卷篇幅”。这部书一直未能完成。《伊丽莎白女王时期国会杂记》(1628年)是他最著名的一部著作。哈犁藏书[②]中有写于1628年的一篇《论大不列颠优缺点》的论文片段。在这篇论文中,他打算“把我们目前所处的危机展示出来,使之和旧时代的危机对比”。[③] 他的杂记[④]把长期国会[⑤]的实况揭露得很清楚。

① 《詹姆士一世与查理一世两朝西蒙兹·雕兹爵士的自传(至1636年止)和通信集(至1649年止)》,J. O. 哈力卫尔校订(伦敦,1845年,两卷)。这部书中包括一些有关外交事务的真实材料。参阅I,421,在这里,他指出他(雕兹)看到荷兰驻英大使亚尔伯图·约马喜谟写的信件。

② 牛津伯罗伯·哈犁(1661—1724年)及其子爱德华(1689—1741年)的藏书,现存不列颠的博物馆中。其收藏的书籍及手稿甚富,一部分已印刷出版。——译者

③ 他接着说明他为什么不写完的原因:“我认为我的著作会过于真实和坦白,世界舆论将不能忍耐。”但他发现他的辛劳并非白费:“我所搜集的资料,对于我长期以来想写的大不列颠公众历史是很有用的。”

④ 沃雷斯·诺特斯泰因校订的:《西蒙兹·雕兹爵士杂记》(纽黑文,1923年)。

⑤ 1640年11月3日查理一世召集的第五次国会,直到1660年3月16日。——译者

探讨克伦威尔时期政治学说的文献不属本书范围。[1] 这些文章大部分被说成是"喧嚣的辱骂和攻击"。在这部书里也似乎不需要讨论清教徒中多半是自称为"历史家"的荒唐而有成见的所谓"历史"著作。[2]

只有少数还值得一提。费尔法克斯[3]的牧师约书亚·斯勃里基(1618—84 年)写了一部《英国的复兴:在托马斯·非尔法克斯爵士直接指挥下军队的行动、作为和胜利的历史》(*Anglia Rediviva, England's Recovery: Being the History of the Motions, Actions, and Successes of the Army under the Immediate Conduct of His Excellency, Sir Thomas Fairfax, Kt.*)。沃柏顿[4]主教写信给他的朋友说,"如果你想知道牛津和国王被降服以前非尔法克斯和他的独立军队的实况,不妨一读斯勃里基的《英国的复兴》。"[5]当然,这部历史完全是片面的,常常说到"敌人"和"我军"。不过,书中似乎并无篡改事实或用任何方法骗人的企图。他在说明了"这支军队有过极其伟大极其光荣的许许多多行动,……使它 630
的历史丰富无比、光彩夺目;……再也不能指望还有语言文字发挥

① 参阅 J. N. 费基斯校订的密尔顿的《国王与行政首长的任期和王权神授》,比较,J. G. 道:"大英联邦的政治理想",见〔伦敦〕《英国历史评论》,VI(1891 年),306—30;也可参阅阿波特的《克伦威尔的书目提要研究》(见本书原书第 626 页注)。

② 一位名叫约翰·味卡斯的人,写了一部历史,分为三部分,叫作《耶和华的危机》、《上帝的方舟》和《燃烧着的树丛》,记述 1644—64 年。

③ 生活于 1612—71 年。国会军总司令(1645 年)。1660 年为代表团头脑,被派往海牙,与查理二世商谈复辟的事。——译者

④ 英国高级教士和神学家(1698—1779 年)。——译者

⑤ 信札 LXIII,引自《英国的复兴》第 2 版(牛津,1854 年;原版为 1647 年)序文中。

的余地了”之后，又进一步说明为什么历史不需要有语言作装饰。“历史真相就是历史所称赞的东西；一个行动(在聪明人心目中)之所以伟大，因为它是行动本身所固有的，而不是外加的；……玄虚的语言只是为了把渺小的行动抬高。”斯勃里基是在这次战争后期从事写作的，他渴望没有人会以为他正在“利用记述已经做过的事情的这部历史……勉强把定而不移的胜利硬安在这支军队身上。”

斯勃里基在他的书中插入费尔法克斯和克伦威尔的信件和文件如投降条件和条约等。虽然在他记述的事件中有些是他自己目睹的，但他仍然利用报纸一类东西作补充材料。他这部历史完全是记述军事，在书中一些地方偶尔出现的美丽的奔放的词句大部分都是用来歌颂军队的。书中经常提到上帝的仁慈，这支清教徒部队遇到的一切幸运，无论是免遭瘟疫之害，还是获得意外胜利通通归功于上帝。他说，“但愿这本书里每一个字母以及最大的那个字母刻画的都是上帝和天意，而且是用最美丽的色彩描绘的”。

哈钦森夫人的《哈钦森上校[①]回忆录》直到 1806 年才出版。写这部书的目的是使她的后代记住她丈夫的作为。“作为清教徒的家庭生活和绅士性格的图景，这部书是独一无二的。”[②]具有史学价值的唯一的另一个特色是书中关于诺丁汉郡在内战时期的描述，这是根据她为她丈夫写的那部回忆录以前一些时候所写的一部记事撰就的，那部记事成为她那部回忆录大部分内容的基础。

① 英国清教徒军人(1615—64 年)，参加杀害查理一世的革命，国会议员，复辟后被囚禁。其妻(1620—80 年?)写了他的传记，出版于 1806 年。——译者

② C. H. 弗思的论文，见《民族传记词典》，XXVIII(1891 年)，341。

哈钦森上校并不是伟大人物。但是,尽管哈钦森夫人热中共和、醉心宗教,但她笔下所撰耳闻目睹的事件却表现出很好的判断力。正如基佐[1]所说,当她谈到亲眼看见的事情时,她几乎从不缺乏独力思考的能力和运笔的力量。这部书大部分写的都是上校本人生平一些偶然事故。全书充满诚恳和求实的愿望,并不只是鼓舞她写这本书的对她丈夫的忠诚。

这个时期大多数英国回忆录的共同特点是它们都不是个人的回忆,而是以党派的观点写的当代史。其中有三部有特殊重要性即:托马斯·费尔法克斯爵士的《简短回忆》、希特罗克的《回忆录》和拉德罗的《回忆录》。[2]

费尔法克斯(1612—71年)作为国会军的将军,所处的地位应 631
该供给读者一部有吸引力、有启发性的回忆录。但是,因为当时党争异常激烈,国会和军队里各党派之间的切齿痛恨达到极点,以致像费尔法克斯这样一位人物的回忆录竟然大都是些剖白和争论性的东西。复辟之后,他在自己晚年写了两部自传:《1642至1644年间我在北方战争时期参加该地军事行动的简短回忆》和《关于我

① 生活于1787—1874年。法国历史家、政客。著有《英国革命史》、《欧洲文明史》等书。——译者

② 赫利斯爵士登齐尔作为国会中长老会派的领袖,在共和政府时代流放在外时撰写他的《回忆录》。这部回忆录是"替拿起武器的那个党派辩护,说他们的目的不是摧毁国王或改变宪法,而是恢复宪法,迫使国王按照法律统治"(1699年第1版出版者的序言,又收入法兰西斯·培根·马最耳主编的《有关国王查理一世统治时期英国内战的小册子选辑》〔伦敦,1815年,两卷〕,I,188)。当然,赫利斯是猛烈地责难克伦威尔的。所用马最耳《小册选辑》版本封面上写道:"在任何时代,没有哪个党派笔下的愤怒或怨恨超过赫利斯的。"这话似乎并非言过其实。

任司令官时期有些必须澄清的事情的简短回忆》。[①] 第一部回忆录叙述的是约克郡战役军事史；第二部写的是费尔法克斯对他当将军时的行为的辩白。看来他为政治辩护太多，很难完全置信。著者渴望的是给他的读者这样一个印象，“他极端痛恨军队对国王本人和国会权力采用的暴行”。[②] 他把这些暴行归咎于克伦威尔、爱耳顿[③]和他那些鼓励选出一个煽动者会议的追随者。他极其诚恳而有力地为自己的无辜声辩。[④]

不管他说的是否真话，反正这些回忆录在性质上简直和历史著作毫无共同之处，从我们的观点看，反而有损于这些回忆录的价值。但是，特别是第一部还是颇有价值的，因为它是以个人回忆的形式写的，用第一人称，写得简短而明确。[⑤] 作为这个角色和将军本人的一瞥，这两部回忆录还是很重要的；但作为历史，它们就比不上下文将要论述的那两部回忆录了。

① 这部《回忆录》于 1699 年以一百二十八页的小书的形式出版，附有布赖安·费尔法克斯的序言；收入马最耳的《小册选辑》(见上注)，I，415—51。在这篇序言中，费尔法克斯说，老爵士并无意把这部《回忆录》出版，只是留着满足他自己亲友们的需要而已。这个版本有更改和删节的地方(比较，C. R. 马坎：《伟大的费尔法克斯爵士传》〔伦敦，1870 年〕，392—93)；但在世称《散麦兹小册汇览》(伦敦，1809—15 年，十三卷)一书第 5 卷中，有一个根据黎德堡垒中原始手稿印出的完善版本。

② 马最耳《小册选辑》(见本书原书第 630 页注)，I，第 lxxvii 页。

③ 生活于 1611—51 年。克伦威尔的女婿，国会军队司令官，国会议员，签署杀害查理一世的命令。——译者

④ 同上一个著者注，I，444 以下。

⑤ 他只花了五十三行描写马斯敦沼泽地战役，虽然他自己的兄弟是在那里受到致命伤的(马最耳，《小册选辑》，I，438—39)，而斯勃里基则用了三百五十行描写内斯比战役(《英国的复兴》，39—46)。

布尔斯特罗德·怀特洛克[①]写了一部冗长的历史,名叫《从查理一世即位之初到查理二世幸福的复辟期间,关于英国事务的回忆》。[②] 我们不要因为"幸福的复辟"这几个字就把怀特洛克误解为斯图亚特王朝的拥护者。他首先是一位善于适应时势需要的机 632
会主义者。因此,他这位前克伦威尔国务院成员,在复辟时又得到国王的宠爱。[③]

怀特洛克是一位研究宪法的律师,年轻时就表现出学者的气质。他是塞尔登[④]的密友,在历史和古典文学方面有广博的知识。[⑤] 他虚荣而利己,而且如前已提及的,表现特别善于见风使舵。不过,他的用意还是诚实的,在某些情况下他对自己的信仰还是坚定的。[⑥] 他在道德上极其缺乏勇气,有许多次,他宁可被洪流冲跑,也不在激流中游泳。[⑦] 他的总性格中至少有一件事情是很

---

① 英国律师和政治家(1605—75年),长期国会议员。复辟之后退休。——译者

② 第1版,伦敦,1682年,一卷,对开本;最后的版本,四卷,八开本,牛津,1853年。

③ "他是护国者理查信任的掌玺官,但他变成那个废黜理查的党派的国务院的成员;当那个党派又被军队解散时,他又换了边,在公安委员会活动,当掌玺官;而且,虽然经过各种改变,他公认的目的是安定共和国而'不要国王',但他向夫利特乌德将军建议倒向查理一边,请查理当国王;这并不是出于对王室的忠心,而是像他自己承认的那样是为了抢先制止芒克的意图(据说他有这种意图),以求取得对已往过错的宽恕。"(E.福斯:《英国法官传记词典,1066—1870年》〔伦敦,1870年〕,736。)

④ 英国法学家和政治家(1584—1654年),长期国会议员,不赞成杀害查理一世。——译者

⑤ 同上一个著者注,福斯,727。

⑥ 1641年秋,他和普林、汉普登、圣约翰、法因斯、马顿、斯特罗德等人一起,反对"国会中的保王党人",坚决反对国王(J.L.桑福德:《大叛乱的研究和说明》〔伦敦,1858年〕,388)。

⑦ 福斯,727。

明显的，即他并不是一个会以谩骂和虚伪的主张影响他的叙述的狂热的党棍。当他这部《回忆录》作为一部历史著作来评价，首先要关心的问题是它的真实性。人们承认他这部书中插入一些可疑的文件。

爱德华·勒德洛①(1617—92年)是一位和怀特洛克完全不同的另一种人。他的《英格兰共和国骑兵中将爱德曼·勒德洛回忆录，1625—1672年》②或许是十七世纪英国最著名的、流传最广的一部历史回忆录了。这部书是复辟以后勒德洛流亡瑞士期间写的。这部回忆录既然终于1672年，后面一部分的语气又完全像是当时人记述当时的事的样子，因此我们可以很有把握地肯定这部书是1663至1673年间写的。C. H. 弗思③在为他这部回忆录写的序文中说，“这位流亡者的狭窄生活和悲痛辛酸在这部回忆录的一页页中如实地反映出来了。指望处在他这样的地位的人对他的政治敌手的行为能够心平气和、毫无偏见地估价，就未免过奢了；只要他记下的事实准确也不是有意识地颠倒黑白就够了。”④

633 在我们已经了解勒德洛在这个时期扮演了一个什么角色之后，像他这样的性格也确实是足够的了。在战争初期，他并不出名；但自从他于1646年进入国会之后，就日益重要了。最闻名的是1650至1652年间他当爱尔兰总督时的活动。“在护国者和军

① 英国国会领袖，签署杀害查理一世的命令者之一。后被弹劾，逃往瑞士，在瑞士写了他的回忆录，于1798—99年出版。

② 原版出版于伯尔尼的韦威，1698—99年，三卷；下面引证的是指C. H. 弗思的注释本(牛津，1894年，两卷)。

③ 牛津大学的近代史教授(1857—1936年)。——译者

④ 《回忆录》，I，第lviii页。

队之间的争执导致克伦威尔家族倾覆和长期国会恢复(1659年)之后,勒德洛立即成为全国最显赫的人物之一。"[①]他虽然从来都不是平等派成员,[②]但他和军队一派建立了紧密的联盟,他的回忆录在讨论国会和军队的斗争方面很有历史价值。国会罢免了他的上校司令官职位,贬为"仅仅能充当国家大事的旁观者的人",他带着无可奈何的义愤看到他于1648年出力驱逐的那些议员重新被国会接纳,看到长期国会最后解散。[③] 他一向是一位坚强的共和党人;千方百计把军队里那些心怀不满的人团结起来,竭尽最大努力防止斯图亚特复辟;但后来他不得不隐藏起来,以免被捕。1660年8月,正当政府宣布悬赏三百英镑逮捕他归案时,他逃到法国去了。他对这次战争的全部后果极感伤心失望,他特别恼火的是克伦威尔,他认为克伦威尔出于个人野心,背叛了他对他的信任。他以"不屈不挠绝不投降的勇气"[④]摒弃凡俗世界,隐居韦威,在那里写了一部关于他的官场生活的连贯的历史,偏见当然强烈,有些地方甚至很尖刻,尽管如此,他这部书仍然是记述他那个时代的一部很有价值很重要的史书。

勒德洛写作期间,任何种类的参考文件都很缺乏。他几乎不得不完全依靠自己的记忆。他说,"我并不把自己严格限制在只叙述和我个人有关的那些事情范围以内,而是要尽我力所能及,把那

① 《回忆录》,I,第 xxxvii 页。

② T.C.皮斯:《平等派运动,英国大内战的历史和政治学说研究》(华盛顿,1916年),201注。

③ 《回忆录》,I,第 xli 页。

④ 同上,第 xlii 页。

个时期其他重要事情也根据我从熟悉内情，而且无疑是十分忠直的人们那里了解到的情况尽量好好记载下来。”[①]他这部回忆录的前一部分有许多年代上的错误和不准确的地方，这是因为他缺少参考资料。不过，回忆录中记述勒德洛本人的活动，特别是他在爱尔兰那些年的情况的那些部分，却是非常可靠的。

当1655年有人问他为什么不承认克伦威尔的政府合法时，勒德洛说："这是因为……依我看，这个政府在本质上似乎是恢复了
634 我们大家原来都反对的、花费了很多钱财、流了许多血才废除的那个政府。"[②]事情十分清楚，"凡是为了使军事权力压倒民政权力，为了使君主制原则压倒民主原则所作一切努力，他从来都坚决反对。[③]"因此，他的回忆录可说是英国共和运动重要文献之一。[④]

这部回忆录的历史价值总的说来是因为它忠实地陈述了共和派[⑤]的思想以及1659年共和恢复，后又把它推翻的那些党派的思想。基佐在校订这部回忆录后在校订版的序文中把勒德洛的头脑说成是"不能理解事件和人物"。喀莱尔称勒德洛是一位诚实而迟钝的人，提到他时常常称他为"榆木头"。但在重要性方面，这部回忆录却超过清教徒任何其他历史著作，可以进入世界各国著名回

---

① 《回忆录》，I，9。

② 同上，I，435。这样的评论不能照字面理解。这是写于十年之后，可能是表达勒德洛那时的情感的。

③ 沃德，VII，255。

④ 早在1648年，他就跟随马顿，主张建立在人民同意基础上的共和国（《回忆录》，I，第xxiv页）。

⑤ 研究国会官吏和他们的盟友之间的协商，他几乎是唯一的资料来源（同上，第xxii页）。

忆录之列。

在这个政治动乱时期,也有人撰写党派性和争论性较少的实实在在的历史。1655 年,这个世纪的最好的一部历史著作问世了。这就是这个时期"伟大的骑士牧师"之一托马斯·富勒(1608—61 年)写的那部《不列颠教会史》。他是剑桥毕业生,以他的"古怪而幽默的辩才"引人注目;借助于他叔父索尔兹伯里主教的力量,他于 1634 年被任命为多塞特郡布洛德·温臧学校校长。富勒是温和的中间派,1640 年国会党因此威胁要罚他款。他移居牛津后,又因为保皇不够彻底再次触犯了保皇党。他那随机应变的智慧和合群的作风使他得以渡过难关。不过大难过去之后,他承认他"害怕成为一位历史人物,为了自身安全,天天搬家"。在这些紧张的岁月里,他没有心情也没有闲暇进行写作。尽管如此,1655 年他的《教会史》还是完成了,而且在朋友们和资助者支持下出版了。1660 年复辟后,他的心情平静下来;查理二世任命富勒为国王的牧师。两年之后,他的《英国名人传》问世,这是编撰民族传记词典最早的尝试,它成为一部极受欢迎的书。

另一部与此完全不同的传记词典是安敦尼·伍德(1632—95年)编的那部《牛津的雅典》(*Athenae Oxonienses*)(1691—92 年,两卷),这是一部牛津著名毕业生的人名录。伍德是一位有钱的考古学家,1660 年定居牛津后一直就住在那里直至逝世。 635

1688 年的革命对历史写作形成巨大推动力。早在 1679 年吉尔伯特·伯内特的《英国教会改革史》问世时这个变革的迹象就已经显露出来了;这部书是从阿拉贡的喀德邻离婚案到 1567 年叙述这个主题的。有人说这部书"在我们的历史文献中形成一个新时代”。[①]

当伯内特还是一位年轻的教士的时候就当了文卷保管官的牧师，他这个职位使他有机会接触文卷保管处大量档案材料。他的自由主义精神以及跟蒂洛森、斯替令夫利和坦尼森这类人物[②]的友谊给他招来嫌疑；当他的《英国教会改革史》正巧在臭名远扬的“教皇阴谋”[③]发生的那一年出版时，伯内特精明审慎地逃到荷兰去了。1688 年他跟随奥朗日的威廉回到英国并替他写了那篇宣言，当时就发表了。作为对他的酬劳，他被任命为索尔兹伯里主教。1715 年逝世。

伯内特的名声主要得自他儿子在他死后替他出版的那部《我自己时代的历史》。[④] 这部书记述了五十余年间的事情。关于复辟以前的事情的记述大部分是根据家族传说或劳德达尔、赫利斯爵士和泰塔斯上校（据说，他传述的是查理二世本人的话）等人的回忆中得来的材料作的梗概。1660 年复辟以后的记述则详尽无遗。这部著作在 1683 年下笔时是当作一部秘密历史写的，后来又在 1702 年作了修订和续编。修订本和原本不同，原本比较公正而且历史性较强。丰·朗克曾指出后来这部修订本中经过删改的部

① T. E. S. 葛拉克和 H. C. 福克斯克洛夫特：《索尔兹伯里主教吉尔伯特·柏涅特传》（剑桥，1907 年），151。

② 这些都是主张新教，反对罗马天主教的高级教士。——译者

③ 1678 年 9 月发现“教皇阴谋”，英国教皇派企图杀害查理二世，恢复英国的天主教，结果失败。——译者

④ 《伯内特主教的〈我自己时代的历史〉》，G. 伯内特校（伦敦，1724—34 年，两卷，对开本）；M. J. 鲁司校订本（牛津，1853 年，六卷，八开本）；又有 O. 阿里校订本，但只到 1685 年（牛津，1897 年，两卷）。

分。① 在安娜女王②统治时期,伯内特愈来愈倾向于辉格党,因而作了修改,“或许并不是因为发现了什么不正确的地方,而是因为原先写的东西已经不符合当时的观点和目标了。”③他这些修改对他的历史真实性的声誉并没有什么提高;马尔巴罗④起初被写成叛逆,后来又改成无辜的受害者。朗克的判断可能过于苛刻了,但是必须永远记住,伯内特的著作是党派性著作。

伯内特刻画了一些生动有趣的人物肖像,描绘了他们巧言令色和造作习气,他刻画的那些当代人物肖像或许比克拉林敦矫揉 636
造作出来的那些更有生气。海尔斯爵士⑤说伯内特的“轻率之惊人超出人们的想象”。

对伯内特最正确的评价可以在 T. E. S. 葛拉克和 H. C. 福克斯克拉夫特两人对他的事业的全面记述中找到。⑥ 伯内特曾亲自参加过的那些事,例如 1688 年为袭击英国所作准备,是最富教育意义、最值得注意的。他对复辟以前苏格兰情况极其熟悉,以致在斯威夫特嘲笑他这部著作的同时,却称之为《他自己时代的(苏格兰)历史》。⑦ 伯内特的著作虽然有公认的缺点,但我们仍然应当同意弗思教授的意见,他说,“把这一大堆东西全部放进坩埚,除掉

① 利奥坡尔德·冯·朗克:《英国史,主要是十七世纪》(译自德文,牛津,1875年,六卷),VI,52—87。

② 英国女王(1702—14年在位),詹姆士二世之女。信新教。——译者

③ 朗克,74。

④ 英国军人(1650—1722年),率领英国军队在尼德兰与法国军队作战,其妻与安娜女王友善。——译者

⑤ 英国法官(1726—92年),著有《苏格兰编年史》。——译者

⑥ 参阅上面本书原书第 635 页注。

⑦ 沃德,IX,227。

其中的杂质，剩下的真实而有价的材料的总量仍占很大百分比。”[①]

约翰·斯特赖普(1642—1737 年)于 1669 年在牛津取得硕士学位后，在伦敦教会当了教士和副牧师。他虽以平生大部分时间搜集都铎时期有关教会事务的材料，但在他五十岁以前并未发表过任何东西。在时间上他比伯内特靠后，在天赋才能上，他也不如这位苏格兰人。在他的著作中，最早发表同时也是最重要的一部是 1694 年问世的《坎特伯雷大主教托马斯·克兰麦[②]回忆录》。到 1718 年，他已出版几部传记，其中有格麟达尔、帕刻和喜特季夫特的传记；这四个人是坎特伯雷“四位最早的神圣(即新教)大主教”。与此同时，他还在努力编写《宗教的改革和确立年代记》(1700—31 年)，记述的时期晚于伯内特的《宗教改革史》。《教会回忆录》(1721 年)[③]记述的是亨利八世、爱德华六世和玛丽统治时期的教会史。斯特赖普辛勤搜集特许状、信札、公文以及诸如此类的资料，结果积累了关于十六世纪教会史和政治史方面许许多多有价值的史实。他虽然看起来缺少文学技巧和选材能力，但他汇编的那些东西却是绝好的资料宝库，形成历史研究成长的范例。

十七世纪是政治家发挥了很大历史家作用的时代。威廉·坦

① H.C.福克斯克拉夫特校订的《伯内特：〈我自己时代的历史〉补编》(牛津，1902 年)是一部有趣的书，这部书给了我们关于作者性格另外一些有价值的材料。

② 英国坎特伯雷大主教，宗教改革家(1489—1556 年)。宣布亨利八世与喀德邻的婚姻无效。起草爱德华六世时代的祈祷书。玛丽时代以异教罪名被焚死。——译者

③ 《斯特赖普全集》再版为二十七卷(牛津，1820—40 年)，其中第 X—XI 卷为本文中提到的《托马斯·克兰麦回忆录》，第 I—VII 卷为《宗教改革年代记》，第 XII—XVII 卷为《教会记录》(第 XXVI—XXVII 卷为总索引)。

普尔爵士(1628—99 年)并不是其中最不重要的一位。他是布莱 637
克夫莱尔人,曾在剑桥厄曼纽厄尔学院受教育。在任驻海牙大使期间,曾完成许多政治任务,参加三国同盟谈判,英荷和约谈判、并曾出席玛丽公主与奥朗日王子的婚礼。从 1670 年被迫退休后,即以全部时间用于文学和哲学研究。1672 年,他发表了根据他在国外当大使时的经历写的那部《荷兰观察记》(伦敦,1673 年),因为其中有透辟的见解,在国内外当然都受欢迎。在他拒绝担任国家高级职位后,于 1681 年隐居萨里的模尔园林,1689 年乔纳森·斯威夫特也搬来和他住在一起,当他的秘书。直至逝世他一直住在那里。

坦普尔写了一些论述爱尔兰和英格兰的小品文、名为《杂谈》(Miscellanea),是一部有趣的小品文集;另外还写了一部名为《英国史导言》(1695 年)的简短而喜人的历史著作,此外他还写了他自己时代的回忆录。这部著作原来有三部分,第一部分被作者毁掉了;他这部书从 1673 年英荷战争爆发开始,写到他退休的那年止。坦普尔还不配称为第一流历史家,但他对政治和社会情况的合理判断和对事件的清晰记述还是值得注意的。约翰逊博士说:

> 威廉·坦普尔爵士是使英国散文韵律化的第一位作家。在他的时代以前,人们对文字排列粗心大意,不注意一个句子的结尾用的字是否重要,也不注意这个字属什么词类。

近代批评家 J. B. 马林加说,他这部回忆录的重要性在于它的“精细的观察力和措词优美的文笔”,而不在于它提供了多少史实。[①]他的记事和“巧妙”的人物分析实在太好了。

① 伽地纳和马林加,360。

另一位外交家兼军人理查·部尔斯特罗德勋爵(1610—1711年)的著作记述的一些事实,是那时别的作家从未提到过的。他曾在剑桥受教育;内战爆发时就参加了查理二世的军队。并曾在查理二世和詹姆士二世手下担任驻布鲁塞尔宫廷外交官,革命之后,又跟随国王前往圣日耳曼[1]。他的政治倾向和他的儿子怀特洛克相反。所有他的历史著作都是在他死后才出版的;其中最重要的一部是《詹姆士二世本纪》(罗马,1715年)和《国王查理一世与二世的统治和政府情况回忆录》(伦敦,1721年)。[2]

638 如果略去查理二世统治时期海军秘书撒母耳·匹普斯(1633—1703年)写的那部《日记》,那么复辟时期的历史家就不能算完全提到了。匹普斯是伦敦一位缝衣匠的儿子,1653年在剑桥获学士学位,1660年获硕士学位。他的升迁得力于他的亲戚爱德华·蒙塔格爵士,1658年蒙塔格为他弄到一个书记职位。复辟后,匹普斯更加幸运;1660年他被任命为舰队诸将军的文书、御玺书记和"海军法令"书记等职,他在海军部和其他同僚有同等权力。他的日记就是在同年1月开始写的,一直写到1669年5月29日他双目失明被迫搁笔时为止,他自己说这一搁笔"几乎与眼看自己进入坟墓一样"。[3]

据和他同时的一个人说,在他的日记记述的整个那个时期,他曾努力熟悉自己的业务,成为"海军部的右臂"。他在粮食供应部

---

① 法王路易十四的宫廷。——译者

② 除已提到的著作外,还有1674年他写的《给阿林敦伯爵的信札原文》,大部分是谈低地诸国和法国的。

③ 沃德,VIII,256引用。

门当总检查官时，曾在英荷战争[1]期间(1665年2月6日宣战)，不辞辛劳向海军供应粮食；1667年荷兰舰队在美得威时，他曾建立功勋；并曾出力制止伦敦大火[2]。他的最伟大的功勋是在他的《日记》最后一页写完之后才建立的。虽然在教皇阴谋进行时他曾被控告，囚入伦敦塔中一段时期，从而阻止了他的事业，但在1684年又被任命为海军大臣，在这个机构中他进行了亟需进行的改革。革命又曾使他入狱一个短时期(1689年)，后即退休到克拉彭，直至1703年逝世。

使他成名的就是他这部《日记》[3]，不过他另外还写了两部颇有价值的著作：一部是记述1683年和达特默斯爵士一起前往丹吉尔的旅行杂记，另一部是《海军回忆录》[4]。《日记》是一部“一些事件和忏悔混合起来的杂书”，原先是用密码写的。这部书极其诚挚，是一位敏捷而好奇的观察家针对当时的历史话剧吐露的亲切的自白，这些自白作为他那个时代的生活和风习的描绘以及作者坦白的自我刻画，都是很有趣的；是研究复辟后最初十年的一部卓越的历史资料，因为作者有很多机会直接了解国家事务。[5] 639

---

① 1665—1667年。——译者

② 1666年9月2—9日。——译者

③ 《撒母耳·匹普斯日记，迈诺斯·伯来脱译自速写手稿，附布累勃鲁克爵士的注释》。最新的版本是亨利·B.惠特利校订本(伦敦，1904—10年，九卷)。

④ 《关于英国皇家海军情况回忆录，1679—1688年》；J.R.坦涅校订(牛津，1906年)。

⑤ 撒母耳·匹普斯的朋友约翰·伊夫林(1620—1706年)写了一部历史兴趣较少的日记。伊夫林参加公众事务多，参加政治事务少，他的《日记》不是一部政治史，而是一位热心公益的乡绅的生活横断面。但是J.B.马林加认为这部书是“关于他的时代中政治、文学和科学运动的例证的宝库”(伽地纳和马林加，361)。

那息萨斯·吕特里尔的著作[①]虽然不如匹普斯的《日记》那么著名，但“为研究历史，却是一部有用得多的资料”。[②] 这部书仔细记述了1678至1714年间的事；大部分是根据新闻信札编写的，是一位有古学和文艺爱好的绅士写的一部井井有条的著作，也是“一位奇特的人物写的一部最奇特最有趣的日记”。

在英国历史上这个激动人心的大事不断、伟人辈出的一百年间，最伟大的一位历史家就是克拉林敦伯爵爱德华·亥德（1608—74年）[③]，他是柴郡古老家族一位成员，曾在牛津获学士学位。他的父亲希望他当教士，他的叔父却希望他当律师。但年轻的亥德宁愿学文学和历史，不愿学法律，愿意当廷臣，不愿当律师。他主要的乐趣在于和有才智的人士和学者交往；他早年的朋友有琼孙[④]、塞尔登[⑤]、沃勒[⑥]、

---

① 《1678年9月到1714年4月国事简述》（牛津，1857年，六卷）。

② 伽地纳和马林加，362。

③ C. H. 斐斯论亥德的文章，见《民族传记词典》，XXVIII（1891年），370—89，随时附了许多引证；同一作家：《克拉林敦的〈叛乱史〉》，见〔伦敦〕《英国历史评论》；XIX（1904），26—54，246—62，464—83；亨利·克累克爵士：《克拉林敦伯爵爱德华传》（伦敦和纽约，1911年）；查理·辉布利：《政治人物肖像》（伦敦，1917年），47—66；詹姆士·菲茨詹姆士·史梯芬：《〈赫里·萨巴提西〉：〈星期六评论〉稿件重印》（伦敦，1892年，三卷），I，309—47；J. A. R. 马利奥特：《福克兰子爵琉细阿斯·揆立的生平和时代》（纽约，1907年），100—102。利用下列诸论文，可以得到益处：彼得·贝因：“克拉林敦”，见《当代评论》，XXVII（1875—76年），912—37和XXVIII（1876年），421—43；“克拉林敦的《叛乱史》”，见〔伦敦〕《教会评论季刊》，XXIX（1890年），30—49；〔伦敦〕《评论季刊》，LXII（1838年），505—66；《爱丁堡评论》，LXVIII（1838—39年），460—94和LXIX（1839年），104—25；《北美评论》，LXV（1847），186—92；“克拉林敦和他的同时代人”，见《弗雷泽杂志》，XLV（1852年），341—52。

④ 英国戏剧家和诗人（1573？—1637年）。——译者

⑤ 英国法学家和政治家（1584—1654年）。——译者

⑥ 国会议员（1597—1668年）。——译者

赫尔兹[①]以及其他一些著名作家。他从一个集团转到另一个集团,广泛交游,以利事业发展,甚至当他于1633年取得律师资格、开始以律师为业以后,仍然在依靠自己的才能升迁的同时还想借助他人的恩惠。自从他得到劳德[②]的恩宠(1634年)之后,就逐渐成为英国日益重要人物,于1640年进入国会。

虽然在人们的记忆中亥德是一位坚强的保皇党,但他的政治生涯却是从站在民众一边开始的。他在短期和长期国会里当议员时,曾反对查理一世的个人统治,但他对待教会问题的态度终于使他和民众一方分道扬镳了。一旦明确地站在查理一世一边,亥德立即变成他的一位毫不妥协的拥护者。查理一世于1643年任命他为财政大臣时曾说,"我必须任命尼德[③]·亥德为大臣,因为实际上我不能信任任何其他的人",从而承认了他的忠诚。[④]

在被委任检查某些圈地的一个委员会中,亥德第一次遇见了粗暴地打断会议辩论的克伦威尔。若干年后亥德写道,"最后,克 640
伦威尔整个姿态粗暴已极,举动横蛮无理,以致主席觉得不得不对他严加申斥,……这件事他一直耿耿于怀从未宽恕;后来并利用一切机会以最大的恶意和报复手段迫害他,一直到他死时为止。"虽然亥德在查理手下负担着王家大部重任,但仍然在1645年最后脱离查理去陪伴年轻的王子,即后来的查理二世,从而开始了他的长

① 英国教士(1584—1656年)。——译者

② 1573—1645年。坎特伯雷大主教(1633年),反对新教,支持查理一世的独裁政治。长期国会弹劾他(1641年),最后把他处死。——译者

③ 爱德华的亲热称呼。——译者

④ 辉布利:《政治人物肖像》(见本书原书第639页注),55。

期流亡生活，最初于1646年流亡到锡利群岛[①]，一直等到复辟的时候。在泽西住了两年，曾率领一个使团到西班牙(1649—51年)，这位年轻的国王在海牙或巴黎时，他在王廷当顾问。1660年亥德回到英国，当了克拉林敦伯爵、大法官，而且不顾人们坚决反对，当了事实上的政府首脑。到1667年，他已极其不得人心，结果国王听任他被弹劾而不表示反对。他逃往加来，复辟十四年后才逝世，最后那七年在法国过着流亡生活。

在后人记忆中，克拉林敦主要是一位历史家，而不是政治家。他的《叛乱史》[②③]下笔于1646年，在流亡时期仍继续辛勤撰写，经过若干年才写完。内容从查理一世统治时候到他自己流亡时止。到1648年他已写完前九卷，已写到1644年和主教派保皇党的失败。他刚刚退下政治舞台，就希望不久东山再起，因此，他打算写一部记述“这些不幸的时代”的历史，以便“检查往日的缺点”，武装自己以应付未来的事业。人们说这部分是最重要的，因为其内容是在内战刚刚爆发时他对两党的判断。他的结论在他选用的书名《大叛乱史》上已鲜明地表现出来了。

克拉林敦深信富于理解力的后代是会领略他这部著作的，不过，他也担心如果当时就把这部著作出版，一定会伤害那个时代的人们的情感。1647年他从泽西写给约翰·柏克莱[④]爵士的一封信

---

① 在英格兰的西南。——译者

② 内容介绍，见汉默顿编《西方名著提要，历史学部分》，何宁译，第265—274页(商务印书馆，1959年)。——译者

③ 《英国叛乱和内战史》(牛津，1702—04年，三卷，对开本)，W. C. 马克累校订的近代版本(牛津1888年，六卷，八开本)。

④ 英国保皇党官吏，死于1678年。——译者

中承认了这点以及他决心记述真实情况的誓言。

> 我一来到锡利,立即在没有任何文件参考的情况下根据我自己的记忆开始尽其力所能及记述这次猖狂的叛乱了;自从我来到此地以后,仍继续撰写,在浪费了很多笔墨纸张之后,现在已叙述到国王离开伦敦的情况,虽然由于一无材料二无助手,有许多真实情况我只好不提,但我可以发誓,我绝不会写出不真实的事情,也绝不会偏袒某些人或某一方;因此,这部著作尽管并不适合在这个时代发表,但它还是有可能适 641
> 于某些人进行研究并使他们感到愉快的;通过一些好作家的手,还可能使后世了解:整个民族在过去并不像那时的人们可能认为的那么坏。①

克拉林敦在第二次流亡的最初几年(1667—70年)还写了一部记述他自己在复辟以前的情况的自传。1671年,当他的儿子把他那部《叛乱史》的手稿带给他的时候,他就又着手实现原来的计划,把早先写的这部历史和他的《自传》②编在一起,还增加了为他自己第二次执政辩护的一些部分。因此,有些部分是有推理性质的历史,有些部分是回忆录性质的;来自原先的《叛乱史》的那些部分在细节上比较正确;而来自《自传》的那些部分对事件的记述却是混乱而错误的。不过在后面这些部分中,批评却比较自由,他那些最好的性格描绘就是在这些部分当中。在流亡中由于缺少文件资料,他依靠的只是记忆;虽然有些细节他可能忘记了,但他对人物的回忆还是很生动的。

---

① “如果克拉林敦因为他的著作落到‘巧工’手中而喜悦,那么,牛津大学出版社从这些著作的出版获得利益,也是同样幸运的。”1713年为大学出版社建筑的老克拉林敦纪念堂大部分是利用出售这些书获得的利润,克拉林敦出版社的名称是因为这一事实而来的。《期刊》,1909年2月,第XLIX期,第291—92页。

② 《克拉林敦伯爵爱德华传,他的〈大叛乱史〉续编,从复辟到1667年他被放逐》(牛津,1759年;后来的版本,牛津,1857年,两卷)。

《叛乱史》引起阵雨般的批评和赞扬,希特罗克的《回忆录》却被认为比较可靠。克拉林敦记述事实的准确性受到严厉批评,例如他笔下对短期国会的歪曲就是这样。但彼得·贝恩[①]说,那些接受克拉林敦的历史的人虽然拒绝他的理论,却承认他写的那些情节既可靠又重要。另一方面,朗克[②]也说,虽然他记述的事实有错误,但所有历史家都还从未超过他的观点。[③]

C. H. 弗思虽然承认这部历史有缺点,但仍然说它是"当时所有关于内战的记述中最有价值的一部"。[④] 克拉林敦感觉到,一位历史家的"天才、精神和灵魂"来自和国事的密切接触,而他本人在国会斗争中扮演的并非无足轻重的角色。他写的那部书不只记述了大事,而且还解释了他的政策,并举例说明了相当大的一部分人民的思想。有人说,这部著作是"以文字写出的他的生平铸成的大错",[⑤]或者像朗克说的那样:

> 〔这部历史〕流露出来的就是鼓舞他如何治国的那种精神,而且使他这种精神继续影响英国历史。他这些著作尽管有缺点,但为了解英
> 642 国历史,其价值却是无法估量的。这些著作是一位伟大政治家生平的直接产物,处处都流露出他干了些什么、不想干什么的迹象。有人说过,读他的书时一旦深入其中,特别是前几部分,就不忍释手,这话一点

① 《当代评论》,XXVIII(1876年),423。

② 利奥波尔德·冯·朗克:《英国史》(见本书原书第635页注),VI,29。

③ "查理一世斯图亚特在受审时声称,英国国王一直捍卫着自己臣民的自由,议会的议员则破坏了这种自由。而克拉林敦在他的《叛乱史》中是极力捍卫查理一世所提出的这种观点的。他的这部著作实际上是一种政治抨击文,没有重大的科学价值,可是十八世纪和十九世纪前三十几年的许多历史学家都以这部著作为根据"。维诺格拉多夫著《近代现代英国史学概论》,何清新译,第24—25页(三联书店,1961年)。

④ 《民族传记词典》,XXVIII(1891年),386。

⑤ 《当代评论》,XXVIII(1876年),422。

不假。我们就像和一位聪明而强有力的人物对话那样。……有一种和读者攀谈的诚挚而自信的情调弥漫全书。我们仿佛坐在一圈朋友当中倾听一位使人尊敬的正人君子讲述他的生平大事。[①]

正和克拉林敦作为一位政治家未能体贴独立派的原则,未能了解宗教痛苦产生的力量那样,他在历史写作中也缺乏判断力。在马利奥特看来,他这部历史"完全没有估计到造成1640年那次巨大动乱的那些势力的力量,反而把某些个人特质的重要性估计过高了"。[②] 詹姆士·史梯芬爵士写道:

任何稍有抱负、想超过仅仅搜集年代这种水平的著作都会对内战爆发的原因说出自己一些看法——记述这两个敌对党派代表的那些原则以及这些原则从这个国家古代制度中产生或提示出来的程度。……如果完全不提这些事情……这样的历史就无法理解了。[③]

克拉林敦写出很多杂乱无章的意见,这些意见都是孤立的,并无任何站得住脚的解释加以支持。

这部《叛乱史》的价值尽管受到许多批评,但人们仍然在阅读它。它受欢迎的原因一部分是它的题材,根据史梯芬的意见,其中最好的一部分是下述一段,即克拉林敦根据过去的经历和观察描写的那些行政会议的性质以及他那像常识一般的说法:实际政治家比政治理论家好得多。它吸引人的另一部分原因可说是它的文笔,哈兰称之为"心情和想象的奔放"。大多数批评家"不承认克拉林敦是伟大的英国散文家"[④],说他累赘而啰唆。但与此同时,他

① 《英国史》(见本书原书第635页注),VI,28—29。

② 《琉细阿斯·揆立的生平和时代》(见本书原书第639页注),100—101。

③ 《〈赫里·萨巴提西〉:〈星期六评论〉稿件重印》(见本书原书第639页注),I,311。

④ 沃德,VII,221。

们却在欣赏这部《叛乱史》的丰富的轶事和严厉的讽刺之外，还能领略它的崇高和强劲风格。克拉林敦的声誉主要来自他那杰出的人物刻画。他认为历史就是"行动中的角色"，而且历史的目的就是歌颂重要人物，因此，他的著作中充满用文字刻画的肖像。他笔下出现的在纽伯里之役中战死的福克兰[①]的情景深深打动了詹姆士·麦金托什爵士[②]（他本人也是一位历史家）的心，以致在阅读这段文字时，突然痛哭失声。克拉林敦刻画的汉普登[③]的肖像至今还是一幅"不朽的图画"，尽管他是模仿塔西佗为阿古利可拉所作描绘写的。正如马利奥特所说：

643 ……他这部书作为当代人物肖像画展其价值和引人入胜之处是无法用笔墨形容的。利用一些恰如其分的语句，这里妙笔一勾，那里神墨一点，克拉林敦就把当时的人物活现在我们眼前了。

引人之处正是像诺易的手笔那样的一些巧妙的勾画。"宫廷对他的仪态举止并未发生影响，但在他的头脑中却留下印象。……"[④]在他勾画角色时常常带有党派痕迹，克拉林敦回忆起来的情况有时和其他当代人的描述不同。不可能指望他会欣赏克伦威尔，因为他对克伦威尔怀着一位公认的保皇党的痛恨；也不能指望他会公平地判断他的主人国王。但关于克伦威尔，他却说：

正如他有应当严加斥责的、应当叫地狱准备好烈火烧掉的一切邪

---

① 生活于1610？—1643年。英国会议员（1610年），内战时参加国王一边作战，1643年9月战死于纽伯里战役。——译者

② 苏格兰哲学家和历史学家（1765—1832年）。著有《英国1688年革命史》。——译者

③ 生活于1594—1643年，反对查理一世的五个著名议员之一。国王企图逮捕他，因此引起第一次内战。战争初期汉普登受伤身死。——译者

④ 〔伦敦〕《教会评论季刊》，XXIX（1890年），48引用。

> 恶那样,他也有像某些人那样被后世永远铭记的某些美德值得称赞,他将被后代看成一个勇敢的坏人。①

假如他这段话可以说是错误的历史估计的话,那么在另一个地方,他的评论就比较准确一些了:

> 他属于这样一类人:即使他的敌人也不得不在斥责他的同时还称赞他;这是因为,如果他没有勇敢、勤劳和判断力这些伟大的东西,他就干不出他干过的那些坏事的一半了。……他干过的那些事情只有一位勇敢而伟大的人物才干得出来。……他并不是一个杀人成性的人,他完全拒绝使用马基雅维利的方法。②

克拉林敦知道查理的弱点,因为他

> ……有卓越的理解力,但他对自己这个长处信心不足;因而常常改变主意,往往越改越坏,而且还采纳在判断力上还不如他自己的人的意见。③

不论对克拉林敦作为一位历史家的价值最后如何判定,他的贡献仍然应当受到注意。这是因为就像 J. A. R. 马利奥特说的那样,“他这些贡献的优点和缺点同样都有助于造成它们的永久的魅力。”

凡是读过安娜女王统治时期的历史的人,没有一人看不到克拉林敦著作的出版所产生的巨大影响。在势均力敌的政治斗争中,它使英国公众当中一部分强有力的人加强了信念。正好像克拉林敦原先在复辟协定中施加的影响极其巨大那样,他的《叛乱史》在 1707 年出版之后,使他的影响继续下去,尽管他本人已于 1674 年

---

① 詹姆士·史梯芬爵士:《〈赫里·萨巴提西〉:〈星期六评论〉稿件重印》(见本书原书第 639 页注),I,316。

② 辉布利:《政治人物画像》(见本书原书第 639 页注),63—64。

③ 〔伦敦〕XXIX(1890 年),49 引用。

逝世。英国教会受到巨大鼓舞，描写教会和国家最近所经历的危机的那些高贵的语言巩固了宪法，在安娜女王统治时期的立法上
644 也留下它的烙印。斯坦诺普[1]把“第二次雅各宾主义[2]的成长”追溯到克拉林敦这部“高尚的著作”、“作者的伟大性格”、“他那不屈不挠的对国王的忠诚，对业已倾覆的王室的忠贞，在人们已经不信上帝的时候他对上帝那种经得起挫折的、有根有据的信赖。”[3]

在关于斯图亚特时期的历史家的讨论结束以前，某些脱离总趋势的次要作品，特别是记述爱尔兰和苏格兰情况的那些，还是值得一提的。对爱尔兰历史很重要的一部书是爱尔兰总检察官约翰·对维兹爵士（1569—1626 年）[4]写的那部《爱尔兰未曾完全被征服的真正原因》。[5] 在北爱尔兰建设大农场、在组织地方政府和国会改革中，他起的作用都很重要，因此，他描述的这个较早时期的爱尔兰政策很有价值。

1633 年出版了一部《和平的爱柏尼亚》(*Pacata Hibernia*)，作者是谁，至今还未肯定，据说是托马斯·斯塔福德爵士（兴旺时期

① 英国国会议员和历史学家（1805—75 年）。著有《英国史》（1836—53 年）、《西班牙王位继承战争史》（1832 年）等书。——译者

② 即詹姆士二世党人的行动〔詹姆士一字在拉丁文为雅各布斯（Jacobus），故詹姆士党人称雅各宾党人（Jacobites）〕。公元 1745 年詹姆士二世之孙查理·爱德华由苏格兰侵入英国，企图复辟，失败后逃往法国。——译者

③ P.H.S. 斯坦诺普：《英国史，包括安娜女王统治时期，至乌特勒支和约，1701—1713 年》（第 5 版，伦敦，1889 年，两卷），II，33。

④ 英国法学家和诗人。企图在北爱尔兰建立新教。——译者

⑤ 《历史论文集：爱尔兰从未屈服于英王的真正原因的发现》（1612 年；重印于伦敦，1786 年，G. 察尔麦斯校订；另有一个版本出版于都柏林，1787 年）；比较，李德，第 3925 号。

在1633年)。他的出身并无任何线索可查。在伊丽莎白女王统治时期的爱尔兰战争中,他曾在乔治·卡鲁爵士[①]部下服役。卡鲁在遗嘱中把他搜集的有关爱尔兰的大量手稿遗赠给斯塔福德。上述已经完成的那部著作可能就是在这些手稿中发现的。斯塔福德曾宣布这部著作实际上是他的首长逝世前写的。不论作者是谁,这部著作包括了卡鲁所指挥的诸战役,特别是芒斯特[②]战役(1600—03年)时期那些军事情况的。当然斯塔福德显然和这个时期那些好争辩的讨论政治问题的作家不属一个类型。

爱尔兰圣徒传记是在约翰·科尔干(死于1657年?)的著作大力推动下产生的。他是北爱尔兰人,后来成了卢万地方帕多瓦圣安托尼开办的爱尔兰圣芳济会一位成员,他计划写一部记述爱尔兰古圣物的六卷巨著。计划中的首卷将包括一篇爱尔兰史的总绪论,这卷书始终没有出版。这部爱尔兰《圣徒传记》(*Acta Saneto-rum*)[③]第3卷于1645年问世;接着另一卷《三圣徒传》(*Triadis Thaumaturga*)又于1647年出版。这一卷记述的是巴特里克[④]、科伦巴[⑤]和布立泽特[⑥]的生平。科尔干是一位很好的学者;他以批

---

① 英国军人(1555—1629年),率领军队参加爱尔兰战争,残酷地镇压替伦暴动。——译者

② 在爱尔兰的西南部。——译者

③ 约翰·科尔干:《爱柏尼亚圣徒行传》(第1卷,卢万,1645年);第2卷,亦称《巴特里克、科伦巴和布立泽特三圣徒行传》(同上,1647年)。这部著作是非常罕见的。

④ 生活于389?—461年。十六岁时为海盗所俘虏,出卖为奴,六年后逃回英国。432年受教皇之命到爱尔兰传教。建立教会,采用拉丁文,教育爱尔兰人。——译者

⑤ 爱尔兰传教士(521—97年),传教于爱尔兰及英格兰北部。——译者

⑥ 爱尔兰北部厄耳斯特王公的女儿和女奴(453—523年),厄耳斯特国王解放她,使之传教。她建立了四个大修道院。——译者

判的态度辛勤地从事写作。

645 记述爱尔兰历史的另一部重要的著作是约翰·林奇(1599—1673 年)写的那部《威尔士人的反驳》(Cambrensis Eversus)。他曾在耶稣会受教育,1622 年当了牧师,1642 年以前"在秘密地点和私人家庭中"做弥撒。他办了一所学校,他的古典学问声望很高。加尔威在克伦威尔的武力下屈服以后,林奇逃往法国,在那里一直住到逝世,可能是死在圣马洛[1]。他的书是在法国写的,1622 年完成,这部书是献给查理二世的,他赞成奥蒙德[2]的政策,同意查理和爱尔兰天主教会之间的关系。原来写书的计划是想进行论战,但基本上还是很稳健的。书中有整理得很好的各式各样的材料,是一部受到普遍称赞的非常有价值的著作。[3]

在苏格兰教会史方面,有著名的长老会牧师大卫·科尔德伍得(1575—1650 年)写的一部《苏格兰教会史,1514—1625 年》。[4]他曾在爱丁堡大学受教育,1593 年获硕士学位。因为在政治上犯了罪,[5]被判坐牢或放逐,于是他就在 1619 年被迫离开苏格兰乘

---

① 法国西北部布列塔尼之北。——译者

② 爱尔兰贵族(1610—88 年)。1644 年为爱尔兰代理总督,与叛军和谈。克伦威尔征服爱尔兰时,他逃往法国。复辟后他又任爱尔兰代理总督。——译者

③ 克拉林敦(在他的《历史》第 7 卷的"短评"中)为奥蒙德和爱尔兰政策辩护。反对克拉林敦观点的一个有价值的贡献,是爱尔兰联盟秘书理查·比林的著作。《爱尔兰联盟和爱尔兰战争史,1641—43 年》(J. T. 吉尔伯特爵士校订,都柏林,1882—91 年,七卷)。

④ 《苏格兰教会的真实历史,从宗教改革的开端到国王詹姆士六世统治的结束》(鹿特丹,1678 年)。最好的版本是托马斯·汤姆孙和大卫·良的合校本(1842—49 年,八卷:《沃德洛学会丛书》,第 7 号)。

⑤ 因为拒绝交出主张示威运动的名单。——译者

船前往荷兰,在那里出版了各种书籍;其中之一即《大马士革祭坛》[①](*Altare Damascenum*)。他似曾于 1624 年回苏格兰,被任命为哈丁顿郡[②]牧师,1641 年被批准出席最高宗教会议。晚年积极参加教会事务,死前那几年为写他那部《历史》作准备,初版于 1642—1678 年间问世。这是一部更大的著作的修改本;因为他认为原来那部著作只是一部汇编,不是完好的著作;不过原来那部书作为原始资料还是极有价值的。科尔德伍得"留给后人的这部历史著作范围广阔",而且价值很高,不是"作为一部名著,而是为编写史书提供真实材料的一个宝库"。看来他为人正直,有独立见解。他坚决反对高级教士、詹姆士和英国教会党。

圣安德鲁斯大主教约翰·斯坡替斯武[③](1565—1637 年)以高级教士辩护人的观点,编写了一部苏格兰教会史。[④] 它是在詹姆士一世建议下写的,在性质上和科尔德伍得的《苏格兰教会史》很不一样。这是一部充满平静而温和精神的作品。

---

① 为捍卫长老会教义的著作,出版于 1621 年。——译者

② 苏格兰东南部。——译者

③ 格拉斯哥(1603 年),圣安德鲁斯(1615 年)大主教,苏格兰司法大臣(1635—38 年)。著有《苏格兰教会见》(1655 年)。——译者

④ 《苏格兰教会史,从公元 203 年到詹姆士六世统治时期结束》(伦敦,1655 年),M. 罗喜和 M. 纳披尔合校的近代版本(爱丁堡,1847—51 年,三卷:《斯坡替斯武德学会和班那泰因俱乐部丛书》)。

索　引

（索引中的数字为原书页码，即本书边码）

B

C

D

G

I

M

N

O

P

S

T

U

V

X

Y

Z

译名对照表

A

Aachen　亚琛
Aagesson　阿基孙
Aali　阿利
Aaron　亚伦
Aaschik　阿失克
Ab　阿布
Abassides, Abbasids　阿拔斯王朝
Abba　阿拔
Abbas　阿巴斯
Abbeloos　阿贝罗斯
Abbeville　阿布维尔
Abbo　阿波
Abbott　艾博特
Abdallah　阿布达拉
Abd Rabbini　阿布笃·剌比尼
Abdul'llah　阿布度尔拉
Abel　亚伯
Abelard　阿伯拉德
Aberteivi　阿伯特伊维
Abingdon　阿宾敦
Ab Isselt　阿布·易塞特
Abraham　亚伯拉罕
Abruzzi　阿布鲁齐
Absalon　阿布萨伦
Abu　阿布
Abu Bekr　阿布·贝克尔
Abul-Fazl i Allami　阿布尔-法兹尔·伊·阿拉米
Abul-Feda　阿布尔·斐达
Abu Mikhnaf Lut　阿布·密克那夫·吕特
Abu-Salith　阿布-萨利司
Abu-Tahir　阿布-塔希尔
Abydenus　阿拜德那
Abydos　阿卑多斯
Acciajuoli　阿克修余奥利
Accolti　阿科尔替
Acerbus　阿塞布斯
Achaea　亚加亚
Achaemenid, Achaemenian　阿契明尼德王朝
Achilles　阿溪里
Acilius　亚西利阿斯
Acominatus　阿科密那塔

Acosta 阿科斯塔
Acre 阿克
Acropolis 阿克罗波利斯(卫城)
Acropolita 阿克罗波利达
Acte 阿克特
Acton 阿克顿
Actium 亚克兴
Acusilaus 阿丘西拉斯
Adam 亚当
Adalbero 阿达尔伯罗
Adalbert 阿达尔柏
Adalhard 阿达尔哈德
Adamnan 亚丹喃
Ad-Dawla 阿德-多拉
Ad-Din 阿德-丁
Addington 阿丁顿
Adema 阿得马
Ademar 阿得马
Adessa 阿得撒
Adhari 阿达里
Adler 阿德列尔
Adlhausen 阿德尔华生
Adolf 阿多夫
Adolphus 阿多发
Adonis 阿多尼斯
Adria 阿德里亚
Adriani 亚得里亚尼
Adrianaple 亚得里雅那堡
Adriatic Sea 亚得里亚海
Adulf 阿杜尔夫
Aeddi-Stephanus 艾迪-斯梯芬那斯
Aegidius 伊吉第阿斯
Aelius 伊利阿斯
Aemilianus 伊密连那
Aemilius 伊密利阿斯
Aeneas 伊尼阿
Aeneid 《伊奈德》
Aeschines 厄斯启尼
Aethewulf 阿忒武尔夫
Aethiopia 埃西俄比亚
Aetolia 伊托利亚
Africa 阿非利加
Africanus 阿非利加那
Agamenon 阿加绵农
Aganellus 阿格尼拉斯
Agathangelos 阿加坦基罗斯
Agatharcus 阿加塔卡斯
Agathias 阿给替阿斯
Agathocles 亚伽多克利
Agesilaus 亚偈西劳
Agincourt 阿金库尔
Agnellus 阿格尼拉斯
Agnes 阿格尼
Agobard 阿哥巴德
Agostino 亚哥斯提诺
Agricola 阿古利可拉
Agrigentum 阿格立真坦
Agrippa 阿古利巴
Agripina 阿格立派那
Aguado 阿瓜多

Ahab 亚哈
Ahasuerus 亚哈随鲁
Ahemad,Ahmed 阿默德
Aidan 爱丹
Aidman 爱德曼
Aignan,St. 圣腾永
Aigues-Mortes 亚格-摩特
Ailred 亚尔勒德
Aimae 爱伊密
Aimé 亚梅
Aimoin 爱伊摩英
Airivank 阿里凡
Airy 阿里
Aitzema 爱特西马
Aitzing 阿特辛
Aitzinger 阿特辛加
Aix 埃克斯
Akbar 亚格伯
Al-Aini 阿尔-爱伊尼
Alamanni 阿拉曼尼
Alani 阿兰人
Alaric 阿拉列
Al-Athir 阿尔-阿替尔
Al-Baladhuri 阿尔-巴拉杜里
Alban 阿尔班
Albans 阿尔班斯
Albarca 阿尔巴加
Al-Bayan 阿尔-巴扬
Albero 阿尔伯罗
Albert 阿尔伯特
Albertinus 阿贝尔第那斯
Albertus 亚尔伯图
Albigenses 阿尔比教派
Albigensian 阿尔比派教徒
Albina 阿尔拜那
Albinus 阿尔拜那斯
Al-Biruni 阿尔-俾鲁尼
Albizzi 阿尔俾齐
Albrecht 阿布勒喜特
Alcala 阿尔卡拉
Alciati 阿尔沙提
Alcibiades 亚西比德
Alcuin 阿尔琴
Aldhelm 阿尔德希姆
Aleman 阿里曼
Alemana 阿里曼那
Alemannia 阿里曼尼亚(即德意志)
Alençon 阿伦孙
Aleppo 阿勒颇
Aleria 阿勒里亚
Alessio 阿列息俄
Alex 阿勒克斯
Alexander 亚历山大
Alexandria 亚历山大里亚
Alexandro 亚历山德罗
Alexiad 《亚历西亚德》,即《亚历修传》
Alexius 亚历修
Alfonso 亚丰琐
Alfred 艾尔弗雷德
Algeria 阿尔及利亚

Algiers 阿尔及尔
Al-Hakon 阿尔-哈坎
Al-Hasan 阿尔-哈山
Alhusseini 阿胡西尼
Ali 阿利
Alice 艾丽斯
Alimentus 阿利门图
Al-Khatib 阿尔-哈提布
Allemani 阿里曼尼人
Allen 阿伦
Al-mada'ini 阿尔-马达伊尼
Almadio 阿尔马狄奥
Al-makrizi 阿尔-马克里西
Al-maqdisi 阿尔-马克第西
Almedo 阿尔密多
Almeric 亚尔美里克
Almohades 亚摩哈德王朝
Almoravides 亚摩剌外王朝
Al-Mu'mun 阿尔-穆蒙
Alois 同 Aloys
Alonso，Alonzo 阿隆索
Alost 阿洛斯特
Aloys 阿洛易斯
Alp Arslan 阿尔普·阿斯兰
Alpert 阿尔波特
Alphanus 阿尔芬那斯
Alphonse 亚丰塞
Alps 阿尔卑斯山脉
Al-Qalanisi 阿尔-奎拉尼西
Al-Qazwini 阿尔-卡兹威尼
Al-Qurash 阿尔-逵拉喜
Al-Sabi 阿尔-萨比
Alsace 阿尔萨斯
Alston 阿尔斯顿
Altaich 阿尔泰喜
Altenburg 阿尔滕堡
Altenheim 阿尔腾希姆
Altino 亚尔替诺
Altlantica 《阿特兰替卡》
Alvaro 阿尔发罗
Alvin 阿尔文
Al-waqidi 阿尔-瓦愧第
Al-yaqubi 阿尔-雅克比
Almadio 阿尔马狄奥
Amaagnac 亚曼雅克
Amadis 阿马狄斯
Amador 阿马多尔
Amadunian 阿马都尼亚人
Amalfi 阿马尔菲
Amand 阿曼德
Amara 阿马拉
Amari 阿马里
Amasis 阿马西斯
Amatus 阿马图
Amazons 阿马森人
Ambrose 安布洛兹
Ambrosio 安布罗西奥
Amedee 阿米第
Amedroz 阿米德罗兹
Amelangs 阿米兰斯

Amelgard 阿米加
Amendo 阿门多
Amersfort 阿麦斯福特
Amida 阿密达
Amiens 亚眠
Amirola 阿梅罗拉
Ammianus 安密亚那斯
Amon 阿蒙
Amorica 阿摩里加
Amos 阿摩司
Amr 阿姆尔
Amri 安赖
Amsterdam 阿姆斯特丹
Amundesham 阿蒙德斯罕
Amyot 阿米奥
Anacharsis 安那卡息斯
Anagnostes 阿那诺斯特
Anastasius 阿那斯退细阿
Anatolia 安纳托利亚
Anaxagoras 亚那萨哥拉
Anaximander 安那克西曼德
Anderson 安德森
André 安得烈
Andrea 安得累雅
Andreas 安得累阿斯
Andres 安得烈
Andrew 安得鲁
Andrews 安德鲁斯
Andronicus 安德洛奈卡
Androtion 安德洛兴
Angelo 安极乐
Angers 昂热
Angevin 安如族的
Anghera 安吉里亚
Angilbert 安吉尔伯特
Angles 盎格鲁人
Anglesey 安格尔西岛
Anglia 盎格利亚
Anglo-Saxons 盎格鲁-撒克逊人
Angora 昂哥拉
Angouleme 昂古莱姆
Angus 安格斯
Ani 阿尼
Anianus 阿尼阿那斯
Anjou 昂儒
Anna 安娜
Anne 安娜
Annie 安尼
Annius 安尼阿斯
Anno 安诺
Ansbert 安斯伯特
Anselm 安瑟伦
Anskar 安斯卡
Antenor 安特诺
Anthemias 安提密阿
Anthony 安东尼
Antias 安替阿斯
Antigone 安提峨尼
Antilles 安的列斯(群岛)
Antioch 安蒂奥克

Antiochus 安泰奥卡斯
Antipater 安替帕忒
Antiphon 安替芬
Antisthenes 安地色尼
Antistius 安替斯提阿斯
Antoine 翁团
Anton 安敦
Antonio 安敦尼奥
Antonius,Antony 安敦尼
Antrobus 安特罗布斯
Antwerp 安特卫普
Anushirwan 阿纽舍汪
Aonio 阿奥尼俄
Ap-Cynan 阿普-息南
Apennines 亚平宁山脉
Apia 阿皮亚
Apian 阿庇安
Apion 阿比温
Apodaca 阿坡达卡
Apollinaris 阿坡力内立
Apollodorus 亚坡罗多拉斯
Apollonius 亚坡罗尼阿斯
Apronianus 阿普洛尼安那
Apulia 阿普利亚
Aquaquiva 阿夸基发
Aquileia 阿歧雷雅
Aquitaine 阿基坦
Arabella 阿拉伯拉
Arabia 阿拉伯
Aragon 阿拉贡
Aramaea 阿剌米亚
Aramaic 阿剌米亚语
Aratus 亚拉图
Araucania 阿劳加尼亚
Arbela 阿卑拉
Arcadia 阿卡迪亚
Arcadius 亚加狄乌斯
Archbold 阿克波尔德
Archer 阿拆
Arculf 阿卡尔夫
Ardres 阿德雷
Ardzrouni 亚得佐尼
Ardzrouni 阿兹罗尼
Are 奥勒
Aretine 阿累丁
Aretino 阿勒提诺
Arezzo 阿雷佐
Argenton 阿戎顿
Argnants “亚哥号”英雄们
Argos 阿戈斯
Ari 阿里
Arian 阿利阿教派
Arib ben Sa'd 阿利布·本·塞德
Ariosto 阿利奥斯妥
Arisdages,Aristaces 阿里斯达斯
Aristarchus 阿里斯塔卡斯
Aristarco 阿里斯塔科
Aristeas 亚立斯提阿斯
Aristides 亚里斯泰提
Aristophanes 阿里斯托芬

Aristotle 亚里士多德
Arius 阿利阿
Arkona 阿尔科纳
Arles 阿尔
Arlington 阿林顿
Armagh 阿尔马
Armand 阿曼
Armenia 亚美尼亚
Armitage 阿米退基
Armorica 阿摩立卡
Armstrong 阿姆斯特龙
Arnald 阿那尔德
Arnaud 阿诺
Arne 阿纶
Arno 阿尔诺(河)
Arnold 亚诺尔德
Arnulf 阿诺尔夫
Arpád 阿帕德
Arras 阿拉斯
Arrian 阿里安
Arrundel 阿兰得尔
Arruntius 阿兰提阿斯
Arsaces 阿萨栖兹
Arsinoe 阿辛诺伊
Artapoanus 阿塔巴那斯
Artaphernes 阿塔斐尼
Artaxerxes 阿塔薛尔士
Artemita 阿提米塔
Arthur 亚瑟
Artois 阿图瓦
Asbrandson 阿斯布兰孙
Ascalon 阿什克伦
Ascanius 亚斯揆尼阿
Ascham 阿斯坎
Aschbach 阿斯赫巴哈
Asellio 阿塞利阿
Asher 亚设
Ashik-Pasha 阿失克-巴夏
Ashurbanipal 亚述巴尼拔
Ashurnasirpal 亚述那塞拔
Aske 阿斯克
Asognig 阿索伊格
Asser 阿塞
Assyria 亚述
Asti 阿斯蒂
Astorga 阿斯托尔加
Atabeg 阿塔贝格
Ata Malik 阿塔·马力克
Athanasian 阿塔内细阿教派
Athanasius 阿塔内细阿
Athelstan 阿特斯藤
Athenaeus 阿泰尼阿斯
Athens 雅典
Athos 阿索斯
Atir 阿替尔
Atizenger 阿提辛加
Atlantis 阿特兰替斯
Atlas 阿特拉斯(山)
Attaleiates 阿塔里阿特
Attica 阿蒂卡

Attila 阿提拉
Attis 阿提斯
Atwater 阿特沃特
Aubrey 奥布立
Aubri 奥布里
Audoghast 奥多加斯特
Aufidius 奥菲第阿斯
Auge 奥机
Augharad 奥哈拉德
Augoulême 奥哥连姆
Augsburg 奥格斯堡
August, Auguste 奥古斯德
Augustin, Augustine 奥古斯丁
Augustus 奥古斯都
Aui 奥伊
Aulaire 奥勒尔
Aulus 奥拉斯
Aungier 翁吉尔
Aunis 奥尼斯
Aura 奥累
Auray 奥累
Aurelian 奥利连
Aurelius 奥理略
Aurillac 奥里腊克
Ausbert 奥斯伯特
Ausgar 奥斯加
Ausonius 奥索尼阿斯
Austerlitz 奥斯特利茨
Austin 奥斯丁
Austrasia 奥斯达拉西亚
Austria 奥地利
Austriada 奥斯特里亚达
Austurias 阿斯都里亚
Autun 奥敦
Auvergne 奥弗涅山脉
Auxentius 奥克新提阿斯
Auxerre 奥塞尔
Avars 阿瓦尔人
Avenal 阿维纳尔
Avenel 阿佛内
Avenches 阿峰士
Avenna 阿文那
Aventinus 阿汾泰那斯
Avesbury 阿维斯柏立
Avesnes 阿微斯尼
Avignon 阿维尼翁
Avila 阿维拉
Avitus 阿维塔斯
Axel 阿克瑟尔
Ayad 阿雅德
Ayala 阿雅拉
Aylesbury 埃尔兹伯里
Aymaric 亚美里克
Azan 阿赞
Azores 亚速尔群岛

B

Baal 巴力
Baalbeck 巴尔贝克
Baarle 巴勒

Babel 巴伯尔
Babelon 巴别隆
Babenberg 巴本堡
Baber 巴卑尔
Babington 倍宾顿
Babylon 巴比伦
Babylonia 巴比伦尼亚
Bacchus 巴卡斯
Backer 巴克尔
Bacon 培根
Bactria 巴克脱里亚(即大夏)
Bactriana 巴克脱里亚那
Baer Ad-Din 贝尔·阿丁
Baethgen 俾特根
Bagdad 巴格达
Baglioni 巴格利温尼
Bagnell 巴格尼尔
Bagratides 巴格拉特德
Baha 巴哈
Bahador 巴哈多尔
Baillend 巴叶
Baiquara 巴卡拉
Baird 贝耳德
Bais Bay 拔斯·贝伊
Bajazet 巴查则特
Baker 培克尔
Bal'ami 巴拉密
Balan 巴兰
Balbillus 巴尔必拉斯
Balbulus 巴尔布拉斯
Balderich,Baldric 巴尔德里克
Baldwin 鲍尔文
Balearic Is. 巴利阿里群岛
Balian 巴连
Baliol 贝利奥尔
Balkan 巴尔干
Ballester 巴力斯特
Baltic 波罗的海
Baltimore 巴尔的摩
Balzani 巴尔赞尼
Bamberg 班贝格
Bandinelli 班第涅利
Bang 班格
Banger 班加
Bangor 班戈
Bannatyne 班那泰因
Banquo 邦廓
Bar 巴尔
Baradaeus 巴拉得阿斯
Barbaro 巴尔巴罗
Barbarossa 巴巴洛萨(红胡子)
Barbatus 巴巴都
Barbe 巴布
Barber 巴柏
Barbery 巴巴利
Barbier 巴俾亚
Barcelona 巴塞罗那
Bardenhewer 巴登豪威尔
Bareleg 贝尔勒格
Barger 巴格

Bari 巴利
Baring-Gould 贝灵-谷尔德
Bar-le-Duc 巴-勒-都
Baron 巴龙
Barnes 巴恩斯
Baronius 巴洛尼阿斯
Barrau 巴洛
Barri 巴里
Barros 巴洛斯
Barthelemy 巴泰勒米
Bartholomew, Bartholomeo, Bartolomeo 巴托罗缪
Bartoš, Bartoch 巴托斯
Barzizza 巴西扎
Baschet 巴斯克
Basel 巴塞尔
Basil 巴锡尔
Basilis 巴锡里斯
Basin 贝星
Basle 即 Basel 巴塞尔
Bassompierre 巴松佩耳
Bassus 巴苏斯
Baton 巴敦
Baltista 巴替斯塔
Batuta 巴都塔
Baudri 波得里
Baum 包姆
Baumgarten 包姆加敦
Baur 包尔
Bavaria 巴伐利亚
Baye 贝伊
Bayeux 巴叶
Bayle 柏耳
Bayne 贝恩
Baynes 本兹
Bazani 巴撒尼
Bazoches 巴佐克
Bearn 贝亚恩
Beaton 俾吞
Beatrice 俾阿特立斯
Beatus 俾塔斯
Beaucourt 波科尔
Beaufort 波弗特
Beaumont 博芒特
Beaune 比敖内
Beauvais 博韦
Beazley 俾兹利
Bec 柏克
Becket 柏刻特
Bede 比德
Bedingfield 柏丁飞尔德
Bedjan 柏德扬
Beer 贝耳
Beeson 俾孙
Behistum 贝希斯敦
Beit-Nouhadre 俾特-努哈德里
Bekri 贝克里
Bel 柏尔
Bela 贝拉
Belgica 比尔吉卡

Belgrade 贝尔格莱德
Beliarte 贝利阿特
Belisarius 贝利撒留
Bell 柏尔
Bellaguet 柏雷居
Bellarmine 柏拉民
Bellenden 柏楞登
Belling 比林
Below 柏罗
Beltrani 柏尔特拉尼
Belus 俾鲁斯
Belvoir 贝尔沃
Bembo 本波
Ben 本
Benedict 本泥狄克特
Beneditti 柏尼德提
Beneditto 本泥狄多
Benessius 本尼细阿斯
Benet 本尼特
Benevento 贝内文托
Beneventum 贝尼温敦
Benham 本亨
Benigne 柏宁
Ben Husain 本·胡参
Ben Ishaq 本·伊斯哈克
Benjamin 本杰明
Ben Khalid 本·卡利德
Benno 本诺
Benoit 柏诺依
Benrath 本拉特
Bent 本特
Bentinck 奔霆
Bentivolle 本提服勒
Bentivollio 本提服略
Bentley 本特利
Bentovogli 本托服格里
Benvenuto 本维纽托
Beowulf 贝奥武尔夫
Berber 柏柏尔人
Berca 柏卡
Bercy 贝西
Berengaria 贝棱加里亚
Barengarius, Berengar 贝伦加
Bergamo 贝加莫
Bergen 贝尔根
Berkeley 柏克利
Berlickingen 柏力兴根
Berlin 柏林
Bermondsoy 伯蒙齐
Bern 伯尔尼
Bernadotte 伯讷多特
Bernal 柏那尔
Bernard 伯纳德
Bernardez 伯那尔得斯
Bernardino 伯拿丁诺
Bernardus 伯拿度
Bernays 柏那斯
Bernegger 柏尼加
Berners 柏涅兹
Bernhard 本哈德

Bernhardi 本哈第
Bernheim 本亥姆
Bernold 柏诺尔德
Bernouilli 柏努利
Bernried 本里德
Bernus 贝那斯
Bernward 本华德
Berossus 柏洛萨斯
Berry 贝里
Bertha 柏塔
Berthelet 柏特勒
Berthold 柏托尔德
Bertholf 柏托尔夫
Bertin 柏汤
Bertold 贝托尔德
Bertram 柏特兰
Bertrand 柏特龙
Berusu 柏鲁苏
Berwick 贝里克
Besauçon 贝桑松
Best 柏斯特
Bethencourt 贝沁库尔
Bethlehem 伯利恒
Béthune 贝顿
Beugot 伯果
Bevan 贝凡
Bewar 俾瓦尔
Bewet 俾威
Beza,Beze 柏扎
Bezeleel 柏扎利厄尔
Bezold 贝佐尔德
Bickel 比克尔
Biclaro 比克勒罗
Biegewyrd 俾基威尔德
Bierstadt 俾斯塔德
Billinger 比林加
Binaut 比诺
Bindusaru 频头沙罗
Biondo 俾温多
Birch 柏赤
Birdi 柏第
Birlinger 柏林格
Birnam 柏楠
Biron 俾龙
Bischof 比寿夫
Biscop 比斯科普
Bishop 比沙普
Bisticci 比斯提西
Bithynia 俾泰尼亚
Bitlis 比特利斯
Bjarne 边恩
Blackburne 布莱克本
Black Forest 黑森林
Blackwell 布莱克韦尔
Bland 布兰德
Blaise 布雷斯
Blakeney 布雷刻尼
Blaneford 布兰福德
Blasien 布雷西恩
Blemmydes 布伦密得

Bleye 布莱耶
Blignieres 布利尼尔
Bloch 布罗和
Blochet 布洛克
Bloct 布鲁特
Blois 布卢瓦
Blok 布洛克
Bloomfield 布卢姆菲尔德
Blondel 布伦得尔
Blondus 蓬杜
Bluetooth 布鲁托斯
Boccaccio 薄伽丘
Boccanegra 薄坎尼格拉
Bodin 波当
Bodleian Library 波德力图书馆
Bodley 波德力
Boece 波伊斯
Boehmer 柏麦
Böeking 伯金
Boeotia 维奥蒂亚
Boer 部耳
Boethius 柏提阿斯
Bogislaus 波基斯劳
Bohemia 波希米亚
Bohemond 波希梦德
Böhme 波梅
Bohn 蓬
Bohun 波洪
Boicharst 博卡斯特
Boigues 波古
Boissier 霸西厄
Boissonade 布瓦桑那德
Bokhara 布哈拉
Boleslav 波勒斯拉夫
Boleyn 波林
Bollandus 坡兰达斯
Bologna 波洛尼亚
Bond 逢德
Bonet-Maury 波讷-莫里
Bonfini 逢非尼
Bongars 崩加
Boniface 逢尼非斯
Bonincontri 波尼康特里
Bonn 波恩
Bonnet 坡涅
Bonneval 逢尼发尔
Bons 逢斯
Bonvier 逢维尔
Boodberg 波得柏格
Boor 布尔
Boos 波士
Bor 博尔
Bordeaux 波尔多
Bordin 波丁
Borgia 波耳查
Borgo 博尔戈
Born 波伦
Borneo 婆罗洲
Borromeo 波罗美奥
Boru 波鲁

Bosau 波骚
Bosham 波斯罕
Bosphorus 博斯福鲁
Boston 波士顿
Bostoner 波士多内
Bosworth Field 博斯沃斯-菲尔德
Botaneiates 波塔尼阿特
Bote 波特
Botho 波托
Botta 波塔
Bouccicaut 部西科
Bouchart 部沙尔
Bouche-Leclercq 部社-勒克雷尔
Bouillon 部永
Boulogne 布洛涅
Bouquet 布克
Bourbon 波旁
Bourbonnais 部耳逢内
Bourdeilles 部尔达厄
Bourdigné 部耳戴尼
Bourel 部勒
Bourgeois 部耳追斯
Bourges 部耳日
Bourgin 部耳甘
Bourgueil 部加尔
Bouriant 部里昂
Bourne 伯恩
Bournouf 步尔努夫
Bourquelot 部耳奎洛特
Bourrilly 部里利
Bouthal 部塔尔
Bouvines 部焚
Boverley 柏味力
Bovil 部维尔
Boyd 博伊德
Bozen 博岑
Bozovius 波左维阿斯
Brabant 布拉邦特
Bracciolini 不拉肖利尼
Bracton 不刺克顿
Brahmi 不拉赫米(语)
Brahminism 婆罗门教
Brakelond 布累克隆德
Brandenburg 勃兰登堡
Brandt 布兰特
Brantôme 布龙托谟
Brasil 布累西尔
Braybrooke 布累勃鲁克
Breasted 布雷斯特德
Breen 布伦
Brehaut 布利哈特
Brehier 布雷埃
Breisgau 布赖斯高
Bremen 不来梅
Brent 布纶特
Brescia 布雷西亚
Breslau 布雷斯劳
Bressnau 北勒斯瑙
Breteuil 布勒忒厄
Bretigny 布雷蒂尼

Breton 布列塔尼人
Breul 布勒尔
Brewer 布鲁厄
Brezé 布累撒
Brian 布赖安
Bridges 布立泽斯
Bridget 布立泽特
Bridlington 布里德林顿
Brie 白利
Briefbuch 布里夫布赫
Brieuc 白利欧克
Bright 伯赖特
Brill 布理尔
Brindisi 布林迪西
Brisson 布里松
Bristol 布里斯托尔
Britain 不列颠
Britannia 不列颠
Britannicus 不列坦尼卡斯
Brithnorth 不列斯诺斯
Briton 不列颠人
Brittany 布列塔尼
Brockelmann 布洛克尔曼
Brodeur 布洛都
Brøgger 布洛格
Brooke 勃鲁克
Brooks 布鲁克斯
Brosset 布洛塞
Brown 布郎
Browne 布牢温
Brownson 布兰孙
Bruce 布鲁司
Bruin 布鲁印
Bruges 布鲁日
Btunabor 布那波
Brunanburgh 布鲁南堡
Bruandusium 勃隆度辛
Brune 布纶
Bruner 布律讷
Brunetto 布律内多
Bruni 布鲁尼
Brunn 布尔诺
Brunne 布隆内
Bruno 白鲁诺
Brunschvig 不伦瑞克
Brut,Brute 布鲁特
Bruttedius 布鲁特第乌斯
Bruttium 布鲁提安
Brutus 布鲁图
Bruxelles 布鲁塞尔
Bryennius 布里恩尼阿斯
Buchanan 布坎南
Buchler 布希勒
Buchon 步宋
Buckingham 白金汉
Buda-Pest 布达佩斯
Budge 巴奇
Büdinger 比丁革
Buelna 倍尔那
Buffalo 布法罗

Bugge 部革
Bulak 部拉克
Bulstrode 部尔斯特罗德
Bunbury 班柏立
Bunt 本恩特
Buonaccorsi 部奥那科西
Burchard 柏卡德
Burckhardt,Burckhard 部克哈特
Burd 柏德
Burgundians 勃艮第人
Burgundy 勃艮第
Burkitt 部克特
Burleigh 柏力
Burnet 伯内特
Burnouf 部尔努夫
Bursellis 巴塞利斯
Burton 伯顿
Bury 伯里
Busbecq 部斯贝克
Busch 部士
Buser 部塞
Bushby 部什拜
Busolt 部索尔特
Butler 蒲脱尔
Butrito 部特里多
Butulf 布图尔夫
Byarni 拜尼
Byblius 拜布利阿斯
Byrd 拜尔德
Byron 拜伦
Byzacena 柏萨西那
Byzantium 拜占庭

C

Cabaret 喀巴勒
Cabot 喀波特
Cabrera 卡布里拉
Cade 卡德
Cadiz 加的斯
Cadmus 卡德马斯
Cadwallan 卡德瓦兰
Caen 卡昂
Caesar 恺撒
Caesarea 恺撒利亚
Cafaro 卡发罗
Cafarus 卡发鲁斯
Cahen 卡昂
Cain 该隐
Cairo 开罗
Calabria 卡拉布里亚
Calais 加来
Calchi 卡尔基
Calculus 加尔各拉斯
Calcutta 加尔各答
Calderwood 科尔德伍得
California 加利福尼亚
Caligula 加利古拉
Caliph 哈里发
Caliphate 哈里发国
Calixtus 卡力克斯塔

Callisthenes 卡利斯提尼
Calmette 卡尔美特
Calpurnius 卡尔浦尼阿斯
Calvin 喀尔文
Calvinist 喀尔文派教徒
Cambrai 康布雷
Cambrensis 坎布棱息
Cambria 坎布里亚
Cambriae 坎布里亚
Cambridge 剑桥,坎布里奇
Cambyses 冈比西
Camden 卡姆登
Camille 卡密尔
Camillus 卡密拉斯
Camillo 卡密罗
Campagna 坎判纳
Campania 坎帕尼亚
Campbell 坎贝尔
Campenella 康帕内拉
Campion 坎匹温
Canae 坎尼
Canale 卡那尔
Canary Is. 加那利群岛
Candia 干地亚
Candiano 甘狄安诺
Candido 孔第多
Candidus 孔第度
Candos 坎多斯
Canestrini 卡尼斯特里尼
Can Grande 坎·格龙
Canossa 卡诺萨
Cantacuzenus 坎塔丘济那
Cantarelli 坎塔累利
Canterbury 坎特伯雷
Cantu 坎土
Canut, 同 Cuute,贾奴特
Capasso 卡帕索
Capecelatro 卡佩塞拉特罗
Capes 开普斯
Capet 加佩
Capetian 加佩王朝
Capgrave 卡普格累甫
Capital 卡普塔尔
Capito 卡匹多
Capitol 卡彼托
Capitolinus 卡彼托利那斯
Cappadocia 卡帕多西亚
Cappo 卡波
Capponi 卡波尼
Capri 喀普里
Capua 卡普亚
Capulet 卡飘勒特
Caracalla 卡剌卡拉
Caraffa 加辣发
Cardano 卡达诺
Cardia 卡底亚
Carew 卡鲁
Carey 揆立
Caria 开利阿
Carinus 卡赖那斯

Carinthia 卡林西亚
Carion 卡立温
Carl 卡尔
Carlo 卡罗
Carlisle 卡莱尔
Carlsruhe 卡尔斯鲁厄
Carlton 卡尔顿
Carlyle 喀莱尔
Carmarthen 卡马森
Carmel 卡麦尔
Carmelite 卡麦尔教团
Carnarvon 卡那封
Carneades 卡尼亚底
Caro 卡罗
Carolingians 加洛林王朝
Carpathianian Mts. 喀尔巴阡山脉
Carpenter 卡盆特
Carpineto 卡皮涅多
Carpini 卡皮泥
Carra 喀拉
Carrhae 卡里
Carus 卡鲁司
Carruth 卡鲁斯
Cartagena 卡塔赫纳
Cartellieri 卡特利里
Carthage 迦太基
Carthusian 卡尔特教团僧侣
Cartright 卡特赖特
Carve 卡甫
Cary 揆立
Casas 卡兹
Casati 卡萨梯
Casaubon 加索绷
Casauria 加索里亚
Caschiffellone 卡斯契斐隆
Casimir 卡西米尔
Casino 卡西诺
Caspar 卡斯帕
Cassel 卡塞尔
Cassino 卡西诺
Cassiodorus 卡息奥多拉斯
Cassius 加西阿斯
Castanheda 卡斯坦希达
Castel,Castell 卡斯特尔
Castellani 加斯提兰尼
Castello 卡斯特洛
Castelnau 卡斯特诺
Castile 卡斯提尔
Castillo 卡斯蒂略
Castrecani 卡斯特拉卡尼
Castruccio 卡斯特鲁绰
Catalan 卡塔兰
Catalonia 加泰罗尼亚
Cateau-Cambresis 卡托-空布累济
Caterino 喀德邻诺
Catharist 纯洁派教徒
Catherine 喀德邻
Catiline 喀提林
Cato 伽图
Catreuse 卡特累斯

Catti 伽提
Cattley 卡特利
Catulus 卡塔拉斯
Caudébec 科德柏克
Caudine Forks 科丁山路
Cauer 科尔
Caussade 科萨德
Cava 卡发
Cavalcanti 卡发尔坎提
Cavendish 卡文迪什
Caxton 卡克斯顿
Ceccano 息卡诺
Cecil 塞西尔
Cecilia 塞息力亚
Cedrenus 西得累那斯
Cella 西拉
Cellini 拆利尼
Celsus 塞尔萨斯
Celts 克勒特人
Celtis 塞尔替斯
Censorinus 森索林那斯
Ceres 栖里兹
Cessare 恺撒
Ceuta 休达
Ceva 切瓦
Ceylon 锡兰
Chabannes 沙班
Chabot 沙波
Chadwick 察德威克
Chaereas 喀里阿斯
Chaeronea 喀罗尼亚
Chalandon 加兰顿
Chalcedon 加尔西顿
Chalchis 卡尔契斯
Chaldea 迦勒底
Chalcocondylas 卡尔科康第拉斯
Chalmers 察尔麦斯
Chalôns-sur-Marne 沙龙·绪·玛伦(玛伦河畔的沙龙)
Chamberlayne 辰柏林
Chambers 辰柏兹
Chambre 辰柏
Champagne 香巴尼
Champion 产匹温
Champollion 商博良
Chanakya 查那基亚
Chandos 产多斯
Chandragupta 旃陀罗笈多,昌德拉古普塔
Chapman 察普曼
Charbonnel 沙崩纳尔
Chardon 沙敦
Chares 卡里兹
Charlemagne 查理曼
Charles 查理,查尔斯
Charon 夏隆
Charriere 沙利尔
Chartier 沙退
Chartre 夏尔特尔
Charveriat 沙佛里阿

Chastellain 沙特连
Chateaumorand 沙托摩伦
Chateauneuf-de-Randon 沙托纽夫-得-兰敦
Chatillon 夏蒂荣
Chaucer 乔叟
Chavannes 沙畹
Chavanon 勺凡浓
Chazaud 沙佐
Chelsea 切尔西
Chemnitz 克姆尼茨
Cherbourg 瑟堡
Cherbury 瑟柏立
Cheshire 柴郡
Chestelle Street 彻斯特勒·斯特里
Chester 切斯特
Chevalier 瑟发雷
Chevallard 瑟发拉
Cheyne 彻因
Chiapas 恰帕斯
Chicago 芝加哥
Chigi 什基
Childebert 契尔得柏特
Childebrand 契尔德布兰
Childeric 契尔得立克
Chilperic 契尔柏立克
Chimay 犀美
Chinnock 钦诺克
Chios 希俄斯(开俄斯)
Chiswick 契稷克
Chlodovech, 即 Clovis 克罗维斯
Choisy 舒瓦齐
Chorene, 即 Khoren 柯伦
Chosroes 科斯洛厄兹
Chosrov 科斯洛甫
Chrabr 克拉布尔
Chrétien 克累提益
Christ 基督
Christian 克立斯兴
Christie 克立斯替
Christina 克里斯提那
Christine 克立斯丁,克里斯提娜(瑞典女王)
Christoph 克里斯托夫
Christopher 克里斯多福
Chrondegang 克洛底干
Chroust 克罗斯特
Chrysoloras 克立索罗剌
Chrysostom 克立索斯顿
Chrystraeus 克立斯特里阿斯
Church 邱赤
Churchill 丘吉尔
Cicero 西塞罗
Cid 熙德
Cilani 息拉尼
Cilicia 西里西亚
Cimbri 辛布赖人
Cimmon 塞蒙
Cincius 辛西阿斯
Cindos 辛多斯

Cinnamus 辛那马斯
Circourt 塞卡特
Cirencester 赛伦塞斯特
Cirot 息罗
Cirta 塞塔
Cisteaux 昔妥
Cisterciaus 昔妥派教团僧侣
Civitate 西维塔特
Clairvaux 克雷沃
Clapham 克拉彭
Clare 克莱尔
Clarence 克拉伦斯
Clarendon 克拉林敦
Clari 克拉里
Clark 葛拉克
Claude 克罗德
Claudian 克劳狄安
Claudius 克劳第乌斯
Clavijo 克拉维约
Clay 克莱
Cleitarchus 克来塔卡斯
Clement 克力门
Cleomenes 克利奥米尼
Cleopatra 克利奥佩特剌
Clermont 克莱蒙
Clerval 克勒发
Cleveland 克利夫兰
Cleves 克里甫斯
Clidemus 克利德谟斯
Clifford 克利佛德
Clio 克力奥
Clitarchus 克利塔卡斯
Clive 克莱武
Clodius 克罗狄阿斯
Clontarf 克伦塔夫
Clonmacnoise 克琅墨克诺伊斯
Closener 克罗塞内
Cloud 克劳德
Clourcy 克拉西
Clouzot 克劳佐
Clovis 克洛维斯
Cluniac 克吕尼派僧侣
Cluny 克吕尼
Clusium 克吕修姆
Cluvius 克鲁维阿斯
Cnute 克纽特
Cobham 科巴姆
Coccio 科克西奥
Cocherel 科希尔
Cockburn 科克本
Coelius 西利阿斯
Coemgin 科姆金
Coffmann 科夫曼
Coggeshall 科基舍尔
Cohen 科痕
Coinbra 哥印伯拉
Coke 科克
Cola 科拉
Colbert 科尔伯特
Colby 科尔比

Colchis 科尔奇斯
Coldingham 科尔定汗
Cole 柯尔
Coleman 科尔曼
Colet 科勒特
Colgan 科尔干
Colgrave 科尔格拉甫
Coligny 科利尼
Coliseum 科利西姆
Collennuccio 科林纽肖
Collinson 科林逊
Colmar 科尔马
Cologne 科隆
Colombe 科伦巴
Colon 科隆
Colonna 科伦那
Colophon 科罗封
Coluccio 科鲁西奥
Columba 哥伦巴
Columbia 哥伦比亚
Columbus 哥伦布
Comestor 科美斯特
Commines,Commynes 科民
Commodus 孔茂德
Comnena 昆尼那
Comnenus 昆尼那斯
Como 科莫
Compagni 康派尼
Compiegne 贡比涅
Compostella 康彼斯提拉
Conaire 科那
Conches 康契斯
Condamin 空达民
Condé 康德
Conflans 空夫隆
Conaught 康诺特
Connellan 康尼兰
Conon 科嫩
Conrad 康拉德
Constable 坎斯塔布尔
Constance 康斯坦茨
Constant 空斯通
Constantine 君士坦丁
Constantino 君士坦丁诺
Constantinople 君士坦丁堡
Constantius 君士坦西阿
Contarini 君塔里尼
Contractus 君特拉克都
Conybeare 坎尼贝尔
Conyers 坎尼尔斯
Cook 科克
Coolfrid 库尔夫里德
Cooper 库柏
Copenhagen 哥本哈根
Copernicus 哥白尼
Coptic 哥普特(语或人)
Copus 科帕斯
Corbeil 科柏尔
Corbie 科比
Corbulo 科布罗

Cordar 科德
Cordelia 科第力亚
Cordier 科第厄
Cordova，同 Cordoba 科尔多瓦
Cordus 科都斯
Corfu 科孚
Corghos，同 Gorigos 哥利哥斯
Corinth 科林思
Corio 科里奥
Coriolanus 科里奥拉那斯
Cornelius 哥尼流
Cornell 康奈尔
Cornet 科涅特
Cornford 昆佛德
Cornill 科尼尔
Cornwaile 康华尔
Cornwall 康沃尔
Coroleu 科罗利乌
Corpus Christi 科珀斯-克里斯蒂
Correa 科里阿
Correri 科剌利
Corry 科里
Cortez 科德司
Corvey 科维
Corvinus 科维那斯
Cory 科里
Cosenza 科森察
Cosimo 科西摩
Cosmas 科斯马斯
Cosmo 科斯摩
Costanzo 科斯坦索
Cotentin 科通汤
Cotterell 科特勒尔
Cotton 科顿
Coucy 库栖
Coulanges 库朗日
Couderic 库得立克
Coulton 库尔顿
Courteault 库特奥
Cousin 库臧
Coventry 考文垂
Cowton moor 顾敦泽地
Coxden 柯克斯登
Coxe 科克斯
Cracow 克拉科夫
Craig 克累格
Craigie 克累基
Craik 克累克
Cram 克拉姆
Cranach 克拉那克
Cranmer 克兰麦
Crante 克兰特
Crassus 克拉苏
Crateros 克累特罗
Cratippus 克拉替帕斯
Crawford 克劳福
Crawley 克劳莱
Crècy 克勒西
Crees 克里斯
Creighton 克赖吞

Crema 克雷马
Cremona 克雷莫纳
Cremutius 克里谋提阿斯
Crespin 克勒斯宾
Cressieu 克累修
Creswicke 克勒斯尉克
Crispin 克立斯宾
Crispius 克立斯皮阿斯
Cristobal 克利斯托巴耳
Critchlow 克力启罗
Crito 克立托
Critolaos 克立托雷斯
Croce 克罗齐
Croesus 克里萨斯
Croiset 克拉塞
Cromwell 克伦威尔
Cross 克罗斯
Crosse 克落斯
Croton 克罗顿
Crotus 克洛塔斯
Crowland 克洛兰
Crown 克朗(银币)
Croyland 克垒兰
Cruttwell 克鲁特威尔
Ctesias 提细阿斯
Ctesiphon 忒息丰
Cucoigriche 库科格里启
Cujacius 丘哲细阿斯
Cumae 邱米
Cuman 库曼人
Cunaxa 邱那克萨
Cunctator 昆克塔脱
Cunitz 库尼兹
Cura 库拉
Cureton 邱尔吞
Curius 古里阿斯
Currieu 古流
Curt 卡特
Curtius 库图斯
Cusa 库萨
Cuspinian 库斯皮尼安
Cuspinianus 库斯宾尼安那
Cuthbert 卡司柏特
Cuvelier 屈维利尔
Cuzco 古斯各
Cyaxares 赛阿克萨里
Cymbeline 辛俾林
Cymmrodorion 西谟罗多里翁
Cymric 西姆里克
Cynan 息南
Cyprian 息普利安
Cyprus 塞浦路斯
Cyrene 施勒尼
Cyriac, 即 Guiragos 居利阿克
Cyril 西里尔
Cyrus 居鲁士
Cyzicus 塞西卡斯
Czewenka 捷文卡

D

Da 达

Dahlmann 达尔曼
Dahn 丹
Dagobert 达哥伯
Dala 达拉
Dalmatia 达尔马提亚
Dalton 多尔顿
Dalyell 迪厄尔
Damasus 达马萨
Damiani 达密安尼
Damiao 达密奥
Damietta 达米埃塔
Dandolo 丹多罗
Danett 丹内特
Daniel 但以理,丹尼尔
Daniell 丹聂儿
Danishwar 丹尼喜瓦尔
Danou 达诺
Dante 但丁
Danton 丹敦
Danube 多瑙河
Daphnopates 达夫诺佩底
d'Aquilers 达基勒
D'Arbaumont 达包蒙
d'Arcq 达克
Dardanus 达达那斯
Dardel 达得尔
Dardier 达狄厄
Darien 达里安
Darius 大流士
Darlington 达林顿
Darnley 达恩利
Daron 达纶
Dasent 对森特
d'Artevell 达特维尔
Dartmouth 达特默思
Dassel 达塞尔
Dati 达梯
d'Aubigne 多宾那
Daunou 多努
D'Auton 道敦
Dautremer 达特里麦
d'Avenel 达佛内
David 大卫,戴维
Davies 对维兹
Da Vinci 达·芬奇
Davis 戴维斯
Davison 达维孙
Davy 德斐
Dawes 多兹
Dawkins 多琴斯
Dawson 道森
De 得
Dead Sea 死海
Debevoise 底比服伊斯
de Buch 得·部希
Decembrio 得森布里奥
Decimus 狄西摩斯
Decius 狄西阿
Dee 底河
Deft 得夫特

Dehaines 得安
Deherain 得埃兰
Dehkans 德甘人
Delaborde 得拉波德
Delaporte 得拉坡特
Delarc 得拉克
Delbosc 得尔波
Delehaye 得勒嘿伊
de L'Estoile 得·勒斯托尔
Delisle 得利尔
Della Scala 得拉·斯卡拉
delle Valle 得勒·发勒
Delofre 得洛夫累
Delphi 德尔法
de Luyne 得·吕伊纳
Demeter 狄密特
Demetrius 狄密多流
Democritus 德谟克利图
Demosthenes 德谟斯提尼
Denis 登尼斯
Denmark 丹麦
Dentatus 登退塔斯
Deny 但尼
Denys 登尼斯
Denzil 登齐尔
Derby 德比
Derenbourg 第伦堡
Dermot 得谟特
De Saulcy 得·索栖
Desclot 笛斯克罗特
Desclozeaux 德斯克洛佐
Desiderius 德西得里阿
d'Estouteville 得斯图特维尔
des Ursins 得赛森
Dethier 得色尔
De Thou 得·图
Deuil 兑依尔
Deukalior 雕开利温
Deventer 德文特
Devizes 得维兹
Devonshire 德文郡
D'Ewes 雕兹
Dewing 得温
Dexippus 得克西配斯
Dezcoll 得斯科尔
Dhalla 达拉
di 狄
Diaconus,Diakonos 戴阿科那斯
Diaz 地阿斯
Dibelius 狄伯略
Dicaearchus 代西亚尔克
Diceto 狄塞多
Dickinson 笛肯生
Die 对
Diego 第亚哥
Diehl 第尔
Diessenhofen 第森荷芬
Dieudonné 杜多内
Dihigo 迪伊戈
Dijou 第戎

Dill 狄尔
Dimetrios 的米特里阿斯
Dinaux 第诺
Dinawari 戴那瓦里
Dindorf 丁多夫
Dino Compagni 带诺·康派尼
Dinon 狄隆
Dinoth 狄诺司
Dio 戴奥
Diocletian 戴克里先
Diodorus 戴奥多剌斯
Diogenes 戴奥真尼斯
Dionysius,Diouysios 戴奥尼素
Dius 第乌斯
Djemali 德泽马利
Djordjis 得约基斯
Dlugosz 德鲁哥兹
Dobner 多布纳
Dobrowsky 多布洛甫斯基
d'Ocampo 多坎波
Dodart 多达特
Dods 多咨
Dodu 多杜
Dohna 多那
Dolce 多尔奇
Döllinger 得令革
Dominic 多明我会
Dominican 多明我会僧侣
Dominichi 多门尼岐
Dominico 多密尼科
Dominis 多密尼斯
Domitian 多密善
Domitius 多密提阿斯
Domremy 多姆雷米
Don 唐
Doña 多那
Donald 多那尔
Donaldson 多那尔孙
Donatian 多那田
Donatist 多那特教派
Donato 多那托
Donatus 多那塔斯
Dondini 唐狄尼
Donegol 多尼哥尔
Donizo 多尼左
Don Juan 唐·朱安
Doren 多伦
d'Orgemont 多基蒙
d'Oria 多里亚
Döring 多伦
Dorothy 多罗西
d'Orreville 多勒维尔
Dorset 多塞特
Dortmund 多特蒙德
Dorylaeum 多利里昂
Dosson 多孙
d'Ostrevant 多斯特累凡
Douai 杜埃
Douce 道斯
Douet 杜厄

Douglas 道格拉斯
Doukas 道卡斯
Dourais 道累
Douris 道里斯
Dousa 道萨
Dove 多斐
Dow 道
Dozy 多济
Drake 德雷克
Dresden 德累斯顿
Drews 德留斯
Dring 德零
Driver 德累维
Dromore 德洛摩耳
Droysen 特雷新
Drusus 德鲁苏
Drwon 德鲁昂
Dryden 德莱登
Duarte 杜亚尔特
Du Bellay 杜·培雷
Dublin 都柏林
Dubravius 杜布拉维阿斯
Dubravisky 杜布拉维斯基
Ducas 杜伽
Duchesne 度申
Dudo 度多
Dufayard 杜法耶
Duff 达夫
Duffus 达佛斯
Du Guesclin 杜·给克朗
Duisburg 杜伊斯堡
Dulaurier 杜罗里尔
Dümmler 达姆勒
Dunawd 丹纳德
Duncalf 当卡尔夫
Duncan 邓肯
Dunsinane 丹息能
Dunstable, Dunstaple 邓斯特布尔
Dunstan 丹斯坦
Duntzer 丹采
du Perron 杜·培隆
Dupin 杜鹏
Duplesses-Morney 度普雷塞斯-摩尔内
Durand 雕兰德
Düer 度勒
Durham 达剌谟
Du Royer 杜·路瓦耶
Durville 德维尔
Dussieux 杜索
Dwight 代特
Dyer 代厄
Dyllus 狄拉斯

E

Eadmer 厄德麦
Eales 厄尔斯
Eannes 英尼斯
Earnest 厄涅斯特
Eberhard 阿伯哈特

Ebert 亚伯特
Ebo 埃博
Ebrach 厄布拉喜
Ebro 埃布罗
Ecbatana 爱克巴塔那
Eccleston 厄克利斯吞
Edda 《伊达》
Edden,Eden 伊甸
Eddison 爱迪孙
Eddius 厄狄阿斯
Edessa 以德萨
Edgar 以得加
Edinburgh 爱丁堡
Edith 伊狄斯
Edmond,Edmund 埃德蒙
Edmunds 爱德曼兹
Edmundson 爱德曼孙
Edouard 爱多亚
Edris 伊德里斯
Edrisi,Idrisi 伊德里西
Edrissites 伊德里斯王朝
Eduard. Edward 爱德华
Edwards 爱德华滋
Edwin 爱德温
Egger 亚格
Eggi 厄基
Egidio 厄基第奥
Egil 厄基尔
Egmond 埃格蒙特
Egmont 埃格蒙特
Egwin 厄格文
Egypt 埃及
Ehrman 厄尔曼
Ehses 厄西斯
Eichstadt 爱喜斯塔德
Eike 爱克
Eileen 爱林
Einhard 爱恩哈德
Einhart 爱恩哈特
Eirikr 爱烈克尔
Ekkehard 厄克哈德
Elagabalus 厄拉加巴拉斯
Elbe 易北(河)
Eddred 厄尔德勒德
Eleanor 厄拉涅
Eleonora 厄利奥诺拉
Eleutherius 厄琉特里阿斯
Elias 伊利亚
Elisaeus 伊利赛阿斯
Elizabeth 伊丽莎白
Elkan 厄尔干
El-kindi 厄尔-金第
El-kudai 厄尔-顾德伊
Ellen 埃伦
Ellenhard 厄林哈德
Ellesmere 厄尔兹米耳
Ellis 埃利斯
Ellies 厄尔力斯
Elmer 厄尔麦
Elmham 厄姆罕

El-Mokaffa 厄尔-莫卡法
El-Musebbihi 厄尔-穆斯比希
Elphege 厄尔斐基
Elsie 厄尔西
Elton 厄尔顿
Ely 伊里
Elzevir 厄尔则未
Emerton 爱默顿
Emery 爱美利
Emil,Emile,Emille 爱弥儿
Emilio 伊密力奥
Emine 厄明
Emmaus 恩美阿斯
Emmel 恩麦尔
Emmeram 恩美连
Emmius 恩密阿斯
Emo 恩摩
Engelbert 恩格尔伯特
Engelhardt 恩格尔哈特
England 英格兰
Enguerrand 恩加伦
Ennius 英尼阿
Ennodius 厄诺狄阿斯
Enoch 以诺
Enrico 恩里科
Enrique 恩里克
Ensmingen 恩斯明根
Eoin 伊奥英
Epaminondas 伊巴密浓达
Epaphroditus 厄帕夫洛带塔
Ephesus 以弗所
Ephorus 厄福鲁斯
Epictetus 挨披克提都
Epicurean 伊壁鸠鲁学派
Epiphanes 厄匹非尼
Epiphania 厄匹非尼亚
Epiphanius 厄匹非尼阿斯
Epirus 伊庇鲁斯
Erasmus 伊拉斯美斯
Eratosthenes 埃拉托色尼
Erchempert 爱卿柏特
Ercole 埃科尔
Erdmannsdörffer 爱尔特曼斯德菲
Erech 伊勒克
Erfurt 埃尔福特
Eric,Erich 伊立克
Ericson 伊立克孙
Erlangen 埃尔兰根
Erling 厄林
Ermoidus 厄谟尔达
Ernald 厄那尔德
Ernest 厄涅斯特
Ernoul 厄诺尔
Ernst 伊伦斯特
Erpenius 厄皮尼阿斯
Erwin 厄文
Erythraean Sea 厄立特里亚海
Esarhaddon 伊撒哈顿
Esau 伊索(以扫)
Eschenlohr,Eschenloor 厄申罗尔

Escorial 埃斯科里亚尔
Essex 埃塞克斯
Este 伊斯特
Estevan 厄斯特凡
Esther 以斯帖
Esthonia 爱沙尼亚
Estienne 亚田
Estienne-au-Mont 亚田-奥-蒙
Estridsson 厄斯特里德孙
Ethelbert,Adalbert 厄特尔伯特
Ethelred 厄特尔勒德
Ethelreda 厄特尔勒达
Ethelwerd 厄特尔威德
Ethelwold 厄特尔武尔德
Etherlyn,Etherlin 厄特林
Ethiopia 埃塞俄比亚
Eton 伊顿
Etruria 伊达拉里亚
Etterlyn 厄特林
Ettore 伊多尔
Eudemus 攸德谟斯
Eudes 厄德
Eudoxus 攸多克修斯
Euergates 攸尔加特
Eugen,Eugene 尤金
Eugenius 游其尼阿斯
Eugippius 攸吉佩阿斯
Euguarrand 攸究伦
Eumenes 攸麦尼
Eunapius 攸内匹阿斯
Eupator 攸巴脱
Euphrates 幼发拉底(河)
Euphratensis 幼发拉田西斯
Eupolemus 攸波利马斯
Eupraxius 攸普累克修斯
Eusebius 攸栖比阿斯
Eustathius 攸斯退替阿斯
Eutin 攸丁
Eutropius 攸特洛匹阿
Eutychius 攸替歧阿斯
Euxine Sea 攸克星海(即黑海)
Eva 伊发
Evagrius 伊发格里阿斯
Evans 伊文思
Evariste 厄发里斯特
Evelyn 伊夫林
Everhard 厄昧哈德
Evesham 伊夫夏姆
Evetts 厄甫兹
Evre 厄南勒
Evroul 厄甫罗尔
Exeter 埃克塞特
Eyb 爱普
Ezekiel 以西结
Ezra 以斯拉
Ezzelino 厄济林诺

F

Faber,Fabre 法勃尔
Fabia 非比阿

Fabius 非比阿斯
Fabyan,Fabian 费边
Fadlu'llah 法德吕拉
Fafrsfjord 法福斯夫约德
Fairhair 非尔亥尔
Fairfax 费尔法克斯
Falcando,Falcandus 法尔坎多
Falco 法尔科
Falkhri 法克里
Falkland 福克兰
Fallmerayer 法尔梅来尔
Falstaff 福尔斯塔夫
Famianus 法密阿那斯
Fano 法诺
Faradji 法拉杰
Faral 法剌尔
Farfa 法尔法
Farnese 法内塞
Farnesworth 法尼斯卫司
Faroes 法罗群岛
Fars 法尔斯
Fastolf 法斯托尔夫
Fasulo 法苏罗
Fatio 法提奥
Fatimite 法提马王朝
Fauchet 弗社
Faustus 浮斯德
Favre 法弗尔
Fawr 福尔
Fayal 法亚尔
Faye 非厄
Fayum 法尤姆
Fazellio 法犀利奥
Fazzio 法犀奥
Fearfeasa 非尔费萨
Fecamp 费康
Feda 斐达
Federigo 腓得里哥
Feetham 斐坦姆
Felber 斐尔伯
Felix 菲力克斯
Fenelon 芬隆
Fenestella 芬尼斯提拉
Ferdinand 斐迪南
Ferdomnach 斐敦南
Ferguson 弗格孙
Fernan 斐南
Fernandes,Fernandez 斐南得斯
Fernando 费尔南多
Ferñao 斐尼奥
Ferrante 斐伦特
Ferrara 弗拉拉
Ferrari 斐剌里
Ferreto 斐勒多
Ferrièr 费里埃
Fester 斐斯特
Feuchtwanger 费希特汪格
Feugère 弗格尔
Feuquières 斐奎尔
Fez 非斯

Fichet 费希
Ficker 菲克
Fiennes 法因斯
Fieschi 飞厄斯歧
Fiesole 飞厄索勒
Figgis 费基斯
Figueroa 菲圭罗亚
Filelfo 腓力尔福
Filipo,Filippo 腓力波
Finke 芬克
Finlay 芬雷
Finnur 芬纳
Firdawsi 非尔都细
Firth 弗思
Fischer 斐西耶
Fisher 斐雪
Fitch 菲赤
Fitzgerald 菲茨泽剌德
Fitzjames 菲茨詹姆士
Fitzmaurice-Kelly 菲茨摩里士-刻黎
Fitz-Neal 菲茨-尼尔
Fitz-Thedmar 菲茨-提德马
Flacius 夫拉西阿斯
Flanders 佛兰德
Flat-Isle 弗拉特岛
Flavian 弗拉维
Flavigny 弗拉维尼
Flavio 夫雷维阿
Flavius 弗拉维阿斯
Fleetwood 弗利特伍德
Fleming 佛兰芒人
Fleming 弗莱明
Flemish 佛兰芒人的
Fletcher 夫勒拆
Fleuranges 佛罗伦日
Fleury 夫勒里
Fliche 夫利喜
Flint 弗林特
Flodoard 弗罗多亚
Flor 傅罗尔
Flora 弗洛拉
Florence 佛罗伦萨(地名);佛罗伦斯(人名)
Florentius 佛罗伦提阿斯
Florez 佛罗雷斯
Florian 佛罗里安
florin 佛罗伦(货币)
Florus 夫罗剌斯
Floruvagar 夫罗发加
Flygumyri 夫赖加密里
Foakes 傅克斯
Foix 弗瓦
Folcard 夫尔卡德
Folcuim 福尔兴
Foliot 福力奥特
Fontanebleau 枫丹白露
Fontenay 丰特内
Fontenelle 封特涅尔
Forbes 福布斯

Force 福耳斯
Forester 福累斯特
Foresti 福累斯提
Forli 弗利
Fornova 福诺发
Forster 斐斯特
Forteney-le-Comte 封特内-勒-空
Fortunátus 福条内塔斯
Foss 福斯
Foster 福斯特
Fotheringham 福得林干
Foulché, Foulke 佛尔克
Fox, Foxe 福克斯
Foxcraft 福克斯克拉夫特
Fowler 否勒
Fozlan 福兹兰
Fra 夫剌
Francia 法兰西亚
Francis 弗朗西斯
Franciscan 圣芳济教会
Francisco 弗朗西斯科
Franciscus 佛兰西斯卡
Franck 佛兰克
Franckenburg 弗兰肯贝格
François 弗朗索瓦
Franconia 法兰科尼亚
Francker 佛拉内克
Frank 法兰克
Frankfort, Frankfurt 法兰克福
Franklin 富兰克林
Frans 法兰斯
Frantisek 法兰替塞克
Franz 夫兰次
Frari 夫剌里
Fraser 弗雷泽
Frauenfeld 弗劳恩菲尔德
Frazer 夫里则
Freculf 夫勒卡尔夫
Fredegar, Fredegarius 夫勒得加
Frederick, Friederich, Fréderiq 腓得烈
Fredros 腓勒德鲁斯
Freeman 福礼曼
Freese 福礼斯
Freiburg 夫剌堡
Freising 弗赖幸
Fresne 夫累尼
Freudenthal 弗洛登塔尔
Frey 夫累
Freyberg 夫累堡
Freyculf 夫累卡尔夫
Freytag 夫赖塔格
Friedjung 夫里德永
Friedland 夫里德榜得
Friesland 佛里斯兰
Frisia 夫里西亚
Fritsche 弗里支
Fritz 弗里兹
Friuli 弗利乌里
Frobisher 夫洛比瑟

Froehne 夫罗因
Froidmot 夫洛伊德谟特
Froissart 富罗沙
Frontinus 夫龙提那斯
Fronto 夫龙多
Frossard 富罗沙
Froster 夫罗斯特
Froucester 夫鲁斯特
Froude 夫鲁德
Frugi 夫律基
Fruin 夫律英
Frutolf 夫律托尔夫
Fueter 佛特
Fulbert 佛耳伯
Fulcher 佛尔舍
Fulco 佛尔科
Fulda 富尔达
Fulgentius 法尔真提阿
Fulgenzio 法尔真西奥
Fulin 福林
Fulk 佛尔克
Fulke 佛尔刻
Fuller 富勒
Fulman 佛尔曼
fulvio 佛尔维奥
Fulvius 法尔维阿斯
Funk 风克
Furneaux 斐诺
Fürstenfeld 福斯敦斐尔得
Fustat 佛斯塔特
Fustel 浮斯退耳
Futuh Misr 福都·密昔尔
Fynnes 芬尼斯

G

Gabriel 迦伯列
Gaedhil 给德希尔族
Gael 盖尔
Gaelic 盖尔人的,或盖尔语
Gaetano 机塔诺
Gaill 给尔族
Gaguin 盖冈
Gaimar 加马
Gairdner 伽地纳
Gaiseric 盖塞利克
Gaiter 盖忒
Galba 盖尔巴
Galbert 加尔伯特
Galbraith 加尔布雷斯
Galfrid 加尔夫里
Galileo 伽利略
Gall 加尔
Gallars 加拉斯
Gallicanus 加力卡那斯
Gallier 加力尔
Gallipoli 加利波利
Galliti 加利梯
Gallois 加路瓦
Galloway 加罗威
Gallucci 伽鲁西

Gallus 伽鲁斯
Galway 高尔韦
Gama 加马
Gamble 干布鲁
Gambarin 干巴林
Gandersheim 干得斯亥谟
Gandhara 健驮罗
Gandzac 冈萨克
Ganges 恒河
Garcia 伽西亚
Garcilasso 加西拉索
Gardiner 伽地纳
Garibay 加里背
Garnier 加内
Garnett 加尼特
Garrod 加罗德
Gascony 加斯科涅
Gascorgne 加斯科印
Gaskoin 加斯科因
Gasmul 加斯摩尔
Gaspar 加斯帕尔
Gaspard 加斯帕
Gasparo 加斯帕罗
Gasper 加斯佩
Gasquet 加斯魁特
Gaston 加斯顿
Gaucheron 高舍隆
Gaufredus 高夫勒都
Gaul 高卢
Gaugamela 高加米拉
Gaumate 高墨特
Gaunt 干特
Gauzlin 高兹林
Gay 给
Gayangos 加扬戈斯
Gaza 伽萨
Gazi 伽犀
Gebhard,Gebhart 革布哈
Gebhardt 革布哈特
Geeraert 盖拉埃特
Geiger 盖革
Gelasius 机雷细阿斯
Geleazzo 革利索
Gellir 革利尔
Gelzer 革尔泽
Gembloux 哲姆布罗
Genesius 仁西阿斯
Geneva 日内瓦
Gennarelli 泽内勒里
Genoa 热那亚
Gentien 真田
Geoffrey 赭弗理
Geoffroi. Geoffroy 赭弗罗伊
George,Georg 乔治
Georges 乔治斯
Georgia 格鲁吉亚
Georgius 乔吉阿斯
Gepids 佐匹特人
Gerald 机拉尔德
Gerard 机剌德

Gerardo 机刺多
Gerba 给尔巴
Gerbelius 给尔倍里阿斯
Gerbert 给尔贝
Gerdes 革德斯
Gerhard 革哈得
Gerhoh 基尔何
Gering 革伦
Gerlach 革尔拉哈
Gerland 革兰
German 日耳曼
Germanicus 泽曼尼卡斯
Germanus 泽美那斯
Geroldstock 日罗德斯塔克
Gerona 吉罗内
Gerould 革罗尔德
Gerrit 革里特
Gerson 泽孙
Gervase 泽瓦斯
Geryon 拉立温
Gesenius 革西尼阿斯
Getes 基提人
Geyer 革尔
Geyl 盖尔
Ghana 加纳
Ghellinck 基林克
Ghent 根脱
Gherardi 给刺第
Ghibelline 基伯林
Ghiselin 基塞林
Ghur 谷耳
Giacomo 查科谟
Gjambattista 坚巴替斯塔
Giangaleazzo 坚加利索
Giannotti 坚诺提
Giattino 查提诺
Gibb 季布
Gibbon 吉本
Giesebrecht 基则布勒喜
Gilbert 吉尔伯特
Gildas 季尔达斯
Gildersleeve 季尔得斯利甫
Giles 季尔斯
Gilla 季拉
Gillebert 基尔伯
Gilles 季勒斯
Gillett 吉勒特
Gillot 季洛
Gilly 季利
Gilo 季罗
Gimazane 季马赠纳
Gindely 京德利
Gines 季尼斯
Gino 季诺
Giovanni 佐凡尼
Giovanazzo 乔文那左
Giovio 佐维奥
Giraldus 机拉尔德
Girolamo 吉罗拉谟
Gironde 纪隆德

Gisborough 季斯波罗
Gislebert 季斯尔伯
Gismondi 季斯蒙第
Giulio 朱利奥
Giuseppe 朱塞普
Giustiniani 朱斯提尼安尼
Giusto 朱斯托
Gizur 基须尔
Gizursson 基须孙
Gjerset 泽赛特
Glaber 格拉伯
Gladwyn 格拉德文
Glanvil 格兰微
Glaser 葛拉塞
Glasgow 格拉斯哥
Glastonbury 格拉斯顿伯里
Globe 格洛布
Gloucester 格洛斯特
Glover 格拉味
Glückert 格吕克特
Glycas 格里卡斯
Gnesen 格尼孙
Goa 果阿
Godefroid 哥德弗罗伊德
Godefroy 高得弗罗
Godehard 哥德哈特
Goderic 哥德立克
Godfrey 高弗梨
Godley 高得利
Godoy 哥兑
Godwine 葛德文
Goeje 哥耶
Goelzer 歌尔则
Goergens 哥尔根斯
Goes 谷斯
Goethals 歌特尔兹
Goethe 歌德
Goetz 哥次
Goldast 哥尔达斯特
Golding 戈尔丁
Goliard 哥利亚德
Gomara 哥马拉
Gomes 哥麦斯
Gomez 哥麦司
Gonatas 哥那塔斯
Gondomar 贡多马尔
Gongora 衮哥剌
Gonsalvo 衮萨尔服
Gonzales 龚扎勒斯
Gonzalo 龚扎罗
Gonzaga 贡萨加
Goodenough 古德伊纳夫
Goodspeed 谷兹比德
Goodwin 谷德文
Gorce 哥塞
Gordian 哥狄安
Gordon 戈登
Gorigos 哥利哥斯
Gorinchem 哥灵饮
Gorioun 哥里翁

Gorm 哥姆
Gormont 哥蒙特
Gorze 哥兹
Goscelin 哥斯林
Gossembrot 戈森布罗特
Goswin 哥斯文
Gotha 哥达
Goths 哥特人
Gottfried 哥特夫里
Gotthard 哥特哈德
Göttingen 格丁根
Gottlieb 哥特利布
Gottschalk 哥特沙尔克
Gotz 革次
Goudie 高岱
Goulart 谷拉
Govea 哥维亚
Gower 高厄
Grabrio 格拉布里阿
Gracchus 革拉古
Grado 格累多
Grafton 格拉夫顿
Graham 格雷厄姆
Grail 圣杯
Grammaticus 格剌马替卡
Granada 格拉纳达
Grandaur 格龙道尔
Granson 格龙松
Gras 格剌斯
Grassis 格雷西斯
Grant 格兰特
Gratian 格雷兴
Gray 格雷
Graystanes 格雷斯坦
Green 格林
Greenidge 格林尼治
Greenland 格陵兰
Gregoras 格雷戈阿斯
Gregorius 格雷戈里阿斯
Gregorovius 格雷戈罗维阿斯
Gregory 格雷戈里
Greifswald 格雷佛斯瓦耳得
Grelli 格列利
Grenoble 格勒诺布尔
Grenville 格棱维尔
Gresbeck 格勒斯伯克
Grettir 格勒提尔
Greville 格勒维尔
Grey 葛累
Grimeston 格兰姆斯顿
Grimwald 格林华德
Grindal 格麟达尔
Grisar 格里塞
Grocyn 格洛辛
Gronimgen 格罗宁根
Gross 格罗斯
Grosseteste 格洛斯忒斯特
Grote 格罗脱
Grotefend 格罗特芬德
Grotius 格劳秀斯

Gruffid 格拉斐德
Grundy 格兰狄
Grynius 格立尼阿
Gualo 瓜罗
Guarino 瓜里诺
Guatemala 危地马拉
Gudbrand 谷德布兰
Gudeman 谷德曼
Gudlaughson 谷德劳夫孙
Gudlief 谷德里夫
Gueldern 给尔登
Guelf 归尔甫
Guelferbytan 给尔福拜坦
Guerin 给朗
Guesclin 盖斯克朗
Guest 革斯特
Guethner 革特纳
Gui 基
Guibert 基伯特
Guicciardini 基察第尼
Guidi 基第
Guido 基多
Guiennes 基因
Guignebert 金臬伯特
Guilday 季尔第
Guilland 基兰
Guillaume 基云
Guillebert 基尔伯
Guines 基因
Guiragos,Cyriac 居利阿克
Guiscard 吉斯卡
Guise 吉兹
Guizot 基佐
Gundlach 干德拉哈
Gunnlang 干郎
Gunterbock 干忒波克
Gunther 君特
Guntherus 君特鲁斯
Gustavas, 即 Gustav 考斯道夫
Gutenberg 格登伯格
Gutersloch 谷特斯洛
Guthlac 加斯拉克
Gutierneo 加提略
Guy,Gui 基
Guyard 居耶
Guyenne,Guienne 基因
Guzman 谷司曼
Gwatkin 瓜特金

H

Haag 哈格
Haakon 哈康
Haarhoff 哈霍夫
Habakkuk 哈巴谷
Habsburg 哈布斯堡
Hadeln 哈登
Haden 赫登
Haddington 哈丁顿
Hadolaum 哈多隆
Hadrian 哈得良

Haeghen 赫根
Haering 黑林
Hagen 哈根
Hagenmeyer 哈根迈尔
Haggai 哈该
Hailes 海尔斯
Haillam 海兰
Hainaut 埃诺
Haitum 海通
Haiz 海兹
Hajek 哈机克
Hakin 哈金
Hakluyt 哈克卢特
Hakon 哈康
Hakonsson 哈康孙
Halberstadt 哈尔伯施塔特
Halcomb 哈尔康
Hales 哈尔兹人
Halfdam 哈夫丹
Halfdane 哈夫丹
Halhill 哈尔喜尔
Halicarnasus 哈利卡尔那索斯
Hall 荷尔
Hallam 哈兰
Halldar 哈尔达
Halle 哈雷
Halle-an-der-Saale 哈勒-安-得-沙尔
Hallfrid 哈尔夫里德
Halliwell 哈力卫尔
Halphen 哈尔方
Halvden 哈尔夫丹
Hama, Hamah 哈马
Hamadham 哈马丹
Hamawi 哈马威
Hamburg 汉堡
Hämel 哈麦尔
Hamilcar 哈密尔卡
Hamlet 汉姆莱特
Hammer 罕默
Hampden 汉普登
Hamza 罕萨
Hanau 哈瑙
Hannah 哈拿
Hannibal 汉尼拔,汉尼巴尔(美)
Hanotaux 罕诺托
Hanover 汉诺威
Hans 汉斯
Hansa 汉萨
Hanseatic League 汉萨同盟
Harald, Harold 哈罗德
Haraldson 哈罗德孙
Haraeus 哈累阿斯
Haran 哈兰
Harderwük 哈德武克
Hardrada 哈德拉达
Hardy 哈第
Hardyng, Hardynge 哈定
Harley 哈犁
Harnack 哈那克

Harper 哈珀
Harrison 哈里森
Harry 哈里
Hart 哈脱
Hartfelder 哈特斐尔德
Hartmann 哈特曼
Hartranght 哈特兰夫特
Hartwig 哈特维格
Harvard 哈佛
Harz 哈尔茨(山脉)
Hasbaye 哈斯巴耶
Hasdrubal 哈士多路巴
Hase 哈则
Haseback 哈塞巴克
Haskins 哈斯金斯
Hassal 哈塞尔
Hastings 黑斯廷斯
Hatfield 哈特菲尔德
Haton 哈顿
Hauck,Hauk 豪克
Haureau 沃雷欧
Haury 郝利
Hauser 豪则
Hauteville 何维
Hauvette 何维特
Havel 哈斐尔(河)
Haverfield 哈佛非尔德
Havet 阿佛
Hawkins 霍金斯
Haydon 海登
Hayes 嘿兹
Hayton 海通
Hayward 海沃德
Hazael 哈扎厄尔
Hazlitt 赫兹力特
Healey 希利
Hearne 赫恩
Hearnshaw 赫因肖
Heaton 希顿
Hebenfeld 赫本非尔德
Hebraeus 希布里阿斯
Hebrew 希伯来人,希伯来语
Hecataeus 赫开提阿斯
Hector 赫克托
Heffelbower 黑斐宝尔
Hegel 黑格尔
Hegesippus 赫泽西配斯
Heidegger 海德格
Heidenheimer 海登海姆
Heidelberg 海得尔堡
Heiligenkreuz 赫利根克罗伊茨
Heimskringla 《希姆斯克林拉》
Heinemann 亥涅曼
Heisch 希尔士
Helen 海伦
Hellna 赫勒纳
Helgaud 黑尔加德
Helgeson 赫尔基孙
Heliogabalus 伊拉加巴拉
Heliopolis 埃利奥波利斯

Hellanicos, Hellanicus 希兰尼卡斯
Hellert 厄勒
Hellen 希伦
Hellespont 赫勒斯滂
Hellmann 赫尔曼
Helmond 赫尔梦特
Heloise 亚罗伊兹
Helmold 赫尔梦德
Helmstadt 赫尔姆施泰特
Helsingfors 赫尔星法斯
Heltae 赫尔提
Helvetia 赫尔微细亚
Hemina 希米那
Henderson 亨德森
Hendrickson 亨德里克孙
Henghist 亨季斯特
Henne 亨内
Hennessy 亨尼西
Hennigau 痕尼加
Henri, Heinrich, Henry 亨利
Henrico 亨利科
Henricourt 痕利科尔
Henricus 亨利卡斯
Henriquez 亨利奎斯
Hense 亨斯
Heracléa 赫拉克利亚
Heracleides 赫拉克里德
Heracles 赫丘利
Heraclius 希拉克略
Heraut 亚洛
Herat 赫拉特
Herberger 赫伯格
Herbert 赫伯特
Herbord 赫波德
Heredia 埃雷迪亚
Herennius 赫林尼阿斯
Herganröther 赫根勒特
Heriger 赫里加
Herjulsson 赫朱尔孙
Hermann 赫尔曼
Hermannson 赫尔曼孙
Hermathena 赫马典娜
Hermes 黑梅斯
Hermingburgh 赫明堡
Hermogenes 黑摩真尼
Hernandez 亚喃对司
Hernando 亚南多
Herod 赫洛德
Herodian 赫洛狄安
Herodotus 希罗多德
Heron 希纶
Herrera 厄累剌
Hertfordshire 赫特福德郡
Hertter 赫脱
Hertzberg 赫尔茨贝格
Hesperides 赫斯柏立第群岛
Hesseling 赫塞林
Hesychius 赫息启阿斯
Heuterus 赫特鲁斯
Hewlett 休勒特

Hexham 赫克散
Heyer 亥厄
Heylin 亥林
Heynlin 亥林
Hezekiah 赫济开亚
Hibbert 希伯特
Hibernia 爱柏尼亚(即爱尔兰)
Hicks 喜克斯
Hiempsal 希姆普塞尔
Hiero 亥厄洛
Hieronymus 亥厄洛尼摩斯
Higden 喜格登
Hilal 希拉尔
Hildebert 喜尔得柏特
Hildebrand 喜尔得布兰
Hildebrandslied 《喜尔得布兰歌》
Hildesheim 希尔德斯海姆
Hildt 希尔德
Hilinand 赫利南
Hill 喜尔
Hillel 喜勒尔
Himilco 希密尔科
Himly 希姆利
Himyasite 希姆雅人
Hincks 兴克斯
Hincmar 兴克马
Hingeston 兴基斯吞
Hinojosa, 希诺约萨
Hipler 喜普勒
Hipocrates 希波克拉底
Hippo 希波
Hippolitus a Lapide 喜坡力塔·阿·拉匹提
Hippolyte 希坡利特
Hippolytus 希坡利都
Hiram 希兰
Hirsau 希尔骚
Hirtius 赫细阿斯
Hisham 赫沙谟
Hitchcock 喜赤科克
Hitti 希替
Hittites 赫梯人
Hjaltalin 贾尔塔林
Hoare 和尔
Hobbes 霍布斯
Hoche 奥士
Hodgkin 荷治琴
Hodgson 何治孙
Hoefler 和夫累尔
Hoffding 霍夫丁
Hofmeister 何夫美斯特
Hog 赫格
Hogarth 何甲斯
Hohenstaufen 霍亨斯陶芬
Hoirion 霍依里温
Holder 何尔得
Holinshed 荷棱施德
Holland 荷兰
Holles 和利斯
Holm 何尔谟

Holmes 何谟兹
Holstein 荷尔斯泰因
Holtzknecht 霍兹克尼希特
Holtzmann 霍兹曼
Holweck 何尔威克
Homer 荷马
Homo 和谟
Honorat 荷诺特
Honorius 荷诺留
Hooft 和夫特
Hoogeweg 荷格维格
Hook 虎克
Hooker 呼克尔
Hoorn 和纶
Hoover 胡佛
Hopf 和普夫
Hopperus 霍帕鲁斯
Horace 荷拉斯
Horae 和里
Horatio 荷累细奥
Horatius 荷累细阿
Hormisdas 荷密斯达斯
Hormuzd 和尔木斯德
Horn 霍恩
Horne 合恩
Horsa 霍尔萨
Hortensius 霍天秀斯
Hosia 何西阿
Hosius 何秀斯
Hotman 霍特曼
Houtsma 豪兹马
Houtte 豪特
Hoveden 哈甫登
Howden 豪敦
Howe 豪
Howel 豪厄尔
Howlett 豪勒特
Howorth 何卫斯
Hradisch 赫腊迪施
Hripsime 里普西姆
Huart 乌阿
Hubert 休伯特
Hubertus 休伯图
Hudibras 哈第布拉斯
Hudson 哈德森
Hugh 休
Hughes 休斯
Hugo 雨果
Huguenot 胡格诺(法国新教徒)
Hugues 休哥斯
Hulagu Khan 旭烈兀汗
Hull 赫尔
Hulme 休谟
Humboldt 洪保德
Hume 休谟
Humphrey 汉符理
Hun 匈奴人
Huneric 浑尼利克
Hungary 匈牙利
Hungerford 亨格福德

Hunibald 洪尼巴尔德
Hunt 韩德
Hunter 亨特
Huntingdon 亨廷登
Hurtado 赫塔多
Husain 胡参
Huss 胡斯
Hussein 胡西英
Hussey 胡西
Hussyny 胡西尼
Hutchinson 哈钦森
Hutten 胡腾
Hutuman 胡图曼
Huygens 海亘史
Huyter 海特
Hvin 哈文
Hy 亥
Hyde 亥德
Hydespes 海达斯配(河)
Hygeia 亥机雅
Hyginus 亥真那斯
Hyksos 海克索斯
Hylacomylos 亥拉科密拉斯
Hypatia 海披萨
Hyrcania 赫开尼亚
Hypsicrates 希普西克拉底
Hyrcania 赫开尼亚
Hystapes 喜斯塔皮斯
Hyvernat 伊韦纳

I

Ibelin 伊柏林
Iberia 伊比利亚
Ibn 伊本
Ibn-abi-Zera 伊本-阿比-芝拉
Ibn-Adhari 伊本-阿达里
Ibn AI-Qalanisi 伊本·阿尔-卡拉尼西
Ibn Arabshah 伊本·阿拉布沙
Ibn Hawqual 伊本·和魁尔
Ibn Yahya 伊本·耶希亚
Ibn Zulak 伊本·朱拉克
Iceland 冰岛
Ida 伊达
Idatius 伊达提阿斯
Idris 伊德里斯
Idrisi 伊德里西
lgor 伊戈尔
Ildefonso 伊第芬索
Ile-de-France 伊-得-夫龙斯
Iliff 伊里夫
Ilium 伊立翁
Illus 伊拉斯
Illyricus 伊利里卡斯
Imad 伊马德
Imbros 音布洛斯
Imola 伊莫拉
Impuriale 印帕里阿尔
Inca 印加

India 印度
Indus R. 印度河
Infessura 英斐苏拉
Ingelheim 印革尔亥谟
Ingolstadt 因戈尔施塔特
Ingulf 英加尔夫
Inisfallen 英尼斯发伦
Innocent 英诺森
Innsbruck 音斯蒲路克
Iocles 爱奥克利
Ion 爱温
Iona 爱奥那
Ionia 爱奥尼亚
Iran 伊朗
Irani 伊朗人
Ireland 爱尔兰
Irene 爱里尼
Irenius 爱里尼阿斯
Ireton 爱耳顿
Irving 欧文
Isaac 以撒
Isabeau 伊萨波
Isabel 伊萨伯尔
Isabella 伊萨伯拉
Isaeus 爱西阿斯
Isaiah 以赛亚
Israel 以色列
Isar 伊萨
Isauria 爱索里亚
Isaurian 爱索里亚人
Isembart 易森伯
Ishak 伊斯哈克
Isidore 以锡多
Isis 爱西斯
Isleif 伊斯里夫
Isleifsson 伊斯里夫孙
Isocrates 伊索克拉底
Issus 以苏斯
Istakhr 伊斯塔克
Istanbul 伊斯坦布尔
Istria 伊斯特拉
Italicus 意大利卡
Italy 意大利
Ithaca 伊萨卡
Ivan 伊凡
Ivo 伊佛

J

Jackson 约克孙
Jacob 雅各
Jacobite 雅各教派;詹姆士党人
Jacobus 雅各布斯
Jacopo 雅各波
Jacques,Jacquet 扎克
Jacquerie 扎克里
Jaffe 雅费
Jagaty 雅加泰语
Jagger 雅革尔
Jahncke 扬克
James 詹姆士

Jameson 哲麦孙
Jamsilla 真西拉
Jandun 真敦
Jan 扬
Jane 简
Janius 雅尼阿斯
Janson 冉森
Janus 哲那斯
Japhet 雅弗
Jarnac 扎那克
Jarrow 贾罗
Jasmund 哲斯蒙德
Jason 哲孙
Jastrow 哲斯特罗
Jaume 尧姆
Java 爪哇
Jaxartes 药杀河
Jean 冉
Jeanne 贞
Jeanne d'Arc 贞德
Jeanmair 冉美尔
Jebb 泽布
Jehan 哲汗
Jehannet 哲汗尼
Jehosaphat 约沙法
Jehu 耶户
Jem 机姆
Jena 耶拿
Jenkins 詹金斯
Jentsche 贞奇
Jeremiah 耶利米
Jerez 赫雷斯
Jerome 杰罗姆
Jeronimo 哲罗尼谟
Jeresey 泽稷
Jerusalem 耶路撒冷
Jessopp 泽塞普
Jesus 耶稣
Jews 犹太人
Jeyhani 哲哈尼
Jimenez 希门尼斯
Jinghtiz Khan 成吉思汗
Jireček 伊勒切克
Joanna 佐安娜
Joachim 约阿喜谟
Joachimsen 约阿喜谟生
Joan 佐安
Joannis 佐安尼斯
João 若昂
Jocelin 佐塞林
Joel 约珥
Jofré 佐弗里
Johann 约翰
Johannes 约翰内斯
John 约翰
Johnes 约尼斯
Johnson 约翰逊
Joinville 茹安维尔
Jomsburg 约姆斯堡
Jon 琼

Jonas 约讷斯
Jonathan 乔纳森
Jonckbloct 准克布洛特
Jones 琼斯
Jonges 琼基
Jonson,Jonsson 琼孙
Jordan 约旦(河)
Jordanes 约旦尼斯
Josef 约瑟
Joseph 约瑟
Josephus 约瑟福斯
Joshua 约书亚
Josiah 约西亚
Josselin 约塞林
Jotapata 左塔巴达
Jourdanet 如尔达讷
Jouvenal(Juvènal) 乔味纳尔
Jouvency 乔文西
Jowett 昭依特
Juan 胡安
Juba 朱巴
Jubayr 朱贝尔
Judea 朱迪亚
Judah 犹太
Judith 朱狄司
Jugurtha 朱古达
Jules 朱理
Julia 朱理娅
Julian 朱理安
Julianus 朱理安那斯
Julich 朱里池
Julien 举良
Julius 朱理亚
Julleville 朱勒维尔
Jumièges 朱密治
Jnmna 朱木拿
Jundi-Shahpoor 永第-沙普尔
Junghans 永汗斯
Junilius 朱尼利阿斯
Junius 朱尼阿斯
Juno 朱诺
Jupiter 朱比特
Jura 柔拉
Justin,Justinus 查士丁
Justinger 查士丁加
Justinian 查士丁尼
Justus 查士塔斯
Jutes 朱特人
Jutland 日德兰
Juvaven 朱发文
Juvenal 朱维那尔
Juzjan 朱兹真

K

Kadlubek 卡德鲁比克
Kaempfer 垦普斐
Kalckstein 卡尔克斯泰因
Kalff 卡尔夫
Kalkstad 卡尔克斯塔德
Kallemberg 卡林堡

Kalstad 卡尔斯塔德
Kamal ad-Din 卡马尔·阿德-丁
Kameniates 卡麦尼阿特
Kamil 卡密尔
Kampen 坎彭
Kampschulte 垦普斯库尔特
Kantorowicz 堪多罗维兹
Karakorum 喀拉科陇
Karkar 卡尔卡尔
Karl 卡尔
Kars 卡尔斯
Karsten 卡斯腾
Kaser 喀塞
Kasimir 卡西米尔
Kasper 卡斯帕
Kassova 喀索华
Kate 卡特
Katterfeld 卡特飞尔德
Kautzsch 考采
Kazan 喀山
Keatinge 基廷吉
Kelly 凯利
Kemp 肯普
Kempis 垦匹斯
Kenelm 克尼姆
Kent 肯特
Ker 刻尔
Kerr 刻尔
Kervyn 卡文
Keza 刻萨
Khaldun 哈尔敦
Khallikan 卡利甘
Khan 汗
Khazraji 哈兹拉伊
Khevenhüller 克文希勒
Khiva 基发
Khoren 柯伦
Khorsabad 柯萨巴
Khurdadhbih 库达德比
Khwarazm 花剌子模
Kiel 基尔
Kilbeinsson 启尔本孙
Kiln 启尔因
Kilrenny 启尔林尼
King 金
Kingsford 金斯福德
Kingsley 金斯利
Kirkcudbright 柯尔库布里
Kirchmeier 启尔喜迈耳
Kirsopp 启索普
Klaerk 克拉克
Kleinclausz 克来因克劳兹
Klerkon 克列康
Klewitz 克勒维兹
Klingford 克林福德
Klimke 克利姆克
Klitsche 克利奇
Klosterneuburg 克洛斯特新堡
Kloster-Neustift 克罗斯特-纽斯提夫特

Kluchevsky 克洛溪维斯基
Klupfel 克吕普赞尔
Knacke 克纳克
Knighton,Cnitton 乃顿
Knod 诺德
Knolles 诺尔兹
Knonau 诺瑙
Knox 诺克斯
Knute 克纽特
Koberger 科柏格
Koerting 科尔廷
Kohl 科尔
Kohlmann 科尔曼
Koht 科特
Koll 科尔
Komnenos 康尼诺斯
Konig 科尼格
Konigshofen 科尼格舒芬
Königssaal 科尼格沙尔
Konrat 康拉特
Kopke 科普克
Kornemann 科尼曼
Kosegarten 科塞加廷
Kosova 科索沃
Kotarba 科塔巴
Koteibah 科太巴
Krabbe 克拉布
Krabice 克拉比斯
Kranz 克兰兹
Krauss 克劳斯
Krebs 克勒布斯
Kremer 克勒麦
Krey 克勒
Kriehn 克里恩
Kritoboulos 克立托波洛斯
Kromer 克罗麦
Krones 克伦斯
Krüger 克律革
Krumbacher 克绝巴赫
Krusch 克鲁士
Kühn 屈因
Kükelhaus 屈克豪斯
Kulger 库尔格
Kurt 库尔特
Kurze 库兹
Kylie 启赖
Kyme 邱米
Kyriel 刻利厄尔

L

La Banme 拉·旁姆
Labienus 雷宾那斯
Laboureur 拉部勒
Labourt 拉部
Labrador 拉布剌多
Labriolle 拉布里奥尔
Lacedaemon 拉西第梦
Lacineum 拉西尼安
Lacour 拉科尔
Lactantius 拉克坦细阿斯

Laderchi 拉德契
Ladislaus 拉第斯劳斯
Laertes 雷厄提兹
Laetus 利塔斯
Lagos 拉各斯
La Haye 拉·哈耶
Laing 良
Lair 雷尔
Laistner 雷斯特纳
Lake 雷克
Lalanne 拉兰
La Marche 拉·马喜
Lamballe 郎巴尔
Lambert 兰伯
Lamia 拉米亚
Lampridius 兰普赖第阿斯
Lampsacus 兰普萨卡斯
Lamspringe 兰斯普林基
Lamy 拉米
Lanbilote 兰比罗特
Lancashire 兰开夏
Lancaster 兰开斯特
Lancelot 兰赛洛特
Landau 兰道
Landey 兰得
Landislaus 郎第斯劳
Landmann 兰得曼
Landucci 兰都西
Landulphus 兰杜尔福斯
Lane 雷因
Lanercost 兰内科斯特
Lanfranc 郎佛兰克
Langebek 兰给贝克
Langey 朗热
Langland 朗兰
Langlois 隆格腊
Langres 朗格勒
Lanson 兰孙
Langtoft 郎托夫特
Langton 朗顿
Languedoc 郎格多克
La Noue 拉·纽
Lanson 兰孙
Laon 拉昂
Laonicus 雷尼卡斯
Lapaccini 拉巴西尼
Lapland 拉普兰
Lappenberg 拉平堡
Lapps 拉伯兰人
La Roche 拉罗舍
La Rochelle 拉罗歇尔
Lars 拉斯
Lascarids 拉斯卡立王朝
Lascaris 拉斯卡里斯
Las Casas 拉斯·卡兹
Lasdiverd 拉斯第维德
Latendorf 雷滕多夫
Lateran 拉特兰
Latimer 拉替麦
Latin 拉丁人,拉丁语

Latini 拉提尼
Latium 拉齐奥
Laud 劳德
Lauel 劳厄
Laurentian 罗棱细安
Laurentium 罗棱坦
Laurie 罗立
Lausaune 洛桑
Lautenbach 劳特巴赫
L'Auxerrois 罗舍瓦
Lavardin 拉发丁
Lavertujon 拉物图永
Lavigerie 拉维质里
Lavinia 拉文尼亚
Lavisse 拉维斯
Law 罗
Lawlor 劳罗尔
Lawman 罗曼
Layard 雷雅德
Lea 李阿
Leach 李赤
Lear 李耳
Le Bel 勒·柏儿
Lecapennus 勒卡平那斯
Lechfeld 勒赫斐德
Le Clarc 勒·克雷尔
Le Courayer 勒·库腊耶
Lecoy 勒夸
Lee 李
Leed's Castle 利兹堡垒
Leendertz 林德兹
lees 利兹
Lefranc 勒佛朗
Lefroy 勒夫垒
Leghorn 里窝那
Lehmann 李曼
Leib 来布
Leibniz 莱布尼茨
Leicester 莱斯特
Leiden 来丁
Leif 利夫
Leinster 伦斯德
Leipzig 莱比锡
Le jeune 勒任
Le Labourer 勒·拉部厄
Leland 利兰
Lemoine 勒满
Lemonnier 勒摩内
Lemonos 勒谟诺斯
Le Mons 里·曼
Lencoup 林科
Lenel 勒尼尔
Lennox 伦诺克斯
Lenton 林吞
Lentulus 林条拉斯
Ienz 楞次
Leo 利奥
Léon 莱昂
Leonard 利奥那德
Leonardo 利奥那多

Leondius 利翁狄阿斯
Leonor 利奥纳
Leontios 利温提阿斯
Leopold 利奥波德
Leovigild 利奥维基尔德
Le Petit 勒·佩梯
Leptis 勒普替斯
Lerins 雷朗
Leros 勒罗斯
Lesbos 莱斯博斯
Lescot 勒斯科
Lesley 勒斯利
Leslie 莱斯利
Lester 雷斯特
L'Estoile 勒斯托瓦
Lettenhove 勒吞霍夫
Letts 里沃尼亚人
Leubus 留柏斯
Leuctra 留克特拉
Leulingham 留林亨
Levillain 利维兰
Levison 利未孙
Levre 利维尔(法国银币)
Lewes 刘易斯
Lewis 刘易斯
Leyden 莱顿
Libanius 力贝尼阿
Liboczane 利波扎尼
Libri 利布里
Libya 利比亚
Licinius 李锡尼阿斯
Lidforss 利德福斯
Lido 利多
Liebermann 李贝曼
Liege 列日
Liestal 利斯塔尔
Lightfoot 来特佛特(轻足)
Ligurians 利古里亚人
Ligurinus 力究里那斯
Lille 里尔
Limburg 林堡
Limerick 里默里克
Limoges 利摩日
Limousin 利穆赞
Linacre 林那刻
Lincy 林西
Linda 林达
Lindisfarne 林狄斯芬尼
Lindsay 林赛
Linzel 林泽尔
Lion 利翁
Lionel 里翁内尔
Lipsius 力普西乌
Lisbon 里斯本
Lisieux 利捷
Lithuania 立陶宛
Little 力特尔
Liudger 留得加
Liutprand 留特普兰
Liverpool 利物浦

Livland 利甫兰(即里沃尼亚)
Livonia 里沃尼亚
Livy 李维
Llaguno 拉古诺
Llandaff 兰达夫
Lluch 卢奇
Loarsa 罗尔萨
Loasias 罗西阿斯
Lobbes 罗布斯
Loch Cé 罗希·塞
Loches 洛什
Locrine 罗克赖因
Locusta 罗卡斯塔
Lodge 洛治
Lodi 洛迪
Loeb 洛布
Loebell 罗培尔
Lohengrin 罗恩格林
Loire 卢瓦尔
Lollard 罗拉德教徒(威克里夫的信徒)
Lollardism 罗拉德教派
Lombardy 伦巴第
London 伦敦
Long 隆
Longinus 龙基纳
Longlegs 郎莱格斯("长腿")
Longniddry 隆尼德里
Longnon 隆囊
Lopes 罗佩斯
Lopez 洛佩司
Lopston 洛普斯顿
Lorenz 洛伦茨
Lorenzo 洛伦索岛
Lorenzo Fuori le Mura 罗棱索·佛奥里·勒·穆剌
Lorian 罗立安
Lorimer 罗立麦
Lorraine 洛林
Lorsch 罗耳士
Loserth 洛塞斯
Losinga 罗星加
Los Palacios 洛斯帕拉西奥斯
Los Rios 洛斯里奥斯
Lot 罗
Lothar 罗塔尔
Lotharingia 罗塔麟吉亚
Lothario 罗退里奥
Lotich 罗提喜
Lotterus 罗特鲁斯
Louis 路易
Louise 路易丝
Lounsbury 隆斯柏立
Lousavoritch 路萨佛里喜
Louvain 卢万
Loyd 罗伊德
Loyola 罗耀拉
Luard 卢阿德
Lübeck 吕贝克
Luc 路克

Lucan 琉坎
Lucas 卢卡斯
Lucca 卢卡
Lucceius 琉西阿斯
Luc d'Achery 路克·达希里
Luce 卢斯
Lucerne 卢塞恩
Luchaire 吕奢尔
Lucian 琉细安
Luciani 琉细安尼
Lucio 吕西奥
Lucius 琉细阿斯
Lucretia 鲁克雷西亚
Lucullus 琉卡拉斯
Lucy 琉息
Lud 吕德
Luder 吕德
Ludlow 勒德洛
Ludolf 罗道福
Ludovic 路多维克
Ludwig 路易
Ludwigslust 路德维希卢斯特
Luis 路易
Lull 吕尔
Lumby 兰比
Lumley 拉姆利
Lund 隆德
Lundorp 龙多普
Lupus 琉帕斯
Lusignan 吕晋永
Lusitania 卢西塔尼亚(今葡萄牙)
Lutfi 琉特斐
Lutatius 琉塔提阿斯
Luttrelle 吕特里尔
Lützow 吕佐夫
Luxembourg 卢森堡
Lyall 来伊尔
Lycortas 来科塔斯
Lycurgus 来库古
Lydia 吕底亚
Lydgate 力德给特
Lynch 林奇
Lynn 林恩
Lyon 里昂
Lysimmachus 来辛马卡斯

M

Mabille 马比尔
Mabillon 马比昂
Macan 马甘
Macaulay 马可黎
Macbeth 麦克白
McCabe 马克开布
Maccabee 玛喀比
MacCarthy 麦卡锡
MacCrindle 马克克林德尔
MacCurdy 马克考第
MacDermott 马克德摩特
MacDonald 马克唐纳
Macdowall 马克多瓦尔

Macedonia 马其顿
Machiavilli 马基雅维利
McGiffert 马克吉夫特
MacGuckin 马克顾琴
Mackail 马开尔
Mackay 麦凯
Mackintosh 麦金托什
McMurough 马克莫罗
MacMillan 麦克密伦
McNeal 马克尼尔
MacNeille 马克尼尔
MacNutt 马克纳特
Macray 马克雷
Macrinus 马克赖那斯
Madagascar 马达加斯加
Madison 麦迪逊
Madrid 马德里
Maecenas 米西那斯
Magdalen 马格达林
Magdeburg 马格德堡
Maghreb 马格里布
Magistros 马吉斯特罗
Magloire 马格罗尔
Magnus 马格那斯
Magnusson 马格纽逊
Mago 马葛
Magyars 马札儿人
Mahaffy 马哈斐
Mahmassani 摩马萨尼
Mahmud 马默德
Mai 梅依
Main 美因
Mainardinus 美那狄那斯
Maine 缅因
Mainz 美因茨
Mair 马伊尔
Maitland 麦特兰
Major 马约
Majoreybanks 马约累班克斯
Makhairas 马卡拉斯
Makkari 马卡里
Makkari 马加里
Makrizi, Maqrizi 马克里西
Malabar 马拉巴尔
Malapiero 马拉皮罗
Malaspina 马拉斯宾那
Malachi 马拉基
Malalas 马拉拉斯
Malaterra 马拉特拉
Malatesta 马拉特斯塔
Malchus 马尔卡斯
Malcolm 马尔科姆
M'Lean 马林
Maldon 莫尔登
Malespini 马尔斯皮尼
Malik 马力克
Malikshah 马力克沙
Malines, Machlin 麦赫林
Mallet 马勒特
Mallorca 马洛卡

Malmesbury 曼兹柏立
Malo 马罗
Malta 马耳他
Malton 莫尔顿
Malvern 莫尔文
Mameluke 马林路克
Manases 马那塞斯
Manchester 曼彻斯特
Manchon 蒙兴
Mandell 曼得尔
Mandelson 曼得尔逊
Mandrot 曼德罗
Maneckji 曼尼克伊
Manegold 曼尼哥尔德
Manetho 曼涅托
Manfred 曼夫勒德
Manitius 曼尼提阿斯
Manning, Mannyng 曼宁
Manrisio 毛利索
Mans 蒙
Mansi 曼西
Mansur 曼苏
Mantinea 门丁尼亚
Mantova, Mantua 曼图亚
Mantuano 孟都亚诺
Manuel 曼努尔
Manyon 曼扬
Manzikert 曼西刻特
Map 马普
Maqdisi 马克第西
Maqrizi 马克里西
Marago 马拉哥
Marangonis 马兰哥尼斯
Marathon 马拉松
Marbach 马巴哈
Marbod, Marbot 马波
Marburg 马尔堡
Marcantonio 马坎多尼奥
Marcellinus 马塞林那斯
Marcellus 马塞拉斯
Marcer 马骚
March 玛赤
Marchant 马强特
Marche 马士
Marchisius 马契秀斯
Marco Polo 马可·波罗
Marcus 马尔库斯
Marengo 马伦戈
Marga 马尔加
Margar 马尔加
Margaret 马格丽特
Margoliouth 马哥利奥斯
Mariana 马利亚纳
Marianus 马利亚那斯
Mari, Marie, 玛利
Marièjol 马利约尔
Marien 马里安
Marignan 马里南
Marineo 马里尼奥
Marinis 马里尼斯

Marino 马利诺
Marion 马里恩
Maris 马里
Marius 马略
Marjoreybanks 马约累班克斯
Mark 马可(人名);马克(地名)
Markham 马坎
Markwart 马克威特
Marlborough 马尔博罗
Marmolejo 马摩里霍
Marmora 马尔摩拉
Marne 马恩
Maronite 马洛奈教派
Marriott 马利奥特
Mars 马兹
Marsdin 马斯丁
Marseilles 马赛
Marshal 马绍尔
Marsicanus 马西卡那斯
Marsiglio 马西略
Marson 马孙
Marston-Moor 马斯敦泽地
Martel 马特尔
Marten 马顿
Martène 马太讷
Martha 马撒
Martial 马绍尔
Martin 马丁
Martino 马提诺
Martinus 马提那斯
Martyr 马忒
Mary 玛丽
Marzial 马西阿尔
Maseres 马最耳
Masius 马秀斯
Massachusetts 马萨诸塞
Massilia 马西利亚
Masso 马索
Masson 马逊
Mastrojanni 马斯特洛贞尼
Masudi 马苏第
Matarazzo 马大拉左
Mathew 马修
Matiscon 马替斯康
Mátilda,Mathilda 马提尔达
Matteo 马提奥
Matthes 马提斯
Matthias 马提亚
Matthiessen 马替生
Matthieu 马图
Matthew 马太
Maugain 摩根
Maunde 蒙第
Maur 摩耳
Maurenbrecher 摩林布累克
Mauretania 毛里塔尼亚
Maurice 摩里斯
Maurus 摩拉斯
Maury 摩里
Max 玛克斯

Maximilain 马克西米连
Maximin 马克西门
Maximus 马克辛马斯
Maycock 美科克
Mayer 迈尔
Mayor 马厄
Mazarin 马札兰
Meaux 莫城
Mecklenburg 梅克伦堡
Mecklin,Milines 麦赫林
Medici 美第奇
Medina 麦迪纳
Media 米提
Medway 美得威
Megalopolis 梅加洛波利斯
Megara 梅加拉
Megasthenes 美伽斯提尼
Megenfrid 麦根夫里德
Meginrat 麦金拉特
Mehl 麦尔
Meier 迈尔
Meingre 麦格里
Meinwerk 迈威克
Meissen 迈森
Meister 美斯特
Mekhetar 美歧塔
Melanchthon 美兰克敦
Melchior 梅尔开奥
Melrose 梅尔罗斯
Melsa 美尔萨
Meltitine 麦尔提丁
Melun 梅伦
Melville 梅尔维尔
Memnon 麦谟嫩
Memphis 孟菲斯
Menander 麦南得
Menasha 美那沙
Mendana 门达那
Mendoza 门多扎
Menendez 门涅得兹
Menes 默内斯
Menke 孟克
Menko 孟科
Mercator 麦卡托
Mercia 麦西亚
Mercury 默丘里
Merlet 麦勒
Merlin 麦林
Merovigian 墨洛温王朝
Merriman 麦立麦
Merseburg 梅泽堡
Merula 麦鲁拉
Merv 谋夫
Mesrob 麦斯洛
Mesopotamia 美索不达米亚(即两河流域)
Messerschmid 梅塞斯密德
Metaphrastes 美塔夫拉斯特
Metaurus 美陶鲁斯
Metel 墨退耳

Metellus 墨退拉斯
Meteren 麦特林
Metz 梅斯
Meursius 缪修
Meuse 默兹(河)
Mexia 墨克西亚
Mexico 墨西哥
Meyer 迈尔
Meynard 迈拿尔
Micah 弥加
Micanzio 米甘西奥
Michael 迈克尔
Michaud 米勺
Michel,Michell 米雪尔
Michelangelo 米开朗琪罗
Michelet 米什列
Michell 密契尔
Michelsberg 米开尔斯堡
Michiel 密克尔
Michigan 密执安
Micipsa 密西普萨
Middelbourg 密得尔堡
Middlesex 米德尔塞克斯
Middlemore 弥得尔摩尔
Midi,the 南部,特别是法国南部
Mierow 密罗
Migne 米尼
Mihiel 密希尔
Milan 米兰
Milanais 米兰那伊斯
Milchite 密尔歧特教徒
Miletus 米利都
Millar 密勒
Miller 米勒
Milman 密尔曼
Milo 迈罗
Milton 密尔顿
Minden 明登
Mingana 明加纳
Minháj-i-Siraj 明哈支-伊-西拉支
Miniato 密尼亚多
Minnesota 明尼苏达
Mirandola 米兰多拉
Mirbt 密布特
Mirkhondi 麦康第
Mirot 米洛
Miskawaihi 密斯卡威希
Misr 密昔尔
Missouri 密苏里
Mitchell 米切尔
Mitchison 密溪孙
Mithridares 米特拉达梯
Mitylene 密提林
Mochus 摩卡斯
Modina,Modena 摩德纳
Moellendorff 米林多夫
Moffat 摩法特
Mogk 莫克
Mohacs 莫哈奇
Mohammed,Mohemet 穆罕默德

Moissac 莫伊塞克
Molême 莫莱美
Molinier 摩林尼尔
Moluccas 摩鹿加
Mombert 蒙伯特
Mommsen 蒙森
Moncada 蒙卡达
Monceaux 蒙索
Mönckeberg 梦克堡
Moncontour 梦康托尔
Monferrat 蒙斐拉
Monforte 蒙福特
Mongol 蒙古人
Monk 满克
Monluc 满路支
Monmouth 蒙默思
Monnier 蒙雅
Monod 摩诺
Mons 蒙斯
Monsen 蒙松
Monstrelet 蒙斯特里勒
Mont 蒙
Montague 蒙塔格
Montaigne 蒙田
Montalto March 蒙塔尔多·玛赤
Monte 蒙特
Monte Cassino 蒙特卡西诺
Montecurccoli 蒙特库科利
Montesquieu 孟德斯鸠
Montferrat 蒙斐剌
Montfort 蒙福尔
Montgomery 蒙特哥美利
Monticolo 蒙提科罗
Montigny 蒙蒂尼
Montlhery 蒙特尔希利
Montpellier 蒙彼利埃
Moor 模尔
Moore 穆尔
Mopsuestia 摩普粟斯提亚
Morals 摩拉尔斯
Morat 摩喇
Moravesik 摩拉夫西克
Mordecai 末底改
More 摩尔
Morea 摩利亚(即伯罗奔尼撒半岛)
Moreau 摩罗
Morel 摩勒尔
Morena 莫雷纳
Morgan 摩根
Morgenstern 摩真斯滕
Morice 摩立斯
Morillot 摩立洛
Morins 摩林
Morisco 摩立斯科
Moritz,Moriz 摩立兹
Morley 摩黎
Mornay 摩尔内
Morocco 摩洛哥
Moro Rasis 莫罗·剌西斯
Morris 莫里斯

Morton 摩吞
Moryson 摩里孙
Mosca 摩斯卡
Moscow 莫斯科
Moselle 摩泽尔
Moses 莫塞斯
Moslin 穆斯林
Mosul 摩苏尔
Motley 摩特利
Motteville 摩特维尔
Mouske 毛斯克
Mowat 摩瓦特
Mozarab 莫差拉布人
Mozley 莫兹利
Mucianus 缪西安那
Mucius 木西阿斯
Muhammed, 即 Mohammed 穆罕默德
Muhassin 穆哈新
Mühlhausen 睦尔豪森
Mullinga 马林加
Muir 缪耳
Müller 米勒
Mun 穆恩
Munich 慕尼黑
MunKidhi, Mounkidh 慕歧德希
Munro 蒙罗
Muntaner 闵达纳
Münster 芒斯特
Muntz 蒙次
Murad 摩拉德
Muratori 穆拉托里
Murcia 穆尔西亚
Murimuth 穆里马斯
Murray 默里
Muse 缪斯(文艺女神)
Muslin 穆斯林
Mussato 墨萨多
Mussatus 墨萨塔斯
Mycenae 迈锡尼
Mynors 迈诺斯
Mysore 迈索尔

N

Nabonassar 那波那塞
Nabopolassar 那波卜拉撒
Naevius 尼维阿
Nahum 那鸿
Najara 那耶拉
Naksh-i-Rustam 那希-伊-鲁斯坦姆
Namur 那慕尔
Nancy 南希
Nangis 南吉
Nantes 南特
Naomi 内奥迈
Napier 纳皮尔
Naples 那不勒斯
Napoleon 拿破仑
Narcissus 那息萨斯
Nardi 纳狄

Naseby 内斯比
Nasica 内息卡
Natalis 内塔利
Nathanael，Nathaniel 那坦聂尔
Nau 诺
Nauclerus 诺克累鲁斯
Naucratis 诺克剌替斯
Naumberg 瑙姆堡
Naushirwan 诺佘汪
Navarre 纳瓦尔
Naxos 纳克索斯
Nazelle 那西尔
Nazianzen 那西安森
Neachus 尼阿卡斯
Nebbio 内比奥
Nebraska 内布拉斯加
Nectanebo 尼克太尼波
Ned 尼德
Negellus 奈泽拉斯
Negroland 尼格罗兰
Nehavend 尼哈文德
Nehemiah 尼希米
Neill 尼尔
Neilson 尼尔孙
Nennius 内尼阿斯
Neopolis 尼奥坡里
Neplack 涅普拉克
Nepos 尼颇士
Neri 内里
Nerio 尼利奥
Nerli 尼尔利
Nero 尼禄
Nerses 尼尔塞斯
Nerva 内尔瓦
Neschri 尼斯溪里
Nesta 聂斯塔
Nestor 涅斯特
Nestorian 聂斯托利教徒（即景教徒）
Nestorius 聂斯托利
Netter 涅特
Nettleship 涅特尔什普
Neuburg 诺伊堡
Neumann 诺伊曼
Neuss 诺伊斯
Neustria 纽斯特里亚
Neve 奈维
Neville 尼维尔
Newburgh 纽堡
Newbury 纽伯里
New Haven 纽黑文
New Hebrides 新赫布里底群岛
Newman 纽曼
Newminister 新敏斯特
New York 纽约
Nibelung 尼柏隆
Nicaea 尼西亚
Niccoli 尼科利
Niccolo 尼科罗
Nicephorus 尼斯福鲁斯

Nicéron 尼泽隆
Nicetas 奈斯塔斯
Nicholson 尼科尔孙
Nicias 尼西阿斯
Niekel 尼克尔
Nicolas 尼古拉
Nicolaus 尼古拉
Nicole 尼科尔
Nicolson 尼科尔孙
Nicomedia 尼科米底亚
Nicopolis 尼科波利
Nicot 尼科
Nicolai 尼古拉
Nicoll 尼科尔
Nidarnes 尼丹斯
Niebuhr 尼布尔
Niedbrück 尼德布鲁克
Niederaltaich 尼德阿尔塔伊喜
Nigellus 奈泽拉斯
Niger 奈遮
Nigger 奈遮(河)
Nikiou 尼克奥
Nikopolis 尼科波利
Nile 尼罗(河)
Nilus 尼鲁斯
Nimes 尼姆
Nineveh 尼尼韦
Ninian 宁尼安
Ninus 奈那斯
Nisapu 尼萨浦
Nisibis 尼士比
Nithard 尼特哈德
Nitzch 尼茨
Njal 贾尔
Noah 诺亚
Nobilior 诺比利欧
Nogent 诺让
Nogent-sous-Coucy 诺让苏考西
Nöldeke 内尔德克
Nolhac 诺拉克
Nombre de Dios 嫩布累·对·第奥斯
Nonianus 诺尼安那斯
Norbert 诺伯特
Norden 诺尔登
Nordheim 诺德海姆
Norgate 诺加特
Norman 诺曼人,诺曼
Normand 诺曼德
Normandy 诺曼底
Norsemen,Northmen 北欧人(即诺曼人)
North 诺思
North Sea 北海
Northumberland 诺森伯兰
Northumbria 诺森伯里亚
Norway 挪威
Norwich 诺里奇
Notestein 诺特斯泰因
Notger 诺特加
Notker 诺特刻

Notre Dame 圣母院
Nottingham 诺丁汉
Nouaillac 努埃拉克
Novar 诺瓦尔
Novgorod 诺夫哥罗德
Novotny 诺伏特尼
Nowé 诺韦
Noy 诺易
Nubia 努比亚
Numa 奴马
Numantia 纽曼细亚
Numerian 纽米连
Numidia 努米底亚
Nundos 嫩多斯
Nuñez 努涅司
Nur 纽尔
Nuremberg 纽伦堡
Nusservanji 努塞凡伊
Nuwayri 努威里
Nymwegen 尼谟威根
Nyssa 尼萨

O

Obadiah 俄巴底亚
Obert 奥柏特
Oberto 奥柏多
O'Braein 奥布里恩
Obreen 奥布朗
Obsequens 奥布西昆斯
Ocampo 奥坎波
Ochoa 奥绰阿
Ochus 奥卡斯
Ockham 奥坎
O'Cleary 奥克累利
O'Connor 鄂康诺
Odd 奥德
Oddi 奥狄
Oddson 奥德孙
Oder 奥得
Oderisius 奥得里修斯
Odo 鄂多
Odoacer 鄂多阿塞
Odolric 鄂多尔里克
O'Donovan 鄂多诺凡
Oelsner 伊尔斯内
Oesterley 伊斯特利
Ogg 奥格
Ogier 奥热
Ogle 奥格尔
O'Grady 奥格雷迪
Oklahoma 俄克拉何马
Olaf 奥拉夫
Olaus 奥拉阿斯
Oldcastle 奥尔德卡斯尔
Oldfather 奥尔德法瑟
Oliver 奥利弗
Olivo 奥力佛
Olmstead 奥谟斯忒德
Olmutz 阿里木次
Olrik 奥尔立克

Olter 奥尔特
Olympiad 奥林比亚纪
Olympiodorus 奥林比奥多剌斯
Olymthus 奥林塔斯
Oman 阿曼
Omar 奥玛
Omari 奥玛里
Omont 奥蒙
O'mulconry 奥穆尔康里
Onesicritus 奥尼西克里都
Oncken 翁金
Opatowitz 奥柏多维兹
Oparinus 奥波里那斯
Oppert 奥柏特
Oran 奥兰
Orange 奥郎日
Oratory 奥拉托利
Orchan 奥成
Ordericus 奥得里卡斯
Origen 奥利根
Orkneys 奥克尼群岛
Orlandinus 奥兰狄那斯
Orleans 奥尔良
Orma 奥马
Ormiston 奥密斯敦
Ormonde 奥蒙德
Orontes 奥龙特斯(河)
Orosius 奥洛西阿斯
Orpelian 奥匹连
Orpen 奥彭
Orseney 奥塞尼
Orseolo 奥塞奥罗
Orsini 奥西尼
Ortelius 奥提略
Osbern 奥斯本
Osiris 奥西里斯
Osnabrück 奥斯纳布吕克
Oslo 奥斯陆
Ostia 奥斯蒂亚
Ostrogoth 东哥特人
O'Sullivan 奥萨力凡
Oswald 奥兹瓦德
Otacilius 阿塔西利阿斯
Otfried 奥特夫里
Otho 鄂图
Othon 奥敦
Othrys 奥斯里斯
Othman,Osman 奥斯曼
Otranto 奥特朗托
Otrar 奥特拉
Ott 鄂特
Ottenbeuern 奥腾布恩
Otterbourne 鄂特勃伦
Otto 鄂图
Ottobono 鄂图波诺
Ottokar 鄂图卡
Ottoman 奥托曼
Ottone 奥顿
Oukhtanes 奥歧塔尼
Oulton 奥尔顿

Oursel 奥尔塞尔
Ousana 奥萨马
Overbeck 奥维柏克
Ovid 奥维得
Oviedo 奥维多
Oxenstierna 奥克森社那
Oxford 牛津
Oxnead 奥克斯尼德
Oxyrhynchus 奥克西尔亨卡
Ozanam 奥扎南

P

Pace 帕斯
Pachymeres 帕溪米尔
Paderborn 帕德博恩
Padilla 帕第腊
Padova,Padua 帕多瓦
Paetow 帕屠
Paget 帕吉特
Pahlawr 巴拉维语
Paine 佩恩
Pairis 佩里斯
Pais 帕依斯
Palacky 帕拉次基
Palaeologus 佩略罗加斯
Palatinate 帕拉替内特
Paleario 帕勒阿里奥
Palencia 帕伦西亚
Palermo 巴勒莫
Palestine 巴勒斯坦
Pali 巴利
Palidensis 帕立丹的
Pallavicini 帕拉维西尼
Pallavicino 帕拉维西诺
Pallman 帕尔曼
Palma 帕尔马
Palma-Cayet 巴尔马-开亚
Palmerieri 帕尔米亚里
Pampeluna 判普罗那
Pamphila 旁非拉
Pamphili 班斐利
Pamprepius 班普里贝阿斯
Panaretos 巴那勒多
Pandolf 潘达尔夫
Pandulf 潘达尔夫
Panetius 潘尼提阿斯
Panigada 巴尼加达
Panium 潘尼安
Pannartz 潘那兹
Pannaretos 潘纳勒多
Panonnia 潘诺尼亚
Pantaleon 帕塔勒翁
Pantheon 万神庙
Paolo 保罗
Papini 巴皮尼
Paquot 巴科
Parhenianus 巴希尼安那
Parker 帕克
Paris 巴黎
Pariset 帕里塞

Parisot 帕里索
Parma 帕尔马
Parr 帕
Pars 柏斯
Parsa 柏萨
Parthia 帕提亚(即安息)
Paruta 帕鲁达
Pas 帕斯
Pascal,Paschal 巴斯卡尔
Paschasius 帕斯卡修斯
Pascolato 巴斯科拉多
Pascual 巴斯夸尔
Pasha 巴夏
Pashzada 巴夏扎德
Pasolini 帕索里尼
Pasquale 帕斯卡勒
Pasquier 帕斯揆
Passau 帕绍
Pastor 帕斯脱
Pataria 巴塔里亚(米兰城内一区)
Paterculas 帕忒丘拉斯
Paternus 巴特那斯
Paton 佩吞
Patrick 帕特里克
Patrocles 帕特洛克利
Patry 帕特里
Patryngton 巴特林吞
Pattison 帕替孙
Paul 保罗
Paulet 坡勒特
Pauli 保利
Paulin. Pauline 保林
Paulinus 坡来那斯
Paulus 鲍鲁斯
Pausanius 坡舍尼阿斯
Pavia 帕维亚
Payne 斐因
Pears 皮尔斯
Pearson 皮尔孙
Pease 皮斯
Pechenard 佩舍纳尔
Pedersen 彼德生
Pedro 彼得罗
Peffer 珀弗
Pegan 柏加
Peile 倍尔
Pelayo 皮雷约
Pelopides 佩洛庇达
Peloponnesus 伯罗奔尼撒
Pena 帕纳
Pencriche 彭克里希
Pennington 彭宁顿
Pennsylvania 宾夕法尼亚
Penry 盘里
Pentapolis 盆坦坡里
Pepin 丕平
Pepys 匹普斯
Percy 珀西
Perez 佩雷斯
Pericles 伯里克利

Perigord 佩里哥尔
Peripatetic school 逍遥学派
Perkin 珀金
Perlbach 柏尔巴哈
Perotto 帕罗多
Perrens 培朗
Perrin 培伦
Perry 佩里
Persarmenia 波萨美尼亚
Persepolis 波斯波利斯
Persia 波斯
Persis 柏息斯
Persius 柏修斯
Pertinax 帕梯那克斯
Pertz 柏次
Perugia 佩鲁贾
Pesaro 佩扎罗
Peskett 佩斯克特
Peter 彼得
Peterborough 彼得博罗
Peterman 彼得曼
Peterson 彼得孙
Petit 佩替
Petitot 佩替多
Petrarch 佩脱拉克
Petri 彼得里
Petro 彼得罗
Petrus 彼得鲁
Peutinger 倍亭革
Pfandl 普方德耳
Pfenmüller 普风米勒
Pfister 普斐斯特
Phaleas 法利阿斯
Phanaretos 法那累图
Pharamond 法剌梦德
Pharisee 法利赛人
Pharsalus 法塞卢
Phebus 飞巴斯
Pherecydes 斐勒赛第兹
Philadelphia 费城
Philadelphus 斐列得尔福斯
Philemon 腓利门
Philestus 腓力斯都
Philibert 腓力伯特
Philinus 菲力那斯
Philip 腓力
Philipp 腓力普
Philippa 腓力巴
Philippe 腓力比
Philippines 菲律宾
Philippolis 腓力坡里
Philippson 腓力普孙
Philips 腓力普斯
Philo 菲罗
Philochosus 菲罗科鲁斯
Philochus 菲罗卡斯
Philopoemen 菲罗皮门
Philostorgus 菲罗斯托加斯
Philostratos, Philostratus 菲罗斯特剌塔

Philoxenos 菲罗克塞那
Phlegon 夫勒冈
Phocaea 佛西亚
Phoenicia 腓尼基
Phocas,Phokas 福卡斯
Photius 福细阿斯
Phrantzes 佛伦兹
Phrygia 佛里基亚
Phylarchus 菲勒卡斯
Piacenza 皮亚琴察
Picard 毕伽的人
Picardy 毕伽的
Piccolomini 匹科伦米尼
Piccolos 匹科拉斯
Pico 比科
Pict 匹克特人
Pictor 匹克托
Pidel 皮达尔
Piedmont 皮德蒙特
Piercy 佩西
Piero 皮罗
Pierre 皮尔
Piers 皮尔斯
Pieter 彼得
Pietro 彼得罗
Pigeonneau 皮格翁诺
Pigna 品约
Pike 派克
Pilitus 匹利塔斯
Pindar 品达
Pineau 皮诺
Pingaud 品高
Pirckheimer 匹克希麦
Pirenne 佩朗
Pisa 比萨
Pisan 比山
Pisides 彼西底亚
Piso 派索
Pitcairn 皮特凯恩
Pitscottie 匹特斯科替
Pitti 庇提
Pitts 庇兹
Pius 庇护
Place 普拉斯
Placentinus 普拉森提那斯
Planche 普隆社
Plano Carpini 普拉诺·卡皮泥
Plantagenet 不兰他日奈
Plataea 普拉提亚
Platina 普拉提那
Platnauer 普拉特诺厄
Plato 柏拉图
Plattard 普拉塔
Plehn 普雷因
Plettenberg 普勒滕贝格
Pliny 普林尼
Plotinus 普罗提那
Plummer 普兰麦
Plutarch 普鲁塔克
Po 波河

Pococke 坡科克
Poggio 波基奥
Pohlde 波尔德
Pohlenz 波林兹
Pointz 波印斯
Poirson 波尔松
Poitiers 普瓦蒂埃
Poitou 普瓦图
Pol 波尔
Polain 波连
Poland 波兰
Polano 波拉诺
Polidori 波利多里
Pollard 波拉德
Pollen 波伦
Pollio 坡力奥
Polman 波尔曼
Polonus 波罗那斯
Poltava 波尔多瓦
Polybius 波里比阿
Polydore 波利多尔
Polygnotos 坡力诺塔斯
Poma 波马
Pomerania 波美拉尼亚
Pompeius, Pompey 庞培
Pompilieus 彭比略
Pomponius 庞波尼阿斯
Pontanus 庞塔那斯
Pontarlier 蓬塔利埃
Ponthieu 朋提阿
Pontorson 蓬多孙
Pontus 本都
Poole 普尔
Popeliniere 颇皮利尼尔
Popper 坡珀
Poros 波鲁斯
Porphyrogenetus 坡菲罗真尼都
Porphyry 坡菲立
Porsena 坡塞那
Porson 坡孙
Porzio 坡西奥
Posidonius 坡息多尼阿斯
Possidius 坡息第乌斯
Posneck 坡斯涅克
Postelberg 波士特尔堡
Posthumianus 波斯托密安那
Postumius 坡斯图米阿斯
Poto 波多
Potsdan 波茨坦
Potter 朴特
Potthast 坡特哈斯特
Poujoulat 坡儒拉
Poupardin 坡巴丁
Powell 庖厄尔
Power 庖厄
Powicke 庖威克
Poznan 波兹南
Praemonstratensian 普里蒙斯特拉腾西安教团
Prague 布拉格

Prato 普拉托
Pratt 普拉特
Preger 普累格
Premysl 普勒密斯尔
Pres 普累
Presbyterian 长老会教派
Prescott 普雷斯科特
Preserved 普里塞甫德
Prestage 普勒斯特基
Prester 普勒斯忒
Prevost 普赖服
Priam 普赖安
Pribico 普里比科
Priefling 普赖夫林
Princeton 普林斯顿
Priorato 普赖厄托
Priscianus 普立西阿那斯
Priscus 普立斯卡斯
Prjbik 普立比克
Procilius 普洛西利阿斯
Procopius 普洛科匹阿
Prometheus 普罗米修斯
Proserpine 普洛塞比那
Prosper 普洛斯柏
Prost 普洛斯特
Protospatarius 普洛托斯巴塔里阿
Prou 普鲁
Provence 普罗旺斯
Provins 普罗万
Proxenos 普洛克西诺斯
Prudentius 普鲁登细阿
Prud'homme 普律东
Prüm 普鲁姆
Prutz 普鲁兹
Prynne 普林
Psellos 普塞罗斯
Ptasnik 塔斯尼克
Ptolemais 普托利迈斯
Ptolemy 托勒密
Publius 帕布利阿斯
Pucci 浦奇
Puech 浦厄克
Pufendorf 溥分道富
Pulgar 浦尔加
Pulkava,Pulkawa 谱尔卡华
Punjab 旁遮普
Purgstall 浦斯塔尔
Purchas 柏察斯
Puteoli 坡提奥利
Putnam 帕特喃
Puy 谱伊
Puymaigre 普梅加
Pynson 派孙
Pyrenees 比利牛斯山脉
Pyrrhus 皮洛士
Pythagoras 毕达哥拉斯
Pytheas 匹特阿斯
Pythia 彼提亚

Q

Qazwini 卡兹威尼

Quadrigarius 廓德立加里阿斯
Quataibah 奎塔巴
Quatremer 卡特美尔
Quedlingburg 魁得林堡
Quentin 昆廷
Quicherat 启希拉
Quintilian 昆提良
Quintus 琴塔斯
Quiros 基罗斯
Qutarbah 克塔巴

R

Rabelais 剌柏雷
Rably 剌比
Radagaisus 剌达给萨斯
Radin 剌丁
Radulphus 拉都尔福斯
Raeder 累德
Rafael 拉瓦耳
Rafn 剌丰
Ragozin 赖哥晋
Rahewin 剌希文
Rahmani 拉马尼
Raimond 雷门
Raimondo 赖梦多
Rainald 累那尔德
Raine 累因
Rait 累特
Rajna 赖那
Raleigh 雷利
Ralph 剌尔夫
Rambaud 兰波
Ramharmuz 兰哈谟兹
Rammelsberg 兰密尔斯堡
Ramón 拉蒙
Ramsey 拉姆齐
Rand 兰德
Rank 朗克
Ranulf 拉鲁夫
Raoul 拉乌尔
Raphael 拉斐尔
Rasal 剌萨尔
Rashid 拉希德
Rashidu'd-Din 拉希杜德-丁
Rasis 剌西斯
Rassam 剌萨谟
Rastell 拉斯退尔
Rasulids 剌苏里德王族
Ratbertus 拉特伯都
Rathgeber 剌司基伯
Ratpert 拉特波特
Ravenna 拉文纳
Rawdon 罗敦
Rawlinson 罗林森
Raymond 雷蒙德
Raynaldus 雷那尔度斯
Raynaud 雷诺
Raynouard 累努阿
Re 累
Read 李德

Reading 雷丁
Reas 里斯
Réaume 累奥默
Rebdorf 利布多夫
Rechin 勒轻
Redel 勒德耳
Redfern 勒德斐因
Reding 雷丁
Redros 勒德鲁斯
Reeves 立夫斯
Regan 里干
Regensburg 雷根斯堡
Regent 里真
Regillus 勒吉拉斯
Reginald 勒齐那尔德
Regino 勒齐诺
Reggio 勒佐
Reggins 勒吉阿斯
Regnier 累内
Rehoboan 罗波安
Reichenau 黎喜诺
Reichersburg 来契斯堡
Rein 来印
Reinach 赖纳
Reinaud 雷诺
Reineccius 来尼西阿斯
Reiner 来纳
Reinhardshrunn 来印哈得斯布伦
Reinhold 来印候特
Reiske 赖斯刻
Remi 勒密
Remigius 勒密吉阿斯
Remon 雷蒙
Remus 勒马斯
Remusat 累睦扎
Renan 芮农
Renauld 勒诺
René 勒馁
Rennes 雷恩
Renonard 累诺亚
Repkow 雷柏科
Retha 累塔
Retz 累兹
Reuber 鲁伯
Reuchlin 刘希林
Reumont 垒梦特
Reuter 路透
Revillout 累维罗
Reviron 累维隆
Reyd 累德
Reykianess 累刻阿尼斯
Reykjaholt 雷克雅霍尔特
Reynold 棱诺尔德
Rheims 兰斯
Rhein, Rhime 莱茵河
Rhenanus 里南那斯
Rhineland 莱茵兰
Rhodes 罗得斯
Rhone 罗纳
Rhys-ab - Tewdwr 立斯-阿布-条

德尔
Riade 利雅得
Riant 里安
Ricardano 李嘉达诺
Ricart 李嘉特
Rice 赖斯
Richard 理查
Richardson 理查孙
Richelieu 黎塞留
Richemont 里歇蒙
Richer 黎希尔
Richter 利希脱
Ricimer 利西麦
Ricobaldo 里科波尔多
Riemann 里曼
Riengi 里恩济
Rietzler 雷次勒
Rievaulx 里发尔克斯
Riga 里加
Rigord 里哥尔
Rihan 里汗
Riley 赖利
Rimbert 麟伯特
Rimigius 里密基阿斯
Rimini 里米尼
Rinaldo 立那尔多
Riom 陇
Ripalta 立巴尔达
Ripol 立波尔
Ripon 里彭
Riquier 立奎尔
Rishanger 里陕加
Rishton 里什敦
Ritter 立特
Rivaulx 里发尔克斯
Robert 罗伯特
Roberts 罗伯兹
Robertson 罗伯孙
Robespierre 罗伯斯庇尔
Robinson 鲁滨孙
Robson 洛蒲生
Rocellinus 洛赛利那斯
Rocheblave 洛士布拉甫
Rodd 洛德
Rodet 罗德尔
Rodocanachi 罗多卡那歧
Rodrigo 罗德里戈
Rodrigues 罗德里格斯
Rohricht 罗利希特
Rogenvald 洛真发尔德
Roger 罗哲尔
Rogers 洛泽斯
Rokewode 洛克沃德
Roland 罗兰
Rolandin 洛隆丁
Rolandino 洛隆丁诺
Rolf,Rolfe 洛尔夫
Rollo 洛罗
Romagna 罗马尼阿
Romania. Roumania 罗马尼亚

Romanus 罗曼那斯
Romance peoples 罗曼斯诸民族
Rome 罗马
Romuald 洛谟阿尔德
Romulus 罗慕路
Roncier 隆西尔
Ronsard 龙沙
Roper 罗珀
Rose 罗斯
Rosebeck 洛兹贝克
Rosenvelden 罗生维尔登
Rosetta 罗塞塔
Rosetti 罗塞蒂
Rass 罗斯
Rossi 洛西
Rostock 罗斯托克
Roswitha 洛斯威塔
Rothe 洛忒
Rotterdam 鹿特丹
Rou 鲁乌(Rollo 的拉丁名称)
Rouen 鲁昂
Round 郎德
Roussillon 鲁西荣
Routh 鲁司
Roux 鲁
Rowe 罗
Roy 垒
Rozier 洛西尔
Rubeanus 鲁比那斯
Rubio 鲁比奥
Ruble 鲁布尔
Rudbeck 路德伯克
Ruddiman 鲁狄曼
Rudhrawari 鲁德拉瓦里
Rudolf,Rudolph 鲁道夫
Rue 鲁
Rufinus 鲁菲纳
Rufus 鲁福斯
Rugen 鲁根
Runciman 朗西曼
Rune 鲁纳
Ruotger 鲁特加
Rurik 路列克
Rushbrooke 剌喜勃鲁克
Rushworth 剌士卫司
Russ 罗斯
Russell 拉塞尔
Russia 俄罗斯
Rusticus 鲁斯提卡斯
Ruth 鲁司
Rutilius 鲁提利阿斯
Ruy 卢伊
Rycharde 立查德
Rylands 赖兰兹

S

Saad-de Din 塞得·狄丁
Saad-ibn-i-wekas 塞得-伊本-伊-威卡斯
Saale 萨勒

Saba 萨巴
Sabas 萨巴斯
Sabaticae 萨巴提西
Sabellico 萨伯利科
Sabellicus 萨伯利卡斯
Saben 萨本
Sabi 萨比
Sabinus 萨宾那斯
Sacchinus 萨克基那斯
Sachau 萨考
Sackur 萨库尔
Sacy 萨栖
Sad ad-Din(即 Saad-de Din) 塞得·阿德-丁
Sadducees 撒都该人
Saemund 萨蒙德
Saewulf 西武尔夫
Saffron Walden 萨弗伦沃尔登
Saga 萨伽(英雄传说)
Sage 萨基
Saguntum 萨干坦
Sahag 萨哈格
Sahara 撒哈拉
Said Ben Patrick 赛德·本·巴特里克
St. Aignan 圣腾永
St. Die 圣对
Sainte Beuve 圣柏甫
Ste. Genevieve 圣仁未甫
St. Germain 圣日耳曼
Saintonge 圣唐基
Saintsbury 森次巴立
Sala 舍拉族
Saladin 萨拉丁
Salamanca 萨拉曼卡
Salazar 萨拉萨尔
Salerno 萨莱诺
Saliat 萨利亚
Salic 或 Salian 舍拉族的
Salih 萨利
Salimbene 萨泠本
Salis 萨利斯
Salisbury 索尔兹伯里
Sallustius,Sallust 萨拉斯特
Salmon 萨蒙
Salomon 撒洛蒙
Salter 萨尔特
Salus 舍拉斯
Salutati 萨卢太提
Salvian 萨尔维安
Salzburg 萨尔茨堡
Samaran 萨麻兰
Samaria 撒马利亚
Samaritan 撒马利亚人
Samarkand,Samarcand 撒马尔罕
Saminides 撒马尼王族
Samnites 萨谟尼安人
Samnium 萨谟尼安
Samos 萨摩斯
Samosata 撒摩撒达

Samothrace 撒莫色雷斯
Sampirus 撒皮鲁斯
Samuel 撒母耳
San 圣
San Salvadore 圣萨尔瓦多
Sanang 萨囊
Sanchez 山车斯
Sancho 散楚
Sanchoniatho 散科尼亚托
Sanctis 桑克提
Sander 散得
Sanders 散得斯
Sanderus 散得鲁斯
Sandoval 桑多瓦尔
Sandys 桑兹
Sanford 桑福德
San Germano 圣泽马诺
Santa 圣大
Santiago 圣地亚哥
Santini 散提尼
Santo Domingo 圣多明各
Sanuto, Sanudo 萨纽多
Sanzanome 圣萨诺姆
Saracen 萨拉森人
Saragossa 萨拉戈萨
Sarah 舍剌
Sardinia 撒丁
Sardis 萨第斯
Sargon 萨艮
Sargoninus 萨哥尼那斯
Sarkis 萨克斯
Sarmen 萨尔门
Sarpi 萨皮
Sasan 萨珊
Sastrow 萨斯特鲁
Sathas 萨塔斯
Saumaise 索马斯
Saumasius 索马细阿斯
Savigny 萨焚宜
Savonarola 萨服那洛拉
Savoy 萨沃伊(英),萨瓦(法)
Saxo 撒克索
Saxons 撒克逊人
Saxton 萨克斯吞
Scaevola 塞服拉
Scaliger 斯卡力泽
Scandinavia 斯堪的纳维亚
Scania 斯坎尼亚
Scaurus 斯卡鲁斯
Schaer 瑟尔
Schaerschmidt 沙尔斯密特
Schaff 沙夫
Schanz 沙伦兹
Schardius 沙第乌斯
Schartlin 沙特林
Schauffler 绍夫勒
Schaumkell 绍谟克尔
Schedel 瑟德尔
Scheffer 瑟斐
Schelling 谢林

Scherer 瑟尔
Scheurls 叔尔斯
Schevill 瑟维尔
Schildbuger 席尔德柏格
Schindler 新德勒
Schivenoglia 斯歧维诺格里亚
Schlesinger 斯雷辛加
Schlumberger 士隆柏格
Schmalkalden 施马尔卡尔登
Schmalkaldic League 施马尔卡尔登同盟
Schmeidler 斯密德勒
Schmidt. Schmitt 施密特
Schmitz 斯密兹
Schoeffer 瑟斐尔
Schoff 瑟夫
Schöne 申
Schoppe 朔佩
Schorn 肖恩
Schors 舍尔斯
Schott 勺特
Schottenloher 勺登洛厄
Schulz 叔尔兹
Schur 叔耳
Schurer 叔尔
Schwabe 许华勃
Schwartz 士发次
Schwarzerd 士发策德
Schweinichen 士外尼陈
Schwenkow 士汾科
Scilly 锡利(群岛)
Scioppius 斯齐奥皮阿斯
Scipio 西庇阿
Scotia 斯科舍(海)
Scotorum 斯各脱
Scott 斯各脱
Scotus 斯科塔斯
Scylax,同 Skylax
Scylitzes 西利兹
Scythia 西徐亚
Sebastian 瑟巴斯梯安
Seckendorf 则垦多夫
Sedgwick 塞治尉克
Seeley 西利
Seecke 塞克
Seelhem 西尔亥谟
Segebert 塞吉柏特
Seger 塞格
Segnere 塞格尼尔
Segni 塞格尼
Segovia 塞哥维亚
Sejanus 塞哲那斯
Selden 塞尔登
Seleucides 塞留西王朝
Seleucus 塞留古
Selfe 塞尔非
Seligenstadt 塞利真斯塔德
Seligman 塞利格曼
Seljuk 塞拉克
Sembat,Sempad 森巴得

Semiramis 塞密剌密斯
Semites 闪米特人
Semler 色姆雷
Sempronius 森普洛尼阿斯
Senan 塞南
Senat 塞那特
Seneca 辛尼加
Senlis 松利
Sennacherib 西拏基立
Sens 桑
Sephton 塞夫吞
Septimius 塞普提米阿斯
Sequin 西昆(古威尼斯货币)
Sepulvedo 舍浦尔未达
Serapis 塞累匹斯
Serbia 塞尔维亚
Serres 塞尔
Sertorius 塞多琉
Serville 塞维尔
Servillus 塞维拉斯
Servites 塞维特教团(“圣母仆人”)
Servius 塞维阿
Seton 塞顿
Setsen 塞曾
Severinus 塞维里那
Severus 塞维鲁斯
Seville 塞维利亚
Sevres 塞夫勒
Sextus 绥克斯都
Seyssel 西塞尔
Sforza 斯福查
Shahiyeh 沙希叶
Shakespeare 莎士比亚
Shalmanesser 沙尔马尼塞
Shammai 善美
Shamasastry 沙马萨斯特里
Sharaf 沙拉夫
Shetland 设得兰(群岛)
Shemaiah 示玛雅
Shepherd 瑟帕德
Sherborne 瑟波恩
Shi'it 什叶派
Shik 什克
Shinaya 示那雅
Shipley 细普力
Shiraz 设拉子
Shirley 瑟力
Shotwell 勺特威尔
Shrewsbery 施鲁斯伯里
Shropshire 希罗普郡
Shuckburgh 叔克堡
Siberia 西伯利亚
Sicard 栖卡
Sicily 西西里
Siculus 西卡拉斯(即西西里的)
Sicyon 西息温
Sida 息达
Side 赛第
Sidney 西德尼
Sidon 西顿

Sidonius 息多尼阿
Siefred 西夫里
Siegen 齐根
Sjena,Sienna 锡耶纳
Siene 塞纳(河)
Siffin 西芬
Sigebert 息泽柏特
Sigfusson 西格佛孙
Sigismund 西吉斯蒙德
Sigonio(Sigonius) 西哥尼阿
Sigurd 息加德
Sigurdsson 息加德孙
Silius 西利阿
Silisia 西利西亚
Silley 息利
Silvestre 昔尔维斯特
Simeon 西缅
Simeox 西谟
Simler 西谟勒
Simocatta 西谟卡塔
Simon 西蒙
Simonds 西蒙兹
Simonetta 西谟尼达
Simpson 辛普森
Sinan 锡南
Sindbad 辛巴德
Singer 辛格
Sinibaldo 辛尼巴多
Sinope 息诺披
Sire 色尔
Siri 赛里
Sisenna 西森那
Siward 薛华特
Sixtus 锡克斯图斯
Skala 斯卡拉
Skeat 斯歧特
Skene 斯琴
Skylax 斯开拉克斯
Slav 斯拉夫人
Slavata 斯拉发塔
Slavonic 斯拉夫人的
Slane 司雷因
Sleidan 斯来丹
Sleidanus 斯来丹那斯
Slibae 斯赖比
Slothouwer 斯洛特豪威尔
Smaragdus 斯马拉都
Smith 斯密司
Smyrna 士麦拿
Snorrason 斯诺拉孙
Snorri 斯诺累
Soave 索阿甫
Sobbi 索比
Socrates 苏格拉底
Socylus 索西拉斯
Soden 左登
Soest 左斯特
Sogdiana 索格狄亚那
Soissons 苏瓦松
Soiter 索伊特

Solalinde 索拉林德
Solente 索林特
Solinus 索利那斯
Solomon 所罗门
Solon 索伦
Soltau 佐尔陶
Somers 萨默斯
Somme 索谟河
Sommerset 索美塞特
Sommervogel 索美服格尔
Sophia 索非亚
Soracte 索拉克特(山)
Sorento 索棱多
Soter 索特
Southey 骚狄
Southwark 萨得克
Sozomen 索左门
Spalatin 斯帕拉丁
Sparke 斯帕克
Sparta 斯巴达
Spartianus 斯巴梯安那斯
Spedding 斯佩丁
Speed 斯皮德
Speier,Speyer 斯拜尔
Spelman 斯柏尔曼
Spencer 斯宾塞
Spinelli 斯皮涅利
Spinola 斯皮诺拉
Spoleto 斯波莱托
Sponheim 斯逢希姆
Spottiswoode 斯坡替斯武德
Sprenger 斯普林格
Sprigge 斯勃里基
Sprott 斯普洛特
Squillace 斯基拉西
Stablo 斯塔布罗
Stacey 斯退赛
Stada 斯塔达
Stade 施塔德
Stafford 斯塔福德
Stafholt 斯达夫霍尔特
Stahlin 斯榻林
Standish 斯坦迪希
Stanford 斯坦福
Stanhope 斯坦诺普
Stanley 斯坦利
Stanyhurst 斯坦尼赫斯特
Stapelton 斯退培尔顿
Stapleton 斯退普尔顿
Stapylton 斯退普尔顿
Stauffer 斯陶弗
Stavelot 斯达维洛特
Stead 斯特德
Stearns 斯特恩斯
Stederburg 史特得堡
Steele 斯提尔
Stefani 史梯发尼
Stefanson 史梯风孙
Stenton 斯腾吞
Stephanus 史梯芬那斯

Stephen 史梯芬
Stephenson 史梯芬孙
Sterns 斯腾斯
Stesimbrotus 斯提西姆布洛图
Steuart 斯条亚特
Steven 斯提汾
Stevens 史蒂文斯
Stevenson 斯蒂芬孙
Stewart 斯图尔特
Stieve 斯提甫
Stilicho 斯梯力舒
Stifting 斯提夫丁
Stillingfleet 斯替令夫利
Stockholm 斯德哥尔摩
Stopford 斯塔普福德
Stoic 斯多噶学派
Stow,Stowe 斯托
Strabo 斯特累波
Strada 斯特拉达
Stralsund 施特拉尔松
Stransky 斯特兰斯基
Strassburg 斯特拉斯堡
Strauss 斯特劳斯
Strode 斯特罗德
Strongbow 斯特龙保
Stroth 斯特累特
Strype 斯特赖普
Stuart 斯图亚特
Stubbs 士达布斯
Sturel 斯屠勒
Sturla 斯特拉
Sturlasoun,Sturlusson 斯特拉孙
Sturlunga 斯特拉家族
Sturmi 斯图密
Stuttgart 斯图加特
Stylites 斯泰来兹
Styria 施蒂里亚
Suarez 苏亚勒士
Subiaco 索比亚科
Sudan 苏丹
Suez 苏伊士
Suetonius 斯韦托尼阿
Suevi 苏汇维人
Suger 苏加
Sughd 粟特
Suidas 苏易达斯
Sulla 苏拉
Sully 萨立
Sulpicius 萨尔匹细阿斯
Sumatra 苏门答腊
Sumer 苏美尔
Sundby 孙得拜
Sunderland 森德兰
Sunnites 逊尼派
Suriano 苏里阿诺
Surius 苏里阿斯
Surrey 萨立
Surtees 塞提兹
Surus 萨鲁斯
Susa 苏萨

Sven 斯文
Svend,Sweyn 斯汶
Sverri 斯维里
Swabia 斯瓦比亚
Swain 斯温
Sweden 瑞典
Sweertius 斯韦提阿
Sweerts 斯韦兹
Sweynheim 斯汶希谟
Swinbrook 斯文布洛克
Swinton 斯文吞
Swithun 斯慰坦
Sybel 济伯尔
Sydnam 悉得南
Sylvester 西微士德
Sylvia 锡尔维亚
Sylvius 锡尔维乌斯
Symmachus 息马卡斯
Symeon 同 Simeon
Symonds 昔蒙
Syncellus 辛塞拉斯
Synecusius 息卢
Synesius 息尼细阿斯
Syracuse 锡拉丘兹
Syria 叙利亚

T

Tabari 塔巴里
Tabristan 塔巴里斯坦
Tacitus 塔西佗
Taenarum 提那鲁姆
Tageno 塔吉诺
Taghri 塔格哈里
Taillefer 塔利斐
Tait 退特
Takiy-al-Din 塔刻伊-阿尔-丁
Talbot 托尔波特
Talib 塔力布
Tamerlane 帖木儿
Tancred 坦克雷德
Tangier 坦支尔
Tangle 坦格尔
Tannenberg 坦能堡
Tanner 坦涅
Taranne 他兰
Taretum 他林敦
Tarifa 塔里法
Tarquin 塔克文
Tarsus 塔尔苏斯
Tarte 塔特
Tarver 塔佛
Tassilo 塔西罗
Tasso 塔索
Tatian 塔细安
Tatlock 塔特洛克
Tauromenium 陶罗明尼昂
Taurus 陶鲁斯
Tavannes 塔凡
Taylor 泰勒
Teit 塔特

Telese 特勒斯
Telfer 忒尔弗
Tell 特尔
Tellmahre 忒尔马勒
Temple 坦普尔
Tennison 坦尼森
Tenny 腾尼
Terence 忒棱斯
Terrentio 特棱勺
Tertullian 忒滔良
Teuffel 推斐尔
Teulet 特勒
Teutons 条顿人
Tewkesbury 杜克斯伯里
Thabit 退比特
Thackeray 塔刻立
Thaddeus 塔得阿斯
Thallon 退隆
Thasos 萨索斯
Thatcher 塔歇尔
Thaumaturgos 托马忒加斯
Thayer 退耳
Thebaid 提贝易德
Theben 底本
Thebes 底比斯
Thedmar 提德马
Thegan 提甘
Theiner 台纳
Themistocles 地米斯托克利
Theodebert 提奥得柏特
Theodora 狄奥多拉
Theodore 西奥多
Theodoret 提奥多里特
Theodoretus 提奥多里塔斯
Theodoric 狄奥多里
Theodoros 狄奥多鲁斯
Theodosius 狄奥多西
Theodotus 狄奥多德
Theodulph 提奥度尔夫
Theonas 狄奥那斯
Theophanes 提奥芬尼
Theophilus 提奥斐拉斯
Theophrastus 提奥夫拉斯塔
Theophylactus 提奥斐拉克都
Theopompus 提奥彭佩
Thermopylae 塞莫皮莱
Theronanne 塔罗安尼
Theseus 提秀斯
Thessalonica 塞萨洛尼基
Thietmar 提特马
Thingeyri 太恩基里
Thingore 太恩哥尔
Thiodolf 狄奥多尔夫
Thomas 托马斯
Thompson 汤普森
Thomson 汤姆孙
Thor 托尔
Thoralf 托拉尔夫
Thorarinsson 托拉林孙
Thordsson 托德孙

Thorfin 托芬
Thorgeir 托基尔
Thorgils 托基尔斯
Thorgilson 托基尔孙
Thorkil 托歧尔
Thorkils 托歧尔斯
Thorne 托恩
Thorney 托尼
Thorpe 托普
Thou 图
Thouvenot 图维诺特
Thrace 色雷斯
Thrupp 特拉普
Thuanas 图亚那斯
Thuasne 屠阿斯内
Thucydides 修昔底德
Thuringia, Thueringen 图林根
Thurmayr 忒迈尔
Thurneysen 图尼森
Thurot 图罗
Thutmar 图特马
Thutmose 图特摩斯
Thynne 替因
Tiberius 提比略
Ticknor 替克涅
Tieftrunk 替夫特兰克
Tigernach 提加那喜(泰格那克)
Tiglath-Pilesar 提革拉-毗色
Tigranes 提格拉尼
Tigris 底格里斯(河)
Tilbury 蒂尔伯里
Tilley 梯利
Tillotson 蒂洛森
Timaeus 泰米阿斯
Timagenes 提马直尼
Timur 帖木儿
Tiraboschi 梯拉波斯歧
Tiridates 提里塔特
Tisserand 替萨兰
Titus 泰塔斯
Tlemçen 特林森
Todd 托德
Toeny 托尼
Toledo 托莱多
Tolofe 托洛非
Tom 托穆
Tomek 特梅克
Tomlines 吞林斯
Tonstal 顿斯塔尔
Topalain 图帕连
Toppen 特彭
Tordesillas 托德西拉斯
Torigny 托利尼
Tornberg 汤堡
Torquato 托卡多
Torraca 托剌卡
Torrents 托林兹
Torrey 托里
Tostig 托斯蒂格
Totila 托提拉

Tottel 托特尔
Toul 图尔
Toulmin 土尔门
Toulouse 图卢兹
Touraine 都兰
Tournai 图尔内
Tournay 都尔内
Tours 图尔
Tout 都特
Tovar 托瓦
Townsend 坦增德
Toynbee 汤因比
Toyne 汤因
Tozer 图泽
Tracheia 特累契亚
Trajan 图拉真
Tranquillus 特兰奎拉斯
Transylvania 德兰西瓦尼亚
Trapezuntine 特拉比松丁
Trasimenus 特剌息米那
Trastamara 特拉斯塔马拉
Traube 特劳伯
Trebizond 特拉布松
Tremonille 特勒摩伊尔
Trent 特伦特
Trevelyan 屈维廉
Treves, Trier 特里夫斯
Trevet 特勒味特
Trevisa 特雷维萨
Trevisan Mark 特雷维森·马克
Trianfillis 特里安非里斯
Trieber 特里柏
Trier 特里尔
Tripoli 的黎波里
Tripolis 特里波利斯
Trivoli 特里服里
Trithemius 特利提密阿斯
Troeltsch 特罗尔奇
Trogus 特洛加斯
Trois-Fontaines 特洛易-封腾
Trokelowe 特洛刻罗
Trollope 特洛拉普
Troppau 特洛庖
Troutbeck 特鲁特伯克
Troy 特洛伊
Troyes 特鲁瓦
Truchsess 特拉歧塞斯
Tryggvasson 特赖格发孙
Tschan 强
Tschudi 楚第
Tubal Cain 土巴·该隐
Tubber 图伯
Tübingen 杜平根
Tudela 图德拉
Tudor 都铎尔
Tuetey 图替
Tughril Beg 土里尔·贝格
Tullberg 屠尔堡
Tunnuna 谭纽那
Tupac 土巴克

Turin, Turino 都灵
Turkestan 土耳其斯坦
Turkoman 土库曼人
Turnas 图那斯
Turner 特纳
Turoczi 忒罗克西
Turpin 特品
Turpyn 特品
Tus 图兹
Tuscany, Toscana 托斯卡纳
Tusculum 塔斯丘兰
Tuy 图伊
Tweed 特威德
Twinger 特文加
Twysden 特威斯登
Tychsen 泰赤森
Tyler 泰勒
Tylor 泰罗
Tynemouth 泰恩默斯
Tyre(Tyr) 提尔
Tyrol 蒂罗尔
Tyrone 蒂龙

U

Ubbo 攸波
Uberti 乌伯提家族
Uberto 攸伯多
Uchtanes, Oukhtanes 奥歧塔尼
Udalric 攸达尔立克
Ud-din 乌丁
Ud-din Yazd 乌丁·雅兹德
Udine 乌迪内
Ugo 乌哥
Ugone 乌岗
Ugrians 乌格里安人
Ullman 乌尔曼
Ulm 乌尔姆
Ulrich 乌尔立喜
Ulster 北爱尔兰
Ulugh Beg 乌卢·拍格
Ulysse 攸力塞
Umayyad 倭马亚(王朝)
Umbria 安布里亚
Unan 乌南
Unger 翁格
Unstrut 翁施特鲁特(河)
Uppsala 乌普萨拉
Ur 乌尔
Urach 乌拉喜
Urban 乌尔班
Urbino 乌尔比诺
Ursin 奥森
Ursperg 厄斯波格
Uscock 阿斯科克(海盗)
Usener 乌斯纳
Usk 乌斯克
Utreckt 乌得勒支

V

Vaast 瓦斯特

Václav 发克累甫
Vaesen 维桑
Vahram 发兰
Vaissiere 发塞尔
Valdes 瓦尔德斯
Valencia 瓦伦西亚
Valenciennes 瓦朗西安
Valens 瓦林斯
Valentin 发伦廷
Valentine 发伦丁
Valentinian 发伦廷尼安
Valerianus 发利立安那
Valerius 发利里阿斯
Valesii 发利西
Valla 瓦拉
Vallari 微拉里
Valle 瓦勒
Vallet 发勒特
Valois 瓦罗亚
Vandal 汪达尔人
Van den Sande 凡·丁·桑德
Van der Goes 凡·得·谷斯
Van der Haer 凡·得·赫尔
Van der Kindere 凡·得·金德里
Van der Vynckt 凡·得·文克特
Van Dyke 凡·带克
Van Eyck 凡·爱克
Varangians 发连金人(北欧人)
Varchi 发歧
Vardar 瓦尔达尔(河)
Varro 发禄
Vartan 发坦
Vasari 发萨里
Vasco 发斯科
Vasiliev 发西里叶夫
Vassar 瓦萨
Vatican 梵蒂冈
Vattier 发梯尔
Vaux 服克斯
Vautrolier 服特洛里厄
Vavasseur 瓦瓦瑟
Vedel 味得尔
Vega 未加
Vegetius 维基提阿斯
Veii 维爱
Velleius 维利尤斯
Vendôme 文多美
Venetia 威尼西亚
Veneto 威尼托
Venette 威尼特
Venice 威尼斯
Ventura 文图拉
Venus 维纳斯
Vera 委拉
Vérard 韦亚
Vercellae 味塞利
Vercelli 维切利
Vercingetorix 维辛泽托立克斯
Verdun 凡尔登
Vergil 味吉尔

Verlag 味拉格
Vermandois 韦芒杜瓦
Vernon 味嫩
Verona 维罗纳
Verres 味里斯
Versoris 维索里
Verus 微剌斯
Vervius 味芳
Vespasiano 韦斯巴西安诺
Vespasian 韦斯巴兴
Vesuvius 维苏威
Vetellius 维提略
Veterani 维特剌尼
Vetori, Vettori 微多利
Vetus 维塔斯
Vevay 韦威
Viard 微阿
Vicars 味卡斯
Vicenza 维琴察
Victor 维克托
Victory 维克多里
Vienna 维也纳
Vienne 伟恩(即维也纳)
Vigener 维哲纳
Vigeois 微哲瓦
Vigilius 维吉略
Vigfusson 维格佛孙
Vigilantius 维吉兰提阿
Viking 北欧人,北欧海盗
Viktring 维克特林
Vildhaut 维尔德和特(维尔豪特,维尔道特)
Villani 微拉尼
Villari 微拉里
Villazan 微拉赞
Villehardouin 微拉杜盎
Villon 微隆
Vincent 文生特
Viñaza 维尼亚萨
Vindry 文德里
Vinland 焚兰
Viriville 维赖维尔
Virville 味维尔
Visconti 维斯昆提
Visigoth 西哥特人
Vistula 维斯杜拉(河)
Vita 维塔
Vitalis 微塔利斯
Vitensis 维母西斯
Viterbo 维特尔博
Vitry 维特里
Vitruvius 维特鲁维阿
Vittorio 维多里奥
Vivarium 维发里安
Vivarois 维发里
Vivay 韦微
Vladimir 弗拉基米尔
Vladislav 佛拉德斯拉夫
Voigt 筏格特
Voisin 服星

Volsci 服尔细人
Voltaire 伏尔泰
Volterra 沃尔特拉
Volturno 沃尔图诺
Voluminlus 服隆尼阿
Von 冯
Vopiscus 服匹斯卡斯
Voretzsch 服里奇
Voss 服斯
Vossius 服细阿斯
Vucinich 发西尼奇
Vulcacius 发尔卡细阿
Vulcan 发尔坎

W

Wace 瓦斯
Wachler 瓦赫斯
Wachsmuth 发哈马司
Waddel 瓦得尔
Waddington 沃定顿
Wadish 瓦第
Wagner 瓦格涅
Wailly 瓦伊
Waitz 惠芝
Wala 瓦拉
Waldemar 沃得马
Waldseemüller，Waltzeemüller 发特最睦勒
Wales 威尔士
Walincourt 瓦林库尔
Wallace 沃雷斯
Waller 沃勒
Wallingford 沃林福德
Wallis 瓦利斯
Wallon 窝龙人
Walraum 沃尔劳姆
Walser 沃尔塞
Walsinghan 沃尔星干
Walter 沃尔特
Wamba 万巴
Wandrill 汪德里尔
Waquet 瓦卡
Warbeck 瓦贝克
Warburton 沃拍吞
Ward 沃德
Ware 威尔
Warkworth 沃克沃思
Warnefrid 沃尼夫里德
Warner 瓦纳
Warr 瓦尔
Warren 沃伦
Warsaw 华沙
Warwick 沃立克
Wassenburg 发森堡
Wat 瓦特
Watford 沃特福德
Watson 沃森
Wattenbach 沃顿巴哈
Waverley 韦弗利
Wayne 韦恩

Wazo 瓦左
Wearmouth 韦尔茅斯
Webb 韦布
Weber 韦柏
Wegele 威格尔
Wegner 威格涅
Weimar 魏马
Weimühl 魏穆尔
Weingarten 文加廷
Weissemburg 魏森堡
Weissenburns 威森邦斯
Weitersheim 魏特希姆
Welch 韦尔希
Welf 卫尔夫
Welldon 威尔敦
Wells 威尔士
Weltz 卫尔次
Wenceslos 文塞斯罗斯
Wendover 温多弗
Wends 汶德族
Wenricus 文利卡
Wenzel 汾策尔
Werburg 维堡
Werl 韦尔
Werner 伟尔纳
Weser 威息(河)
Wessex 威塞克斯
West 卫斯特
Westergaard 卫斯特加德
Westminster 威斯敏斯特
Westphalia 威斯特伐利亚
Wethamstede 卫坦斯特德
Wettin 维廷
Wheatley 惠特利
Wheeler 惠勒
Whibley 辉布利
Whig 辉格党人
Whiston 惠斯顿
White 怀特
Whitelock,Whiteiocke 怀特洛克
Whitgift 喜特季夫特
Whithey 辉特尼
Whittington 惠廷顿
Wibald 威巴尔德
Wicketeed 威克斯提德
Widerich 威德里喜
Widukind 威都坎
Wiet 维特
Wigram 尉格拉姆
Wilamowitz 威拉摩维茨
Wilbald 威尔巴德
Wilbur 威尔伯
Wilfrid,Wilfred 尉尔夫立德
Wilhelm 威廉
Wilke 尉尔克
Willa 尉拉
Willehard 威里哈德
William,Williams 威廉(斯)
Willibald 尉力巴尔德
Willibrord 尉力布洛德

Willoughby 威洛比
Willy 尉利
Wilmans 尉尔曼斯
Wilson 威尔逊
Wiltshire 威尔特郡
Wimpheling 汪斐林
Winchester 温切斯特
Winckler 温克勒
Wind 温德
Windson 温藏
Windsor 温泽
Winkelmann 文克尔曼
Winton 文敦
Wipo 维波
Wisconsin 威斯康星
Wishart 尉瑟特
Wiskowatoff 尉斯科瓦托夫
Witlelsbach 维特斯巴哈
Wittenberg 维滕贝格
Wittewierum 维特微尔鲁
Woden 武丁(神)
Wodrow 沃德洛
Wohlgmuth 维基穆司
Wolf 倭尔夫
Wolfe 沃尔夫
Wolfenbüettel 沃尔芬比特尔
Wolfram 乌弗兰
Wolfson 乌弗孙
Wolsey 武尔塞
Wood 伍德
Woolf 武尔夫
Worcoster 伍斯特
Wörd 沃德
Wormeley 沃密利
Worms 沃尔姆斯
Worth 卫司
Wright 赖特
Wriothesley 里斯利
Wulstam 武尔斯坦
Wurm 符谟
Würzburg 维尔茨堡
Wüstenfeld 武斯吞斐尔德
Wyatt 怀亚特
Wycherley 尉拆力
Wyclif 威克里夫
Wykes 尉克斯
Wylie 威莱
Wymundham 文蒙丹
Wyntershylle 文特希尔
Wyss 维斯

X

Xanten 赞廷
Xenophanes 色诺芬尼
Xenophon 色诺芬
Xerxes 泽尔士
Xiphilinus 西斐利那斯

Y

Y Zuniga 伊·组尼加

Yachsi 雅溪西
Yäger 雅格尔
Yahia 雅希亚
Yale 耶鲁
Yamin 雅门
Ya'qub 雅克布
Ya'qubi 雅克比
Yaqut 雅克特
Yarmuk 雅穆克
Yazdi 雅兹德
Yemen 也门
York 约克
Yorkshire 约克郡
Yuglings 英格林族
Young 扬
Ypres 伊普雷
Yucatan 尤卡坦
Yule 玉尔
Yupanque 优潘克
Yusuf 余苏夫
Yves 伊夫

Z

Zachariah 撒加利亚
Zacharias 扎卡赖阿斯
Zahir-al-sin 扎希尔·阿尔·新
Zamalloa 赞马罗亚
Zamora 扎摩拉
Zampieri 赞皮里
Zangroniz 赞格罗尼
Zaschek 扎切克
Zeigler 才格勒
Zeissberg 才斯柏克
Zeller 策勒
Zend Avesta 《赞德·阿维斯塔》
Zeno 芝诺
Zenodotus 芝诺多图
Zenos 芝诺斯
Zephaniah 西番雅
Zeus 宙斯
Ze Zhore 西·叔尔
Ziegenbein 齐真比恩
Ziegler 齐格勒
Zimisces 戚密西斯
Zimmet 戚麦
Zittau 齐陶
Zoilus 左易拉斯
Zonaras 索那拉斯
Zoroaster 琐罗斯德
Zosimus 左息马斯
Zotenberg 左吞堡
Zumpt 村普特
Zuniga 组尼加
Zurara 组拉拉
Zurich 苏黎世
Zurita 图理塔
Zuyder Zee 须德海
Zwetl 瑞特尔
Zwingli 萨文黎

图书在版编目(CIP)数据

历史著作史. 上卷/(美)汤普森(Thompson, J. W.)著;谢德风译. —北京:商务印书馆,1988.5(2023.4 重印)
(汉译世界学术名著丛书)
ISBN 978-7-100-02205-7

Ⅰ. ①历… Ⅱ. ①汤… ②谢… Ⅲ. ①史学史—世界
Ⅳ. ①K091

中国版本图书馆 CIP 数据核字(2010)第 217537 号

汉译世界学术名著丛书
历史著作史
上 卷
从上古时代至十七世纪末叶
(上卷全两册)
〔美〕J. W. 汤普森 著
谢德风 译
李 活 校

商务印书馆出版
(北京王府井大街 36 号 邮政编码 100710)
商务印书馆发行
北京虎彩文化传播有限公司印刷
ISBN 978-7-100-02205-7

1988 年 5 月第 1 版 开本 850×1168 1/32
2023 年 4 月北京第 5 次印刷 印张 39⅝
定价:160.00 元